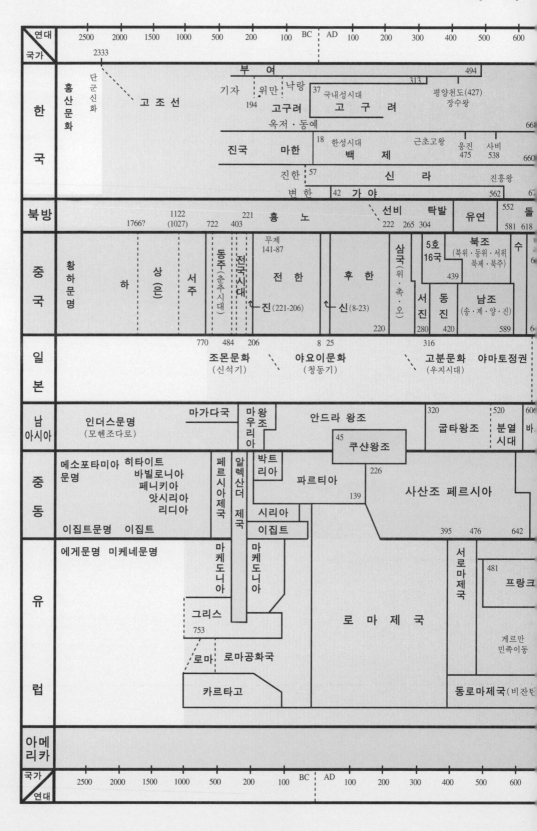

연 표

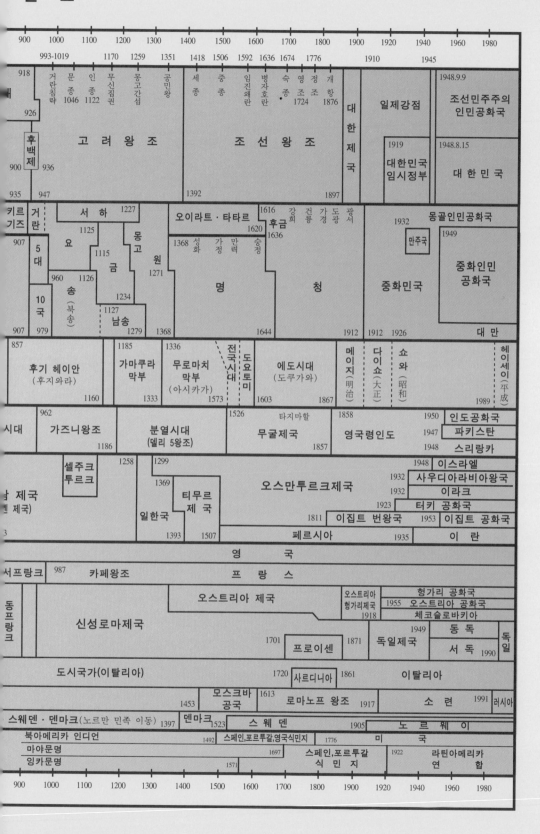

	900	1000	1100	1200	1300	1400	1500	1600	1700	1800	1900	1920	1940	1960	1980

993-1019　1170　1259　1351　1418　1506　1592　1636　1674　1776　　　1910　　　1945

918 | 거란침략 | 문종1046 | 인종1122 | 무신집권 | 몽고간섭 | 공민왕 | 세종 | 중종 | 임진왜란 | 병자호란 | 숙종 | 영조 1724 | 정조 | 개항 1876 | 1948.9.9 조선민주주의 인민공화국

926
후백제 900 936 935 947

고 려 왕 조 1392

조 선 왕 조 1897

대한제국

일제강점

1919 대한민국 임시정부

1948.8.15 대 한 민 국

키르기즈 907 | 거란 | 서 하 1227 | 1125 | 몽 고 | 오이라트·타타르 1620 | 1616 후금 1636 | 강희 건륭 가경 도광 광서 | 1932 만주국 | 몽골인민공화국 1949

요 | 금 1126 | 원 1271 | 명 | 청 | 중화민국

5대 960 | 송(북송) | 1127 남송 | 1368 성화 가정 만력 숭정 | 1644 | 중화인민공화국 대 만

10국 907 979 | 1115 | 1234 | 1279 1368 | 1912 | 1912 1926

857 | 후기 헤이안 (후지와라) 1160 | 1185 가마쿠라 막부 1333 | 1336 무로마치 막부 (아시카가) 1573 | 전국시대 | 도요토미 | 에도시대 (도쿠가와) 1603 1867 | 메이지 (明治) 1858 | 다이쇼 (大正) | 쇼와 (昭和) | 헤이세이 (平成) 1989

962 | 가즈니왕조 1186 | 분열시대 (델리 5왕조) | 1526 무굴제국 타지마할 1857 | 영국령인도 1858 | 1950 인도공화국 1947 파키스탄 1948 스리랑카

시대 | 셀주크 투르크 1258 | 1299 일한국 1393 | 1369 티무르제국 1507 | 오스만투르크제국 | 1948 이스라엘 1932 사우디아라비아왕국 1932 이라크 1923 터키 공화국 1811 이집트 번왕국 1953 이집트 공화국

제국 3 | 페르시아 1935 이 란

영 국

서프랑크 | 987 카페왕조 | 프 랑 스

동프랑크 | 신성로마제국 | 오스트리아 제국 | 오스트리아 헝가리제국 1918 | 헝가리 공화국 1955 오스트리아 공화국 체코슬로바키아 1949 동 독 서 독 1990 독일

1701 프로이센 1871 | 독일제국

도시국가(이탈리아) | 1720 사르디니아 1861 | 이탈리아

모스크바 공국 1453 | 1613 로마노프 왕조 1917 | 소 련 1991 러시아

스웨덴·덴마크(노르만 민족 이동) 1397 | 덴마크 1523 | 스 웨 덴 1905 | 노 르 웨 이

북아메리카 인디언 | 1492 스페인,포르투갈,영국식민지 1776 | 미 국

마야문명 | 1697 스페인,포르투갈 식 민 지 1922 | 라틴아메리카 연 합

잉카문명 1571

	900	1000	1100	1200	1300	1400	1500	1600	1700	1800	1900	1920	1940	1960	1980

다시찾는
우리역사

제 2 전 면 개 정 판

한영우

경세원

2

빗살무늬토기 신석기 시대, 서울 암사동 출토, 국립중앙박물관 소장

융기문토기 보물 597호
높이 12.0cm, 부산 영선동패총 출토
동아대학교 박물관 소장

홍산문화유물 紅山文化遺物

기원전 3,000년 전후 요서지방 우하량의 홍산문화는 신석기시대임에도 옥玉으로 만든 조각품 규모가 큰 적석총, 신전, 성채 비슷한 마을이 형성되어 있어 국가규모를 보여주고 있다. 특히 돌이나 토기로 만든 여신상(웅녀, 熊女)과 곰의 발모양 토기가 여럿 발견됐다.

옥으로 만든 여신상
요령성 우하량 출토

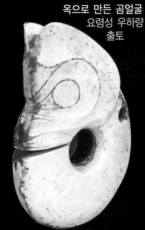

옥으로 만든 곰얼굴
요령성 우하량
출토

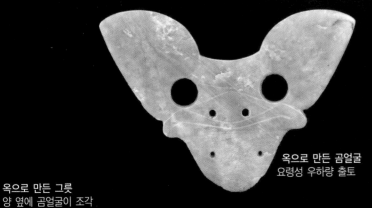

옥으로 만든 곰얼굴
요령성 우하량 출토

옥으로 만든 남자상
요령성 우하량 출토

옥으로 만든 그릇
양 옆에 곰얼굴이 조각
요령성 우하량 출토

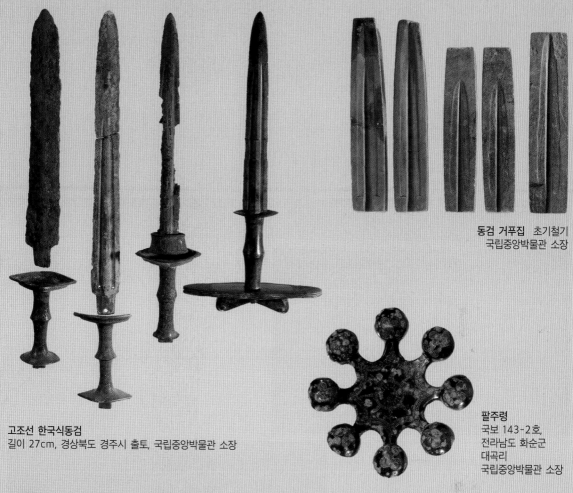

동검 거푸집 초기철기
국립중앙박물관 소장

고조선 한국식동검
길이 27cm, 경상북도 경주시 출토, 국립중앙박물관 소장

팔주령
국보 143-2호,
전라남도 화순군
대곡리
국립중앙박물관 소장

뼈피리
청동기시대,
길이 17.2cm,
함경북도
선봉군
굴포리

고창 고인돌 사적 391호, 2000년 UNESCO 세계문화유산 등록, 전북 고창군 죽림리 매산

대행렬도 안학 3호분 동쪽 벽면에 250명이 넘는 사람들로 구성된 대행렬도, 1948년 조사, 357년 축조설과 4세기설이 있음, 전체길이 10.13m, 높이 2.1m, 황해남도 안악군 오국리 소재

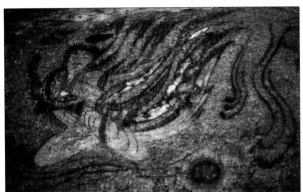

장고를 두드리는 선인
지린성 지안시 대왕촌 오회분 4호묘

고구려 일월신선도
6세기 말~7세기 초, 여자 모습의 달신선, 남자모습의 태양신선이 하늘로 올라가는 모습. 고구려의 하늘 숭배·신선사상이 보인다. 지린성 지안시 대왕촌 오회분 4호묘 소재

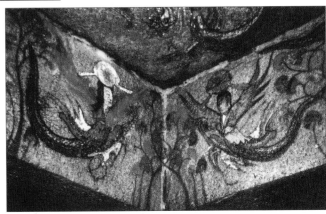

환도산성 무덤떼 지안시 일대에 12,000여 기의 무덤떼 중의 일부. 중국 지린성 지안시(사진 서길수교수)

광개토호태왕비
고구려 장수왕 2년(414)에 세움. 높이 6.39m 4면에 1,775자
중국 지린성 지안시(사진 서길수 교수)

연가7년명 금동여래입상
고구려 539년
높이16.2cm,
경상남도 의령 출토
뒷면 46자 명문,
1,000불을 만들어
세상에 배포(일본, 중국포함)
29번째 부처상이다

연가7년명 금동일광삼존상
고구려 539년, 높이 32.7cm
뒷면 46자 명문,
평양 고구려왕궁터 출토
평양 조선중앙역사박물관 소장

세발까마귀(씨름무덤) 머리에는 공작형 벼슬을 달고
등에는 두꺼비 2마리가 입에서 화염을 뿜어내고 있다.
중국 지린성 지안시 소재

현무도(사신총)
거북과 뱀이 뿜어내는 기운으로
하늘의 구름도 좌우로 갈린다.
중국 지린성 지안시 소재

청룡도 6세기 중엽,
평안남도 강서군 강서면 우현리
강서대묘

고구려 백암성 석축길이 2.5km, 6세기경 축성, 고구려 성벽 가운데 가장 견고하고 웅장하다. 요령성 등탑현 서대묘향 관둔촌(사진 서길수 교수)

서산마애삼존불상 국보 84호, 백제 7세기, 높이 2.8m
충남 서산시 운산면 용현리

금동미륵보살반가사유상
국보 83호, 6세기 후반, 높이 93.5cm
국립중앙박물관 소장

목제미륵보살반가사유상
일본 국보 1호, 7세기, 높이 147cm
일본 교토 고류지 소장

백제 금동대향로
국보 287호, 7세기, 높이 64.0cm, 부여 능산리사지 출토
부여박물관 소장

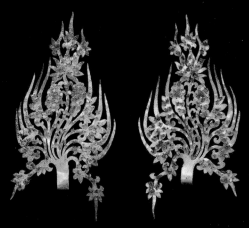

무령왕의 금제관장식 국보 154호,
1971년 충남 공주시 금성동 출토, 공주박물관 소장

무령왕비의 금제관장식 국보 155호,
1971년 충남 공주시 금성동 출토, 공주박물관 소장

미륵사지 석탑 사리구와 봉안기
백제 639년, 사리호 7.7×13.0cm, 국립문화재연구소

가야 모자모형 투구
높이 20.0cm. 고령 지산동 1 - 3호분 출토

가야 말얼굴가리개
길이 51.6cm, 부산 동래구 복천동 10호분 출토.
국립중앙박물관 소장

가야 판갑옷과 투구
높이 47.5cm, 고령 지산동 32호분 출토,
국립중앙박물관 소장

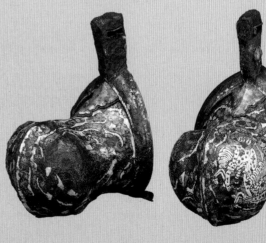

고구려 금은입사주머니형 발걸이마구
높이 24.4cm, 황해도 평산 출토, 국립중앙박물관 소장

발해 금동판 1988년 6월 발굴,
길이 41.5cm, 너비 18.5cm,
두께 0.3~0.5cm,
판독가능 113자,
함경남도 오매리 절골터 출토

발해의 불상 머리 1972년 발해 솔빈부.
연해주 우스리스크 보리소브카 절터 출토,
러시아 과학아카데미 시베리아 분소 고고민족학연구소 소장

발해 석등 1933년 출토, 높이 6.3m
상경성 제2절터

발해 영광탑 높이 13m, 5층 벽돌탑, 1984년 보수
중국 지린성 장백진 탑산(사진 서길수 교수)

석굴암 본존불 국보 24호, 8세기 중엽, 불상높이 345cm, 머리길이 117.5cm, 무릎너비 259cm, 어깨너비 167.5cm, 1995년에 유네스코 세계문화유산으로 지정. 경상북도 경주시 토함산 기슭

불국사 신라 경덕왕 10년(751)에 당시 재상이었던 김대성이 짓기 시작하여, 혜공왕 10년(774)에 완성. 이후 조선 선조 26년(1593)에 왜의 침입으로 대부분의 건물이 불타버렸다. 1995년에 유네스코 세계문화유산으로 지정. 경상북도 경주시 토함산 기슭

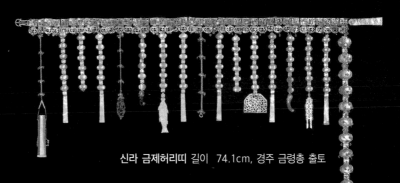

無垢淨光大陀羅尼経

佛說已歡喜奉行

羅尼法時諸大衆聞

固守護住持如是陀

善哉汝等乃能堅

如佛无異不令此法

有壞滅佛言善哉

令廣流通尊重恭敬

報如来大悲咸共守護

獄及諸悪趣我等為

生悉得聞契不堕地

故於後時若令彼衆

供養為護一切諸衆

守衛住持讀誦書寫

呪法及造塔法感皆

蒙世尊加護福此

同聲白言我等已

龍八部尋咸礼佛是

延庮醽酭皆羅及天

무구정광대다라니경(부분) 세계최초목판인쇄물, 통일신라 751년 이전, 6.7×648cm, 석가탑사리함에서 발견(1966), 불국사 소유, 국립중앙박물관 소장

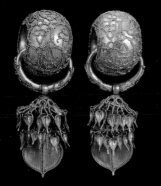

신라 금귀걸이 국보 90호, 길이 8.7cm, 경주 보문동 부부총 출토

신라 금제허리띠 길이 74.1cm, 경주 금령총 출토

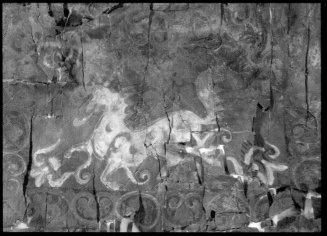

천마도 국보 207호, 자작나무껍질에 채색, 53×75×0.6cm, 경상북도 경주시 천마총에서 출토된 신라시대의 말그림. 국립중앙박물관 소장

광개토대왕명 청동그릇 높이 19.4cm, 廣開土地好太王(광개토지호태왕)이란 글씨로 보아 장수왕 3년(415)년 고구려에서 만들어졌다고 추측된다. 경주시 노서동 고분군 호우총 출토

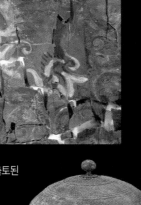

가야 금동관 높이 19.5cm,
고령 지산동 32호분 출토,
국립중앙박물관 소장

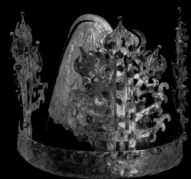

백제 금동관 높이 25.5cm.
전남 나주시 신촌리 9호분 출토,
국립중앙박물관 소장

대가야 금동관 국보 138호, 5~6세기,
높이 11.5cm, 너비 20.7cm
경북 고령 출토, 호암미술관 소장

신라 금관 높이 27.5cm
경주 황남대총 북분 출토
국립중앙박물관 소장

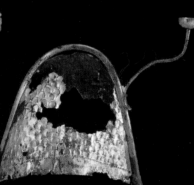

백제 관모
높이 13.7cm, 전북 익산 입점리 출토,
전주박물관 소장

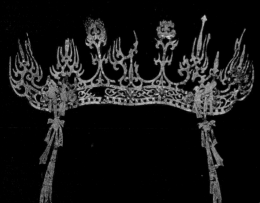

신라 은관 높이 20.5cm.
경주 황남대총 남분 출토
국립경주박물관 소장

고구려 불꽃뚫음무늬 금동보관
4~5세기, 높이 35cm, 너비 33.5cm,
평양 대성구역 청암리 토성 출토,
평양 조선미술관 소장

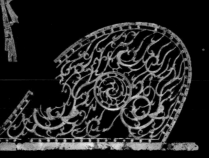

고구려 해뚫음무늬 금동장식품
4~5세기, 높이 15cm,
너비 22.8cm
평양 역포구역
진파리 7호무덤 출토.
평양 조선역사박물관 소장

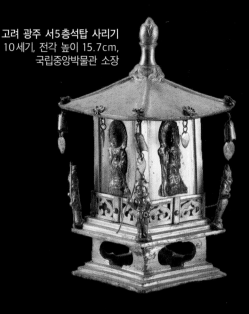

고려 광주 서5층석탑 사리기
10세기, 전각 높이 15.7cm,
국립중앙박물관 소장

신라 경주 감은사 사리함 내함
보물 366호, 682년, 높이 16.5cm,
내함은 불단(佛壇)과 같은 수미산 구조로
기단부, 기단상부, 천개부로 구성되어 있고,
그 안에 수정으로 만든 사리병이 모셔져 있다.
1996년 경주 감은사 동쪽 3층 석탑에서 발견,
국립중앙박물관 소장

고려 은제소형 불함
12세기, 6.7×4.5cm,
다귀문 높이 4.8cm,
국립중앙박물관 소장

육각부도형 은제사리기와
수정사리병
안치형식에 풍령이 달린
탑신이 화려하다.
경기도 남양주시 수종사 소장

고려 수종사부도 사리구
보물 259호, 14세기,
높이(탑) 12.9cm, 은제감 17.4cm,
금탑신 무게 205.3g
금 83% 은 16% 동 1%
(2003. 12. 12. 국립중앙박물관 발표)

용머리 모양으로 조각된 종을 매다는 걸개와 음관(상),
비천상(하)

신라 성덕대왕신종 국보 29호, 통일신라시대, 771년,
높이 330cm, 밑지름 227cm, 윗부분이 음관임.
경주 봉덕사지, 경주박물관 소장

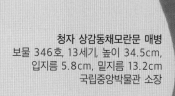

청자 상감동채모란문 매병
보물 346호, 13세기, 높이 34.5cm,
입지름 5.8cm, 밑지름 13.2cm
국립중앙박물관 소장

고려 청동태안이년 장생사명 범종
1086년, 높이 50.6cm, 밑지름 30.0cm
전남 여천 여산리 출토, 광주박물관 소장

고려 나전금은상감 쌍조사자문 소병 10세기, 높이 4.8cm,
몸체지름 7.4cm, 구경 4.5cm, 국립중앙박물관 소장

16

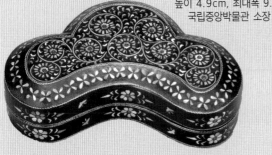

나전대모국당초문 염주함 고려, 12세기,
높이 4.5cm, 직경 12.4cm, 일본 중요문화재,
일본 당마사 소장

화각함(쇠뿔장식함) 조선 말기, 나무·쇠뿔,
37.7×71.0cm×37.3cm
국립고궁박물관 소장

나전대모 칠 국화넝쿨함 고려, 12세기,
높이 4.9cm, 최대폭 9.5cm,
국립중앙박물관 소장

장조비 헌경왕후 책상자
조선, 1795년, 나무에 붉은칠,
24.0×33.5cm×34.5cm
국립고궁박물관 소장

영조임금 책상자
조선, 1721년,
나무에 옻칠,
26.8×41.0×
27.0cm
국립고궁박물관
소장

나전주칠 십장생 2층농
조선, 20세기 초, 높이 140.5cm, 폭 87.0×44.9cm
국립고궁박물관 소장

고구려 나팔입 항아리
몽촌토성
서울 송파구 풍납동 출토
서울대학교 박물관 소장

고구려 청동네귀 항아리
6세기, 높이 49.5cm,
경주 금관총 출토
국립중앙박물관 소장

신라 토우장식 항아리
5세기, 국보 195호
높이 34.0cm,
경주 계림로 30호분 출토
국립경주박물관 소장

백제 그릇받침대
높이 73.0cm,
충남 공주시 송산리 출토,
공주박물관 소장

가야 사슴장식구멍단지
5세기, 출토지 불명
국립경주박물관 소장

가야 '대왕' 새김목항아리
높이 19.6cm
6세기 전 합천 삼가 출토
(○ 친 곳은 대왕 글씨 부분)
충남대학교 박물관 소장

고려 청자 투각 칠보무늬 향로
국보95호, 12세기,
높이 15.3cm
국립중앙박물관 소장

조선 백자 용무늬 항아리
19세기 분원리 관요 것으로
힘차게 그려진 용그림이 일품이
다. 높이 65cm
평양 조선중앙역사박물관 소장

조선 분청사기
구름 용무늬 항아리
국보 259호, 높이 48.5.3cm
국립중앙박물관 소장

고려 청동은입사
포류수문금문 정병
12세기, 높이 37.5cm
국립중앙박물관 소장

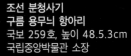
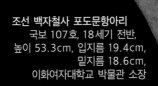

조선 백자철사 포도문항아리
국보 107호, 18세기 전반,
높이 53.3cm, 입지름 19.4cm,
밑지름 18.6cm,
이화여자대학교 박물관 소장

백제 미륵사지석탑 국보 11호, 높이 14.24m, 익산 미륵사지

화엄사 4사자 3층석탑 국보35호, 높이 5.5m
신라 선덕여왕 14년(645) 자장 율사가 당나라에서 부처님 사리
73과를 모셔와 연기 조사의 공덕과 부처님의 가르침을
기리기 위해 조성한 탑

보림사 삼층석탑·석등 국보 44호, 통일신라(870년)
남탑 5.4m, 북탑 5.9m, 석등 3.12m, 전남 장흥 소재

조선 원각사 10층탑 국보 2호, 높이 12m,
서울 종로구 종로 2가 탑골 공원 소재

수월관음도
1310년,
419.5×
254.2cm,
크기 4m가
넘는
대형 그림으로
필체가 섬세·
화려하여 수월
관음도
중에서도
걸작으로
꼽힌다.
일본 가가미진자
소장

달마도
김명국, 조선,
83.0×57.0cm,
국립중앙박물관 소장

윤두서 자화상 국보 240호, 조선 17세기
38.5 X 20.5cm, 종이, 담채

화엄사 영산회상도 괘불
국보 301호, 조선(1653년),
7.76×11.95m,
삼베채색, 화엄사 소장

22

정조대왕 환어행렬도
1795년, 156.5×85.3cm, 호암미술관 소장
정조의 아버지(사도세자)와 어머니(혜경궁 홍씨)의 회갑을 축하하여,
어머니를 모시고 화성에 행차했다가 서울로 돌아오는 모습.
아래 건물은 시흥행궁이다.

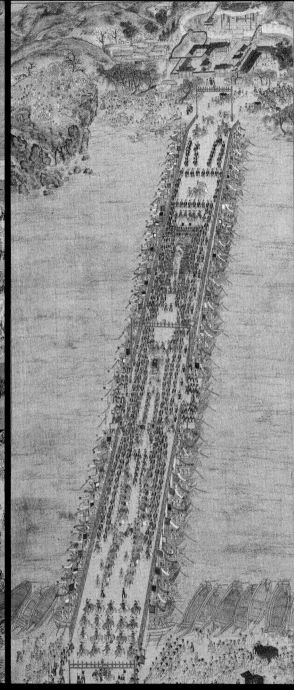

한강주교도
1795년(정조 19) 정조대왕이 화성에 가서 어머니의 회갑잔치를 벌이고
서울로 돌아오기 위해 한강에 배다리를 놓고 건너오는 모습.
노량진 명수대에 구경꾼이 인산인해를 이루고 있다.
지금의 한강대교 자리

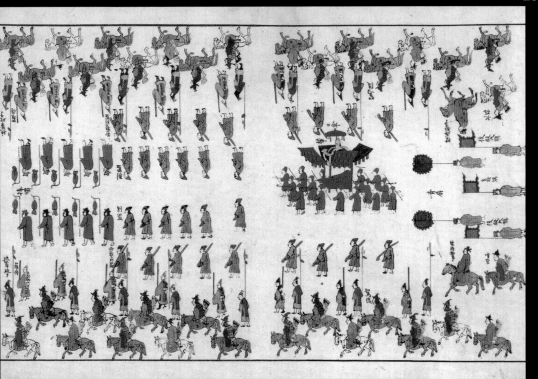

영조정순후 가례도감의궤 중의 반차도 1759년(영조 35) 영조가 김한구의 딸 정순왕후와 결혼하면서, 김한구의 집으로 찾아가 왕비를 데리고 궁으로 돌아오는 행렬, 50쪽의 그림 중 두 쪽 그림

왕세자 입학도 1817년(순조 17), 지본채색, 37.8×50cm, 순조의 아들 효명세자(익종)가 성균관입학을 위해 창경궁을 나서는 장면. 경남대학교 박물관(데라우치 문고 기증) 소장

금강산내산전도 겸재 정선, 33X54.3cm, 비단에 색, 다른 금강전도에서 볼 수 없는 경내사찰과 만폭동이 비중있게 그려진 점이 특징이다. 사찰들의 4대부중이 불을 밝히고 예불하는 염원을 진한 빨강색으로 표시한 정선의 사색이 드러난다. 금강산을 음양으로 구분하여 토산은 음으로 바위부분은 양인 백색으로 108봉을 창끝처럼 여러 겹으로 표시하여 108 나한상을 그림에 담아냈다. 왜관 베네딕토수도원 소장

통신사 일행을 환영하는 에도(江戸, 도쿄) **시민들** 1747년(영조 22), 羽川藤永 그림, 69.5×91.3cm, 어린이를 안은 여자, 술잔을 나누는 남자들, 멀리 후지산이 보인다. 천으로 가드레일을 쳐서 구경꾼들이 행렬을 방해하지 않게 배려하고 있다. 일본 神戸시립박물관 소장.

환구단 중 황궁우
사적 157호, 환구단은 고종이 1897년 10월 12일 문무백관을 거느리고 하늘에 제사를 지내고 황제로 즉위한 후 국호를 대한으로 선포한 곳이다. 조선총독부는 자주독립의 상징인 환구단을 1913년 헐고 철도호텔을 건립했다.
그 후 1968년 지금의 조선호텔로 재건축됨. 황궁우(皇穹宇)는 환구단 북쪽에 지은 건물로 천지와 역대 임금들의 신위를 봉안한 곳이다.
이 사진은 환구단 남문에서 바라 본 모습이다.

고종 어진 1901년 채용신이 그렸다고 전해짐, 70×137cm, 비단에 채색
오른쪽 상단에 광무황제 49세어용이라는 題字와
무릎 사이에 홀과 호패도 그려져 있음. 원광대학교 박물관 소장.

종묘 정전 국보 227호, 조선시대에 역대 임금과 왕비의 위패를 모시던 왕실의 사당. 태조 3년(1394) 착공하여 정전을 짓고
세종 3년(1421)에 영년전을 세웠으나 임진왜란 때 타 버리고 광해군 1년(1608) 재건. 1995년 UNESCO 세계문화유산 등록

26

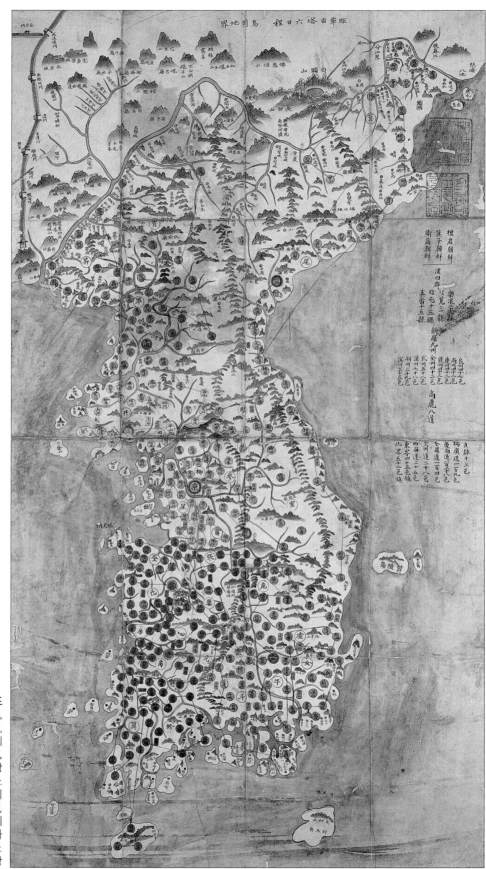

조선전도
19세기 초,
57.0×98.7cm,
윗부분에 백두산이
그려져 있고,
토문강이 두만강
북쪽에 보인다.
각 도는 오행의
색깔로 칠해졌으며,
울릉도 옆에
우산도(독도)가
그려져 있다.
국립중앙도서관 소장

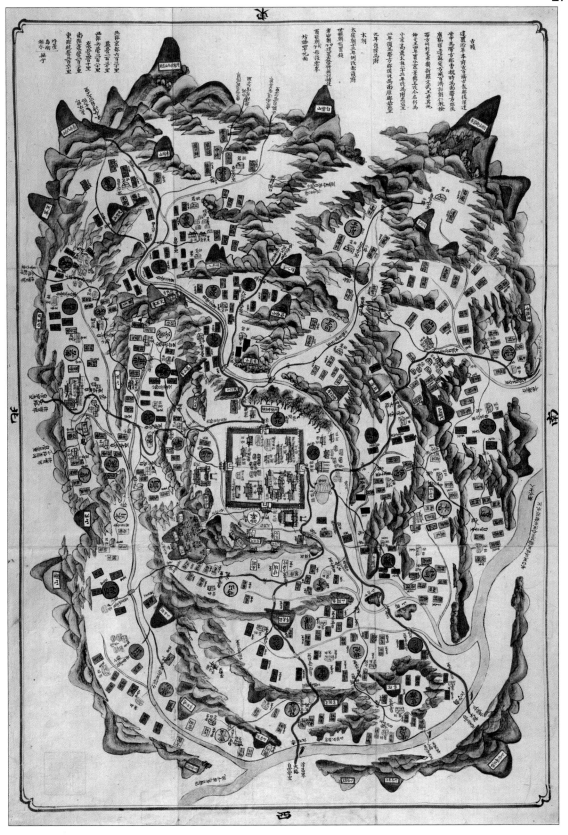

남원부지도 1872년, 103.5×82.9cm, 서울대학교 규장각 한국학연구원 소장, 지도 중심부에 읍성·광한루·오작교가 그려져 있고, 그 주변에 장시·향교·사창(社倉)·사찰 등 각종 시설이 상세하게 묘사되어 있다.

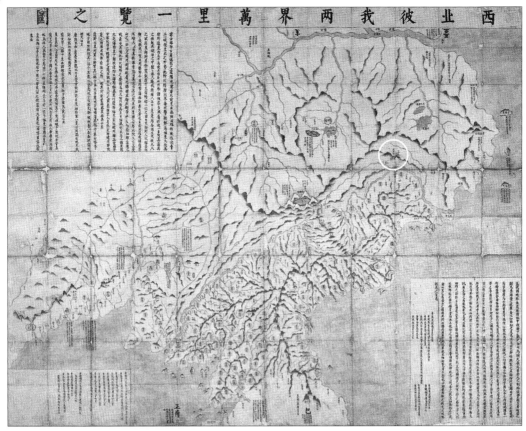

서북피아양계만리일람지도 18세기 중엽, 142×192cm, 백두산, 선춘령비 등이 그려져 있다.(동그라미 부분)
서울대학교 규장각 한국학연구원 소장

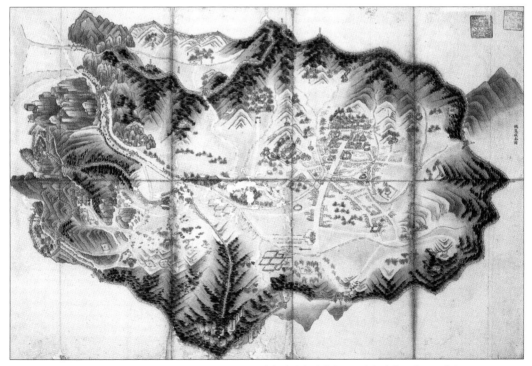

영변 철옹성전도 채색사본, 18세기 후반, 79.0×120.0cm, 왼편 절벽이 진달래로 유명한 약산 동대(東臺)이다.
국립중앙도서관 소장

동궐도(부분) 국보 249호, 채색사본 1828년 제작, 567×273cm, 인정전과 선정전. 위쪽에 1704년에 세운 대보단, 왼쪽 아래 돈화문과 왼쪽 담 중간에 규장각 사무실인 이문원이 보인다. 고려대학교박물관 소장

손기정 청동투구 보물 904호, 기원전 6세기,
1936년 베를린 올림픽 마라톤 우승자
손기정 선수(1912~2002)에게 부상으로 주어진 투구.
독일 올림픽위원회가 보관하고 있다가 1986년
손기정 선수에게 전달됨. 국립중앙박물관 소장

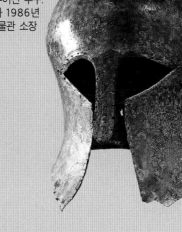

안중근 기념관
기념관 외벽 벽면에는
거사 시간인 105년 전
오전 9시 30분에 고정된
대형 벽시계가 걸렸고
200㎡ 규모의 전시실에는
흉상을 비롯 안중근의 사진과
사료 수백 점이 전시되어있다.
중국 하얼빈역

안중근 최후 유언(1910. 3. 24) 중국 뤼순 감옥에서 두 아우 정근定根, 공근恭根과 프랑스인 홍석구(洪錫九, Wilhem) 신부. 일본 감시관 4명의 감시 아래 마지막 성사(유언)를 보는 장면. 일본 정심사 소유, 류코쿠대학 기탁보관.

남북정상회담
2000년 6월 14일
김대중 대통령과 김정일 국방
위원장이 평양 목란관에서
건배하는 모습

서울월드컵경기장
1998년 착공하여
2001년 개장.
2002년 5월 31일에는
제17회 한·일 월드컵 경기
개회식 및 개막전을 치렀다.
서울 마포구 상암동 소재

인천국제공항
21세기 수도권 항공운송의
수요를 분담하고
동북아시아의 허브 공항으로서의
역할을 담당하기 위해,
영종도와 용유도 사이를
매립해 1992년 착공하여
2001년에 개항

제3편 중세 귀족-관료국가_고려

16

18

20

총설
한국사란 무엇인가

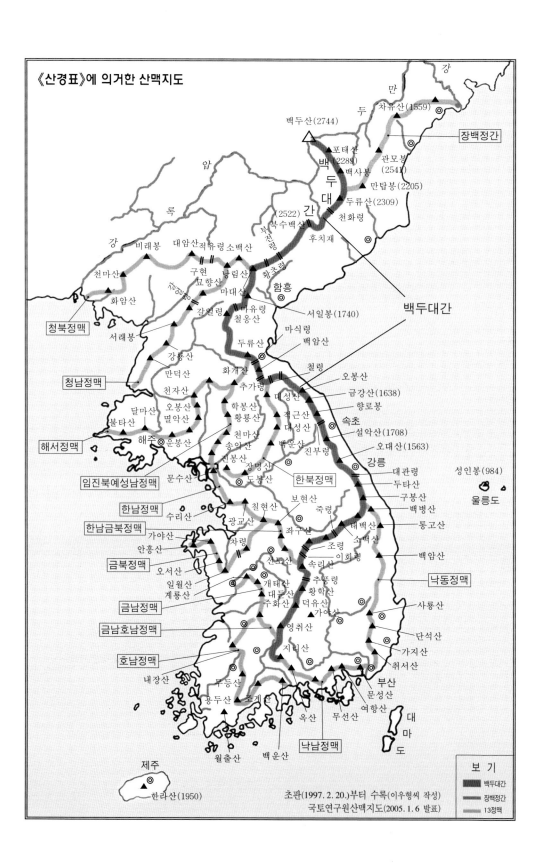

《산경표》에 의거한 산맥지도

총설 – 한국사란 무엇인가

1. 국토와 자연환경

1) 명당이 많은 국토

인간의 삶은 터 잡고 있는 땅과 자연환경의 영향을 크게 받는다. 산이 많은가 평야가 많은가, 날씨가 더운가 추운가, 비가 많은가 적은가, 자연재난이 많은가 적은가, 이런 요소들이 삶의 모습과 생각에 영향을 주고, 역사와 문화의 특성이 달라지게 할 수 있다. 한국인의 역사와 문화를 이해하기에 앞서 한국인이 살아온 국토와 자연환경의 특성을 알 필요가 여기에 있다.

우리 민족이 국가를 형성해온 지역은 한반도와 중국의 산동지역, 요서지역, 요동지역, 그리고 길림성지역 등을 포괄하는 중국 동북부지역에 걸쳐 있었다. 한반도로 터전이 좁아진 것은 신라의 삼국 통일 이후의 일이다. 이 지역은 황해와 발해를 중심에 두고 말발굽 형태로 에워싸고 있는데, 연안지역이 평야로 되어 있어서 중국과 한반도의 강물이 대부분 황해로 흘러들어가 서로 만난다. 교통이 편리하여 사람과 물자의 교류가 신속하게 이루어지면서 일찍부터 농업위주의 동방문명이 꽃피었다. 이 문명을 중국인들은 '동이문명권東夷文明圈'이라 부르지만, 한국인의 시각에서는 '아사달문명권阿斯達文明圈'으로 부르기로 한다.

동아시아 문명사에서 황해가 갖는 의미는 마치 로마문명이 지중해와 에게해를 사이에 두고 남유럽과 북아프리카, 서아프리카 지역에서 형성된 것과 비슷하다. 황해는 동양의 지중해라고 할 수 있으며, 한국과 중국이 역사적으로 긴밀한 유대관계를 가지면서 동아시아문명의 중심권으로 떠오른 이유도 여기에 있다. 이 지역이 동아시아문명의 발상지가 된 것은 수로교통이 편하고, 농토가 비옥하며, 적당한 비가 내려 농업생산력이 높을 뿐 아니라, 사계절이 뚜렷한 온대의 기후를 가지고 있으며, 높지 않은 산들이 주변을 에워싸고 있어서 공기가 맑고 쾌적한 생활환경을 갖추고 있기 때문이다.

특히 한반도는 아사달문명권 가운데서도 지리적 환경이 뛰어나다. 국토의 70%가 산이지만, 거의 대부분 1,000m 미만의 구릉지에 가까울 뿐 아니라 곳곳에 맑은 계곡물이 흐르고, 공기가 깨끗하며, 산맥의 끝자락이 역Y자형으로 끝나는 지점이 많아 주거환경이 매우 좋다. 나지막한 산을 등지고 앞에는 물이 흐르는 지형을 배산임수背山臨水라 하여 풍수가들이 명당明堂으로 부르는데, 금닭이 두 날개를 펴고 알을 품고 있는 모습으로 비유되기도 한다.

한반도에서 최고의 명당으로 알려진 서울을 놓고 명당조건을 알아보기로 한다. 명당의 혈穴에 해당하는 곳이 경복궁景福宮이고, 그 북쪽 백악산白岳山은 서울의 주인 노릇 하는 주산主山

이다. 여기서 서쪽에 날개를 편 인왕산仁王山이 우백호右白虎, 동쪽으로 날개를 편 낙산駱山이 좌청
룡左靑龍, 주산主山 앞에 책상처럼 생긴 남산木覓山이 안산案山, 주산 뒤에 할아버지처럼 밀어주고
있는 북한산北漢山이 조산祖山, 남쪽 멀리 엎드려 절하고 있는 관악산冠岳山이 조산朝山을 이루고
있다. 여기에 주산과 안산 사이에 청계천이 있고, 안산 남쪽에 한강漢江이 S자형으로 동서로 흐
른다. 서울이 예부터 명당으로 지목된 것은 이런 명당조건을 잘 갖추고 있기 때문이다.

명당에는 땅 속에 들어 있는 생명의 기氣가 많이 모여 인간에게 행복을 가져다준다고 믿
었다. 한반도에는 이런 명당이 많고, 이런 곳에 마을과 도시 또는 무덤을 만들고 살아왔다. 동양
에서는 장수를 기원하는 종교로 도교道敎가 발생했는데, 중국인은 단약丹藥을 만들어 먹는 것을
추구하고 한국인은 산속에 들어가 맑은 공기를 마시는 단전丹田 호흡을 선호했다.

풍수가들은 한반도의 모습을 중국을 향해 두 팔을 벌리고 있는 사람의 모습에 비유하기
도 했다. 백두산은 사람의 머리요, 거기서 동해안을 따라 남쪽으로 뻗어내린 마천령산맥, 낭림
산맥, 태백산맥을 척추로 보아 백두대간白頭大幹[약 1,500km]이라 불렀으며, 백두대간 끝에서 전라
도 쪽으로 갈라진 소백산맥과 부산 쪽으로 내려온 산맥을 두 개의 다리로 이해했다. 제주도와
대마도는 두 다리에 붙은 두 개의 발로 보았다. 그래서 조선시대 제작한 고지도를 보면 백두산
을 장엄하게 그리고, 제주도와 대마도쓰시마를 반드시 그려 넣었다. '쓰시마'라는 지명은 원래
'두 섬'이라는 우리말이다.

한편, 백두대간에서 서쪽으로 13개의 작은 산맥들이 뻗어 있는데, 이를 정맥正脈으로 부르
고, 갈비뼈에 비유했다. 함경도에서 동서로 뻗은 산맥을 장백정간長白正幹이라 부르고 어깨에 비
유했다. 정맥과 정맥 사이에 서쪽으로 흐르고 있는 강들은 혈관에 비유했으며, 평안도와 황해
도가 서쪽을 향해 돌출한 모양을 두 팔을 벌리고 중국을 얼싸안은 모습으로 상상했다.

한반도의 동남쪽에 길게 뻗은 일본열도도 한반도인의 생활과 밀접하게 연결되어 있었다.
그런데 일본열도의 지형은 서쪽에 큰 산맥이 있고 동쪽에 태평양을 향해 평야가 펼쳐져 있어
강물이 동해에서 서로 만나지 않았다. 다만, 대마도를 징검다리로 하여 규슈九州지방과 가깝게
연결되어 있어 이 지역과의 교류가 가장 빈번했으며, 한반도문화는 대마도와 규슈를 거쳐 다시
오사카大阪, 교토京都, 나라奈良지방으로 북상하면서 흘러들어갔다. 지금 이 지역에 한반도에서 전
파된 문화유적이 즐비하게 발견되고, 일본 고대국가가 규슈에서 먼저 일어나 교토와 나라에서
번성한 이유가 여기에 있다.

2) 기후와 재난

한반도의 기후는 4계절이 비교적 뚜렷한 온대溫帶에 속하지만, 겨울에는 한대寒帶, 여름에
는 열대熱帶 기후의 일교차를 경험하면서 살기 때문에 인간과 동식물이 강인한 생명력을 지니
고 있다.

한국인의 의식주 문화는 계절에 따라 다양하게 바뀐다. 추위를 이기기 위해 따뜻한 북방
식 온돌방을 만들고, 더위를 이기기 위해 시원한 남방식 마루를 만들어 두 공간을 주기적으로
바꾸면서 생활한다. 황토와 나무를 사용한 한옥은 숨을 쉬는 집이 되었으며, 우리나라의 갓은

매우 가벼우면서도 햇빛을 효율적으로 막아주는 매력이 있다.

음식도 계절에 따라 바뀌어 종류가 다양하고 계절의 진미珍味가 생겨났다. 김치, 된장, 고추장 등 발효식품을 즐겨 먹었다. 채소요리도 매우 다양하다. 서양은 과일주가 포도주밖에 없지만 한국인은 다양한 과일주를 개발했다. 건강에 좋은 온돌과 발효식품은 세계인의 관심과 사랑을 받고 있으며 우리의 김장 문화는 2013년 유네스코 무형문화재로 등재되었다.

한반도의 강수량은 많은 편은 아니지만, 특히 7~8월에 집중적으로 내려 이를 장마라고 부른다. 장마는 때로는 홍수를 일으켜 피해를 주기도 하지만, 땅을 비옥하게 만드는 효과가 있고, 농사에 필요한 물을 확보할 수 있는 기회이기도 했다. 곳곳에 보洑를 만들어 저장했는데 물을 쉽게 흡수해버리는 석회암이 적어 저수하기에 편리했다. 가을에는 비가 적고 일조량이 많아 벼농사에 적합하다. 석회암이 많고 일조량이 적어 벼농사가 어려운 유럽과 대비된다.

한국의 벼농사는 1년에 2모작 또는 3모작이 가능한 동남아지역에 비해서는 힘들다. 물을 저수하고, 수로를 만들고, 모내기, 풀 뽑기, 수확 등에 많은 노동력이 필요하여 일찍부터 공동체적인 협동작업을 중시해 왔다. 농업이 어려웠던 서양인과 북방의 유목민은 일찍부터 상업을 일차적인 생업수단으로 삼아 개인주의와 기동력을 발달시켜 왔다. 유럽인은 배를 잘 이용하고, 유목민들은 낙타와 말을 이용하여 기동력을 키워왔으나, 동아시아세계는 정착된 농경생활에 의존하면서 공동체적 협동정신을 키워왔다. 이것이 서양인의 눈에는 전체주의로 비쳐지기도 했지만, 근본정신은 협동에 있었다. 한국인을 비롯한 동아시아인이 하늘을 특별히 공경하고, 자연과 인간을 하나의 통합된 생명체로 보는 우주관을 가지고 살아온 이유도 자연에 대한 의존도가 높은 농경문화의 특성이다.

그러면 한반도와 동아시아세계의 자연재난은 어떠했는가? 자연재난은 크게 세 가지가 있다. 첫째, 지진이다. 지진은 잘 알려진 일이지만 일본 열도가 가장 심하고, 중국 내륙도 마찬가지다. 그에 비한다면 한국은 상대적으로 안전한 편이다. 물론 16세기 중엽의 중종 대와 명종 대에는 한 달 이상 지진이 계속되어 서울시민들이 집에 들어가지 못한 일도 있고, 이 때문에 그 책임을 둘러싸고 훈신과 사림이 크게 갈등을 일으켰으며, 불안한 국민정서를 틈탄 임꺽정 일당 같은 도적이 나타나기도 했다.

두 번째 큰 재난은 태풍으로 보통 필리핀 부근에서 발생하여 북상하다가 대체로 제주도 부근에서 오른쪽으로 진로를 바꿔 일본열도를 강타하였다. 원나라가 고려와 연합하여 규슈를 치다가 실패한 이유도 태풍 때문이었다.

세 번째는 홍수이다. 동양 삼국이 7~8월에는 장마철을 맞이하는데, 홍수로 인한 피해를 가장 크게 받는 나라는 중국이다. 특히 황하의 범람이 심각하다. 이 지역은 내몽고 사막지역에서 흘러온 붉은 황토물이 하류에 쌓이면서 비옥한 충적토를 만들어 일찍부터 농경문화가 발생했지만, 황하의 하상河床이 육지보다도 높아 심각한 홍수피해를 입혔다. 그래서 이 지역에서 발생한 나라들은 황하에 높은 둑을 쌓아 홍수피해를 줄이는 일이 가장 중요했으며, 치수治水를 잘하는 정치지도자를 성인聖人으로 받들었다. 요堯임금과 순舜임금이 성인이 된 이유가 여기에 있었다. 중국에 비하면 한반도는 홍수피해가 적은 편이다.

한반도의 쾌적한 자연환경은 예부터 중국인의 피난지로 떠올랐다. 중국 북방의 넓은 초원에서 살던 유목민들이 주기적으로 식량을 구하기 위해 뛰어난 기마술을 이용하여 중국을 압박하면, 중국 동북지역에서 아사달문명, 농경문화를 공유하던 지배층은 난리를 피하여 한반도로 이주해왔다. 이런 일이 수천 년간 반복되면서 한반도의 아사달문명도 급속하게 발전되어 갔다. 그러나 북방 유목민도 농경문화를 동경하면서 아사달사회로 이주하여 한반도에는 유목민문화와 농경문화가 뒤섞이게 된 것이다. 특히 만주지역에서 일어난 부여와 고구려는 유목민문화의 영향을 더 크게 받았다. 고구려인이 말을 잘 타고 전쟁에 능한 이유가 여기에 있었다.

대륙의 지배층 이주민들이 한반도로 이주하면서 새로운 국가가 건설되고, 문화가 성장한 것은 사실이지만, 다른 한편으로는 이주민 사이의 국가 간 경쟁이 치열해지면서 전쟁을 피해 일본열도로 들어가 그곳에 새로운 고대국가를 건설한 것이 일본 역사의 시작이다. 특히 백제와 가야의 지배층이 고대국가 건설의 주역을 맡았는데, 한반도가 신라에 의해 통일되면서 사이가 벌어지기 시작했다. 그 후 한국계 일본인들 가운데 산악이 많은 대마도와 규슈지역, 그리고 동해안지역에 살던 주민들은 식량부족을 타개하기 위해 한반도에 들어와 식량을 약탈하는 일이 많았는데, 이들을 왜구倭寇라고 불렀다. 그리고 왜구의 연장선상에서 대규모 군대를 이용한 침략전쟁이 임진왜란이고, 더 나아가 한반도를 무력으로 강탈한 것이 일제강점시대이다.

한국과 중국의 관계는 고구려와 수隋, 당唐과의 전쟁을 제외하고는 역사적으로 우호친선관계가 오랫동안 유지되었는데, 이는 중국이 서쪽으로 영토를 확장하면서 대국으로 발전하여 한반도에 대한 집착이 적었기 때문이다. 일본과의 관계가 불편한 것은 섬나라라는 지리적 특성상 확장할 공간이 없었기에 원래의 터전이었던 한반도와 대륙으로 되돌아가고자 하는 욕망이 침략의 형태로 이어져 왔기 때문이다. 따라서 한국, 중국, 일본이 평화관계를 유지하려면 누구보다도 일본이 오랜 침략의 관습에서 벗어나는 일이 중요하다.

2. 한국문화의 특성 – 선비문화

1) 언어와 문자

한국문화의 뿌리는 황해와 발해를 끼고 동, 서, 북으로 연결된 말발굽형태의 지역에서 형성된 아사달문명이다. 중국의 산동지방, 요서지방, 요동지방, 길림성 일대, 그리고 한반도가 공통된 아사달문명을 가지고 있었다.

아사달문명권에 속해 있던 종족은 한국인만이 아니라 선비족鮮卑族, 오환족烏桓族, 말갈족靺鞨族, 여진족女眞族, 거란족契丹族, 일본족 등이 모두 포함되는데, 중국은 아사달족을 자신의 화하족華夏族과 구별하여 '동이東夷'라고 불렀다. '이夷'라는 글자는 대大와 궁弓을 합친 것으로[1] '큰 활을 가진 사람' 또는 '활 잘 쏘는 사람'이라는 뜻이다. 중국은 북방족을 짐승에 비유하여 북적北狄, 남방족은 벌레에 비유하여 남만南蠻, 서방족은 무기에 비유하여 서융西戎으로 불러 멸시감을 표했

---

1) 중국 최초의 한자옥편은 후한 때 허신許愼이 만든 《설문해자說文解字》인데, 이 책은 이자夷字를 대大와 궁弓이 합쳐진 뜻으로 풀이했다.

는데, 동방족인 동이에 대한 호칭은 좋은 뜻을 지니고 있다.

중국이 동이족으로 부른 아사달족은 지나-티베트어를 쓰는 중국과 달리 알타이어를 썼다. 알타이어의 가장 큰 특징은 '주어-목적어-동사'의 순으로 되어 있는데, 이는 '주어-동사-목적어'의 순서로 되어 있는 중국어와 다르다. 예를 들면 '나는 너를 사랑한다'고 말하는 것이 알타이어라면 '나는 사랑한다, 너를'이라고 말하는 것이 중국어다.

아사달족은 언어만 중국과 다른 것이 아니라 문자도 독자적인 것을 만들었다. 은殷商나라 때 만든 갑골문자甲骨文字는 그 지역의 아사달족이 만든 최초의 상형문자이다. 중국인은 뒤에 이를 발전시켜 한자漢字를 만들었는데, 아사달족이 다시 한자를 받아들여 사용한 것이다. 그러므로 한자는 아사달족과 중국인이 함께 만들고 발전시킨 문자라고 할 수 있다. 다만, 한자로 글을 지을 때에는 중국어와 우리말의 어순語順이 다르기 때문에, 우리 어순에 맞게 쓰는 방법을 고안한 것이 이두吏讀이다. 이밖에 아사달족은 천지인天地人을 상징하는 원圓 ○, 방方 □, 각角 △ 도형을 즐겨 사용했는데, 이 도형을 발전시켜 새로운 문자를 만든 것이 훈민정음訓民正音이다. 한편, 일본인은 한자의 획劃을 응용하여 '가나假名'라는 문자를 만들었다.

2) 종교 - 단군신화

아사달족의 종교는 한 마디로 하늘과 태양을 조상으로 생각하는 무교巫敎이다. 그 무교의 우주관을 보여주는 글이 《삼국유사三國遺事》에 실린 '단군신화檀君神話'이다. 단군신화와 관련된 유적은 한반도의 황해도 문화현 구월산九月山, 강화도 마니산 참성단塹城壇 등이 있지만, 중국의 요서지방과 산동지방에도 보인다. 산동지방의 곡부曲阜는 공자孔子가 탄생한 곳인데, 바로 이곳 무씨사당武氏祠堂에 단군신화의 이야기를 그린 벽화가 있다. 요서지방의 우하량牛河梁에서는 곰 발바닥을 조각한 토기와 웅녀熊女를 연상시키는 여신상女神像 조각 등이 출토되어 이 지역에도 단군신화의 전통이 있었음을 알 수 있다.

'단군신화'에 담긴 우주관의 특징은 다음과 같다. 첫째, 단군이 도읍을 정한 곳이 아사달阿斯達이다. 아사달은 순수한 우리말로 '해가 떠오르는 동방의 땅'을 의미한다. 아사달은 한 곳이 아니라, 자신들이 살고 있는 땅을 모두 아사달이라고 불렀다. 단군이 나라를 세워 국호를 '조선朝鮮'이라고 했는데, '조선'도 '아침이 빛나는 땅'으로 '아사달'을 한자漢字로 훈역訓譯한 것에 지나지 않는다. 아사달은 '박달'로도 불렀다. '박달'은 '해가 뜨는 밝은 땅'이라는 뜻이다. 지금 요서지방에는 조양朝陽, 적봉赤峰이라는 도시가 있는데, 그 이름도 아사달과 다름이 없다. 황해도 문화현의 '구월산九月山'도 '아사달'을 한자로 훈역한 이름이다. '서라벌'도 비슷하다. 한국인은 동쪽에서 부는 바람을 '샛바람'이라고 하는데, '새'는 '동방'을 가리키므로 '서라벌'은 바로 '동방의 땅'이라는 뜻이다. '서울'은 '서라벌'을 줄인 말이다. 한국인이 즐겨 쓰는 '동국東國', '단국檀國', '서라벌徐羅伐', '서울'은 물론이요, '일본日本'도 '아사달'과 뜻이 같다.

아사달족은 이렇게 하늘과 태양을 숭배하여 선사시대에는 사람이 죽으면 해가 뜨는 동쪽에 머리를 두고 매장했으며, 동쪽에 있는 큰 동굴에 하느님의 위패와 조각상을 모셔놓고 제사를 지냈다. 고구려의 동맹東盟이 바로 그것이다. 고구려 시조를 동명성왕東明聖王으로 부른 것도 '동방의 태양왕'이라는 뜻이다.

아사달족의 초기 무덤은 고인돌이다. 네모난 돌방 위에 둥근 덮개를 얹은 것으로 둥근 덮개는 태양을 상징하고, 네모난 돌방은 땅을 상징한다. 그 속에 사람을 묻으면 죽은 사람이 땅에서 하늘로 올라간다고 생각했다. 삼국시대 이후로는 고인돌이 변하여 네모난 돌방 위에 둥근 봉분封墳을 덮었는데, 둥근 하늘을 상징하기는 마찬가지다. 부처님의 무덤으로 만든 석굴암石窟庵의 모습도 네모난 방을 앞에 두고, 둥근 방을 뒤에 두어 그 안에 부처님을 모셨는데, 이것도 부처님이 땅에서 하늘나라로 올라간 모습을 형상화한 것이다. 단군이 하늘에 제사를 지낸 곳으로 알려진 강화도 마니산 참성단塹城壇도 둥근 하늘과 네모난 땅의 모습으로 제단을 만들었다. 하늘은 둥근 원圓[○]으로, 땅은 네모진 방方[□]으로, 사람은 세모난 각角[△]으로 생각하여 이 도형을 무덤에 적용한 것이다. 이것이 바로 아사달족의 원방각圓方角[○□△] 문화이다.

둘째, '단군신화'에 담긴 우주관에는 하늘, 땅, 사람이 셋이면서 하나라는 통일적 우주관이 담겨 있다. 단군신화의 이야기 속에는 '삼三'이라는 숫자가 반복해서 보인다. 환인桓因은 천신天神, 환인의 아들 환웅桓雄은 지신地神, 환웅이 웅녀熊女와 결혼하여 낳은 단군檀君은 인신人神으로, 이를 '삼신三神'으로 부른다. 그런데 삼신은 합치면 일신一神으로 보고, 삼신을 여성으로 생각하여 '삼신할머니'라는 말이 생겼다.

'단군신화'를 보면 환웅은 인간을 널리 도와주는 일을 하기 위해, 다시 말해 '홍익인간弘益人間'을 위해서 하늘에서 지구로 내려왔다. '홍익인간' 정신 가운데 가장 중요한 다섯 가지는 생명을 창조하고, 곡식을 제공하고, 질병을 고쳐주고, 선악善惡을 판별하고, 악한 자를 징벌하는 것이 그것이다.

한국의 전래 풍속 가운데에는 삼신과 관련된 것이 많다. 아기를 낳을 때 삼신할머니에게 치성을 드리고, 엉덩이 푸른 반점을 삼신반점으로 부른다. 가을에 햇곡식을 거두면 삼신께 감사의 표시로 삼신주머니 또는 업주가리[신주단지(神主壇地)라고도 한다]를 만들어 마루나 안방의 선반에 정성스레 모신다. 우리 속담에 '신주단지 모시듯 한다'는 말이 여기서 생겼다. 삼신이 선악을 판별하고 악한 자를 징벌할 때에는 무서운 도깨비로 변신한다. 그리고 도깨비 모습을 문고리나 막새기와에 새겨 넣으면 악귀가 집에 들어오지 못한다고 믿었다. 그 도깨비 모습이 바로 중국인의 조상인 황제黃帝[헌원씨(軒轅氏)]와 치열하게 전쟁을 하여 군신軍神으로 추앙받은 아사달 장군 치우씨蚩尤氏 얼굴과 같다고 믿어 군기軍旗로도 사용했다.

'단군신화'에는 환웅이 하늘에서 내려 올 때 천부인天符印 2) 세 개를 가지고 왔으며, 바람, 비, 구름을 부리는 세 사람의 신하[風伯, 雨師, 雲師]와 3천 명의 무리를 데리고 왔다고 한다. 여기서 셋과 삼천을 강조한 것은 몇 개와 몇 천이라는 뜻인데, 셋이 천지인을 상징하는 숫자이기 때문에 일부러 셋, 삼천이라고 쓴 것이다. 곰과 호랑이가 인간이 되기 위해 동굴에 들어가서 쑥과 마늘을 먹으면서 삼칠일三七日 간 햇빛을 보지 않은 결과 곰이 여자로 변신했다고 하는데, 여기서 삼칠일은 21일을 말한다. 일부러 셋을 넣어 '21일'을 '삼칠일'이라고 한 것이다.

---

2) 천부인 세 개는 칼, 거울, 옥을 말하는 것으로 보인다. 칼은 삼신께서 악한 자를 응징하는 수단이고, 거울은 삼신의 모습을 비춰보는 도구이고, 옥玉은 삼신의 소리를 내는 돌이라고 믿었다. 옥 대신 방울도 삼신의 소리를 낸다고 한다. 무당이 굿을 할 때에도 이런 도구를 사용하면서 삼신과 대화를 한다.

'단군신화'에서 이렇게 셋을 가지고 신화를 만든 것은 하늘과 땅과 인간이 하나로 합쳐지기를 바라는 마음이 담겨있다. 천지인天地人이 하나가 되면 인간에게 행복이 온다고 믿었기 때문이다. 그러면 왜 천지인이 하나가 되는 것이 중요한가? 그것은 생명을 탄생시키고 성장시키는 음양陰陽과 오행五行(수화목금퇴)이 하늘, 땅, 사람에게 두루 있어서 생명의 기氣가 우주 만물에 가득 차 있다고 보기 때문이다. 그래서 천지인이 하나로 조화를 이루면 생명의 기가 커지고, 에너지가 증폭한다. 이를 '신바람이 난다', '신명 난다' 또는 '흥'이라고 표현한다. 신바람은 무당의 굿을 통해서도 생기고, 아름다운 대자연 속에 살면서 저절로 생기기도 한다.

신바람이 생기면 춤, 노래, 해학, 미소가 터져 나오는데 이것이 바로 낙천성樂天性이다. 예부터 중국인은 아사달족이 춤과 노래를 즐기고, 귀신 섬기기를 좋아한다고 했는데, 바로 아사달족의 신바람 문화의 특성을 지적한 것이다.

'단군신화'에 곰이 여자로 변한 뒤 환웅과 혼인하여 단군을 낳았다고 하여 허무맹랑한 이야기로 보는 것은 잘못이다. 곰과 호랑이 이야기는 곰을 조상으로 섬기는 족속과 호랑이를 조상으로 섬기는 두 족속이 하늘[태양]을 조상으로 섬기는 족속과 혼인하기 위해 서로 경쟁했다는 뜻을 담고 있다. 그러니까 한국인의 조상은 태양토템족과 곰토템족의 결합으로 생긴 것이다.

'단군신화'에 담긴 우주관을 삼국시대와 고려시대에는 '선교仙敎'라고 불렀고, 조선시대에는 '신교神敎'라고 불렀으며, 근대에 와서는 '무교巫敎'(샤머니즘)로 불렀다. 그런데 '선仙'은 순수한 우리 말로 '선비'라고 한다. 그러므로 '단군신화'는 곧 선비정신의 뿌리가 된다.

삼국시대 이후 불교佛敎가 들어오고 유교儒敎가 들어왔지만 그 바탕에는 선비정신이 깔려 있어 유불선儒佛仙이 서로 융합하면서 발전했으며, 근대 이후에 들어온 서양의 기독교문명도 선비정신과 융합하여 오늘날 한국인의 종교적 심성을 형성하게 되었다. 이런 연유로 한국의 불교, 유교, 기독교 등은 한국적 특성을 지니고 있으며, 결코 외국사상을 교조적으로 모방하는 문화가 아니다. 개화기 어느 서양인이 한국인의 종교행위를 설명하면서 조정에 나가면 유학자가 되고, 집에 들어오면 아내를 따라 사찰에 가고, 죽을 병이 들면 무당을 찾아간다고 말한 것이 흥미롭다.

3) 윤리 - 홍익인간

'단군신화'에는 한국인의 원초적 윤리관이 보이는데, 그것이 '홍익인간弘益人間'이다. 환인[하느님]의 아들 환웅은 삼위태백三危太白으로 내려와 신시神市를 건설하고 '홍익인간'이란 이념으로 인간을 다스렸는데, 이곳을 선택한 것은 농사에 적합한 지역이기 때문이었다. '단군신화'에 쑥과 마늘이 등장하고, 바람, 비, 구름을 부리는 신하를 데리고 왔다고 한 것도 농사를 도와주기 위함이었다. 이렇게 환경이 좋은 땅에서 모든 인간을 골고루 잘 살게 하려는 정신이 '홍익인간'이다. 이 정신을 가지고 신시神市를 세우고, 그 아들 단군이 '조선'이라는 나라를 세웠으므로 '홍익인간'은 조선의 건국이념이 되었다.

그런데 환웅이 만약 하느님의 독생자獨生子였다면 다른 종교에 대하여 배타성을 띠었을 것이다. 다른 종교는 하느님의 사생아가 만든 종교가 되기 때문이다. 하지만 '단군신화'에서는 환웅이 하느님의 여러 아들 가운데 한 사람이었으므로 다른 아들이 만든 종교도 포용할 수 있다는 여지를 보여주고 있다. 그래서 '홍익인간'에는 인류평등사상과 공동체정신이 담겨 있다. 이런 정신이 바로 아사달족의 철학이요 윤리다. 한국인은 '나'보다는 '우리'라는 공동체를 중요시하고, 다른 사람을 존중하고, 생명을 아끼고 사랑하며, 어려운 사람을 서로 도와주는 미풍양속을 지니고 살아왔다. 중국인들은 아사달족의 이런 풍속을 보고 '군자국君子國'이라고 불렀다.

조선을 '군자국'이라고 처음 말한 사람은 유교儒敎를 창시한 공자孔子였다. 춘추시대인 기원전 6세기에 노魯 나라 사람이었던 공자는 자신의 가르침을 제후들이 받아들이지 않은 것에 실망하여 뗏목을 타고 '구이九夷'의 나라로 가서 살고 싶다고 제자들에게 말했다. '구이'의 나라가 누추하지 않겠느냐고 제자들이 걱정하자 공자는 그곳은 누추한 곳이 아니고, 군자가 사는 나라라고 말했다. 이런 말이 《논어論語》에 실려 있는데, 후세 중국인들은 공자가 가고 싶어했던 '구이'는 바로 '조선'을 가리킨다고 해석했다. 공자가 만든 유교도 산동지방에 살던 아사달족과 고조선 사람의 도덕성에 감동을 받아 이론화시킨 것에 지나지 않는다. 한국인이 중국인보다도 더 열심히 유교를 실천한 것은 유교 자체가 본래 한국인의 일상생활 속에서 실천해오던 생활철학이었기 때문이었다.

조선을 군자국으로 칭송한 기록은 공자 이후에도 계속하여 나타난다. 중국 고대의 지리책인 《산해경山海經》이나 동방삭東方朔이 지은 《신이경神異經》, 그리고 《후한서後漢書》 등에 그런 기록이 보인다.[3] 이 책들에서 아사달족은 성품이 착하고, 서로 존중하고 싸우지 않으며, 생명을 아끼고, 근심스러운 일을 당한 사람을 보면 제 목숨을 던져 구하며, 또 죽지 않는 나라라고 한다. 여기서 아사달 사람들이 죽지 않는다는 말은 실제로 죽지 않는다는 뜻이 아니다. 오래 살뿐 아니라, 죽음을 하늘로 돌아간다고 믿었다는 뜻이다. 실제로 한국인들은 지금도 사람이 죽으면 '돌아가셨다'고 말한다. 이는 '하늘에서 와서 하늘로 돌아갔다'는 뜻이다. '단군신화'에는 단군이 하느님의 후손으로 태어나 1,500년간 나라를 다스리고 아사달에 들어가서 산신山神이 되었다고도 하고, 1,908년간 살았다고도 한다. 또 다른 기록을 보면 단군은 백두산 연못가에서 하늘로 돌아가셨다고 한다. 그래서 그 연못을 '조천지朝天池' 또는 '천지天池'로 부르게 된 것이다.

단군뿐 아니라 고구려 시조 고주몽高朱蒙도 하느님의 후손으로 태어나 대동강가의 바위에서 기린을 타고 하늘로 돌아가셨다고 하는데, 이 바위를 '조천석朝天石'이라 불렀다. 신라 시조 박혁거세朴赫居世도 하느님의 후손으로, 죽어서 육신은 땅에 떨어지고 혼魂은 승천昇天했다고 한다. 이렇게 한국인은 하늘의 후손으로 태어나 부모이자 고향인 하늘로 돌아간다고 믿어 하늘에 대한 제사를 '효孝'라고 생각했다.

한국인의 가슴에 새겨진 천손의식天孫意識은 우리가 중국인이 아니라는 주체성을 심어주어 민족의식의 바탕이 되었으며, 민족이 위기에 처할 때마다 단군신앙이 드높아지면서 정체성

---

3) 《산해경》에는 "동방에 군자국君子國이 있는데, 그곳 사람들은 죽지 않는다"(有君子之國 有不死之民)라 했고, 《신이경》에는 "동방 사람들은 항상 공손히 앉아서 서로 싸우지 아니하며, 서로 존경하여 헐뜯지 않으며, 다른 사람이 근심스러운 일을 당하면 목숨을 던져 구해준다. 그래서 군자국이라고 한다"(恒恭坐而不相犯 相譽而不相毀 見人有患 投死救之 曰君子國)라고 했다. 또 《후한서》〈동이전〉에는 "사람들이 착하고 생명을 아껴주며, 타고난 성품이 부드럽고 온순하여 도道를 가지고 다스리기 쉽다. 그래서 군자의 나라, 죽지 않는 나라이다"(仁而好生 天性柔順 易以道御 有君子不死之國)라고 한다.

을 유지해 왔다. 몽고간섭기와 왜란·호란 후, 그리고 일제강점기에 단군신앙이 고조된 이유가 여기에 있다.

홍익인간의 전통은 삼국, 고려, 조선시대로 이어지면서 중국인들을 감동시켰다. 당唐나라, 송宋나라, 명明나라는 우리나라를 가리켜 '동방예의지국東方禮義之國' 또는 '소중화小中華'로 불렀다. 예의가 바를 뿐 아니라 문화수준이 중국과 대등한 국가라는 뜻이다. 중국에서 사신을 보낼 때는 특별히 우수한 인재를 뽑아 보냈으며, 우리나라 사신이 중국에 가면 다른 나라 사신보다 특별히 우대했다. 송나라는 고려에서 온 사신을 '조공사朝貢使'로 부르지 않고 '국신사國信使'로 높여 불렀다. 고려를 송나라와 대등한 위치에서 바라본 것이다.

4) 음악과 춤

한국의 음악, 그림, 조각, 건축, 춤 등 모든 예술에는 한국적 특성이 담겨 있다. 그 특성은 바로 '신바람'이다. 하늘, 땅, 인간은 모두 살아 있는 생명체로서, 그 생명체가 발산하는 기氣가 조화롭게 융합되어 생기는 에너지가 '신바람'이다. '단군신화'에 그런 정서가 담겨 있음을 이미 설명했다.

한국을 대표하는 악기는 사찰의 범종梵鐘이다. 그런데 범종에는 중국과 일본 종에 보이지 않는 독특한 장치가 있다. 걸개 옆에 음관音管이 달려 있어 하늘의 소리를 담고, 종 아래에는 움푹 파인 음통音筒이 있어서 땅의 소리를 담는다. 종을 치는 것은 사람이 한다. 한국 범종은 하늘과 땅과 사람이 함께 연주하는 악기로 볼 수 있다. 실제로 음관과 음통이 있는 종소리와 그렇지 않은 종소리는 음색이 다르다. 쇠로 만든 추가 종벽을 때리는 서양 종의 소리는 하나의 음가音價를 내고 있지만 한국 종은 한 번 때려도 여러 음가를 동시에 내면서 신비스런 음색을 자아낸다. 그 소리는 중국이나 일본의 종소리와도 다르다. 프랑스에서는 심리치료에 한국 종소리를 활용하기도 한다.

현악기인 거문고와 가야금, 가죽악기인 장고와 북, 금속악기인 꽹과리와 징도 독특하다. 우리의 악기는 음양과 천지의 조화를 통해 신바람을 일으킨다. 높은 음과 낮은 음은 음양과 천지를 상징한다. 한 개의 악기에도 음양을 동시에 갖추고 있지만, 다른 악기와 어울려 음양을 연출하기도 한다. 꽹과리가 여성적[음]이라면 징은 남성적[양]이다. 징, 꽹과리, 북, 장고가 어울리는 사물놀이는 신바람 음악의 극치를 보여준다.

판소리와 민요는 대자연의 바람소리, 물소리, 새소리 등과 어울리면서 신바람을 연출하는 노래이다. 음폭이 넓어서 국악을 한 사람은 서양노래도 잘 하지만, 서양노래를 배운 사람이 국악을 하기는 어렵다. 〈아리랑〉, 〈노들강변〉, 〈천안삼거리〉 등 우리 민요는 대부분 3박자로 이루어져 있는데, 이것은 천지인을 상징한다.

판소리와 민요에는 슬픔과 즐거움과 해학이 동시에 들어 있어 웃다가 울고, 울다가 웃게 만든다. 한국 문학과 예술의 특징을 '한恨'으로 보는 견해가 있으나, 이는 '한恨' 속에 '낙樂'이 있는 것을 간과한 해석이다.

한국의 춤은 새가 날개를 펴고 하늘로 승천하는 모습을 연상시킨다. 어깨춤이 절로 난다

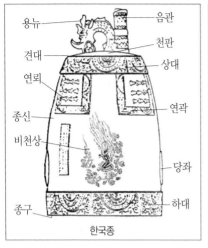

용뉴 / 음관 / 견대 / 천판 / 상대 / 연뢰 / 연곽 / 종신 / 비천상 / 당좌 / 하대 / 종구

한국종

중국종

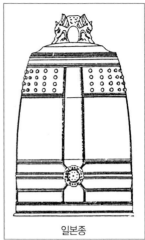

일본종

는 말이 있다. 어깨에 달린 팔을 날개처럼 휘저으면서 다리를 오므렸다 폈다를 반복하는데, 이를 오금질이라고 한다. 새가 날 때의 동작 그대로이다. 고구려 고분 벽화를 보면 무덤의 주인공이 어깨에 날개를 달고 춤추며 하늘로 올라가는 그림이 많다. 범종에도 신선이 옥피리를 불면서 하늘로 올라가는 비천상飛天像이 조각되어 있는데, 이 또한 하늘과 하나가 되려는 신바람의 동작이다. 봉덕사 신종神鐘이 그렇고, 상원사 동종에도 비천상이 있다. 고려시대 종도 마찬가지다.

한국의 춤에는 춤꾼들이 둥근 원을 그리면서 맴도는 원무圓舞가 많고, 때로는 태극모양의 동선을 따르기도 한다. 둥근 원은 바로 하늘을 상징한다.

한국에서 춤은 즐거울 때도 추고, 슬플 때도 춘다. 죽음은 하늘로 돌아가는 것을 의미하므로 하늘과 하나가 된다는 것은 슬픔인 동시에 즐거움이다. 장례식이나 제사를 지낼 때 추는 제례악춤이 있다. 한국인에게 슬픔과 즐거움은 하나이다.

5) 그림과 조각

한국의 그림은 크게 인물화, 산수화, 풍속화, 화조도花鳥圖로 나눌 수 있다. 고구려와 백제의 고분 벽화는 무덤의 주인공이 전생에 살아온 모습과 내세의 모습을 그린 풍속화이기도 하다. 고분에 이렇게 다양한 풍속화를 남긴 것은 세계적으로 드물다. 벽화에 보이는 우주관은 바로 땅에서의 전생과 하늘나라에서의 내세를 함께 묶어 천지인이 하나가 되는 종교적 심성을 표현하고 있다.

세 발 달린 삼족오三足鳥가 자주 보이는 것도 천지인 합일 사상을 보여준다. 까마귀는 태양 속에서도 살고 땅에서도 살면서 하늘과 땅과 사람을 연결해주는 새이다. 그래서 다리를 세개로 그린 것이다. 우리 민속에 까마귀가 울면 누가 하늘로 돌아갔다고 생각하는 이유가 여기에 있다. 까마귀는 흉조凶鳥라기 보다는 길조吉鳥이다.

고분 벽화에는 무교와 불교가 혼합되어 있고, 음양오행사상도 들어 있다. 특히 [좌]청룡靑龍,

[위]백호白虎, [남]주작朱雀, [북]현무玄武를 그린 사신도四神圖[또는 사수도(四獸圖)]는 오행사상을 표출한 것이다. 무덤에 이렇게 사수도[사신도]를 그리는 전통은 조선시대에도 그대로 이어져 왕실의 장례식 때 시신을 모신 찬궁欑宮의 네 벽에도 그려 넣었다.

조선시대의 풍속화는 내세보다는 현세를 주로 그리고 있는데, 자연과 사람이 서로 만나 즐기는 모습이 주를 이뤘다. 이 역시 신바람의 에너지를 표현한 것이다. 김홍도金弘道, 신윤복申潤福, 김득신金得臣 등의 풍속화가 그러하다. 한국 그림에는 해학이 풍부하여 웃음을 자아내는 것이 특징인데 그것이 바로 낙천성이다.

산수화도 자연만을 그리는 경우는 매우 드물고, 아름다운 대자연 속에서 사람이 하나가 되어 신바람을 느끼는 감정을 그려내고 있다. 특히 진경산수眞景山水의 대가인 겸재 정선謙齋 鄭歚의 그림이 그렇다. 그가 그린 산수화는 금강산, 박연폭포, 삼부연폭포, 인왕산 등 우리나라 자연이지만, 있는 그대로의 풍경을 사실적으로 그리기보다는 그 풍경에 담긴 음

《정조대왕 국장도감의궤》에 실린 찬궁의 사신도

양의 생명력을 강조하고, 그 속에서 구경하는 사람이 받고 있는 감동과 신바람의 흥을 함께 표현하는 데 역점을 두고 있다. 바로 이 점이 있는 그대로의 자연만을 그리는 서양의 풍경화와 다르다.

한국의 인물화는 사람의 육체적 비율이 갖는 균형의 아름다움을 찾아서 그리지 않고, 얼굴과 눈에서 보이는 생명의 기氣를 강조하여 그린다. 외형적 균형과 비례에서 아름다움을 추구하는 서양화와는 다르다. 우리의 아름다움은 천지인이 하나가 되는 데서 발생하는 생명의 기를 의미한다. 송강 정철松江 鄭澈이 선조를 '미인美人'으로 간주하여 쓴 〈사미인곡思美人曲〉에서 임금을 미인으로 본 것은 팔등신의 미인을 말하는 것이 아니고, 천지인의 이치를 하나로 합하여 정치를 하고 있다는 뜻의 미인이다.

한국인은 몸매나 얼굴이 아름다울 경우 미인이라 부르기보다는 곱다, 예쁘다, 늘씬하다, 요염하다는 표현을 주로 쓴다. 지금 간송미술관에 있는 신윤복의 '미인도'는 신윤복이 쓴 표현이 아니고 후대의 소장자가 붙인 이름이다. 신윤복 자신이 쓴 화제畵題를 보면 이 여인이 풍기는 색정色情에 감동을 받아 그렸다고 한다. 그러니까 기생으로 보이는 이 여인을 팔등신 미인으로 본 것이 아니라 이 여인이 발산하는 생명의 에너지를 그린 것이다. 그러니까 신윤복이 포착

한 것은 육체가 아니라 생명의 기氣다.

조선시대 임금이나 대신의 초상화를 그릴 때 가장 역점을 둔 것은 눈동자의 표현이다. 눈에 생명의 기가 담겨 있기 때문이다.

조각은 주로 불교와 관련된 불상佛像이나 보살상菩薩像, 또는 나한상羅漢像, 천왕상天王像 그리고 불탑佛塔 등이다. 여기서도 강조되는 것은 몸매가 아니고, 얼굴과 눈이다. 석굴암의 부처는 너무 비대하고, 미륵보살반가사유상彌勒菩薩半跏思惟像은 너무 가냘프다. 그럼에도 불구하고 이것이 한국을 대표하는 조각상으로 인정받고, 많은 사람들에게 감동을 주는 것은 얼굴의 표정 때문이다. 이렇게 편안한 얼굴의 표정은 쉽게 찾기 어렵다. 일본 국보 1호인 교토 고류지廣隆寺의 나무로 만들어진 미륵보살반가사유상은 백제인이 만든 것으로 독일의 실존철학자 칼 야스퍼스Karl Jaspers(1883~1969)가 보고 세계 최고의 미술품으로 격찬하는 등 세계적인 명품으로 인정받고 있다. 이 작품과 한국의 국보인 금동미륵보살반가사유상은 재료만 다르고 형태가 굉장히 유사하다. 이 작품들이 보여주는 감동은 바로 인자함이 풍기는 생명에 대한 사랑 곧 신바람이다.

조선시대 화조도花鳥圖의 특징도 음양의 조화에서 오는 생명감이다. 꽃을 그리면 나비나 새도 함께 그려 꽃이 살아 있음을 보여준다. 죽은 꽃을 그리는 서양의 정물화와는 이 점이 다르다. 나비나 새를 그릴 때에도 반드시 암수가 짝을 이루어 음양의 조화를 표현한다. 짐승을 그리는 경우도 마찬가지다.

6) 도자기와 공예

한국의 도자기는 고려시대에서 조선시대에 걸쳐 가장 발달했다. 고려자기는 송나라 도자기와 비슷하면서도 다른 점이 있다. 첫째, 색채가 대부분 밝은 비취색을 띠고 있는데 이는 하늘색을 닮았다. 둘째, 형태가 매우 다양한데 참외, 표주박, 복숭아와 같은 과일이나 원숭이, 해태, 오리, 새 등과 같은 짐승의 모습을 가진 것이 많다. 연꽃 무늬 받침대 위에 둥근 투각을 얹은 향로는 둥근 하늘을 상징한다. 대자연의 생명체 모습을 그대로 담은 것이다. 셋째로 표면에 문양을 칼로 새기고 그 안에 백토나 자토를 넣은 다음 유약을 바르는 상감수법象嵌手法은 매우 독특하다. 넷째, 표면에 새겨 넣은 문양도 꽃이나 나무, 또는 구름과 학鶴을 넣어 대자연과 가까워지려는 마음을 담고 있다. 특히 구름과 학 무늬가 많은 것은 하늘로 올라가려는 승천의 꿈이 엿보인다.

고려자기의 매력에 빠진 송나라 서긍徐兢은 《고려도경高麗圖經》에서 고려자기의 종류와 색채, 형태 등을 자세히 소개하면서 '천하제일'이라는 평을 내렸다.

송나라 도자기는 당나라 도자기의 특색인 당삼채唐三彩의 영향을 받아 황색, 녹색, 갈색을 함께 넣은 것이 많고, 색채가 다양하여 화려한 느낌을 주지만 고려자기처럼 자연물의 형상을 따른 것은 거의 없다. 무늬도 꽃이나 용을 주로 선호한다. 이에 비해 고려자기는 화려하지 않으면서 우아하고 자연스런 친근감을 자아내고 있는 것이 특색이다.

자연친화적인 도자기 전통은 조선시대에도 그대로 이어지고 있다. 조선 초기의 백자白磁, 16세기의 분청사기粉靑沙器, 조선 후기의 청화백자靑華白磁와 철화백자鐵花白磁, 진사백자辰砂白磁 등 시대에 따라 변화가 있지만, 소박하면서도 우아한 정취는 그대로 이어진다. 다만, 조선시대 자기는 고려자기에서 보이는 비취색의 관상용 그릇은 거의 사라지고, 음식을 담거나, 문방구로 쓰는 등 실용적인 도자기가 주류를 이룬다. 도자기에 넣은 그림은 대나무, 난초, 매화, 국화 등 사군자四君子를 비롯하여 소나무, 포도, 모란, 새, 물고기 등 살아 있는 자연물을 주로 담고 있다. 이는 선비들의 깨끗한 절개와 자연 사랑을 상징한다.

조선시대 자기에서 가장 한국적인 특색을 보여주는 것은 18세기에 만들어진 달항아리다. 마치 중천에 뜬 보름달이나 태양을 연상시키는 달항아리는 세계 어느 나라에서도 찾아볼 수 없는 조선자기의 걸작인 동시에 하늘을 사랑하는 마음을 여지없이 보여주고 있다.

조선시대의 공예는 주로 가구와 문방구류 등 생활용품에서 특색을 발휘했다. 나무공예품의 경우는 가능한 한 나이테의 아름다움을 그대로 살리려고 노력하고, 오래도록 자주 사용하는 가구는 옻칠을 두껍게 하여 수명이 오래 가도록 배려했다. 옻칠가구 가운데 조개껍질을 잘라 넣어 그림을 만든 나전칠기螺鈿漆器와 쇠뿔을 잘라 넣어 그림을 만든 화각공예華角工藝도 일품이다. 나전칠기는 고려시대 작품이 한층 더 예술적이지만 대부분 국내보다는 일본으로 가 있는 것이 아쉽다.

조선의 도자기 문화가 임진왜란 때 일본으로 납치되어 간 이삼평李參平, 심당길沈當吉(沈壽官의 조상) 등의 도공陶工에 의해 규슈지역에서 발전하여 일본 도자기의 비조鼻祖가 된 것은 잘 알려진 사실이다.

7) 건축과 정원

한국의 건축에도 천지인합일의 신바람이 담겨 있다. 한국의 초가집 지붕은 완만한 원형을 띠고 있는데, 이것은 하늘의 곡선을 빌린 것이고, 기와집의 지붕은 둥글지는 않지만, 새가 날개를 편 모양을 닮았다. 고대에는 용마루 끝에 얹은 막새기와 모습을 '치미鴟尾'라고 불렀는데, 이는 새의 꼬리(혹은 주둥이)를 닮았다는 뜻이다. 조선시대 왕궁의 지붕에 보이는 막새기와는 용머리 모습을 하고 있다. 용은 임금을 상징하기도 하지만 새처럼 하늘로 올라가는 짐승이기도 하다.

기와집이나 초가집이나 내부구조는 온돌방과 마루가 조화를 이루어 막힌 공간과 터진 공간이 공존하는데, 온돌은 겨울에는 따뜻하고 여름에는 시원하다. 마루는 바람이 밑으로 통하도록 배려하고, 벽도 숨을 쉬도록 황토와 짚이나 수숫대를 섞어서 발랐다. 가난의 상징으로 여겼던 황토집이나 초가집이 오늘날에는 건강에 좋은 미래의 가옥으로 각광받고 있다. 한옥은 숨을 쉬는 집이다.

한국의 정자亭子도 매우 아름답다. 나지막한 언덕 위에 올라앉은 정자는 대부분 면적이 매우 작지만, 동서남북이 툭 터져 있어 드넓은 대자연을 안아 들이고 있다. 평양의 연광정鍊光亭, 부여의 백화정百花亭, 경복궁의 향원정香遠亭, 창덕궁의 부용정芙蓉亭, 전라도 담양의 소쇄원瀟灑園과 식영정息詠亭, 강릉 선교장의 활래정活來亭 등이 대표적인 정자이다.

한국의 연못은 천원지방天圓地方의 모습을 따랐다. 네모난 연못 가운데 둥근 섬을 넣어 땅과 하늘을 상징하고, 그 가운데 조각배를 띄우고 사람이 노닌다. 경복궁의 향원지香遠池, 창덕궁의 부용지芙蓉池, 경주의 안압지雁鴨池, 부여의 궁남지宮南池 등이 그런 모습이다. 연못에서도 천지인 합일의 신바람이 담겨 있는 것이다.

한국의 정원은 가능한 한 인공적인 아름다움을 더하지 않는다. 한국의 자연환경은 그 자체가 최고의 예술품이기 때문이다. 나무도 자르거나 비틀지 않고 그대로 자라게 한다. 한국의 정원문화를 대표하는 곳은 창덕궁 후원後苑이다. 응봉鷹峰에서 뻗어내린 나지막한 산비탈에 폭포가 있고, 계곡이 있고, 바위가 있고, 연못이 있고, 울창한 수림이 있다. 그곳에 날아갈 듯 아담한 정자를 곳곳에 세워 쉼터를 만들고 자연의 품속에서 자연과 대화를 나눌 수 있도록 조성한 것이다. 한국의 자연친화적인 정원 문화는 인공을 가미하여 기하학적인 아름다움을 추구하는 서양이나 중국 그리고 일본의 정원과 다르다.

8) 자연관 - 음양오행사상

한국인은 우주자연을 모두 살아 있는 생명체로 바라보았다. 현대과학에서 생물과 무생물로 나누어 보는 것과는 다르다. 우주가 모두 살아 있다는 생각은 음양陰陽, 오행사상五行思想의 영향이다. 음양과 오행이 서로 만나면 생명이 탄생하고 성장, 발전한다고 본 것이다.

그러므로 하늘에는 태양과 달이 양과 음이고, 수성水星, 목성木星, 화성火星, 토성土星, 금성金星이 오행을 이루고 있어 하늘은 살아 있다. 땅에도 강江이 음이고 산山이 양이고, 물[水], 불[火], 나무[木], 금속[金], 흙[土] 등 오행을 지니고 있으므로 땅도 살아 있다. 하늘을 생명체로 보는 이론이 천문학이고, 땅을 생명체로 보는 이론이 풍수지리학風水地理學이다. 사람도 음양과 오행이 있다. 남자가 양이고 여자가 음이며, 몸 속에 있는 오장五臟(심장, 폐장, 간장, 신장, 비장)이 오행이다. 그래서 사람은 생명체이다.

하늘, 땅, 사람은 이렇게 살아 있으므로 우주도 생명체이고, 생명체는 서로 돕고 사는 한 몸이다. 그래서 천지인天地人은 셋이면서 하나요, 하나이면서 셋으로 본다. 하늘의 이치, 땅의 이치, 사람의 이치가 따로 있는 것이 아니라 똑같은 이치로 살아가야 한다. 이런 생각은 오늘의 시각에서 보면 자연을 사랑하고 존중하는 친환경 사상이다.

그런데 음양과 오행이 생명을 낳고 키우는 데는 일정한 법칙이 있다. 그 법칙은 상생相生과 상극相克이다. 오행은 서로 탄생시키면서 서로 이긴다는 뜻이다. 상생相生이란 물이 나무를 낳고[水生木], 나무가 불을 낳고[木生火], 불이 흙을 낳고[火生土], 흙이 금을 낳고[土生金], 금이 물을 낳는다[金生水]는 것이다. 상극相克이란 물이 불을 이기고[水克火], 불이 금을 이기고[火克金], 금이 나무를 이기고[金克木], 나무가 흙을 이기고[木克土], 흙이 물을 이긴다[土克水]는 것이다. 상생이 평화적인 관계라면 상극은 갈등관계를 말한다.

음양오행 사상은 '단군신화'에도 있지만, 이를 발전시킨 것은 춘추시대 산동지방의 아사달족 출신 추연鄒衍이다. 훗날 중국인도 이 사상을 받아들였는데, 중국인은 상생보다 상극을 더 존중하였고 한국인은 상극보다 상생을 더 존중하였다. 중국인은 왕조가 바뀔 때 뒤 왕조가 앞 왕조를 이겼다는 상극설을 가지고 설명하지만, 우리는 앞 왕조가 뒤 왕조를 낳았다는 상생설로 해석하는 차이가 있다. 예를 들면 신라新羅는 금덕金德을 가진 왕조로서 수덕水德을 가진 고려高麗

를 낳았고, 고려는 목덕木德을 가진 조선朝鮮을 낳았다고 본다.

이렇게 중국과 한국이 다른 생각을 갖게 된 것은 중국의 왕조교체는 북방민족과 중화족이 서로 정복하여 교대하는 과정이었는데 반해, 한국의 왕조교체는 같은 민족끼리 권력을 교체했기 때문이다.

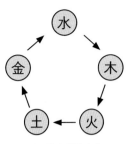

〈오행의 상생관계〉

한국인은 사람이 태어나는 것도 오행의 상생과정으로 보고 이름의 항렬行列을 짓는다. 그래서 할아버지가 물水 항렬이면, 아버지는 나무木, 아들은 불火, 손자는 흙土, 증손자는 금金 항렬을 따른다. 이렇게 항렬을 따라 이름을 짓는 나라는 한국밖에 없다.

오행은 또 고유의 숫자를 가지고 있다고 믿었는데 흙은 5, 물은 6, 불은 7, 나무는 8, 금은 9로 본다. 그래서 금덕을 가진 신라는 9자를 선호하여 전국을 9주로 나누고, 황룡사에 9층탑을 세웠고, 수덕을 가진 고려는 6을 선호하여 전국을 5도+양계로 나누고, 서경西京으로 도읍을 옮기면 36국이 조공을 바치게 된다고 묘청妙淸이 주장했다. 목덕을 가진 조선은 목자木子 곧 이李씨가 임금이 된다고 선전하고, 8자를 선호하여 전국을 8도로 나누고, 한양에 도읍을 두면 8백년 왕업이 이어진다고 믿었다. 그러나 조선 중기 이후로 나라가 어지러워지자 이제는 목덕木德의 시대가 끝나고 화덕火德의 시대가 오는데 화덕을 가진 성씨는

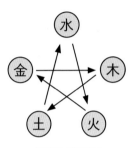

〈오행의 상극관계〉

정씨鄭氏라고 보고 정씨 성姓을 가진 인물이 나타나 새로운 세상을 연다는 예언서를 퍼뜨리고, 반란을 자주 일으키기도 했으나 끝내 정씨왕조를 세우지는 못했다. 《정감록鄭鑑錄》이라는 예언서가 널리 유행하고, 선조 때 정여립鄭汝立의 반란, 영조 때 정희량鄭希亮의 반란이 일어난 것 등이 그런 것이다.

오행은 각각 덕德을 가지고 있다고 믿었다. 물은 지智, 불은 예禮, 나무는 인仁, 금은 의義, 흙은 신信을 가지고 있다는 것이다. 공자孔子가 말하기를 "어진 사람은 산을 좋아하고, 지혜로운 사람은 물을 좋아한다"(仁者樂山 智者樂水)고 말했는데, 바로 오행의 덕을 알고서 한 말이다.

오행은 방위方位와도 관계가 있는데, 북쪽은 물, 남쪽은 불, 동쪽은 나무, 서쪽은 금, 중앙은 흙이다. 오행은 각각 색깔을 가지고 있는데, 물은 어둠침침하고[玄], 불은 붉고[赤], 나무는 푸르고[靑], 금은 희고[白], 흙은 누렇다[黃]고 본다. 이 5가지 색깔을 오방색五方色이라고 한다. 한국인은 오방색을 매우 사랑하여 음식, 의복 등에 오방색을 적용했다. 비빔밥의 색깔이 그렇고, 색동옷이 그렇다. 심지어 한반도 지도를 그릴 때에도 오방색을 사용하여 경기도는 노란색, 강원도는 푸른색, 황해도는 흰색, 충청, 전라, 경상도는 붉은색, 평안도와 함경도는 어두운 색으로 칠했다. 이렇게 오방색으로 지도를 그린 나라는 한국뿐이다.

음양도 색깔이 있는데, 양은 붉은색, 음은 푸른색으로 본다. 태극기의 색깔이 바로 이렇게 되어 있는데, 남녀를 상징하는 빛깔도 홍청紅靑으로 보아 결혼할 때 붉은빛과 푸른빛의 옷을 입는다. 태극太極을 국기國旗로 정한 것은 한국인이 예로부터 음양오행 사상을 사랑한 결과로 조선시대에도 태극기를 국기처럼 사용했다가 개화기에 국기로 확정하였다.

오행은 신령스런 짐승으로도 보았다. 거북武은 북방이므로 어둠침침한 색이고, 용龍은 동방이므로 푸른색[靑龍], 호랑이는 서방이므로 흰색[白虎], 공작孔雀은 남방이므로 붉은색[朱雀], 중앙

에 있는 용은 노란색이다[黃龍]. 그 가운데 중앙의 황룡黃龍이 가장 권위가 높다.

사람 몸 안에 있는 다섯 개의 장기臟器도 오행으로 본다. 심장心臟은 불이고, 간장肝臟은 나무이고, 신장腎臟은 물이고, 폐장肺臟은 금이고, 비장脾臟은 흙이다. 오장五臟뿐 아니라 다섯 개의 감각기관[五官]도 오행으로 설명한다. 피부는 물과 연결되어 있고, 귀는 불, 눈은 나무, 코는 금, 입은 흙과 연결되어 있다. 이상 오행사상을 표로 만들면 다음과 같다.

음양오행사상

5행行	5방方	5색色	5수數	5덕德	5방신方神	계절	5장臟	5관官	자모음	6조曹	왕조	4대문
수水	북	흑黑(玄)	6	지智	현무	겨울	신장	피부	ㅇ	工=冬	고려	炤智門
화火	남	적赤(朱)	7	예禮	주작	여름	심장	귀	ㄴ	兵=夏	정감록	崇禮門
목木	동	청靑	8	인仁	청룡	봄	간장	눈	ㄱ	禮=春	조선	興仁之門
금金	서	백白	9	의義	백호	가을	폐장	코	ㅅ	刑=秋	신라	敦義門
토土	중앙	황黃	5	신信	황룡	여름~가을	비장	입	ㅁ	黃閣	?	普信閣
									ㅏㅗ(양)	吏=天		
									ㅓㅜ(음)	戶=地		

그런데 음양오행 사상은 여기서 그치지 않는다. 조선시대 한양의 네 도성문都城門인 흥인지문興仁之門, 돈의문敦義門, 숭례문崇禮門, 소지문炤智門[숙정문(肅靖門)]의 이름과 종로의 보신각普信閣도 오행의 인의예지신仁義禮智信을 따라 지은 것이다.

한국인이 얼마나 음양오행 사상을 선호했는지를 말해주는 대표적인 문화재는 훈민정음訓民正音이다. 다섯 개의 기본 자음 ㄱ,ㄴ,ㅁ,ㅅ,ㅇ은 오행의 모습과 천지인을 상징하는 ○□△의 모습을 참고한 것이다. 한편 훈민정음의 모음도 양모음은 땅[ㅡ] 위에 태양[ㆍ]이 있거나 사람[ㅣ]의 동쪽에 태양[ㆍ]이 있는 모습이고, 음모음은 땅 아래에 태양이 있거나 사람의 서쪽에 태양이 있는 모습이다. 참으로 절묘한 문자가 아닐 수 없다.

지금까지 설명한 것으로 보더라도 음양오행 사상이 동아시아세계의 공통된 사상이라고 하지만, 특히 한국이 가장 철저하게 실천했다는 것을 알 수 있다.

9) 공동체문화

한국인은 '홍익인간'의 정신을 가지고 고조선을 세웠다는 것을 앞에서 설명했는데, 홍익인간은 바로 공동체정신을 말한다. 이미 고대부터 한국인들이 농경생활의 필요에서 공동체생활을 하면서 착하게 서로 돕고, 서로 존경하고, 생명을 아끼는 풍습을 지니고 살았다는 것을 중국의 여러 책이 지적한 바 있다. 그래서 중국인들이 한국을 가리켜 '군자국', '동방예의지국', '소중화' 등으로 불렀던 것이다.

한국인의 공동체는 시대가 지나면서 여러 형태로 발전해갔다. 첫째, 마을공동체이다. 이를 고대에는 '향도香徒'라 부르다가, 고려~조선시대에는 '두레'로 부르고 한자로 '사社'라고 썼는데, '두레모임'이 바로 '사회社會'(society)이다. '두레'는 농사에 필요한 일을 서로 도와주는 것이 가장 중요한 목적이지만, 사람이 죽으면 장례를 함께 치러주고, 자연재난을 당했을 때 힘을 모아 구제해주고, 가을에는 무리를 지어 함께 춤과 음악을 즐기면서 하늘에 제사를 지내기도 했다. 지금 '두레패'로 불리는 농악대農樂隊가 바로 그런 전통에서 생긴 것이다. 그리고 국가가 침략을 당하면 앞장서서 의병義兵을 만들어 전장에 나가 싸웠다. 우리 속담에 '이웃사촌'이라는 말이 있는데, 비록 남남이라도 서로 이웃하여 도와주는 힘이 피붙이인 사촌보다도 더 낫다는 뜻이다.

한국은 역사적으로 다른 민족의 침략을 많이 당했는데, 그때마다 관군官軍보다는 항상 민병대民兵隊 즉 의병들이 적극적으로 참여하여 승리를 거두었다. 고구려와 수, 당과의 전쟁, 고려의 거란과의 전쟁, 몽고와의 전쟁, 조선시대 임진왜란, 일제강점기의 항일운동 등에서 승리를 거둔 힘이 모두 여기서 나왔다. 삼국통일의 원동력이 된 신라의 화랑도花郎徒 조직도 바로 이런 공동체를 말한다. 고구려와 백제도 이런 조직이 있었다. '두레'는 말하자면 평상시에는 생산공동체요, 종교공동체요, 오락공동체이지만 국가 유사시에는 군사공동체로 변하여 나라를 지켜왔다.

조선시대에 들어와서는 '두레' 말고도 '향약鄕約'으로 불리는 공동체가 새로 생겼다. '향약'은 남자 중심의 공동체로서 도덕과 예의, 경제적 상부상조, 국가에 대한 책무 등을 부과하고, 죄를 지은 자에게 벌도 내리는 공동체로써 사회질서를 안정시키는 것을 목표로 했다. '두레'가 남녀노소와 계층을 가리지 않고 함께 춤추고 노래하기도 하는 공동체이기 때문에 사회질서를 어지럽히는 문제점이 제기되어 그 대안으로 만든 것이 '향약'이었다. '향약'은 송나라 주희朱熹가 만든 송나라 향약을 모델로 삼아 시행했지만,[4] 한국의 향약은 계契라는 재원財源을 만들어 경제적 상부상조를 추구한 것이 중국과 달랐다.

공동체의 두 번째 형태는 가족공동체와 친족공동체이다. 가족공동체를 위한 윤리는 '삼강오륜三綱五倫'[5] 속에 들어 있는데, 부모에 대한 효孝와 부부 사이의 구별을 매우 강조했다. 효는 부모를 봉양하고 부모가 죽은 뒤에는 제사를 잘 지내고, 부모의 뜻을 존중하며 따르는 것이나, 부모가 잘못을 하는 경우에는 비판하면서 만류하는 것도 효로 보았다. 부부 사이의 구별은 남편이 바깥일 곧 사회생활을 하고 아내는 집안일을 하는 것을 말한다. 여자의 사회활동을 막은 것은 여성에 대한 차별을 의미하지만 가정 안에서 여성의 지위는 다른나라에 비해 높았다.

모계제母系制 전통이 강한 한국에서는 딸이 부모의 재산을 아들과 똑같이 상속받는 제도가 내려오다가 17세기 이후로 아들 중심으로 바뀌어가기 시작했지만, 남녀평등 상속제도의 전통은 완전히 없어지지 않았다. 한편 조선시대 첩妾 제도가 생기면서 서자가 차별을 받기 시작했지만, 오히려 본처本妻의 지위는 전보다 높아졌으며, 벼슬아치가 본처를 소박하는 경우에는 엄중한 벌로 다스렸다. 흔히 조선시대 '칠거지악七去之惡'[6]으로 여성이 이혼당하는 경우가 있는 것

---

4) 향약鄕約에서는 크게 네 가지 강목을 실천했다. (1) 덕업상권德業相勸, (2) 예속상교禮俗相交, (3) 과실상규過失相規, (4) 환난상휼患難相恤이다. 덕업상권은 도덕적인 행동을 서로 권장하는 것, 예속상교는 서로 사귈 때 예의를 지키는 것, 과실상규는 죄를 지은 사람을 논의하여 벌을 주는 것, 환난상휼은 경제적으로 어려운 사람을 서로 도와주는 것이다.

5) 삼강三綱은 군위신강君爲臣綱, 부위자강父爲子綱, 부위부강夫爲婦綱을 말한다. 임금은 신하의 벼리요, 부모는 자식의 벼리요, 남편은 아내의 벼리라는 뜻이다. 여기서 '벼리'는 그물을 잡아당기는 굵은 줄을 말한다. 오륜五倫은 군신유의君臣有義, 부자유친父子有親, 부부유별夫婦有別, 장유유서長幼有序, 붕우유신朋友有信을 말한다. 즉 임금과 신하 사이에는 의義가 있어야 하고, 부모와 자식 사이에는 친함이 있어야 하고, 부부 간에는 구별이 있어야 하고, 나이가 많고 적은 사람 사이에는 순서가 있어야 하고, 친구 사이에는 믿음이 있어야 한다는 것이다.

6) 칠거지악七去之惡은 아내를 내쫓을 수 있는 일곱 가지 조건을 말하는데, (1) 시부모에 공손하지 못함, (2) 아들을 낳지 못함, (3) 나쁜 유전병, (4) 다른 남자와 부정한 행동, (5) 질투, (6) 말이 많은 것, (7) 도둑질이다.

처럼 오해하지만, 그런 일은 거의 없었다. '삼불거'[7]가 있어서 '칠거지악'은 무의미했다.

한국의 친족제도는 남자 쪽 친족만이 아니라 여성 쪽 친족도 똑같이 존중한 것이 특징이다. 과거제도에서 응시자의 신분을 따질 때에도 외할아버지 이름을 반드시 쓰도록 하여 남자 쪽 친족이 낮더라도 외가 쪽 신분이 높으면 이를 존중했다. 조선 전기의 《족보》는 딸과 사위 이름까지도 기록하여 외가, 처가, 사위 집안까지 함께 존중하는 관습이 있었다. 이런 사례는 다른 나라에는 없다.

가족공동체와 친족공동체를 존중하는 전통이 때로는 다른 가문에 대한 배타성으로 나타나기도 했지만, 후손들에게 가문에 대한 자부심을 심어주어 정체성과 경쟁심을 잃지 않도록 분발시키는 순기능이 컸다. 일제강점기의 창씨개명創氏改名은 이러한 한국인의 가문에 대한 자부심을 잃게 만들어 일본인으로 동화시키려는 정책이었다.

한국인의 공동체정신은 지역이나, 가족 또는 친족공동체에만 머문 것은 아니다. 국가공동체에 대한 사랑도 남달랐다. 요즘 말로 하자면 애국심이지만, 옛날 표현으로는 나라에 대한 충성忠誠이다. 나라에 대한 충忠과 부모에 대한 효孝는 똑같은 비중으로 중요했다. 이런 충성심으로 국가가 위험에 처하면 일치단결하여 도와주는 전통이 있었다. 군사적 위험이 클 때에는 의병義兵으로 나가서 싸우고, 경제적으로 위험할 때에는 사재를 털어 국가에 헌금하기도 했다. 대한제국 때 일본에 진 빚을 갚기 위해 국채보상國債補償 운동을 벌이고, 1997년에 외환위기가 오자 전 국민이 금 모으기 운동을 전개하여 세계를 놀라게 한 일도 있다.

8·15 광복 후 서양의 개인주의가 들어오면서 한국인의 공동체정신이 많이 흔들리고 개인의 자유와 권리를 찾으려는 풍조가 커졌다. 이는 개인의 발전을 위해 좋은 점도 있지만, 지나친 개인주의는 공동체 정신을 해칠 수도 있다. 개인의 자유와 권리보다는 개인의 인격완성을 통한 공동체의 안정을 추구한 전통시대의 가치를 개인주의와 접목시킬 필요가 있을 것이다. 인격완성을 소홀히 하는 개인주의는 사회갈등을 증폭시킬 위험이 있다.

10) 교육열

한국의 전통문화 가운데 세계적으로 인정받고 있는 것 가운데 하나는 높은 교육열과 수준높은 기록 문화이다. 공자孔子는 《논어論語》의 첫머리에서 "배움을 때에 맞추어 실천하면 기쁘지 아니한가"라고 말했다. 공부가 인생의 최고 즐거움이라는 것을 깨우쳐 준 것이다. 이러한 공자의 가르침을 한국인은 모범적으로 실천했다.

한국인의 높은 교육열은 유교의 가르침도 있지만, 역사적으로 대륙에서 교육수준이 높은 지배층이 전란을 피해 파상적으로 망명해 온 데다가, 과거제도로 "배워야 출세한다"는 통념이 형성되고, 생산노동은 노비가 맡아주는 등 여러 요인이 결합된 결과이다. 한국의 정치를 이끌어온 주체는 교육수준이 높은 학자–지식인층이었으며, 이 점은 과거제도 자체가 없고, 무사층

---

7) 삼불거三不去는 여자를 내쫓을 수 없는 세 가지 조건을 말한다. (1) 시집와서 부모의 3년 상을 지낸 경우, (2) 시집온 뒤로 시댁이 부귀가 높아진 경우, (3) 쫓아내면 의지할 곳이 없는 경우가 그것이다. 요즘의 여성보호법보다도 더 여성을 보호하고 있다.

武士層이 대대로 정치를 주도해온 일본의 정치 전통과는 매우 다르다.

한국의 교육열이 얼마나 높은가를 상징적으로 보여주는 문화재가 바로 금속활자이다. 세계 최초의 금속활자로 펴낸 책은 고려시대의 제도사를 정리한 《상정고금례詳定古今禮》(1234~1241)라는 책인데 이 책은 지금 남아 있지 않지만 독일의 구텐베르크가 1454년에 마인츠에서 금속활자로 찍은 《42행성서》보다 약 220년이 앞선다. 지금 남아 있는 가장 오래된 금속활자본은 1377년(우왕 3)에 청주의 흥덕사에서 간행한 《직지심체요절直指心體要節》이라는 불교서적인데, 이것도 서양보다는 77년이 앞선다. 불행히도 이 책은 국내에 남아 있지 않고, 지금 프랑스국립도서관에 보관되어 있는데, 세계 최초의 금속활자본으로 인정받고 있다.

금속활자는 목판인쇄에 비해 시간과 비용이 크게 절감되어 여러 종류의 책을 신속하게 간행하는데 크게 기여했으며, 조선 초기에는 활자와 인쇄술이 계속 개량되었고, 국립출판소인 교서관校書館에서는 150여 명의 인쇄 기술자들이 책을 발간하여 "출판되지 않은 책이 없고, 독서하지 않는 사람이 없다"는 말이 나올 정도로 출판활동이 왕성했다.

책과 관련된 종이 생산도 발달하여 아시아에서 가장 우수한 종이생산국이 되었고, 중국과 교류하는 물품 가운데 종이가 인삼, 강화 화문석花紋席(꽃무늬 돗자리)과 더불어 3대 품목이 되었다. 조선 종이는 중국 황실과 화가들의 애용품으로 인기를 끌었는데, 가죽처럼 질겨서 등피지等皮紙라고도 하고, 거울처럼 반질반질하여 경면지鏡面紙라고도 불렸다. 한국 종이는 수명이 길어 천년지千年紙라고도 불렸는데, 실제로 약 2천 년간 보존이 가능하다.

교육기관인 학교는 국립과 사립 모두 발달했다. 고려시대에는 국립대학인 국자감國子監이 개성에 있고, 지방에는 주요 군현에 향학鄕學이 있었으며, 벼슬을 그만둔 고관들이 세운 사립학교가 고려 중기에는 12개나 있어서 개성의 거리마다 글 읽는 소리가 들렸다. 인종 때 송나라 사신으로 온 서긍徐兢의 《고려도경高麗圖經》을 보면 골목마다 학교가 있고, 궁중에는 수만 권의 책을 보관한 도서관이 있는 것에 놀라움을 표하고 있다. 당시 송나라에 없는 책도 고려에는 있어서 수천 권을 필사해 가기도 했다.

조선시대에는 국립대학으로 성균관이 있고, 한양에는 네 곳의 부部에 부학部學이 있으며, 지방의 350여 개 군현마다 향교鄕校가 있었다. 사립학교로는 지방 유지가 세운 서원書院이 수백 개에 이르고, 마을마다 초등교육기관인 서당書堂이 수만 개를 헤아렸다. 여성에겐 학교 입학이 허용되지 않았지만 양반여성은 가정교육을 통해 교양을 쌓아, 대학자 율곡을 가르친 어머니 사임당 신씨師任堂申氏(1504~1551), 허균許筠의 누이이자 시인이었던 허난설헌許蘭雪軒(1563~1589), 임성주任聖周의 여동생으로 《문집文集》을 낸 윤지당 임씨允摯堂任氏(1721~1793) 같은 걸출한 여성지식인이 속출했다.

19세기 후반 개화기에는 "아는 것이 힘이다"라는 구호를 내걸고 수많은 신식학교를 세워 근대교육과 여성교육을 시작했는데, 여기서 배출된 인재들이 근대 한국을 이끈 지도층이 되었다.

한국인의 치열한 교육열에 외국인들도 감동하여 정한론征韓論을 주장한 일본 근대화의 아버지 후쿠자와 유키치福澤諭吉 조차도 집집마다 글을 읽고 있는 조선을 배우자고 말했으며, 1866년 병인양요 때 강화도를 점령한 프랑스 군인도 농촌 가옥마다 책이 있고, 독서열이 높은 조선인에 감동을 받은 보고서를 본국에 보내면서 자존심이 상한다고 했다. 최근 미국 오바마 대통령은 기회가 있을 때마다 한국의 교육을 배우자고 말하고 있는데, 이는 우연한 일이 아니다.

광복 후 대한민국의 발전을 일컬어 '한강의 기적'이라고 부르는데, 그 힘은 바로 치열한 교육열에 있다고 할 수 있다. 한국은 자연자원은 빈약하지만 인적자원만은 풍부한 나라이다.

11) 기록문화

지금 유네스코에서는 해마다 세계기록문화유산을 선정하고 있는데, 2022년 현재 한국은 17종, 중국이 13종, 일본은 7종을 올려놓고 있다. 독일이 24종으로 가장 많지만, 그 내용을 보면 지방 수도원의 일기라든가, 베토벤이 쓴 악보 등 개인 또는 지역의 기록이 대부분이다. 이에 반해 한국의 기록문화유산은 거의 대부분이 국가 차원에서 만든 것으로 분량도 매우 많다. 17종을 소개하면 다음과 같다.

1) 고려대장경高麗大藏經	7) 허준의 동의보감東醫寶鑑	13) KBS특별생방송 '이산가
2) 직지심체요절直指心體要節	8) 조선왕조의궤朝鮮王朝儀軌	족을 찾습니다' 기록물
3) 조선왕조실록朝鮮王朝實錄	9) 이순신의 난중일기亂中日記	14) 무예도보통지(북한)
4) 승정원일기承政院日記	10) 5·18 민주화운동 기록물	15) 조선통신사에 대한 기록
5) 일성록日省錄	11) 새마을운동자료	16) 국채보상운동기록물
6) 훈민정음해례訓民正音解例	12) 한국의 유교책판	17) 조선왕실 어보와 어책

《고려대장경》은 가장 우수한 동양불교문화 백과사전에 해당하는 문화재이고, 《직지심체요절》은 세계에서 가장 오래된 금속활자본 불교이론서이며, 이 둘은 고려시대에 제작된 기록물이다.

그 다음 8종은 조선시대의 기록문화로 《조선왕조실록朝鮮王朝實錄》은 조선왕조 500년간의 통치기록으로써 중국의 《명청실록明淸實錄》을 능가하는 자료적 가치를 지니고 있다.

《실록》은 임금이 세상을 떠난 뒤 다음 왕대에 수백 명의 편찬위원이 공동작업으로 편찬하는데, 국무회의 속기록인 《사초史草》[8], 각 관청의 업무일지를 모은 《시정기時政記》[9], 《승정원일기》, 승정원에서 발행한 관보官報인 《조보朝報》[10] 등에서 자료를 뽑아 날짜 순으로 기록하는데, 4건을 활자로 발간하여 서울에 1건, 지방에 3건을 분산 보관했다.[11] 하지만 지금 남아 있

---

8) 《사초史草》는 예문관藝文館에서 파견된 한림翰林(7~9품에 해당하는 奉敎, 待敎, 檢閱을 말한다. 이들을 사관史官으로도 부른다) 이 2명씩 임금의 좌우에 앉아 임금과 신하의 말과 행동을 각각 기록하는데, 이 속기록을 《사초》라고 한다. 사초는 임금도 볼 수 없도록 사관이 자기 집에 보관했다가 《실록》을 편찬할 때 국가에 바쳤다.

9) 시정기時政記는 춘추관에서 매년 작성하는데, 각 관청의 업무일지인 《등록謄錄》을 모아 날짜별로 통합한 자료이다. 그러니까 〈사초〉가 국무회의 기록이라면 〈시정기〉는 행정일지에 해당한다.

10) 조보朝報는 국가의 중요 인사이동과 주요정책을 서울과 지방의 관료들에게 알려주기 위해 만든 관보이다.

11) 임진왜란 이전에는 서울의 춘추관에 1건을 보관하고, 지방에는 충청도 충주忠州, 전라도 전주全州, 경상도 성주星州에 각각 1건씩 보관했는데, 임진왜란 때 전주실록만 남고 나머지는 모두 불타버렸다. 왜란 후 전주실록을 가지고 다시 4건을 만들어 서울 춘추관, 영주 태백산榮州太白山, 무주 적상산茂朱赤裳山, 평창 오대산平昌五臺山 등 깊은 산속에 보관하고, 전주실록은 강화도 정족산鼎足山에 보관했다. 그런데 춘추관 실록은 인조 대 이괄의 난 때 불타 없어지고, 나머지 실록 중에서 오대산실록은 일제강점기에 동경제국대학으로 가져가고, 적상산실록

는《실록》은 한국에 2건[정족산실록(전주실록)과 태백산실
록], 북한에 1건[적상산실록] 뿐이다. 춘추관실록은 인
조 때 이괄의 난으로 왕궁이 불타면서 소실되었고,
오대산실록은 일제강점기에 동경제국대학으로 유
출되었는데, 1923년 관동대지진 때 대부분 불타버
렸으며, 타다 남은 몇십 부 실록은 몇 년 전에 서울
대학으로 돌아왔다.

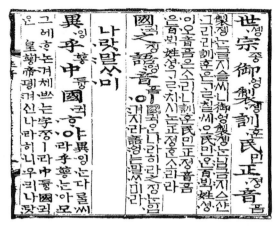

훈민정음 언해본

　《승정원일기》는 국왕비서실인 승정원의 일
기인데 조선 전기의《승정원일기》는 왜란 때 없어
지고 지금 남아 있는 것은 조선 후기 기록뿐이지
만, 분량은《실록》보다도 더 방대하다.《일성록》은
18세기 중엽 정조正祖가 세손 시절부터 기록하기
시작한 일기로 왕조가 끝날 때까지 이어진 임금의 일기다. 매일매일 정치를 반성한다는 뜻에서
《일성록》이라는 이름을 붙였다. 전 세계에서 임금이 방대한 일기를 200년 이상 기록하여 남긴
나라는 한국뿐인데, 그 내용은 임금이 읽은 책의 페이지, 외출할 때 입은 옷과 모자, 가마, 그리
고 동선動線까지 기록하는 등 분량도《실록》보다 많다.

　《실록》,《승정원일기》,《일성록》이 정치에 관한 자료라면《훈민정음해례》와《동의보감》
은 문화에 관한 자료다. 전자는 훈민정음訓民正音을 제작한 원리를 당시에 설명한 책으로 전 세
계에서 문자에 대한 해설서는 이 책이 유일하다. 허준許浚(1546~1615)이 지은《동의보감》은 뛰어
난 의학서로 중국에도 크게 영향을 미친 책이다.《조선왕조의궤》는 조선시대 왕실의 혼례, 장
례, 제사, 행차, 잔치, 책봉 등 국가의식에 관한 실행 보고서로 행사의 주요장면과 주요도구를
원색으로 그려넣어 현장감을 생생하게 보여줄 뿐 아니라, 행사의 절차, 비용, 참가자의 이름 등
을 상세하게 기록하고, 책의 장정 또한 아름다우며 크기도 보통 책의 두 배가 넘는 등 예술적
가치까지 지니고 있어 기록문화의 꽃으로 불린다. 전 세계에《의궤儀軌》를 남긴 나라는 한국뿐
이며, 책의 분량도 수천 권에 이른다.

　이순신 장군이 임진왜란 중 전쟁상황을 빠짐없이 기록한《난중일기》는 16세기 말 동아
시아 국제 전쟁인 임진왜란 연구에 도움을 줄 뿐 아니라 문무를 겸비한 이순신 장군의 면모도
잘 보여준다.《5·18 민주화운동 기록물》과《새마을운동자료》는 대한민국의 현대사 자료이지만,
민주화운동과 새마을운동이 전 세계적으로 큰 영향을 주었다는 점에서 자료적 가치가 높다.

　한국의 기록문화가 세계적으로 높은 수준에 있었던 것은 바로 한국인의 교육수준과 정
치수준이 높았기 때문이다. 국가기록을 '정치의 거울'로 보고 정직하고 상세한 기록을 남겨 정
치를 반성했으며, 개인이 남긴 수많은《문집文集》도 개인의 일생을 반성하는 뜻에서 편찬한 것

은 창경원 장서각으로 옮겼으며, 태백산실록과 정족산실록[전주실록]은 경성제국대학 도서관에 넘겨주었다. 6·25
전쟁 때 적상산실록은 북한에서 가져가고, 경성제국대학에서 관리하던 2건의 실록은 서울대학에서 넘겨받아
관리하다가 태백산실록은 국가기록원에 넘겨주고, 지금은 정족산실록[전주실록]만 보관하고 있다. 동경제국대학
이 보관하고 있던 오대산실록은 관동대지진 때 불타다 남은 것만 몇 년 전에 서울대학교로 다시 돌아왔다.

이다. 행동이 바르지 못한 사람은 기록을 남기지 않고, 정직한 기록을 남기는 사람은 과오를 크게 범하지 않는 것이 상식이다.

오늘날 대한민국의 기록문화는 옛날에 비해 크게 후퇴하여 안타까움을 주고 있으며, 그것이 바로 정치의 후진성을 말해주고 있다. 민주정치는 투표와 정쟁만으로 이루어지는 것이 아니라 정치의 도덕성을 높이는 것이 급선무이며, 도덕성의 중심에 기록문화가 있다는 것을 명심할 필요가 있다.

12) 귀화인 집단과 문화적 단일성

한국은 현재 소수민족이 없는 국가로 역사적으로 단일민족문화를 이루며 살아왔다. 현재 54개 소수민족을 거느린 중국과도 다르고, 민족구성이 복잡한 동남아 국가들과도 다르며, 아이누족과 말레이족, 그리고 한반도인이 합쳐진 일본과도 다르다.

그렇지만 한국인은 결코 혈통적으로 순수한 단일민족은 아니요, 정신적, 문화적 일체감이 비교적 강한 단일민족이다. 물론 일제강점기에는 일본 제국주의에 대한 저항 수단으로 혈통적 단일민족을 강조하는 대종교大倧敎 신도들이 이른바 '배달민족주의'를 들고 나와 '배달족' 즉 '아사달족' 전체를 하나의 단일민족으로 간주하고, 한국사를 새롭게 쓰기도 했다. 그리하여 중국 동북지방과 한반도의 아사달족 전체 지역을 고조선으로 해석하고, 요遼, 금金, 원元, 청淸까지도 배달족의 역사로 해석하기도 했다.

그러나 이런 단일혈통 민족주의는 역사의 진실에도 맞지 않고, 이웃 나라와의 우호친선에도 도움이 되지 않는다. 아사달족은 동일한 문명권으로 출발한 것은 사실이지만, 역사의 흐름 속에서 언어도 달라지고, 국가도 달라지면서 한국사와 다른 길을 걸어갔고, 수차례 전쟁을 치르기도 했다.

다만 한국인의 주류는 단군을 조상으로 받들고, 하늘과 태양을 숭상하는 아사달 농경민이지만, 중국대륙에서는 북방족과 중화족 사이의 왕조교체가 빈번하게 이루어지고 전란이 끊이지 않고 일어났는데 그때마다 집단적인 이주자가 들어와서 한국인으로 동화되었다. 귀화인의 주류는 옛 아사달족이지만, 북방유목민이나 중앙아시아족, 심지어 인도나 베트남, 일본 등지에서도 귀화인이 들어 왔다.

지금 한국인의 성씨 가운데 귀화인 성씨가 절반 정도를 차지하고 있는데 이들이 정치사에서 차지하는 비중은 매우 크다. 예를 들면 최초의 대규모 이주집단인 은殷나라 귀족출신의 기자족箕子族은 기자조선을 세우고, 마한을 이끌어갔으며, 뒤에는 한씨韓氏, 기씨奇氏, 선우씨鮮于氏로 나뉘어 신라, 백제, 고구려 땅으로 흩어져 살았다. 그 뒤 연燕 나라의 위만衛滿 집단이 들어와 위만조선을 세우고, 신라 땅으로 들어가 진한辰韓을 세운 것으로 보인다. 기자족과 위만족은 산동지역과 요서지역에 살던 아사달 농경족이었다.

부여, 고구려, 백제, 신라, 가야를 세운 왕족은 말을 잘 타는 북방의 반농半農 – 반유목半遊牧의 기마족騎馬族이었다. 이들은 뛰어난 기동력을 이용하여 농경민을 삽시간에 정복하고 새로운 고대국가를 세운 것이다. 이들은 아사달족 가운데서도 초원지가 많은 북방에 살던 족속으로 보인다. 신라가 골품제도骨品制度로 주민을 편제한 것은 정복자의 지배체제를 오래 유지하기 위한 신분제도이다. 이들 기마족의 일부는 일본열도로 건너가 일본 최초의 국가인 야마토국大和國을 세우기도 했다.

삼국이 세계적인 대국을 건설한 당唐 나라와 교류하면서 귀화인의 범위는 실크로드로 확산되었으며, 당이 망하고 5대 10국의 혼란기가 오자 대륙인의 이주가 대규모로 진행되어 고려로 들어왔고 여기에 발해유민까지 유입되면서 새로운 지도층이 부상했다. 그 가운데 하나가 광종光宗 때 과거제도를 건의한 후주後周 사람 쌍기雙冀다. 우리나라 성씨 가운데 이 무렵 귀화한 성씨가 적지 않다.

거란과의 오랜 전쟁을 거치고 몽골의 간섭을 받으면서 망명객이 또 폭주했다. 천민으로 알려진 재인才人, 백정白丁, 양수척揚水尺, 기생妓生 등이 거란족으로 알려지고 있으며, 원나라 귀화인 중에는 역관譯官, 의관醫官, 천문관天文官 등 기술자들이 많았다. 이들은 조선왕조 개국공신 대열에 참여하기도 하고, 세종의 지우知遇를 입어 과학기술발전에 큰 기여를 했다. 개국공신 이민도李敏道는 의학에 밝았으며, 천문기계와 물시계를 만든 장영실蔣英實은 고려 말 귀화한 중국인의 아들이다. 집현전 학자로 이름을 떨친 설순偰循도 위구르에서 귀화한 설손의 손자로 설장수의 아들이다.

조선 초기에는 여진족에 대한 귀화정책을 적극 추진하여 들어온 이주민은 평안도와 함경도 주민으로 편제되었다. 임진왜란과 호란 중 전쟁에 참여했던 장수와 군졸이 귀화하기도 했다. 일본인 장수, 명나라 장수들 가운데에도 귀화인이 나타나고, 호란 후에 소현세자를 호종扈從하고 온 청나라 관인 여러 명이 귀화했다.

귀화인 집단 가운데 고려 말 이후에 들어온 집단은 대부분 희성稀姓의 성씨를 가지고 있으며, 조선 후기에는 역관譯官, 의관醫官, 천문관天文官, 주학籌學[算員] 등 기술직에 대대로 종사하여 중인中人 계층으로 살았는데 이들 가운데 개화기에 개화파로 활동한 인물도 적지 않다.

역사적으로 귀화인의 지속적인 증가는 한국문화를 개방적으로 이끌면서 진화시키는 데크게 기여했다. 그렇지만, 이들은 크게 보면 아사달문화권에 살던 주민이었기에 언어와 문화가 다른 소수민족으로 남지 않고 단일한 언어와 역사계승의식을 공유하면서 문화적 단일민족으로 동화되어 살아온 것이 한국사의 특성이다.

3. 한국인의 생존능력 - 법고창신의 생존전략

그러면, 한국인이 5천 년간 국가를 운영하면서 중국문화의 영향을 크게 받고, 북방족의 군사적 침략을 수없이 당하면서도 중국문화에 동화되지 않고 정치적 독립과 문화적 정체성을 잃지 않고 생존해온 비결은 무엇인가? 국토의 크기와 인구의 규모를 가지고 본다면 이는 기적에 가까운 일이다.

개인이든 국가든 경쟁력을 높이는 최고의 생존전략은 '지피지기知彼知己', '법고창신法古創新', '온고지신溫故知新'의 지혜이다. 손자孫子의 병법兵法에 "상대를 알고, 나를 알면 백번 싸워도

지지 않는다"는 말이 바로 '지피지기 백전불태知彼知己百戰不殆'다. 여기서 "상대를 알고 나를 안다"는 것은 상대의 장점을 받아들여 자기의 장점을 합친다는 뜻이다. 이는 주체성과 개방성의 조화를 말한다. '법고창신'이나 '온고지신'도 같은 뜻이다. "옛 것을 본받고 새로운 것을 창조한다"는 것으로 자기의 좋은 전통을 사랑하면서 남의 장점을 받아들여 새로운 것을 창조할 때 경쟁력이 높아진다는 뜻이다. 우리 조상은 바로 이런 지혜를 가지고 생존능력을 키워왔다.

한국인이 전통을 계승하려고 얼마나 노력했는지 보여주는 것이 역대 왕조의 국호國號이다. 고려高麗는 고구려의 영광을 계승한다는 뜻이 담겨 있다. 고구려는 천손天孫하느님의 아들 해모수의 후손이 세운 나라일 뿐 아니라 중국과 자웅을 겨루는 강국이었기 때문이다. 고려는 이러한 전통을 계승하는 한편 세계 최선진국인 송나라 문화를 받아들여 문화수준을 한 단계 높여 송과 자웅을 겨루는 문화대국이 되었다. 조선朝鮮은 옛 조선을 계승한다는 뜻에서 국호를 정했는데, 특히 천손天孫단군이 세운 단군조선과 조선을 문명국가로 발전시킨 기자조선의 전통을 계승한다는 정신이 담겨 있었다. 기자조선은 이상적인 토지제도인 정전제井田制[12]를 실시하고, 시서예악詩書禮樂을 가르쳤으며, 팔조교八條敎[13]를 베풀어 도덕국가를 만들었다고 보았다.

'조선'이라는 국호는 '고려'보다는 더 진화된 뜻을 담고 있다. 고구려는 3국 가운데 하나이므로 지역의식을 벗어나지 못하고 있는데, 고조선은 3국의 공통 뿌리가 될 뿐 아니라, 중국의 요堯 임금과 같은 시대에 세운 나라이기 때문이다. 조선왕조는 이렇게 고조선의 영광을 계승한다는 법고적 역사의식을 담고 탄생했지만, 세계 최강국인 명나라와 그 뒤를 이은 청나라의 문화까지도 받아들여 중국과 어깨를 나란히 하는 문화국가로 발전했다. 이것이 바로 조선왕조의 '법고창신' 정책이다.

1897년에 세운 대한제국大韓帝國의 국호는 삼한三韓의 영토를 모두 아우르는 대국을 재건한다는 웅대한 꿈이 담겨 있었다. 여기서 삼한은 마한, 진한, 변한을 의미하는 것이 아니라 삼국고구려, 백제, 신라을 뜻한다. 옛 사람들은 '삼국통일'을 '삼한일통三韓—統'이라고 했다. '대한'이라는 국호는 1919년에 세운 대한민국 임시정부의 국호를 거쳐 지금 대한민국의 국호로 이어지고 있다.

대한제국은 국호에 법고적 역사계승 의식을 담았지만, 현실적으로는 전통문화와 서양 근대문화를 조화시키는 '동도서기東道西器'[14]와 '구본신참舊本新參'의 정책을 통해 주체적 근대화 정책을 추진하여 최초의 근대국가를 탄생시켰다. 한국의 전통적 정치체제나 윤리는 굳이 서양에서 배울 필요가 없고, 우리가 서양에 뒤진 것은 과학기술이므로 이를 받아들이면 얼마든지 한

---

12) 네모난 땅을 정자井字 형태로 나누면 똑같은 크기의 땅이 아홉 개가 나오는데, 그 가운데 8개 구역은 여덟 집에 나누어 주고, 가운데 1개 구역은 공동 경작하여 국가에 세금을 바치도록 한 것이 정전제이다. 기자가 평양 교외에 이런 정전을 만들었다고 전해진다.

13) 기자가 만들었다고 전해지는 '팔조교'는 8조의 법률을 말하는 것으로 그 가운데 세 가지만이 지금 알려져 있다. (1) 살인자는 사형에 처하고, (2) 남에게 상해를 입힌 자는 곡식으로 보상하고, (3) 남의 물건을 훔친 자는 노비로 삼거나 50만 전을 내게 한다. 나머지 5개 조의 내용은 알 수 없으나, 아마도 질투, 간음, 사치, 다언多言 등을 조심하도록 한 것으로 보인다.

14) '동도서기'는 한국의 전통문화를 계승하면서 서양의 과학기술을 접목시킨다는 뜻이며, '구본신참'은 전통문화를 근본으로 삼고, 여기에 서양문화를 참고하여 주체적 근대화를 하겠다는 뜻이다.

국식 근대화가 가능하다고 본 것이다. 실제로 합리적인 관료제도나 과거제도, 민본정치의 전통, 그리고 도덕적 가치 등은 한국이 서양보다도 먼저 발전시켜왔다.

'법고창신'의 정신을 가지고 '주체'와 '개방'을 조화시키면서 한국인이 추구해온 생존전략을 좀더 구체적으로 알아보면 다음과 같다.

고려 태조 왕건王建은 후손이 지켜야 할 국가운영의 10가지 기본철학인 '훈요십조訓要十條'를 지어 남겼는데, 그 가운데 다음과 같은 구절이 있다.

> 우리나라는 예부터 당풍唐風[중국문화]을 흠모하여 문물예악文物禮樂이 모두 중국의 제도를 따랐다. 그러나 중국과 우리나라는 방위가 다르고, 땅이 다르며, 인성人性[국민성] 또한 다르다. 그래서 반드시 중국과 똑같을 필요가 없다.[15]

중국과 우리나라는 국토와 자연환경이 다르고 국민성도 다르다는 것을 강조하면서 중국문화를 받아들이되 반드시 똑같게 할 필요는 없다는 것이다.

그런데 '훈요십조'와 비슷한 말을 성종 때 유학자인 최승로崔承老가 임금에게 진언하고 있어 눈길을 끈다. 그가 성종에게 올린 '시무28조'에 다음과 같은 구절이 보인다.

> 중국의 제도는 따르지 않을 수 없습니다. 그러나 사방의 습속習俗은 각기 자기의 토성土性[토착성]을 따라야 하는 만큼 모든 것을 다 중국식으로 바꿀 필요는 없습니다. 예악禮樂과 시서詩書의 가르침이나, 군신부자君臣父子의 도리는 마땅히 중국을 배워서 비루鄙陋한 것을 고쳐야 합니다. 그러나 그밖에 거마車馬나 의복제도 같은 것은 우리의 토풍土風을 따라서 사치스럽지도 않고 검소하지도 않게 하여 중용을 얻도록 해야 합니다. 꼭 중국과 똑같게 할 필요는 없습니다.[16]

최승로의 가르침도 '훈요십조'와 거의 같다. 우리보다 앞선 중국의 인문교양이라든지 군신君臣과 부자父子 사이의 윤리는 받아들여 우리의 후진성을 극복할 필요가 있지만, 의복이나 탈거리 등의 풍속은 우리의 토성土性과 토풍土風을 따라야 한다. 그래서 중국처럼 지나치게 사치스럽게 하지 말고 그렇다고 너무 초라하지도 않게 하여 중용을 얻는 것이 중요하다는 것을 일깨워주고 있다.

여기서 우리는 중국문화와 한국문화를 비교할 때 중국은 모든 것이 크고 화려하게 보이는데 왜 한국은 작고 소박한 모습을 보여주는지를 알 수 있다. 국력이 약해서 그렇게 되었다기보다는 우리 정서에 맞는 소박한 문화를 추구한 것이 근본 이유라는 것을 깨닫게 한다. 고려인들이 얼마나 개방적이면서도 주체성을 잃지 않고 살았는지를 알 수 있다.

고려문화의 수준이 얼마나 높았는지는 송나라가 고려를 대하는 태도에서 알 수 있다. 송

---

15) 원문은 다음과 같다. 惟我東方 舊慕唐風 文物禮樂 悉遵其制 殊方異土 人性各異 不必苟同

16) 원문은 다음과 같다. 華夏之制 不可不遵 然四方習俗 各隨土性 似難盡變 其禮樂詩書之教 君臣父子之道 宜法中華 以革卑陋 其餘車馬衣服制度 可因土風 使奢儉得中 不必苟同

나라는 다른 나라에서 온 사신은 조공사朝貢使로 불렸는데 고려에서 온 사신은 국신사國信使로 불러 대등한 위치에 있음을 보여주었다. 송나라에 없는 많은 책을 고려에 와서 필사해 간 적도 있었다. 송나라의 유명한 문인 소식蘇軾東坡은 한때 항주杭州의 지사知事를 지냈는데, 고려의 승려들이 대거 몰려와 항주에 사찰을 짓고 포교하고, 고려 사신들이 송나라의 책들을 구입해가는 것을 보고 두려운 생각이 들어 황제에게 고려와의 사신 왕래를 끊을 것을 건의했다. 고려인들이 중국에서 적극적인 문화활동을 하는 것에 소동파 같은 대문호도 겁을 먹었던 것이다.

조선왕조의 성군聖君으로 알려진 세종의 정치도 전통과 개방을 절묘하게 조화시켜 문화의 중흥을 가져왔다. 우선 훈민정음訓民正音을 만든 동기 자체가 자연환경의 차이를 인식하는 데서 출발했다. 풍토가 다르면 소리[말]가 다르고, 소리가 다르면 문자가 달라야 한다는 것이다. 세종 때 편찬한 《동국정운東國正韻》의 서문에도 비슷한 언급이 보인다. 신숙주申叔舟가 쓴 이 서문을 보면, 서양사람의 말은 잇소리가 많고, 북방사람의 소리는 목구멍소리가 많으며, 남방사람의 말은 입술소리가 많다고 하면서 우리나라 사람은 우리의 풍토에 맞는 말을 하기 때문에 한자음漢字音을 우리 말에 맞게 바로잡아야 한다는 것이다.

세종 때 편찬한 농서農書나 의약서醫藥書도 마찬가지로 우리 풍토에 맞는 농법과 의약품을 발전시킨 것이고, 역법曆法도 우리나라에서 관측한 시간과 날짜를 바탕으로 만들어야 한다는 취지에서 《칠정산내외편七政算內外編》을 만든 것이다. 원나라 때 발전한 선진적 과학과 기술을 전통과 접목시켰기 때문에 세계적 수준의 문화를 꽃피울 수 있었다. 훈민정음도 한국인의 체질에 맞는 문자이면서 원나라 때 만들다가 실패한 세계문자의 원리를 참고했기 때문에 동시에 국제어의 성격을 가질 수 있었다.

조선시대 성리학자性理學者들은 마치 중국 성리학을 앵무새처럼 외우고 흉내 낸 것으로 오해하는 사람이 있으나 그렇지 않다. 그들도 우리나라 현실에 맞지 않는 것은 고치고 바꾸어 한국적 성리학을 만들었음을 잊어서는 안 된다. 예를 들어 율곡 이이가 《성학집요聖學輯要》를 편찬한 것은 송나라 학자 진덕수眞德秀가 만든 《대학연의大學衍義》가 우리나라 현실에 맞지 않는 부분이 많고, 체제가 방대하고 산만한 것을 바로잡기 위한 것이었다.

조선 후기 실학자實學者나 북학자北學者도 중국의 발달한 문화를 받아들일 것을 역설했지만 그렇다고 우리의 전통문화를 버리자고 생각한 사람은 없으며, 중국 학자들이 해설해 놓은 유교 경전經典을 무조건적으로 믿지 않고, 공자孔子나 맹자孟子가 말한 원시유교를 독자적으로 새롭게 해석하려고 노력했다. 그래서 조선시대 학문은 성리학이든 실학이든 독창성이 높았다.

조선 후기 조선왕조를 중흥시킨 정조正祖도 전통과 중국문화를 접목시킨 지혜로운 임금이었다. 1796년에 준공한 신도시 화성華城의 성곽을 보면 아랫부분은 전통적인 양식을 따라 돌로 쌓고, 윗부분은 중국식을 따라 벽돌로 쌓았다. 화성건설에 투입된 거중기擧重機는 서양인이 만든 거중기를 모방한 것이지만, 이를 설계한 정약용丁若鏞은 도르래의 원리만 받아들이고, 거중기의 모습은 서양 것과 전혀 다르게 만들었다. 정조 때 중국에서 가져온 《고금도서집성古今圖書集成》 가운데 서양인 테렌츠J. Terrenz[鄧玉函]가 쓴 《기기도설奇器圖說》 속에 그려진 거중기를 참고하여 설계를 바꾼 것이다.

대한제국이 '동도서기'와 '구본신참'을 표방하여 주체적인 근대화를 추진할 때에도 동일한 정신이 깃들어 있었다. 고종이 전통을 지키려 했다고 해서 수구세력으로 보는 이가 있지만 이는 잘못된 생각이다. 우리가 원시적인 야만국으로 살아왔다면 전통을 버리는 것이 당연하지만, 우리는 그런 나라가 아니었기 때문이다. 고종은 전통을 지나치게 고수하려는 위정척사파衛正斥邪派의 태도와, 전통을 버리고 서양이나 일본 것만을 지나치게 배우려고 하는 급진개화파急進開化派의 생각이 모두 잘못된 것이라고 비판했는데, 고종의 그런 태도가 옳았다. 대한제국이 망한 것은 정부의 노선이 잘못되어서가 아니라, 제국주의 일본이 평화공존을 버리고 한국을 강점하려는 야만적인 행동에 책임이 더 크다는 것을 알아야 한다.

대한제국은 비록 망했지만 그때 추구한 근대화 정책과 민국民國 정신이 일제강점기에 '대한민국임시정부'를 탄생시켰으며, 그 토대 위에서 오늘의 대한민국이 발전하고 있음을 기억해야 한다.

4. 왕조교체의 의미 - 통합국가, 자유, 평등, 민주를 향한 발전과정

1) 통합국가 형성과정

한국사 5천 년 동안에 왕조가 여러 차례 바뀌었다. 왕조교체는 어떤 의미가 있는가? 왕조교체는 한국사의 발전에 큰 획을 긋는 변화를 가져왔다. 그 변화에는 두 가지 큰 뜻이 있는데 첫째는 국가통합과정이고, 둘째는 자유, 평등, 민주를 향한 발전과정이다. 종족과 문화가 다른 북방족과 화하족이 서로 정복하면서 왕조가 바뀐 중국사와 근본적으로 다른 점은 정복 왕조가 없다는 것이다.

먼저, 국가통합과정은 열국列國에서 단일국가로의 통합을 말한다. 한국 역사의 시작은 [고]조선에서 출발하고 있지만, [고]조선은 한국인이 세운 여러 나라 가운데 중심국가일 뿐이고, 같은 시대에 부여夫餘, 옥저沃沮, 예맥濊貊, 삼한三韓, 진국辰國 등 여러 나라가 만주와 한반도에 걸쳐 병립해 있었다. 엄밀하게 말하면 고조선시대는 열국시대로 볼 수 있다.

열국이 기원 전후하여 고구려高句麗, 백제百濟, 신라新羅, 가야伽倻 등의 4국 시대로 바뀌어 약 5백 년간 지속되었다. 그러다가 가야가 신라에 통합되면서 3국 시대가 성립되어 약 150년간 이어졌다. 7세기 중엽에 신라가 삼국을 통일하자 3국 시대는 2국 시대로 좁혀졌다. 고구려를 계승한 발해渤海가 만주와 한반도 북부에 세워져 대동강 이남의 신라와 양립하는 형세를 이루었기 때문이다. 이 시대를 남북국南北國 시대라고도 부른다.

10세기 초에 잠시 후삼국으로 분열되었으나, 곧 고려高麗가 통일하고, 거란에 패한 발해 유민까지 포섭하면서 처음으로 단일왕조국가가 등장했다. 이로써 한국사는 열국→4국→3국→2국→1국 시대로 통일되고, 그 뒤를 이어 14세기 말 조선왕조가 들어서 519년의 역사를 누렸다. 고려왕조 475년과 조선왕조 519년을 합하여 약 1천 년간 한국인은 하나의 왕조국가에서 하나의 국민으로 통합된 시대를 맞이한 것이다.

고려왕조와 조선왕조의 차이점은 무엇인가? 그 차이는 사회통합 정도에서 찾아 볼 수 있다. 고려왕조는 국가통합에는 성공했으나, 주민들은 고구려, 백제, 신라에 대한 향수를 떨치지 못하고 있었다. 고려가 고구려의 후계자임을 내세우자 신라유민의 반발이 일어났다. 고구려유민과 신라유민의 갈등은 정치적 주도권을 누가 잡느냐와 관련되어 심화되었고, 역사서술에서도 드러난다. 고려 초기에 편찬된《삼국사》가 고구려 계승 의식을 가지고 쓰인 반면, 고려 중기에 김부식金富軾 일파가 쓴《삼국사기三國史記》(1145)는 신라 계승 의식으로 쓰였으며, 무신집권시대에 편찬된 이규보李奎報의《동명왕편東明王篇》(1192)은 다시 고구려 계승 의식으로 돌아갔다.

고구려 후예와 신라 후예라는 두 갈래를 청산하게 된 것은 몽골간섭기에 일연一然이《삼국유사三國遺事》(1281)를 쓰고, 이승휴李承休가《제왕운기帝王韻紀》(1287)를 쓴 것이 계기가 되었다. 두 책에서는 삼국 이전에 [괴조선이 있어서 삼국이 모두 한 뿌리에서 나왔음을 상기시키자 삼국유민三國遺民 의식이 흐려지게 된 것이다. 그 뒤 새 왕조를 세운 주체세력은 국호도 조선朝鮮으로 정하고, 삼국을 대등하게 서술한 역사를 쓰게 되었는데, 그것이 바로 성종 때 편찬된《동국통감東國通鑑》이다. 이로써 조선왕조는 고려보다 한층 높은 수준의 사회통합을 이룩하였는데, 그렇다고 한국인 모두가 단군檀君의 자손이라고 하지는 않았다. 중국에서 온 기자箕子와 위만衛滿의 후손, 그리고 북방민족거란, 여진 등이 섞여 있기 때문이다.

한국인이 모두 단군의 후손이라는 단일민족의식單一民族意識은 일제강점기에 나타났다. 이런 생각은 한국인을 단결시켜 일제에 대항하기 위한 필요에서 만든 종교적 민족주의로 당시에는 실천적 의미가 큰 것이었지만 역사적 진실과는 다르다. 하늘과 태양을 숭상한 단군족이 한국인의 주류임에는 틀림없지만, 조상이 다른 수많은 아사달이주민과 위구르인, 베트남인, 아라비아인 등이 뒤섞여 오늘의 한국인을 형성한 것이 역사의 진실이기 때문이다. 한국인은 모두 피가 같은 민족이라는 생각은 사실에도 맞지 않을 뿐 아니라, 자칫 다른 민족에 대한 배타적인 감정을 키울 우려가 있음을 경계해야 한다.

2) 왕조교체 주체세력의 성격

역사에는 정치, 경제, 사회, 문화 등 삶의 모습이 크게 향상되는 전환기가 있다. 이런 전환기를 토대로 시대를 구분하여 큰 틀이 어떻게 바뀌었는가를 이해하는 것이 중요하다. 한국사에서 삶의 질이 향상되는 가장 큰 전환기는 왕조교체기이다.

한국사의 왕조교체는 보통 500년을 전후하여 나타났다. 삼국시대 약 650년, 통일신라 약 270년, 발해 약 230년, 고려 475년, 조선왕조 519년[대한제국 포함]이 그렇다. 특히 고려와 조선왕조는 세계적으로도 긴 왕조에 속한다. 중국사를 보면 300년을 넘긴 왕조가 거의 없고, 화하족과 북방족이 번갈아 왕조를 세우는 형태를 띠고 있으며, 일본의 경우도 정권이 바뀌는 주기가 300년 미만이다. 이에 비한다면 한국사의 왕조는 오래 지속된 것이 특징이다.

국가는 생명을 가진 유기체로 관리를 잘하면 장수하고 관리를 잘못 하면 빨리 망한다. 마치 사람이 건강을 잘 관리하면 오래 살고, 그렇지 않으면 요절하는 것과 같다. 한국사의 왕조가 장수한 비결은 왕조마다 백성의 삶의 질을 개선하는 변화가 컸기 때문이다. 삶의 질이란 정치적 민주화, 경제성장과 분배구조의 개선, 하층신분의 해방을 통한 사회평등화, 합리적 사고의 발전 등을 의미한다. 다시 말하면, 자유, 평등, 민주를 향한 진보와 발전이 왕조가 바뀔 때마다 단계적으로 이루어졌다는 것이다. 다만 자유, 평등, 민주라는 것이 개인주의를 바탕에 둔 서구식 형태와는 달리 공동체를 바탕으로 하고 있다는 점이 특징이다.

왕조교체가 삶의 질을 개선하는 변화를 가져온 이유는 왕조교체가 국민혁명의 성격을 띠고 있기 때문이다. 혁명의 주체세력은 수구세력도 아니고 서민층도 아닌 중간층에 속하는 문인文人과 무인武人들이지만, 서민층의 지지와 협력을 얻어 수구세력을 무너뜨리고 권력을 장악했기 때문에 서민층의 아픔을 덜어주는 개혁적 왕조질서를 수립하게 된다. 왕조교체를 맹자孟子가 말한 '역성혁명易姓革命'으로 정당화하는 이유가 여기에 있다. 민심民心과 천심天心을 얻은 새로운 지도자가 민심과 천심을 잃은 폭군을 평화적 또는 물리적으로 바꿀 수 있다는 이론이 바로 '역성혁명'이다. 여기서 중요한 것은 새로운 권력이 민심과 천심을 얻는 개혁을 단행할 때 비로소 권력의 안정이 장기적으로 지속된다는 점이다.

왕조교체의 과정을 좀더 구체적으로 살펴보면 왕조멸망의 1차적 원인은 수구세력의 탐욕이 극대화하는 데서 비롯된다. 수구세력의 권력과 재물에 대한 탐욕이 극대화되면 그 피해가 중간층과 서민층에게 돌아가고, 서민층의 저항이 반란형식으로 먼저 일어난다. 그러나 서민층의 저항은 구질서를 뒤흔들어 놓는 데는 성공하지만, 새로운 질서를 세울만한 경륜이 없어 권력을 잡는 데는 실패한다. 이에 반하여 중간층에 속하는 문인과 무인은 새 질서에 대한 경륜도 있고 물리적 힘도 있다. 중간층 가운데에도 혈통의 정통성이 약하고, 지역적으로 변방에 속하는 중간층이 개혁성이 강하다. 이런 집단을 '한계인 집단'(marginal group)으로 부른다.

역사적으로 왕조국가의 시조들은 대부분 한계인 집단에서 나왔다. 하늘에서 내려와 태백산에 신시神市를 세운 환웅桓雄도 장자가 아닌 서자庶子이며, 고구려 시조 주몽朱蒙, 신라 시조 박혁거세朴赫居世, 가야 시조 김수로金首露는 모두 알에서 태어나 아버지를 알 수 없으며, 백제 시조 온조溫祚는 맏아들이 아니다. 고려태조 왕건王建도 중국과 왕래하던 국제무역상의 아들로서 혈통에 중국 피가 섞여 있으며, 조선태조 이성계李成桂도 여진족과 혼인관계를 가진 함흥의 변방 출신이다. 왕건과 이성계를 임금으로 추대한 개국공신 세력들도 대부분 이와 비슷한 환경에서 자란 사람들이다. 이런 현상은 대한민국의 최고 정치지도자들도 비슷하다.[17] 이들은 서민층과의 연대의식이 강하여 개혁의 추진력을 얻게 되며, 서민층의 고통을 완화하는 개혁에 열성을 보이게 된다.

3) 왕조중심의 시대구분

인류역사는 진보의 역사이며, 한국사도 예외가 아니다. 그 진보의 가치는 자유, 평등, 민주를 향한 발걸음이며, 그 속에는 생명에 대한 가치가 내포되어 있음을 앞에서 말했다. 한국사에 있어서 왕조교체는 바로 이런 가치들이 단계적으로 진보를 가져왔다는 점에서 왕조를 기준으

---

17) 대한민국 초대 대통령 이승만은 몰락 왕족인 양녕대군의 후손이고, 민주당 대통령 후보였던 신익희는 서자, 박정희 대통령은 경상도 선산의 빈농 출신, 김영삼 대통령은 경상도 거제도 출신, 김대중 대통령도 전라도 신안군 하의도 출신이다.

로 한 시대구분이 가능하다고 본다.

시대구분은 이상하게도 유물사관의 도식圖式을 따르는 것이 마치 상식처럼 되어 있으나, 이제 그런 시대구분은 한국사에 맞지도 않고, 미래의 세계를 공산주의로 가자는 생각이 아니라면 위험한 생각이기도 하다. 혹자는 미래의 공산주의는 부정하더라도 근대까지는 노예제 – 봉건제 – 자본제 사회의 도식이 가능하다고 생각할지 모르나, 이것도 엄연한 한국사의 왜곡이다. 한국사에 맞는 새로운 시대구분을 하지 않으면, 한국사는 스스로의 정체성을 잃고 말 것이다.

한국사의 시대구분은 한국인이 역사적으로 추구해온 가치인 자유, 평등, 민주, 합리적 사고, 그 안에 내포된 생명사상을 기준으로 접근할 필요가 있을 것이다. 다만, 이 모든 것의 총체로 나타난 것이 정치형태이므로 이를 기준으로 시대를 나누면 다음과 같다.

> 1) 연맹국가시대: 삼국 이전시대
> 2) 귀족국가시대: 삼국시대
> 3) 중앙집권적 귀족국가시대: 통일신라와 발해
> 4) 반半귀족 – 반半관료국가시대: 고려시대
> 5) 관료국가시대: 조선시대
> 6) 근대국가의 태동: 대한제국시대
> 7) 일제강점기와 대한민국임시정부시대
> 8) 남북분단과 대한민국시대

여기서 연맹국가시대는 삼국 이전에 열국이 서로 경쟁을 벌이고 있던 시대로서 [괴]조선, 부여夫餘, 삼한三韓, 초기 고구려, 진국辰國 등이 포함된다. 이 국가들은 모두 천손天孫을 자부하는 아사달족이 제각기 세운 나라로 관료제도나 중앙집권을 이루지 못하고, 여러 부족단위 소국들이 서로 느슨한 연맹聯盟을 이뤄 부족장연합체의 국가를 운영했다. 지배층은 권력자의 모습보다는 제사장祭司長의 모습으로 주민들을 종교적으로 지배했다. 주민들은 지배층을 하늘의 권위를 입은 무당巫堂으로 바라보고 그들의 명령을 따랐다. 말하자면 이 시대의 정치는 신정神政이었다.

귀족국가시대는 삼국[가야를 포함하면 4국시대]시대로서 정복자가 왕족이 되고, 왕족과 토착 부족장이 연합하여 국가의 보호를 받는 귀족으로 올라섰다. 여기서 고구려, 백제, 신라, 가야를 세운 정복자들은 세련된 철기문화와 뛰어난 기마술騎馬術을 가진 북방 아사달족[부여족]으로 기원 전후 시기에 거의 동시에 남하하여 남방의 농경 아사달족을 정복하여 나라를 세웠다. 정복자들은 귀족이 되어 왕경王京에 모여 살면서 귀족특권을 세습적으로 보장하고, 대규모의 토지와 무장집단, 그리고 경작노비를 소유하고 있었다. 신라의 골품제骨品制는 바로 정복 왕족과 토착 부족장 세력을 차등을 두어 귀족으로 편제하고 세습적 특권을 보장하는 신분제도였는데, 고구려나 백제도 비슷한 성격의 신분제도가 있었다. 지방의 백성들은 자기 토지를 가진 평민층도 있었지만, 농업, 수공업, 어업 등의 주요 경제지역은 식읍食邑, 향鄕, 소所, 부곡部曲 등으로 편제되어 집단적으로 귀족국가에 예속되었으며, 그밖에 죄인이나 포로 등은 모두 노비奴婢로 편제되었다.

삼국시대 지배층의 권위는 천손의 권위와 아울러 부처의 권위를 동시에 지니고 주민을 지배했다. 말하자면 무당의 권위와 부처의 권위가 합쳐진 것이다. 다만 부처의 권위는 불교가 들어온 이후에 나타난 것으로 진리를 깨친 선각자의 권위를 가진 것이다.

그런데 불교는 윤회설輪回說로 주민의 신분구조를 정당화했다. 노비의 경우는 전생에 죄를 지어 노비로 태어났다는 믿음을 갖도록 한 것이다. 하지만 무당이 지닌 홍익인간弘益人間의 사랑이 있고, 부처의 자비사상이 함께 작용하여 주민을 혹독하게 지배하지는 않았다.

흔히 삼국시대를 노예제奴隸制로 보기도 하지만, 이는 서양의 노예제도와는 다르다. 서양의 경우는 노예 자체가 인종적으로 다르기 때문에 그들을 가혹하게 다루었으나, 삼국시대의 노비는 같은 아사달족 사이의 정복 과정에서 생긴 피정복민이기 때문에 문화적, 인종적 친화감이 높아 보인다. 예를 들어 서양의 그리스나 로마제국의 노예, 16세기 이후 아프리카에서 데려온 흑인노예에 이르기까지 서양의 노예는 대부분 백인과 다른 피부와 문화를 가진 이종족이었다. 그러니 그들을 백인과 동등하게 대우하기는 쉽지 않았을 것이다. 따라서 문화적, 인종적 동질감이 높은 한국사의 노비를 서양의 노예와 동일시하는 것은 곤란하다.

통일신라와 발해는 귀족정치를 완전히 청산한 것은 아니지만 삼국시대와는 다른 정치형태를 만들었다. 가장 중요한 변화는 임금의 권위가 달라진 것이고, 골품제도가 무너지는 단계에 들어가고, 중앙집권적 관료제도가 도입되고 있었다는 사실이다. 이런 변화의 원인은 유교문화의 도입과 관련이 있다. 통일신라와 발해는 불교 및 무교의 종교와 아울러 합리적 관료제도와 민본사상을 강조하는 유교 정치사상이 동시에 병존하여, 유교가 점차 귀족정치체제를 중앙집권적 관료국가로 변화시키는 촉매제의 역할을 수행했다. 유교가 보여주는 임금의 권위는 천손의 후예인 무당도 아니고 진리를 모두 깨친 부처도 아니며, 도덕수양을 많이 쌓고 백성을 사랑하는 성인聖人의 권위일 뿐이다. 따라서 백성을 사랑하지 않는 임금은 백성이 내칠 수도 있는 존재이다. 이렇게 임금의 신성한 이미지는 축소되었지만, 그렇다고 천손과 부처의 권위가 모두 무너진 것은 아니었다.

이제 통일신라와 발해가 어떻게 유교정치를 수용했는가를 알아보자. 우선 신라와 발해는 유교교육기관을 설치하여 새로운 관료층을 길러내고, 7세기 말 신문왕神文王 때에는 관료들에게 관료전官僚田을 지급하고, 8세기 초 성덕왕聖德王 때에는 백성들에게 정전丁田을 지급했다. 이것은 귀족들이 식읍食邑의 형태로 독점하고 있던 토지를 국가가 개입하여 관료와 백성에게 재분배하기 시작했다는 것을 의미한다. 고려의 전시과田柴科와 조선의 과전법科田法, 그리고 8·15 광복 후 토지개혁으로 이어지는 토지개혁의 단초가 이때부터 시작된 것이다. 왕조국가의 수명을 연장시킨 조치는 여러 가지 있으나, 그 가운데 백성들에게 토지를 재분배하는 토지제도의 개혁은 백성의 지지를 얻는데 가장 결정적인 요소가 되었으며, 이런 개혁은 한국사에만 나타난다.

남북국시대에는 지방 군현제를 더욱 확충하고, 이곳에 파견된 지방관은 군사적인 통치에서 행정적인 통치로 통치방식을 바꾸어갔다. 이와 아울러 8세기 말에는 과거제와 유사한 독서삼품과讀書三品科를 실시하여 종전에 무재武才만 가지고 관료를 뽑던 관행을 벗어나 무치武治에서 문치文治로 통치방식이 바뀌기 시작한 것을 의미한다. 특히 수많은 신라와 발해인들이 당나라에 가서 직접 과거에 급제하기도 하여 문치의 바람이 외부에서도 들어왔다. 고려 초부터 시행된 과거제도科擧制度의 단초가 이미 이때부터 열리기 시작한 것이다.

유교정치가 도입되면서 귀족이 가지고 있던 권력과 토지, 노비도 크게 줄어들었고, 국왕의 지배를 받는 관료집단으로 변질되어 갔다.

10세기 초에 출범한 고려는 남북국시대보다 진일보한 사회를 만들었다. 태어나면서부터 권리와 의무에 제약을 받던 골품제도가 없어지고, 10세기 중엽의 광종光宗 때부터는 중국식 과거제도科擧制度가 시행되어 지방 호족 세력이 시험에 의해 관료로 등용되는 길이 열리고 문치의 비중이 더욱 높아졌다. 혈통적 신분제인 골품제도의 잔재라고 볼 수 있는 음서제도蔭敍制度로 5품 이상 고관자제들의 벼슬길을 쉽게 열어 준 것은 아직도 귀족제의 잔재가 모두 청산되지 못했다는 것을 말해주지만, 신라보다는 합리적인 관료제의 비중이 높아지면서 반귀족半貴族-반관료제半官僚制 사회를 만든 것이다. 지방 호족豪族들이 광범위하게 성씨姓氏를 갖게 된 것은 자유민이 확산된 것을 의미하며, 노비의 해방으로 노비인구도 축소되고, 고려 말에는 향, 소, 부곡 등 천민집단이 대규모로 해방되어 자유민으로 신분이 상승됐다.

10세기 말에서 시작하여 11세기 말까지 지속된 전시과田柴科는 국가에 대한 공로와 관료의 품계에 따라 차등을 두어 농지農地와 산지山地를 분배한 것으로 관료를 지나치게 우대했다는 점에서 문제가 있지만, 빈부격차를 완화하는 데 기여한 것은 사실이다.

삼국시대 정치를 좌우했던 불교와 승려의 영향력이 감소하고 민본정치民本政治를 강조하는 유교가 정치이념으로 자리함으로써 종교는 승려가 맡고, 정치는 유학자가 맡는 정교분리政教分離가 이루어진 것은 정치민주화에 크게 기여했다. 문관과 무관의 기능이 분화되어 이른바 '양반체제兩班體制'가 이루어진 것도 군사통치의 낙후성이 그만큼 극복되었다는 것을 의미한다.

조선시대는 고려사회가 지닌 귀족제의 잔재를 더 크게 털어버린 시대였다. 음서제도蔭敍制度는 더욱 축소되어 2품 이상의 자손서제질子孫婿弟姪[아들, 손자, 사위, 동생, 조카]과 실직實職을 가진 3품의 아들과 손자, 그리고 이조吏曹, 병조兵曹, 사헌부司憲府, 사간원司諫院, 홍문관弘文館 등 이른바 청요직淸要職을 지낸 자의 아들에게만 음서를 허용하되 시험을 쳐서 합격해야만 아전衙前 급의 낮은 벼슬을 주도록 했다. 이는 5품 이상 관료의 아들, 손자, 사위, 동생, 조카 중 한 사람에게 광범위하게 무시험으로 벼슬을 주던 고려시대의 음서에 비해 대폭 범위가 좁아지고 까다로워진 것을 의미한다.

음서제도가 축소된 대신 과거제도科擧制度는 더욱 확대되어 노비와 범죄자[반역자, 탐관오리와 재가녀의 자손]를 제외하고는 누구나 응시가 가능하도록 만들었다. 첩의 자식인 서얼庶孽은 처음에는 고급문관 시험인 문과文科에 응시하지 못하게 했지만 명종明宗 대 이후로 단계적으로 길을 넓혀 고종 즉위년(1863)에 차별대우를 완전히 폐지해 버렸다. 조선시대에는 서얼庶孽 가운데서도 수많은 문과급제자가 배출되었으며, 평민 가운데서도 무수한 고관대작高官大爵이 배출되어 '개천에서 용이 나오는 시대'가 열렸다.

조선시대 신분제도는 자유민 양인良人과 자유가 없는 노비奴婢로 나뉘어졌지만, 노비가 양인으로 올라가는 길을 수시로 열어주어 노비인구가 축소되고, 노비를 함부로 죽이는 것이 법으로 금지되는 등 노비의 지위도 전보다 개선되었다. 생활이 어려운 양인은 스스로 가족부양이 보장되는 노비가 되는 일도 적지 않았다.

조선시대 양반兩班을 세습적인 특권층인 것처럼 오해하고 있으나, 이는 사실과 다르다. 일부 고관 후손에게 음서의 혜택이 있었지만, 높은 벼슬아치가 되려면 반드시 문과를 거쳐야 하기 때문에 실제로 음서로 나가는 일은 별로 없었다. 과거에 급제하지 못하면 누구나 벼슬길이 끊어지고 말았다.

교육기회도 고려시대보다 한층 넓어졌다. 지방의 군현마다 관립학교인 향교鄕校가 있어서 무료로 교육을 받았고, 사립학교인 서원書院은 향교보다도 많았고, 마을마다 서당書堂이 있어서 초등교육을 받을 수 있었다. 출판문화가 발달하여 책을 쉽게 구할 수 있고, 여성은 가정교육을 통해 유교지식을 습득하는 경우가 많았다.

고려 말기 전제개혁으로 과전법科田法이 16세기 중엽까지 시행되면서 자작농自作農이 크게 늘어나고, 남에게 토지를 빌려주고 수확의 반을 받는 병작並作어우리은 노동력이 없는 홀아비, 과부, 독거노인, 외아들에게만 허용되었으며, 땅이 없는 농민과 노동력이 없는 지주가 대등하게 협력한다는 뜻에서 병작이라고 부른 것이다. 소작小作이라는 제도는 일제강점기에 처음으로 생겨난 것으로, 병작보다 나쁜 제도였다.

조선시대의 정치는 전반적으로 공익公益을 높이는 제도로 바뀌었다. 정책결정은 공론公論을 존중하여 언로言路가 넓게 열렸으며, 인사제도는 공선公選을 존중하여 시험제도를 대폭 강화했기 때문에 공부를 열심히 하면 출세하는 길이 전보다 크게 열렸다. 특히 과거시험에서 7배수를 뽑는 초시 급제자의 정원을 8도의 인구비율로 강제로 배분한 것은 지방민의 정치참여를 높이는 데 크게 기여했다.

토지는 사유私有를 인정하여 매매와 상속, 자율적 경영이 가능했으나, 다만 토지집중을 막기 위해 정신적으로는 토지공개념土地公槪念을 존중했다. 정치의 주체인 선비는 사익私益을 추구하는 것을 부끄럽게 여기고, 공익公益을 추구하는 것을 올바른 몸가짐으로 여겼다.

조선시대에는 자립이 어려운 사람들에 대한 복지정책도 확대되었다. 경제적으로 어려운 빈민貧民과 홀아비, 과부, 고아, 독거노인 등 결손가정에 여러 가지 지원을 해주고, 30세가 되도록 시집 못 간 처녀에게는 결혼비용을 도와주기도 했으며, 70세가 넘은 노인에게는 명예직을 주어 격려했다.

권력의 부정과 부패를 막기 위한 제도장치는 무서울 정도로 치밀하게 짜여졌다. 우선, 최고 권력자인 임금의 학문과 마음을 다스리기 위해 경연제도經筵制度를 실시하여 교육시키고, 세자의 교육을 위한 서연제도書筵制度도 있었다. 정치의 거울로 삼기 위해 통치행위를 낱낱이 기록하여 기록문화의 전성시대를 열었다. 부정을 저지른 탐관오리의 자손은 벼슬길을 막아버렸고, 감찰기관인 사헌부司憲府의 강력한 기능이 관료의 비행을 파헤쳤다. 관료들의 부정을 막기 위한 방책으로 상피제도相避制度를 실시하여 가까운 친척이 같은 관청에서 근무하지 못하고, 친척이 과거에 응시하면 고시관考試官을 맡지 못하고, 수령이 자기 고향에 부임하지 못하게 했다.

조선 후기 당쟁黨爭을 흔히 부정적으로 보는 경향이 있으나 그런 것만은 아니다. 당파는 학문과 이념을 바탕으로 여러 정파가 경쟁하고 견제하는 정치형태로써 정당정치의 효시로 볼 수 있으며, 치열한 경쟁을 통해 정치가 깨끗해지고 정치민주화를 촉진하는 긍정적인 효과도 컸다. 다만, 정당이 의회정치와 연결되지 못하고 관료정치와 연결되었기 때문에 정파 간의 경쟁이 정치보복으로 이어져 많은 사람을 다치게 한 것이 부정적인 측면이다.

전체적으로 조선시대는 권력의 독재와 부정부패를 막는 제도장치가 현대 민주국가보다도 더 치밀하게 짜여져서 정치의 도덕성과 백성의 공익公益을 높이는 데 기여했다.

조선시대의 지배적인 사상인 성리학性理學은 우주자연의 원리와 인간사회의 원리를 통일적으로 파악하는 철학으로 우주자연과 인간을 지배하는 기본원리를 '이理'로 보는데, '이'는 생명을 창조하고 사랑하는 '선善'[착함]이다. 그러니까 우주자연의 헌법을 '사랑'으로 본다고 해도 좋다. 하지만 우주자연과 인간사회에는 우수한 것과 열등한 것이 병존하고 있어 모든 만물이 평등하지는 않다. 그 불평등의 이유를 형이하形而下의 '기氣'로써 설명한다. 그러나 '이'와 '기'는 따로 독립되어 있는 것이 아니라 하나로 통합되어 있다고 보아 나쁜 '기'를 얼마든지 착한 '이'로 바꿀 수가 있다.

성리학은 우주자연과 인간사회를 성선설性善說에 바탕에 두고 서로 믿고 살 수 있는 평등한 생명체로 보면서, 동시에 눈에 보이는 가시적인 불평등은 자기수양을 통해 평등하고 착한 세계로 이끌 수 있다는 낙관론을 지니고 있다. 이는 세상을 선善과 악惡의 대결로 보는 서양인의 인생관과는 다르다.

성리학에 토대를 두고 생겨난 삼강오륜三綱五倫의 윤리도 인간관계의 평등성과 불평등을 동시에 인정하는 윤리다. 삼강오륜은 수직적인 윤리도 아니고, 수평적인 윤리도 아니며, 대각선의 윤리라고 볼 수 있다. 인간관계를 상하의 질서로 보면서 동시에 상하 간의 상호책임과 의무를 부여하여 하급자의 인격을 존중하고 배려하는 질서이다.

이상과 같은 조선사회의 성격은 봉건사회의 모습과는 전혀 다른 것으로 근대 서양사회의 모습을 오히려 더 많이 닮았다고도 볼 수 있다. 다만 자유, 평등, 민주를 실천하는 방법에 있어서 서양은 개인과 투쟁을 중심에 놓고 있는데, 우리는 공동체와 도덕성을 중심에 놓고 있는 것이 다르다.

1897년 탄생한 대한제국大韓帝國은 1895년의 을미사변乙未事變[명성황후 시해사건]으로 촉발된 반일민족주의가 바탕이 되어 국민 각계각층의 열화와 같은 지지를 얻어 탄생한 최초의 근대국가이다. 근대국가는 '영토', '주권', '국민', '산업화' 등 네 가지 요소를 필요로 하는데, 대한제국은 이 네 조건 가운데 산업화만이 미진했다. 독도獨島를 확고하게 행정적인 영토로 만든 것이 이때이고, 옛 삼국시대의 땅을 모두 회복시킨다는 뜻에서 국호를 '대한大韓'으로 정해서 명실상부한 삼국통일 국가를 세우겠다는 강력한 의지를 표현했다.

대한제국은 국가의 주권을 확고하게 인정하는 국제법인《만국공법萬國公法》에 기초하여 완전독립국임을 국제사회에 선포하여 인정을 받았다. 고종高宗이 왕王에서 황제皇帝로 등극하여 중국의 제후諸侯의 위상에서 완전히 벗어나 그동안 청나라와 가졌던 조공관계朝貢關係를 청산하고, 청나라 사신을 맞이하는 영은문迎恩門을 헐고 그 자리에 독립문獨立門을 세웠다.

'국민'은 신분제도의 청산으로 가능한 것인데, 대한제국 성립 이전에 이미 신분제도가 완전히 무너졌다. 신분차별을 가장 많이 받던 계층은 서얼庶孽과 노비奴婢인데, 서얼에 대한 차별은 고종이 즉위한 직후 완전히 폐지되었으며, 노비세습제 역시 1886년에 폐지되었고, 1895년의 갑오경장甲午更張으로 노비도 모두 평민이 되었다.

대한제국은 '국민'을 위한 나라임을 실천하기 위해 '민국民國' 이념을 내세웠다. '민국'이라는 용어는 이미 영·정조 시대부터 신분제 사회를 극복하는 과정에서 생겨난 말인데, 대한제국 시대에 확고한 정치용어로 보편화되었다. 대한제국의 정치는 법적으로는 황제가 전권을 가진 전제국가의 형태를 지녔지만, 그 목표는 민국건설에 있었다.

1919년 3·1 운동 직후 상해[상하이]에 세워진 '대한민국大韓民國'은 바로 대한제국의 '대한' 과 대한제국의 '민국'을 합친 국호라고 볼 수 있다. 대한제국과 대한민국의 차이가 있다면 전자 는 황제국가이고, 후자는 민주공화국民主共和國이라는 것 뿐이고, 대한제국이 대한민국으로 부활 한 것이다. 대한민국임시정부의 '헌법憲法'에 "구황실舊皇室을 우대한다"는 조항이 들어간 것도 양자의 연속성을 의미한다.

마지막으로 대한제국은 식산흥업殖産興業에도 힘을 기울여 상공업진흥을 위한 여러 시책 을 적극적으로 폈다. 철도 건설, 전화 가설, 전차 도입, 현대적 도시 개조, 각종 기술학교 설립, 각종 공장 건설, 회사와 은행 설립, 토지조사를 통한 소유권 확립 등이 그것이다. 이로써 황실수 입과 국가수입이 늘어나고, 신식군대도 양성하여 국방을 강화했다.

이제 눈을 돌려 8·15 광복 후, 1948년에 탄생한 대한민국과 대한제국 그리고 대한민국 임시정부의 관련성을 보자. 대한민국은 국호를 그대로 계승하고, 국기도 태극기를 그대로 계승 했으며, '민국'이라는 용어도 그대로 이어받았다. 대한민국은 대한제국과 대한민국임시정부의 정통성을 계승한 유일한 현대국가가 된 것이다. 대한민국은 임시정부가 실천하지 못한 두 가지 과제를 극복했다. 하나는 국민의 직접선거로 국회의원과 대통령을 뽑았다는 것이고, 다른 하나 는 국제적으로 인정 받지 못했던 임시정부와는 달리 유엔의 인정을 받았다는 점이다.

마지막으로, 일제강점기는 어떻게 보아야 하는가? 최근 일부 학자들이 '식민지 근대화 시 기'로 보는데, '식민지'와 '근대화'가 어떻게 하나로 합쳐질 수 있는지 의문이다. 근대화의 핵심 중 하나가 주권확립이라고 할 때 주권이 없던 시대를 '근대화'로 보는 것은 부적절하다. 철도, 병원, 학교, 산업시설 등이 생겨났다고 하지만 이것이 한국인을 위한 것이 아니라 식민지 착취 를 위한 시설과 제도라는 점을 간과하면 안 된다. 창씨개명, 언어 말살, 역사 박탈 등으로 민족 혼을 뺏기고, 전쟁터에 나가 목숨을 잃고, 강제노동과 위안부 동원 등으로 씻을 수 없는 상처를 입은 것은 말할 것도 없고, 광복 후에 연합군이 들어와 남북분단의 원인을 제공하고, 관존민비 官尊民卑의 반민주적 유산을 물려준 점 등을 생각하면, 이런 시대에 '근대화'라는 아름다운 호칭 을 붙일 수는 없다.

물론 일제강점기에도 영화도 만들고, 연극도 하고, 문학도 하고, 양복도 입고 다니고, 일본 과 서양을 흉내 내는 삶의 모습을 보이면서 이 땅에서 살았으므로 겉모습을 보면 '근대'로 보일 지 모르나, 천황과 총독부의 신민臣民으로 산 것은 한국 역사상 최대의 수치가 아닐 수 없다. 그 것도 한국인의 품속에서 역사를 꾸려온 정신적 후진국 일본에게 당했다는 것은 더욱 가슴 아 픈 일이 아닐 수 없다.

일제강점이 안겨준 수치를 씻기 위한 한국인의 치열한 저항정신이 8·15 광복 후 대한민 국의 발전을 가져온 정신적 원동력이 되었다는 점을 감안하면, 더욱 일제에 면죄부를 주는 평 가는 한국인의 자존심에 찬물을 끼얹는 것밖에는 되지 않는다. 만약, 한국이 대만[타이완]처럼 역 사적으로 일본보다 후진국으로 살아왔다면, 일부 긍정적인 평가도 가능할지 모르나, 한국은 대만과는 전혀 다르다.

8·15 광복 후의 현대사는 일제가 원인을 제공한 남북분단에서 시작됨으로써 남북이 모두 정상적인 국가발전을 하지 못하고, 파행적이고 굴절된 길을 걷게 되었다. 그래도 대한민국이 오늘날 산업화와 민주화를 달성하여 세계 선진국대열에 올라설 수 있었던 원동력은 대한제국과 임시정부로 이어져 온 역사적 정통성을 가지고 출범하여 5천 년 문화민족의 자긍심을 되찾고, 전통문화를 바탕으로 서양문명을 주체적으로 수용하였기 때문이다. 하지만 6·25 전쟁, 독재와의 투쟁 등으로 많은 인명이 희생되고, 좌우갈등의 골이 깊어지고, 북한과 총부리를 겨누지 않으면 안 되고, 수만 명의 탈북민이 목숨을 걸고 북한을 탈출하는 비극이 계속되고 있는 것은 참으로 가슴 아픈 일이다.

북한이 그동안 걸어온 길은 결과적으로 세계 최빈국의 하나가 되었다는 것이 실패한 역사라는 증거다. 한 국가의 성패는 주민의 생활수준에서 결정되는 것인데, 먹고 사는 문제조차 해결하지 못한다면 어떤 이유로도 정권의 정당성을 변명하기 어렵다. 북한이 실패한 이유는 무엇보다 주민의 생활 향상보다 권력 안보에만 총력을 기울여온 지도층의 과오에서 비롯된 것이다.

한국인의 미래는 남북통일과 밀접하게 관련되어 있다. 지금과 같은 대치상황이 오래 계속된다면 대한민국의 앞날도 순탄치 않을 것이다. 또 어떤 굴절과 파행이 재발할지 모르기 때문이다. 그래서 우리는 통일에 온 힘을 모아야 하고, 그러기 위해서는 대한민국이 먼저 하나로 뭉치고, 북한을 따뜻하게 끌어안는 그런 지혜를 가져야 할 것이다.

5. 사관의 여러 유형과 문제점

1) 사관이란 무엇인가?

역사는 이미 지나간 시대를 공부한다. 얼핏 생각하면 현재를 알기도 어려운데 과거를 알아서 무엇하느냐고 생각할 수도 있다. 하지만 곰곰이 생각해보면 현재라는 것은 눈 깜짝할 사이에 불과하다. 1초가 지난 일도 이미 과거이기 때문이다. 아침에 있었던 일도 저녁에 생각하면 현재가 아니라 과거이다. 사람은 미래를 위해서 살아야 하는데, 미래는 아무리 보아도 잘 보이지 않는다. 그런데 과거를 돌아보면 미래가 보인다. 어제 보았던 사람을 기억해야 내일 그 사람을 만나서 무슨 말을 할지를 더 자세히 알 수 있다.

과거는 미래를 위해서 존재하는 것이고, 현재라는 것은 1초도 되지 않는다. 과거를 돌아보는 역사가 미래를 위해 필요한 이유가 여기에 있다.

그런데 과거는 너무 복잡하여 기억만을 통해서 알 수는 없다. 시간이 오래 지나면 기억은 사라진다. 오랜 과거를 되살려주는 것이 기록이다. 하지만 기록도 너무 많고 과거의 사건도 바닷가의 모래알처럼 많아서 이 모든 사건과 기록을 보아도 진실을 알기는 어렵다.

화가가 아름다운 경치를 그릴 때 사진과 똑같을 수는 없을 것이다. 경치에서 받은 강한 인상을 강조해서 그릴 수밖에 없다. 똑같은 경치를 그려도 화가에 따라 표현이 다른 것이다. 주관적인 감동이 화가에 따라 다르기 때문이다.

역사도 이와 비슷하다. 역사가는 과거의 모래알 같은 사건과 기록에서 자기가 찾고 싶은 것을 강조해서 역사를 쓴다. 이것이 바로 사관史觀이다. 사람이 감정을 가지고 있는 이상 사관이 없는 사람은 없다. 그래서 사관이 중요하지만, 그럴수록 사관이 너무 편벽되면 곤란하다. 만약 무지개를 그리는 사람이 붉은색만을 좋아하여 빨갛게 그려놓으면 어떻게 될까? 아니면 푸른색을 좋아하여 무지개를 파랗게 칠해 놓으면 어떻게 될까? 이 모두 진실을 외면한 것이다. 무지개는 분명이 붉은색이 있고, 푸른색이 있지만, 그것이 전부는 아니기 때문이다. 무지개의 진실을 그리려면 자기가 좋아하는 색을 억제하고 일곱 가지 색을 골고루 그려야 옳다.

사관도 마찬가지다. 역사의 진실에 가까이 가려면 자기의 사관을 가능한 한 억제할 필요가 있다. 자신이 민족을 사랑하여 역사에서 민족만을 찾으려 하든지, 계급을 사랑하여 역사에서 계급만을 찾으려 하면, 민족만 보이고, 계급만 보인다. 하지만 그것이 역사의 진실을 찾은 것은 아니다. 마치 무지개에서 한 가지 색을 뽑아내 그림을 그린 사람이 무지개에서 그 색을 찾은 것은 확실하지만, 그것이 무지개의 진실은 아닌 것과 같다.

그러면 사관은 완전히 없어져야 하는가? 아니다. 없어질 수가 없다. 그래서 먼저 사관을 가지고 과거에 접근해야 한다. 하지만, 그 사관이 진실과 거리가 멀다는 것을 깨달으면 다시 원점으로 돌아와서 사관을 바꿀 필요가 있다. 그리고 이왕 사관을 가질 바에는 되도록 인류의 평화와 공존에 도움이 되는 사관을 가지는 것이 좋을 것이다. 어느 특수한 계층이나 국가의 이해를 대변하는 사관은 인류공영과 평화증진에 해가 될 수도 있기 때문이다.

역사를 '과거와 현재의 대화'라고 정의한 에드워드 카Edward Hallett Carr(1892~1982)의 말은 명언이다. 과거를 통해서 현재를 보고 현재를 통해서 과거를 보라는 뜻이다. 이렇게 과거와 현재의 대화가 지속적으로 이루어지면 역사의 진실에 한층 가까이 다가설 수 있고, 현재를 위해 공헌하는 길도 넓어질 것이다. 여기서 중요한 것은 현재를 어떻게 바라보느냐이다. 수구파의 시각에서 바라볼 수도 있고 급진파의 시각으로 현재를 바라볼 수도 있다. 국가이기주의로 현재를 바라볼 수도 있고, 세계평화를 추구하면서 현재를 바라볼 수도 있다. 부국강병을 추구하면서 현재를 바라볼 수도 있고, 문화적, 도덕적 가치를 존중하면서 현재를 바라볼 수도 있다. 바로 무엇을 선택하느냐가 결정되고 나서 과거와의 대화가 이루어져야 할 것이다. 만약 과거와의 대화를 해본 결과 내가 선택한 가치가 잘못되었음을 느끼면 새로운 가치를 가지고 다시 과거와의 대화를 시도해야 할 것이다.

참으로 사관은 힘들고 어려운 영역이다. 사관은 너무 가까이해도 좋지 않고 너무 멀리해도 좋지 않기에 '불가근 불가원不可近 不可遠'이라고 말하고 싶다.

2) 일본의 황국사관과 식민주의 사관

역사를 공부하는 목적은 과거의 진실을 찾아 미래의 교훈을 찾는 데 있지만, 연구하는 사람의 주관적인 사관이 작용한다. 만약 나쁜 사관을 가지면 역사의 진실이 크게 왜곡될 뿐 아니라, 인류평화에 큰 해를 미칠 수도 있음을 경계해야 한다.

나쁜 사관의 피해를 가장 크게 받은 역사가 한국사이다. 일본의 황국사관皇國史觀과 식민주의 사관이 한국사에 치명적인 피해를 입히고, 그 사관은 지금까지도 일본 극우정치인들에게 이어지고 있어 한국인에게 깊은 상처를 주고 있을 뿐 아니라 인류평화를 희구하는 전 세계인에게 심각한 우려를 자아내고 있다.

한국사 연구는 왕조시대부터 수천 년간 이어져 왔다. 처음에는 통치자를 하늘의 후손으로 숭앙하는 시각에서 역사를 썼고 유교가 들어오면서 백성을 존중하는 시각에서 역사를 고쳐 썼으며, 통치자가 잘한 일과 잘못한 일을 엄격하게 평가하여 교훈을 찾으려고 했다. 역사를 정직하게 써서 진실을 알아야 교훈을 찾을 수 있다는 것이 강조되었는데, 이러한 역사 서술 태도를 '춘추필법春秋筆法'이라고 불렀다. 공자孔子가 노魯 나라 역사책인《춘추春秋》를 편찬할 때 이런 사관을 가졌다는 뜻이다.

유교는 역사의 진실성을 존중했기 때문에 사료의 수집과 더불어 사료의 진실성을 검증하는 고증적 방법도 중요하게 여겼다. 역사를 이해함에 있어서 도덕성을 지닌 사관도 중요하고, 실증적 방법도 중요하다고 본 것이다. 조선 후기에는 고증적인 역사책이 많이 나왔다. 안정복安鼎福(1712~1791)의《동사강목東史綱目》이나 한치윤韓致奫(1765~1814)의《해동역사海東繹史》같은 책이 그렇다.

이렇게 한국사를 과학적으로 발전시키던 전통을 무너뜨린 것이 일본이다. 일본은 8세기 초에《일본서기日本書紀》라는 역사책을 편찬했는데, 이 책에서는 기원전 7세기에 하늘의 후손 천황天皇이 지배하는 고대국가를 세우고, 기원 4세기부터는 나라의 세력이 커져서 한반도에 임나일본부任那日本府로 불리는 식민지를 건설하고, 삼국의 조공을 받은 것처럼 썼다. 또 한반도에서 많은 귀화인이 건너와서 유학, 불교, 의학, 음악, 그림, 불상 만드는 기술, 배 만드는 기술, 집 짓는 기술 등 수많은 기술을 가르쳐주었다고 서술했다.

《일본서기》는 일본 고대국가를 건설한 백제인과 가야인이 쓴 것으로 신라가 한반도를 통일한 것에 큰 불만을 품고, 신라에 패망한 자신들이 세운 일본이 더 강하고 앞선 나라인 것처럼 보이기 위해 역사의 진실을 과장해서 쓴 책이었다.

우선 기원전 7세기에 고대국가가 세워졌다는 것은 거짓이다. 기원 4세기경에 국가가 세워진 것이 고고학상으로 증명되고 있기 때문이다. 기원전 7세기에서 기원 4세기에 이르는 천황의 역사는 조작된 것으로 기원 4세기경에 한반도에 식민지를 건설했다는 것도 거짓이다. 이 무렵 백제계와 가야계 일본인들은 '왜倭'라고 불렸는데, 이들이 한반도에 들어와 모국인 백제, 가야와 긴밀하게 교역을 하고 있어서 이들을 관리하는 '일본부'라는 기구가 있었다. 일본부의 위치는 경상도 고령지방, 대마도, 또는 일본 열도 안에 있다는 등 여러 학설이 있지만, 중요한 것은 일본이 한반도 남부를 식민통치한 사실은 없다는 점이다.

일본 천황은 한반도인이고, 일본이 세계에 자랑하는 국보 문화재가 한반도인이 만든 것임에도 불구하고 천황이 아마테라스 오미카미天照大神[천조대신]라 불리는 하느님의 후손으로 주장하는 것도 거짓이고, 한반도의 기술자들이 고대문화 건설에 마치 보조적인 일을 한 것처럼 쓴 것도 거짓이다. 이렇게《일본서기》는 거짓이 많은 역사책이기 때문에 사료적 가치가 많이 떨어지지만, 과장과 거짓을 걷어내고 잘 살펴보면 진실된 이야기도 적지 않다. 한반도인이 일본문화 발전에 기여한 것이 부분적으로 서술되어 있기 때문이다.

《일본서기》가 크게 관심을 끌고 본격적으로 연구되기 시작한 것은 18세기 에도시대이다. 이때 조선에서 간 통신사通信使의 한류 붐이 크게 일어나는 것에 반발하여 일본 지식인들 사이에서 반한운동이 일어나면서 《일본서기》를 재평가하여 자존심을 찾으려는 이른바 국학國學 운동이 일어났다. 그 후 1868년 메이지유신明治維新으로 쇼군將軍이 지배하던 정치를 청산하고 천황국가를 재건하면서 조선을 정벌하자는 정한론征韓論이 일어나고, 제국대학을 건설하여 한국사를 대대적으로 연구하기 시작했는데, 이들은 《일본서기》의 내용을 더욱 과장하여 고대 일본이 한국을 지배했다는 것과 한국과 일본이 같은 조상에서 나왔다는 이른바 '일선동조론日鮮同祖論'을 강력하게 퍼뜨리고 천황을 신神처럼 떠받들고 나섰다. 이들의 사관史觀이 바로 황국사관皇國史觀이다.

일제강점기에는 유물사관이나 사회과학, 또는 랑케Leopold von Ranke(1795~1886)의 실증주의 역사학을 하는 학자들이 한국사 연구에 박차를 가하고, 조선총독부가 이를 적극적으로 후원하고 나섰다. 이들은 한국사를 처절할 만큼 창피하고 비참한 역사로 만들었다. 우선, 한국은 주체성 없이 역사적으로 중국의 지배를 받거나 일본의 지배를 받고 살아왔으며, 한국 문화는 독창성이 없고, 조선시대 정치는 당파싸움으로 얼룩지고, 한국인은 세 사람만 모이면 파당을 만들어 분열하고 싸우는 민족이며, 왕조가 바뀌어도 사회발전이 없어 조선 말기의 모습이 일본의 고대국가 단계를 벗어나지 못한 후진사회로 해석했다. 그래서 일본의 힘을 빌어 비로소 근대화가 이루어지고 문명이 새롭게 발전하는 계기가 되었으므로 식민지시대를 고맙게 여겨야 한다고 주입시켰다.

더 큰 문제는 일제강점기에 학교에서 공부한 사람들이 이렇게 비참하게 왜곡된 한국사를 마치 진실인 것처럼 받아들이고, 8·15 광복 후에도 이런 사관을 되풀이하면서 학생들을 가르쳐 온 것이다. 그래도 8·15 광복 후에 한국 역사학자들의 피나는 노력으로 이제는 한국이 일본을 앞서 왔던 역사를 가지고 있고, 세계적으로도 수준 높은 문명국가임을 알게 되었지만, 아직도 나이 많은 분들이나 새로운 한국사를 제대로 배우지 않은 지식인 가운데는 한국사를 비하하는 이들이 적지 않은 것은 참으로 안타까운 일이 아닐 수 없다.

식민주의 사관이나 황국사관이 이렇듯 한국과 일본 두 나라의 역사를 왜곡하고 전 세계인의 지탄을 받고 있음에도 불구하고, 아직도 일본의 일부 극우정치인들이 시대착오적인 망언을 늘어놓고 있는 것은 그들의 정신수준이 얼마나 낮은가를 온 세상에 보여주고 있는 것이다.

3) 민족주의와 신민족주의 사관

한국의 근대 역사학은 일본과 서양으로부터 크게 네 가지 역사방법론을 받아들였다. 하나는 19세기 전반 독일의 역사학자 랑케가 제시한 실증주의 방법론, 다른 하나는 일본의 황국사관皇國史觀에 자극을 받아 나타난 민족주의 사관, 세 번째는 독일의 칼 마르크스Karl Marx(1818~1883)가 주장한 유물사관(또는 계급사관), 그리고 문화주의 사관이다.

랑케의 방법론은 특정한 사관을 배제하고 '있는 사실 그대로의 과거'를 찾는 것이 중요하다고 보면서 엄밀한 문헌고증을 통한 연구방법론을 강조했는데, 일제강점기 진단학회震檀學會를 이끌던 이병도李丙燾를 비롯한 일본 유학생들이 이런 방법론을 받아들여 한국사 연구를 전문적인 학문분야로 발전시켰다. 지금 대한민국 역사학의 주류는 이 방법론을 따르고 있다.

민족주의 사관은 일제강점기 중국에 망명하여 독립운동을 전개하던 독립운동가들이 따르던 사관으로 대종교大倧敎의 영향을 크게 받았는데, 대종교는 한국침략에 앞장섰던 일본 군국주의자軍國主義者들이 내세운 황국사관皇國史觀에 자극을 받아 이에 대항하는 입장에서 만든 것이다. 대종교의 교리서인《삼일신고三一神誥》,《회삼경會三經》,《신단실기神檀實記》,《단기고사檀奇古史》,《환단고기桓檀古記》등이 이런 사관을 내포하고 있으며, 이에 영향을 받은 신채호申采浩, 박은식朴殷植, 최남선崔南善, 이상룡李相龍 등이 이를 발전시켰다.

민족주의자들은 단군조선에 특히 관심이 많으며, 그 영역을 중국 동북지방과 만주, 한반도에 걸친 대제국으로 보고, 이 지역에 살던 선비족, 거란족, 여진족, 몽고족 등을 모두 피가 같은 배달겨레로 간주했다. 단군조선의 문화는 삼신신앙三神信仰으로 태양과 밝음을 숭상하는 종교로 보았으며, 이를 한국인의 민족종교로 해석했다. 민족종교에 대한 호칭은 학자마다 다른데, 신채호는 낭가사상郞家思想, 최남선은 불함문화弗咸文化, 또 어떤 이는 신교神敎 혹은 도교道敎, 또는 살만교薩滿敎[샤머니즘] 라고 부르기도 했다.

단군조선의 역사를 이렇게 위대한 역사로 본 것은 일본의 황국사관이 천황天皇을 높이고, 천황이 세운 고대 일본이 한반도를 식민지로 지배했으며, 일본과 조선은 피가 같은 동족이라고 본 것에 대한 반발이기도 했지만, 내용은 황국사관의 주어를 한국으로 바꾼 것에 불과했다. 곧 우리가 동아시아세계에서 가장 강대한 나라를 세우고, 그 범주 안에 일본이 포함되어 있다고 본 것이다.

민족주의 사관은 영토가 넓었던 고조선과 삼국시대를 높이 평가한 결과, 신라통일 이후의 역사는 영토가 줄어들고 민족이 쇠망해가는 과정으로 해석했으며 유교가 사대주의를 숭상하여 자주성을 잃게 만들었다고 보았다.

민족주의 사관은 중국에서 활동하던 독립운동가의 정신적 지주가 되어, 이를 바탕으로 다시금 만주를 되찾고, 대조선의 영토를 회복한다는 목표를 세우고 투쟁하도록 부추겼다. 따라서 일제강점기에 이 사관이 미친 항일운동의 실천적 효과는 매우 컸다. 하지만 오늘의 시각에서 본다면, 이 사관은 역사의 진실과는 거리가 멀고, 또 지나친 국수주의로 인하여 국제화에 걸림돌이 된다는 점을 고려할 필요가 있다.

우선, 단군조선이나 고조선의 영토를 크게 설정한 것은 '아사달문화권'을 고조선의 영토로 잘못 이해한 것이다. '아사달문화권'은 문화의 성격이 비슷하다는 점에서 하나의 문화권으로 묶을 수 있다는 것이지, 그들이 모두 하나의 국가로 통합되어 있었다는 뜻은 아니다. 석기시대나 청동기 시대에 이렇게 큰 영토를 가질 수가 없을 뿐 아니라, 그 광대한 영토를 다스린 임금이나 구체적인 역사를 알려주는 기록이 없다. 고조선의 정치사를 메꾸기 위해 대종교의 경전으로 읽히고 있던《단기고사》,《환단고기》등의 책을 사료로 이용하고 있으나, 이 책들은 대종교인들이 만든 위서僞書에 불과하다. 여기에 보이는 역대 임금 이름은 어느 정도 진실성이 있지만, 그 임금들이 수행한 정치에 관한 이야기는 대부분 지어낸 것이다.

또 민족종교만이 주체성이 강하고, 유교가 사대주의를 부추겨 나라가 망하는 원인을 제공했다고 보는 것도 매우 잘못된 해석이다. 그런 해석 때문에 우리나라 역사가 후퇴를 거듭한 역사로 왜곡되고 말았다.

민족주의는 기본적으로 약육강식과 사회진화론을 바탕에 깔고 있는데, 이런 사관이야말로 강자만이 살아남고, 강자가 약자를 삼키는 것을 정당화하는 제국주의 사관이다. 일본 제국주의와 싸우기 위해 제국주의를 받아들여 민족주의로 만든 것은 이해가 되지만, 지금의 시각에서 본다면 민족주의와 제국주의는 동전銅錢의 양면과 같은 것으로 모두 위험하다.

민족주의 사관의 이 같은 한계점을 극복하기 위해 8·15 광복 전후한 시기에는 '신민족주의新民族主義'가 태동했다. 언론인 안재홍安在鴻과 서울대 교수 손진태孫晉泰 등이 이런 사관을 주창했다. 신민족주의는 민족을 존중하되 다른 민족에 대해 배타성을 가져서는 안 된다는 생각에서 '열린 민족주의', 곧 '국제적 민족주의'를 강조했으며, 민족 내부의 계급평등을 존중하는 '신민주주의'를 내걸었다.

특히 안재홍이 주장한 신민주주의는 서양식 부르주아 민주주의도 아니고, 소련식 무산자 민주주의도 아니며, 중국 공산당이 내건 신민주주의, 곧 무산자 계급이 일시적으로 양심적인 지주, 자본가와 제휴하는 형식의 민주주의도 거부했다. 안재홍이 추구한 신민주주의는 중소자본가와 지식인이 중심이 되어 만민평등을 실현하는 민주주의를 말한다. 특정 계급을 위한 민주주의가 아니라, 모든 계층이 평등하게 잘 사는 홍익인간의 민주주의를 말하고, 이를 일러 '다사리'[다 함께 잘 사는 나라로 부르기도 했다.

안재홍은 '신민족주의' 시각에서 한국사를 연구하여 한국사의 특징을 계급협동에서 찾았고, 정신적으로 홍익인간의 건국이념과 불교와 유교의 포용적 조화철학이 그런 정신을 길러주었다고 해석했다.

한편, 손진태가 주장한 신민족주의는 민족을 중심으로 역사를 이해하되, 민족 내부의 계급이 평등할 때는 민족의 단결이 이루어지고, 계급 간의 불평등이 심할 때는 민족의 분열이 일어났다는 것을 역사적으로 설명했다. 요컨대 신민족주의는 민주주의와 국제주의를 바탕으로 한 민족주의라는 점에서 국수적 민족주의의 약점을 극복했다.

신민족주의를 주장한 안재홍과 손진태 등은 6·25 전쟁 때 모두 북한으로 납북되어 제대로 꽃을 피우지 못하고 말았는데, 요즘 학계에 새로운 관심을 모으고 있다.

4) 유물사관과 북한의 주체사관

칼 마르크스가 내세운 유물사관唯物史觀[계급사관]은 역사를 움직이는 원동력을 경제활동을 둘러싼 계급 간의 투쟁으로 보고, 모든 인류역사는 원시공동사회에서 출발하여 노예제 사회, 봉건제 사회, 자본주의 사회를 거쳐 공산주의 사회에서 끝난다고 주장했다. 이런 유물사관을 최초로 받아들인 학자는 일본에서 경제학을 공부한 백남운白南雲이었다. 그는 마르크스가 제시한 도식圖式을 따라 우리나라 역사를 연구했는데, 고조선을 원시공산사회, 삼국시대를 노예제 사회, 통일신라 이후를 봉건사회로 해석했으며, 일제강점기를 이식자본주의利殖資本主義 시대로 이해했다. 따라서 8·15 광복 후에 우리가 걸어갈 길은 당연히 공산주의 사회가 되어야 한다고 믿었기에 그는 북한으로 들어가 북한 역사학계의 최고원로가 되었다.

백남운에 이어 유물사관을 이어간 학자는 이청원李淸源, 전석담全錫淡, 김석형金錫亨, 박시형朴時亨 등이었는데, 특히 경성제국대학 사학과 출신의 김석형과 박시형은 북한으로 가서 역사학계의 원로가 되었다. 김석형은 봉건사회의 시작을 삼국시대로 끌어올린 것이 백남운과 달랐으며, 고대 한일관계사를 연구하여 한반도 이주민이 일본 열도로 건너가서 일본 고대국가를 세웠다고 주장하여 일본 역사학계에 큰 충격을 주었다.

북한 역사학은 유물론의 도식을 따라 한국사를 해석하여 있지도 않은 봉건사회封建社會가 약 2천 년간 지속된 것으로 봄으로써 통일신라, 고려, 조선을 기본적으로 똑같은 봉건사회로 해석하는 오류를 범했다. 한국사를 발전적으로 본다고 표방했지만 실제로는 한국사를 정체된 후진국가로 깎아내린 것이다.

1960년대까지는 비록 유물사관의 도식에서 벗어나지는 못했어도 고대 한일관계를 새롭게 연구하고, 봉건사회에서도 사유토지가 어느 정도 인정되었다는 것을 밝히는 등 학술적 가치를 지닌 연구도 적지 않았다. 그런데 1960년대 중반 이후부터 이른바 '주체사관'이 등장하여 역사를 해석하는 시각이 크게 바뀌었다. 주체사상은 김일성이 일제강점기에 구상한 것을, 1960년대 중반 소련과 중국 사이에 갈등이 일어나자 등거리 외교를 추진하는 수단으로 '주체노선'이 표방되었다가 1970년대에 김정일이 후계자로 지목되면서 이론적으로 심화시켰다.

주체사상에 의한 역사해석의 특징은 다음과 같다. 첫째, 한국사를 해석하는 잣대를 김일성金日成의 '교시'와 김정일金正日의 '지시'를 따르도록 강제하고, 마르크스나 그밖의 이론을 인용하지 못하게 했다. 다시 말해 어떤 중요한 사건의 해석을 내릴 때 반드시 김일성이나 김정일이 말한 해석을 따르도록 하고 학자 개인의 해석을 막은 것이다.

둘째, 고대사는 고구려를 중심에 두고 해석하도록 하여 고구려만이 주체성이 있는 나라이고, 신라는 당나라를 끌어들인 민족반역자로 해석했으며, 고구려를 계승한 고려가 처음으로 민족을 통일했다고 주장했다. 한양에 도읍을 둔 조선왕조는 사대주의를 숭상하는 양반유학자들이 이끈 시대로써 양반이 권력과 부를 독점하고 당쟁을 일삼은 시대로 어둡게 그리고 다만, 세종대왕이나 조선 후기 일부 실학자만을 높이 평가했다. 또한 지금의 대한민국도 조선시대의 나쁜 전통을 이어 미국에 대한 사대주의를 버리지 못하는 국가로 보고 있다.

셋째, 주체사관에서 가장 역사를 왜곡한 부분은 근대사와 현대사이다. 북한에서 주장하는 근대사의 시작은 1866년이다. 이때 대동강을 타고 평양에 들어온 미국 상선 제너럴 셔먼 호를 불태우고 물리친 주인공이 바로 김일성의 증조부 김응우라고 보기 때문이다. 따라서 이 사건은 제국주의와 싸워 이긴 최초의 사건이므로 이때부터 근대사가 시작된다는 것이다. 그러나 김응우의 이름은 관찬기록에 보이지 않아 진위를 확인하기 어렵다.

일제강점기에 평양에서 3·1 운동을 일으킨 주역도 김일성의 아버지 김형직金亨稷이라고 한다. 김형직이 조국광복회를 조직하여 민족운동을 지도했다는 것이다.

현대사는 김일성이 15세 되던 1926년에 조직했다고 하는 '타도제국주의동맹'에서 시작된다고 한다. 이때부터 공산주의 운동이 처음으로 인민대중과 연결되었다고 한다. 하지만 1910

년대부터 시작된 사회주의운동은 모두가 인민대중과 동떨어진 허구적인 운동이므로 정통성을 갖지 못한다. 15세 때 정말 이런 조직을 만들었는지도 알 수 없거니와 그런 조직을 만들었다고 하더라도 어린 소년이 만든 조직이 시대를 갈라놓을 만큼 큰 의미가 있다고 보기는 어렵다.

북한이 박헌영朴憲永(1900~1955) 등 남로당계열의 공산주의자들을 비롯하여 소련파, 연안파 등 선배 공산주의자들을 대대적으로 숙청한 이유는 여러 가지지만 이들이 모두 인민대중과 연결되지 못한 종파주의자거나 수정주의자라는 것이다.

주체사관은 이렇게 김일성 일가의 행적을 중심에 놓고 한국사의 시대를 구분하고 있을 뿐 아니라, 김일성이 출생한 평양이야말로 민족의 성지聖地로 이곳에 고조선이 도읍을 두었고, 고구려가 도읍을 삼았으며, 그 전통이 김일성 일가로 이어져 내려와 자랑스러운 북한이 탄생했다고 주장한다.

1990년대에 들어와서 북한은 주체사관에 '조선민족제일주의'를 추가했다. 이는 김일성 일가를 모시고 있는 조선민족이 세계에서 가장 자랑스럽고 위대한 민족이라는 것이다. 그리고 김일성이 태어난 평양을 더욱 민족의 성지聖地로 보이도록 하기 위해 이곳에 도읍을 두었던 단군조선을 크게 내세우고, 민간전설에 단군무덤이라고 알려진 평양 교외의 옛 무덤을 1993년 발굴하여 사람의 뼈를 비롯한 유물을 찾아내고 이를 거대한 피라미드 형태로 복원했다. 그 유물의 연대를 측정한 결과 단군조선의 연대는 기원전 3천 년까지 올라간다고 주장했다. 그러나 이 무덤은 고구려 계통의 무덤일 뿐이고, 단군의 뼈라고 주장하는 유물도 확실한 근거가 없다.

북한은 원래 초기에는 단군신화를 근거없는 것으로 보아 단군조선의 실재를 부정해 왔는데, 이제는 《삼국유사》에 보이는 단군의 건국연대보다 더 높이 올려 놓고 단군조선을 미화시키고 있다. 하지만 단군조선의 역사를 메꿀 자료가 없어 일제강점기에 대종교도들이 만든 《환단고기》 등의 허황된 기록들을 사료로 이용하기 시작했다.

북한에 있어 주체사상은 비단 역사서술에만 적용되는 것이 아닌 가장 중요한 통치철학으로 자리잡았다. 이에 따르면 사람은 두 가지 생명을 타고나는데, 하나는 부모가 주신 육체적 생명이고, 다른 하나는 수령님이 주신 정치적 생명인데, 정치적 생명이 더 귀하다고 한다. 수령은 절대 오류가 없어 비판의 대상이 될 수 없으므로 수령의 명령에 절대 복종해야 하며, 수령을 비판하는 것은 반역죄에 해당한다.

북한은 이러한 주체사상에 기초하여 1972년 12월 종전의 〈인민민주주의헌법〉을 〈사회주의헌법〉으로 바꾸고 모든 정치적 권력을 수령 직속의 당중앙위원회에 넘겨주어 내각과 최고인민위원회를 허수아비로 만들었다. 또 북한의 수도를 서울에서 평양으로 바꾸고, 평양을 '민족의 심장부'라고 선전하기 시작했다. 그동안 평양은 임시수도였다. 이어 북한은 수령이 대를 이어 세습하는 것을 정당화하기 위해 '피의 세습'이 아닌 '혁명의 세습'을 내세웠다. 즉 혁명은 대를 이어 세습되어야 하기 때문에 김일성→김정일→김정은의 세습이 당연하다고 하는 것이다.

김정일이 권력을 장악한 1996년 이후 '선군정치先軍政治'를 표방하면서 권력구조에 변화가 나타나 군사위원회의 권력이 커지고, 김정일이 군사위원회의 위원장을 맡았다. 이는 군대의 힘을 빌려 권력을 유지하겠다는 통치전략이 담긴 것이다.

한편, 2012년에 권력을 잡은 김정은은 권력의 중심이 과도하게 군대에 집중되어 있고, 김정일이 키운 장군들의 권력이 지나치게 비대해진 것을 견제하기 위해 원로장군들을 해임하여 권력의 중심을 노동당으로 옮기기 시작했다.

이상과 같은 북한의 주체사상과 이에 기초한 역사해석은 한 마디로 학문으로서의 역사가 아니라 김일성 일가의 장기집권을 위해 주민의 충성심을 모으기 위한 역사라고 볼 수 있다.

5) 미래를 위한 사관

앞에서 사관은 '불가근 불가원'의 자세가 필요하다는 점을 말하고, 이어 우리시대를 풍미한 여러 사관에 대하여 설명하면서, 그 문제점도 함께 살펴보았다. 식민주의 사관은 지나치게 한국인을 폄하하면서 일본의 침략을 정당화하고, 민족주의 사관은 지나치게 국수주의에 빠져 있고, 유물사관은 지나치게 도식적이고, 주체사관은 권력유지를 위한 도구로 전락하여 모두가 역사의 진실을 왜곡하고 있다. 다만, 실증주의 사학은 어떤 정치적 목적을 추구하지 않아 역사 왜곡이 가장 적지만, 미래에 대한 전망이 부족하다는 점이 흠이다.

그러면 미래의 사관은 어떠해야 하는가? 우선 사관이 지나치게 뚜렷해도 좋지 않고, 그렇다고 사관이 너무 없어도 곤란하다는 전제하에 미래를 위한 사관을 생각해보기로 한다.

우선, 미래의 사관은 20세기에 풍미했던 사관의 단점을 극복하는 방향으로 나아가야 할 것이다. 침략주의, 국수주의, 계급주의, 권력찬양주의는 이제 접을 때가 되었다. 그것은 모두가 인류평화를 해치는 위험한 가치를 내포하고 있기 때문이다. 미래의 세계는 모든 인류가 평화 공존하고, 계층 간의 갈등이 완화되고, 자연환경을 보호하고, 자본주의의 도덕성을 높이는 것이 주요 화두로 등장하고 있다. 그러면 이런 문제를 풀어가는 방법은 무엇인가? 그 첫 단추는 생명을 아끼는 마음에서 시작해야 한다고 믿는다. 여기서 생명은 살아 있는 인간, 동물, 식물만을 말하는 것이 아니다. 우주 전체를 하나의 생명체로 바라본 한국인의 원초적 우주관에서 배울 필요가 있다. 태양이 어찌 죽은 것이며, 달이 어찌 죽은 것인가, 별이 어찌 죽은 것이며, 흙과 바위가 어찌 죽은 것이며, 물이 어찌 죽은 것인가. 그것들 없이 어떻게 생명이 탄생하는가.

우주를 생명체로 바라보면 어느 것 하나 소중하지 않은 것이 없고, 서로 아끼고 지켜줘야 함을 인정하게 된다. 인간관계도 한국인의 원초적 윤리인 홍익인간弘益人間에서 출발할 필요가 있다. 홍익인간은 바로 인간에 대한 보편적 사랑에서 출발한 사상이다. 좌익과 우익의 갈등도 홍익인간으로 녹여낼 수 있다. 홍익인간이 어찌 부자만 사랑하거나 가난한 자만 사랑하는 사상이겠는가? 어찌 인종을 차별하고, 남녀를 차별하고, 민족을 차별할 수 있는가? 어찌 다른 종교를 배척하고, 지역을 차별할 수가 있는가? 생명을 사랑하는 마음이 어찌 전쟁을 찬양하고, 투쟁을 부추기고, 범죄를 저지르고, 남을 속일 수가 있는가?

이런 이야기들이 얼핏 너무 추상적이고 관념적으로 보일지 모르나, 이런 시각을 가지고 역사를 바라보면, 낙후된 것으로 보았던 것이 앞선 것으로 보일 수 있고, 나쁘게 보였던 것이 아름답게 보일 수도 있다. 자유니, 평등이니, 민주니 하는 가치들도 생명 존중 사상에서 바라보고 평가할 필요가 있다. 생명을 아끼는 세상이 되면 그것이 곧 자유와 평등과 민주주의가 있는 세상일 것이다.

우리가 그동안 역사를 해석하는 가치는 지나치게 서구인이 만든 가치와 언어에 구속되어 있었다. 서구문명은 장점도 있지만 단점도 있다는 것을 분명하게 알지 못한다. 서구인은 사물을 통합체로 바라보기보다는 개인과 개체로 나누어 분석적으로 바라본다. 개체와 개체 사이의 차이와 갈등과 충돌을 찾고, 선과 악을 구별하고, 갈등과 충돌이 진화를 가져온다고 믿는다. 그래서 서양의 역사는 전쟁과 투쟁과 정복으로 점철된 역사이고 그 과정에서 과학과 기술의 진보가 이뤄졌다. 기독교정신이 생명에 대한 사랑의 지평을 넓혀놓은 것은 사실이지만, 본질적으로 생명체 속에 선과 악의 대립구도를 지양했다고는 보이지 않는다. 선과 악의 투쟁은 피할 수 없는 운명처럼 여긴다. 하지만 생명체 가운데 절대선絕對善과 절대악絕對惡이 뚜렷하게 구분될 수 있다고 보는 것은 잘못이다.

우주만물 가운데 완전히 착한 생명체가 있고, 완전히 악한 생명체가 있는가? 독초毒草도 잘 쓰면 약藥이 되고, 산해진미도 잘못 먹으면 생명을 단축시키지 않는가? 우주자연과 인간을 선악으로 나누는 것은 문제가 있다. 선善 속에 악惡이 있고, 악惡 속에도 선善이 있으므로 선악을 서로 보완하는 것이 살아가는 지혜일 것이다.

한국인의 원초적인 우주관은 성선설性善說에 기초하고 있다. 그렇다고 악惡을 부정하는 것은 아니지만, 그것은 하위개념에 속한다. 성선설은 바로 생명체의 본질이 착하다는 데서 출발하고 있다. 그럼에도 불구하고 생명체가 악한 짓을 하는 것은 본질이 악하기 때문은 아니라고 보아 가혹한 징벌은 가능한 한 억제한다. 그래서 형벌이나 법치法治를 중심에 놓고 인간을 다스리지 않고, 인정仁政과 덕치德治로 인간을 다스리는 정치형태를 세웠던 것이다.

서양문명과 한국문명의 차이는 상업문화와 농경문화의 차이에서 비롯되었다고 보이지만, 오늘날 전 세계가 상업문화 속에 살아가고 있으므로 농경문화로의 복귀가 말처럼 쉬운 일은 아닐 것이다. 하지만 상업문화와 농경문화를 접목시키는 일이 결코 불가능한 것만은 아니라고 믿는다. 상업문화는 수단과 방법을 가리지 않고 이익을 추구하는 성향이 있어 때로는 생명을 해치는 일도 서슴지 않는다. 바로 이것이 오늘날 자본주의가 위기에 처한 원인이기도 하다. 여기에 생명을 존중하는 농경문화의 마음을 심어주지 않는다면 상업문화의 극성은 생명체의 파괴를 가져올 위험성이 크다.

현재의 상황을 위기로 받아들인다면, 생명에 대한 관심은 무엇보다 중요하며 역사를 바라보는 눈도 생명으로 돌려야 할 것이다. 이런 시각으로 한국사를 바라보면, 한국사의 가치는 인류가 공유할 미래의 가치와 얼마든지 만날 수 있을 것이며 바로 그런 가치를 풍부하게 지켜온 한국사는 미래문명의 대안으로 새롭게 각광받게 될 것이다.

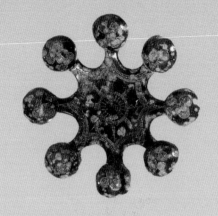

고대 연맹국가_
고조선과 열국

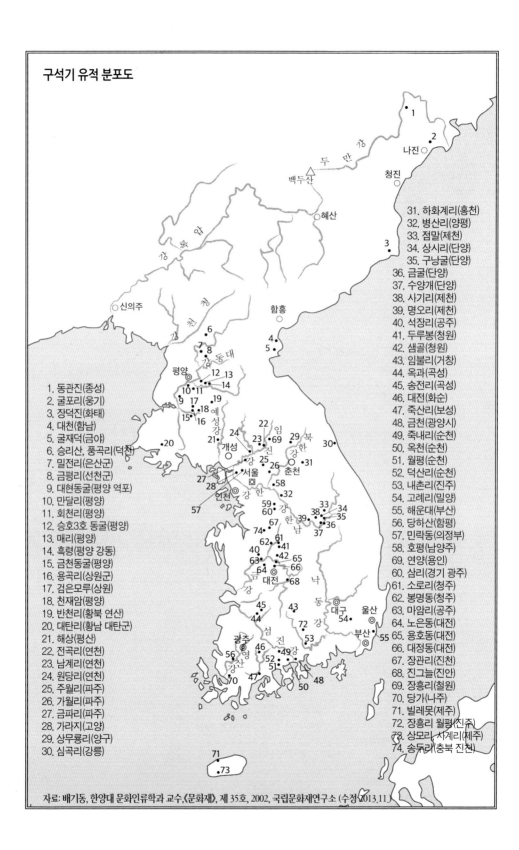

제1장 한국인과 한국문화의 기원

1. 구석기인

지구상에 원숭이처럼 생긴 인류가 처음으로 출현한 곳은 적도지역으로 약 5백만 년 전으로 보이고, 도구를 사용하는 인류[homo habilis]가 나타난 것은 약 250만 년 전이고, 불을 발견하고 두 발로 서서 다니는 인류[homo erectus]가 등장한 것은 약 150~180만 년 전이다.

역포인 복원상
평양시 역포구역 대현동 출토
(약 10만 년 전 사람)

도구를 사용한 인류가 처음 만든 도구가 바로 구석기[舊石器]다. 돌을 깨서 날카롭게 만든 것이나 자연돌을 그대로 수집하여 칼이나 도끼, 찍개, 긁개 등으로 이용했다. 한반도의 구석기문화는 약 70만 년 전에 시작하여 약 1만 년 전에 끝났다. 두만강, 대동강, 임진강, 한탄강, 한강, 금강, 섬진강, 보성강 등 거의 모든 강가나 동굴 등에서 수많은 구석기 유적이 발견되었는데, 가장 중요한 유적지는 두만강 유역의 동관진[종성]과 굴포리, 대동강 유역의 검은모루[상원]와 만달리[평양], 승리산동굴[덕천], 대현동굴[평양 역포], 임진강 유역의 금파리[파주], 한탄강 유역의 전곡리[연천], 한강 유역의 점말[제천], 수양개[단양], 금굴[단양], 금강 유역의 석장리[공주]와 두루봉[청원], 그리고 제주도 빌레못 등이다.

구석기시대의 사람뼈는 덕천 승리산동굴[덕천인], 평양 역포[역포인], 청원 두루봉 동굴[흥수아이], 단양 상시리[상시인] 등에서 발견되었는데, 그 연대는 약 10만 년 전에서 약 4만 년 전으로 보인다.

구석기시대는 워낙 긴 시간에 걸쳐 있어 기후도 많이 달랐던 것으로 보인다. 처음에는 기후가 따뜻하여 자연물을 채취하여 먹었고, 시원한 동굴이나 바위그늘에서 살았다. 그러나 중기 구석기시대에는 날씨가 추워지면서 불을 피우고 음식을 익혀 먹을 줄 알았다. 후기 구석기시대에는 땅을 파고 그 위에 지붕을 덮은 움집을 짓고 살았으며, 쌀을 재배한 흔적도 보인다. 충북 청원군 소로리에서 약 1만 4천 년 전의 볍씨가 나왔는데, 이는 세계에서 가장 오래된 볍씨로 알려져 있다.

흥수아이 1983년 충북 청원군 문의면 두루봉 흥수굴에서 나온 어린아이 뼈를 복원한 모습. (약 4만 년 전 구석기시대 사람)

2. 신석기인

약 1만 년 전부터 빙하기[氷下期]가 끝나고 지금과 거의 비슷한 따뜻한 기후로

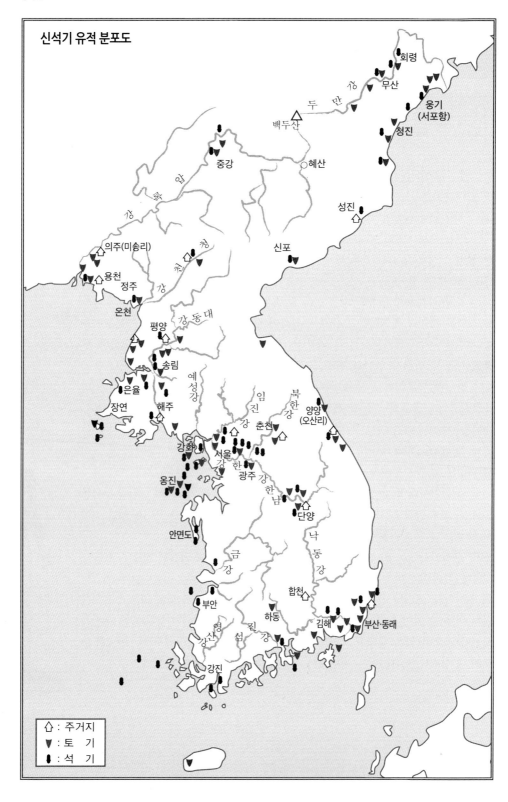

신석기 유적 분포도

회령
무산
웅기
(서포항)
청진
두 만 강
백두산
중강
혜산
성진
신포
압록강
의주(미송리)
용천
정주
청천강
온천
평양
대동강
송림
예성강
은율
장연
해주
강화
서울
옹진
광주
임진강
북한강
양양
(오산리)
춘천
한강
한남
단양
낙동강
안면도
금강
합천
부안
하동
김해
부산·동래
영산강
섬진강
강진

⌂ : 주거지
▼ : 토 기
❚ : 석 기

바뀌면서 생태계가 달라지고 농사에 유리한 환경이
조성되었다. 사람들은 지혜가 더 발달하여 돌을 갈아
서 날카롭게 만들어 쓸 줄 알게 되고, 흙을 가지고 그
릇을 만들 줄도 알았는데, 그 기술도 시간이 지나면서
진화했다.

민무늬토기 선원사 토기, 국립중앙박물관 소장

한반도의 신석기문화가 시작된 것은 기원전 약
6천 년이다. 신석기유적은 전국적으로 수백 곳에서 발견되고 있는데, 주로 큰
강 유역, 바닷가, 섬 등에 있다. 그릇 만드는 형태가 시기에 따라 달라 크게 세
단계로 나누어 볼 수 있다. 처음에는 민무늬토기, 덧무늬토기, 찍은무늬토기 등
을 사용했다. 그 가운데 민무늬토기는 표면에 무늬가 없고 바닥이 둥글다. 나머
지 토기들은 겉에다 여러 가지 무늬를 넣은 것으로 그릇을 들 때 미끄러지지
않게 한 것이며, 아울러 어떤 종교적 감정을 표현한 것이다. 이런 그릇들은 주
로 바닷가에서 많이 발견되고 있는데, 부산 동삼동, 의주 미송리, 양양 오산리,
제주도 고산리 등지가 대표적이다.

찍은무늬토기
높이 13.9cm
국립중앙박물관 소장

기원전 4천 년경부터 새로운 토기가 출토되었는데, 빗살무늬토기가 그것
이다. 표면에 빗살처럼 생긴 무늬를 넣은 것으로 밑이 뾰족하거나 둥글어 땅에
다 박아 놓고 사용한 것으로 보인다. 이 토기는 전국 각지에서 출토되고 있는
데, 대표적인 유적지는 서울의 암사동과 미사리, 황해도 봉산 지탑리, 대동강 유
역의 청호리 그리고 일본 규슈의 소바타토기도 이와 유사하며, 몽고, 만주, 시베
리아 지역에서도 비슷한 토기가 나오고 있다.

신석기시대 후기에는 색다른 토기가 나타났는데, 밑이 평평하고, 표면에
물결무늬, 번개무늬, 타래무늬 등이 보인다. 이런 토기는 중국의 하남성河南省[허난
성] 지방에도 보여 비슷한 문화권에 속해 있었음을 알 수 있다.

빗살무늬토기　크기 25.9×19cm
서울 암사동 출토
국립중앙박물관 소장

신석기인은 의식주 생활이 구석기인과 달랐다. 방추를 이용하여 삼실[麻
絲]로 옷감을 짜서 입을 줄 알고, 자연물을 채취하여 먹기도 했지만, 조, 피, 수수
등을 재배하고, 그물과 낚시를 이용하여 물고기를 잡고, 새카맣게 변한 좁쌀이
나오는 것으로 보아 좁쌀농사도 지었다. 개나 돼지 등의 가축을 기를 줄도 알았
다. 집은 움집이지만 모양이 네모난 것도 나타났다. 그 안에서 4~5명이 모여 음
식도 만들고, 쪽 구들[온돌]을 놓아 난방으로 이용했으며, 문밖에 구덩이를 파서
곡식을 저장하기도 했다.

농경생활은 자연히 정착생활로 이어지고, 20여 명 정도의 씨족원이 한 곳
에 모여 마을도 만들고, 생산활동을 공동으로 해결하고, 종교적 의식도 함께 치
렀으며, 다른 씨족이 들어오면 싸움으로 물리치고, 벌로써 물건을 주거나 노비
로 삼기도 했다. 배우자를 다른 씨족에서 맞이하는 족외혼族外婚을 따랐으며, 이
렇게 여러 씨족이 혈연을 맺으면서 더 큰 씨족집단이 형성되었는데, 이를 부족
部族이라 한다. 부족이 생기면서 질서를 유지하기 위해 씨족장이 모여 부족장을

빗살무늬토기 신석기 후기, 국보,
크기 90.0cm. 1999년 발굴,
평양시 삼석구역 호남리 표대유적

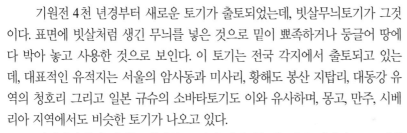

선출하여 어른으로 모셨다. 경주의 여섯 촌장村長이 모여 박혁거세朴赫居世를 거서간居西干으로 추대했다는 설화는 부족장을 선출하던 습속이 뒤에까지 이어진 것으로 보인다.

하지만 신석기시대에도 지역에 따라서는 소규모의 국가가 존재했던 것으로 보인다. 예를 들어 지금 요서지방의 홍산문화紅山文化를 보면 신석기시대임에도 불구하고 규모가 큰 돌무덤과 신전神殿, 성채城砦 비슷한 마을이 형성되어 있어 국가의 규모를 보여주고 있다. 또 멕시코의 마야문명이나 페루의 잉카문명도 신석기문명을 벗어나지 못했지만, 건물과 신전, 성곽의 규모가 웅장하고 16세기에 스페인에 멸망할 때까지 대제국을 건설했던 것이다. 그러나 한반도에서는 이렇게 규모가 큰 신석기문명은 발견되지 않았다.

신석기인의 종교는 만물을 탄생시키는 태양을 부모처럼 여겨 숭상했으며, 모든 우주만물에 생명과 영혼이 있다고 믿었다. 그런데 씨족에 따라서는 특별한 짐승을 조상으로 숭상하기도 했다. 〈단군신화〉를 보면 환웅은 하느님[환인]의 아들로서 태양을 숭배하는 족속이고, 사람[왕비]이 되려고 쑥과 마늘을 먹었다는 곰과 호랑이는 각각 곰과 호랑이를 조상으로 숭배하던 족속으로 보인다.

그런데 태양을 섬기는 의식은 이를 집행하는 사람이 필요했는데, 이를 '중' 또는 '무巫'라고 했다. 그런데 〈단군신화〉에 나오는 삼신三神 환인, 환웅, 단군을 우리 민속에서는 '삼신할매'로 부르는 데서 '중' 또는 '무'는 본래 여성이었던 것으로 보인다. 아마 민족시조인 단군檀君도 여성이었을 가능성이 크다. 일본인은 하느님을 천조대신天照大神[아마테라스 오미카미]이라 부르는데, 여성이다. 제사장이 하는 의식은 생명, 곡식, 질병치료, 선악판단, 악한 자에 대한 형벌 등을 비는 것으로 이 모든 것을 태양[하늘]이 맡고 있다고 믿었기 때문이다.

비파형 동검(좌)
길이 33.4cm
부여 송국리 돌널무덤 출토
국립중앙박물관 소장
세형동검(우)

3. 청동기인

인간의 지혜가 발달하면서 돌보다 한층 수명이 오래가고 더욱 날카로운 도구를 만드는 기술을 발견했다. 그것이 청동기靑銅器다. 구리에다 주석이나 아연을 합금한 것이 바로 청동이다. 청동기문명이 일어난 계기는 아마도 지구에 떨어진 운석隕石 때문인 듯하다. 운석은 돌보다 몇 배나 단단한 금속성을 지니고 있어서, 처음에는 운석을 직접 녹여서 도구를 만들기도 하다가 뒤에는 직접 광석을 채취하여 만드는 단계로 진화한 것으로 보인다.

인공적으로 청동기를 만들기 시작한 연대는 지역에 따라 차이가 있다. 이집트와 수메르지역은 기원전 3천 년 전에 시작되었고, 동아시아에서 가장 먼저 청동기문화가 발생한 지역은 발해만을 끼고 도는 요서遼西[랴오시], 요동遼東[랴오둥] 지역으로 보고 있다. 그런데 그 시작을 기원전 2천 년에서 기원전 1천 년으로 보다가 최근에는 기원전 25세기로 올려잡는 주장이 나왔다. 한반도에서는 이보다 늦은 기원전 10세기에 청동기문화가 시작되었고, 한반도 남부지역은 그보다 더 늦은 시기에 시작되었다. 그런데 그 유형이 서로 비슷하여 요서, 요동지역의 청동기문화가 한반도로 흘러들어온 것으로 보인다.

청동기문화를 대표하는 도구는 청동칼과 청동거울[銅鏡], 청동방울, 옥玉 등이다. 청동칼은 그 모양이 비파琵琶 악기를 닮았다 하여 중국인은 '비파형 동검琵琶型銅劍'이라 부르기도 하고, 요령성遼寧[랴오닝] 지방에서 나왔다 하여 '요령식 동검遼寧式銅劍'이라고도 한다. 하지만 보기에 따라서는 곧게 뻗은 나무를 닮았고, 쓰임새도 제사장이 하늘에 제사를 지낼 때 썼던 의식용 칼로 보인다.

청동거울은 한쪽 면은 반질반질하고 다른 한 면에는 거친 줄무늬가 새겨져 있으며, 여러 개의 끈을 단 꼭지가 붙어 있다. 이를 '거친무늬거울' 또는 '다뉴조문경多紐粗紋鏡'이라고도 하는데, 그 쓰임새도 역시 제사지낼 때의 의식용으로 보인다. 청동 방울은 몸에 지니고 다닌 것일 수도 있고 말에 달고 다녔을 가능성도 있는데 역시 의식용으로 보인다. 옥玉도 의식용이다.

그러면 청동기인들은 왜 이런 제사도구를 만들었을까? 이런 것들은 무당이 굿을 할 때 쓰는 도구이기도 하다. 무당이 굿을 하면서 하느님과 대화를 할 때 거울로 하느님의 얼굴을 보고, 방울이나 옥구슬로 하느님의 목소리를 듣고, 칼은 악귀를 쫓아내는 도구로 쓴다. 그런데 〈단군신화〉를 보면, 환웅이 하늘에서 내려올 때 천부인天符印 세 개를 받아왔다고 한다. 추측이지만, 천부인 세 개는 바로 칼, 거울, 방울[또는 옥구슬]로 보인다.

청동칼은 기원전 4세기 경에는 가느다란 모습으로 변했는데, 이를 세형동검細型銅劍이라 했다. 거울도 줄무늬가 가늘고 세련되게 변하여 세문경細紋鏡이라 부르는데, 전국에서 발견되고 있지만 특히 한반도 남부지역에서 집중적으로 출토되고 있다.

청동기인의 의식주 생활은 석기시대 사람들보다 한층 풍요롭게 발전했다. 일상생활에 쓰는 도구는 여전히 석기였지만, 돌로 농사에 필요한 보습, 괭이, 자귀도 만들고, 나무로 쟁기를 만들어 농사에 이용했으며, 날카롭게 생긴 반달형 돌칼을 만들어 곡식의 이삭을 자르는데 사용했다. 곡식의 종류도 콩, 보리 등이 늘어나고 구석기 말기에 시작한 벼농사도 늘어났다. 여주 흔암리, 부여 송국리, 김해 패총, 대동강 유역 등

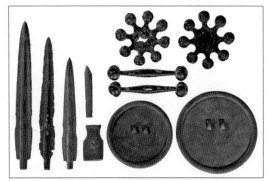

화순 대곡리 출토 청동유물 국보 143호, 기원전 5~4세기, 잔무늬 거울은 기하학적 무늬가 아주 섬세하여 상당한 수준의 주조기술을 보여준다.

거친 무늬 거울 고조선, 지름 10cm, 평양시 순안구역 신성동 돌널무덤

잔무늬 거울(확대) 국립중앙박물관 소장

팔주령 지름 14.5cm

반달형 돌칼 경기도 여주군 출토

나무기구 초기 철기시대, 우측 30.5cm, 1963년 광주 광산구에서 53기의 옹관묘와 함께 출토, 국립광주박물관 소장

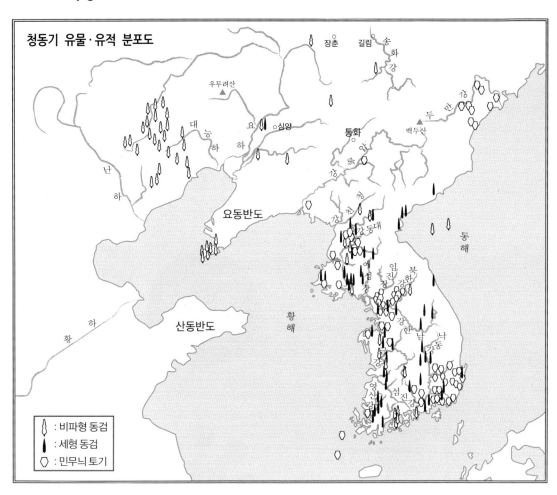

청동기 유물·유적 분포도

△ : 비파형 동검
△ : 세형 동검
◇ : 민무늬 토기

지에서 탄화미炭化米가 발견된 것이 이를 증명한다.

청동기시대에도 그릇은 여전히 토기를 사용했다. 특히 무늬가 없는 민무늬토기가 다시 사용되었지만, 밑이 평평하고 가운데가 볼록해져 안정감을 가진 것이 석기시대의 민무늬토기와는 다르다. 그러나 간혹 양쪽에 손잡이가 달린 토기와 붉은 색을 칠한 토기도 발견되고 있다. 주거도 움집에서 벗어나 주춧돌을 놓고 기둥을 세워 네모난 집을 짓고 집 안에 칸막이를 두어 용도별로 사용하고, 마을에는 공동우물, 공동작업장, 공동집회소도 만들었다. 사냥이나 전쟁 무기로는 정교하게 칼날을 갈아 만든 마제석검을 주

민무늬토기 청동기시대, 높이 45.7cm, 부여군 초촌면 송국리 출토, 국립중앙박물관 소장

미송리식토기 청동기시대, 높이 23.5cm, 평안북도 의주군 미송리 출토 평양 조선미술박물관 소장

로 사용했다.

부족장이나 씨족장은 죽어서 고인돌[dolmen]에 묻혔으며,[1] 때로는 돌을 모아 네모난 방을 만들고 그 속에 시체를 넣는 돌널무덤[석관묘; 石棺墓]에 묻히기도 했다. 특히 고인돌은 엄청나게 큰 돌로 받침대를 놓고 그 위에 둥근 뚜껑돌을 얹어 놓았는데, 이를 만들려면 수십 명 또는 수백 명의 노동력이 필요했다. 그러므로 고인돌은 족장무덤으로 보인다. 고인돌이 발견되는 일부 지역에는 단군檀君에 관한 신앙이 함께 얽혀 있는 것이 흥미롭다.[2] 고인돌이 발견되는 지역은 한반도뿐 아니라, 중국의 산동山東[산둥] 지방[3]과 요동遼東[랴오둥] 지방, 그리고 일본[4]에도 보여 같은 문화권에 있음을 알 수 있다.

고창 고인돌　높이 2.7m, 5.6×4.8m, 무게 300톤, 국내 최대 고인돌, 전라북도 고창군 죽림리 매산, UNESCO 세계문화유산

한편, 청동기시대 말기에서 철기시대에는 큰 옹기 안에 사람의 뼈를 추려서 넣는 매장형식이 나타났는데, 이를 독무덤[옹관묘; 甕棺墓]이라고 부른데, 독무덤은 한반도 남부지역과 일본 규슈에서 특히 많이 발견된다. 독무덤은 어린이 무덤이거나 2차장일 가능성이 짙다.

청동기시대에는 여러 부족장이 모여 더 힘센 지도자로서 임금을 선출하고 나라를 세웠다. 임금이 다스리

요서 우하량 적석총　홍산문화의 일부인 적석총, 묘터가 150m에 달한다.

는 도읍은 대개 방어에 편리한 야산에 건설했는데, 주변에 흙으로 토성土城을 쌓거나 나무로 목책木柵[울타리]을 만들고, 성채 주변에는 호濠[해자]를 둘러 적이 쉽게 들어오지 못하게 했다. 백제의 도읍 중 하나인 서울 강동구의 풍납토성風納土城이 이런 모습을 잘 보여주고 있다.

신석기시대 말기에서 청동기시대에 걸쳐 세워진 소박한 형태의 국가를 관료제를 가진 당당한 고대국가와 구별하여 '부족연맹국가部族聯盟國家'라고 하는데, 학자에 따라 '성읍국가城邑國家', '읍락국가邑落國家', '추방사회酋邦社會'(chiefdom society)로 부르기도 한다. 삼국 이전의 열국列國이 이에 해당된다.

신석기인과 청동기인의 삶과 그들의 신앙의 모습을 보여주는 바위그림[암각화]들이 국내

---

1) 고인돌은 지역에 따라 형태가 조금씩 달랐다. 한반도 북부지역의 고인돌은 탁자형으로 되었고, 한반도 남부지방의 고인돌은 받침돌이 매우 낮은 바둑판형과 받침돌 위에 둥근 뚜껑돌을 올려 놓은 구덩형도 있다. 우리나라에서 탁자형 고인돌이 있는 지역은 황해도 은률과 강화도, 춘천 등이며, 남방식 고인돌이 밀집되어 있는 지역은 전라도 고창, 화순, 장흥 등이다. 유네스코는 2000년에 고창과 화순 등 고인돌 유적지를 세계문화유산으로 지정했다.

2) 황해도 은률과 가까운 문화현 구월산은 단군이 산신이 되었다고 전해지는 아사달이고, 이곳에 삼신三神을 모시고 제사지내는 삼성사三聖祠가 있었다.

3) 산동성 등주登州를 비롯한 여러 지역에 1930년대까지 탁자형 고인돌이 있었으나 지금은 없어졌다.

4) 일본 나라奈良 아스카飛鳥에는 석무대石舞臺로 불리는 거대한 고인돌이 있는데, 백제계 실력자인 소가씨蘇我氏[소아씨] 무덤으로 알려져 있다.

반구대 암각화(일부) 국보 285호, 높이 3m 너비 10m,
1972년 경상북도 울주군 언양읍 반구대안길(대곡리)에서 발견

양전동 암각화 보물 605호, 1971년 낙동강 지류인 회천의
왼쪽 산 밑 부락에서 발견, 경상북도 고령군 고령읍 아래알터길

에 많이 남아 있어 흥미를 끈다. 그 대표적인 것은 경상북도 울주군 언양읍 대곡리와 천전리 그리고 고령군 양전동의 암각화岩刻畵이다. 먼저 대곡리 반구대 암각화는 높이 3m, 너비 10m의 큰 바위에 고래, 거북이, 물개 등 어류와 호랑이, 맷돼지, 사슴, 닭 등의 짐승, 활을 가지고 사냥하는 모습과 어로생활 및 목축하는 모습이 새겨져 있어 이 지역 사람들이 어로와 사냥과 목축 등 다양한 경제활동을 하고 있었음을 말해준다.

천전리 바위그림은 반구대에서 약 2km 떨어진 곳에 있는데, 여기에는 짐승과 사냥하는 모습도 보이지만, 동그라미와 네모꼴, 그리고 물결무늬로 되어 있는 기하학적 무늬가 주로 그려져 있어 대조를 이룬다. 이런 무늬는 고령군 양전동 바위그림, 영일 철포리, 영천 보성리 등지의 바위그림에도 똑같이 보인다. 이런 기하학적 무늬가 무엇을 상징하는 것인지 정확하게 알기는 어려우나, 둥근 하늘圓과 네모난 땅方을 상징하면서 음양이 조화를 이루어 풍요로운 생명체가 탄생하기를 기원하는 뜻이 담긴 것으로 볼 수도 있다. 한국인은 역사적으로 하늘과 땅을 동그라미와 네모꼴로 표현했다는 것은 이 책의 앞부분에 나오는 총설에서 한국문화의 특징을 설명하는 대목에서 이미 이야기한 바 있다.

4. 아사달문화권과 한국인의 형성

앞에서 석기시대와 청동기시대 사람과 그들의 문화에 대하여 이야기했다. 그러면 구석기인이 신석기문화를 만들고, 신석기인이 청동기문화를 만들어 이들이 한국인의 조상이 되었는가? 그러나 구석기시대에서 청동기시대 사이에 수십만 년의 세월이 흘렀고, 그 사이에 지구의 기후가 여러 차례 바뀌면서 북방의 추운지방 사람들이 따뜻한 남쪽으로 계속 이주해 들어왔으므로 단일민족이 선사문화를 만들었다고 보는 것은 근거가 희박하다. 북방족의 끊임없는 남하는 국가를 건설한 뒤에도 마찬가지다.

하지만 한반도의 선사문화와 비슷한 문화를 가진 사람들이 발해만을 끼고 도는 산동山東[산둥] 지방, 요서遼西[랴오시] 지방, 요동遼東[랴오둥] 지방, 한반도, 그리고 일본의 규슈 지방에도 널리 퍼져 있었기 때문에 이 지역을 하나의 문화권으로 설정하는 것은 무리가 없다. 중국인은 이들을 자신들과 구별하여 '동이족東夷族'이라 부르고 이들의 문화를 '동이문화'라고 했는데, 한국인의 시각에서 보면 '아사달족'이라고 부르는 것이 좋다. 이 점은 이미 총설에서 밝힌 바 있다.

'아사달족'의 영역은 매우 광대하다. 가장 북쪽의 초원지대에 살던 유목민 아사달족이 농경지가 많고 따뜻한 요서지방으로 들어오고, 이들의 한 갈래는 다시 산동지방과 회수淮水지역까지 내려오고, 다른 한 갈래는 요동을 거쳐 한반도로 이주해 온 것으로 보인다. 그런데 중국에 전란이 일어날 때마다 산동지역의 아사달족도 한반도로 이주해 왔다.

고고학상으로 보면 '아사달족'은 공통의 선사문화를 가지고 있었다. 민무늬토기, 고인돌, 비파형 동검 등 공통된 선사문화를 지니고 있으며, 태양을 숭배하는 신앙도 서로 비슷하고, 단군에 관련된 유적도 공통적으로 보인다. 하지만, 아사달족은 하나의 통일된 국가를 건설한 것은 아니고, 신석기 말기에서 청동기시대에 걸쳐 여러 지역에서 수많은 부족연맹국가 단계의 소국小國을 건설했다.

아사달족의 소국 가운데 가장 빠른 것은 요서지방이다. 최근에 이 지역에서 홍산문화紅山文化로 알려진 신석기문화가 발견되었는데, 그 시기는 기원전 3천 년 전후에 시작된 것으로 보인다. 여기서 발견된 유적은 읍락邑落, 성채城砦, 신전神殿, 적석총積石塚, 옥으로 만든 조각품 등으로 작은 국가의 모습을 갖추고 있다. 그런데 특히 돌이나 토기로 만든 여신상女神像이 여러 개 발견되고, 곰의 발 모양을 한 토기가 보여 흥미를 끈다. 더욱이 요하 서쪽에 남북으로 뻗어내린 의무려산醫巫閭山을 옛날에는 태백산太白山이라고도 했다. 이 지역에 살던 주민들이 뒷날 선비鮮卑, 동호東胡, 오환烏桓, 거란契丹, 조선족朝鮮族 등으로 불렸는데, 이들이 모두 아사달족에 속한다.

여신 얼굴(안구는 보석), 좌상

그런데 홍산문화유적은 〈단군신화〉의 내용과 일치하는 점이 많다. 태백산과 곰이 그렇고, 여신상은 웅녀熊女를 표현한 것으로 볼 수 있다. 이 지역의 이름 가운데 적봉赤峰, 홍산紅山, 조양朝陽 등의 이름도 태양이 떠오르는 동방을 상징하는데, 그것이 바로 아사달이다. 그렇다면 고조선의 건국은 바로 이 지역에서 일어난 것으로 볼 수 있다.

곰의 발 모양 토기
홍산문화 지역에서 출토된
단군신화와 관련된 유물

다음에 산동지역의 아사달문화를 대표하는 신석기문화는 기원전 4~3천 년 경에 일어난 대문구문화大汶口文化이다. 대문구는 제남시齊南市 남쪽의 황하 하류지역으로 공자가 살았던 곡부曲阜 바로 위에 있다. 이 지역에서 출토된 유물 가운데는 태양과 산을 조각한 팽이형 토기가 발견되었는데, 아사달문화의 특징인 동그라미와 네모를 상징한다.

이 대문구문화를 일으킨 주민이 바로 동이족 즉 아사달족으로, 그 후예가 중국 최초의 국가인 하夏나라 발전에 큰 영향을 미쳤다. 아사달족의 초기 추장은 치우씨蚩尤氏, 태호씨太昊氏[또는 太皞, 또는 伏羲], 소호씨少昊氏 등으로 알려져 있다. 치우

홍산 곡옥 얼굴은 곰을 닮고
몸은 용을 닮은 모습의 옥

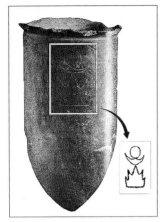

아사달 문양이 그려진 팽이형 토기
산동반도의 동이족 대문구문화 유적에서
발굴

태양까마귀를 쏘는 예 하나라 제후,
중국 산동성 곡부 무씨사당 벽화

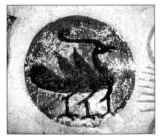

오회분 4호묘의 세발까마귀
중국 지린성 지안현 퉁거우
까마귀의 세 발은 천지인을 상징한다.

씨는 중화족, 곧 화하족華夏族의 시조로 알려진 황제 헌원씨軒轅氏와 탁록아涿鹿野(하북성)에서 치열하게 싸웠으나 결국 헌원씨가 이겨 하夏나라를 세웠다고 전한다. 화하족은 본래 황하 중류인 섬서성陜西省 지방에서 살다가 아사달족이 살던 산동지방으로 이주해오면서 아사달족의 저항을 받아 큰 전투가 벌어진 것이다. 황제 헌원씨는 힘들게 치우씨를 물리치고 중국의 시조가 되었지만 중국인들은 비와 구름을 부리는 신통력을 가진 치우씨의 용맹함을 숭상하여 뒷날 군신軍神으로 추앙하고 군대의 깃발에도 치우기를 사용했다. 치우는 죽은 뒤에 하늘로 올라가 별자리가 되었다 한다.

황제가 승리한 뒤로 산동지방에는 화하족과 아사달족이 뒤섞여 살았는데, 하夏나라는 두 종족이 번갈아 지배한 시대였다. 아사달족 출신 태호씨는 어렵漁獵을 가르치고 팔괘八卦를 만들어 뒤에 이것이 《주역周易》으로 발전했다. 아사달족 출신인 고요皐陶, 백익伯益, 순舜 임금은 정치를 잘하여 성인聖人으로 추앙되었고, 예羿라는 사람은 활을 잘쏘는 신궁神弓으로 곡식을 타죽게 하는 열 마리의 태양까마귀 가운데 아홉 마리를 활로 쏘아 떨어뜨리고 온갖 요괴를 물리쳐서 백성을 편안하게 했다는 전설이 있다. 공자가 효자의 상징으로 칭송한 대련大連과 소련小連 이 지역 출신의 아사달족이다.

은殷나라도 산동지방의 아사달족이 화하족과 동맹을 맺고 이끌어간 나라였는데, 아사달족이 세운 소국이 수십 개나 있었다. 이때 고급 청동기 문화가 꽃피고, 갑골문자甲骨文字를 만드는 등 높은 문화국가를 건설했는데, 그 주역도 아사달족이었다.[5] 그래서 기원전 12세기 경에 은나라가 서쪽 위수渭水 지역에서 쳐들어온 주周나라에 망하자 기자箕子를 비롯한 아사달 귀족들이 대거 고조선으로 이주해온 것이다.

주나라 시기에도 산동지방에는 아사달족이 세운 나라들이 많았는데, 주나라는 아사달족의 소국들과 동맹을 맺어 제후諸侯로 봉하고, 친척을 보내 다스렸다. 그러나 그 가운데 산동 남부지역에 있던 서국徐國의 언왕偃王은 스스로 주나라 황제와 동급임을 내세우고 주변을 정복하여 한 때 36국을 거느리는 대국을 건설하기도 했는데, 그는 활솜씨가 뛰어나고 어진 정치를 편 임금으로 전한다.

주나라가 기울어가던 기원전 6세기의 춘추시대에 산동 곡부曲阜의 노魯나라에서 태어난 공자孔子는 아사달족 탕왕湯王의 후손으로 그 자신이 아사달족일 뿐 아니라 이 지역에서 꽃핀 아사달문화의 전통을 너무나 잘 알고 있었기에 그들의 높은 도덕문화에 감동을 받아 유교儒敎를 만든 것이다. 그러나 전쟁을 일삼던 제후들이 공자의 가르침을 따르지 않자 실망하여 뗏목을 타고 군자들이 사는 고조선으로 이민가고 싶어했으나

---

5) 중국의 고고학자 부사년傅斯年(1896~1950)은 '이하동서설夷夏東西說'을 발표했는데, 이를 따르면, 동쪽의 은殷나라 문화(용산문화)는 동이족東夷族이 세우고, 서쪽의 하夏나라 문화는(앙소문화) 화하족華夏族이 세웠다고 한다. 하버드대학의 장광직張光直(1931~2001) 교수도 비슷한 주장을 내세웠으며, 두 나라는 동시에 존재했다고 한다.

파문원형칠기
광주 신창동 출토, 지름 17cm, 원 안에는 소용돌
이무늬가, 테두리는 톱날무늬가 새겨졌다. 태양이
나 우주를 상징한 의기적인 성격의 유물로 추정
된다. 국립광주박물관 소장.

칠기칼집(좌) 길이 47.8cm
광주 신창동 출토, 녹슬지 않
도록 칼집 연결 부분 금속에
도 옻칠이 되어있다.
칠주걱(우) 길이 24.9cm

천조각 5×6cm,
광주 신창동 출토,
우리나라에서
가장 오래된 삼베

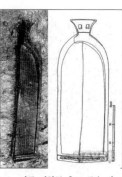

현악기 광주 신창동 출토, 줄은 썩고
남아 있지 않지만 목제 현악기로는
현존하는 것 중 우리나라에서 가장
오래된 것이다. '고'의 일종으로
길이 77.2cm, 추정 폭 28cm정도 된다.

뜻을 이루지는 못했다. 이 이야기는《논어》에 보인다.

주나라가 춘추시대와 전국시대에 들어와서 분열을 거듭하다가 기원전 3세기에 진秦나라
와 한漢나라가 통일제국을 건설하면서 산동지방 아사달족의 국가활동은 막을 내렸다. 하지만,
춘추시대 제齊나라의 아사달족 출신인 추연鄒衍은 음양오행사상을 발전시켜 제자백가의 하나가
되었고, 또 이 지역에서 법가法家가 나타났다. 그러니 제자백가 가운데 유가儒家, 법가法家, 음양가
들이 산동지역에서 발생한 것이다.

중국이 통일제국이 되는 과정에 대륙에서 큰 전란이 일어날 때마다 발해만 연안의 아사
달족은 한반도를 살기 좋은 피난지로 생각하여 파상적으로 이주해 왔는데, 기원전 2세기 전국
시대에 베이징北京에 있었던 연燕나라에서 망명해온 위만衛滿 일파도 아사달족 중 하나였다.

한편, 한반도에 먼저 와서 국가를 건설한 아사달족은 힘이 커지면 발해만 연안의 아사달
땅을 회복하려는 운동을 전개하거나 또는 이곳으로 진출하여 대륙과 문화교류와 상거래를 도
모하는 거점으로 활용했다. 신라가 산동지방에 신라방新羅坊이나 법화원法華院을 건설한 것, 백제
가 요서지방에 군현을 설치한 것 등이 이런 맥락에서 생겨난 것이며, 지금 한국에서 살고 있는
중국 화교華僑의 대부분이 산동출신이라는 것, 그리고 지금 한국기업이 산동의 칭다오靑島에 가
장 많이 진출해 있는 것도 우연한 일이 아니다.

이렇게 본다면 삼국시대 이전에 만주와 한반도에 이주해온 주민이 한국인의 주류를 이
루었지만, 삼국시대 이후에 이주해온 아사달주민이 흡수되어 오늘의 한국인을 형성했다고 할
수 있다. 그리고 대륙에서 선진적인 청동기문화와 철기문화를 가지고 들어온 이주민에 의해 한
반도의 문화도 단계적으로 발전해갔다.

제2장 고조선과 열국

1. 고조선

1) 단군신화와 단군조선

한국인은 오랫동안 건국신화를 가지고 살아왔다. 그 신화가 고려시대 몽고간섭기인 충렬왕 7년(1281년) 경에 일연一然(1206~1289)이 쓴 《삼국유사三國遺事》에 처음으로 나타난다. 이제 건국신화의 내용을 먼저 소개하고, 단군조선의 성격을 알아보기로 한다.

《고기古記》를 보면 다음과 같은 내용이 있다. 옛날에 환인桓因[하느님]이 있었는데, 서자庶子 환웅桓雄은 하늘 아래 세상에 관심을 갖고 인간세상을 구원하고자 하는 마음이 있었다. 아버지가 아들의 뜻을 알고 삼위태백三危太白[봉우리 셋이 있는 태백산]을 내려다 보니 인간을 널리 이롭게 할만한 땅이었다. 그래서 천부인天符印 3개를 주어 다스리라고 보냈다. 환웅은 3천 명의 무리를 데리고 태백산 꼭대기 신단수神壇樹 아래로 내려왔다. 이곳을 신시神市라고 하고, 이분을 환웅천왕桓雄天王이라고 부른다. 환웅은 풍백風伯[바람을 몰고오는 사람], 우사雨師[비를 내리게 하는 사람], 운사雲師[구름을 몰고오는 사람]를 데리고 곡식, 생명, 질병, 형, 선악 등 360여 가지 일을 주관하면서 인간세상을 이치로 다스렸다.

그때 곰 한 마리와 호랑이 한 마리가 같은 굴에서 살고 있었는데, 사람이 되게 해달라고 환웅에게 늘 기도했다. 그래서 환웅은 신령스런 쑥 한 다발과 마늘 20매를 주면서 "너희들이 이것을 먹으면서 100일 동안 햇빛을 보지 않으면 문득 사람의 형태를 갖게 될 것이다"라고 말했다. 곰과 호랑이가 쑥과 마늘을 먹었는데, 삼칠일[21일] 동안 햇빛을 보지 않은 곰은 여자의 몸을 얻었으나 호랑이는 금기를 지키지 못하고 뛰쳐나가 사람이 되지 못했다.

웅녀熊女는 혼인할 상대가 없어서 신단수 밑에 가서 아이를 갖게 해달라고 늘 빌었다. 이에 환웅은 사람으로 변하여 웅녀와 혼인하여 아들을 낳았다. 이 사람이 단군왕검檀君王儉으로, 이때는 당고唐高[요임금]가 임금이 된 지 50년이 되는 경인년庚寅年이었다.

단군신화를 읽어보면, 황당한 듯한 이야기가 보이고, 역사의 진실이 보이기도 하는데, 황당한 듯한 이야기 안에 깊고 오묘한 우주관과 건국이념이 담겨 있다.

먼저 역사의 진실을 살펴보면 세 가지 중요한 사건이 담겨 있다. 첫째, 단군왕검檀君王儉이 요임금이 즉위한 지 50년이 되는 기원전 2283년에 '조선朝鮮'을 세우고,[6] 처음에는 평양성平壤城

---

6) 《삼국유사》에서는 단군이 건국한 해가 2283년으로 되어 있으나, 《삼국유사》와 비슷한 시기에 편찬된 이승휴의 《제왕운기》에는 단군이 요임금과 똑같은 2333년에 건국한 것으로 되어 있고, 조선시대 이후로는 모두 이를 따르고 있다.

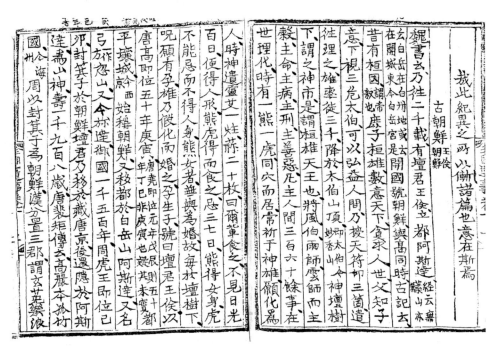

《삼국유사》에 실린 단군신화　1512년(조선 중종 7년)에 찍은 정덕본

에 도읍을 정했다가 뒤에 '아사달阿斯達'로 옮겼다. 이곳은 궁홀산弓忽山 또는 금미달今彌達이라고도 불렸다. 1,500년 간 나라를 다스리다가 주周나라 무왕武王이 기자箕子를 조선 임금으로 봉하자 장당경藏唐京으로 갔다가 뒤에 다시 아사달로 돌아와서 산신山神이 되었다는 것이다. 수명은 1,908년이다.

　둘째, 단군의 아버지 환웅桓雄은 환인桓因[하느님]의 서자庶子인데, 여기서 서자는 첩의 아들이라는 뜻이 아니고 여러 아들 가운데 맏아들이 아니라는 뜻이다. 하느님이 첩을 두었다는 것은 말이 안 된다. 그런데 환웅이 하늘에서 삼위태백산三危太白山으로 내려온 것은 인간을 널리 이롭게 하기 위한 목적을 지녔다는 점이다. 이른바 '홍익인간弘益人間'이라는 아름다운 건국이념이 보인다. 홍익인간의 구체적 내용은 인간을 널리 이롭게 한다는 것인데 그 가운데 가장 중요한 것이 다섯 가지다. 인간에게 곡식을 주고, 인간에게 생명을 주고, 인간의 질병을 고쳐주고, 선과 악을 가려주고, 악한 자를 벌주는 일이다.

　셋째, 단군왕검이 하느님의 후손이라는 것은 하늘[태양]을 조상으로 받드는 태양족이 왕족이 되었다는 뜻이고, 곰이 여자가 되어 단군을 낳았다는 것은 곰을 조상으로 신앙하던 족속이 왕비족이 되었음을 말해준다. 호랑이가 여자가 되지 못한 것은 호랑이를 조상으로 생각하던 족속이 왕비가 되려고 경쟁했으나 곰족에게 진 것을 뜻한다.

　다음에 〈단군신화〉에 담긴 우주관이 매우 흥미롭다. 신화에는 '셋'이라는 숫자로 이야기가 엮어진다. 셋은 반드시 수학적인 뜻을 가진 것이 아니고, 천지인天地人이 하나라는 우주관을 담은 상징적인 숫자일 뿐이다. 하늘, 땅, 사람이 셋이지만, 하나의 생명공동체를 이루고 있다는

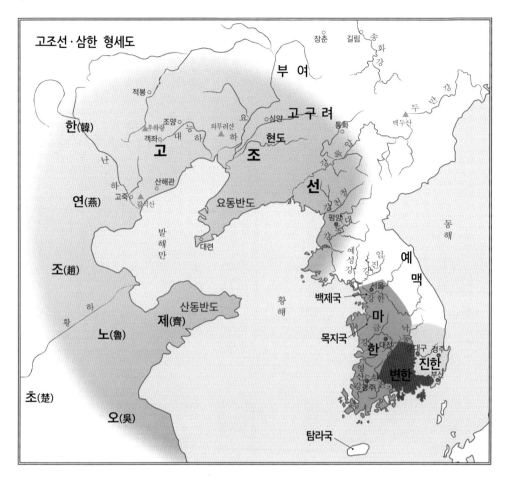

생각이 담긴 것이다. 이제 '셋'이 어떻게 이야기에 담겨 있는가를 알아보자.

첫째, 신화에는 삼신三神이 등장한다. 천신天神인 환인, 지신地神인 환웅, 인신人神인 단군이 그것이다. 그런데 우리 민속에는 이 세 신을 삼신三神으로 부르고, '삼신할매'라고 불러 한 사람의 여신女神으로 보고 있다. 삼신三神을 합쳐 일신一神으로 보는 것이다.

둘째, 환웅이 하늘에서 내려온 곳이 삼위태백三危太白이다. 이는 봉오리가 세 개 있는 태백산이라는 뜻인데, 꼭 봉우리가 세 개라는 뜻이 아니고 '셋'을 넣어 붙인 이름에 불과하다. 여기서 '태백산'이라는 것은 고유한 산을 가리키는 것이 아니라 '해가 뜨는 밝은 산'을 가리키며, '아사달'과 같은 뜻이다.

셋째, 환웅이 환인에게서 받은 천부인天符印이 세 개인데, 이것도 몇 개를 세 개로 표현한 것이다. 여기서 천부인은 구체적으로 말하면 칼, 거울, 옥玉 또는 방울을 가리키는 것으로 보인다. 칼은 삼신이 악한 자를 벌주는 기구이고, 거울은 하느님의 얼굴을 비추는 도구이고, 옥이나 방울은 하느님의 목소리를 듣는 수단이다.

넷째, 환웅은 풍백風伯, 우사雨師, 운사雲師 등 세 신하를 데리고 홍익인간을 했으며, 3천 명의 무리를 데리고 왔다고 하는데, 여기서 세 신하와 3천 명도 상징적인 숫자로써 세 사람은 몇 명, 3천 명은 많은 사람이라는 뜻이다.

다섯째, 곰이 삼칠일 동안 햇빛을 보지 않은 결과 여자가 되었다는 이야기 속의 '삼칠일'도 '21일' 동안을 말한다. 일부러 '셋'을 넣어 표현한 것이다.

여섯째, 단군왕검의 통치기간이 1,500년, 단군왕검의 수명이 1,908년이라는 것도 '셋'이라는 숫자로 나누어지는 수치다.

이상 〈단군신화〉에 담긴 건국이념을 정리하면 천손의 주체성, 홍익인간의 도덕성, 그리고 천지인합일의 우주관으로 요약된다. 다만, 환웅이 하느님의 독생자가 아니고, 여러 아들 가운데 하나이므로 천손天孫이 하나가 아니라는 겸손한 마음이 담겨 있다.

그러면, 단군조선의 위치는 어디인가? 〈단군신화〉에는 도읍이 평양성과 백악산白岳山 아사달阿斯達로 되어 있는데, 평양이라는 지명이 지금의 평양 외에도 요서와 요동에도 있다. 또 백악산, 아사달, 태백산은 모두 같은 뜻으로, '해뜨는 동방의 땅'으로서 그런 뜻을 가진 지명이 중국 동북지방과 한반도에 널려 있다. 또 '조선朝鮮'이라는 국호도 '아침이 빛나는 동방의 땅'을 가리키는 것으로 아사달, 백악산, 태백산, 박달과 같은 말이다. 한국인은 '조선'을 원래 '아사달' 또는 '박달'이라고 부르다가 한자가 들어온 뒤에 이를 뜻으로 번역하여 '조선'으로 바꾼 것으로 보인다. 따라서 '조선'이라는 이름은 중국 동북부와 한반도를 모두 아우르는 일반지명에 지나지 않는다.

고조선의 시조인 단군왕검檀君王儉도 고유명사가 아니다. 여기서 '단군'은 '박달나라 임금'이라는 뜻이고, '왕검'도 '임금'이라는 뜻이므로 '단군'은 박달나라의 모든 임금을 가리킨다. 그런데 박달나라가 어느 특정한 지역이 아니고 아사달문화권의 모든 지역을 말하는 것이므로 단군은 아사달족이 세운 수많은 소국의 임금을 가리킨다고 볼 수 있다. 그래서 요서에도 단군이 있고, 산동에도 있고, 평양에도 있고, 황해도 문화현 구월산에도 있고, 강화도에도 있다.

일부 학자들은 단군에 관한 이야기가 널리 퍼져 있기 때문에 단군조선의 영토가 마치 발해만을 끼고 도는 광대한 지역이 모두 단군조선의 영토인 것처럼 해석하기도 하는데, 이는 잘못된 해석이다. 신석기시대와 청동기시대의 국가가 그렇게 클 수는 없기 때문이다.

〈단군신화〉는 아사달족의 공통된 건국신화이지만, 아사달족이 세운 나라 가운데 가장 먼저 세운 나라에서 발생하여 다른 지역으로 퍼진 것으로 볼 수 있다. 그렇다면 그 지역은 어디인가. 앞에서 살폈듯이 소국건설이 가장 빠른 지역은 고고학상으로 홍산문화紅山文化가 발견된 요서지역으로 보는 것이 가장 합리적이다. 홍산문화의 시작은 기원전 6천 년경이고, 청동기문명으로 들어간 것도 기원전 3천 년경이므로 국가의 시작도 〈단군신화〉에서 주장한 기원전 2333년 또는 2283년보다 더 앞섰을 가능성이 크다. 중국의 요堯 임금과 시대를 맞추기 위해 건국시

톱니날 도끼 청동기 시대, 지름 11.5cm, 황해북도 린산군 린산읍 주암리 유적에서 1965년 발굴 조선역사박물관 소장

고조선 한국식동검 길이 33cm 평안남도 평원군 신송리

꺽창과 꺽창집 고조선, 꺽창 27.3cm, 꺽창집 33cm, 황해도 은률군 남부면

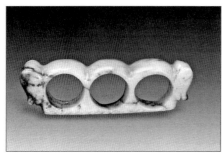

두 개의 곰 머리가 새겨진 옥그릇 요서 우하량에서 출토　　종방울 고조선, 12cm, 평양 정백리

기를 일부러 낮추었는지도 모른다.

요서지역에는 웅녀熊女로 보이는 여신상女神像이 많고, 여신을 모신 사당祠堂도 있으며, 곰발바닥 토기 등이 발견되고, 태백산의무려산이 옆에 있고, 적봉赤峰, 홍산紅山, 조양朝陽 등 지명이 아사달과 비슷한 이름이기 때문이다. 또 이 지역에서는 거대한 읍락, 성채, 적석총 등이 발견되어 상당한 수준의 국가가 있었음이 확실하다. 이 지역에서는 옥玉으로 만든 장신구가 많이 출토되고 있다. 중국 학자들은 그 모습이 돼지와 용을 합친 모습으로 보아 '저룡猪龍'이라 부르는데, 오히려 얼굴은 곰을 닮고, 몸은 용을 닮은 모습으로 보이기도 한다. 또 옥으로 만든 그릇 가운데 곰 머리 두 개를 양쪽에 조각한 그릇도 보인다.

2) 기자전설과 기자조선

단군조선의 출발은 고고학상으로는 기원전 3천 년경으로 보이지만, 단군조선의 정치사를 알려주는 믿을만한 자료가 없다. 그런데 조선 후기 역사책에는 단군이 편발編髮[머리땋기]과 개수蓋首[머리 덮개]를 백성들에게 가르쳐 주었으며, 단군의 아들 부루夫婁가 중국 도산塗山에 가서 하夏나라 우禹임금과 여러 나라 제후들을 만났다고 한다. 또 일제강점기 대종교인이 쓴《환단고기桓檀古記》,《규원사화揆園史話》,《단기고사檀奇古史》 등의 책을 보면 단군조선 47대 임금 이름과 업적이 자세하게 기록되어 있고, 그 영토가 매우 광대한 것으로 되어 있는데, 이런 자료는 신빙성이 낮다. 다만, 47대 임금의 이름은 고려시대《단군고기檀君古記》 등에 실려 있던 것으로 보이지만, 그들의 업적에 대한 기록은 후세인이 만들어 붙인 것으로 보인다.

고조선의 역사가 뚜렷하게 자료에 보이는 것은 기자조선箕子朝鮮 이후부터다.《사기史記》,《한서漢書》,《함허자涵虛子》 등의 중국측 기록뿐 아니라,《삼국사기》와《삼국유사》를 비롯한 고려~조선시대의 모든 역사책은 기자조선의 실재를 인정하고 있을 뿐 아니라, 고구려는 동맹東盟 행사를 치를 때 여러 토착신土着神 가운데 기자신箕子神에게도 제사를 지냈으며, 고려~조선시대에는 기자를 조선을 발전시킨 성군聖君으로 받들어 평양에 기자사당箕子祠堂을 세우고 제사를 지내기도 했다. 또 기자의 후손은 뒤에 한씨韓氏, 기씨奇氏, 선우씨鮮于氏의 성姓을 갖게 되었다고 한다.

그런데 일제강점기에 일본 식민주의자들이 기자조선을 마치 중국의 식민지인 것처럼 왜곡하자, 이에 대항하여 민족주의자들은 기자가 중국에서 왔다는 사실 자체를 부인하는 주장을 폈다. 그래서 8·15 광복 후에도 한동안 기자조선은 한국사에서 제외되어 왔다. 하지만 기자조선은 엄연한 역사적 사실이고, 또 부끄러운 역사도 아니다.

여러 기록을 종합해보면 기자조선의 역사는 이렇다. 기원전 12세기 경 은殷商나라가 주

周나라에 의해 망하자 은나라 귀족이던 기자箕子가 5천 명의 지식인과 기술자들을 데리고 조선으로 와서 임금이 되었다고 한다. 당시 기자는 은나라 북쪽의 기국箕國의 자작子爵을 하고 있었는데, 조선으로 망명해와 시서예악詩書禮樂을 가르쳐주고 '팔조교八條敎'를 베풀어 예의를 발달시키고, 정전제井田制를 실시하여 토지를 골고루 배분하고, 평양에 버드나무를 심어 주민의 인성人性을 부드러우면서도 강하게 만들었다고 한다. 시서예악을 가르쳤다고 한 것으로 보아 초보적

기자조선의 성으로 추정되는 영평부 중국 난하 하류 갈석 부근. 《고금도서집성》에는 영평지역에 '조선성', '조선현'의 지명이 기록됨

인 한자생활이 시작된 것을 말해준다. '박달나라'로 불리던 나라이름을 한자식으로 '조선'으로 바꾼 것도 기자조선 때의 일로 보인다.[7]

    기자가 조선으로 온 것에 대하여 중국 측 기록은 마치 주周나라 무왕武王이 조선으로 강제로 보내 왕을 만든 것처럼 쓰고 있으나, 이는 거짓이다. 기자는 지식이 높은 인물이어서 주나라 무왕이 그를 찾아가 협조를 구하고 정치하는 법도를 묻자 기자는 '홍범洪範'을 따라 정치를 할 것을 알려주어 무왕이 이를 따랐다고 한다. 그런데 기자는 민족이 다른 주나라의 신하가 되는 것을 부끄럽게 생각하여 머리를 풀고 미치광이 흉내를 내다가 마침내 조선으로 망명하게 된 것이다.

기자 초상 윤두수의 《기자지》 수록

    그러면 기자가 많은 무리를 이끌고 온 조선은 어느 지역인가? 그 지역은 처음에 요서의 난하灤河 유역에 있던 고죽국孤竹國으로 보인다. 이곳은 지금 산해관山海關의 서쪽 지역이다. 은나라 북쪽의 기국에서 고죽국은 매우 가깝다. 지금 고죽국 지역에서 '기후箕侯'라고 새겨진 청동그릇이 출토되어 이 지역에 기자가 온 것이 확실할 뿐 아니라 기자일파는 높은 수준의 청동기문화를 가지고 있었던 것도 알 수 있다.

기후箕侯라는 명문이 새겨진 청동그릇 요서 객좌현 출토, 랴오닝성박물관 소장

    기자일파는 왜 조선으로 망명해 왔을까? 그 대답은 간단하다. 은나라 자체가 아사달족이 세운 나라이고, 요서지역도 아사달족이 세운 조선이 있었으므로 기자일파가 조선으로 온 것은 지극히 자연스러운 일이고, 그가 임금이 된 것도 고급 청동기문화와 더불어 수천 명의 집단을 거느리고 있었기 때문에 가능한 일이었다. 이렇게 요서지방에 새로운 고급문명을 가진 정치세력이 들어오자 단군조선의 지배층은 그 힘에 밀려서 요동을 거쳐 한반도로 이주해와 지금의 평양에 터를 잡은 것으로 보인다.

    요서에 자리잡은 기자조선은 단군조선보다 문화수준이 더 높고 강력한 국가로 발전했고, 그 이름이 중국에 널리 알려지게 되었다. 그래서 기원전 7세기 산동지방에 있던 제齊나라는 조선과 무역을 하기도 했다고 《관자管子》에 보인다. 그 뒤 기원전 6세기에는 아사달족 후손인 공

---

7) 다산 정약용이 그런 주장을 폈다.

자孔子가 뗏목을 타고 조선으로 망명할 뜻을 품은 일이 있고, 조선을 '군자국君子國'이라고 부르게 된 것이다. 실제로 공자가 살던 산동지역에서 기자조선의 거리는 매우 가까우며 뗏목을 타고 발해로 들어가면 쉽게 도달할 수 있는 거리에 있었다.

요동반도 끝자락에 있는 지역에서 기원전 10세기 경의 강상무덤과 누상무덤이 발굴되었는데, 수십 명을 순장殉葬한 유물이 발견되었다. 이 지역은 당시 조선의 영역에 있었으므로 이미 이 무렵에 강력한 힘을 가진 정치세력이 이 지역에 있었음을 알 수 있다.

3) 위만조선(194~108)

기원전 5세기 경에 중국에서는 춘추시대가 끝나고, 진秦, 초楚, 연燕, 제齊, 한韓, 위魏, 조趙 등 7국이 나뉘어 치열한 전쟁을 벌이는 전국시대戰國時代가 열렸다. 이 시대는 이미 청동기시대를 마감하고 철기시대로 접어들어 7국이 모두 강력한 국가로 성장했는데, 그 가운데 연燕나라는 지금의 베이징에 도읍을 둔 나라로 요서지방의 조선과 국경을 접하고 있었다. 연나라는 본래 아사달문화권에 속해 있었지만 국력이 커지자 기원전 3세기 초에 장수 진개秦開를 보내 조선을 침략했다. 이에 조선은 2천여 리에 이르는 땅을 잃고 요서를 버리고 한반도로 터전을 옮겼다. 지금의 평양에 도읍을 둔 것이 이 무렵으로 보인다.

그 뒤 기원전 221년에 중국대륙의 서쪽에 있던 진秦나라가 천하를 통일하고, 이어 한漢나라가 기원전 206년에 재통일하면서 옛날 아사달문화권에 있던 발해만 연안의 연燕나라와 산동지역의 제齊나라 지배층이 무리를 지어 한반도로 이주해왔다. 그 가운데 연나라 사람 위만衛滿은 1천여 명의 무리를 이끌고 조선으로 망명해왔다. 조선의 준왕準王은 그의 학식과 세력을 신임하여 박사博士에 임명하고, 서쪽 국경을 지키는 수비대장을 맡겼다. 그런데 위만은 마음을 바꾸어 기원전 194년에 군대를 이끌고 수도[왕검성]로 쳐들어가서 준왕을 내쫓고 임금이 되었다. 이때부터 위만조선(기원전 194~108)의 역사가 시작된 것이다. 나라를 빼앗긴 준왕은 배를 타고 남쪽 진국辰國으로 내려와서 한왕韓王이 되었다. 지금의 전라북도 익산益山지방으로 보인다.

위만일파는 조선으로 망명해 올 때 상투를 틀고, 이복夷服이 즉 아사달족의 옷을 입고 있었다고 한다. 이로 보아 그는 국적은 연나라이지만, 아사달족에 속하는 사람이었음을 알 수 있다. 기자일파에 이어 두 번째 큰 아사달족의 민족이동이 일어난 것이다.

평양에 도읍을 두었던 위만조선은 이미 높은 수준의 철기문화를 소유하고 있었으므로 이를 바탕으로 영토를 사방으로 넓혔다. 우선 토착세력을 포용하기 위해 '상相'이라는 벼슬을 주고, 남쪽으로 황해도 일대[진번], 동북으로 함경도 일대[임둔]로 세력을 뻗쳐 한강 이북을 차지했다. 이 무렵 한강 이남에는 기자조선 후예가 세운 것으로 보이는 진국辰國이 한漢나라와 직접 무역을 하고 있었는데, 위만조선은 진국이 위만조선을 통해 중국과 무역하도록 허용하여 중개무역의 이득을 취했다.

이렇게 조선이 큰 나라로 성장하자 한나라는 조선이 북방의 아사달족인 몽골족의 흉노匈奴와 손을 잡고 한나라를 압박할지도 모른다는 두려움을 느끼고 있었는데, 마침 기원전 128년에 조선에 복속해 있던 압록강 북쪽 예국濊國의 왕 남려南閭가 28만 명의 주민을 이끌고 한

나라에 투항했다. 한나라는 이곳에 창해군滄海郡을
세워 조선을 압박하려 했으나 토착인의 저항을
받아 실패했다. 한은 창해군을 살리기 위해 섭하涉
何를 사신으로 보내 우거왕右渠王[위만의 손자]을 협박
했으나 우거왕이 말을 듣지 않자 자신을 배웅한
조선의 장수를 죽이고 돌아갔다. 조선은 이에 분
개하여 군대를 보내 요동도위遼東都尉로 있던 섭하
를 살해하여 보복했다.

낙랑 각종 칠기 서북한 일대 낙랑군시기 고분에서 출토

　　　이 사건을 계기로 한과 조선의 관계는 극
도로 악화되었다. 이때 사방으로 영토를 넓혀 대제국을 건설하고 있던 한나라 무제武帝(기원전
141~87)는 기원전 109년에 육군 5만 명과 수군 7천 명을 보내 조선을 공격했다. 조선은 침략군
을 맞이하여 1년여 동안 항전했다. 한나라 수군은 왕검성[평양]을 포위했으나 조선군에게 패배
하고, 육군은 패수[청천강] 서쪽에서 공격해 왔으나 이기지 못했다. 이에 한나라가 추가로 군대를
보내 수도를 포위하니, 조선 조정에서는 주전파와 주화파가 갈려 갈등이 일어났다. 주화파는
한나라에 투항했고,[8] 그 일원인 니계상 참尼谿相 參은 사람을 시켜 우거왕을 살해했다. 이때 주전
파 대신 성기成己는 끝까지 항거했으나 주화파가 성기를 살해함으로써 드디어 기원전 108년에
수도 왕검성이 함락되고, 위만조선은 3대 86년 만에 종말을 고했다.

　　　조선이 비록 한나라에 의해 망했으나, 1년여 동안 세계적인 대제국에 항전할 수 있었던
것은 조선의 국력이 만만치 않았음을 보여준다. 한나라는 조선 영토 안에 4군을 설치하여 태수
太守를 보내 다스렸는데, 조선 지배층은 남쪽으로 낙동강을 타고 내려와 경상도지역에 진한辰韓
을 세웠다고 《삼국사기》에는 기록되어 있다.

　　　한나라가 설치한 4군四郡의 위치에 대해서는 논란이 많은데, 평양에 낙랑군樂浪郡, 황해도
에 진번군眞番郡, 함경도에 임둔군臨屯郡, 압록강 북쪽에 현도군玄菟郡을 세운 것으로 보인다.[9] 한
사군은 그 뒤 고구려가 건설되면서 단계적으로 쫓겨나 폐지되었는데,[10] 가장 늦게 쫓겨난 것은
낙랑군으로 기원후 313년에 폐지되었다.

4) 조선의 사회와 문화

　　　조선의 역사는 약 3천 년을 헤아리는데, 그 사이 신석기, 청동기, 고급청동기, 철기문화를
경험하면서 발전했으며, 한사군 설치 이후에는 수준높은 한나라 문화가 들어와서 사회와 문화

---

8) 주화파에 속한 인물은 노인路人, 한도韓陶 등 상相과 장수 왕겹王唊 등이었다.

9) 민족주의 역사가들은 한사군이 모두 한반도에 없었고, 만주에 있었다고 주장하는데, 그렇게 되면 한반도는 오
   히려 조선의 영토가 아니었다는 뜻이 된다.

10) 한사군이 설치된 지 20여 년이 지난 기원전 82년에는 진번과 임둔이 토착인의 저항을 받아 폐지되고, 그 관
    할하의 여러 지역을 낙랑군과 현도군에 합쳤다. 그 후 10년도 안 된 기원전 75년에는 현도군이 고구려의 저
    항을 받아 만주 흥경지방으로 밀려났다. 후한시대 말기인 기원후 204년에는 요동지방에 있던 공손씨公孫氏가
    황해도일대에 대방군帶方郡을 설치했는데, 이것도 백제에 의해 멸망했다.

가 더욱 크게 발전했다.

기록에 따르면 조선에는 8조에 이르는 '법금法禁'이 있었다고 한다. 그 가운데 3조만 지금 알려지고 있는데 다음과 같다. 아마 이런 '법금'은 기자조선 이후의 현상으로 보인다.

> (1) 살인자는 사형에 처한다.
> (2) 남에게 상해를 입힌 자는 곡물로써 배상한다.
> (3) 남의 물건을 훔친 자는 데려다 노비奴婢로 삼는다. 단 스스로 속죄하려는 자는 1인당
>   50만 전을 낸다.

조선의 '8조법금'은 기자가 베풀었다는 '팔조교'와 비슷한 것이 아닌가 추측되는데, 나머지 5조는 간음, 질투, 사치, 폭음 등에 관한 것이 아닌가 한다. 부여의 법금에 간음과 질투에 관한 것이 보이기 때문이다.

위 법금을 보면 조선사회는 생명을 매우 보호하고, 사유재산제도가 확립되어 있고, 노비제도가 있었음을 알 수 있다. 간음이나 질투에 관한 것이 있다면 이미 남자 위주의 가부장제家父長制가 확립된 것을 말해준다. 특히 노비제는 도둑질한 자가 기원이라는 것을 암시한다. 8세기의 요동지방 강상무덤에서 100여 명이 함께 순장된 것이 발견되었음을 앞에서 소개했는데, 이때 순장된 사람들은 노비였을 것이다.

조선사회에 남자 중심의 가부장제가 있었음을 알려주는 노래가 있다. 〈공후인箜篌引〉이 그것이다. 이 노래는 물에 빠져 죽은 뱃사공 남편을 따라 물속에 몸을 던진 여옥麗玉이라는 한 여인의 슬픔을 노래로 엮은 것이다.[11] 물론 이 노래는 부부의 애틋한 사랑을 보여주는 노래이기도 하지만, 남편이 죽으면 아내도 따라 죽는 풍습으로도 볼 수 있다.

조선사회는 이렇게 많은 노비를 거느린 귀족이 지배하는 사회였음을 알 수 있는데, 귀족들은 관료조직에 흡수되어 여러 가지 벼슬을 받고 있었다. 관직 이름으로는 임금 아래에 상相, 경卿, 대부大夫, 대신大臣, 장군將軍, 박사博士 등의 벼슬이 있었는데, 특히 상相이나 경卿은 매우 큰 세력을 가졌던 것으로 보인다. 위만조선 때 한과의 외교정책에 불만을 품고 2천 호를 거느리고 남쪽으로 내려간 역계경歷谿卿은 상당한 세력을 가진 귀족이었음을 알 수 있다.

한사군이 설치된 이후의 조선사회는 계급분화가 한층 복잡해진 사회로 발전했다. 태수가 거주하는 치소治所가 있던 평양에는 한나라 관리와 상인들이 들어와서 호화로운 생활을 누렸다. 그들의 집단주거지로 보이는 평양 토성리土城里와 그 부근에는 한인들의 유적과 무덤이 많이 발견되었는데, 실크로드를 통해 서방문화까지 흡수한 난숙한 한문화가 이곳에까지 퍼진 것을 알 수 있다. 한나라 상인들은 한반도 남부지역에서 목재, 소금, 철 등을 구입해 갔으며, 토착인들에게 관작이나 인수印綬[임명장] 의책衣幘[제복] 등을 주어 회유했다.

평양의 낙랑군은 약 400년간 지속되었지만 토착세력이 왕 또는 군수를 칭하면서 자치를

---

11) 〈공후인〉의 노랫말은 다음과 같다. 그대 강물을 건너지 마시라고 / 그토록 애원해 당부했건만 / 그대 마침내 빠져 죽었구려 / 아, 그대를 어이하리.

획득하여 실제로는 거의 독립국으로 발전해갔다. 예를 들어 1세기 초에는 토호세력 왕조王調가 반란을 일으켜 태수를 죽이고 7년간 자치를 쟁취했으며, 토착인 최리崔理는 스스로 낙랑국왕을 칭하면서 자치를 했다. 그래서 한사군은 제국주의시대 식민지와는 전혀 다르고, 주로 상업기지의 기능을 했다. 하지만 사회계층분화가 촉진되고 범죄도 늘어나서 이를 통제하기 위해 8조의 법금이 60여 조로 늘어났다고 한다.

뒤에 고구려가 성장하여 낙랑군을 철폐시키고 이곳에 도읍을 정하면서 고구려문화가 성숙해지는 계기도 되었다.

2. 열국의 병립

1) 부여

조선 다음으로 요서지역에 나라를 세운 것은 부여夫餘이다. 부여를 건국한 주체세력을 중국인들은 예맥족濊貊族이라 불렀는데, 아사달족의 일파이다. 그런데 부여족이 뒤에 고구려와 백제를 건국했고, 그 일파가 일본 고대국가를 건설했으므로 부여가 한국사와 일본사에서 차지하는 비중은 매우 크다.

부여는 건국설화를 가지고 있다. 《삼국유사》를 보면 기원전 59년에 천제天帝[하느님]의 아들 해모수解慕漱가 다섯 마리 용龍이 끄는 수레를 타고 하늘에서 내려와 흘승골성紇升骨城에 도읍을 정하고 나라이름을 '북부여北夫餘'라고 했다. 그 뒤 해모수의 아들 해부루解扶婁는 동쪽으로 이동하여 '동부여東夫餘'를 세웠다고 한다.

그런데 동부여도 건국설화가 있다. 북부여 왕 해부루의 신하 아란불阿蘭弗이 꿈을 꾸었는데, 천제가 내려와서 말하기를 "장차 내 자손이 여기에 나라를 세우고자 하니 너는 동해 바닷가 가섭원迦葉原에 가서 나라를 세우라"고 했다. 아란불의 말을 들은 왕은 그곳으로 도읍을 옮기고 동부여라고 칭했다. 그 뒤 황금색 개구리처럼 생긴 아이를 낳아 부루왕의 뒤를 잇게 했는데, 이가 금와金蛙이다. 금와 뒤에는 대소帶素가 임금이 되었는데, 기원후 22년에 고구려에 의해 정복당했다.

이상 두 건국설화를 다시 정리해보면, 북부여가 기원전 59년에 처음 건국한 지역인 흘승골성은 요서지방으로 보이는데,[12] 여기서 다시 동쪽으로 이동하여 가섭원에 동부여를 세웠다. 가섭원은 지금 지린성吉林省[길림성] 눙안農安과 창춘長春 일대로 보인다. 이 지역은 아무르강[흑룡강]의 지류인 쑹화강松花江[송화강] 상류지역이다.

여기서 부여는 단군조선과 밀접한 관련이 있는 것을 볼 수 있다. 단군조선이 일어난 지역에서 북부여가 일어나고, 부루왕의 이름도 단군의 아들 부루와 같고, 천손天孫을 자처한 것도 서로 같다. 단군조선이 쇠퇴하자 주류는 한반도로 들어오고, 다른 한 부류는 동쪽으로 이동하

---

12) 천관우씨는 흘승골성을 요서 비장으로 보고 있다. 천관우, 1975, 〈삼한의 성립과정 - 삼한고 제1부〉, 《사학연구》 26집

여 동부여를 세운 것으로 보인다. 다만 북부여의 건국연대가 기원전 1세기로 되어 있는 것은 이 무렵부터 국력이 강한 왕국으로 성장했기 때문으로 보인다. 하지만 부여라는 이름은 기원전 3세기 이전의 정보를 담고 있는《산해경山海經》과 사마천의《사기史記》에도 보이므로, 실제의 건국은 이보다 앞선 기원전 4세기경으로 볼 수 있다.

부여는 기원후 494년에 고구려에 의해 완전히 병합될 때까지 거의 1천 년의 역사를 가지고 있는데, 전성기였던 기원 전후 시기의 영토는 북으로 아무르강 이남, 남으로 백두산에서 요하 상류에 이르고, 동으로는 연해주까지 미치는 광대한 나라였다. 기원후 3세기 경의 부여는 국력이 쇠퇴하여 영토는 사방 2천 리요, 인구는 8만 호였다고 한다.

부여는 평야가 넓은 지역으로 농업과 더불어 목축업이 매우 발달했다. 관직 이름을 마가馬加[말], 우가牛加[소], 저가猪加[돼지], 구가狗加[개] 등으로 칭한 것에서 말, 소, 돼지, 개 등 많은 가축을 기른 것으로 보인다. 여기서 특히 말은 운송수단도 되지만 기마병을 키우는 데도 절대 필요한 가축이다. 부여족이 뒤에 고구려, 백제를 건국한 것은 뛰어난 기마족의 기동력 때문이었다.

부여는 전국을 크게 다섯 구역으로 나누어 중앙은 마가, 우가, 저가, 구가 등 귀족과 대사자大使者, 사자使者 등이 다스렸는데, 수도에는 궁궐, 성책, 감옥, 창고 등의 시설을 갖추고 있었다. 지방의 네 구역은 가加들이 다시 사자使者를 두어 다스리게 했는데, 이를 사출도四出道라고 불렀다. 귀족인 '가' 밑에는 '호민豪民'이라고 하는 세력가가 있고, 그 아래에 '하호下戶'로 불리는 평민이 있었다. 조선과 비슷한 법금이 있었는데, 살인자는 사형에 처하고, 그 가족은 노비로 삼았으며, 남의 물건을 훔친 자는 12배로 갚도록 하고[1책12법], 간음한 여자와 질투하는 여자도 사형에 처했다. 남자 중심의 가부장제와 일부다처제를 지키기 위한 법률로 보인다.

부여에는 순장제도가 있어서 주인이 죽으면 노비들이 함께 매장되었으며, 매년 12월에는 전 국민이 모여 하늘에 제사지내고, 술과 음식을 나누어 먹으면서 노래와 춤을 즐겼다. 이 행사에서는 국가의 중요한 문제는 귀족들이 토의했으며, 소를 죽여 그 굽으로 길흉을 점치기도 했는데, 이 행사를 '영고迎鼓'라고 한다. 순수 우리말로는 '맞이굿'으로 부모인 하느님에게 감사를 드리고 국가의 안녕을 비는 무속적 제천 행사라고 볼 수 있다.

부여가 쇠퇴한 것은 3~4세기에 북방 선비족鮮卑族 모용씨慕容氏의 침략을 여러 차례 받은 까닭이었다. 선비족도 아사달족의 일파이지만 부여가 고구려의 압박을 막기 위해 한漢, 위魏, 진晋 등과 우호관계를 맺은 것이 선비족의 불만을 가져왔다. 결국 부여는 뿌리가 같은 선비족과 고구려의 협공으로 망한 것이다.

2) 옥저, 동예, 맥국

부여가 만주에서 국가를 경영하고 있을 때 한반도의 백두대간 동쪽에는 부여족의 한 갈래인 옥저沃沮와 동예東濊, 맥국貊國이 각각 지금의 함흥일대와 강원도 강릉과 춘천 일대에 부족연맹체 형식의 나라를 세웠다. 옥저는 총 5천 호를 거느리면서 조선에 복속해 있었다. 그 뒤 한사군 가운데 임둔군에 속해 있다가 임둔군이 폐지되자 낙랑군에 속했다가 기원후 1~2세기에 고구려가 강성해지자 고구려에 복속하여 소금, 어물, 맥포貊布[짐승가죽] 등을 갖다 바쳤다.

옥저의 족장들은 후侯, 읍군邑君, 삼로三老 등으로 불렸으며, '민며느리제'라는 독특한 혼인 풍습이 있었다. 이것은 여자아이를 미리 신랑집에 데리고 와서 살다가 뒤에 다시 돈을 지불하고 며느리로 삼는 제도를 말한다. 장례풍속도 독특했는데, 시체를 가매장했다가 썩은 뒤에 다시 뼈만 추려서 큰 목곽에 담고, 가족들의 시신도 여기에 합장했으며, 죽은 사람의 모습을 닮은 인형을 만들어 목곽 옆에 두었다.

동예는 지금의 강릉을 중심으로 한 동해안 지역에 나라를 세웠는데, 총 2만여 호를 거느리는 비교적 큰 부족연맹국가였다. 처음에는 조선에 복속했다가 한사군의 임둔군을 거쳐 삼국시대에 고구려와 신라에 통합되었다. 특산물로는 명주와 삼베, 단궁檀弓이라 불리는 활, 과하마果下馬로 불리는 키가 작은 말, 그리고 반어피班魚皮[바다표범 가죽] 등을 생산했다. 같은 씨족끼리는 혼인을 하지 않는 족외혼族外婚 풍습이 있고, 경제활동도 자기 구역 안에서만 행하고, 다른 부족의 구역으로 들어가면 책화責禍라 하여 노비, 소, 말 등으로 변상하는 풍습이 있었다. 매년 10월에는 '무천舞天'이라는 제천행사가 있었는데, 부여의 '영고迎鼓'나 뒤에 설명할 고구려의 '동맹東盟'과 비슷한 성격을 지닌 무속이었다.

맥국은 지금의 강원도 춘천春川지방에 있었는데, 고인돌과 맥국의 도읍으로 보이는 유적이 발견되고 있으나, 문헌상의 기록은 거의 없어 실체를 파악하기 어렵다. 그러나 백제가 건국한 뒤에 맥국과 치열한 전투를 벌인 기록이 《삼국사기》에 보여 그 세력이 만만치 않았음을 알 수 있다.

3) 고구려

《삼국사기》에는 부여에서 내려온 주몽朱蒙이 기원전 37년에 고구려를 세운 것으로 되어 있다. 그런데 이보다 앞서 한사군이 설치될 당시 현도군 안에 고구려현이 있는 것으로 보아 기원전 2세기 이전에 이미 작은 고구려라는 나라가 있었음을 알 수 있다.

고구려의 위치는 지금 혼하渾河와 혼강[동가강] 상류 지역의 산골짜기에 있었는데, 이 지역은 일찍부터 철기문화를 받아들여 기원전 4세기 경에 예맥濊貊이 이곳에 자리를 잡았고, 기원전 128년에는 28만 호를 거느리다가 한나라에 투항한 남려南閭의 예국濊國이 그 부근에 있었으며, 기원전 75년에는 현도군을 몰아낼 만큼 그 세력이 컸다.

주몽이 기원전 37년에 세웠다는 고구려는 말하자면 고구려의 재건국이라고 볼 수 있다. 부여족의 한 갈래가 남하하여 옛 고구려를 정복하여 새 나라를 세운 것이다. 《삼국유사》에는 다음과 같은 주몽의 건국설화가 보인다.

동부여의 왕 금와金蛙가 태백산 남쪽 우발수優渤水에서 유화柳花라는 여인을 만났는데, 유화는 천제天帝의 아들 해모수解慕漱와 사통하여 부모로부터 쫓겨난 여인이었다. 금와가 이 여인을 방 속에 가두었더니 햇빛을 받아 큰 알을 낳았다. 금와가 그 알을 개와 돼지에게 주어도 먹지 않고, 길에 버려도 소와 말이 피해가고 들에 버렸더니 새와 짐승이 품어주었다. 금와는 이상하게 생각하여 그 알을 물건으로 감싸서 따뜻한 곳에 두었더니 골격과 생김새가 기이한 아이가 태어났다. 이 아이는 활을 잘 만들고, 잘 쏘아 이름을 주몽朱蒙[또는 추모鄒牟라고 한다]이라 했다.

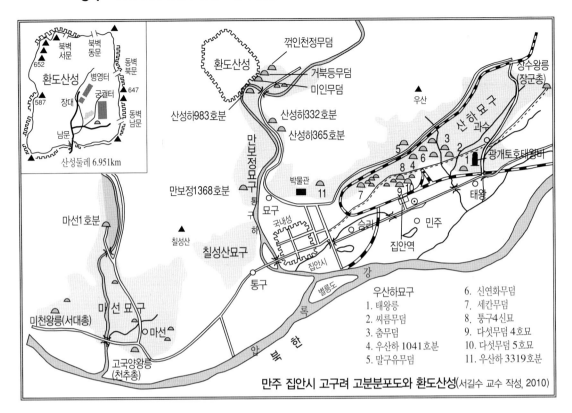

만주 집안시 고구려 고분분포도와 환도산성(서길수 교수 작성, 2010)

주몽은 금와왕의 일곱 아들과 함께 자랐는데, 큰 아들 대소帶素는 주몽을 처치하지 않으면 큰 후환이 있을 것으로 생각했다. 신변의 위협을 느낀 주몽은 어머니 유화의 충고를 받아들여 오이烏伊, 마리摩離, 협보陜父 세 사람을 데리고 동부여를 떠나 엄수淹水에 이르렀는데, 물고기와 자라가 다리를 놓아주어 건널 수 있었다. 주몽은 졸본卒本에 이르러 비류수沸流水 위에 집을 짓고 나라를 세웠다. 이때 나이 12세였다.

위 설화는 동부여에서 금와의 후계자를 둘러싸고 적통 아들인 대소와 서출로 보이는 주몽 사이에 권력쟁탈전이 일어나 주몽이 패배하여 압록강 유역의 졸본(지금의 환인) 지방으로 내려와 고구려를 건설한 사실을 미화시킨 이야기다. 주몽의 건국은 동부여에서 내려온 계루부桂婁部 집단이 기성 토착세력인 소노부消奴部 정권을 대신하여 정권을 장악한 사실로 보인다.[13] 주몽의 계루부 집단은 뛰어난 기마술과 활쏘기 재주를 바탕으로 주변의 여러 부족연맹국가들을 정복하고, 수도 졸본에 성곽, 궁실, 신묘神廟 등을 축조했으며, 기원후 1세기 경에는 강력한 국가를 건설하고 수도를 졸본에서 조금 남쪽인 국내성國內城(지금 지안시)으로 옮겼다. 국내성은 위만조선 당시 28만 호를 거느린 예국濊國 남려南閭의 세력기반이 있던 곳으로 이곳을 통합하면서 더욱 강대한 국가로 발전해갔다.

---

13) 그러나 다른 해석도 있다. 김철준과 이기백은 주몽을 소노부 출신으로 보고, 고구려 태조왕(53~146) 때부터 계루부 출신이 왕이 되었다고 해석한다.

4) 진국과 삼한

한강 이북에서 예맥족으로 불리던 아사달족이 청동기문화와 철기문화를 바탕으로 조선, 부여, 고구려, 옥저, 동예 등의 부족연맹국가와 고대왕국을 건설하고 있을 때 한강 이남의 사회에서도 청동기와 철기문화를 바탕으로 한 정치통합운동이 벌어지고 있었다.

이 지역의 토착주민은 한족韓族으로 불렸는데, '한'은 '칸khan'과 같은 말로서 본래는 중국 동북지역의 아사달족 가운데 농경문화를 가진 한 갈래가 내려와 정착하게 된 것이다. 이 지역에서도 이미 바둑판형 고인돌문화가 꽃피고, 기원전 8세기 경에 비파형 동검과 세련된 간 돌칼[마제석검] 등이 사용되고 있었는데, 기원전 4세기 이후에는 가느다란 세형동검細形銅劍을 사용하기 시작했다. 비파형 동검은 주로 의식용으로 쓰였지만 간 돌칼과 가느다란 동검은 전쟁용과 생활용품으로 쓰였다. 이런 문화를 바탕으로 소규모의 부족연맹국가들이 무수히 건설되었는데, 기원전 2세기에 기자조선이 망하여 지금의 전라도 지방으로 내려오고, 이어 위만조선이 망하여 경상도지역으로 내려오고, 한사군이 세워지면서 한나라문화까지 유입되면서 정치발전이 급속도로 진행되었다.

한족이 세운 수많은 국가 가운데 조선 유민들이 내려와 세운 국가들이 가장 커서 크게 세 권역을 형성했는데, 이를 삼한三韓이라 불렀다. 경기–충청–전라도 지역의 '마한', 경상북도 지역의 '진한', 경상남도 지역의 '변한'이 그것이다. 하지만 삼한은 통합된 국가가 아니고, 그저 크게 몇 종류의 집단이 있었다는 뜻이다.

삼한 가운데 가장 세력이 큰 것은 평야가 많아 농업생산력이 높고,[14] 수로교통이 발달한 마한지역이었다. 이 지역에는 목지국目支國이 세워져 인천에서 아산만을 잇는 서해안지역을 장악하고 있었는데, 그 뒤 철기문화를 가진 기자조선의 준왕準王 일파가 내려와 전라도 익산지방에 근거를 두고 진국辰國을 세워 목지국을 아우르는 큰 나라로 발전했다. 진국은 마한으로 불리는데, 그 아래 54개의 크고 작은 나라들을 거느렸으며, 중국의 한漢나라와 직접 교역을 할 정도로 큰 세력을 형성하고 있었다. 그러나 백제가 건국된 뒤에는 백제에 통합되었다.

한편, 경상북도지역에 자리잡은 진한辰韓은 위만조선의 유민들이 내려와 경주일대에 터잡으면서 철기문화가 급속도로 퍼져나갔다. 위만조선 시절에 2천여 호를 이끌고 남하한 조선상朝鮮相 역계경歷谿卿이 진한으로 내려오고, 그 뒤 위만조선이 망한 후에도 그 지배층이 이쪽으로 내려왔다. 아마 그들은 처음에 서해안을 따라 마한지역으로 내려오다가 진국세력에 밀려

간 돌칼 길이(오른쪽 아래) 41.8cm, 국립중앙박물관 소장

---

14) 전라북도 김제金堤에는 벽골제碧骨堤로 불리는 큰 저수지가 있고, 충청북도 제천堤川에도 의림지義林池로 불리는 큰 저수지가 있는데, 삼한시대에 만들어진 것으로 보인다.

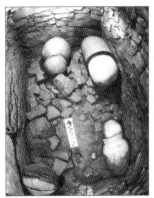

옹관묘 5세기 후반,
전라남도 나주시 복암리 3호분 96석실

돌널무덤(석관묘) 충청남도 부여
초촌면 송국리, 1975~1978 출토

낙동강을 따라 진한으로 온 것으로 보인다.[15] 《삼국사기》에 진한을 조선의 유민이라고 쓴 것이 그것을 말해준다. 그런데 어떤 기록에는 진秦나라 유민이 들어와서 진한秦韓이 되었다고도 하는데, 이는 위만이 진나라에 밀려 조선으로 오고, 또 진한으로 내려온 것을 잘못 쓴 것으로 보인다. 훗날 이 지역에 신라가 건국되었다.

경상남도 해안가에 자리 잡은 변한弁韓도 요서지방의 아사달족이 내려와 정착한 지역인데, 정약용丁若鏞은 그들이 고깔처럼 생긴 모자를 쓰고 있어서 변한이라 불렀다고 한다. 이 지역의 중심지인 김해金海 일대에는 철鐵 생산이 풍부하고, 바다교통이 편리하여 일찍부터 일본의 규슈지방을 왕래하면서 세력을 키워갔다. 이곳에서 뒤에 가야국伽倻國이 탄생했다.

삼한은 고급청동기문화와 철기문화를 바탕으로 성립되고, 농업이 발달하고 수로교통이 좋아 소규모 국가를 가진 족장세력이 많았다. 중국 측 기록을 보면 삼한의 족장들은 신지臣智, 험측險側, 번예樊獩, 살해殺奚, 견지遣支, 부례不例, 읍차邑借 등으로 불렸는데, 이는 모두 우두머리를 가리키는 토착어다. 족장들은 흙이나 나무로 성城이나 책柵[나무울타리]을 쌓고, 그 안에 읍을 만들어 거주했으며, 죽어서는 처음에 고인돌에 묻혔다가 뒤에는 움무덤[토광묘]이나 돌덧널무덤[석곽묘]에 묻혔으며, 가늘고 긴 모양의 세형동검과 가느다란 줄무늬가 새겨진 세문동경細紋銅鏡을 차고 다니면서 자신의 위세를 뽐냈다.

삼한의 정치지도자는 족장이고 종교지도자는 따로 있어 천군天君으로 불렸다. 정치와 종교가 어느 정도 분리된 것이다. 천군은 소도蘇塗[솟대]라는 독립된 영역을 지배했는데, 여기에는 큰 나무를 세우고 북을 달아서 제사의식에 사용했으며, 죄인이 들어오더라도 잡아가지 못했다. 그만큼 신성한 지역으로 여겼다. 삼한에서도 부여의 영고, 동예의 무천, 고구려의 동맹과 비슷한 제천 행사가 있었는데, 5월 수릿날에는 풍년을 기원하는 기풍제祈豐祭를 지내고, 10월에는 추수를 감사하는 시월제十月祭를 지냈다. 이 행사에는 온 국민이 모여 하늘에 제사를 지내고 날마다 음식과 술을 먹으면서 춤과 노래를 즐겼다고 한다.

---

15) 이병도는 진한의 위치를 한강유역으로 정하고 있는데, 이 지역은 진한의 마지막 정착지가 아니라 처음 정착한 곳으로 보는 것이 옳을 것이다.

2

고대 귀족국가_
삼국과 남북국

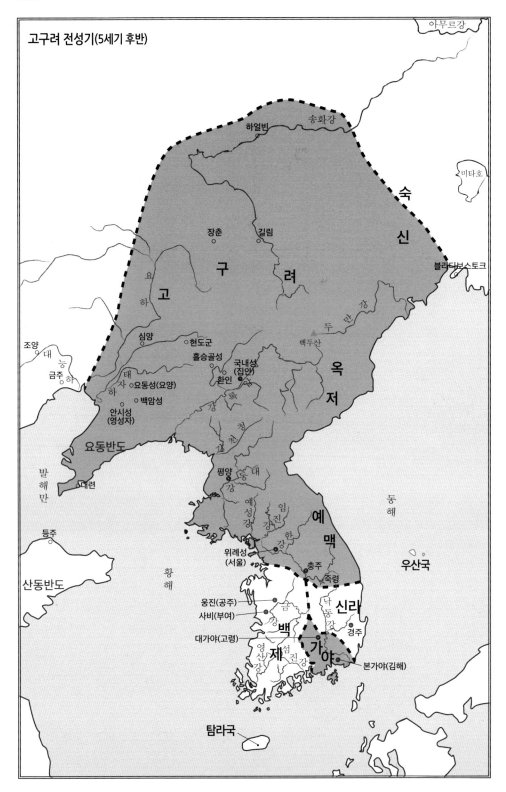

고구려 전성기(5세기 후반)

제1장 사국의 성립과 발전

1. 고구려의 발전

기원 전후한 시기는 한국사에 큰 전기가 이루어진 시대였다. 만주에서 목축과 농업을 하던 아사달족[부여족]의 일파가 철기문화와 기마민족의 기동력을 이용하여 토지가 비옥하고 기후가 온난한 남쪽 지역을 향해 무리를 지어 내려와 토착부족연맹체를 정복하고 새롭고 강력한 고대국가를 세웠기 때문이다. 그 첫 국가가 고구려이고, 두 번째가 백제百濟이며, 세 번째가 신라新羅이고, 네 번째가 가야[伽倻가락국]이다. 따라서 처음에는 삼국시대가 아니라 사국시대를 열었는데, 가야가 500년 만에 신라에 통합되면서 삼국시대가 된 것이다.

기원전 2세기에 이미 압록강 유역에 고구려가 있었지만, 기원전 37년에 동부여에서 내려온 주몽[추모] 집단이 혼강 상류인 졸본卒本에 도읍을 두고 새로운 고구려를 세웠음은 앞에서 이미 설명했다. 이때 권력을 장악한 것은 계루부桂婁部 부족이었고 소노부消奴部[혹은 비류나부], 절노부絕奴部[혹은 연나부], 순노부順奴部[혹은 환나부], 관노부灌奴部[혹은 관나부]라는 네 부족이 더 있어서 5부족 연맹체국가를 형성했다.

장군총 바닥길이 31.5m, 높이 12.4m, 7층 피라미드형, 화강암으로 축조되었으며 4층에 현실이 있다. 적석이 밖으로 밀리지 않도록 각면에 5m 크기의 받침돌을 3개씩 받쳐 놓았으나 1개는 없어지고 11개가 남았다. 뒷쪽에 올라가는 계단이 설치되어 있다. 지린성 지안시 소재

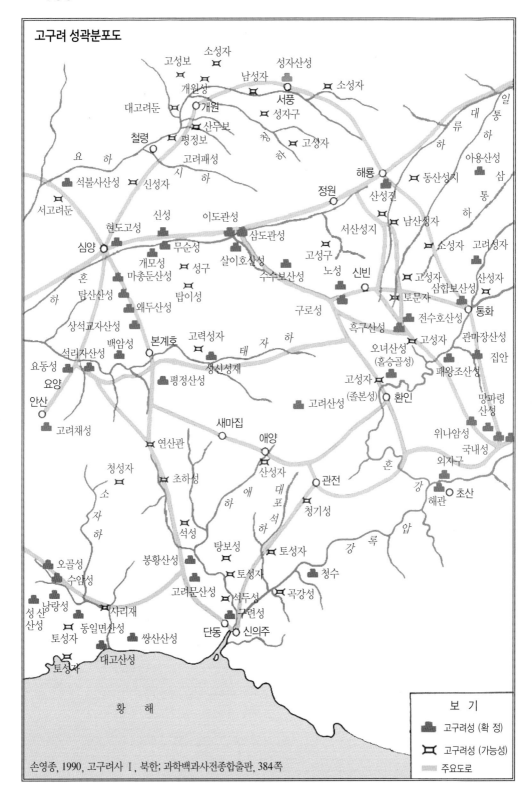

고구려 성곽분포도

손영종, 1990, 고구려사 Ⅰ, 북한; 과학백과사전종합출판, 384쪽

고구려 사절
우즈베키스탄 사마르칸트
아프라시압 궁전지 벽화.
동서무역 중계지로 번성하던
사마르칸트에 간 고구려 사신들.
머리에 깃털을 꽂고 환도를 찬
오른쪽 끝의 두 인물이
고구려 사절이다.

수렵도 고구려 무용총 왼쪽 벽 벽화,
중국 지린성 지안시

중원고구려비 국보 205호,
높이 203cm, 너비 55cm,
충주시 가금면 용전리 소재,
사진 서길수 교수

　　그런데 첫 수도인 졸본卒本(환인; 桓因)은 교통도 불편하고 산골에 위치하고 있어서 국가발전에 지장이 많았다. 그래서 기원후 3년에 교통이 편한 압록강 연안의 국내성國內城(현 지린성 지안시)으로 수도를 옮겼다. 이곳은 뒤에 환도성丸都城이 에워싸고 있어서 방위에 유리할 뿐 아니라 앞에 압록강이 트여 방어에도 좋고 밖으로 진출하는 데도 유리한 지형이었다.

　　고구려가 한 단계 비약한 것은 1세기 후반에서 2세기 전반에 걸쳐 근 100년간 집권한 태조왕(53~146) 때였다. 이때부터 계루부 출신이 세습적으로 왕위를 계승하여 태조라는 시호를 얻게 된 것이다. 이때 동으로 함경도의 옥저沃沮를 복속시키고, 서쪽으로 한사군의 하나인 현도군을 압박하면서 요동지역으로의 진출을 꾀했다.

　　2세기 후반 고국천왕故國川王(179~197) 때에는 왕권이 더욱 안정되고, 족장이 지배하던 5부를 행정구역으로 개편하여 족장세력을 관료로 흡수했다. 왕위계승도 형제상속에서 부자상속으로 바꾸었으며, 왕비는 절노부의 명림씨明臨氏에서 나왔다. 신분이 낮은 을파소乙巴素를 국상國相으로 삼아 농민에게 곡식을 대여해 주는 진대법賑貸法을 실시하여 소농들이 귀족의 노예로 전락하는 것을 막았다.

　　고구려의 꿈은 옛날 조선의 영토를 다시 수복하기 위해 요동을 넘어 요서로 진출하는 것이었다. 그런데 중국의 정세가 고구려에 불리하게 전개되었다. 220년에 후한後漢이 망한 뒤로 5호 16국(304~439)이 난립하고, 이어 남북조시대(420~589)[1]를 맞이하여 589년에 수隋나라에 의해 통일될 때까지 혼란이 계속되었다. 중국의 혼란은 요서지방에서 일어난 북방의 호족胡族들, 예를

1) 남북조시대란 황하 이북에 북방 유목민이 세운 북조와 황하 남쪽에 세운 한족漢族의 남조가 서로 대립했던 시대를 말한다. 북조의 국가는 북위北魏, 동위東魏, 서위西魏, 북제北齊, 북주北周를 말하고, 남조는 송宋, 제齊, 양梁, 진陳을 말한다.

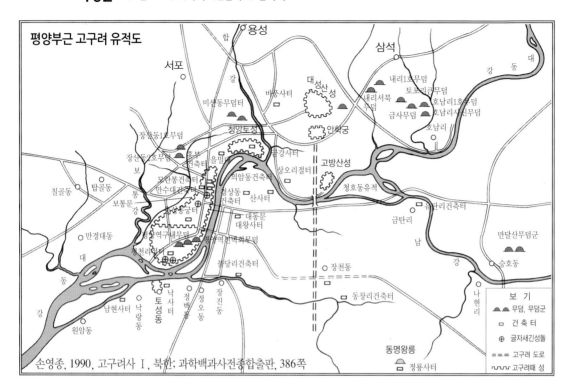

평양부근 고구려 유적도

손영종, 1990, 고구려사 Ⅰ, 북한; 과학백과사전종합출판, 386쪽

들면 흉노족匈奴族, 선비족鮮卑族, 갈족羯族, 저족氐族, 강족羌族 등의 국가활동이 다시 치열하게 부활하여 남쪽의 한족漢族 국가와 자웅을 겨루는 '호한체제胡漢體制'를 이루었는데, 북방족은 요서지역과 요동지역에 대한 애착이 강해 고구려와 갈등을 남조보다 더 크게 일으켰다. 호족과 고구려는 뿌리가 서로 비슷하기 때문에 오히려 서로 흡수하고자 하는 욕망이 클 수밖에 없었다.

그 첫 번째 충돌이 동천왕東川王(227~248) 때 일어났다. 압록강 입구의 서안평西安平을 공격하다가 도리어 위魏나라의 역공을 받아 동천왕 18년(244)에 관구검毌丘儉에 의해 환도성이 함락당하고, 다음해에는 왕기王頎의 공격을 받아 멀리 동해안으로 피난하는 위기를 맞았다. 그 대신 4세기 초에 미천왕美川王은 재위 14년(313)에 남쪽으로 평양의 낙랑국樂浪國을 차지하여 한반도로 진출하는 교두보를 만들었다.

고구려의 요동진출은 4세기 중엽 고국원왕故國原王(331~371) 때에도 좌절되었다. 전연前燕의 모용황慕容皝이 고구려에 침입하여(342) 궁궐이 불타고 미천왕의 무덤이 도굴당하고, 왕의 어머니와 남녀 5만 명이 포로로 잡혀가는 수난을 당했다. 설상가상으로 고국원왕 41년(371)에는 남쪽의 백제 근초고왕近肖古王이 쳐들어와 평양성이 함락당하고 고국원왕이 전사하는 비극이 생겼다.

침체에 빠진 고구려를 다시 중흥시킨 것은 4세기 후반기의 소수림왕小獸林王(371~384)이었다. 이때 대외팽창보다 북조北朝와 우호관계를 유지하면서 내정을 정비하는 데 힘썼다. 재위 2년(372)에 불교佛敎를 수용하고, 유교교육기관으로 태학太學을 설립하고, 중국식 율령律令을 반포하여(373) 통치조직을 정비했다.

소수림왕 때 다져진 내치는 다음 광개토왕廣開土王과 장수왕長壽王 시대의 웅비를 가져오는 토대가 되었다. 18세의 젊은 나이에 임금이 된 광개토왕(391~413)은 적극적인 정복사업에 나섰다. 지금 국내성에 우뚝 서 있는 '광개토왕릉비'는 왕의 위업을 기념하기 위해 세운 것이다.[2] 이 비문을 보면, 왕은 후연後燕을 공격하여 요동 땅을 차지하고, 북으로 숙신肅愼[뒤의 말갈]을 정복했으며, 남으로 백제를 쳐서 한강 유역까지 영토를 넓히고, 왜국의 침략을 받은 신라를 도와 왜병을 낙동강 유역에서 섬멸하는 등 일생동안 64개의 성城과 1,400개의 촌村을 깨트렸다고 한다. 왕은 대국을 건설한 자신감을 바탕으로 독자적인 연호를 세워 '영락永樂'이라 했다. 죽은 뒤에는 '국강상광개토경평안호태왕國崗上廣開土境平安好太王'이라는 시호를 받았다.

광개토왕의 뒤를 이은 5세기의 장수왕(413~491)은 79년간 재위하면서 고구려 최고의 전성기를 구가했다. 중국이 남조와 북조로 나뉘어 있던 남북조시대(439~589) 정세를 이용하여 남조와 북조 사이에 등거리 외교를 펼치면서 우호관계를 유지하고, 남진정책을 적극 추진하여 재위 15년(427)에 수도를 국내성에서 평양으로 옮겼다. 이곳은 평야가 넓어 물산이 풍부할 뿐 아니라 고조선과 낙랑군의 현란한 중국문화가 꽃피었던 지역이므로 이때부터 고구려는 경제적으로 풍요롭고 문화적으로 완숙한 시대로 접어들었다.

장수왕의 평양천도와 남진정책은 백제와 신라에 위협을 주어 백제의 비유왕은 433년에 신라 눌지마립간과 동맹을 맺고, 개로왕 때에는 중국 북조의 위魏에 사신을 보내 군사원조를 청하기도 했다(472). 하지만 장수왕은 475년(장수왕 63)에 백제 수도 한성漢城을 직접 공격하여 함락시키고 개로왕을 죽였다. 1997년 지금 서울 광진구의 아차산에서 고구려가 건축한 보루堡壘가 발견되었다. 이곳에서 강 건너 마주보이는 풍납토성風納土城을 보면 당시 이 지역에 주둔한 고구려군과 강 건너 토성에 주둔하던 백제군 사이의 치열한 전투를 실감나게 떠올릴 수 있다.

한성을 잃은 개로왕의 아들 문주왕은 남쪽으로 내려가 수도를 금강 유역의 웅진熊津[고마나루, 지금의 공주]으로 옮겼다. 그리하여 고구려는 백제의 남양만과 신라의 죽령

광개토왕릉비 탁본
(오른쪽은 변조부분 확대)

---

2) '광개토왕릉비'는 장수왕 2년(414)에 세운 것으로 높이가 약 6.39m, 약 1,775자의 문자가 4면에 새겨져 있다. 이 비문을 처음 발견한 것은 1882년 만주를 여행하던 일본군 참모본부의 밀정이던 사카와 중위로서, 비문을 쌍구본雙鉤本으로 탁본한 것을 가지고 일본학자들이 비문을 해독하기 시작했다. 쌍구본이란 글씨의 획의 테두리를 가느다란 선으로 그리고서, 먹물을 채워넣는 방법을 말한다. 일본은 또 비문에 회칠을 하고 글자를 조작하여 탁본을 만들었다고 알려지기도 한다. 일본과 거의 같은 시기에 청나라 학자들도 비문을 탁본하여 판독하기 시작했다. 비문 가운데 가장 논란이 많은 부분은 '百殘新羅 舊是屬民 由來朝貢 而倭以辛卯年來 渡(海)破百殘 □□新羅以爲臣民'이라는 구절이다. 일본 학자들은 이 구절의 주어를 왜倭로 해석하여 다음과 같이 판독했다. '백제와 신라는 예부터 왜의 속민으로서 조공을 바쳐왔는데, 왜는 신묘년에 바다를 건너 백제와 신라를 격파하고 신민으로 만들었다'. 그러나 일제강점기 정인보鄭寅普는 주어를 고구려로 보고 다음과 같이 판독했다. '백제와 신라는 예부터 고구려의 속민으로 조공을 바쳐왔는데, 신묘년에 왜가 왔으므로 고구려가 바다를 건너 백제를 격파하고 신라를 신민으로 삼았다.' 그러나 광복 후 비문연구자들이 늘어나면서 비문을 둘러싼 논쟁은 그치지 않고 있다.

일대를 연결하는 지역까지 영토를 넓히고, 만주까지 판도에 넣어 중국과 당당하게 자웅을 겨루는 대국으로 성장했다. 지금 충청북도 충주忠州에 가면 중원고구려비가 있는데, 이곳까지 고구려의 판도에 있었음을 말해주고 있다. 또한 이 비문에서 고구려는 스스로 천하대국임을 자부하면서 신라를 동이東夷라고 지칭하고 있다.

2. 백제의 건국과 발전

백제도 건국 설화가 있다. 기원전 18년에 주몽과 둘째 부인 소서노召西奴 사이에 출생한 두 아들, 비류沸流와 온조溫祚 형제가 10명의 신하를 이끌고 남쪽 마한 땅 한강유역으로 내려갔는데, 형 비류는 바닷가인 미추홀彌鄒忽[지금의 인천지역]에 자리 잡고, 동생 온조는 하남河南 위례성慰禮城에 백제국을 세웠다고 한다. 그러나 원래 이 지역에는 마한에 소속된 백제국伯濟國이 있었으므로 국명을 새로 바꾼 것은 아니다. '백제'라는 이름도 '해 뜨는 밝은 땅'을 가리킨다.

백제 건국 설화는 주몽의 아들 가운데 첫째 부인 예씨의 아들인 유리琉璃가 왕위를 계승하자 정권계승에 실패한 둘째 부인 소서노의 두 아들이 어머니와 함께 한강유역으로 내려와서 온조가 건국하여 주도권을 잡게 된 사실을 말해준다.

그런데 형 비류는 그 뒤 어떻게 되었을까? 비류가 터 잡은 곳은 지금의 인천지역과 아산만일대를 연결하는 해안지역으로 보이는데, 이 지역은 옛날 목지국지역과 일치한다. 기록에는 비류가 온조의 강성함을 보고 부끄럽게 생각하여 죽었다고 하는데, 일설에는 죽은 것이 아니라 한동안 이 지역에 해상왕국을 건설했다가 온조에게 주도권을 뺏기자 일본으로 건너가 야마토국大和國을 건설했다는 학설도 있다.[3]

온조가 건국한 하남 위례성은 어디인가? 하남은 곧 한강 남쪽을 가리키고 '위례성'은 고유명사가 아니라 '어른 성' 곧 '큰 성'을 가리킨다. 한강도 당시에는 '어르하' 또는 '아리수'로 불렀는데, 이것도 '어른 강', 또는 '큰 강'을 가리킨다. '한강'은 '큰 강'을 한자로 훈역한 이름이다. 그런데 백제는 처음에 하남 위례성에 도읍을 두었다가 뒤에는 하북 위례성으로 옮기고, 다시 하남 위례성으로 돌아오는 등 수도를 수시로 바꾸었으며, 충청도 직산稷山에도 위례성이 있었다. 그 가운데 하남 위례성은 지금의 송파구 풍납토성風納土城, 그 옆에 있는 몽촌토성夢村土城[올림픽공원 안], 남한산성南漢山城, 하남시 이성산성二聖山城, 그리고 광주시 궁촌리宮村里 등으로 보인다. 그리고 하북 위례성도 여러 곳이 있다. 지금의 북한산성, 혜화동, 세검정, 아차산성 등이 거론되고 있다. 이렇게 많은 위례성을 만든 것은 고구려의 남침에 대비하여 한강을 방어선으로 삼아 기동력을 높이려는 뜻이 있었던 듯하다.

지금 유적과 유물이 많이 발견된 곳은 풍납토성으로 이곳에서 토성과 목책, 사당祠堂, 그릇, 동물뼈, 우물, 문지門址 등이 발견되었다. 한편, 지금 송파구 석촌동 일대에는 돌로 쌓은 피라미드 형식의 돌무덤들이 남아 있는데 왕이나 귀족의 무덤으로 보인다.

---

3) 김성호가 그런 주장을 냈다. 김성호, 1982,《비류백제와 일본의 국가기원》, 지문사

백제는 처음에는 힘이 약해 북으로는 낙랑과 말갈의 침략을 자주 받고, 남으로는 진국辰國에 조공을 바치기도 했는데, 차츰 비류세력이 터 잡은 서해안지역을 통합하고 마한의 소국들을 차례로 정복하면서 강력한 고대국가로 발전해갔다.

백제는 기원후 1세기 중엽에 마한을 공격하고, 3세기 중엽에 53년간 집권한 고이왕古爾王(234~286) 때 귀족을 관료로 만드는 국가체제를 크게 정비했다. 위魏가 지배하던 낙랑과 황해도의 대방군을 밀어내어 한강 이북으로 영토를 넓히고, 안으로 중앙에 6명의 좌평佐平을 두어 행정을 분담시키고, 16품의 관등제官等制와 백관의 공복公服을 제정하여 관료의 등급을 명확하게 만들었다. 261년(고이왕 28) 왕이 남당南堂에 앉아 신하들과 정사를 논의했다는 기록이 있다. 이런 업적 때문에 고이왕은 뒤에 백제의 시조로 추앙되었다. 마치 고구려의 태조왕이나 소수림왕과 비슷하다.

고이왕 때 다져진 국가체제를 바탕으로 4세기 중엽의 근초고왕近肖古王(346~375) 때에는 백제의 전성기를 가져왔다. 대대적인 영토확장에 나서 남쪽으로 마한馬韓을 멸하여(369) 전

백제 전성기(4세기 중엽)

라남도 해안가까지 진출하고, 가야 7국을 통합하는 데도 성공했다. 이때 가야정복을 맡은 백제 장군은 목라근자木羅斤資[모쿠라곤시]였는데, 그 아들 목만치木滿致[모쿠마치]가 일본으로 건너갔기 때문에 《일본서기》에는 마치 왜국이 가야를 정복하여 임나일본부任那日本府를 세운 것처럼 잘못 씌어진 것으로 보는 학설도 있다.[4]

근초고왕은 북으로도 영토를 넓히기 위해 재위 26년(371)에 평양성을 쳐서 함락시켰는데, 이때 고구려의 고국원왕이 전사했음은 앞에서 이미 설명했다. 그리하여 이때 영토는 지금의 경기, 충청, 전라도와 경상남도 및 강원도의 일부 지역을 아우르게 되었다. 한편 중국의 요서지방에도 진출하여 요서군遼西郡을 설치하여 중국(동진)과의 무역기지로 이용했으며, 산동지방에도 상인들이 진출했다.

백제와 일본과의 관계도 이 무렵 한층 강화되었다. 일본 최초 국가인 야마토국大和國은 기원 4세기 초에 세워진 것으로 알려져 있는데, 이 시기에 갑자기 한반도에서 건너간 기마민족

4) 김현구, 2002, 《백제는 일본의 기원인가》, 창작과 비평사

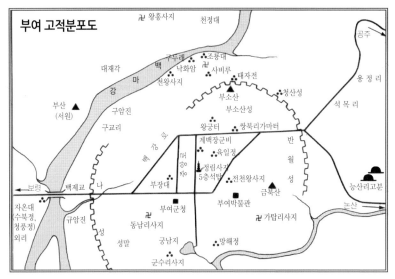

부여 고적분포도

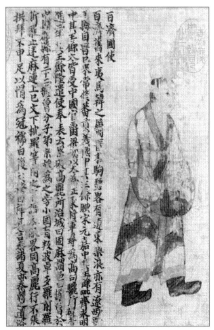

양직공도의 백제 사신도 6세기 양나라에 파견된 백제 사신의 모습을 그리고 해설한 그림

이 만든 거대한 고분古墳이 등장하고 있다. 다만, 그 주인공이 누구인가는 학설이 구구하다.[5] 그런데 지금 일본 나라의 덴리시天理市에 있는 이소노카미 신궁石上神宮에 보관 중인 칠지도七支刀에 새겨진 명문銘文을 보면, 기사년己巳年에 백제왕이 일본 제후諸侯에게 하사한 칼로 되어 있는데, 기사년은 근초고왕 24년(369)에 해당하여 이때 하사한 칼로 보인다. 새겨진 글귀에 "많은 적병을 물리칠 수 있는 칼이므로 제후의 왕들에게 나누어줌이 마땅하다 – 후세에 전하라"고 되어 있어 근초고왕이 일본 왕을 제후로 생각하고 있었음을 알 수 있다.《일본서기》를 보면 백제 사람 아직기阿直岐가 일본에 가서 왕자에게 한자를 가르치고, 박사 왕인王仁이 《논어》와 《천자문》을 전해주고 경사經史를 가르친 것이 이 무렵이다.

근초고왕 때에는 국가체제도 한층 정비되었다. 왕위 부자 상속이 시작되고, 왕비족도 8개의 귀족성씨 가운데 진씨眞氏로 고정되었다.[6] 근초고왕 때 박사 고흥高興을 시켜 백제의 역사서인 《서기書記》를 편찬한 것도 강화된 왕권과 정비된 국가의 면모를 과시하려는 뜻이 있었다. 이 책은 8세기에 일본에서 편찬된 《일본서기》의 모체가 되었다.

백제는 4세기 말 침류왕枕流王(384~385) 원년(384)에 불교를 받아들여 새로운 통치이념으로 삼았다.

4세기 중엽 근초고왕 때 전성기를 맞이한 백제는 5세기에 들어와서 고구려가 강성해지자 쇠락의 길로 접어들었다. 장수왕의 공격을 받아 한성이 함락되고(475), 개로왕이 잡혀 죽는 사건

---

5) 일찍이 일본의 에가미 나미오江上波夫는 가야족으로 보고, 미국의 레드야드는 부여족으로 보았으며, 한국의 홍원탁은 백제인으로 보고 있다.

6) 백제의 8대 성씨는 진씨眞氏, 해씨解氏, 사씨沙氏, 연씨燕氏, 국씨國氏, 협씨劦氏, 목씨木氏, 백씨苩氏를 말한다. 이들은 부여에서 내려온 귀족과 마한의 귀족들을 가리키는 것으로 보인다. 재미있는 것은 임진왜란 때 조선으로 귀화한 일본 장수 사야가沙也可의 성이 사씨인데, 그는 귀화하여 김해김씨의 성을 받았다. 사야가도 백제인의 후손으로 보인다.

이 있었음은 앞에서 이미 말했다. 그 아들 문주왕文周王
(475~477)은 금강유역의 웅진熊津[고마나루, 지금의 공주]으로
도읍을 옮김으로써 500년에 걸친 화려했던 한성백제시
대는 종말을 고했다. 다산 정약용은 백제가 멸망한 최대
의 원인을 한성을 버린 데서 찾았는데, 그것은 한성만큼
지리적 조건이 좋은 곳이 없다는 데 근거를 두고 있다.

웅진시대 백제는 5세기 말 동성왕東城王(479~501)
과 그 다음 무령왕武寧王(501~523) 때 부흥의 기운이 솟
았다. 백제는 국제외교를 통해 고구려에 공동대응하
는 정책을 폈다. 우선, 백제인이 건국한 왜倭와 손잡고
동맹관계를 강화하기 위해 혼인관계를 맺었다. 백제의
공주公主들이 일본으로 가서 천황天皇과 결혼하고, 백제
의 왕자들은 일본에 가서 황실과 결혼하여 살다가 귀
국하여 왕위에 오르는 것이 관례로 되었다. 이런 관례
는 이미 한성시대 전지왕腆支王(405~420)의 선례가 있
었는데, 웅진시대에는 더욱 강화된 것이다. 동성왕과 무
령왕이 바로 일본에서 돌아와 임금이 된 것이다.[7] 그
뒤 혜왕惠王(598~599)도 마찬가지다. 그러나 왕이 되지
못한 왕자도 적지 않았다.[8]

석촌동 백제 고분 사적 243호, 서울 송파구 석촌동 소재

몽촌토성 백제시대의 성지, 서울 송파구 방이동

그런데 동성왕은 신라와도 혼인동맹을 맺어 이찬伊飡 비지의 딸을 아내로 맞이했으며, 무
령왕은 중국에서 문화가 가장 발달한 남조의 양梁나라와 우호관계를 맺어 국가를 안정시켰다.
1971년 공주 송산리松山里에 있는 무령왕릉이 발굴되어 화제가 되었는데, 양나라에서 가져온 벽
돌로 무덤을 꾸미고, 왜국에서 가져온 소나무[금송]로 관을 만든 것이 확인되었다.

한편 60여 년간 계속된 웅진시대의 백제는 천도에 따라 행정구역을 바꾸지 않으면 안 되
었다. 중국의 군현제와 비슷한 22개의 담로擔魯[읍성]를 지방에 설치하고, 여기에 왕자와 왕족, 그
리고 지방 귀족을 임명하여 중앙집권을 강화했다.

6세기 전반에 백제는 고구려의 압박에 밀려 다시 수도를 옮겼다. 무령왕의 아들 성왕聖
王(523~554)은 재위 16년(538)에 백마강 유역의 사비泗沘[지금의 부여]로 천도하고 국호를 남부여南夫
餘로 바꾸었다. 이곳에서 망할 때까지 150년의 역사가 이어졌다. 사비는 주위에 높은 산이 없
는 것이 약점이지만 들이 넓고, 중국이나 일본으로 통하는 수로교통이 더 편리한 것이 강점이

---

7) 《일본서기》를 보면 무령왕이 개로왕의 아들로서 개로왕의 왕비가 왜국으로 가다가 섬[각라도]에서 아들을 낳았
   는데, 이가 무령왕으로 이름을 섬에서 낳았다 하여 사마斯摩라고 지었다 한다. 그런데 《삼국사기》에는 무령왕
   이 개로왕의 고손자高孫子로 되어 있어서 사실관계에 차이가 있다. 하지만, 무령왕이 일본에서 태어난 것은 사
   실로 보인다.

8) 일본에 있다가 왕이 되지 못한 왕자로는 곤지(5세기), 아좌태자(7세기 초), 교기, 한성, 충승, 풍장(7세기 말), 선광 등
   이 있다.

었다. 성왕은 양나라와의 화친을 더욱 강화하고, 신라 진흥왕과 연합하여 한때 한강 유역을 회복했으나 신라의 배신으로 그 땅을 신라에게 다시 빼앗겼다(553). 이에 성왕은 왜국과 연대하여 신라를 공격했으나 관산성管山城[충청도 옥천] 싸움에서 패하여 목숨을 잃고 말았다(554).

사비시대의 백제는 천도에 따른 국가체제의 재정비에 들어갔다. 22부서의 중앙관서가 정비되고, 수도는 5부五部, 지방은 5방五方으로 편제했다. 성왕에 이어 위덕왕威德王(554~598), 혜왕惠王(598~599), 법왕法王(599~600), 무왕武王(600~641), 의자왕義慈王(641~660) 등 6왕이 150년의 역사를 이어갔다. 그 가운데 7세기에 집권한 무왕과 의자왕은 업적이 많은 임금이었다. 서동 설화薯童說話[9]로 유명한 무왕은 여러 차례 신라를 공격하는 한편, 부여에 왕흥사王興寺, 익산에 미륵사彌勒寺를 창건했으며, 당나라와 일본과의 친선을 강화하면서 국가의 부흥을 위해 노력했다. 그 다음 의자왕은 신라에 빼앗긴 대야성[합천]을 비롯한 40여 성을 되찾아 한때 국위를 크게 떨쳤다. 그러나 만년에는 좌평 성충成忠 등 충신의 충고를 듣지 않고 사치와 향락에 빠졌는데, 마침내 나당연합군의 침공을 받고 망하게 되었다.

부여시대 이웃 신라는 강력한 진흥왕眞興王이 등장하여 최전성기를 누리면서 백제를 압박하고 있었던 반면, 고구려는 오히려 쇠퇴기로 들어가고 있었다. 그래서 백제는 고구려와 손잡고 신라를 견제하는 정책으로 바꿨다. 그러나 끝내 신라의 공격을 막아내지 못하고 680년의 역사를 마감했다.

3. 신라의 건국과 발전

신라도 건국 설화를 가지고 있다. 《삼국유사》에 실린 설화의 요지는 다음과 같다. 진한辰韓 땅에 사로斯盧 6촌이 있었는데, 알천양산촌閼川楊山村(촌장 李氏), 돌산고허촌突山高墟村(촌장 鄭氏), 무산대수촌茂山大樹村(촌장 孫氏), 자산진지촌觜山珍支村(촌장 崔氏), 금산가리촌金山加里村(촌장 裵氏), 명활산고야촌明活山高耶村(촌장 薛氏)이 그것이다. 기원전 69년에 여섯 촌장이 알천 언덕에 모여 임금을 세울 것을 의논하다가 높은 곳에 올라가 남쪽을 바라보니 양산楊山 밑 나정蘿井이라는 우물 옆에 이상한 기운이 비치더니 백마白馬 한 마리가 꿇어 앉아 있었다. 촌장들이 그곳에 가보니 붉은 알이 있었는데, 알을 깨니 아름다운 동자童子가 태어났다. 몸에서 광채가 나고, 새와 짐승이 따라 춤추고, 천지가 진동하며 해와 달이 밝게 빛났다. 그래서 성姓을 '박朴', 이름을 '혁거세赫居世', 위호를 '거슬한居瑟邯'으로 지었다. 박혁거세는 알영정閼英井 옆에 있는 계룡鷄龍의 갈비뼈에서 태어난 여자[閼英]와 결혼한 후 기원전 57년에 나라를 세우니, 나라 이름을 '서라벌徐羅伐', '서벌徐伐', '사라斯羅', 혹은 '사로斯盧'라고 불렀다. 박혁거세를 도와준 재상은 일본에서 건너온 호공瓠公이었

---

9) 서동 설화는 《삼국유사》에 보이는데, 무왕武王(일명 武康王)이 어렸을 때 금마金馬[익산]에서 마薯를 캐는 소년으로 자랐는데, 신라에 가서 진평왕眞平王의 딸 선화공주善花公主를 사랑하여 아내로 맞이했으며, 뒤에 공주의 요청으로 익산에 미륵사彌勒寺를 건설하게 되었다는 것이다. 그런데 2009년에 미륵사 석탑을 해체 복원하는 과정에 '사리봉안기舍利奉安記'가 발견되었는데, 여기에 무왕의 왕비는 백제 귀족 사택적덕의 딸이라는 기록이 보였다. 그래서 학계에서는 선화공주와 결혼한 것은 무왕이 아니라는 주장이 제기되었다. 무령왕이거나 동성왕이라는 주장이 제기된 것이다. 그러나 이를 반대하는 주장이 맞서 아직 결론을 내리지 못하고 있다.

다고 한다.

　신라 건국설화는 바로 진한에 속한 12개
나라 가운데 경주慶州에 있던 소국 사로국斯盧國의
탄생을 말해준다. 태양을 숭배하고 말을 잘타는
이주민이 경주를 정복했는데, 그 아들 박혁거세
가 계룡鷄龍[머리는 닭, 몸은 용龍을 숭배하는 씨족을 아
내로 맞이한 뒤에 경주 6촌장의 추대를 받아 사
로국의 임금이 된 것을 이야기해준다. 그러니까
정복자와 토착인이 결합하여 사로국을 세웠다는
말이다. 여기서 나라 이름을 '서라벌', '사라' 등으
로 부른 것은 '해뜨는 동방의 땅'을 가리킨다. '새'
라는 말은 '동방'을 일컫는 토착어이다. 박혁거세
가 붉은 알에서 태어나고, 이름도 '밝다'는 뜻을
가지고 있으며, 몸에서 광채가 빛나고, 해와 달이
밝게 빛났다는 말이 모두 박혁거세의 출신이 태
양을 숭배하는 천손天孫임을 말해준다. 아마도 조
선이나 부여에서 내려온 아사달족 기마민족의
일파로 보인다.

나정　사적 245호, 이 우물 옆에 앉아 있던 흰말이 하늘로 올라가고
그 자리에서 발견한 붉은색 알에서 신라 시조 박혁거세가 태어났다고 한다.
경상북도 경주시 탑동 소재

　그런데 경주 부근 해안지역에 새로운 이주
민이 들어왔다. 석탈해족昔脫解族이 그것이다. 석탈
해 설화를 보면 그는 일본 동북 1천 리에 있는 용
왕龍王이 사는 용성국龍城國의 왕자인데 알에서 태
어난 죄로 쫓겨나서 큰 궤짝에 실려 배를 타고, 처
음에는 김해의 금관가야에 도착하여 김수로왕과
권력을 다투다가 실패하고 도망하여 경주 해안으
로 왔다고 한다. 직업은 대장장이로서 체구가 크
고, 일곱 가지 보물과 노비를 함께 싣고 왔다. 아
마도 북방에 살던 고급철기문화를 가진 족속으로
보인다. 그가 경주 해안에 도착했을 때 까치가 모
여 들어서 까치 작鵲에서 새 조鳥 자를 뗀 '석昔'을
성씨로 정한 것으로 보아 까치를 토템으로 숭상
한 족속으로 보인다. 용성국이 어디인지는 정확
하게 알 수 없으나, 인도라는 설, 캄차카지역에서
왔다는 설, 일본의 이즈모[出雲; 지금의 시마네현] 지역에 살던 신라인 설 등이 있다.[10] 석탈해(57~80)는

광개토왕명 청동그릇　높이 19.4cm,
광개토대왕비문글씨체로 廣開土地好太壺十이 밑바닥에 새겨진 그릇이
장수왕 3년(415) 고구려에서 주조. 경주 호우총 출토, 국립중앙박물관 소장

관꾸미개　신라 5세기, 경주금관총,
높이 40.8cm, 무게 44.8g,
경주박물관소장

드리개　신라 5세기, 경주 미추왕릉,
길이 16.8cm, 무게 35.6g,
영남대박물관소장

---

10)　캄차카에서 왔다는 설은 김화경의 주장이고, 일본 이즈모에서 온 신라인으로 보는 것은 북한 학자의 주장이다.

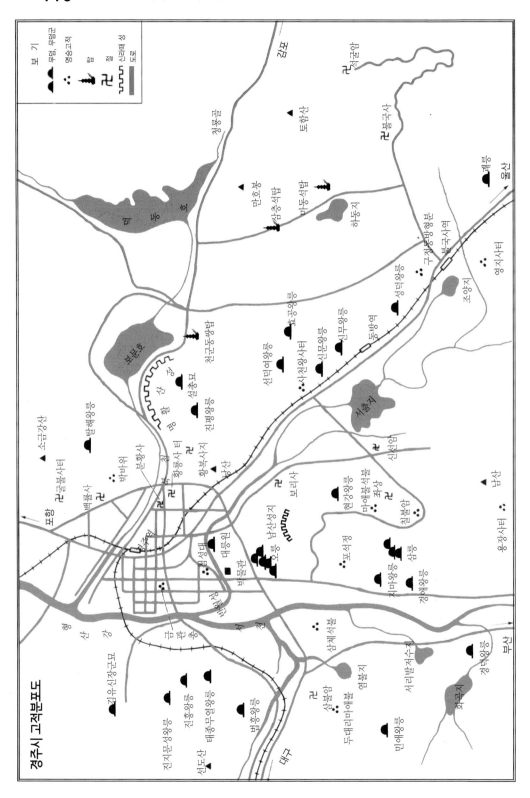

경주시 고적분포도

제4대 임금이 되었는데, 이 무렵부터 왕의 칭호가 '거서간居西干' 또는 '차차웅次次雄'(자충)에서 '니사금尼師今'(넛금 또는 잇금)으로 바뀌었다.

그런데 사로국의 선주민은 김씨金氏였으며, 김씨의 시조는 김알지金閼智다. 그는 시림始林 안에서 흰 닭이 우는 가운데 황금상자 속에서 태어났다고 한다. 이 설화는 김알지가 황금을 좋아하고 닭을 토템으로 숭상하는 족속임을 말해준다. 황금문화는 본래 북방 스키타이족을 거쳐 여진족으로 전승되어 왔는데, 김알지의 뿌리도 이와 무관하지 않은 듯하다. 어쨌든 신라가 뒤에 '황금의 나라'가 된 것은 김알지 세력과 관련이 깊다.

사로국은 이렇게 계통이 다른 여러 집단이 권력을 주고받으면서 왕위를 이어갔기 때문에 세습왕권과 국가통일이 늦어질 수밖에 없었다. 그러한 사로국에서 세습왕권을 확립하고 지금의 경상북도 일대를 통합한 것은 4세기 후반의 내물마립간奈勿麻立干(356~402) 때이다. 이때부터 박朴, 석昔, 김金 삼성三姓이 권력을 주고받던 시대가 끝나고, 김알지 후손 김씨의 세습왕조시대가 열렸다. 왕의 칭호도 '니사금尼師今'에서 '마립간麻立干'으로 바뀌었다. 마립간은

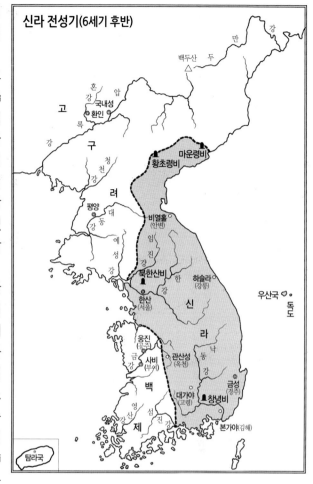

'우두머리 칸'이라는 뜻이다. 부족연맹적인 모습을 띤 6촌은 행정구역인 6부로 개편되었다.

지금 경주일대에 널려 있는 무덤은 크게 두 종류로 나뉜다. 토광목곽분土壙木槨墳과 적석목곽분積石木槨墳이 그것이다. 전자는 나무로 만든 널[棺]에 시신을 넣고 그 위에 흙을 덮어 둥그렇게 만든 형태를 말하고, 후자는 나무로 만든 널에 시신을 넣고 그 주위에 잔돌을 쌓고, 다시 그 위에 흙을 덮어 크고 둥근 봉분을 만든 것을 말한다. 그런데 내물마립간 이전에는 대체로 전자의 무덤형태를 따르다가 내물마립간 이후에는 후자의 무덤형태로 바뀌었다. 적석목곽분은 도굴이 어려워 많은 부장품이 발견되고 있는데, 이렇게 무덤이 커지고 부장품이 많아진 것은 그만큼 왕권이 커졌다는 것을 의미한다.

하지만 4세기 후반의 내물마립간 시대의 신라는 아직 백제와 대적할만한 힘을 갖지 못하고 있었다. 그래서 백제의 공격을 막기 위해 고구려의 힘을 빌렸다. 5세기 초 광개토왕이 낙동강까지 출병하여 백제 – 왜 연합군을 물리친 것도 신라의 요청을 따른 것이지만, 고구려는 신라를 속국으로 취급했다.

그런데 고구려 세력이 너무 커지고 백제가 웅진으로 피난하는 사태가 벌어지자 신라는

단양 적성비 국보 198호, 높이 93cm, 충청북도 단양 단성면 하방리 소재

황초령 순수비
북한 국보급 문화재 제48호,
높이 151.5cm, 너비 약 50cm,
함흥역사박물관 소장

이제 백제와 손잡고 고구려를 견제하는 정책으로 선회했다. 눌지마립간訥祗麻立干(417~458)이 백제와 친선을 도모하고, 그 뒤에 신라 이찬伊湌 비지比智의 딸을 백제 동성왕東城王(479~501)에게 주어 두 나라가 혼인동맹을 맺기에 이르렀다.

이렇게 약하고 후진적인 신라가 고구려나 백제와 어깨를 겨룰만한 정치체제를 갖추게 된 것은 6세기 이후이다. 6세기 초의 지증왕智證王(500~514)은 처음으로 소를 이용한 밭갈이를 시작하여 농업생산력을 높이고, 국호도 재위 4년(503)에 한자식으로 '신라新羅'로 바꾸었으며,[11] 왕의 칭호도 '마립간' 대신 고구려나 백제처럼 '왕王'으로 부르기 시작했다. 지증왕은 또 우산국于山國으로 불리던 울릉도를 정복하여 영토로 편입했다(512). 이때 울릉도 부근에 있던 부속도서 독도獨島[돌섬의 뜻]도 자연히 신라에 귀속되었다.

지증왕 다음의 법흥왕法興王(514~540)은 병부兵部를 설치하여 왕이 직접 병권을 장악하고, 상대등上大等이라는 벼슬을 만들어 재상과 같은 지위를 주었다. 그리고 율령律令을 공포하고(520), 백관의 공복公服을 제정하여 귀족을 관료로 등급화시켰다. 이와 함께 독자적인 연호를 세워 건원建元이라 했으며(536), 이차돈異次頓의 순교殉敎를 계기로 불교를 공인했다. 법흥왕이라는 시호도 불교를 진흥시켰다는 뜻을 가졌다. 법흥왕은 영토확장에도 힘을 기울여 김해金海 지역의 금관가야金官伽倻[본가야]를 정복하여(532) 낙동강으로 진출하는 길을 열었다.

법흥왕 다음의 진흥왕眞興王(540~576)은 고구려의 광개토왕에 비견되는 정복군주로서 신라의 전성기를 가져왔다. 이때 국가발전을 위한 애국청소년집단인 화랑도花郞徒[12]를 국가조직으로 만들어 이들의 힘을 빌려 재위 12년(551)에 백제의 성왕聖王과 동맹하여 고구려가 장악하고 있던 한강유역을 장악했다.

그러나 이 땅을 신라가 독차지하자 배신당한 성왕은 관산성管山城[충북 옥천]을 공격했으나 도리어 신라에 패하여 목숨을 잃고 말았다. 신라의 한강유역 진출은 당나라와의 교통로를 여는 결과를 가져오고, 고구려의 남침을 저지하는 중요한 전략적 기지를 확보했다.

---

11) '신라'는 본래의 이름이던 '사라' 또는 '사로'를 발음은 비슷하지만 뜻이 다른 한자어로 바꾼 것이다. 즉 신라新羅는 한문으로 "덕업일신 망라사방"(德業日新 網羅四方)의 준말이라고 한다. "덕업을 새롭게 하여 사방을 망라한다"는 뜻이다.

12) 화랑도는 화랑花郞과 낭도郞徒로 구성되었고, 화랑은 귀족자제, 낭도는 평민자제로 구성되었는데, 대부분 15~16세의 청소년들이다. 처음에는 2명의 여자를 화랑으로 만들어 원화源花라고 불렀다. 원화를 따르는 사람들을 모아 명산대천을 유람하면서 서로 친목을 다지고, 무예도 즐기게 했는데, 이때 그 행동을 보고 우수한 인재를 뽑아 국가에 천거했다. 그런데 두 여자 사이에 반목이 생겨 미모의 남자로 바꾸고, 비취색의 옥玉으로 몸을 장식했다고 한다.

진흥왕은 다시 재위 23년(562)에 고령高靈지역의 대가야大伽倻를 정복하여 낙동강 유역 일대를 완전히 장악했으며, 그 여세를 몰아 멀리 함흥지역까지 진출하여 옛 옥저와 동예의 땅을 차지함으로써 신라 역사상 가장 큰 판도를 만들었다. 왕은 확장된 영토의 요지에 자신의 정복을 기념하는 비석을 세웠는데, 이것이 진흥왕 순수비巡狩碑로 불리는 적성비[충청도 단양, 551], 북한산비[서울, 555], 창녕비[경상도 창녕, 561], 마운령비[함경남도 이원, 568], 황초령비[함경남도 함흥, 568] 등이다. 실로 신라의 삼국통일의 기초는 이때 다져진 것이다.

4. 가야의 흥망

삼국이 나라를 세우던 기원 전후한 시기에 낙동강 하류의 변한弁韓 지역에서도 새로운 연맹국가가 탄생했다. 6가야六伽倻 또는 駕洛國가 그것이다. 이 지역에서 생산되는 철鐵과 수로교통의 이점이 국가탄생의 큰 바탕이 되었다. 6가야는 김해金海 지역의 금관가야金官伽倻[구야국 또는 본가야], 고성固城 지역의 소가야, 함안咸安 지역의 아라가야, 함창咸昌[상주] 지역의 고령가야, 고령高靈 지역의 대가야, 성주星州 지역의 성산가야이다. 가야는 6세기 중반까지 존재했으므로 가야국의 역사는 거의 600년에 이른다.

가야연맹국가의 중심세력은 김해의 금관가야였다. 그 시조는 김수로왕金首露王인데, 《삼국유사》의 '가락국기駕洛國記'에 그의 건국 설화가 전해온다. 김해지방의 아홉 촌장인 간干들이 백성을 다스리는데, 기원후 42년에 구지봉龜旨峰에서 이상한 소리가 들리면서 "하늘의 명을 받아 나라를 세우고자 하니 너희들이 거북이노래를 부르고 수백 명이 모이면 그곳으로 내려갈 것이다"라고 말했다. 그래서 9간과 수백 명이 그 말을 따라 "거북아, 거북아 머리를 들어라. 머리를 들지 않으면 삶아 먹겠다"고 노래 부르면서 춤을 추었더니 하늘에서 붉은 줄이 내려오면서 황금보자기에 싸인 그릇이 떨어졌는데, 열어보니 황금알 여섯 개가 나왔다. 그 알에서 여섯 명의 동자童子가 나왔는데, 거기서 태어난 아기 중 제일 먼저 알에서 나온 수로首露가 왕이 되고 나머지 5명은 각기 다섯 가야의 통치자가 되었다.

구지봉 고인돌 가락국의 시조인 김수로가 하늘에서 내려왔다는 전설이 깃든 구지봉에 있는 바둑판 모양의 고인돌, 경상남도 김해시 구산동 소재

위 설화는 철이 생산되고 농지가 비옥하며, 수로교통이 발달한 김해지역의 금관가야[본가야]가 가야연맹의 맹주였음을 알려준다. 금관가야의 시조인 수로는 천손天孫을 자처하던 이주민임을 알 수 있는데, 키는 9척이고, 얼굴은 용처럼 생겼다 한다. 수로(42~199)는 임금

수로왕릉 사적 제73호, 경상남도 김해시 소재

가야 지도

고령가야(상주)

김천 성산가야(성주)

거창 가야산 반로국

자타국 대가야(고령)

함양 합천 대구

산청 다라국

지리산 마수비 창녕

이열비 낙 밀양

동 미리미동국

진주 의령 강

아라가야(함안) 양산

하동 마산 안야국 독로국

창원 구야국

순천 사천 본가야(김해)

고자미동국 부산

삼천포 소가야(고성)

여수 남해 거제도

김태식교수 작성

보기
가야고분
(돌방무덤)

이 된 뒤에 바다에서 들어온 석탈해의 도전을 받았으나, 이를 물리쳐 쫓아내고 백성을 사랑하는 정치를 펴서 왕권을 안정시켰다고 한다. 여기서 쫓겨난 석탈해는 신라에 가서 제4대 임금(57~80)이 된 것이다.

가야는 일본 규슈九州와 거리가 가까워 많은 가야인이 이주하여 작은 나라를 세우고 살면서 본국에 수시로 왕래하며 상거래를 했다. 물론 백제인도 규슈로 가서 살았다. 이들 백제-가야계 일본인을 당시 '왜인倭人'이라고 불렀다. 지금 규슈에 한국악韓國岳이라는 산이 있는데, 이를 '가라쿠니다케'로 부른다. 그러니까 '가야산'이라는 뜻이다. 규슈에 있는 구마모토熊本는 백제의 수도인 웅진 곧 '고마나루'와 이름이 비슷하고, 규슈의 남쪽에 있는 강이 금강錦江이다. 지명으로 보더라도 규슈는 가야 및 백제의 지명과 유사하다. 규슈지방에는 가야와 백제에서 온 이주민으로 소국을 세운 인물을 신神으로 모신 신사神社와 한반도에서 건너간 이주민들이 만든 유적과 유물이 무수히 많다. 이 점에 대해서는 뒤에 다시 설명할 것이다.

가야연맹은 김해를 중심에 두고 지금의 경상북도 상주尙州 지역에까지 걸쳐 있어 그 판도가 결코 작지 않다. 그럼에도 통일된 고대국가를 건설하지 못한 것은 산악지역이 많을 뿐 아니라, 백제와 신라의 협공으로 인해 힘을 축적하기 어려웠고, 규슈지역으로 힘을 분산

말머리 가리개 길이 51.6cm,
부산 복천동 20호분 출토,
국립중앙박물관 소장

가야시대의 갑옷과 투구
높이(판갑옷) 47.5cm,
고령 지산동 32호분 출토

시켰기 때문이다.

특히 4세기 후반 백제 근초고왕의 공격을 받아 남해안지역의 가야국들이 백제에 통합되면서 가야연맹의 주도권이 북쪽에 있는 고령의 대가야로 옮겨졌는데, 6세기 이후로는 신라의 적극적인 정복사업으로 법흥왕 19년(532)에 김해의 금관가야가 흡수되고, 진흥왕 23년(562)에는 고령지방의 대가야大伽倻마저 신라에 통합되면서 600년에 가까운 가야의 역사는 종말을 고하고 말았다. 하지만 신라에 흡수된 가야의 경제력과 인재들이 뒷날 삼국통일의 큰 밑거름이 되었

다. 신라통일의 명장 김유신金庾信이 바로 그러한 인물이다.

가야의 역사를 말하면서 빼놓을 수 없는 문제가 이른바 임나일본부任那日本府에 관한 진실이다. 임나일본부에 관한 기록은 오직《일본서기》에만 보이는데, 일제강점기 일본 학자들은 이것이 마치 일본이 4~6세기에 걸쳐 가야땅에 설치한 통치기구인 것처럼 주장하고, 고령에 기념

금동용문말띠꾸미개 가야시대, 김해 대성동 91호분 발굴, 대성동 고분박물관 제공

파형 동기 가야시대, 김해 대성동 88호분 발굴, 방패에 붙이는 소용돌이 모양의 청동기 장식, 대성동 고분박물관 제공

비를 세워놓기까지 했다. 그러나 이것은 역사왜곡이다. 당시에는 '일본'이라는 호칭조차 없었고, 왜가 한반도를 지배할만한 국력도 없었기 때문이다. 지금 학자들은 이 기구가 백제-가야인들이 일본에 설치한 것으로 보기도 하고,[13] 일본이 대마도에 설치했다고 보기도 하며,[14] 한반도에 있었음은 인정하지만, 그 기능은 백제 또는 백제-가야가 일본과 무역하기 위해 세운 상관商館이거나 또는 군사지휘부로 보기도 한다.[15]

5. 고구려의 수·당과의 전쟁

고구려는 5세기에 등장한 광개토왕과 장수왕 시대에 전성기를 누렸음은 앞에서 설명했다. 그런데 6세기에 접어들어 신라가 한강유역을 점령하면서 전성기를 구가하게 되자 삼국간의 힘의 균형은 신라 쪽으로 기울었다. 고구려는 한강유역을 되찾기 위해 590년(영양왕 원년)에 온달溫達 장군을 보내 한성을 공격했으나, 도리어 아차산성에서 전사하고 말았다. 장수왕이 한성을 정복했던 바로 그 산에서 죽은 것이다.

그런데 신라가 한강유역을 점령한 이후로 중국 대륙의 정세가 크게 변했다. 중국이 남북조의 분열시대를 청산하고 589년에 수隋(581~618) 나라에 의해 통일되었기 때문이다. 이때 신라는 진평왕眞平王(579~632), 백제는 위덕왕威德王(554~598), 고구려는 평원왕平原王이 물러나고 영양왕嬰陽王(590~618)이 막 즉위한 직후였다.

고구려의 입장에서 보면 수나라 건국 이전 위진남북조시대 북조와의 관계가 더 부담스러웠다. 북조에 속한 북위北魏와 전연前燕의 침략을 계속 받았기 때문이다. 수나라의 등장은 오히려 고구려가 요서, 요동으로 진출할 수 있는 기회로 여겼다. 더욱이 몽고지역에 새로 등장한 돌궐족突闕族이 중국을 압박하고 있는 것도 기회로 여겼다. 그래서 영양왕 9년(598)에 1만 명의 말갈 병사를 보내 요서지방을 선제공격했다. 고구려가 돌궐과 연계할 것을 두려워한 수나라는

---

13) 북한의 김석형은《초기조일관계연구》(1966)에서 임나일본부를 백제-가야계 일본인이 일본열도에 있는 분국分國을 다스리기 위해 세운 기구라고 주장했다.

14) 문정창과 이병선이 대마도설을 주장하고 있다.

15) 천관우, 김태식, 김현구 등은 백제 또는 백제-가야가 한반도에 설치한 기구로 본다.

대행렬도 안학 3호분 동쪽벽면에 위풍당당한 250명이 넘는 사람들로 구성된 대행렬도, 1948년 조사, 357년 축조설과 4세기설이 있음, 전체길이 10.13m, 높이 2.1m, 황해남도 안악군 오국리 소재

이 기회에 고구려를 먼저 정복하기로 마음먹고 시조 문제文帝(581~604)가 30만의 육군과 수군을 보내 고구려를 공격했으나 오히려 실패하고 돌아갔다.

그 후 수 양제煬帝(604~618)는 문제의 실패를 만회하기 위해 113만 명의 대규모 병력을 동원하여 고구려의 최일선인 요동의 요양성遼陽城을 공격했으나 고구려군의 완강한 저항을 받아 실패하자 30만의 별동부대를 보내 평양성을 직접 공격했다. 그러나 고구려의 을지문덕乙支文德은 수나라 군대를 살수薩水[청천강]로 유도하여 대패시켰다. 이때 살아남아 돌아간 자는 겨우 2,700명에 지나지 않았다. 을지문덕은 전면전을 피하여 패배하는 척하고 적을 깊숙이 끌어들인 다음 후방의 보급로를 차단하는 작전을 썼던 것이다. 영양왕 23년(612)의 살수대첩은 한국 전쟁사에서 가장 빛나는 승리의 하나가 되었다. 을지문덕은 용맹과 지략도 뛰어났지만, 문학적 재능도 범상하지 않은 인물이었다. 그가 적장 우중문于仲文에게 보낸 야유조의 5언시가 전해진다.

> 神策究天文　귀신같은 계책은 천문을 꿰뚫었고
> 妙算窮地理　신묘한 전술은 지리를 통달했구나
> 戰勝功旣高　전쟁에 이겨 이미 높은 공을 세웠으니
> 知足願云止　만족함을 알고 그만둠이 어떠한가?

수나라는 그 다음해에도 제3차[613]로 요동성을 함락하기 위해 성 앞에 성 높이만큼의 언덕을 쌓고, 높이 20m에 달하는 팔륜누차八輪樓車[8개의 바퀴를 달고, 5층으로 된 수레]와 돌을 날려보내는 발석차發石車 등을 만들어 배치하였으나, 이때 내란이 일어나 싸워보지도 못하고 퇴각했다. 수는 다음해[614]에도 제4차로 출병했으나 고구려의 유화적인 외교전술로 철수했다. 이 전쟁으로 국력이 소모된 수나라는 4년 뒤에 망하고 당唐나라가 뒤를 이었다(618).

수나라를 뒤이은 당나라는 처음에 고구려에 유화정책을 쓰면서 외교적으로 굴복시키려 했다. 수나라의 거듭된 전쟁으로 민심이 흔들리고, 북방의 새로운 세력으로 등장한 돌궐족突厥族에 대한 대응이 중요했기 때문이다. 그런데 정복군주 당 태종太宗(626~649)이 들어서자 돌궐족에 적극적으로 대응하여 멸망시켰다(630). 이에 위협을 느낀 고구려는 서쪽 국경지역에 천리장성을 쌓기 시작했다(631). 천리장성은 만주의 농안農安부여성扶餘城에서 발해만에 이르는 지역에 16년이 걸려 647년 완성되었다.

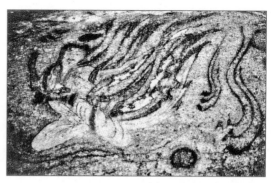

장고 두드리는 선인 지안 5호 무덤 중 4호 무덤 벽화, 장고에 심취하여 날개깃을 휘날리며 황홀경에 날아오르는 절정의 모습을 잘 그렸다. 사진 서길수 교수

그런데 당과의 갈등이 커지는 가운데 고구려에서는 연개소문淵蓋蘇文(?~665)이 쿠데타를 일으켜 주화파인 영류왕榮留王을 죽이고 왕의 조카인 보장왕寶藏王(642~668)을 옹립한 다음 스스로 최고관직인 대막리지大莫離支[큰 머리치]에 올라 무단정치를 행하기 시작했다. 고구려에는 원래 신라의 화랑도와 비슷한 애국청소년 무사단체가 있어 이를 '조의선인皂衣仙人'이라 불렀다. 검은 옷을 입은 선인이라는 뜻인데, 선인은 순수한 우리말로 '선배' 또는 '선비'다. 조의선인은 국가적인 큰 제천행사인 동맹東盟을 할 때 선발했는데, 여기에 뽑히면 정예관료로 올라가는 길이 열렸다. 여기에 뽑히기 위해 어려서부터 가혹한 신체단련이 필요했

4현금 타는 선인 무용총 현실 천장부 오른쪽 벽화(부분) 팔소매와 머리를 휘날리며 연주에 심취한 모습이 잘 표현됐다. 사진 서길수 교수

는데, 차가운 얼음물에 들어가기도 했다. 을지문덕도 이런 선인 출신이었다. 연개소문 또한 자신이 얼음물 속에서 태어났다고 한 것으로 보아 선인 출신으로 보인다. 그가 출세의 길을 걷게 된 것도 여기에 기인한다. 연개소문은 실권을 잡은 뒤에 강한 군대를 키우기 위해 선인부대를 더욱 강화하고, 이들을 정신무장하기 위해 도교道敎라는 이름으로 고유종교이자 민족주의 성향이 강한 선교仙敎를 퍼뜨렸다. 그 목표는 옛 조선의 고토를 수복하는 일이었다.

연개소문은 이미 한강유역을 점령하고 있는 신라에 대해서도 위기감을 가지고 백제와 연합하여 신라를 견제하는 정책을 폈다. 마침 백제의 의자왕義慈王(641~660)이 신라의 대야성大耶城[합천]을 공격하여 40여 개의 성을 차지하자(642), 연개소문은 다시 백제와 힘을 합쳐 신라가 차지하고 있던 당항성唐項城[수원 남양만]까지 탈취했다. 신라와 당나라의 통로를 끊은 것이다. 신라의 방어선은 낙동강으로 후퇴되었다.

고구려와 백제의 협공에 위협을 느낀 신라는 외교의 달인 김춘추金春秋[뒤의 무열왕]를 고구려에 보내 연개소문을 만나 백제를 함께 공략할 것을 요구했다. 그러나 연개소문은 이를 거절하고 도리어 장수왕 때 차지한 죽령 이북의 땅을 돌려달라고 요구했다. 이에 김춘추는 이제 당의 힘을 빌리지 않으면 고구려를 견제할 수 없다고 판단하여 당에 가서 동맹을 요청했다. 고구

오녀산성 둘레 2,440m, 중국 랴오닝성 환런현 동북쪽 8.5km 유가구촌 동쪽에 있는 오녀산성은 주몽이 고구려를 세우고 최초로 쌓은 흘승골성이다.

연주성(백암성) 6세기경, 고구려의 대당항쟁 격전지의 하나, 중국 랴오닝성 등탑현 소재

려를 견제하는 데 신라와 손잡는 것이 필요하다고 판단한 당은 사신을 고구려에 보내 자제를 요청했다. 그러나 연개소문은 사신을 감금하는 등 당의 중재를 거부했다.

고구려의 강경책에 실망한 당 태종은 드디어 고구려를 직접 공격할 계획을 세웠다. 645년(보장왕 4년, 당 태종 19년)에 10만 대군을 이끌고 고구려 공격에 나섰다. 당나라군은 성을 파괴할 수 있는 각종 공성도구를 가지고 처음에는 연승을 거두었다. 요동의 개모성[무순], 비사성[대련만], 요동성[요양], 백암성[연주성] 등이 차례로 함락되고, 압록강 북쪽의 요충지인 안시성安市城을 공격했다. 고구려는 말갈군과 합하여 약 15만 명이 대항했으나, 고연수高延壽 장군이 당의 속임수에 넘어가 경계를 늦추다가 기습을 받고 항복했다. 그런데 야사野史에는 이때 안시성 성주 양만춘楊萬春 장군이 이끄는 수비군이 3개월간이나 완강하게 저항하여 격퇴시켰다고 하는데, 이때 당 태종은 양만춘의 화살을 맞고 한 눈이 멀어서 후퇴했다고 한다. 《삼국사기》를 비롯한 정사에는 그의 이름이 보이지 않는데, 아마도 《삼국사기》가 이 사실을 감춘 중국 측 기록을 바탕으로 편찬한 데 이유가 있는 듯하다.

당 태종은 다음해(646), 또 그 다음해(647)에도 소규모 병력으로 고구려를 공격했으나 굴복시키는 데는 끝내 실패했다. 태종은 648년에 드디어 전쟁을 포기하고 그 다음해 세상을 떠났다.

연개소문이 이끈 고구려는 비록 대제국 당과의 전쟁에서 승리를 거둔 것은 사실이지만, 고구려가 입은 피해는 너무나 컸다. 수나라와의 전쟁, 천리장성 건설 그리고 초강대국인 당과의 전쟁으로 국력은 소모되고 민생은 도탄에 빠져 나라가 거의 파멸상태에 빠졌다. 고구려가 후진국 신라에 멸망당한 것은 당나라의 힘을 빌린 데에도 원인이 있지만, 고구려 스스로가 멸망을 자초한 책임도 컸다. 특히 연개소문의 지나친 강경정책이 고구려 멸망의 직접적인 원인이 되었다. 김부식은 《삼국사기》에서 고구려 멸망의 원인을 강대국 중국과 친선을 도모하지 않고 전쟁으로 맞선 고구려의 무모한 국가운영에서 찾았는데, 귀담아 들을 대목이다.

6. 백제의 멸망

7세기 초 연개소문의 고구려가 중국과의 연이은 전쟁으로 국력을 소모하고 민생이 파탄에 빠진 것은 신라에게는 국력을 키울 수 있는 좋은 기회가 되었다. 이때 신라에서는 역사상 처음으로 여왕이 왕위에 올랐는데, 그가 선덕여왕善德女王(진평왕 장녀; 632~647)이다. 세 가지 큰 일을 미리 예측한 지혜[16]를 가졌다고 전해지는 여왕은 전쟁보다는 민생을 다독거리고 문화를 진흥시키는 부드러운 정치를 펴는 한편, 당나라와는 우호친선을 도모했다. 황룡사皇龍寺의 9층탑과 첨성대瞻星臺가 이때 건설되었다. 9층탑은 일본, 중화, 오월, 말갈 등 아홉 나라가 조공을 바치고 나라가 태평해진다는 믿음을 담은 것으로 민심을 통합하기 위해, 첨성대는 천체를 관측하여 역법曆法의 오차를 줄이고, 때로는 하늘에 제사지내는 제단으로도 사용하기 위해 만든 것이다.

신라가 내치에 힘을 기울일 때 백제의 의자왕은 신라의 대야성[합천]을 공격하여 빼앗고, 당항성까지 차지했지만, 신라의 내치는 흔들리지 않았다. 그러나 여왕의 부드러운 정책을 반대하고 대외강경정책을 주장하는 귀족의 반란이 일어났다. 647년에 일어난 상대등上大等 비담毗曇의 반란이 그것이다. 그러나 방계왕족으로 부드러운 외교노선을 추진하던 김춘추金春秋는 손위 처남인 김유신金庾信과 손잡고 비담을 제거했다(647; 진덕여왕 원년).

김춘추는 선덕여왕이 병으로 세상을 떠나자 여왕의 사촌동생인 진덕여왕眞德女王(647~654)을 옹립하고 실권을 장악하다가 진덕여왕이 7년 만에 세상을 떠나자 왕위에 올랐다. 이가 태종무열왕太宗武烈王(654~661)이다.

태종무열왕은 낙동강 선으로 후퇴한 신라를 구하는 길은 우선 고구려의 힘을 빌어 백제를 견제하는 것이라 믿고 임금이 되기 전에 연개소문을 찾아가서 협조를 구했으나 거절당하자, 당과의 외교에 총력을 기울였다. 임금이 된 뒤에는 더욱 적극적으로 당에 사신을 보내 백제를 치기 위한 원병 파견을 요청했다. 당은 삼국 가운데 국경을 맞대고 있으면서 호전성이 강한 고구려를 견제하기 위해서는 신라와 동맹을 맺고, 백제와 고구려를 차례로 제거하는 것이 필요하다고 믿었다. 다만, 신라는 일시적으로 당의 힘을 빌리자는 것이엇고, 당은 삼국 땅 모두를 차지하려는 속셈을 지니고 있었다. 동상이몽의 동맹이 맺어진 것이다.

드디어 660년(태종 무열왕 7년)에 신라와 당은 소정방蘇定方을 대총관, 신라인 김인문金仁問[문무왕의 동생]을 부총관으로 삼아 13만의 대군을 꾸려 백제공격에 나섰다. 당군은 바다로 들어와 백촌강白村江[17] 입구로 진격하여 백제군을 대파하며 먼저 사비로 들어가고, 김유신이 이끄는 5만 명의 신라군은 육로로 사비성을 향해 진격했다. 백제의 계백階伯 장군은 결사대를 조직하여 황산벌[충청도 연산]에서 김유신군과 치열하게 전투했으나 패하고 말았다. 드디어 신라군도 사비를

---

16) 선덕여왕은 세 가지 큰 일을 예측한 것으로 유명하다. 하나는 공주로 있을 때 당나라에서 모란꽃 병풍과 씨를 보내왔는데, 여왕은 모란꽃에 벌과 나비가 없는 것을 보고 "이 꽃은 분명히 향기가 없을 것이다"라고 예언했다. 그 씨를 심었더니 과연 향기가 없었다. 당나라가 이 병풍을 보낸 것은 장차 남편이 없는 여왕이 나올 것을 예견하고 이를 비야냥하여 보냈다고 한다. 두 번째 예언은 경주의 옥문곡玉門谷에서 개구리가 심하게 우는 것을 보고 여왕은 "신라 서쪽 옥문관에 반드시 백제병사가 매복해 있을 것이다"라고 말하여 군대를 보내니 과연 백제군사가 있었다고 한다. 세 번째 예언은 자신이 죽을 날짜를 정확하게 예언했다는 것이다.

17) 백촌강의 위치는 백마강, 동진강, 만경강 등 세 학설이 있다.

점령했다. 웅진으로 피난간 의자왕은 마침내 항복했다(660). 왕과 태자, 귀족 등 1만 2천여 명이 소정방에 의해 당으로 끌려 가서 살았고 의자왕은 그곳에서 세상을 떠나 북망산에 매장되었다.

백제는 경제적으로 매우 풍요로운 나라였으나, 넓은 평야에 위치하여 국방의 요새지가 없고, 국력이 일본 등 해외로 분산되어 있어 내부통합이 부족한 것이 멸망의 원인이었다. 하지만 백제가 망한 후에도 부흥운동은 4년이나 이어졌다. 국내에 있던 귀족과 일본에 있던 백제귀족은 연합세력을 형성하여 항전에 앞장섰다. 의자왕의 사촌동생[무왕의 조카] 복신福信은 흑치상지黑齒常之 장군, 승려 도침道琛 등과 더불어 일본에 가 있던 의자왕의 아들 부여풍扶餘豊을 임금으로 맞아들이고 임존성任存城충청남도 대흥과 주류성周留城충청남도 한산 또는 전라북도 부안을 근거로 광복운동을 벌였다. 그리하여 한때 200여 개의 성을 되찾기도 했다. 또 일본에 원군을 요청하여 3만 명의 왜군이 400여 척의 배를 타고 들어와서 백촌강에서 나당연합군과 치열한 전투를 벌였으나 패배하고 말았다(663).

설상가상으로 백제부흥세력 안에서 내분이 일어나 복신, 부여풍, 도침이 서로 반목하여 죽이는 사태가 벌어졌다. 결국 주류성이 함락되고(663), 뒤이어 지수신遲受信이 버티고 있던 임존성마저 함락되어(665) 4년간에 걸친 부흥운동은 수포로 돌아갔다.

백제부흥운동마저 실패하자 귀족들이 대거 일본으로 건너가 규슈九州의 사가현滋賀縣, 오사카大阪, 나라奈良 등지에 이주하여 백제촌을 만들고 살았는데, 이들 가운데 일부는 야마토국의 고관으로 출세하여 야마토국가가 율령국가律令國家로 한 단계 도약하는 계기를 만들어 주었다. 그 뒤에도 중세와 근대에 이르기까지 일본 역사를 이끌어간 귀족가문은 대부분 백제계 사람들이고, 이들이 신라에 대해 가지고 있는 앙금이 한일관계에 중요한 변수로 작용해 왔다. 8세기에 편찬된《일본서기》도 바로 이런 감정을 가진 백제계 귀족들이 만든 반신라적인 역사책이다. 무력에 의한 통일은 이렇게 오랜 후유증을 낳는다.

7. 고구려의 멸망

660년에 백제를 멸망시킨 나당연합군은 예정대로 고구려 공격에 나섰다. 백제가 망하자 당은 유인원劉仁願과 유인궤劉仁軌로 하여금 백제를 장악하게 하고, 소정방은 군대를 이끌고 바다를 통해 평양성으로 진격했다. 그러나 연개소문의 저항을 받아 실패했다(662).

666년에 연개소문이 죽자, 동생 연정토淵淨土와 연개소문의 세 아들 사이에 권력투쟁이 일어났다. 맏아들 남생男生은 막리지莫離支 벼슬을 계승했으나 동생 남건男建에게 쫓겨나서 국내성으로 도망갔다가 당에 항복하고, 연정토는 신라에 투항했다. 이때를 틈타서 이적李勣이 이끄는 당군과 김인문이 이끄는 신라군이 연합하여 평양을 다시 공격했다. 고구려는 1년간 평양성을 지켜냈으나 마침내 힘이 다하여 668년(보장왕 27)에 연개소문의 셋째 아들 남산男産이 항복하고 말았다.

고구려가 망한 뒤에 살아남은 귀족들은 백제처럼 부흥운동에 나섰다. 대형大兄 검모잠劍牟岑과 장군 고연무高延武 등이 보장왕의 외손자[또는 서자]이자 연정토의 아들인 안승安勝을 임금으로 옹립하고 한성漢城[황해도 재령]과 오골성烏骨城[요령성]을 근거지로 하여 약 2년간 당과 항쟁했으나 뜻을 이루지 못했다. 뒤에 안승이 신라로 망명하자 신라는 그에게 고구려왕[뒤에는 報德國王으로 바뀜]의 칭호를 주고 (670), 당과 싸우는 데 앞장서게 했다.

무용총의 무용그림 고구려 5세기, 남녀 5명의 춤꾼이 합창단 7명의 노래에 맞추어 춤추는 모습, 중국 지린성 지안시

고구려가 망하자, 당은 가장 두려운 상대였던 고구려의 재기를 원천봉쇄하기 위해 귀족과 지배층, 포로 2만 8천여 호戶[수십만 명]를 당나라 내지로 깊숙히 이주시켰다. 먼저, 포로로 데려간 보장왕(642~668)을 회유하기 위해 677년에 그를 요동으로 보내 요동도독遼東都督 겸 조선왕朝鮮王으로 임명하고, 이 지역의 고구려 유민을 다독거리게 했다. 그러나 보장왕이 오히려 반란을 꾀하자 왕을 소환하고, 그의 손자를 대신 조선군왕朝鮮郡王으로 삼아 요동을 다스리게 했으나 응하지 않자, 다시 보장왕의 아들을 안동도호부의 도독으로 삼았다. 이렇게 왕족을 계속 회유하는 정책을 폈으나, 결국 8세기 말에는 요동지역의 고구려 유민이 당나라가 쇠약해진 틈을 이용하여 나라를 세웠다. 이를 소고구려국小高句麗國이라고 부른다.

중국으로 간 고구려 유민의 가장 강력한 부흥운동은 30년이 지난 698년에 건국된 발해渤海이다. 비록 국호는 달라졌지만, 발해의 지배층은 자신이 고구려의 후계자임을 분명히 했다. 그리고 발해가 926년에 망한 뒤에 발해의 지배층이 고려로 들어오고, 고려 자신이 고구려의 후계자임을 자처함으로써 고구려는 또 한 번 부활한 셈이다.

중국으로 간 고구려 유민 가운데는 당나라에 벼슬하여 이름을 떨친 인물도 나왔다. 8세기 중엽 고선지高仙芝는 당나라 장수가 되어 서역[중앙아시아]을 평정하고, 안녹산安祿山의 난 (755~763)을 진압하는 데 큰 공을 세워 이름을 드높였다.

한편, 산동지방에 살던 이정기李正己(732~781)의 후손은 8세기 중엽 제齊(765~819)나라를 세우고 50여 년간 통치했으며, 당나라 수도 장안을 다섯 차례 이상 공격하여 황제가 피난하는 사건도 일어났다(783). 고구려 유민 일부는 중국 남방지역으로 내려가서 그 후손이 현재 중국 소수민족의 일부를 이루고 있다는 견해도 있다.

8. 신라의 반당전쟁과 삼국통일의 의의

신라가 당의 힘을 빌어 백제와 고구려를 멸망시킨 것은 결과적으로 신라의 삼국통일을 열어주는데 결정적인 도움을 주었다. 그러나 당의 도움은 반대로 신라에게 버거운 짐이 되었다. 당은 처음에 대동강 이남 땅을 신라에 주기로 약속했으나, 그 약속을 깨고 한반도 전체를 지배할 야심을 드러냈다. 백제를 지배하기 위해 웅진도독부熊津都督府를 설치하고(660), 의자왕의 아들 부여융扶餘隆을 도독都督으로 삼아 주민을 다스리게 했다. 고구려 평양에도 안동도호부安東

都護府를 설치하고(668) 직접 지배했으며, 신라의 경주에도 계림도독부鷄林都督府를 설치하고(663), 문무왕文武王(661~681)을 대도독大都督으로 임명했다.

당의 배신과 오만한 야욕은 당연히 신라의 분노를 샀을 뿐 아니라 고구려, 백제의 유민의 부흥운동을 더욱 자극했다. 이제 당은 신라의 우방에서 적으로 변하고, 한반도의 패권을 놓고 사활을 건 투쟁을 벌이지 않으면 안 되었다. 신라 문무왕은 먼저 고구려 부흥운동을 벌이던 검모잠을 지원하고, 고구려왕 안승을 익산益山으로 맞아들여 보덕국왕報德國王으로 임명했다.(674) 신라와 부흥군은 힘을 합쳐 요동의 오골성烏骨城(봉황성)을 되찾았다.

한편 신라는 백제의 수도였던 사비성을 다시 탈환하고, 웅진도독부를 대신하여 소부리주所夫里州를 설치하여 백제땅에 대한 지배권을 장악했다(문무왕 11년, 671). 신라의 반격에 당황한 당은 설인귀薛仁貴가 이끄는 수군을 다시 보내고, 문무왕의 아우 김인문金仁問을 신라왕으로 임명하여 내분을 유도하고, 경주를 향해 공격을 개시했다. 그러나 신라는 675~676년(문무왕 15~16)에 칠중성七重城(경기도 적성), 매초성買肖城(경기도 양주), 기벌포(금강 하류) 등지에서 당군을 크게 격파하고, 이어 북으로 치고 올라가 평양의 안동도호부를 요양遼陽으로 밀어내는 데 성공했다. 이것이 문무왕 16년(676)의 일로서 5년여에 걸친 나당전쟁의 최후승자는 신라가 된 것이다. 신라는 대동강과 원산만 이남의 땅을 완전히 차지하여 새로운 강국으로 등장했다.

신라가 삼국을 통일한 지 22년 뒤인 698년에 만주땅에는 고구려의 후계자를 자처하는 발해渤海가 건국되어 만주와 대동강 이북의 땅을 차지했다. 이렇게 본다면 고구려와 백제가 멸망했다고 해서 신라가 삼국을 통일했다고 말하기가 주저되는 점이 없지 않다. 그래서 이 시대를 남북국시대로 부르는 것이다. 그러나 그렇다고 신라와 발해를 동등하게 취급할 수는 없다. 500년간의 발해의 역사를 끝으로 만주땅은 한국사에서 사라진 반면에, 신라가 차지한 땅과 그 문화는 한국사의 주류로 흘러왔기 때문이다.

영토를 중심으로 생각하면 만주와 한반도 북부가 떨어져 나간 신라의 삼국통일은 매우 불완전한 것이 사실이다. 하지만 문화를 중심에 놓고 보면 신라가 삼국을 통일한 것은 분명하다. 삼국의 수도였던 평양, 한성, 웅진, 사비, 경주가 하나의 국토 안에 들어오게 됨으로써 삼국문화의 정수精粹가 하나의 저수지로 모이게 되어 이것이 오늘날 향유하는 한국 민족문화의 주류를 형성했기 때문이다.

그러나 삼국 사람들이 한 민족, 한 국민이라는 생각을 갖게 되기까지는 상당한 세월이 필요했다. 고려시대에 이르러 발해유민이 포섭되면서 민족통일이 한 단계 진전되었으나 아직도 주민들은 고구려계승의식과 신라계승의식을 하나로 합치지 못하여 역사서술에 혼선이 생겼으며, 조선시대에 들어와서 비로소 삼국이 하나라는 의식이 뿌리를 내려 민족의식이 한 단계 더 높아지게 된 것이다.

따라서 한국인의 민족통일은 어느 한 시기에 달성된 것이 아니고, 신라의 삼국통일을 출발점으로 하여 고려시대와 조선시대를 거치면서 단계적으로 문화적, 정신적인 통일이 성숙해졌다고 보아야 한다.

제2장 삼국의 사회와 문화

1. 삼국의 통치조직

삼국은 공통적으로 북방에서 고급 철기문화를 가지고 내려온 부여족에 의해 정복된 나라들이었다. 다만, 그 정복자가 선주민과 동일한 문화를 가진 아사달족이기 때문에 정복자와 선주민 사이의 갈등은 그다지 크지 않았다. 그러나 정복자와 피정복자 사이에는 분명한 차등이 생길 수밖에 없다. 그 차별을 제도화시키면서, 동시에 중앙집권적 관료제 국가로 나아가는 과정이 바로 고대국가의 발전과정이다.

우선 정복자집단 가운데서 왕이 나오고, 왕경王京에서 살면서 선주민집단에서 세력이 강한 족장층과 연맹을 맺어 국가를 운영했다. 국가의 중요한 일은 족장회의에서 결정하는 민주적 방식을 택했다. 족장층의 자기 부족에 대한 기득권은 그대로 유지되었다. 고구려 초기의 5부족 연맹체가 바로 그런 모습을 보여준다. 박혁거세가 6촌장의 추대를 받아 임금이 된 것이나, 금관 가야의 김수로왕이 9간들의 추대를 받아 임금이 된 것도 마찬가지다.

이렇게 연맹체로 출발한 삼국은 점차 영토가 넓어지고, 주민이 늘어나면서 국가의 통합력을 높일 필요가 커졌다. 특히 삼국간의 치열한 전쟁에 대비하기 위해서는 강력한 중앙집권체제가 절실히 요망되었다. 그래서 나타난 것이 왕위세습제를 통한 왕권강화, 관료제도의 도입, 군현제도를 통한 재정확충이었다. 이렇게 되면 종전의 족장층이 가지고 있던 귀족의 권한이 축소되어, 국왕의 권력을 집행하는 관료로 차등 있게 재편되지 않을 수 없었다. 다시 말해 귀족정치가 서서히 관료정치로 바뀌는 과정이 나타난 것이다. 그리고 그런 국가체제를 규정하는 헌법 비슷한 것이 필요했다. 이것을 율령律令이라고 부르는데, 세계에서 가장 앞선 율령국가를 만든 중국 수당隋唐의 율령을 표준으로 참고하게 되었다.[18]

삼국이 중앙집권적 율령국가로 발전한 것은 고구려가 가장 빨라 2세기 중엽의 태조왕太祖王(53~146)에서 4세기 중엽의 소수림왕小獸林王(371~384)에 이르는 기간이고, 백제는 3세기 중엽의 고이왕古爾王(234~286)에서 4세기 중엽의 근초고왕近肖古王(346~375)에 이르는 시기이며, 신라가 가장 늦어 6세기 전반 지증왕智證王(500~514)에서 법흥왕法興王(514~540)에 걸친 시기였다. 그러나 삼국이 각각 전성기를 구가한 시기는 오히려 백제가 가장 빨라서 4세기 중엽의 근초고왕 때이고, 고구려가 그 다음으로 5세기의 광개토왕廣開土王(391~413)과 장수왕長壽王(413~491) 때이며, 신라는 6세기 중엽의 진흥왕眞興王(540~576) 때이다.

---

18) 수·당시대 성문화된 율령은 '율령격식律令格式'이라고도 하는데, 형법을 율律, 전반적인 국가제도를 영令, 왕의 명령을 격格, 율과 영을 집행하는 시행세칙을 식式이라고 한다.

고구려가 가장 먼저 율령국가를 만들었음에도 전성기가 백제에 뒤진 것은 중국과의 영토전쟁으로 요서, 요동지역 진출이 쉽지 않았던 까닭이고, 신라가 율령체제와 전성기를 가장 늦게 연 것은 이주민의 구성이 복잡하여 박씨, 석씨, 김씨 사이의 권력경쟁이 400년간 계속되었기 때문이었다. 신라가 골품제骨品制라는 특수한 신분제도를 만든 것도 왕족의 범위를 김씨로 한정시키고, 주민을 세밀하게 등급을 매겨 통제하기 위한 정책으로 보인다.

중앙집권적 관료제가 이루어지는 과정에서 생겨난 것은 국왕 아래에 수상급首相級에 해당하는 최고관직을 두고, 그 아래에 세밀하게 차등을 둔 관직을 둔 것이다. 고구려에서는 수상을 국상國相, 대대로大對盧, 막리지莫離支 등으로 불렸고, 백제는 2명의 보輔좌보와 우보를 두었으며, 신라는 각간角干[또는 서발한=쇠뿔한], 상대등上大等 등으로 불렸다. 다만 백제는 좌우보左右輔 아래에 장관급에 해당하는 6좌평을 둔 것이 다르다.[19]

수상 밑에 몇 등급의 관직을 두었는가는 나라마다 조금씩 달랐다. 고구려는 시대마다 차이가 있으나 10 내지 14 등급을 두었고, 백제는 16등급, 신라는 17등급을 두었다. 이들 벼슬아치는 크게 세 부류로 나누어 공복公服의 색깔을 달리하여 옷색깔만 보더라도 벼슬의 서열을 알 수 있도록 했다. 백제의 경우는 높은 벼슬아치는 자주색 옷, 중간 벼슬아치는 붉은 옷, 하급 벼슬아치는 청색 옷을 입도록 했으며, 신라는 푸른 옷 아래에 노란색 옷[갈색 옷]을 입는 부류를 더 두었다. 고구려의 경우는 옷색깔을 알 수 없으나 '조의皁衣'를 입은 관직명이 보여 중하층 벼슬아치는 검은 옷을 많이 입은 것으로 보인다.

삼국의 정치체제에서 특이한 것은 합좌제도合坐制度의 발달이다. 국가의 중요한 일을 결정할 때에는 국왕이 단독으로 하지 않고, 귀족회의에서 만장일치로 결정했다. 일종의 귀족민주주의라고 할 수 있다. 이런 제도가 생겨난 것은 귀족 출신의 고급관료의 자율권을 존중하기 위함이었다. 고구려에서는 수상=대대로를 임명할 때 귀족인 '가加'들이 모여서 선출했으며, 제5관등인 조의두대형皁衣頭大兄[검은 옷을 입은 두대형의 뜻] 이상의 귀족이 모여 주요 국사를 처리했다.

백제에서는 정사암政事巖이라는 넓은 바위에 귀족들이 모여 앉아 수상을 선출했다는 기록이 보이고, 또 고이왕 이후에는 궁궐 앞에 있는 남당南堂이라는 곳에서 국왕이 신하들과 정사를 논의했다. 신라는 유명한 화백회의和白會議에서 국가의 중대한 일을 결정했는데, 여기서는 수상인 상대등이 의장이 되고 진골眞骨 출신인 대등大等들이 모여 만장일치로 결정하는 전통이 있었다. 회의장소는 네 군데 신성한 곳이 있는데, 경주 동쪽의 청송산靑松山, 서쪽의 피전皮田, 남쪽의 우지산于知山, 북쪽의 금강산金剛山[경주 소재]이 그것이다. 이밖에 신라에도 남당南堂 또는 정사당政事堂이 있어서 왕이 신하들과 정사를 논했다.

한편, 삼국의 지방제도는 중국의 군현제도를 참고한 것이지만, 영토가 수시로 변하는 사정 때문에 체계적인 군현제도를 실시하지는 못했다. 고구려는 수도를 5부部로 나누고, 지방에도 5부部[동서남북중]로 나누어 다스렸는데, 여기에 보낸 장관을 욕살褥薩이라고 불렀다. 5부 아래에는 작은 행정단위가 있어 처려근지處閭近支라는 지방관을 내보냈는데, 중요한 지역에만 보낸 것으로 보인다.

---

19) 6좌평은 다음과 같다. 내신좌평內臣佐平은 왕명을 전달하고, 내두좌평內頭佐平은 재무, 내법좌평內法佐平은 의식, 위사좌평衛士佐平은 왕궁호위, 조정좌평朝廷佐平은 형벌과 재판, 병관좌평兵官佐平은 군사를 맡았다.

백제는 수도를 5부部로 나누었는데, 수도를 세 번이나 옮겼기 때문에 지방제도를 제대로 정비하기는 어려웠다. 하지만 한성시대에 지방에 22개의 담로擔魯[20]를 두어 왕자와 왕족을 내려보내 다스렸다고 한다. 지방제도가 제대로 정비된 것은 사비시대로 보이는데, 이때 전국을 5방方으로 나누고,[21] 그 책임자를 방령方領이라고 불렀다. 방 밑에는 군郡이 있어 군장郡長을 내려보냈다.

신라는 수도를 6부[22]로 편제하고, 지방에 6주州를 두고, 그 밑에 성城[건모라], 군郡, 촌村 등을 두어 다스렸는데, 주의 장관을 군주軍主라고 불렀으며, 군의 책임자를 군태수郡太守, 촌의 책임자를 촌주村主로 불렀다. 그런데 지방관은 통상적으로 성주城主 또는 지주地主로 부르기도 했다.

지방제도의 기능은 전쟁과 내란에 대비한 군사조직이었으며, 이와 더불어 조세를 받고 토목공사에 주민을 동원하는 일도 중요했다. 신라에서는 6개의 주州에 6개의 군사단체를 두어 이를 6정停이라고 불렀는데 진골출신의 장군이 이를 맡았다. 이밖에 모병募兵으로 이루어진 직업군인들이 있었는데, 이를 서당誓幢이라고 불렀다.

삼국은 기본적으로 군사국가의 성격을 지니고 있었는데, 전쟁에서 뛰어난 전과를 올리는 엘리트 군인은 따로 있었다. 청소년으로 구성된 종교적 무사단체가 그것이다. 고구려에서는 이를 '선인先人'[또는 仙人]이라 불렀는데, 검은 옷을 입고 있어서 '조의선인皂衣先人'이라고도 했다. 을지문덕이나 연개소문 같은 용맹한 장수들이 모두 선인 출신이다. 신라에서는 이를 '낭도郞徒' 또는 '선랑仙郞'이라고 했으며, 때로는 '화랑도花郞徒',[23] '국선國仙'이라고 부르기도 했다. 김유신, 사다함, 관창 등 신라의 명장들이 바로 화랑도 출신이다. '선인'이나 '선랑'은 순수한 우리말로는 '선비'다.[24] 백제에도 이와 비슷한 무사단체로 '수사修士'가 있다고 한다. 계백이나 흑치상지 같은 장군이 그들이다.

고구려의 조의선인이나 신라의 화랑도는 민족적 제천행사인 고구려의 '동맹東盟'이나 신라의 '팔관회八關會'에서 무예시험을 치러 선발했으며, 여기서 뽑히면 고급관리로 출세하는 길이 열려 있었다.

---

20) 담로의 뜻은 정확히 알 수 없으나 담=울타리를 쌓은 지역, 곧 성城을 가리키는 것으로 보인다. 탐라耽羅도 담로와 비슷한 뜻으로 보인다.

21) 사비시대 5방의 구역은 다음과 같다. 동방(논산지역), 서방(보령지역), 남방(남원지역), 북방(공주지역), 중방(정읍지역)이다.

22) 경주의 6부를 6탁평喙評이라고도 했는데 다음과 같다. 급량부(중부), 사량부(남부), 모량부(서부), 본피부(동남부), 한지부(동부), 습비부(북부).

23) 화랑도는 원래 여성으로 구성된 '원화源花'에서 출발했는데, 뒤에 남성으로 바꾸어 '화랑도'로 부르게 되었다. 얼굴을 여성처럼 예쁘게 치장하여 붙인 이름으로 보인다.

24) 신채호는 선인의 순수한 우리말은 '선비'라고 해석했다. 최세진이 쓴 《훈몽자회》에는 '사士'를 '선비 사'로 풀이하지 않고 '도사 사'로 풀이하고 있는데, '도사道士'가 곧 '선비'라는 뜻이다. 그런데 한국의 '도사'는 바로 민족종교를 믿는 사람들을 가리킨다. 신라의 '화랑도'나 고구려의 '조의선인'도 민족종교를 믿는 도사들이었다.

2. 삼국의 신분계급구조

삼국시대는 부족연맹국가에서 출발하여 족장＝귀족층을 관료집단으로 재편성하면서 국왕 중심의 중앙집권체제를 만들어갔지만, 아직도 기득권을 가진 귀족층을 관료집단으로 완벽하게 만들지는 못했다. 더욱이 정복자와 관료들 스스로가 많은 토지를 식읍食邑의 형태로 보유하고 수많은 포로를 노비로 만들어 소유하고 있었기 때문에 새로운 귀족층을 만들어내고 있었다. 그래서 귀족층은 자신들의 특권을 오래 향유하기 위해 엄격한 신분제도를 만들어 차등있게 주민을 편제했다. 귀족은 주로 왕경王京에서 살았고, 지방에는 큰 행정단위에 내려가서 살면서 지방민을 다스렸다.

고구려에서는 귀족을 '가加'라고 불렀으며 그 가운데 최고귀족인 왕족과 왕비족은 '고추가古雛加'로 불렸는데, 이들은 제14관등에서 최고관등까지 올라갈 수 있었다. 그 나머지 귀족들은 '대가大加' 혹은 '소가小加'로 불렸는데, 이들은 최고관등에는 오를 수 없었다. 또 고구려의 주민 가운데에는 말갈족이 많이 포함되어 있었는데, 이들은 지배층으로 오르지는 못했다.

백제는 8개의 귀족세력이 있었음을 앞에서 설명했는데, 그 가운데 왕족인 부여씨扶餘氏와 왕비족인 진씨眞氏나 해씨解氏가 중앙의 고위관직과 22담로의 지방장관을 독점했다.

신라는 골품제骨品制라는 특이한 신분제를 만들었다. 이는 골족骨族과 품족品族을 이원화시킨 제도이다. 골족은 다시 성골聖骨과 진골眞骨로 나뉘는데, 성골은 김씨 왕족을 가리키는 것으로 왕은 성골에서만 나왔다. 김씨가 왕이 된 것은 3세기 중엽의 미추니사금味鄒尼斯今(262~284)이 처음이며, 세습왕권을 가지게 된 것은 4세기 후반의 내물마립간奈勿麻立干(356~402) 때부터이므로 성골의 출현도 이 무렵일 가능성이 있다. 그런데 7세기 중엽에 선덕여왕善德女王(진평왕의 딸; 632~647)과 진덕여왕眞德女王(진평왕의 여동생; 647~654)이 차례로 나온 것은 성골에 남자가 없었기 때문이었다. 그래서 진덕여왕의 뒤를 이은 태종무열왕(김춘추; 654~661)부터는 성골이 없어지고 진골에서 왕이 나왔다.

진골은 본래 김씨왕족 중에서 왕이 될 자격이 없는 방계왕족을 가리켰으나, 성골이 없어진 뒤로는 진골에서 왕이 나오게 된 것이다. 그런데 진골에는 김씨뿐 아니라 전왕족이자 왕비족인 박씨朴氏와 금관가야 왕족이던 신김씨新金氏 등도 포함되어 진골의 범위가 넓어졌다. 진골은 왕이나 왕비를 배출할 뿐만 아니라 가장 높은 벼슬을 독점하고, 경제적으로도 가장 많은 재산을 가지고 있었으며, 정신적 지도층인 고승들도 대부분 진골 출신에서 나왔다. 예를 들면, 진골 출신의 김유신金庾信은 식읍食邑이 500호, 토지가 500결, 목마장이 6소, 그리고 노비 6천 명을 소유하고 있었다. 김인문金仁問도 식읍 300호를 받았다고 하는 것으로 보아 다른 진골들도 그만은 못하지만 비슷한 수준의 경제력을 가지고 있었을 것이다. 신라 최고의 고승인 원광圓光, 자장慈藏, 원측圓測, 의상義湘 등이 모두 진골 출신이다. 원효는 비록 학문적으로는 최고봉에 있었지만, 6두품 출신이었기에 높은 자리에 오르지 못하였다.

왕족의 범위를 제한시키는 골제骨制가 유독 신라에서만 나타난 것은 내물마립간 이전까지 400여 년간 왕위가 주로 박씨와 석씨[석탈해]에서 나오면서 왕권이 안정을 찾지 못하고 있다가 내물마립간 이후 김씨왕족의 세습이 시작되면서 이를 고정시키려는 목적에서 만들어진 것으로 보인다. 이렇게 여러 성씨가 왕위를 다툰 것은 고구려와 백제에서는 없었던 것이다.

한편, 품제品制는 왕족이 아닌 주민들을 세력의 크기에 따라 차등을 둔 신분제였다. 품제 가운데 가장 높은 것은 6두품인데, 여기에 속하는 것이 매우 어려워 일명 '득난得難'이라고도 불렀다. 6두품에 속하는 부류는 신라에 정복당한 가야계 소국의 왕족들과 경주 6부의 부족장 후손으로 보인다.[25] 예를 들면 원효元曉와 그 아들 설총薛聰은 가야국의 하나인 압독국(경산) 출신인데, 6부족장의 하나인 경주설씨로서 6두품이 되었고, 최치원도 6부족장 성씨 가운데 하나인 경주최씨로서 6두품이 되었다. 이들 6두품은 왕족 다음의 귀족으로서 유명한 학자가 많이 배출되었으며, 신라 말기에는 신라사회의 모순을 비판하면서 새로운 사회를 여는 운동에 앞장섰다.

6두품 아래에는 5두품에서 1두품에 이르는 계급이 있는 것으로 보이는데 4두품까지는 벼슬에 나갈 수 있지만 그 아래 두품은 벼슬길이 막혀 있었으므로 실제로는 평민과 다름없었다. 5~4두품은 경주의 하급 귀족층을 가리키는 것으로 보인다.

이상 각각의 골품에 속하는 사람들은 정치적, 사회적으로 누릴 수 있는 권한에 상한선이 있었고, 그 상한선이 후손들에게도 세습되었다. 예를 들면 진골은 최고관등인 이벌찬伊伐飡[角干]까지 오를 수 있고, 6두품은 제6관등인 아찬阿飡까지, 5두품은 제10관등인 대나마大奈麻까지, 4두품은 제12관등인 대사大舍까지만 오를 수 있었다.

관등	골품				공복
	진골	6두품	5두품	4두품	
1. 이벌찬					자색
2. 이찬					
3. 잡찬					
4. 파진찬					
5. 대아찬					
6. 아찬					비색
7. 일길찬					
8. 사찬					
9. 급벌찬					
10. 대나마					청색
11. 나마					
12. 대사					황색
13. 사지					
14. 길사					
15. 대오					
16. 소오					
17. 조위					

신라의 골품과 관등 조직표

관등의 제한은 자동적으로 관직의 제한으로 이어졌다. 각 부의 장관인 영令은 진골만이 할 수 있고, 각부의 차관인 경卿은 6두품과 5두품만이 가능했다. 이밖에 지방관직도 골품에 차등이 있었다. 골품제의 차별은 가옥의 크기나 의복의 빛깔, 수레와 말의 숫자 그리고 그릇의 모양까지도 차이를 두었다. 신라의 왕족과 왕비족은 갈문왕葛文王이라고도 불렸는데, 이는 고구려의 고추가古雛加와 비슷하다.

그러면 골품제에 속하지 못한 지방민들은 어떤 생활을 했을까? 우선 지방의 말단행정단위는 촌村으로써 촌의 지배자를 촌주村主라 불렀는데, 이들은 5~4두품에 해당하는 권위를 지녔지만 실제로 벼슬길에 오르지는 못하고, 지방장관을 보좌하여 자문에 응하거나 노동력이나 조세를 징수하는 일을 맡았다. 하지만 이들은 상당한 토지와 노비를 소유한 지방의 유력자였다.

촌주 아래에 있는 주민은 평민과 부곡部曲의 주민 그리고 맨 아래에 노비奴婢가 있었다. 평민은 소규모의 자기 토지를 소유하고, 국가에 조세租稅[토지세], 공납貢納[현물납부], 요역徭役[노동력] 등을 바쳤으며, 군역도 지고 있었다. 고구려에서는 조세와 공납을 받을 때 장정壯丁의 머릿수를 기

---

25) 경주 6촌=6부 족장의 성씨는 다음과 같다. 급량부(慶州李氏), 사량부(慶州鄭氏), 모량부(慶州孫氏), 본피부(慶州崔氏), 한지부(慶州裵氏), 습비부(慶州薛氏)이다.

준으로 받았다. 말하자면 인두세人頭稅의 성격이 컸다. 토지조사는 어렵고, 장정 수 파악은 쉽기 때문이다. 백제나 신라의 경우도 고구려와 비슷했을 것으로 보인다.

신라에서 평민의 군역과 관련된 재미있는 이야기가 있다. 진평왕 때 가실嘉實이라는 청년이 설씨薛氏의 딸을 사랑하여 그녀의 늙은 아버지를 대신하여 변방의 수비군으로 나갔다가 6년 만에 초라한 모습으로 돌아왔다는 것이다. 한편 평민 가운데에는 자기 토지를 갖지 못하고 남의 토지를 경작하거나 품팔이로 살아가는 용민傭民도 있었다. 고구려 미천왕美川王은 임금이 되기 전에 음모陰牟라는 사람의 집에 고용되어 낮에는 땔나무를 하고, 밤에는 개구리 쫓는 일을 하면서 살았다고 한다. 고구려가 진대법을 실시한 것은 이러한 가난한 용민의 사정을 고려한 정책으로 보인다.

신라의 평민 아래에는 부곡민部曲民이 있었다. 이들은 정복전쟁 과정에서 저항하다가 패배한 집단이거나, 아니면 수공업, 어업, 목축업 등 천한 일에 종사하는 변방사람을 가리키는데, 평민보다 더 국가에 예속되어 있었다. 그러나 노비처럼 개인에게 소유되어 매매되거나 상속되는 사람들은 아니었다.

주민의 최하층은 노비다. 노비는 살인죄, 절도죄 등의 죄를 지은 사람이나, 전쟁에서 포로로 잡힌 사람들인데, 개인에게 소유되어 토지를 경작하거나 집안일을 도와주는 일을 맡았다. 신라의 경우를 보면, 소년 화랑 사다함斯多含은 300명의 포로와 토지를 국가에서 받았는데, 이들이 노비로 보이며, 김유신은 6천 명의 노복奴僕을 거느렸다고 한다. 노비제도는 이미 [괴조선시대부터 있었음은 앞에서 이미 설명했다.

3. 삼국의 문화

1) 한자, 한문의 수용과 역사편찬

삼국시대에는 중국에서 받아들인 세련된 한자문화를 가지고 있었다. 한자漢字가 들어오기 시작한 것은 기자조선 이후로 보이는데, 이때 사용한 한자는 은나라 갑골문자甲骨文字의 수준을 벗어나지 못했을 것이다. 그 이전에도 갑골문자의 원형이 되는 소박한 태고문자가 있었을 것이나 아직 그 실체를 알 수 없다. 다만, 고대 한국인들이 한자와 한문을 받아들이는 것은 그리 어려운 일이 아니었다. 왜냐하면 한자의 뿌리가 되는 원초적인 글자를 이미 아사달족이 만들었기 때문이다.

위만조선과 한사군시대에는 한층 세련된 한자가 들어오고, 삼국시대에는 남북조와 당나라의 더욱 세련된 한자문화가 들어왔다. 한자와 한문이 들어오면서 유교문화와 불교문화가 함께 들어와서 삼국의 정치, 학술, 종교가 비약적으로 발전하는 계기가 되었다.

그러나 한자를 사용할 때 중국말과 한국말의 차이에서 오는 문제가 발생했다. 이를 해결하기 위해 한문漢文의 구조가 이중성을 띠게 되었다. 중국식 한문과 한국식 한문이 병용된 것이다. 고급지식인들은 외국인도 읽을 수 있도록 중국식 한문을 쓰고, 일반인은 한국식 한문을 사용했다. 삼국시대에 만든 비석碑石이나 역사책, 불교경전과 같은 글은 모두 중국식 한문으로 되어 있고, 일반인이 자신의 감정을 노래한 향가鄕歌 등은 한국식 한문으로 되어 있다.

한국식 한문으로 창안된 것이 향찰鄕札과 구결口訣이다. 향찰은 우리말을 그대로 한자로 적는 방법을 말한다. 당시 우리 글자가 없었기 때문에 한자를 빌어 우리말을 표현할 수밖에 없었던 것이다. 예를 들어 신라의 수상인 '쇠뿔한'을 소리로 표기하여 '서발한舒發翰'으로 표기하고, 박혁거세의 원래 이름이 '붉은아이'인데, 이를 한자로 '불거내弗矩乃'로 쓴 것이 그것이다. 또 이를 뜻으로 쓸 때에는 '쇠뿔한'을 '각간角干'으로, '붉은아이'를 '혁거세赫居世'로 쓰기도 했다. 또 향찰로 긴 문장을 만들 때에도 마찬가지로, 이렇게 쓴 시가 바로 향가鄕歌이다.[26]

구결口訣은 중국식 한문을 읽을 때 토吐를 달아서 읽는 방법을 말한다. 예를 들어 중국인들은 《천자문》을 읽을 때 '천지현황 우주홍황天地玄黃 宇宙洪荒'이라고 읽지만 한국인들은 '천지현황하고 우주홍황이라'고 읽는다. 여기서 '하고'와 '이라'를 한자로 써 놓은 것이 구결이다. 신라의 설총薛聰이 이런 구결을 만들었다고 전한다.

삼국시대에 세련된 한문을 사용하면서 삼국의 역사를 한문으로 편찬했다. 역사편찬은 각기 자기 나라의 전통을 확인하고 이를 이어나가려는 마음이 담긴 것이다. 삼국이 역사책을 편찬한 시기는 조금씩 다르지만, 나라가 크게 발전한 시기에 편찬된 것은 공통된 모습이었다.

역사편찬이 가장 빠른 것은 고구려였다. 건국 초기에 《유기留記》라는 역사책을 100권으로 편찬했다고 하는데, 지금 남아 있지 않아 내용을 알 수 없다. 아마 고구려가 [괴]조선과 부여의 전통을 계승한 천손족의 나라임을 과시한 내용으로 보이는데 신화적인 이야기가 많았을 것으로 보인다. 아마 그 시기는 나라의 틀이 잡힌 2세기 전반의 태조왕 때쯤일 것이다. 100권이라는 분량은 아마도 대나무와 가죽으로 만든 100쪽으로 추측된다. 그 다음 영양왕 11년(600)에 태학박사 이문진李文眞에게 명하여 《유기》를 《신집新集》 5권으로 만들었다고 하는데, 여기서 5권은 종이책 5권으로 보인다. 그렇다면 내용은 《유기》보다 한층 자세했을 것이며, 《유기》 이후의 역사, 예컨대 광개토왕과 장수왕 등의 업적이 기록되었을 것이다.

백제도 전성기였던 근초고왕 30년(375)에 박사 고흥高興에게 명하여 《서기書記》를 편찬했다. 8세기에 편찬된 《일본서기日本書紀》를 보면 《백제기百濟紀》, 《백제본기百濟本紀》, 《백제신찬百濟新撰》 등이 인용되어 있어 백제인들이 쓴 역사책은 《서기》 이외에도 더 있었던 것 같다. 특히 《백제신찬》은 백제가 망한 뒤에 《서기》의 내용을 보완한 책으로 보인다. 《일본서기》는 일본의 역사를 쓴 것이지만 백제계 왜인들이 쓴 것으로 신라에 대한 반감을 담아 백제와 왜의 역사를 더욱 미화시켜 놓은 것이다. 그러나 그 책 속에 들어 있는 일부 진실을 찾아내면 백제사 연구에 적지 않은 도움을 준다.

신라는 전성기가 삼국 가운데 가장 늦었기 때문에 역사책 편찬도 가장 늦었다. 신라의 전성기였던 진흥왕 6년(545)에 거칠부居柒夫일명 荒夫에 명하여 《국사國史》를 편찬한 것이다.

그런데 유감스럽게도 이들 삼국의 역사책들은 지금 전하는 것이 없다. 고려 때 김부식 등이

---

26) 향찰로 쓴 향가의 한 예를 소개하면 다음과 같다. 신라의 월명사가 지은 〈도솔가〉 중에 "너는 곧은 마음에"라는 구절이 있는데, 이를 "汝隱直等隱心矣"라고 썼다. 여기서 '너는'은 '汝隱'으로, '곧은 마음'은 '直等隱心'으로 표현한 것이다.

《삼국사기》를 편찬하고, 일연이 《삼국유사》를 편찬할 때 이런 책들을 참고한 것으로 보인다. 다만, 두 사람이 모두 신라후손이어서 고구려나 백제에 관한 기록은 매우 소홀하게 취급한 것이 아쉽다.

2) 유교의 수용

유교는 기원전 6~5세기에 공자孔子와 맹자孟子가 이론화시킨 사상이지만, 산동지역에 살던 아사달족(동이족)의 아름다운 풍속에 자극을 받아 만들었음은 〈총설〉에서 이미 말했다. 한당시대에 들어와 중국은 유교를 더욱 발전시켜 정치사상의 중심축으로 만들어 놓았는데, 삼국은 이를 다시 받아들였다. 유교의 원류가 아사달문화이기 때문에 삼국이 유교를 받아들이는 것은 지극히 자연스러운 일이었고, 전통문화와 크게 충돌할 이유도 없었다.

유교를 가장 먼저 받아들인 것은 고구려로 소수림왕 2년(372)에 수도에 태학太學이라는 고급학교를 세워 유교를 가르치고, 뒤에는 지방에도 경당扃堂이라는 학교를 세워 청소년들에게 유교와 무예 등을 가르쳤다. 그리하여 《시경詩經》, 《서경書經》, 《역경易經》, 《춘추春秋》, 《예기禮記》 등 5경을 가르치는 5경박사가 있었으며, 이밖에도 사마천司馬遷이 중국고대사를 정리한 《사기史記》나 후한 때 편찬한 한漢의 역사책인 《한서漢書》, 한자사전인 《옥편玉篇》, 그리고 양梁나라 소명태자가 편찬한 문학책인 《문선文選》 등을 읽었다. 이런 지식이 바탕이 되어 《유기》나 《신집》 등의 역사책이 편찬되고, 《광개토왕릉비》나 《모두루묘지명》, 《중원고구려비》, 을지문덕이 세련된 한시漢詩를 지어 적장 우중문에게 보낼 수 있었던 것이다.

백제도 유교문화수준이 높았다. 백제에도 5경 박사가 있고, 역사를 편찬하고, 일본에 유교문화를 전해주었다. 왕인王仁, 아직기阿直岐, 단양이, 고안무, 왕유귀 등이 일본에 건너가 《논어》를 비롯한 유교 경전을 전해주고, 일본 태자의 스승이 된 것을 보면 유교문화수준이 얼마나 높았던가를 알 수 있다. 부여에서 발견된 '사택지적비砂宅智積碑'를 보면 의자왕 때 귀족인 사택지적이 불당佛堂을 세운 내력을 세련된 한문으로 적은 것인데, 유교는 물론 도가道家에 대해서도 상당한 지식이 있었음을 알 수 있다.

신라는 고구려나 백제에 비해 유교를 받아들인 시기가 늦었다. 유학교육기관인 국학國學이 세워진 것은 통일 이후이다. 그러나 통일 이전에 원광법사圓光法師가 만든 것으로 알려진 '세속오계世俗五戒' 가운데 충忠, 효孝, 신信 등이 보여 유교도덕이 사회윤리로 권장되고 있음을 알 수 있다. 또 진흥왕 때 《국사》라는 역사책을 편찬한 것에서도 유교에 깊은 소양이 있었음을 엿볼

사택지적비 백제 654년, 높이 101cm, 너비 38cm, 1948년 부여에서 발견, 국립부여박물관 소장

임신서기석 신라 융성기에 청소년들의 강렬한 유교도덕 실천사상을 엿볼 수 있는 귀중한 자료이다. 1934년 경주시 현곡면 석장사터 근처에서 출토, 국립경주박물관 소장

수 있다.

또 1934년 경주에서 발견된 '임신서기석壬申誓記石'을 보면 임신년(732, 성덕왕 31)에 경주의 두 청년이 착한 일을 하기로 맹세한 가운데 3년 안에《시경》,《서경》,《예기》를 읽겠다고 약속한 내용이 들어있다. 이로 보아 늦어도 8세기 초에는 신라 청년들 사이에 5경에 대한 관심이 매우 컸던 것을 알 수 있다.

하지만 삼국시대는 유교를 학문적으로 깊이 있게 연구한다거나 유교의 문치주의를 정치체제와 깊이 접목시키는 단계에는 이르지 못했다. 그것은 정치체제가 아직 군사통치를 벗어나지 못하고 있었기 때문이다. 유교 경전을 통해 중국의 한문학을 이해하고, 역사와 외교문서를 작성하고, 유교윤리를 강화시키는 수준에서 머물렀다. 그러니까 고려시대나 조선시대처럼 유교를 나라를 다스리는 치국治國의 이념으로까지 발전시키지는 못했던 것이다.

3) 불교의 수용과 발전

삼국이 불교를 받아들인 것은 주로 남북조와 교류하면서 이루어졌다. 고구려는 지역적으로 가까운 북조에서 불교를 받아들이고, 백제는 해로교통이 편리한 남조를 통해서 불교를 수용했다. 남북조 시대는 불교가 가장 발달한 시기이므로 그 영향을 받은 것이다.

그러나 불교는 처음에는 전통신앙과 충돌을 면치 못했다. 삼국은 모두가 하늘을 조상으로 받들고 숭상하면서 천손天孫을 자처하던 나라로, 특히 왕은 천손의 권위를 빌어 백성을 통치하고 있었던 것이다. 그런데 불교는 왕에게 그러한 권위를 부여하지 못했으므로 왕의 입장에서 볼 때 불교는 불편한 종교였다. 하지만 백성에게는 자비심을 가지면 복福이 따른다는 불교가 환영을 받았다.

삼국에 불교가 들어온 것은 매우 이른 시기로 보이지만, 왕실이나 귀족층에서 불교를 수용한 것은 그보다 늦었다. 불교를 수용한 것은 왕실이나 귀족층의 권위를 새로운 차원에서 높여주는 요소가 있기 때문이었다.

첫째, 불교는 진리를 깨친 부처와 왕을 동등한 존재로 바라보는 이론이 있었다. 왕의 권위를 신神의 아들에서 부처로 바꾸어 놓은 것이다.

둘째, 인도에서는 왕족이나 무인武人을 다른 계급과 다른 성스러운 피를 가진 진종眞種으로 불렀는데, 삼국의 왕족도 진종으로 미화하는 데 유리했다. 신라가 골품제에서 왕족을 성골이나 진골로 부른 것도 불교의 진종설과 관련이 있었다.

셋째, 불교에서는 전륜성왕설轉輪聖王說이 있다. 고대 인도에 전륜성왕이 있었는데, 몸에 32개의 상相을 갖추고 즉위할 때 하늘로부터 윤보輪寶[수레바퀴로 된 무기]를 받았는데, 이 윤보를 굴려서 천하를 정복했다고 한다. 따라서 이 설을 받아들이면 왕에게 유리한 권위를 부여할 수 있었다.

넷째, 불교는 윤회설輪回說이 있다. 전생에 죄를 지으면 짐승이나 천민으로 태어나고, 전생에 착한 일을 한 사람은 귀족으로 태어난다는 뜻이다. 윤회설은 사람들이 전생에 착하게 살기를 바라는 뜻에서 나온 사상이지만, 현실적으로는 귀족적 신분제도를 유지하는 데 유리하게 이용되었다.

금동미륵보살반가사유상
국보 118호, 고구려 6세기,
높이 17.5cm, 좌대 11.5×9.5cm,
1940년 평양 평천리 출토,
삼성미술관 리움 소장

다섯째, 혼자만의 해탈을 강조하는 소승불교小乘佛教가 아닌, 대중의 해탈을 추구하는 대승불교大乘佛教를 받아들였는데, 대승은 곧 자비로 이어지므로 전통적인 홍익인간의 이념과도 맞닿을 수 있고, 대중을 끌어안을 수 있어 호국성護國性이 강했다.

삼국 가운데 불교가 가장 먼저 들어온 것은 가야로 보인다. 김수로왕의 부인 허황옥許黃玉이 인도 아유타국의 공주로 가야로 들어와 왕비가 되었으므로 이때 불교가 들어왔을 가능성이 크다. 하지만 가야의 불교에 대한 기록은 없다.

불교를 가장 먼저 수용한 나라는 고구려다. 중국의 남북조 시대에 북조의 저족氏族이 세운 전진前秦에서 순도順道라는 승려가 들어와 불교를 포교했는데, 소수림왕 2년(372)에 이를 수용했다. 하지만 이는 전진과의 우호관계를 고려한 조치로써 실제로 불교는 그다지 큰 영향을 미치지 못했다. [괴]조선시대부터 내려온 하늘숭배의 무교신앙仙敎이 강고하게 뿌리를 내리고 있었기 때문이다. 다만, 6세기경 요동지역에서 승랑僧朗이라는 학승이 나와 중국에 들어가서 삼론종三論宗 발전에 크게 기여한 것이 주목된다. 그는 유명한 '이제합명중도론二諦合明中道論'을 주장했는데, 이는 눈으로 보이는 진리인 세제世諦와 눈에 보이지 않는 진리인 진제眞諦는 서로 반대되는 것이 아니고 둘이면서 하나이고 하나이면서 둘이며, 참진리는 있는 것有도 아니고 없는 것無도 아닌 공空이라고 말했다. 이런 생각은 사물을 대립으로 보지 않는 중도철학中道哲學을 의미한다.

불교를 두 번째로 수용한 나라는 백제이다. 백제는 중국의 남북조 시대에서 동진東晉과 우호관계를 맺고 그 문화를 많이 받아들이고 있었는데, 동진에서 승려 마라난타摩羅難陀가 들어와 불교를 전파했다. 백제는 그 영향을 받아 침류왕 원년(384)에 불교를 공인했는데, 남조의 영향을 받아 엄격한 계율을 통해 개인의 소승적 해탈을 강조하는 계율종戒律宗이 성행했다. 6세기 초 인도에 가서 율장律藏을 가지고 온 겸익謙益은 계율종의 대표적 승려로서 일본 계율종 성립에도 큰 영향을 주었다.

그러나 백제 말기에는 미래에 중생을 구제한다는 미륵신앙이 백성 사이에 퍼졌다. 왕이 곧 미륵임을 자처하던 무왕(600~641)이 사비성 부근에 세운 왕흥사王興寺와 익산에 세운 미륵사彌勒寺는 이런 미륵신앙[27]을 보여주는 대표적 거찰이다. 부여 정림사에 미륵불이 세워지고, 미륵반가사유상彌勒半跏思惟像이 많이 제작된 이유도 여기에 있다.

금동미륵보살반가사유상
국보 83호, 백제 6세기 후반,
높이 93.5cm,
국립중앙박물관 소장

신라는 삼국 중 가장 늦은 법흥왕 15년(528)에 불교를 공인했다. 이보다 앞서 5세기 초 눌지마립간(417~458) 때 고구려를 거쳐 신라로 들어온 아도阿道[일명 墨胡子]가 불교를 포교하기 시작했는데, 지금 경상북도 선산지방의 민간에 퍼졌다.

---

27) 미륵은 현재는 보살이지만 미래에 부처가 될 것을 약속받고 도솔천兜率天에 올라가서 모든 중생을 교화한 다음 석가모니가 입멸한 뒤 56억 7천만 년에 다시 세상에 태어나 용화수龍華樹 아래서 도를 깨친 다음 모든 중생을 구제한다고 한다.

미륵사 복원 모형도(전라북도 익산)

그 뒤 양梁나라에서 사신이자 승려인 원표元表가 들어와서 왕실에도 불교가 전해졌다. 그러나 신라는 귀족들이 전통사상과 마찰을 일으키는 불교의 공인을 반대하다가 귀족 출신 청년 이차돈異次頓(502/506?~527)[28]이 순교하면서 비로소 공인을 얻었다. 법흥이라는 시호도 불교를 일으켰다는 뜻이 담겨 있다.

　　신라는 이처럼 불교공인은 늦었지만 수용한 뒤에는 왕실의 비호를 받았기 때문에 근왕불교勤王佛敎, 혹은 호국불교로써 크게 진흥하였다. 법흥왕에서 진덕여왕(647~654)에 이르는 약 100여 년간 왕의 이름을 불교식으로 정한 것도 '왕이 곧 부처'라는 사상을 철저하게 받아들인 것을 말해준다.[29] 하지만 그렇다고 하늘을 숭배하는 무교仙敎의 토속신앙이 없어진 것이 아니라, 오히려 불교와 토속신앙이 결합하는 형태를 띤 점에 주목할 필요가 있다.

이차돈 순교비　817년(헌덕왕9), 높이 104cm, 6면 기둥 1면에 순교장면을 돋을새김과 5면 바둑판 모양의 격자에 3cm 크기로 글자를 새겨, 불교수용을 주장하다 527년(법흥왕 14) 순교한 이차돈을 기리기 위해 건립. 경주 백률사, 국립경주박물관 소장

　　법흥왕 다음의 진흥왕은 임금이 곧 부처라는 생각에서 한 걸음 더 나아가 스스로 전륜성왕轉輪聖王을 자처하고 전륜성왕의 치세에는 미륵부처가 태어나서 중생을 구제한다는 신앙을 이용하고,[30] 여기에 토속적 무교신앙仙敎을 합쳐서 화랑도花郞徒[일명 仙郞]를 조직하여 신라의 전성시대를 열었다. 화랑도 정신이 유불선儒佛仙을 합쳤다고 말한 신라 말기 최치원崔致遠의 해석이

---

28)　이차돈은 왕비족인 박씨로서 습보갈문왕의 아들이다. 아도가 포교할 때 귀족들은 모두 반대했으나, 이차돈은 귀족이면서도 찬성하다가 귀족들의 미움을 받아 처형되었다. 화백회의에서 결정된 것이다. 그런데 그의 목을 베자 그 목이 백률사 쪽으로 가서 떨어지고 피가 흰빛으로 변하여 그 이변에 감동하여 불교를 공인했다고 한다. 경주 백률사 석당石幢은 그의 명복을 빌기 위해 세웠다고 한다.

29)　법흥왕의 시호는 불법佛法을 일으켰다는 뜻이고, 그 다음 진흥眞興, 진지眞智, 진평왕眞平王의 시호에 '진眞'자를 넣은 것도 불교의 진종설眞種說을 따른 것으로 보이며, 그 다음 선덕여왕과 진덕여왕의 이름을 덕만德曼과 승만勝曼으로 지은 것도 불경에서 가져온 이름이다. 진평왕의 왕비는 석가모니의 어머니 이름을 취하여 마야부인이라고 했다.

30)　화랑도를 일명 용화향도龍華香徒로 불렀는데, 여기서 용화는 미륵신앙과 관계가 있다.

원측 초상화
중국 산시성 시안시 서명사 소재

신라백지묵서 대방광불화엄경
국보 196호, 두루마리 2축으로 되어 있다.
가로 1390.6cm, 세로 29cm,
삼성미술관 리움 소장

그래서 나온 것이다.

또 왕이 지배하는 국토를 동시에 부처님의 땅, 즉 불국토佛國土와 동일시했다. 그래서 전국에 사찰을 세우고, 이들 사찰과 승려를 관리하기 위해 국통國統, 주통州統, 군통群統 등의 승관僧官을 두었으며, 호국사상을 담은 인왕경仁王經을 중요시하고, 인왕회仁王會라는 행사를 자주 열어 국가의 평안을 기원했다. 하지만 그보다 더 큰 행사인 팔관회八關會는 성격이 달랐다. 팔관회는 원래 겨울에 명산대천名山大川의 신神들에게 제사를 드리고, 전쟁에서 죽은 사람의 위령제를 지내면서 나라의 평안을 비는 토속적 제천행사였는데, 이 행사를 화랑도 승려가 주관하고, 이때 최고의 화랑인 국선國仙을 뽑기도 했다. 그러니까 팔관회는 불교와 무교신앙이 합쳐진 국가의 큰 행사였던 것이다. 팔관회와 관련된 '팔관계율八關戒律'도 유불선이 합쳐진 형태를 띠었다.[31]

신라의 승려로서 명성을 떨친 이는 원광圓光(541~630), 자장慈藏(610?~654?), 원측圓測(613~696), 원효元曉(617~686), 의상義湘(625~696) 등이다. 원광법사는 6세기 말 진평왕 때 승려로 박씨 진골이며, 수나라에서 공부하고 돌아온 뒤에 화랑이 지켜야 할 '세속오계'[32]를 만든 것으로 알려져 있다. '세속오계'에는 유교, 불교, 무교의 정신이 모두 합쳐져 있다. 원광은 또한 승려의 엄격한 금욕과 계율을 강조한 계율종戒律宗을 전파한 승려이기도 하다.

자장은 진골 출신으로 선덕여왕 때 대국통大國統으로 있으면서 왕에게 건의하여 황룡사皇龍寺에 9층탑을 세우게 했다. 황룡사는 진흥왕 때 착공하여 선덕여왕 때 준공한 대사찰로 여기에 9층탑을 세운 것은 아홉 나라가 신라에 조공을 바치게 한다는 호국정신이 담겨 있다. 여기서 아홉 나라가 강조된 것은 신라가 금덕金德을 가진 나라로 오행사상에서 금은 아홉을 상징하는 숫자이기 때문인 듯하다.

원측은 중국에서 더 이름을 떨친 진골 출신 승려이다. 15세에 당나라에 건너가서 당나라 최고 고승인 현장법사玄奬法師[삼장법사][33]의 제자가 되어 유식론唯識論을 독자적으로 발전시켜 당나라 불교 발전에 크게 기여했으며, 죽은 뒤에는 그의 사리가 지금 시안西安에 있는 흥교사興敎寺 사리탑에 모셔졌는데, 현장법사 사리탑과 나란히 있

---

31) 고려의 팔관계율을 보면 8가지 금기사항이 있는데, 이 계율은 신라 때부터 내려온 것으로 보인다. (1) 불살생不殺生(살생하지 말 것), (2) 불음일不淫佚(음탕한 행동을 하지 말 것), (3) 불투도不偸盜(도둑질하지 말 것), (4) 불음주不飮酒(과음하지 말 것), (5) 불착향화不着香華(좋은 옷을 입지 말 것), (6) 불자락관청不自樂觀聽(보고 듣는 것을 즐기지 말 것), (7) 불좌고대상不坐高大床(높은 자리에 오르지 말 것), (8) 불망언不妄言(말을 조심할 것) 등이다. 여기에는 고조선부터 내려오던 전통적인 홍익인간의 윤리와 유교 및 불교의 도덕이 합쳐진 것이다.

32) 원광이 지었다고 알려진 '세속오계'는 다음과 같다. (1) 사친이효事親以孝(부모에게 효도하라), (2) 사군이충事君以忠(임금에게 충성하라), (3) 교우이신交友以信(친구와 신의를 가지고 교제하라), (4) 살생유택殺生有擇(생명을 죽이는 일을 가려서 하라), (5) 임전무퇴臨戰無退(전쟁에 나아가서는 물러나지 말라). 여기에는 유교와 불교와 무교의 정신이 모두 담겨 있다.

33) 현장법사는 《서유기西遊記》의 주인공으로 인도에 불법을 구하기 위해 험난한 인도 여행을 하고 돌아온 바로 그 삼장법사를 가리킨다.

어 그의 위상이 얼마나 높았는지를 말해준다.

원효는 6두품 출신으로 성은 설씨薛氏다. 지금 경상북도 경산慶山에서 태어나 처음에 서당誓幢군인이었다가 승려가 되었는데, 34세 때 의상義湘과 함께 당나라에 가던 도중 밤중에 맛있게 마신 물이 해골 속에 담긴 물임을 뒤늦게 알고, 진리는 마음 속에 있다는 것을 깨닫고 유학을 포기하고 되돌아왔다는 일화가 전한다.

원효는 불교경전에 주소註疏를 달아 240여 권의 저술을 냄으로써 교학불교의 발전에 크게 이바지했을 뿐 아니라, 여러 불교 종파의 갈등을 지양시키기 위해 해동종海東宗이라는 독자적인 종파를 세우고, 유명한《십문화쟁론十門和諍論》을 썼는데, 이 글은 산스크리트어로 번역되어 인도에까지 영향을 미쳤다. 여기서 원효는 모든 만물의 시초가 일심一心에서 발생하여 일심으로 돌아간다고 보고, 모든 불교 종파의 교리는 '서로 다른 것도 아니고, 서로 같은 것도 아니다'라는 논리로 극복하려 했으며, 모든 일에 걸림이 없는 사람은 단숨에 생사를 초월할 수 있다는 무애無碍의 자유정신을 강조했다.

원효는 뒤에 태종무열왕의 딸 요석공주瑤石公主를 사랑하여 설총薛聰을 낳았는데, 승려로서 탈선행위가 문제되어 승복을 벗고 길거리 광대로 변하여〈무애가〉를 부르면서 무지몽매한 대중을 교화하였다. 그는 '나무아미타불'만 염불하면 누구나 서방정토西方淨土[극락세계]로 갈 수 있다고 주장하여 신라인의 대부분이 정토신앙을 갖게 되었다고 한다. 신분이 낮은 6두품 출신이었기에 불교개혁에 앞장선 것이다. 고려시대에 화쟁국사和諍國師로 추존받았다.

의상은 원효보다 8세 연하로서 진골출신이다. 문무왕 1년(661)에 당나라 종남산終南山에 가서 화엄종華嚴宗의 2대조인 지엄智儼에게서 화엄학을 배우고 문무왕 10년(670)에 귀국하여 영주에 부석사浮石寺를 세우고, 해동화엄종의 시조가 되었으며 문무왕의 정치적 자문도 맡았다. 그에 관해서는 통일신라시대의 불교에서 다시 설명할 것이다.

4) 선교仙敎와 도교道敎

삼국시대에는 [고]조선시대에서 내려온 민족 고유신앙인 무교巫敎가 중국에서 들어온 노장사상老莊思想과 도교道敎와 접목하여 진일보한 선교仙敎가 성립되었다. 무교는〈단군신화〉에서 보이는 고유신앙으로 하늘을 숭배하는 특성이 있고, 사람은 죽지 않고 신선神仙이 되어 하늘로 돌아간다는 신선사상이 있었다. 그런데 노장사상은 '무위자연無爲自然' 사상을 바탕으로 금욕을 강조하고, 도교는 노장사상을 바탕으로 불로장생을 추구하고 하늘의 별을 숭상했다. 이는 무교의 정신과 비슷한 점이 많아 서로 어울리게 된 것이다.

고구려의 선교사상을 보여주는 종교행사는 '동맹東盟'이라고 하는 제천행사이다. '동맹'은 해마다 10월에 열리는 축제로 전국민이 읍락에 모여 춤추고 노래하고 군사놀이를 하면서 태양이 떠오르는 동쪽에 있는 큰 굴에 모신 시조 주몽朱蒙과 어머니 유화柳花의 신神, 하늘의 별과 나라를 지킨 영웅들의 신神 그리고 전국의 명산대천名山大川에 대해 제사를 지내며, 아울러 각종 무예를 시험하여 선인(仙人 또는 先시)으로 불리는 무사를 선발했는데, '선인'은 우리말로 '선비'이다.

고구려 고분 벽화를 보면 무덤의 주인이 신선이 되어 하늘로 날갯짓을 하면서 올라가든

거문고 타는 선인 무용총, 중국 지린성 지안시

학을 타고 날아오르는 신선 5호분 4호묘, 중국 지린성 지안시

뿔피리 불며 날아오르는 신선 무용총 천장부 안쪽 벽화

가, 아니면 학鶴이나 기린麒麟을 타고 올라가는 그림이 매우 많다. 전설에 의하면, 고주몽은 19년간 나라를 다스리다가 대동강가 바위에서 기린을 타고 하늘로 올라갔는데, 이 바위를 조천석朝天石이라고 부른다. 그러니까 고주몽은 죽지 않고 신선이 되어 하늘로 돌아간 것이다. 이것이 바로 신선사상이요 선교이다. 또 을지문덕이 수나라 장수 우중문에 보낸 시에는 '지족知足'이라는 표현이 보이는데, 이것은 그가 노자老子의 《도덕경道德經》을 읽었다는 증거이다.

고구려에는 또한 5세기경에 도교의 일파인 오두미도五斗米道[34]가 남조에서 들어오고, 7세기 이후에는 연개소문의 정책으로 당나라에서 도사道士와 《도덕경》이 들어왔으며, 도교사원인 도관道觀이 세워지기도 했다. 연개소문이 도교를 중시한 것은 전통적인 '동맹제천'을 도교식 제천행사醮祭로 승격시켜 애국심을 키우려는 의도가 있었다. 고구려에서 외래종교인 불교가 크게 떨치지 못한 이유가 여기에 있었다.

백제도 고구려와 유사한 신선사상과 도교가 있었다. 백제는 위례성 남쪽에 남단南壇이라는 제천단을 세우고 주기적으로 하늘에 제사를 올렸으며, 시조신인 고주몽과 그 부인 소서노召西奴를 모시는 사당을 따로 두었다. 1993년에 부여군 능산리에서 발견된 대향로大香爐에는 신선이 산다는 봉래산蓬萊山이 정교하게 조각되어 있으며, 그 신선들이 봉황과 용을 타고 하늘로 올라간다는 믿음을 담고 있다.

4세기 중엽 백제장군 막고해莫古解는 《도덕경》을 인용하면서 근초고왕의 아들이 고구려를 침공할 때 지나친 압박을 그만두라고 만류한 일이 있어 이미 이때 노장사상이 퍼져 있었음을 알 수 있다. 의자왕 때 귀족 사택지적砂宅智積의 업적을 적은 '사택지적비'에도 세련된 문장의 노장사상이 보인다. 백제의 기와에도 신선이 사는 산을 조각한 것이 보인다. 백제의 신선사상은 왕인王仁, 아직기阿直岐, 관륵觀勒 등에 의해 일본에도 전해졌다.

신라에도 신선사상과 선교仙敎가 있었다. 경주 부근에 선도산仙桃山이 있는데, 여기에는 고

---

34) 오두미도는 후한 말 장릉張陵이 창시한 종교로 주로 질병을 치료하는 기능을 중요시했으며, 질병을 고치는 대가로 쌀 5두를 받은 데서 오두미도라는 이름이 생겨났다.

주몽과 박혁거세 등 성제聖帝를 낳았다는 성모聖母를 모시는 사당이 있다. 성모가 고주몽과 박혁거세를 낳았다는 주장은 사실과는 다르지만, 민간신앙으로는 신라를 지켜주는 신성한 존재로 깊은 뿌리를 지니고 있다. 성모는 본래 중국 황제의 딸로 신선술을 배워 신라에 왔다고 한다.

박혁거세가 죽은 뒤에 육신은 땅에 떨어지고 혼은 승천했다는 설화도 고주몽 설화와 비슷하다. 그밖에 사선랑四仙郎, 암시선인暗始仙人, 물계자勿稽子, 대세大世, 구칠九柒, 옥보고玉寶高, 우륵于勒 등에 붙여진 신선이야기들이 후세에 전해지고 있다.

신라의 선교는 마침내 진흥왕 때 화랑도花郞徒라는 종교적 청소년무사단체를 만드는 정신적 바탕이 되었다. 이에 대해서는 앞에서 이미 설명했다. 화랑도가 마치 무당처럼 몸을 장식하고 있는 것도 선교의 추종자임을 보여준다. 화랑 출신의 명장 김유신金庾信은 경주 서남쪽에 있는 단석산斷石山에서 신선술과 도술道術을 배웠다는 설화가 전한다. 그의 현손 김암金巖은 방술方術[신선되]과 둔갑술遁甲術을 익힌 도사道士로 알려져 있다. 다만 화랑도의 종교는 선교를 바탕으로 하면서도 여기에 불교와 유교의 윤리를 접합시킨 점이 고구려나 백제와 다르다. 그래서 충忠, 효孝, 신信, 자비, 용기 등의 덕목을 확실하게 갖춘 집단으로 발전한 것이다.

백제금동대향로 국보 287호, 7세기,
높이 61.8cm, 부여 능산리사지 출토,
국립부여박물관 소장

5) 문학과 음악

삼국시대에는 한자생활 수준이 높아지면서 한시漢詩가 창작되었다. 가장 먼저 보이는 시는 고구려 유리왕이 기원전 17년에 떠나간 여인稚姬을 그리워하면서 지었다는 〈황조가黃鳥歌〉이다.[35] 이 시는 4언 4행시로 되어 있는데, 꾀꼬리가 정답게 노는 모습을 보면서 자신의 허전한 마음을 읊은 애정시이다. 을지문덕이 우중문에게 보낸 시는 5언시로써 그 내용은 이미 설명했다.

한시가 고급지식인의 시라면, 일반인들은 무교신앙과 관련된 신가神歌가 널리 유행했다. 주술적 내용이 담긴 신가로써 지금까지 알려진 것은 가야의 〈구지가龜旨歌〉(거북이노래)이다. 그 내용도 앞에서 설명했다. 신라 유리왕 때 여인이 길쌈노동을 하면서 불렀다는 〈회소곡會蘇曲〉은 노래이면서 한 편의 시이기도 하다. '회소'라는 말은 '아서라, 말아라'라는 뜻이다.

그런데 무당에 의해 창작된 것으로 보이는 신가神歌는 불교가 들어온 이후에는 승려나 화랑들에 의해서 새로운 형태의 시가로 발전했다. 그것이 향가鄕歌이다. '향가'라는 말은 중국노래가 아니라 우리 고유의 노래라는 뜻인데, 그 내용은 나라에 대한 충성, 부모에 대한 효도, 백성에 대한 사랑, 그리고 화랑을 찬미한 것들이다. 신라 말 진성여왕 때 각간 위홍魏弘이 승려 대구

---

35) 〈황조가〉의 내용은 다음과 같다.
翩翩黃鳥(편편황조) 펄펄 나는 저 꾀꼬리는
雌雄相依(자웅상의) 암수가 서로 노니는데
念我之獨(염아지독) 외로울사 이내 몸은
誰其與歸(수기여귀) 뉘와 함께 돌아갈꼬

大矩와 함께 향가를 모아 《삼대목三代目》이라는 향가집을 만들었으나, 유감스럽게도 이 책은 없어지고, 지금 전하는 것은 25수뿐이다. 그 가운데 유명한 향가 작가는 〈도솔가兜率歌〉와 〈안민가安民歌〉를 지은 월명사月明師, 〈모죽지랑가慕竹旨郎歌〉를 지은 낭도郎徒 득오得烏, 〈찬기파랑가讚耆婆郎歌〉를 지은 충담사忠談師, 〈혜성가彗星歌〉를 지은 융천사融天師 등이다. 이런 향가들은 한시로 된 것이 아니고 한자의 음을 빌려 쓰는 향찰鄕札 형식으로 되어 있는 것이 특징이다. 그래서 시는 형식을 따르지 않고 순수한 우리말로 되어 있는데, 글자만 한자를 빌어서 쓴 것에 불과하다.

신라의 향가와 비슷한 일본의 고대 노래를 모은 책이 《만엽집萬葉集》(만요슈)이다. 7~8세기에 편찬된 이 책에 실린 노래의 절반 정도는 삼국에서 건너간 사람들이 지은 것으로 알려지고 있으며, 노래 속에는 신라와 백제의 풍속이 담겨 있다.

노래가 있으면 악곡樂曲과 악기樂器가 있게 마련이다. 5세기 초 신라 실성왕 때 태어나서 백결선생百結先生으로 더 알려진 박문량朴文良은 청빈한 생활을 하면서 대악碓樂(방아타령)을 지어 많은 사랑을 받았다. 진흥왕 때 대가야 출신의 우륵于勒은 중국의 쟁箏을 참고하여 1년을 상징하는 12줄로 된 현악기를 만들었는데, 이것이 가야금이다.[36] 그는 대가야의 정치가 어지러워지자 신라로 들어갔는데, 진흥왕의 사랑을 받아 충주忠州로 가서 후진들을 키웠다. 지금 충주의 탄금대彈琴臺가 바로 우륵이 살았던 지역이다.

가야금과 비슷한 현악기가 고구려에서도 제작되었다. 6세기 중엽 재상이었던 왕산악王山岳은 진晉나라 7현금을 개량하여 6줄의 현악기를 만들고, 100여 곡을 지어 연주했는데, 검은 학鶴이 날아와 춤을 추었다고 하여 '거문고玄琴' 또는 '현학금玄鶴琴'이라 부르게 되었다고 한다. 거문고는 뒤에 신라에 전해져서 옥보고玉寶高 같은 대가를 낳았다.

삼국의 음악은 일본에 전해져 일본음악이 발달하는 계기가 되었는데, 5세기 중엽에는 신라의 악대 80여 명이 일본으로 가고, 백제는 6세기 중엽에서 7세기 초에 악공樂工, 악사樂師, 악기를 일본에 전수하고 가르쳤다.

6) 건축과 조각

(1) 궁궐과 성곽

삼국의 건축은 궁궐, 사찰, 무덤, 산성 등에서 특징이 잘 드러난다. 삼국의 궁궐은 지금 남아 있는 것이 없으나, 그 터가 발굴된 것 중 하나는 고구려 안학궁安鶴宮 터이다. 427년경에 축조된 것으로 보이는 안학궁은 평양성으로 들어가기 직전의 왕궁으로 거의 정사각형의 성벽이 둘러싸고 있는데, 동서길이 622m, 남북길이 620m, 중심 건물의 앞면 길이는 약 87m에 이른다. 조선시대 궁궐인 경복궁의 길이가 동서 500m, 남북 700m인 것과 비교하여 거의 비슷한 크기를 보여주고 있다.

백제의 웅진과 사비의 왕궁터는 아직 발견되지 않고 있으며, 한성시대 위례성慰禮城의 하나인 서울 송파구의 풍납토성風納土城으로 대략 그 규모를 추측할 수 있다. 모양은 타원형과 장

---

36) 《삼국사기》에는 대가야의 가실왕이 가야금을 만들었고 우륵이 12곡을 지었다고 하는데, 실제로는 우륵이 만든 것으로 본다.

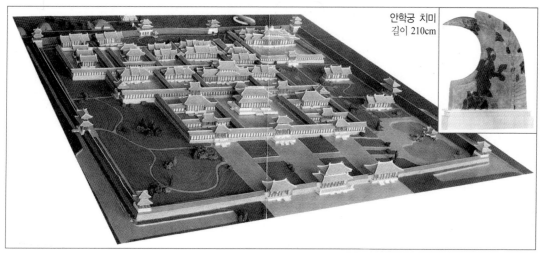

안학궁 치미
길이 210cm

고구려 안학궁(복원 모형) 5세기 초, 동서 길이 622m, 남북 길이 620m

방형을 절충한 것으로, 총 둘레길이는 약 3.5km로 추정되고 폭은 약 43m이며 토성 높이는 약 9~15m이다. 그러나 아직 전체가 발굴되지 못하여 확실한 규모나 건물배치 등은 알 수 없다. 하지만, 현재까지 발굴된 유적과 유물을 보면 이곳이 왕궁터임이 확실하다. 토성의 구조는 흙을 다진 성 위에 목책을 세운 형태이다.

신라의 궁궐터는 아직 발견하지 못했다. 다만 통일 후인 문무왕 때 건설한 동궁터와 거기에 부속된 연못인 월지月池(안압지)는 발굴되었다. 이에 대해서는 뒤에 다시 설명할 것이다.

삼국시대의 성곽은 평지에 쌓은 성城도 있지만 그보다는 산성山城이 훨씬 많다. 이 점은 평지성이 많은 중국이나 일본과 다르다. 그 이유는 산악지대가 많은 한국 지형의 특성 때문이다. 성곽을 만든 재료도 중국은 대부분 벽돌을 썼지만, 삼국은 흙을 다져서 만든 토성土城이거나 아니면 돌로 쌓은 석성石城이 지배적이다. 이 또한 돌이 많은 한국의 지형적 특성에 기인한다. 일본의 경우도 석성이지만 성을 쌓는 기법이 다르다.

평지성은 궁궐을 방어하는 궁성宮城에 해당하고, 산성은 궁궐을 수도 외곽에서 지키는 기능을 가지고 있었다. 삼국의 대표적 평지성은 고구려의 국내성國內城(지안시)으로 전체 길이는 약 2.7km이며, 국내성 외곽에는 산성으로 환도성丸都城이 있는데 석성이다. 평양으로 천도한 뒤에는 평양 외곽에 산성을 쌓았는데, 대부분 석성이다. 지금 만주지역에는 고구려 성으로 밝혀진 산성 수십 곳이 발견되어 고구려가 산성의 나라였음을 보여준다. 일본 산성은 돌을 마름모꼴로 다듬어 쌓은 것이 다른데, 고대의 산성 가운데에는 한국식 산성도 보여 한반도 이주민이 축성한 것을 말해준다.

백제의 궁궐성은 풍납토성風納土城(서울 송파구 강동대로(풍납동))으로 흙을 다져서 쌓은 토성이고, 그 위에 목책木柵(나무울타리)을 세웠다. 풍납토성 부근에는 또 하나의 토성이 있는데 몽촌토성夢村土城이다. 지금 올림픽공원 안에 있으며 토성이면서 동시에 산성이다. 그밖에 웅진과 사비지역, 기타 주요 행정지역에도 토성과 석성이 혼재되어 있다. 백제의 지방행정구역을 담로擔魯라고 부른 것도 성을 의미한다.

신라의 경우도 토성과 석성이 혼재된 점에서 백제와 다르지 않다. 대표적인 산성은 충북 보은 부근에 쌓은 삼년산성三年山城으로 통일 직전에 3년간 쌓은 데서 붙여진 이름이다. 삼국시대는 산성의 시대로 불러도 좋을만큼 전국 도처에 산성이 널려 있어 정확한 수효를 알기도 어려울 정도이다.

(2) 무덤

삼국시대의 건축물 가운데 가장 많이 남아 있는 것은 왕 또는 귀족의 무덤이다. 고구려 무덤은 지금 만주 지안시集安市 국내성 지역과 평양 부근에 많이 남아 있는데, 처음에는 돌무지무덤[赤石家]을 썼으나, 뒤에는 돌방무덤[石室墳]으로 바뀌었다. 지금 지안시에는 약 1만 2천여 기의 돌무지무덤이 군락을 이루고 있는데, 그 가운데 규모가 가장 큰 것은 장군총將軍冢으로,[37] 사각형의 한 면이 31.5m, 높이가 12.4m에 이르며, 7층으로 된 피라미드[38] 형태를 띠고 있다. 하지만 이집트의 피라미드는 꼭대기가 뾰족하여 삼각형 모습을 띠고 있지만, 장군총은 상단이 둥근 모양으로 처리되어 있다. 이런 모습은 둥근 하늘과 네모난 땅을 상징하는 것으로 보인다.

강서대묘 동벽의 청룡도 현실은 동서 3.4m, 남북 3.45m, 높이 3.8m, 남포직할시 강서구역 강서면 우현리

고구려 후기에 유행한 돌방무덤은 돌로 사각형의 널방[관을 넣는 방]을 만든 것인데 밖에서 돌방으로 들어가는 통로가 있으며, 널방 위에 흙을 덮어 둥근 봉분을 쌓았다. 돌방무덤은 지안시와 평안도 강서, 용강지역에 널리 분포되어 있는데, 무덤 안의 돌벽에 수많은 벽화가 그려져 있어 고구려인의 생활풍속과 우주관을 이해하는 데 중요한 자료로 쓰인다. 벽화의 내용은 씨름[각저총], 춤[무용총], 사냥 등의 일상생활과 아울러 무덤의 주인공이 죽어서 신선神仙이 되어 하늘나라로 올라가는 천상의 세계가 함께 그려져 있다. 학이나 기

다카마쓰 무덤의 여인상
일본 나라현 남부 시노쿠바에서 발견

고구려 수산리 무덤의 우산 쓴 여인상
1971년 발굴, 평안남도 남포시 강서구역

---

37) 장군총의 주인에 대해서는 산상왕山上王(196~226), 광개토왕, 장수왕 등 여러 가지 다른 해석이 있으나, 5세기 말 장수왕릉으로 보는 견해가 유력하다.

38) 이집트의 피라미드 가운데 규모가 가장 큰 쿠푸왕의 피라미드는 높이가 147m, 한 면의 길이가 210m에 달해 장군총보다 훨씬 크다.

린, 주작을 타고 하늘로 올라가거나 팔에 날개를 달고 하늘로 올라가는 모습[지안시 五盔墳], 태양, 달, 별, 발이 세 개 달린 삼족오三足烏, 그리고 무덤을 지키는 사신도四神圖[강서대묘]가 보인다. 사신도는 바로 청룡靑龍(동), 백호白虎(서), 주작朱雀(남), 현무玄武(북)로, 이는 태양 및 달과 더불어 우주자연이 음양陰陽과 오행五行[수화목금토]으로 구성되어 있다는 사상을 보여준다. 간혹 불교와 관계되는 그림도 보이지만, 그보다는 선교仙敎와 도교道敎가 합쳐진 내용이 더 많다.

고구려 벽화 고분은 약 80여 기가 있는데, 그 가운데 가장 유명한 것은 평안도 용강龍岡의 쌍영총雙楹塚[두 기둥무덤], 강서江西 우현리의 강서대묘, 지안시의 각저총角抵塚[씨름무덤]과 무용총舞踊塚[춤무덤] 등이다.

무령왕릉 현실 1971년 발굴, 남북 4.2m, 동서 2.72m, 높이 3.14m, 충청남도 공주시 금성동

그런데 1972년에 일본 나라현 아스카촌飛鳥村에 있는 다카마쓰무덤[高松塚]을 발굴한 결과 고구려 강서 수산리무덤에서 발견된 여인과 비슷한 색동주름치마를 입은 벽화가 발견되어 화제가 되었다. 고구려문화가 백제를 거쳐 일본으로 들어간 것으로 보인다.

백제도 한성시대에는 고구려의 영향을 받아 장군총과 비슷한 피라미드 형식의 돌무덤[적석총]을 만들었는데, 지금 서울 송파구 석촌동石村洞에 7기가 남아 있다. 장군총보다 높이가 낮지만 상단부분에 흙을 덮어 둥근 모양을 한 것은 장군총과 마찬가지로 둥근 하늘과 네모난 땅을 상징하는 것으로 보인다.

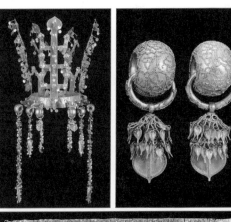

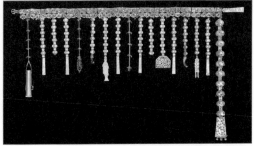

신라 금관, 금귀걸이, 금허리띠

백제가 웅진과 사비로 천도한 뒤의 무덤양식은 벽돌무덤이나 돌방무덤으로 바뀌었다. 1971년 공주 송산리에서 발굴된 무령왕릉武寧王陵(525년)은 대표적인 벽돌무덤으로 중국 남조[양나라]의 무덤양식을 따른 것인데, 관에 쓰인 나무가 일본에서 가져온 금송金松으로 밝혀져 남조 및 일본과의 문화교류가 활발했음을 알려준다. 또 이 무덤에서는 왕과 왕비의 금제 머리장식, 석수石獸 등을 비롯한 부장품이 고스란히 남아 있어 백제 왕실의 생활상과 공예사를 연구하는 데 큰 도움을 주고 있다.

사비시대의 무덤은 횡혈식 돌방무덤으로 바뀌었는데, 지금 부여군 능산리陵山里에 여러 기가 남아 있다. 그 가운데 하나에는 사신도四神圖가 그려져 있어 고구려의 영향을 받은 것을 알 수 있다.

신라의 무덤 양식은 4세기 후반의 내물마립간奈勿麻立干 이전과 이후가 다르다. 내물마립간 이전에는 나무로 곽을 만들고 그 위에 흙을 덮은 토광목곽분±壙木槨墳이었으나, 그 이후에는 나무로 곽을 만들고 그 위에 잔돌을 쌓는 적석목곽분積石木槨墳의 형식을 따랐다. 그래서 벽화가 없는 대신 들어가는 통로가 없어서 도굴이 어렵기 때문에 부장품이 그대로 보존되어 있다. 그래서 무덤이름을 부장품의 이름을 따서 서봉총瑞鳳塚[39], 금관총金冠塚, 금령총金鈴塚, 천마총天馬塚이라고 한다. 그러나 황남대총皇南大塚은 지명을 따서 붙였다. 이들 무덤에서는 금관, 금귀고리, 금팔찌, 금허리띠 등 금으로 된 장식품이 무더기로 발굴되어 신라가 황금의 나라임을 보여주고 있다. 금관은 가야고분에서도 발견되고 있는데 모습이 조금 다르다.

금관의 형태는 나무같기도 하고, 사슴 뿔 같기도 하며, 새의 날개 같기도 하고, 한자의 '출出'자 모양 같기도 하다. 여기에 금을 동그랗게 만든 영락瓔珞을 붙이고, 비취색 곡옥曲玉을 매달았으며, 금관 아래에도 영락과 곡옥을 붙인 드리개가 붙어 있어 매우 화려한 모습을 띠고 있다. 그것이 무엇을 상징하는지는 정확하게 알 수 없지만, 나무이든, 새 날개이든, 하늘로 돌아가려는 마음을 담은 것이다. 옥玉은 하늘의 소리를 상징하고, 둥근 영락은 하늘을 상징한다. 금관은 크고 무거워서 평상시에 사용한 모자로는 보이지 않고, 하늘에 제사지낼 때 사용했거나 죽은 뒤에 하늘로 돌아가기를 기원하여 만든 것으로 보인다.

(3) 사찰과 불교미술

사찰건물도 당시 실물이 지금 남아 있는 것은 없으나 그 터가 발굴된 곳이 많다. 그 가운데 신라시대 사찰로 규모가 큰 것은 경주의 황룡사지皇龍寺址[40]다. 특히 여기에는 자장대사慈藏大師의 권유로 선덕여왕 14년(645)에 백제 기술자 아비지阿非知의 도움을 받아 세운 목조 9층탑을 세웠는데, 그 후 여러 차례 보수가 이루어졌다. 가장 크게 개조한 것은 871~873년(경문왕 11~13)으로 이때 9층탑의 높이는 22장丈[약 70m]이라고도 하고 228척尺이라고도 한다. 현재 9층탑을 복원

황룡사 9층탑(복원 모형) 경주국립박물관

하려고 노력하고 있으나 기술적인 문제가 많아 복원에 착수하지 못할 만큼 그 기술이 뛰어나다. 이 탑은 고려시대 몽고의 침략을 받아 불타 없어지고 그 초석만 남아 있다. 황룡사 부근에는 선덕여왕 3년(634)에 세운 분황사芬皇寺가 있는데, 돌을 벽돌처럼 깎아 쌓은 모전탑模塼塔이 국보로 지정되어 있다.

백제의 사찰로는 7세기 초 무왕武王 때 세웠다고 전해지는 익산 용화산 아래 미륵사지彌勒寺址가 가장 규모가 크다. 이곳에는 원래 중앙에 목탑

---

39) 서봉총은 1926년에 발굴되어 봉황鳳凰 장식을 한 금관 등이 나왔는데, 당시 스웨덴의 구스타프 황태자가 참관한 것을 기념하여 '서瑞'자와 '봉鳳'자를 합하여 서봉총으로 부르게 되었다.

40) 황룡사는 진흥왕 27년(566)에 착공되어 선덕여왕 14년(645)에 준공되어 근 80년의 세월이 걸렸다. 원래 이 사찰에는 진흥왕 35년(574)에 만들었다고 알려진 장육존상丈六尊像이 있었는데, 높이는 16자[약 4m]에 이르렀다고 한다. 또 진평왕이 하늘에서 받았다는 천사옥대天賜玉帶가 있었고, 선덕여왕 때 지은 9층탑이 있어 이 셋을 합쳐 신라 삼보三寶라고 하는데, 지금은 모두 없어졌다.

을 두고 동서에 두 개의 석탑을 세웠다고 하는데, 지금은 그 가운데 서탑의 일부만 남아 있다. 현재 서탑을 해체하여 복원사업을 하고 있는데, 이곳에서 사리장엄을 비롯한 유물이 발견되었다. 이 탑은 삼국시대 석탑 가운데 가장 규모가 크며, 석탑에서 목탑으로 넘어가는 과도기의 형태를 띠고 있다. 부여 정림사지定林寺址에 있는 5층 석탑과 아울러 백제 석탑의 백미로 꼽히고 있다. 부여에는 무왕 원년(600)에 착공하여 무왕 35년(634)에 준공했다고 알려진 왕흥사王興寺 터가 최근 발굴되었는데, 여기서 출토된 사리함에는 위덕왕 24년(577)에 세웠다는 명문이 나와 창건시기가 그보다 앞선 것을 알 수 있다.

미륵사지 석탑(좌) 백제, 국보 11호, 높이 14.24m, 전라북도 익산시 금마면
정림사지 5층 석탑(우) 국보 9호, 높이 8.33m, 충청남도 부여읍

　삼국의 불탑은 부처나 고승의 사리를 보관하는 일종의 무덤으로 만든 것인데, 처음에는 황룡사 9층탑이나 미륵사 중앙탑과 같은 목탑을 만들었다가 삼국시대 말기에는 석탑으로 바뀌었다. 그러나 목탑은 전쟁 중에 모두 타버려 남은 것이 없고, 석탑만이 남아 있다. 대표적인 석탑은 미륵사지 석탑과 부여 정림사지 5층 석탑이다.

　일본의 불탑은 목탑이 특징이다. 그런데 유일하게 석탑이 있는 지역이 있다. 교토 부근의 시가현滋賀縣 가모오蒲生에 석탑사石塔寺라는 사

미륵사지 석탑 사리구와 봉안기 백제, 사리호 7.7×13.0cm,
봉안기 15.3×10.3cm, 금동제사리외호는 보주형 꼭지가 달린 뚜껑이 있는
병이다. 금제사리봉안기는 전면에 99자, 후면에 94자를 새겨 넣었는데
내용은 백제 왕후가 가람을 창건하고 기해년(639)에 탑을 조성하여
왕실의 안녕을 기원하는 발원문이다. 국립문화재연구소

찰이 있고, 이곳에 3층 석탑을 비롯한 석탑이 1만여 개 있는데, 이는 백제유민들이 세운 것으로 알려지고 있다.

　삼국시대 건축물로 특이한 것은 경주 왕궁의 동북쪽에 있는 첨성대瞻星臺이다. 선덕여왕 때 세운 이 건물은 높이가 9.17m로 원형으로 된 돌탑 위에 정자형丁字形의 돌이 얹혀져 있어 둥근 하늘과 네모난 땅의 모습을 상징하고 있다. 그런데 그 용도가 천체를 관측하여 역법曆法을 교정하기 위한 천문대天文臺라는 설, 하늘을 제사하던 제단祭壇이라는 설, 또는 불교의 우주우물이라는 설 등이 있다. 강화도 참성단을 비롯하여 대한제국의 환구단 등 제천단이 모두 천원지방天圓地方의 모습을 띠고 있다는 점을 고려하면 제천단일 가능성이 크지만, 그밖에 여러 기능이 합쳐진 것으로도 볼 수 있다.

　삼국시대의 미술은 불교미술로 대표된다. 사찰, 불상佛像, 불탑佛塔, 불종佛鐘, 불화佛畵 등이 그것이다. 사찰은 전란에 불타버려 현존하는

첨성대 국보 31호, 천체의 움직임을 관찰하던
신라시대의 천문관측대, 경북 경주시 인왕동 소재

금동미륵보살반가사유상 국보 83호, 백제 6
세기 후반, 높이 93.5cm, 국립중앙박물관 소장

목제미륵보살반가사유상 일본 7세기 초,
높이 147cm, 일본 고류지 소장

것이 거의 없지만, 불상, 불탑, 불종은 남아 있는 것이 많다. 삼국시대를 대표하는 불상은 금동으로 만든 미륵반가사유상인데, 그 가운데 국보 83호로 지정된 금동미륵보살반가사유상金銅彌勒菩薩半跏思惟像이 가장 우수하다. 이를 만든 나라는 확실히 알 수 없으나, 6세기경 백제인의 작품으로 추정된다. 금동미륵보살반가사유상은 오른 손으로 턱을 괴고 있는 조형미와 더불어 속세를 완전히 초탈한 듯한 눈과 입의 미소가 일품이다. 일본 고류지廣隆寺에는 7세기 백제인이 만든 목제미륵보살반가사유상이 있는데 독일의 실존철학자 칼 야스퍼스Karl Jaspers가 인류 최고의 걸작이라 평가하여 세계적으로 명성을 떨치고 있다. 그가 우리나라 금동미륵상을 보았다면 뭐라고 말했을지 궁금하다.

이른바 '백제의 미소'라 불리는 또 하나의 걸작은 충청남도 서산시 운산면에 있는 마애삼존불磨崖三尊佛이다. 천연바위에 세 사람의 부처를 나란히 조각한 것으로 햇빛이 비치는 방향에 따라 얼굴표정이 다양하게 변한다.

서산 마애삼존불상 국보 84호, 백제 7세기, 높이 2.8m,
충청남도 서산시 운산면 용현리

삼국의 공예품 가운데 빼놓을 수 없는 것이 1993년에 부여 능산리 고분 부근의 집터에서 발견된 금동대향로金銅大香爐[일명 금동용봉래산향로金銅龍鳳蓬萊山香爐]이다. 구리로 만들고 금으로 도금한 이 향로는 높이가 64cm에 이르는 큰 향로로 받침대는 용이 똬리를 틀고 있는 모습이고, 그릇 표면에는 연꽃, 뚜껑에는 신선이 산다는 봉래산이 화려하게 조각되어 있고, 맨 꼭대기에는 금방 날아오를 듯한 봉황이 앉아 있는 걸작품이다. 신선사상과 불교사상이 합쳐진 예술품이다.

4. 삼국인의 일본 이주와 삼국문화의 일본 전파

1) 신라와 야마타이국邪馬臺國

일본의 여러 지역에 지금 남아 있는 고대의 유적과 유물,《일본서기》를 비롯한 여러 기록을 살펴보면 일본 고대국가를 건설하고 고대문화를 꽃피운 주인공은 한반도에서 건너간 이주민들임을 알 수 있다.

국가 건설 이전의 선사문화도 한국과 일본은 유사한 모습을 보여주고 있다. 일본 신석기문화를 대표하는 규슈九州 지역의 죠몬토기繩文土器와 소바타토기曾畑土器는 한반도의 빗살무늬토기와 매우 유사하고, 기원전 4~3세기경부터 시작된 청동기시대의 야요이토기彌生土器도 한국의 민무늬토기와 비슷하다. 옹관무덤이나 고인돌, 금속 유물도 한국과 같다. 이미 선사시대에도 한반도문화가 일본열도로 흘러들어간 것을 알 수 있다.

기원전 4~3세기부터 금속문명을 바탕으로 규슈지역에서 소규모 부족국가들이 생겨났는데, 기원 2세기 후반에는 중국과 신라에 사신을 보낼 정도의 나라가 나타났다. 북규슈의 야마타이국邪馬臺國이 그것이다.**41)** 그 나라의 여왕 히미코卑彌呼가 중국에 사신을 보내고, 신라 아달라니사금 20년(173)에 신라에도 사신을 보내 교빙交聘을 요청했다.

《삼국유사》에는 히미코를 연상시키는 설화가 있다. 신라 아달라니사금 4년(157)에 연오랑延烏郎과 세오녀細烏女가 일본에 가서 왕과 왕비가 되었다고 한다.**42)** 세오녀가 일본으로 간 것이 157년이고, 히미코가 신라에 사신을 보낸 것이 173년이므로 세오녀는 바로 히미코와 같은 인물로 보인다.

그런데 연오랑, 세오녀 설화와 비슷한 설화가 《일본서기》와 《고사기古事記》에 나오는 〈천일창신화天日槍神話〉이다. 이 신화를 보면, 동해안 물가에서 햇빛을 받은 여자가 빨간 구슬을 낳았는데, 신라 왕자 천일창天日槍[아메노히보코]이 그것을 빼앗아 바닥에 놓자 구슬이 여자로 변했다. 왕자는 그 여자를 아내로 삼았는데, 그 여자가 일본으로 도망가자 왕자도 일본으로 가서 단마국但馬國의 왕이 되었다는 것이다.

《일본서기》에는 신라인이 일본에 가서 나라를 세웠다는 설화가 또 있다. 일본민족의 시조로 추앙되는 아마테라스 오미카미天照大神[女神]의 동생 스사노오노 미코토(素戔嗚尊 또는 須佐之男命)가 못된 짓을 많이 해서 쫓겨나 시라기[신라]의 소시모리[春川의 牛頭村]에서 살다가 배를 타고 일본으로 건너왔는데, 불평이 많아 이즈모出雲[지금의 시마네현]의 네노구니根國로 보냈다고 한다. 이 이야기는 춘천지방에 살던 신라인[맥국 유민]이 지금의 일본 시마네현으로 이주해왔다는 것을 말해준다.

야마타이국[또는 단마국]은 기원 2세기 말에 신라 사람이 건너가서 세운 것을 알 수 있다. 이들 신라인은 태양과 까마귀를 숭배하고, 금속무기를 가지고 있으며, 비단을 잘 짜는 사람들이었다.

---

41) 야마타이국의 위치는 북규슈 사가현佐賀縣의 요시노가리 지역으로 추정되고 있다.

42) 《삼국사기》를 보면 히미코가 신라에 사신을 보낸 시기가 아달라니사금(154~184) 20년(173)이다. 그런데 《삼국유사》를 보면 아달라니사금 4년(157)에 동해안 바닷가에 살던 연오랑延烏郎이 해조海藻[미역]를 채취하던 중 갑자기 바위[또는 물고기]가 나타나 그를 태우고 일본으로 갔는데, 그곳 사람들이 그를 왕으로 삼았다. 남편이 돌아오지 않는 것을 이상하게 생각한 연오랑의 부인 세오녀細烏女가 바닷가에 가보니 바위 위에 남편의 신발이 보였는데, 또 그 바위가 그녀를 싣고 일본으로 가서 남편을 만난 뒤에 왕비가 되었다. 연오랑과 세오녀가 일본으로 간 뒤에 신라에는 해와 달이 빛을 잃었다. 신라는 일본에 사신을 보내 세오녀가 만든 비단을 받아와서 하늘에 제사를 지내자 드디어 해와 달이 빛을 찾았다. 그 제천소가 바로 영일현迎日縣이다. 이 신화를 보면 연오랑과 세오녀는 태양과 까마귀를 숭상하는 신라인이었다.

2) 가야 및 백제와 야마토국大和國

기원후 3세기 후반에서 7세기에 걸쳐 일본 규슈九州 지역과 긴키近畿 지역에는 갑자기 크고 둥근 봉분을 가진 무덤떼들이 나타난다. 한국식 산성山城도 함께 나타났다. 이 시대를 고분시대古墳時代로 부르는데,[43] 이때 형성된 나라가 야마토국大和國이다. 그런데 이 무덤 양식은 규슈지역에서 먼저 발생하여 뒤에는 교토京都, 나라奈良 등 긴키지방近畿地方으로 확장된 것으로 알려지고 있다. 이것은 바로 가야와 백제의 무덤과 비슷하여 가야와 백제의 실력자들이 이 지역을 정복하고 야마토국을 새로 건설한 것을 알 수 있다. 다만 가야세력은 백제에 통합되어 독자적인 기록이 없을 뿐이다.

백제는 야마토국왕을 신하에 해당하는 후왕侯王으로 불렀다. 4세기 중엽 백제 근초고왕이 재위 24년(369)에 칠지도七支刀[44]를 만들어 일본 후왕侯王에게 하사했는데, 이 칼이 지금 나라현 덴리시天理市 이소노카미 신궁石上神宮에 보관되어 있다. 가야를 정복한 백제장군 목라근자木羅斤資[모쿠라곤시]의 아들 목만치木滿致[모쿠마치]가 일본으로 건너가서 대신이 된 것도 이 무렵이다. 특히 4세기경부터 백제는 고구려의 남진정책에 대항하기 위해 야마토국과 혼인동맹을 맺고 더욱 긴밀한 관계를 유지해갔는데, 이 과정에 백제인의 일본 진출은 더욱 활발해졌다. 규슈지역에는 가야와 백제인들이 나라를 세우고 긴키지방으로 이동했다는 이야기를 담은 신화神話와 신궁神宮이 많다.[45]

《일본서기》에 보이는 일본민족 시조인 태양신 아마테라스 오미카미天照大神와 그녀의 동생이자 달의 신神인 쓰쿠요미노 미코토月讀命도 백제인이 일본에 건너와서 나라를 세운 것을 신화로 만든 것으로 보인다. 아마테라스는 손자에게 3개의 보물을 주었다고 하는데, 거울, 옥, 칼이다. 그런데 이 세 가지 보물은 〈단군신화〉에서 환웅이 환인으로부터 3개의 천부인天符印을 받아가지고 왔다는 이야기와 비슷하다. 태양을 숭상하고 태양의 후손으로 자처하는 것도 똑같다.

금상감 칠지도
백제 369년, 길이 74.9cm,
일본 덴리시
이소노카미 신궁 소장

3) 백제와 아스카문화

6세기경 규슈의 야마토국은 나라奈良 지방으로 이동하여 7세기에는 아스카문화飛鳥文化라는 찬란한 불교문화를 꽃피웠다.[46] 7세기 나라시대에 삼국인이 건설한 문화유적은 이 지역에

---

43) 일본 규슈 미야자키현 사이토바루西都原, 긴키近畿지방에서 발견된 고분들은 전방후원분前方後圓墳으로 알려지고 있다. 이는 신라, 가야, 백제의 고분과 비슷하다.

44) 칠지도에는 다음과 같은 명문銘文이 새겨져 있다. "태화4년 5월 16일 병오날 대낮에 무수히 거듭 담금질한 강철로 칠지도를 만들었노라. 모든 군사를 물리칠 수 있도록 후왕에게 보내주노라"

45) 규슈에는 일본의 건국신화가 깃들어 있는 신궁이 많다. 한국악韓國岳[가라구니다케] 부근에는 기리시마 신궁霧島神宮이 있는데, 이곳은 아마테라스 오미카미天照大神의 손자 니니기노 미코토를 모신 신사이고, 미야자키 신궁宮崎神宮은 천조대신의 5대 손으로 첫번째 천황이 되었다고 알려진 진무천황神武天皇을 모신 신궁이다. 여기에 모셔진 신들은 모두 한반도인을 가리킨다. '한국악'이라는 산을 '가라구니다케'로 부른 것으로 보아 가야인이 이 지역에 많이 진출한 사실을 말해준다.

46) 아스카는 한자로 '비조飛鳥'로도 쓰고, '명일향明日香'으로도 쓴다. '명일'은 '밝은 태양이 떠오르는 땅'이라는 뜻이다. 따라서 '아스카'와 '아사달'은 뜻이 서로 같다.

즐비하게 많다. 야마토국의 대귀족인 소가노 우마코蘇我
馬子[47])의 무덤인 이시부타이고분石舞台古墳[석무대고분]과 그
가 세운 아스카지飛鳥寺가 지금 나라 아스카에 있고, 아스
카문화의 정수를 담은 호류지法隆寺가 이때 세워졌는데,
여기에는 고구려인 담징曇徵이 그린 금당벽화를 비롯하
여 백제관음상百濟觀音像, 옥충주자玉蟲廚子[48]) 등 현재 국보
로 지정된 문화재가 많다. 대부분 백제인이 만든 것이다.

    4~7세기에 한반도인이 일본에 수많은 고급문화
를 전수했다는 것이 《일본서기》에 보인다. 한성시대인 4
세기 중엽 근초고왕 때에는 아직기阿直岐가 한자를 가르
쳤고, 이어 박사 왕인王仁이 《논어》를 비롯한 경학과 역
사를 가르쳤다. 5세기 중엽 개로왕 때인 463년에는 화
가 인사라아因斯羅我가 건너가 그림을 가르쳤고, 정안나금
定安那錦이 비단 짜는 기술을 가르쳐 주었으며, 웅진시대
인 6세기 초 무령왕 때에는 단양이段楊爾(513년)와 고안무
高安茂(516년)가 유학을 전해주었다. 사비시대인 6세기 전
반 성왕聖王 때에는 오경박사인 마정안馬丁安(531년), 문휴
마나汶休麻那(544년), 동성자언東城子言(547년), 동성자막고東城
子莫古(554), 왕유귀王柳貴(554년) 등이 유학을, 노리사치계奴唎
斯致契가 불교를, 왕보손王保孫(544년) 등이 천문학과 역법曆
法[49]을 차례로 전해주었다.

백제관음상 높이 210.9cm,
백제왕이 쇼토쿠 태자에게
보낸 것이다. 앙드레 말로는
일본열도가 침몰할 때
단 하나 백제관음상을
갖고 나가겠다고 말함.

옥충주자(위) 7세기, 높이 226.6cm,
아스카시대 목제 불사리함.
무당벌레를 기단에 조각.
일본 나라현 호류지 소장
왕인묘(아래) 일본 오사카와 교토 중
간지점인 히라카타枚方에 있다.

    성왕 다음의 6세기 후반 위덕왕 때인 554년에는 4
명의 음악인이 건너가고, 577년에는 불교서적, 율사律師,
선사船師[배 만드는 기술자], 조불사造佛師[불상 기술자], 조사공造寺工[목수] 등을 보냈으며, 584년에는 불상
佛像을, 588년에는 승려와 노반박사[불탑의 상륜부를 만드는 기술자], 기와박사, 화가들이 건너갔다. 바
로 이들이 소가노 우마코[소아마자]의 아스카지飛鳥寺와 호류지 건설을 도와준 것이다. 그리고 597
년에 일본으로 건너간 아좌 태자阿佐太子는 쇼토쿠 태자聖德太子의 초상을 그려주었다.

    불교가 더욱 융성했던 7세기 초 무왕武王 때에는 승려 관륵觀勒이 역서와 천문, 지리, 둔갑
술, 방술方術에 관한 책을 전해주고, 역박사曆博士 왕도량王道良, 의박사醫博士 왕유릉타王有棱陀, 채약

---

47) 소가씨蘇我氏는 백제장군 모쿠라곤시木羅斤資의 후손으로 6~7세기에 걸쳐 근 100년간 야마토 정권을 지배한
    실력자로서 특히 소가노 우마코는 6세기 말에 나라 아스카에 아스카지飛鳥寺라는 사찰을 세웠으며, 죽은 뒤
    에 거대한 이시부타이 고분에 묻혔다. 아스카지는 일본에서 가장 오래된 사찰로써 이를 세울 때 백제 위덕왕
    은 588년에 불사리佛舍利와 절짓는 기술자, 노반박사, 기와기술자, 화공畵工 등을 보냈다. 그리고 불사리를 탑
    에 봉안할 때 소가씨 일족 100여 명이 백제옷을 입고 의식을 치렀다고 한다.

48) 옥충주자는 2층으로 된 불감佛龕으로, 기단부분에 옥충玉蟲, 즉 무당벌레의 날개모습을 조각하여 붙여진 이름
    이다. 현재 일본 국보로 지정되어 있다.

49) 당시 백제는 1년을 365.2467일로 계산하고, 한 달을 29.3058일로 계산할 정도로 천문학과 역법 수준이 높았다.

사[采藥師] 반양풍[潘量豊] 등이 의학과 약학을 가르쳤다. 또 미마지[味摩之]라는 악사[樂師]가 건너가 학교를 세우고, 음악과 춤을 가르쳤다.

8세기 중엽에 건설된 나라의 도다이지[東大寺]에는 쇼소인[正倉院]이라는 보물창고가 있는데, 여기에 보관되어 있는 고문서와 그릇, 옷 등 문화재는 일본 왕가에서 소유하고 있던 보물로 백제와 신라인이 만든 것들인데, 대부분 국보로 지정되어 있다. 그러나 일본은 이를 외부에 공개하기를 꺼려하고 있다.

일본 야마토 정권에 고급문화를 전해준 것은 백제가 가장 많지만, 고구려와 신라인의 공헌도 적지 않았다. 610년(영양왕 21)에 고구려의 담징[曇徵]은 호류지[法隆寺] 금당벽화[金堂壁畵]를 그려 이름을 떨쳤는데, 그는 오경과 종이, 먹, 맷돌의 제조기술도 전해주었다. 그 뒤 622년(영류왕 5)에는 가서일[加西溢] 등이 일본에서 가장 오래된 수예품인 나라 추구지[中宮寺]의 〈천수국수장[天壽國繡帳]〉의 원화를 그려주었다. 또 고구려 승려 혜자[惠慈]는 쇼토쿠 태자의 스승이 되었으며, 승려 혜관[慧灌]은 일본 삼론종[三論宗]의 시조가 되었다.

한편, 신라는 일본과 사이가 좋지 않아서 상대적으로 교류가 적었으나 그래도 조선술[造船術], 축제술[築堤術][제방쌓는 기술], 도자기 제조기술, 의약, 불상, 음악 등을 전해주었다.

4) 백제 멸망과 헤이안[平安: 京都] 시대

660년에 백제가 망하고, 백제와 왜가 연합한 부흥전쟁마저 실패로 돌아가자 백제지배층은 무더기로 일본으로 건너가서 오사카[大阪], 교토[京都], 규슈 일대에서 집단적인 마을을 형성하고 살았다. 지금 오사카 교외에는 '백제 거리'(구다라 거리)로 불리는 마을이 있고, 그 부근에 있는 철도역 이름이 '백제역[百濟驛](구다라역)으로 불리고 있으며, 교토 부근의 시가현[滋賀縣] 가모오[蒲生]라는 곳에는 백제인들이 세운 수많은 석탑이 있으며, 석탑사[石塔寺]라는 사찰도 있다.

백제유민이 합쳐지면서 야마토 정권은 더욱 강성해졌고, 본국 백제와의 인연이 끊어지고, 자신을 멸망시킨 신라에 대한 적대감이 더욱 커지면서 자신의 정체성을 새롭게 정립하기 시작했다. 크게 세 가지 변화가 일어났는데, 하나는 국가를 일신하기 위해 수도를 옮긴 것이고, 둘은 《일본서기[日本書紀]》를 편찬한 일이며, 셋은 백제문화의 답습에서 벗어나 일본 고유색을 가미하기 시작한 일이다.

먼저, 일본 고유색을 가지려는 문화재가 지금 나라에 있는 도다이지[東大寺]이다. 8세기 중엽, 그러니까 헤이안[平安: 京都]으로 천도하기 직전에 백제계 일본인이 세운 사찰로써 16m의 거대한 철불[鐵佛][비로자나불]이 봉안되어 있어 당시 야마토국의 국력이 커졌음을 과시한다. 이 사찰은 일본 화엄종[華嚴宗]의 본산이 되었는데, 건축양식이 백제양식에서 벗어나 일본적 특색을 보이고 있다.

8세기 말 간무천황[桓武天皇](781~806)은 수도를 나라[奈良]에서 헤이안으로 옮겼는데, 이곳이 지금의 교토이다. 그런데 교토로 천도할 때 재정적 지원을 한 사람은 백제계 진씨[秦氏][하타씨]였다. 양잠과 방직을 하여 막대한 부를 모은 그는 재력가로서 고류지[廣隆寺]라는 사찰을 교토에 짓고, 이곳에 유명한 목제미륵보살반가사유상을 비롯한 국보급 불상을 만들어 안치했다.

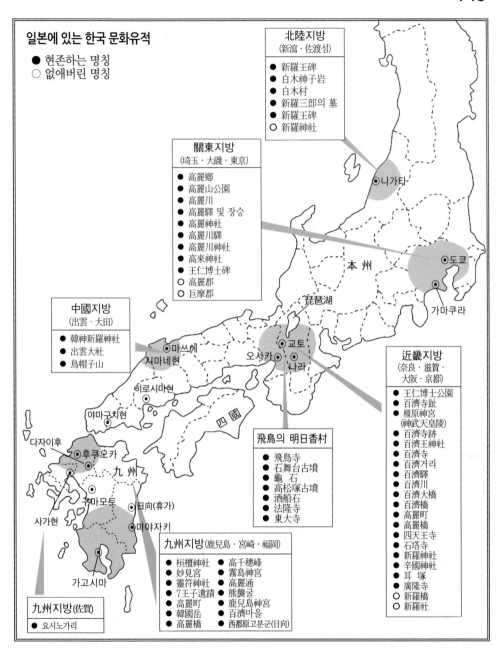

일본에 있는 한국 문화유적

● 현존하는 명칭
○ 없애버린 명칭

北陸지방
(新潟·佐渡섬)

● 新羅王碑
● 白木神子岩
● 白木村
● 新羅三郎의 墓
● 新羅王碑
○ 新羅神社

關東지방
(埼玉·大磯·東京)

● 高麗鄕
● 高麗山公園
● 高麗川
● 高麗驛 및 장승
● 高麗神社
● 高麗川驛
● 高麗川神社
● 高來神社
● 王仁博士碑
○ 高麗郡
○ 巨摩郡

中國지방
(出雲·大田)

● 韓神新羅神社
● 出雲大社
● 鳥帽子山

近畿지방
(奈良·滋賀·大阪·京都)

● 王仁博士公園
● 百濟寺趾
● 橿原神宮(神武天皇陵)
● 百濟寺跡
● 百濟王神社
● 百濟寺
● 百濟거리
● 百濟驛
● 百濟川
● 百濟大橋
● 百濟橋
● 高麗町
● 高麗橋
● 四天王寺
● 石塔寺
● 新羅神社
● 辛國神社
● 耳塚
● 廣隆寺
○ 新羅橋
○ 新羅社

飛鳥의 明日香村

● 飛鳥寺
● 石舞台古墳
● 龜石
● 高松塚古墳
● 酒船石
● 法隆寺
● 東大寺

九州지방(鹿兒島·宮崎·福岡)

● 桓檀神社   ● 高千穗峰
● 妙見宮   ● 霧島神宮
● 靈符神社   ● 高麗通
● 7王子遺蹟   ● 熊襲窟
● 高麗町   ● 鹿兒島神宮
● 韓國岳   ● 百濟마을
● 高麗橋   ● 西都原古墳群(日向)

九州지방(佐賀)

● 요시노가리

니가타
도쿄
가마쿠라
本州
琵琶湖
교토
나라
오사카
마쓰에
시마네현
히로시마현
四國
야마구치현
다자이후
후쿠오카
九州
구마모토
日向(휴가)
미야자키
사가현
가고시마

백제계 일본인들이 '백제'의 종속국 또는 동맹국이 아닌 '일본'[50]이라는 새로운 국가로 재정립하기 위해 편찬한 역사책이 《일본서기日本紀》[51]이다. 이 책은 〈신대기神代紀〉와 〈천황기

50) '일본'이라는 말에는 '태양이 떠오르는 동방의 나라 가운데 종착지'라는 뜻이 담겨 있다. 그러니까 '아사달'과 같은 말이다.

51) 《일본서기》는 720년에 편찬되었다고 하는데 실제로는 10세기 초에 편찬된 것으로 보는 설이 유력하다.

하타씨 부부 신상 고류지를 창건한 하타씨 부부의 신상으로 나무재료를 사용했다. 일본 교토 고류지 소장.

덴만구 백제계 학자인 스기와라 미치자네를 학문의 신으로 모시는 신사. 일본 후쿠오카 다자이후 소재.

天皇紀〉두 부분으로 구성되었는데, 〈신대기〉는 온갖 귀신이야기로 채워져 있다. 귀신의 대부분은 일본에 와서 나라를 세운 한반도인의 이야기로 이를 미화시켜 신화神話의 형식으로 만들었다. 그 귀신 가운데 가장 중요한 귀신이 셋이 있다. 으뜸가는 귀신은 아마테라스 오미카미天照大神으로 태양의 여신女神이며, 일본 민족의 시조이고, 뒷날 신도神道의 최고신으로 추앙되었다. 한국으로 치면 환웅桓雄이나 단군檀君에 해당하는데, 이를 여성으로 본 것이 다르다. 두 번째 귀신은 아마테라스의 동생인 쓰쿠요미노 미코토月讀命로 달의 신이며 여자이다. 아마테라스처럼 세상을 밝히지는 못했지만 그래도 세상을 밝혀주었다. 세 번째 귀신은 스사노오노 미코토로 신라의 소시모리에서 왔는데, 사납고 불평이 많으며 울기를 좋아하여 이즈모 지역의 네노구니根國로 보내버렸다. 이곳이 지금의 시마네현 지역이다. 여기서 세 귀신은 백제계, 가야계, 신라계를 가리키는 것으로 보이는데, 신라계는 권력투쟁에서 패하여 시마네현 지역으로 밀려난 사실을 말해준다.

다음에 〈천황기〉는 기원전 660년에 첫째 천황이 된 진무천황神武天皇에서 시작하여 기원후 697년의 지토천황持統天皇에 이르는 42대 천황의 역사를 기록한 것인데, 여기에 심각한 날조가 있다. 야마토국이 세워진 것이 4세기 이후이므로 그 이전 약 1천 년에 달하는 천황이야기는 대부분 허구이다. 〈천황기〉에서는 3세기 중엽에 진구황후神功皇后가 신라를 정벌했다는 이야기가 나오고, 4세기경에 가야지방에 임나일본부를 설치했다는 이야기도 나오는데, 이 또한 거짓이다. 진구황후 이야기는 2세기 후반의 히미코가 신라에 사신을 보낸 이야기를 거짓으로 꾸며낸 것이며, 임나일본부는 백제가 일본을 경영하면서 세운 군사지휘소이거나 아니면 상관商館을 거짓으로 꾸며낸 이야기다. 그러나 〈천황기〉에는 진실된 기록도 많다. 삼국인들이 일본에 와서 각종 문화를 전해준 이야기들은 진실이다.

《일본서기》는 요컨대 백제계 왜인倭人이 백제의 종속국, 또는 연맹국이라는 위상을 벗어버리고 천손天孫이 세운 독립국으로서의 '일본'이라는 새로운 위상을 만들어 통일신라와 경쟁하는 구도로 들어섰음을 보여주기 위한 역사책으로 볼 수 있다.

헤이안시대 일본인의 존경을 크게 받은 백제계 인물은 9세기의 유명한 학자인 스가와라 미치자네菅原道眞이다. 그를 신으로 모신 신궁이 규슈의 후쿠오카현福岡縣 다자이후太宰府에 있는 덴만구天滿宮이다. 이곳에는 학업성취를 열망하는 일본 각지의 청소년이 모여들어 참배하고 있다.

제3장 발해와 그 문화

1. 발해 건국과 남북국시대

668년에 고구려가 망한 뒤에 대동강과 원산만을 잇는 이남의 땅은 신라가 차지하고 그 이북의 땅과 요동지방은 당이 차지하여 안동도호부를 통해 지배했다. 그러나 고구려 유민과 신라의 거센 저항에 부딪쳐 당은 676년(698~926)에 평양에 있던 안동도호부를 요동으로 옮기고, 요동지방에서 항거하던 고구려 유민을 달래기 위해 당에 포로로 잡혀갔던 보장왕과 그 후손을 요동도독조선군왕遼東都督朝鮮郡王으로 임명했다. 그러나 보장왕이 말갈족과 손잡고 은밀하게 독립운동을 전개하자 당은 다시 보장왕과 고구려유민들을 내지로 옮기고, 전국 각지에 흩어져 살게 만들었다.

고구려유민이 요동을 떠나자 그 틈을 이용하여 696년에 거란족 이진충李盡忠이 반란을 일으켜 이 지역을 차지하자 고구려유민과 말갈족의 일부는 요동지역에 [쇠]고구려를 세워 당과 교류를 시작하고, 또 일부는 당의 입김이 적게 미치는 만주 동부지방으로 이동하여 새로운 국가건설을 모색했다. 이주민 집단 가운데 걸걸중상乞乞仲象의 아들 대조영大祚榮이 698년 지금의 지린성 둔화시敦化市 부근의 동모산東牟山[일명 성산자산성]에 나라를 세웠다. 처음에는 국호를 진국震國52)이라 했다가 뒤에 발해渤海53)로 바꾸었다.

발해의 불상 머리 1972년 발해 솔빈부. 연해주 우스리스크 보리소브카 절터 출토, 러시아 과학아카데미 시베리아 분소 고고민족학연구소 소장

대조영의 출신에 대해서 《구당서舊唐書》에는 '고구려 별종別種'이라고도 하고, '속말말갈 출신'이라고도 하여 애매하게 기록해 놓았으나, 중요한 것은 그의 피가 아니라, 그의 정신이다. 발해가 일본에 보낸 국서國書에 "고구려 옛땅을 수복하고, 부여의 전통을 이어받았다"고 했으며, 일본도 발해에 보낸 국서에서 발해왕을 때로는 "고[귀]려왕"이라고 표현했다. 또 뒤에 발해가 망하자 그 지배층이 대부분 고려에 들어와서 왕씨성王氏姓을 받고 귀족대접을 받았으며, 고려 자신도 발해의 후계자임을 자처하고 있었다. 이런 점을 고려하면 발해는 고구려를 계승한 나라임이 분명하고, 남쪽의 신라와

동모산(성산자산성) 중국 지린성 둔화시

---

52) 진국震國의 '진震'은 '동방에 있는 별'을 가리키므로 '진국'은 '아사달'과 같은 뜻이다.

53) '발해渤海'도 그 뜻은 '밝은 바다', 곧 '동방의 바다'를 가리키는 것으로 보인다.

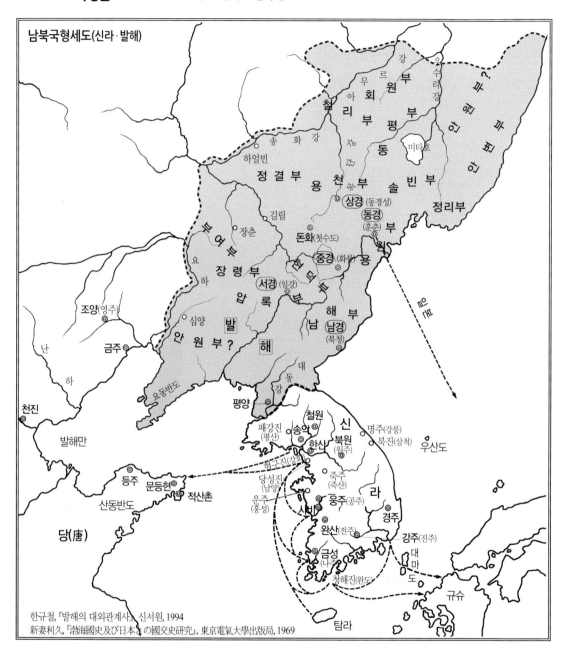

남북국형세도(신라·발해)

한규철,『발해의 대외관계사』, 신서원, 1994
新妻利久,『渤海國史及び日本との國交史硏究』, 東京電氣大學出版局, 1969

더불어 남북국을 형성하고 있었다고 보아야 할 것이다.

발해가 멸망하고 나서 만주의 땅을 잃게 되어 결과적으로 신라가 차지했던 땅과 그 문화가 한국인과 한국문화의 주류를 형성하였기 때문에 신라의 비중이 발해보다 큰 것은 사실이다. 그런 점에서 신라가 삼국을 통일했다고 인정해도 틀린 것이 아니다.

발해는 대조영(698~719) 때 사방 2천리의 땅을 차지했으며, 제2대 무왕 대무예武王大武藝

(719~737) 때에는 영토를 더욱 확장하여 북만주일대를 차지하고, 732년에는 산동지방의 등주登州에 수군을 보내 당을 공격한 일도 있었다. 당은 발해를 견제하기 위해 신라 성덕왕聖德王으로 하여금 발해를 공격하도록 요구하고(732~733), 당에 있던 무왕의 동생 대문예大文藝를 시켜 발해를 공격하게 했으나 효과를 거두지 못했다. 발해는 당과 신라의 협공을 막아내기 위해 처음에는 북으로 돌궐突闕[투르크족]과 통하고, 남으로는 일본[야마토정권]과 우호적인 관계를 맺었다. 특히 일본과의 교류는 동경용원부를 통해서 이루어졌다. 발해가 신라와 사이가 나쁘고, 일본과 손을 잡은 것은 통일신라에 대한 고구려유민과 백제유민의 반신라감정이 작용한 것이다.

　　제3대 문왕 대흠무文王大欽茂(737~793)는 57년간이나 장기 집권했다. 이때 당은 안녹산安祿山과 사사명史思明의 반란(755~763)이 일어나 국력이 크게 약화되었는데, 이를 이용하여 요하까지 영토를 넓히고, 남쪽으로는 신라와 국경을 접했으며, 북으로는 흑수말갈에까지 이르렀다. 이렇게 영토가 넓어짐에 따라 755년에 수도를 중경현덕부中京顯德府[지금의 지린성 허룽현 서고성]에서 북쪽의 상경용천부上京龍泉府[지금의 헤이룽장성 닝안현 발해진]로 옮겼다. 그 뒤 785년에는 다시 동쪽의 동경용원부東京龍原府[지금의 지린성 훈춘시 팔련성][54]로 수도를 옮겼다.

　　문왕은 영토확장에 대한 자신감을 바탕으로 스스로 전륜성왕轉輪聖王을 자처하고, 당과의 관계를 호전시켜 60여 회에 걸쳐 사신을 파견하고, 일본에도 여러 차례 사절을 보냈다. 이때 발해는 스스로 천손天孫의 나라임을 자랑하고, 황상皇上이라는 칭호를 써서 황제국가임을 자처했다. 고구려후계자인 발해와 백제후계자인 일본은 반신라감정이 합해지면서 서로 사이가 좋았다.

　　이렇게 8세기에 전성기를 맞이했던 발해는 9세기 이후 점차 쇠퇴의 길을 걸어갔다. 4대왕[793년 폐위]에서 9대 간왕簡王(817~818)까지는 내분의 연속이었다. 26년간 여섯 임금이 집권했다는 것이 정치의 불안을 말해준다. 5대 성왕成王(793?~794)은 수도를 다시 상경용천부로 옮겨 발해가 망할 때까지 132년간 그대로 지속되었다.

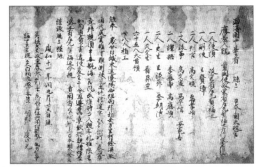

발해가 함화 11년(841년) 일본에 보낸 국서 대사 하복연 등 105명의 사신이 파견되었다는 내용이 적혀 있다. 일본 궁내청 소장

복량진　일본 이시카와현 노토반도에 있는 작은 항구. 발해사신이 머무르다 떠난 곳. 사진 서길수 교수

영광탑　발해, 높이 13m, 5층 벽돌탑으로 1984년 지하에서 무덤시설이 발견되었다. 중국 지린성 장백진 탑산

---

54) 북한의 채태형은 동경을 함경도 청진淸津으로 달리 보고 있다.

발해국지도 중국에서 발행된 지도에도 요동반도에서 중국 쪽까지 발해영토임이 표시되어 있다.《발해국지》唐晏 찬, 1919

발해가 다시 중흥한 것은 9세기 중엽에서 10세기 초에 이르는 제10대 선왕宣王(818~830)에서 제14대 대위해大瑋瑎(894~906)에 이르는 기간이다. 이때 영토가 고구려보다도 더 넓어져 5경京,[55] 15부府, 62주州의 지방제도가 마련되었다.[56] 발해가 중국으로부터 '해동성국海東盛國'으로 불린 것이 이때이다. 약 10명의 발해인이 당나라에 가서 빈공과賓貢科[57]라는 과거에 급제한 것이 이 시기인데, 58명을 배출한 신라인에 비하면 작지만 그래도 당나라에 이름을 떨치는 계기가 되었다.

그러나 9세기 이후로 발해는 당과 신라와의 관계가 호전되어 당과는 서경압록부를 통해 98차례나 사신을 보내 교류했으며, 산동성 등주登州에는 발해 사신을 접대하는 발해관渤海館이 설치되기도 했다. 신라와는 남경남해부(함경도 북청)를 통해 뱃길로 왕래했는데, 신라가 적극적으로 사신을 보내 친선을 도모했다. 신라는 한편으로는 발해의 강성함에 두려움을 가지고 친선을 도모하면서, 다른 한편으로는 북방 패강진지역에 300리 장성長城을 축조하여(826) 대비하고, 산동지방에도 적극 진출하여 신라방新羅坊을 형성하기도 했다.

발해는 9세기 말부터 국력이 약해지다가 916년 발해 서쪽에서 거란족이 세운 요遼나라의 침략을 받아 926년에 멸망했다. 그런데 일설에는 백두산이 화산으로 폭발하여 발해의 멸망을 촉진시켰다는 설도 있다. 이때 발생한 화산재가 일본에서도 발견되었다. 이로써 발해는 15대 230여 년의 역사가 끝났다.

발해유민들은 서경압록부를 중심으로 부흥운동을 일으켜 한 때 정안국定安國을 세우기도 했으나, 왕족을 비롯한 5만여 명의 유민은 918년에 건국된 고려에 망명하여 귀족으로 대접받았다. 고려가 발해를 멸망시킨 거란을 증오한 이유가 여기에 있었다.

2. 발해의 정치와 경제

발해는 고구려문화를 계승하면서 동시에 세계적인 선진국이었던 당나라문화를 받아들여 세련된 황제국가의 정치를 운영했다. 임금이 스스로 '황상皇上'[58]을 표방하고, 독자의 연호를 가지고 있었으며, 5경, 15부, 62주의 행정체제를 갖추고 있어 당당한 제국帝國임을 말해준다. 정치를

---

55) 5경은 상경, 중경, 동경 외에 서경압록부西京鴨淥府(지금 지린성 임강진)와 남경남해부南京南海府(함경남도 북청)가 추가된 것이다. 그런데 남경남해부의 위치에 대해서는 함흥, 종성, 신창, 경성 등 다양한 견해가 난립되어 있다.

56) 연변대 방학봉은 5경, 15부, 62주의 성립시기를 문왕 대흠무 시대로 보고 있다.

57) 빈공과는 당나라가 외국인을 포섭하기 위해 만든 과거제도이다.

58) 발해왕은 '황상皇上' 외에도 '대왕大王', 또는 '가독부可毒夫'라 부르기도 했다.

뒷받침한 이념은 유교였으며, 종교는 불교를 숭상했다.

율령에 해당하는 정령政令을 반포하여 이에 따라 정치를 운영했다. 중앙에는 당과 비슷한 3성三省 6부六部를 두었다. 다만 그 이름은 당과 다르게 불렀다. 예를 들어 정령을 제정하고 왕명을 집행하는 기관을 정

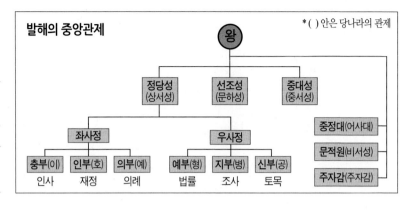

발해의 중앙관제
* ( ) 안은 당나라의 관제

당성政堂省[당의 상서성尚書省], 왕명 반포기관을 선조성宣詔省[당의 문하성門下省],[59] 왕명 작성기관을 중대성中臺省[당의 중서성中書省]이라고 했다. 그러나 당의 3성이 서로 대등한 기관인 것과 달리 정당성을 가장 윗자리에 두어 정당성의 장관인 대내상大內相을 수상으로 간주했다. 이는 재상권을 존중한 것을 뜻한다.

대내상 아래에는 좌사정左司政과 좌윤左尹, 우사정右司政과 우윤右尹을 두어 6부를 둘로 나누어 관장하게 했는데, 6부의 이름은 충인의예지신忠仁義禮智信 등 유교의 덕목을 따서 만들었다.[60]

한편 3성 6부 이외에도 여러 기관이 있었다. 감찰기관인 중정대中正臺, 궁정사무를 맡은 전중시殿中寺, 왕족사무를 맡은 종속시宗屬寺, 도서를 관장하는 문적원文籍院, 제사를 맡은 태상시太常寺, 외국 사신을 접대하는 사빈시司賓寺, 재정을 맡은 사장시司藏寺, 음식을 맡은 사선시司膳寺, 곡식창고를 맡은 대농시大農寺, 교육기관인 주자감冑子監, 환관들의 관청인 항백국巷伯局 등이 그것이다.

지방제도는 앞에서 이미 설명한 5경, 15부 62주가 있었는데, 주 아래에는 현縣이 있었다. 부府에는 도독都督, 주에는 자사刺史, 현에는 승丞을 행정관으로 두었으며, 이들이 행정, 재판, 군사권을 행사했다. 현 밑에는 촌村이 있었는데, 그 책임자를 수령首領으로 불렀다. 군대조직으로는 10위를 두고, 그 아래에 지방군이 있었다.

발해의 지배층은 왕족인 대씨大氏를 비롯하여 고씨高氏, 장씨張氏, 오씨烏氏, 양씨楊氏, 두씨杜氏, 이씨李氏 등 귀족인데, 이들은 고구려인이었다. 중앙과 지방의 벼슬은 거의 대부분 고구려인이 차지했다. 피지배층은 말갈인으로, 말갈인 가운데에는 걸사비우乞四比羽처럼 대조영의 건국사업에 공을 세워 지배층으로 상승한 부류도 있었지만 대부분은 평민이거나 부곡민이었다.

발해는 넓은 평원에 자리잡았으나 벼농사는 아직 보편화되지 않았고 주로 조, 콩, 보리, 기장 등이나 밭농사가 중심을 이루었으며, 목축과 수렵이 발달하여 짐승가죽[61]을 비롯한 베, 명주, 녹용, 인삼, 도자기 등을 당나라와 일본에 많이 수출했다. 특히 일본과의 무역이 활발하여 한 번에 수백 명이 오가기도 했으며, 특히 모피가 가장 인기 있는 품목이었다.

---

59) '선조성'의 '조詔'는 황제의 명령을 가리키는 용어이다. 발해왕이 황제임을 보여주는 것이다.

60) 좌윤은 충부忠部[吏部], 인부仁部[戶部], 의부義部를 장악하고, 우윤은 예부禮部[刑部], 지부智部[兵部], 신부信部[工部]를 장악했다.

61) 발해가 수출한 짐승가죽은 담비, 곰, 호랑이, 바다표범 등이었다.

정혜공주 묘지석 1949년 발견, 725자 기록, 높이 90cm, 너비 40cm, 두께 20cm, 3대 문왕 2녀, 중국 지린성 둔화시 육정산

정효공주 묘지석 탁본 1980년 발굴, 728자 기록, 높이 105cm, 너비 58cm, 두께 26cm, 3대 문왕 4녀, 중국 지린성 허룽시 용두산

정효공주묘 벽화인물 시종그림 무덤크기는 길이 15m, 너비 7m, 중국 지린성 허룽시 용두산
* 정혜공주 41세(737~777), 정효공주 37세(756~792)로 별세함

3. 발해의 문화

발해는 고구려문화를 계승하면서도 수준 높은 당나라문화를 받아들여 고구려보다 한층 세련된 유교 및 불교국가로 올라섰다.

먼저, 유교를 가르치는 최고학부로 주자감胄子監을 두고 유교 경전의 이해수준을 따라 관리를 등용했다. 도서와 문서를 관장하는 문적원文籍院도 두었다. 많은 인재를 당나라에 유학시켜 빈공과賓貢科에 급제한 인물이 배출되었는데,[62] 신라 유학생과 서로 수석을 다투었다고 한다. 6부의 명칭을 유교의 인의예지신충 6가지 덕을 가지고 만든 데서도 발해의 유교숭상을 알 수 있다.

발해는 한문학 수준도 상당했다. 문왕 대흠무(737~793) 시대에 만든 문왕의 두 딸 정혜공주貞惠公主와 정효공주貞孝公主의 무덤비문을 보면 발해의 한문학 수준이 보인다. 이 비문에는 유교의 5경五經과 《좌전》, 《논어》, 《맹자》, 《사기》, 《한서》, 《후한서》, 《진서晉書》 등의 경학과 역사 책들이 보이고, 당나라에서 유행하던 세련된 사륙변려문체四六騈儷文體[63]를 따르고 있다.

유학 이외에도 발해는 천문학, 역학, 산학, 의학 분야에서도 높은 수준을 이룩했으며, 우황, 사향, 산삼 등 여러 약재를 외국에 수출하기도 했다.

발해는 당나라 수도 장안長安을 모방하여 평지에 수도를 건설했다. 지금의 헤이룽장성黑龍江省[흑룡강성] 닝안시寧安市[영안시] 발해진에 남아 있는 상경上京을 보면, 직사각형의 외성外城과 내성

---

62) 빈공과에 급제한 인물은 대략 10명으로 알려지고 있는데, 그 가운데 이름이 확인되는 급제자는 오소도烏昭度(872년), 고원고高元固(892년), 오광찬烏光贊(907년) 등 3인이다.

63) 넉자와 여섯 글자로 구성된 문장을 사륙변려문이라고 부른다.

발해 돌사자상
높이 51cm, 정혜공주묘 출토,
평양 조선중앙역사박물관 소장

발해 삼존불 삼존불 중 중앙 여래좌상이 십자가를
목에 걸고 있다. 발해와 신라에는 기독교인 경교(景教)가
전래되어 있었다. 동경대학교 박물관 소장

상경성 제2절터 석등 높이 6.3m,
중국 헤이룽장성 닝안시 상경용천부

內城을 이중으로 쌓고,[64] 내성 안에는 궁궐을 중심에 두고 바둑판 모양의 도로를 갖춘 시가지를 건설했다. 도로 가운데 남북을 관통하는 중앙도로인 주작대로朱雀大路는 너비가 110m나 되고, 주작대로 좌우에 동서로 통하는 길을 만들어 조條와 방坊을 나누었다.

상경에 세운 궁궐은 지금 없으나, 그 터에는 돌로 만든 사자상獅子像과 온돌장치가 있다. 또 도시 안에는 아홉 군데의 사찰 터가 남아 있는데, 6m가 넘는 거대한 석등石燈이 있고, 서 있는 모습의 금동관음보살상도 발견되었다. 한 도시에 이렇게 많은 사찰이 있다는 것은 당시 불교문화가 융성했음을 말해준다. 문왕이 스스로 전륜성왕이라고 칭한 데서도 불교가 왕실의 보호를 받았음을 알수 있다. 한편, 발해의 유물 가운데에는 십자가를 목에 걸고 있는 불상도 발견되어 당나라를 통해 경교景教[Nestorian]가 들어온 것도 알 수 있다.

발해의 대표적인 무덤은 앞에서 말한 정혜공주와 정효공주의 무덤이다. 첫 수도였던 둔화시敦化市[돈화시] 부근에서 1949년과 1980년대에 잇달아 발견된 두 무덤 가운데 정혜공주의 무덤은 횡혈식 돌방무덤의 형식을 띠고 있는데, 천장은 고구려무덤처럼 모줄임천정[抹角藻井天井]으로 되어 있다. 그 안에서 돌로 만든 사자상이 나왔다. 한편, 정효공주의 무덤에서는 묘지명墓誌銘이 발견되었는데, 높은 수준의 변려문으로 되어 있다.

발해의 공예미술 가운데 특징적인 것은 도자기다. 발해 자기는 유약기술이 발달하여 가볍고 광택이 나며, 크기와 형태가 매우 다양하여 당나라에서도 수입해갔다. 고려자기는 발해자기의 영향을 크게 받은 것으로 보인다. 기와나

금동관음보살입상 높이 10cm,
상경용천부 출토, 동경대학교박물관

64) 외성의 길이는 동서 4.6km, 남북 3.5km이며, 내성의 길이는 동서 840m, 남북 580m이다.

발해국지장편 1935년, 진위푸, 발해사, 국립중앙도서관 소장

석등, 불상 등은 고구려양식과 비슷하고 힘차고 아름답다.

발해는 자신들의 역사를 기록한 것으로 보인다. 지금 세상에 전하는《단기고사檀奇古史》는 그 원본을 대조영의 아우 대야발大野勃이 썼다고 한다. 또 고려시대에는 발해유민이 쓴《조대기朝代記》라는 역사책이 있었다고 한다. 그 진실여부는 알 수 없으나, 이런 류의 역사책이 야사의 한 흐름을 형성하면서 지금까지 이어져 오고 있는 것은 사실이다.

발해에 관한 정사正史가 없는 상황에서 발해연구자가 많이 이용하고 있는 자료는 1935년에 중국 학자 진위푸金毓黻[김육불]가 쓴《발해국지장편渤海國誌長編》(23권)이며, 이밖에 조선 후기 학자인 유득공, 안정복, 정약용, 홍석주 등의 연구도 주목할 가치가 있다.

제4장 통일신라의 사회와 문화

1. 중앙집권체제 강화

신라가 삼국을 통일하여 영토와 인구가 확대된 것은 정치, 경제, 사회, 문화 등 모든 면에서 큰 변화를 가져왔다. 이런 변화를 신라인 스스로 '일통삼한一統三韓'이라고 표현했다. 다시 말해 삼한(삼국)을 하나로 합쳤다는 뜻이다.

통일신라의 가장 큰 변화는 골품제의 해체와 중앙집권적 관료제 및 유교적 문민정치의 강화로 볼 수 있다. 경주 귀족이 권력과 부를 독점하던 골품제로는 고구려와 백제의 귀족과 주민을 포용할 수 없으므로 이들을 안아들이는 새로운 체제가 불가피한 일이었다.

통일 직전 이미 변화의 조짐이 나타났다. 진덕여왕眞德女王(647~654) 5년(651)에 왕명을 집행하는 기관으로 집사부執事部가 설치되고, 그 장관으로 시중侍中[처음에는 中侍로 부름]이 임명된 것은 귀족의 대표자인 상대등上大等의 권한을 축소시키는 결과를 가져왔다. 왕과 시중의 권한이 상대적으로 커진 것이다. 그 다음 통일의 문을 연 태종무열왕太宗武烈王(김춘추; 654~661)은 최초의 진골 출신 왕으로서 상대등 비담毗曇의 반란을 진압하고, 또, 상대등 알천閼川과의 경쟁을 물리치고 왕위에 올랐다.

성골聖骨에서 진골眞骨로 왕족이 바뀐 것은 전통적인 보수세력이 후퇴하고 신흥세력에 속하는 방계왕족인 진골과 가야계의 신김씨新金氏의 등장을 의미했다. 왕의 동생들에게 특권적 지위를 부여하던 갈문왕葛文王 제도도 없어졌다. 법흥왕 이후로 6대에 걸쳐 붙이던 불교식 왕명도 없어지고, 중국식 시호를 택하기 시작했다. 그래서 김춘추의 시호가 태종太宗으로 된 것이다. 불교왕시대가 끝나고, 유교왕시대가 열린 것이다.

왕권강화는 진골의 특권을 약화시키고, 반대로 그 아래 지배층인 6두품이 성장하는 길을 열어주었다. 6두품이 왕권을 옹호하는 세력으로 성장하는 전기가 마련되었다.

태종무열왕을 뒤이어 통일을 완성한 문무왕文武王(661~681)은 한층 부드러운 문치文治로 나아갔다. 문무왕은 도성 방위를 강화하기 위해 경주에 높은 성곽을 쌓으려고 했으나, 당시 최고 고승이던 의상대사義湘大師는 이를 반대하고 초야에서 살더라도 정도正道를 걸으면 나라가 오래 간다고 건의하여 왕은 이를 따랐다.

문무왕을 뒤이은 7세기 말 신문왕神文王(681~692)은 귀족세력을 대대적으로 숙청하고,[65] 관리인사를 담당하는 위화부位和府를 다시 설치했으며(682), 유교교육을 진흥시키기 위해 국학國學

---

65) 신문왕은 681년에 왕비의 아버지인 김흠돌金欽突의 반란을 진압하고, 여기에 연루된 많은 귀족을 처단했다.

이라는 최고학부를 설치하고(682), 전국에 9주州[66]와 5소경小京[67]을 설치하여 지방행정을 새롭게 정비했다(685). 5소경은 수도 경주 다음가는 정치와 문화의 중심지가 되었는데, 이곳에는 귀족을 보내 다스리게 했다.

주州에는 총관總管[뒤에는 都督]을 책임자로 보냈는데, 주 밑에는 117개의 군郡과 293개의 현縣을 두어 중앙의 관리가 태수太守와 현령縣令으로 파견되고, 외사정外司正이라는 감독관을 내려 보내 감찰의 임무를 맡겼다. 그러나 모든 군현에 지방관이 파견된 것은 아니고 주요 군현에만 파견하여 나머지 군현을 간접 통치했다. 아직 군현제가 완벽하게 이루어진 것은 아니었다.

군현 아래에는 촌村이 있었는데, 토착세력을 촌주村主로 임명하여 지방관을 도와 공납이나 노동력을 징발하는 일을 맡았다. 또 군현 아래에는 향鄕, 부곡部曲으로 불리는 특수행정단위가 있었는데, 이들은 천민으로 취급되었지만, 노비처럼 매매, 상속되는 사람들은 아니었다. 죄인들이 사는 지역이거나, 고기잡이, 목축, 제염, 광부, 관청농장 등 특수직업을 가진 사람들이 사는 지역, 또는 호구戶口가 부족하여 군현으로 편제되지 못한 지역 등이 그렇게 불린 것으로 보인다. 이 지역은 지방관이 파견되지 않고 향리鄕吏가 다스렸으며, 향리는 군현 장관의 지휘를 받았다.

향리는 일반 군현에도 두었는데, 정복당한 지역의 지방세력자를 회유하는 뜻에서 임명한 것으로 보이는데, 그들의 토착적 기반이 강하고 언제 저항할지 모르는 두려움 때문에 각 주의 향리 1명을 중앙에 올라와서 근무하도록 하는 일종의 인질제도를 만들었다. 그것이 상수리제도上守吏制度로써, 고려시대에도 그대로 이어져 기인제도其人制度로 발전했다.

신문왕 때에는 중앙관제도 바꾸었다. 통일 전에 두었던 5부[위화부, 창부, 예부, 병부, 이방부]를 중국의 6전제도[이호예병형공]와 비슷하게 개혁했으며, 중앙군을 9개의 서당誓幢으로,[68] 지방군을 6정停에서 10정停으로 확대 개편했다.[69] 특히 9서당은 고구려, 백제 그리고 말갈족을 포함시켜 개편했다는 점에서 9주의 지방제도와 밀접한 관련이 있다.

신문왕은 토지제도도 바꾸었다. 687년(신문왕 7)에 관료들에게 관료전官僚田을 지급하여 조租만 받게 하고, 689년(신문왕 9)에는 조와 노동력을 함께 받던 녹읍祿邑을 폐지했다.[70]

《삼국유사》에는 신문왕과 관련된 유명한 〈만파식적萬波息笛〉 이야기가 보인다. 신문왕이 아버지 문무왕을 위해 경주 부근 바닷가에 감은사感恩寺라는 절을 지었는데, 그 뒤 동해의 용에게서 만파식적이라는 신비한 피리를 받았다고 한다. 이 피리를 불면 적병이 물러가고, 병이 낫고,

---

66) 9주는 다음과 같다.
    옛 신라땅 – 사벌주[尙州], 삽량주[良州; 梁山], 청주菁州[康州; 晋州]
    옛 고구려땅 – 한산주[漢州; 漢城], 수약주[朔州; 春川], 하서주[溟州; 江陵]
    옛 백제땅 – 웅천주[熊州; 公州], 완산주[全州], 무진주[武州; 光州]

67) 5소경은 다음과 같다. 북원경[原州], 중원경[忠州], 서원경[淸州], 남원경[南原], 금관경[金海]

68) 9서당은 9개 부대를 말하는데, 옷색깔을 기준으로 이름을 붙였다. 녹금서당綠衿誓幢, 자금서당紫衿誓幢, 백금서당白衿誓幢, 비금서당緋衿誓幢, 황금서당黃衿誓幢, 흑금서당黑衿誓幢, 벽금서당碧衿誓幢, 적금서당赤衿誓幢, 청금서당靑衿誓幢이 그것이다.

69) 10정이 있는 지역은 다음과 같다. 이천利川, 여주驪州, 상주尙州, 청양靑陽, 남원南原, 달성達城, 함안咸安, 나주羅州, 홍천洪川, 청송靑松

70) 녹읍은 그 후 경덕왕 16년(757)에 다시 부활되고 관료전이 폐지되었는데, 이는 관료들의 반발 때문인 것으로 보인다.

비가 오고, 바람이 가라앉고 파도가 조용해지므로 이 피리를 국보로 삼았다는 것이다. 이 이야기는 문무왕이 죽어서 동해의 용이 되기 위해 대왕암大王巖에 장사지냈다는 전설과 함께 통일 후의 국태민안國泰民安과 왕권안정에 대한 염원을 담은 이야기로 보인다.

8세기에 들어오면 성덕왕聖德王(702~737)이 즉위하면서 왕권은 더욱 안정되고 유교정치는 한층 강화되었다. 717년(성덕왕 16)에 신문왕 때 설치한 국학에 공자孔子와 10철哲,[71] 그리고 공자의 제자 72명의 화상畵像을 당에서 가져와 안치하여 유교교육 기관임을 확실히 했다. 722년(성덕왕 21)에는 백성들에게 정전丁田을 주었다고 하는데, 그 내용은 확실히 알 수 없으나, 국가에 군역을 지는 장정에게 경작지를 주고, 국가에서 조租를 받아들이고, 군역의 나이가 지나면 땅을 다시 회수한 것으로 보인다.

성덕왕은 731년(성덕왕 30)에 일본군이 300척의 배를 끌고 동해안을 침략하자 이를 격퇴시켰으며, 그 뒤 경덕왕 때 일본이 몇 차례 사신을 보내왔으나 받아주지 않았다. 일본과의 교류는 803년(애장왕 4)에 비로소 열렸다.

대왕암 신라시대, 사적 158호. 문무왕의 유언으로 화장하여 동해에 산골했다는 글이 삼국유사와 삼국사기에 보인다. 경북 경주시 양북면 덕실길 앞바다

8세기 중엽 경덕왕景德王(742~765) 때에는 국학을 태학감太學監으로 고치고, 박사와 조교 등을 두어 유교교육을 더욱 강화했으며, 교육과목을 3과[禮, 史, 文]로 나누어 가르쳤는데,《논어論語》와《효경孝經》을 필수과목으로 하고, 5경과《문선文選》은 선택과목으로 했다.[72] 이것은 유교교육이 한층 전문화되어 가는 추세를 보여준다. 또 경덕왕 때에는 관직이름과 주군현의 이름을 중국식 한자로 바꾸었다. 예를 들면 사벌주는 상주尙州로, 완산주는 전주全州로 바꾼 것이다.

하지만 경덕왕 때에는 귀족층의 반발로 다시 옛날로 돌아간 것도 있었다. 751년(경덕왕 10)에 2천 칸이 넘는 불국사佛國寺를 짓는데 국가가 후원한 것이나, 757년(경덕왕 16)에 관료전을 폐지하고 녹읍을 부활한 것이 그것이다.

8세기 말 원성왕元聖王(785~798) 때에는 관료를 선발하는 제도에 중요한 변화가 일어났다. 앞서 경덕왕 때 태학감에 3과를 두어 유교교육을 전문화시킨 것을 바탕으로 788년(원성왕 4)에 '독서삼품과讀書三品科'라는 국가시험제도를 실시했다. 학생의 시험성적을 3등급으로 나누어 관료를 채용했는데, 5경, 3사[사기, 한서, 후한서], 제자백가諸子百家에 능통한 자는 순서를 뛰어넘어 등용했다. 그동안 골품이나 무예를 토대로 인재를 등용하던 것에서 벗어나 유교교양을 토대로 한 문치文治로 나아가는 길을 열어놓은 것이다. 고려시대 과거제도의 선구라고도 볼 수 있다.

지금까지 7세기 중엽의 통일에서 8세기 말에 이르는 약 150년간의 역사를 되돌아보면,

---

71) 10철은 공자의 큰 제자 10명을 가리키는데, 안회顔回, 민자건閔子騫, 염백우冉伯牛, 중궁仲弓, 재아宰我, 자공子貢, 염유冉有, 자로子路, 자유子游, 자하子夏를 말한다.

72) 3과의 과목은 다음과 같다.
예과禮科 – 논어, 효경, 예기禮記, 주역周易
사과史科 – 논어, 효경, 좌전左傳, 모시毛詩
문과文科 – 논어, 효경, 상서尙書, 문선文選

통일 이전에 비해 중앙집권적 관료제 국가체제가 한층 강화된 것과 이를 뒷받침하는 유교정치가 진전된 것을 읽을 수 있다. 하지만, 아직도 귀족세력의 영향력과 골품제도의 제약, 그리고 불교의 영향력을 크게 벗어나지 못한 데서 한계점을 찾을 수 있다. 그러나 9세기 이후의 신라 말기 역사는 신라사회가 급속도로 붕괴되면서 차원이 다른 새로운 사회의 여명이 밝아오고 있다는 점을 예고한다.

2. 통일신라 귀족과 서민의 생활

삼국통일 이후 신라는 중앙집권적 관료제국가로 성장하면서 귀족의 권한이 축소되고 있었지만, 일반관료보다 특권을 가진 귀족적 관료가 여전히 남아 있었다. 통일 후에 통일의 공로가 큰 장수에게는 현縣 크기의 연고지 땅을 식읍食邑으로 소유할 수 있도록 허용하고, 그밖에 수백결의 땅을 별도로 주어 조세를 받을 수 있게 하고, 말을 키우는 목마장도 주었다. 예를 들면 김유신金庾信은 500호의 식읍과 500결의 토지, 6개 소의 목마장을 받았으며, 노복이 수천 명에 이르렀다고 한다. 김춘추뒤의 태종무열왕의 둘째 아들 김인문金仁問도 식읍 300호를 받았다.

일반 관료들도 처음에는 녹읍祿邑을 받았는데, 이것은 일정한 땅에 대한 수조권收租權과 아울러 노동력을 징발할 수 있는 권한을 함께 주었기 때문에 실제로 사유지나 다름 없었다. 이것이 신문왕 때[687] 폐지되고 그 대신 관료전官僚田을 지급하여 수조권만 갖도록 했지만, 경덕왕 때[757] 녹읍이 다시 부활되는 등 우여곡절을 보인 것은 귀족적 특권이 쉽게 청산되지 못하고 있었다는 것을 말해준다.

《삼국유사》를 보면 신라 말기인 9세기경의 경주는 귀족들의 생활이 매우 사치스럽고 화려했음을 보여준다. 당시 경주의 규모는 너비가 55리, 인구 18만 호, 방坊이 1,360개라고 하며, 하나의 초가집도 없이 지붕과 담이 서로 이어져 있으며, 노랫소리가 길에 가득하여 밤낮을 그치지 않았다고 한다. 또 재상의 집에는 녹祿이 끊이지 않고, 일하는 노동奴僮이 3천 명이요, 갑옷과 무기와 소, 말, 돼지의 수가 이와 비슷하였다고도 한다. 또 경주에는 금입택金入宅과 절유택節遊宅이라는 집이 있었다고 하는데, 아마도 '황금이 들어가는 집', '사계절 노는 집'을 뜻하는 것 같다.

그러나 일시적으로라도 관료들에게 관료전을 지급하고, 722년(성덕왕 21)에 촌민에게 정전丁田을 지급한 것은 통일 이전에는 볼 수 없던 새로운 변화이며, 토지재분배를 정당화하기 위해 《서경書經》의 왕토사상王土思想을 빌어온 것도 주목되는 변화이다. '천하의 모든 땅은 임금의 땅이며, 천하의 모든 백성은 임금의 신하'라는 왕토사상은 임금이 모든 땅과 백성을 소유하고 있다는 뜻이 아니라, 임금이 공적으로 처리할 수 있는 공물公物이라는 뜻으로 토지에 대한 공개념公槪念을 나타내는 것이다.

신라통일 이후 서민들의 생활은 어떻게 변했을까? 이에 대한 구체적 자료는 없지만, 중앙집권적 관료정치의 진전은 기본적으로 주민에 대한 귀족의 자의적인 지배를 억제하고, 국가가 주민을 직접 지배하면서 국가운영에 필요한 물자를 최소한으로 가져가는 것을 의미하므로 서민생활이 개선되었을 것으로 짐작된다. 귀족정치보다 관료정치를 더 진전된 정치로 보는 이유가 여기에 있다.

그런데 통일신라의 지방사회 실정을 구체적으로 알려주는 자료가 있다. 일본 도다이지東大寺 쇼소인正倉院에 소장되어 있는 〈신라촌락문서〉[新羅帳籍 또는 新羅民政文書]가 그것이다. 이 문서가 만들어진 시기는 을미년乙未年으로 되어 있어 695년(효소왕 4), 755년(경덕왕 14),

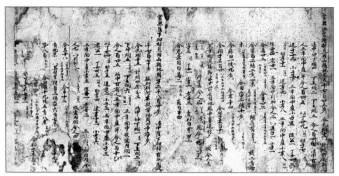

촌락문서　가로 58.0cm, 닥종이 2매, 신라민정문서, 신라장적이라고도 부름, 일본 도다이지 쇼소인 소장

815년(현덕왕 7) 등 다양한 해석이 나오고 있다. 이 문서의 대상지역은 서원경西原京[청주] 소속 1개 촌과 그 부근지역 3개 촌으로 되어 있는데, 각 촌의 경제적 실태를 조사한 문건이다. 하나의 촌村은 대략 10호 가량의 공연孔煙[編成戶]으로 구성되어 있으며, 3~4개의 촌에 한 사람의 촌주村主가 있었다.

이 문서에 기록된 것은 인구, 호수戶數, 전답면적, 뽕나무, 잣나무, 호두나무 등 과일나무의 수, 소나 말 등 가축의 수 등이다. 세금을 부과하기 위한 자료로 이용된 이 기록을 보면 호戶의 등급은 국가에 역役을 지는 인정人丁이 많고 적음을 따라 상상호上上戶에서 하하호下下戶에 이르기까지 9등급으로 나누었으며, 인구는 남녀를 모두 망라하여 연령에 따라 6등급으로 나누었다.[73]

4개 촌에 살고 있던 호구戶口는 모두 43호 442명으로 1촌의 평균 호구는 약 11호 100여 명이다. 그 가운데 사노비私奴婢 인구는 25명으로 전인구의 5.6%를 차지한다. 4개 촌의 소는 53두, 말은 61두로써 1호당 평균 소 1.2두, 말 1.4두를 가지고 있었음을 알 수 있다.

촌주는 국가로부터 촌주위답村主位畓, 촌민의 공연孔煙은 연수유전답煙受有田畓을 받았다. 전자는 신문왕 때 지급한 관료전官僚田의 일부로 보이고, 후자는 성덕왕 때 지급한 정전丁田으로 보이지만 확실치 않다.[74] 어쨌든 촌주나 촌민이 국가에 봉사하는 대가로 토지를 받았음을 알 수 있다. 이밖에 관모답官謨畓, 내시령답內視令畓, 마전麻田 등이 있어 촌민이 경작했는데, 여기서 나오는 수익은 국가의 몫이었던 것 같다. 뽕나무, 잣나무 등 나무와 소와 말 등 가축의 수를 자세히 적은 것은 이 지역이 국가의 직속지였음을 말해주는 듯하다.

위 촌락문서를 통해 통일신라시대 서원경 일대의 토지와 인민에 대한 국가의 지배가 매우 철저했으며, 이를 바탕으로 조租[토지세], 용庸[군역과 노동역], 조調[토산물]의 세금제도가 운영되고 있었음을 알 수 있다.

---

73) 나이를 기준으로 한 인구의 6등급은 다음과 같다. (1) 소자小子와 소녀小女, (2) 추자追子와 추녀追女, (3) 조자助子와 조녀助女, (4) 정丁과 정녀丁女, (5) 제공除公과 제모除母, (6) 노공老公과 노모老母이다.

74) 만약 이 문서의 제작시기를 695년(효소왕 4)으로 본다면, 성덕왕 때의 정전丁田은 연수유전답이 없어진 다음에 생긴 것으로 해석된다

3. 농업, 수공업, 국제무역

통일 후 200년간 신라는 대외전쟁을 치르지 않고, 당나라, 발해 및 일본과도 평화관계를 유지하여 비교적 태평한 시대를 맞이했다. 농업, 상업, 수공업 등이 한 단계 도약하는 계기가 찾아온 것이다. 그러나 이 시기 정치적 불안을 가져오는 새로운 변수가 발생했다. 그것은 천재지변天災地變의 빈발이다. 《삼국사기》를 보면 천재지변에 관한 기록이 전체 기사의 약 27%를 차지할 정도로 많다. 큰 유성流星과 혜성彗星의 출현, 검은 햇무리, 붉은 달빛, 지진, 여름에 내리는 우박, 흙비 등이 그렇다. 이런 현상은 심리적 불안감을 증폭시킬 뿐 아니라, 농업에도 영향을 주어 기근과 역병疫病이 자주 발생했다. 이 시기에 정치적 반란사건이 자주 일어난 배경에는 천재지변도 적지 않은 영향을 주었다.

그러나 천재지변을 극복하는 노력도 그만큼 컸다. 농업, 수공업, 상업의 발달이 그래서 가능했다. 농업은 수리시설과 관계가 깊어 8세기 말 김제의 벽골제碧骨堤가 크게 증축되어 7개 현에 물을 댈 수 있게 되었으며, 이무렵 연인원 1만 4천여 명을 동원하여 영천永川의 청제菁堤[798]도 크게 증축했다. 8세기 초 성덕왕 때 물시계인 누각漏刻[718]을 만든 것도 농업과 관련이 있다. 양잠업이 성행했던 것은 〈신라촌락문서〉에 뽕나무가 보이는 데서도 확인된다. 여기에 확장된 영토는 국가재정을 키우는데 기여하여 기근에 대비한 구휼사업도 활발했다.

농업의 발전은 수공업생산에도 영향을 주었다. 682년(신문왕 2)에 수공업을 관장하는 공장부工匠部를 설치하고, 비단을 관장하는 채전彩典을 두기도 했다. 주요 수공업생산품은 양잠으로 얻은 비단으로 어아주魚牙紬, 조하주朝霞紬, 능라綾羅 등의 고급비단을 생산하여 왕실과 귀족의 옷감으로 사용했을 뿐 아니라 당나라에도 수출했다. 왕릉에서 발굴된 왕관이나, 장신구 등을 보면 금속공예 수준이 대단했음을 알 수 있고, 특히 수십만 근의 구리를 사용하여 수많은 범종梵鐘과 불상佛像을 만든 것을 보면[75] 그 수준을 오늘날에도 따라가지 못하는 부분이 있을 정도이다.

농업과 수공업의 발달에 따라 상업이 발달한 것은 자연스런 일이었다. 수도 경주에는 전국의 물품이 모여들어 여러 곳에 시장이 생겼는데, 처음에는 동시東市만 있었으나, 7세기 말에는 서시西市와 남시南市가 새로 생겨나고 이를 관리하는 관청도 생겼다. 경주뿐 아니라 지방의 소경小京이나 주州의 읍치邑治에도 시장이 개설되어 물물교환이 이루어졌다. 아직 화폐를 사용했다는 기록은 없다.

신라의 대외무역도 활발했다. 대상국은 당나라, 발해, 일본이 중심이었지만 멀리 아라비아 상인도 찾아왔다. 이웃 나라와는 사신을 통한 공무역公貿易 이외에 개인적인 사무역도 활발했다. 주요 수출품은 과하마果下馬로 불리는 작은 말과 우황牛黃, 인삼, 두발[가발], 비단, 베, 금, 은, 공예품, 해표가죽, 그리고 때로는 불경佛經과 불상佛像도 당나라에 수출했다. 들여오는 것은 비단, 의복, 장식품 등이었다. 차茶 씨가 들어온 것은 선덕여왕 때였는데, 흥덕왕 때(828) 또 차 씨

---

75) 8세기 중엽에 만든 황룡사종은 50만 근, 분황사의 약사부처는 30만 근, 8세기 후반의 봉덕사종은 12만 근에 달하는 구리를 사용했다고 한다.

를 들여와 지리산에 심으면서 이 지역이 차 문화의 중심
지가 되었다.

문헌에 보이는 **처용춤** 순조 《기축진찬의궤》의 처용무

당나라와 교역하는 통로는 지금 전라남도 영암靈巖
에서 상하이上海[상해] 쪽으로 가는 해상로와 경기도 남양
南陽에서 산동반도 쪽으로 가는 해상로 등 두 길이 있었
는데, 산동반도와 양쯔강揚子江[양자강] 하구지역에는 수많
은 신라 상인과 승려의 거주지와 사찰 등이 세워졌다. 그
거주지를 신라방新羅坊, 사찰을 신라원新羅院, 신라인을 관
리하는 기관을 신라소新羅所로 불렀다.

아라비아 상인들은 지금의 울산지역을 통해 들어
왔는데, 주로 양탄자, 유리그릇, 향료, 귀금속 등을 팔았
으며, 신라의 비단을 사갔다. 9세기 후반 헌강왕 때 설화
인 처용랑處容郎 이야기에 나오는 역신疫神[전염병을 퍼뜨리는
귀신]을 물리친 처용을 아라비아 상인으로 보는 견해도 있다.[76] 지금 전해지는 처용무處容舞를 보
면 코가 큰 가면을 쓴 5명의 남자춤꾼이 등장하는데, 그 모습이 매우 이국적이다. 혹시 처용은
뛰어난 의술로 전염병을 물리친 아라비아 귀화인인지도 모른다.

신라 말기 대외무역에서 전설적인 이름을 날리고 '바다의 신' 또는 '바다의 왕자'로 불린
무역상인은 장보고張保皐(張寶高; ?~846)이다. 섬 출신의 평민으로 어려서부터 수영을 잘하고 활을
잘 쏘고 무예가 뛰어나 궁복弓福 또는 궁파弓巴라는 이름을 얻은 장보고는 친구 정년鄭年과 함께
9세기 초 흥덕왕 때 당나라 양쯔강 하류의 서주徐州지방으로 가서 군인으로 출세하여 무령군武
寧軍의 소장小將에까지 올랐다. 그러나 신라인이 해적에게 붙들려 노예로 팔려가는 것을 보고 분
개, 귀국하여 흥덕왕에게 요청하여 지금의 전라남도 완도莞島에 청해진淸海鎭을 설치하고(828), 그
책임자인 청해진대사淸海鎭大使가 되었다. 이곳은 당나라와 일본을 연결하는 해로의 요지인데 여
기에 1만여 명의 군인과 수백 척의 함대를 거느리고 당나라 해적을 막으면서 국제무역에 종사
하여 큰 재산을 모았다. 당나라의 물품을 일본에 팔고, 일본의 상인과 승려들이 청해진을 거쳐
당나라를 왕래했다. 세력이 커진 장보고는 정치에도 간여하여 839년 희강왕(836~838)을 살해한
민애왕(838~839)을 제거하고, 왕족 김우징金祐徵을 왕으로 추대했는데, 이가 신무왕神武王(839~839)
이다. 신무왕의 아들 문성왕文聖王(839~857)이 즉위하자 장보고는 자신의 딸을 계비繼妃로 만들어

---

76) 《삼국유사》에 실린 처용랑 이야기의 줄거리는 다음과 같다. 헌강왕 5년(879)에 왕이 개운포[지금의 울산]에 놀러
갔을 때 동해의 용이 아들 7명을 데리고 나타나 춤을 추고 노래를 불렀는데, 그 가운데 한 아들을 데려다가
급간級干의 벼슬을 주고 미녀를 아내로 삼게 했다. 그가 바로 처용이다. 그런데 전염병을 퍼뜨리는 역신疫神이
그녀를 사랑하여 밤에 몰래 그녀의 집에 들어갔다. 처용이 집에 들어와 보니 두 사람이 있었다. 처용은 이때
춤추고 노래를 부르면서 집을 나왔는데, 그때 부른 노래는 이러하다. "동경[경주] 밝은 달에 밤들이 노닐다가 /
들어와 잠자리를 보니/가랑이가 넷이로다 / 둘은 나의 것이고 / 둘은 누구의 것인가 / 본래 내것이지만 / 빼
앗긴 것을 어찌하리" 이 노래를 들은 역신은 처용의 착한 마음에 감동하여 "앞으로 당신의 모습만 보아도
집에 들어가지 않겠다"고 약속했다. 이때부터 처용은 역신을 물리치는 존재로 부각되어 처용무가 생겨나고,
그 춤을 고려, 조선시대 해마다 연말에 궁중에서 역신을 물리치기 위한 궁중무용으로 자리잡았다. 다만, 처용
설화의 해석은 여러 가지 견해가 엇갈린다.

장보고 초상 완도군 제공

법화원 산동성 원덩시 츠산춘

권력을 쥐려고 했으나, 대신들의 반발로 실패로 돌아가자 반란을 일으켰다가 왕이 보낸 염장閻長에게 피살되었다(846). 그가 죽은 뒤에 청해진도 폐지되고(851), 그 산하의 군인들은 벽골제로 보내 농민으로 만들었다.

장보고의 정치적 꿈은 실패로 끝났지만, 그가 국제무역인으로 쌓은 업적은 중국과 일본에 깊은 자취를 남겼다. 그는 지금의 산둥성山東省[산동성] 원덩시文登縣[문등현] 츠산춘赤山村[적산촌]에 법화원法華院이라는 사찰을 세웠는데, 이곳에 모여든 신도가 250여 명에 이르렀다고 한다. 일본에는 그를 해신海神으로 모신 사당이 있다.

4. 통일신라의 문화

1) 교종불교의 융성과 선종불교의 대두

통일신라시대의 지배적인 종교와 철학은 여전히 불교였다. 그런데 통일 이전의 불교가 '왕즉불王卽佛', 다시 말해 왕이 곧 부처라는 사상과 아울러 왕이 곧 전륜성왕轉輪聖王이라는 정치이념으로 왕실의 비호를 받았다면, 통일 이후의 불교는 학문적이고 철학적인 차원에서 사회통합을 굳게 만드는데 이바지했다.

신라불교가 심오한 철학이론으로 발전한 데에는 당나라나 인도 또는 서역[중앙아시아]으로 직접 가서 수준 높은 불교이론을 배우고 돌아오는 유학승이 많아진 까닭이었다. 이미 통일 전에도 원광圓光, 자장慈藏, 원측圓測, 의상義湘 등 명승이 당나라에 유학했는데, 통일 후에는 혜초慧超(704~787), 김교각金喬覺(696~794) 등이 중국 등 해외에 나가 큰 활약을 통해 동양불교발전에 크게 이바지했다.

통일 직전 당나라에 다녀온 의상과 국내에서만 활동한 원효元曉(617~686)는 통일 이후 신라불교에 지대한 영향을 미쳤다. 원효의 불교사상은 앞에서 이미 설명했으므로 여기서는 의상에 관해 설명하기로 한다. 의상은 661년(문무왕 원년)에 중국 서안 종남산終南山에 가서 화엄종華嚴宗의 시조인 지엄智儼에게서 화엄학을 배우고 670년(문무왕 10)에 돌아와 지금 경상북도 영주榮州에 부석사浮石寺를 세우고 해동화엄종의 시조가 되었으며, 문무왕의 정치를 자문하기도 했다.

의상의 많은 저술 가운데 〈화엄일승법계도華嚴一乘法界圖〉는 도표형식으로 화엄사상의 핵심을 정리한 명문이다. 화엄사상의 핵심은 모든 우주만물을 대립으로 보지 않고 서로 조화하고 포용하는 관계를 가졌다고 주장하면서 '일즉일체 일체즉일一卽一切 一切卽一', '이사무애理事無碍', '원융圓融'의 논리를 폈다. 하나 속에 일체가 있고, 일체 속에 하나가 있으며, 눈에 보이는 불평등한 세상이 이치로 보면 평등하고, 모든 것이 모나거나 갈등하지 않고 둥글게 하나의 동그라미 속에 녹아 있다는 말이다. 이런 우주관은 현실적으로 통일 후의 복잡한 신라사회를 통합해가는데 매우 유리하게 작용했다.

의상은 이렇게 사회갈등을 통합으로 이끄는 화엄철학을 강조하면서 다른 한편으로는 왕실과 지도층의 자기절제를 강조하는 정치적 자문역할도 맡았다. 문무왕이 경주에 도성都城을 쌓으려고 할 때, "임금이 초라한 집에 살더라도 정도를 걸어가면 나라가 편안해진다"고 하면서 만류한 이야기는 유명하다. 신라는 화엄사상을 더욱 넓게 퍼뜨리기 위해 전국 주요지역에 10여 개의 화엄사찰을 세우기도 했다.[77]

의상대사 부산 금정구
범어사로 250(청룡동) 범어사 소장

원효대사

원효와 의상에 뒤이어 8세기 초에 태어난 혜초慧超는 719년(성덕왕 18) 16세 때 당나라에 갔다가 다시 인도와 페르시아, 아라비아 등 서아시아 지역에까지 가서 수십 국의 불교성지를 순례하고 727년(성덕왕 26)에 당나라에 돌아와 기행문인《왕오천축국전往五天竺國傳》을 썼다. 이 책은 1908년에 프랑스 탐험가 펠리오(Pelliot)가 중국 시안西安의 둔황敦煌 막고굴莫高窟에서 발견하여 세계에 알려지게 되었는데, 그 원본이 지금 프랑스 국립도서관에 있다. 이 책은 중국과 인도 등지의 교통로를 연구하는 데도 중요한 자료가 되고 있다.

혜초와 비슷한 시기에 신라 왕손 출신 김교각金喬覺(696~794)은 719년(성덕왕 18) 중국 안후이성安徽省[안휘성] 구화산九華山에 가서 75년간 고행과 포교활동을 하다가 입적하여 지장보살地藏菩薩의 화신

화엄일승법계도(가운데 法性圓融無二相에서 시작) 7언 30구 210자.
처음 18구는 自利行, 다음 4구는 利他行, 4구는 修行 방편,
마지막 4구는 利得에 대해 논하고 있다.

이 되었는데, 지금까지도 지장보살과 김교각은 중국인의 높은 숭앙을 받고 있다.

---

77) 화엄사찰은 다음과 같다. (1) 태백산[영주] 부석사, (2) 가야산[합천] 해인사海印寺와 보광사普光寺, (4) 금정산[동래] 범어사梵魚寺, (5) 지리산[구례] 화엄사華嚴寺, (6) 공산[대구] 미리사美理寺, (7) 가야협[서산] 보원사普願寺, (8) 계룡산[공주] 갑사岬寺, (9) 무산[전주] 국신사國神寺, (10) 부아산[한성] 청담사淸潭寺, (11) 비슬산[고성] 옥천사玉泉寺, (12) 원주 비마라사毘摩羅寺.

선종 9산문과 화엄사찰 분포도

계유명삼존천불비상 국보 108호, 크기 94cm, 연꽃 위에 자리한 삼존과 수많은 불상이 조각되어 마치 1,000개에 달하는 것 같아 천불비千佛碑라 불린다. 국립공주박물관 소장.

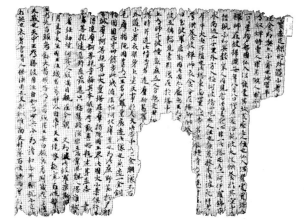

혜초의 왕오천축국전 8세기, 종이, 총 길이 385cm 세로 28.5cm, 1908년 중국 돈황석굴에서 발견, 한국의 승려 혜초가 인도의 불교성지 5곳을 여행하고 돌아와 쓴 기록. 총 227행으로 남은 글자는 5,893자이다.

신라 승려들의 활발한 국제교류활동으로 당나라와 신라의 불교 수준이 더욱 높아지면서 이에 따라 여러 불교종파가 나타났다. 의상의 화엄종華嚴宗[영주 부석사], 보덕普德의 열반종涅槃宗[전주 경복사], 자장慈藏의 계율종戒律宗[양산 통도사], 원효의 법성종法性宗[경주 분황사], 진표眞表의 법상종法相宗[김제 금산사] 등을 흔히 5교五敎라고 부른다. 그러나 실제로 영향력이 컸던 것은 옛 신라 지역에는 화엄종, 옛 백제 지역에서는 법상종이었다.

법상종은 미래부처인 미륵불彌勒佛이 먼 훗날 지상에 다시 태어나서 이상사회를 건설한다는 꿈을 심어주었는데, 이 신앙을 크게 퍼뜨린 이는 백제계 승려인 진표였다. 그는 8세기 중엽 경덕왕 때 김제의 금산사金山寺를 중심으로 활동하면서 백제유민들에게 미래의 희망을 심어주었는데, 그 전통이 후백제를 세운 견훤甄萱에게까지 이어졌다.

법상종은 옛 고구려 유민 사이에도 크게 영합되어 결국 신라불교는 옛 신라 지역의 교종불교와 옛 고구려와 백제 지역의 미륵신앙으로 양분되는 모습을 띠었다. 그 전통 속에서 신라 말기에는 교종불교에 대항하면서 체제비판적인 성격의 선종禪宗이 백제와 고구려 지역의 호족사회에서 대두하여 교종과 경쟁하는 관계를 형성했다.

선종은 6세기경 중국에서 인도출신 승려 달마대사達磨大師를 개조로 하여 이미 통일 이전에 우리나라에 들어왔는데, 신라 말기 6두품 이하의 호족층에서 큰 호응을 얻어 많은 종파를 형성하게 되었다. 그 가운데 9개의 산문山門을 대표로 인정하여 9산문이라고 부른다.[78] 선종은 이론불교인 교종과는 달리 실천을 중요시하여 '불립문자不立文字', '견성오도見性悟道'를 내세운다. 문자교육을 배격하고, 사람의 인성人性이 곧 부처님의 마음임을 깨닫는 것이 중요하다는 것을 가르친다. 그러니까 사색을 통해 내가 부처임을 깨달으면 된다는 단순한 논리를 가지고 있어서 배움이 부족하고 소외된 호족층과 서민층에게 큰 호응을 얻을 수 있었다. 그래서 교종이 귀족불교라면 선종은 서민불교의 특성을 지니고 있다.

2) 유교의 진흥

신라 후기 불교가 사회통합을 위한 종교와 철학을 지배하고 있었지만, 중앙집권과 관료정치를 운영하는 정치이념의 기능을 가질 수는 없었다. 더욱이 세계적인 대제국을 건설하고 세련된 관료정치를 운영하고 있던 당나라나 발해와 경쟁해야 하는 신라의 처지로써는 유교진흥의 필요성이 더욱 절실해졌다. 여기에 통일 후 받아들인 백제와 고구려의 유교문화도 큰 자극을 주었다. 유교정치의 진흥은 특히 귀족정치의 한계를 극복하려는 6두품 세력이 더 적극적이었다. 당나라에 가서 유학을 공부하고 빈공과賓貢科에 급제한 인물이 58명에 이르렀는데, 10명을 급제시킨 발해와 비교하여 6배나 많다. 이들 급제자 가운데에는 6두품 출신도 적지 않았다. 최치원崔致遠은 가장 전형적인 6두품 출신 유학자이다.

통일 직후인 682년(신문왕 2)에 유교교육기관으로 국학國學을 설치하고, 12등급에 해당하는 대사大舍 이하의 하급귀족에게 입학자격을 주었다. 그 뒤 717년(성덕왕 16)에는 당나라에서 공자孔子와 그 제자들의 화상畵像[초상화]을 가져와서 국학에 안치했다.

8세기 중엽 경덕왕景德王(742~765) 때에는 국학을 태학감太學監으로 고치고 박사와 조교를 두어 본격적으로 유학교육을 실시했다. 태학감에서는 《논어論語》와 《효경孝經》을 필수과목으로 가르치고, 《시경詩經》, 《서경書經》, 《주역周易》, 《좌전左傳》(춘추좌전), 《예기禮記》 등 5경과 《문선文選》[79]을 선택과목으로 가르쳤다. 여기서 공자의 어록語錄인 《논어》와 《효경》을 필수과목으로 가르친 것은 수기치인修己治人의 정치이념과 부모에 대한 효를 강조한 것이다.

---

78) 9산문의 개창자, 위치, 후원자는 다음과 같다.
    (1) 도의道義 – 가지산파迦智山派 – 전남 장흥 보림사寶林寺
    (2) 홍척洪陟 – 실상산파實相山派 – 전북 남원 실상사實相寺
    (3) 혜철惠哲 – 동리산파桐裏山派 – 전남 곡성 태안사泰安寺
    (4) 현욱玄昱 – 봉림산파鳳林山派 – 경남 창원 봉림사鳳林寺 – 김해호족(金律熙)
    (5) 도윤道允 – 사자산파師子山派 – 강원도 영월 흥녕사興寧寺
    (6) 범일梵日 – 사굴산파闍崛山派 – 강원도 강릉 굴산사崛山寺 – 강릉호족(王順式)
    (7) 낭혜朗慧(無染) – 성주산파聖住山派 – 충남 보령 성주사聖住寺
    (8) 지증智證(道憲) – 희양산파曦陽山派 – 경북 문경 봉암사鳳巖寺
    (9) 이엄利嚴 – 수미산파須彌山派 – 황해도 해주 광조사廣照寺 – 송악호족(王建)

79) 《문선》은 6세기 초 양梁나라 태자 소명태자昭明太子가 편찬한 책으로 선진시대부터 양나라에 이르는 기간의 130명 작가들이 쓴 시문詩文을 모은 책이다.

그런데 선택과목을 다시 세 과科로 나누어 (1)《예기》와 《주역》, (2)《좌전》과 《시경》, (3)《서경》과 《문선》을 각각 전공하도록 했다. 여기서 (1)은 윤리와 철학, (2)는 역사, (3)은 문학에 해당한다. 그러니까 윤리철학과, 역사과, 문학과를 독립시켜 전문적으로 가르친 것이다.

이렇게 태학감의 유교교육을 강화하면서 788년(원성왕 4)에는 유교지식을 시험하여 관리를 등용하는 이른바 '독서삼품과讀書三品科'를 실행했다. 여기서 5경[시경, 서경, 주역, 예기, 좌전]과 3사[사기, 한서, 후한세, 그리고 제자백가에 모두 능통한 자는 우선적으로 높이 등용하고, 나머지를 3등으로 나누어 (1)《논어》와 《효경》에 밝고, 《좌전》, 《예기》, 《문선》을 읽은 자를 상등, (2)《곡례》[예기], 《논어》, 《효경》을 읽은 자를 중등, (3)《곡례》와 《효경》을 읽은 자를 하등으로 정했다. 여기서 《효경》이 필독도서로 들어가 있는 것이 주목된다. 부모에 대한 효를 얼마나 중요하게 여겼는지를 알 수 있다.

'독서삼품과'는 고려시대 과거제도의 선구를 이루는 것으로 무치武治에서 문치文治로의 변화를 의미하는 것이지만, 골품제의 제약으로 그 대상이 서민층에게 미치지는 못했다.

유교가 진흥되면서 유학과 한문학 소양이 높은 학자들이 배출되었는데, 특히 6두품 출신 가운데 저명한 학자들이 많았다. 중원경[충주] 출신의 강수强首는 불교가 속세를 외면한 종교이므로 배울 필요가 없다고 아버지에게 말하고 유교로 돌아서서 《효경》, 《곡례》[예기], 《이아爾雅》, 《문선》 등을 배웠는데, 특히 외교문서를 잘 지어 무열왕과 문무왕의 통일사업을 외교적으로 크게 도왔다. 그는 본명이 자두字頭이지만, 머리통이 뿔처럼 생겨 강수라는 이름을 얻었으며, 미천한 대장장이 딸과 혼인하여 화제를 모으기도 했다.

7세기 말 강수와 비슷한 시기에 유학자이자 문장가로 이름을 떨친 인물로 원효의 아들 설총薛聰이 있다. 6두품 출신으로 경산慶山이 고향인 그는 처음에는 승려가 되었으나 뒤에 유학으로 전향했다. 그는 신문왕神文王에게 〈화왕계花王戒〉[80]라는 글을 바쳐 간신奸臣을 멀리하고 충신忠臣을 가까이할 것을 건의하여 왕의 신임을 얻었다. 그는 또 전부터 써 오던 이두吏讀를 집대성하여 유교경전을 우리말로 읽을 수 있도록 함으로써 유학의 대중화와 토착화에 크게 기여했다. 신라 10대 선각자 중 하나로 꼽히는 그는 고려 1022년[현종 13]에 유학을 널리 전파한 공로를 인정하여 홍유후弘儒侯라는 벼슬이 추증되었으며, 문창후文昌侯로 추증된 최치원崔致遠과 더불어 조선시대 성균관 문묘에서 국가의 제사를 받았다. 유명한 고승의 아들이 유학자로 변신한 것은 신라사회가 불교시대에서 유교시대로 바뀌어가는 모습을 상징적으로 보여준다.

한편, 8세기 초의 문장가로서 많은 저술을 남긴 이는 진골 출신 김대문金大問이다. 704년(성덕왕 3)에 한산주漢山州 도독을 지낸 그는 신라의 야사를 적은 《계림잡전鷄林雜傳》을 비롯하여 화랑들의 전기傳記를 모은 《화랑세기花郎世記》,[81] 고승들의 전기를 모은 《고승전高僧傳》, 한산지방의 지리지에 해당하는 《한산기漢山記》, 그리고 음악에 관한 저서인 《악본樂本》 등을 남겨 고려시대까지 전해졌다고 하는데, 유감스럽게도 지금 전하는 것은 없다. 신라 말기에는 귀족 또는 6두품

---

80) 〈화왕계〉는 왕을 꽃 중의 왕인 모란에 비유하고, 간신을 장미에, 충신을 할미꽃에 비유하여 왕이 간신을 멀리 하고 충신을 가까이할 것을 권고한 글이다.

81) 《화랑세기》는 그동안 국내에 알려진 것이 없었으나 몇 년 전에 일본에서 《화랑세기》가 들어와서 학계에서 그 진위를 싸고 논란이 일어났다. 서강대 이종욱 교수는 이를 진본이라고 주장하는데 반하여 서울대 노태돈 교수 등은 이를 위작으로 보고 있다.

출신으로 당나라에 가서 공부하고 돌아온 이들이 많았는데, 이들을 '숙위학생宿衛學生'이라 불렀다. 그 가운데 당나라의 빈공과賓貢科에 급제하여 그곳에서 벼슬아치가 된 인물이 적지 않았는데, 9세기 초의 김운경金雲卿은 첫 급제자로서 벼슬살이를 하다가 841년(문성왕 3)에 귀국했으며, 김가기金可紀는 과거에 급제했으나 돌아오지 않고 중국 종남산에 살면서 신선술神仙術을 배우고 도가道家가 되었는데, 죽은 뒤에는 《속신선전續神仙傳》에 16명의 신선 가운데 한 사람으로 올라갔다. 890년(진성여왕 4)에 당나라에 가서 893년에 빈공과에 급제한 최승우崔承祐는 귀국하여 처음에는 후백제의 견훤을 도와주다가 뒤에는 왕건의 책사策士가 되어 건국사업을 협찬했으며, 최언위崔彦撝는 18세에 당나라에 가서 급제한 뒤 42세에 귀국하여 벼슬하다가 뒤에는 왕건을 도와 고려의 한림원 대학사와 평장사平章事에 올랐다.

　　숙위학생 가운데 국내외에 가장 이름을 크게 떨친 이는 최치원崔致遠(孤雲; 857~?)이다. 그는 경주의 6두품 출신으로 12세에 배를 타고 당나라 유학길을 떠났는데, 아버지는 "10년 안에 급제하지 못하면 내 아들이 아니다"라고 말하면서 격려했다. 17세에 과거에 급제한 그는 여러 요직에서 벼슬하다가 당 희종 때 황소黃巢의 난(875~884)이 일어나자 이를 토벌하는 격문을 지어 명성을 떨쳤다. 28세 되던 884년(헌강왕 10)에 귀국한 그는 10년 뒤인 894년(진성여왕 8)에 유명한 시무상소時務上疏를 올려 개혁을 요구하고 아찬阿湌(제6등급)의 벼슬에 올랐다. 그러나 6두품의 한계를 느끼고 정치가 어지러운데 실망하여 벼슬을 버리고 경주 남산, 합천 청량사, 지리산 쌍계사 등 전국 각지를 유람하면서 풍월을 읊다가 가야산 해인사에서 생애를 마쳤다. 언제 죽었는지는 모르나 왕건이 그에게 시를 보낸 것으로 보아 고려가 건국한 뒤에 죽은 것 같다.

　　최치원은 기본적으로 유학자이지만, 불교와 전통사상인 무교巫敎(仙敎)에도 애정이 깊어 삼교三敎를 회통하는 사상가로서 후세의 추앙을 받았으며, 그의 문인들이 고려건국에 참여하여 유교정치이념을 도와주었다. 위에 설명한 최승우와 최언위가 바로 그들이다. 이런 공로를 인정하여 고려 현종 때 그에게 문창후文昌侯라는 시호를 추증했다(1022). 그의 저서로 역사책인 《제왕연대력帝王年代曆》을 비롯하여 《계원필경桂苑筆耕》(20권), 《사륙집四六集》, 《중산복궤집中山覆簣集》 등이 있다고 하는데, 지금 전하는 것은 《계원필경》과 그가 남긴 여러 사찰의 비문碑文 뿐이다.

　　《삼국사기》를 보면 신라 후기에 제문帝文, 수진守眞, 양도良圖, 풍훈風訓, 골답骨畓, 박인범朴仁範, 원걸元傑, 왕거인王巨仁, 김수훈金垂訓 등이 문장가로 이름이 높았다고 하는데, 가계를 모르는 인물로서 귀족 출신이 아닌 것을 알 수 있다.

3) 도선과 풍수지리사상

　　신라 말기 비판적인 사상으로 선종불교가 대두하여 지방 호족층에게 호응을 얻었음을

도선국사 진영　전라남도 유형문화재 176호,
전남 영암군 군서면 도갑사 소장

앞에서 설명했는데, 호족층에게 또 하나의 비판적인 자극을 준 것이 풍수지리사상이다. 전라남도 영암靈巖 출신의 선종승려인 도선道詵(827~898)이 그 창시자이다. 그는 우리나라 여러 지역을 답사하면서 전국토의 인문지리적 특성을 체험적으로 파악하여 한국적 풍수지리학을 열어놓았다.

강과 산을 음양陰陽으로, 수화목금토水火木金土를 오행五行으로 보고, 음양과 오행이 만나면 생명이 탄생하고 발전하는데, 생명의 기氣가 많이 모여 있는 곳을 명당明堂으로 보아 명당에 살거나 무덤을 쓰면 행운이 온다고 믿는 사상이 바로 풍수지리다. 그러니까 풍수지리는 땅을 생명체로 보는 생명지리학이기도 하다. 도선은 풍수지리사상이 고조선의 신지神誌가 쓴《비사秘詞》에서 시작된 민족지리학으로 보면서 명당이 아닌 곳에는 비보사찰裨補寺刹을 세워야 재앙을 막을 수 있다고 주장했다.

도선은 한반도 전체를 하나의 생명체로 보고, 국가가 건전하게 발전하려면 지역적인 균형을 잡아야 한다고 주장했다. 나무에 비유하면 백두산이 뿌리에 해당하고, 거기서 뻗어내린 백두대간白頭大幹과 작은 산맥들을 둥치와 가지에 비유했다. 또 배가 균형을 잡아야 안전하고, 저울의 추와 그릇이 무게가 같아야 수평을 유지하듯이 전국토가 지역적인 균형을 이루어야 국가가 발전한다고 주장했다.

도선이 이런 주장을 낸 것은 수도 경주가 한반도의 중앙에 있지 못하여 국가경영의 균형이 깨진 것을 우려했기 때문이다. 그래서 그는 경주의 기운이 쇠하고, 앞으로는 개성이나, 평양, 한양이 국가의 중심지가 될 것이라고 예언했다. 국토를 재편성해야 나라가 발전한다는 것을 깨달았던 것이다. 고려가 건국되어 수도를 개성으로 옮기고 평양을 서경西京, 한양을 남경南京, 경주를 동경東京으로 재편성한 것은 도선의 사상을 그대로 따른 것이다. 도선이 죽자 효공왕孝恭王은 그에게 요공선사了空禪師라는 시호를 내리고, 그를 따르는 제자들은 그가 머물던 광양光陽의 옥룡사玉龍寺에 증성혜등證聖慧燈이라는 탑을 세웠으며, 도선사상을 사랑한 고려 숙종肅宗은 그에게 왕사王師의 칭호를 수여하고, 인종仁宗은 선각국사先覺國師라는 더 큰 칭호를 추증했다.

고려시대에는 주로 국토의 균형적 발전에 풍수사상을 활용했으며, 그 연장선상에서 조선왕조를 창건한 이성계도 한양으로 도읍을 옮겼다. 그러나 조선시대에는 더 이상 수도를 옮기는 데에는 풍수사상이 이용되지 않고, 그대신 도시경영이나 주택건설, 조상의 무덤을 조성하는 데 풍수사상이 활용되었다.

풍수사상은 일정한 과학적 근거를 가진 민족지리학으로서 국가발전과 주민생활에 도움을 준 것이 사실이다. 하지만 지나치게 풍수에 의존하면서 역기능도 적지않게 발생했다. 특히 조상 무덤에 대한 집착이 너무 심하여 명당쟁탈전으로 수많은 소송사건을 일으킨 것은 대표적인 부작용이었다.

4) 과학기술

《삼국사기》를 보면 통일신라시대 천재지변에 관한 기록이 매우 많고 자세하다. 혜성, 유성, 햇무리, 달무리, 일식, 월식 등 천체의 이변에 관한 기록이 많고, 지진, 태풍, 우박, 황사, 홍수, 한발 등 땅과 기후의 이변에 대한 기록도 많다. 이것은 당시 빈번한 천재지변에 대응하여 천문학에 대한 관심과 지식이 발달했다는 것을 말해준다.

이미 통일 이전 선덕여왕 때에 천문관측과 제천단을 겸비한 첨성대瞻星臺가 세워졌음은 앞에서 설명했는데, 통일 후 718년(성덕왕 17)에는 물시계인 누각漏刻이 제작되고, 이를 관리하는 누각전漏刻典이라는 관청도 있었다. 8세기 중엽 경덕왕 때에는 천문박사天文博士와 누각박사漏刻博士를 두었으며, 8세기 후반 혜공왕 때에는 천문을 관리하는 사천대司天臺라는 관청도 세웠다. 김유신의 후손 김암金巖은 사천대 박사가 될만큼 천문학에 조예가 깊었는데, 당나라에 가서 음양학을 공부하고 돌아와 둔갑술遁甲術에 관한 《둔갑입성법遁甲立成法》을 쓰기도 하고, 병법에도 능해 육진병법六陣兵法을 가르치기도 했다.

수학에 대한 지식도 매우 높았던 것으로 보인다. 석굴암石窟庵의 설계나 황룡사 9층탑을 비롯하여 불국사의 석가탑, 다보탑 등 여러 불탑을 보면 고도의 수학지식이 없이는 설계할 수 없는 균형미를 보이고 있다. 특히 재질이 약한 목재로 70m에 가까운 9층탑을 세운다는 것은 현대의 건축술로도 풀기 어려운 기술을 내포하고 있다.

수십만 근의 구리와 아연을 합금하여 무게 수십 톤의 거대한 범종梵鐘을 만든 것도 풀기 어려운 수수께끼다. 현대의 금속기술로도 기포氣泡가 적고 깨지지 않으며 신비한 음색을 내는

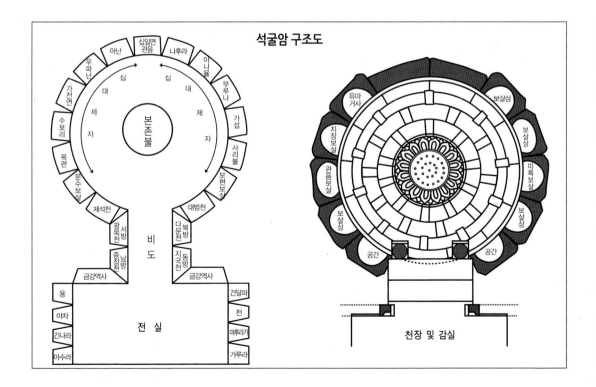

석굴암 구조도

무구정광대다라니경 751년(경덕왕 10), 국보 126호, 총길이 620cm, 폭 6.7cm, 불국사 석가탑
금동사리함에서 발견된(1966) 세계 최초의 목판인쇄물, 불국사 소유, 국립중앙박물관 보관

포석정지 사적 1호, 경상북도 경주시 배동 소재

큰 범종을 만드는 것이 매우 힘들다. 봉덕사 신종神鐘속칭 에밀레종을 만들 때 어린아이를 넣었다는 설화는 아마도 기포를 없애기 위해 짐승이나 인체의 뼈를 이용한 것으로 추측된다.

석굴암의 습기를 제거하기 위해 만든 자연적인 통풍시설이나 배수시설도 현대 과학으로 풀지 못하고 있다. 오늘날 석굴암 정면에 문을 달고 제습기를 돌려 습기를 제거하고 있는데, 이런 기계시설이 없이도 천 년 이상 석굴암을 지켜온 비결이 놀랍다.

신라의 기술문화 가운데 또 하나 놀라운 것은 목판인쇄술과 제지술이다. 제지술과 목판인쇄술은 불경佛經을 보급하기 위한 필요에서 발달한 것인데, 이를 실증적으로 보여주는 자료가 불국사 석가탑 속에서 발견된〈무구정광대다라니경無垢淨光大陀羅尼經〉이다. 이는 목판으로 인쇄한 두루마리 불경으로 종이는 닥나무로 되어 있고, 전체 길이는 약 620cm에 이른다. 석가탑을 세운 것이 751년경덕왕 10이므로 늦어도 이해에 만든 것이고, 빠르면 이보다 앞서 만들었다고도 볼 수 있다. 지금 일본 호류지法隆寺에 있는〈백만다라니경〉이 세계에서 가장 오랜 목판인쇄본으로 알려져 왔으나 이것은 770년에 만든 것이므로〈무구정광대다라니경〉은 이보다 20년 이상 앞섰다. 1,300년 전에 만든 종이가 지금까지도 썩지 않고 있다는 사실은 더욱 놀랍다. 신라의 높은 제지술은 고려, 조선시대에 그대로 이어지면서 발전하여 동양에서 가장 우수한 종이생산국의 전통을 지켜왔다.

5) 불교미술

통일신라시대의 미술문화는 대부분 불교와 관련된 사찰, 불상, 불탑, 범종, 석등 등에서 발휘되었으며, 일부는 왕실과 관련된 건축과 장식품이다.

왕실 관련 건축으로는 경주 남쪽의 포석정鮑石亭과 동쪽의 동궁東宮臨海殿 터가 남아 있을 뿐이다. 포석정은 본래 남산의 산신山神을 제사하던 신궁神宮이 있던 곳으로 보이는데, 지금은 화강암으로 전복모양의 물길을 만든 포석정만 남아 있다. 동궁은 문무왕 때 먼저 월지月池일명 안압지라는 인공 연못을 만들고 뒤에 이곳에 별궁別宮일명 임해전을 지었는데, 주로 연회용으로 사용했다. 지금 그 터를 발굴하여 임해전과 월지를 복원해 놓았는데, 월지의 모습은 네모난 연못 가운데 둥근 섬 세 개를 만들어 삼신산三神山을 본뜬 듯한데, 이런 모습은 둥근 하늘과 네모난 땅을 상징하는 것으로 후세 한국식 연못문화의 표준이 되었다.

통일 후 왕릉은 봉분 주변에 호석護石을 두르는 것으로 양식이 바뀌었는
데, 여기에다 대개 12지신상十二支神像을 조각하거나 무덤 앞에 문인석文人石과
무인석武人石 그리고 비석을 세우기도 했다. 이런 형식은 약간의 변형을 보이
면서 고려, 조선시대의 무덤양식으로 이어졌다. 통일신라시대 미술문화재는
우선 사용한 재료에서 한국적 특색을 지니고 있으며, 그 양식도 독특하여 이
웃 나라의 문화재와 확연히 구별된다. 무엇보다 화강암 석재石材를 많이 사용
한 것이 다르고, 거기에 담은 정신은 하늘과 땅과 사람이 하나로 조화를 이루
는 천지인합일의 낙천적 정서가 깊게 배어 있다는 것이 특이하다.

이 시대 불교문화재를 대표하는 것은 불국사佛國寺와 석굴암石窟庵, 그리
고 경주 남산南山이다. 불국사와 석굴암은 751년(경덕왕 10) 재상 김대성金大城이
전세의 부모를 위해 석굴사[석굴암]를, 현세의 부모를 위해 불국사를 지었다고
하는데, 김대성이 완성하지 못하고 죽자 국가에서 공사를 끝냈으므로 왕실의
염원을 함께 담았다고 할 수 있다.

납석으로 만든 12지신상(말)
김유신묘, 8세기, 높이 40.8cm,
국립경주박물관 소장

먼저 불국사의 가람배치는 지상세계
와 천상세계를 모두 담고 있다는 점이 특이
하다. 지상세계에서 청운교靑雲橋와 백운교白
雲橋를 차례로 오르면, 부처님의 서기瑞氣를
상징하는 자하문紫霞門을 거쳐 드디어 부처
님을 모신 금당金堂[대웅전]이 나오는데, 그 앞
마당에 좌우로 다보탑多寶塔과 석가탑釋迦塔
이 마주보고 있다. 다보탑은 석가모니가《법
화경法華經》을 설법할 때 땅 속에서 나타나
석가모니 옆에서 이를 증명해주는 다보여
래多寶如來를 상징하기 때문에 석가탑과 나란
히 있다. 조형으로 보면 석가탑은 부처의 사
리를 모신 간결하고 단순화된 3층 석탑이
고, 다보탑은 구성이 매우 복잡하고 정교한
석탑으로 서로 조화를 이루고 있다. 다보탑
의 구조는 아랫부분이 사각집으로 되어 있
고, 위로 올라가면서 팔각집을 거쳐 둥글게
생긴 상륜부에 이르는데, 이는 네모난 땅에
서 둥근 하늘로 올라가는 과정과 아울러 속
세에서 극락으로 가는 과정을 표현한 것이
기도 하다. 그런데 돌로 만든 석탑이면서도
마치 나무로 만든 것처럼 날렵하게 조각한
솜씨가 놀랍다. 다보탑을 위에서 내려다보면

불국사 국보 23호

석가탑 국보 21호

다보탑 국보 20호

석굴암 본존 석가여래좌상 높이 508.4cm(대좌포함)

감은사지 3층 석탑 682년(신문왕2) 국보 112호, 높이 13.4m, 경상북도 경주시 양북면 감은로

약사사 목조탑 일본 나라시

마치 동그라미 안에 네모를 담은 만다라曼茶羅의 모습과도 비슷하다. 이런 설계는 전방후원前方後圓으로 된 석굴암의 평면구조에서도 보인다. 그리고 이 모든 것이 합쳐져 '부처의 나라'를 표현한다는 점에서 불국사라고 이름을 붙인 것이다.

토함산 기슭에 동해를 바라보도록 설계된 석굴암은 땅을 상징하는 네모난 전실에서 좁은 연도를 거쳐 하늘을 상징하는 둥근 후실로 들어가도록 되어 있다. 전실의 좌우 벽에는 부처를 호위하는 야차, 아수라 등 8명의 무사 곧 팔부신상八部神像을 조각하고, 후실로 들어가는 연도에는 하늘나라인 수미산須彌山의 중턱에서 부처를 수호하는 금강역사金剛力士와 사천왕四天王이 조각되어 있으며, 둥근 후실 한가운데에는 모든 중생을 끌어안는 대자대비大慈大悲한 미소를 머금고 있는 부처상이 앉아 있고, 그 둘레에는 여러 보살菩薩과 나한羅漢이 부처님을 옹호하고 있는 모습을 조각했다.

석굴암과 비슷한 석굴사원은 중국이나 인도 등지에도 많지만, 대개 조각하기 쉬운 사력암砂礫岩으로 된 암벽을 파고 들어가서 수많은 사원을 만들었기 때문에 규모가 매우 크다. 그러나 석굴암은 규모는 작지만 조각하기 어려운 화강암을 섬세하고 아름답게 조각하고 천원지방天圓地方의 고유한 형태를 도입하고 있다는 점에서 차이가 있다.

석굴암은 동해를 바라보고 있어서 아침 햇빛이 부처님 이마의 호반에 반사되어 방안을 환하게 비추도록 설계한 것도 독특하다. 이는 동방과 태양을 숭상하는 아사달족의 고유한 신앙을 함께 담고, 나아가 왜구가 들어오는 통로인 토함산에서 국토를 지키려는 호국정신도 담긴 것으로 보인다.

신라 말기의 석탑 가운데 감은사지感恩寺址 3층 쌍탑도 아름답다. 신문왕이 부왕인 문무왕을 위해 지은 감은사는 문무왕의 무덤으로 알려진 대왕암大王岩을 바라보는 동해 바닷가에 세운 사찰인데, 건물은 없어지고 두 개의 석탑만이 빈 터를 지키고 있다. 이 탑은 층수가 높지 않은 3층탑이면서도 크고 웅장한 모습을 띠고 있으며 균형미도 뛰어나다.

불탑은 본래 부처의 사리를 보관하는 일종의 부처님 무덤으로 출발하여 중국, 인도, 동남아, 일본 등 불교국가마다 불탑이 있는데, 중국은 대부분 벽돌탑, 일본은 목탑, 동남아는 원형으로 벽돌을 쌓고 벽에다 금칠을 한 모양을 하고 있어 그 양식과 재료가 나라마다 다르다. 석탑을 만든 것은 한국뿐이다.

신라 말기 불교미술에서 또 하나의 세계적 자랑거리는 범종梵鐘이다. 50만 근을 사용했다는 황룡사종은 지금 없어지고, 지금은 12만 근을 사용했다는 성덕대왕신종聖德大王神鐘[82]이 남아 있고, 그밖에 규모가 작은 종들은 많다. 성덕대왕신종의 높이가 3.75m, 무게가 18.9t인

상원사 동종 국보 36호,
오대산 상원사에 있는 동종으로
신라 성덕왕 24년(725)에 만들어졌다.

성덕대왕신종 국보 29호, 771년,
윗부분이 음관임. 1,000여 글자 명문.
경주 봉덕사지, 경주박물관 소장

데, 만약 그보다 4배나 무거운 황룡사종이 남아 있다면 그 크기가 얼마나 컸을지 짐작할 수 있다. 신라 범종의 특징은 두 가지가 있다. 하나는 걸개 옆에 하늘을 향해 음관音管[파이프]이 달려 있고, 다른 하나는 범종의 표면에는 공양자供養者가 향로를 손에 들고 천의天衣를 휘날리면서 하늘로 올라가는 비천상飛天像이 조각되어 있다. 여기서 음관은 종 밑에 움푹 파인 음통音筒과 아울러 각각 하늘과 땅의 소리를 담고자 하는 뜻이 있으며, 공양자가 하늘로 승천하고자 하는 염원이 동시에 담겨 있다.

규모는 작지만 강원도 오대산 상원사上院寺의 동종[83]도 비천상을 담고 있으며, 고려시대 범종도 마찬가지다. 이렇게 천지인이 하나로 조화되기를 염원하는 모습은 한국 범종만이 가진 특징이다. 다만, 조선시대에는 범종의 기능이 종교적 의미를 잃고, 도시에서 시간을 알리는 수단으로 변하면서 음관이 사라졌다.

통일신라 시대의 불상佛像으로는 석굴암의 본존불本尊佛이 최고 걸작이지만, 이는 석조불이다. 이밖에 구리로 만든 불상도 제작되었는데, 755년(경덕왕 14)에 만든 경주 분황사芬皇寺의 약사여래상藥師如來像은 구리 30만 근을 사용했다고 하는데, 지금은 없다. 현존하는 약사여래상으로는 경주 백률사栢栗寺의 것이 걸작으로 꼽히고 있다.

신라 불상과 관련하여 비로자나불毘盧舍那佛이 크게 유행한 것도 특징이다. 비로자나불은

---

82) 성덕대왕신종은 본래 경덕왕이 부왕 성덕왕을 위해 만들기 시작했는데 완공을 보지 못하고, 그 아들 혜공왕이 771년(혜공왕 7)에 완성하여 봉덕사에 달았다가 뒤에는 영묘사靈廟寺와 봉황대로 옮겼다. 크기는 직경이 227cm, 높이가 375cm로써 현재 남아 있는 범종 가운데 가장 크다. 이 종소리를 좋게 만들기 위해 종을 주조할 때 어린아이를 넣어 슬픈 소리가 나왔기 때문에 속칭 에밀레종으로도 불렸다는 설화가 전한다.

83) 상원사 범종은 725년(성덕왕 24)에 제작된 것으로 봉덕사 신종보다 46년이 앞선다. 높이가 167cm, 직경이 91cm로 봉덕사 신종의 절반밖에 안 되지만 조각과 소리가 우수하다.

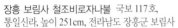

장흥 보림사 철조비로자나불 국보 117호,
통일신라, 높이 251cm, 전라남도 장흥군 보림사

마애삼존불상 통일신라 7세기 말, 본존 높이 249cm, 경주 남산 칠불암

화엄경華嚴經의 본존불로서 태양을 상징하기도 하는데, 대개 철불鐵佛이 많다. 장흥 보림사寶林寺
와 철원 도피안사到彼岸寺의 철불이 유명하다.

　　비록 예술적 가치는 다소 떨어지지만, 경주 남산南山은 바위에 새겨진 불상이 약 87개, 석
탑이 약 71개, 절터가 약 127곳, 그밖에 비석, 묘지 등 불교유적이 약 422개가 있어 마치 야외불
교박물관을 연상시킨다. 이곳이 지금 유네스코 세계문화유산으로 등록된 것은 우연이 아니다.

　　신라의 공예품과 관련하여 만불산萬佛山을 빼놓을 수 없다. 경덕왕이 만불산을 만들어 당
나라 대종代宗에게 선사했는데, 대종은 이것을 보고 "신라인의 재주는 하늘이 낸 것이지 사람의
재주가 아니다"라고 경탄하고 승려들을 불러 경축행사를 벌였다고 한다.《삼국유사》를 보면
만불산은 나무와 비단으로 만든 가산假山으로 높이가 사람 키를 넘으며, 여러 나라의 산천을 조
각하고, 그 속에 춤추고 노래하는 사람과 벌, 나비, 제비, 참새들이 바람결에 춤추도록 만들었다
고 한다. 또 산 가운데 크고 작은 여러 부처를 안치하고, 금과 옥으로 누각과 정자, 각종 의장儀
仗을 조각해 놓고, 그 아래에는 천여 명의 승려들이 돌아다니다가 바람이 불어 종이 울리면 모
두 엎드려 절하도록 만들었다고 한다. 그러니까 불교와 신선사상이 결합된 이상세계를 형상화
한 것이다.

　　만불산은 지금 남아 있지 않으나, 민족대축제인 팔관회八關會 때 사용하던 채붕綵棚과 비슷
한 것으로 보인다. 채붕은 고려시대를 거쳐 조선시대에도 이어졌는데 산대놀이나 종묘에 위패
를 모실 때, 중국사신을 맞이할 때, 또는 궁중연회를 할 때 채붕을 만드는 풍습이 있었다.

6) 문학, 그림, 글씨

　　신라 후기의 문학은 불교와 깊은 관련이 있는데, 순수한 불교정신뿐만 아니라 유교나 무
교를 함께 담아 충忠과 효孝, 신信, 용勇, 백성에 대한 사랑 등 화랑도정신을 표현하고 있는 것이

특징이다. 통일 전에 이미 향가鄕歌 또는 사뇌가詞腦歌로 불리는 고유한 문학이 있었는데, 통일 후에는 승려나 화랑의 종교적 문학활동이 더욱 활발해지면서 향가도 한층 대중화되었다. 향가는 한자로 씌어졌지만 중국식 한문이 아니라 우리말을 그대로 표현하는 향찰鄕札로 되어 있다는 점에서 순수한 민족문학이기도 하다.

김생의 글씨 여산폭포시의 일부, 《대동서법》에서

신라 말기 진성여왕 때 왕은 각간 위홍魏弘과 승려 대구화상大矩和尙에게 명하여 역대 향가를 모아 《삼대목三代目》이라는 향가집을 편찬했는데(888), 이 책은 지금 없으나 다행히 《삼국유사》에 14수의 향가가 수록되어 있어 그 일부를 엿볼 수 있다. 몇 가지 예를 들면 다음과 같다. 7세기 말 효소왕 때 낭도 득오得烏가 화랑 죽지랑을 사모하여 지었다는 〈모죽지랑가慕竹旨郞歌〉나 경덕왕 때 충담사忠談師가 화랑 기파랑을 찬양한 〈찬기파랑가讚耆婆郞歌〉 등은 화랑을 찬미한 노래이고, 경덕왕 때 월명사月明師가 지은 〈도솔가兜率歌〉는 두 개의 태양이 나타나 왕권에 도전하는 것을 막고, 곧은 마음을 가지고 미륵을 모시고 평화를 누리자는 충성심을 담고 있다. 월명사는 또 〈안민가安民歌〉를 지었는데, 이는 임금과 신하가 아버지와 어머니가 되어 백성을 자식처럼 사랑하고 먹여 살려야 나라가 평안해진다는 내용을 담고 있다. 하지만 월명사는 〈제망매가祭亡妹歌〉를 지어 죽은 누이를 애타게 그리워하는 순수한 감정을 노래하기도 했다.

향가가 승려나 화랑 등 지식인층의 문학이라면 글을 모르는 일반 서민층은 주변에서 들은 이야기를 입으로 전하는 설화문학을 즐겼다. 《삼국유사》에는 이런 설화를 많이 수록하고 있어 서민의 정서가 무엇이었는지를 보여주고 있다. 그 가운데에는 지금까지도 우리 귀에 익숙한 〈임금님의 귀는 당나귀 귀〉, 〈에밀레종 이야기〉, 〈효녀 지은〉, 〈효자 손순〉 등이 있다. 〈효녀 지은〉은 지은이라는 가난한 처녀가 자신이 종으로 팔려가 온갖 정성으로 어머니를 봉양했다는 이야기로 후대의 〈심청전〉을 연상시킨다. 〈효자 손순〉은 손순이라는 가난한 농민이 부모를 봉양하기 위해 음식을 축내는 아들을 산 채로 산에다 매장하다가 종을 발견하여 임금에게 바쳤더니 임금이 후하게 포상하여 잘 살게 되었다는 이야기다. 설화의 대부분은 나라에 대한 충성과 부모에 대한 효도를 주제로 하고 있다.

후기 신라의 그림을 거론할 때는 전설적인 인물인 솔거率居를 빼놓을 수 없다. 황룡사 벽화를 비롯하여 분황사 관음보살상 등을 그렸다고 하는데, 그가 그린 소나무에 날아가던 새가 앉으려다가 부딪쳐 떨어졌다는 일화도 있다. 이밖에도 정화靖和, 홍계弘繼라는 유명한 승려 화가가 있었다고 전해진다.

한문학이 발달하면서 글씨를 잘하는 명필名筆도 배출되었다. 특히 김생金生은 중국의 명필 왕희지王羲之(303~361)와 비슷하면서도 그보다 더 활달한 필력을 보여 신품神品이라는 평을 받았다. 그의 글씨를 집자集字한 〈낭공대사비郞空大師碑〉가 지금 남아 있다. 무열왕의 둘째 아들 김인문金仁問은 학자이면서 글씨도 잘했는데, 그의 글씨가 지금도 남아 있다. 이밖에 나말여초에 활약한 요극일姚克一은 당나라 구양순체歐陽詢體를 체득한 인물로 유명한데 그의 글씨체는 고려시대 크게 유행했다.

당나라는 신라문화의 높은 수준에 감동하여 신라를 '군자의 나라', '동방예의지국'으로 부르고, 신라 사신은 다른 나라 사신보다 가장 높은 자리에 배정하여 특별히 우대했다.

3

중세 귀족-관료국가_
고려

제1장 후삼국과 고려의 건국

1. 신라 말 귀족세력의 반란

7세기 중엽에 삼국을 통일한 신라는 8세기 중엽의 경덕왕(742~765)에 이르기까지 약 100년간 중앙집권이 강화되고 관료정치가 진전되면서 평화와 번영을 누렸다. 자연재해가 잇달아 일어났지만 이를 정치력으로 극복하여 대내적으로는 정치가 안정되고, 대외적으로도 세계 최강국이자 최선진국인 당나라와 지극한 우호친선 관계를 맺으면서 그 문물을 받아들여 신라문화를 선진대열에 올렸으며, 고구려 후신인 발해나 백제 후신인 야마토 일본과는 친밀한 관계는 아니었어도 교류가 이루어졌으며, 대규모 군사적 충돌은 거의 없었다.

그런데 8세기 후반의 혜공왕惠恭王(765~780)에서 9세기 말에 이르는 150년간은 사정이 달라졌다. 한 마디로 반란의 시대가 이어졌다. 150년 동안 20명의 왕이 교체되고, 그 가운데 여러 왕이 내란에 의해 목숨을 잃은 것만 보아도 이 시대의 혼란상을 짐작할 수 있다.

처음에는 귀족의 반란이 일어나다가 뒤에는 지방 호족세력의 반란으로 이어지면서 마침내 호족세력에 의한 새로운 국가가 나타났다. 그것이 후삼국의 건설이고, 후삼국을 다시 통일한 것이 고려(918~1392)이다.

귀족반란의 첫 봉화를 든 것은 768년(혜공왕 4)에 일어난 일길찬(제7등급) 대공大恭의 난이다. 혜공왕이 8세에 즉위하여 대비가 섭정을 하는 기간에 일어났는데, 96명 각간의 싸움은 3년이나 지속될 정도로 치열했으며, 이를 진압한 상대등 김양상金良相이 권력을 장악하고, 혜공왕은 허수아비가 되었다가 반란세력에 의해 재위 16년에 피살되었다. 그 후 김양상이 왕위에 올라 선덕왕宣德王(780~785)이 되었다.

선덕왕은 내물마립간의 10대손으로, 이때부터 태종 무열왕계가 끊어지고, 통일 후 왕위계승에서 밀려난 구舊귀족이 정권을 다시 잡은 것이다. 선덕왕이 재위 6년 만에 세상을 떠나자 내물마립간의 12대손인 원성왕元聖王(785~798)이 임금이 되어 독서삼품과讀書三品科를 시행하는 등 새로운 인재를 키우는 정책을 폈으나, 재위 14년에 세상을 떠나고, 손자인 소성왕昭聖王(799~800)이 즉위했으나 1년 만에 죽고, 그의 아들 애장왕哀莊王(800~809)이 즉위하여 10년간 집권했으나 숙부 김언승金彦昇이 애장왕을 살해하고 왕위에 오르니 이가 헌덕왕憲德王(809~826)이다.

이렇게 왕의 권위가 떨어지자 권력이 귀족세력으로 돌아가서 귀족연합적인 정치운영이 계속되었는데, 집사부執事府의 수장인 시중侍中보다 상대등上大等의 권위가 올라간 것이 그것을 말해준다. 그래도 애장왕 때(803) 일본과 처음으로 수교를 맺은 것은 새로운 변화이다.[1]

내물왕계 임금이 다섯 번이나 즉위하자 이제는 무열왕계 귀족이 반란을 일으켰다. 822년

청해진 유적지 전라남도 완도군 완도읍

(헌덕왕 14)에 일어난 김헌창金憲昌의 난이 바로 그 것이다. 그는 선덕왕 때 후계자로 지명되었으나, 원성왕에게 왕위를 빼앗긴 김주원金周元의 아들로서, 한때 시중 벼슬도 지냈으나 뒤에 지방의 도독都督으로 내려갔는데, 웅주熊州[공주]를 근거지로 반란을 일으켜 국호를 장안長安, 연호를 경운慶雲이라 정하고, 한때 광주光州, 전주全州, 상주尚州, 진주晉州, 원주原州 등 지금의 호남, 영남, 강원도 일대를 장악하여 큰 세력을 형성했으나 정부군에 의해 진압되고 말았다. 그 후 그의 아들 범문梵文이 수신壽神을 위시한 고달산 산적山賊 100여 명과 더불어 다시 한산漢山[한양]에 도읍을 두고 저항했으나 역시 실패로 끝났다.

헌덕왕이 죽자 동생이 왕위에 올라 흥덕왕興德王(826~836)이 되어 11년간 통치하여 헌덕~흥덕왕 대 정치는 일시적으로 다소 안정되었으나, 잇따른 기근으로 전국 각지에서 초적草賊이 일어나 민생이 불안해졌다. 장보고가 해적을 소탕하기 위해 청해진을 세운 것이 흥덕왕 때이다.

흥덕왕이 죽은 후 민생불안을 틈타 다시금 치열한 권력투쟁이 벌어졌다. 흥덕왕에 이어 사촌동생 김균정金均貞이 상대등으로 있다가 왕위에 올랐는데[成德大王], 바로 그의 조카[金悌隆]가 김균정을 죽이고 임금이 되니 희강왕僖康王(836~838)이다. 그러나 상대등 김명金明[원성왕 증손]이 왕을 살해하고 임금이 되니 민애왕閔哀王(838~839)이다. 하지만 쫓겨난 임금 김균정[성덕대왕]의 아들 김우징金祐徵은 아버지를 위한 복수를 결심하고 청해진대사 장보고張保皐 군대의 힘을 빌어 경주로 쳐들어가 민애왕을 죽이고 왕위에 올랐다. 이가 신무왕神武王(839~839)이다. 왕은 장보고를 감의군사感義軍使로 임명하고, 그에게 2,000호의 식실봉食實封을 내려주었다.

그런데 신무왕을 도와준 장보고는 정치적 야심이 따로 있었다. 신무왕이 즉위한 해에 병으로 죽고 그 아들 문성왕文聖王(839~857)이 즉위하자 장보고는 자기의 딸을 둘째 왕비로 맞아주기를 요청했다. 그러나 신하들은 귀족 신분이 아니므로 왕비로 삼을 수 없다고 반대하고 왕도 이를 거절했다. 이에 분개한 장보고는 반란을 일으켰으나 임금이 보낸 자객閻長에게 피살되었다(846). 미천한 섬소년이 막강한 군사력과 재력을 쥐고, 권력까지 가지려다 비참한 최후를 맞이한 것이다. 장보고가 죽은 뒤 청해진도 폐지되고(851), 그 군인들은 벽골제로 보내 농사를 짓게 했다.

문성왕이 19년간 비교적 장기집권하면서 중앙정치는 안정되었다. 그 다음 헌안왕憲安王(신무왕의 이복동생; 857~861), 경문왕景文王(희강왕의 아들; 861~875), 헌강왕憲康王(경문왕의 태자; 875~886), 정강왕定康王(경문왕의 둘째 아들; 886~887), 진성여왕眞聖女王(헌강왕의 여동생; 887~897), 효공왕孝恭王(헌강왕의 서자;

---

1) 일본이 사신을 보내 수교를 요청한 것은 742년(경덕왕 원년)인데 왕은 이를 거절했다. 753년(경덕왕 12)에도 또 사신을 보내 수교를 요청했으나 태도가 무례하다고 하여 만나지 않았다. 그 후 일본은 사신을 보내지 않다가 803년(애장왕 4)에 비로소 수교를 맺었으며, 806년(애장왕 7)에는 일본사신이 황금 300냥을 바쳤고, 809년(헌덕왕 원년)에도 사신이 왔는데 신라는 이들을 후하게 대접했다. 그 후 일본은 사신을 보내지 않았는데, 858년(헌안왕 2)에 천황의 외척 후지와라씨[藤原氏]의 섭정이 시작된 뒤 헌강왕(875~886) 때 두 차례나 신라에 사신을 보내고 황금 300냥을 또 바쳤다.

897~912), 신덕왕神德王(아달라니사금의 후손으로 박씨; 912~917), 경명왕景明王(신덕왕의 태자; 917~924), 경애왕景
哀王(경명왕의 아우; 924~927), 경순왕敬順王(문성왕 후손; 927~935)으로 이어지면서 10명의 왕이 집권했는데,
계속적인 귀족반란이 있었으나 왕이 살해되는 일은 없었다. 10왕 가운데 7왕은 대가 끊겨져 동
생이나 서자, 박씨, 또는 여동생이 왕위를 이어갔다는 사실이 특이하다.

그런데 9세기 말에 진성여왕이 즉위하면서 정치기강이 급속도로 무너졌다. 대장부처럼
생긴 진성여왕은 각간 위홍魏弘과 내통하다가 그가 죽자 미소년 2~3명을 궁으로 불러들여 음
란한 행위를 하면서 그들이 권력을 휘두르게 하여 정치가 극도로 문란해졌다. 여기에 흉년으로
지방에서 조세를 바치지 않아 국가재정이 텅 비자 사신을 지방에 내려보내 세금을 독촉했다
(889). 이를 계기로 각 지역에서 호족이라 불리는 지방세력가들이 반란하여 꼬리를 물고 봉기하
기 시작했다. 원종元宗과 애노哀奴 등의 반란을 기점으로 양길梁吉, 궁예弓裔, 견훤甄萱, 적고적赤袴賊
등이 일어났다. 그리하여 진성여왕 이후의 역사는 지방 세력가들이 역사의 주역으로 등장하는
시대라 할 수 있으며, 그 연장선상에서 후삼국이 등장한다.

2. 6두품과 호족세력의 성장

8세기 후반부터 시작된 150년에 걸친 반란과 혼란의 시대에 골품제도로 출세에 제약이
있던 6두품과 지방에서 세력을 키우던 호족세력이 고통을 받았는데, 이들에게는 혼란의 시대
가 자신의 입지를 넓힐 수 있는 좋은 기회이기도 했다.

6두품 출신 중에는 당나라에서 유학한 이른바 숙위학생宿衛學生이 많았다. 이들은 당나라
의 선진문물을 보고 배우면서 미래의 꿈을 키우고 돌아왔다. 신라 말기 진정한 지식인층은 바
로 이들이었으나, 정치에 참여할 기회가 없었다. 최치원이 진성여왕에게 정치개혁을 요구했으
나 실효가 없자 꿈을 접고 유랑생활에 몸을 던진 것이 6두품 지식인의 꿈과 좌절을 상징적으
로 보여준다. 이들의 꿈은 민생을 안정시키는 유교적 관료정치였으므로 지방세력의 저항에 동
정적이었지만 실제로 반란에 동참하지는 않았는데, 반란세력의 정신적 조언자가 될 수 있는 위
치에 있었다. 실제로 궁예와 왕건, 그리고 견훤 등 후삼국을 건설한 지도자들은 이들의 조언을
받아들였다. 최승우崔承祐와 최언위崔彦撝는 그 대표적 인물이다.

한편, 지방에서 세력을 키운 지도자들을 당시 '호족豪族'이라 불렀는데, 그 뜻은 '힘 있는
사람'이다. 여기서 힘이란 경제력과 군사력을 말한다. 호족은 어디서 나왔는가? 호족은 지방의
촌주村主나 지주층地主層, 바다를 지키던 해안가의 군진세력軍鎮勢力, 국제무역에 종사하던 무역상
인, 그리고 몰락한 귀족 등이다. 서원경(지금의 청주시)에서 열심히 농사를 지어 수만 석의 곡식을
비축했다가 왕건이 후백제를 토벌할 때 군량미를 대주었다는 한란韓蘭 같은 경우가 지주층 호
족이라고 할 수 있다. 그는 뒤에 청주한씨의 중시조가 되었다. 고려왕조의 개국공신 가운데에
는 이런 지주층 호족이 다수 참여하고 있다.

변방의 군진세력은 본래 변방을 지키기 위해 국가에서 설치한 군사기지이지만, 그 지휘
자들은 군사력과 아울러 경제력도 가지고 있었다. 가장 좋은 예가 바로 청해진靑海鎮의 대사를

지낸 장보고이다. 전쟁이 없던 시대의 군진이 하는 일은 무역선이나 해적을 감시하고 세를 받는 일이었기 때문이다. 당시 중요한 군진은 남해안의 청해진뿐만 아니라 서해안에도 있었다. 황해도 평산의 패강진浿江鎭, 강화도의 혈구진穴口鎭, 경기도 남양의 당성진唐城鎭 등이 그것이다. 그 가운데 특히 패강진은 예성강을 끼고 있으면서 한반도 서북지역의 방위를 담당하여 막강한 군사력을 지니고 있었다.

무역상인은 신라 말기 당나라와의 무역이 성행하면서 큰 부를 축적했다. 국제무역상인이 활동하던 지역은 송악松嶽[개성]과 진주晉州, 그리고 나주羅州 등지였다. 특히 송악은 주변에 혈구진과 패강진이 가까이 있어 큰 선단船團을 거느리고 왕래하는데 안전할 뿐 아니라 중국과의 해로교통이 편하여 큰 상인으로 성장하기 좋은 조건이 갖추어진 곳이었다. 그 대표적인 상인이 바로 왕건王建의 할아버지 작제건作帝建이다. 고려시대 김관의金寬毅가 쓴 《편년통록編年通錄》을 보면 왕건의 집안은 다음과 같다. 스스로 성골장군聖骨將軍이라 자처하던 호경虎景이라는 사람이 백두산에서 내려와 송악에 자리잡고 사냥을 업으로 삼고 살면서, 아간阿干 강충康忠을 낳았다. 강충은 거사 보육寶育을 낳았고, 보육은 당나라에서 온 돈 많은 귀족을 사위로 삼아 작제건을 낳았다. 작제건은 상인을 따라 중국에 왕래하면서 서해용녀西海龍女를 아내로 맞이하여 세조世祖를 낳고, 세조는 한씨 여자를 아내로 맞이하여 아들을 낳으니 이가 왕건이다. 그러니까 왕건은 본래 북방에서 이주해 온 고구려 후예로 보인다. 그의 집안은 대대로 사냥을 하던 무사가문으로 증조 할아버지 때부터는 당나라 사람과 국제결혼을 하면서 무역을 시작했다. 할머니는 서해용녀라고 하는데, 아마도 당나라 여인이거나 서해의 어느 섬 여자로 보인다. 일설에는 왕건이 중국 강소성에서 태어났다고도 한다.

이렇게 경제력과 군사력 그리고 지식까지 갖춘 호족들은 정치문란과 잇따른 자연재이自然災異로 생활이 궁핍해진 유랑농민을 끌어모아 세력을 더욱 키우고, 스스로 성주城主 또는 장군將軍을 자처하기도 했으며, 호족끼리 연합하여 더욱 큰 세력을 만들기도 했다. 이들이 새로운 세상을 여는 것은 시간문제였다.

3. 후삼국의 성립

지방호족의 반란은 정치기강이 극도로 무너지고 기근이 심했던 진성여왕(887~897) 때부터 폭발했다. 텅 빈 국고를 채우기 위해 정부가 세금을 독촉한 것이 도화선이 되어 889년(진성여왕 3)에 사벌주[상주]에서 농민 원종元宗과 애노哀奴가 반란의 첫 봉화를 올렸다. 그러나 이 난은 그곳 촌주村主가 진압했다.

891년(진성여왕 5)에는 더 큰 반란이 북원경[원주]에서 일어났다. 초적 두목 양길梁吉이 부하 궁예弓裔를 시켜 100여 명의 기병을 거느리고 원주와 강릉 일대의 10여 개 군현을 장악한 다음 894년(진성여왕 8)에는 지금의 경기도로 진격하여 한주漢州와 철원鐵原 일대를 장악했다(894). 892년에는 완산주[전주]에서 견훤甄萱이 후백제를 내세우고 군대를 일으켜 무진주[광주] 동남부 일대를 장악하고, 서남지역에서는 붉은 바지를 입은 적고적赤袴賊이 일어나 경주 부근까지 쳐들어와 약탈해 갔다(896).

　　여러 반란세력 가운데 견훤과 궁예의 세력이 가장 컸다. 견훤(867~936)은 상주尙州의 가은 현[문경] 출생으로 아자개阿慈个[또는 阿玆蓋]2)와 광주光州 호족의 딸 사이에 태어났는데, 아자개는 처음에 농사를 짓고 살다가 세력을 키워 상주지방의 장군이 되었다. 견훤은 서남해를 지키는 군인생활을 하다가 농민을 규합하여 889년(진성여왕 3)에 무진주[광주]를 점령하고, 이어 892년(진성여왕 6)에 완산주[전주]에서 스스로 '후백제'의 왕이라 칭했다.3) 이 무렵 6두품 출신의 최승우崔承祐가 책사로 참여하면서 세력을 더욱 확장했는데, 의자왕의 원수를 갚고 백제를 부흥시킨다는 명분을 내세워 백제유민의 호응을 크게 얻어 전라도 일대의 옛날 백제영토를 차지했다. 견훤은 907년(효공왕 11)에 일선군[선산] 남쪽 10여 성城을 차지하여 낙동강까지 영토를 확장했다.

　　궁예(?~918)는 본래 권력투쟁에서 밀려난 신라 왕족의 후예로 눈 하나를 잃고 승려생활을 하다가 세상이 소란해지자 큰 뜻을 품고 처음에는 죽주竹州[죽산]에 있던 기훤箕萱의 부하가 되었다가(891) 뒤에 원주로 가서 양길의 부하가 되어 지금의 강원도와 경기도 그리고 황해도 등 한반도 중부지역을 장악하고 898년(효공왕 2)에 송악에 도읍을 두었다. 이 무렵 책사 종간宗侃까지 얻은 궁예는 마침내 양길을 몰아내고(899), 901년(효공왕 5)에 스스로 왕이라 칭하고, '후고구려' 건국을 선포했다. 송악을 수도로 정한 이유는 이 지역의 최대 호족인 왕건王建의 힘을 빌리기 위함이었다.

　　그 뒤 904년(효공왕 8)에 궁예는 국호를 마진摩震으로 바꾸고, 연호를 무태武泰로 정하고, 신라제도를 참고하여 백관百官을 설치했다. 다음 해에는 철원鐵圓으로 도읍을 옮긴 후 남쪽으로 죽령竹嶺 지역까지 영토를 확장했다. 이어 궁예의 부하 왕건은 병선兵船을 이끌고 남해의 요지인 진도珍島를 차지하고(909), 나주羅州를 점령했다. 이어 국호를 태봉泰封으로 바꾸고, 연호를 수덕만세水德萬歲라고 정했다(911). 이는 신라가 금덕金德을 칭했기 때문에 오행의 상생설相生說을 따라 금덕 다음에는 수덕의 시대가 온다는 뜻을 담은 것이다. 그러나 2년 뒤에 연호를 다시 정개政開로 바꾸었다(914).

　　궁예가 수도를 송악에서 철원으로 바꾼 이유는 송악의 왕건세력이 너무 강하여 이를 피하면서 북방으로 웅비하여 당당한 황제국을 세우려는 야심 때문으로 보인다. 태봉국은 세력이 더욱 커져 북으로 대동강까지 도달하고, 남으로 충청도와 경상도 상주지역까지 아우르게 되었다. 궁예의 성공은 반신라감정을 이용하여 고구려유민 호족들의 호응을 얻어내고, 스스로 독심술讀心術을 가진 미륵부처임을 자처하여 미륵신앙에 깊이 빠져 있던 민중심리를 교묘하게 이용했기 때문이었다. 그러나 궁예는 송악의 왕건세력과 손잡은 뒤로는 갈수록 교만함과 포악함을 드러내고, 왕건이 후백제와의 전쟁에서 승리를 거두어 위망이 높아지자 더욱 초조함을 느꼈다.

---

2) 《삼국유사》에는 아자개가 진흥왕의 후손이라고 하며, 견훤의 성姓이 본래 이씨李氏라고 되어 있다. 그런데 진흥왕의 성과 견훤의 성이 서로 다른 것이 이상하다. 더욱 이상한 것은 견훤이 15세부터 성을 견씨甄氏로 바꾼 것이다. 아마도 부자 간에 무슨 이유인지 사이가 좋지 않다가 왕건이 고려를 세우자 왕건에게 투항한 것으로 보인다.

3) 견훤의 건국시기와 도읍에 대해서는 《삼국사기》와 《삼국유사》의 기록이 서로 다르다. 《삼국사기》에는 892년에 전주에서 후백제를 건국한 것으로 되어 있으나, 《삼국유사》에는 889년(진성여왕 3)에 무진주[광주]를 점령하고, 892년(진성여왕 6) 또는 900년(효공왕 4)에 전주에 도읍을 두고 후백제왕을 칭했다고 한다.

당시 광평성廣評省 시중侍中으로 있던 왕건은 마침내 918년(경명왕 2)에 궁예를 몰아낸 여러 장수들의 추대를 받아 황제의 자리에 올랐다. 궁예는 18년 만에 쫓겨나 부하에게 피살되었다. 이때 상주에 있던 견훤의 아버지 아자개는 사이가 나쁜 견훤을 버리고 왕건에게 투항했다.

왕건이 궁예를 대신하여 새로운 승자로 등장한 것은 든든한 군사력과 경제력의 힘이 있었기 때문이었다. 송악에 뿌리를 두고 있는 거대한 무역상인이면서 동시에 거리가 가까운 강화도의 혈구진, 평산의 패강진, 그리고 남양의 당성진 세력과 깊은 유대를 맺고 서해안지역의 해상권을 장악하는 등 독자적인 세력을 갖지 못하고 개인적인 권위만 지닌 궁예와는 비교가 되지 않았다.

4. 왕건의 후삼국 통일

918년 황제가 된 태조 왕건은 국호를 고려高麗로 바꾸고 연호를 천수天授로 고쳤으며, 수도를 다시 자신의 세력기반인 송악松嶽으로 옮겨 개경開京이라 불렀다. 왕건이 국호를 고려로 정하고, 독자적인 연호를 세우면서 황제를 자처한 것은 907년에 당이 망하고 5대 10국의 혼란기가 도래하여 조공朝貢을 강요할 나라가 없어진 데다 이 기회에 고구려의 옛 강토를 수복하겠다는 강렬한 의지가 반영된 것이다.

그러나 고려가 신라와 후백제를 통합하는 일은 그리 쉬운 일이 아니었다. 신라는 영토가 크게 위축되어 죽령 이남으로 축소되었지만, 후백제는 이보다 더 큰 영토를 차지하고 있어서 무력으로 통합하는 상황이 매우 어려웠다. 신라는 멀리 있는 고려보다 가까이 있는 후백제를 더 두려워하여 고려와 연합하는 정책을 폈고, 이 정책은 고려의 입장과도 일치했다. 그래서 920년(경명왕 4)에 신라와 교빙하면서 우호관계를 유지하고, 후백제가 신라를 공격할 때는 신라를 도와주는 정책을 폈다.

920년에 견훤이 1만 명을 이끌고 신라의 대야성大耶城을 공격하여 함락시켰으나 고려가 군대를 보내 구해주었으며, 927년(경애왕 4)에는 견훤이 경주를 습격하여 포석정에서 놀이하던 경애왕景哀王을 죽이고, 귀족들과 기술자들을 잡아가고 진기한 보물과 무기 등을 약탈했는데, 이때 왕건이 또 군대를 이끌고 가서 신라를 구해주었다. 왕건이 931년(태조 14, 경순왕 5)에 경주를 방문했을 때 신라인은 임해전에서 연회를 베풀면서 그를 부모처럼 대접했다고 한다. 마지막 임금 56대 경순왕敬順王(927~935)이 935년(태조 18)에 스스로 개성으로 가서 항복한 이유가 여기에 있었다.

고려와 후백제와의 전쟁은 고려가 건국된 뒤에도 19년간이나 일진일퇴를 거듭하는 격전의 연속이었다. 그 가운데 가장 큰 전투는 930년(태조 13, 경순왕 4, 견훤 39) 고창군古昌郡安東 전투였다. 그러나 병산甁山 아래에서 벌어진 이 전투에서 고려군이 악전고투 끝에 승리하면서 대세가 고려 쪽으로 기울었다. 왕건은 승리의 기세를 몰아 934년(태조 17)에는 운주運州충청도 홍성를 차지했다.

고려가 승리를 거두게 된 이면에는 후백제 자체의 내분도 크게 작용했다. 견훤은 44년간 장기집권하다가 935년에 장남 신검神劍과 그를 따르는 신하들에게 납치되어 김제 금산사金山寺에 유폐당하는 사건이 일어났다. 견훤이 넷째 아들 금강金剛에게 왕위를 주려고 한 것이 원인이었다. 그러나 견훤은 금산사를 탈출하여 개경으로 가서 왕건에게 투항했다. 경순왕과 견훤의 투항을 받은 왕건은 이제 견훤을 앞세우고 신검의 후백제를 공격하니 사기가 떨어진 신검은 쉽게 무릎을 꿇고 말았다(936). 드디어 태조 왕건은 재위 19년 만에 45년간 이어진 후삼국을 통일하는 대업을 완수했다.

궁예와 견훤이 실패한 원인은 지역감정에 호소하여 세력을 키우고, 무력에 의존하여 백성을 다스리고, 종교적 카리스마를 이용하여 지도력을 유지한 데서 찾을 수 있다. 다시 말해 새로운 사회의 이상과 꿈을 제시하지 못한 한계가 드러났기 때문이다. 이런 한계는 유교적 지식인을 널리 포섭하지 못한 결과이기도 하다.

고려가 후삼국을 통일할 무렵 대륙과 일본에서도 큰 정치적 변화가 일어났다. 907년에 당이 거란에 망하고, 5대 10국(907~979)이 난립하는 시대가 열렸으며, 926년에는 발해가 거란에 망했다. 5대 10국 시대는 지방의 호족세력이 쿠데타로 집권하여 막부정치幕府政治를 운영했다. 한편 일본에서는 858년부터 천황의 외척 귀족인 후지와라씨[藤原氏]가 대대로 섭정攝政하는 시대를 열면서 천황의 권위가 무너졌다. 대륙과 일본의 이런 변화는 귀족과 호족의 반란이 이어지면서 중앙집권체제가 무너진 신라 말기에서 후삼국시대의 상황과 비슷한 점이 매우 많다.

동아시아세계 전체에 이런 변화가 나타난 것은 이 시기에 자연재해가 빈번히 나타나고 그 결과 농업이 피폐하고 기근이 잇따라 일어나면서 지방사회가 불안해진 틈을 타서 호족세력에 의한 약육강식의 지배체제가 나타난 결과로 볼 수 있다.

동아시아세계의 정치변동 가운데 고려에 충격을 준 것은 발해의 멸망이다. 발해는 고려의 우방이 될 수 있는 동족국가였으므로 나라가 망한 뒤에 수만 명의 지배층이 대거 고려에 유입되었는데, 왕건은 그들에게 관직과 토지를 내리고, 특히 발해세자 대광현大光顯에게는 왕씨王氏 성姓을 주어 고려왕족으로 대우했다. 고려의 후삼국통일은 발해유민까지 포섭한 점에서 신라의 삼국통일보다는 한 걸음 더 나아간 통일을 이룩했다고 볼 수 있다. 그래서 고려는 스스로 '삼한일통'을 자부했다. 다만 고려시대에도 정신적으로는 삼국유민의식을 청산하지 못했다는 점에서 한계를 보였는데, 그런 한계가 조선시대에 극복되었다.

제2장 고려 전기의 정치와 사회

1. 중앙집권적 양반체제 정비과정

1) 태조의 호족포용정책과 북진정책

후삼국과 발해유민을 통합하여 '삼한일통'을 달성한 고려 태조 왕건은 두 가지 큰 목표를 국정의 지표로 삼았다. 안으로는 물리적으로 통합된 지역의 호족과 주민을 포섭하는 사회통합이고, 밖으로는 고구려의 옛땅을 다시 차지하여 명실상부한 '영토적 삼한일통'을 이루는 일이었다.

고구려와 발해의 영토를 수복하려는 정책은 북진정책으로 나타났다. 이를 위해 고구려 수도였던 평양을 서경西京으로 승격시켜 북진정책의 전진기지로 삼았다. 신라시대만 해도 평양은 영토 안에 들지도 못하여 여진족이 와서 사냥하는 곳이었는데, 이곳을 부수도로 승격시키면서 개경과 비슷한 규모의 관청을 설치하여 옛 왕경의 위엄을 되찾아 놓았다. 이를 분사제도分司制度라 한다.

태조의 적극적인 북진정책으로 국경선은 대동강을 넘어 청천강 선으로 확대되었으며, 동북지역은 원산만에서 영흥永興지역까지 밀고 올라갔다. 이러한 고려의 북진정책은 당연히 거란과 충돌을 일으켰다. 거란은 남방의 중국 왕조를 정복하기 위해 되도록 고려와의 충돌은 피하려고 했다. 그래서 고려와 친선관계를 맺고자 942년(태조 25)에 낙타 50마리를 고려에 보내왔다.

그러나 태조는 "거란은 발해와의 옛 동맹을 저버리고 하루 아침에 발해를 쳐서 멸망시킨 무도한 나라이므로 교류할 수 없다"고 하면서 낙타를 가지고 온 사신 30명을 섬으로 쫓아보내고 낙타는 굶어 죽게 하는 강경책을 썼다. 태조가 후세를 경계하기 위해 만들었다고 하는〈훈요십조訓要十條〉에도 '거란은 금수짐승와 같은 나라'라는 표현이 보여 고려가 거란을 얼마나 불신했는지를 알 수 있다.

고려 태조 왕건상 북한국보, 높이 138.3cm, 1993년 개성시 개풍군 소재 현릉에서 발굴. 평양 조선역사박물관 소장.

그러면 사회통합은 어떻게 했는가? 사회통합의 최대과제는 전국에 반독립적 세력을 형성하고 있는 호족층을 포섭하는 일이었다. 이들은 신라사회를 붕괴로 이끈 주도세력으로서 바로 그들의 힘으로 고려도 건국되었지만, 반대로 신라와 후백제에 속했던 호족층은 우호적인 세력이 아니었다. 그렇지만 이들이 실질적으로 지방사회를 장악하고 있기 때문에 중앙집권을 강화하는 데는 큰 걸림돌이 되었다. 여기서 이들에 대한 포섭과 동시에 이들의 기득권을 약화시키는 억압을 병행할 필요가 있었다.

태조는 우선 자신을 왕으로 추대한 신하들과 통일전쟁에 협조한 장

수와 호족들을 여러 등급으로 나누어 개국공신
開國功臣으로 책봉하여 후대했는데,[4] 그 수효가 2
천여 명에 달했다. 이들에게 역분전役分田이라는
토지를 주었으며(940), 정광正匡, 원보元甫, 대상大
相, 원윤元尹 등의 실직이 없는 산직散職을 내려
주기도 했다.

고려 태조 현릉 신혜황후와 함께 모셔짐.
개성시 개풍군 해선리, 북한문화재 해설집(1)

　　이밖에 혼인정책婚姻政策과 사성정책賜姓政
策을 폈다. 왕건이 유력한 호족의 딸을 왕비로
맞이하여 왕후가 6명[5], 부인이 23명에 이른 이
유가 여기에 있다. 여섯 왕후를 정주貞州[경기도 풍
덕], 나주羅州, 충주忠州, 황주黃州, 경주慶州 등 중요지역의 호족 딸로 맞이한 것은 매우 정략적임을
알 수 있다. 23명이나 되는 부인의 출신지도 옛 신라, 후백제 지역까지 망라했다. 혼인정책은
일시적으로 정치를 안정시키는 데 기여했으나, 오히려 훗날 정치불안을 가져오는 요인이 되었
다. 너무 많은 후손 사이에 권력투쟁이 벌어졌기 때문이다.

　　또 귀순해오는 호족들에게 성姓을 내려준 것도 그들을 포섭하는 데 기여했다.[6] 성을 갖는
것은 출세의 길을 열어주기 때문이다. 고려 건국 후 비로소 성씨를 가진 족단은 대략 2천 개 이
상을 헤아리는데,《세종실록》〈지리지〉에는 이런 성씨를 토성土姓이라 불렀다. 우리나라《족보》
를 보면 고려 초부터 시조가 등장하는 경우가 대부분인데, 그 이유가 여기에 있다. 성씨집단의
확대는 바로 골품제도에서 출세에 제약을 받았던 호족층이 지배층으로 재편되어갔다는 것을 말
해준다. 이밖에 중소 호족들을 향리鄕吏로 포섭하기도 하고 향리에게도 호장戶長, 부호장副戶長 등
차등을 두어 향직鄕職을 주었다.

　　한편, 호족의 발호를 막기 위한 정책도 소홀히 하지 않았다. 신라 말기 농민에게 고통을
준 것은 국가의 부세만이 아니라 호족들의 도를 넘는 수탈도 한 몫을 했다. 그래서 정부는 '취
민유도取民有度' 곧 백성에게 조세를 수취할 때는 일정한 법도가 있어야 한다는 뜻을 내걸고 호
족의 지나친 수취를 경계하고, 국가에 대한 세금도 10분의 1로 낮추는 정책을 펴고 빈민을 위
한 흑창을 설치하기도 했다. 이밖에 지방 호족을 견제하고 지방통치를 보완하기 위해 사심관제
도事審官制度와 기인제도其人制度를 활용했다.[7]

---

4)　개국공신 가운데 저명한 인물을 소개하면 다음과 같다. 홍유洪儒, 신숭겸申崇謙, 배현경裴玄慶, 복지겸卜智謙, 박수
　　경朴守卿, 유금필庾黔弼, 김선궁金宣弓, 김선평金宣平, 한란韓蘭, 유차달柳車達 등이다.

5)　6명의 왕후는 다음과 같다. 첫째 왕후는 정주貞州[경기도 풍덕] 호족 유천궁柳天弓의 딸[신혜왕후], 둘째 왕후는 나주
　　호족 오다련군吳多憐君의 딸[장화왕후], 셋째 왕후는 충주 호족 유긍달劉兢達의 딸[신명왕후], 넷째 왕후는 황주 호족
　　황보제공皇甫悌恭의 딸[신정왕후], 다섯째 왕후는 경주 호족 김억렴金億廉의 딸[신성왕후], 여섯째 왕후는 정주 호족
　　유덕영柳德英의 딸[정덕왕후]이다.

6)　호족에게 성姓을 내려준 예를 들면, 강릉 호족 김순식金順式에게 왕씨성王氏姓을 주고, 유차달柳車達의 유씨도 왕
　　건이 주었다. 발해유민에게도 왕씨성을 주고, 그밖에 호족들이 스스로 원하는 성을 그대로 승인해주었다.

7)　사심관제도는 중앙의 고관이 된 사람에게 자기 출신지역의 부호장 이하의 향리를 다스리도록 한 것인데, 귀순
　　한 경순왕을 경주의 사심관으로 임명한 것이 그 첫 사례이다. 기인제도는 지방 호족의 자제를 인질로 수도에
　　와서 살게 한 것을 말한다.

태조 왕건은 후왕들이 지켜야 할 정책방향을 제시하기 위해《정계政戒》와《계백료서誡百僚書》를 만들었다고 하나 지금 남아 있지 않아 그 내용을 알 수 없고, 이밖에 10가지 조목의 지침을 따로 만들었는데, 이를 〈훈요십조訓要十條〉라 한다. 이것은 태조 때 만든 것이 아니라는 설도 있지만, 언제 만들었든 간에 고려의 건국철학이 담겨 있다는 점에서 중요한 의미가 있다. 그 내용을 요약하면 유교정치 진흥, 농민생활 안정, 불교와 사찰 보호, 풍수지리사상 존중, 서경 중시, 그리고 주체적인 문화정책 등이다.[8] 이를 다시 요약하면 주체적이고 도덕적이며 백성의 뜻을 따르는 나라를 만들자는 것이다. 이런 이념은 바로 신라 말기 6두품 출신의 진보적인 지식인이 가지고 있던 이상이기도 하다.

〈훈요십조〉 가운데 차현車峴 이남과 공주강 바깥 사람을 조심해야 한다고 말한 것은 풍수지리에 의거한 것이지만 후백제와의 전쟁이 너무 힘들고, 견훤부자의 갈등을 본 경험에서 나온 발언으로 보인다.

2) 광종의 개혁정치

호족연합정권을 세운 태조 왕건이 재위 26년 만에 세상을 떠나자, 호족연합정권의 모순이 터지기 시작했다. 둘째 왕후[장화왕후; 나주 오다련군의 딸] 오씨가 낳은 혜종惠宗(943~945)이 왕위를 이었으나, 혜종은 재위 3년 만에 병으로 죽고, 그 뒤를 태조의 셋째 왕후[신명왕후; 충주 유긍달의 딸]의 아들 정종定宗(945~949)이다.

이렇게 2대, 3대 왕이 단명한 것은 그 배후에 외척[왕비족]으로 등장한 호족들 사이에 치열한 권력투쟁이 있었기 때문이었다. 태조의 많은 왕비족 가운데 가장 큰 세력은 두 딸을 태조의 부인으로 들인 광주廣州 출신 호족 왕규王規였다. 왕규는 그것도 부족하여 혜종에게 또 다른 딸을 주어 왕비로 삼게 했다. 세 딸을 왕비로 만든 왕규는 16번째 왕비로 들어간 딸 소광주원부인小廣州院夫人이 낳은 외손자 광주원군廣州院君으로 하여금 병약한 혜종의 뒤를 잇게 하려고 여러 가지 음모를 꾸몄다. 그래서 혜종은 항상 불안감 속에서 살다가 죽었는데, 그 뒤를 정종이 이으면서 계획이 실패로 끝났다. 왕규는 결국 정종 초에 서경을 지키던 왕족 왕식렴王式廉에 의해 제거되었다(945). 하지만 정종마저 단명으로 죽고, 그 아우 광종이 제4대 임금이 되었다.

광종은 27년간 장기집권하면서 호족들에게 휘둘리던 왕권을 바로 세우고, 관료정치를 진작시키고, 민생을 안정시키기 위한 개혁을 과감하게 단행했다.

---

8) 〈훈요십조〉의 내용을 조목별로 살펴보면 다음과 같다.
   (1) 불교의 힘으로 나라를 세웠으므로 사찰을 서로 빼앗지 말 것.
   (2) 사찰을 지을 때에는 도선의 풍수사상에 맞게 지을 것.
   (3) 왕위는 장자상속을 원칙으로 하되, 장자가 현명하지 못할 때에는 신하들의 추대를 받는 다른 아들이 이을 것.
   (4) 우리나라는 방토方土와 인성人性이 중국과 다르므로 모든 것을 반드시 중국을 따를 필요가 없다.
   (5) 풍수지리를 존중하고 서경을 중시할 것.
   (6) 연등회와 팔관회를 성실하게 지킬 것.
   (7) 간쟁을 따르고 참언을 멀리하여 신민臣民의 지지를 얻을 것.
   (8) 농민의 요역과 세금을 가볍게 하여 민심을 얻고 부국안민을 이룰 것.
   (9) 차현 이남과 공주강 바깥 사람은 조심해서 등용할 것.
   (10) 경사經史를 널리 읽어 옛날을 거울삼아 오늘을 경계할 것.

광종은 먼저 민생을 개선하기 위한 조치로 956년(광종 7)에 노비안검법奴婢按檢法을 과감하게 시행하여 본래 양인良人이었다가 억울하게 노비奴婢로 전락한 사람들을 심사하여 다시 양인으로 되돌렸다. 이 조치는 노비를 불법으로 소유하고 있던 호족들에게는 매우 불리한 것이었지만, 국가에 공역公役을 지는 공민층公民層을 확대한 것은 국가운영에 큰 도움을 주었고, 노비의 해방을 촉진시킨 효과도 컸다.

왕은 당시 5대 10국의 혼란을 피하여 고려로 망명해온 수많은 중국 지식인들을 관료로 등용하고,[9] 왕권에 도전하는 벼슬아치는 개국공신이라도 가차없이 숙청했다. 이런 정책은 귀족과 호족층을 견제하는 효과가 컸다. 중국 귀화인 가운데 후주後周에서 귀화한 쌍기雙冀의 건의를 받아들여 958년(광종 9)부터 중국식 과거제도를 시행한 것도 매우 획기적인 개혁이었다. 신라시대에도 독서삼품과가 실행되어 관료를 시험으로 선발한 일이 있었지만 골품제의 제약을 받아 제 기능을 발휘하지 못했다. 이에 비해 과거제도는 골품제도가 무너진 상태에서 시행되어 능력 있는 호족자제들이 벼슬아치가 되는 길이 넓게 열린 것이다. 이로써 유교교양을 쌓은 문반文班이 나타나 종전의 무반武班과 더불어 양반兩班으로 불리는 관료제도가 뿌리를 내리기 시작했다.

관료제도를 더욱 안정시키려면 관료의 위계질서 확립이 필요했다. 그래서 960년(광종 11)에는 백관의 공복公服을 제정하여 등급에 따라 자색紫色, 단색丹色, 비색緋色, 녹색綠色으로 구별했다.[10]

광종의 개혁은 여기서 그치지 않았다. 태조 때 사용되었다가 혜종과 정종 때 일시 중단된 연호를 다시 세워 광덕光德이라 했다가 뒤에는 준풍峻豊으로 고치고, 개성을 황도皇都로, 서경을 서도西都로, 자신을 황제皇帝로 불렀다. 이로써 당당한 황제국가의 면모를 과시했다. 이는 중국이 아직도 5대 10국의 혼란기로 수많은 황제국가가 난립하고, 고려에 간섭할 나라가 없다는 것을 고려한 것이다.

광종 대에는 문교정책도 바뀌었다. 유교정치를 강화하기 위해 당태종의 유교정치를 기록한 《정관정요貞觀政要》를 많이 참조하고, 신라 말기 이래 난립해온 교종教宗과 선종禪宗의 종파를 정리하기 위해 교종의 여러 종파는 화엄종을 중심으로 통합하고, 선종의 여러 종파는 법안종法眼宗을 중심으로 정리하려고 했다. 개경에 귀법사歸法寺를 세우고, 균여均如를 주지로 임명한 것은 화엄종의 재확립을 위한 노력이며, 중국에서 혜거惠居를 귀국시킨 것은 선종교단을 영도하기 위함이었다. 또 승려 제관諦觀과 의통義通을 남중국에 파견하여 천태학天台學을 들여온 것은 교종과 선종의 대립을 천태학이라는 한층 높은 차원에서 통합하고자 하는 뜻이 있었다.

3) 경종, 성종 대의 개혁정치

광종 대의 정치개혁이 토대가 되어 그 다음 제5대 경종景宗(975~981) 시대에는 경제개혁이 이루어졌다. 그것이 전시과田柴科의 시행이다. 이로써 호족들이 개성에 가까운 양광도에 가지고

---

9) 고려 광종 때 중국 또는 그밖의 외국에서 귀화한 대표적 성씨를 소개하면 다음과 같다. 충주지씨忠州池氏, 화산이씨花山李氏(베트남), 태안이씨泰安李氏, 강화위씨江華韋氏 등

10) 자색紫色은 자주색, 단색丹色은 적갈색, 비색緋色은 주홍색, 녹색綠色은 초록색을 말한다. 왜 이런 색으로 등급을 표현했는지는 알 수 없으나, 과일이 익어갈 때의 색깔의 변화를 상징하는 것으로 보인다.

있던 큰 농장이 국가에 귀속되어 이를 새로 개편된 중앙관료들의 경제적 안정을 위한 토지로 바꾼 것이다.

고려의 정치질서가 틀을 잡은 것은 10세기 말 6대왕 성종成宗(981~997) 때이다. 성종은 개국공신과 광종이 등용한 급진적 귀화인세력이 물러난 자리에 과거를 통해 등용된 남방 출신의 신흥관료들로 채우고 한층 세련된 유교정치를 폈다. 신라 6두품 출신의 유학자인 최승로崔承老를 비롯한 신라계 유신儒臣들이 성종시대 정치를 주도했다. 특히 최승로는 성종이 즉위하던 해에 유명한 28조의 시무책時務策을 상소하여 건국 이래 정치사의 흐름을 비판적으로 회고하면서 유교정치의 방향을 제시했다.

최승로는 고려건국 이래 중국 귀화인이나 발해유민, 고구려계 인물, 백제계 호족들이 왕비족이나 귀족이 되어 정치를 주도한 것을 비판하고, 신라계 유신儒臣들이 정치를 주도할 필요성을 강조한 것이다. 불교는 수신修身의 가르침이고, 유교는 치국治國의 길인데, 승려가 정치에 간여하고, 거창한 불교행사로 국가재정이 낭비된다고 비판했다. 또 중국의 정치제도나 윤리를 배워야 하지만 우리 풍토에 맞는 언어와 풍습은 그대로 지켜야 한다고 말했다.

최승로의 건의에 따라 성종시대에는 당과 송의 3성 6부제도와 태봉과 신라시대의 정치제도 등을 두루 참고하여 고려의 현실에 맞는 통치제도를 확립했다. 지방에 12목牧을 설치하고 이곳에 향학鄕學을 설립하여(983) 지방제도를 개선하였다. 개경에 최고 유학교육기관으로 국자감國子監을 설치하고(992), 중앙 문관에게는 문산계文散階를 부여하고, 지방 호족인 향리와 노병 등에게는 무산계武散階를 부여하는 등 관료와 호족들의 서열화를 더욱 확실하게 만들었다.

한편 고려시대부터 처음으로 임금의 묘호廟號에 '조祖'와 '종宗'을 붙이기 시작했는데,[11] 이는 당나라 제도를 따른 것이다.

2. 통치체제의 정비

1) 중앙통치조직과 지방의 행정체제

고려의 통치체제는 처음에는 태봉의 관제를 바탕으로 신라관제를 참고하는 형태로 출발했다가 성종 때 당나라와 송나라의 제도를 참고하여 3성 6부제도를 도입하고, 1076년(문종 30)에 이르러 비로소 완성되었다.

중앙관제의 핵심은 3성三省과 6부六部였다. 그런데 중국의 3성 6부제도와 고려의 3성 6부제도는 차이가 있었다. 중국의 3성은 중서성中書省, 문하성門下省, 상서성尙書省을 말하는데, 중서성은 황제의 조칙詔勅을 만들고 상소문에 대한 비답을 내리는 기능을 맡은 기관으로 말하자면

---

11) '조祖'와 '종宗'을 가르는 기준이 있다. 유공자有功者는 '조'라 하고, 유덕자有德者는 '종'으로 한다. 그런데 실제로 고려는 태조만 '조'를 붙이고, 나머지 왕들은 모두 '종'을 붙였다. 그러나 조선시대는 '조'를 붙인 임금이 많았다. 예를 들면 태조, 세조, 선조, 인조, 영조, 정조, 순조 등이 그러하다. 세조는 여러 반란을 진압한 공으로, 선조는 왜란을 극복한 공으로, 인조는 호란을 극복한 공으로 '조'를 썼고, 영조, 정조, 순조는 본래 '종'을 썼으나, 고종이 황제가 된 뒤에 5대조를 황제로 추존하면서 '조'로 바꾸었다.

황제의 비서기관이다. 문하성은 조직과 상소문의 초안을 심의하여 이를 거부할 수 있는 기관으로 말하자면 언론감찰기관이다. 상서성은 위계상으로는 가장 높은 기관이지만, 실제로 하는 일은 황제의 조칙을 집행하는 행정기관으로 그 아래에 이부吏部, 호부戶部, 예부禮部, 병부兵部, 형부刑部, 공부工部 등 6부를 두었다,

그런데 고려의 3성 제도는 상서성 산하에 6부를 두고, 중서성과 문하성을 합하여 중서문하성中書門下省[때로는 문하성으로 약칭]으로 만들고, 그 장관인 문하시중門下侍中(종1품)을 수상으로 삼아 국정을 총괄하게 했다. 중서문하성은 일명 재부宰府라고도 불렀는데, 그 아래에 2품 이상의 재신宰臣과 3품 이하의 낭사郎舍로 구성되었다. 재신은 국가의 정책을 결정하고, 낭사는 정책을 건의하고 잘못된 정책을 비판하는 기능을 맡았다. 낭사는 이밖에도 감찰기관인 어사대御史臺와 더불어 관리를 임명할 때 동의하거나 반대하는 서경권署經權을 가지고 있으며, 왕명을 거부할 수 있는 봉박권封駁權도 가지고 있어서 왕권을 견제하는 기능이 매우 컸다.

상서성은 백관을 거느리고 정책을 집행하는 행정기관으로 좌우복야左右僕射(정2품)가 책임자로써 그 아래에 6부를 두었다. 그런데 최고관직인 수상이 중서문하성의 시중侍中[또는 문하시중]이었으므로 상서성은 중서문하성 아래에 있었다. 이런 권력구조는 3성을 동등하게 병립시켜 신권을 분산시킴으로써 황제권을 강화시킨 중국과 달리 고려는 시중을 비롯한 재상들의 합의제에 의한 국정운영을 존중하는 우리나라의 고유한 권력구조라고 할 수 있다. 이는 삼국시대부터 내려오는 귀족합의제를 계승한 것으로 조선왕조의 의정부제도도 비슷한 성격을 지니고 있다.

그런데 중서문하성 곧 재부宰府와 동등한 위치에 있던 것이 중추원中樞院[뒤의 樞密院]이었다. 이를 추부樞府라고도 불렀는데, 왕명의 출납과 군기軍機를 장악했다. 그러니까 국왕의 비서기관이자 군사정보기구라고 할 수 있다. 국가의 중대

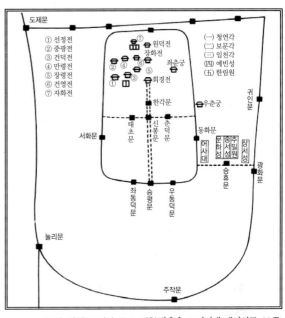

궁성 안의 궁전과 주요 관청(박용운, 고려시대 개경연구, 33쪽)

개성지도 18세기 《해동지도》 수록

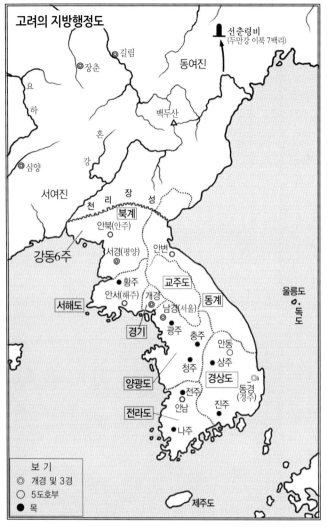

고려의 지방행정도

보 기
◎ 개경 및 3경
○ 5도호부
● 목

사를 결정할 때는 재부와 추부가 함께 모여 만장일치로 의결했는데, 이를 의합議合이라고 불렀으며, 이 회의를 재추회의宰樞會議 또는 도당都堂으로 불렀다. 이런 제도 또한 귀족합의제의 전통이다. 조선시대 의정부와 비변사가 합동으로 중대사를 의논한 것과 비슷하다. 이런 전통 때문에 우리나라의 국왕은 중국의 황제와 같은 권한을 갖지 못했다.

이밖에 중요한 기관으로는 법제의 세칙을 만드는 임시기관인 식목도감式目都監, 재정을 맡은 삼사三司, 왕의 교지敎旨와 외교문서를 작성하는 한림원翰林院[뒤의 예문관], 역사편찬을 담당하는 춘추관春秋館[처음에는 史館], 천문관측을 담당하는 사천대司天臺가 있어서 관료제도가 신라보다 한층 전문화되었다.

지방행정은 성종 대부터 정비되기 시작하여 1018년[현종 9]에 일단락되었다. 전국을 5도[12]와 경기 그리고 양계兩界[北界와 東界][13]로 크게 나누고, 그 안에 3경三京[14], 5도호부[15], 8목八牧[16]을 비롯하여 군郡, 현縣, 진鎭 등을 두었다. 5도에는 상설행정기관은 없고, 안찰사按察使가 순회하면서 수령을 감독했다. 도호부와 목에는 부사府使와 목사牧使를 파견했으며, 군에는 군수郡守, 현에는 현령縣令[또는 현감]이 파견되었다. 그러나 모든 군현에 수령이 파견된 것은 아니고, 주요 군현에만 파견되어 이를 주현主縣이라 하고, 나머지 수령이 없는 군현을 속현屬縣이라 하여 주현이 간접적으로 다스리게 했다. 그런데 주현보다 속현이 훨씬 더 많아 전국의 군현에 수령이 파견된 조선시대에 비해 중앙집권체제가 약했다. 속현은 향리鄕吏가

12) 5도는 양광도楊廣道[뒤의 경기도], 서해도西海道[뒤의 황해도], 교주도交州道[뒤의 강원도], 전라도, 경상도이다.

13) 북계는 지금의 평안도, 동계는 강원도와 함경남도 지역이다. 이 지역은 군사요지로 그 책임자를 병마사兵馬使로 불렀으며, 양계 안에는 군현 대신 진鎭을 설치했다.

14) 3경은 처음에는 개경開京, 서경西京[평양], 동경東京[경주]을 가리켰으나, 문종 이후에는 동경 대신 남경南京[한성]이 들어갔다. 지방의 2경은 삼국시대의 수도이다.

15) 5도호부는 안동도호부[경주], 안남도호부[전주], 안서도호부[해주], 안북도호부[안주], 안변도호부[등주]이다. 그러나 뒤에는 안동도호부와 안남도호부는 폐지되었다.

16) 8목은 경상도의 상주와 진주, 전라도의 전주와 나주, 양광도의 광주, 충주, 청주, 서해도의 황주이다.

다스리면서 조세와 공물, 요역 등을 징발하는 일을 맡아 실제적으로 향리의 권한이 컸다.

　지방행정구역의 최하단위는 촌村인데, 이는 몇 개의 자연촌을 묶은 것으로 여기에는 촌주村主 또는 촌장村長을 두어 인구이동을 파악하는 등 수령의 행정을 보좌했다.

　이밖에 향鄕, 소所, 부곡部曲 등으로 불리는 특수행정구역이 있었는데, 이들 구역도 향리가 관할하고, 주현의 수령이 간접지배했다. 부곡은 신라에도 있었던 것으로 전쟁포로나 어업, 목축, 제염[소금] 등 천한 직업에 종사하는 사람들의 집단거주지로 보이고, 소는

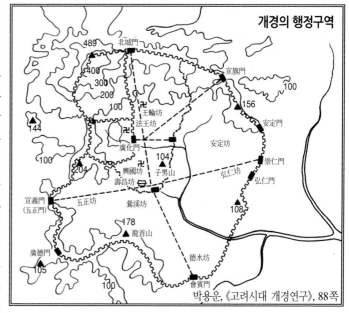

개경의 행정구역

박용운,《고려시대 개경연구》, 88쪽

수공업자의 거주지역 그리고 향은 특수농장에서 노동하는 농부의 거주지역을 가리킨다. 이들은 직업이 천하기 때문에 천민으로 불렸지만, 노비처럼 매매되거나 상속되는 사람들이 아니었다. 다만 벼슬길에 나가는 것은 금지되었기 때문에 일반 주현의 주민보다는 신분이 낮았다.

　고려시대 이전에 향리는 본래 토지와 노비를 많이 소유한 지방 호족세력으로서 관반官班이라는 독립된 통치조직을 가지고 있었으며, 스스로 당대등堂大等이라 했다. 그런데 고려 건국 후 이들의 지위를 향리로 격하시키는 동시에 그들의 기득권을 어느 정도 인정하여 세력의 크기에 따라 호장戶長, 부호장副戶長 등의 등급을 매기고, 이들에게도 별도의 향직鄕職을 주었다. 특히 호장의 자제들에게는 벼슬길을 열어주어 고려시대 벼슬아치는 실제로 호장층에서 많이 배출되었다. 이 점이 조선시대 향리와 다르다.

　한편 향리의 횡포를 막기 위해 향리자제를 개경에 올라와 몇 년간 살게 하면서 지방 일에 대한 자문을 받기도 했는데, 이를 기인其人이라고 했다. 일종의 인질정책이다. 또 지방세력가의 횡포를 막기 위해 지방출신의 고급 벼슬아치를 사심관事審官으로 임명하여 출신지방의 향리를 비롯한 호족의 동태를 파악하고 견제하도록 했다. 이런 제도의 목표는 지방호족들에 대한 회유와 통제를 병행시키면서 민생을 보호하기 위함이었다.

2) 군역제도와 군사조직

　고려는 무력으로 후삼국을 통일했고, 통일 후에도 북진정책이 필요하고, 나아가 거란과의 전쟁이 계속적으로 일어나면서 이에 대응하여 국방과 군사조직에 비상한 관심을 쏟았다. 그러나 지방호족들이 독자적인 군대를 가지고 있어서 이를 통합하는 일부터 시작하지 않으면 안 되었다. 947년(정종 2)에 거란의 침략에 대비하여 조직했다는 30만 명의 광군光軍은 바로 호족이

거느리던 사병을 통합한 것으로 보인다.

인조 때 송나라 사신 서긍徐兢이 쓴《고려도경高麗圖經》을 보면, 거란과의 전쟁에서 가장 용 맹스럽게 싸워 전쟁을 승리로 이끈 군사들을 재가화상在家和尚이라고 한다. 이들은 머리를 깎고, 좁고 흰 모시 옷에 검을 띠를 두르고 있어 승려처럼 보이지만 승려가 아닌 죄인들로서 가족을 거느리고 살면서 평소에는 농사를 하고 관청에 가서 짐도 나르고 청소도 하고, 도랑을 파고 성 곽도 짓는 일을 하다가 전쟁이 일어나면 자진해서 선봉에 서서 용감하게 싸우기 때문에 이들 의 힘을 빌어 전쟁에 승리를 거두었다는 것이다. 1104년(숙종 9)에 여진정벌을 위해 윤관尹瓘의 건의로 설치한 별무반別武班 가운데 승려로 구성된 항마군降魔軍이 있었는데, 이 항마군도 재가화 상으로 보는 견해가 있다. 재가화상이나 항마군은 정규군인이 아닌 것은 확실한데, 일반 농민 과는 다른 특수계층으로 보기도 한다. 아마도 신라의 화랑도를 계승한 향도香徒를 가리키는 것 으로 보인다. 향도는 종교단체인 동시에 농사공동체이고, 군사공동체이기도 하다. 이들이 유사 시에는 민병대民兵隊로 전쟁에 참여한 것이다.

한편, 국가의 정규군인도 있었다. 중앙군에는 2군二軍 6위六衛가 있고, 지방군에는 주현군 州縣軍과 주진군州鎭軍이 있었다. 2군은 응양군鷹揚軍과 용호군龍虎軍을 말하는데, 이들은 궁 안에서 국왕을 호위하는 친위부대로 근장近仗이라고도 불렀다. 6위는 좌우위左右衛, 신호위神虎衛, 흥위위 興威衛, 금오위金吾衛, 천우위千牛衛, 감문위監門衛 등 6개의 부대를 말하는데, 앞의 세 부대는 수도 경비와 국경방어 임무를 맡고, 금오위는 경찰, 천우위는 의장儀仗, 감문위는 궁성과 도성의 문을 지키는 일을 맡았다. 2군과 6위 그리고 지방군에는 45개의 영領이 있고, 영마다 약 1천 명의 군 인이 소속되어 전체 군대는 약 4만 5천 명 정도 되었다. 이 정도의 관군으로는 수십만 명을 헤 아리는 거란군을 당해내기는 어려웠다. 그래서 위에 말한 민병대가 오히려 국방의 중심을 이루 었던 것이다.

45영領의 지휘관을 장군將軍이라 부르고, 그 위에 상장군上將軍과 대장군大將軍이 있었다. 이 들 장군들은 장군방將軍房이라는 불리는 합좌기관이 있고, 상장군과 대장군은 중방重房이라는 합 좌기관이 있었다. 이는 문신들의 도당都堂과 대비된다.

그러면 2군과 6위는 어디서 뽑힌 군인인가? 중앙군 안에는 군반씨족軍班氏族으로 불리는 직업군인인 경군 이외에 지방에서 의무병역으로 뽑혀 올라온 보승군保勝軍과 정용군精勇軍이 합 쳐진 것이었다.[17] 군반씨족에 대해서는 군인전軍人田을 지급하여 그 역을 세습시켰다. 한편 지방 군인 주현군과 주진군은 16세에서 60세 사이의 양인장정良人壯丁에게 부과한 의무병역으로 선 발된 군인으로 이를 부병제府兵制로 불렀다. 그러나 장정이 모두 현역군인으로 나가는 것은 아 니고, 일부는 군인이 되고, 일부는 군인의 생계를 도와주는 양호養戶가 되어 군인 1명에 두 명의 양호가 배정되었다.

지방군 가운데 주진군은 북방 양계兩界에 배정된 군인으로 이들은 스스로 농사를 지으면 서 군역을 지는 둔전병屯田兵이었고, 주현군은 남방의 주현을 지키는 후방군인으로서 교대로 중 앙에 올라와서 근무한 것으로 보인다.

---

17) 이기백은 보승군과 정용군을 지방군, 곧 주현군으로 보고 있다.

3) 과거제도와 교육제도

고려시대의 벼슬아치는 크게 두 길을 통해 충원되었다. 하나는 과거제도이고, 다른 하나는 문음제도門蔭制度[또는 음서(蔭敍)]이다. 문음제도는 5품 이상 관료의 아들, 손자, 사위, 조카 가운데 한 사람을 자동적으로 관리가 되는 길을 열어준 것인데, 이때 받는 벼슬은 서리급胥吏級에 해당하는 낮은 행정실무를 담당했다. 서리급 실무자들은 임금을 조회할 때 남쪽에 서 있었기 때문에 남반南班으로 불리고, 동반과 서반보다 낮게 취급되었다. 문음으로 나간 벼슬아치 가운데는 과거를 거치지 않고 고관에 오르는 경우가 있었지만, 고관의 대부분은 과거에 급제한 사람들이었다. 따라서 문음제도가 과거제도의 위력을 누를 만한 영향력을 갖지는 못했다. 문음제도는 신라 골품제가 무너지면서 그 유제가 일부 남아 있는 것으로 볼 수 있다.

한편, 광종 때부터 시작된 과거제도는 유학능력을 시험하여 관료를 뽑는 제도이기 때문에 개인의 지식수준이 중요한 요인을 차지했다. 고려시대를 순수한 귀족사회로 볼 수 없고, 혈통을 존중하는 귀족제와 능력을 존중하는 관료제가 혼합된 형태로 보아야 하는 이유가 여기에 있다.

과거제도는 세 분야로 나누어 실시되었다. 행정실무에 필요한 문학적 재능을 시험하는 제술업製述業[일명 進士科][18]과 유교경전에 대한 지식을 시험하는 명경업明經業[19], 그리고 법률, 산수, 의학, 점복, 풍수지리 등 실용적인 지식을 시험하는 잡업雜業이 그것이다. 제술업은 외교문서나 임금의 교서 등을 잘 짓는 문장능력을 시험한 것이고, 명경업은 유교의 윤리와 정치이념을 시험하는 것이다. 특히 제술업은 명경업보다 약 10배 많은 인원을 선발하여 고려시대 제술업 급제자는 약 6천 명을 헤아렸는데 반해, 명경업은 약 450명을 선발하는 데 그쳤다. 고려시대 무반을 뽑는 무과武科는 공양왕 때 처음으로 실시되었으며, 그 전에는 팔관회와 같은 국가 축제기간에 무예가 뛰어난 자를 뽑기도 하고, 일반 군인 가운데 전투능력이 뛰어난 자가 무반으로 승진하기도 했다. 그러나 최고군사지휘권은 문신이 쥐고 있었다. 강감찬姜邯贊이나 윤관尹瓘 등이 모두 과거시험을 통과한 뛰어난 문신이었다.

과거에 응시할 자격을 가진 것은 양인良人 이상 신분이었는데 실제로는 기성관료의 자제나 호장급 이상의 향리층에서 급제자가 많이 배출되었다.[20] 지방의 향학鄕學이나 개경의 국자감國子監, 또는 은퇴한 고관들이 만든 사립학교에서 공부한 사람이 아니면 과거에 급제할 능력이 없었기 때문이다. 기술관을 뽑는 잡업은 일반 평민도 가능했지만, 국자감에서 잡학雜學을 공부하지 않으면 급제가 어려웠을 것이다. 잡학은 8품 이하 관료의 자제와 서인庶人[평민]에게 입학자격이 주어졌다.

고려시대 교육기관은 어떠했는가? 크게 보면 국립학교와 사립학교가 있는데, 국립학교는 992년(성종 11)에 개경에 세운 국자감國子監이 최고 교육기관이고, 지방의 큰 군현인 주군현主郡縣에 향학鄕學[뒤의 향교이 있었다. 도서관으로는 궁중도서를 관리하는 비서성秘書省이 있고, 서경[평양]에도 수서원修書院이라는 도서관이 있었다. 또 문신월과법文臣月課法이 있어서 관리들에게 매월

---

18) 제술업에서는 시詩, 부賦, 송頌, 책策을 시험했다.

19) 명경업에서는 시경詩經, 서경書經, 주역周易, 춘추春秋 등을 시험했다.

20) 1048년(문종 2)에 제정된 법을 보면 향리 가운데 부호장副戶長 이하의 손자, 부호정副戶正 이하의 아들이 과거의 제술업과 명경업에 응시할 수 있도록 했다.

시詩와 부賦를 지어 바치게 하여 작문능력을 키웠다.

고려는 도서간행과 도서수집에 열성을 쏟아 송나라에 가는 사신을 통해 중국서적을 대량으로 구입하고, 국내의 서적간행도 활발하여 중국에 없는 책이 고려에는 소장되어 있는 경우가 많았다. 11세기 중엽의 문종文宗(1046~1083) 때에 송나라의 유명한 문인 소식蘇軾[東坡]이 항저우 지사杭州知事를 하고 있을 때, 고려 사신들이 송나라에 와서 수많은 서적을 구매해가는 것을 보고 두려움을 느껴 황제에게 고려사신의 왕래를 중단시킬 것을 건의하기도 했다. 당시 항저우에는 대각국사大覺國師 의천義天을 비롯하여 수많은 승려가 건너가서 사찰을 세우고 포교도 하면서 고려촌高麗村을 형성하고 있었으며, 고려 사신들도 그곳에 들러 정보를 수집해갔다. 고려의 도서 수집열이 얼마나 높았는지 중국에 없는 책도 고려에서는 쉽게 찾아 볼 수 있었다. 11세기 말 선종宣宗(1084~1094) 때에는 중국 사신 서긍徐兢이 고려에 와 수천 권의 서적을 필사해 가기도 했다.

제15대왕 숙종肅宗(1095~1105) 때에는 국자감에 서적포書籍鋪라는 국립출판사를 두어 책을 간행하고, 그 다음 예종睿宗(1105~1122) 때에는 문종 때 최충崔沖이 만든 사립학교 9재九齋를 모방하여 국자감에 7재七齋[21]를 두어 전문적인 7개과로 나누어 유학을 가르쳤다. 7재는 5경五經에 《주례周禮》와 무학武學을 합친 것인데, 경전 가운데 《주례》가 등장한 것은 처음이다. 《주례》는 중국의 이상시대인 주周나라의 제도를 설명한 책으로, 그 기본정신은 재상권 강화, 관료조직의 전문성, 통제적 경제구조, 신분제도의 타파에 두고 있었으며, 유교와 법가사상을 절충한 것이었다. 또 이때 양현고養賢庫라는 장학재단을 만들고, 왕궁 안에 보문각寶文閣, 임천각臨川閣, 청연각淸讌閣이라는 궁중도서관 겸 학문연구소를 만들어 수만 권의 장서를 보유하고 있었다. 이는 조선 세종 때의 집현전集賢殿이나 정조 때의 규장각奎章閣과 비슷한 기능을 가지고 있다.

예종 다음의 인종仁宗(1122~1146) 때에는 국자감에 다시 경사육학京師六學을 두어 학문을 여섯 분야로 나누어 가르쳤는데, 국자학國子學, 태학太學, 사문학四門學, 율학律學, 서학書學, 산학算學이 그것이다. 그 가운데 국자학, 태학, 사문학에서는 5경(시경, 서경, 주역, 예기, 춘추)과 《효경》, 《논어》, 《춘추》 등을 가르쳤는데, 다만 입학자격이 달랐다. 국자학에는 3품 이상의 자제, 태학은 5품 이상의 자제, 사문학에는 7품 이상의 자제와 서인 가운데 우수한 자가 입학하도록 했다. 신분에 따라 기숙사를 달리한 것이다. 율학[법률], 서학[글씨], 산학[수학]은 잡학에 속하는 것으로 8품 이하의 자제와 서인이 입학했다. 여기서 서인[평민]도 일단 국자감의 사문학과 잡학에 입학할 수 있다는 것이 중요하다.

고려 중기에 해당하는 12세기 전반기, 곧 숙종~예종~인종 시대는 이렇게 교육제도가 완비되고 유학교육이 절정에 이른 시기로 볼 수 있다. 그래서 이 시기에 유명한 유학자들이 많이 배출되었는데, 인종 때 김부식金富軾 등을 비롯한 유학자들이 유교정신을 바탕으로 쓴 역사

---

21) 7재는 다음과 같다.
    (1) 여택재麗澤齋 – 《주역》 전공
    (2) 대빙재待聘齋 – 《서경》 전공
    (3) 경덕재經德齋 – 《시경》 전공
    (4) 구인재求仁齋 – 《주례周禮》 전공
    (5) 복응재服膺齋 – 《예기》 전공
    (6) 양정재養正齋 – 《춘추》 전공
    (7) 강예재講藝齋 – 무학武學 전공

책이 바로 《삼국사기三國史記》(1145)이다.

지방에 설치한 학교는 987년(성종 6)에 12목에 경학박사와 의학박사를 파견하여 지방 자제들을 가르친 것이 시초인데, 1127년(인종 5)에는 12목 이외에 지방의 큰 주군현主郡縣에도 향학鄕學을 세웠다. 그러나 작은 속현屬縣에는 향학이 없었다. 이것이 모든 군현에 향교鄕校를 세운 조선시대와 다르다.

고려시대 사립학교는 고관을 지내고 은퇴한 전직관료들이 사재를 털어 개경 일대에 많이 세웠다. 최초의 사립학교는 문종文宗(1046~1083) 때 시중侍中을 지내고 '해동공자海東孔子'로 이름을 날린 최충崔冲(984~1068)이 세운 9재학당九齋學堂인데 이를 문헌공도文憲公徒라고 부른다. 9재학당은 9경九經[22]과 3사三史[23]를 전문적으로 가르치기 위해 아홉 개의 재齋(기숙사)를 설치한 데서 붙여진 이름이다.[24] 9재학당의 출현을 계기로 11개의 사립학교가 차례로 세워졌는데, 이를 '사학 12도私學十二徒'라고 불렀다.

이렇게 유명한 유학자 관료의 사립학교가 발달하면서 개경의 거리마다 학교가 있다는 말이 생겨나고, 국자감보다도 사립학교에 몰려드는 학생이 더 많았다. 고려 중기에 유명한 유학자가 무더기로 배출되어 문화수준이 높아진 이유가 여기에 있지만, 부작용도 없지 않았다. 설립자들이 과거의 지공거知貢擧(考試官)을 겸하고 있기 때문에 그 제자들이 과거에 급제하면 좌주座主와 문생門生 관계를 맺어 배타적인 학파와 정파가 형성되고, 이들이 문벌門閥로 성장하는 바탕이 되었다.

사학12도

명칭	관명	설립자
1. 문헌공도	시중	최충
2. 홍문공도	시중	정배걸
3. 광헌공도	참정	노단
4. 남산도	좨주	김상빈
5. 서원도	복야	김무체
6. 문충공도	시중	은정
7. 양신공도	평장	김의진
8. 정경공도	평장	황영
9. 충평공도		유감
10. 정헌공도	시중	문정
11. 서시랑도	시랑	서석
12. 귀산도		미상

3. 경제구조와 신분제도

1) 토지제도와 재정정책

고려 건국 후 민생안정을 위한 조치는 먼저 세금을 낮추어 주는 취민유도取民有度로 나타났다. 그것이 10분의 1세이다. 이를 위해 사유지를 인정하면서 토지에 대한 공개념公槪念을 부여하여 일단 모든 토지의 사유권을 인정하면서 국가가 수조권을 행사할 수 있는 공전公田으로 편입시켰다. 그런데 당장 필요한 일은 건국에 공로가 있는 공신과 관료들의 생활을 보장해주는 일이었다. 그래서 태조 때 인품과 공로가 큰 사람들에게 역분전役分田을 지급했다.(940) 이는 수조권收租權을 준 것으로 보인다.

국가질서가 어느 정도 안정된 경종景宗(975~981) 때부터 드디어 현직 및 산직散職의 관료들

---

22) 9경의 내용은 확실치 않으나 5경(시경, 서경, 예기, 주역, 춘추)에다 《논어》, 《맹자》, 《효경》, 《주례》를 합친 것으로 보인다.

23) 3사는 《사기》, 《한서》, 《후한서》를 말한다.

24) 구재의 이름은 다음과 같다. (1) 낙성재樂聖齋, (2) 대중재大中齋, (3) 성명재誠明齋, (4) 경업재敬業齋, (5) 조도재造道齋, (6) 솔성재率性齋, (7) 진덕재進德齋, (8) 대화재大和齋, (9) 대빙재待聘齋

의 생계를 안정시키기 위한 토지개혁이 시작되었다. 그것은 976년(경종 원년)에 시행된 전시과田柴科이다. 농경지인 전지田地와 땔감을 채취하는 시지柴地[산판]를 함께 주었는데, 그 사용권만을 준 것이지 소유권을 준 것은 아니었다. 이 제도는 호족세력의 반발과 관료조직의 변동에 따라 여러 차례 수정을 거쳐 100년이 지난 1076년(문종 30)에 비로소 완결되었다.

경종 때의 전시과에서는 관직을 18등급으로 나누고 최고 110결[시지 110결]에서 최하 33결[시지 25결]을 주었으며, 개국공신과 귀순한 호족의 후예에게 훈전勳田을 주었다.[25] 그 후 목종穆宗(997~1009) 때에는 이를 다시 고쳐 최고 100결[시지 70결], 최하 20결을 주었는데, 시지는 15등급까지만 주었으며, 상급향리인 안일호장安逸戶長에게도 전시田柴를 주었다.

문종 때 완성된 전시과를 보면 관료의 등급을 18과로 나누고, 최고 100결[시지 50결]에서 최하 17결[閑人]을 주었는데, 시지는 14등[5결]까지만 주었다. 전시과는 토지사유권을 준 것이 아니라 수조권을 당대에 걸쳐 준 것이지만, 시간이 지날수록 토지가 부족하여 줄여간 것을 알 수 있다. 1049년(문종 3)에는 훈전勳田을 공음전功蔭田으로 바꾸었는데, 공로가 있는 신하를 5등급으로 나누어 주고,[26] 자손과 사위, 조카 등에게 그 일부를 세습하도록 허용하여 영업전永業田이라고도 했다.

그런데 수조권을 받은 것은 관료뿐 아니라, 관료가 되었지만 아직 보직을 받지 못한 한인閑人[同正職], 서리胥吏, 군인[軍人田], 향리[外役田], 일부 공장工匠과 악공樂工 등도 받았다. 그 가운데 군인과 향리는 그 직업이 세습되기 때문에 그 토지의 수조권도 세습되었다. 이렇게 많은 공역자公役者들에게 수조권을 준 것은 신라시대에는 볼 수 없는 현상이다.

이밖에 왕실[內莊田], 관청[公廨田], 궁원[宮院田]. 사원[寺院田]도 토지를 받았다. 다만 국가가 직접 소유하고 있는 둔전屯田과 관청에 속한 공해전에서는 4분의 1조를 받았다.

전시과제도는 11세기 문종 때 완성되었지만, 바로 이 무렵부터 점차 붕괴되기 시작했다. 국가에 반납해야 할 토지가 사유지로 세습되는 경향이 일어나서 토지의 부족을 가져왔기 때문이다. 관료들은 이제 자신의 힘으로 토지를 사들이거나 황무지를 개간하거나 남의 토지를 겸병하거나 하면서 생계를 이어갔다.

일반 평민은 자기의 토지를 소유하고 있어 이를 민전民田이라 불렀는데, 그 민전의 일부가 위에 말한 대로 공역자에게 수조권이 돌아간 것이다. 평민은 자기의 토지를 직접 경영하는 자영농도 있지만, 토지가 없는 농민은 남의 토지를 빌어서 경작하고 수확의 반을 나누었는데, 이를 차경借耕이라 했다.

고려시대 국가의 재정에서 가장 큰 비중을 차지하는 것은 양인良人이 바치는 전세田稅였다. 일반 민전에서는 수확의 10분의 1, 둔전이나 공해전에서는 4분의 1을 수취했다. 그밖에 양인은 특산품을 공물貢物로 바쳤는데, 지역에 따라 베, 모시, 모피, 종이, 과일, 어물 등 다양했다. 또 16세 이상 60세 이하의 장정壯丁은 국가에 요역徭役[노동력]과 군역軍役을 의무적으로 졌다. 요

---

25) 훈전은 최고 50결에서 최하 20결을 주었다.

26) 공음전은 1품 25결[시지 15결], 2품 22결[시지 12결], 3품 20결[시지 10결], 4품 17결[시지 8결], 5품 15결[시지 5결]이다. 단 산관散官은 5결을 감했다. 종전에는 공음전이 5품 이상의 모든 관료에게 지급한 토지로 해석했으나, 최근에는 특정 관료를 5등급으로 나누어 공음전을 준 것으로 해석하고 있다.

역은 국가의 각종 토목공사, 예를 들면 축성築城, 건축공사, 도로 개설, 청소, 물품 운반 등을 무료로 봉사했다.

고려시대에는 국가의 특정한 복지사업이나 장학獎學을 위한 재원을 마련하기 위해 보寶를 많이 만들었다. 예를 들면 국자감 학생들의 학비를 대기 위한 학보學寶, 승려들의 장학을 위한 광학보廣學寶, 빈민을 위한 구제기금으로는 제위보濟危寶, 팔관회 경비를 위한 팔관보八關寶 등이다.

국가의 빈민구제정책으로는 제위보 외에도 병자를 치료하는 동서의 대비원大悲院이 있고, 약을 제공하는 혜민국惠民局, 평시에 식량을 저축했다가 흉년에 빈민에게 대여해주는 의창義倉, 비축식량으로 물가를 조절하는 상평창常平倉 등이 있었다.

이밖에 사원이나 개인이 일반 서민을 구제하기 위한 서민금융으로 장생고長生庫를 만들기도 했는데, 이자를 받아 재원을 키웠기 때문에 때로는 치부의 수단으로 악용되기도 했다.

2) 수공업과 상업

고려시대 물품을 제조하는 수공업은 관청, 사원, 소所로 불리는 특수지역에서 이루어지고, 민간에도 수공업자가 있었다. 관청에서는 국가운영에 필요한 물품을 만들기 위해 전국의 전문적인 수공업자工匠를 공장안工匠案에 등록시키고, 무기, 그릇(금은그릇과 도자기), 금은세공품, 옷, 비단, 종이, 문방구 등을 제조했다. 공장 가운데 중요한 물품을 만드는 공장에게는 토지가 지급되기도 했다.

소所에서는 금, 은, 구리, 쇠 등 광산물을 채굴하거나, 실, 옷감, 종이, 먹, 차 등을 만들어 국가에 공물로 바쳤고, 사원에서는 승려와 사원노비들이 불교행사에 필요한 각종 물품을 자체적으로 생산하여 사용하기도 하고, 상품으로 판매하기도 했다. 고급스런 불교문화재가 이렇게 만들어진 것이며, 사원이 돈을 벌어 부호처럼 커진 이유도 여기에 있다.

민간에서는 농민이 농한기를 이용하여 삼베나 모시, 비단(실크), 농기구, 그릇, 돗자리 등 일상적인 생활용품을 만들어 자급자족하기도 하고 상품으로 판매하기도 했다. 고려 후기에는 대외무역이 발달하면서 민간수공업생산도 전보다 활기를 띠었다.

고려시대 상업은 초기에는 국내상업이 중심으로 이루었다. 개경, 서경(평양), 동경(경주) 등 대도시에는 상설점포인 시전市廛이 형성되었고, 그밖에 책, 차, 약 등을 파는 전문적인 상점도 있었다. 농촌에도 소규모 시장이 열려 행상들이 물품을 이동 판매했다. 그러나 고려 후기에는 송宋, 요遼, 여진, 일본 등 이웃나라는 물론이고, 멀리 대식국大食國이라 불리는 아라비아 상인도 내왕하면서 문화를 교역하여 '고려'라는 이름이 '코레'(코리아)로 서양에 알려지는 계기가 되었다. 아라비아 상인은 특히 민족적인 국가축제인 팔관회八關會에도 참여하여 특산품을 갖다 바치는 일이 많았다. 그들은 주로 수은, 향료, 산호 등을 팔았다.

이렇게 대외교역이 활발해지면서 개경과 가까운 예성강 입구의 벽란도碧瀾渡는 국제무역항으로 이름을 떨쳤는데, 수많은 배들이 꼬리를 물고 드나들었다고 한다.

고려의 대외무역은 당시 세계 최선진국인 송과의 교류가 가장 활발했다. 고려의 승려와 상인들이 중국의 양쯔강揚子江 남쪽의 항저우杭州에 진출하여 사찰을 세우고 포교활동도 하고,

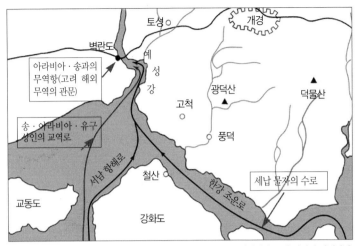

벽란도 예성강 하류에 위치한 벽란도는 고려시대 해상 요충지로 개경에서 30리 떨어진 서해안과 접해 있었다. 송나라 상인, 아라비아 상인 등 외국상인은 벽란도에 도착한 뒤 육로로 개경에 갔다.

송나라에 간 사신들도 이곳에 들렀다가 돌아오기도 하여 송나라와의 무역거점이 되기도 했다. 항저우는 뒤에 남송南宋(1127~1279)의 수도가 되어 더욱 고려와의 교역의 중심지가 되었다.

고려가 송에서 가져오는 물품은 서적, 지도, 문화재, 약재, 비단 등이고, 고려가 수출하는 물품은 종이, 먹, 인삼, 돗자리 등이었다. 특히 고려 종이와 먹은 품질이 우수하여 황실과 귀족층에서 큰 사랑을 받았다. 고려 종이는 가죽처럼 질기고 거울처럼 반질반질하여 등피지等皮紙, 경면지鏡面紙라는 별명을 얻었다.

한편, 북방의 거란이나 여진과의 거래에서는 그들이 은銀을 가지고 와서 농기구나 식량을 바꿔갔다.

상업이 발달하면서 화폐의 필요성이 높아져 성종 때 건원중보乾元重寶라는 철전을 만든 일이 있고, 숙종 때는 삼한통보三韓通寶, 삼한중보三韓重寶, 해동통보海東通寶, 해동중보海東重寶 등의 동전을 만들고, 또 활구濶口(銀瓶이라고도 부름)라고 불리는 한 근짜리 은전銀錢을 만들기도 했는데, 그 모습이 한반도를 닮았다고 한다. 활구는 대규모 거래에 사용된 것으로 보인다. 그러나 민간에서는 베나 곡식을 화폐로 사용하는 것이 관습이었다.

4. 신분계급 구조

고려의 신분제도는 신라의 골품제도보다는 한층 개방적인 모습을 보였다. 골품제도는 골족과 품족 이외 주민의 출세를 제한하는 폐쇄적인 신분제도였지만, 고려의 신분제도는 모든 주민을 크게 양인良人과 천민賤民으로 나누었다. 천민은 벼슬길을 막았지만, 양인은 공민公民으로서 벼슬과 교육의 기회를 터주었다. 양인은 성씨姓氏를 가지고 있는 족단 즉 성씨공동체였다. 고려시대 성씨가 대폭 늘어난 것은 지배층이 크게 확대되었음을 말해준다. 국가에서 귀순해온 호족층과 중국에서 망명해온 집단에게도 본관을 만들어주었다. 이밖에 호족 스스로가 본관을 갖는 경우도 적지 않았다. 이들 성씨를 조선시대에 들어와서 토성土姓이라고 불렀는데 토성의 수는 2천 개를 웃돌았다. 이렇게 성씨집단이 많아진 것은 양인층 곧 공민층公民層이 확대되었다는 의미다. 부곡민이나 노비는 성씨를 갖지 못했다.

그러나 양인에도 여러 계층이 있어서 기회가 평등한 것은 아니었다. 우선, 현직관료 가운데 5품 이상 관료의 아들, 손자, 사위, 조카 중 한 사람에게 서리급胥吏級의 낮은 벼슬길을 열어

주는 문음[음서]의 특권을 주었기 때문에 비록 벼슬은 낮았지만 누구보다도 유리한 위치에 있었다. 또 국자감의 입학자격도 3품 이상은 국학, 5품 이상은 태학에 들어갈 수 있도록 한 것도 일종의 특혜이다. 전시과에서 공로가 큰 신하에게 공음전功蔭田을 주어 세습을 허용한 것도 경제적 특권이다.

왕실과 혼인을 통해 외척이 되어 대대로 특권을 누리는 문벌가문도 나타났다. 특히 고려 중기에 이런 가문이 여럿 나타났다. 예를 들면 현종顯宗(1009~1031) 때 안산김씨 김은부金殷傅 집안, 문종(1046~1083) ~ 인종(1122~1146) 때 인주이씨 이자연李子淵 집안은 외척으로 오랫동안 권세를 누렸다.[27] 이밖에 뛰어난 학문과 관직을 통해 권세를 누린 문벌도 있었다. 문종 때 해주최씨 최충崔冲 집안, 예종睿宗(1105~1122) 때 파평윤씨 윤관尹瓘 집안, 인종 때 경주김씨 김부식金富軾 집안 등이 그렇다.

문벌은 개경에 뿌리를 내리고 살고 있어서 이들이 지방으로 내려가는 것은 크나큰 고통이었다. 그래서 죄지은 자를 지방으로 내려보내는 이른바 귀향죄歸鄕罪는 큰 벌로 여겼다. 귀향이 뒤에 귀양으로 불리게 된 것이다.

고려 중기에 문벌귀족이 등장하여 신분이동이 상대적으로 경직된 모습을 보인 것은 사실이지만, 그렇다고 고려사회를 귀족사회로 보는 것은 곤란하다. 과거제도를 통해 향리나 서민층에서 관료가 배출되기도 하고, 비록 귀족자제라 하더라도 고관에 오르려면 과거에 급제하지 않으면 안 되었기 때문에 혈통만이 출세를 좌우하는 사회가 아니고, 개인의 능력이 동시에 존중되는 사회였다. 바로 이 점이 혈통을 지나치게 존중하던 신라귀족사회와 다른 점이다. 하지만 조선시대에 비하면 귀족사회적 요소가 더 비중이 큰 것도 사실이다. 그래서 혈통존중의 귀족제와 능력존중의 관료제가 혼재한 시대로 볼 수 있다.

문벌귀족이나 현직관료 다음으로 출세의 길이 열려 있는 계층은 양인 중에서도 향리鄕吏였다. 특히 상층 향리인 호장층戸長層은 지방세력 가운데 과거합격률이 가장 높아 관료를 배출하는 모체가 되었다.

고려시대 서민이 손쉽게 출세하는 벼슬은 궁궐의 잡무를 맡은 서리층으로 이를 남반南班이라 했는데, 문음으로 받은 벼슬도 여기에 속했다. 이밖에 잡학雜學을 통해 출세하는 의관醫官, 서관書官[글씨전문가], 율관律官[법률전문가], 산관算官[산수전문가] 등이 있고, 무관武官도 서민층이 주로 진출했다. 서민은 또 국자감의 사문학四門學과 잡학雜學에 입학할 수 있는 자격이 있었다.

양인의 절대 다수는 농민이었다. 농민장정 가운데 아직 특정한 직역을 갖지 못한 장정을 백정白丁이라 불렀다. 그래서 군역이나 요역은 백정 가운데서 선발했다. 도살업자를 일컫던 조선시대의 백정과는 뜻이 전혀 다르다. 양인 중에는 수공업자나 상인도 포함되는데, 문종 때 철장鐵匠[야장]의 후손이 한림원의 벼슬아치가 된 사례가 있는 것을 보면 수공업자도 벼슬길이 막혀 있던 것은 아니었다. 다만 수공업자와 상인은 직업상 공부할 시간이 부족하여 출세할 기회가 상대적으로 적었을 뿐이다.

양인 가운데 지위가 가장 낮은 부류는 향鄕, 소所, 부곡部曲, 장莊, 처處, 진津, 관館, 역驛에서

27) 김은부는 세 딸을 현종의 왕비로 들인 뒤 문종에 이르기까지 4대 50여 년간 외척으로 세도를 누렸으며, 이자연은 세 딸을 문종의 왕비로 만들었고, 그 손자 이자겸도 세 딸을 예종과 인종비로 만들어 7대 왕에 걸쳐 80여 년간 위세를 떨쳤다.

일하는 사람들이었다. 이들은 왕실 또는 국가의 직영농장에서 농사를 짓거나, 수공업물품을 제조하거나, 가축을 기르거나, 나무를 베거나, 뱃사공, 관청숙박소 등에서 일했다. 이밖에 광산에서 일하는 광부鑛夫를 철간鐵干, 어부를 생선간生鮮干, 소금 굽는 염부鹽夫를 염간鹽干, 목축하는 사람을 목자간牧子干, 봉홧불 밝히는 사람을 봉화간烽火干, 뱃사공을 진척津尺이라 불렀다.

'간干' 또는 '척尺'이라고 불린 사람들은 노비처럼 주인 소유가 아니라 넓게 보면 양인의 범주에 들었으나, 직업이 천하기 때문에 신량역천身良役賤이라 불렀으며, 벼슬길이 막혀 있었다.

고려사회의 최하층은 노비奴婢였다. 순수한 우리 말로는 '종從'이라 불렀고, 다른 말로는 '장획藏獲', '창두적각蒼頭赤脚'이라고도 불렀다. 창두는 머리를 박박 깎은 사내종을 가리키며, 적각은 짧은 치마를 입은 계집종을 가리켰다.

죄인이나 전쟁포로가 노비의 기원인데, 고려시대 노비는 크게 세 가지로 관청에 소속된 관노비[공노비], 사원에 소속된 사원노비 그리고 개인에게 속한 사노비로 나뉜다. 관노비는 관청에서 잡일을 하거나 또는 따로 독립해서 살면서 농사를 지어 관청에 조租를 바치기도 했다. 전자를 공역노비供役奴婢, 후자를 외거노비外居奴婢라 부른다. 관노비는 60세가 되면 역役이 면제되었다. 사원노비는 사원에 거주하면서 잡일을 하거나 수공업제품을 만들기도 했다. 사노비는 주인집에 살면서 잡일을 하거나, 주인과 떨어져 독립적으로 살면서 주인의 농토를 경작하여 조를 바치기도 했다. 전자를 솔거노비率居奴婢, 후자를 외거노비라 했다.

노비는 상속, 양도가 가능했지만 서양의 노예처럼 시장에서 매매되는 존재는 아니었다. 노비는 노비끼리 혼인하고, 만약 부모 중 한 사람이라도 노비이면 그 자손도 노비가 되었다. 노비는 공민의 자격이 없어 교육이나 벼슬길에 나갈 수 없었지만, 그렇다고 피부색이 다른 서양의 노예처럼 혹독하게 다루지는 않았고, 가족과 더불어 살면서 비교적 자유스런 생활을 했다. 그래서 살기 어려운 양인이 스스로 노비가 되는 일도 적지 않았다.

이밖에 천민집단으로 화척禾尺, 양수척楊水尺, 재인才人, 기생妓生 등이 있었는데, 이들은 대부분 북방에서 유목생활을 하던 거란족, 여진족[말갈족], 타타르족으로 신라시대 이후 우리나라에 흘러들어와서 살았다. 특히 거란과의 전쟁 때 포로로 잡히거나 투항한 군인이 수만 명에 이르렀다. 이들은 유목민의 생활풍습을 지녀 한 곳에 정착하지 않고, 이곳저곳을 떠돌아다니며 목축도 하고, 가축을 도살하여 팔기도 하고, 버들고리를 만들어 팔기도 했으며, 남자는 말을 잘 타고, 여자는 춤과 노래를 잘하여 이를 흥행 삼아 생계를 유지했다. 마치 서양의 집시와 비슷한 집단이다. 이들은 떠돌이생활을 하기 때문에 국가에서는 호적에 올리지도 않고 아무런 의무도 부과하지 않아 자유스럽게 살도록 내버려두었다. 이들을 공민으로 편제한 것은 조선시대 세종 때이다.

제3장 거란과의 전쟁과 송과의 문화교류

1. 거란과의 전쟁(993~1019)

1) 거란과의 제1차 전쟁(993, 성종12)

거란족[Kara Khitan]은 본래 고조선 초기의 중심무대였던 요하 상류지역[내몽골]에 살던 선비족의 일파로서 부족단위로 유목생활을 하다가 당나라의 영향을 받아 문명이 진화하면서 세력이 커졌다. 907년에 당나라가 망하고 5대 10국 시대를 맞이하여 중국이 혼란에 빠지자 야율아보기耶律阿保機(872?~926)라는 인물이 나타나 916년에 황제를 칭하고 거란국을 세웠다. 그 뒤 거란족은 세력을 동쪽으로 확장하여 926년(고려 태조 9)에 발해를 멸망시켜 만주지역을 차지하고, 936년에 후진後晉의 건국을 도와준 대가로 만리장성 이남, 황하 이북의 연운燕雲 16주를 차지한 다음(938), 국호를 요遼(916~1125)로 바꾸었다.

960년에 송나라가 일어나 5대 10국의 혼란기를 수습하고 중원을 통일하자, 중국은 다시금 호한체제胡漢體制로 바뀌고, 중원의 패권을 놓고 요와 송이 격렬하게 대립하는 시대가 열렸다.

거란은 발해를 멸망시킨 뒤 고려와 국경을 접하게 되자 화친을 맺고자 했다. 중원을 정복하기 전에 배후를 안정시키기 위해 942년(고려 태조 25)에 낙타 50필과 30여 명의 사신을 보내왔다. 그러나 태조는 동족인 발해를 멸망시킨 거란을 무도한 나라로 간주하여 화친을 거부하고 낙타를 굶겨 죽이고, 사신을 섬으로 내쫓았다. 거란이 차지한 발해영토를 다시 수복하고자 하는 것이 고려의 국책이었으므로 거란과의 충돌은 불가피했다.

고려는 서경[평양]을 재건하여 북진정책의 거점으로 삼고, 정종(945~949) 때에는 30만 명의 광군光軍을 조직하기도 했다. 이 무렵 압록강 중류지역에서는 발해유민이 정안국定安國을 세우고 송과 손잡고 거란을 치려고 하자 거란은 먼저 정안국을 멸망시키고(980), 이어 고려에 대한 무력침공에 나섰다.

거란의 침략은 크게 세 차례 일어났다. 993년, 1010년, 1018년이다. 거란은 침략에 앞서 991년(성종 10)에 압록강 하류에 내원성來遠城을 쌓아, 고려와 여진족이 송과 통하는 교통길을 막고, 993년(성종 12)에는 요나라 성종聖宗이 소손녕蕭遜寧에게 수십만 대군을 붙여 제1차 고려침공에 나섰다. 그러나 고려는 청천강에서 거란군을 저지시키고, 외교에 능한 서희徐熙를 보내 거란과 담판하여 거란군이 물러나게 하고, 압록강까지 영토로 만드는 데 성공했다. 서희는 고려가 만주를 차지했던 고구려의 후계자임을 밝히고, 나아가 여진땅을 고려가 차지하여 교통로가 열리면 거란과 통교할 것을 약속했다. 거란은 송과 대결하는 데 힘을 쏟기 위해 고려의 약속을 믿고 돌아갔다. 고려는 약속대로 잠시 거란의 연호年號를 사용했다.

이미 938년에 만리장성 이남의 연운 16주를 차지하여 국력이 커진 거란은 1004년에 송을 공격하여 허난성河南省[하남성]에 있는 송나라 수도 카이펑開封[개봉] 부근[전연]까지 압박했다. 송과 거란은 무력으로 승부를 내기가 어렵다는 것을 깨닫고 '전연澶淵의 맹약'을 맺었다. 이 맹약으로 송[형]과 거란[아위]은 형제의 나라를 맺고, 송이 해마다 막대한 양의 비단과 은을 거란에 바치기로 약속했다. 송은 명분을 얻고 거란은 실리를 취한 셈이다.

2) 거란과의 제2차, 제3차 전쟁(1010, 1018)

거란과 송이 팽팽한 세력균형을 이루고 있을 때 고려는 압록강과 청천강 사이에 6개의 성城과 주州를 설치하고 군대를 주둔시켰다. 이것이 강동 6주江東六州이다.[28] 불안을 느낀 거란은 강동 6주를 돌려달라고 요청했으나 고려는 거절했다. 그런데 1009년에 고려에 정변이 일어났다. 서북면도순검사 강조康兆가 왕위계승 싸움에 휘말린 목종穆宗(997~1009)을 폐하여 죽이고, 외척 김치양金致陽[29] 일당을 처형한 뒤 현종顯宗(1009~1031)을 옹립했다. 이 소식을 들은 거란은 신하가 임금을 죽인 죄를 묻는다는 명분으로 1010년(현종 원년)에 성종이 직접 40만 대군을 이끌고 제2차 침략에 나섰다. '전연의 맹약'을 맺은 6년 뒤이다.

30만 명을 거느리고 서북면을 지키던 강조는 거란군을 지나치게 얕보다가 패하여 통주에서 포로가 되었는데, 성종 앞에서 신하가 되겠다는 맹세를 거부하다가 순국했다. 서북면을 유린한 거란은 1011년(현종 2)에 개경을 점령했다. 현종은 멀리 나주羅州로 피난했다. 그러나 거란은 양규楊規를 비롯한 고려군의 저항으로 후방의 보급로가 차단될 것을 우려하여 더 이상 진격하지 않고 현종이 거란에 신하로서 입조入朝할 것을 약속받고 물러났다. 그러나 현종은 입조하지 않았다.

강동 6주

■ 강동 6주
⇢ 거란의 1차 침입로
→ 거란의 2차 침입로
➡ 거란의 3차 침입로
천리장성(1033~1044)
거 란
여 진
흥화진
귀주
도련포
동 해
서희의 외교담판(993)
강감찬의 귀주대첩(1019)
신은현(신계)
서경
안융진
고 려
개경

두 차례의 공격에서 얻은 것이 없는 거란은 현종의 입조와 강동 6주의 반환을 계속 요구하면서 여러 차례 소규모의 침략을 해오다가 1018년(현종 9)에 드디어 소손녕蕭遜寧이 거느린 10만 대군이 제3차로 침공해 왔다. 고려는 도처에서 민병대가 게릴라식 전투를 벌여 거란군을 괴롭혔다. 특히 강감찬姜邯贊과 강민첨姜民瞻 부대는 퇴각하는 거란군을 1019년(현종 10) 귀성龜城

---

28) 강동 6주는 흥화진興化鎭[의주], 용주龍州[용천], 통주通州[선천], 철주鐵州[철산], 귀주龜州[귀성], 곽주郭州[곽산]이다.

29) 김치양은 목종의 모후이자 경종의 왕후인 헌애왕후 황보씨[천추태후]의 외척으로 승려행세를 하면서 헌애왕후와 추문을 일으켜 성종成宗[경종]의 族弟이 유배시켰으나 목종이 즉위하자 천추태후가 다시 불러서 높은 벼슬을 주었다. 그런데 김치양은 목종을 해치고 자기 아들[천추태후 사이의 아들]을 왕위에 올리려고 정변을 시도하다가 강조에 의해 처형되었다.

에서 크게 격파하여 살아서 돌아간 거란군이 겨우 수천 명에 지나지 않았다. 이 전쟁을 귀주대첩龜州大捷이라고 한다.

거란은 993~1019년에 걸쳐 26년 동안 고려를 세 차례나 침 공했으나 실패로 끝나고, 송과의 전쟁을 통해서도 무력통일이 어렵 다는 것을 알았다. 그리하여 동아시아의 세력판도는 송, 거란, 고려 가 세력균형을 이루면서 1125년(고려 인종 3)에 거란이 망할 때까지 서 로 친선관계를 유지하는 평화의 시대로 바뀌었다.

낙성대의 강감찬 동상 강감찬 출생지에 세워졌다.
서울 관악구 관악로

건국한 지 100년도 안 된 시기에 강대국 거란의 침략을 극복 한 고려는 더욱 자신감을 가지고 북방영토 개척에 나서 1033년(덕종 2)부터 10년에 걸쳐 동해의 도련포[함흥 부근]에서 압록강 입구에 이르 는 지역에 천리장성을 완성했다. 이로써 통일신라보다 더 큰 영토 를 확보했다.

2. 송과의 교류와 국위선양

중국의 송과 요가 남북으로 대치한 상황에서 고려는 거란과 형식적인 외교관계를 유지 하면서 대내적으로는 세계적 문화선진국이자 경제대국으로 성장한 송과의 문화교류에 힘을 쏟았다. 송은 특히 쑤저우蘇州[소주]를 비롯한 양쯔강 주변지역의 경제개발에 박차를 가하여 농업 생산력이 높아지고 상업이 번성하여 비단과 도자기 등이 대규모로 해외에 수출되었다.

송과의 교류는 사신을 통한 교류만이 아니라 상인들 간의 교류도 매우 활발했다. 특히 송 나라 상인은 적게는 수십 명, 많게는 300명이 넘는 규모의 상단商團이 고려에 와서 교역했는데, 고려는 이들 상인을 도강都綱이라고 불렀다. 이들은 주로 공작새나 기타 사치품을 왕궁에 바치 면서 외교사절의 구실까지 하였다. 고려도 빈번한 사신왕래를 통해 문물을 교환하고, 수많은 승려와 상인이 송나라 항저우杭州[항주]지역에 진출하여 민간차원의 교류도 매우 활발했다. 그리 하여 11세기 초에서 12세기 중엽에 이르는 150년간은 고려의 경제와 문화수준이 절정에 이르 고 고려의 국위가 신장되었다.

우선 외교적으로 고려와 송은 사대조공관계가 아닌 대등한 관계를 맺었다. 그래서 고려 사신을 조공사朝貢使라 부르지 않고 국신사國信使라 칭하며 극진히 우대했다. 문종 때 송에 사신 으로 가서 그곳 학자들과 교류했던 김제金悌, 박인량朴寅亮, 김근金覲 등이 지은 시문詩文을 본 송 나라 학자들이 찬탄하여《소화집小華集》을 간행한 것도 우연한 일이 아니다.

고려와 송의 교통로는 예성강 입구의 벽란도碧瀾渡와 양쯔강 남쪽의 항저우杭州를 연결하 는 해상길이었다. 신라시대 교류지역이던 산둥山東지역은 거란이 점령하여 교통이 끊어졌다. 벽 란도는 무신집권기에도 그대로 국제적 무역항으로 이름을 떨쳤는데, 당시 문인 이규보李奎報는 예성강 누상樓上에서 바다를 내려다보고 쓴 시에 "조수가 들어오고 나갈 때마다 오는 배와 나 가는 배가 머리와 꼬리를 잇대고 있다. 아침에 이 다락 밑을 떠나면 한낮이 채 못되어 돛대는

혜인사 대각국사 의천이 중국 항저우에 화엄경각華嚴經閣을 세운 절, 鮑志成, 1995, 《高麗寺與高麗王子》(杭州大學 출판사)

남만南蠻 하늘에 들어간다"는 표현이 보인다.

고려에서 송으로 수출하는 물품은 주로 금, 은, 동, 인삼, 금은세공품, 종이, 책, 붓, 먹, 부채, 화문석 등이었다. 송은 자기 나라에 없는 책을 구하기 위해 고려에 와서 대량으로 서적을 필사해 가기도 했는데, 1091년(선종 8)에는 125종 5,200여 권을 베껴간 것은 그 대표적인 예이다. 인종 때 왕궁 안 임천각臨川閣에 수만 권의 장서가 있다는 《고려도경》의 기록도 고려의 도서수집 수준을 말해준다. 한편 송에서 가져오는 물품은 비단, 책, 도자기, 약재, 향료, 악기 등이었다. 대각국사 의천大覺國師 義天이 송에서 돌아와 교장도감敎藏都監을 설치하여 송, 요, 일본 등으로부터 4천 권의 불경을 모은 것도 기억해 둘 만하다.

송과의 문화교류에 특기할 것은 고려 승려의 활약이다. 상인을 따라 송으로 들어간 승려는 헤아릴 수 없이 많았다. 예를 들면 947년(정종 20)에 진각선사眞覺禪師는 항저우의 대자산大慈山에서 활약하다가 그곳에서 입적했으며, 960년(광종 11)에는 제관諦觀이 항저우에 들어가서 활약하고, 982년(성종 원년)에는 30여 명의 승려가 항저우의 영명사永明寺에서 활동하고, 1089년(선종 6)에는 대각국사 문인들이 대거 항저우로 갔다. 특히 문종의 넷째 아들인 대각국사 의천(1055~1101)은 1085년(선종 2)에 금서金書로 된 화엄경華嚴經 300권과 수천 냥의 은을 가지고 항저우에 가서 혜인사慧仁寺에 화엄경각華嚴經閣을 짓고 불교를 전파하여 명성을 날렸다. 이 절은 송나라 황제가 고려원高麗院(속칭 高麗寺)으로 이름을 바꿔주었는데, 청나라 건륭황제 때 법운사法雲寺로 또 바꾸었다.

항저우는 이렇듯 고려 승려들이 대거 거주하면서 불교를 포교하고, 고려 사신들이 중국의 지도나 서적 등 온갖 정보를 입수하는 통로로 이용되었는데, 문종 때 송나라 학자 심괄沈括이 쓴 《몽계필담夢溪筆談》을 보면 고려 사신이 지도를 구입하려 하자 먼젓번에 가져간 지도를 돌려주면 새 지도를 주겠다고 하면서 거부했다는 이야기가 나온다. 송나라의 대문호인 소식蘇軾(東坡: 1037~1101)이 문종 때 항저우 지사로 있었는데, 고려인이 너무 많은 서적을 가져가자 송나라의 정보가 거란으로 들어갈 것을 우려하여 황제에게 고려와의 교역을 중단하자는 건의를 했다는 유명한 일화가 있다.

　규모는 크지 않지만 고려는 거란, 일본과도 물자를 교류했다. 거란은 은, 말, 모피 등을 가지고 와서 식량이나 문방구, 동, 철 등을 가져갔는데, 자진해서 귀화하는 무리가 꼬리를 물고 이어졌다. 일본은 주로 대마도 사람들이 감귤, 진주, 수은, 칼, 말 등을 가지고 오고 문방구, 서적, 식량 등을 가져갔다. 한편 아라비아 상인은 수은, 향료, 염료, 약품 등을 가지고 오고 은이나 비단 등을 가져갔다. 오늘날 서양인이 우리나라를 코리아로 부르게 된 것은 아라비아인이 퍼뜨린 것이다.

제4장 고려 전기의 문화

1. 유교정치와 유교문화

고려의 건국과정에는 신라 말 6두품 출신 유학자들이 적지 않게 참여했다. 최언위崔彦撝, 최응崔凝, 그리고 성종 때 명유로 이름을 떨쳤던 최승로崔承老(927~989)도 이들의 사상을 계승한 신라계 학자관료였다. 이들 유학자들이 정치를 자문하면서 불교는 수신修身의 길이요, 유교는 치국治國의 길이라는 인식이 퍼지고, 유교가 정치이념으로 자리잡게 되었다. 유교는 근본적으로 중앙집권적 관료제도를 지향하고, 백성을 근본으로 생각하는 민본정신이 있었다. 그리고 왕을 신성한 존재로 보지 않고, 수양을 많이 한 성인聖人으로 보는 것이 유교의 군주관이다.

유교정치가 진전된 것은 과거제도를 실시한 제4대 광종光宗(949~975)과 최승로를 중용한 6대 임금 성종成宗(981~997) 때였다. 광종은 당태종의 《정관정요貞觀政要》를 정치지침서로 삼을 만큼 유교에 대한 이해가 깊고, 성종은 국자감을 설치하여 유교교육을 본격화했다.

거란과의 세 차례 전쟁(993~1019)이 끝난 후인 현종顯宗(1009~1031) 때부터 인종仁宗(1122~1146)에 이르는 11세기 초~12세기 초 100여 년간은 평화가 지속되고 유교국가인 송과의 교류가 활발해지면서 유교문화가 꽃피는 시대가 열렸다. 현종 때 신라의 설총薛聰과 최치원崔致遠을 각각 홍유후弘儒侯와 문창후文昌侯로 추봉하고 문묘에 제사하기 시작한 것은 신라 유교의 전통을 계승하겠다는 뜻을 분명히 한 것이다. 그런데 과거제도와 유교가 진흥되면서 나타난 중요한 변화 중 하나는 신라계 인물의 정계진출이 활발해졌다는 점이다.

11세기 후반의 문종文宗(1046~1083) 때는 정치, 경제, 문화가 절정기를 맞이한 시기로써 전시과제도의 완성, 사형수에 대한 3심제 실시, 남경[한양]의 설치, 사회복지정책이 강화되는 등 많은 업적이 나타났다. 문화적으로도 '해동공자'로 불리던 최충崔冲(984~1068)을 비롯하여 정배걸鄭倍傑, 노단盧旦 등 명성 높은 유학자관료가 무더기로 배출된 시기로, 이들이 12개의 사립학교를 세우고 유교교육을 더욱 확산시키던 시기였다. 특히 최충이 세운 9재학당九齋學堂은 유학을 세밀하게 분과로 나누어 가르쳤다는 점에서 유교가 단순한 정치이념을 넘어서서 철학적으로 심화되는 단계로 나아가고 있다는 것을 말해준다.

11세기 초에 송[북송]에서는 주돈이周敦頤(濂溪; 1017~1073), 장재張載(橫渠; 1020~1077), 정호程顥(1032~1085), 정이程頤(1033~1107) 등이 나와 성리학性理學이라는 철학적 유학을 발전시켰는데, 고려에서도 비슷한 유학이 대두하기 시작한 것이다.

고려의 유교정치는 숙종肅宗(1095~1105)과 예종睿宗(1105~1122) 때 이르러 더욱 가속화되었다. 호문好文의 군주 숙종은 국자감에 서적포書籍鋪를 두어 서적간행에 박차를 가하고, 평양에 기자

사당箕子祠堂을 세워 기자를 '교화敎化의 임금'으로 숭상
하여 제사하기 시작했다. 이는 한국 유교의 뿌리를 기
자에게서 찾는 계기가 되었다. 예종은 최충의 9재학
당의 영향을 받아 국자감에 7재를 두어 유교교육을
전문화시켰으며, 궁중에 청연각淸讌閣, 보문각寶文閣, 천
장각天章閣, 임천각臨川閣 등의 도서관을 두어 수만 권
의 서적과 학자들을 모아 학문을 연구, 토론하게 하
고, 많은 서적을 편찬하게 했다. 우리나라 고대사를
정리한 홍관洪灌의《편년통재속편編年通載續編》(8권, 1116),
당태종의 업적을 기록한《정관정요》, 그리고 김인존金

평양의 기자사당　조선시대 숭인전, 북한문화재도록

仁存, 최선崔璿, 이재李載, 이덕우李德羽, 박승중朴昇中 등이 왕명으로 풍수지리서를 집대성한《해동비
록海東秘錄》(1권) 등이 예종 때 편찬되었다.

　　예종 다음의 인종仁宗(1122~1146)도 호학의 군주였다. 국자감에 6학이 정비되고, 지방에도
주요 군현에 향학을 증설하여 유교교육을 확산시켰으며, 유신들과 경학經學과 사학史學을 토론
하는 경연經筵도 자주 시행했다. 그리하여 인종 대에는 명유名儒들이 다수 배출되었는데, 김부일
金富佾, 김부식金富軾, 김부의金富儀 등 3형제를 비롯하여 윤언이尹彦頤, 김인존金仁存, 이인실李仁實, 임
완林完, 이지저李之氐, 박승중朴昇中, 정극영鄭克永, 정항鄭沆, 정지상鄭知常 등 걸출한 인재들이 인종
대의 유교정치를 이끌어갔다. 이들은 각각 전문분야가 있어서 윤언이는《주역》의 대가였고, 김
인존은《논어신의論語新義》를 저술할 만큼《논어》에 해박했고, 이인실은《춘추강의春秋講義》를 편
찬했다. 이보다 앞서 정종靖宗(1034~1046) 때에는《예기정의禮記正義》와《모시정의毛詩正義》가 편찬
되었는데, 이로써 각종 경전에 대한 독자적인 이해기준을 세우는 단계에까지 도달했음을 보여
준다. 당시 송나라에 없는《고려본상서高麗本尙書》가 고려에 있다는 소문이 중국에 퍼진 이유를
알 수 있다.

　　인종 때 유교정치를 상징하는 문화적 업적은 1145년(인종 23)에 편찬된《삼국사기三國史記》
(50권)이다. 민본정치와 국제평화주의를 바탕으로 삼국시대의 역사를 비판적으로 서술한 최초의
역사책이다. 인종 때 사신으로 온 송나라 서긍徐兢이《고려도경高麗圖經》에서 고려의 교육과 학문
수준에 대해 놀라움을 표시한 이유가 여기에 있다.

　　한편 고려 중기에 이르러《주례周禮》가 등장한 것도 주목된다. 주周나라 주공周公의 정치이
상을 담았다고 알려진《주례》는 재상권을 바탕으로 강력한 중앙집권체제를 매개로 하여 통제
경제를 세우고, 만민의 경제적, 신분적 평등을 지향하고 있는 정치이론서로 알려져 있어 개혁
운동가의 지침서로 이용되어 왔으며, 조선왕조의 건국과 조선 후기 실학자들도 이 책에 근거하
여 사회개혁을 주장한 인물이 적지 않았다.

　　그런데 인종 대를 전후하여 고려 내부에는 유학파儒學派와 국수파國粹派의 갈등이 일어나
기 시작했다. 그것은 만주지방에서 여진족 세력이 커지면서 고려와의 무력충돌이 잦아지고,
1115년(예종 10)에 드디어 금金나라를 세우고, 1125년(인종 3)에는 거란을 멸망시킨 다음 송나라 수
도 변경汴京[開封]마저 함락시켜 송나라가 양쯔강 이남으로 쫓겨 가는 처지가 되었으며, 고려에

대해서도 신하되기를 요구해 왔기 때문이다. 이러한 여진족의 도전을 둘러싸고 유학파는 온건한 평화주의[사대질서]를 주장하고, 국수파는 북진정책을 강력히 주장하면서 무력대응을 요구하고 나섰다. 국수파에 속하는 인물은 왕가도王可道, 윤관尹瓘, 묘청妙淸 등이었는데, 결과적으로 유학파가 승리하여 금과의 충돌을 피하고 평화를 유지할 수 있었다.

2. 불교문화

1) 사찰, 불교행사, 승려

고려시대 불교는 수신修身의 가르침으로써 치국治國의 가르침인 유교와 마찰을 일으키지 않고 발전했다. 그래서 승려도 유학을 이해하고, 유학자도 불교를 배척하지 않았다.

종교와 철학으로써의 불교는 몇 가지 기능이 있었다. 첫째 신라 이래 호국불교의 전통이 그대로 이어졌고, 둘째 사회통합에 유리한 철학이론을 제공했으며, 셋째 토착신앙인 무교巫敎나 풍수지리와 융합하여 민족신앙으로 뿌리를 내렸다.

먼저 호국성을 띤 사찰이 개경일대에 70여 개가 세워졌는데, 태조 때 이미 법왕사法王寺, 왕륜사王輪寺, 흥국사興國寺가 세워지고, 문종 때에는 개경 부근의 개풍군에 2,800칸이나 되는 흥왕사興王寺가 세워졌다. 사찰 이름에 왕王이나 국國이 들어간 것이 예사롭지 않다. 왕권이나 국가의 안녕을 기원한다는 호국정신이 담겨 있다. 임금을 전륜성왕이나 부처로 바라보는 마음도 담겨 있을 것이다.

호국성을 띤 불교행사도 빈번했다. 그 가운데 가장 규모가 큰 것은 정월 보름, 또는 2월에 열리는 연등회燃燈會와 가을[11월 또는 10월]에 열리는 팔관회八關會였다. 연등회는 개경의 궁궐과 지방의 향읍鄕邑에서도 열리는 전국적인 행사였으나, 팔관회는 개경과 서경에서만 열린 것이 달랐으며, 며칠간 계속되는 큰 행사였다. 연등회는 등불을 밝히고, 다과를 베풀고, 왕과 신하들이 함께 춤을 추면서 부처를 즐겁게 하여 국태민안을 기원하는 행사였다. 이에 비해 팔관회는 삼국시대부터 내려오던 민족축제인 동맹東盟, 영고迎鼓, 무천舞天 등을 불교의식과 합친 것으로 하늘과 조상신, 산천신, 그리고 나라를 지킨 영웅들을 숭상하는 효孝와 충忠의 정신을 담은 것이었다. 신라에서도 팔관회와 비슷한 화랑을 선발하던 화랑회가 있었다.

팔관회에서는 숭앙하는 시조나 애국영웅을 인형[偶人]으로 만들어 놓고 경배를 드렸는데, 외국인들이 이를 보고 놀라는 일도 많고 비용도 많이 들어 성종 때 최승로의 건의에 따라 일시적으로 폐지된 일도 있었으나 고려 전시기에 걸쳐 지속적으로 거행되었다. 팔관회에서는 임금과 왕비가 함께 참석하고, 노래와 춤, 음주가 따르고, 광대들이 나례儺禮[가면극]를 연출하였으며, 송나라 사신이나 여진족, 아라비아 상인, 일본, 탐라 등지에서 토산물을 바치고 답례품을 받아 가기도 했다. 팔관회와 관련하여 팔관계율八關戒律도 존중되었는데, 이것도 고조선의 8조법금을 불교식으로 계승한 것으로 보인다.

이밖에 순수한 불교행사도 많았다. 그 가운데 불교의 최고 신神에 해당하는 도리천[33구역의 하늘나라의 제석천帝釋天[하느님]에 대한 제사를 왕의 생일에 맞추어 거행했는데, 이는 왕이 곧 제석천의 아들임을 과시하는 뜻이 있었다. 그밖에 왕의 생일과 죽음, 돌아가신 부모, 국가의 평안, 천재지변을 막아주고, 주인 없는 귀신을 달래주는 등 여러 목적을 가진 도량道場이 있었는데 이런 행사에도 효와 충, 자비, 복지 등의 목적이 담겨 있었다.

불교를 장려하면서도 승려의 수준을 높여 아무나 승려가 되는 것을 막기 위해 시험을 치러 선발하는 승과僧科가 시행되었으며, 승려에게도 법계를 부여했는데 그 가운데 가장 높은 것은 교종의 승통僧統과 선종의 대선사大禪師였다. 그리고 승통과 대선사 위에는 왕사王師와 국사國師를 두어 왕실의 자문역할을 맡겼다.

승려가 국가와 왕실에 공헌하는 대가로 사찰에 갖은 특혜를 주었다. 사원전寺院田과 사원노비를 지급하고, 면세의 특권을 주었으며, 승려의 군역을 면제해주는 면역권도 주었다. 이밖에 사찰은 물품을 제조하여 판매하기도 하고, 불보佛寶, 장생고長生庫 등의 기금을 운영하여 고리대를 하기도 하여 상업활동에도 깊이 참여했다. 사찰은 재산을 지키기 위해 승병僧兵을 거느렸는데, 국가가 위급할 때 의병으로 나가 싸우기도 했지만, 왕실에서 권력투쟁이 일어날 때에는 특정권력을 옹호해 싸우기도 했다. 여진과 싸울 때 편성된 항마군降魔軍이나 몽골과 싸울 때 살리타를 사살한 김윤후 같은 경우는 전자에 속하고, 인종 때 이자겸李資謙의 난이 일어났을 때 현화사玄化寺 승려들이 가담한 것은 후자의 예이다.

2) 교리정리와 대장경 간행

고려 불교의 교리는 신라와 다른 변화가 나타났다. 건국 직후에는 호족출신이 권력을 잡으면서 개인주의적이고 체제비판적인 선종禪宗이 우세했으나, 중앙집권이 강화되고 호족층이 통제를 받으면서 선종이 후퇴하고 사회통합에 필요하고 체제옹호적인 교종敎宗이 국가의 비호를 받기 시작했다. 그러나 여러 교종 교단이 난립한 상황은 바람직하지 않았다.

난립한 여러 교단을 정리하는 불교개혁에 앞장선 왕은 제4대 광종光宗이었다. 교종의 여러 종파를 화엄종華嚴宗 중심으로 정리하고, 선종의 여러 종파를 법안종法眼宗 중심으로 정리하고자 했다. 개성에 귀법사歸法寺를 세우고(964, 광종 14), 균여均如(923~973)를 주지로 임명한 것은 화엄종의 재확립을 위한 것이고, 중국에서 혜거惠居(899~974)를 귀국시켜 수원 갈양사를 맡긴 것은 선종교단을 지도하기 위함이었다.

광종은 고려불교의 세계화를 위해 중국의 요청을 받아들여 제관諦觀(?~970)과 의통義通(927~988)을 남중국에 보내 천태학天台學을 전해주었는데 제관은 《천태사교의天台四敎義》를 저술하여 중국 천태학 발전에 이바지했다. 천태학은 《법화경法華經》(妙法蓮華經)을 기본 경전으로 삼아 하나와 전체의 조화를 강조하는 교종불교이면서도, 교敎와 관觀을 동등하게 존중했기 때문에 교종과 선종을 통합하는 교리를 담고 있었다. 고려에서 천태학을 크게 진흥시킨 이는 대각국사 의천이다.

고려 초기에 이루어진 교파정리를 거쳐 11세기 초에는 동아시아 불경佛經을 집대성하는 작업에 나섰다. 거란과의 전쟁을 치르면서 부처의 힘으로 전란을 극복하고 나아가 고려문화의

의통 《증정불조도영》에서

대각국사 의천 전남 승주군 선암사 소장

우월성을 재확인하려는 것이 목적이었다. 원래 불경은 인도에서 범어梵語 곧 산스크리트어로 된 것을 중국에서 한문으로 번역했는데, 송나라는 이를 모아 《대장경大藏經》이라는 이름으로 간행했다. 말하자면 《대장경》은 불경총서라고 할 수 있다. 그런데 고려는 송판대장경을 수입하고, 여기에 더 많은 불경을 수집하여 5,048권의 불경을 목판으로 제작했다. 1011년(현종 2) 경에 시작된 이 사업은 1087년(선종 4)에 끝났는데, 그 경판經板을 대구 팔공산 부인사符仁寺에 보관했으나, 아깝게도 몽골군의 침입 때 불타버렸다(1232, 고종 19). 이를 《초조대장경初彫大藏經》이라 부른다.

거란과의 전쟁이 끝나고 고려문화가 전성기에 이른 문종 대 이후로 교리정리와 불서정리는 한층 본격적으로 이루어졌다. 이 사업의 중심에 선 인물은 문종의 넷째 아들 대각국사 의천大覺國師 義天(1055~1101)이다. 그는 31세 되던 1085년(선종 2)에 송나라 항저우杭州 등지로 가서 화엄경을 포교하는 동시에 여러 고승을 만나보고 자료를 수집한 후 귀국하여 불교개혁에 착수했다.

먼저 불서佛書를 더 수집하여 목록을 만들고 이를 간행하기 위해 흥왕사에 교장도감敎藏都監을 두고 국내의 불교서적은 물론이고, 거란, 송, 일본 등지에서도 삼장三藏[經, 律, 論]에 관한 주석서註釋書인 장소章疏[교리해설서]를 모아들여 1090년(선종 7)에 《신편제종교장총록新編諸宗敎藏總錄》(3권)을 편찬했다. 이 책에는 1,010종 4,822권의 서목書目이 들어 있는데, 그 가운데 신라인 저술 400여 권, 거란인 저술 190권이 포함되어 있었다. 이것을 《고려속장경》이라고도 부른다. 그러나 선종계통의 불서는 포함되지 않았다.

의천의 《교장敎藏》 편찬은 동아시아 각국의 불교학설을 총정리한 것이지만 특히 원효元曉를 한국 불교의 정통으로 확인하려는 의미도 있었다. 원효가 숙종肅宗(1095~1105) 때 '대성화쟁국사大聖和諍國師'로 추존된 이유가 여기에 있다.

《교장》을 간행한 의천은 그 뒤 숙종[의천의 형님]의 후원을 받아 국청사國淸寺[남한산성 소재]를 중심으로 해동천태종海東天台宗을 창시했다. 당시 불교계의 중심에 있던 것은 균여의 화엄사상을 계승한 법상종法相宗으로 개경의 현화사玄化寺를 중심에 두고 귀족층의 비호를 받아 그 세력이 매우 컸다. 특히 인주이씨 이자겸세력과 깊이 연결되어 있었다. 한편 지방에는 여전히 호족의 비호를 받는 선종禪宗 사찰이 난립되어 있었다. 의천이 해동천태종을 개창한 것은 지혜智慧를 강조하는 교종과 선정禪定을 강조하는 선종의 대립을 천태학의 '정혜쌍수定慧雙修'(또는 교관쌍수敎觀雙修)로 통합함으로써 불교계의 갈등을 지양하고 나아가 귀족과 호족을 누르고 왕권을 안정시키려는 의도가 있었다.

그런데 천태학은 교종을 윗자리에 두고 선종을 통합하는 것이기에 무신집권시대에 나타난 조계종曹溪宗은 반대로 선종의 입장에서 교종을 통합하려는 의도를 가진 것이었다.

3. 풍수지리, 제사, 민간신앙

1) 풍수지리

신라 말기 영암 출신 승려 도선道詵(827~898)이 창시한 풍수지리는 음양오행사상을 바탕으로 땅을 유기적인 생명체로 보면서 생명의 기가 많이 모여 있는 곳을 명당으로 간주하고, 명당이 아닌 곳에는 생명의 기를 인위적으로 불어넣는 비보사찰裨補寺刹을 세워 액운을 미연에 방지한다는 사상이다. 요즘 말로 한다면 생명지리학 또는 환경지리학으로 볼 수 있다. 그런데 도선은 주택이나 무덤 같은 개인적인 차원에서 지리를 연구한 것이 아니라 한반도의 전체적인 풍수적 특성을 파악하여 어디에다 수도를 정하면 나라가 발전할 것인가를 따지는 국도풍수國都風水에 집중했다. 다시 말해 국가경영과 관련된 거시적 시각에서 지리를 바라본 것이다.

태조 왕건의 조상이 송악松嶽에 터를 잡고 산 것도 풍수의 영향이었으므로, 왕건도《훈요십조》에서 풍수와 비보사찰의 중요성을 강조하여 그 영향이 후대에까지 미쳐 비보사찰이 도처에 세워지게 된 것이다. 고려 현종(1009~1031) 때에는 도선을 추존하여 대선사大禪師의 시호를 부여했으며, 숙종(1095~1105) 때에는 왕사王師, 인종(1122~1146) 때에는 국사國師로 추존하여 세월이 흐를수록 도선의 위상이 높아지는 것을 볼 수 있다.

고려 초기에는 송악과 서경[평양]이 명당이라는 설이 널리 퍼져 이곳을 발전시키는 데 주력했고, 그 결과 서경을 거점으로 북진정책이 추진되고, 영토가 북방으로 확장되었다. 그런데 고려사회가 안정된 고려 중기 이후로는 한강 연안의 중부지역 출신이 정치적 주도권을 잡고, 이 지역이 경제적으로 발전하면서 백제의 옛 도읍지였던 한양漢陽 명당설이 널리 퍼지기 시작했다. 파평윤씨 윤관 집안, 인주이씨 이자겸 집안, 안산김씨 김은부 집안 등이 한강유역에서 배출되었다.

고려 중기 풍수가 가운데 도선의 후계자임을 자처하면서 한양명당설을 주장한 대표적 인물은 숙종 때 김위제金謂磾(衛尉丞同正)였다. 그의 말을 빌리면 풍수사상은 단군조선시대 선인仙人 신지神誌가 쓴《비사秘詞》또는《진단구변국도震旦九變局圖》에서 비롯된 것인데, 이것을 계승하여 도선이《도선기道詵記》,《송악명당기松嶽明堂記》,《답산가踏山歌》등을 지었다는 것이다.

위 책들을 보면, 다음과 같은 이야기가 있다. "한양에 도읍을 두면 70국이 조공을 바치고, 한강의 어룡魚龍들이 사해四海세계로 뻗어나가고, 사해의 신어神魚들이 한강으로 모여들고, 국내외 상인들이 보배를 갖다 바치는 시대가 열린다"는 것이다. 또 한반도를 저울에 비유하면, 개경이 저울대에 해당하고, 서경은 받침대에 해당하며, 한양은 저울추에 해당하므로, 이 세 곳이 균형을 이루어야 한다는 것이다. 또 이런 말도 있다. 한양을 둘러싼 산들은 다섯 가지 덕[인의예지신]을 가지고 있어 한양은 바로 오덕구五德丘이다. 송악은 과거에는 명당이었으나, 지금은 지덕地德이 약해져서 명당의 지위를 잃었다고도 했다.

한양명당설의 영향을 받아 문종(1046~1083) 때에는 한양을 남경南京으로 승격시키고, 그 뒤 숙종(1095~1105) 때에는 김위제의 주장을 받아들여 1101년(숙종 6)에 남경개창도감南京開創都監을 설치하고 1104년(숙종 9)까지 남경에 궁궐을 짓는 등 도시건설을 추진하고, 왕이 몇 달씩 머물다 가기도 했다.[30] 이때 남경건설의 감독관은 윤관이었다.

숙종 다음의 예종(1105~1122) 때에는 풍수지리설을 담은 각종 비록秘錄을 집대성하여《해동비록海東秘錄》(1106)을 편찬했음은 앞에서 이미 설명했다.

그런데 예종 다음의 인종(1122~1146) 때에 이르러 풍수사상은 큰 정치적 사건을 일으키는 원인이 되었다. 묘청일파가 서경명당설을 들고 나와 서경으로 도읍을 옮기면 36국이 조공을 바치는 나라가 된다고 주장하면서 그것이 받아들여지지 않자 반란을 일으킨 것이다. 이 사건을 계기로 묘청난을 진압한 김부식 등 유학자들은 풍수사상에 대한 비판을 거세게 일으켰다.

하지만 고려 말기에 이르러 고려왕조에 대한 민심이 이반하면서 한양명당설이 다시금 고개를 들고, 공민왕恭愍王과 우왕禑王은 한양으로 천도하려고 여러 차례 시도하기도 했다. 그러나 한양의 주인은 왕씨가 아니라 목덕木德을 가진 이씨李氏가 된다는 이야기가 널리 퍼져 고려왕실은 자가당착에 빠지게 되었다. 결국 한양천도는 이씨가 왕이 되면서 이루어지게 된 것이다. 조선왕조 태조 이성계가 한양천도에 가장 적극성을 띤 이유가 여기에 있었다.

2) 국가제사와 민간신앙

고려시대에는 종묘와 사직 등에 대한 제사말고도 하늘과 별, 산천, 인물 등에 대한 제사가 국가행사로 행해졌다. 하늘에 대한 제사의 으뜸은 환구단圜丘壇 제사였다. 이는 고려가 황제국가임을 과시한 것이다. 별에 대한 제사는 도교식 초제醮祭로 나타났다. 초제는 자연재난과 질병을 다스린다고 알려진 태일太一을 비롯한 여러 별들에 대한 제사를 말하는데, 주로 격구장擊毬場이나 왕궁에서 거행되었고, 때로는 지방에서도 행해졌다. 초제가 특히 많이 거행된 것은 자연재난이 많았던 12세기 초의 예종(1105~1122) 때 이후부터였다. 초제를 주관하는 소전색燒錢色이라는 기관이 있고, 복원궁福源宮, 대청관大淸觀, 정사색淨事色, 구요당九曜堂 등의 도교사원도 세웠다.

국내의 큰 산이나 큰 강도 나라를 지키는 수호신으로 생각하여 국가에서 제사를 지냈으며, 때로는 큰 산에 벼슬을 내려주기도 하고, 보살이나 신선 이름을 붙여주기도 했다. 산악신앙은 국토에 대한 애정을 북돋아 주는 힘이 있었다. 산악신앙의 예를 들면, 인종 때 묘청妙淸이 서경[평양]에 팔성당八聖堂[31]을 지었는데, 이것은 전국의 여덟 개 지역을 8명의 성인聖人으로 간주하여 제사지내는 사당이었다. 여기서 8성의 지명은 정확히 알 수 없으나, 그 가운데 백두산[태백선인], 경주[월성악천선], 고구려[평양선인], 백제[목멱선인], 송악[진주거사] 등 고조선과 삼국시대의 수도가 포함되어 있다.

---

30) 숙종 때 지은 궁궐의 위치는 확실치 않으나, 지금의 청와대설, 또는 창경궁설 등이 있다.
31) 팔성의 이름은 다음과 같다.
(1) 호국백두악 태백선인 실덕문수사리보살護國白頭岳太白仙人實德文殊師利菩薩
(2) 용위악 육통존자 실덕석가불龍圍岳六通尊者實德釋迦佛
(3) 월성악 천선 실덕대관천신月城岳天仙實德大辨天神
(4) 구려 평양선인 실덕연등불駒麗平壤仙人實德燃燈佛
(5) 구려 목멱선인 실덕비바시불駒麗木覓仙人實德毘婆尸佛
(6) 송악 진주거사 실덕금강색보살松嶽震主居士實德金剛索菩薩
(7) 증성악 신인 실덕늑우천왕甑城岳神人實德勒乂天王
(8) 두악 천녀 실덕부동우바이頭岳天女實德不動優婆夷

고려시대에는 역대 국가의 시조 및 그 모친에 대한 제사를 지내는 사당이 있었다. 숙종 때 고조선의 임금으로 교화敎化를 베푼 기자를 숭배하는 기자사당箕子祠堂을 세워 국가에서 제사했으며, 고구려 시조 주몽朱蒙과 그 어머니 유화柳花를 모신 동명신사東明神祠가 있었고, 고려 태조의 시조인 호경虎景을 모신 산신사山神祠와 태조의 할머니 용녀龍女를 모신 정사井祠도 있었다. 한편, 민간에서는 환인, 환웅, 단군을 삼신三神 또는 삼성三聖으로 모시는 신앙이 있었다. 황해도 구월산에는 삼성三聖을 모신 삼성사三聖祠가 있었는데, 아이를 못 낳거나, 흉년이 들거나, 질병이 돌거나 할 때 여기에 가서 기도를 드리는 풍습이 있었다. 삼성사에 담긴 신앙을 기록한 것이 바로 《삼국유사》에 실린 단군신화檀君神話이다.

고려시대 민간풍속 가운데 '두레' 또는 '향도'로 불리는 공동체가 있었다. '두레'는 한자로 '사社'로 불리는데, '사'를 조직한 것을 '결사結社'라고 불렀다. '향도香徒'도 일종의 '결사'인데, '두레'나 '향도'나 모두 신앙을 매개로 한 공동체로써 신라시대의 화랑도를 계승한 것이다. '두레' 또는 '향도' 공동체는 승려, 민간인, 향리 등으로 구성되었는데, 계契를 조직하여 재원을 마련하고, 사찰, 불상, 불화 등을 조성하고, 법회法會에 필요한 음식, 그릇, 의복 등을 공급하고, 특히 향香을 땅 속에 묻는 매향埋香[32]을 중요시했다. 일상적으로는 죽은 사람을 집단적으로 장례를 치러주고, 농사일을 서로 도와주기도 했다. 종교적 행사를 치를 때는 음식을 나누어 먹고 춤추고 노래도 하면서 거리를 행진하기도 했다. 연등회燃燈會에 참여하는 것도 이들의 몫이었다.

공동체는 전쟁이 일어나면 민병대를 구성하여 선두에 서서 싸웠다. 거란족, 여진족, 몽골족과의 전투에서 민병대가 등장하여 뛰어난 전투력을 보여준 것은 이들이 일상적으로 다져온 공동체적 결속력과 군사훈련에 가까운 놀이문화 때문이었다. 《고려도경》에 보이는 재가화상在家和尙도 '두레'나 '향도'를 가리키는 것으로 보인다.

향도나 두레의 규모는 적게는 몇십 명에서 수백 명, 많게는 수천 명에 이르기도 하여 일정하지 않았다.

4. 고려 전기의 예술

1) 건축, 공예

고려시대 건축문화는 궁궐과 사찰, 불탑이 대표적이다. 그러나 궁궐이 있었던 개성의 만월대는 지금 폐허가 되었다. 몇 년 전에 한국 문화재청에서 북한과 합동으로 만월대를 발굴하여 초석과 유물을 찾아내 그 윤곽만 알 수 있다. 만월대는 송악산을 뒤에 두고 산비탈에 건설된 것이 특징으로 축대를 높이 쌓고 계단식으로 올라가면서 건물이 배치되어 있어 웅장해 보이게 한다. 이 점이 평지에 건설된 조선시대 궁궐과 다르다.

도성 안에 왕륜사, 흥국사, 법왕사 등 큰 사찰이 들어 있는 것도 특이하지만, 지금 남아 있지 않다. 현존하는 것은 주로 불탑佛塔이다. 그런데 고려 불탑은 신라시대의 불탑과는 양식이 다

---

32) 향을 땅 속에 묻는 것은 내세에 미륵불이 환생할 때 함께 환생하기를 기원하는 뜻이 담겨 있었다.

보현사 8각13층 석탑
고려말, 높이 8.58m,
평안북도 향산군 향암리 소재

현화사 7층 석탑
11세기, 높이 8.64m,
개성시 장풍군 월고리 소재

고달사 원종국사혜진탑
보물 7호, 높이 2.5m,
경기도 여주시 북내면
고달사로 소재

법천사 지광국사현묘탑 국보 101호,
높이 6.1m, 원래 강원도 법천리에 있었
으나, 국권침탈 직후 일본으로 반출되
었다가 반환되어 경복궁으로 옮겨졌다.

익산 왕궁리 5층 석탑 국보289호, 고려시대,
높이 약 8.5m, 전라북도 익산시 왕궁면

익산 왕궁리 5층 석탑 사리장엄구 국보 123호,
익산 왕궁면 5층석탑 유물, 사리 내외함,
금강경판 내외함, 국립전주박물관 소장

르다. 우선, 신라시대에는 3층탑이 대부분이지만, 고려시대에는 지
붕의 모양이 원형, 6각형, 8각형 등으로 다양화되고, 높이도 5층, 7
층, 9층, 10층, 13층 등으로 높아졌다. 이런 변화는 송나라의 영향
으로 보이지만 건축적인 균형미는 오히려 3층탑에 떨어진다. 대표
적인 석탑은 개성 불일사 5층탑(951)과 현화사 7층탑(1020), 오대산
월정사 8각 9층탑, 익산 왕궁리 5층탑 등이 있다.

불탑보다 더 예술적인 아름다움을 가진 것은 승려의 무덤인
묘탑墓塔(부도)이다. 그 대표적인 것은 원주 흥법사興法寺의 진공대사탑
(940), 여주 고달사高達寺의 원종국사혜진탑(975), 충주 정토사의 흥법
국사실상탑(1017, 경복궁 이전), 원주 법천사法泉寺의 지광국사현묘탑(1085,
경복궁 이전) 등이다.

고려시대 불상조각은 신라보다 뒤지는데, 그것은 불교의 영
향력이 그만큼 약화된 결과라고 볼 수 있다. 그러나 고려 초에는
광주 춘궁리 철불鐵佛과 같은 큰 철불이 유행하고, 덩치가 큰 석불
石佛이 유행한 것도 특징이다. 예를 들면 지금 충남 논산 관촉사灌燭
寺의 미륵불상은 938년(태조 21)부터 38년이나 걸쳐 완성된 것으로
높이가 21m가 넘는 대형석불이다. 얼굴이 너무 커서 균형미는 다
소 떨어지지만, 부처의 얼굴을 가까이서 쳐다보기 위해서는 그렇
게 만들 수밖에 없었을 것이다. 이 부처를 만든 것은 아마도 후백
제 주민의 마음을 달래기 위함으로 보인다. 이와 비슷한 석불로는
안동 제비원의 석불과 금강산의 거대한 바위에 15m 높이의 부처
를 조각한 묘길상妙吉祥이 있다.

금동관음보살좌상 13~14세기,
높이 15.5cm, 대좌너비 10.1cm,
국립중앙박물관 소장

청자조각 동녀형 연적 12세기,
높이 11.1cm, 일본 중요미술품,
오사카시립동양도자미술관 소장

고려시대를 대표하는 미술은 불교미술이 아
니라 공예품이고, 대표적인 공예품은 도자기이다.
고려자기는 신라와 발해의 전통을 계승하면서, 송
나라 월주가마(越州窯)의 기술을 많이 받아들였으나
이를 더 발전시켜 독창적인 특색을 발휘했다. 특히
11세기 이후에는 형태, 빛깔, 표면의 문양 등의 우
아함이 완숙한 경지에 이르러 송나라 사람들도 고
려자기를 '천하제일'로 인정했다. 송나라 사신 서긍

청자주전자 12세기, 국립중앙박물관

청자매병 12세기, 높이 27.5cm

청자상감운학모란국화문매병
보물 558호, 12세기 중엽,
높이 32.2cm, 입지름 7cm,
밑지름 14.5cm, 삼성미술관 리움

이 쓴 《고려도경》에는 고려자기의 모양과 빛깔 등에 관한 설명이 매우 자세하다.

고려자기의 용도는 음식을 담는 그릇, 제사용기, 문방구용 등 다양했는데,
특히 연적, 필통 등 문방구와 향로, 주전자, 매병 등에서 뛰어난 작품이 많다. 우
선 모양이 다양하다. 토끼, 원숭이, 거북이, 용, 봉황, 사자, 오리, 물고기 등 동물과
참외, 조롱박, 연꽃, 국화 등 식물, 그리고 보살과 어린이 등 다양한 생명체를 형
상화하였다.

고려자기의 빛깔은 황갈색, 검은색, 흰색 등 다양하지만, 비취색이 가장 흔
하고 독특하다. 그릇의 표면에 음각, 또는 양각으로 새겨넣은 문양도 다양하다.
하늘을 상징하는 구름과 학(鶴)을 함께 그린 운학이 가장 흔하지만, 그밖에 포도,
모란, 매화, 연꽃, 버드나무, 당초문, 죽순 등 부귀와 절개를 상징하는 것들이 주로
등장한다.

자기 표면에 그림을 새겨넣는 방법은 12세기 이후 상감법(象嵌法)이라는 독
특한 기술을 개발했다. 표면에 흠을 파고 특수한 물감이나 물질을 집어넣어 무늬
를 내는 방법으로 도자기뿐 아니라 목공예나 금속공예도 똑같은 기술을 사용했
다. 이 방법은 원래 목칠공예에서 표면에 조개껍질을 집어넣는 나전칠기(螺鈿漆器)
에서 시작되어 금속공예에서 은사(銀絲)를 집어넣는 입사수법을 거쳐 도자기의 상

청동은입사포류수금문정병
국보 92호, 12세기,
높이 37.5cm, 국립중앙박물관

감법으로 발전한 것으로 보인다.

고려자기가 풍기는 전체적인 분위기는 자연의 생명체와 하나가 되고자 하는 우주관과 아울러 불교의 이상세계를 찾아가려는 절제되고 승화된 경건함과 우아함이 느껴진다. 이런 분위기는 화려하고 사치스럽게 보이는 다른 나라의 도자기와 비교할 때 뚜렷한 차이를 느끼게 한다. 고려자기의 생산지는 전라남도 강진康津과 전라북도 부안扶安이 가장 유명하다.

2) 문학, 그림, 춤, 노래

고려시대 문학은 과거제도의 제술업製述業이 문학적 재능을 평가하는 시험이었기 때문에 이와 관련하여 한문학이 발달하게 되었다. 특히 성종 때에는 관료들에게 매달 시를 지어 바치게 하는 문신월과법文臣月課法이 시행되고, 학생들에게 제한된 시간 안에 시를 지어 바치게 하는 각촉부시刻燭賦詩도 자주 시행되었다. 이렇게 시를 강조한 것은 송과의 문화교류가 활발해지면서 외교적으로 문제를 가진 인재가 필요했기 때문이었다. 그 결과 한시를 잘 짓는 것은 문신의 필수적인 교양으로 여겼으며, 우수한 시인들이 다수 배출되었다.

고려 전기 시재로 이름을 떨친 이는 문종~헌종 대의 박인량朴寅亮을 비롯하여 문종~예종 대의 김황원金黃元(1045~1117), 인종~의종 대의 정습명鄭襲明, 정지상鄭知常, 김부식金富軾 등이었다. 송은 고려 사신의 시를 모아《소화집小華集》을 간행할 만큼 고려 시에 매혹되었으며 고려에 사신을 보낼 때에는 문재가 뛰어난 인물을 선발하였다. 고려의 시는 당시唐詩의 영향을 많이 받았다.

한시가 고급지식인층의 문학이라면 민간에서는 신라시대 향가鄕歌의 여맥이 그대로 이어졌는데, 예를 들면 승려 균여均如가 지은 〈보현십원가普賢十願歌〉 11수가 전해지고 있다. 현종 때 현화사玄化寺 낙성식 때 문신들에게 한시와 더불어 향가를 짓게 한 것도 향가의 전통이 이어져 왔음을 말해준다. 예종이 두 장수의 죽음을 애도하여 지은 〈도이장가悼二將歌〉나 정서鄭敍가 지은 〈정과정鄭瓜亭〉과 같은 단가短歌도 향가의 잔영이라고 할 수 있다. 그러나 향가는 한시에 밀려 차츰 자취를 감추었다.

고려시대에는 그림을 관장하는 도화원圖畵院이 있어 여기에 소속된 화원들이 왕이나 고급관료의 초상을 그리고, 국가의 각종 행사, 궁궐의 누각 등을 그렸으며, 각종 공예품에 쓰이는 그림도 그렸다. 고려 전기의 대표적인 화원畵員은 이녕李寧과 이광필李光弼 부자로서, 특히 12세기에 활동한 이녕은 당시 국제무역항으로 번창하던 벽란도를 중심으로 예성강의 풍경을 그린 〈예성강도〉와 〈천수사남문도天壽寺南門圖〉 등 걸작을 낳았으나, 지금 전하지 않는다. 이녕은 송나라 휘종 황제의 초청을 받아 송에 가서 그곳 화원들과 교유하여 산수화 발전에 도움을 주었다.

한문학과 유학의 발달에 따라 서도수준도 높아져서 문종 때 유신柳伸과 인종 때의 탄연坦然이 명필로 이름을 떨쳤으나 작품은 남아 있지 않다. 대체로 고려시대 서도는 구양순체를 많이 따랐으며, 고려 말기에는 조맹부의 송설체松雪體가 유행했다.

고려 전기 음악은 신라 이래의 전통음악인 향악鄕樂(俗樂)과 향악기鄕樂器[33]를 계승하면서

---

33) 민족악기는 현금(거문고, 6줄), 비파(5줄), 가야금(12줄), 대금(구멍 13개), 장고, 아박(6매), 무고, 해금(2줄), 필률(구멍 7개), 중금(구멍 13개), 소금(구멍 7개), 박(6매) 등이다.

예종 이후로는 송나라에서 아악雅樂대성악과 악기[34]가 들어왔는데, 왕실연회 때에는 당악唐樂과 향악이 사용되었고, 제사의식 때에는 아악이 주로 사용되었다. 그러나 음악의 주류는 향악으로써 대표적인 노래는〈동동動動〉,〈한림별곡翰林別曲〉,〈정읍사井邑詞〉,〈대동강〉,〈오관산〉,〈정과정鄭瓜亭〉 등이 있었다. 연주단의 규모가 매우 커서 12세기 초에는 108명의 악공으로 구성된 관현악단이 있었고, 악기의 종류도 약 40여 종에 이르렀다고 한다.

음악과 더불어 궁중무용[정재; 呈才]도 변했다. 특히 궁중에서 연말에 악귀를 몰아내

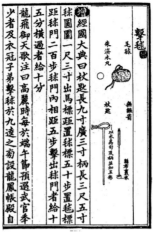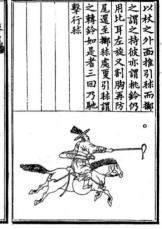

격구 《무예도보통지》에 실려 있는 격구 기록. 격구 용구에 관한 설명(좌), 격구 경기방법에 관한 설명(우)

는 나례儺禮[산대놀이]가 있었는데, 이를 관장하는 기관은 나례도감儺禮都監이었다. 나례에서는 처용무處容舞가 등장하는데, 나례는 뒤에 중국 사신을 맞이하거나 임금의 위패를 종묘에 봉안할 때에도 사용되었다. 이밖에 궁중연회 때에는 중국에서 들어온 〈헌선도獻仙桃〉,〈연화대蓮花臺〉,〈감황은感皇恩〉,〈수연장壽延長〉,〈포구락抛毬樂〉 등이 연출되었으며, 전통춤으로는 〈무고舞鼓〉와 〈선유락船遊樂〉 등이 있었다. 고려시대 노래와 춤은 대부분 조선시대에도 궁중에서 행해졌다.

고려시대의 군사무예 가운데 격구擊毬가 있었다. 말 위에서 공을 나무막대로 쳐서 목표물에 집어넣는 운동으로 격구장에서 거행되었는데, 왕은 수시로 격구장에 나가 이를 관람했다. 서양의 폴로와 비슷한 이 경기는 조선시대에도 이어져 그 경기방법이 조선 정조 때 만든 병서兵書인《무예도보통지武藝圖譜通志》에 자세히 소개되어 있다.

5. 고려 전기의 역사편찬

고려는 건국 초기에 삼국시대 역사를 정리하여《삼국사》라는 역사책을 편찬했다. 이 책은 지금 남아 있지 않으나,《삼국유사》와《삼국사기》를 보면, 이 책에는〈단군본기檀君本紀〉,〈고구려본기高句麗本紀〉 등이 들어 있었다고 한다. 이로 보아 이 책은 우리 역사의 흐름을 크게 단군조선 - 고구려 - 고려로 이어져 온 것으로 보면서 삼국시대 역사를 편년체로 서술한 것으로 보인다. 말하자면 삼국시대 역사의 주류를 고구려에 두었음을 짐작케 한다.

고려의 국호에도 고구려 계승의식이 반영되어 있음을 알 수 있고, 인종 때 송나라 사신 서긍徐兢이 쓴《고려도경》에도 고려가 기자 - 위만 - 부여 - 고구려 - 발해를 계승한 국가로 보고

---

34) 중국 악기를 당악기唐樂器라 했는데, 방향(쇠 16개), 퉁소(구명 8개), 적(구명 8개), 필률(구명 9개), 비파(4줄), 아쟁(7줄), 대쟁(15줄), 장고, 교방고, 박(6매) 등이다.

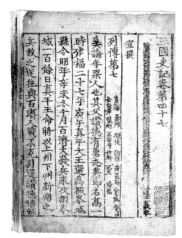

삼국사기 1145년, 보물 722호, 목판본,
성암고서박물관 소장본

있는데,《삼국사》의 내용을 참고한 것으로 보인다.

이밖에 고려 초에는 우리나라 역사를 편년체로 서술한《편년통재編年通載》가 있었는데, 이를 보완하여 1116년(예종 11)에 홍관洪灌이《편년통재속편》을 편찬하여 삼한에서 고려 초까지의 역사를 서술했다. 그 후 의종 때 김관의金寬毅가《편년통록編年通錄》을 편찬하여 태조 왕건의 가계를 서술했다. 그러나 이 책들은 모두 남아 있지 않다.

또 고려 초부터 역대 왕의 치적을 기록한《실록實錄》을 편찬했는데 조선 초기에《고려사》를 편찬할 때 참고자료로 사용되었으나, 지금 남아 있지 않다.

지금 남아 있는 가장 오래된 역사책은 1145년(인종 23)에 김부식金富軾(1075~1151) 등 11명의 관료가 왕명으로 편찬한《삼국사기三國史記》(50권)다. 이 책은 사마천司馬遷의《사기史記》의 체재를 참고하여 기전체紀傳體[35]로 삼국시대 역사를 편찬한 것인데, 대내적으로는 민본정치民本政治를 추구하고, 대외적으로는 평화적인 사대질서事大秩序를 옹호하는 시각에서 역사를 서술하고 평가했다. 이런 시각에서 삼국시대의 불교정치는 국가재정을 낭비하고, 고구려의 호전성과 백제의 속임수는 부도덕한 것으로 보고, 신라가 가장 애국적이고 도덕적인 정치를 하여 삼국통일을 달성한 것으로 평가했다.

《삼국사기》는 귀족적인 불교정치를 도덕적인 유교정치로 바꾸려는 역사의식을 지니고 있다는 점에서 진일보한 것이지만, 삼국 중 가장 늦게 건국한 신라를 가장 먼저 건국한 것으로 우호적으로 서술하고, 고구려와 백제의 뿌리가 되는 고조선, 부여, 삼한의 역사를 삭제한 것은 한계라고 할 수 있다. 이런 태도는 신라 왕족 경주김씨의 후예인 김부식의 출신성향과 관련이 있지만, 나아가 고려의 건국이념이라고 할 수 있는 고구려계승의식과 북진정책을 비판하고 유교적 문치주의와 평화적인 대외관계를 유지하려는 입장, 그리고 고구려 전통을 내세워 호전적인 정책을 추구하면서 반란을 일으킨 묘청 일파를 토벌한 김부식 일파의 입장을 정당화할 필요에서 쓴 까닭이다.

그러나《삼국사기》의 역사의식은 무신집권시대에 이르러 다시금 고구려주의의 도전을 받으면서 새로운 역사서술이 등장한다. 이 점은 뒤에 다시 살피게 될 것이다.

---

35) 기전체는 정치사를 '본기本紀'로, 인물평전을 '열전列傳'으로, 문화사를 '지志'로, 여기에 '연표年表'를 덧붙인 체재를 말한다.

제5장 문벌의 등장과 고려사회의 동요

1. 여진족의 성장과 윤관의 9성 설치

거란과의 전쟁을 마치고 양국관계가 평화를 찾아가던 12세기 초에 고려를 다시 괴롭힌 것은 여진족이었다. 여진족은 원래 퉁구스족의 일파로서 말갈靺鞨, 숙신肅愼, 또는 물길勿吉로 불렸는데, 아사달족과 문화적으로 친화관계가 깊어서 삼국시대에는 고구려에 복속해 있었고, 발해가 세워지자 그 지배하에 있다가 발해가 망한 뒤에는 호칭이 여진으로 바뀌고, 부족단위 유목민으로 살아가고 있었다.

특히 여진족 가운데 두만강 유역에 살던 부족은 자신들의 시조인 애친각라愛親覺羅가 고려인이라고 하면서 한동안 고려를 '부모의 나라'라 칭하고 말이나 모피 등을 가지고 와서 식량, 옷감, 농기구, 무기 등을 얻어갔다. 고려는 이들을 숙여진熟女眞[잘 길들여진 여진]이라 부르면서 경제원조 및 문화를 전달하고 한편으로 적극적인 회유와 동화정책을 펴서 귀화해오는 여진족에게 벼슬, 토지, 가옥 등을 제공했다. 그리하여 11세기 초에는 약 8천 명이 고려로 넘어왔고, 12세기 초에 귀화해온 여진족은 무려 4,700여 호에 이르렀다. 이렇게 두만강 유역의 여진족[숙여진]이 고려에 포섭되던 11세기 말~12세기 초에 북만주의 하얼빈 지방에 살던 여진족[生女眞]의 완안부完顔部 부족에서 영가盈歌, 우야소烏雅束 등 추장이 나와 부족을 통합하면서 남쪽으로 세력을 확장했다. 여진족의 남하는 당연히 고려와의 무력충돌로 이어졌다. 그러나 당시 고려는 문치의 극성기로 국방이 약화되어 있었는데, 유목민의 기동력을 가진 여진족을 막기 위해 숙종(1095~1105)은 윤관尹瓘의 건의를 받아들여 17만 명의 별무반別武班을 조직했다. 기병부대인 신기군神騎軍, 보병부대인 신보군神步軍, 승려부대인 항마군降魔軍이 그것이다.

그러나 고려 조정에서는 여진족에 대한 대응을 놓고 주전파와 온건파가 대립했는데, 숙종 다음에 즉위한 예종(1105~1122) 때 주전파가 승리하여 1107년(예종 2) 윤관과 오연총吳延寵이 별무반을 이끌고 여진족 정벌에 나섰다. 윤관부대는 천리장성을 넘어 함흥지방을 점령하고 북으로 치고 올라가 점령지역에 아홉 개의 성을 쌓았다. 이를 9성九城[36]이라고 하는데 9성의 최북단이 어디인지를 놓고 후세에 논란이 일어났다. 《고려사》에는 두만강 북쪽 700리에 있는 선춘령先春嶺에 윤관이 비碑를 세우고 왔다고 썼으나, 19세기 학자들은 선춘령의 위치를 함경도 길주吉州 지방으로 보았다.

---

36) 9성은 다음과 같다. 함주咸州(함흥), 영주英州, 웅주雄州, 길주吉州, 복주福州(단천), 통태진通泰鎭, 진양진眞陽鎭, 숭령진崇寧鎭, 그리고 공험진公嶮鎭이다. 그 가운데 가장 북쪽에 있는 공험진의 선춘령先春嶺에 윤관은 비碑를 세우고 돌아왔는데, 그 비의 위치가 어디인가를 놓고 후세에 논란이 일어났다.

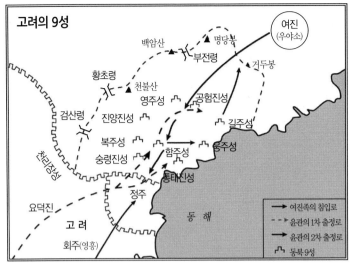

고려의 9성

여진(우야소)

백암산 명당봉
부전령
황초령 거두봉
천불산
검산령 영주성 공험진성
진양진성 길주성
복주성 웅주성
숭령진성 함주성
통태진성
정주

요덕진
고려
회주(영흥)

동 해

→ 여진족의 침입로
⇢ 윤관의 1차 출정로
⟹ 윤관의 2차 출정로
⚏ 동북 9성

윤관이 1107년에 함주, 영주, 웅주, 복주, 길주, 공험진 등 6성을 쌓고 1108년에 숭령, 통태, 진양에 3성을 더 쌓아 9성을 설치하였다.

척경입비도 윤관과 오연총이 여진족 정벌 후 1107년 함흥지방에 9성을 쌓고 선춘령에 고려국경비를 세우는 그림. 고려대박물관 소장

윤관의 9성 설치는 일단 고려의 군사적 승리를 가져왔으나, 여진족은 이를 돌려달라고 애원하기도 하고, 군사적 저항을 해오기도 했다. 고려는 여진족의 저항을 막기도 어렵고, 서북쪽의 거란과도 대치상태에 있었으므로 김인존金仁存을 비롯한 온건파의 의견을 받아들여 1109년(예종 4)에 9성을 다시 돌려주었다. 여진은 해마다 조공을 바칠 것과 다시는 고려를 침범하지 않을 것을 약속했다.

그러나 그 후 여진족은 세력이 더욱 커져 1115년(예종 10)에 우야소의 아우 아쿠타阿骨打가 나라를 세워 금金이라고 했다. 금은 여세를 몰아 1125년(인종 3)에는 요遼를 멸망시키고 1127년(인종 5)에는 송의 수도 변경汴京(開封)까지 함락시키고 황제를 포로로 잡아갔다. 송은 마침내 양쯔강 남쪽까지 쫓겨나서 이때부터 남송南宋이라 부르게 되었다.

요나라를 멸망시킨 직후 금은 고려에 대해서도 고압적인 태도를 보이면서 고려가 금의 신하가 되라고 요구해왔다. 금의 무례한 요구를 둘러싸고 고려 조정은 또다시 강경파와 온건파로 갈려 갈등이 일어났다. 인종의 외척으로 막강한 권력을 쥐고 있던 이자겸李資謙을 비롯한 유신儒臣들은 금의 요구를 들어주어 나라를 안정시켜야 한다고 주장했는데, 결국 온건파가 승리하여 1126년(인종 4)에 금의 요구를 들어주었다. 이로써 고려의 위신에 손상이 갔으나 두 나라 관계는 평화적으로 해결되었다.

2. 이자겸의 난과 묘청의 난

1) 이자겸의 난(1126~1127)

고려가 금의 압력을 크게 받고 있던 인종(1122~1146) 때부터 문치의 극성기를 거치면서 내부분열을 일으키기 시작했다. 부와 권력이 개경의 소수 문벌귀족에게 쏠리면서 관료사회가 분열되고 민심이 권력에서 이탈하기 시작했다.

사태를 더욱 악화시킨 것은 인종이 14세의 어린 나이에 왕위에 오른 것이었다. 권력은 인종의 외할아버지 이자겸李資謙에게 돌아갔다. 그는 중서령中書令의 최고위직을 가진 것도 부족하여 인종 2년에 셋째 딸을 인종의 왕비로 들이고, 인종 3년에는 넷째 딸을 또 왕비로 들였다. 외손자를 두 딸의 사위로 삼은 것이다. 이자겸의 할아버지 이자연李子淵도 세 딸을 문종文宗의 왕비로 만들어 권력을 휘둘렀으므로 인주이씨 집안은 고려 중기 최고의 귀족으로 자리잡았다.

최고권력을 장악한 이자겸은 매관매직을 일삼고 뇌물로 받은 고기가 수만 근이나 집에서 썩고 있었다고 한다. 그는 여기서 멈추지 않고 왕위까지 노렸다. 당시 부패한 정권에 실망한 백성들 사이에는 오행五行의 상생相生 순서에 따라 수덕水德을 가진 왕씨 세상이 끝나고 목덕木德을 가진 '십팔자十八字' 곧 이씨李氏가 임금이 되어 한양漢陽에서 새로운 세상을 연다는 도참圖讖사상이 널리 퍼져 있었다. 그래서 이씨 성을 가진 이자겸은 자신의 출신지도 한양에 가까운 인천이므로 도참설을 이용하여 왕이 될 수 있다는 야심을 품게 되었다.

그런데 이자겸의 야심을 눈치챈 인종은 이자겸을 제거하려다가 오히려 그의 부하인 척준경拓俊京과 이자겸의 아들이 주지로 있는 현화사 승려의 반격을 받아 실패하고 이자겸의 집에 연금당하는 신세가 되었다. 그 뒤 이자겸은 1126년(인종 4)에 왕을 독살하려고 시도했는데, 이자겸의 딸인 왕비가 반대하고, 척준경이 잘못을 뉘우치고 임금 편을 들어 이자겸을 붙잡아 유배보냈다(1127). 이로써 7왕 80여 년간 지속된 인주이씨 세력이 몰락했다.

2) 묘청의 난(1135~1136)

이자겸의 난을 진압한 후 인종은 문벌귀족의 횡포를 막고 안정된 왕권을 바탕으로 정치를 개혁하기 위해 1127년(인종 5) 10개 조의 유신령維新令을 내렸다. 그런데 이 유신령은 왕이 서경으로 가서 약 5개월간 머물면서 내렸다. 당시 개경의 왕궁은 이자겸의 난 때 척준경이 불을 질러 불타 없어졌기 때문에 부득이 서경으로 간 것이지만, 당시 서경 출신의 고구려계 관료들은 자신들이 권력을 장악할 수 있는 절호의 기회가 왔다고 여겼다. 그래서 서경으로 도읍을 옮기자고 주장하고 나섰다. 이 운동에 앞장선 사람은 서경 출신으로 이자겸의 난을 평정하는 데 공을 세운 정지상鄭知常, 백수한白壽翰 등이다. 그리고 여기에 서경 출신 승려 묘청妙淸이 가세했다. 서경으로 천도한 다음 왕이 황제를 칭하고, 독자의 연호年號를 세워 당당하게 금나라와 맞서야 하며, 나아가 금을 무력으로 정복해야 한다고 주장하고 나섰다.

서경파의 주장은 고려 건국 후 국시國是처럼 내세운 북진정책을 다시 강화하자는 것인데, 여기에 풍수설을 이용하여 개경의 지덕이 쇠하고 서경의 지덕이 왕성하니 서경으로 천도하면 36국이 조공을 바치고, 금나라가 스스로 항복할 것이라고 했다. 인종은 그 주장을 받아들여 서경에 대화궁大花宮이라는 궁궐을 짓고, 팔성당八聖堂이라는 토착신을 숭배하는 사당을 건설하기도 했다. 서경파의 주장은 감정적으로는 매우 호소력이 컸지만 실제로 금에 무력으로 대응할 만한 힘을 가진 것도 아니었다. 따라서 서경파의 행동에 가장 불안을 느낀 사람은 오래도록 개경에 뿌리를 박고 기득권을 누리던 김부식金富軾 등 유신儒臣들로서 서경천도를 완강하게 반대하고 나섰다.

개경파의 반대로 계획이 수포로 끝난 서경파의 묘청은 무력으로 해결하기 위해 1135년(인종 13)에 서경에서 조광趙匡, 유참柳旵 등과 손잡고 반란을 일으키고 나라를 세워 대위국大爲國이라 하고, 연호를 세워 천개天開라 했으며, 자신의 군대를 천견충의군天遣忠義軍이라고 명명했다. 묘청 일파의 반란은 서북지역에서 큰 호응을 얻었는데 그 기세가 만만치 않았다. 왕은 김부식에게 관군을 이끌고 토벌하라고 명했는데, 1년이 지나서야 서경을 함락하고 난을 진압했다(1136).

인종이 1145년(인종 23)에 김부식 등에게 《삼국사기》를 편찬하게 한 것은 바로 묘청 일파의 무모한 모험주의를 경계하기 위함이었다. 일제강점기 민족주의 역사학자 신채호申采浩는 묘청 일파와 김부식 일파의 갈등을 민족자주파와 사대주의파의 대립으로 해석하고, 김부식 일파의 승리로 자주정신이 쇠퇴하고 사대주의가 지배하는 시대가 열리고, 그 결과 나라가 망하게 되었다고 평가했다. 그러나 이런 해석은 강렬한 민족주의를 열망했던 일제강점기의 절박한 상황에서 역사를 해석한 것으로 객관성을 잃은 것이다.

3. 무신의 난과 최씨정권(1170~1270)

1) 무신의 난(1170)

이자겸의 난(1126~1127)에 이어 묘청의 난(1135)이 일어난 지 35년이 지난 1170년(의종 24)에 고려는 다시금 반란의 소용돌이에 빠졌다. 이번에는 무신들이 정변을 일으켜 권력을 잡은 것이다. 12세기에 들어와 반란의 시대가 열린 것은 고려 중기 개성의 문신귀족에게 권력과 부가 집중된 데 대한 부작용이라 볼 수 있다. 문화의 난숙을 가져온 문신정치가 보수화되면서 지방세력과 무신들의 소외감을 부추긴 결과이다.

고려는 무신이 주동이 되어 세운 나라이지만 광종 때부터 과거제도가 시행되면서 문신의 위상이 높아지고 최고의 군사지휘권도 문신이 갖게 되었다. 거란이나 여진과의 전쟁에서 혁혁한 공을 세운 서희徐熙, 강감찬姜邯贊, 윤관尹瓘 등이 장군으로 불렸지만 사실은 문신이었다. 묘청의 난을 토벌한 사람도 문신 김부식金富軾이었다. 문신도 신라 화랑의 전통을 이어받아 문무를 겸비한 인물들이었다. 하지만 순수한 무신의 처지에서 보면 지위가 점점 추락하는 상황을 면치 못했다. 무신을 선발하는 무과武科가 없다는 것도 무신의 수준을 떨어뜨리는 요인이 되었다. 무신은 2품 이상은 올라갈 수 없었고, 전시과에 규정된 군인전軍人田도 제대로 받지 못하는 경우가 많았다. 여기에 무신은 일반 농민층에서 올라온 무리이기 때문에 신분상으로도 천대를 받았다.

11세기 초 거란과의 전쟁이 끝난 뒤 의종毅宗(1146~1170)이 즉위할 때까지 150여 년간 비교적 국제평화가 지속된 것도 무신의 지위를 약화시켰다. 그런데 무신의 불만을 극에 달하게 만든 것이 의종 때였다. 의종시대에는 특히 천재지변으로 기온이 떨어져서 여름에도 큰 우박이 내리는 등 해마다 흉년이 들고 기근과 질병이 돌았으나, 의종은 각종 불교행사나 초제, 팔관회

등으로 이를 극복하려고 했으며, 기은색祈恩色이라는 수탈기관을 만들고, 별공사別貢使라는 관리를 지방에 파견하여 2중, 3중으로 백성을 수탈했다. 그 비용으로 개경과 그 인근에 별궁別宮, 누정樓亭, 사찰寺刹 등을 세우고, 거의 매일같이 신하들과 격구擊毬를 즐기고 술놀이판을 벌이면서 국가재정을 낭비하였다. 무신은 상장군(정3품)이나 대장군(종3품) 같은 높은 장군들도 문신의 놀이판에 경비나 서는 호위병으로 전락했다. 그런데도 신하들은 의종을 태평호문太平好文의 군주라 칭송하기에 바빴다.

무신의 불만이 갈수록 커져서 분노를 폭발시키게 된 사건이 잇달아 발생했다. 섣달 그믐날 밤 나례儺禮를 치르던 도중 김부식의 아들로서 내시內侍를 맡고 있던 나이 어린 김돈중金敦中이 왕을 호위하던 견룡대정牽龍隊正 정중부鄭仲夫(해주 출신; 1106~1179)의 수염을 촛불로 태우는 모욕을 가했다. 1170년(의종 24)에는 왕이 화평재和平齋에 행차하여 밤새도록 문신들과 시주詩酒를 즐기면서 호종한 무신들에게는 음식도 주지 않자 호위를 맡고 있던 견룡행수牽龍行首 이의방李義方[전주이씨]과 이고李高 등은 상장군(정3품) 정중부에게 분노를 토로하고 거사를 모의했다.

다음날 왕은 보현원普賢院에 가서 술놀이를 벌이던 중 흥을 돋우기 위해 무신들에게 수박희手搏戱[37] 경기를 벌이라고 명했는데, 수박희에서 진 대장군(종3품) 이소응李紹膺이 문신 한뢰韓賴에게 뺨을 맞고 댓돌 아래로 떨어지는 수모를 당했다. 이 사건을 목격한 무신들은 드디어 칼을 뽑아들고 "문관을 쓰고 있는 자는 모조리 죽인다"고 선동하면서 반란을 일으켰다. 그리하여 문신들을 학살하고 의종을 폐하여 거제도로 보낸 다음 왕의 둘째 동생을 왕으로 추대했다. 이가 명종明宗(1170~1197)이다. 무신들은 왕을 허수아비로 만들고 실권을 장악하여 그 후 1270년(원종 11)에 이르기까지 100년간 무신정권이 지속되었다.

무신난에 대한 문신의 저항도 없지 않았다. 1173년(명종 3) 김보당金甫當은 거제도에 있던 의종을 경주로 모시고 복위운동을 벌였으나 정중부가 이의민李義旼[경주사람]을 경주로 보내 의종을 살해했다. 다음해 서경유수西京留守 조위총趙位寵이 무신타도를 위해 군사를 일으켰으나 3년만에 실패했다.

권력을 잡은 무신은 상장군과 대장군의 합의기관인 중방重房을 권력기구로 삼아 정치를 운영했다. 그러나 정치경험이 부족한 무신은 서로 간에 권력투쟁을 벌이면서 문신보다 더 혹독하게 백성을 수탈하여 재산을 모았다. 그들은 배운 것 없는 농민 출신이 대부분이어서 국가를 경영할 경륜이 부족했다.

처음 반란을 일으킨 세 사람 가운데 이고가 이의방에게 피살되고(1171), 자기 딸을 태자비로 들이고 대장군이 되어 권세를 누리던 이의방은 정중부에게 피살되어(1174) 한동안 정중부가 문하시랑평장사와 문하시중이 되어 홀로 권력을 잡았다. 그러나 정중부는 1178년(명종 8)에 25세의 청년장군 경대승慶大升(1154~1183; 청주사람)에게 피살되었다. 그는 중국 귀화인의 후손으로 중서시랑평장사를 지낸 경진慶珍[38]의 아들이다.

---

37) 수박희는 손으로 상대를 가격하는 군사무예인데, 이것이 뒤에 태견이나 태권도로 발전하고 일본의 가라테도 여기서 기원한 것으로 보인다. 고구려 고분벽화에도 두 사람의 남자가 수박희를 하는 모습이 보인다.
38) 경진은 뒤에 청주경씨淸州慶氏의 시조가 되었다.

경대승은 무신의 횡포를 개혁하려고 하다가 무신의 미움을 받아 신변의 안전을 위해 도방都房을 설치하고 100여 명의 호위병을 두었으나 압박감을 이기지 못하고 30세로 세상을 떠났다 (1183). 경대승이 죽자 그가 두려워 경주에 숨어 있던 이의민이 상경하여 권력을 잡았다. 이의민은 소금장수 아버지와 사찰의 종인 어머니 사이에 태어났는데 힘이 장사였으며 시골에서 행패를 부리며 살다가 군인이 되었다. 의종은 그의 수박기술을 아껴 별장別將에 임명했는데 무신난에 참여하여 경주에 있던 의종을 죽이고, 그 후 김보당, 조위총 등의 저항세력을 타도하는 데 공을 세워 상장군이 되었다. 불학무식한 이의민은 권력을 잡은 뒤 판병부사判兵部事로 병권을 장악하고 13년간 갖은 횡포와 축재를 일삼다가 1196년(명종 26)에 최충헌崔忠獻에 의해 피살되었다.

무신난이 일어난 뒤 불과 26년 사이에 6차례의 권력변동이 일어났는데, 최충헌의 등장으로 권력투쟁은 끝나고, 4대 62년에 걸친 최씨정권시대(1196~1258)가 열렸다.

2) 최씨정권시대(1196~1258)

최충헌(1149~1219)은 황해도 우봉牛峰 사람으로 상장군(정3품) 최원호崔元浩의 아들이다. 무신 중에서는 집안이 좋은 편이지만 아버지가 우봉최씨의 시조인 것을 보면 그 윗대는 벼슬아치가 없었다. 그는 25세 때 조위총 반란을 진압하면서 공을 세워 섭장군으로 승진되었다가 이의민의 아들이 최충헌의 동생 최충수의 비둘기를 뺏은 사건이 원인이 되어 1196년에 미타산에 있던 이의민을 살해하고 권력을 잡았다. 이때 47세였다. 그는 이의민과 연결된 다른 무신들도 소탕하고, 야심을 품은 동생 최충수도 죽였다. 그리고 나서 명종에게 10개 조에 이르는 개혁안[39]을 제시하여 무너진 정치기강을 바로 세우려고 노력하여 한때는 백성의 지지를 얻었다.

실제로 최충헌은 국가재정에 큰 해를 입히고 있던 사원세력을 억압하고, 이에 저항하는 승려들을 진압했다. 농민과 노비, 향, 소, 부곡 주민의 불만을 줄이기 위해 그들에게 관작을 주기도 하고, 자유민으로 해방시키기도 했다. 또 무신난 이후 크게 떨어진 문신의 사기를 올려주기 위해 이규보李奎報, 진화陳華와 같은 문신을 우대하기도 했다. 그러나 무신난 이후 하극상 풍조가 만연하여 중앙과 지방에서 무신, 농민, 노비 등 하층사회의 반란이 빈번하게 일어나자 이를 진압하는 과정에서 강력한 독재적 통치기구를 만들고 무단정치를 펴기 시작했다.

교정도감敎定都監이라는 막부幕府의 별감別監이 된 최충헌은 인사, 재정, 감찰권을 장악하고, 경대승이 만든 도방都房을 더욱 확대하여 수천 명의 사병私兵을 두어 자신의 호위를 맡게 했다. 무소불위의 권력을 가진 그는 왕을 마음대로 교체했다. 1197년에 명종을 폐위한 다음 명종의 아우를 신종神宗(1197~1204)으로 옹립하고, 신종 다음에 등극한 희종熙宗(신종의 아들; 1204~1211)이 자신을 제거하려 하자 폐위시키고 명종의 아들 강종康宗(1211~1213)을 옹립했다. 그런데 강종이 2년 만에 죽자 이번에는 그 아들 고종高宗(1213~1259)을 옹립했다. 이렇게 네 명의 왕을 마음대로 바꾸

---

39) 최충헌이 왕에게 올린 개혁안을 '봉사 10조封事十條'라고 하는데, 그 내용은 다음과 같다.
(1) 왕은 정전正殿에서 정사를 돌볼 것, (2) 쓸데없는 관원을 혁파할 것, (3) 토지겸병을 막을 것, (4) 조부租賦를 공평하게 할 것, (5) 진상進上을 빙자한 지방관의 탐학을 막을 것, (6) 승려들의 취식과 궁궐 출입을 막을 것, (7) 지방관의 업적평가를 엄하게 할 것, (8) 사치를 금하고 숭검崇儉을 장려할 것, (9) 비보사찰 이외의 사찰을 없앨 것, (10) 아첨하는 신하를 멀리하고 직간直諫하는 신하를 임용할 것

면서 왕은 허수아비가 되고 권위는 땅에 떨어졌다.

　　권력과 군권을 장악한 최충헌은 권력을 유지하는 데 필요한 경제기반을 마련하기 위해 전라도와 경상도 지역에 대규모 농장을 만들었다. 특히 토지가 비옥한 진주지방을 식읍食邑으로 받아 경제권을 장악하고 이를 관리하기 위해 스스로 진강후晉康侯로 부르고, 흥녕부興寧府[혹은 晉康府, 晉陽府]라는 기구를 집에다 설치했다. 이러한 경제력은 최씨정권을 오래 지속시키고, 뒷날 몽골침략군과 대항하는 데 중요한 물적 기반이 되었다.

　　문하시중을 비롯하여 다섯 가지 벼슬을 차지하고, 24년에 걸쳐 무단독재를 하던 최충헌은 1219년(고종 6)에 70세를 일기로 세상을 떠났다. 권력은 그의 아들 최우崔瑀[뒤에 怡로 개명; ?~1249]가 승계했다. 왕이 아닌 자가 권력을 세습하는 정치는, 천황을 허수아비로 만들고 쇼군將軍이 세습정치를 편 일본의 막부정치幕府政治와 비슷하다. 일본에서도 1185년에 가마쿠라鎌倉[지금의 도쿄 부근]에서 가마쿠라 막부가 시작되어 고려와 비슷한 상황이 벌어졌다.

　　최우는 아버지가 탈취한 토지와 노비를 주인에게 돌려주는 등 민심을 얻는데 힘쓰고, 그동안 소외되었던 문신들을 적극적으로 회유하기 위해 1225년(고종 12)에 정방政房이라는 인사기구를 자기 집에 만들고 여기에 문신들을 소속시켜 정색승선政色承宣이라고 불렀다. 말하자면 문신들을 자신의 비서로 기용한 것이다. 1227년(고종 14)에는 자기 집에 또 서방書房을 만들어 명망높은 문신들을 3번으로 나누어 교대로 숙위宿衛를 하도록 했다. 말하자면 그들을 자문관으로 활용한 것이다.

　　최우는 문신들을 회유하면서 동시에 무력기반을 강화하기 위해 도방都房을 확대하여 내도방內都房과 외도방外都房으로 나누어 호위와 더불어 경찰임무까지 맡기고, 특수부대인 마별초馬別抄를 만들어 기병騎兵의 기능과 의장대의 기능도 함께 하도록 했다. 그밖에 경찰임무를 수행하는 야별초夜別抄를 만들었는데, 뒤에는 이를 확대하여 좌별초와 우별초로 나누었다. 그리고 몽골과 항쟁할 때 포로로 잡혀갔다가 돌아온 군인으로 신의군神義軍을 만들었는데, 이를 좌우별초와 합쳐 삼별초三別抄라고 한다. 삼별초는 당시 국방의 중추군대로서 뒤에 몽골과의 항전 때 큰 위력을 발휘했다.

　　최우가 집권하던 시기는 북방의 새로운 강자로 등장한 몽골이 침략의 손길을 뻗치기 시작하던 때였다. 그 과정은 뒤에 다시 설명하겠지만, 1231년(고종 18)에 살리타撒禮塔가 군대를 끌고 쳐들어 와서 고려와 강화를 맺고 일단 철수했다. 그러나 최우는 몽골과의 전쟁이 길어질 것을 예견하고 1232년(고종 19) 6월 왕을 움직여 강화도로 도읍을 옮겼다. 섬 주변에 성을 쌓아 대비하는 하는 한편, 문화를 다시 진흥시키고 부처의 힘으로 국난을 막기 위해 대장경大藏經 조판사업을 벌였다. 그러나 강화도로 천도한 뒤로 최우는 점차 권력에 취해 사치와 향락에 빠져들어 민심을 잃기 시작했다. 아내가 죽자 비단 70필을 사용하여 마치 왕비처럼 장례를 치렀으며, 호화스런 연회를 자주 열면서 이보다 더 호화로운 잔치가 이 세상에 없을 것이라고 자부하기도 했다.

집권 30년이 되던 1249년(고종 36)에 최우는 세상을 떠나고, 그 아들 최항崔沆(?~1257)이 뒤를 이었다. 최항은 최우의 서자로서 중이 되었다가 권력을 잡았는데, 처음에는 백성의 세금을 감면시켜 주는 등 민심을 얻었으나 뒤에는 참언을 잘 믿어 무고한 신하들을 많이 죽이고, 몽골에게 지나친 강경정책을 써서 몽골의 침략을 격화시키기도 했다. 그는 8년간 집권하다가 1257년(고종 44)에 죽었는데, 적자嫡子가 없어서 남의 집 여종 사이에서 낳은 최의崔竩(?~1258)가 뒤를 이었다.

최의도 처음에는 개인재산을 국가에 헌납하고 노비에게도 벼슬을 주는 등 자비를 베풀었으나 차츰 교만에 빠지고, 천한 신분에다 심복들마저 횡포를 일삼아 집권한 지 1년 만인 1258년(고종 45)에 신하들에게 살해되었다. 대사성 유경柳璥이 최충헌의 가노家奴의 아들로 태어난 낭장 김준金俊초명은 金仁俊 등과 손잡고 최의를 죽인 다음 권력을 왕(고종)에게 돌려주었다. 이로써 4대에 걸쳐 62년 간 집권한 최씨정권이 무너졌다. 그러나 고종이 다음해 죽자 그의 아들 원종元宗(1259~1274)이 뒤를 이었다.

최씨정권이 무너진 뒤 김준, 임연林衍, 임유무林惟茂 등 무신들이 12년간 권력을 잡았으나, 1270년(원종 11)에 임유무마저 타도되면서 약 100년간에 걸친 무신집권시대는 완전히 종말을 고했다.

4. 무신집권기 지방사회의 동요

무신집권시대 지방사회는 기층에서부터 흔들리기 시작했다. 여기에는 크게 두 가지 이유가 있다. 첫째, 무신 자체가 신분이 낮은 하층민에서 성장했기 때문에 그 이전의 문벌귀족사회가 무너진 것을 의미한다. 다시 말해 정치 주체가 문벌에서 무신으로 바뀌면서 하층민의 성장이 촉진된 것이다. 무신보다 지위가 더 낮은 농민이나 부곡민, 노비 등도 자신의 천한 지위가 해방될 수 있다는 희망을 갖게 되었기 때문이다.

둘째, 12세기 후반기 이후는 자연재난이 겹쳐 기온이 내려가고 농업이 더욱 피폐해져서 민생이 어려워진 것이 지방사회의 동요를 부추겼다. 그러나 문신정권이나 무신정권은 민생을 해결하지 못하고 오히려 백성을 탄압하면서 권력유지에 집착한 것이 민생을 더욱 불안하게 만들었다. 무신집권기 동북병마사를 지낸 조원정曹元正은 농민의 재물을 약탈하다 못해 여인들의 머리채까지 잘라 바치게 했다. 비교적 무신 가운데 개혁적이라고 불리는 최충헌도 개인 저택과 격구장擊毬場을 만들기 위해 민가 100여 채를 헐어 그 규모가 궁궐과 같았다고 한다.

생활이 어려운 하층민은 세력가의 농장에 들어가서 노비가 되기도 하고, 도적이 되기도 했으며, 무신들이 서로 죽이면서 하극상의 풍조가 만연하는 것을 보고 자극을 받아 반란을 시도하기도 했다. 하층민반란은 서북지방에서 먼저 일어났는데, 조위총이 1174년(명종 4)에 서경에서 반란을 일으켰을 때 많은 농민이 여기에 가세했으며, 조위총 난이 진압된 뒤에도 서적西賊이라 불리는 농민항쟁이 묘향산을 중심으로 여러 해 계속되었다.

중부와 남부지역에서도 남적南賊이라고 하는 하층민항쟁이 곳곳에서 일어났다. 그 가운데 규모가 큰 것은 공주의 명학소鳴鶴所에서 일하던 망이亡伊와 망소이亡所伊 등 수공업자들이 1176

년(명종 6)에 일으킨 반란이었다. 이들은 공주를 점령하고 북진하여 충청북도와 경기도 일부 지역까지 점령했으나 다음해 진압되었다. 전라도에서는 전주의 군인과 관노官奴들이 1182년(명종 12)에 들고 일어나 40일간 전주를 점령하기도 했다.

산발적으로 일어나던 민란은 1193년(명종 23)에 일어난 경상도 운문雲門(청도)의 김사미金沙彌와 초전草田(울산 또는 밀양)의 효심孝心이 일으킨 반란을 계기로 지역적으로 서로 연대하는 모습을 보였다. 그러나 이들은 밀성전투에서 약 7천 명의 희생자를 내고 진압되었다.

최충헌이 집권하던 신종神宗 때에는 농민에 대한 회유와 탄압으로 민란이 다소 주춤했으나, 그 대신 노비해방운동이 거세게 일어났다. 노비반란의 첫 봉화를 든 사람은 바로 최충헌의 사노私奴인 만적萬積이었다. 1198년(신종 원년)에 만적은 수백 명의 개경 노비를 송악산에 모아 놓고 권력탈취를 선동하는 연설을 했는데, 그 내용이 유명하다.

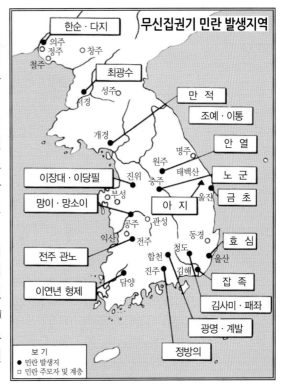

경계庚癸(무신난) 이후 공경대부公卿大夫는 천례賤隷 속에서 많이 나왔다. 장군이나 재상이 되는 씨가 어디 따로 있는가? 때가 오면 누구나 할 수 있다. 우리가 어찌 상전의 매질을 당하면서 고생만 하고 살아야 하는가? 모두 자신의 주인을 죽이고 천인의 호적을 불살라 버려 삼한 땅에 천인賤人을 없애면 공경公卿과 장상將相(장군과 재상)을 우리가 모두 할 수 있을 것이다.

노비가 신분을 뛰어넘어 재상과 장군이 될 수 있는 세상이 왔다고 선언한 이 주장은 당시에 이미 이런 일이 벌어지고 있음을 보고 자신감을 얻은 것이다. 하지만 이들의 해방운동은 수포로 끝났다. 사전에 발각되어 100여 명의 노비가 예성강에 수장되고 말았다. 그러나 이에 자극을 받아 전국 각지에서 민란이 계속되었다. 1199년(신종 2)에는 명주(강릉), 삼척, 울진 등지에서 발생한 민란이 경주에서 일어난 반란세력과 합세하여 기세를 올렸으며, 1200년(신종 3)에는 진주의 공·사노비와 합주(합천)의 부곡민이 합세하여 공동전선을 펴고 일어섰다.

그 뒤 민란은 삼국의 부흥을 외치는 단계로까지 나아갔다. 1202(신종 5)에 경주를 중심으로 운문, 울진, 초전 등지의 군인, 승려, 농민들이 스스로 정국병마正國兵馬, 곧 나라를 바로잡는 군대라고 자처하면서 들고 일어나 신라부흥을 외치면서 약 2년간 저항하다가 진압되었다. 경상도 지역에서 신라부흥운동이 일어난 것은 최씨정권이 고구려 계승을 표방한 데 대한 반발이기도 했다.

몽골과 싸우던 1237년(고종 24)에는 전라도 담양에서 이연년李延年 등이 백제부흥을 외치면서 광주와 나주를 점령하기도 했으나 실패했다.

무신집권시대의 민란은 모두 진압되었지만, 완전히 실패로 끝난 것은 아니었다. 무신정권은 하층민을 무마하기 위해 부곡部曲이나 소所의 주민을 양민으로 해방시켜주고, 많은 노비들이 자유를 얻었다. 이때 해방된 천민들은 몽골과의 전쟁 때 주동적인 항몽세력으로 나섰다. 또 양인과 천민 사이의 결혼도 이루어지면서 양천제도가 무너졌는데 이는 조선시대에 이르러 신분제도가 개편되지 않을 수 없는 계기가 이때부터 마련되었다는 것을 의미한다.

5. 무신집권시대의 문화

1) 설화문학의 등장과 역사의식의 변화

100년간에 걸친 무신집권시대에는 문화전반에 걸쳐 새로운 변화가 나타났다. 실의에 빠진 문신들 가운데는 초야에 묻혀 시주詩酒를 즐기면서 옛날의 향수를 달래는 낭만적 문학활동에 빠지는 이가 적지 않았다. 이른바 '해좌칠현海左七賢'[40]으로 불린 이들이 그 대표적인 문신들이다. 특히 인주이씨 출신의 이인로李仁老는《파한집破閑集》을 써서 고려 역대 문인들의 명시名詩에 대해 얽힌 이야기와 개경, 평양, 경주 등 역사적 유적지의 풍속과 풍경 등을 묘사했다. 임춘林椿은 돈을 사람에 빗대어 쓴〈공방전孔方傳〉과 술을 사람에 빗대어 쓴〈국순전麴醇傳〉을 써서 현실을 풍자했다.

그런데 최씨정권이 문신을 우대하면서 무신정권에 협력하는 문신도 나타났다. 이규보李奎報(1168~1241), 최자崔滋(1188~1260), 진화陳澕는 그 대표적인 인물이다. 여주지방 향리의 후손인 이규보는 25세되던 1192년(명종 22)에 유명한〈동명왕편東明王篇〉을 써서 최씨정권의 신임을 크게 받아 벼슬이 고종 대에 문하시랑평장사에 올랐다가 74세로 세상을 떠났다. 그는 웅혼하고 낭만적인 당, 송의 고문古文을 숭상하고, 유교, 불교, 도교, 무교巫敎를 넓게 아우르는 문재를 지녔다.

이규보의 대표작〈동명왕편〉은 민간에서 귀신 이야기로 전해오던 고구려 시조 동명왕의 건국설화를 다시 해석하여 동명왕이야말로 천손天孫의 후예로서 성인聖人이자 영웅이라고 보고, 그의 고구려 건국과정을 오언시五言詩로 읊은 영웅서사시이다.〈동명왕편〉은 비록 시로 엮은 역사책이지만, 신라전통을 계승하는 입장에서 쓴 김부식의《삼국사기》와 달리 고구려 전통을 계승하려는 역사의식을 담고 있을 뿐 아니라 무신집권층의 역사의식을 대변하고 있다는 점에서도 의미가 크다. 그리고 이런 역사의식은 현실적으로 금나라에 대한 사대정책을 비판하고, 고려의 문화적 우월성을 확인하려는 의도를 지니고 있었다.

이규보는 이밖에도 술을 사람에 빗대어 쓴〈국선생전麴先生傳〉, 삼국시대부터 고려시대까지의 유명한 시화詩話를 모은〈백운소설白雲小說〉을 썼으며, 문집인《동국이상국집東國李相國集》(53권 14책)을 남겼다.

---

40) '해좌칠현'은 중국 진晉나라의 '죽림칠현'을 모방한 이름으로, 그 인물은 이인로李仁老, 임춘林椿, 오세재吳世才, 조통趙通, 황보항皇甫抗, 함순咸淳, 이담지李湛之이다.

최자는 최충의 후손으로 벼슬이 문하시랑평장사에 올랐고, 최우의 권유로 이인로의《파한집》을 보완한다는 뜻에서《보한집保閑集》(1254년)을 남겼는데, 그 내용은 여항閭巷의 이야기, 흥미있는 역사적 사실, 불교, 부녀자들의 이야기 등을 수록하여 고려시대의 풍속을 연구하는 데 좋은 참고자료가 되고 있다. 이런 설화문학은 문종 때 박인량朴寅亮의《수이전殊異傳》에서 시작하여, 무신집권시대를 거쳐 뒤에는 이제현李齊賢의《역옹패설櫟翁稗說》로 이어졌다.

진화는 지금의 충청도 여양驪陽[홍성] 출신으로 벼슬이 한림과 목사에 이르렀는데, 이규보와 쌍벽을 이루는 문인으로 금나라에 사신으로 가는 도중에 지었다는 다음의 시가 유명하다.

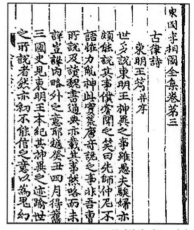

동명왕편 동명왕의 건국고사가 《동국이상국집》 권3에 실려 있다.

서화이소색西華已蕭索	서쪽 송나라는 이미 기울고
북새상몽혼北塞尙夢昏	북쪽 오랑캐[금]는 아직도 잠자고 있네
좌대문명단坐待文明旦	앉아서 문명의 아침을 기다리자
천동일욕홍天東日欲紅	하늘의 동쪽[고려]에서 해가 떠오르고 있네

이 시는 중국 송나라가 몰락하고, 금나라는 아직 미개한 상태에 있으며, 고려가 문명의 중심으로 떠오르고 있다는 자부심을 담은 것이다. 이규보의〈동명왕편〉과 아주 비슷한 패기와 자신감이 엿보인다. 그러나 무신집권시대의 문신들은 이렇듯 진취적이고 낭만적인 패기를 지니고 있었지만, 새로운 시대를 경영할만한 경륜을 지니지 못했다는 점에서 한계를 드러냈다. 그 한계는 몽골간섭시대에 성리학이 들어오면서 극복되었다.

2) 조계종의 성립

무신집권시대에는 불교계도 변했다. 문신의 비호를 받던 개경 중심의 이론불교인 교종이 쇠퇴하고, 그 대신 지방사회의 실천불교인 선종禪宗이 무신들의 비호를 받으면서 두각을 나타내기 시작했다.

지방에서 일어난 새로운 불교운동은 신앙단체를 '두레' 곧 '사社'로 결성하는 결사結社에서부터 시작했다. 결사 가운데 가장 규모가 큰 것은 전라도 순천順天의 수선사修禪社[뒤의 송광사]와 강진康津의 백련사白蓮社이다. 특히 수선사의 창립자인 지눌知訥[普照國師; 1158~1210]은 선종을 중심에 두고 교종의 화엄사상을 흡수하여 선종과 교종의 통합을 추구하는 이론체계를 수립했다. 황해도 서흥 출신인 지눌은 뒤에 조계종曹溪宗이라는 새로운 종파를 만들어냈다. 최씨정권은 당시 문신과 연결되어 있던 교종의 사원세력을 누르기 위해 수선사와 조계종을 정책적으로 후원하여 그 세력을 키웠다.

지눌의 이론은 정혜쌍수定慧雙修로 요약된다. 이는 앞서서 진리를 인식하는 좌선坐禪의 정定과 불경을 읽어서 지혜를 터득하는 간경看經의 혜慧를 병행하자는 것이다. 비유하자면 거울을

지눌 영정 송광사 소장

백련사 1216년(고종 3년) 요세가 강진 만덕사 터에서 백련결사 결성. 전라남도 강진군 만덕산

목우자수심결 지눌이 마음을 닦는 비결을 제시한 선禪 이론서

깨끗하게 닦으면 거울에 비치는 물체가 밝게 보이는 것과 같다. 정혜쌍수를 수행하는 방법을 돈오점수頓悟漸修라고 한다. 이는 부처님의 마음을 깨달아 진리를 깨우치는 돈오頓悟와, 이를 실천하는 점수漸修를 병행하자는 뜻이다. 다시 말해 지눌의 사상은 선종의 핵심인 선정禪定과 돈오頓悟를 바탕에 두고 이론을 존중하는 교종을 통합하자는 것이다.

지눌의 조계종은 문종 때 대각국사 의천이 천태종天台宗을 만들어 교종을 바탕에 두고 선종을 통합하자는 이론과는 다르다. 통합의 목적은 같지만, 초점이 다른 것이다. 천태종이 중앙에서 지방을 통합하는 형식이라면, 조계종은 지방에서 중앙을 통합하는 형식이라고 할 수 있다.

지눌에 이어 조계종을 발전시킨 이는 제2대 교주인 혜심慧諶(眞覺國師; 1178~1234)과 충지沖止(圓鑑國師; 1226~1292)였다. 혜심은 선종과 교종의 통합에서 한 걸음 더 나아가 불교와 유교의 통합까지도 시도하여 고려 유교가 성리학性理學으로 나아가는 징검다리를 만들어 놓았다. 이는 거꾸로 말하면 송나라 성리학이 이미 고려에 수입되어 불교계에도 영향을 미치고 있음을 말해준다.

강진의 백련사는 요세了世(圓妙國師; 1163~1245)가 결사한 것으로 강진지방의 호족세력이 수선사에 맞서 순수한 법화신앙法華信仰을 내세우기 위해 세운 천태종의 신앙단체였다. 의천의 천태종이 정치적으로 선종승려를 흡수통합하려고 한 것과는 달랐으며, 강력한 항몽투쟁을 표방하여 최씨정권의 비호를 받기도 했다.

한편, 무신집권시대에는 우리나라 불교사를 새롭게 정리하는 작업도 이루어졌다. 이규보, 이인로 등과 교류가 깊었던 승려 각훈覺訓은 오관산 영통사靈通寺의 주지로 있으면서 고종의 명을 받아 삼국시대 이래 고승들의 전기를 정리하여 1215년(고종 2)에《해동고승전海東高僧傳》을 편찬했는데 지금도 그 일부가 남아 있다. 또, 승려 수기守其는 의천이《교장敎藏》을 간행할 때 누락시킨 균여均如의 저술과 신라 의상義湘 제자들의 저서를 모아《대장경》의 보판으로 편입시켰다.

무신집권기에 이루어진 기념비적인 불교사업은 1236년(고종 23)에 시작되어 16년 만에 완성된 《재조대장경再彫大藏經》(속칭 팔만대장경)이다. 강화도에 천도하여 몽골과 싸우던 최우정권은 강화도 선원사禪源寺와 진주에 도감都監을 설치하고, 경상도 남해南海에 분사分司를 두어 이 사업을 추진했는데, 옛 《대장경》을 토대로 송과 거란 등 여러 나라의 장경藏經을 대조하여 총 1,496종 6,568권의 대장경을 새로이 판각했다. 판각의 총 매수가 81,258장에 이르는 속칭 《팔만대장경》이라 부르는 이 목판은 강화도에 보관되었다가 조선 초기에 합천 해인사海印寺로 이관되어 지금에 이르고 있다.

몽골과의 숨가쁜 전란 중에 이 사업을 벌인 것은 부처의 힘으로 국난을 극복하겠다는 의지와 더불어 고려의 문화적 우월성을 확인하고 나아가 국민의 애국심을 결집하는 효과가 있었다. 이 대장경은 양적으로나 질적으로 동양에서 만든 20여 종의 대장경 가운데 가장 우수한 것으로 평가되고 있으며, 조선왕조 이후로 일본을 비롯한 동남아에도 보급되어 불교발전에 크게 기여했다. 해인사 장경판전藏經板殿은 1995년에 유네스코 세계기록문화유산으로 등재되었다.

팔만대장경판(부분) 국보 32호, 목판,
가로 24.0cm, 세로 69.6cm, 해인사 소장

제6장 몽골과의 전쟁과 사대부의 성장

1. 몽골과의 전쟁(1231~1273)

1) 몽골의 여섯 차례 침략

최씨정권이 안정되어가던 13세기 초에 북방 초원지역에서 요와 금에 예속되어 살던 몽골족유목민 사회에 큰 변화가 일어났다. 테무진鐵木眞(1155?~1227)이라는 영웅이 나타나 1206년(고려 희종 2)에 부족을 통일하여 '대몽골국大蒙古國'이라는 나라를 세우고, 칭기즈 칸成吉思汗(광명의 신)에 올랐다. 그는 자연재난을 이기기 위해 식량이 풍부한 남쪽 농경사회로 세력을 뻗치기 시작했다.

몽골은 1211년 금을 공격하여 1214년에 수도[중경]를 함락시켜 북중국을 차지하고, 이어 거란족을 복속시키자 거란족의 일부가 고려의 강동성[평양 부근]에 들어왔다. 몽골은 이들을 추격하여 고려에 들어왔는데, 고려는 몽골과 합세하여 1219년(고종 6)에 거란족을 강동성에서 몰아냈다. 그 뒤로 몽골은 은인을 자처하면서 형제의 맹약과 아울러 수달피, 명주, 모시 등 과중한 공물을 요구해 와 최씨정권과 갈등을 빚었다.

유목민의 뛰어난 기동력을 가진 몽골은 서방정벌에 나서 페르시아지역까지 정복하고, 1224년에 오고타이 한국汗國을 세우고, 1227년에는 서하西夏를 멸망시키고 그곳에 차가타이 한국을 세웠으며, 이해에 칭기즈 칸이 죽자 1229년에 오고타이가 황제가 되니 이가 태종太宗이다. 이렇게 세력이 커진 몽골은 1225년(고종 12)에 제구유著古與를 고려에 사신으로 보내 무례한 요구를 하다가 돌아가던 도중 압록강 국경지역에서 피살당했다. 이 사건의 책임을 물어 1231년(고종 18)에 몽골은 살리타撒禮塔에게 대군을 주어 고려를 공격했다. 고려는 박서朴犀의 지휘 아래 몽골군을 맞아 귀주에서 완강하게 저항하자 몽골군은 길을 돌아서 3개월 만에 개경을 압박했다. 고려가 강화를 청하자 1232년(고종 19) 1월에 다루가치達魯花赤[총독]를 서북지방에 두고 군대를 철수시켰다.

최씨정권은 강화를 맺은 그해 6월에 장기전을 대비하여 강도江都[강화도]로 천도했다. 육지의 주민은 산성으로 대피시키고, 강도에 외성과 내성을 쌓고, 궁궐, 태묘, 사직, 사찰, 격구장까지 건설하고, 연등회와 팔관회도 전처럼 거행했다. 바다를 통해 조세를 받아들였기 때문에 국가운영에 큰 지장이 없었다.

몽골은 고려가 항복하거나 아니면 강도에서 육지로 나오라고 강요했으나, 그 요구를 거절하고 버티자 몽골은 1232년 8월부터 다시 제2차 공격을 시작했는데, 이해 12월에 처인부곡

[용인]의 성을 지키던 승려 김윤후金允侯가 부곡민과 합세하여 살리타를 사살하는 전공을 세우기도 했다. 관악산의 초적草賊들도 저항했다.

1235년에 몽골은 평양 사람으로 최씨정권의 무모한 전쟁에 반대하여 몽골에 투항한 홍복원洪福源의 안내를 받아 제3차 공격을 해 왔는데, 충주忠州를 넘어 경주慶州에까지 이르렀고, 1236년에 들어온 증원부대는 강원도, 경기도, 충청도, 전라도를 유린했다. 그러나 각 지방의 관군과 민병대의 유격전에 고전을 면치 못해 한때 철수하기도 했다. 그 후 1238년에 다시 들어온 몽골병은 경주까지 내려가서 황룡사 9층탑을 불태웠다. 그러나 최씨정권의 철수요구를 받아들여 그해 말에 군대를 되돌렸다.

1238년에 휴전한 뒤로 7년간 고려와 몽골은 사신을 보내면서 신경전을 벌였다. 강화도에서 육지로 나올 것과 국왕이 몽골에 들어와 항복할 것을 강요했으나, 고려는 듣지 않았다.

1247~1249년의 제4차 침략, 1253년의 제5차 침략, 1254~1257년에 차라다이車羅大의 제6차 침략이 감행되었다. 이렇게 수십 년에 걸친 침략전쟁에도 불구하고 강화도를 함락시키지는 못했다. 몽골은 바다에 약할 뿐 아니라, 겨울에는 강화해협에 얼음덩이를 띄워 보내 배가 건너오지 못했다.

그러나 전쟁이 30년간 장기화되면서 고려가 받은 물질적, 문화적 피해는 너무 컸다. 국토는 황폐해지고, 산성을 제외한 평야지대에서는 방화와 살륙이 자행되었다. 경주의 황룡사 9층탑을 비롯하여 대구 부인사에 있던《대장경》등 많은 문화재가 불타 없어졌다. 전쟁에 지친 고려 백성들도 점차로 최씨정권을 원망하면서 몽골에 투항하는 자들이 늘어났다. 조정에서도 더 이상 전쟁을 하지 말고 몽골과 강화를 맺어야 한다는 주화파의 목소리가 점점 커졌다. 마침내 1258년에 주화파 무신 김준金俊과 문신 유경柳璥은 주전파인 최의를 타도하고 권력을 일단 왕[고종]에게 넘겨주었다. 고종은 1259년 3월에 태자[뒤의 元宗]를 몽골에 보내 강화를 맺었다. 그런 다음 강도의 성벽을 헐어버렸다.

그러나 주전파인 임연林衍이 김준을 죽이고(1268), 임연의 아들 임유무林惟茂가 권력을 계승했으나 몽골에 갔다가 돌아와 왕이 된 원종元宗(1259~1274)이 1270년에 주전파 임유무를 처단하여 무신정권은 완전히 종말을 고했다. 이해 5월 원종은 개경으로 환도했다. 이로써 39년에 걸친 강도시대가 끝난 것이다.

2) 삼별초의 항몽전쟁

무신시대가 끝나고, 몽골과의 강화가 맺어진 뒤에도 무신들의 항몽전쟁은 끝나지 않았다. 무신정권의 핵심군대요, 대몽항쟁의 선봉에 섰던 삼별초三別抄는 몽골과 강화를 맺은 것에 불만을 품고 계속 강도에 남아 있었다. 원종이 삼별초의 혁파를 명하자 배중손裵仲孫 장군의 지휘 아래 반란을 일으켰다. 1270년(원종 11) 6월에 왕족 승화후 온承化侯 溫을 왕으로 추대하여 반몽정권을 세운 다음 항몽을 선언했는데, 강도를 떠나는 이탈자가 늘어나자 1천여 척의 배에 재물과 자녀들을 싣고 진도珍島로 내려갔다. 여기서 궁궐과 용장산성龍藏山城 등을 건설하여 왕도처럼 꾸미고 서해와 남해안 연안지역 30여 개의 섬을 장악하여 한때 해상왕국을 건설했다.

진도 용장산성 사적 126호, 전라남도 진도군 군내면 용장산성길 소재

김방경金方慶이 이끄는 관군과 몽골군의 연합군에 의해 배중손이 전사하자, 김통정金通精 장군이 삼별초를 이끌고 진도를 떠나 제주도로 이동하여 성을 쌓고 저항을 계속했다. 그러나 1273년(원종 14)에 김방경이 160여 척의 전함과 여원연합군을 이끌고 가서 진압했다. 김방경은 뒤에 원나라의 두 차례 일본 원정(1274, 1281)에도 참여하여 고려군을 지휘했다. 이로써 4년간에 걸친 삼별초의 대몽항쟁은 실패로 끝났으나, 몽골은 고려를 두려운 상대로 바라보게 되었다.

2. 원의 간섭과 고려정치의 굴절

1) 부원세력의 등장

1259년에 고려를 굴복시킨 몽골의 지도자는 쿠빌라이[世祖; 1260~1294]였다. 그는 고려를 굴복시킨 뒤에 1271년에는 국호를 원元으로 바꾸었다. 1279년(충렬왕 5)에는 남송을 멸망시켜 중국대륙 전체를 직속령으로 만들었으며, 멀리 중앙아시아와 유럽 일부 지역까지 점령하여 인류역사상 가장 큰 제국의 하나를 건설했다. 쿠빌라이는 일본도 정복하여 조공을 받기를 원하여 1268년에 먼저 사신을 보내 몽골의 제후가 되기를 요구했으나 말을 듣지 않자 1274년 10월에 대규모의 군대를 규슈에 보내 하카타[후쿠오카]에 상륙했으나,[41] 가마쿠라 막부鎌倉幕府의 완강한 저항과 태풍 그리고 고려군의 미온적 태도 때문에 실패하고 돌아왔다. 1281년에 두 번째 원정군을 보냈으나 이번에도 일본의 저항과 태풍으로 실패했다.[42] 일본원정에 실패한 쿠빌라이는 1287년에 안남[베트남]을 공격했으나 역시 실패했다.

그런데 몽골의 정복전쟁 가운데 가장 힘든 전쟁은 고려와의 전쟁이었다. 그래서 고려를 함부로 대할 수 없는 두려운 상대로 인정하여 고려 왕을 그대로 두어 자치를 맡겼으며, 고려의 풍속을 그대로 이어가도록 허락했다. 다만, 고려의 일부 지역만 직속령으로 만들었다. 하나는 제주도에 탐라총관부耽羅摠管府를 두어 목마장으로 만들고, 둘은 철령 이북의 영흥지역에 쌍성총관부雙城摠管府를 두어 다스렸으며, 셋은 평양지역에 동녕부東寧府를 두어 다스렸다. 그러나 고려의 강력한 요구로 동녕부와 탐라총관부는 충렬왕 때 폐지되어 고려 영토로 돌아왔다.

다만, 원은 결혼정책을 써서 고려왕은 원나라 황제의 딸을 왕비로 삼도록 하여 부마국駙馬國[사위나라]을 만들었으며, 고려 왕을 정동행성征東行省이라는 통치기관의 장관[좌승상]을 겸하도록

---

41) 쿠빌라이가 1274년에 일본정벌을 위해 보낸 군대는 몽골 및 한인漢人 군대 2만 5천 명, 김방경 휘하의 고려군 8천 명, 수군 6천 700명, 전함 900척이었다.

42) 1281년의 제2차 일본원정군의 규모는 군대 15만 명, 고려군 1만 명, 함선 4,400여 척으로 제1차 원정군보다 규모가 더 컸다.

하고, 다루가치라는 총독을 파견하여 감시했다. 이밖에 종전에 써오던 왕의 묘호廟號를 조祖와 종宗에서 왕王으로 바꾸고, 묘호 앞에 충忠이라는 글자를 붙이도록 했으며, 짐朕을 고孤로, 폐하陛下를 전하殿下로, 선지宣旨는 왕지王旨로 바꾸었다. 이는 황제의 지위를 황제의 제후인 왕으로 격하시킨 것을 의미한다.

원의 결혼정책에 따라 원종의 세자[뒤의 충렬왕]는 쿠빌라이의 딸을 왕비로 삼았으며, 그런 관례는 공민왕 때까지 이어졌다. 또한 세자는 원나라 수도인 북경에 가서 뚤루게禿魯花[인질]로 머물다가 귀국하여 왕위에 오르는 것이 관례로 되었다.

원과 강화를 맺은 원종이 세상을 떠난 뒤에 왕이 된 충렬왕忠烈王(1274~1308) 때에는 두 차례에 걸친 일본 원정으로 군대와 함선, 군량미를 지원하여 고통을 받았으며, 그 뒤에도 사람과 물품을 조공朝貢 형식으로 가져갔다. 원이 고려에 요구하는 물품은 주로 금과 은, 옷감, 곡물, 인삼, 그리고 사냥에 쓸 매였다. 그리고 고려에서 데려간 인력은 원나라 황실에서 일할 환관宦官과 궁녀宮女[이들을 공녀(貢女)로 부름]였다. 이들 가운데에는 원에서 총애를 얻어 고려 정치에 영향력을 미치는 인물이 출현하기도 했다. 예를 들면 행주기씨幸州奇氏 여자는 궁녀로 들어갔다가 순제順帝의 총애를 받아 황후皇后가 되었으며, 황후의 오라비 기철奇轍은 친원파의 거두로 권력을 휘둘렀다. 그밖에 권겸權謙, 노책盧頙 등도 딸을 원나라 황제에게 보내고 권력자로 행세했다. 황후가 아니더라도 고려 여인들은 대부분 원나라 귀족의 부인이 되었는데, 이들이 고려 풍속을 원나라에 퍼뜨려 이른바 고려풍高麗風을 일으키기도 했다.

신분이 미천한 환관 중에도 권세가가 나타났다. 환관은 인질로 가 있던 세자를 보필하다가 세자가 왕이 되면 함께 귀국한 뒤 왕의 측근세력이 되어 횡포를 부리는 일이 많았다. 평판이 좋지 않은 세력자 가운데에는 원나라 공주[왕비]의 비서로 따라온 몽골인 게링구怯怜口도 있었다. 이들 가운데에는 고려에 귀화한 인물도 있는데, 인후印侯와 장순룡張舜龍[43] 등이 그렇다.

몽골어 통역관 중에도 출세하는 인물이 많았다. 평양조씨 조인규趙仁規가 대표적이다. 조선왕조 개국공신이 된 조준趙浚은 바로 조인규의 후손이다. 이밖에 친원세력으로 행세한 사람들 가운데는 매를 잡아 원나라에 바치는 응방鷹坊이라는 관리도 있었다. 몽골족은 매를 이용한 사냥을 즐겼는데, 고려의 매는 해동청海東青이라 이름하여 인기가 있었다. 응방에 속한 관리들은 원나라의 위세를 등에 업고 행패를 부리는 일이 많았다.

2) 국왕과 유신들의 개혁정치

원나라의 간섭을 받던 시기에 원나라를 등에 업고 행패를 부리는 부원세력이 등장하여 정치를 어지럽히고 백성을 괴롭히는 일이 많았지만, 정치를 바로잡고 민생을 챙기려는 개혁세력도 등장했다. 유학을 공부한 유신儒臣들과 국왕이 그런 위치에 있었다. 개혁에 대한 열망은 원나라 간섭 이전에 있었던 무신정치의 해독을 바로잡아 정상적인 문치文治로 나아가고, 원나라 간섭하에 굴절된 고려의 정체성을 되찾아야 한다는 문제의식과도 연결되어 있어서 새로운 시대의 흐름으로 자리잡았다.

---

43) 인후는 연안인씨延安印氏의 시조가 되었고, 장순룡은 아라비아 사람으로 뒤에 덕수장씨德水張氏의 시조가 되었다.

안향 초상 조선후기, 비단채색,
88.8×53.3cm

개혁이 시작된 것은 충렬왕忠烈王(원종의 아들; 1274~1308) 때부터였다. 왕은 비록 원나라 공주齊國大長公主를 아내로 맞이했지만 원종의 아들로서 고려인의 정체성을 잃지 않았다. 또 충렬왕을 따라 원에 갔던 안향安珦(1243~1306)은 원나라의 성리학性理學을 처음으로 들여온 인물로서 그 뒤로 많은 학자들이 원에 가서 성리학을 배우고 돌아와서 이를 국가적으로도 교육하여 보급했다. 이들 유신들과 왕의 노력으로 충렬왕 때 《고금록古今錄》, 《천추금경록千秋金鏡錄》 등 역사책이 왕명으로 편찬되고, 개인적으로는 일연一然의 《삼국유사三國遺事》와 이승휴의 《제왕운기帝王韻紀》가 편찬되어 역사와 문화의 정체성을 찾으려는 운동이 일어났다.

충렬왕에 이어 왕위에 오른 충선왕忠宣王(1298, 1308~1313)은 한때 부왕과의 갈등으로 왕위를 빼앗기고 다시 원나라에 갔다가 돌아와 왕위를 되찾았는데, 왕이 되자 홍자번洪子蕃(1237~1306) 등과 손잡고 사림원詞林院이라는 기구를 설치하여 개혁운동에 박차를 가했다. 먼저 충렬왕을 둘러싸고 있던 환관 등 측근세력을 제거하고, 관료정치를 회복하는 방향에서 관제를 바꾸고, 권세가들의 농장을 견제하여 국가수입을 늘리고, 농민부담을 줄여주고, 강제로 노비가 된 사람을 양민으로 환원시키기도 했다.

충선왕의 개혁은 권세가들의 반발로 중단되고, 실망한 왕은 왕위를 아들[충숙왕]에게 물려주고 다시 베이징北京[북경]으로 가서 만권당萬卷堂이라는 연구기관을 설립하고, 이제현李齊賢을 비롯한 고려 학자와 조맹부趙孟頫, 요수姚燧, 염복閻復 등 원나라 학자들을 초빙하여 학문을 연구하고 두 나라의 문화교류에 힘썼다. 원나라의 과거제도가 충선왕의 건의로 시행되었으며, 고려의 개혁적 유학자들이 왕의 도움을 얻어 성장했다.

충선왕의 아들 충숙왕忠肅王(1313~1330, 1332~1339)도 부왕과의 갈등으로 두 차례나 왕위에 오르는 불행을 겪었다. 이렇게 부자간에 갈등이 생긴 원인은 원나라의 이간책 때문이었다. 원은 만주일대에 사는 고려인을 통제하기 위해 심양瀋陽에 따로 고려왕을 두어 심양왕瀋陽王이라고 불렀는데, 실제로는 고려왕을 견제하기 위함이었다. 고려왕이 말을 잘 듣지 않을 때에는 심양왕을 데려다 왕으로 삼은 것이다. 충숙왕도 심양왕 고暠(충선왕의 조카)의 참소로 왕위를 아들 충혜왕忠惠王(1330~1332, 1339~1344)[44]에게 물려주었다가 16세의 나이 어린 충혜왕이 정치를 잘 못하자 2년 만에 다시 왕위에 오른 것이다.

충숙왕 때에는 유청신柳淸臣, 오잠吳潛 등 일부 부원배들이 고려를 원나라의 직속령인 성省으로 만들려는 이른바 입성立省 책동을 일으켰는데, 이제현을 비롯한 유신들과 충숙왕의 완강한 반대로 좌절되었다.

충숙왕이 죽자 재위 2년 만에 물러났던 아들 충혜왕이 다시 왕위에 올랐다. 그러나 충혜왕은 주색과 사냥을 좋아하여 민심을 잃었고, 원은 왕을 원나라로 소환하여 유배시켰는데, 도

---

44) 충숙왕은 몽골부인을 세 번이나 얻었으나 후사를 얻지 못하여 고려 여인을 왕비로 다시 맞이하여 아들을 얻었는데, 이가 충혜왕이다.

중에 세상을 떠났다.

충혜왕의 뒤를 이은 것은 아들 충목왕忠穆王(1344~1348)이었다. 그런데 임금의 나이가 8세밖에 되지 않아 한종유韓宗愈, 이제현, 박충좌朴忠佐 등 명망 높은 원로유신들이 왕을 보좌하면서 정치를 주도했다. 1347년(충목왕 3)에 정치도감整治都監이라는 임시기구를 설치하여 부원세력을 척결하면서 권세가들이 불법으로 차지한 토지와 노비를 조사하여 본 주인에게 돌려주고, 관료들의 녹봉을 위해 녹과전祿科田을 부활했다. 원에 공녀貢女로 갔다가 순제順帝의 황후가 된 기황후奇皇后[45]의 오라비 기철奇轍을 비롯한 일족들이 온갖 권세를 누리다가 견제를 받았다.

8세에 왕이 된 충목왕은 12세에 세상을 떠나고, 이복동생인 충정왕忠定王(1348~1351)[46]이 왕위에 올랐는데 나이가 13세였다. 당시 신망이 있던 왕족은 충혜왕의 동생이자 충정왕의 숙부[뒤의 공민왕]였으나, 충목왕과 충정왕의 모후세력이 어린 임금을 옹립하고 섭정을 하면서 정치를 혼란에 빠뜨려 명망 있는 유신들이 정계를 떠났다. 어린 임금이 연속적으로 이어지면서 왕권은 실추되고 권신들이 발호하는 시대가 열린 것이다.

그러나 충정왕도 재위 3년에 16세로 죽고 드디어 왕의 숙부인 공민왕恭愍王(1351~1374)이 왕위를 이었다. 22세에 즉위한 공민왕은 비록 어머니가 원나라 공주였지만 고려인의 정체성을 찾으면서 과감한 개혁의 채찍을 들고 나왔다.

3. 공민왕의 개혁

충숙왕의 둘째 아들로 태어난 공민왕(1351~1374)이 집권하던 시기에 대륙의 정세는 크게 바뀌었다. 근 100년간 고려의 내정을 간섭하던 원나라의 기세가 꺾이고 있었다. 1368년(공민왕 17)에 중국 남방에서 일어난 명明나라가 원을 북방으로 밀어내는 사태가 벌어진 것이다. 명나라를 세운 주원장朱元璋은 가난한 농민의 아들로 태어나 중노릇을 하다가 홍건적紅巾賊의 두목이 되었는데, 그 힘으로 나라를 세우고 마침내 원나라를 중원에서 밀어내는 위업을 달성했다.

명의 흥기와 원의 쇠퇴는 고려가 자주성을 회복할 수 있는 절호의 기회였다. 비록 어머니도 원나라 여인이고, 부인도 원나라 여인[노국대장공주]이지만 공민왕의 마음은 철저한 고려인이었다. 밖으로 반원정책을 통해 자주권을 회복하고, 안으로 권문세족을 억압하여 왕권과 민생을 안정시키고자 하는 것이 공민왕의 목표였다.

왕은 즉위하자마자 몽골풍의 의복과 변발辮髮을 폐지하고, 1356년(공민왕 5)에는 원나라 연호와 관제官制를 폐지하며 문종 때 만든 원래의 관제로 돌아갔으며, 내정간섭기관인 정동행성征東行省의 이문소理問所를 폐지했다. 같은 해 원 순제順帝의 제2 황후인 기황후奇皇后의 오라비로 온갖 권세를 누리던 기철奇轍 형제를 비롯한 친원파 권문세가들을 숙청하여 왕권을 바로 세우고,

---

45) 기황후는 기자오奇子敖의 딸로 원나라에 공녀로 가서 황실의 궁녀로 있었는데, 순제順帝(1333~1367)의 총애를 입어 제2 황후에 봉지되고 황태자를 낳았다. 순제는 궁중에다 고려 미인들을 불러들여 원 대신들로 하여금 배필을 삼게 했는데, 당시 북경의 귀족들은 고려 여인과 결혼해야 명가名家로 인정받는다는 관습이 생겨났다.

46) 충목왕은 충혜왕과 원나라 공주 사이에 태어났으나, 충정왕은 충혜왕과 파평윤씨 사이에 태어났다.

현릉 공민왕릉, 뒤쪽은 왕비 노국공주의 묘 개성시 개풍군 중서면 해선리

개성 성균관 일제시대 모습

천산대렵도 공민왕 그림,
비단채색, 22.2×25.0cm, 국립중앙박물관 소장

원의 직속령이었던 영흥지방의 쌍성총관부雙城摠管府를 무력으로 수복했다. 이곳을 수복할 때 이성계의 아버지 이자춘李子春의 협력이 절대적이었는데, 이때부터 이자춘이 중앙의 벼슬아치로 진출하는 계기가 되었다. 당시 이자춘은 원나라의 천호千戶 벼슬을 하고 있었다.

1360~1361년(공민왕 9~10)에는 원나라의 지배에 반대하여 일어난 중국의 농민군인 홍건적紅巾賊(머리에 붉은 두건을 쓴 도적)이 하북성에서 일어나 북으로 치고 올라가 요동까지 점령했다가 원나라의 반격을 받아 고려로 쳐들어왔다. 이들은 한때 개경까지 점령하여 왕이 경상도 안동으로 피난하는 소동이 벌어졌으나, 이를 격퇴했다. 개경을 다시 수복할 때 이성계李成桂의 공이 커서 이때부터 명장으로 떠오르기 시작했다.

그런데 홍건적을 쫓아내고 공민왕이 안동에서 청주를 거쳐 개경으로 돌아오는 도중에 왕을 시해하려는 사건이 발생했다. 1363년(공민왕 12) 왕이 개경의 흥왕사興王寺에 머물고 있을 때 김용金鏞 등이 왕을 시해하려는 반역을 일으켰다가 실패했다. 친원파 보수세력의 음모였다. 위기를 넘긴 지 1년 뒤인 1365(공민왕 14)에는 사랑하는 왕비 노국대장공주가 아기를 낳다가 세상을 떠났다. 왕은 차츰 실의에 빠져 정치에 뜻을 잃고 왕비의 명복을 비는 불교행사에 전념했다. 지나치게 화려한 사당祠堂을 짓기도 했다.

이렇게 신변에 위협을 느끼고, 불교에 빠져드는 과정에 왕은 옥천사玉泉寺 여자종의 아들인 승려 신돈辛旽(초명 遍照; ?~1371)을 만나게 되고, 그를 등용하여 삼중대광 영도첨의三重大匡領都僉議라는 높은 벼슬을 주고 개혁의 전권을 주었다. 미천한 승려 출신이기에 과감한 개혁을 기대했다. 신돈은 이공수李公遂, 경천흥慶千興 등 권신들을 축출하고, 1366년(공민왕 15)에는 전민변정도감田民辨正都監을 설치하여 권세가들이 불법으로 탈취한 토지와 노비를 조사하여 본래의 주인에게 되돌려주는 일대 개혁을 단행했다. 그 결과 신돈은 한때 성인聖人으로 불리기도 했다.

공민왕은 1367년(공민왕 16) 최고교육기관인 국자감을 성

균관成均館으로 개편하고 이색李穡, 정몽주鄭夢周, 정도전鄭道傳, 박상충朴尙衷,
이숭인李崇仁, 김구용金九容 등 재주있는 인재들을 모아들여 성리학性理學을
가르치고 토론하도록 했다. 또 과거시험도 문학 중심에서 경학 중심으로
바꿔 정치경륜을 가진 학자들이 배출되는 길을 열었다. 이로써 명망 높은
성리학자들이 무더기로 배출되었다. 이들이 뒤에 조선왕조 건국을 둘러싸
고 정치적으로 온건개혁파와 급진개혁파로 나뉘어 갈등을 벌였지만, 어느
쪽이든 조선왕조 건국 후에 정신적인 지도자가 되었다.

이색 영정 보물 1215호, 25.8× 25cm,
1654년, 한산이씨 대종회 소장

공민왕은 영토확장에도 관심을 기울여 1369~1370년(공민왕 18~19) 원
나라가 약해지면서 힘의 공백이 생긴 요동을 되찾기 위해 인당印璫, 최영崔
瑩, 이성계 등으로 하여금 3차에 걸쳐 요동을 공격하게 했다. 그러나 명나
라와의 충돌을 우려하여 돌아왔는데, 이 사건으로 이성계는 조선왕조를 건
국한 뒤에 명나라의 신임을 얻지 못했다.

처음에 백성들의 환호를 받았던 공민왕과 신돈의 정치 및 경제개혁
은 시간이 지나면서 보수세력의 저항을 받아 추진력을 잃고 말았다. 개혁
을 밀어줄 새로운 세력이 형성되지 못한 것이 한계였다. 신돈이라는 한 사
람의 힘으로 될 수 있는 일이 아니었다. 교만에 빠진 신돈은 온갖 부정을
저질렀다. 공민왕의 뒤를 이은 우왕禑王은 공민왕과 신돈의 시녀인 반야般若
사이에 태어나 왕위에 오르게 되었는데, 이성계 일파는 우왕이 공민왕의
아들이 아니라 신돈의 아들이라고 주장하면서 우왕을 가짜 임금으로 몰아
폐위시켰다. 어느 것이 진실인지 알 수 없으나 신돈이 자신의 시녀가 낳은
아이를 왕으로 만들려고 한 것은 사실이다.

염재신 초상 보물 1097호, 고려 14세기,
공민왕이 그렸다고 한다. 비단채색,
53.8×42.1cm, 나주 충정서원 소장

공민왕의 신임을 잃은 신돈은 마침내 왕을 죽이려고 역모를 꾸미다
가 발각되어 1371년(공민왕 20)에 유배되었다가 처형되었다. 권력은 오만을
낳고, 오만은 죽음을 가져온다는 권력의 속성을 신돈은 절실하게 보여주고
사라졌다.

개혁에 실패한 공민왕도 스스로 죽음을 자초했다. 말년에 왕은 궁 안에 자제위子弟衛를 설
치하여 미소년을 가까이하는 등 궁중의 풍기를 어지럽게 만들다가 재위 23년(1374)에 자제위 소
속의 미소년에게 어이없게 살해당했는데 향년 45세였다.

4. 사대부=성리학자의 성장과 그 문화

1) 사대부=성리학자의 성장

원 간섭시기는 정치와 경제에 많은 고통과 굴절이 있었지만, 문화적으로는 크게 성장했
다. 세계최대의 제국을 건설한 원나라는 동서문명의 정수가 서로 만나 새로운 세계문명이 탄생

하는 기틀을 만들었다. 송나라와 원나라를 거치면서 새롭게 혁신된 신유학인 성리학性理學이 원에서 들어오고, 원이 중앙아시아에서 받아들인 높은 수준의 과학과 기술이 고려에 유입되어 시야가 크게 넓어졌기 때문이다. 이때 받아들인 세계적인 문명은 조선 초기에 이르러 전통문화와 접목되어 화려한 열매를 맺기에 이르렀다.

원 간섭기에 새로이 성장한 지식인층을 사대부士大夫라고 한다. 사대부라는 말은 좁게는 벼슬아치를 가리키는 말이지만, 넓은 의미로는 벼슬아치를 포함하여 성리학으로 무장된 학자=지식인층을 가리킨다. 순수한 우리말로는 '선비'라고 한다. '선비'는 본래 고조선-삼국-고려시대의 종교적 무사단체를 가리키는 말이었지만, 이제는 성리학을 공부한 집단을 가리키는 말로 바뀌었다.

고려 말 사대부는 주로 향리층鄕吏層에서 배출되었다. 이것이 고려사회를 이끌어온 문벌귀족과 다른 요인이다. 무신집권시대와 몽골간섭기를 거치면서 문벌세족이 몰락하자 향리를 세습해 오던 계층에서 성리학을 주동적으로 받아들여 사대부가 된 것이다. 이들은 신분적으로 중간층이며, 경제적으로도 중소지주층이고, 자신의 능력으로 공부하고 성장하여 벼슬아치에 오른 집단으로 불법과 탐욕으로 권력과 부를 가진 구세력과는 체질이 달랐다. 성리학은 바로 그들의 미래를 열어주는 대안으로 떠올랐다. 마치 신라 말 중간계층인 6두품세력이 당나라 유학을 받아들여 골품귀족사회를 극복하고 고려를 건국하는 이념을 만든 것과 비슷한 현상이 다시 나타난 것이다.

사대부들이 벼슬아치가 되는 길은 과거시험이나 원나라의 과거에 급제하는 것이 문관으로 나가는 길이었지만, 군인으로 전쟁에서 공을 세워 첨설직添設職[47]을 받아 품관品官이나 한량閑良으로 불리는 명예관료가 되는 길도 있었다. 고려 말 전쟁이 잦아 첨설직을 받은 사람은 수천 명에 이르렀다. 이색李穡의 아버지 이곡李穀이 한산韓山의 향리로 있다가 원나라 과거에 급제하여 출세의 길이 열리고, 정도전鄭道傳의 아버지 정운경鄭云敬처럼 봉화奉化의 향리로 있다가 문과에 급제하여 형부상서에 오른 경우는 향리층이 사대부로 성장한 좋은 예이다. 한편, 첨설직을 받은 부류는 조선왕조 건국 후 지방의 유력층으로 성장했는데, 이들 가운데서 과거급제자가 많이 배출되었다.

사대부는 기본적으로 성리학자이자 개혁세력으로서의 공통점이 있었지만, 조선왕조 건국을 둘러싸고 개혁의 온도 차가 달랐다. 여기서 온건개혁파와 급진개혁파가 갈렸다. 온건파는 고려왕조의 틀 안에서 수취제도를 개선하자는 측이고, 급진파는 왕조 자체를 바꾸고 토지제도 자체를 개혁하자는 주장을 폈다. 이렇게 온건파와 급진파가 갈린 이유는 정치적, 경제적 기득권을 어느 정도 가진 부류와 그렇지 못한 부류의 차이에서 비롯되었으며, 신분적으로도 모계 쪽에 천인의 피가 섞인 부류와 그렇지 않은 부류의 차이와도 관련이 있었다. 똑같이 성균관에서 공부했으면서도 이색과 정몽주 등은 온건파에 속하고, 정도전이 급진파에 속한 것은 이런 이유 때문인 것으로 보인다. 무장武將도 마찬가지다. 최영과 이성계가 다른 길을 걸어간 것도 비슷한 이유로 보아야 할 것이다.

---

47) 첨설직은 실직實職이 아니라 명예직이다. 예를 들면 첨설직으로 수백 명에게 판서급에 해당하는 전서직典書職을 주었다면, 실직으로서의 전서는 한 사람 뿐이고 나머지는 모두 명예직이다.

2) 성리학의 수용과 분화

중국에서 성립한 성리학은 북송北宋에서 시작되어 주돈이周敦頤, 장재張載, 정호程顥, 정이程頤 등이 기초를 놓았고, 남송南宋의 주희朱熹 (1130~1200)에 의해 완성되어 주자학朱子學이라고 불렀다. 원나라 때에 는 허형許衡이 이학理學보다는 도학道學 중심의 성리학을 발달시켰다.

고려는 북송 및 남송과 교류했지만 문벌귀족이 득세하면서 성 리학이 체질에 맞지 않아 직수입한 일은 없었으나, 유학의 전문화와 철학적 관심이 깊어지는 추세가 나타났다. 그 뒤 무신집권시대에는 문신세력이 몰락하면서 성리학을 받아들일 계층이 형성되지 못했다. 철학을 주도한 것은 유학이 아니라 불교였으며 승려였다. 그러나 조 계종 승려 가운데 성리학에 대한 관심이 일기 시작한 것은 사실이다.

고려가 성리학을 직수입하기 시작한 것은 원 간섭기였다. 학 자들이 빈번하게 원에 가서 공부하면서 허형許衡(호 魯齋; 1209~1281)의 도학을 알게 된 것이다. 충렬왕에서 공민왕 이전까지 원에 가서 공 부하고 돌아온 안향安珦(초명 安裕; 호 晦軒; 1243~1306), 백이정白頤正(호 彝齋; 1247~1323), 이제현李齊賢(호 益齋; 1287~1367), 박충좌朴忠佐(호 恥菴; 1287~1349), 안축安軸(호 謹齋; 1282~1348), 이인복李仁復(호 樵隱; 1308~1374), 이곡李穀(호 稼 亭; 1298~1351) 등이 주로 허형의 학문을 이해한 것이다. 그 뒤 공민왕 때 성균관이 중흥되면서 남송과 북송의 성리학을 이해하는 방향으 로 진전되었는데, 이색(호 牧隱; 1328~1396), 박상충(1332~1375), 정몽주(호 圃 隱; 1337~1392), 김구용(호 惕若齋; 1338~1384), 정도전(호 三峯; 1342~1398) 등이 이 부류에 속한다. 이때부터 도학과 더불어 이학에 대한 관심을 함께 가지면서 성리학의 경세론과 우주론으로 불교를 비판 하는 단계로 나간 것이다.

이제현 초상
33세 때(1319년) 충선왕을 시종하여
중국을 유람하던 중, 왕이 진감여陳鑑如라는
원나라 화가를 시켜 그리게 했다고 전한다.
국립중앙박물관 소장

여기서 한 가지 흥미로운 것은 명망 높은 유학자의 대부분이 옛 신라계 출신이라는 점이 다. 안향[본관 순흥]을 비롯하여 안축[순흥], 이제현[경주], 박충좌[함양], 김구용[안동], 정몽주[연일], 정도전 [봉화]이 그렇다.

북송과 남송에서 이론화된 성리학을 중심으로 그 핵심이론을 정리하면 다음과 같다.

첫째, 성리학의 우주론과 심성론心性論은 형이상形而上을 이理로 보고, 형이하形而下를 기氣로 보면서, 이는 착하고 평등하고, 기는 좋은 것도 있고 나쁜 것도 있어 불평등하다고 본다. 따라서 우주만물은 평등하면서 동시에 불평등하다. 이러한 우주관은 형이하의 세계를 가짜로 보고, 오 직 형이상만 가지고 우주를 설명하는 불교보다 한층 합리적이다,

둘째, 성리학의 정치는 군주를 정점으로 신하들이 권력을 합리적으로 나누어 가지고, 백 성을 근본으로 하는 정치를 편다. 곧 민본정치民本政治를 지향한다. 정치의 본질은 사람을 바르 게 만드는 도덕이며, 도덕의 핵심은 모든 생명체에 대한 사랑이다. 그것이 인정仁政이다. 그리고 향촌자치를 추구한다.

셋째, 성리학의 경제는 중소지주의 입장에서 지주地主와 전호佃戶[作시] 사이의 자율적 협력 관계를 존중하고, 세금은 10분의 1세를 가장 합리적인 것으로 본다.

넷째, 신분제도는 삼강오륜三綱五倫을 추구하되, 이는 상하 간의 수직적 지배와 복종만을 강요하는 것이 아니라, 수평적 협동을 동시에 존중하여, 수직과 수평이 조화된 대각선형對線角形의 신분질서를 지향한다.

원 간섭기에 성리학이 국가정책으로 수용된 과정은 다음과 같다. 충렬왕 때 경사교수도 감經史敎授都監이 설치되어 경학經學과 사학史學을 동시에 장려하여 종전의 문학중심의 학풍을 경세經世 중심으로 바꾸었다. 또 국자감에 공자사당인 문묘文廟를 새로 지었으며, 안향으로 하여금 원에 가서 《주자전서朱子全書》를 베끼고, 공자와 주자의 화상畵像을 그려 오게 했다.

충선왕 때에는 백이정, 이제현, 박충좌 등이 원에 가서 요수, 염복, 조맹부 등 저명한 유학자들과 교유하고 왔으며, 특히 충선왕이 북경에 만권당이라는 연구소를 세우고 두 나라의 유학자들을 교류시킨 것은 성리학 발전에 큰 자극제가 되었다. 충숙왕 이후로는 안축, 이곡, 이인복, 이색 등이 원나라에 가서 과거에 급제하고, 그곳에서 벼슬하면서 성리학에 대한 이해가 더욱 깊어졌다.

그러나 성리학이 크게 진흥된 것은 공민왕 때로 성균관이 순수한 유교교육기관으로 개편되고, 이곳에 이색, 정몽주, 정도전, 김구용, 박상충[이곡의 사위], 이숭인 등을 학관으로 임명하여 본격적인 연구와 토론을 하고, 후학을 길러내면서 성리학이 학문적으로 심화되었다. 이들 밑에서 권근權近(陽村; 1352~1409), 길재吉再(冶隱; 1353~1419) 등이 배출된 것이다.

공민왕 때 성장한 학자들은 독자적인 저서를 낼 만큼 성리학에 대한 이해가 깊었으며, 이를 통해 현실을 개혁하는 일에도 나서게 되었다. 예를 들면 정몽주는 "횡설수설이 모두 성리性理의 이치에 맞는다"는 평을 들었고, 뒷날 '동방 이학理學의 시조'로 불리게 되었다. 정도전은 최초의 성리학 입문서인 《학자지남도學者指南圖》를 편찬하고, 권근은 이를 토대로 《입학도설入學圖說》을 지었다. 정도전은 이밖에도 《심문천답心問天答》, 《심기리心氣理》 등을 써서 성리학이 불교나 도교보다 우월하다는 것을 깨우쳐 주고, 조선왕조 개국 후에는 《불씨잡변佛氏雜辨》이라는 명저를 남겨 불교를 조목조목 비판했는데, 이는 동양 역사상 가장 수준 높은 불교비판서로 알려지고 있다.

그런데 공민왕대 이후로 권문세족을 비판하는데 공동보조를 취했던 성리학자들은 우왕 때 이르러 권문세족의 횡포와 사회모순이 극에 달하자 개혁의 방법과 수준을 놓고 노선의 차이가 드러나기 시작했다. 이색과 정몽주 등 대부분의 성리학자들은 고려왕조의 틀 안에서 수취제도의 모순을 시정하자는 온건론을 폈고, 정도전을 비롯한 조준趙浚, 이행李行 등 급진파는 토지제도와 왕조를 근본적으로 바꾸자는 혁명론을 주장했다. 권문세족과 더불어 원성의 대상이 되었던 사원경제와 불교의 폐단에 대한 시각도 온건론과 강경론이 갈렸다.

원래 성리학의 교리를 따른다면 온건파가 더 충실하다고 할 수 있다. 왜냐하면 성리학은 급진적 혁명사상이 아니기 때문이다. 그러나 급진파는 성리학에서 한 걸음 더 나아가 평등주의적 성격이 강한 《주례周禮》의 정신을 받아들이고, 한당漢唐 유학의 중앙집권주의를 절충하여 사대부 자체의 이익보다도 국가와 농민의 이익을 반영하는 개혁을 원했다. 다시 말해 온건파는 지주제의 안정을 원했으나, 급진파는 토지의 공개념公概念에 입각한 토지의 재분배를 원했다.

백성의 숙원이던 전제개혁이었다. 전제개혁은 위화도회군 직후인 1388년(우왕 14) 7월 대사헌 조준과 간관 이행李行, 전법판서 조인옥趙仁沃 등이 상소를 올리면서 시작되어 1390년(공양왕 2)에는 마침내 옛 토지대장을 모두 불태워버렸는데, 그 불길이 며칠간 지속되었다고 한다.

그러나 전제개혁에 대한 반대세력의 저항이 만만치 않아서 이를 극복하기 위해 1391년(공양왕 3) 1월에 삼군도총제부三軍都摠制府를 설치하고 이성계, 조준, 정도전이 군권을 장악했다. 그리고 이해 5월에는 드디어 과전법科田法이 공포됨으로써 전제개혁이 일단락되었다. 이 개혁으로 전국의 토지가 재분배되어 관료들은 경기도 땅에서 최고 150결, 최하 10결의 토지를 수조지收租地로 받게 되고, 이성계에 불복하는 전직관료나 품관한량들은 10결 혹은 5결의 군전軍田만을 받고 군역의 의무를 지게 되었다. 이로써 산천을 경계로 삼던 과거의 대지주=권문세족들은 자연히 몰락하여 중소지주로 떨어졌으며, 종전에 지주와 작인 사이에 이루어지던 차경借耕 관행이 금지되고, 모든 토지는 1결당 30두를 받는 것으로 낮추어졌다.

전제개혁은 우리나라 역사상 최초로 무상몰수 무상분배를 시행한 것으로, 권문세족들에게는 심각한 타격을 주었으며, 현직과 산직散職의 관료와 향리, 군인, 장인匠人 등 국가의 공역公役을 지는 자에게는 생계 안정을 가져왔으며, 일반 농민들은 가혹한 신분적 강제에서 해방되어 법으로 정한 조세를 내는 것으로 부담이 줄어들었다. 따라서 전제개혁은 국가재정과 민생안정에 절대적인 기여를 했으며, 이 때문에 이성계 일파는 백성의 지지를 얻었고, 반대로 피해를 입은 권문세족이나 기성 사대부들은 이에 불만을 품고 이성계 일파와 첨예하게 대립하게 되었다.

전제개혁으로 권문세족의 경제기반을 무너뜨린 뒤에 남은 문제는 새 왕조의 개창을 반대하는 온건개혁파 사대부를 제거하는 일이었다. 특히 1392년(공양왕 4) 4월에 이성계가 사냥하다가 낙마하여 부상을 입자 정몽주를 비롯한 반대파는 이성계 일파를 제거하고자 대반격을 가했다. 그러나 정몽주가 이성계의 아들 이방원李芳遠이 보낸 자객에 의해 선죽교善竹橋에서 격살되고, 7월 17일 드디어 50여 명의 혁명파는 58세의 이성계를 왕으로 추대했다. 조선왕조가 개창된 것이다. 새 정권은 도평의사사都評議使司의 인준을 얻어 합법화되었다. 새 정권은 왕조교체를 민심과 천심의 지지를 받은 것으로 자처하고, 이를 맹자가 말한 역성혁명易姓革命으로 정당화했다.

조선왕조의 개창은 무력사용을 최소화시키고, 개혁을 통한 민심의 지지와 도평의사사의 인준을 거쳐 권력의 정당성을 얻어냈다는 점에서 정복에 의한 왕조교체가 아니라, 비교적 평화적으로 바꾸었다는 점에서 정치사의 큰 획을 긋는 사건으로 기록할 만하다.

2. 새 국호, 새 수도

1) 새 국호

태조 이성계에서 제9대 성종成宗(1469~1494)에 이르는 15세기 100년간은 새 국가의 이념과 통치질서가 틀을 잡은 시기였다. 태조太祖(1392~1398) 때는 정도전, 조준, 남은 등 개국공신이 실권을 쥐고 국호國號를 제정하고, 통치이념을 정비했으며, 태조의 강력한 의지에 따라 수도首都를 한양으로 옮기는 등 새 국가의 기초를 다졌다. 특히 정도전이 왕조의 설계자로서 큰 역할을 맡았다.

국호는 고조선을 계승하겠다는 뜻을 담은 조선朝鮮과 이성계의 고향인 화녕和寧이라는 두 개의 국호를 만들어 명나라 황제와 상의하여 조선으로 정했다.[1] 조선은 단군조선檀君朝鮮에서 역사의 유구성과 천손후예의 자부심을 찾고, 정전제井田制와 팔조교八條敎를 시행하여 조선을 도덕적 이상국가로 만든 기자조선箕子朝鮮에서 도덕문명의 뿌리를 찾아 이를 계승한다는 역사계승의식이 담겨 있다. 위만조선은 찬탈자이므로 계승할 가치가 없다고 믿었다.

단군과 기자에 대한 인식은 고려 말 일연의 《삼국유사》와 이승휴의 《제왕운기》 등에 정리되어 있어서 이미 사대부 지식인들 사이에 친숙해진 역사의식이었다. 따라서 새 왕조의 국호는 사대부 지식인들이 발전시켜 놓은 역사의식을 수렴하여 건국이념으로 승화시키고, 이를 바탕으로 고조선의 영광을 계승한다는 법고창신法古創新의 주체성과 도덕성이 반영되어 있었다.

단군과 기자는 그 후 각종 역사책에서 통설로 받아들여지고, 또 국가에서 제사를 지내는 위대한 조상신으로 숭앙되었다. 평양에 세운 기자사당箕子祠堂(崇義殿)은 고려시대에도 있어서 이를 그대로 계승했으나, 단군을 새로 숭앙하기 위해 기자사당 옆에 단군사당[1729년에 숭령전(崇靈殿)으로 개칭]을 따로 세우고, 중국에서 사신들이 올 때에는 이곳에 먼저 참배하여 우리가 단군의 후예임을 알려주었다. 또, 황해도 문화현 구월산에는 전부터 환인桓因, 환웅桓雄, 단군檀君을 제사하는 삼성사三聖祠라는 사당이 있어서 흉년이 들거나 질병이 돌거나 아기를 갖지 못하면 민간인이 이곳에 참배하여 삼성三聖(혹은 三神)이 구제해 주기를 기원하는 풍습이 있었는데, 조선왕조는 이곳에서도 제사를 지내기 시작했다.

국호가 조선으로 정해지고, 단군숭배가 강화된 것은 민족의식이 한 단계 심화되었다는 의미다. 고려가 고구려의 영광을 계승한다는 뜻으로 국호를 고려라고 했으나, 고구려는 삼국 중 하나이므로 민족을 대표하는 나라가 될 수 없었다. 이에 비해 고조선은 삼국의 공통된 뿌리이므로 삼국유민이 모두 숭앙할 수 있는 대상이 되었고, 결과적으로 삼국유민三國遺民 의식을 청산하여 민족통일의식을 높이는데 이바지했다.

2) 새 수도

1394년(태조 3) 10월 새 왕조는 수도를 개성에서 한양漢陽으로 옮겼다. 한반도의 중앙에 위치한 한양은 남쪽으로 한강을 끼고 있어서 수로교통이 편리할 뿐 아니라, 주변에 높은 산들이 둘러싸고 있어서 천혜의 요새지를 이루고 있다. 그래서 일찍이 백제가 이곳에 5백 년간 수도를 정하여 강국을 건설했고, 뒤에는 고구려, 신라도 이곳을 점령하여 삼국문화가 골고루 스며들어 있어서 지방색이 가장 옅은 곳이기도 했다.

고려시대에도 한양을 명당으로 지목하고 문종(1046~1083) 때 이곳을 남경南京으로 승격시켜 도시화를 추진하고, 숙종(1095~1105) 때에는 이곳에 궁궐을 짓고 경역境域을 확정하면서 왕이 여러 달씩 머물다 돌아갔다. 당시 한양명당설을 적극적으로 들고 나온 것은 민족지리학자인 풍수

---

1) 국호를 정하는데 명나라 황제의 동의를 구한 것은 비굴한 행동으로 보일지 모르나, 이성계가 공민왕 때 요동을 공격한 일로 명나라는 이성계를 의심하고 있었기 때문에 이런 오해를 풀기 위해 의도적으로 취한 행동이다.

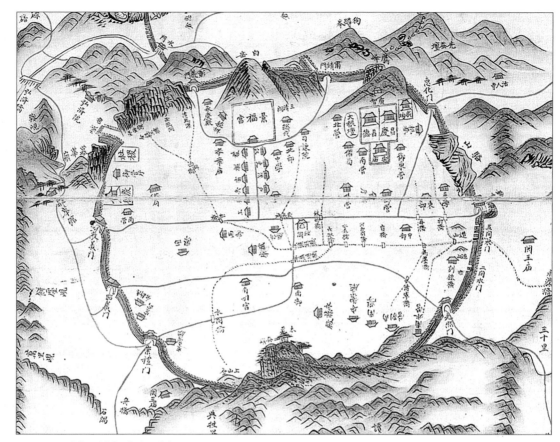

한양지도　18세기 중엽《해동지도》중에서

가들이었다. 특히 우리나라 풍수지리의 창도자인 도선道詵의 후계자임을 자처하던 김위제金謂磾
는 한양으로 도읍을 옮기면 사해四海의 신령한 물고기들이 한강으로 모여들고, 한강의 어룡魚龍
들이 사해로 뻗어나가며, 나라 안팎의 상인들이 보배를 갖다 바치는 세계중심국가가 된다고 주
장했다. 그래서 고려 왕들은 이곳으로 도읍을 옮기려고 몇 차례 시도했으나, 한양의 주인공은
왕씨王氏가 아니라, 목자木子의 성을 가진 이씨李氏가 된다는 믿음이 민간에 널리 퍼져 천도를 포
기했다.[2]

　　그런데 조선왕조를 개창한 이성계는 바로 자신이 이씨로서 한양에서 밝고 깨끗한 새 세
상을 열 수 있는 주인이라고 생각하여 한양천도를 결행하게 된 것이다. 그러나 한양의 궁궐배
치를 둘러싸고 신하들 간에 의견차이가 있었으나, 결국 정도전의 주장을 따라 백악산白岳山을
주산主山으로 하는 도시구조가 결정되었다.

　　한양건설은 천도 후에 이루어졌다. 이미 고려시대의 남경으로 어느 정도 도시가 갖추어

---

2)　고려는 음양오행의 수덕水德을 가진 왕조여서 그 다음 왕조는 오행의 상생설에 따라 목덕木德의 시대가 온다고
　　보았다. 그래서 목덕의 시대에는 왕도 목자木子가 되어야 한다고 믿었다.

지고 궁궐도 있었기 때문에 천도를 미리 실천한 것이다. 통치의 중심공간인 궁궐[景福宮]을 백악산 아래에 남향으로 짓고[1395], 왕실 조상의 신주를 모신 종묘宗廟, 땅과 곡식의 신을 모신 사직社稷을 궁궐의 좌우에 건설했으며,3) 1395년(태조 4)부터 도성都城이 건설되었다. 도성은 한양의 자연지세를 이용하여 주산인 백악산과 좌청룡左靑龍에 해당하는 낙산駱山(혹은 낙타산), 우백호右白虎에 해당하는 인왕산仁王山, 안산案山에 해당하는 남산南山을 연결하는 둥근 모습으로, 그 길이는 약 17km에 달했으며 8도의 군인들을 동원하여 구역별로 나누어 건설했다. 그밖에 관아, 시장, 학교 등이 차례로 건설되었다. 정도전이 궁궐의 전당殿堂과 도성의 성문城門4) 그리고 52방坊의 이름을 지었는데, 여기에는 유교적 윤리덕목과 오행사상을 담았다.

수도 한양에는 관료, 수공업자, 상인, 주민들이 모여들어 약 10만 명의 인구를 헤아리게 되었으며, 무당이나 승려는 도성 안에 살지 못하게 했다. 왕족과 관료들은 궁궐 주변에 살고, 종로에는 시전市廛으로 불리는 상가商街가 조성되었으며, 도성 밖 10리를 성저십리城底十里라 하여 개인의 무덤을 쓰거나 벌채를 하지 못하도록 규제했다. 말하자면 그린벨트 지역으로 묶어둔 것이다.

3. 국가체제의 완성

1) 태종과 세종

태조(1392~1398)는 후계자로 둘째 부인이 낳은 방석芳碩을 세자로 책봉했으나, 재위 7년에 첫째 부인이 낳은 다섯째 아들 방원芳遠이 난을 일으켜 방석과 그 후원자인 정도전 일파를 죽이자 크게 실망하여 스스로 물러나 고향 함흥으로 은퇴했다(1398). 그 뒤에 태조의 둘째 아들 방과芳果가 왕위에 올라 정종定宗(1398~1400)이 되었으나 아우 방원의 야심을 알고 2년 만에 스스로 물러나, 왕위는 방원芳遠에게 돌아갔다. 이가 태종太宗(1400~1418)이다.

34세의 장년으로 왕이 된 태종은 일찍이 문과에 급제하고 정몽주를 제거하는 데 앞장서는 등 개국에 공로가 크고 능력도 있었으나, 이성계의 신임을 얻지 못하여 왕위계승에서 탈락했다. 이에 불만을 가진 그는 세자가 된 이복동생 방석芳碩과 그를 보호하고 있던 정도전 일파를 반역을 일으켜 왕자들을 죽이려고 했다는 죄를 뒤집어 씌워 기습적으로 처단하고(1398), 이어 넷째 형인 방간芳幹의 도전을 물리친 후 정종을 압박하여 왕위를 물려받았다.5)

태종은 왕위에 오른 후 태상왕太上王인 이성계와 심한 갈등을 일으켰으나, 왕권을 안정시

---

3) 궁궐에서 남쪽을 바라보고 왼편[동쪽]에 종묘, 오른편[서쪽]에 사직을 건설했다.

4) 도성에는 4개의 대문大門과 4개의 소문小門이 건설되었는데, 4대문의 이름은 오행사상을 따라 동대문은 흥인지문興仁之門, 서대문은 돈의문敦義門, 남대문은 숭례문崇禮門, 북문은 숙정문肅靖門(혹은 昭智門, 뒤에 肅淸門)이라 했다. 한편, 4소문은 서소문을 소의문昭義門, 동소문을 혜화문惠化門, 남소문을 광희문光熙門, 북소문을 창의문彰義門이라 했다. 그리고 중앙인 종로에 보신각普信閣을 두었다. 이런 명칭은 인仁(동), 의義(서), 예禮(남), 지智(북), 신信(중앙)의 5덕五德을 표현한 것이다.

5) 이성계는 첫째 부인 한씨韓氏(신의왕후) 사이에 방우芳雨, 방과芳果, 방의芳毅, 방간芳幹, 방원芳遠, 방연芳衍 등 여섯 왕자를 두었고, 둘째 부인 강씨康氏(신덕왕후) 사이에 방번芳蕃, 방석芳碩 등 두 왕자를 얻었다. 이 중 방간은 방원과 다투다가 유배되고, 방번과 방석은 방원에 의해 살해되었다.

경복궁 배치도(고딕 글씨는 현재 남아 있거나 복원된 건물임)

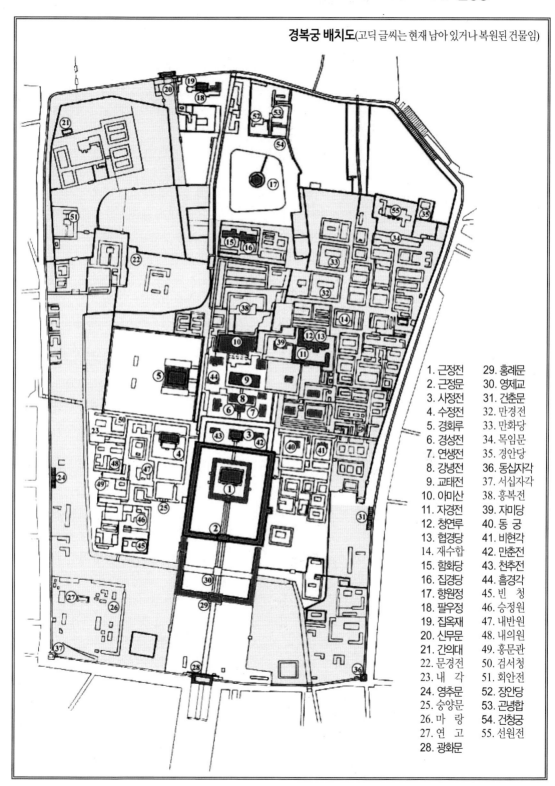

1. 근정전
2. 근정문
3. 사정전
4. 수정전
5. 경회루
6. 경성전
7. 연생전
8. 강녕전
9. 교태전
10. 아미산
11. 자경전
12. 청연루
13. 협경당
14. 재수합
15. 함화당
16. 집경당
17. 향원정
18. 팔우정
19. 집옥재
20. 신무문
21. 간의대
22. 문경전
23. 내 각
24. 영추문
25. 숭양문
26. 마 랑
27. 연 고
28. 광화문

29. 홍례문
30. 영제교
31. 건춘문
32. 만경전
33. 만화당
34. 목임문
35. 경안당
36. 동십자각
37. 서십자각
38. 흥복전
39. 자미당
40. 동 궁
41. 비현각
42. 만춘전
43. 천추전
44. 흠경각
45. 빈 청
46. 승정원
47. 내반원
48. 내의원
49. 홍문관
50. 검서청
51. 회안전
52. 장안당
53. 곤녕합
54. 건청궁
55. 선원전

키기 위해 많은 노력을 기울였다. 권세 있는 신하는 공신이든 처남이든 가리지 않고 처단하고, 6조를 왕이 직접 장악하여 재상중심의 정치운영을 국왕중심체제로 바꾸었다. 또, 언론기관인 사간원司諫院을 독립시켜 대신을 견제하게 하고, 궁궐에 신문고申聞鼓를 설치하여 반란음모를 고발하게 했다. 국가경제에 해독을 끼치는 사원의 토지를 몰수하여 전제개혁을 마무리 짓고, 개인이 소유하고 있던 사병私兵을 혁파했다. 그밖에 억울하게 공노비가 된 자를 조사하여 해방시키고, 지방의 품관品官들을 억압하여 군역을 지도록 만들었다.

태종은 왕자들의 권력투쟁이 일어난 경복궁을 피하여 1405년(태종 5)에 응봉산 자락에 창덕궁昌德宮을 새로 건설하기도 했다.

태종은 재위 18년 만에 왕위를 셋째 왕자인 22세의 충녕대군忠寧大君에게 물려주니 이가 세종世宗(1418~1450)이다. 태종은 물러나서도 군권을 계속 장악하면서 세종을 후원했다. 태종이 악역을 맡아 추진한 개혁의 결과, 세종은 32년간 안정된 왕권과 경제력을 바탕으로 유교적 문화통치의 꽃을 활짝 피웠다. 세종은 특히 백성의 복지진흥에 힘을 기울였다. 공법貢法을 실시하여 전세田稅를 낮추고 공평하게 부과했으며, 의창제義倉制를 실시하여 빈민을 구제하고, 감옥시설을 개선했으며, 관비官婢의 출산휴가를 15일에서 산전 한 달, 산후 100일로 늘려주고, 그 남편婢夫에게도 산후 한 달간 휴가를 주었다. 그밖에 사형수에 대한 복심제覆審制를 시행하여 억울하게 죽는 일이 없도록 했다.

인재등용에 있어서도 천인賤人이나 귀화인이라도 능력이 있는 자는 신분을 가리지 않고 과감하게 등용하고, 수공업자와 상인에게도 잡직雜職이라는 벼슬길을 열어주었다. 재인才人(광대)과 화척禾尺(도살업자)을 신백정新白丁이라 하여 양민으로 올려주기도 했다. 중국에서 귀화한 천인 과학자 장영실蔣英實을 우대하여 과학기술의 꽃을 피우고, 위구르족 출신의 설순偰循을 집현전 학사로 등용했다.

세종 정치를 보좌한 두뇌집단은 집현전集賢殿 출신의 학자들이었다. 궁 안에 설치한 정책연구기관인 집현전의 젊은 학자들은 일반 신하들보다 고급대우를 받으면서 중국과 우리나라의 전통문화를 깊이 연구하여 이를 책으로 편찬하고, 국왕의 정책에 자문했다. 정인지鄭麟趾, 신숙주申叔舟, 양성지梁誠之, 서거정徐居正 같은 우수한 학자들이 여기서 배출된 것이다. 세종은 민생과 관련된 중요한 정책을 결정할 때에는 백성들의 여론을 존중했다. 예컨대 공법貢法을 제정할 때에는 조정의 신하와 지방의 촌민에 이르기까지 18만 명의 찬부를 묻고, 그래도 부작용이 있을까 염려하여 10년간의 시험기간을 거친 뒤에 전국적인 시행에 들어갔다.

세종 때에는 도덕적 기강이 바로 잡혀 청백리淸白吏로 표창된 재상이 많이 나왔다. 동대문 밖의 비가 새는 초가에서 우산을 받치고 살았다는 유관柳觀(뒤에 柳寬), 고향에 내려갈 때 소를 타고 다녔다는 맹사성孟思誠, 그밖에 황희黃喜, 허조許稠와 같은 정승들이 남긴 아름다운 일화는 오랫동안 세인의 칭송을 받았다. 그리하여 세종 때에는 민생이 크게 안정되고 국가재정도 충실하여 몇 년간 쓸 수 있는 5백만 섬의 곡식을 비축했다. 여기에 백성들이 배우기 쉬운 국문자(훈민정음)까지 창제하여 문화참여의 기회를 넓히고, 백성과 더불어 즐거움을 함께 나눈다는 뜻을 가진 〈여민락與民樂〉을 만든 것은 이 시대의 밝은 모습을 상징적으로 말해준다.

세종은 대외적으로도 큰일을 했다. 1419년(세종 원년)에 이종무李從茂를 보내 왜구의 소굴인 쓰시마對馬島를 정벌하게 했으며, 최윤덕과 김종서를 보내 북방의 여진족을 몰아내고 4군四郡과 6진六鎭을 개척하는 개가를 올렸다. 세종이 죽은 뒤 백성들은 세종을 '해동의 요순堯舜'으로 숭앙했다.

2) 세조와 성종

세종 말년에 이르러 대륙의 정세에 변화가 일어났다. 몽골족의 일파인 달달족達達族[오이라트족]의 족장 에센也先이 몽골지역을 통일하고 명나라를 압박해오자 그들의 말을 돈으로 사주는 정책으로 침략을 막고 있었는데, 명나라 환관이 말값을 지불하지 않자 토목土木[하북성]으로 쳐내려왔다. 이에 명나라 황제[英宗]가 직접 나가 싸웠으나 오히려 패하여 포로가 되는 사건이 일어났다. 이를 '토목의 변'(1449; 세종 31)이라고 부른다. 이 사건이 조선에 알려지자 조정에는 위기감이 크게 조성되었다. 세종 다음의 문종文宗(1450~1452) 때 우리나라 전쟁사를 정리한《동국병감東國兵鑑》이 편찬된 것은 이런 위기의식의 소산이었다.

많은 질병에 시달리던 세종이 54세로 세상을 떠나고 8명의 왕자 가운데 맏아들이 왕위에 오르니 이가 문종文宗(1450~1452)이다. 그러나 37세에 왕이 된 문종은 몸이 약해 3년 만에 세상을 떠나고, 아들 단종端宗(1452~1455)이 왕위를 이었으나 나이가 12세에 불과했다.

'토목의 변'으로 국가적 위기관리가 필요하던 시기에 병약한 왕에 이어 어린 왕이 즉위하자 권력은 김종서金宗瑞(1383~1453)와 황보인皇甫仁 등 대신들이 장악했다. 특

강원도 영월 청령포 단종이 유배된 곳

히 김종서는 세종 때 6진을 개척한 주인공으로 '호랑이 재상'으로 불릴 만큼 권위가 대단했으며, 나이 70의 원로로 어린 왕을 보좌했다.

이런 상황을 안타깝게 지켜본 것은 단종의 숙부들이었다. 허약한 임금의 모습을 이씨왕조의 위기로 받아들였다. 단종의 큰 숙부 수양대군首陽大君과 둘째 숙부 안평대군安平大君은 비상수단으로 왕위를 찬탈하려고 경쟁하다가 무사를 많이 포섭한 수양이 문사를 포섭한 안평을 누르고 39세에 왕위에 올랐다. 이가 7대 임금 세조世祖(1455~1468)다. 개국공신 후손인 한명회韓明澮와 집현전 출신 학자 권람權擥[권근의 손자] 등이 수양대군의 참모가 되어 집권을 도와주었다.

수양대군은 왕이 되기 전에 먼저 김종서와 황보인과 같은 재상들을 죽이고 전권을 휘두르다가 왕위를 차지했다(1455). 그러나 단종을 복위하려는 사육신사건이 터지자 단종을 멀리 강원도 영월의 청령포로 유배 보낸 뒤 사약을 내렸다. 17세의 소년임금은 꿈도 펴지 못하고 세상을 떠났다.

유교정치의 법도에 어긋나는 세조의 왕위찬탈은 많은 유신의 반발에 부딪혔다. 삼중신三重臣, 사육신死六臣 등이 단종복위를 음모하다가 처참하게

세조대왕신 죽은 뒤 巫神의 하나가 됨

처형되었는데,[6] 이들은 조선 후기에 충신으로 추앙받았다.

세조는 재위 14년간 유교의 정치윤리에 어긋난 일을 많이 했으나 결과적으로 왕권을 안정시키고, 중앙집권체제와 국방을 강화하는데 기여했다. 종친을 정치에 참여시켜 왕실의 울타리를 튼튼하게 만들고, 국방을 강화하기 위해 진관체제鎭管體制를 실시하여 변방중심의 방어체제를 전국적인 지역중심 방어체제로 바꾸었으며, 호적戶籍 사업과 호패법號牌法을 강화하고 보법保法을 실시하여 군정수軍丁數를 1백만 명으로 늘렸다. 또 국가재정을 안정시키기 위해 퇴직관료에게도 지급하던 과전科田을 현직관료에게만 지급하는 직전법職田法으로 바꾸었다.

세조는 전제권 강화와 부국강병을 위해 성리학을 억제하고, 그 대신 민족신앙과 도교, 불교, 법가의 이념을 존중했다. 만주를 차지했던 고조선과 고구려의 영광을 되살리려는 꿈을 품고 고대사를 자랑스럽게 고쳐 쓰기 위해《동국통감東國通鑑》편찬을 직접 주도했으나, 신하들의 적극적인 협조를 얻지 못해 완성을 보지 못했다. 또 만세불변의 법전法典을 만들기 위해《경국대전經國大典》편찬사업을 시작하여 일부만 완성했다.

세조의 집권으로 왕실의 위상이 높아지고 부국강병이 강화되었으나, 무리한 강병정책으로 관료와 지주층의 생계를 압박하고, 과도한 군역부담으로 민생도 악화되었다. 이런 가운데 함경도에서 이시애李施愛가 지도하는 토호반란이 크게 일어나고(1467; 세조 13), 한명회韓明澮를 비롯한 공신들과도 사이가 벌어졌다. 세조는 재위 14년 만에 타계하고, 둘째 왕자 예종睿宗(1468~1469)이 즉위했다.

그러나 예종이 1년 만에 죽자, 예종의 형인 도원군桃源君(뒤에 德宗으로 추존)의 아들이 왕위를 이으니 이가 9대 성종成宗(1469~1494)이다. 13세에 왕이 된 성종은 한동안 할머니 정희왕후貞熹王后(세조비) 윤씨와 어머니 소혜왕후昭惠王后(덕종비, 뒤의 인수대비) 한씨가 정치를 돌보는 가운데, 실권은 세조의 집권을 도왔던 한명회 등 대신들이 쥐었다. 한명회는 자신의 두 딸을 예종과 성종의 비로 들여 2중으로 국구國舅가 되어 막강한 위세를 떨쳤다.

20세가 되어 친정을 시작한 성종은 권신들을 견제하고, 세조 대에 굴절된 유교정치를 바로잡기 위해 젊고 기개 있는 선비들을 중용하기 시작했다. 경상도 선산 출신의 선비 김종직金宗直[7]과 그 문인들이 언론과 문한직文翰職에 포진하여 의정부 대신들을 견제하면서 왕권을 떠받쳐 주었다.

성종은 현실주의자인 기성관료[勳臣]와 유교적 근본주의자인 선비[士林]라는 두 정치세력을 서로 조화시키면서 개국 초부터 추진하던 문물개혁 사업을 마무리 지었다. 우선, 세조 때부터 시작한《경국대전》편찬을 완료하여 반포하고, 우리나라 전국 지리지인《동국여지승람東國輿地勝

---

6) 단종을 지키다가, 또는 복위운동에 가담했다가 죽임을 당한 신하는 수십 명에 이르렀는데, 남효온南孝溫은《추강집秋江集》에서 박팽년朴彭年, 성삼문成三問, 이개李塏, 하위지河緯地, 유성원柳誠源, 유응부兪應孚 등 6명을 골라 사육신死六臣이라고 호칭했다. 그 후 1791년(정조 15)에 충신의 범위를 더 넓혀서 6명의 종친을 6종영宗英, 4명의 외척을 4의척懿戚, 세 사람의 재상을 3상신相臣(황보인, 김종서, 정분), 3명의 중신을 3중신重臣(민신, 조극관, 김문기), 두 사람의 운검을 양운검兩雲劒(성승, 박쟁) 등으로 명명하고 이들 32명을 국가에서 제사했다.

7) 김종직[호 佔畢齋; 1431~1492]은 고려 말 이성계의 개국을 반대하다가 순절한 정몽주, 벼슬을 거부하고 고향인 선산善山으로 내려가 후진양성에 힘쓴 길재吉再의 학풍을 계승한 김숙자金叔滋의 아들로서 영남선비들의 존경을 받던 인물이었다. 이들은 절의節義를 특히 숭상하여 현실주의적 감각을 지닌 서울의 기성관료들과는 체질을 달리했다.

覽), 우리나라 역대 문장의 정수를 모은《동문선東文選》, 세조 때부터 착수해 온 우리나라 통사인 《동국통감東國通鑑》편찬을 완료했다. 이것들이 완성의 의미를 갖는 것은 국왕, 훈신, 사림 등 당시의 대표적 정치세력이 서로 균형과 조화를 이루면서 공동 참여하여 일단 합의를 이끌어냈기 때문이다. 그리하여 개국한 지 100년 만에 조선적 특색을 지닌 통치질서와 문화를 완성했다. 성종이라는 묘호廟號가 그래서 붙여진 것이다.

4. 영토확장과 대외관계

1) 영토확장과 명과의 관계

새 왕조는 건국 직후부터 영토확장정책을 적극적으로 추진했다. 조선 초기 지식인들은 우리나라가 본래 만주를 포함한 '만리萬里의 대국'이라고 생각하고, 지도나 지리지를 편찬할 때 만주를 우리 국토에 포함시켰다. 《고려사》〈지리지〉나《동국여지승람》의 서문에 그런 표현이 보인다. 말하자면 잃어버린 만주땅에 대한 꿈을 잃지 않으면서 국토확장과 대외관계를 진취적으로 추진했다.

우선, 태조는 정도전을 시켜 함경도지방의 성보城堡를 수리하고 여진족과 주민들을 회유하여 행정구역으로 편입시켰으며, 다른 한편으로 우왕 때 출정했다가 위화도에서 회군한 요동정벌운동을 다시 추진했다. 위화도회군은 전략상 후퇴였지 요동을 포기한 것은 아니었기 때문이다. 그래서 개국 직후 정도전, 남은 등이 주동이 되어 군량미를 비축하고, 전투방법을 개발하고 군사훈련을 강화했다. 그러나 비밀리에 추진되던 이 계획은 명나라에 감지되어 명은 태조의 즉위를 인정하는 인신印信을 끝까지 주지 않았다. 이성계는 공민왕 때에도 요동출병을 한 일이 있었으므로 명은 처음부터 태조를 믿지 않았다가 개국 후 그 의심이 더욱 커진 것이다. 명은 요동정벌운동의 주모자인 정도전을 '조선의 화근禍根'이라고 하면서 명으로 압송하도록 다그칠 정도였다.

태조의 랴오둥 정벌 운동은 왕자나 종친들이 거느린 사병私兵을 혁파하여 공병公兵으로 귀속시키고, 왕자간의 권력투쟁을 막으려는 의도도 숨어 있었다. 그래서 사병을 잃게 된 이방원의 반격이 일어난 것이다. 태종의 집권으로 요동정벌운동이 중단된 대신 대명관계를 정상화시키는 계기가 되었다.

태종은 랴오둥 수복을 포기한 대신 충청, 전라, 경상도의 향리와 부민富民을 대거 북방으로 강제 이주시켜 압록강 이남지역 개발을 추진했다. 이러한 사민정책徙民政策은 그 후 세종에서 성종 때까지 이어져 수만 호의 주민이 이주했으며, 그 결과 황막荒漠했던 함경, 평안, 황해도지방이 개발되고 남북 간 인구배치의 균형이 어느 정도 이루어졌다.

압록강과 두만강 유역에 대한 영토확장 정책은 세종 때 더욱 적극적으로 이루어졌다. 1433년(세종 15)에 최윤덕崔潤德을 보내 압록강변의 여진족 이만주李滿住를 토벌하고, 다음해에는 김종서金宗瑞를 두만강 유역에 보내 여진족을 강 밖으로 몰아냈다. 그리고 두만강 연안에 6진六

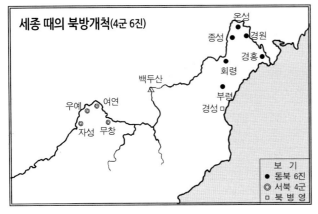

세종 때의 북방개척(4군 6진)

보 기
● 동북 6진
◎ 서북 4군
□ 북병영

鎭[8]을, 압록강 연변에 4군四郡[9]을 설치하여 영토로 편입했다. 그러나 조선왕조는 압록강과 두만강을 국경선으로 생각하지는 않았으며, 그 이북의 땅도 미수복지구로 생각했다. 수복된 지역에는 토착민을 토관土官으로 임명하여 자치를 허용하고, 강변지역은 전략촌으로 특수하게 편제하여 여진족의 침략에 대비했다.

여진족에 대한 토벌정책과 병행하여 그들을 회유, 포섭하는 정책도 병행되었다. 여진족의 생활을 돕기 위해 식량, 농기구, 의류 등을 국경지역에서 무역하도록 허용하고, 여진추장의 조공朝貢과 귀화를 적극 권장하여 많은 여진족이 귀화했다.

한편, 명과의 관계는 태조의 랴오둥 수복 정책으로 한 때 긴장이 고조되었으나, 태종의 등장으로 우호관계가 회복되었다. 명은 과거 어느 왕조보다도 강경한 대외정책을 써서 주변을 조공朝貢을 바치는 제후국으로 묶어놓으려고 했으므로 조선왕조도 그 사대조공체제에서 벗어날 수 없었다. 그리하여 두 나라는 형식상 천자와 제후 관계를 맺고, 새 왕이 즉위하면 천자의 승인을 받는 절차를 거쳐 인신印信(도장)과 고명誥命(임명장)을 받았으며, 명의 달력을 사용했다. 이런 절차를 책봉冊封이라 했다. 그리고 명의 주요한 명절이나 그밖에 우리가 필요한 경우에는 수시로 사신을 파견하여 조공朝貢을 바치고, 우리가 필요한 물품을 회사回賜라는 형식으로 받아왔는데, 이를 통해 경제 및 문화교류가 활발하게 진행되었다.

그러나 명은 조선에 대하여 '의종본속儀從本俗'과 '성교자유聲敎自由'를 허용하여 고유풍속과 정치적 자유를 그대로 인정했으며, 이렇게 자유를 가진 독립제후를 '황복제후荒服諸侯'[10]로 불렀다. 따라서 명과의 사대조공관계는 결코 조선의 주권과 독립에 영향을 미치지 못했다.

더욱이 명은 조선을 '동방예의지국東方禮義之國'으로 불러 조선에서 온 사신은 다른 나라 사신에 비해 특별한 우대를 받았다. 조선에서 가져가는 물품은 종이, 붓, 화문석, 금, 은, 인삼, 도자기, 책, 말 등이었는데, 특히 종이는 질기고 매끄러워 등피지等皮紙 또는 경면지鏡面紙라는 별칭을 얻었으며, 중국 황실과 귀족의 애호품으로 큰 사랑을 받았다. 한편, 중국에서는 책, 비단, 약재, 문방구 등을 들여왔다. 따라서 명과 조선의 교류는 주로 문화적인 물품을 서로 교환하는 것이었는데, 경제적인 비중은 그다지 높지 않았다.

---

8) 6진은 부령富寧, 온성穩城, 경흥慶興, 경원慶源, 회령會寧, 종성鍾城을 말한다.

9) 4군은 여연閭延, 자성慈城, 우예虞芮, 무창군茂昌郡을 말한다.

10) 중국은 황제가 아닌 신하를 모두 제후로 불렀는데, 황제의 수도로부터 거리를 계산하여 제후를 6등급, 또는 9등급으로 나누었다. 거리가 가까울수록 천자에게 복종하는 정도가 높고, 거리가 먼 제후를 황복제후라 하여 독립성을 가진 제후로 인정했다.

2) 일본 및 동남아 국가와의 관계

조선왕조의 영토확장은 남방에도 미쳤다. 고려 공민왕 이후로 식량과 문화재를 약탈하기 위해 들어오는 일본 하급무사, 즉 왜구倭寇 때문에 해안지방은 하루도 편한 날이 없었으며, 백성들은 산속으로 숨어들기 바빠 농사를 제대로 지을 수가 없었다. 왜구는 특히 대마도 왜인이 앞장서고 규슈지방의 호족이 뒤를 후원했는데, 그만큼 그들은 식량이 부족하고 선진문명에 대한 욕구가 컸다. 그래서 평시에는 대마도주가 토산품을 조공으로 바치고 회사품을 받아갔는데 욕심이 커져 물자가 풍부한 우리나라 해안지방을 약탈하게 된 것이다. 고려는 왜구를 물리치기 위해 화약무기를 개발하고 몇 차례 왜구토벌이 이루어졌음은 앞에서 설명한 바와 같다.

조선 개국 후 국력이 커지면서 대포 등 무기가 개량되고, 국방력이 강화되어 왜구의 침략은 현저히 줄어들었다. 이에 따라 황폐되었던 해안지역이 다시 개발되고 농지가 확대되었으며, 국가수입도 늘어났다. 침략과 약탈이 어려워진 것을 알게 된 왜구와 그 배후세력인 호족들은 평화적인 무역관계를 요구해 왔다. 조선은 일본과의 선린을 유지하기 위해 이를 승인하고 부산과 창원[내이포]을 개항하여 제한된 무역을 허용했다.

그러나 일본 상인들은 조선의 통제무역에 불만을 품고 밀무역을 감행하거나 해적으로 돌변하기도 하여 조선 정부는 일본해적의 버릇을 고쳐주기 위해 단호한 응징이 필요하다는 것을 깨닫고 드디어 1419년(세종 원년) 6월 왜구의 소굴인 대마도[11]를 소탕하고자 227척의 함선과 1만 7천여 명의 수군을 원정군으로 파견했다. 이 원정은 당시 병권을 쥐고 있던 상왕인 태종에 의해 계획된 것인데, 이종무李從茂의 지휘로 약 보름에 걸친 토벌작전 끝에 대마도주의 항복을 받고 돌아왔다. 대마도 토벌은 공양왕 원년에도 박위朴葳에 의해 이루어지고, 태조 5년에도 김사형金士衡에 의해서 이루어졌는데, 세종 원년의 정벌은 규슈지방의 호족들이 총동원되어 대마도를 방어했기 때문에 완전히 정복하지는 못했다.

일단 강한 힘을 보여준 조선 정부는 대마도주가 수시로 토산품을 바치면서 무역을 애걸하므로 그들의 요구를 적당한 선에서 들어주기 위해 1426년(세종 8) 남해안의 세 항구, 즉 삼포三浦[12]를 열어 무역을 허용하고, 다시 1443년(세종 25)에는 계해약조癸亥約條를 맺어 1년에 50척으로 무역선[歲遣船]을 제한했다. 대마도주에게는 벼슬을 내려주어 조선왕조의 신하로 만들고, 식량, 의복, 옷감, 서적 등을 주고, 우리는 동, 유황, 물감, 향료, 약재 등을 받았다. 말하자면 왜인은 생활필수품과 문화재를 가져가고, 우리는 무기원료나 기호품을 받았다.

한편, 대마도나 왜구와는 별개로 일본은 고려 말 충혜왕 때 무사계급에서 귀족으로 변한 아시카가 다카우지足利尊氏에 의해 남북조의 분열이 통일되어 무로마치 막부室町幕府(1336~1573)[13] 시대가 열리고 국가기강이 잡혀갔으며 조선과는 서로 사신을 보내 대등한 선린외교를 펼쳐갔다. 그러나 조선에서 가는 통신사通信使보다는 일본에서 오는 사행使行의 빈도가 훨씬 많아 일본

---

11) 대마도는 일본 나가사키현長崎縣에 속하는 섬으로 농경지는 전면적의 3.4%에 불과하여 항상 식량난에 허덕였다. 대마도주인 종씨宗氏는 한국인 송씨宋氏로서 송을 종으로 바꾼 것이다.

12) 삼포는 동래東萊의 부산포釜山浦, 웅천熊川(창원)의 내이포乃而浦(혹은 薺浦), 울산蔚山의 염포鹽浦를 말한다.

13) 무로마치는 지금 교토지역의 옛 이름이다.

신숙주 초상 보물 613호, 조선 전기의
학자이자 문신, 호는 보한재, 희현당

해동제국기 신숙주가 쓴 일본·유구에
대한 견문록

이 더 열성적이었다. 1471년(성종 2)에 편찬된 신숙주申叔舟의《해동제국기海東諸國記》는 신숙주가 세종 때 일본에 다녀와서 기록한 견문록으로 당시 일본의 사정이 자세하게 소개되어 있다.

무로마치 막부[아시카가 정부]는 불교문화를 진흥시키기 위해 조선의《대장경》을 탐내서 거듭거듭 사신을 보내 간절히 요구하고 때로는 지나친 생떼를 쓰기도 했다. 이런 요구가 계속되자 1424년(세종 6)에는 여러 벌의《대장경》가운데 한 벌을 건네주었는데, 이것이 일본 불교발전에 큰 영향을 주었다.

조선과 문물을 교류한 나라는 이밖에도 여진女眞(野人)과 유구琉球(지금의 오키나와), 섬라暹羅(샴, 태국), 자바[인도네시아] 등이 있었다. 이들 나라는 조선정부에 조공朝貢 혹은 진상進上의 형식으로 토산품을 가지고 와서 의복재료, 문방구, 서적, 불종, 부처 등을 회사품으로 받아갔다. 특히 유구와의 관계는 매우 밀접하여 고려 말부터 왕국을 건설하고 고려와 조선정부에 적극적으로 사신을 보내 토산품을 조공으로 바치고 불경이나 불종佛鐘 등 불교문화재를 받아가서 그곳 불교문화 발전에 이바지했다. 유구는 17세기 초에 일본의 사쓰마번[薩摩藩]에 의해 정복될 때까지 조선과의 교류를 활발하게 추진했다.

《조선왕조실록》을 보면 경복궁 대궐 앞에는 일본 및 동남아에서 온 사신들로 붐볐다고 하며, 궁 안에서 대포를 발사하는 실험에 놀라 혼비백산한 일이 많았다고 기록되어 있다. 조선은 당시 명나라와 어깨를 나란히 하는 문화수출국이었던 것이다.

제2장 조선 통치체제의 재편성

1. 관료기구의 재정비

1) 중앙통치기구

조선왕조는 개국 직후부터 고려와 다른 독자적인 통치규범을 만들고 이를 표준으로 하여 한층 진보된 정치를 운영했다. 최초로 통치규범을 만든 이는 개국공신 삼봉 정도전三峰 鄭道傳 (1342~1398)으로서 그는 중국의 이상적인 정치규범인《주례周禮》를 참고하여《조선경국전朝鮮經國典》(1394년, 태조 3)과 《경제문감經濟文鑑》(1395년, 태조 4)을 개인적으로 편찬했는데, 이를 모체로 하고 그 후 시행된 법규를 참고하여 1474년(성종 5)에 만세불변의 헌법을 만든 것이《경국대전經國大典》이다. 이렇게 왕조가 세워진 뒤 독자적인 법전을 만든 것은 역사상 처음이다.

《경국대전》에 반영된 조선왕조 권력구조의 특색은 군신공치君臣共治를 지향하면서도 왕의 권한에 대해서는 특별한 규정이 없고, 최고통치기관인 의정부議政府가 백관百官, 서정庶政, 음양陰陽, 방국邦國을 모두 다스린다고 했다. 정치의 실권을 의정부가 행사하되, 최종적인 결정권은 왕에게 있기 때문에 왕의 권한을 구체적으로 규정하지 않은 것이다. 하지만, 의정부를 구성하는 재상宰相의 권한을 존중하는 것은 삼국시대 이래 오랫동안 이어져 온 한국정치의 전통이다.

의정부는 중국에 없는 조선독자의 관청으로서, 고려시대 중서문하성中書門下省을 개편한 것이다. 여기에는 정1품의 영의정領議政, 좌의정左議政, 우의정右議政 등 세 의정議政[政丞]이 있고, 그 밑에 종1품의 좌찬성과 우찬성, 그리고 정2품의 좌참찬과 우참찬 등 7명의 재상이 속해 있었다. 특히 의정[정승]은 예문관, 홍문관 승문원, 춘추관, 관상감 등 주요 관청의 최고책임을 겸하게 하고, 국왕을 교육하는 경연經筵[14]과 세자를 교육하는 서연書筵[15]의 책임을 맡고, 의정부 밑에 행정집행기관으로 정2품 관청인 6조를 소속

정도전(1342~1398) 평택시 문헌사 소장

---

14) 경연은 왕이 학문 높은 고위신하들과 매일 유교경전이나 역사책을 읽으면서 정책을 토론하는 제도이다. 여기에는 의정부 정승 이하 고관들이 참여하는데, 경전을 읽고 해설하는 일은 홍문관弘文館의 하급관원들이 맡았다. 경연은 매일 하는 것이 원칙으로서 하루에 두 번 혹은 세 번 가졌다. 정기적인 경연 이외에 임시로 하는 경연을 소대召對라 하고, 밤에 하는 것을 야대夜對라고 불렀다. 경연에서 가장 많이 읽힌 책은《대학大學》이었으나 시대에 따라 책이 바뀌었다.

15) 세자는 성균관에 가서 입학식을 치르고 나서 궁 안에 있는 시강원侍講院에 나아가서 교육을 받는데, 의정부 대신들이 사부師傅와 이사貳師가 되고, 2품 관리들이 빈객賓客과 부빈객副賓客이 되었으며, 그 밑에 보덕(종3품), 필선(정4품), 문학(정5품), 사서(정6품), 설서(정7품)의 관리를 두어 세자를 교육했다.

〈조선의 주요 중앙정치기구〉

관 부	관 장(품계)	직 무(별칭)	별명
의정부	영의정(정1품)	백관과 서무를 총괄	황각
6조	판서(정2품)	이조: 내무, 문관인사	천관
		호조: 재무, 조세, 호구	지관
		예조: 의례, 교육, 외교	춘관
		병조: 군사, 무관인사	하관
		형조: 형률	추관
		공조: 토목	동관
승정원	도승지(정3품)	왕명출납, 비서기능	은대·후원
홍문관	대제학(정2품)	궁중도서관리, 경연, 교서작성	
사헌부	대사헌(종2품)	감찰기관	삼사
사간원	대사간(정3품)	간쟁기관	
의금부	판사(종1품)	특별 사법기관	금오
한성부	판윤(정2품)	서울의 행정 및 치안을 담당	
교서관	제조(종1~종2품)	서적간행	
성균관	내사성(정3품)	최고교육기관	사관
예문관	대제학(정2품, 문형)	국왕교서 작성, 역사기록	
승문원	판교(정3품)	외교문서 작성	

시켜 의정부가 모든 관원과 행정을 총괄하는 형식을 취했다.

그러나 왕과 의정부가 함께 가지고 있는 최고통치권을 권력분산과 권력견제를 통한 관료제도에 의해 운영하는 것이 두 번째 특징이다. 정치의 궁극적 목표는 백성을 나라의 근본으로 존중하는 민본정치民本政治를 구현하는 데 목표를 두었기 때문에 권력이 어느 한쪽에 지나치게 집중되는 것은 독재와 부정을 가져올 위험이 있다. 그래서 권력집중을 추구하면서 동시에 권력분산과 상호견제 장치를 만든 것이다.

그러면 정책결정은 어떻게 하는가? 모든 정책은 왕과 신하들이 모인 국무회의에서 합의로 결정한다. 국왕은 매일 편전便殿에 나아가 의정부, 6조, 국왕을 측근에서 보필하는 시종신侍從臣인 홍문관, 사간원, 사헌부, 예문관, 승정원의 대신들과 만나 토의결정했다. 이를 상참常參이라고 한다. 이밖에 5명 이내의 6품 이상 문관과 4품 이상 무관을 관청별로 교대로 만나 정사를 논의하는 윤대輪對가 있고, 매달 여섯 차례 의정부 의정, 사헌부, 사간원, 홍문관의 고급관원과 전직대신들을 만나 정책건의를 듣는 차대次對 등 여러 종류의 국무회의가 있었다.

의정부 다음으로 위상이 높은 것은 종1품 관청인 의금부義禁府였는데, 의금부는 왕명에 의해서만 반역죄인을 심문할 수 있어서 왕권을 유지하는 중요한 권력기구였다.

6조이조, 호조, 예조, 병조, 형조, 공조에는 장관인 판서判書(정2품)를 비롯하여 참판參判(종3품), 참의參議(정3품), 정랑正郎(정5품), 좌랑佐郎(정6품) 등의 관원이 있었고 주요 실무는 오늘날 과장급인 정랑과 좌랑이 맡았는데, 이 둘을 합쳐 낭관郎官이라고 불렀다. 특히 이조와 병조의 낭관은 문관과 무관의 후보자를 추천하는 낭천권郎薦權을 가지고 있었다.

의정부와 6조가 행정의 실권을 가진 관청이라면, 여기서 이루어지는 정책을 감시비판하고 정책을 자문하고 건의하는 관청이 사헌부司憲府(장관은 종2품 大司憲), 사간원司諫院(장관은 정3품 大司諫), 홍문관弘文館(장관은 정2품 大提學) 등이다. 그 가운데 사헌부는 관원의 비행을 감찰하는 사법기관이고, 사간원은 정책을 비판하는 간쟁기관 즉 언론기관이며, 홍문관은 궁중도서를 관리하면서 국왕의 자문에 응하고, 국왕의 교서教書를 작성하고, 경연經筵을 주도하는 학문기관이었다. 그런데 사헌부와 홍문관은 사간원과 더불어 정책을 비판하는 기능도 겸하여 이를 언론삼사言論三司라고 불렀다. 실제로 삼사의 언론은 국왕의 전제를 막는데 큰 역할을 담당했다.[16] 삼사가 합동으로 요청하여 왕비와 종친의 생사를 좌우하는 일이 비일비재하여 조선왕조는 권력에 대한 감

시와 비판이 비상하게 발달한 시대였다.[16]

삼사의 관원은 벼슬도 높지 않고 실권도 별로 없었으나 학문이 뛰어나고 성품이 강직한 젊은 관원을 채용하여, 이곳을 거쳐야만 판서나 정승의 반열에 오르는 것이 관례가 되었다. 그래서 과거시험에 우수한 성적으로 합격한 엘리트가 이곳으로 진출했는데, 이들을 '맑고 중요한 자리'라 하여 청요직淸要職이라 불렀다.

이밖에 임금의 말과 명령을 기록하는 예문관藝文館도 중요한 기관으로써, 이곳의 고급관원은 임금의 교지敎旨를 작성하고, 7~9품의 하급관원은 국무회의에 사관史官[17]으로 참석하여 회의록을 작성하는 임무를 맡았는데, 이 회의록을 사초史草라고 한다.

역사자료를 편찬하는 기관으로는 이밖에 춘추관春秋館이 있었다. 이곳에서는 각 관청에서 작성한 업무일지인 《등록謄錄》을 모아 해마다 《시정기時政記》를 편찬하고, 《실록實錄》이 편찬되면 이를 보관하는 일도 맡았다. 《시정기》는 《실록》을 편찬할 때 《사초》와 더불어 가장 중요한 자료가 되었다.

한편 외교문서 작성을 맡은 승문원承文院, 국왕의 명령을 신하들에게 전달하고 신하의 건의를 왕에게 전달하는 비서기관인 승정원承政院[18]이 있었으며, 그밖에도 여러 기능을 분담하는 관청들이 100여 개나 있어서 업무가 세분화되어 있었다.[19]

관청은 크게 궁 안에 있는 것과 궁 밖에 있는 것으로 나뉘어지는데, 승정원, 홍문관, 예문관, 춘추관 등 임금과 늘 가까이서 일하는 관청은 궁 안에 두어 이들을 근시직近侍職이라 하고, 그밖의 관청은 궁 밖에 두어 필요할 때 궁에 들어와 임금을 만나도록 했다.

조선시대 정치운영에서 특이한 것은 상소제도上疏制度의 발달이다. 일반관원도 누구나 임금에게 정책건의문을 써서 바칠 수 있었지만, 일반백성도 억울한 일이나 정치에 대한 건의를 글로 써서 낼 수 있으며, 지방수령은 이를 받아 승정원에 반드시 전달하는 것이 제도화되었다.

---

16) 임금은 언관의 간쟁諫諍을 물 흐르듯이 따라야 하며, 언관을 탄압하는 것은 부도덕한 일로 여겼다. 관원과 백성의 입을 막는 것은 강물을 막는 것보다도 위험한 일로 보았다.

17) 예문관의 봉교奉敎(정7품), 대교待敎(정8품), 검열檢閱(정9품)을 보통 한림翰林이라고 불렀다. 한림을 두 사람씩 교대로 궁에 파견하여 임금의 좌우에서 행동과 말을 나누어 적게 했는데, 이들을 사관史官이라고 부르고, 사관이 작성한 기록을 사초史草라고 하는데, 이를 토대로 왕이 죽은 뒤에 실록實錄이 편찬되었다.

18) 승정원에는 비서실장격인 도승지都承旨(정3품) 이외에, 좌승지, 우승지, 좌부승지, 우부승지, 동부승지(모두 정3품)가 있고, 그 밑에 주서注書(정7품)가 있었는데, 주서는 승정원의 일을 매일 기록하여 《승정원일기》를 작성했다. 현재 1623년에서 1894년까지의 기록이 약 3,047책 남아 있으며 국보로 지정되어 있고, 유네스코 세계기록문화유산으로도 등록되었다.

19) 공신을 관리하는 충훈부忠勳府, 임금의 종친과 외척을 관리하는 돈령부敦寧府, 임금의 부마를 관리하는 의빈부儀賓府, 노비를 관장하는 장례원掌隸院, 옥새와 부절符節 등을 관리하는 상서원尙瑞院, 예의를 관장하는 통례원通禮院, 제사를 관장하는 봉상시奉常寺, 왕실족보를 관리하는 종부시宗簿寺, 출판을 담당하는 교서관校書館, 음악을 담당하는 장악원掌樂院, 천문지리를 담당하는 관상감觀象監, 궁중의 음식을 담당하는 사옹원司饔院, 임금의 병을 치료하는 내의원內醫院, 옷을 담당하는 상의원尙衣院, 말을 담당하는 사복시司僕寺, 무기를 관리하는 군기시軍器寺, 궁중의 식량과 옷감 등을 조달하는 내자시內資寺, 잔치를 담당하는 예빈시禮賓寺, 저화를 만들고 노비신공을 맡은 사섬시司贍寺, 의약을 공급하는 혜민서惠民署, 치료를 담당하는 활인서活人署, 장례를 담당하는 귀후서歸厚署, 도성수리와 소방을 담당하는 수성금화사修城禁火司, 장막을 담당하는 전설사典設司, 배를 관리하는 전함사典艦司, 청소를 담당하는 전연사典涓司, 도량형을 관리하는 평시서平市署, 정원을 관리하는 장원서掌苑署, 내시들이 근무하는 내시부內侍府 등 100여 개에 달했다.

◆ 경국대전규정   **〈조선왕조 품계표〉**

품계	양반 동반(문반)	양반 서반(무반)	잡직 동반	잡직 서반	토관 동반	토관 서반	
정1품	대광보국숭록대부 보국숭록대부						당상
종1품	숭록대부 숭정대부						
정2품	정헌대부 자헌대부						
종2품	가정대부 가선대부						
정3품	통정대부 통훈대부	절충장군 어모장군					
종3품	중직대부 중훈대부	건공장군 보공장군					당하·참상
정4품	봉정대부 봉렬대부	진위장군 소위장군					
종4품	조산대부 조봉대부	정략장군 선략장군					
정5품	통덕랑 통선랑	과의교위 충의교위			통의랑	건충대위	
종5품	봉직랑 봉훈랑	현신교위 창신교위			봉의랑	여충대위	
정6품	승의랑 승훈랑	돈용교위 진용교위	공직랑 여직랑	봉임교위 수임교위	선직랑	건신대위	
종6품	선교랑 선무랑	여절교위 병절교위	근임랑 효임랑	현공교위 적공교위	봉직랑	여신대위	
정7품	무공랑	적순부위	봉무랑	등용부위	희공랑	돈의도위	참하
종7품	계공랑	분순부위	승무랑	선용부위	주공랑	수의도위	
정8품	통사랑	승의부위	면공랑	맹건부위	공무랑	분용도위	
종8품	승사랑	수의부위	부공랑	장건부위	직무랑	효용도위	
정9품	종사랑	효력부위	복근랑	치력부위	계사랑	여력도위	
종9품	장사랑	전력부위	전근랑	근력부위	시사랑	탄력도위	

특히 천재지변이 있을 때에는 임금이 정치의 잘못 때문에 천재지변이 일어났다고 생각하여 모든 관원과 백성들에게 의견을 구하는 교지를 내리는데 이를 '구언교지求言敎旨'라고 하며, 이에 응하여 수많은 상소가 답지했는데, 이를 '응지상소應旨上疏'라 한다. 왕은 이를 일일이 검토하여 답변을 내려줄 의무가 있었으며, 좋은 의견은 정책에 즉각 반영했다.

한편, 태종 때에는 창덕궁 대궐 앞에 신문고申聞鼓라는 북을 매달아 고변을 신고하게 했는데, 조선 후기에도 신문고가 부활되었으며, 여기서 한 걸음 더 나아가 임금이 행차할 때 연도의 백성이 징을 치고 나가서 억울한 일을 호소하는 격쟁擊錚과 상언上言이 허용되어 민의상달民意上達의 길이 한층 넓어졌다.

조선왕조는 부정부패를 막기 위한 몇 가지 제도장치가 마련되었다. 첫째, 탐관오리의 자손은 과거응시를 못하게 막고, 둘째, 상피제相避制를 두어 부자나 형제가 같은 관청에 근무하지 못하게 하고, 수령이 자기 출신 지역에 부임하지 못하며, 친족이 과거에 응시할 때에는 고시관考試官이 될 수 없었다.

셋째, 왕의 종친이나 부마는 원칙적으로 관직에 나갈 수가 없고, 왕은 사유재산을 가질 수 없었다. 그 대신 왕실경비를 정부경비에 통합시켜 궁부일체宮府一體의 재정구조를 만들어 왕실에 필요한 경비는 정부에서 지출했다. 이는 왕을 철저한 공인公人으로 만들어 사적인 인맥을 막기 위함이었다. 이 원칙은 초기에는 비교적 잘 지켜졌으나 뒤에는 내수사內需司라는 관청을 두어 왕실의 사유재산이 늘어나 문제가 되기도 했다.

넷째, 관료승진에 있어 고과제考課制를 엄격하게 하여 무능한 자를 도태시키고 능력 있는 자를 우대했다.

2) 지방행정

조선왕조의 지방행정도 새롭게 개편되었다. 우선 전국의 주민을 중앙정부가 일원적으로 통치하기 위해 전국 모든 군현에 수령守令[20]이 파견되었다. 고려시대는 수령이 파견되지 못한 속현屬縣이 더 많아서 중앙집권체제가 미약하고, 국가의 공권력이 전국에 골고루 미치지 못하여 지방토호들이 마음대로 백성을 지배하는 일이 많았다. 조선왕조의 수령은 임금의 분신으로서 지방의 행정, 사법, 군사권을 장악하고, 그 공권력을 바탕으로 농업발전, 교육진흥, 부세수취, 치안확보 등 일곱 가지 임무를 수행했는데, 이를 수령7사守令七事[21]라 한다.

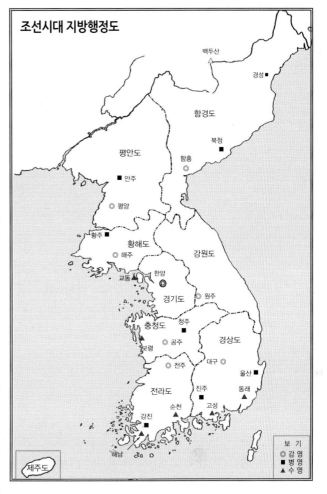

조선시대 지방행정도

수령의 지방통치는 지방민의 생활을 전보다 안정시키는 결과를 가져왔다. 수령은 원칙적으로는 자기 출신지역에는 부임하지 못하지만, 수령의 비행을 염려하여 각 도道에 관찰사觀察使[監司]를 파견하여 수령의 업무성적을 평가하여 승진시키거나 퇴출시켰다. 수령이 파견된 군현 밑에는 면面, 리里, 통統을 두었는데, 다섯 집을 1통으로 편제하고[五家作統], 지방민 가운데 통주統主, 이정里正, 면장面長[風憲 혹은 勸農]을 선임하여 수령의 명령을 집행하게 했다. 이들은 인구파악과 부역징발이 주된 임무였다.

고려시대에 지방사회의 세력가로서 중앙관직으로 진출하던 향리鄕吏는 조선에 들어와 수령의 행정실무를 보좌하는 세습적인 아전衙前으로 지위가 격하되었는데, 중앙의 6조를 본따 6방으로 나누어 실무를 맡았다.

한편, 중앙집권 강화와 아울러 지방민의 자치를 허용하기 위해 각 군현에 유향소留鄕所[후에 향청(鄕廳)]를 설치했다. 여기에는 덕망있는 지방인사들이 모여 좌수座首 혹은 별감別監을 선출하여 자율적으로 규약을 만들고, 수시로 향회鄕會를 소집하여 여론을 수렴하면서 백성을 교화하

---

20) 수령은 큰 도시에 파견하는 목사牧使(정3품)를 비롯하여 부사府使(종3품), 군수郡守(종4품~정5품), 현령縣令(종5품), 현감縣監(종6품)을 통칭하며, 수령을 성주城主, 지주地主, 원님, 사또 등으로도 불렀다.

21) 수령7사는 농업진흥[農桑興], 인구증식[戶口增], 학교진흥[學校興], 군대정비[軍政修], 공평한 부역과 세금징수[賦役均], 공정한 재판[詞訟簡], 치안확보[姦猾息]다.

고 수령의 비행을 관찰사에게 보고하기도 했다. 말하자면 유향소는 지방의회와 비슷한 기능을 가졌다. 또 서울에는 경재소京在所를 두어 지방 유력자를 근무케 하여 유향소와 정부 사이의 연락관계를 긴밀하게 하고, 유향소를 중앙에서 통제할 수 있게 했다.

조선시대에는 전국을 8도로 나누고, 8도에 350개 내외의 군현을 두었다. 전국을 8도로 나눈 것은 조선왕조가 오행五行의 목덕木德을 취했으므로, 목덕의 숫자인 8을 선택한 것이다. 또 350이라는 숫자는 왕이 하루에 한 군현을 다스리면 1년에 전국을 모두 다스릴 수 있다는 계산이 깔려 있었다. 고려시대의 특수행정구역이던 향, 소, 부곡은 모두 해방되어 일반군현으로 편입되어 노비를 제외한 천민이 없어졌다.

2. 부역체제

조선 초기의 경제구조는 민생안정과 더불어 국가수입을 증대시켜 안정된 재무국가財務國家를 만드는 것이었다. 처음에는 양입위출量入爲出 곧 국가수입을 헤아려 일부를 저축하고 나머지를 국가 및 왕실경비로 지출했는데, 세조 때부터는 지출을 먼저 정하고 그에 따라 수입을 정하는 회계제도를 도입했는데 이를 횡간橫看이라고 했다. 국가의 지출은 벼슬아치의 녹봉, 국가의 제사, 군량미, 의료비, 빈민구제비 등에 지출되었다.

국가수입의 중심을 이루는 것은 전조田租와 전세田稅, 공납貢納, 그리고 군역軍役이었다. 먼저 전조田租는 공전公田(民田)에서 1결당 최고 30두를 받는 것으로 이는 대략 수확의 10분의 1을 표준으로 한 것이다. 그러나 흉년이 들면 그 정도에 따라 세액을 낮추었다. 이렇게 세액이 낮아졌으나, 국가수입이 줄지는 않았다. 전제개혁과 양전사업, 그리고 지속적인 해안지역의 토지개간 결과 고려 말에 약 60~80만 결이던 토지가 태종 때에는 120만 결, 세종 때에는 172만 결로 늘어났는데, 경기도 땅을 제외하고는 거의 모두 공전에 편입되었으므로 국가수입이 크게 늘어났다.

한편, 관원들에게 지급한 과전科田을 비롯한 사전私田에서 받는 세금을 전세田稅라고 불렀는데 전조보다는 한층 낮았다. 그 결과 전조와 전세를 합친 1년의 총수입은 약 60~100만 석[셈]에 이르고, 이 수량은 국가의 1년 총경비와 거의 비슷했다. 그러나 국가수입은 이밖에도 가호마다 받는 공납貢納, 그리고 시전상인市廛商人과 수공업자로부터 받는 상인세商人稅 장인세匠人稅 등이 있었다.

농민부담의 경감과 공평과세를 위해 1444년(세종 26)에 제정한 공법貢法으로 세금은 더 낮아졌다. 토지의 비옥도를 6등급으로 나누고, 풍흉의 정도를 9등급으로 나누어 전조田租를 부과했는데, 1결당 최고 20두에서 최하 4두로 낮아졌다. 이 시기 1결의 생산량은 최고 1,200두에서 최하 400두로 높아졌으므로 전조의 부담은 더욱 가벼워졌다. 태종~세종 때에는 국가의 비축 곡식이 4~5백만 석에 이르러 1년 경비를 지출하고도 여유가 있었다. 15세기의 국방력 강화와 문화의 융성은 이러한 재정적 여유가 바탕이 되었다. 그러나 국가의 비축 곡식이 16세기 중엽 중종 때에는 2백만 석, 16세기 말 선조 때에는 50만 석으로 줄어들어 국가재정이 점차 어려워졌다.

농민이 국가에 바치는 조세는 강가나 바닷가의 조창漕倉에 모았다가 해로를 통해 서울로

조선시대 전국 토지의 변화

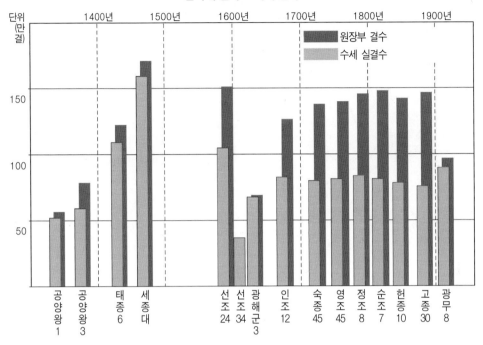

운반되었는데, 이를 조운漕運이라고 했다. 경상도는 낙동강과 남한강을 통해 서울로 운반하고, 평안도와 함경도의 조세는 서울로 운반하지 않고 각기 그곳의 사신접대와 군사비로 썼다.

　15세기에는 전제개혁의 결과로 농민의 자립도가 전보다 높아졌다. 전국의 토지가 172만 결에 이른 세종 때를 기준으로 보면, 양인호구良人戶口가 약 50~60만 호이므로 매호당 평균 3결 정도를 보유한 셈이다. 실제로 국가에서는 3~4결의 토지를 가진 농민을 표준적인 자립농으로 간주하여 이들에게는 군역을 지는데 필요한 보조원奉足 혹은 保人을 지급하지 않았다. 물론, 농민의 대다수는 1~2결의 토지를 가진 영세농이었지만, 남의 토지를 빌어 경작하는 병작농竝作農보다는 자기토지를 보유한 자작농이 더 많았다. 이는 전제개혁의 결과로 많은 병작농이 자작농으로 상승한 까닭이었다.

　고려 말 전제개혁으로 지방의 품관(전직관료나 한량)22)들은 대부분 본래의 토지를 몰수당하고 군전軍田이라는 이름으로 10결이나 5결의 땅을 되돌려 받았다. 이들이 바로 지방의 중소지주층이다. 그러나 이들도 원칙적으로 군역의 의무를 지고 있었다. 그러나 시간이 흐를수록 일반농민보다는 우세한 경제력을 바탕으로 학문에 종사하고, 과거를 통해 벼슬길에 나가는 이들이 많아 스스로 사족士族으로 자처했다. 조선왕조를 이끌어간 중심세력은 바로 이들 사족이었다. 하지만

---

22) 한량은 품계는 있으나 직사職事가 없는 자들을 말하는데, 여기에 해당하는 사람은 전직관료를 비롯하여 전쟁에 공로를 세워 첨설직添設職을 받은 사람, 동정직同正職을 가진 자, 혹은 검교직檢校職을 받은 자들을 가리킨다. 이들은 실제 벼슬을 하지 않지만, 품계를 가지고 있고, 또 군전軍田을 받았으므로 지방사회의 유력자로 행세하였다. 이들은 조선왕조 건국과정에 집중적으로 국가의 통제를 받았지만, 세월이 지나면서 차츰 관원으로 재등장하여 조선왕조를 이끌어가는 핵심계층이 되었다.

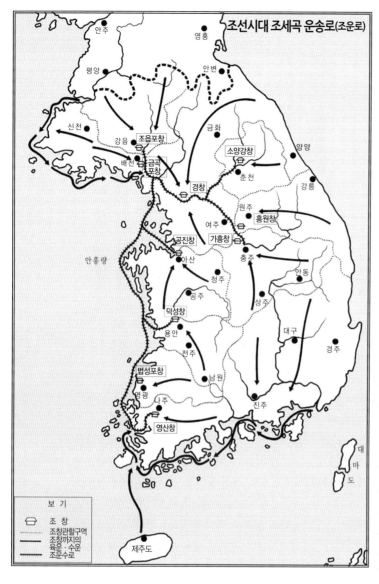

조선시대 조세곡 운송로(조운로)

보 기
조 창
조창관할구역
조창까지의
육운·수운
조운수로

과거제도는 이들에게만 출세의 기회를 준 것은 아니었으므로 벼슬아치는 이들 이외의 계층에서도 배출되었다.

중앙의 벼슬아치는 현관現官과 산관散官을 막론하고 경기도 안에서 과전科田을 받았으며, 특별히 공이 큰 공신들은 공신전功臣田이나 별사전別賜田을 받기도 했다. 이런 땅을 모두 사전私田이라고 하는데, 사전의 소유권은 원칙적으로 농민에게 있었고, 관원들은 전조田租를 받는 수조권收租權만 가지고 있었다. 그러나, 시간이 흐를수록 수조권이 사유지로 변해가자 이를 막기 위해 태종 때 사전의 3분의 1을 하삼도下三道충청, 전라, 경상되로 옮겼다가 세종 때 다시 경기도로 옮기기도 했으나, 과전을 줄 경기도의 땅이 점점 부족해졌다. 이를 타개하기 위해 과전의 액수를 점차로 줄여가다가 1466년세조 12)에는 현직관료에게만 과전을 지급하는 직전제職田制로 바꾸었으며, 16세기 중엽에는 직전제마저 폐지되자 관원들은 녹봉만을 받는 처지로 전락했다. 하지만 이미 지방에 중소지주적 기반을 가진 이들이 있었고, 토지가 없는 사람은 토지를 개간하거나 사들여서 생계를 마련했다.

전제개혁으로 혜택을 받은 것은 관원뿐 아니라 향리鄕吏, 역리驛吏, 진리津吏, 도리渡吏 등 지방 아전과 하급군인, 일부 장인匠人과 일부 학생學生도 포함되었다. 이로써 국가의 공역자는 대부분 생계의 안정을 찾았지만, 역시 시간이 지나면서 토지지급이 중단되어 스스로 생계를 마련하는 길에 나섰다.

조선시대에는 고려시대에 유행했던 차경借耕의 관행이 법으로 금지되었다. 즉 많은 토지를 가진 세력가가 힘없는 농민을 불러들여 토지를 경작시키고 반 이상의 수확을 거두어가던 가혹한 수탈은 금지되고, 차경이 발각되면 그 토지를 몰수하여 농민에게 주었다. 그러나 3~4결이하의 토지를 가진 과부, 홀아비, 고아, 독거노인 등 노동력이 없는 사람은 이웃이나 친척에게 병작並作을 주는 것은 허용되었다. 이 경우 지주와 작인은 수확의 반을 서로 나누었지만 작인을 신분적으로 예속시키기는 어려웠다. '병작'이라는 말은 '어우리' 곧 '지주와 작인이 힘을 합쳐서 농사를 한다'는 수평적 관념이 들어 있었다. '차경'에서 '병작'으로 바뀐 것은 지주와 작인 관계가 수직관계에서 수평관계로 바뀐 것을 의미한다. 일제강점기에는 '병작' 대신 '소작小作'이라는 말이 생겨났는데, 이는 일본에서 들어온 말이다.

조선 초기 농민은 토지세인 전조田租 이외에 가옥세인 공납貢納과 인두세人頭稅인 요역徭役도 함께 부담했다. 그 가운데 전조는 앞에서 설명한 대로 세종 때 공법이 시행되면서 부담이 크게 경감되었다. 요역은 8결작부八結作夫라 하여 8결마다 장정 1명씩을 내어 국가의 각종 토목공사와 물품운반 등에 무상으로 동원되었다. 그러나 1년에 원칙적으로 6일을 넘기지 못하게 되어 있었다.

공납은 각 지방의 토산품을 바치는 것으로 처음에는 물건을 직접 바치다가 수요와 공급이 서로 맞지 않아 뒤에는 관청에서 필요한 물품을 미리 사들여 쓰고 나서 농민에게 대가를 받아내는 방납防納(혹은 代納)이 관행으로 자리잡았다. 그런데 방납이 너무 과도하여 농민에게 가장 큰 부담이 되었으며, 이를 시정하기 위해 17세기에 토지면적을 기준으로 쌀로 받게 된 것이 대동법大同法이다.

3. 신분개편과 계층구조

1) 노비인구의 축소와 지위향상

조선 초기에는 고려 말 하층민의 신분해방운동을 반영하고,《주례》의 만민평등사상을 받아들여 고려시대의 엄격한 신분제도를 완화하는 개혁이 이루어졌다. 고려시대에도 신분은 자유민인 양인良人과 비자유민인 천민賤民으로 양분되어 있었지만, 양인 안에 특권을 지닌 문벌귀족이 있고, 법제적으로는 양인이면서도 실제로는 천역을 지는 신량역천身良役賤층이 많았다. 한편, 천민 중에는 상층 천민인 부곡민과 하층 천민인 노비가 있었다.

조선시대에는 이렇게 복잡한 신분층을 단순화시켜, 모든 주민을 양인과 노비로 양분하고, 가능한 한 특권층과 신량역천층을 없애고 노비를 줄이는 정책을 실시했다. 고려시대가 부곡민의 해방시대라면, 조선시대는 노비의 해방시대로 특징지을 수 있다. 조선 초기의 신분개혁은 경제적으로 대지주를 없애고, 중소지주와 자영농을 육성하여 중산층을 확보함으로써 국가재정과 민생을 동시에 안정시키려는 것과 궤도를 같이한다.

노비 중에는 본래 양인이었다가 자급자족이 어려워 노비로 전락한 이들이 많았는데, 태종 때부터 노비변정도감奴婢辨定都監을 두고 조사를 실시한 결과 수십만 명의 노비가 해방되고, 약 10만 명의 사찰소속 노비가 양인 또는 공노비公奴婢로 바뀌었다. 조선 초기 총인구는 대략 500~700만이었는데, 그 중의 약 3분의 1 정도가 노비인구로서 고려시대보다 한층 줄어들었다.

양반에게 인사하는 평민 조선후기 김득신 그림,
평양 역사박물관 소장

세조 때 공노비 인구는 약 26만 명이었으며, 사노비는 100만 명을 웃돌았던 것으로 보인다.

노비는 종從, 창적蒼赤[23], 장획藏獲, 천구賤口 등으로도 불렸는데, 공민권이 없어 학교를 다니거나 벼슬길에 나갈 수가 없었고, 노비의 자식은 대대로 노비가 되었으며, 양인과의 결혼이 원칙적으로 금지되었다. 주인은 노비를 매매, 양도, 상속할 수 있었다. 그러나 그대신 국역國役의 의무가 없고, 주인이 모든 식솔의 생계를 보장해준다는 이점도 있었다. 그래서 생활이 어려운 양인이 스스로 노비가 되는 일도 있었던 것이다. 또 노비는 재산을 가질 수가 있고, 가족들과 함께 살 수가 있었으며, 주인과 노비 사이에는 임금과 신하의 윤리가 적용되어 주인이 함부로 죽이거나 사형私刑을 가하는 것은 법으로 금지되었다.

노비 가운데 관청에 소속된 공노비公奴婢는 두 종류가 있었다. 하나는 외방에 거주하면서 농사를 짓는 납공노비納貢奴婢로서, 매년 50%의 병작료 이외에 남자는 무명 1필과 저화楮貨 20장, 여자는 무명 1필과 저화 10장을 신공身貢으로 국가에 바쳤다. 또 하나는 기술을 가진 장인匠人으로서 일정기간 관청에 나가서 관청수요품을 제조했는데 이들을 선상노비選上奴婢라고 불렀다. 공노비는 대체로 사노비보다 생활여건이 나았으며 재산축적의 기회가 많았다.

공노비는 유외잡직流外雜職[24]으로 불리는 하급 기술관직을 가질 수가 있었다. 유외잡직에는 노비뿐 아니라 양인장인良人匠人과 상인商人도 임명되었다.

개인이 소유한 사노비私奴婢는 주인의 집에서 거주하는 솔거노비率居奴婢와 다른 곳에 거주하는 외거노비外居奴婢의 두 종류가 있었다. 솔거노비는 주인집의 행랑채에 가족과 함께 살면서 여성은 밥 짓기, 빨래하기, 청소하기, 바느질하기 등을 맡았고, 남자는 물긷기, 나무하기, 농사짓기 등을 했다. 이런 일이 힘들기는 해도 온 가족의 의식주를 주인이 해결해 주었다. 흔한 일은 아니지만, 노비 중에는 주인의 사랑을 받아 주인의 재산을 물려받기도 하고, 주인에게 학문을 배워 신분을 감추고 과거에 합격하는 일도 있었다. 또, 여자는 주인의 첩妾이 되는 일도 많았다. 중종 때 형조판서를 지낸 반석평潘碩枰은 재상집 가노家奴였는데, 주인의 사랑을 받아 뒤에 문과에 급제하고 덕망 높은 관료가 되었다.

외거노비는 작개지作价地로 불리는 새 개간지를 경작하여 수확을 모두 바치고, 주인으로부터 일부 땅을 사경지私耕地로 받아 그 수확을 자신이 차지했다. 따라서 외거노비는 주인에게 예속되는 정도가 솔거노비보다 낮고, 자기의 독자적인 생활경리를 유지할 수 있었다.

---

23) 창적은 창두적각蒼頭赤脚의 준말로, 남자는 머리를 깎고, 여자는 짧은 치마를 입은 데서 붙여진 이름이다.

24) 유외잡직은 공조, 교서관, 사섬시, 조지서, 사옹원, 사복시, 군기시, 선공감, 장악원, 소격서, 장원서, 액정서, 도화서 등의 관청에 소속되었다. 그들이 하는 일은 각종 물품제조, 책인쇄, 종이제조, 요리, 바느질, 말 기르기, 무기제조, 토목기술, 악기연주, 정원가꾸기, 그림 그리기 등이다. 이들은 종9품에서 정6품까지 승진할 수 있었으나, 일반관직流品職과는 구별되는 독자의 관직체계를 이루고 있었다.

사노비의 주인은 중앙의 관원과 지방의 중소지주인 한량閑良(사족)들이었지만, 일반농민 중에도 자영농 이상은 대개 노비를 소유했고, 심지어 노비가 노비를 소유한 경우도 있었다. 노비제도는 물론 악법이지만, 노비가 '선비의 수족'이 되어 농사와 잡일을 거들어준 까닭에 선비가 공부할 수 있었기 때문에 교육과 학문발전에 이바지했다고 할 수 있다.

노비들은 공노비든 사노비든 성姓을 가진 경우가 많았고, 그래서 조상에게 제사를 지내기도 했다. 조선시대 노비의 지위는 자유민이 아닌 것은 확실하지만, 그렇다고 완전한 노예도 아닌 반자유민半自由民이며, 그런 점에서 서양고대의 노예[slave]보다는 중세의 농노農奴[serf]에 가깝다고 할 수 있다. 서양의 노예는 인종과 문화가 전혀 다른 외국인이었으나, 우리나라 노비는 인종, 언어, 문화가 같은 종족이기 때문에 주인과 친화감이 커서 그 만큼 천대를 덜 받은 것이다.

2) 양인의 여러 계층

노비가 아닌 사람은 법적으로 모두가 양인良人으로 간주되어, 교육을 받고 벼슬에 나갈 수 있는 공민권公民權을 가지고 있었으며, 그 대가로 조세, 공납, 요역과 군역의 국역國役을 질 의무가 있었다.

그러나 양인은 법적으로는 평등하지만 실제로는 경제력과 가문의 차이에 따라 다양한 계층이 존재했다. 양인의 최상층은 문무관원과 그 자손이었다. 이들을 양반兩班 혹은 사족士族이라고 한다. 지위가 높은 문무관원의 자손에게는 음서蔭敍,[25] 대가代加[26] 등의 혜택이 주어졌지만, 그것은 관직세습을 보장해 줄만한 특권이 되지는 못했고, 과거를 통하지 않고 관원이 되는 것을 부끄럽게 생각했다. 따라서 누구나 출세하려면 반드시 과거시험을 통과해야 했으므로 개인의 능력이 출세를 좌우했으며, 그런 점에서 양반은 결코 세습적 특권신분이 아니라 부단히 신분이 이동하는 지배계층에 지나지 않았다. 조선왕조가 고려시대보다 한층 개방적인 사회가 된 이유가 여기에 있다.

양인 가운데 문무관원의 자제 다음으로 신분상승의 잠재력을 지닌 계층은 지방의 중소지주층이었다. 그 중에서도 전제개혁에 의해 과전科田이나 군전軍田을 받은 한량閑良(혹은 品官)의 출세율이 높았다. 이들은 지방사회에서 앞선 경제력을 바탕으로 사족士族을 자처하면서 학문에 힘써 과거시험에서 높은 경쟁력을 보여주었다.

한량 다음으로 문무관원으로 올라갈 가능성이 높은 계층은 향리鄕吏였다. 이들은 고려시대에는 지방사회의 유력층이었으나 조선시대에는 축재를 일삼는 향리를 원악향리元惡鄕吏라 하여 타지방으로 강제 이주시키는 등 집중적인 견제를 하여 그 세력이 현저히 약화되고 수령을 보좌하는 세습적인 아전으로 격하되었다. 그러나 스스로 사족士族이라 자부하면서 학문에 힘써

---

25) 음서는 과거를 거치지 않고 하급 서리胥吏에 나갈 수 있는 혜택을 주는 제도로, 그 대상자는 1) 공신 및 2품 이상의 아들, 손자, 사위, 동생, 조카, 2) 실직 3품의 아들과 손자, 3) 이조, 병조, 도총부, 사헌부, 사간원 홍문관, 부장部將, 선전관을 지낸 자의 아들이다. 이들은 20세가 지난 후 간단한 시험을 치러 통과하면 녹사錄事나 낮은 벼슬을 받을 수 있었다.

26) 대가는 정3품 당하관 이상의 산직散職을 가진 관원이 자신이 받은 품계를 아들, 사위, 동생, 조카에게 얹어 주는 제도이다. 그러나 이 제도는 상설화된 것이 아니라 국가에 특별한 경사가 있을 때에만 시행되었다.

학자와 관원이 되는 경우가 종종 있었다. 세종 때 예문관 제학을 지낸 윤상尹祥(호는 別洞) 같은 이는 향리출신 학자로 유명하다.

양인 중에서 절대다수를 차지하는 것은 농업에 종사하는 일반 상민常民이다. 이들은 공민으로서 학교를 다니고 벼슬에 나갈 수 있는 권리가 있었고, 전제개혁으로 생활조건이 개선되어 약간의 노비를 거느리는 자영농 이상이면 공부를 열심히 하여 과거시험에 응시하는 일이 불가능하지 않았다.[27] 물론 가난한 영세농이나 병작인은 출세에 어려움이 컸다. 또 문과에 응시하지 않더라도 하급 기술직이나 무반으로 나가는 길은 넓게 열려 있었다. 그래서 '사士는 농農에서 나온다'든가, '사士와 농農은 조정에서 벼슬한다'는 말이 널리 유행했다. 이를 사농일치士農一致라고도 한다.

양인 중에서 장인匠人이나 상인商人은 과거응시에 필요한 인문교양을 쌓을 기회가 농민보다도 적었다. 그래서 이들에게는 유외잡직流外雜職이라는 별도의 벼슬체계를 만들어 하급기술직으로 나가는 길을 열어주었다. 그러나 상인 가운데에도 문과 급제자가 여러 명 나왔다.

양인의 최하층에는 신량역천身良役賤이 있었다. 여기에는 조졸[뱃사공], 수능군[묘지기], 생선간[어부], 목자간[목축인], 봉화간[봉수꾼], 염간[소금굽는 자], 화척[도살꾼], 재인[광대] 등이 속했다. 이들은 일정기간 국역을 지면 양인으로서 공민권을 가질 수 있게 되어 있는 조건부 양인이었으며 인구는 그리 많지 않았다. 실제로 15세기 말에 이들은 대부분 양인으로 승격되었다.

이밖에 조선시대에는 서얼庶孼이라는 특수계층이 있었다. 정실부인이 아닌 첩의 아들을 서얼이라고 하는데, 양인여자良人女子보다는 여자 종이 첩이 되는 경우가 많았기 때문에 그 소생을 차별대우하게 된 것이다. 또 정실부인의 위상을 높이기 위해 첩을 더욱 차별대우한 것이기도 하다. 그러나 조선 초기에는 서얼을 그다지 차별하지 않았다. 오히려 서얼 중에 개국공신을 비롯한 고관대작이 많이 배출되었다.[28]

서얼에 대한 차별대우가 논의되기 시작한 것은 태종이 서얼 출신 세자인 방석芳碩을 제거한 이후부터이지만, 실제로 15세기에는 서얼출신이 별다른 제약을 받지 않았다. 그러다가 《경국대전》에 법제화되어 문과文科와 생원生員 및 진사과進士科 시험에 서얼의 응시를 금지하기에 이르렀다. 그리하여 서얼은 무과武科와 기술관을 뽑는 잡과雜科에만 응시가 가능해지고, 잡과를 통과하면 최고 3품까지만 승진할 수 있었다. 잡과와 잡직은 17세기 이후로 차츰 중인中人의 세습직이 되면서 서얼과 중인은 동류同類로 취급되어 중서층中庶層이라는 말이 생겨나게 된 것이다. 그렇지만 1556년(명종 11)부터 양첩이 낳은 서자는 손자 대부터 문과응시를 허용했으며, 그 뒤로 서얼에 대한 허통범위가 갈수록 넓어져서 수백 명의 서얼이 문과에 급제하여 높은 벼슬아치가 되었다. 또 서얼 출신 가운데에는 우수한 인재가 많아 문화발전에 기여한 바 컸다.

---

27) 조선시대에는 과거합격자 명단을 적을 때 벼슬이 없는 사람은 학생이라는 뜻에서 유학幼學이라고 기록했을 뿐 생업이 농업인지 아닌지는 적지 않았다. 이는 학생의 생업이 당연히 농업이기 때문에 적을 필요가 없었기 때문이다. 따라서 과거합격자의 대부분이 유학幼學이라고 하여 이들이 농민이 아니라고 해석하는 것은 잘못이다. 유학은 양반, 중인, 서얼, 농민 등 누구에게나 학생이라는 뜻을 붙인 호칭에 불과했다.

28) 모계나 처계에 노비나 서얼의 혈통이 들어 있으면서 고관으로 출세한 대표적 인사로는 태조 때의 정도전鄭道傳, 조영규趙英珪, 함부림咸傅霖, 태종 때의 하륜河崙, 세종 때의 황희黃喜, 성종 때의 유자광柳子光 등을 들 수 있다.

4. 교육과 선거제도

1) 교육제도

고려시대에 교육에 필요한 책을 만들기 위해 금속활자까지 발명했던 높은 교육열은 조선시대에 들어와 한층 가열되었다. 특히 유교가 국시國是가 되고, 과거제도의 위상이 더 높아지면서 '출세하려면 공부해야 한다'는 생활철학이 더 깊이 뿌리를 내렸다. 조선 초기의 교육은 문학[文], 역사[史], 철학[哲] 등 인문학만을 강조한 것이 아니라《주례》의 정신을 받아들여 기술학도 존중했다.

먼저, 인문교육기관으로 전국의 모든 군현에 향교鄕校를 설치하여 국비로 가르쳤다. 고려시대에는 주요 군현에만 향학[향교]이 있었으나 조선시대에는 350개 전후의 모든 군현에 향교가 세워졌다. 학교진흥은 수령의 7사七事 가운데 하나가 될 만큼 중요시되었다. 향교에는 양인 이상의 신분으로서 준수한 재능을 가진 남자[8세 이상]가 입학하여 교생校生이 되었다. 학비는 없었다. 교생의 정원은 군현의 인구비율로 정해져 있었는데,[29] 교생들은 여름 농번기에는 방학을 맞아 농사를 돌보고, 가을에 추수가 끝나면 기숙사인 재齋에 들어가 기거하면서《소학》, 4서[논어, 맹자, 중용, 대학], 5경[시, 서, 역, 춘추, 예기] 등 유학경전을 공부했다. 매년 두 번씩 시험을 치러 우등자는 생원, 진사시험의 초시를 면제해 주고, 학업 중 군역이 면제되었으나, 성적미달인 낙강생落講生은 군역을 지도록 했다.

한편, 서울에도 네 부部에 학교를 세워 이를 부학部學이라 했는데, 서학, 동학, 남학, 중학이 그것이다. 부학의 정원은 각각 100명이며, 교육내용은 향교와 같았다.

향교와 부학을 다닌 학생들은 유학幼學으로 불리면서 사회적 존경을 받았고, 과거시험에 응시할 자격이 주어졌다. 그 가운데 생원生員과 진사進士가 된 사람은 문과에 다시 응시하거나, 직접 낮은 관직을 얻기도 했으나, 더 높은 학문을 원하는 사람은 최고학부인 서울의 성균관成均館[泮宮, 太學]에 입학했다. 성균관에는 생원이나 진사만 입학자격이 있는 것은 아니고, 부학의 학생도 입학이 가능했다. 성균관의 정원은 생원, 진사 각 100명씩 모두 200명이었지만, 부학에서 올라온 학생은 정원에 넣지 않아 실제로 성균관 유생은 200명이 훨씬 넘었다.[30] 성균관 유생은 성적이 우수한 자는 문과의 초시를 면제해 주고, 직접 2차 시험인 복시覆試에 응시할 자격을 주었으며, 또 50세까지 착실하게 공부한 학생은 과거를 치르지 않아도 벼슬을 주는 일이 있었다.

향교와 성균관에는 강당이 있고, 기숙사인 재齋가 강당 앞 좌우에 있어 이를 동재東齋와 서재西齋로 불렀다. 그리고 강당 뒤에는 문묘文廟를 두어 공자를 비롯한 선현의 위패를 모시고 제사를 지냈다. 성균관에는 존경각尊經閣이라는 도서관이 있었다. 왕세자도 일단 성균관에 들어가 입학식을 치르고 나서 궁 안의 시강원侍講院에서 교육을 받았다.

---

29) 《경국대전》에는 부府, 대도호부大都護府, 목牧은 90명, 도호부 70명, 군 50명, 현 30명으로 되어 있다. 전국 교생의 정원을 합치면 약 1만 5천 명 정도였으며, 그밖에 액외생額外生이라 하여 정원 외 학생이 있었다. 이를 합치면 교생의 수는 더욱 많다.

30) 성균관에 입학한 생원과 진사는 상재上齋에서 기숙하고, 부학에서 입학한 유생은 하재下齋에서 기숙했다.

서당도 조선후기 김홍도 그림

조선 초기에는 국비로 운영되는 관학이 우세했지만, 16세기 이후로는 지방의 사족들이 자기 고을에 세운 서원書院이 점점 늘어나 사학과 관학이 경쟁하는 시대가 열렸다. 서원의 시설과 교육내용은 향교와 비슷했지만, 다만, 사당에 모신 선현先賢이 서원마다 달라서 독특한 학풍을 이루고 있었다.

향교와 서원이 대체로 군현을 단위로 설치된 교육기관이라면, 군현 밑의 마을을 단위로 설치된 사립 초등교육기관이 서당書堂이다. 서당은 조선 후기에 수만 개에 달했다. 서당에서는《천자문千字文》을 비롯하여 4서 3경의 유교경전을 가르쳤다.

여성들은 학교에 입학할 자격이 없었으나, 사족 부녀자들은 집에서 가정교사를 두거나 부모로부터 직접 교육을 받는 경우가 많았다. 예를 들면 율곡의 어머니 사임당은 아버지로부터 유교교육을 받고, 그 지식을 아들에게 전수하여 대학자를 만들었다. 출판인쇄문화의 발달로 서책이 널리 보급되면서 독학獨學으로도 교양을 쌓을 수가 있었다.

한편 기술교육은 잡학雜學이라 불렸는데, 해당 기술관청에서 직접 교육을 담당했다. 중국어[漢學], 몽고어[蒙學], 여진어[女眞學], 일본어[倭學]는 사역원司譯院에서 가르치고, 의학은 전의감典醫監과 혜민서惠民署, 천문, 지리, 명과命科[占卜], 도학道學[도교]은 관상감觀象監, 산학算學은 호조, 율학律學은 형조, 화학畵學[그림]은 도화서圖畵署에서 각각 가르쳤다. 의학과 율학은 모든 지방군현에서도 가르치고, 외국어는 이용하는 지역의 특성을 고려하여 중국어[한학]와 여진학은 주로 평안도에서, 왜학은 경상도 삼포三浦에서 각각 가르쳤다.

잡학생의 정원은 중앙이 285명, 지방이 약 6천 명이었으며, 평민자제들이 주로 이를 배웠으나, 의학과 역학譯學은 양반자제들도 많이 배웠다. 조선 초기에는 잡학에 대한 천시가 비교적 적어 잡학출신자 중에도 높은 벼슬아치가 배출되는 경우가 적지 않았다.

2) 선거제도

교육진흥은 유능한 인재를 기르기 위한 것으로 관리를 선발하는 기준도 능력주의가 존중되었다. 조선시대 인재등용의 대원칙은 입현무방立賢無方과 유재시용惟材是用이었다. 즉 '어진 사람을 등용함에 있어서 모[출신지방, 혈통, 학벌 등]가 나서는 안 된다'는 것과 '오직 재주 있는 사람을 등용한다'는 것이다. 전자가 도덕성을 중시하는 것이라면, 후자는 전문성을 중시한다. 그러니까 도덕성과 전문성을 평가하여 인재를 등용해야 한다는 뜻이다. 이런 원칙에 따라 고려시대 성행했던 음서蔭敍의 범위가 축소되고,[31] 고시제도와 천거제도가 발달했다. 이 둘을 합쳐 선거選

---

31) 고려시대에는 5품 이상 관원의 아들, 손자, 사위, 동생, 조카 중 한 사람에게 음서의 혜택이 주어졌으나, 조선시대에는 그 범위가 크게 축소되어 공신과 2품 이상의 관원만이 그 혜택을 입었다. 그리고 3품 관원은 아들과 손자만, 이조와 병조, 삼사 등의 관원은 아들에게만 음서의 혜택이 부여되었다. 그러나 이 경우에도 간단한 취재取才시험을 치러야 하고, 임명되는 벼슬도 낮은 서리직에 불과했다. 따라서 실제로 음서를 통해 고관에 오르는 일은 거의 없었다.

舉라고 불렀다.

시험제도 즉 과거제도는 생원진사과, 문과, 무과, 잡과 등이 있었고, 그밖에 간단한 시험을 치러 하급관원을 선발하는 취재取才도 널리 성행했다. 경학에 뛰어난 인재를 선발하는 생원과生員科와 문학적 재능이 뛰어난 인재를 뽑는 진사과進士科는 3년마다 각각 100명씩 선발했다. 이를 소과小科 혹은 사마시司馬試라고도 불렀다. 생원과 진사가 되면 바로 하급관원이 되기도 하지만, 문과에 다시 응시하거나 성균관에 진학하는 경우가 더 많았다. 사마시는 1차 시험인 초시初試[32]에서 7배수를 뽑았는데, 이는 각 도의 인구비율로 강제 배분되었다.[33] 그러나 2차 시험인 복시에서는 도별 안배를 없애고 성적순으로 뽑았다. 그리고 합격자에게는 흰 종이에 쓴 합격증을 주었는데 이를 백패白牌라고 한다.

과장에 들어가는 선비
김준근 그림, 독일 함브루크민속박물관 소장

고시 중에서 가장 경쟁률이 높고 비중이 큰 것은 고급 문관을 선발하는 문과文科(혹은 大科)였다. 문과는 3년마다 선발하는 정기시험[式年試]과 수시로 시험하는 별시別試, 증광시增廣試, 임금이 성균관에서 문묘를 배알하고 치르는 알성시謁聖試, 국가의 경사가 있을 때 시행하는 경과慶科 등이 있었다.

생원, 진사시는 두 차례 시험을 보았는데, 초시는 서울[漢城試]과 각 도[鄕試]에서 치르고, 복시覆試는 서울의 예조禮曹에서 치렀다. 문과의 정기시험은 세 차례 시험을 보았는데, 초시는 서울[漢城試]과 각 도별[鄕試]로 치르고, 복시는 예조에서, 전시殿試는 궁 안에서 치렀다.

문과 정기시험에는 수천 명의 지원자가 치열한 경쟁을 벌여 최종적으로 33명을 뽑는데,[34] 초시에서는 7배수인 240명을 각 도의 인구비율로 뽑았다.[35] 그러나 복시에서는 도별 안배를 없애고 성적순으로 33명을 뽑았으며, 전시殿試에서는 갑과 3인, 을과 7인, 병과 23명의 등급을 정하여 그 등급에 따라 최고 6품에서 최하 9품의 품계를 주었다. 현직 관원이 급제한 경우에는 현재의 직급에서 1~4계階를 올려주었다.

경서를 시험하는 장면

과거시험은 선비들이 출세하는 최고의 등용문으로 과거보러 가는 것을 관광觀光이라고

---

32) 생원은 4서와 5경을 시험보고, 진사는 부賦와 고시古詩, 명銘, 잠箴 중 하나를 시험보았다.

33) 생원, 진사시 초시합격자의 각 도별 정원은 다음과 같다. 한성부 200명, 경기도 60명, 충청도 90명, 전라도 90명, 경상도 100명, 강원도 45명, 평안도 45명, 황해도 35명, 함경도 35명이다.

34) 문과 초시의 과목은 초장初場에서는 5경과 4서를, 중장中場에서는 부賦, 송頌, 명銘, 잠箴, 기記 중의 하나, 표表와 전箋 중의 하나를, 종장終場에서는 대책對策(時務策)을 시험했다.

35) 《경국대전》에 의하면 각도별 문과초시합격자 정원은 다음과 같다. 성균관 50명, 한성부 40명, 경기도 20명, 충청·전라도 각 25명, 경상도 30명, 강원·평안도 각 15명, 황해·함경도 각 10명이다.

했으며, 문과합격자에게 주는 합격증서는 붉은 종이에 써서 이를 홍패紅牌라고 불렀다. 과거는 양인으로서 교육을 받은 학생幼學이면 누구나 응시가 가능했으며, 3품 이하의 벼슬아치도 응시할 수 있었다. 다만, 과거응시가 금지된 것은 노비, 반역죄인의 자식, 탐관오리贓吏의 자식, 재가再嫁한 여자의 아들과 손자 그리고 서얼은 제외되었다. 그러나 서얼의 응시가 1556년(명종 11)부터 단계적으로 풀리기 시작했음은 앞에서 이미 설명했다. 그래서 조선시대 수백 명의 서얼급제자가 배출되었다.

15~16세기에 문과급제자를 배출한 성관姓貫은 모두 750개 정도이며, 조상 가운데 벼슬아치가 전혀 없거나, 내외 4대조直系 3대조와 외조 가운데 벼슬아치가 없는 급제자, 또는 서얼 출신 급제자가 전체 급제자에서 차지하는 비율이 태조~정종 대 40%, 태종 대 50%, 세종~세조 대 30~34%, 예종~성종 대 22%를 보이다가 16세기에 이르러 17~20% 대를 보이고 있다. 양반만이 벼슬을 세습했다는 말이 얼마나 잘못된 것인가를 알 수 있다. 조선시대는 개천에서 용이 많이 나오는 시대였다.

무반을 뽑는 무과武科(龍虎科)는 3년마다 28명을 선발했는데 역시 초시급제자 인원은 도별로 안배했으며, 서얼도 응시가 가능했다.[36] 기술관원을 선발하는 잡과雜科는 3년마다 역과譯科 19명, 의과醫科 9명, 음양과[천문, 지리, 명과학] 9명, 율과律科 9명, 도합 46명을 뽑았는데, 이 가운데 음양과의 천문학은 천문학을 전공하는 생도만이 응시할 수 있었으나, 다른 과는 교생校生이나 부학생部學生도 응시할 수 있었다. 잡과합격자는 해당 기술관청에 근무하여 최고 3품까지 승진할 수 있었으나, 다시 문과에 응시하여 합격하면 3품 이상의 진급도 얼마든지 가능했다. 실제로 기술관원으로서 문과에 합격하여 고급관원이 된 예가 적지 않다.[37]

과거시험 이외에 간단한 시험으로 하급관리나 하급기술관원이 되는 시험이 또 있었는데, 이를 취재取才라고 불렀다. 취재로 임명되는 관원으로는 수령守令, 지방의 교관敎官, 역승驛丞, 도승渡丞, 서제書題, 음자제蔭子弟, 녹사錄事, 도류道流, 서리書吏, 의학, 한학, 몽학, 왜학, 여진학, 천문학, 지리학, 명과학, 율학, 산학, 화원, 악생, 악공 등이 이에 해당했다.

벼슬아치를 뽑는 시험제도는 이처럼 여러 종류가 있어서 본인의 능력에 따라 출세의 정도가 결정되고, 관직의 세습이 보장되지 않았다. 예컨대 성종 때 훈구대신인 이극돈李克墩의 한 아들은 역과譯科에 합격하고, 세조 때 서리書吏이던 윤처관尹處寬의 아들 윤효손尹孝孫은 아버지가 서리로 고생하는 것을 보고 분발하여 문과에 급제한 뒤 벼슬이 재상까지 올라갔다. 중종 초 안중손安仲孫이라는 고성固城 사람은 노비 두 명을 데리고 농사를 지으면서 공부하여 문과에 급제한 뒤에 현령(종5품)이 되었다.

한편, 관리채용방법 중 하나로 천거제도가 있었다. 이는 학식과 덕망이 높으면서도 초야에 묻혀 있는 인재를 발탁하기 위한 것인데, 대개 3품 이상의 고관이 천거권을 가지고 있었으며, 천거된 사람은 간단한 시험을 치른 후 관직에 임명되었다. 그러나 천거된 자가 죄를 지으면

---

36) 무과시험은 초시에는 활쏘기, 복시에는 4서와 5경 중 하나, 무경 7서武經七書 중 하나, 통감通鑑, 병요兵要, 장감將鑑, 박의博議, 무경武經, 소학小學 중 하나, 경국대전을 치르고, 전시에서는 기보격구騎步擊毬를 시험했다.

37) 예를 들면, 태종 때 정신鄭信과 세조 때 임건林乾은 율관으로서 문과에 급제했고, 중종 때 최세진崔世珍은 역과에 합격한 후 다시 문과에 합격하여 벼슬이 동지중추부사에까지 올랐다.

천거한 사람도 함께 벌을 받게 되어 아무나 함부로 천거하지는 못했다. 실제로 천거에 의해 벼슬아치가 된 경우는 그리 많지 않다.

5. 병역제도와 군대조직

고려 말에 끊임없는 외환에 시달린 경험을 살려 조선 초기에는 국방강화에 비상한 관심을 기울이면서 군대를 늘리고 정예화했다.

건국 직후에는 우선 왕자나 권신들이 거느리고 있던 사병私兵을 혁파하여 공병公兵으로 귀속시키는 일에 주력하여 태종 때 매듭지었다. 그러나 기왕의 군대만으로는 부족하여 모든 양인은 군역을 지게 하는 양인개병제良人皆兵制를 시행했다. 그리하여 16세 이상 60세 이하의 양인남자는 직접 군병軍兵이 되거나, 아니면 군병이 군역을 지는 동안 필요한 식량, 의복 등 경비를 부담하는 보조원[이를 奉足 혹은 保人이라 함]이 되도록 하여 매년 무명 1필을 국가에 바치게 했다. 그러나 토지가 3~4결 이상 되는 중산층 군병에게는 보조원을 주지 않았다.

정부는 군역담당자를 확보하기 위해 노비를 해방시켜 양인인구를 확대하고, 호적조사사업을 3년마다 한 번씩 실시하여 양인을 공민화하는 정책을 지속적으로 추진했다. 그 결과 태조 6년에 37만 명이던 군역담당자가 세종 12년에는 70만 명으로, 세조 때는 80~100만 명으로 늘어났다. 이 가운데 군병이 약 30만 명, 보조원이 약 60만 명에 달했다. 군역에서 면제된 사람은 현직관원과 학생뿐이었다. 왕의 친척이나 공신, 고급관원의 자제들도 군역을 지기는 마찬가지였다. 다만 이들의 군역은 국왕의 호위와 시종, 왕궁의 경비를 담당하는 고급군인으로서 좋은 대우를 받은 것이 다른 점이었다.

해미읍성 사적 116호, 1491년(성종 22)에 축성, 둘레 약 2km, 높이 5m, 지정면적 194,083㎡, 충청남도 서산시 해미면 남문로, 사진 이강열

고창읍성 사적 145호, 둘레 1,684m, 높이 4~5m, 지정면적 189,764평, 조선 단종원년(1453)에 외침을 막기 위해 나주의 입암산성과 연계, 주민의 힘을 빌려 호남내륙을 방어하는 전초기지로 축성한 자연석 성곽. 전라북도 고창군 모양성로

남산 봉수대 서울특별시 중구 남산공원길 소재

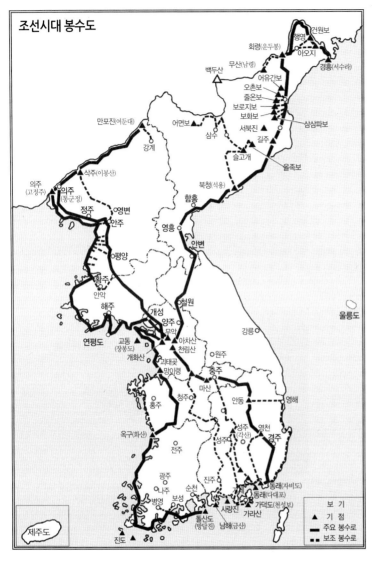

조선시대 봉수도

건원보
회령(운두봉)
행영
오은지
무산(남령)
백두산
경흥(서수라)
어유간보
오촌보
줄온보
보로지보
삼삼파보
보화보
어면보
서북진
삼수
만포진(여둔대)
길주
강계
슬고개
올족보
삭주(이봉산)
북청(석용)
의주(고정주)
의주(통군정)
함흥
정주
영변
영흥
안주
안변
영흥
평양
황주
철원
안악
해주
개성
양주
울릉도
연평도
교동(장봉도)
무악
아차산
천림산
강릉
개화산
괴태곶
원주
망이령
중주
마산
안동
영해
청주
홍주
성주(각산)
영천
옥구(화산)
성주
경주
전주
진주
광주
동래(자비도)
나주
순천
동래(다대포)
병영
보성
가덕도(천성보)
사량진
가라산
돌산진(방답진)
남해(금산)
진도
제주도

보 기
▲ 기 점
━ 주요 봉수로
▪▪ 보조 봉수로

일반 평민은 정병正兵, 유방군留防軍 혹은 수군水軍에 편입되어, 정병은 1년에 2개월, 유방군은 3개월, 수군은 2개월씩 복무했고, 복무 기간에 따라 산계散階를 받았다. 이밖에 고급직업군인으로서 갑사甲士, 별시위別侍衛, 내금위內禁衛 등이 있어서 무재武才가 있는 사람들은 무과를 쳐서 들어왔으며, 정식 무반에 속해 품계와 녹봉을 받았다. 이들은 중앙에서는 왕궁과 서울의 수비를 맡고, 지방에서는 하급지휘관이 되었다.

조선 초기에 군대를 통솔하는 중심기관은 오위도총부五衛都摠府였다. 여기에는 다섯 군단이 있어서 이들이 중앙군府兵을 구성했는데, 그 지휘책임은 문반관원이 맡았다. 이밖에 군인의 훈련과 무과시험 등을 관장하는 훈련원訓鍊院과 무관의 최고기관인 중추부中樞府가 있었으나 중추부에는 문관도 참여했다.

지방의 육군은 세조 대 이후로 진관체제鎭管體制로 편성했다. 즉 각 도마다 한 개 혹은 두 개의 병영兵營을 두어 병마절도사兵馬節度使(혹은 兵使, 종2품)가 정해진 구역의 지휘권을 장악하고, 병영 밑에는 몇 개의 거진巨鎭을 두어 거진의 수령이 주변 군현의 군대통수권을 장악했다. 말하자면, 전국이 지역단위의 방어체제를 형성한 것이다. 그리고 주요 요새지의 읍에는 읍성邑城을 쌓았는데, 특히 방어취약지구인 충청도와 전라도 해안가에 많이 축조했다.[38] 이로써 지금까지 산성중심 방어가 읍성중심으로 바뀌었다.

한편, 중앙군과 지방군의 유기적 통합을 위해 지방군의 일부를 교대로 서울에 올라와 복무하게 했다. 이를 번상병番上兵이라 한다.

---

38) 조선시대 축조한 읍성은 대략 100여 개나 되는데, 일제강점기에 대부분 헐리고 지금 남아 있는 것은 충남의 해미, 홍성, 서천, 전북 고창(모양성), 전남 나주, 낙안, 경상도 언양 읍성 등이다.

수군은 육군과 비슷한 체제로 편성되었다. 연해 각도에는 몇 개의 수영水營을 두고 수군절제사水軍節制使(水使: 정3品)를 파견하여 자기 관할구역의 수군을 통솔하게 했다. 수영 밑에는 포진浦鎭과 포浦를 두고 첨절제사僉節制使(종3品)와 만호萬戶(종4品)를 각각 파견하여 관할 수군을 통솔하게 했다.

조선 초기에는 정규군 이외에 일종의 예비군인 잡색군雜色軍이 있어서 평시에는 자기 생업에 종사하고, 일정한 기간 군사훈련을 받아 유사시에 대비했다. 여기에는 서리, 잡학인, 신량역천인, 노비 등이 배속되었다.

국방과 행정의 편의를 위한 교통과 통신체계도 전보다 강화되었다. 군사적인 위급사태를 신속하게 알리기 위한 봉수제烽燧制가 정비되어, 밤에는 산꼭대기에서 봉화를 올리고, 낮에는 연기를 피워 서울까지 보고하도록 했다. 또 육로로 물자를 수송하고 통신을 전달하는 역마참驛馬站이 전국적으로 짜여져 중앙과 지방의 연계가 한층 강화되었다.

조선 초기에는 취각령吹角令이라 불리는 비상소집훈련이 자주 시행되어 도성 안에 사는 관원들이 일시에 궁궐 앞에 모이기도 했다. 또 중무장한 갑사甲士와 돌팔매꾼인 척석군擲石軍이 광화문 앞에 모여 서로 싸우게 하여 군사훈련을 시키기도 했다. 척석군은 왜구토벌에 큰 공을 세우기도 했으나, 이 훈련은 사상자가 많이 생겨 뒤에는 폐지되고, 돌팔매는 민속놀이로 바뀌었다.

15세기의 강력한 국방체제는 16세기 이후로 점차 해이해져서 왜란 직전에는 율곡 이이李珥가 10만 양병설을 주장할 정도로 어려운 사태에 빠졌다.

세병관 경상도 수군절제사의 본영으로 사용하기 위해 선조 36년(1603년) 이경용이 창건한 것으로, 인조 22년(1645년)에 김응해가 규모를 확장하였으며, 거대한 50개의 기둥이 장관이다. 경상남도 통영시 세병로

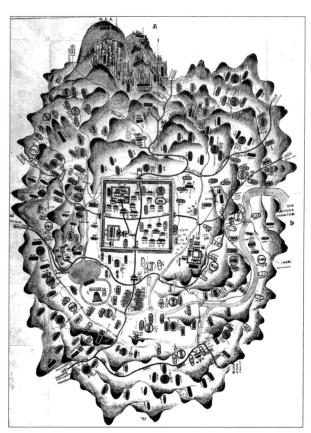

네모진 읍성이 그려진 전라도 광주지도
1870년대, 서울대학교 규장각 한국학연구원 소장

제3장 조선 초기의 경제발전

1. 농업의 발전

조선 초기의 농업은 농지확대, 분배구조 개선, 농업기술의 발달 등 여러 측면에서 큰 발전이 있었다. 왕조개창을 전후하여 왜구가 토벌되면서 연해안지역 개발이 촉진되어 농지가 크게 확대되고, 3년 이상 버려진 땅은 누구든지 경작하는 사람에게 소유권을 주어 개간을 장려했다. 그리하여 고려 말 약 50만 결에 지나지 않던 농지가 세종 때에는 약 170만 결로 크게 늘어났다. 다만, 세종 때에는 1결의 면적이 줄어든 것을 감안할 필요가 있다.[39]

전제개혁에 의해 분배구조가 개선되면서 농민의 생산의욕이 높아졌으며, 의학발달로 인한 인구증가와 국가의 적극적인 권농정책, 그리고 사대부층의 영농법 연구가 합쳐져 농업생산력이 크게 향상되었다. 1결당 생산량은 세종 때 최하 400두, 최고 1,200두에 이르렀다. 이는 고려 말 1결당 약 300두에 비해 크게 향상된 것을 말해준다.

농업생산력을 높이려면 땅을 기름지게 만드는 시비법施肥法이 중요한데, 콩과 녹두를 심었다가 갈아엎고 썩혀서 비료로 쓰는 녹비법綠肥法이 개발되고, 인분과 재를 거름으로 쓰기도 하면서 땅의 비옥도를 높였다. 고려시대만 해도 땅의 비옥도가 낮아서 1년 또는 2년씩 걸러서 농사를 짓는 휴한지休閑地가 적지 않았으나 조선시대에는 밭에서 조, 콩, 보리의 2년 3작이 이루어지고, 논에서는 벼와 보리의 이모작二毛作이 가능한 지역이 늘어났다.

원래 우리나라는 비가 많은 편이 아닌 반건半乾(half-dry) 기후로 논보다는 밭이 두 배 이상 많았으나, 하천을 막아 보洑를 쌓는 등 수리시설이 개선되면서 15세기에는 전국에 3천여 개의 저수지가 생겨났으며, 수차水車를 이용하여 저수지물을 논에 관개하는 기술도 개선되었다. 그 결과 벼를 재배하는 논이 전보다 한층 많아졌다.

벼농사는 봄에 마른 땅에 씨를 뿌렸다가 일정한 정도로 벼가 자라면 물을 대주는 건사리법이 널리 유행했는데, 조선 초기부터는 물논에 직접 씨를 뿌리는 물사리법과, 묘가 자란 다음에 묘를 다른 곳에 옮겨심는 이앙법移秧法(모내기)도 병행되었다. 이앙법은 비가 많은 남부지방에서는 전에도 있었으나 그 지역이 중부지역으로 확대되었다. 이앙법은 풀뽑는 노동력이 절감되고, 두 곳의 지력을 이용하여 생산을 높이는 장점이 있었으나, 이앙철에 물이 부족하면 큰 타격을 입는 약점이 있어서 수리시설 보완이 절대적으로 필요했다.

---

39) 세종 때에는 토지의 비옥도에 따라 1결의 면적이 달라졌는데, 상등전 1결은 대략 1,846평, 중등전은 2,897평, 하등전은 4,184평이었다.

벼품종도 많이 개량되었다. 지금의 경기도 시흥인 금양에 살던 강희맹姜希孟의《금양잡록衿陽雜錄》을 보면, 당시 경기도에서 21종의 벼가 재배되었는데, 그 가운데 파종 후 50일 만에 수확하는 것도 있고, 바람에 강한 품종이 14종이나 소개되어 있다. 이밖에 조粟, 콩豆, 보리, 기장, 피, 수수 등 여러 종류의 곡식이 재배되고 있었다.

고려 말 문익점에 의해 도입되어 경상도 단성丹城에서 재배되기 시작한 목화는 함경도를 제외한 전국으로 확대되어 의복혁명이 일어났는데, 무명은 옷감으로서만 아니라 범선의 돛으로도 이용되고, 화폐기능布貨을 겸하여 상업발달을 촉진시켰으며, 항해가 편해졌다. 삼베麻布, 모시苧布 생산도 증가하고, 누에치기養蠶도 전국적으로 확대되어 비단옷이 늘어났는데, 지금의 서울 잠실에서 양평에 이르는 한강유역은 양잠업이 특히 앞서 갔다. 그밖에 돗자리 원료인 왕골, 약재인 감초 등의 생산도 활발해졌다.

세종의 명으로 1441년(세종 23) 세자 이향李珦[문종]에 의해 세계 최초로 측우기測雨器가 제작되고,[40]《농사직설農事直說》,《금양잡록》등의 농서가 편찬된 것도 농업발달에 이바지했다. 특히 1429년(세종 11) 정초鄭招, 변효문卞孝文 등이 왕명으로 편찬한《농사직설》은 전국 각지의 노농老農들의 실제 경험을 수집하여 정리한 것으로, 각종 곡식재배법이 지역에 따라 다른 것을 알려주어 각 지역 권농관의 지침서가 되게 했다. 고려 말에는 중국 화북지방 농법을 소개한《농상집요農桑輯要》나《제민요술齊民要術》을 널리 참고했으나, 조선 초기에는 여기에 토착농법이 함께 참고가 되어 우리 환경에 맞는 선진적인 농법을 발전시킬 수 있었다. 그러다가 16세기에는 지방 사림들이 중국의 강남 농법을 받아들여 수전농업水田農業을 더욱 발전시켰다.

말은 군마軍馬이자 통신수단, 그리고 중국에 대한 조공품으로 중요한 가치를 지니고 있어서 국가에서는 마목장을 직접 경영했는데, 전국에 58개 소나 되었으며, 한양 동쪽 양주의 살곶이 목장[지금의 어린이 대공원]은 특히 규모가 컸다. 소는 농경과 식육으로서, 양은 제사용으로 역시 중요시되었다.

2. 수공업의 발전

조선 초기에는 개인수공업과 관청수공업이 있었는데, 후자가 우세했다. 고려 말의 개인수공업자와 소所 혹은 사원에 소속된 수공업자들을 공장안工匠案에 등록시켜 서울과 지방의 각 관청에 소속시키고 관청에서 필요한 물품을 제조하게 했다.《경국대전》을 보면 서울에 소속된 경공장京工匠은 2,800여 명으로 30개 관청에서 129종의 일을 맡았다. 공장이 가장 많이 배속된 관청은 무기를 제조하는 군기시軍器寺, 의복을 제조하는 상의원尙衣院, 음식과 그릇을 만드는 사용

---

40) 측우기는 이탈리아의 카스텔리가 1639년에 제작한 것보다 2백 년 앞서고, 일본보다 270년이 빠르다.

대장간 보물 527호, 27×22.7cm, 김홍도 그림, 국립중앙박물관 소장

실뽑기(여)와 자리짜기(남) 조선후기 김홍도 그림

원사饗院, 토목공사를 맡은 선공감繕工監, 책을 출판하는 교서관校書館, 종이를 만드는 조지서造紙署 등이며, 여기서 만드는 무기, 의복, 그릇, 건축, 문방구, 활자, 종이 등이 특히 우수했다.

한편, 지방관청에 소속된 외공장外工匠은 3,500여 명으로 27종의 직종이 있었다. 이 가운데 인원이 가장 많은 것은 종이를 만드는 지장紙匠(698명)이고, 그 다음에 대장장이인 야장冶匠(438명), 깔개를 만드는 석장席匠(385명), 화살을 만드는 시인矢人(329명), 목수인 목장木匠(323명), 가죽으로 물건을 만드는 피장皮匠(297명), 칠장이인 칠장漆匠(294명), 활과 화살을 만드는 궁인弓人(238명) 순이다.

관청수공업의 제조과정은 고도로 분업화되어 있었다. 예를 들어 활은 궁인弓人과 시인矢人의 합작으로, 책 출판은 8종의 공장이 협동으로 만들었다. 국립출판소인 교서관에는 8종[41] 146명의 공장이 소속되었는데, 15세기에 이만한 규모를 가진 출판소는 없었다. 1458년(세조 4)《대장경》을 인쇄하기 위해 46만 권의 용지를 쓴 것을 보면 당시 종이생산량도 대단했음을 알 수 있다. 종이 원료는 닥楮나무 껍질이 주원료로 가죽처럼 질기고 견고하여 대포나 갑옷을 만드는 데도 썼다. 조선의 종이는 아시아에서 가장 우수한 종이로 알려져 중국에 수출되었다. 그밖에 솔잎, 볏짚 등도 종이원료로 썼다.

궁중의 사치를 막기 위해 종전에 쓰던 금·은그릇을 추방하고 그 대신 도자기를 썼기 때문에 조선시대 도자기는 생산량이 많고 품질이 우수했다. 도자기 가마는 전국에 325개 소나 되었는데, 특히 사옹원의 분원分院이 있는 경기도 광주와 경상도 고령의 생산품이 최고급으로 인정받았다.

고려 말기부터 제조되기 시작한 화약무기도 더욱 개량되었는데, 특히 완구碗口를 비롯한 대포의 성능이 우수하여 궁중에서 외국사신을 불러놓고 야간에 실험하는 일이 종종 있었다. 대포의 위력에 놀란 사신들은 이를 가르쳐 달라고 조르는 일이 많았다.

공장안에 등록된 장인들은 의무국역으로서 1년에 몇 달 동안 교대로 관청에 나가서 관청의 수요품을 제조하고 일정한 삭료朔料를 받았고, 국가에서는 이들을 도와주는 조역助役을 붙여주었다. 성적이 좋고 근무기간이 오랜 장인은 최고 종6품까지의 유외잡직流外雜職 벼슬을 주고 체아遞兒라는 형식의 녹봉을 받기도 했다.

국역노동이 끝난 공장들은 시장을 상대로 의식주에 필요한 물품을 만들어 자유롭게 판매하여 이득을 취했다. 그대신 국가에 일정한 공장세工匠稅를 납부했다. 관영수공업은 16세기 이후로 조금씩 해이해졌으나, 종이, 무기 등 주요물품은 조선조 말까지 관영이 주도했다.

---

41) 교서관에 소속된 8종의 공장은 다음과 같다. 금속을 녹이는 야장冶匠, 활자를 고르는 균자장均字匠, 활판을 만드는 목장木匠, 책을 찍어내는 인출장印出匠, 활자를 새기는 각자장刻字匠과 조각장彫刻匠, 활자를 주조하는 주장鑄匠, 종이를 만드는 지장紙匠 등이다.

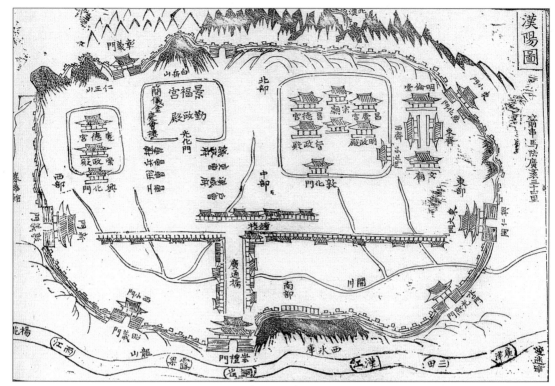

서울 시전 모습 조선후기 위백규 그림

한편 일반 농민들도 가내수공업으로 무명을 비롯하여 모시, 베, 명주 등 옷감류와 도기[질그릇], 종이 등을 만들어 국가에 공물로 바치기도 하고, 남는 것은 시장에 내다 팔아 이득을 챙겼다. 그러나 전반적으로 품질은 관영수공업품이 우수했다.

3. 상업의 발전

조선 초기에는 고려 말기 농업이 피폐하고 상업인구가 늘어난 것을 막기 위해 농업을 일차적으로 장려하고, 상업을 말업으로 간주하는 무본억말務本抑末 정책을 써서 상업을 어느 정도 견제했다. 이는 상업을 없애기 위함이 아니라 농민들이 농토를 버리고 상업에 뛰어드는 것을 막기 위함이었다. 그러나 농업과 수공업이 발전하면서 상품유통도 자연스레 활발해졌다.

상업은 아무래도 인구가 많은 도시에서 발달했다. 인구 10만을 헤아리는 서울은 상업의 중심지였다. 태종 때 교통이 가장 편한 한양의 중심인 종로와 남대문에 이르는 광통교 길가에 2,600여 칸에 달하는 연쇄상가인 시전市廛을 조성하여 상인들에게 대여했다. 시전은 한 상점에서 한 가지 물종만을 전문적으로 팔게 하여 독점판매권을 부여하고, 그 대신 국가에 공랑세公廊稅를 바치고, 국역의 형태로 궁중과 관청에서 필요로 하는 물품을 조달할 의무가 있었다.

시전행랑 2010년 조선시대 피맛길을 따라 형성된 시전행랑 등 유물 발굴 작업

보부상의 하나인 등짐장수
권용정 그림 간송미술관 소장

물가와 도량형은 경시서京市署에서 관할하여 폭리를 막았다. 말하자면 시장경제와 통제경제의 혼합형이라 할 수 있다. 시전과 비슷한 성격의 상가는 개성, 평양, 전주와 같은 대도시에서도 있었다. 서울의 시전은 16세기 이후로 명주, 종이, 어물, 모시, 삼베, 무명을 파는 여섯 개 상점이 가장 번성하여 이를 육의전六矣廛이라고 불렀다. 지금 시전의 일부가 발굴되어 당시 시전의 규모를 엿볼 수 있다.

농촌에서는 보부상褓負商이라 불리는 봇짐장수와 등짐장수가 자질구레한 일용잡화와 소금, 물고기, 그릇, 문방구, 책 등을 가지고 다니면서 팔았다. 대체로 농민들은 쌀과 무명을 주고 물건을 사는 것이 관례였다. 국가에서는 닥나무 종이돈인 저화楮貨와 구리돈인 조선통보朝鮮通寶를 발행했으나, 도시를 제외한 시골에서는 실물가치가 있는 무명을 화폐 대용으로 많이 사용하여 이를 포화布貨라고 불렀다.

보부상에 의존하던 지방의 상거래가 15세기 말부터는 전라도 농민들이 잉여생산품을 들고 읍邑에 모여들어 파는 현상이 나타났다. 이를 장시場市 또는 장문場門이라 했다. 정부는 농민들이 농업을 버리고 상업에 몰릴 것을 염려하여 억제했으나, 시간이 갈수록 장시가 여러 지역으로 확산되고, 뒤에는 며칠에 한 번씩 열리는 정기시장으로 발전했다. 장시에는 농민들과 공장, 그리고 보부상들이 모여들어 농산물과 수공업제품, 수산물, 약재 등을 팔았으며, 농민들은 왁자지껄한 장시를 구경하는 것을 중요한 오락으로 즐기고, 정보를 나누는 장소로도 이용했다.

조선왕조는 의식주의 자급자족이 가능했으므로 외국과의 교역의 필요성을 그다지 느끼지 않았다. 그러나 의식의 자급자족이 어려운 일본과 여진족이 교역을 원해 여진과는 국경지역에 설치한 무역소인 책문후시柵門後市를 통해, 일본과는 동래의 왜관倭館을 통해 물화를 교역했다. 식량과 농기구, 무명 등이 주로 밖으로 나갔다.

제4장 조선 초기의 문화

1. 성리학의 발달

조선왕조의 건국은 유교가 정치이념으로, 불교가 종교로 양립되어 서로 보완관계에 있었던 고려시대의 정신문화를 성리학性理學으로 바꾸어 놓는 정신혁명을 가져왔다. 이 과정에서 불교에 대한 비판이 처음으로 일어났는데, 불교비판에 앞장선 사람은 개국공신 정도전鄭道傳(호 三峯; 1342~1398)으로, 1398년(태조 7)에 쓴《불씨잡변佛氏雜辨》은 동양 최고수준의 불교비판서로 이름이 날 정도로 수준이 높았다. 이를 계기로 승려의 정치참여가 봉쇄되고, 승려들은 산간의 종교인으로 돌아갔으며, 성리학정치가 활짝 꽃을 피웠다.

정도전의 뒤를 이어 권근權近(호 陽村; 1352~1409)이《입학도설入學圖說》,《오경천견록五經淺見錄》,《사서오경구결四書五經口訣》등을 저술하면서 성리학은 더욱 학문적으로 뿌리를 내렸고, 세종조 이후에는 김말金末, 김반金泮, 김구金鉤 등 이른바 경학삼김經學三金이 나와 성균관에서 성리학 교육을 통해 많은 인재를 길러냈다. 또 서울의 부학部學이나 지방의 향교鄕校 등에서도 성리학을 가르치고, 과거시험에도 시험과목으로 들어갔다. 성리학의 기본경전은 4서四書[논어, 맹자, 중용, 대학]와 5경五經[시경, 서경, 주역, 춘추, 예기]였으며, 이밖에 삼강오륜의 도덕규범을 설명한《소학小學》도 중요시했다.

성리학은 우주질서와 인간질서를 통일적으로 바라보는 학문으로, 요즘말로 하자면 인문학, 사회과학, 자연과학을 통합시킨 종합적 학문체계이다. 사물을 한층 객관적이고 합리적으로 바라보는 안목을 키웠으며, 정치의 목표를 백성에 두는 민본사상民本思想을 발전시켰다. 그래서 조선시대가 고려시대보다 한층 백성을 존중하고 과학적인 문화를 열게 된 것이다.

그런데 관학官學으로 시작된 성리학이 한꺼번에 발전한 것은 아니고, 처음에는 관료정치와 민본주의民本主義를 강조하는 정치이론으로 받아들였다가, 뒤에는 차츰 개인의 도덕수양과 우주질서를 설명하는 이기론理氣論과 심성론心性論으로 발전하고, 조선 후기에는 도덕수양과 국리민복의 경세經世를 함께 강조하는 실학實學으로 발전하게 된 것이다.

한편, 성리학이 지배적인 사상이 되었다 해서 부국강병과 중앙집권을 강조하는 한당漢唐시대의 유학이 금방 없어진 것은 아니었다. 그래서 조선 초기에는 당태종唐太宗의 정치를 서술한《정관정요貞觀政要》가 여전히 왕에게 읽혀졌으며, 각종 기술학과 무학武學도 존중되었다. 이는 강력한 중앙집권과 부

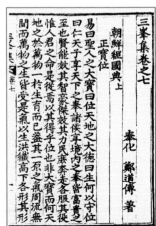

삼봉집 정도전 지음,
서울대학교 규장각 한국학연구원 소장

정몽주(1337~1392)
국립중앙박물관 소장

국강병의 필요성과 민생안정이라는 양면의 과제를 안고 있었기 때문이었다.

성리학의 본질을 도덕수양의 측면에서 생각하는 인사들은 조선왕조 개국에 반대하고 재야의 학문으로 발전하다가 16세기경부터 다시 두각을 나타내어 사림士林으로 등장했다. 이들은 고려 말 순절한 정몽주鄭夢周(호 圃隱; 1337~1392)를 높이 추앙하면서 공리功利와 부국강병을 배격하고, 기절氣節과 의리義理를 존중하고, 향촌사회의 정치적, 사회적 자율성을 강조했다. 이들은 고려 말부터《주자가례朱子家禮》를 도입하여 집에 가묘家廟를 세우고 조상의 위패를 모시고 제사를 지냈다. 이런 학풍은 특히 정몽주나 길재吉再와 같은 절신節臣들의 연고지인 영남지방에 큰 영향을 주었다. 특히 길재의 영향을 받은 선산善山의 김숙자金叔滋와 김종직金宗直(1431~1492) 부자가 많은 후학을 길러내면서 15세기 말에는 뚜렷한 정치세력을 형성하기에 이르렀다.

15세기 관학파 성리학이 한당유학을 절충하여 국가건설에 공헌했다면, 재야의 사림파 성리학은 선비의 도덕수양과 향촌사회 안정에 기여했다고 할 수 있다.

2. 역사, 지리, 예서의 편찬

1) 통치기록

성리학은 경학經學을 도道를 담은 학문, 사학史學을 사실을 기록하는 학문으로 이해하고, 경학과 사학을 경위經緯, 곧 날줄과 씨줄관계로 보았다. 따라서 조선시대 성리학이 발달하면서 역사학과 기록문화가 발달했다. 또 유교는 정치에 대한 백성들의 믿음을 중요시하고, 그 믿음을 얻기 위해 정치에 대한 기록을 철저히 하여 정치의 투명성과 책임성을 높여야 한다고 보았다. 기록을 '정치의 거울'로 보았다. 그래서 조선왕조는 한국 역사상 기록문화의 전성시대를 열어 놓았다.

먼저, 각 관청별로 업무일지를 편찬하여《등록謄錄》을 만들고, 춘추관春秋館은 여러 관청의《등록》을 모아 해마다《시정기時政記》를 정기적으로 편찬했다. 국왕 비서기관인 승정원承政院의 주서注書(7품)는 왕과 신하 사이에 오고간 문서와 국왕의 일과를 매일 기록하여《승정원일기承政院日記》[42]를 작성했다. 요즘 말로 하자면 대통령비서실 일기다.《승정원일기》는 지금 유네스코 세계기록문화유산으로 등록되었다. 주서는 또한 국가의 중요 정책과 고관의 인사이동을〈조보朝報〉로 만들어 지방관과 백성에게 알려주었다.

---

42)《승정원일기》는 국초부터 편찬되었으나 왜란 이전 것은 모두 없어지고, 1623년(인조 원년)에서 1894년 갑오경장 때까지의 270여 년분이 남아 있다. 모두 3,047책으로《실록》보다 3배 이상 많다. 신하들이 올린 상소문이《실록》에서는 요약되어 실려 있으나,《승정원일기》에서는 원문이 모두 실려 분량이 늘어난 것이다. 원본은 서울대학교 규장각 한국학연구원에 소장되어 있으며 국보로 지정되어 있다. 갑오경장 이후에는《승선원일기》,《궁내부일기》,《비서감일기》,《비서원일기》등으로 이름을 바꾸어 1910년 국망 때까지 편찬되었다.

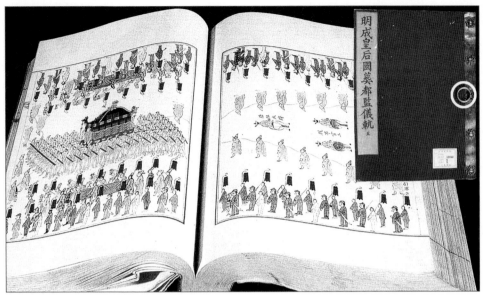

명성황후 국장도감의궤 비단 표지에 동으로 장식되어있다. 표시한 ○ 안에 고리로 벽에 걸 수 있다. 서울대학교 규장각 한국학연구원

　　국왕과 대신이 모여 국정을 논의하는 국무회의에는 예문관藝文館의 7~9품에 해당하는 한림翰林(봉교, 대교, 검열)이 두 사람씩 조를 만들어 사관史官으로 참가하여 말과 행동을 나누어 속기速記했는데, 이를 〈사초史草〉라고 불렀다. 그리고 〈사초〉는 임금도 볼 수 없도록 사관이 집에다 보관했다가 《실록》을 편찬할 때 관청에 바쳤다.

　　왕이 바뀌면 실록청實錄廳을 설치하고 200명 전후의 편찬위원을 임명하고, 전왕의 통치기록인 〈사초〉, 〈시정기〉, 〈승정원일기〉, 〈조보〉 등을 모두 합하여 《실록實錄》을 편찬했다. 《실록》은 4부를 만들어 서울에는 춘추관에 보관하고, 나머지는 전라도 전주全州, 경상도 성주星州, 충청도 충주忠州에 지은 사고史庫에 분산 보관했다.[43] 그런데 임진왜란 때 성주와 충주의 실록은 모두 불타 없어지고 전주실록만 보존되었으며, 춘추관 실록은 인조 때 이괄의 난亂으로 궁궐이 불타면서 없어졌다. 그래서 왜란 후에 전주실록을 바탕으로 4부를 더 만들어 봉화 태백산, 평창 오대산, 강화도 정족산, 무주 적상산 등 깊은 산속에 보관했다. 《실록》은 통치전반을 기록하고 있을 뿐 아니라, 천재지변에 관한 기록까지 담고 있어서 사료적 가치가 매우 크다. 《조선왕조실록》은 그 우수성이 인정받아 1997년 유네스코 세계기록문화유산으로 등록되었다.

43)　조선시대의 《실록》은 임진왜란을 만나 전주사고 실록만이 태인 선비 손홍록孫弘祿과 안의安義의 노력으로 살아남고, 나머지는 모두 불타버렸다. 왜란 후 전주실록은 강화도 정족산사고로 이관하고, 이를 바탕으로 다시 4부를 만들어 춘추관, 평창 오대산, 봉화 태백산, 무주 적상산에 나누어 보관했다. 그 후 춘추관 실록은 이괄의 난 때 소실되고, 나머지는 1910년까지 유지되었다. 일제시대 총독부는 오대산실록을 일본 동경대학으로 보냈는데 1923년 관동대지진 때 대부분 소실되었고, 적상산실록은 창경원 장서각에, 정족산실록과 태백산실록은 경성제국대학 도서관에 넘겨주었다. 광복 후 경성제국대학에 있던 두 벌의 실록은 서울대학교에서 인수했다가 태백산실록은 정부기록보존소로 이관했으며, 정족산실록만 관리하고 있다. 한편, 창경궁 장서각에 있던 적상산실록은 한국전쟁 당시 북한에서 가져갔다. 1997년 유네스코에서 세계기록문화유산으로 지정하여 세계에서 가장 우수한 실록을 보유한 명예를 얻었다. 실록은 태조에서 철종까지 1,893권 888책을 헤아리며, 《고종실록》과 《순종실록》은 일제강점기 총독부에서 편찬하여 내용이 소략하고 왜곡이 적지 않다.

한편, 조선 초기부터 왕실의 혼사, 제사, 장례, 책봉, 잔치, 외국사신의 영접, 국왕의 행차, 궁궐의 영건 등 주요 행사가 있을 때에는 따로 《의궤(儀軌)》를 만들어 행사의 주요장면과 주요도구를 천연색 그림으로 그려 설명하고, 행사의 진행과정과 참가자 그리고 행사비용 등을 상세하게 기록했다. 그런데 왜란 이전의 《의궤》는 불행하게도 남아 있는 것이 없고,[44] 조선 후기에 만든 의궤는 수천 권이 남아 있다. 의궤는 우리나라에만 있는 것으로 조선 후기의 궁중풍속과 재정상황 등을 이해하는 데 매우 중요한 자료이다. 《의궤》 또한 세계 기록문화의 꽃이라는 평가를 받아 2007년 유네스코 세계기록문화유산으로 등록되었다.

한편, 조선 태조 이후 역대 국왕의 훌륭한 언행을 후대 왕들이 본보기로 삼기 위해 1458년(세조 4년)에 《실록》에서 자료를 뽑아 《국조보감國朝寶鑑》을 편찬했는데, 그 후 이 사업이 지속되어 1908년에 90권 26책이 완성되었다.

2) 역사편찬

조선왕조는 성리학의 가치기준에 따라 과거의 역사를 새롭게 정리했다. 먼저, 태조 때부터 고려역사를 편찬하기 시작했다. 처음에는 정도전과 정총 등이 37권의 편년체 《고려사》를 태조 4년에 완성했으나, 국왕보다 재상의 역할을 강조한 것이 문제가 되어 태종~세종 때 수정작업이 이루어져 문종 원년(1451)에 기전체로 된 《고려사》(139권)가 정인지鄭麟趾 등에 의해 완성되었다. 그 후 문종 2년에는 김종서金宗瑞 등이 정도전의 《고려사》를 보완하여 편년체 《고려사절요》(35권)를 편찬했다. 《고려사》와 《고려사절요》는 성리학적 가치관을 가지고 고려역사를 정리했다는 점에서 공통점이 있으나, 전자는 국왕을, 후자는 재상을 중심에 두고 고려역사를 정리했다는 점에서 차이가 있다. 그리고 재상중심의 고려사를 편찬한 정도전과 김종서는 각각 태종과 세조의 미움을 받아 비운의 죽음을 맞이했으며, 왕실에서는 《고려사》를 더 적극적으로 보급했다.

한편, 김부식이 편찬한 《삼국사기》도 성리학적 사관에 의해 재조명되면서 새롭게 편찬되었다. 먼저, 태종 때 권근權近 등은 단군조선에서 삼국시대에 이르는 고대사를 정리하여 6권의 《동국사략東國史略》(일명 三國史略)을 편찬했는데, 불교문화에 대한 비판이 강력하게 반영되었다. 그 뒤 1436년(세종 18)에는 권제權踶(권근의 아들) 등이 왕명으로 단군조선에서 고려 말까지의 역사를 노래형식으로 정리하여 《동국세년가東國世年歌》를 편찬했는데, 이는 조선왕조의 창업과정을 노래한 《용비어천가龍飛御天歌》(1444년; 세종 27)와 자매관계를 갖는다.

세조는 자신의 전제왕권 강화와 부국강병정책을 뒷받침하기 위해 성리학적 사관을 거부하고 고조선과 고구려 중심의 웅장한 고대사를 다시 편찬하여 이를 《고려사》와 연결시켜 《동국통감東國通鑑》을 편찬하고자 했으나, 자료의 신빙성이 떨어지는 고기류古記類의 이용을 거부한 신하들의 비협조로 완성을 보지 못했다. 그리하여 1476년(성종 7)에 이르러 신숙주申叔舟, 노사신盧思愼 등이 세조 때의 원고를 수정하여 《삼국사절요三國史節要》(14권)를 편찬했다. 이 책은 《삼국사

---

44) 현재 《의궤》를 가장 많이 소장하고 있는 곳은 서울대학교 규장각 한국학연구원이며, 그밖에 한국학중앙연구원(장서각)에도 수백 권이 있다. 한편, 프랑스 파리국립도서관에는 1866년 병인양요 때 프랑스군이 강화도 외규장각에서 약탈해간 고급 어람용 의궤 약 300권이 소장되어 있었는데 2011년에 대여형식으로 반환되었으며, 일본 궁내청 소장 의궤도 이해에 모두 반환되었다.

동국세년가(앞부분) 서울대학교 규장각 한국학연구원 소장

기》에 빠진 고조선사가 보완되었다.

그 뒤 1484년(성종 15)에 서거정徐居正 등 훈신은 《삼국사절요》와 《고려사절요》를 합하여 《동국통감》을 완성했으나, 왕은 사림계열 관료를 참여시켜 다시 수정하여 《신편동국통감》(56권)을 다음해 완성했다. 이것이 오늘날 전하는 《동국통감》이다.

《신편동국통감》은 세조 때의 굴절된 유교정치를 회복시키려는 도덕적 이상주의가 사론史論을 통해 지나치게 투영된 흠이 있으나, '삼국균적三國均敵'을 내세워 삼국을 대등한 국가로 해석하여 고려시대의 고구려계승주의와 신라계승주의의 갈등을 해소했으며, 단군조선을 국사의 시작으로 확립했다는 점에서 큰 의의가 있다. 또, 개국 후 권력갈등을 일으켜 온 국왕, 훈신, 사림이 서로 합의하여 통사체계를 구성했다는 점에서 관찬사서의 완성을 의미한다.

3) 지도, 지리지, 예서의 편찬

조선 초기에는 중앙집권을 강화하기 위해 전국 각지의 자연 및 인문지리에 대한 정보를 모아 지리지地理誌와 지도地圖 제작이 활발하게 이루어졌다.

지도는 세계지도가 먼저 제작되었다. 1402년(태종 2)에 의정부 정승 이무李茂와 김사형金士衡이 발의하여 이회李薈가 제작하고, 권근權近이 발문을 쓴 〈혼일강리역대국도지도混一疆理歷代國都之圖〉를 제작했다. 이 지도는 아라비아 지도학의 영향을 받아 만들어진 원나라의 세계지도를 참고하고,[45] 여기에 한반도와 일본 지도를 첨가한 것으로, 중국과 한국을 크게 그리고 유럽, 아프

---

45) 〈혼일강리역대국도지도〉는 중국인 이택민이 만든 〈성교광피도〉와 청준이 만든 〈혼일강리도〉를 합하여 편집한 것이다.

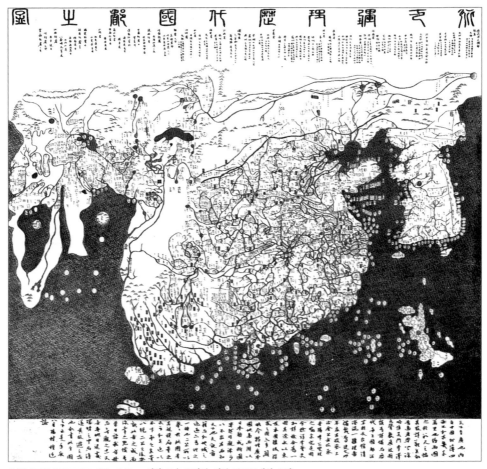

혼일강리역대국도지도 164×148cm, 이찬 교수 모사본, 일본 류코쿠대학 소장

리카 등도 그려 넣었다. 아메리카 대륙은 아직 발견되지 않아 지도에 빠져 있다. 이 지도는 지금 원본이 없으며, 후대의 여러 모사본이 일본에 전한다.[46]

이 지도에 보이는 한반도지도는 이회가 만든 것인데, 함경도를 제외한 한반도의 모습이 현대지도와 매우 비슷하다. 그는 이보다 앞서 한층 정밀한 〈조선팔도도〉를 만든 바 있었다.

세종 때 정척鄭陟은 새로 편입된 북방영토를 실측하여 한층 정밀한 〈팔도도八道圖〉를 만들었으며, 그 뒤 문종~세조 때에는 정척과 양성지梁誠之가 도, 주, 부, 군, 현별로 실측지도를 제작하고, 이를 모아 1463년(세조 9)에 《동국지도東國地圖》를 완성했다. 지금 국사편찬위원회에 소장되어 있는 〈조선팔도지도〉(137×91cm)는 〈양성지 지도〉를 후대에 모사한 것으로 보인다. 이 지도에는 한반도와 만주가 함께 그려져 있고, 요하(랴오허 강)와 흑룡강(아무르 강)이 강조되어 있는 것이 특징인데, 이는 《고려사》 지리지와 《동국여지승람》의 서문에서 우리나라를 '만리의 나라'로 자

---

46) 〈혼일강리역대국도지도〉의 모사본 가운데 원본에 가장 가까운 것은 50여 년 뒤에 필사된 것으로 추정되는 일본 류코쿠대학龍谷大學 소장본이다. 그 모사본(이찬교수 제작)이 서울대학교 규장각 한국학연구원에 있다.

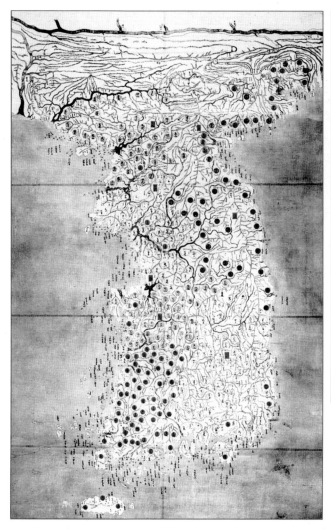

세종실록 갑인자본, 30×55cm, 국보 151호,
방충방수를 위해 책 페이지마다 일일이 밀랍을 입혔다.
서울대학교 규장각 한국학연구원

조선팔도지도 16세기 이전, 137×91cm, 채색사본,
국사편찬위원회 소장

랑하면서 만주를 미수복지구로 생각하고 있던 국토관념을 반영한다. 이 지도는 행정과 국방에 필요해서 제작되었으며, 전국을 오방색五方色으로 칠하여 국토를 오행사상으로 바라보고 있음을 보여주고 있다.

　한편, 지리지 편찬은 세종 때부터 본격적으로 이루어져 1432년(세종 14년)《신찬팔도지리지》가 완성되었으며, 이를 축소하여 1454년(단종 2)에 편찬한《세종실록》의 부록으로 넣었는데, 이것이《세종실록 지리지》(8권)이다. 이 책은 군현단위로 연혁沿革, 인물人物, 고적古蹟, 토지土地, 호구戶口, 성씨姓氏, 군정수軍丁數, 물산物産 등 60여 항목을 기록하고 있어서《고려사》지리지보다 한 층 풍부한 정보를 담고 있다.

　지리지 편찬사업은 문종~세조 때에도 계속되었는데, 이때는 부국강병정책의 영향을 받아 군사적 사항이 더 상세하게 조사 기록되었다. 양성지가 주도하여 편찬한 지리지는 1478년(성종 9년)에 완성되어《팔도지리지》(8권)라 했는데, 유감스럽게도 지금 전하지 않는다. 지금 남아

동국신속삼강행실도 18권 18책, 목판본, 1617년에 이성 등이 《삼강행실도》를 개찬, 왜란 때 시어머니를 보호하다 죽은 며느리이야기 부분

있는 것은 1469년(예종 원년)에 편찬된 《경상도속찬지리지慶尙道續撰地理志》뿐이다.

《팔도지리지》는 그 뒤 《동문선東文選》 가운데서 뽑은 시문詩文을 합하여 1481년(성종 12)에 《동국여지승람東國輿地勝覽》(50권)으로 간행되었다. 노사신, 서거정, 양성지, 강희맹 등 훈신들이 편찬한 이 책은 반포되지 못하고, 1486년(성종 17) 김종직金宗直, 최부崔溥 등 사림들이 다시 개찬하여 《신찬동국여지승람》(55권)이라 했다. 그러나 이 책도 연산조 때 임사홍任士洪 등이 다시 수정하고, 1530년(중종 25) 이행李荇 등이 누락된 것을 증보하여 《신증동국여지승람》(55권)이라 했

다. 지금 전하는 《동국여지승람》은 바로 이 책이다.

훈신들이 편찬한 《동국여지승람》은 부국강병을 추구하고 우리나라를 '만리대국'으로 보는 시각이 담겨 있었으나, 사림이 편찬한 것은 부국강병을 거부하고 국토를 압록강 이남으로 한정하여 행정적 편의를 위해서 만들었다는 것이 다르다.

한편, 조선 초기에는 국가의 여러 행사의 규범을 새로이 정비할 필요에서 행사 때마다 《의궤儀軌》를 편찬하고, 아울러 모든 의례의 규범서로 1474년(성종 5)에 신숙주, 정척 등에 명하여 《국조오례의國朝五禮儀》(8권)를 편찬했다. 이 책은 모든 의례를 길례吉禮(각종 제사), 가례嘉禮(망궐, 조하, 혼례, 과거, 책봉 등), 빈례賓禮(사신접대), 군례軍禮(활쏘기, 열병, 강무, 나례 등), 흉례凶禮(장례) 등 다섯 가지 의식으로 나누어 정리한 것이다. 그리고 끝에는 관료와 사서인士庶人들의 장례의식을 첨가했다.

일반 백성들의 윤리서로는 1434년(세종 16) 설순偰循 등이 왕명으로 《삼강행실도三綱行實圖》(3권)를 편찬했다. 이 책에는 중국과 우리나라 효자, 충신, 열녀 가운데 모범이 될만한 인물 300여 명을 뽑아 그들의 행적을 그림을 곁들여 설명한 것이다. 이 책은 훈민정음이 창제되기 전 한문으로 편찬되었으나, 세종은 이 책을 편찬하면서 알기 쉬운 국문자의 필요성을 더욱 절감하고 훈민정음 창제에 박차를 가하기 시작했다.

3. 훈민정음의 창제

중국에서 들어온 한자가 우리 언어에 맞지 않아 삼국, 고려시대에 이두吏讀와 향찰鄕札 등을 써 왔으나 문자생활의 불편은 여전했다. 그래서 우리 언어에 맞는 국문자의 필요성을 항상 느껴왔다.

조선개국 후 민족의식이 높아지고 민본사상이 발달하면서 백성들이 배우기 쉬운 우리문자를 만들어 국가의 통치이념을 백성들에게 직접 전달할 필요성이 더욱 커졌다. 훈민정음이 세

종 때 창제된 것은 몇 가지 이유가 있다. 첫째, 집현전集賢殿에서 동양의 전통문화를 깊이 연구하는 과정에 원나라에서 세계문자를 만들기 위해 발전시킨 언어학에 대한 이해가 깊어지고, 전통문화에 대한 관심이 커지면서 우주자연의 원리인 음양오행陰陽五行과 천지인합일天地人合一의 원리를 문자에 응용하는 안목이 커졌다. 둘째, 백성을 지극히 사랑한 세종이 앞장서서 문자창제를 주도하고, 정의공주와 광평대군 등이 이를 도왔기 때문이다. 그리하여 1443년(세종 25)에 드디어 훈민정음이 창제되고, 그 뒤 정인지, 신숙주, 성삼문, 최항, 박팽년 등 집현전 학자들이 훈민정음을 해설하여 1446년(세종 28)에 반포되었다.

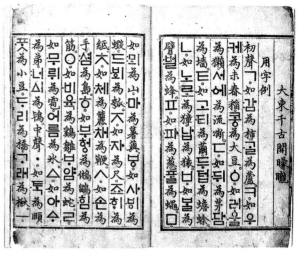

훈민정음 국보 70호, 세종 28년(1446), 목판본, 간송미술관 소장

파스파 문자

1940년에 발견된 《훈민정음해례訓民正音解例》를 보면, 삼극三極(천지인)의 뜻과 이극二極(음양)의 묘妙를 갖추고 있다고 한다. 실제로 훈민정음의 자음은 천지인을 상징하는 원圓[ㅇ], 방方[ㅁ], 각角[△]의 모습과 발음기관인 혀의 모습을 따랐는데, 특히 5개의 기본자음인 ㄱ, ㄴ, ㅁ, ㅅ, ㅇ의 모양과 소리는 오행五行의 뜻을 따랐다.[47]

3개의 중성자中聲字인 •, ㅡ, ㅣ도 원방각을 축소시킨 모습이다. 곧 ○이 '•'으로, □이 'ㅡ'로, △이 'ㅣ'로 축소된 모습이다. 'ㅏ'는 사람의 동쪽에 태양이 있는 모습으로 양陽모음이고, 'ㅓ'는 사람의 서쪽에 태양이 있는 모습으로 음陰모음이다. 마찬가지로 'ㅗ'는 땅 위에 태양이 있어 양모음이고, 'ㅜ'는 땅 아래에 태양이 있는 모습으로 음모음이다.

전 세계 문자 가운데 이렇게 우주자연의 이치인 음양과 천지인, 오행사상을 가지고 만든 문자는 훈민정음이 유일하다. 그 원리가 과학적이고 그 조직이 오묘할 뿐 아니라, 변화무쌍한 우리말을 마음대로 표현할 수 있고, 어떤 나라 말의 발음이든지 거의 원형에 가깝게 표현할 수 있다. 이런 특성을 가진 문자는 세계문자사상 유례를 찾기 어렵다. 그런 점에서 한글은 세계적인 문자가 될 가능성을 가지고 있다.

훈민정음의 쓰임은 한동안 한문생활을 보조하는 기능에 머물렀다. 우리말의 어휘 속에 한문성어가 깊이 침투하여 국문만으로는 의사전달이 충분하지 못했기 때문이다. 더욱이 한문은 동아시아 각국에서 공용문자로 이미 뿌리를 내리고 있었으므로 문화교류의 필요상 한자를 버릴 수 없었다.

한문생활을 보조하는 기능은 크게 네 가지가 있었다. 첫째, 한문책을 국문으로 풀이하여 백성들에게 널리 읽히는 수단으로 이용되었다. 《용비어천가龍飛御天歌》, 《월인천강지곡月印千江之

---

47) ㄱ은 나무, ㄴ은 불, ㅁ은 흙, ㅅ은 금, ㅇ은 물이다.

曲), 그밖에 여러 불경이 세종~세조 대에 걸쳐 번역되었고, 16세기에는 4서四書를 비롯한 유교 경전과 농업과 관련된 과학기술 서적들이 번역출간되었다. 훈민정음을 언문諺文이라고 부른 이유가 여기에 있다. 둘째, 행정실무를 맡은 서리들이 훈민정음을 한문을 모르는 일반백성에게 국가시책을 이해시키는 데 이용되었다. 셋째, 궁중여인을 비롯한 여성층의 문자생활이 활발해지는 계기가 되었다. 넷째, 한문이해가 깊은 유학자들도 시가詩歌와 산문散文을 국문으로 창작하는 사례가 나타나고, 한문을 모르는 평민과 부녀자층에서도 문학창작이 가능해졌다. 또, 국문창제는 우리말을 더욱 세련되고 풍부하게 발전시키는 계기를 만들었다.

마지막으로 훈민정음의 또 하나의 공헌은 한자의 발음을 우리 현실에 맞게 바로잡는 계기가 되었다는 점이다. 신숙주 등이 1448년(세종 30)에 왕명으로 편찬한《동국정운東國正韻》, 1455년에 편찬한《홍무정운역훈洪武正韻譯訓》은 그러한 노력의 결과로 나타난 음운서다.《동국정운》서문을 보면, 풍토가 다르면 말소리가 다르다고 하면서 서쪽사람들은 치음齒音[이빨소리]을 잘하고, 북방사람들은 후음喉音[목구멍소리]을 잘 내며, 남방사람들은 순음脣音[입술소리]을 잘한다고 하면서 우리나라의 풍토와 기후는 중국과 달라 성음聲音이 같을 수 없으므로, 한국인의 소리에 맞는 한자음을 만들어야 한다고 밝히고 있다. 예를들어 설명하면, 중국인이 '랴오둥'이라고 발음하는 것을 우리는 '요동'이라고 발음한다.

4. 과학기술의 발전

1) 농학

조선 초기에는 농업기술이 발달함에 따라 그 성과를 종합정리하고 이를 더욱 발전시키기 위해 여러 농서農書가 간행되었다.

관찬농서로 가장 먼저 출간된 것은 1429년(세종 11)에 정초鄭招 등이 왕명을 받아 편찬하고 이듬해 반포한《농사직설農事直說》이다. 이 책은 중국의 대표적 농서인《제민요술齊民要術》과《농상집요農桑輯要》, 그리고《사시찬요四時纂要》를 참고하여 중국의 선진적인 화북농법을 받아들이면서 우리나라의 노농老農들의 실제경험을 존중하여 우리의 기후풍토에 알맞는 독자적인 농법을 정리한 것이다. 이 책은 조선 후기에 중국 강남농법을 많이 받아들인 신속申洬의《농가집성農家集成》(1655; 효종 6)이 나올 때까지 영농의 기본지침서로 큰 영향을 미쳤다.

한편, 성종 때 강희맹姜希孟은 고향인 금양[시흥] 지방을 중심으로 경기지방의 농사경험을 토대로 하여《금양잡록衿陽雜錄》을 저술하여 81종의 곡식재배법을 자세히 설명했다. 이 책은 뒤에《농사직설》과 함께 한 책으로 간행되었다.

조선 초기에는 양잠, 목축, 원예작물 재배법에 대한 이론서도 편찬되었다. 세조 때 양성지는《농잠서農蠶書》,《축목서畜牧書》,《잠서주해蠶書註解》와 국문번역판《잠서》도 편찬했다. 16세기 초에는 김안국金安國이 다시《잠서》를 번역하여《잠서언해》(1518; 중종 13)라 하여 농가에 보급했다. 원예에 관한 책으로는 강희맹의 형 강희안姜希顔이 세종 때《양화소록養花小錄》을 써서 화초재배법을 소개했다.

2) 천문학

천문학은 농업과 깊이 관련되어 있을 뿐 아니라 정치를 잘 못하면 민심이 분노하고, 민심이 분노하면 하늘이 노하여 천재지변이 생긴다고 믿어 하늘을 연구하는 천문학을 매우 중요하게 여겼다. 의정부 재상이 천문을 관장하는 서운관書雲觀의 최고책임자인 이유도 여기에 있었다.

해와 달, 그리고 별을 관측하기 위해 1434년(세종 16)에 경복궁 경회루 북쪽에 돌축대를 쌓고, 그 위에 간의簡儀라는 천문관측기구를 올려놓아 간의대簡儀臺라는 천문대를 설치하여 운영했다. 이밖에 삼각산(북한산), 금강산, 강화도 마니산, 백두산, 지리산, 한라산 등지에도 천문관을 파견하여 때때로 북극의 높이와 일식, 월식 등 천체운행을 관측했다. 이밖에 세종 때에는 해시계인 앙

옥루기륜 모형(남문현 교수 복원) 12간지 인형이 나와 시간을 알리고 세 사람이 북과 징과 종을 친다.

부일구仰釜日晷, 해시계와 달시계를 겸한 일성정시의日星定時儀, 물시계인 자격루自擊漏 등 여러 종류의 시계를 만들어 궁중의 보루각報漏閣과 서울의 혜정교,[48] 종묘 앞 등지에 설치하여 시민들에게 시간을 알려주었는데, 1438년(세종 20)에는 자격루의 일종인 옥루기륜玉漏機輪을 제작하여 경복궁 안 흠경각欽敬閣에 설치했는데, 그 기능이 매우 우수했다. 이 시계는 수차水車를 같은 속도로 돌게 하고, 여기에 톱니바퀴를 연결해 다른 기계들이 돌게 하여 매 시간마다 세 인형이 나타나 종, 북, 징을 치면서 시간을 알려주고, 매시각을 상징하는 12지신의 짐승모형이 나타나게 만든 장치이다. 이 시계들은 정인지, 정초 등이 이치를 연구하고, 중국 귀화인으로 관노비였던 장영실蔣英實을 발탁하여 제작했다.

보루각 자격루 국보 229호, 덕수궁 소재

천문학 분야의 또 하나의 위대한 성과는 《칠정산七政算》이라는 우리나라 독자의 달력을 만든 것이다. 조선왕조는 명나라 달력인 《대통력大統曆》을 사용했는데, 중국과 한국의 절기節氣가 서로 맞지 않아 불편이 적지 않았다. 그래서 1442년(세종 24)에 집현전과 서운관 학자들이 왕명으로 우리나라와 원나라, 명나라의 역법을 참작하여 《칠정산》을 만들었는데, 내편內篇과 외편外篇으로 구성하여 내편은 북경北京을 기준으로 한 중국과 달리 서울을 표준으로 작성한 달력이다. 그래서 해와 달, 행성行星의 운행 원리와 위치, 시각 등이 오늘날의 달력과 거의 비슷하게 설명되어 있으며, 서울지방의 밤과 낮의 길이가 비교적 정확하게 기록되어 있다. 외편은 이슬람달력[回回曆]을 이해하기 위해 개정 증보하여 번역해 놓은 것이다. 이밖에도 농사진흥과 관련하여 여러 천문서가 편찬되었고, 매일매일 기상변화를 기록해 놓기도 했다.

《조선왕조실록》에는 일식, 월식, 지진, 해무리, 달무리, 혜성의 나타남, 일기의 변화 등 천재지변에 관한 기록이 빠짐없이 수록되어 있어서 천문과 기상에 관한 관심이 얼마나 컸던가를 보여주며, 천문학사연구에 좋은 자료가 되고 있다.

---

48) 혜정교는 지금 광화문 네거리 교보문고 옆에 있는 개천(중학천) 위에 있었다.

3) 의학, 출판인쇄 기술

질병을 치료하는 의학은 역학譯學과 더불어 국가에서 적극적으로 장려한 잡학雜學 가운데 하나였으며, 신분이 좋고 총명한 학생 중에서 의학을 하는 자가 많았다. 왕실과 국민보건에 대한 관심이 그 만큼 컸다.

먼저, 약재藥材에 관한 이론서로는 1431년(세종 13)에 유효통兪孝通, 노중례盧重禮 등에 명하여 《향약채취월령鄕藥採取月令》을 편찬했다. 이 책은 우리나라에서 생산되는 수백 종의 약초의 분포 실태와 이를 채취하는 시기, 방법 등을 소개했다. 1433년(세종 15)에는 이를 더욱 발전시켜 노중례 등에 의해 《향약집성방鄕藥集成方》(85권)이 편찬되었다. 이 책은 7백여 종의 국산약재를 소개하고, 1천 종에 가까운 병증에 대한 치료예방법을 소개했다.

한편, 1445년(세종 27)에는 당시까지의 동양의학에 관한 서적과 이론을 총집대성한 의학백과사전 《의방유취醫方類聚》(365권)가 전순의全循義 등에 의해 왕명으로 편찬되었다. 이 책에는 153종 내외의 의학책들이 부분별로 망라되어 있는데, 이렇게 방대한 의학백과사전이 출판된 것은 세계에서 처음이다. 17세기 초 광해군 때 편찬된 허준許浚의 《동의보감東醫寶鑑》은 이런 축적을 바탕으로 저술된 것이다. 의학발달은 도교의 장생술 및 박물학과 깊은 관련이 있어 조선 초기에 이 방면의 이해수준이 높았음을 보여준다.

이미 13세기에 세계 최초로 발명하여 쓰기 시작한 금속활자는 조선 초기 교육진흥정책에 따라 더욱 개량되어 1403년(태종 3)에 계미자癸未字, 1420년(세종 2)에 경자자庚子字, 1434년(세종 16)에 갑인자甲寅字 등이 차례로 주조되었다. 그 가운데 갑인자는 글자모습이 아름답고 인쇄하기에 편하게 주조되었을 뿐 아니라, 활자가 20여만 개나 되어 가장 우수한 활자로 꼽힌다. 처음에는 구리로 활자를 만들었으나, 1436년(세종 18)부터는 그보다 단단한 납을 쓰기 시작했다. 하루에 만드는 활자주조 수량은 독일의 구텐베르크가 만든 것보다 약 10배가 많은 3,500자나 되었다. 또, 종전에는 활자를 고정시키기 위해 밀蜜을 사용했으나, 세종 때부터는 식자판을 조립하는 방법을 창안하여 종전보다 두 배 정도의 인쇄능률을 올리게 되고 인쇄효과도 한층 좋아졌다.

조선 초기의 최대 인쇄소는 교서관校書館인데 이곳에서는 140여 명의 인쇄공이 소속되어 당시로서는 세계최대 규모였다. 지방에서도 감영監營이나 사찰, 향교 등에서 목판인쇄에 의한 출판활동이 활발했고, 개인도 목판으로 문집을 찍어내는 예가 허다했다. 세종 때 학자인 변계량卞季良은 〈갑인자발甲寅字跋〉이라는 글에서 "인쇄되지 않은 책이 없고, 배우지 않는 사람이 없다"고 썼는데, 이는 다소 과장된 표현이긴 해도 당시 책 출판이 얼마나 활발하고, 독서층이 얼마나 넓었는가를 말해준다. 조선의 선진적인 인쇄문화는 일본, 중국 등 이웃나라에 적지 않은 영향을 미쳤다.

4) 병서 및 무기

조선 초기에는 우리나라 지형에 맞는 전술을 개발하고, 역대의 전쟁사를 정리하여 각종 병서兵書가 편찬되었다. 태조 때 정도전은 랴오둥 정벌 운동의 필요에서 앞선 시기의 병서를 참고하여 독자적인 《진법서陣法書》를 편찬했고, 1450년(문종 즉위년)에는 달달족[타타르]의 침략에 대비하여 김종서金宗瑞의 주도로 중국과 우리나라의 역대 전쟁사를 정리하여 《동국병감東國兵鑑》(2권)을 편찬하고, 또한 《진법陣法》이 편찬되어 5위제五衛制에 기초한 군사훈련 방법과 진을 치는 방법이 정리되었다.

이어 1455년(세조 원년)에는 이석형李石亨 등에 명하여 역대 주요 전투를 전략적인 측면에서 정리한 《역대병요歷代兵要》가 편찬되고, 1462년(세조 8)에는 세조가 병법의 대요를 짓고 신숙주 등이 주석한 《병장설兵將說》이 편찬되었다. 《진법》은 뒤에 유자광柳子光 등에 의해 수정되어 1492년(성종 23)에 《병장도설兵將圖說》로 간행되었다. 이밖에 세종 때에는 화약무기 제작과 그 사용법을 정리한 《총통등록銃筒謄錄》도 간행되어 8도의 절제사들에게 반포했다(1448; 세종 30).

화차 《국조오례의》〈서례〉의 화차를 김연수가 복원. 신기전(화살) 100발을 장전하여 발사할 수 있다. 육군사관학교 박물관 소장

무기는 군기감에서 주로 제작했으나, 지방 군현에서도 제작하는 일이 많았다. 고려 말 최무선崔茂宣에 의해 창안된 화약무기는 조선 초기에 더욱 개량되어 그 성능이 크게 향상되었는데, 대포의 사정거리는 최대 1천 보에 이르러 종전보다 4~5배나 늘어났다. 문종 때에는 화차火車로 불리는 신무기가 개발되었는데, 이는 수레 위에 신기전神機箭이라는 화살 100개를 설치하고 심지에 불을 붙여 쏘는 일종의 로켓포로 사정거리가 약 1km에 달했다.

군선軍船으로는 태종 때 돌격용 배로 거북선龜船을 만든 일이 있으며, 비거도선鼻居刀船으로 불리는 작고 날쌘 전투선도 제조되어 해전에서 위력을 발휘했다. 그러나 무기제조기술은 대외관계가 안정되고, 도덕정치를 주장하는 사람이 등장한 16세기 이후로는 쇠퇴하기 시작하여 왜란 때 고전하는 원인이 되었다.

5. 문학과 예술

1) 문학

조선 초기에는 전통문화를 정리하는 사업의 하나로 전통문학에 대한 정리가 이루어졌다. 1478년(성종 9)에 서거정徐居正, 노사신盧思愼 등이 왕명으로 펴낸 133권의 방대한 《동문선東文選》이 그것이다. 삼국시대부터 조선 초기까지의 역대 시와 산문의 정수를 모은 이 책의 서문에는 "우리나라의 글은 송宋과 원元의 글이 아니고, 한漢과 당唐의 글도 아니며, 우리나라의 글일 따름이다"라고 하여 우리의 한문학이 중국과 다른 독자성이 있음을 밝히고 있다. 그 뒤 1518년(중종 13) 신용개申用漑, 남곤南袞 등이 《동문선》 이후의 글들을 모아 《속동문선》(23권)이라 했는데, 서거정, 김수온, 강희맹 등 훈신들의 글이 큰 비중을 차지했다.

한편, 1483년(성종 14)에는 서거정 등에게 명하여 중국 당송시대의 시의 정수를 모은 《연주시격聯珠詩格》을 한글로 번역하고, 또 필사하여 중국 문학에 대한 이해를 높였다.

조선 초기의 창작문학은 도문일치道文—致를 강조하는 성리학의 가르침에 따라 시와 노래와 산문 등에 유학정신을 담는 데 주력했다. 관인 중에서는 정도전, 권제, 변계량, 서거정, 김수온金守溫 등이 문장가로 이름이 높았는데, 정도전은 고려 말에 가난한 백성들을 동정하는 많은 글을 쓰고 개국 후에는 조선왕조의 건국을 찬양하는《문덕곡文德曲》과 도성의 아름다움을 노래한《신도가新都歌》등 가곡을 많이 지어 궁중에서 연주되었다. 권제는 세종 때《동국세년가東國世年歌》라는 역사시를 쓰고, 정인지鄭麟趾 등은《용비어천가龍飛御天歌》를 지어 왕조의 창업과정을 찬미했다. 세종이 김수온에게 명하여 부처의 공덕을 찬양한《월인천강지곡月印千江之曲》도 유명하다.

한편, 고려 말기부터 사대부층 사이에 유흥적 가사로 발전하기 시작한 시조時調도 신생국가의 패기를 담은 명작이 많이 창작되었다. 그 중에서도 김종서가 6진을 개척하면서 지은 다음의 시조는 유명하다.

삭풍은 나무 끝에 불고, 명월은 눈속에 찬데
만리변성에 일장검 잡고 서서
긴파람 한 소리에 거칠 것이 없세라

또, 20대 청년장군 남이南怡가 여진족을 평정하면서 지은 시도 비슷한 기백이 보인다.

백두산 돌은 칼을 갈아 닳아버리고(白頭山石磨刀盡)
두만강 물은 말을 먹여 말라버렸네(豆滿江水飮馬無)
사나이 스무살에 나라를 편안케 하지 못한다면(男兒二十未平國)
후세에 누가 대장부라고 불러줄까(後世誰稱大丈夫)

그러나 관인이 지은 시조 중에는 세종 때 재상 맹사성孟思誠의〈강호사시가江湖四時歌〉와 같은 서정적인 것도 있고, 사육신 중 하나인 성삼문成三問의 시조처럼 충절을 노래한 것도 있는데, 어느 것이든 퇴보한 작품은 찾기 힘들다.

조선 초기 문학에서 또 하나 특기할 것은 잡기雜記 혹은 패설稗說로 불리는 작품이 많이 창작된 것이다. 일정한 격식이 없이 세상에 떠도는 이야기를 기록한 패설작품으로는 서거정의《필원잡기筆苑雜記》와《동인시화東人詩話》, 성현成俔의《용재총화慵齋叢話》, 남효온南孝溫의《추강냉화秋江冷話》, 강희맹姜希孟의《촌담해이村談解頤》, 이육李陸의《청파극담靑坡劇談》, 조신曺伸의《수문쇄록謏聞鎖錄》등이 있다. 이 책들에 실린 내용은 위로는 조정관인의 기행奇行으로부터 아래로는 일반 평민이나 노비에 이르기까지 각계각층 사람들의 생활풍속과 생활감정, 그리고 역사의식을 보여주는 것이 많으며, 불의를 폭로하고 풍자하는 내용도 적지 않다. 따라서 패설은 모두 관인들이 쓴 것이면서도 당시 서민사회와 서민문화를 이해하는 데 좋은 자료가 된다.

이야기식으로 쓴 패설이 발달하면서 여기에 허구적인 요소를 가미한 소설도 창작되었다. 세조 때 방외문인 김시습金時習이 지은《금오신화金鰲新話》에 실린 작품들이 이에 해당한다. 여기에는 평양, 개성, 경주 등 유서깊은 고도를 배경으로 펼쳐진 남녀 간의 애정을 주제로 다루면서 한편으로는 불의를 비판하고, 다른 한편으로는 민중 속에 전승되어온 고유의 생활감정과 낭만적인 역사의식이 묘사되어 있다.

2) 건축과 공예

조선 초기 건축은 고려 말의 양식을 계승하면서 검소함을 추구하는 유교정신에 따라 사치를 배격하는 새로운 변화가 나타났다. 우선, 지위의 높고 낮음에 따라 법으로 집의 크기와 높이에 일정한 차등을 두었다. 궁궐은 장엄하면서도 검소함을 잃지 않게 짓고, 관인의 집은 최고 40칸을 넘지 못하게 했으며, 평민은 10칸 이하로 제한했다. 또 건물의 외관에 화려한 장식을 붙이는 것을 막고 실용성을 추구했다.

그래서 조선 초기 건축은 견실하면서도 소박한 아름다움을 보여주는 것이 많다. 지금 남아 있는 것으로는 서울의 숭례문崇禮門(남대문), 창경궁의 홍화문弘化門, 개성의 남대문(1393), 평양의 보통문(1473)이 대표적이다. 그밖에 조선 후기에 재건되었지만, 경복궁, 창덕궁, 창경궁은 본래 장중하면서도 검박한 것이 특징이다.

둘째, 건축에 부설된 휴식처인 정원庭園문화가 매우 독특하다. 정원에는 연못, 정자, 숲 등이 조성되는데, 가능한 한 인공을 가하지 않고 자연미를 그대로 살린 것이 한국정원의 특징이다. 이는 자연자체가 아름다운 우리의 자연환경과 관련이 있고, 사람을 자연 속의 일부로 생각하는 우주관의 영향도 있다. 서양이나, 중국, 그리고 일본의 정원이 극도의 인공을 가하는 것과는 매우 대조적이다. 창덕궁 후원은 조선 정원의 특색을 대표하는 명소로 1997년 유네스코의 세계문화유산으로 등재되었다.

사찰건축 가운데에도 왕실과 관련이 깊은 사찰은 규모도 웅장하고 예술적 가치가 높은 것이 많다. 태조 이성계가 은퇴한 뒤에 머물렀던 양주 회암사檜巖寺, 여주 신륵사神勒寺 조사전祖師殿(1469), 대장경을 보관하고 있는 해인사 장경판전藏經板殿, 그리고 세조 때 서울의 원각사圓覺寺 안에 세운 대리석 10층탑(1467)은 특히 우수하다. 특히 원각사탑은 고려시대 경천사탑을 모방하여 원나라 라마교의 영향

서울 숭례문 국보 1호, 서울 중구 세종대로

개성 남대문 북한 국보급문화재 34호, 조선 초, 정면 3칸(길이 12.63m), 측면 2칸(길이 7.96m)

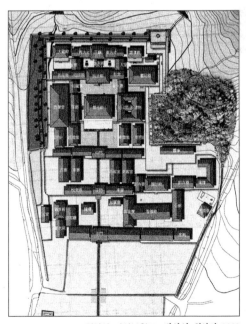

회암사 가상복원도 박상일, 회암사, 2002

원각사지 10층석탑
국보 2호,
높이 12m, 서울 종로 탑골공원

백자철화끈무늬병 보물 1,060호,
조선 15세기 후반, 높이 31.4cm, 입지름 7cm,
밑지름 10.6cm, 국립중앙박물관 소장

이 배어 있다.

왕실이나 선비들의 생활용품도 전보다 한층 검소해졌다. 우선, 금이나 은, 혹은 구슬과 같은 고급보석을 쓰지 않고 흙, 나무, 대, 왕골 등과 같은 평범한 재료를 이용한 생활용품이 크게 유행했다. 궁중에서 금·은그릇을 추방하고 도자기를 쓰게 되면서 백자白磁와 백자에 분을 바른 분청사기粉靑沙器가 유행하게 되었는데, 광주의 사옹원 분원分院에서 만든 자기가 특히 우수했다. 고려청자가 지닌 귀족적 취향이 조선백자에서는 사라지고, 그 대신 깨끗하고 소박한 백자의 아름다움이 꽃피는 시대가 열린 것이다. 자기에 그려진 문양의 소재도 선비들의 지조와 절제된 감정을 담으려는 사군자四君子[49]와 자손의 번영을 기원하는 모란 등이 유행하게 되었다. 백자는 원래 궁중에서만 쓰게 되어 있었으나, 뒤에는 선비들 사이에도 널리 애용되었다.

선비생활의 깔개로 이용된 돗자리와 대자리공예도 뛰어났으며, 강화도 돗자리[화문석]는 중국인이 특히 애호하여 조공품으로 널리 쓰였다.

3) 그림

조선 초기 그림은 전문화가인 화원畵員과 일반 사대부들의 문인화의 두 방향에서 발달했다. 화원은 공무원화가로서 국왕이나 세자, 대신들의 초상화를 그리고, 국가의 여러 행사를 기록화로 남기며, 정밀하고 아름다운 지도제작의 필요에서 국가에서 고용한 화가인데, 도화서圖畵署에 소속되어 종6품까지 벼슬을 받았다. 화원들은 공무를 위한 그림도 그렸지만, 여가에는 사대부들의 감상용 그림도 제작했다.

감상을 위한 그림의 소재로 산수, 인물, 짐승, 화초 등을 그렸으며, 화초는 부귀를 상징하는 모란과 선비의 절개를 상징하는 송죽매란松竹梅蘭 혹은 국화 등을 즐겨 그렸다.

조선 초기 화원 중에서 명망이 높은 이는 세종 때의 안견安堅이다. 그는 특히 세종의 셋째 아들인 안평대군安平大君의 후원을 받아 수백 점의 그림을 창작했는데, 안평대군의 꿈을 그렸다는 〈몽유도원도夢遊桃源圖〉(1447)가 최고 걸작으로 꼽힌다. 이 그림은 지금 일본 덴리대학天理大學에 소장되어 있다. 신숙주가 쓴 화기畵記를 보면, 안견의 화풍은 중국과 우리나라의 역대화풍을 깊이 연구하고 장점을 절충하여 독자의 경지를 개척했는데, 산수를 특히 잘 그렸다고 한다. 〈몽유도원도〉는 복사꽃이 만발한 평화로운 꽃동산을 웅장하고 환상적인 분위기로 묘사한 것으로, 바로 이상사회를 동경하는 작자와 후원자의 꿈이 서린 작품이다. 산을 그린 수법은 북송 화가

---

49) 사군자는 국화, 대나무, 매화, 난초를 말한다.

몽유도원도 비단에 먹과 채색, 38.6×106.2cm, 안견 그림, 일본 덴리대학 중앙도서관 소장

곽희郭熙와 유사한 점이 있으나, 그 안에 펼쳐진 농촌풍경은 우리나라의 현실을 묘사한 것이다. 안견은 벼슬이 호군(정4품)에까지 올라, 같은 시기에 인물화를 잘 그려 벼슬이 당상관(정3품)에까지 오른 최경崔涇과 더불어 화원으로는 가장 우대받았으며, 그의 아들도 과거에 급제했다.

고사관수도 23.4×15.7cm, 강희안 그림, 국립중앙박물관 소장

한편, 노비출신 화원 이상좌李上佐는 중종과 명종의 사랑을 받아 공신의 지위에까지 오른 인물로서 달밤에 소나무 밑을 거니는 〈송하보월도松下步月圖〉를 비롯해 〈어가한면도〉, 〈노엽달마도〉 등의 걸작을 남겼는데 힘찬 필체로 유명하다.

일반 선비 중에도 그림이 뛰어난 문인화가가 배출되었는데, 세종 때의 강희안姜希顔, 강희맹姜希孟 형제가 유명하다. 한편, 신숙주申叔舟는 화기를 써서 안평대군이 소장한 송원대 그림을 소개하면서 회화사를 정리하여 미술이론에 공적을 남겼다.

조선 초기 그림은 일본 무로마치室町시대 미술에 큰 영향을 주었다. 화원이 직접 건너가서 창작하기도 하고, 사신들이 가서 그림과 글씨를 남기고 돌아오는 사례도 적지 않았다. 세종 때 일본에 건너간 이수문李秀文과, 비슷한 시기의 문청文淸은 그 대표적 인물이다. 이밖에 교토 쇼코쿠지相國寺(상국사)의 승려 슈분周文(주문)은 조선의 화풍을 일본에 전하는데 큰 역할을 했다.

4) 음악과 무용

예禮와 악樂은 유교정치에서 백성을 교화하는 수단으로 중요하게 여겼으며, 각종 국가의식에는 반드시 음악이 따랐다.

조선 초기에는 음악을 관장하는 장악원掌樂院이 있어서 양인출신의 악생樂生(297명)이 아악雅樂(제사와 조회 때 쓰는 중국음악)을 담당하고, 공노비 출신의 악공樂工(518명)이 속악(俗樂고유음악)을 연주

나례 상요압폐방상제 – 기산풍속도 모사도,
국립민속박물관

했다. 음악이 크게 정비된 것은 세종 때로 박연朴堧 등이 노력하여 60여 종의 악기를 개량하고, 주周나라 음악에 가장 가까운 독자적인 아악을 만들었다. 장악원에서 연주하는 악곡은 대부분 국가와 백성의 평안을 기리는 것으로 〈여민락與民樂〉, 〈정대업定大業〉, 〈보태평保太平〉, 〈낙양춘洛陽春〉, 〈오관산五冠山〉 등 수십 곡이 연주되었다. 악공 가운데 특히 명연주자가 많이 나왔는데, 비파의 송태평, 거문고의 김자려, 가야금의 이승련, 아쟁의 김소재 등이 대표적인 음악인이다.

악보정리에도 큰 진전이 있었다. 세종은 스스로 〈여민락〉 등 여러 악곡을 만들고, 또 정간보井間譜로 불리는 새로운 악보를 창안하여 처음으로 소리의 장단을 표시하는 악보가 생겼다. 한편 성현成俔은 연주법과 악곡을 합친 〈합자보合字譜〉를 만들어 기악연주 수준을 높였다.

음악이론에 관한 책으로는 1493년(성종 24) 유자광柳子光, 성현 등이 편찬한 《악학궤범樂學軌範》(9권)이 대표적이다. 이 책은 음악을 아악, 당악唐樂, 향악鄕樂으로 구분하여 음악의 원리와 역사, 악기편성법, 음악 쓰는 절차, 악기 만드는 법과 그 조현법調絃法, 춤의 진행방법, 의상과 도구 등을 집대성한 것이다. 이 책에는 〈정읍사〉, 〈동동〉, 〈처용가〉, 〈정과정〉, 〈문덕곡〉, 〈봉황음〉 등 고려시대부터 내려오던 노래가 한글로 수록되어 있기도 하다.

음악이 있으면 춤이 따랐다. 그래서 음악이 정비되면서 춤도 정비되었는데, 춤은 무동舞童으로 불리는 소년이나 기생들이 추었으며, 춤의 종류는 〈보태평〉, 〈정대업〉, 〈절화삼대〉, 〈학무〉, 〈처용무〉 등이 있었다. 또 궁중에는 나례청이라는 관청이 있어서 나례儺禮라는 가면극을 연출했는데, 섣달 그믐날 잡귀를 몰아내거나 외국사신을 맞이할 때, 또는 임금의 위패를 종묘에 모시러 갈 때에도 행하였다.

5) 종교

조선왕조는 유교국가로서 불교나 도교 혹은 무속을 이단으로 배척했으나, 불교 및 도교와 연관된 풍속을 일거에 제거할 수는 없었다. 그리하여 이단의 극심한 사회적 폐단은 개혁했으나, 민족문화로서의 순기능과 종교적 기능은 용납하여 관용하는 정책을 썼다. 말하자면 종교개혁을 단행한 것이다.

먼저, 불교에 대해서는 태종~세종 대에 걸쳐 난립된 여러 종파를 교종敎宗과 선종禪宗의 두 종파로 통합하고 사찰 수를 대폭 줄였으며, 수만 결의 사찰토지와 수십만의 사찰노비를 몰수하여 공전公田과 공노비로 귀속시켰다. 그리고 승려가 되려면 일정한 시험을 치르고 나서 국가에 무명 20필을 정전丁錢으로 바쳐야 승려신분증인 도첩度牒을 내려주었다. 또 승과僧科라는 시험제도를 두어 3년마다 교종 30명, 선종 30명의 합격자를 뽑아 승직을 주고 주지에 임명했으며, 임기는 30개월로 제한했다.

이렇게 사찰과 승려에 대해서는 억압정책을 썼으나, 국가와 왕실의 안녕과 번영을 기원하는 불교행사는 자주 거행했다. 즉 불교의 역기능은 개혁하고, 그 종교적 순기능은 살려낸 것

이다. 특히 남성위주의 성리학문화에 익숙하지 못한 궁
중여인이나 양반부녀자들은 불교의 종교적 기능을 통
해 자신의 입지를 넓혀가고 정서적 갈등을 해소시켰다.
그리하여 세종 때에는《대장경》을 다시 인출하고, 세조
때에는 간경도감刊經都監을 두어 많은 불서를 국문으로
번역 간행했다. 왕실불교가 유지됨에 따라 승려로서 정
치에 영향을 미치는 이도 적지 않았다. 태조는 원래 왕
이 되기 전부터 무학대사無學大師(自超)와 친하여 그를 왕
사王師로 삼았고, 천태종의 조구祖丘를 국사國師로 삼기도
했다. 특히 무학은 한양천도에도 참여하고 태종의 즉위
를 도와주기도 했다. 세종은 무학의 제자 기화己和를 총

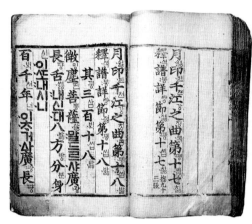

월인석보 보물 745호,〈월인천강지곡〉과〈석보상절〉을 합하여
1459년(세조 5년)에 편찬한 불교대장경

애하여 그에게 유교와 불교의 일치를 강조하는〈현정론
顯正論〉을 쓰게 했고, 궁 안에 내불당內佛堂을 짓기도 했으며, 자신이 찬불
가인《월인천강지곡》을 편찬하기도 했다. 세조는 신미信眉, 수미守眉 등
선승을 신임하고, 1459년(세조 5)《월인천강지곡》과《석보상절釋譜詳節》을
합하여《월인석보月印釋譜》를 언해하여 간행하기도 했다. 1464년(세조 10)
에는 도성 안에 사찰을 짓지 못한다는 원칙을 깨고 종로에 원각사圓覺寺
를 세우기도 했다. 이로써 적극적인 불교진흥책을 써서 일시적이나마
불교의 중흥을 가져왔다.

　　왕실불교가 쇠락하기 시작한 것은 사림이 등장한 성종 이후부터
다. 사림의 맹렬한 비판을 받아 불교는 왕실에서 밀려나 산간으로 들어
가기 시작했다. 그러나 16세기 중엽부터 중종의 왕비 문정왕후文定王后
가 불교를 혹신惑信하면서 보우普雨, 휴정休靜(西山, 淸虛), 유정惟政(泗溟, 松雲),
언기彦機, 태능太能 등 고승이 배출되고 불교교리를 다시 가다듬어 교세
를 확장했으며, 임진왜란 때에는 승군이 항일전쟁에 한몫을 했다.

마니산 참성단 상단은 땅을 상징해 네모,
하단은 하늘을 상징하여 둥근 모습으로
돌을 쌓았다. 강화군 화도면 해안남로 소재

　　조선 초기 불교교리는 교선敎禪의 일치를 내세우면서도 법화경, 화
엄경, 능엄경 등을 존중하는 이론불교에 기울어져 있었다면, 16세기 이후의 불교는 휴정의《선
가귀감禪家龜鑑》에 '교敎는 부처의 말이요, 선禪은 부처의 마음'이라고 했듯이 선禪에 역점을 둔 행
동불교의 성격이 강했다.

　　고려시대 도교행사의 지나친 남용으로 국가재정에 손실을 준 것을 고려하여 조선 초기
에는 도교사원인 도관道觀이 대폭 정리되면서, 도교행사도 줄어들었다. 그러나 도교에서의 제천
행사는 국가의 안녕과 권위를 높이는 기능이 있고, 도교의 양생술은 의학발달에 긍정적인 영향
을 미쳤다. 이런 점을 고려하여 조선 초기에는 소격서昭格署라는 관청을 두고 일월성신日月星辰에
대한 제사로서 초제醮祭를 주관하게 했다. 초제는 궁중에서도 행하고, 단군이 제천했다는 강화
도 마니산 참성단塹城壇 등지에서도 행하여 민족의식을 높여주는 기능을 수행했다. 특히 세조는
왕권강화의 수단으로 도교에 호의를 가지고 있었으며, 중국 천자만이 할 수 있다는 환구단圜丘

壇을 설치하여 제천행사를 자주 거행했다.

그러나 도교는 성리학에서 이단으로 간주하여 16세기 이후로 사림이 등장하면서 중종 때에는 조광조趙光祖의 건의로 소격서가 폐지되고, 제천도 중단되었다.

무교巫敎도 음사淫祀로 간주되어 서울 장안에는 무당이 살지 못하게 했으며, 백성들이 무속으로 패가망신하는 것을 억제했다. 그러나 무속이 지닌 질병치료의 순기능을 인정하여 국가에서는 궁 안에 국무당國巫堂을 두어 무당의 심령치료를 활용했다.

불교, 도교, 무속 등 전통적인 종교는 이렇듯 조선 초기에 개혁을 통한 포용이 나타났으나 사림들의 비판을 받아 16세기 이후로 위축되었다. 그러나 17세기 이후로는 사림들이 다시 종교로서의 순기능을 인정하기 시작했다. 이는 성리학이 차츰 출세도구로 전락하고, 선비들의 심성心性이 타락하면서 성리학은 심학心學을 중요시하게 되고, 이와 병행하여 도교, 불교, 양명학 등이 지닌 정신수양의 측면을 긍정적으로 인정하게 된 것을 의미한다.

6) 풍속

성리학이 국교國敎로 되면서 조선 초기의 관혼상제冠婚喪祭와 같은 풍속은 점차 유교식으로 변모했다. 선비집안의 자제들은 15세에서 20세가 되면 관례冠禮를 행하여 상투를 틀고 갓모자을 쓰며 어른의 법도를 배우고, 자字를 지어주었다. 혼인은 원칙적으로 관례를 치른 남자 15세 이상, 여자 14세 이상이면 허용되었는데, 왕실이나 종실은 10세 이상으로 낮추었다. 그래서 세자와 세자빈은 대개 10세에서 15세 무렵에 혼인하는 것이 관례였다. 경제력이 약한 일반평민은 오히려 혼인연령이 높은 편이었고, 30세가 되어도 혼인을 하지 못하는 경우도 많아서 때때로 국가에서 보조비를 지급하기도 했다.

종묘정전 국보 227호, 왕과 왕비의 신주를 모셔놓은 곳, 1995년 유네스코 지정 세계문화유산

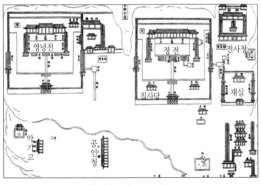

종묘 구조도 종묘전도와 영녕전전도(종묘의궤), 서울대학교 규장각 한국학연구원 소장

혼인은 동성동본同姓同本을 피했으나, 지체가 서로 비슷한 사람끼리 결혼하는 것이 상례였고, 여자는 친정집에서 아이를 낳아 기르다가 시집으로 오는 것이 관례였다. 조선 초기에는 여성 쪽 친족과도 긴밀한 가문의식을 지니고 있었으며, 남자중심의 친족의식이 형성되는 것은 대체로 17세기 이후부터다.

고려시대에는 일부다처一夫多妻가 상류사회에서 유행했으나, 조선시대에는 성리학의 종통관념이 발달하면서 일부일처一夫一妻가 정착되고, 그 대신 축첩蓄妾을 허락했다. 그리고 적처에 소생이 없을 때에는 첩자도 제사상속권을 가졌다. 그러나 세월이 지나면서 첩손에 대한 차별이 커지고, 정치적으로도 문과응시를 제한하는 조치가 내려졌다.

장례와 제사풍속도 바뀌었다. 사람이 죽으면 백일재百日齋를 지내던 고려시대 불교식 장례풍습이 유교식으로 바뀌면서 서민은 3일장, 왕과 왕비는 5월장으로 되었다. 제사는 계층에 따라 봉사奉祀의 범위를 달리하여 6품 이상은 3대까지, 7~9품은 2대까지, 일반평민은 부모만 제사하도록《경국대전》에 명시하여 법제화되었다. 무덤의 크기도 계층에 따라 차등을 두었다. 그러나 조선 후기에는 이런 법제가 무너지면서 주자가례朱子家禮에 따라 4대까지 제사하는 것이 관행으로 되어 제사부담이 커지게 되었다. 또, 집에는 가묘家廟를 설치하여 조상의 신주를 모시고 주기적으로 제사를 지내는 관습이 생겨났는데, 조선 후기에는 이런 풍습이 보편화되었다.

한편, 국가에서는 인격신과 자연신에 대한 제사를 치렀다. 왕실 조상의 신위를 모시는 종묘宗廟 제사와 토지 및 곡식의 신을 모신 사직社稷의 제사가 가장 격이 높았으며, 우리나라 역대왕조의 시조와 큰 강과 산, 그리고 바다에 대한 제사, 그밖에 농업이나 전쟁과 관련된 여러 제사가 있었다. 지방 군현에서는 주인없는 떠돌이 귀신에 대한 제사를 지내는 여제厲祭가 있었다.

역대 시조로서 제사의 대상이 된 신은 고려시대만 해도 기자와 동명왕 뿐이었으나, 조선에 들어와서는 단군, 온조, 박혁거세 등이 추가되었는데, 특히 단군은 평양에 숭령전崇靈殿을 따로 세워 제사하고, 명나라 사신이 올 때에는 숭령전에 먼저 참배한 다음 그 옆의 기자사당인 숭의전崇義殿을 참배하도록 하여 우리 민족의 시조가 기자인 것처럼 착각하는 중국인들의 잘못을 깨우쳐 주었다.

또 단군이 신선이 되었다는 황해도 구월산에는 옛부터 환인, 환웅, 단군을 삼성三聖 혹은 삼신三神으로

평양의 단군사당[숭령전]과 기자사당[숭인전] 평양 중구 종로동 소재

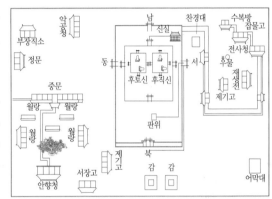
사직단 구조도 사직서전도와 단유도설을 합성한 그림. 사직서의궤(1783년, 정조 7), 서울대학교 규장각 한국학연구원 소장

사직단 사적 121호, 사단과 직단이 나란히 있다. 종묘와 함께 토지의 신과 곡식의 신에게 제사를 지내던 곳. 서울 종로구 소재

모시고 제사를 지내는 삼성사三聖祠가 있어서 질병이 돌거나 흉년이 들면 백성들이 삼성사에 가서 기도하는 민간풍습이 내려오고 있었다. 이는 단군신화에 삼신三神이 생명을 창조하고, 곡식을 주관하고, 질병을 고쳐주고, 형벌을 내리고, 선악을 판단해 주어 인간을 이롭게 한다는 이른바 홍익인간弘益人間 신앙에서 유래한 것이다. 그래서 조선 초기에는 국가에서 삼성사를 성역으

로 지정하고 정기적으로 제사를 지냈다. 이로써 단군사당은 평양과 구월산 등 두 곳에 생겨나게 된 것이다.

조선 초기 풍속 가운데 또 하나 특기할 것은 척석희擲石戲[돌팔매놀이]라고 불리는 전쟁놀이다. 이는 돌을 가지고 싸우던 옛 전쟁에서 유래한 것인데, 조선 초기에는 군사훈련과 상무정신을 기르기 위해 광화문 앞에서 임금이 관전하는 가운데 갑사甲士와 척석군擲石軍이 서로 싸우게 하는 풍습이 있었다. 또 왜구토벌을 위해 척석군을 싸움에 투입하기도 했는데, 안동과 김해의 척석군이 유명했다. 그러나 척석희는 부상자가 많이 나와 16세기 이후로는 정부행사가 중지되고 민간풍습으로 전해지게 되었다.

농촌에서는 향도香徒 혹은 거사패居士牌 혹은 사장社長이라고 불리는 공동체 조직의 종교행사가 있었다. 이는 화랑도의 유습으로, 무속과 불교신앙이 결합된 이 행사에는 남녀노소가 참석하여 며칠간 술을 마시고 노래와 춤을 추면서 보내는 일종의 축제였는데, 점차 그 규모가 군 단위에서 마을단위로 축소되고, 주로 상장喪葬을 도와주는 기능으로 바뀌어 갔다. 그래서 후대에는 상여를 메는 사람들을 상두꾼이라고 부르게 된 것이다.

제5장 16세기 사림의 성장과 그 문화

1. 부의 집중과 공납, 군역의 과중

1) 자연재난, 토지집중, 상업발달

15세기 100년간 정치적, 경제적 안정과 번영을 구가했던 조선왕조는 연산군(1494~1506) 집권기인 16세기에 접어들면서 새로운 국면을 맞이했다. 하나는 기온이 내려가고 지진이 일어나는 등 천재지변이 빈발하면서 농업생산력이 떨어지고, 말세사상이 퍼지기 시작하고, 정치적으로는 기득권층과 신세력 간의 갈등이 커지기 시작했다.

농업생산력이 떨어졌다는 것은 매년 전세수입이 세종 대에 약 60만 석이던 생산량이 16세기 후반기에는 약 20만 석으로 줄어든 것이 상징적으로 말해준다. 여기에 중종과 명종 대에는 한 달 이상 지속되는 지진地震으로 서울시민이 집밖에서 노숙하는 일이 벌어지고, 민간에서는 자연재난이 잘못된 정치로 인해 생겼다고 믿어 말세사상이 퍼지면서 그 틈을 이용하여 명종 대 임꺽정林巨正 일당을 비롯한 도적 떼가 발호하기도 했다. 조정에서는 기득권층인 훈신勳臣과 신진세력인 사림士林이 지진의 원인을 둘러싸고 책임공방을 벌이면서, 그 죄를 사림에게 뒤집어씌워 사화士禍를 격화시키는 요인으로 작용했다.

농업생산력이 떨어지면서 분배문제를 둘러싸고 갈등이 벌어지는 것은 당연했다. 누구보다도 왕실과 지배층이 생활안정을 위해 부를 확보하는 일에 발벗고 나섰다. 그 하나가 토지개간과 토지겸병이고, 다른 하나가 상업활동이었다.

우선 왕실이 토지겸병에 나섰다. 원래 왕실경비는 내수사內需司에 소속된 약 1만 결의 토지와 1만 명의 노비로부터 얻는 수입으로 충당하고 있었다. 그런데 그 수입은 장리長利라 불리는 고리대를 이용하여 재산을 늘려갔다. 특히 왕실의 사치가 절정에 달했던 연산군 때 내수사 재산이 늘어나는 데 비례해서 백성의 원성도 높아갔다. 16세기 초 중종 때 내수사 장리가 한때 중단되기도 했으나 다시 부활했다. 내수사는 토지뿐 아니라 산림, 어장, 목장, 하천까지도 겸병하여 왕실은 제일 큰 부자로 떠올랐다.

세조 때 실시된 직전제職田制가 16세기 중엽 명종 때에 이르러 완전히 폐지되면서 녹봉에 의지하는 생활에 곤란을 느낀 관인들은 토지를 개간하기도 하고, 사들이기도 하며, 때로는 농민에게 빚을 주고 그 대가로 땅을 차지하기도 하는 등 여러 가지 방법으로 사유지를 확대해나갔다. 특히 명종 대 권력을 쥐고 있던 중종비 문정왕후의 오라비 윤원형尹元衡 집안을 비롯한 척신과 권신들은 많은 노동력을 투입하여 서해안일대의 해택지海澤地를 개간했다. 겸병현상은 민전民田에서만 아니라 관둔전官屯田에서도 나타나고, 산림, 어장도 예외가 아니었다.

토지겸병으로 부호가 된 것은 대부분 서울 양반들이었지만, 큰 상인이나 토호 중에도 대지주가 나타났다. 16세기 중엽 남방지역에서는 수백 결의 토지를 차지한 대지주들이 생겨났다. 토지겸병이 성행하면서 병작관계는 더욱 확대되고, 농민의 계급분화가 촉진되고 국가의 전세수입은 갈수록 축소되었다.

토지를 잃은 농민들은 상업으로 직업을 바꾸었다. '국민의 10분의 9가 상인'이라는 과장된 표현이 나올 정도였다. 많은 상인이 서울에 모여들자 식량을 공급하기 위해 곡물시장이 형성되고, 곡물매매를 전업으로 하여 돈을 모은 큰 상인도 생겼다. 부상대고富商大賈로 불리는 상인들은 공물의 방납防納을 통해서도 막대한 이득을 얻었으며, 중국과 사무역에 종사하여 은을 가지고 가서 비단, 모피를 비롯한 물품을 사들여와서 이득을 남기기도 했다. 또 그들은 삼포三浦를 중심으로 일본과의 무역에도 참여하여 무명, 베, 명주 등 옷감과 곡식을 팔고, 그 대신 은, 구리, 쇠, 단목, 후추 등을 사들였다. 중종 때 권신이던 김안로金安老와 척신인 윤원형 같은 이는 대외무역에 참여하여 막대한 재산을 모았다.

지주제와 상업의 발달은 농민뿐 아니라 지방의 중소지주까지도 파산시키는 경우가 많았다. 그래서 중소지주 출신 사림士林 가운데에는 천방川防과 보洑의 축조를 통해 관개농업을 발전시켜 생산력을 높여가는 이들이 적지 않았다.

권신과 척신의 탐욕으로 해를 입은 농민들은 폭동을 일으켜 대항하기도 했다. 16세기 중엽 명종(1545~1567) 때 황해도, 평안도, 함경도, 강원도, 경기도를 무대로 일어난 임꺽정林巨正 일당의 도적활동(1559~1562)은 그러한 농민폭동의 한 예이다.

2) 농민부담의 과중

16세기 농민들은 전세, 공납, 군역의 세 가지 부담이 전보다 무거워졌는데, 그 중에서도 가장 고통스러운 것은 공납이었다.

먼저, 전세田稅를 보자. 세종 때 만든 공법貢法으로 풍흉의 정도를 9등급으로 나누어 세금을 내는 연분구등법年分九等法이 16세기에 들어와 폐지되고, 1결마다 4두, 혹은 6두로 하향조정했으나, 실제는 농사를 지을 수 없는 진전陳田에서도 세를 거두는 일이 많아 그 부담이 가벼워진 것이 아니었다. 또 병작을 하고 있는 농민들은 지주에게 수확의 반을 지대地代로 바치고, 지주가 바쳐야 할 전세를 작인이 내는 경우가 많아 전세율의 감소가 별로 도움을 주지 못했다. 그래도 전세는 그다지 큰 부담은 아니었다.

농민에게 가장 부담이 된 것은 공납貢納이었는데, 특히 사치와 방탕을 일삼은 연산군 때부터 공납의 문제가 커졌다. 공납은 액수의 많음도 문제였지만, 그보다는 제 고장에서 나지 않는 물건을 내게 하거나, 인납引納이라 하여 1~2년의 공납을 한꺼번에 앞당겨 내기도 하고, 또 방납防納이라 하여 서리가 상인과 결탁하여 공납물을 미리 국가에 바치고 그 값을 비싸게 책정해서 농민에게 받아냈다.

16세기 양심적인 지식인은 공납의 개혁을 이구동성으로 주장했다. 명종~선조 때 조헌趙

憲과 이이李珥 같은 관인들은 그 시정을 왕에게 건의했으나 실행되지 않다가 17세기 초 광해군 때에 대동법大同法이 실시되면서 공납제의 모순이 완화되었다. 당시 방납을 비롯하여 전세, 군역을 수취하는 과정에 서리들의 농간이 심하여 조식曺植 같은 학자는 '서리망국론胥吏亡國論'을 부르짖으면서 그 시정을 강력하게 촉구하기도 했다.

군역軍役도 문제가 많았다. 15세기에는 양인개병제良人皆兵制가 비교적 잘 지켜지고, 특히 세조 때에는 보법保法이 생겨나 거의 모든 장정들이 군역에 편제되었다. 그러나 그 부작용으로 요역徭役 인구가 줄어들자 군인을 요역에 동원하게 되면서 군역의 성격이 요역으로 바뀌어갔다. 여기에 성종 대 이후로 사족士族은 군역을 피하는 풍조가 일어나고, 농민들이 지는 군역은 가포加布라 하여 국가에 무명을 바치는 것으로 변했다. 보병步兵(正兵)에 등록된 사람은 20개월마다 무명 17~18필, 수군水軍에 등록된 사람은 무명 20필을 보인保人으로부터 조역가助役價라는 이름으로 받아내 이를 삯전으로 내고 품을 사서 자신의 역을 대신 지게 했다. 이를 대립代立 혹은 고립雇立이라고 불렀는데, 대개 대립을 하는 사람은 노비나 유민流民인 경우가 많았고, 그들은 요역에 주로 종사했다. 이 때문에 군사의 질이 떨어지는 것은 당연한 일이었다.

농민들은 대립代立을 위해 내는 삯전이 무거워 농토를 버리고 유랑하는 자가 많아 당시 '열 집 중에서 아홉 집이 비었다'는 말이 나올 정도로 이농현상이 심각했다. 이렇게 이농한 농민들은 상업에 종사하거나, 산속에 숨어 살거나, 노비가 되거나 했다.

1537년(중종 32)에 농민의 군역부담을 줄이기 위해 모든 장정에게 군포軍布라는 이름으로 무명 2필씩을 받아내고, 그 경비로 군대를 모집하여 봉급을 지불하는 일종의 고용군인이 생겨났다. 그리하여 지금까지 국역國役의 형태를 띠고 있던 군역은 실제는 모병募兵제도로 바뀌어갔다. 16세기에 군적에 등록된 군인은 정병正兵이 18만 명, 잡색군이 18만 명으로 숫자상으로는 15세기보다 줄지 않았으나, 실제 전투에 투입될만한 군인은 1만 명이 못되었다. 율곡 이이가 '10만 양병설'을 주창하게 된 이유가 여기에 있었다. 이렇게 사정이 나쁜 시기에 임진왜란을 만나게 된 것이다.

이밖에도 16세기 농민들을 괴롭힌 것으로 환곡還穀이 있었다. 원래 국초에는 춘궁기에 빈민에게 식량을 대여해 주고 가을에 원곡만을 회수하는 의창제義倉制를 실시했으나, 15세기 말부터 원곡이 부족하여 폐지하고, 물가조절을 맡은 상평창常平倉이 이를 대신했는데, 환곡還穀 혹은 모곡耗穀이라는 이름으로 원곡의 10%를 이자로 받아냈다. 그러나 실제로 10% 이상의 이자를 내는 경우가 많아 고리대로 변해갔다.

2. 임꺽정 일당의 폭동과 정여립 반란

16세기에는 토지집중과 상업발달, 수취체제의 모순이 계급분화와 농촌사회의 동요를 일으켰다. 여기에 잇따른 자연재해가 민심을 불안에 빠뜨렸다. 이를 배경으로 전국 각지에서 도적떼가 일어나고, 중앙정부를 전복하려는 반란세력도 나타났다.

폭군 연산군을 몰아낸 이른바 중종반정中宗反正(1506)은 일부 훈구대신들이 서울근교의 백정들과 손잡고 폭력으로 왕을 갈아치운 첫 번째 반란이었다. 그러나 권력과 부를 장악한 보수적 훈척勳戚과 개혁적 성향의 사림들이 갈등하다가 사림들이 잇따른 사화士禍로 밀려나자 사림 중에는 민중세력과 손잡고 정부전복을 꾀하는 이도 있었다. 1519년(중종 14) 기묘사화로 쫓겨난 사림파 관인 김식金湜은 거창지방의 농민층과 연결하여 무장폭동을 꾀하다가 실패하여 자살했다.

명종(1545~1567) 때에는 임꺽정林巨正이라는 양주 출신 백정이 몰락한 사림, 아전, 노비, 평민 등을 규합하여 황해도 구월산에 본거지를 두고 서울과 지방을 연결하는 주요 통로를 장악하고 부정한 사람들과 대항해서 싸웠다. 그들은 함경도, 평안도, 강원도, 황해도, 경기도 등 5도를 횡행하면서 관청을 습격하여 죄수를 석방하기도 하고, 백성들이 원망하는 부자들을 습격하여 재물을 약탈하기도 했으며, 지방에서 올라오는 공물貢物이나 진상물을 도로에서 가로채기도 했다. 이들은 단순한 도적이라기보다 의협義俠으로 백성들에게 인식되어 3년간이나 버티다가 관군에 토벌당했다. 임꺽정의 행적은 민간설화로 윤색되어 지금까지 전해오고 있으며, 일제강점기 홍명희가 소설을 써서 더욱 유명해졌다.

사림이 정권을 장악한 선조 대에도 반란은 끊이지 않았다. 특히 이 시기에는 붕당 간의 갈등이 반란의 한 원인이 되었다. 1589년(선조 22)에 일어난 정여립 반란은 그 가운데서도 가장 충격이 컸다. 전주 출신 정여립鄭汝立은 원래 율곡 이이李珥의 제자로 명망이 있는 사림학자였으나 서인西人정치에 한계를 느끼고, 급진적인 일부 동인東人과 널리 연계를 맺고, 비기참설로 민심을 현혹시켜 전라도와 황해도, 충청도의 승려, 천민, 평민을 끌어들여 전라도 진안 죽도竹島에서 대동계大同契라는 비밀결사를 조직하고 새 왕조를 세우려는 역성혁명을 꿈꾸었다. 이 사건은 사전에 발각되어 정여립은 자살하고 1천여 명의 인사들이 처벌되었는데, 이 사건을 기축옥사己丑獄事라 한다. 이후로 전라도는 반역향으로 인식되고 호남인의 등용이 제한되었다.

정여립 사건이 일어난 16세기 말에는 《정감록鄭鑑錄》을 비롯한 비기참설이 유행하여 목덕木德의 이씨시대가 끝나고, 오행의 상생순서에 따라 화덕火德의 정씨鄭氏 시대가 온다는 믿음이 널리 퍼졌다. 그래서 정씨 성을 가진 사람 가운데 반란자가 많이 나타났으나 성공하지 못했다.

16세기 말의 대학자 율곡 이이李珥(1536~1584)는 이와 같은 위기의 상황을 '중쇠기中衰期'로 인식하고, 담과 지붕이 무너진 가옥에 비유했으며, 제도를 혁신하는 위로부터의 개혁 곧 경장更張을 주장했으나 뜻을 이루지 못했다.

3. 사림의 등장과 사화, 당쟁

1) 사림의 등장

16세기 관인사회는 개혁을 추구하는 이상주의자와 기득권을 지키려는 현실주의자의 두 파로 갈리어 서로 경쟁하면서 때로는 심각한 갈등과 충돌을 일으켰다. 이상적인 유교정치인 왕도정치王道政治를 내세우면서 개혁을 요구하는 사림士林과 부국강병의 현실주의 노선을 지지하면서 기득권을 지키려는 훈신勳臣과 척신戚臣의 갈등이 그것이다.

사림이란 세력화된 선비들을 말한다. 성리학이 보급되면서 지방에서도 선비들이 무더기로 배출되어 세력화가 이루어졌는데, 지방사림이 최초로 정계에 등장한 것은 성종(1469~1494) 때부터다. 세조의 지나친 부국강병정책으로 흩어진 민심을 수습하고, 세조를 보좌하여 권력과 부를 장악한 훈신들을 견제하기 위해 성종은 당시 신망이 높던 경상도 선산善山 출신 선비 김종직金宗直과 그 문인들을 대거 등용하여 주로 정책을 비판하는 언론삼사言論三司에 임명했다. 김종직은 김숙자金叔滋의 아들이고, 김숙자는 왕조개창을 반대하여 선산으로 내려가 후학을 기른 길재吉再에게서 배우고, 길재는 정몽주의 학풍을 계승했으므로 이들의 체질은 매우 야당적이었고, 중앙의 훈신들과는 호흡이 맞지 않았다.

성종의 비호를 받아 급성장한 영남사림들은 부국강병정책을 반대하고 권력과 부를 축적한 훈신들을 공격하면서 향촌자치와 향촌사회의 안정, 그리고 선비의 정치적 자율성을 높이는 데 총력을 기울였다. 그래서 지방선비의 수령자문기관인 유향소留鄕所(貳衙)를 복립하고, 주희가 시도한 사창제社倉制[50]를 도입하여 빈민을 구제하고, 향사례鄕射禮, 향음주鄕飮酒[51] 등의 실시를 주장하고 나섰다.

사림의 정치이상은 강력한 중앙집권국가의 건설이 요망되었던 여말선초에는 호소력을 갖지 못했으나, 이미 그러한 과제를 해결하고 그 부작용이 나타나고 있던 15세기 말기에는 설득력을 가질 수 있었다. 따라서 사림의 등장은 국가발전을 중요시하는 창업의 시대에서 지방사회의 안정을 추구하는 수성의 시대로 넘어가는 역사적 전환기에 나타난 새로운 흐름이라고 볼 수 있다.

2) 훈척과 사림의 갈등 - 네 차례 사화

성종 대에는 훈신과 사림의 정치적 입장은 달랐어도 양파간의 세력균형이 이루어져 직접적인 충돌은 없었다. 오히려 두 세력이 협력하여《경국대전》을 비롯하여《동국통감》,《동국여지승람》등 기념비적인 편찬사업을 마무리하고 왕조의 문물을 완성해 놓았다. 훈신 중에서도 서거정, 노사신, 최항, 양성지 같은 인물은 집현전에서 양성된 학자들이고, 또 훈신과 사림의 세력균형을 도모한 성종의 지도력에 원인이 있었다.

그러나 성종 다음에 연산군(1494~1506)이 즉위하면서 사정은 달라졌다. 원래 시재詩才와 감성이 뛰어난 연산군은 생모[성종비 윤씨][52]가 윤필상尹弼商 등 신하들의 충동으로 죽게 된 것을 알고 나서부터 훈신과 사림을 모두 눌러 왕권을 강화하려 했다. 특히 분방한 언론활동으로 왕권

---

50) 사창제는 국가가 춘궁기에 빈민에게 곡식을 대여했다가 가을에 약 30%의 이자를 받아 원곡元穀(財源)을 불려 나간 뒤, 원곡이 충분히 확보되면 국가의 보조 없이 3%의 낮은 이자로 운영하도록 하는 자치적 구휼제도이다. 이는 국가가 정부 곡식을 가지고 약간의 모미耗米만을 받고 대여하는 관주도의 의창제義倉制와는 성격이 다르다.

51) 향사례와 향음주는 주나라 제도인《주례周禮》에서 기원하는 것으로, 향사례는 지방 군현에서 봄가을에 향민들이 모여 활쏘기를 하면서 도의를 연마하고, 군사훈련도 겸하게 하는 것이다. 향음주는 지방에서 향민이 모여 일정한 의식을 갖추고 술을 마시면서 화목을 도모하고 예법을 지키게 하는 행사이다.

52) 성종비 윤씨는 성종의 셋째 부인으로서 투기로 성종의 얼굴에 상처를 낸 것이 원인이 되어 윤필상尹弼商 등 신하들의 주청으로 폐비되었으며, 뒤에 사약을 받고 죽었다.

심곡서원 1650년(효종 1), 경기유형문화재 제7호, 조광조와 양팽손을 배향, 경기 용인시 수지구 광교마을로 소재

을 견제하는 사림을 연산군은 싫어했다. 이런 분위기를 이용하여 평소 사림의 공격을 받아 수세에 몰려 있던 훈신 잔류세력인 이극돈李克墩, 유자광柳子光 등은 1498년(연산군 4)에 사림 김일손金馹孫이 지은 사초史草[53]를 문제삼아 왕을 충동하여 김일손, 표연말表沿末, 정여창鄭汝昌, 최부崔溥 등 수십 명의 사림을 사형 혹은 유배보냈다. 그리고 이미 죽은 김종직의 무덤을 파헤쳐 시신을 참수했다. 이 사건을 무오사화戊午士禍 혹은 사화史禍라 한다. 이로써 김종직 문인으로 구성된 영남사림이 크게 몰락했다.

사림을 몰아낸 연산군은 훈신마저 제거하여 자신의 권력을 강화하려고 했다. 그러던 중 자신의 생모 윤씨가 윤필상尹弼商 등 훈신들의 주청으로 폐비되었다가 사약을 받고 죽은 것을 임사홍任士洪을 통해 알고 이 사건에 관여한 훈신들과 남아 있던 사림을 몰아냈다. 1504년(연산군 10)에 일어난 이 사건을 갑자사화甲子士禍[54]라 한다. 이 사화로 이미 죽은 훈신들이 부관참시를 당하고, 성종시대 양성한 사림들이 대부분 몰락했다.

두 차례 사화로 비판세력을 거의 숙청한 연산군은 사치와 방탕을 일삼았다. 호화로운 잔치와 사냥을 일과로 삼으면서 이를 위해 과도한 공물貢物을 거둬들여 민생은 도탄에 빠졌다. 관인들에게 신언패慎言牌라는 팻쪽을 차고 다니게 하여 말조심을 하게 하고, 자신의 행동을 비난하는 글이 국문으로 쓰였다 하여 국문학습을 탄압했다.

연산군의 학정에 견디다 못한 전 이조참판 성희안成希顔은 지중추부사 박원종朴元宗, 이조판서 유순정柳順汀 등과 더불어 훈련원 군대를 동원해 궁을 습격하여 연산군을 강화도 교동으로 추방하고, 그의 이복동생인 진성군[성종계비 정현왕후 윤씨 아들]을 왕으로 추대했다. 이것이 중종반정中宗反正(1506)이다. 신하들의 쿠데타로 왕을 교체한 최초의 사건이기도 하다.

그러나 중종中宗(1506~1544)을 옹립한 반정공신들의 횡포로 사림과 백성의 여망이 어그러지자 왕은 1515년(중종 10) 조광조趙光祖를 비롯한 젊은 사림을 현량과賢良科를 통해 특별채용했다. 중종의 신임을 크게 받은 조광조는 개국공신 조온趙溫의 후예로서 그를 추종하는 사림들도 큰 벼슬을 지낸 기호출신 벼슬아치의 후예가 대부분이었다.

조광조 일파는 삼사의 언관직에 포진하여 공론公論을 표방하면서 급진적인 개혁을 요구하고 나섰다. 연산군의 학정을 통해 무엇보다도 군주의 마음을 바르게 하는 것이 급선무임을

---

53) 연산군 즉위 초 《성종실록》을 편찬할 때 사관史官 김일손은 스승인 김종직이 단종을 위해 지은 조의제문弔義帝文을 사초에 실었는데, 이 글은 항우項羽에게 죽임을 당한 의제義帝를 추모한 것으로, 단종을 의제, 세조를 항우에 비유한 글이었다. 따라서 이 글은 세조의 정통성을 부인하는 내용이므로 실록편찬의 최고책임을 맡은 이극돈이 이 글을 문제삼은 것이다. 후세 선비들은 세조 때 벼슬한 김종직이 세조를 비난한 것을 모순된 행동으로 비판했다.

54) 갑자사화로 연산군의 비행을 꾸짖던 할머니 인수대비[덕종비]는 병상에서 맞아 죽고, 폐비에 관여한 윤필상, 이극균, 김굉필 등 10여 명이 사형당했으며, 한치형, 한명회, 정창손, 이파, 정여창, 남효온 등이 부관참시되었다.

깨달아 경연經筵을 강화하고, 내수사 장리의 폐지, 소격서의 폐지 등을 주장하고, 나아가 향촌사회의 자율과 안정을 위해 향약鄕約의 실시와 《삼강행실도三綱行實圖》, 《이륜행실도二倫行實圖》,[55] 《주자가례朱子家禮》, 《소학小學》 등을 보급할 것을 주장했다. 그밖에 농민생활 안정을 위해 토지겸병을 반대하고, 균전제 실시, 방납의 시정 등을 촉구했다.

사림의 정책은 무너지고 있던 지방사회를 안정시키는데 주안점을 둔 것으로 개혁적인 의미가 크고 백성들의 환영을 받았다. 그러나 조광조의 개혁정치는 반정공신의 반발을 샀다. 특히 반정공신으로 책봉된 100명 가운데 4분의 3에 해당하는 76명은 부당하게 책록되었으므로 이를 취소시키고 토지와 노비를 몰수해야 한다고 주장하여 공신들의 반발과 원한을 샀다. 공신들은 사림들이 지나치게 언권을 행사하여 《경국대전》에 규정된 권력구조를 흔들고 있다고 역습했다.

중종은 처음에는 사림들을 크게 신임했으나, 나중에는 지나치게 급진적인 개혁을 다그치면서 압박하는데 싫증을 느꼈다. 이런 분위기를 이용하여 1519년(중종 14) 남곤南袞, 심정沈貞, 홍경주洪景舟 등 공신들은 조광조 일파에게 반역죄의 누명을 씌워 대거 죽이거나 귀양을 보내게 만들었다.[56] 이때 조광조는 능주綾州[화순]로 귀양가서 사약을 받고 38세의 나이로 죽었다. 이 사건을 기묘사화己卯士禍라 하고, 이때 화를 입은 선비들을 후세에 기묘명현己卯名賢이라 부르게 되었다.[57] 그런데 기묘사화가 일어나던 무렵 장기간의 지진으로 훈신과 사림 간에 그 책임을 둘러싼 논란이 벌어졌는데, 힘 없는 사림에게 그 책임을 전가시키면서 화가 더욱 커졌다.

기묘사화가 있은 지 10년 뒤에 중종은 다시 훈구대신들을 견제하기 위해 사림을 재등용하기 시작했으나, 1545년에 명종明宗(1545~1567)이 즉위하면서 일어난 을사사화乙巳士禍에 또다시 사림들이 숙청당하는 사건이 발생했다. 이 사건은 외척 간의 권력투쟁에서 빚어진 점이 다른 사화와 성격이 다르다. 곧 중종이 돌아가자 둘째왕비 장경왕후 윤씨[윤여필의 딸]의 소생인 인종仁宗(1544~1545)이 즉위하고 왕비의 오빠인 윤임尹任이 세력을 떨쳤으나 재위 8개월 만에 죽고, 이어 셋째 왕비인 문정왕후 윤씨[윤지임의 딸] 소생 명종明宗이 왕위에 올랐다. 그런데 명종 역시 12세의 어린 임금으로 대비가 된 문정왕후가 수렴청정하고 동생인 윤원형尹元衡이 세력을 잡았다. 이들은 전왕의 외척들이 명종을 해치고자 했다고 하여 윤임 일파를 몰아냈다. 이것이 바로 을사사화다.[58] 세간에서는 인종의 외척을 대윤大尹, 명종의 외척을 소윤小尹이라고 불렀다.

대윤파와 소윤파는 다같은 사림이었으나, 대윤파에는 영남과 호남 출신의 신진 성리학

---

55) 《이륜행실도》는 사림의 한 사람인 김안국金安國이 1518년(중종 13)에 장유유서長幼有序와 붕우유신朋友有信의 이륜을 퍼뜨리기 위해 지은 것으로, 가족, 형제, 선생과 제자, 그리고 붕우관계를 안정시키기 위해 모범적인 인간상을 그림을 붙여 설명한 책이다. 주로 농촌사회에서 필요한 윤리를 정리한 것이다.

56) 공신세력은 조광조가 역모를 꾀한다고 모함하기 위해 나뭇잎에 꿀을 발라 '주초위왕走肖爲王' 곧 "조광조가 임금이 된다"고 써넣고 벌레가 파먹게 한 다음 이를 궁 안의 개울에 띄워 중종에게 보여주었다.

57) 기묘명현의 주요인사는 김정金淨, 기준奇遵, 한충韓忠, 김식金湜, 김구金絿, 박세희朴世熹, 박훈朴薰, 이자李耔, 박상朴祥 등으로서 모두 30대 청년이었다.

58) 을사사화 때 윤원형[소윤]에 가담했던 인물은 정순붕鄭順朋, 이기李芑, 임백령林百齡, 허자許磁, 윤춘년尹春年, 이행李荇, 민제인閔齊仁 등이고, 윤임일파[대윤]에 가담한 주요 인물은 이언적李彦迪, 유인숙柳仁淑, 권벌權橃, 유희춘柳希春, 유희령柳希齡, 성세창成世昌, 백인걸白仁傑 등이다.

자가 많고, 소윤파는 서울지방의 인사들로서 기득권을 가지고 있고, 성리학을 하면서도 불교와 도교 등 이단을 포용하는 인사들이 많았다. 따라서 을사사화는 기득권을 가진 사림이 신진사림을 제거한 사건으로 볼 수 있으며, 16세기 중엽에 사림이 계층적으로, 사상적으로 분화하는 과정을 보여준다고 할 수 있다.

명종 때에는 대비 문정왕후가 불교를 숭신하여 보우普雨를 봉은사奉恩寺 주지로 삼고 선교 양종을 다시 부활하여 오랜만에 불교의 중흥을 가져와 사림의 비난을 크게 사고, 대비의 지나친 권력간섭도 세인의 비난을 샀다. 또 이 무렵 북방이 어수선하고, 임꺽정 일당이 소란을 일으켰으며, 1555년(명종 10)에는 세견선歲遣船의 감소로 불평을 가진 왜인들이 60척의 배를 끌고 전라도를 침범해 왔다. 이를 을묘왜변乙卯倭變이라고 한다. 이 사건을 계기로 비변사備邊司가 강화되었다.

을사사화는 외척 간의 갈등에서 발단된 것이지만, 양편에 사림들이 가담하여 결국 사림 간의 갈등이라는 성격을 지녔다. 따라서 이 사건으로 사림의 기세가 일시적으로 꺾였으나 이미 전국적으로 확산된 사림의 정계진출은 막을 수 없는 대세를 이루었다. 그리하여 중종 때에는 개성에서 서경덕, 명종~선조 때에는 영남에서 퇴계 이황李滉, 남명 조식曺植, 서울근교에서 성수침成守琛과 성혼成渾, 호남에서 이항李恒, 기대승奇大升, 김인후金麟厚 같은 명망 높은 사림학자들이 벼슬을 포기하고 재야에 은거하기도 했지만, 중앙정계에 진출한 사림도 만만치 않았다. 그러다가 16세기 후반 선조宣祖(1567~1608) 초에는 사림이 완전히 정치를 주도하는 시대가 열렸다. 선조 때에도 척신이 없었던 것은 아니지만, 그들도 사림으로 변하여 무오사화 이후 70년간 정국을 특징지워 온 훈척과 사림의 대립은 사라졌다.

3) 선조 대 붕당의 발생

명종이 세상을 떠난 뒤에 후사가 없어 중종의 후궁[창빈안씨] 소생 덕흥군德興君의 아들이 왕이 되었는데, 이가 선조이다. 16세에 왕위에 오른 선조는 덕망있는 사림인사를 대거 등용하고 문신들로 하여금 한강가의 독서당讀書堂[59]에서 공부하면서 매달 글을 지어바치게 했다. 율곡 이이李珥(1536~1584)의 유명한 〈동호문답東湖問答〉은 바로 동호독서당에서 공부하면서 쓴 정치 개혁안이다. 선조시대는 이처럼 이이를 비롯한 많은 인재가 배출되어 이른바 '목릉성세穆陵盛世'로 불리는 문치의 절정기를 이룩했다.

그러나 사림학자들이 많이 배출되면서 사림사회에 갈등과 분화가 일어나고 유명한 학자를 중심으로 하여 학문과 정치성향을 함께하는 붕당朋黨이 형성되어 서로 경쟁하는 시대가 열렸다. 원래 성리학에서는 도덕적으로 수양된 군자君子들이 붕당을 형성하는 것을 긍정했기 때문에 성리학이 발달할수록 붕당정치가 나타나는 것은 필연적 추세였다.

---

59) 독서당은 관료들의 학문 재충전을 위한 제도로, 세종 때에는 휴가를 주어 자기집 혹은 산사山寺에서 공부하는 사가독서제賜暇讀書制를 실시했다. 그 후 성종 때에는 마포에 남호독서당南湖讀書堂을 따로 짓고, 중종 때에는 두모포豆毛浦[지금 동호대교 북쪽]에 동호독서당東湖讀書堂을 세워 그곳에서 공부하도록 했다. 1426년(세종 8)부터 1773년(영조 49)까지 48차에 걸쳐 320명이 독서당에 선발되었다.

최초로 붕당이 형성된 것은 1575년(선조 8)으로 심의겸沈義謙(1535~1587)[60]을 추종하는 기성사림을 서인西人이라 부르고, 경상도 출신으로 조식曹植과 이황李滉의 문인 김효원金孝元(1542~1590)을 영수로 하는 신진사림을 동인東人이라 불렀다. 심의겸은 서울 서쪽에 살고, 김효원은 동쪽에서 살았기 때문에 붙여진 이름이다. 서인과 동인의 분당은 문반관인의 인사추천권을 쥐고 있던 이조전랑吏曹銓郞(정랑과 좌랑) 자리를 둘러싸고 심의겸의 아우 심충겸과 김효원이 서로 경쟁한 데서 발단되었다.

서인은 대체로 서울과 경기, 충청, 전라도지역의 기득권을 가진 선비들이 가세한 반면, 동인은 안동지방의 이황과 지리산지역의 조식, 그리고 개성의 서경덕 학풍을 따르는 재야의 젊은 선비들이 가세했다. 서인의 정책은 치인治人에 역점을 두고 제도개혁을 통한 부국안민을 추구한 반면, 동인은 선비들의 수기修己에 역점을 두어 치자의 도덕성 제고를 중요하게 여겼다.

독서당 계회도　1531년경, 91.5×62.3cm, 개인 소장.
허자·임백령·송인수·송순·주세붕·이림·허항·최연 등의 이름이 보인다.

동서분당 초기에는 이이가 서인과 동인의 갈등을 조정하는데 힘써서 별다른 갈등이 없었으나, 1584년(선조 17)에 이이가 죽자 유성룡柳成龍(1542~1607), 이산해李山海, 이발李潑 등 동인이 주도권을 장악했다. 그러나 1589년(선조 22) 동인에 속한 전주출신 선비 정여립鄭汝立(1546~1589) 일당이 모반을 일으켰다가 발각되어 진안 죽도竹島에서 자살하는 사건이 일어나 다수의 동인들이 처형되었다. 이를 기축옥사己丑獄事라 한다. 2년 뒤인 1591년(선조 24) 서인 좌의정 정철鄭澈(1536~1593)이 세자 책봉을 선조에게 건의하자 동인은 이를 문제 삼아 서인파를 내몰았다.

그런데 서인에 대한 처벌을 둘러싸고 동인 안에 강경파와 온건파가 갈려 전자를 북인北人, 후자를 남인南人이라 불렀다. 북인은 대체로 조식 문인들이 주류를 이루고, 서울 남인은 서경덕 문인, 영남 남인은 이황 문인들이 핵심을 이루었는데, 기축옥사 때 피해를 입은 이들이 북인이었으므로 이들이 서인에 대한 반감이 더 컸다.

---

60) 심의겸은 명종의 왕비인 인순왕후仁順王后 심씨의 동생으로서 덕망이 있는 유신이었으나 왕가의 외척이라는 이유로 신진세력의 공격을 받았다. 그는 서울 서쪽에 살았으므로 세인이 그를 따르는 인사들을 서인西人이라 부르게 된 것이다.

정철 일파의 실각으로 동인 특히 북인들이 우세한 가운데 임진왜란[1592; 선조 25]을 만났는데, 후궁 공빈김씨恭嬪金氏 소생인 광해군光海君이 세자로 책봉되자 분조分朝를 이끌고 대일항전을 펼쳤다. 그런데 왜란이 끝난 뒤인 1601년(선조 34) 선조의 계비 인목왕후仁穆王后가 뒤늦게 영창대군永昌大君을 낳자 북인은 광해군을 추종하는 대북大北과 영창대군을 옹립하려는 소북小北으로 갈렸다. 대북은 광해군의 능력을 중요시하고, 소북은 영창대군의 혈통을 존중했다.

선조가 돌아가고 광해군(1608~1623)이 즉위하자 왜란 중 광해군을 따라 항일전쟁을 주도한 대북이 권력을 장악했다.

4) 서원과 향약

16세기 사림들이 여러 차례 사화를 당해 죽고 쫓겨나면서도 궁극적으로 사림정권을 세울 수 있었던 것은 향촌사회에서 세력을 확대 재생산할 수 있는 여러 조직체를 가지고 있었기 때문이었다.

서원書院은 지방 선비들이 성장하는 중요한 기반이었다. 원래 유학은 교육을 중요시하는 까닭에 고려 말 이후로 성리학이 확산되면서 유학자들은 개인재산을 털어 지방에 서재書齋로

불리는 학교를 세우고 자제들을 가르치기 시작했다. 16세기에 들어와 사화가 빈발하면서 정치에 뜻을 잃은 선비들은 아동교육에 박차를 가해 학교의 조직과 기능을 더욱 강화하고 여기에 선배 유학자들을 기리고 제사하는 사당祠堂 기능을 통합하여 서원書院이라는 새로운 교학기구를 창설했다.

최초의 서원은 1542년(중종 37)에 사림의 한 사람으로서 경상도 풍기군수로 내려간 주세붕周世鵬(1495~1554)이 고려 말 유학자 안향安珦[安裕]의 고향인 경상도 순흥면 백운동에 회헌사晦軒祠라는 사당을 세우고, 다시 그 옆에 백운동서원白雲洞書院이라는 학교를 세운 데서 비롯되었다. 이 서원은 그 뒤 1550년(명종 5) 풍기

소수서원 사적 55호, 경북 영주시 순흥면 소백로

군수로 새로 부임한 이황이 임금에게 주청하여 소수서원紹修書院이라는 편액을 하사받고, 토지와 노비, 서적 등을 아울러 받았다. 이렇게 국가로부터 편액을 하사받고 각종 지원을 받는 서원을 사액서원賜額書院이라고 하는데, 이런 서원에는 면세와 면역의 특권까지 부여되었다.

이황의 향립약조서

이이의 해주향약(1577)

각 왕대별 서원·사우의 건립현황

왕대	중종	명종	선조	광해	인조	효종	현종	숙종	경종	영조	정조	순조	철종	미상	계
서원·사우	16	19	85	38	53	37	69	340	28	163	8	1	1	51	909

국가의 서원장려정책에 힘입어 서원은 갈수록 늘어나서 명종 때 17개였던 사액서원이 선조 때에는 100개를 넘어서게 되었으며, 지역적으로는 경상도가 가장 많았다. 조선 후기에는 서원이 더욱 늘어나서 18세기에는 7백여 개소에 이르고, 고종 초에는 1천여 개소를 헤아리게 되었으며, 그 가운데 약 3분의 1이 사액서원이었다.

서원은 처음에는 관학인 향교鄕校와 경합관계에 있었으나, 차츰 향교보다 수도 많아지고, 권위도 높아졌다. 그리하여 양반자제는 대개 서원에 입학하고, 평민자제는 향교에 들어가는 것이 관례가 되었다. 서원의 증설은 유학발전을 촉진시키고, 향촌문화를 높이는 데 크게 기여했다. 그러나 서원마다 모시는 선현先賢들이 따로 있어서 자연히 학파와 붕당을 결속시키는 구심점이 되기도 했다. 또 경제적으로 면세와 면역의 특권을 이용하여 부를 축적하고, 국가재정을 위축시키는 역기능도 갈수록 커졌다. 그래서 조선 후기에는 서원을 통제하는 것이 국가정책의 주요과제로 떠올랐다.

한편, 서원과 더불어 향촌사회에서 사림의 지위를 강화시키고, 향촌사회의 도덕질서를 안정시키기 위해 도입한 것이 향약鄕約이었다. 중종 때 조광조 일파는 처음으로 '여씨향약呂氏鄕約'을 도입하여 이를 국문으로 번역하여 전국에 보급했는데, 이는 송나라 여대균呂大鈞이 만든 것을 주희朱熹가 뒤에 수정한 것이다. 그 주요강령은 덕업상권德業相勸, 과실상규過失相規, 예속상교禮俗相交, 환난상휼患難相恤로써 향촌사람들이 자치적으로 규약을 맺어 착한 일을 서로 권하고, 잘못을 서로 규찰하며, 예절을 서로 지키고, 어려운 일을 서로 돕자는 것이다. 그런데 향약은 단순한 규약이 아니라, 규약을 잘 지킨 자는 상을 주고, 어긴 자는 벌을 주었는데, 심한 경우에는 마을에서 쫓아내기도 했다.

향약의 시행은 조광조 일파가 몰락하면서 중단되었다. 이는 향촌사회에서 향약을 주도하는 사림의 지위가 높아지면서 중앙 훈구대신들의 향촌에 대한 지배력을 약화시키고 관권을 무력화시키는 결과를 가져왔기 때문이었다. 그러나 명종, 선조 때에는 사림이 다시 득세하면서 우리나라 실정에 맞는 다양한 형태의 향약이 만들어져 군현이나 마을을 단위로 시행되었다. 특히 영남지방은 이황李滉이 만든 예안향약禮安鄕約을 표본으로 삼아 도덕중심의 향약이 유행하고, 기호지방에서는 이이李珥가 청주淸州와 해주海州 등지에서 만든 향약을 모범으로 삼아 향약과 전통적인 계契 조직을 결합시켜 경제적 상부상조에 역점을 둔 것이 특징이었다. 경제가 안정되지 않으면 도덕이 꽃피기 어렵다는 이이의 철학이 반영된 것이라고 볼 수 있다.

사림들은 향약을 시행하면서 동시에 양반사족 명단인 향안鄕案을 작성하고, 유향소留鄕所鄕廳의 향권을 장악했으며, 일종의 지방의회라고 할 수 있는 향회鄕會를 조직하여 공론公論을 형성하고 정치에 영향을 주었다. 또 향촌사회에서 사족상호간의 도덕질서를 세우기 위해 김안국金安

서원·사우의 도별 분포도

총 909개

함경도(43)
평안도(65)
강원도(53)
황해도(52)
경기도(69)
충청도(118)
경상도(324)
전라도(185)

栗谷先生全書卷之二十七
擊蒙要訣

卷二十七 擊蒙要訣 祭儀鈔

序

人生斯世 非學問無以爲人 所謂學問者 亦非異常
別件物事也 只是爲父當慈 爲子當孝 爲臣當忠 爲
夫婦當別 爲兄弟當友 爲少者當敬長 爲朋友當
信 皆吾日用動靜之間 隨事各得其當而已 非馳心
玄妙 希覬奇效也 但不學之人 心地茅塞 識見茫
昧 故必須讀書窮理 以明當行之路 然後造詣得正
而踐履得中矣 今人不知學問在於日用 而妄意高
遠難行 故推與別人 自安暴棄 豈不可哀也哉 余定
居海山之陽 有一二學徒相從問學 余慙無以爲師
而且恐初學不知向方 且無堅固之志 而泛泛請益
則彼此無補 反貽人譏故 略書一冊 粗敍立心飭
躬奉親接物之方 曰擊蒙要訣 使學徒觀此 洗
心立脚 當日下功 而余亦久患因循 欲以自警省焉
丁丑季冬德水李珥書

立志章第一

初學先須立志 必以聖人自期 不可有一毫自小退
託之念 蓋衆人與聖人 其本性則一也 雖氣質不能
無淸濁粹駁之異 而苟能眞知實踐 去其舊染而復
其性初則 不增毫末而萬善具足矣 衆人豈可不以

격몽요결 서문 1577년 선조 때 이이가 학문을 시작하는 아동을 가르치기 위해 편찬한 책

소학 33.7×22.5cm, 아동에게 유학을
가르치기 위하여 만든 수신서

國 같은 이는 오륜 중에서 붕우유신朋友有信과 장유유서長幼有序를 강조하면서 이를 사제관계師弟關係에까지 적용시킨 《이륜행실二倫行實》을 편찬하여 보급했다.

이밖에 《소학小學》의 보급도 향촌사회 안정에 기여했다. 이 책은 주희 제자가 지은 것으로 삼강오륜三綱五倫의 구체적인 행동규범과 충신, 효자의 실례를 소개하면서, 뒷부분에 《여씨향약》을 소개한 것이다. 이 책은 아동용 교재로 널리 읽혔는데, 국문으로 된 언해본도 나오고, 고종 대에는 박재형朴在馨이 우리나라의 사례를 많이 넣어 《해동소학》(1884)으로 간행하기도 했다.

조선 후기에는 향약이 더욱 발전하여 마을 단위, 친족단위, 사족단위 등으로 확산되어 가면서 양반사족층의 단결과 향촌지배력이 커지고 도덕규범이 뿌리내리는 데 기여하기도 했다. 그러나 동시에 시간이 지날수록 양반·사족층이 보수화하면서 향약은 농민층을 억압하는 수단으로도 악용되어 18세기 말에 정약용은 향약의 폐단이 도적보다도 심하다고 악평하기도 했다.

16세기 후반에 향약을 비롯한 향촌자치가 뿌리내리면서 지금까지 관官과 민民으로 대칭되던 관계가 차츰 사士와 민民의 대칭관계로 바뀌는 변화가 나타났다. 이는 경제적으로 보면 지주제가 정착되어 지주地主와 작인作人의 대칭관계가 형성된 것과 서로 맞물려 있었다. 그리고 사족=양반층은 평민과 노비를 하인下人 혹은 상민常民(常漢 쌍놈)으로 부르기 시작했다.

4. 16세기 사림문화

1) 성리학의 철학적 심화와 분화

성리학은 원래 개인의 도덕수양인 수기修己와 백성을 올바르게 다스리는 치인治人을 동시에 추구하는 학문체계였으나, 여말선초에는 국가건설과 제도개혁이 워낙 급한 과제였던 까닭에 치인治人에 초점을 맞추어 수용되었다. 그러나 15세기 말 이후로 훈척과 연산군의 비리를 경험하면서 관료의 도덕적 수양이 중요함을 깨닫고 성리학의 중심이 수기修己로 옮겨가게 되었다. 삼강오륜의 수신교과서인《소학》이 정여창鄭汝昌, 김굉필金宏弼 등 초기 사림들 사이에 크게 주목되고, 조광조 등 기묘사림이 이를 전국적으로 퍼뜨린 이유가 여기에 있었다.

《소학》과 더불어 임금의 수신교과서로 편찬된 것이 이황李滉(1501~1570)의 《성학십도聖學十圖》(1568)[61]와 이이李珥(1536~1584)의 《성학집요聖學輯要》(1575)[62]이며, 아동용으로 만들어진 것이 박세무朴世茂의 《동몽선습童蒙先習》[63]과 이이의 《격몽요결擊蒙要訣》[64]이다. 특히 《성학집요》는 송나라 진덕수眞德秀가 지은 《대학연의大學衍義》를 우리나라의 현실에 맞게 수정하여 수신修身, 제가齊家, 위정爲政에 걸쳐 왕과 선비가 지켜야 할 왕도정치의 규범을 체계화한 것으로 성리학의 정치사상을 가장 높은 수준으로 끌어올린 명저다.

사림파 성리학자들이 수기修己에 관심을 두면서 자연히 인간의 내면세계, 즉 심성心性이나 우주자연의 원리에 대한 관심이 깊어졌다. 말하자면 성리학이 철학으로 발전한 것이다. 주돈이周敦頤, 장재張載, 주희朱熹 등 송나라 성리학자들의 성리설性理說을 모아 명나라 초기에 편찬한 《성리대전性理大全》은 이미 조선 초기에도 도입되었으나, 16세기 중엽인 1543년(중종 38)에는 《주자대전朱子大全》이 간행되면서 성리학 중에서도 주자학이 주류의 위치를 차지하게 되었다. 중종 말년에 주세붕이 세운 백운동서원[소수서원]도 주희의 백록동학규白鹿洞學規를 참고한 것이다. 1543년(중종 38) 영남 선비 권벌權橃은 《주자대전》을 교정하여 《주자대전고의》를 편찬하고, 1556년(명종 11) 이황은 주자의 중요한 서찰을 뽑아 《주자서절요朱子書節要》를, 호남의 기대승奇大升은 다음 해 《주자문록朱子文錄》을 각각 편찬했다. 《주자서절요》는 일본에 전해져 일본 주자학 발달에 큰 영향을 주었다.

주자를 비롯한 중국 성리학자들은 우주자연과 인간의 본체를 형이상形而上의 이理와 형이하形而下의 기氣를 가지고 설명했지만, 인간본성과 직접 관련되는 4단四端(仁義禮智)이나 7정七情(喜怒哀懼愛惡欲)과 같은 심성心性의 문제는 깊이있게 탐구하지 않았다. 그런데 이황, 기대승(1527~1572), 김인후金麟厚(1510~1560), 이항李恒(1499~1576), 노수신盧守愼, 이이, 성혼成渾(1535~1598) 같은 학자들이 이 문제를 가지고 서로 논쟁을 벌이는 가운데 심학心學이 비약적으로 발전해갔다. 그리하여 16세기는 세계철학사상 유례없는 심오한 철학논쟁이 전개되었다. 활발한 철학논쟁이 전개되는 가운데 두 개의 학파가 형성되었다. 이황의 학설을 따르는 영남학파와, 이이의 학설을 따르는 기호학파가 그것이다.

퇴계退溪로 더 알려진 경상도 예안의 이황은 선배학자 이언적李彦迪의 철학을 발전시켜 주

---

61) 《성학십도》는 1568년(선조 원년)에 임금에게 지어바쳐 경연의 교재로 사용되었는데, 성리학의 요체를 도표로 만들어 설명했다. 내용은 태극太極, 서명西銘, 소학小學, 대학大學, 백록동규白鹿洞規, 심통성정心統性情, 인설仁說, 심학心學, 경재잠敬齋箴, 숙흥야매도夙興夜寐圖 등으로 구성되어 있다.

62) 《성학집요》는 통설統說, 수기修己, 정가正家, 위정爲政, 성현도통聖賢道統 등으로 구성되어 있는데, 진덕수의 《대학연의》가 너무 방대하고 한국 현실을 반영하지 못하고 있는 단점을 극복하기 위해 지은 것이다. 조선 후기 숙종, 영조, 정조는 이 책을 필독서로 읽었고, 경연교재로도 사용했다.

63) 《동몽선습》은 충청도 괴산 선비 박세무가 지은 것으로, 삼강오륜의 윤리를 간단하게 설명하고 중국과 우리나라 역사의 큰 줄기를 설명했다. 경사지략經史之略을 아우르고 있어 서당의 교재로 널리 읽혔다.

64) 《격몽요결》은 청소년이 학문하는 태도, 몸과 마음을 닦는 태도, 부모와 사람을 대하는 태도 등을 적은 것인데, 목차는 입지立志, 혁구습革舊習, 지신持身, 독서, 사친事親, 상제喪制, 제례祭禮, 거가居家, 접인接人, 처세處世 등 10장으로 되어 있다.

이황의 도산서원 1574년 건립, 경북 안동시 도산서원길

이이의 자운서원 1615년 건립, 경기도 파주시 자운서원로

이언적의 옥산서원 1572년 건립, 경주시 낙산길

조식의 덕천서원 경남 산청군 시천면 남명로

리설主理說을 수립했다. 그는 '이기호발설理氣互發說'을 내세워 이는 착하고 보편적이지만, 기는 착한 것과 악한 것이 섞여 있어 비천한 것으로 보았으며, 4단四端은 이에서 발생하고, 7정七情은 기에서 발생하기 때문에 4단은 좋은 것이지만 7정은 다소 부정적으로 보았다. 이황의 주리설은 주자의 견해를 철학적으로 심화시킨 것으로, 결과적으로 형이상학적인 규범과 명분을 존중하는 학문으로 발전하게 되었다. 그리고 그의 학설은 유성룡柳成龍, 김성일金誠一, 정구鄭逑, 장현광張顯光 등 영남학자들에게 계승되었다.

이황보다 35세 연하인 파주의 이이는 이와 기는 두 개가 아니라 하나로 통합되어 있다고 보고[이기이원적일원론], 형이하의 기氣가 먼저 발동하면 이理가 기에 올라탄다는 이른바 '기발이승설氣發理乘說'을 내세웠다. 또 이와 기를 물과 그릇에 비유하여, 그릇의 모양에 따라 똑같은 물이라도 달라보인다고 말하고 이런 현상을 이통기국理通氣局이라 불렀다. 따라서 4단과 7정도 서로 대립되는 것이 아니고, 7정 가운데에도 이가 들어 있고 4단 가운데에도 기가 들어 있다고 보았다. 이황에 비해 기의 능동성을 강조하고, 7정을 좀더 긍정적으로 해석하는 것이 다르다. 이이가 사회개혁에 적극적인 이유도 형이하의 현실세계를 기의 능동성으로 바라보고, 7정을 긍정적으로 인식함으로써 성선설性善說의 시각에서 인간을 따뜻하게 바라보는 것과 관련이 있다. 다시 말해 이황이 도덕적 근본주의에 충실하다면, 이이는 물질세계와 도덕을 통일체로 바라본다고 하겠다. 이이가 경장更張을 주장하고, 경제가 안정되어야 도덕이 피어날 수 있다고 주장한 이유가 여기에 있다.

이러한 학풍의 차이는 영남지방과 기호지방의 경제적 조건의 차이를 반영한다. 외부세계와 차단된 공간 속에서 자급자족적 지주기반을 안정시키려는 영남학인들은 도덕적 명분을 지키는 것이 필요했고, 외부세계와 접촉이 빈번한 열린 공간 속에서 농업과 상업을 겸행하면서 부를 창출해가던 기호지방 학인들은 가시적인 세계에 민감하고 실리적인 학풍을 필요로 했다고 볼 수 있다.

한편, 16세기 철학사에서 개성의 서경덕徐敬德(호. 花潭, 1489~1546)과 경상도 덕천德川의 조식曹植(南冥; 1501~1572)의 위치도 중요하다. 성종 때 가난한 농부집에서 태어난 서경덕은 일평생 처사로 지내면서 독창적인 유기철학唯氣哲學을 수립했다. 그에 의하면 우주자연은 미세한 입자인 기氣로 구성되어 있으며, 기는 영원불멸하면서 생명을 낳는다고 보았다. 그의 유기론은 우주의 원리를 상象과 수數로 해석하는 상수역학象數易學으로 발전하여 오늘날의 자연과학적 우주관과 비슷한 모습을 보였다. 그의 우주관은 우리나라 도가道家(老莊)의 전통과 중국 송나라 장재張載(횡거)와 소옹邵雍의 영향을 받은 것으로 임진강과 한강 일대의 학자들에게 큰 영향을 미쳐 박순朴淳, 민순閔純, 박지화朴枝華, 이지함李之菡(土亭), 허엽許曄 등이 그의 문하에서 배출되고, 율곡의 이기론도 그 영향을 받았다. 서경덕학파는 주자성리학과는 다른 독특한 개성을 지녀 17세기 초 서울에 실학實學이 성립하는 중요한 토대가 되었다.

지리산 부근의 덕천과 김해 바닷가에서 처사로 지낸 조식은 경敬과 의義를 근본으로 하는 강렬한 실천적 성리학풍[경의지학敬義之學]을 창도하고 도가적道家的 요소도 흡수하여 서경덕과 상통하는 학풍을 형성했다.

전라도 나주의 기대승奇大升(高峰)과 장성의 김인후金麟厚(河西), 태인의 이항李恒(一齋)도 성리학자로 이름이 높았는데, 특히 기대승은 김인후의 영향을 받아 이황과 8차례의 편지왕래를 통해 4단과 7정에 관한 논쟁을 벌여 후세 학자들에게 큰 영향을 주고 심성론을 높은 수준으로 끌어올렸다.

이렇게 다양한 개성을 지닌 성리학풍이 각지에서 형성되면서 정치적 입장을 달리하는 정파가 생겨나게 되었는데, 율곡의 학설은 성혼成渾, 송익필宋翼弼, 김장생金長生, 김집金集, 송시열宋時烈 등 기호지방의 학자들에게 큰 영향을 주고, 이들이 서인西人, 노론老論, 소론少論을 형성하여 조선 후기 300년 역사를 주도했으며 문묘에 배향된 인물도 가장 많았다.[65]

한편, 이황을 따르는 학자들은 영남 학자들에게 영향을 주어 조선 후기 영남 남인南人을 형성하고, 서경덕을 따르는 이들이 서울 남인을 형성하고, 조식을 따르는 이들이 대북大北을 형성하게 된 것이다. 대북인은 17세기 초 인조반정 이후 몰락하면서 남인에 흡수되었으나, 서울 남인은 학문적으로는 영남 남인과 구별되는 독자적 학풍을 형성했는데, 이것이 바로 초기 실학實學이다. 실학은 성리학의 본질인 수기치인修己治人으로 돌아가자는 것으로, 수기에 도움이 되는 불교, 도교, 양명학 등 이단에도 포용성을 보이고, 치인治人의 목표를 부국안민富國安民에 두어 실용적인 기술학을 존중하는 입장을 취했다.

초기 실학에 속하는 인물로는 이지함李之菡(1517~1578), 한효순韓孝純(1543~1621), 한백겸韓百謙(1552~1615), 유몽인柳夢寅(1559~1623), 이수광李睟光(1563~1628) 등을 들 수 있다. 선조 때의 이지함은 서경덕 문인으로 유학과 더불어 수학, 의약, 점복, 천문, 지리 등 잡학에도 조예가 깊었으며 탁행卓行으로 천거되어 포천과 아산현감도 지냈으나 서울 마포에 움막土亭을 짓고 살면서 직접 장사에도 참여하여 재리財利의 중요성을 일깨워 주었다.

2) 새로운 사서의 간행

16세기에는 부국강병과 공리功利를 반대하고 왕도정치王道政治를 추구하는 사림들의 역사

---

65) 성균관 문묘에 배향된 인물은 모두 18명인데, 그 명단은 다음과 같다.(고딕체는 서인) 설총(신라), 최치원(신라), 안향(고려), 정몽주(고려), 김굉필(조선 초기), 정여창(조선 초기), 조광조(16세기), 이언적(16세기), 이황(16세기), 김인후(16세기), 이이(16세기), 성혼(16세기), 조헌(16세기), 김장생(17세기), 김집(17세기), 송시열(17세기), 송준길(17세기),박세채(17세기)

의식을 반영하는 새로운 사서史書들이 개인적으로 편찬되어 향촌자제들의 교육용으로 이용되었다.

중종 때 충주목사로 있던 박상朴祥(1474~1530)이 지은 《동국사략東國史略》(1522년경)은 그 대표적 역사책이다. 기묘사림의 한 사람인 박상은 원나라 증선지曾先之가 지은 《십팔사략十八史略》 체재를 참고하여 《동국통감》을 압축하여 《동국사략》(6권)을 썼는데, 단순한 압축이 아니라 신라통일의 의미를 크게 부각시키고, 고조선과 고구려의 중심지를 한반도에 비정했으며, 이색, 이숭인, 정몽주 등 성리학자들을 재평가하여 역성혁명파 중심의 역사의식을 벗어나고자 했다. 이 책은 뒤에 서인 사이에서 애용되고 중국에까지 전파되어 《조선사략》으로 간행되었다.

《동국사략》과 비슷한 역사의식은 1530년(중종 25)에 편찬된 《신증동국여지승람》에서도 보인다. 여기서도 고구려 발상지인 졸본을 평안도 성천成川으로 비정하는 등 한반도 중심의 역사의식이 나타난다. 이는 만주수복을 추구하던 조선 초기의 부국강병정책에 대한 반발을 의미한다.

한편, 을사사화 때 대윤파大尹派(尹任派)의 한 사람인 유희령柳希齡(1480~1552)은 《표제음주동국사략標題音註東國史略》을 써서 다소 이색적인 역사의식을 보였다. 이 책에서는 단군조선을 상세하게 다루고, 삼한의 위치에 대해 권근의 주장을 버리고 최치원의 주장에 따라 새로 비정했으며, 고구려를 삼국의 첫머리에 서술하는 등 《동국통감》과 다른 북방중심의 역사체계를 구성했다. 그러나 박상의 책 만큼 영향력을 미치지는 못했다.

사림들은 또한 우리 역사에서 기자箕子의 행적을 주목하고 그 전통을 계승하려는 역사책들을 편찬했다. 율곡이 1580년(선조 13)에 쓴 《기자실기箕子實記》는 그 대표적 저술이다. 이 책에서는 기자가 주나라 무왕에게 홍범洪範을 전하고, 우리나라에 와서 정전제井田制와 팔조교八條敎 등을 시행한 것은 성인聖人과 같은 행적으로 사림들이 추구하는 왕도정치王道政治가 그로부터 시작되었다고 평가했다. 이는 16세기 말에 왕도정치의 뿌리를 한국에서 찾으려는 시도로 성리학이 토착화되는 과정과 연결된 역사의식의 변화를 보여준다.

3) 어문학의 변화

16세기에는 향촌 선비들의 활약이 커지면서 문학창작 활동이 지방에까지 확산되고 향촌 사람들을 위한 어문교재도 새로이 나타났다.

먼저, 어문학의 변화를 살펴보자. 중종 때 역관譯官 출신의 최세진崔世珍(1468~1542; 괴산 출신)은 어린이들의 한자 학습교재로 《훈몽자회訓蒙字會》(1527)를 편찬했다. 이 책은 당시 널리 통용되던 3,360자를 골라 한자의 음과 뜻을 우리말로 기록하고, 범례에서 훈민정음에 대한 설명을 실었다. 그 전에는 《천자문》과 《유합類合》을 통해 한자를 배웠는데 너무 배우기 어려운 것을 고려한 것이다. 그는 또 외교문서 작성을 위한 참고서로 《이문집람吏文輯覽》을 편찬하고, 중국어회화 학습교재인 《노걸대老乞大》와 《박통사朴通事》 등을 우리말로 번역했다. 이밖에 한자의 중국음을 고금정속古今正俗[고음, 금음, 정음, 속음]으로 나누어 우리말로 기록한 《사성통해四聲通解》를 편찬했는데, 이는 신숙주의 《사성통고四聲通考》를 증보한 것으로 음운학과 국문학 발전에 기여했다.

선조 초의 학자 권문해權文海(1534~1591, 예천 출신)는 단군 이래의 사실史實, 인물, 지리, 문학,

예술 등을 총망라하여 운자순韻字順으로 배열한 옛말사전을 편찬하여《대동운부군옥大東韻府群玉》(20권)이라 했다. 이 책은 지금 남아 있는 가장 오랜 사전이며, 조선 후기 유행한 백과사전의 효시를 이룬다.

16세기 문학은 중앙 훈신과 지방사림의 처지에 따라 다양한 조류가 나타났다. 한양과 기호지방에서는 훈신과 사림 가운데 한시, 가사, 시조 분야에서 뛰어난 작가들이 배출되었다. 중종 때의 박상朴祥, 남곤南袞, 박은朴誾, 이행李荇, 명종~선조 때의 정사룡鄭士龍, 노수신盧守愼, 황정욱黃廷彧 등은 예리한 비판정신은 없었으나 고답적이고 격조있는 시를 잘 써서 문명을 날렸고, 선조 때의 담양인 송순宋純과 김인후, 기대승의 문인인 정철鄭澈(1536~1593)은 국문으로 가사歌辭를 지어 국문학의 새 경지를 열었다. 특히 정철은 강원도 관찰사를 지내면서 금강산을 비롯한 관동 8경의 아름다움을 풍부한 우리말 어휘를 구사하여 자랑스럽게 노래한《관동별곡關東別曲》을 지었으며, 임금 선조에 대한 충성심을 아름다운 미인에 대한 사랑으로 비유한《사미인곡思美人曲》등을 쓰기도 했다. 이들 작품은《송강가사松江歌辭》에 실려 전해지고 있다.

훈척이나 중앙관료를 백안시하던 처사형 사림은 기교에 빠진 관료문학을 겉만 화려한 글이라고 공격하면서 문학은 도道, 즉 철학을 담아야 한다는 도문일치道文一致를 내세우면서 왕도정신이 깃든 자성적 작품을 즐겨 썼다. 이황의〈도산십이곡陶山十二曲〉같은 것이 그것이다.

16세기 문학에서 또 하나 특이한 것은 관료와 사림을 다같이 비판하고 나선 이른바 방외인方外人 문학이다. 이들은 체제 밖에서 방랑하면서 기이한 행적을 남기고, 대개 도가의 선술仙術이나 민간신앙을 받아들이면서 체제비판적인 시나 소설을 즐겨 썼다. 이미 15세기 말 세조의 왕위찬탈을 비판하던 김시습으로부터 시작된 방외인 문학은 16세기 들어와 홍유손洪裕孫, 전우치田禹治, 정희량鄭希良, 정렴鄭磏·정작鄭碏 형제, 양사언楊士彦, 어무적魚無迹, 서기徐起, 임제林悌, 이숙권魚叔權 등이 나오면서 더 한층 민족주체적이고 체제비판적인 방향으로 흘러갔다.

아전 출신의 홍유손은 무오사화 때 화를 입고 노비가 되었다가 풀려나서 종적을 감추었는데, 단군, 기자, 영랑永郎으로 이어지는 고유전통을 노래하는 시를 짓고, 단군을 단제檀帝로 높이 부르기도 했다. 개성출신의 기인 전우치는《전우치전》이라는 소설의 주인공으로 유명하거니와 신라의 네 신선이 놀았다고 전해지는 강원도 고성 삼일포三日浦의 선경을 시로 읊었다. 정희량도 무오사화 때 귀양갔다가 풀려난 후 행적이 묘연해진 기인인데,〈혼돈주가混沌酒歌〉등 무위자연의 도가의 세계를 희원하는 시를 많이 썼다. 그가 임꺽정의 스승이라는 설도 있다. 정렴과 정작 형제는 아버지 정순붕鄭順朋이 명종 때 권신으로 악명을 얻은 것에 반발하여 도가에 귀의했는데, 두 사람의 시문집인《북창고옥문집北窓古玉文集》은 조선 후기 도가들 사이에 삼교일치의 사상서로 추앙을 받았다. 금강산에 들어가 신선이 되었다고 전해지는 양사언의 시는 당시 '선가仙家의 신품神品'이라고 알려졌다.

어무적은 양반과 종인 어머니 사이에서 서얼로 태어났는데, 연산군 때 가난한 농민의 고통을 시로 읊은〈유민탄流民嘆〉, 매화나무에까지 세금을 매기는 수령의 횡포를 풍자한〈작매부斫梅賦〉등을 남겼다. 노비출신 서기는 학문에 힘써 이지함 등 명사들과 교류했는데 선비들의 마음을 짐승에 비유한〈탄시嘆詩〉등을 남겼다.

임제는 속리산에 은거하던 성운成運에게서 학문을 배우고 문과에도 급제했으나 벼슬을 버리고 방랑하면서 〈원생몽유록元生夢遊錄〉, 〈수성지愁城誌〉, 〈화사花史〉, 〈서옥설鼠獄說〉 등 소설과 천여 편의 시를 남겼다. 〈원생몽유록〉은 요, 순, 우, 탕, 무왕 등 중국의 성인을 만고의 죄인으로 몰아 성리학자의 명분을 공박한 소설이며, 〈수성지〉는 천군天君을 주인공으로 하여 왕도정치의 허무함을 그려낸 소설이다. 〈서옥설〉은 탐욕스런 관리들을 늙은 쥐에 비유하여 풍자한 글이다. 임제는 죽을 때 "사해제국이 모두 황제를 칭하지 않은 나라가 없는데, 우리나라만이 못했다. 이런 나라에 태어났다가 죽는 것이 무엇이 슬프냐"고 하면서 자손에게 곡哭을 하지 말라는 유언을 남겼다 한다. 이 해학 속에는 성리학자들의 사대명분에 대한 비판이 담겨 있다. 서얼출신의 어숙권은 《패관잡기稗官雜記》를 써서 문벌제도와 적서차별의 폐단을 폭로했다.

16세기 도학주의 사림문학에 대한 반발은 서울의 삼당시인三唐詩人에서도 나타났다. 최경창崔慶昌, 이달李達, 백광훈白光勳이 그들이다. 왕도문학이 송시宋詩와 관련된 데 대한 반발로 당시唐詩의 악부체樂府體 형식을 빌려 자유분방하게 인간의 감정을 표현하려는 것이 삼당시인 문학의 특징이었다. 가령, 백광훈의 〈용강사龍江詞〉는 서울 가서 돌아오지 않는 님을 기다리는 아낙네의 그리움을 하소연한 노래로 다음과 같은 구절이 보인다.

> 떠나실 때 뱃속에 있던 아기
> 이제는 말을 익히고 죽마도 타네
> 이웃 애들을 본떠 아빠를 부르는데
> 만리 밖의 너의 아빠 그 소리 들으실까

이달은 관기官妓의 몸에서 태어나 한량으로 일생을 마친 삼당시인의 대표자로서 그의 〈만랑무가漫浪舞歌〉는 신선의 세계를 향해서 칼춤을 추는 한 노인의 거동을 비상한 상상력과 벅찬 감격으로 묘사하여 현실도피적인 의지를 예술적으로 표현했다.

서얼이나 노비와 같은 불우한 처지의 문인들이 등장하는 추세에 따라 규방 안에 갇혀 있던 부녀들 사이에도 명망있는 작가들이 배출되었다. 서울과 인근지역의 이옥봉李玉峰, 황진이黃眞伊, 이계랑李桂娘, 허난설헌許蘭雪軒, 그리고 율곡의 어머니 신사임당申師任堂은 대표적 여류작가다. 특히 개성 기녀 황진이는 개성의 아름다움을 노래한 〈박연朴淵〉, 소세양蘇世讓과의 이별을 노래한 〈청산리 벽계수〉 등의 정감어린 시조를 많이 지어 큰 인기를 얻었다. 이옥봉은 양반의 첩으로서, 이계랑은 부안기생으로서, 허난설헌은 허엽의 딸이자 허균의 누이로서 각기 특이한 가정환경을 배경으로 하여 모성애와 남녀 간 애정을 소재로 한 우수한 작품을 남겼다. 그러나 허난설헌의 경우는 신선의 세계를 동경하는 도가적 세계관을 담은 작품도 생산했다.

16세기 서울지방의 새로운 문학풍조는 이미 서울 성리학이 실학으로 발전되어 가는 풍조를 문학이 앞장서서 열어놓았다고 할 수 있다.

4) 그림, 글씨, 건축

16세기 그림은 안견安堅의 15세기 화풍을 계승한 부류와 명나라 남부 절강지방浙江 화풍

소쇄원 광풍각 여기서 김인후, 고경명, 정철, 송순 등이 교유했다. 전라남도 담양군 가사문학로

당나귀를 끄는 어린이 보물 783호, 조선 16세기 후반,
김시(1524~1593) 그림, 111.0×46.0cm, 비단 수묵담채,
호암미술관 소장

보길도 세연정 윤선도(1587~1671)가 보길도에서 어부사시사(1651),
산중신곡, 금쇄동집과 한시문 35수, 시조 40수를 지은 곳이다.
전남 완도군 보길동로(1993년 새로 지음)

의 영향을 받은 부류, 그리고 문인화가 등 다양한 흐름이 있었다.

먼저 안견류의 화풍을 따르는 이는 이상좌李上佐의 아들인 이흥효李興孝가 명종 때 화원으로 산수를 잘 그렸고, 종실 이경윤李慶胤은 〈산수인물도〉와 개울에 발을 담그고 있는 〈탁족도濯足圖〉를 남겼는데 도가적 분위기를 풍기는 그림으로 알려지고 있다. 그의 서자인 이징李澄은 인조 때 화원으로 역시 산수를 잘했다. 이상좌의 손자이자 이흥효의 조카인 이정李楨도 30세에 요절했으나 산수로 이름이 높았다.

문인화가로는 김안로의 아들인 김시金禔가 명종~선조 때 도화서 책임을 맡은 관료화가로 이름이 높았고, 그의 종손인 김식金埴과 김집金集도 유명한 화가였다. 김시의 그림 중에 〈당나귀를 끄는 어린이童子牽驢圖〉와 〈한림제설도〉 등은 힘있는 필치로 특히 유명하다. 황집중黃執中과 이

초충도 사임당 그림, 국립중앙박물관 소장

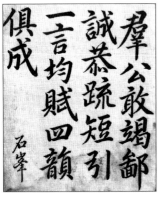

한호의 글씨 한호 호는 석봉,
30.5×27.0cm, 간송미술관 소장

계호李繼祜도 문인화가로서 포도그림에 능했고, 이정李霆은 대나무에, 어몽룡魚夢龍은 매화에 능했는데 이들을 삼절三絕이라고 불렀다. 율곡의 어머니 사임당 신씨는 그림에도 능하여 꽃과 나비, 채소를 즐겨 그렸으며, 자수刺繡에도 일가를 이루었다.

16세기의 대표적인 서예가는 한호韓濩(1543~1605)와 양사언이다. 개성 출신 한호는 이른바 석봉체石峰體로 알려진 독특한 서체를 창안했으며 문장가로 이름을 떨친 차천로車天輅, 최립崔岦과 더불어 송도삼절松都三絕로 알려졌다.

16세기 건축은 서원書院에서 특색이 발휘되었다. 대체로 서원은 향교와 마찬가지로 강당을 중앙에 두고 남쪽 좌우에 기숙사인 재齋를 마주보도록 배치하고, 강당 북쪽에는 선배 유학자의 위패를 모신 사당祠堂을 두고 사방을 담으로 둘렀다. 이런 서원구조는 기본적으로 사찰의 가람배치와 비슷하지만, 사찰보다는 한층 검소하며 단청을 쓰지 않았다. 지금 남아 있는 서원건축 가운데 16세기에 건설된 것은 경주의 옥산서원玉山書院(이언적), 해주의 소현서원紹賢書院(이이), 안동의 도산서원陶山書院(퇴계) 등이다.

한편, 건축과 관련하여 지방 선비들이 주거지에 건설한 정원의 아름다움도 빼놓을 수 없다. 그 대표적인 것으로는 조광조 문인 양산보梁山甫가 고향인 전라도 담양에 세운 소쇄원瀟灑園을 들 수 있다. 이 정원은 대나무 숲과 계곡이 어우러진 자연미를 최대로 살리면서 날렵한 정자와 나즈막한 담을 쌓아 16세기 선비의 절제된 정취와 풍류를 유감없이 보여주고 있다. 그 부근에 정철이 세운 식영정息影亭이나 윤선도가 보길도에 세운 세연정洗然亭 등도 아름다운 정원문화로 꼽힌다.

제6장 왜란과 호란

1. 임진왜란(1592~1598)

1) 도요토미 히데요시의 조선침략

15세기 조선과 일본의 무로마치 막부室町幕府는 서로 사신을 보내면서 비교적 평화로운 교린관계를 유지했으나, 일본은 조선의 불경佛經을 비롯한 선진문물과 식량 및 옷감부족을 타개하기 위해 조선정부와의 무역확대를 강청强請해 왔다. 그래서 1426년(세종 8) 삼포三浦(동래 부산포, 울산 염포, 웅천 제픠를 개항하여 무역을 허용하고, 1443년(세종 25) 계해약조를 맺어 무역량을 매년 50척으로 제한했다.

그러나 16세기에 들어와서 일본인의 무역요구는 더욱 늘어나고, 삼포에 거주하는 일본인 수도 갈수록 많아졌다. 이에 위협을 느낀 정부가 약속을 어긴 일본인들에 대한 통제를 강화하자, 도리어 일본인들은 대마도의 지원을 받아 소란을 자주 일으켰다. 1510년(중종 5)에 4~5천 명의 일본인이 일으킨 삼포왜란과 1555년(명종 10)에 일어난 을묘왜변乙卯倭變[66]은 그 대표적인 예이다. 조선정부는 비변사備邊司[67]라는 상설기관을 설치하여 군국기무를 장악하게 하는 등 대책을 세웠으나, 문치의 극성기인 16세기 말에 가서 국방과 군역제도는 더욱 허물어졌다. 율곡 이이가 '10만 양병설'을 내세웠을 때, 동인 인사는 이를 평지풍파라고 배격하였고, 일본에 다녀온 서인 정사[黃允吉]가 일본에 대한 경계를 주장하였을 때, 동인 부사[金誠一]는 이를 공박하고 대일 안심론을 폈다. 조정의 의논이 일치되지 않았다.

이미 16세기 중엽부터 일본의 역사는 새로운 변화가 일어났다. 15세기 말에 스페인과 포르투갈이 이른바 '지리상의 발견'[대항해시대]으로, 스페인은 아메리카대륙에 진출하기 시작하고,(1492) 포르투갈은 인도항로를 발견하여 아시아로 진출하기 시작했는데,(1498) 포르투갈은 인도, 중국을 거쳐 16세기 중엽에는 일본 규슈지역과 직접 교류하기 시작하여 총을 비롯한 서양무기와 천주교를 전달하고, 일본에서 은을 받아 중국에 수출했으며, 중국에서 비단을 사서 유

---

66) 일본은 삼포왜란 이후 세견선이 줄어든 것에 불만을 품고 1555년 5월 60여 척의 배를 끌고 와서 전라도 영암, 장흥, 강진, 진도 등지를 약탈했다. 그러나 조선은 이준경을 도순찰사로 파견하여 격퇴시켰다.

67) 비변사는 비국備局 또는 주사籌司라고도 한다. 창덕궁 앞에 청사를 두고 의정부 재상과 6조 판서, 낭관 등이 비변사의 도제조, 제조, 낭청을 겸임하는 합좌기관이었다. 비변사의 기능은 주로 국방에 관한 문제를 논의하는 것이었으나 조선 후기에는 일반행정에도 관여하여 그 권한이 의정부를 능가하기도 했다. 그러나 고종 때 대원군이 그 기능을 축소시키고 의정부 기능을 다시 강화했다. 비변사에서 논의한 중요사항을 기록한 것이 《비변사등록》으로 1617년에서 1892년까지의 기록(273책)이 지금 남아 있다.

베트남 호이안의 일본 내원교

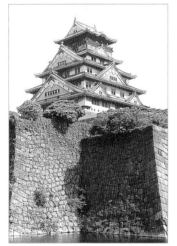
오사카성 천수각, 높이 54.8m, 도요토미가
건설, 1931년 콘크리트로 재건

럽에 팔았다. 그 뒤 스페인이 들어오고, 이어 1580년
대에 스페인의 무적함대無敵艦隊가 영국에 의해 격파
된 뒤로는 네덜란드와 영국도 동인도회사를 조직하
여 아시아로 진출하면서 일본과 교류했다. 그리하여
일본은 서양문화를 '난학蘭學'이라 부르면서 배우고,
서양총을 개량하여 조총鳥銃을 만들었다.

이렇게 16세기 말의 일본은 이미 서양문화와 무
기를 받아들이면서 일본 상인들이 베트남 등 동남아에
도 진출하여 부를 축적했으며, 당시 유행한 노예장사에
도 참여하여 동양인을 서양에 팔고 있었다.

그런데 일본이 변하는 동안 조선은 서양문화를 접하지 못했다. 서
양은 아시아항로에서 조선을 제외시켰는데, 이는 쿠로시오黑潮로 불리는
해류의 영향이 컸다. 이 해류는 필리핀 부근에서 발생하여 규슈 남쪽에서
태평양으로 북상하는 빠른 조류로, 돛단배가 이 해류를 타고 규슈에 가
기는 쉽지만 한반도로 오기는 어려웠다. 그래서 서양 배가 규슈로 가다가
난파되어 제주도로 표류하는 일이 가끔 있었다. 그래서 조선이 서양에 문
호를 닫은 것이 아니라, 서양이 조선을 찾지 않은 것이다.

일본의 무로마치 막부는 15세기 중엽부터 약 100년간 지방의 호
족세력인 다이묘大名들 사이에 전쟁을 벌이는 전국시대로 접어들었는데,
1573년(조선 선조 6)에 오다 노부나가織田信長가 교토 무로마치 막부의 쇼군將
軍을 추방하여 막부를 무너뜨리고, 이어 1585년에 그의 부하였던 오사카
출신의 도요토미 히데요시豊臣秀吉(1537~1598)가 드디어 정권을 장악했다.

국내통일에 거의 성공한 도요토미 히데요시는 다이묘들의 불만을 밖
으로 분출시켜 국내를 안정시키고, 밖으로 조선과 명을 정복하기 위해 대규모 침략전쟁을 계획했
다. 일본 상공업자들이 전쟁물자를 공급했다. 일본은 먼저 정탐꾼을 조선에 보내 한반도의 지형과
정치정세를 세밀하게 조사하고, 드디어 침략의 명분을 찾기 위해 명나라를 치러가는 데 길을 빌
려달라는 이른바 '정명가도征明假道'를 요구해 왔다. 조선은 물론 이것이 거짓임을 알고 거절했다.

도요토미는 한국침략에 앞서 규슈를 먼저 복속시키고, 여기서 약 16만 대군을 조직한 다
음 1592년(선조 25) 4월 13일 드디어 규슈의 나고야名護屋를 출발하여 9개 부대로 나뉘어 조선을
침략하였다.[68] 그 가운데 제1부대가 4월 14일 부산포에 상륙했다. 뜻밖에 적군을 맞이한 부산
포 군민軍民들은 첨사 정발鄭撥의 지휘 아래 장렬하게 싸웠으나 끝내 함락당하고 말았다. 부산
포를 유린한 왜군은 동래성으로 밀려들었다. 이곳 군민들은 동래부사 송상현宋象賢의 지휘 아래

---

68) 일본군 제1부대장은 고니시 유키나가小西行長, 제2부대장은 가토 기요마사加藤淸正, 제3부대장은 구로다 나가마사黑
田長政, 제4부대장은 모리 요시나리毛利吉成와 시마즈 요시히로島津義弘, 제5부대장은 후쿠시마 마사노리福島正則, 제6
부대장은 고바야카와 다카카게小早川隆景, 제7부대장은 모리 모토유키毛利元之, 제8부대장은 우키타 히데이에宇喜多
秀家, 제9부대장은 하시바 히데카쓰羽柴秀勝이다.

치열하게 항전하였으나 중과부적으로 패하였다.

　그 뒤 제2부대와 제3부대가 4월 19일에 부산에 상륙하여, 여기서 조령방면, 경주방면, 추풍령방면 등 세 길로 나누어 서울을 향해 북상하였다. 이에 당황한 조정은 좌의정 유성룡柳成龍을 도체찰사都體察使로 삼아 총지휘를 맡겼는데, 이일李鎰과 신립申砬 장군을 내려 보내 각각 상주尙州와 충주에서 막게 했으나, 이일도 패하고, 신립도 탄금대彈琴臺에서 배수의 진을 치고 싸웠으나 역시 적을 막아 내지 못했다.

　왜군이 서울 근교에 육박하자 선조는 4월 29일 세자[광해군], 그리고 영의정 이산해李山海를 비롯한 100여 명의 신하들과 함께 비가 오는 밤중에 말을 타고 의주義州를 향해 피난길을 떠났다. 임해군과 순화군 등 두 왕자를 함경도와 강원도로 보내 근왕병을 모집하게 하였다. 제대로 싸워보지도 못한 상태에서 5월 2일 제1부대가 동대문을 거쳐 서울로 들어오고, 제2부대가 5월 3일 남대문으로 들어왔으며, 이어 다른 부대들도 서울을 점령했다.

　부산에 상륙한 지 20일도 안 되어 서울을 유린한 왜군은 평안도와 함경도로 나누어 진군하여 6월에 평양과 함경도까지 유린하고 왕자[임해군, 순화군]를 포로로 하였다. 정부의 무능에 분격한 국민들은 피난하는 선조의 어가를 막으면서 원성을 터뜨리고, 서울에서는 일부 노비들이 궁궐에 들어가 노비문서를 관장하는 장례원掌隸院을 불태우기도 했다.

2) 수군과 의병의 항쟁

　왜군의 침략작전은 육군과 수군이 동시에 진격하되, 육군은 세 길로 나누어 북상하고, 수군은 남해와 서해를 돌아서 물자를 조달하면서 육군과 합세하여 북상하려는 것이었다. 그리하여 일본 수군은 경상도 해안지역을 약탈하면서 전라도 해안을 향하여 접근해 오고 있었다. 이때 전라도 해안 경비의 책임을 맡은 이는 일찍이 여진족 토벌에 공을 세운 바 있는 이순신李舜臣(1545~1598)이었다.

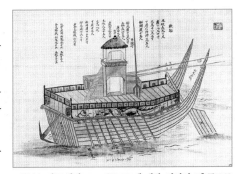

판옥선　을묘왜변(1555, 명종 10) 때 개발, 갑판이 2층구조로 전투군과 노젓는 비전투군의 보호가 가능하고 배바닥은 평면구조라 제자리 회전이 쉽다.

　이순신은 1년 전에 유성룡柳成龍의 천거로 전라좌수사에 부임한 이래 왜군의 침입이 있을 것을 예견하여 수군을 훈련시키고 무장을 갖추며, 식량을 저장하여 두었다. 특히 그는 돌격선의 필요를 절감하여 조선 초기에 만들었던 거북선[龜船]을 개량하여 재건하였는데, 여기에 숨겨둔 화포火砲를 사용하여 적선을 파괴하고, 적선과 박치기를 하여 침몰시킬 수 있는 위력을 지녔다. 일본 수군은 주로 안택선安宅船[아타케부네]을 사용하고, 조선 수군은 판옥선板屋船을 사용했는데, 안택선은 전투선이 아니라 수송선의 성격이 강해 선체가 낮았으나 판옥선은 선체가 높아 적이 올라오기가 어려웠다. 조선 수군은 배와 대포의 성능에서 일본을 능가하였으며, 화공술火攻術이 뛰어났다.

안택선　일본의 가장 큰 전투함으로 배바닥이 용골구조라 제자리 회전이 어렵다.

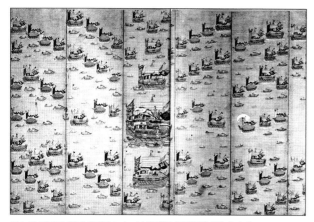

이순신 장군의 학날개진법 모습 10폭 병풍, 국립중앙박물관 소장

이순신 동상 서울 세종로

이순신이 이끄는 수군은 5월 초부터 적군을 맞아 옥포[거제도]에서 적선 37척을 격파하는 첫 승리를 거두고, 이어 5월 말부터 6월 초에는 이억기李億祺 장군이 이끄는 전라우수영 및 경상우수영의 함선과 합세하여 사천·당포·당항포 등지에서 거북선을 이용하여 적선 72척을 부수는 대승을 거두었다. 이어 6월 말에서 7월 초에 걸쳐 왜군이 다시 총공격을 가해 오자 이순신 함대는 한산도閑山島 앞바다로 적을 유인하여 교묘한 전술로 대파하였다. 적선 약 100척을 격파한 이 싸움은 전란 중에 거둔 3대 승리의 하나로 꼽는다. 이러한 이순신 함대의 활약으로 해상권을 완전히 장악하여 북진하는 육군과 합세하려던 일본의 작전이 무너졌으며, 전라도의 곡창지대를 안전하게 지킬 수 있었다.

해전에서의 잇단 승리와 때를 같이하여 육지에서도 경상도에서 관찰사 한효순, 절도사 박진, 순찰사 김시민 등이 약 5만 명의 관군을 모집하여 도로를 회복하고, 사방에서 민병대가 일어나 향토방위를 위해 일어섰다. 이 자발적인 무장부대들은 나라에 대한 충의를 걸고 싸웠기 때문에 의병義兵이라고 부른다. 의병은 농민이 주축을 이루었으나, 그들을 조직하고 지도한 것은 전직관료와 사림 그리고 승려들이었다. 의병들은 향토지리에 익숙하고, 향토조건에 알맞은 무기와 전술을 터득하고 있었다. 그리하여 적은 병력으로 대군과 적대하기 위해서 정면충돌보다도 매복·기습·위장 등과 같은 유격전술을 많이 써서 적에게 큰 괴로움을 주었다.

의병은 전국 각지에서 일어나 그 수를 헤아리기 어려우나, 그 중에서도 많은 전과를 거두고 명성을 떨친 것은 평안도의 조호익曹好益·양덕록楊德祿·휴정休靜(西山大師), 함경도의 정문부鄭文孚,[69] 경기도의 김천일金千鎰·심대沈岱·홍계남洪季男, 경상도 의령의 곽재우郭再祐, 고령의 김면金沔, 합천의 정인홍鄭仁弘, 영천의 권응수權應銖, 충청도의 조헌趙憲,[70] 전라도의 고경명高敬命, 황해도의 이정암李廷馣, 강원도의 유정惟政(松雲大師) 등이다. 지역적으로 보면 유학이 발달한 남부지방이 가장 의병투쟁이 강하였다.

수군과 의병의 항전으로 전란이 장기화되면서 왜군은 갈수록 힘을 잃었다. 이에 비해 조

---

69) 1709년(숙종 35) 함경도 북평사 최창대는 가토 기요마사가 거느린 2만 명의 왜군을 크게 무찌른 정문부 의병의 대첩을 기념하기 위해 함경북도 길주에 북관대첩비北關大捷碑를 세웠다. 1905년 러일전쟁 때 이 지역에 주둔한 일본군이 이 비석을 일본으로 가져가 야스쿠니 신사 한 구석에 세워두었는데, 한국의 요청에 따라 2005년 10월에 한국으로 돌아왔다. 그러나 이 비를 다시 북한에 넘겨주고 그 복제물을 지금 경복궁 안에 세워 놓았다.

70) 조헌은 율곡의 제자로 의병에 참가하여 충청도 금산錦山에서 700여 명이 결사항전하다 모두 전사했다.

선의 반격작전은 한층 강화되어, 지금까지 산발적으로 일어난 의병부대 등을 정리하여 관군에 편입시켜 관군의 전투능력이 10만 명에 육박할 정도로 커졌으며, 작전이 한층 조직성을 띠게 되었다. 이해 10월 진주에서는 목사 김시민金時敏이 3,800명의 병력으로 2만 명의 일본군을 맞아 성을 방어하는 데 성공했다.

육해의 모든 전선에서 반격을 강화하던 무렵에 명나라가 드디어 1592년 7월부터 지원병을 보내기 시작했는데, 처음에는 조선이 일본과 손잡고 명나라를 친다는 잘못된 소문을 듣고 의심하다가 한응인韓應寅의 뛰어난 외교술로 설득하여 드디어 파병을 결정했다. 일본은 전쟁 초기부터 정명가도征明假道를 내세워 중국침략을 공언했으므로 명은 자위책으로 지원군을 파견한 것이다.

1593년(선조 26) 1월 한국계 중국인 이여송李如松이 거느린 5만 명의 명나라 지원군이 도착하여 조선군과 합세하면서 전세가 크게 뒤집어졌다. 조명연합군은 먼저 평양성을 탈환하고, 남으로 일본군을 추격하다가 고양의 벽제관碧蹄館 전투에서 패하자 명군은 평양으로 후퇴하였다. 이때 권율權慄은 행주산성幸州山城에서 웅거하여 명군과 합세하여 서울

임진왜란 격전지

을 탈환하려다가 명군의 후퇴로 고립상태에 빠졌으나 1만 명의 병력으로 피나는 전투를 벌여 3만 명의 병력으로 공격해 온 일본군을 물리쳤다(1593년 2월). 이 전투에서는 부녀자들까지 참전하여 치마에 돌을 날라 '행주치마'라는 말이 나왔다 한다. 이 전투는 1592년 10월에 김시민金時敏이 진주성晉州城에서 거둔 방어전의 승리, 그리고 이순신의 한산도閑山島 승리와 아울러 임진왜란의 3대 승리의 하나로 기록되고 있다.

조명연합군의 반격에 예기가 꺾인 일본군은 휴전을 제의하였으며, 명도 이를 받아들여 일본군은 1593년 4월 서울을 떠나 경상도 해안일대로 물러났다. 그런데 일본군은 옛날 진주성의 패배를 설욕하고, 조명연합군의 기세를 꺾기 위해 이해 6월 3만 7천 명의 병력으로 진주성을 공격했다. 이때 김천일金千鎰이 이끄는 의병과 관군의 연합군 약 3,400명은 수만 명 주민의 지원을 받으면서 10일간 치열한 전투를 벌였으나, 거의 모두 전사했다. 일본군도 큰 피해를 입었다. 그 이후 큰 전투는 없었다.

1593년은 특히 심한 흉년이 들어 이쪽이나 저쪽이나 모두 전쟁을 지속할 힘이 없었다. 명과 일본 간의 화의담판은 피차 승리를 자처하는 가운데 3년간 끌다가 결렬되고 말았다. 명은 심유경沈惟敬을 일본으로 보내 도요토미를 일본 국왕으로 임명하고, 입공入貢을 허락한다는 조건을 제시했으나, 일본은 반대로 명의 황후를 일본의 후비后妃로 삼고, 조선 영토의 일부를 할양받으며, 조선의 왕자와 대신을 인질로 삼을 것 등을 명에 제의하여 서로 거절했다.

그 사이 일본군은 경상도와 전라도 연해지방에 성城을 쌓고[71] 방어시설을 갖추면서 재기의 기회를 노리고 있었다.

3) 정유재란과 조선의 승리

일본은 화의가 결렬되자 도요토미는 1597년(선조 30) 1월 14만 명의 병력을 동원하여 재차 침입했다. 이것이 정유재란이다. 그러나 휴전하는 사이 조선 측도 전투준비를 새로이 갖추었다. 왜군의 신무기인 조총을 우리가 제작하여 무기의 약점을 보완하였고, 훈련도감訓鍊都監을 설치하여 군대의 편제와 훈련방법을 바꾸었다. 속오법束伍法을 실시하여 지방군 편제를 능률적으로 개편하고, 명나라 장군 척계광戚繼光이 지은 《기효신서紀效新書》를 참고하여 군대를 살수殺手[창검]·사수射手[활]·포수砲手[총과 포]의 삼수三手로 나누어 훈련시켜 전문적 기능을 높였다. 특히 화약병기의 성능이 개량되어 전쟁 중에 비격진천뢰飛擊震天雷, 대완구大碗口, 현자총玄字銃, 황자총黃字銃 등이 새로 개발되어 조총과 대항할 능력을 갖추었다.

죽성리 왜성 부산광역시 기념물 제48호, 임진왜란 때 구로다 나가마사(黑田長政)가 축성, 부산 기장군 기장해안로

한편 수군도 이순신으로 하여금 경상, 전라, 충청도의 삼도수군통제사를 맡게 하고 군비를 증강시켰다. 그러나 이순신은 일본 간첩의 농간으로 모함을 받아 파직되고 원균元均이 그 직을 대신하였다.

일본군은 제해권을 빼앗으려고 1,000여 척의 전선을 동원하여 해전에서 맹렬한 공세를 취하였는데, 원균은 부산 쪽으로 진격하다가 칠전도와 고성固城 앞바다에서 대패하고 말았다. 왜군은 득의양양하여 처음으로 전라도에 상륙하여 육지를 마구 유린하고, 8월에는 남원성을 함락하고, 9월에는 충청도 지방에까지 북상하였다. 그러나 조선군과 양호楊鎬가 이끄는 명군은 충청도 직산稷山에서 왜군의 북진을 차단하여 남쪽으로 밀어내고, 울산까지 쳐내려가 이곳 왜성倭城에 주둔하고 있던 가토 기요마사의 군대를 포위공격했으나, 일본군의 총공세로 함락시키지는 못했다. 그러나 쌍방의 피해는 매우 컸다.

울돌목 해남과 진도를 연결하는 다리, 명량해전 때 왜선 130여 척을 궤멸시킨 곳

---

71) 현재 임진왜란 중에 일본군이 쌓은 왜성倭城은 24군데가 조사되었는데, 대부분 경상도 해안가에 있으며, 전라도지역에는 순천에만 한 곳이 있다.

한편 바다에서는 8월에 누명을 벗은 이순신이 다시 삼도수군통제사로 복귀하여 13척의 적은 함선을 이끌고 서해로 향하는 133척의 적선을 명량鳴梁(울돌목; 해남군)에서 접전하여 31척을 격침시키고, 나머지는 도망치게 만들었다(9월 16일).

육지와 바다에서 참패를 당한 일본군은 전의를 잃고 패주하여 저들이 쌓은 성안에 주둔하고 있다가 마침 1598년(선조 31) 8월 18일 도요토미가 죽자 본국으로 철수하기 시작하였다. 이순신은 이해 11월 명나라 수군장수 진린陳璘과 더불어 도망가는 고니시 유키나가군을 노량露梁 앞바다에서 가로막고 최후의 일격을 가하여 200여 척의 적선을 침몰시켜 50여 척만이 간신히 빠져 달아났다. 그러나 이순신은 적의 유탄을 맞고 쓰러졌다(11월 19일). 향년 54세였다. 이순신은 세계 해전사에서 가장 위대한 승리를 거둔 명장으로 알려지고 있다.

도조(陶祖) 이삼평비 규슈 사가현 아리타

전후 7년간에 걸친 조일전쟁은 조선 측의 승리로 끝나게 되었다. 일본은 영토를 얻은 것도 없고, 조선의 항복을 받아내지도 못한 것이다. 전쟁 초반에는 우리가 고전했지만 전쟁이 장기화되면서 국민의 잠재된 국방능력이 발휘되고, 명의 도움까지 얻어 일본을 압도하게 된 것이다. 유교의 문치주의가 국방을 허술하게 만든 것도 사실이지만, 유교에 의해서 배양된 충의정신과 자존심이 나라를 지키는 정신적 원동력으로 나타난 까닭이었다.

그러나 이 전쟁에서 가장 큰 손해를 입은 것은 조선 측이었다. 전국 8도가 전장으로 화하여 수많은 인명이 살상되고, 기근과 질병으로 쓰러졌다. 토지대장과 호적이 대부분 없어져 국가운영이 마비상태에 빠졌다. 전란이 끝난 지 50년이 지난 후에도 인구는 150만 명, 토지결수는 약 50만 결에 지나지 않았다. 이는 물론 국가의 대장에 등록된 수치이므로 실수를 의미하는 것은 아니지만, 조선 초기(15세기) 수치의 3분의 1도 채 안 되는 것이었다. 게다가 왜군의 방화와 약탈로 인한 문화적 손실이 매우 컸다. 불국사와 경복궁, 창덕궁, 창경궁, 서적, 기타 주요 문화재가 소실되거나 약탈당했다. 그리고 수만 명이 포로로 잡혀가 나가사키長崎의 포르투갈 상인에 의해 유럽 등지에 노예로 팔려갔다.

강항(1567~1618) 초상 포로로 일본 오쓰성에 유폐되었다 귀국

일본은 임진왜란을 통하여 도쿠가와 시대德川時代의 문화가 성장하는 도약대가 마련되었다. 활자, 그림, 서적을 약탈하고, 유명한 선비들과 우수한 활자인쇄공들을 포로로 데려가 성리학을 비롯한 여러 학문과 인쇄문화가 발전하는 데 기여하였다. 또 조선에서 데려간 이삼평李參平, 심당길沈當吉(沈壽官의 조상) 등 도자기 기술자에 의하여 일본의 도자기 문화가 큰 발달을 보게 되었다.[72] 이들은 일본의 도조陶祖로 불렸다. 일본군을 따라 들어온 상공업자들

---

72) 왜란 때 일본으로 잡혀간 도자기 기술자 이삼평은 규슈의 후쿠오카 부근 아리타有田에서 살았고, 심당길은 규슈 남쪽 가고시마사쓰마의 미야마美山에 살았는데, 이 지역은 고대 한반도인이 집단적으로 살던 지역이기도 했다. 심당길의 14대손인 심혜길은 이름을 심수관으로 바꾸고 도자기문화를 계승해가고 있다.

이 계획적으로 상공업과 문화발전에 필요한 물자와 학자, 그리고 기술자들을 데려갔다.[73]

조선 다음으로 큰 피해를 본 것은 명나라였다. 만주의 여진족은 명과 조선이 전란에 시달리는 틈을 타서 급속히 세력을 키워 마침내 명을 멸하고 중원의 지배자가 되었다.

왜란 후 조선의 조야에서는 명나라를 나라를 재건해준 은인으로 생각하여 숭명사상이 높아지고, 명나라 군인들에 의해 관우關羽 숭배사상이 들어와 관왕묘關王廟가 여러 곳에 세워졌다.

4) 대일국교 재개와 통신사 파견

왜란이 끝난 뒤 일본에서는 도요토미를 대신하여 1603년(선조 36)에 도쿠가와 이에야스德川家康가 집권하여 에도江戸[지금의 도쿄]에 새로운 막부幕府[바쿠후]를 열었다. 이 시대를 도쿠가와 막부(1603~1868) 또는 에도 막부라고 부른다. 도쿠가와 이에야스는 전국시대 오다 노부나가, 도요토미 히데요시와 더불어 3대 명장名將으로 알려진 인물인데, 가장 참을성이 있고 관대한 인물로 알려져 있다.[74] 그는 조선과의 국교재개를 간청해 왔다. 조선은 막부의 사정도 알아보고, 왜란 때 끌려간 포로들을 쇄환刷還하기 위해 일본의 간청을 받아들여 1607년(선조 40) 사명당 유정惟政을 파견하여 일본과 강화를 맺고, 조선인 포로 7천여 명을 데려온 뒤 국교를 재개하였다.

그런데 조일국교는 조선이 한 단계 높은 위치에서 진행되었다. 일본 사신差倭의 서울 입경은 허락하지 않고 동래의 왜관倭館에서 실무를 보고 돌아가게 하였다. 일본은 조선의 예조참판이나 참의에게 일본국왕의 친서를 보내와 사신파견을 요청해 오는 것이 관례였다. 이에 따라 일본은 60여 차에 걸쳐 차왜差倭[일본의 대마도에서 조선에 수시로 파견한 외교사절]를 보냈으나, 조선은 1607년부터 1811년에 이르기까지 12회에 걸쳐 일본에 통신사通信使를 파견하여 약 250년간 평화관계를 지속했다.[75] 통신사의 정사正使는 보통 참의급(정3품)에서 선발되었으나 일본에 가서는 수상首相[関白]과 동격의 대우를 받았다.

통신사는 일본 막부의 수장인 쇼군將軍이 바뀔 때 그 권위를 국제적으로 보장받고, 조선의 선진문화를 전수받으려는 일본 측의 요청을 받아들여 축하사절의 이름으로 파견되었으며, 대략 4~5백 명의 통신사 일행을 맞이하는데 1,400여 척의 배와 1만여 명의 인원이 일본 측에서 동원

---

73) 왜란 때 일본으로 끌려간 유학자 가운데 대표적 인물은 강항姜沆, 정희득鄭希得, 홍호연洪浩然, 조완벽趙完璧 등이다. 강항은 전라도 영광 출신으로 이황의 문인이었으며, 정희득은 진주 출신이다. 이들은 일본에서 유학자들과 학문을 교류하다가, 강항과 정희득은 뒤에 귀국했으나 괴산 출신 홍호연은 일본에서 살다가 세상을 떠났다. 강항은 귀국 후 《간양록看羊錄》이라는 견문기를 썼다. 조완벽은 일본으로 끌려갔다가 일본 상인의 통역관으로 몇 차례나 안남[베트남]에 갔는데, 중국에 사신으로 갔다가 이수광과 친교를 맺고 시를 받아온 풍극관馮克寬을 만나 후한 대접을 받았다고 한다.

74) 일본에서는 3대 명장의 성격을 풍자한 이야기가 전해지고 있다. 울지 않는 새가 있을 때 오다 노부나가는 당장 죽이고, 도요토미 히데요시는 울도록 만들고, 도쿠가와 이에야스는 울 때까지 기다린다는 것이다.

75) 1607년부터 1811년에 걸쳐 12회 파견된 통신사의 사행연도와 정사, 그리고 인원은 다음과 같다.

제1회(1607, 선조 40): 여우길呂祐吉(504명)　　　제7회(1682, 숙종 8): 윤지완尹趾完(473명)
제2회(1617, 광해 9): 오윤겸吳允謙(428명)　　　제8회(1711, 숙종 37): 조태억趙泰億(500명)
제3회(1624, 인조 2): 정립鄭岦(460명)　　　　제9회(1719, 숙종 45): 홍치중洪致中(475명)
제4회(1636, 인조 14): 임광任絖(478명)　　　제10회(1748, 영조 24): 홍계희洪啓禧(477명)
제5회(1643, 인조 21): 윤순지尹順之(477명)　　제11회(1764, 영조 40): 조엄趙曮(477명)
제6회(1655, 효종 6): 조형趙珩(485명)　　　　제12회(1811, 순조 11): 김이교金履喬(328명)

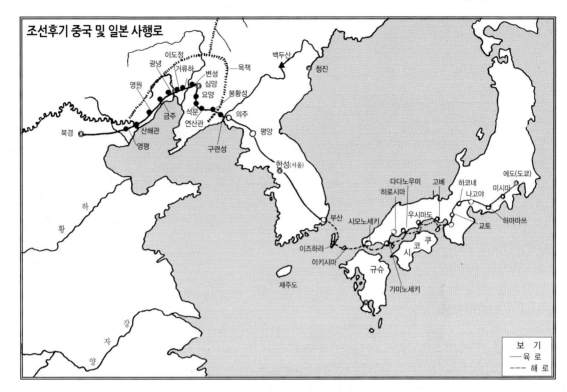

조선후기 중국 및 일본 사행로

되고 그 접대비로 한 주州의 1년 경비를 소비할 정도로 성대하였다. 한양에서 일본의 에도江戶(지금의 도쿄)로 가는 길은 처음에 부산포에서 배로 오사카에 이르고, 다음에는 육로로 가는데, 왕복기간은 대략 5개월에서 8개월이 걸렸다. 통신사는 국왕의 외교문서인 서계書啓를 휴대하고, 인삼·호피·모시·삼베·붓·먹·은장도·청심원 등을 예물로 가지고 갔다. 일본은 전국민적인 축제분위기 속에서 통신사를 맞이하고, 성대한 향응을 베풀었으며, 통신사의 숙소에는 수행원으로부터 글이나 글씨를 받기 위해 몰려든 군중으로 인산인해를 이루었다. 1636년(인조 14)부터는 막부의 요청에 의해 마상재馬上才로 불리는 2명의 광대를 데리고 가서 쇼군 앞에서 곡예를 연출했는데, 그 인기가 대단하여 그 묘기나 통신사의 행진을 자개로 새긴 도장주머니가 귀족 사이에 널리 유행하였다.

　　일본의 화가들은 다투어 통신사 일행의 활동을 대형병풍, 판화, 두루마리 그림 등으로 그려 수많은 작품이 지금까지도 전해지고 있으며, 통신사가 준 사소한 선물을 귀중하게 간직하여 지금 문화재로 지정되어 있는 것이 적지 않다. 통신사가 한 번 다녀오면 일본 내에 조선 붐이 일고, 일본의 유행이 바뀔 정도로 일본문화 발전에 심대한 영향을 주었다.

　　통신사의 인기는 요즘말로 엄청난 한류바람을 몰고 왔는데, 이에 대한 반발도 일어났다. 일본의 아라이 하쿠세키新井白石 같은 지식인은 통신사에 대한 환대가 중국 사신보다도 높은 데 불만을 품고 이를 시정할 것을 막부에 요청하기도 하였으나 받아들여지지 않았다. 일본에서 18세기 후반 이후 일본의 국수정신을 앙양하기 위해《일본서기日本紀》를 새로이 연구하는 이른바 국학國學운동이 일어난 것은 일본 지식인의 조선 붐에 대한 견제심리가 작용한 것이다.

통신사 행렬 조선이 에도 막부에 파견한 대규모 공식 사절단, 인원은 400~500명에 이르렀다.(일본 측 그림)

나전 도장주머니 통신사 행렬을 생동감 있게 나전으로 조각한 휴대용 도장주머니 (1634년, 일본)

통신사 수행 소년이 글씨를 써 주는 모습 말 위에서 일본인에게 글씨를 써 주는 통신사 수행소년 (1711년, 英一蝶 그림, 辛基秀 소장)

일본은 19세기에 들어와 반한적인 국학운동이 한층 발전하여 1811년(순조 11)의 통신사는 대마도에서 일을 보고 돌아가게 했으며, 일본 국민들이 통신사와 접촉하는 것을 막았다. 그리하여 이해를 마지막으로 평화로 왔던 문화교류는 막을 내렸다. 그 후 일본에서는 국학운동이 해방론海防論으로 발전하고, 다시 19세기 중엽부터는 조선을 무력으로 침략하자는 정한론征韓論이 대두하기 시작하였다. 그 연장선상에서 1875년의 운요호 사건이 일어나게 된 것이다.

한편, 일본에 다녀온 통신사는 일본에서 겪은 견문을 기록하여 많은 견문록이 전해지고 있다.[76] 이들 견문록은 일본이 문화는 낮으나 군사강국이라는 것과 재침략의 우려가 있다는 것이 지적되고 있어 조선 지식인들의 대일 경각심을 높여주었다. 조선 후기의 해방론海防論은 이러한 정보를 토대로 나타난 것이다. 또한 《일본서기》를 비롯한 역사책이 들어와 이를 고대사연구에 참고하는 현상도 나타났다. 한치윤의 《해동역사》는 그 대표적인 사례이다.

---

76) 통신사가 남긴 대표적인 견문록은 다음과 같다. 신유한申維翰의 《해유록海遊錄》, 강홍중姜弘重의 《동사록東槎錄》, 홍우재洪禹載의 《동사록》, 조엄趙曮의 《해사일기海槎日記》, 유상필柳相弼의 《동사록》, 조명채曺命采의 《봉사일본시문견록奉使日本時聞見錄》, 김세렴金世濂의 《해사록海槎錄》, 작자 미상의 《계미동사일기癸未東槎日記》, 남용익南龍翼의 《부상록扶桑錄》 등이다.

2. 광해군의 전후복구사업과 중립외교

선조는 왜란이 끝나고 9년이나 더 집권한 다음 세상을 떠나고, 1608년에 선조의 후궁 소생 광해군光海君(1608~1623)이 34세로 왕위에 올랐다. 광해군은 왜란 때 세자로 책봉되어 분조分朝를 이끌어 항일전쟁에 공로가 매우 컸는데, 선조의 계비 인목왕후仁穆王后가 뒤늦게 영창대군永昌大君(1606~1614)을 출산하자 유영경柳永慶 등이 어린 영창대군을 세자로 옹립하려고 하여 광해군을 따르는 정인홍鄭仁弘(1535~1623), 이이첨李爾瞻(1560~1623) 일파 사이에 갈등이 생겼다. 전자를 소북파, 후자를 대북파로 불렀다.

광해군이 왕이 되자 대북파가 정권을 장악하고 전혀 새로운 정책을 펴기 시작했다. 왜란 때 보여준 성리학적 왕도정치의 한계를 느끼고, 강력한 부국강병정책을 추진하면서 왕위를 넘보는 적대세력을 차례로 제거해갔다. 특히 이이첨이 실권을 장악하고 적대세력 제거에 앞장섰다. 광해군의 친형 임해군臨海君을 죽이고(1609), 이어 8세 된 영창대군을 서인庶人으로 강등하여 강화도로 유배 보냈다가(1613, 광해군 5, 계축옥사) 다음 해 살해했으며(1614), 그 배후세력인 인목대비마저 서인으로 폐출되어, 서궁西宮[지금의 덕수궁]에 유폐되었다. 인목대비를 폐위시키기 위해 서울 시민의 여론을 조성하고 뜻이 맞는 유생들을 무리하게 과거로 뽑아 세력을 강화했다.

한편, 문묘에 배향된 이언적李彦迪과 이황李滉을 삭제하고 정인홍의 스승인 조식曺植을 배향시키려고 하여 성균관 유생들의 큰 반발을 사기도 했다(1611, 광해군 3).

대북파는 이렇게 정치적으로는 무리한 일을 했으나, 7년 전쟁으로 무너진 왕조질서를 재건하는 사업에서는 볼만한 치적을 남겼다. 토지조사사업과 호적조사사업을 실시하고, 이원익李元翼의 건의를 받아들여 공납제를 대동법大同法으로 바꾸어 처음으로 경기도에 시행하였으며(1608), 성지城池와 무기를 수리하여 군사훈련을 강화했다.

이밖에 전란을 전후하여 기근이 연속되고 질병이 만연하여 인명의 손실이 많았던 경험을 살려 세자때부터 허준許浚과 정작鄭碏으로 하여금 《동의보감東醫寶鑑》(1596~1610)을 편찬하게 했다. 이 책은 도교의술을 도입하여 조선 초기에 정리된 의학서를 한 수준 높였으며, 동아시아 의학발전에 크게 공헌했다. 또한 《동국여지승람》, 《국조보감》, 《경국대전》, 《악학궤범》, 《고려사》, 《용비어천가》, 《삼강행실도》 등 국초에 간행되었던 문헌들을 재간하고, 전라도 무주茂朱의 적상산赤裳山에 사고史庫를 새로 설치하는 등 문화중흥에도 힘을 기울였다.

한편, 인왕산 기슭에 왕기王氣가 있다는 풍수가의 주장에 따라 1617년(광해군 9) 돈의문(서대문) 부근에 경덕궁慶

중창된 경희궁 1617년 건설, 일제시대에 헐린 것을 최근 숭정문(앞), 숭정전(뒤) 등 일부 전각이 중창되었다. 서울 종로구 경희궁 1가길

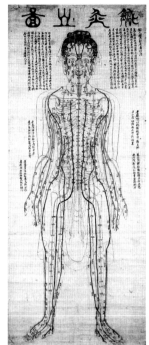

동의보감 초간본(좌) 조선, 1610년, 34.0×20.5cm,
허준이 지은 25권 25책의 의학서적,
2009년 유네스코 세계기록유산 등재
허준박물관 소장
경혈도(우) 조선 114.6×48.5cm,
국립중앙박물관 소장

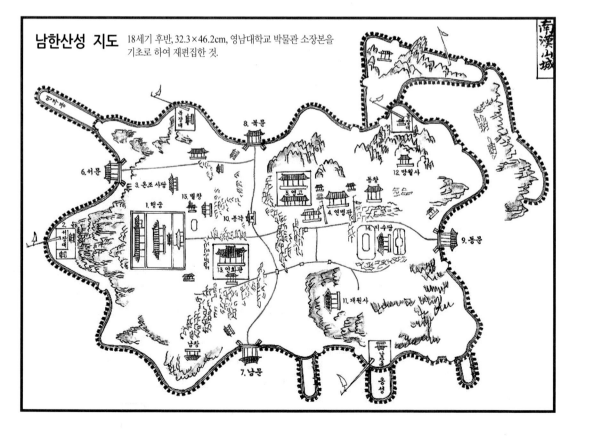

남한산성 지도 18세기 후반, 32.3×46.2cm, 영남대학교 박물관 소장본을
기초로 하여 재편집한 것.

德宮(西闕)[77]을 건설했으며, 상업입국의 요지인 교하交河[파주]로 수도를 옮기려는 계획도 세웠으나 신하들의 반대로 실현되지 않았다.

광해군 때 정책에서 가장 돋보이는 것은 대외정책이었다. 임진왜란 때 원병을 보내면서 조선을 도왔던 명나라는 왜란 후 국력이 한층 쇠약해졌다. 이 틈을 이용하여 압록강 북쪽에 살던 여진족 사회에서는 급속한 통일운동이 일어났다. 만포진 건너편 명의 건주위建州衛에 속한 여진족 추장 누르하치努爾哈赤는 흥경노성興京老城[지금의 카이위안 부근]을 근거로 하여 주변의 여진족들을 복속시키더니, 1616년(광해군 8) 마침내 나라 이름을 '대금大金'[후금]이라 하고 스스로 쿤둘련 칸[한汗, 왕]이라 칭했다. 그는 계속하여 서쪽으로 세력을 뻗쳐 1618년(광해군 10)에는 푸순[撫順무순]을 점령하고 명나라에 대하여 전쟁을 포고했다.

명나라는 큰 병력을 풀어서 후금을 공격하는 한편, 조선에 대해서 지원병을 보내줄 것을 요청해 왔다. 조선은 명나라의 요청을 받아들여 1619년(광해군 11) 1만 3천 명의 원병을 보냈으나, 도원수 강홍립姜弘立은 후금의 감정을 자극하지 않기 위해 후금과 휴전을 맺고 돌아왔다. 그 후 명은 모문룡毛文龍 부대를 압록강 입구의 가도椵島에 주둔케 했으나, 조선 측은 그들의 식량을 지원하면서, 다른 한편으로는 후금과 친선을 도모하여 중립적인 정책을 취했다. 다시 말해서 명과 후금의 싸움에 말려들지 않으면서 내치와 국방에 주력하는 실리정책을 펴나갔다.

3. 인조반정과 호란

광해군의 파격적인 부국강병정책과 실리를 추구하는 대외정책은 왕도주의王道主義를 존중하는 성리학을 정학正學으로 받아들이고, 왜란 때 도와준 명을 은인으로 생각하던 대다수의 유학자관료들에게는 크나큰 충격으로 받아들여졌다. 특히 영창대군을 죽이고 인목대비를 서인으로 강등시킨 사건은 반인륜적 패륜행위로 간주되었으며, 명나라와 후금 사이에서 중립적인 태도를 취한 것은 명에 대한 의리義理를 저버리는 배신행위로 보았다.

드디어 1623년(광해군 15)에 김류金瑬·이귀李貴·이괄李适 등 서인파 인사들은 광해군을 무력으로 몰아내고 선조의 후궁 인빈김씨 소생인 원종元宗의 아들 능양군綾陽君을 추대하여 왕으로 삼았다. 이 사건을 인조반정仁祖反正이라 한다. 명나라를 배신하고 폐모살제廢母殺弟의 패륜을 저질렀다는 죄목으로 광해군은 강화도와 제주도 등지로 유배되고, 대북파는 모두 처형되거나 유배당했다. 광해군은 1641년(인조 19)에 67세로 병사했다. 광해군과 대북파의 정책은 방향은 옳았으나, 동조세력을 키우지 못한 가운데 너무 급진적으로 일을 추진한데다 궁궐건설과 국왕 주변 인물의 부정행위로 민심을 잃은 것이 실패의 원인이었다.

---

77) 경덕궁은 창덕궁, 창경궁과 더불어 조선 후기 중심궁궐로 이용되었는데, 1760년(영조 36)에 이름을 경희궁慶熙宮으로 바꾸었다. 1,500칸에 달하는 이 궁전은 1829년(순종 29)에 큰 화재로 소실되었으나, 다시 재건되었다가 일제강점기인 1915년에 경성중학[뒤의 서울중·고교]이 들어서면서 모두 헐리고, 궁역의 일부를 총독부 관사로 이용했다. 광복 후 서울중학교와 서울고등학교를 다른 곳으로 옮긴 뒤 일부를 복원하여 숭정전崇政殿, 흥화문興化門 등을 재건하고, 나머지 땅에 서울시립역사박물관이 건립되었다.

임경업(1594~1646) 영정 국립중앙박물관 소장

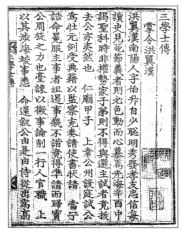

삼학사전 송시열 편. 1책 1671년(현종 12) 30.0×20.0cm. 병자호란 때 척화론을 주장하다 순절한 홍익한·윤집·오달제의 전기와 연행, 척화상소문 주요내용, 심양에서의 심문 내용 수록(개인 소장)

하지만, 정권을 잡은 서인파는 금방 내분이 일어났다. 반정의 논공 행상에서 2등으로 책봉된 것에 불만을 품은 이괄李适이 평안도를 지키던 부원수로 있다가 반란을 일으켜 군대를 이끌고 서울까지 점령하는 사태가 벌어졌다(1624). 이괄의 난은 뒤쫓아 온 평안남도 군사에게 진압되었지만, 인조는 공주로 피난하지 않으면 안 되었다. 이 사건으로 나라 형편은 더욱 어려워졌다.

이괄의 난을 평정한 후 서인정권은 '사림을 숭용崇用한다'는 기치를 내걸고 이원익李元翼 등 남인과 소북세력을 등용하여 붕당연합을 정착시키면서, 밖으로는 친명반금정책을 밀고 나가 멸망해 가는 명明에 친선을 표하고 후금과의 관계를 끊었다. 후금의 신경을 더욱 자극한 것은 반란에 실패한 이괄의 잔당이 후금으로 도망가서 인조가 부당하게 즉위했다고 호소한 사건이었다.

조선의 친명정책에 불만을 품고 있던 후금의 태종太宗은 광해군을 위하여 보복한다는 명분을 내걸고, 1627년(인조 5) 3만여 명의 군대를 이끌고 쳐들어와 평안도 의주·정주·신천·곽산 등지를 거쳐 황해도 평산까지 이르렀다. 이괄의 난으로 평안도 방비가 허술해져 방어선이 쉽게 무너졌다. 그러나 후금은 전쟁보다는 강화를 원했다. 강화도로 피난을 간 조정도 아직 후금과 싸울 준비가 되어 있지 않아 최명길崔鳴吉과 이귀李貴 등 주화파의 의견을 받아들여 화의에 응했다(3월 3일). 명은 지원병을 보냈으나 이미 화의가 맺어진 뒤였다. 이해의 전쟁을 정묘호란丁卯胡亂이라 부른다.

강화도에서 맺은 화의로 양국은 '형제의 나라'가 되었으며, 그대신, 압록강 이북으로 후금군이 철병하기로 약속했다. 조선으로서는 후금을 형님으로 부른다는 것이 자존심 상하는 일이지만, 일단 위기는 면할 수 있었다. 그런데 화약을 맺고 돌아가던 후금의 군대는 평안북도 철산의 용골산성龍骨山城을 근거로 활약하던 정봉수鄭鳳壽 의병부대의 완강한 저항을 받아 큰 타격을 입었고, 의주 부근에서는 이입李立 부대에 의해, 가산 부근에서는 김여기金礪器가 이끄는 의병부대에 의해 많은 손실을 입고 압록강 밖으로 쫓겨갔다. 관군보다는 의병의 힘이 크다는 것이 이번에도 드러났다.

그 뒤 후금은 요서지방과 내몽고를 정복하여 세력이 점점 더 커지더니, 1636년(인조 14)에는 국호를 청淸이라 고치고, 수도를 심양瀋陽에 정하고, 태종은 스스로 황제를 칭하면서 조선에 대하여 형제관계를 군신관계로 바꿀 것을 요구해 왔다. 청의 요구는 조정을 격분시켰는데, 그 대책을 둘러싸고 또다시 신하들의 논의는 둘로 갈라졌다. 외교적 교섭을 통해 문제를 해결하자는 주화론主和論으로 인조반정을 주도했던 이귀, 최명길崔鳴吉, 홍서봉洪瑞鳳 등 공신들이 이 주장을 폈다.

한편, 조경趙絅, 정온鄭蘊, 김상헌金尙憲, 유계兪棨 등 소장파 관인들은 '힘의 강약을 돌보지 말

고 옳은 길을 가야 한다'는 명분을 내걸고 강력한 무력응징을
요구했다. 이러한 주전론主戰論의 밑바탕에는 우리의 강함을
보여 주는 것이 협상에 유리하다는 판단도 포함되어 있었다.
결국 대세는 주전론으로 기울고, 선전宣戰의 교서가 내려졌다.
이에 청 태종은 1636년(인조 14) 12월 10만 명(청인·몽골인·중국인)
의 군대를 이끌고 요새지를 피하여 대로로 쳐내려와 5일 만
에 서울을 유린하고, 7일 만에 왕과 대신들이 피난해 있던 남
한산성을 포위했다. 왕자와 비빈은 미리 강화로 피난시켰으
나 인조는 길이 막혀 남한산성으로 들어간 것이다.

　　당시 남한산성에는 1만 4천 명의 군인과 50일간의 식
량만이 준비되어 있을 뿐이어서 도저히 싸움이 불가능한 것을 알고, 강화도까지 함락당했다는
소식까지 겹쳐 인조는 45일간의 농성을 풀고 1637년(인조 15) 1월 30일 삼전도三田渡(지금의 송파구 석
촌호수 부근)의 청 태종 진영에 나와 항복했다. 이로써 조선은 청과 군신관계를 맺고, 청은 인조의
두 아들 소현세자昭顯世子와 봉림대군鳳林大君, 그리고 김상헌金尙憲(1570~1652)을 비롯한 강경한 척화
론자들을 인질로 데려갔다. 그 가운데 평양서윤 홍익한洪翼漢, 교리 윤집尹集, 교리 오달제吳達濟는
심양에 끌려가서도 끝까지 항복을 거부하다가 죽음을 당했는데, 이들은 삼학사三學士라 하여 후
세인의 높은 추앙을 받았다. 김상헌도 6년간 꿋꿋한 태도로 볼모살이를 하다가 돌아왔다.

　　청군은 돌아갈 때 수만 명의 백성들을 인질로 잡아갔는데, 무거운 송환대가를 요구하여
돌아오지 못한 사람도 많았다. 1636년의 청의 침략을 '병자호란丙子胡亂'이라고 부른다.

　　조정의 어이없는 항복에 분노한 국민들은 화의가 성립된 뒤에도 도처에서 의병을 조직
해서 싸웠는데, 특히 박철산이 이끈 의병부대는 용강 부근의 적산에서 적의 주력부대를 맞아
완강하게 저항했다. 그 싸움이 너무 치열해서 적산은 뒤에 '의병산'으로 불리게 되었다. 또한 의
주부윤 임경업林慶業(1594~1646)은 1642년(인조 20) 명과 연결하여 청淸을 치려고 계획하다가 실패
하여 청에 잡혀갔다가 돌아왔다.

　　심양에 볼모로 잡혀간 소현세자(1612~1645)는 1645년(인조 23) 9년 만에 돌아왔는데, 청나라
는 세자를 우대하여 인조를 대신하여 조선과의 문제를 해결하는 일이 많았다. 북경에 가서 아
담 샬湯若望과도 친교를 맺고, 서양 문물을 견문하여 장차 청나라와 교류하면서 조국을 발전시
킬 꿈을 안고 돌아왔다. 그러나 인조와 대신들은 그의 반명친청적인 태도를 못마땅하게 여겼으
며, 귀국한 지 두 달 만에 원인 모를 병으로 급사했는데, 독살설이 널리 퍼졌다. 세자빈 강씨姜
氏와 두 아들도 역모를 꾸민 죄로 억울하게 죽임을 당했다. 소현세자 및 강씨와 두 아들을 죽인
배후에는 권력을 잡으려는 김자점金自點과 후궁 조귀인趙貴人이 공모한 것으로 알려지고 있다.

　　인조가 재위 27년에 타계하고, 청에 인질로 잡혀갔다 돌아온 둘째 왕자 봉림대군鳳林大君
(1619~1659)이 소현세자를 대신하여 왕위에 오르니 이가 효종孝宗(1649~1659)이다. 봉림대군은 청에
우호적이었던 소현세자와 달리 아버지 인조가 삼전도에서 당한 수모를 복수하기 위해 북벌운
동이 필요하다고 주장하였다.

제7장 17~18세기의 왕조중흥

1. 효종~현종 대의 붕당연합과 북벌운동

인조(1623~1649)는 서인의 반정으로 왕위에 올랐으나 공신세력의 횡포를 견제하기 위해 남인을 함께 등용하여 붕당 간의 견제를 유도하면서 왕권을 안정시켰다. 서인과 남인은 학문적 뿌리도 다르지만, 정치사상에 있어서도 다른 점이 있었다. 서인은 재상중심의 권력구조를 지향하고, 재무구조의 개선과 국방력 강화를 위해 노비속량과 서얼허통에 적극적이었다. 이에 반해 남인들은 농촌경제의 안정에 치중하여 수취체제의 완화와 중소지주 및 자영농의 안정을 중요시하고, 서얼허통이나 노비속량 등 신분제 완화에 비교적 소극적이었다. 권력구조에 있어서는 고대 제왕帝王의 수준으로 왕권을 강화할 것과 삼사三司의 정책비판 기능에 큰 비중을 두었다.

인조 때 집권한 서인은 후금(청)과의 항쟁과정에서 국방력강화에 주력하여 호위청扈衛廳·총융청摠戎廳(세검정)·수어청守禦廳(남한산성)·정초군精抄軍 등의 새로운 부대를 설치했는데, 이것은 서인 정권의 권력기반을 유지해 나가는 데도 큰 몫을 하였다.

인조의 뒤를 이어 왕위에 오른 효종孝宗(1649~1659)은 아버지 인조가 당한 수모와 청에 인질로 잡혀갔던 수모를 설욕하기 위해 청을 무력으로 응징할 필요가 있다고 믿어 적극적인 북벌운동을 계획하고 어영청御營廳을 2만여 명으로 확대하였으며, 송시열宋時烈·송준길宋浚吉·김집金集·권시權諰·이유태李惟泰 등 서인이면서도 재야에서 학문을 닦던 충청도지역의 젊은 산림인사들을 대거 등용하고, 김자점金自點 등 친청파 대신들을 몰아내었다. 한편 허적許積·허목許穆·윤선도尹善道 같은 저명한 남인 인사들도 등용하여 붕당연합의 조화를 이루어 나갔다.[78]

효종 때는 권신의 발호도 억제되고, 민생안정을 위한 여러 조치가 시행되었다. 김육金堉의 건의로 경기도에만 시행되던 대동법을 충청·전라도에까지 확대 시행하고(1651, 효종 2), 전세를 매김에 있어서 토지의 등급에 따라 양전척量田尺을 달리하는 이른바 수등이척제隨等異尺制를 폐지하고 똑같은 자로 측량하는 동일양전척제同一量田尺制를 실시하여 농민의 부담을 완화했으며, 화폐유통을 위해 상평통보常平通寶를 주조하기도 했다. 1653년(효종 4) 표류해 온 네덜란드인 하멜Hamel[79]이

---

[78] 효종 때 남인이 진출할 수 있었던 이유는 인조 때 약화된 왕권을 강화하려는 목적과 아울러 남인 윤선도尹善道가 효종의 사부師傅인 사실과도 관련이 있었다.

[79] 하멜Hendrik Hamel은 네덜란드의 동인도회사 소속 무역선[스페르웨르 회을 타고 자바와 대만을 거쳐 일본 나가사키로 가던 중 풍랑을 만나 1653년(효종 4) 8월 제주도에 표착했다. 조선은 인조 때 귀화해 온 벨테브레[박연]를 통역관으로 내려보내 생존자 36명을 서울로 데려와 훈련도감에 소속시켜 조총, 화포 등 서양식 신식무기를 제조하게 했다. 그러나 신무기제조에 관한 정보를 입수한 청이 외교적으로 트집을 잡자 할 수 없이 1663년(현종 4) 전라도지역으로 내려보내 여러 지역에 분산시켰다. 정부의 푸대접에 불만을 품은 하멜 일행 8명이

가져 온 조총鳥銃 기술을 도입하여 북벌에 필요한 서양식 무기를 제조한 것
도 효종 때이다(1656).

그러나 북벌운동은 청의 국세가 점점 커져 시기를 잡지 못하고 있다가
1654년(효종 5) 청과 러시아 사이에 국경충돌이 일어나자, 청의 요구에 따라
수백 명의 조총부대를 두 차례에 걸쳐 영고탑[지금의 지린성]으로 파견하는 일
까지 있었다(1654, 1658). 이를 나선정벌羅禪征伐이라 한다.

효종이 북벌의 꿈을 실현시키지 못하고 10년 만에 세상을 떠나자, 심
양에서 태어난 아들 현종顯宗(1659~1674)이 19세로 즉위했다. 현종 즉위 초에는
허목·윤휴尹鑴·윤선도 등 남인이 죽은 효종에 대한 조대비趙大妃(인조의 계비이
자 효종의 계모)의 복상문제를 들고 나와 서인을 맹렬히 공격했으나, 도리어 서
인의 주장이 채택되어 남인은 실각하고, 허적을 비롯한 소수의 남인만이 참
여해 송시열 등 서인의 우세가 지속되었다. 서인은 왕과 사족, 서인의 예禮가

송시열(1607~1689) 초상 국보 239호,
89.7×67.6cm, 견본채색, 윗쪽에
정조 어찬문(1778년)이 적혀 있다.
국립중앙박물관 소장

같아야 한다는 이유로 조대비가 1년간 상복을 입어야 한다고 주장했으나, 남
인은 왕과 사서士庶의 예가 같을 수 없다는 이유로 조대비가 3년복을 입어야 한다고 주장했다.
이러한 예론禮論의 차이는 학문적인 입장의 차이이기도 하지만, 왕권을 높이려는 남인과 신권
을 높이려는 서인의 정치적 시각의 차이를 드러내기도 했다.

이렇게 현종 초반에는 서인이 정권을 차지했으나, 현종 중반 이후로 남인은 훈련별대訓鍊別
隊라는 새로운 부대를 창설해 병권에 있어서도 서인과 경쟁할 수 있는 발판을 놓았고, 이것이 숙
종 초에 남인이 승리할 수 있는 주요기반이 되었다.

현종 재위기간에는 계속된 흉년과 질병으로 전국적으로 굶어 죽고 병들어 죽는 사람이 수
없이 나타나 인구가 대폭 줄었다. 한편, 왕실의 궁방宮房이 토지를 점탈하여 황해도·전라도·충
청도·경상도 연해지역에서는 수많은 궁방전이 늘어났다. 자연재해와 질병에다 궁방과 관청 그
리고 각 군영에서도 토지를 겸병하는 현상이 겹쳐 농민생활이 불안해지자, 일부 서인 중에서는
농민부담을 완화시키기 위해 양반자제에게도 군포軍布를 받자는 주장이 일어났으나 실현되지 못
했다. 그 대신 노비의 몸값을 반 필씩 줄이고, 양인 여자와 노奴[남자종] 사이에 소생한 자식은 어머
니를 따라 양인良人으로 해방시켜 주는 조치를 취해(1669), 양역인구를 늘려갔다. 또한 대동법을
산간지방에까지 확대했으며, 공명첩空名帖을 발행하여 곡식을 받고 관직을 팔기도 했다.

실학자 반계 유형원柳馨遠이 전라도 부안扶安에서 전제개혁을 비롯한 사회개혁안을 구상
하여 《반계수록磻溪隨錄》을 쓰게 된 것은 특히 이 지방에 궁방전宮房田이 많아 농민들이 피해를
입는 현실을 목도한 데서 큰 자극을 받은 것이다.

1666년(현종 7) 여수를 탈출하여 나가사키를 거쳐 1668년 암스테르담에 도착하여 14년에 걸친 체류생활을 책
으로 편찬했다. 이것이 《하멜표류기》로써 우리나라를 서양에 소개한 최초의 책이기도 하다.

2. 숙종 대 환국과 왕권강화

16년간 집권한 현종의 뒤를 이어 14세에 왕위에 오른 숙종肅宗(1674~1720)은 46년간 장기 집권하면서 자신의 왕권을 안정시키기 위해 지금까지의 붕당연립 방식을 버리고, 붕당을 자주 교체하는 방식을 택하였다. 이를 당시에는 '환국換局'이라 하였다. 환국정치운영은 말하자면 군주가 내각을 자주 교체하여 신하들의 충성심을 경쟁시키고 왕권을 강화하는 방법과 비슷했다. 붕당이 바뀌면서 패배한 붕당이 참담한 보복을 당하여 붕당싸움이 가장 치열하고 감정적 대립이 격화된 것은 사실이지만, 그대신 치열한 정책대결 속에서 정치가 깨끗해지고 국가발전이 가속화된 측면도 있었다.

숙종 초에는 왕권강화를 주장해 온 남인이 집권했다. 효종비[仁宣王后 張氏]가 사망하자 시어머니 조대비가 며느리의 상을 당하여 얼마동안 상복을 입어야 하느냐가 또 문제가 되었다. 이를 제2차 예송禮訟이라고 한다. 이때 송시열宋時烈 등 서인은 조대비가 입어야 할 상복을 9개월[大功]로 주장했고, 허목 등 남인은 1년 상복을 주장했는데, 이번에는 왕이 남인의 주장을 채택하여 남인의 집권을 가져온 것이다. 남인의 승리는 현종 중반 이후 기반을 다져 온 허적許積 일파의 정치적 성장이 바탕이 되었다.

숙종 즉위 초에 집권한 남인은 허적·윤휴 등 이른바 온건한 탁남濁南[80]이 주동이 되어 북벌론을 다시 들고 나왔다. 이를 위해서 '도체찰사'라는 새로운 군정기관을 부활시키고, 그 본진으로서 개성 부근의 대흥산성大興山城을 축조했으며(1676년, 숙종 2), 한꺼번에 18,000여 명의 무과 합격자를 뽑아 군사훈련을 강화하는 등 군비확장에 박차를 가했다. 평안도 용강의 황룡산성黃龍山城과 강화도의 48개 돈대[망루]도 이 무렵에 축조되었다. 이같은 북벌계획의 재등장은 마침 1678년(숙종 4) 중국의 윈난성[운남성]에서 오삼계吳三桂가 반란을 일으켜 황제에 오르는 등 청나라가 어려운 처지에 빠진 것이 계기가 되었지만, 다른 한편으로는 남인 정권의 권력기반을 안정시키려는 뜻도 있었다.

그러나 수세에 몰렸던 서인은 1680년(숙종 6) 남인 영수 허적許積이 대흥산성의 군인을 동원해 역모를 꾸몄다고 고발하여, 허적·윤휴 등을 사형시키고 나머지 남인도 축출했다. 이 사건을 '경신환국庚申換局'이라 한다. 이 무렵 서인은 자체 분열을 일으켜 송시열을 영수로 하는 노론老論과 윤증尹拯을 중심으로 하는 소론少論으로 갈라졌다(1683). 송시열과 윤증은 모두 충청도 출신이지만, 노론은 대의명분을 존중하고 내수외양內修外攘, 곧 민생안정과 자치자강自治自强을 강조했으며, 소론은 실리를 중시하고 적극적인 북방개척을 주장한 점에서 정책적 차이가 있었다. 왕은 양파를 연립시켰으나 권력의 핵심을 장악한 것은 노론으로써 송시열과 삼척三戚으로 불리던 왕실의 외척, 즉 김석주金錫胄[현종비, 청풍김씨]·김만기金萬基[숙종비, 광산김씨]·민정중閔鼎重[숙종계비, 여흥민씨]이 연합하여 정치를 주도했다.

1680년 집권한 서인은 남인이 장악했던 훈련별대를 정초군精抄軍과 통합하여 금위영禁衛營으로 발족시켜(1682) 5군영제를 완성시켰다. 병권은 대체로 왕이 신임하는 종척宗戚이 장악하여

---

80) 숙종 초 집권한 남인은 반대당인 서인에 대한 처벌을 둘러싸고 강경파[청남]와 온건파[탁남]가 갈렸는데, 강경파의 대표자는 허목이고, 온건파의 대표자는 허적이다.

18세기 중엽의 강화도 《해동지도》 중에서
강화도 안의 성곽과 48개 소의 망루가 상세하게 그려져 있다.

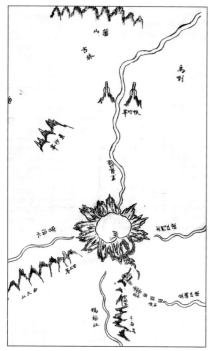

서명응의《보만재집》에 실린
백두산지도 토문강과 두만강이
확연히 구별되어 있고, ○ 안에
정계비가 보인다.

실제로는 왕이 군대 통수권을 장악한 셈이었다. 정부는 민생향상과 산업진흥을 위해 양인의 군포를 감해 주고(1703), 화폐주조[상평통보]와 화폐유통을 장려하여 상업을 진흥시켰다. 각 부대도 화폐를 주조하고 상업행위를 하여 점차 영리기관으로 변질되었다.

그러나 서인이 집권하던 시기에 자연재해가 계속적으로 이어져 농촌사회가 매우 불안했다. 미륵신앙을 가진 하층민의 반란이 일어나고, 도시에서는 노비들이 주축이 된 검계劍契·살주계殺主契 등 비밀결사의 저항운동이 일어났다.

9년간 집권한 노론은 1689년(숙종 15)에 권력에서 밀려났다. 남인계와 연결된 역관집안의 후궁 장희빈張禧嬪이 낳은 왕자[뒤의 景宗]가 세자로 책봉되는 과정에서 서인이 몰락하고 남인이 다시 집권했다. 그동안 노론의 핵심인물이던 송시열·김수항金壽恒 등이 보복을 받아 처형당했다. 이 사건을 '기사환국己巳換局'이라 한다.

남인집권기에는 청나라의 내란과 관련하여 강화도에 성城을 쌓고, 그 대안對岸의 통진에도 문수산성文殊山城(1694)을 쌓는 등 수도방위를 강화했다.

기사환국으로 집권한 남인도 1694년(숙종 20)에 왕이 마음을 바꾸어 폐위된 민비閔妃(인현왕후)를 복위하고, 남인과 연결된 장희빈을 사사하게 되자 5년 만에 다시 물러나게 되고 노론과 소론이 재집권했다. 이 사건을 '갑술환국甲戌換局'이라 한다. 이때부터 남인은 거의 재기불능의 상태로까지 전락하고 말았다. 노론과 소론은 서얼, 역관, 무인, 상인 그리고 노비층과도 연결하여 남인 측을 몰아내는데 필요한 거사자금과 힘을 빌렸다.

1694년(숙종 20)에서 1720년(숙종 46)에 이르는 기간에는 권력이 노론과 소론 사이에서 오갔다. 이 시기에도 잇따른 흉년과 홍수·질병으로 인구가 감소되어 1693년에서 1699년 사이에 약 142만 명의 인구감소 현상을 가져왔다. 더욱이 1697년(숙종 23)에는 10여 년 전부터 황해도 구월산을 무대로 활약해 오던 창우倡優 출신 장길산張吉山 농민군의 세력이 더욱 커져서 서북지방이 어수선했고, 서울에서는 중인과 서얼이 장길산 부대와 연결하여 새 왕조를 세우려다 발각되는 일까지 일어났다.

그러나 숙종 대에 대동법을 황해도지방까지 확대하였으며(1708, 숙종 34), 서북인을 무인武人으로 대거 등용하고(1709), 중인과 서얼을 수령에 등용하도록 조처했다(1697, 숙종 23). 특히 1712년(숙종 38)에는 청과 북방경계선을 확정지어 백두산 아래에 정계비定界碑[81]를 세워 서쪽으로는 압록강, 동쪽으로 토문강土門江을 경계로 삼았다. 여기서 토문강은 다소 애매한 상태에서 정해졌지

---

81) 정계비는 백두산 정상에서 동남방 4km 지점에 세웠는데, 청은 1880년(고종 17) 토문강이 두만강이라고 주장하여 논란이 일어났다. 그 뒤 1909년 일본은 만주철도부설권을 청으로부터 얻기 위해 청과 간도협약을 체결하면서 두만강을 조선과 청나라의 국경선으로 인정해주어 두만강 이북의 간도지역[지금의 연변]을 청나라에 넘겨주어 오늘에 이르고 있다.

만, 우리 측은 그 후 이 강을 두만강 북쪽에 있다고 인식
하였다. 백두산정계비는 조선 측의 영토확장에 유리한 국
면을 조성하였다.

　　울릉도와 독도를 영토로 확정한 것도 숙종 때였다.
수군水軍출신의 안용복安龍福이 1696년(숙종 22) 울릉도와 우
산도[독도]에 출몰하는 왜인을 쫓아내고 일본 당국과 담판
하여 우리의 영토임을 승인받았다.[82] 안용복 사건을 계기
로 조선 정부는 일본 막부와 울릉도 귀속문제를 확정하
고, 적극적으로 해방海防정책을 강화하면서, 울릉도 경영
에 나섰다. 울릉도 지도가 활발하게 제작된 것도 이 무렵
이다.

　　한편, 1704년(숙종 30) 노론의 주장에 따라 임진왜란
때 우리를 도와준 명나라의 은혜를 잊지 않고, 또 우리가
명의 유교문화를 계승한 유일한 문명국가임을 확인하기
위하여 임진왜란 때 원병을 보내준 신종神宗을 제사하는
대보단大報壇[83]을 창덕궁 안에 설치하였다. 그리고 이순신

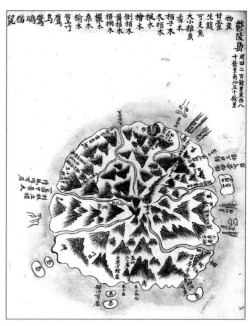

울릉도 지도 18세기 중엽
오른편에 우산도[독도]가 보인다. 《해동지도》 중에서

사당에 '현충顯忠'이라는 호를 내리고(1707, 숙종 33), 의주에
강감찬 사당을 건립하여(1709) 국민의 애국심을 고취시켰다. 숙종 말년에는 남구만南九萬의 노력
으로 세종 때 설치했다가 폐지한 '폐사군廢四郡'의 일부를 복설하여 압록강 연안이 본격적으로
개발되기 시작했다. 강화도의 농지를 대대적으로 개간하고, 강화도 내성內城(1704~1709), 북한산성
(1711~1712), 평양성, 안주성 등이 잇달아 축조되어 방위체제가 훨씬 강화되었다.

　　숙종 말년에는 삼남지방에서 양전사업이 완료되어 총 100만 결을 얻었는데, 그 가운데
국가에서 세금을 받는 수세지는 66만 7,800결[84]이었다. 이 수치는 광해군 때 파악한 54만 결에
비해 크게 늘어난 것이다. 전국의 인구는 680만 명으로 늘어났는데(1720), 실제의 인구는 이보다
많은 약 1천만 명이 넘었을 것으로 보인다.

　　숙종 때에는 문화사업 면에서도 중요한 성과가 나타났다. 《경국대전》을 보완한 《대전속록
大典續錄》, 《열조수교列朝受敎》 등을 비롯하여 각종 국가통치질서를 강화하기 위한 편찬사업이 활기
를 띠었다.

---

82) 안용복은 동래東萊 사람으로 동래수군으로 복무하던 중 1693년(숙종 19) 동래어민 40여 명과 울릉도에서 고기
　　잡이하다가 일본인에게 붙들려 갔다. 그는 일본에 가서 울릉도가 우리 영토임을 주장하고 돌아왔다. 그 후
　　1696년에도 10여 명의 어부와 울릉도로 출어하여 일본어선을 발견하고 울릉, 우산 양도감세관을 자칭하면서
　　일본 오키주에 가서 태수의 사과를 받고 돌아왔다. 조정에서는 그가 국가의 허락도 없이 국제분쟁을 일으켰
　　다고 하여 극형이 논의되었으나 남구만南九萬의 만류로 귀양으로 끝났다. 그는 울릉도와 우산도于山島(지금의 독
　　도)를 몸으로 지키는 데 크게 공헌하였다.

83) 영조 때에는 조선왕조의 국호를 정해준 명나라 태조와 호란 때 원병을 보내준 의종毅宗의 위패를 추가로 대
　　보단에 안치했다.

84) 숙종 대 파악된 토지결수는 《실록》과 《문헌비고》의 기록이 서로 다르다. 《문헌비고》에는 1720년(숙종 46)의 토
　　지결수가 100만 결로 되어 있다. 《실록》의 결수는 실제로 수세지의 결수를 말하는 것으로 보인다.

숙종시대는 조선왕조가 전란의 피해복구와 국가재정비사업이 일단 마무리되어 중흥의 기틀을 다진 시기로 볼 수 있다.

3. 영조의 탕평정책과 왕조중흥

숙종의 뒤를 이어 왕위에 오른 이는 장희빈의 아들로 33세의 경종景宗(1720~1724)이었는데, 그를 따르던 소론이 정권을 장악했다. 소론은 집권 직후 노론의 추천으로 왕세제王世弟로 책봉된 이복동생 연잉군延礽君[뒤의 영조]의 대리청정을 요구한 노론 4대신[85]을 역적으로 몰아 처형하여 노론의 원한을 크게 샀는데, 경종이 재위 4년 만에 죽고, 31세의 연잉군이 왕위에 오르니 이가 영조英祖(1724~1776)이다. 숙종의 후궁 숙빈최씨의 아들로서 노론에 의해서 왕세제王世弟로 책봉되었다가 왕이 되었으므로, 영조 초기에는 노론이 집권했다. 이 시기는 청나라가 강희康熙, 옹정雍正, 건륭乾隆 연간의 융성기를 맞아 조청관계가 안정되면서 내치에 전념할 수가 있었다. 영조가 통치한 53년간은 청나라의 전성기와 유사한 조선왕조 중흥기였다.

영조는 집권 초기 1728년(영조 4)에 소론계 이인좌李麟佐의 도전을 받았다. 이인좌는 소론·남인세력과 중소상인, 노비를 규합하여 청주 등지에서 대규모 반란을 일으켰지만 진압되었다. 세력이 위축된 소론은 사도세자思悼世子(1735~1762)[86]와 연계하여 재기를 시도했으나, 위기감을 느낀 왕과 노론은 1762년(영조 38) 28세의 사도세자를 뒤주에 가두어 죽게 하는 비극을 초래했다[임오화변]. 이 사건을 계기로 노론은 임오화변을 찬성하는 벽파僻派와 세자를 동정하는 시파時派의 갈등이 있었지만, 숙종시대에 비하면 정치적 참극은 적은 편이었다.

영조는 노론의 지지를 받아 왕위에 올랐지만, 살육과 보복이 되풀이되는 붕당정치의 과열을 염려하여 왕권강화를 위해 종전과는 다른 군주상君主像을 세웠다. 첫째, 임금은 신민臣民의 부모와 같다는 군부일체론君父一體論을 내세워 임금에 대한 효와 충을 강조했다. 둘째, 요순과 같은 고대 성왕聖王을 자처하면서 임금인 동시에 스승이라는 이른바 군사君師라는 초월적인 군주상을 수립하고,[87] 이에 근거하여 탕평책蕩平策[88]을 썼다. 그래서 당파를 초월하여 온건하고 타협

---

85) 노론 4대신은 김창집金昌集, 이이명李頤命, 조태채趙泰采, 이건명李健命을 말한다.

86) 사도세자는 영조의 후궁인 영빈이씨[선희궁]의 소생으로 무예가 뛰어나서 18기를 만드는 등 재능이 있었으나 소론이 그를 옹호하여 노론과 영조의 의심과 미움을 사게 되자 시간이 갈수록 일탈하는 행동이 많았다. 그러다가 창경궁에 모셔진 영조의 왕비 정성왕후 서씨의 혼전魂殿에 영조가 참배하러 갔을 때 세자가 나타나지 않자 노여움이 폭발한 영조가 세자를 뒤주에 넣어 8일간 굶긴 끝에 숨을 거두게 했다. 이때 세자의 나이 28세였으며, 세손 정조는 11세였다.

87) 옛날의 성인聖人은 단순히 치통治統을 가진 권력자가 아니라 도덕적으로도 정통성을 가진 도통道統을 겸비했다고 보고, 이렇게 치통과 도통을 겸비한 성인을 군사君師로 불렀다. 군사론을 처음 주장한 사람은 성종 때의 양성지梁誠之와 선조 때의 율곡 이이李珥로서 율곡은 선조에게 군사가 되라고 누누이 요청했다. 영조는 바로 율곡이 주장한 군사론을 받아들여 스스로 군사로 자처한 것이다.

88) 탕평은 《서경書經》〈홍범조洪範條〉의 정치이념을 빌어온 것으로, 중국 고대 성인聖人이 불편부당不偏不黨한 정치를 펴서 어느 한쪽에 기울어지지 않고 만민을 모두 끌어안는 선정善政을 베풀었다는 뜻이다. 영조는 성균관 입구에 탕평비蕩平碑를 세웠는데, 거기에는 '周而不比 乃君子之心 比而不周 寔小人之私意'라고 썼다. 또 같은 당파끼리 혼인하는 것을 금하는 동색금혼패同色禁婚牌를 만들어 집집마다 걸어놓게 했다.

적인 인물을 등용하여 왕권에 순종시키는 데 주력하였다. 이를 '완론탕평緩論蕩平'이라고도 한다. 탕평정책은 숙종 때의 '환국정책'이 많은 부작용을 낳은 데 대한 반성으로, 초당적 정치운용으로 왕권을 세우자는 발상이었다.

영조는 다른 한편으로 붕당의 뿌리를 제거하기 위하여 재야 산림의 이른바 '공론公論'을 인정하지 않았고, 그들의 본거지인 서원書院을 대폭 정리하였다. 또한, 조정에서 공론의 대변자임을 자처하던 이조 낭관郎官과 한림翰林들이 자신의 후임을 자천自薦하는 제도를 폐지하였다. 그 대신 일반민의 여론을 직접 정치에 반영하기 위해 신문고申聞鼓 제도를 부활하고, 궁 밖에 자주 행차하여 직접 민의를 청취하였다. 백성들이 행차 도중의 왕을 직접 만나서 억울한 일을 호소하는 것을 당시 상언上言, 격쟁擊錚이라 했다.

영조는 사상정책에 있어서도 탕평을 지향했다. 성리학을 일단 중심에 두면서도 왕권강화를 지지하는 남인학자의 고학古學을 받아들이고, 《주례》나 《정관정요》와 같은 법가적 저서들도 경연에서 공부하여 개방적 자세를 보였다. 말하자면 당시 여러 붕당의 진보적 사상을 모두 포용하여 왕권강화와 국가중흥에 이용하였다.

영조(1694~1776) 어진 보물 932호, 1900년, 203.0×83.0cm, 조석진·채용신 그림, 국립고궁박물관 소장

한편, 강화된 왕권을 바탕으로 민생안정과 산업진흥을 위한 여러 개혁을 단행했다. 먼저, 백성들의 군역부담을 완화하기 위해 1750년(영조 26) 균역법均役法을 시행하고, 당인들이 장악한 병권을 병조에 귀속시켰으며, 탁지정제度支定制를 따라 국가재정을 개혁하고, 《무원록無冤錄》을 편찬하여 형벌제도를 완화했으며, 사형수에 대한 삼심제三覆法를 엄격하게 시행하였다.

영조 대에는 두만강·압록강 일대의 농지개간과 방어시설 확충에 많은 노력을 기울였으며, 강화도·덕적도 등 도서지방의 방어를 위한 해방정책海防政策을 강화했다. 그리하여 강화도에 외성을 쌓고(1744), 평양에 중성(1733)을 쌓는 등 축성사업과 아울러 각종 국방지도를 제작하였다.

수도방위를 강화하기 위해 서울의 부유한 시민貢人, 市民을 주축으로 수도방어체제를 개편하고, 이를 《수성윤음守城綸音》(1751)으로 반포했다. 이는 서울의 상공업발달에 따른 국방개념의 변화를 의미한다. 영조는 1760년(영조 36) 서울 시민의 자발적인 협조를 얻어 청계천을 준설하여 도시를 재정비하고, 왕도王都와 상업도시로 번영하는 서울의 위상을 과시하기 위해 많은 서울지도를 제작하였다.

국토의 심층적 파악과 국가경영의 효율성을 높이기 위해 전국적인 지리지와 지도의 편찬도 활발하게 추진되었다. 16세기에 편찬된 《동국여지승람東國輿地勝覽》 이후 변화된 지리지식을 반영하기 위해 방대한 《여지도서輿地圖書》(1765)를 새로 편찬했으며, 지리전문가인 신경준申景濬을 시켜 《동국문헌비고東國文獻備考》의 〈여지고輿地考〉(1770)를 편찬케 하였다.

지도는 지리지와 국토의 모습을 한눈에 볼 수 있게 하는 것으로, 1770년(영조 46) 신경준을 시켜 《동국여지도東國輿地圖》라는 8권의 채색지도집을 편찬했는데, 이 책은 우리나라 전도全圖와 도지도道地圖 그리고 전국의 읍邑을 모두 그리고 모눈으로 선을 구획하여 지도의 정밀성을 높인 것이다. 이밖에 뛰어난 지도학자인 정상기鄭尙驥, 정항령鄭恒齡 부자의 지도를 입수하여 홍문관에

청계천 준설도 1760년, 영조와 신하들이 작업하는 모습을 다리 위에서 지켜보고 있다.
경남대학교 소장 데라우치문고

서 모사해 놓기도 하는 등 우리나라 지도발달사에 큰 업적을 쌓았다. 현재 서울대학교 규장각 한국학연구원에 있는 아름다운 채색 지도집인《해동지도海東地圖》(8권)도 1750년대에 만들어진 것이다. 이 지도집에는 전국의 모든 읍과 진鎭 그리고 만리장성과 중국전도, 유구지도 등 370여 종의 지도가 수록되어 있다.

학문을 숭상하고 국가의 문물제도를 시의時宜에 맞게 재정비하려는 의욕에 넘쳤던 영조는 이 밖에도 많은 편찬사업을 이룩하여 문예부흥의 터를 닦았다.《속대전續大典》,《속오례의續五禮儀》,《속병장도설續兵將圖說》,《동국문헌비고》등은 대표적 업적이다. 영조는 군사君師를 자처할 만큼 학문이 뛰어나서 스스로《자성편自省編》을 비롯한 많은 책을 저술하여 경연에서 세자와 신하들에게 읽혔으며, 뒤에 자신의 글을 모아《어제집경당편집御製集慶堂編輯》(6권)을 간행했다. 또 율곡의 학문을 존경하여 그가 지은《성학집요聖學輯要》를 경연에서 읽기도 했다.

노비가 양인이 되는 길을 넓혀주고 서얼과 평안도 선비의 벼슬길을 열어준 것도 이때로써, 조선왕조의 국력과 문화수준이 크게 높아지고 사회경제의 발전과 안정이 증진되었다.

4. 정조의 탕평책과 민국을 위한 개혁

정조(1752~1800) 어진 선원보감

영조의 뒤를 이어 즉위한 정조正祖(1776~1800)는 비명으로 죽은 사도세자의 아들로서, 영조의 탕평정치를 계승했다. 할아버지 영조와 마찬가지로 성리학과 율곡의 학문을 정학正學으로 받아들이면서도 남인의 고학古學, 노론의 북학北學은 물론 불교와 한당유학에 이르기까지 왕권강화에 필요한 여러 학문을 넓게 수용하여 사상탕평을 동시에 추구했다.

그러나 영조의 '완론탕평'과 달리 당파의 옳고 그름을 명백히 가리는 '준론탕평峻論蕩平'으로 정책을 바꾸었다. 정조는 세손 때는 물론 왕위에 오른 뒤에도 사도세자를 죽음으로 몰아넣은 노론벽파로부터 여러 차례 생명의 위협을 받았다. 벽파는 정조의 보복을 두려워했고, 정조는 벽파를 두려워했다. 그래서 이들을 견제하기 위해 '준론탕평'을 내건 것이다.

정조는 세손 때부터 독서광으로 불릴 만큼 학문을 닦아 자신감을 가지고 군사君師의 군주상을 표방했다. 그래서 자신을 '만천명월주인옹萬川明月主人翁'이라 칭하면서 모든 시냇물을 비추는 달처럼 모든 백성을 사랑하는 정치를 폈다. 정조의 글은 뒤에《홍재전서弘齋全書》(184권 100책)로 간행되었는데, 이렇게 많은 저술을 남긴 학자군주는 동서고금에 없었다.

정조는 양반=사족중심의 국가운영을 탈피하여 서얼, 지방 선비, 중인, 농민 등 소외된 소민小民을 보호하는 '민국民國'[89] 건설을 목표로 두고, 소민을 적극적으로 과거를 통해 등용했는데, 문과급제자의 약 절반이 신분이 낮은 사람들이었다.

정조대왕필 파초도 보물 743호,
51.3×84.2cm, 동국대학교 도서관 소장

정조의 '민국' 건설을 뒷받침한 정치기구는 문신친위조직인 규장각奎章閣[90]과 무신친위조직인 장용영壯勇營이었다. 1776년(즉위년) 창덕궁 안에 세운 규장각에는 수만 권의 한국책과 중국책을 모으고, 젊은 학자들을 학사學士로 임용하여 문한文翰의 기능, 비서실 기능, 과거시험 주관기능 등 여러 특권을 부여했다. 특히 40세 이하의 젊은 관료의 재교육을 위해 초계문신제抄啓文臣制를 시행하여 시험성적에 따라 승진시킴으로써 정조의 친위세력을 키웠다. 규장각은 바로 문예부흥과 개혁정치의 산실이 되었다. 장용영壯勇營은 서울 창경궁과 화성에 나누어 주둔시켰다.

정조는 아버지 사도세자의 명예회복이 자신의 정통성과 관련된다는 것을 깨닫고 아버지에 대한 효도를 극진히 했다. 1789년(정조 13)에 양주에 있던 아버지 묘소를 수원水原으로 옮겨 '현륭원顯隆園'이라 하고, 현륭원 북쪽의 팔달산 밑에 새로운 성곽도시로 화성華城을 건설했다(정조 20, 1796).[91] 1804년에 15세가 되는 아들 순조에게 왕위를 물려주고, 어머니 혜경궁을 모시고 이곳으로 은퇴하려는 목적이 있었으나 1800년에 타계하여 은퇴의 꿈을 이루지 못했다.

화성은 실학의 정신과 기술이 담기고, 모범적인 현대적 성곽도시, 농업도시, 상공업도시로

---

89) 민국은 '백성의 나라'를 뜻하는데, 영조 때부터 쓰이기 시작하여 고종 때에는 대한제국 건설의 목표를 '민국건설'에 두었으며, 1919년 대한민국 임시정부의 국호를 '대한민국'으로 정한 것도 '민국'을 계승한다는 뜻이 담겨 있다.

90) 규장각은 창덕궁과 강화도(1781)의 두 곳에 설치하여 전자를 내각內閣, 후자를 외각外閣이라 불렀다. 내각은 학사들의 집무소인 이문원摛文院과 서고書庫로 구성되었는데, 창덕궁 후원의 주합루宙合樓 아래층에 규장각의 현판을 걸었다. 이곳에는 정조 자신의 글과 글씨를 보관하고, 그 주변에 봉모당奉謨堂, 열고관閱古觀, 개유와皆有窩, 서고西庫 등을 지어 선왕들의 글과 글씨, 중국책, 우리나라 책들을 나누어 보관했다. 창덕궁 내각에는 약 3만여 권의 책이 보관되어 있었다. 강화도의 외각은 1866년의 병인양요 때 불타버리고, 그 속에 있던 약 6천 권의 도서 중 300여 권의 의궤儀軌는 프랑스군이 약탈하여 나폴레옹 3세에게 헌납했다. 이 책들은 프랑스 국립도서관에서 보관하다가 2011년 대여형식으로 모두 반환되었다. 창덕궁 안에 있던 도서들은 대한제국기에 다른 기관에 있던 도서와 합쳐져 약 10여만 권으로 늘어났으며, 일제시대 조선총독부와 경성제국대학에서 관리하다가, 해방 후 서울대학교에 이관되어 현재 서울대학교 규장각 한국학연구원에 보관되어 있는데, 이를 '규장각도서'라고 부른다.

91) 화성 건설에는 약 80만 냥의 경비가 지출되고, 공사기간은 2년 4개월이 소요되었다. 공사에 참여한 노동자匠人들에게는 일당日當의 품값이 지불되고, 공사가 끝난 뒤에《화성성역의궤華城城役儀軌》를 편찬하여 공사에 관련된 모든 경비, 인력, 물자, 기계, 건축물을 상세히 기록하였다. 심지어 5천 명에 달하는 노동자의 이름과 거주지까지 기록했다. 이 책은 오늘날 화성(수원) 연구와 화성복원 사업 그리고 정조의 개혁정책을 연구하는 데 귀중한 자료로 이용되고 있다. 18세기에는 전 세계적으로 이와 같이 정밀한 도시건설 기록을 남긴 예가 없다. 화성은 1997년 유네스코 세계문화유산으로 지정되었다.

정조의 화성행차도 부분 가운데 가마에 혜경궁이 타고, 뒤에 양산을 받치고 있는 말에 정조가 타고 있다.《원행을묘정리의궤》에서

설계되었다. 거중기, 녹로 등 최신식 공법을 사용하여 한국식[돌]과 중국식[벽돌]이 절충된 성곽을 쌓고, 그 안에 행궁行宮과 장용영壯勇營 외영外營을 건설하고, 주변에 국영농장을 설치하여 화성경비에 충당하고, 만석거萬石渠, 만년제萬年堤, 축만제祝萬堤[서호] 등 저수지를 만들어 흉년을 모르는 농업도시를 만들었다. 화성은 정조의 혁신정치를 상징하는 시범적인 자급도시였다. 화성을 건설한 뒤 개성松都, 강화도沁都, 광주廣州[남한산성]를 묶어 서울을 엄호하는 네 군데의 유수부留守府[위성도시]를 구축하여 서울을 중국 고대의 수도인 장안長安과 동등한 황제의 도시로 격상시켰다.

정조는 아버지 묘소를 참배하기 위해 자주 화성에 행차했는데, 특히 아버지와 어머니의 회갑을 기념하는 1795년(정조 19)의 행차에는 약 1,800명의 수행원과 800필의 말이 수행하여 그 위엄이 대단했으며, 신작로新作路(지금의 시흥대로)를 만들고, 한강에는 수십 척의 배를 묶어 처음으로 배다리[舟橋]를 만들어 건너갔다. 화성에 가서는 노인들에게 양로연을 베풀고, 빈민들에게 식량을 배급하고, 문과와 무과시험을 치러 선비들을 격려하고, 야간군사훈련을 실시하기도 했다.

행차가 끝난 뒤에는 행차에 관련된 일정, 비용, 참가자명단, 행차그림 등을 기록하여 《원행을묘정리의궤園幸乙卯整理儀軌》(1797)로 편찬하고, 김홍도 등 화원을 시켜 대형 병풍그림으로도 제작했다. 이 병풍그림이 지금 여러 종류가 전해져 당시의 정치와 문화수준이 어떠했던가를 생생하게 보여주고 있다.

정조는 민생안정과 문화부흥을 위한 여러 시책을 폈다. 계지술사繼志述事[92]를 내걸고 전통문화를 계승하면서 중국과 서양의 과학기술을 받아들여 국가경영을 혁신했다. 재정수입을 늘리고 상공업을 진흥시키기 위해 1791년(정조 15) 통공정책通共政策을 써서 시전상인들의 자유상인

---

92) 계지술사라는 말은 조상의 뜻을 계승하면서, 부분적으로 새로운 것을 가미한다는 뜻이다. '법고창신法古創新'이나 '온고지신溫故知新'과 비슷한 말이다.

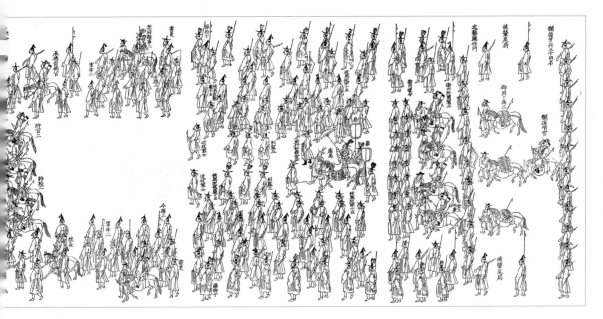

통제권[금난전권]을 폐지하여 자유상업을 진작시키고, 전국 각지의 광산개발을 장려했다. 이로써 상공업이 크게 발전하고, 서울은 인구가 집중되어 도성 밖에 새 마을[신촌]이 곳곳에 형성되고, 한강에는 많은 상선商船이 출입하면서 포구가 늘어났다.

한편, 재야사림이 주관하던 군현단위의 향약을 수령에게 맡겨 지방사족의 발호를 억제하고, 백성에 대한 국가의 통치력을 강화했다.

중국 문화를 전반적으로 이해하기 위해 강희제康熙帝 때 중국 역대의 서적을 집대성한 5,022권의 방대한《고금도서집성古今圖書集成》을 수입하고,《경국대전》이후 바뀐 제도를 증보한《대전통편大典通編》(1785), 역대의 외교관계를 정리한《동문휘고同文彙攷》(1788), 호조의 기능을 정리한《탁지지度支志》, 예조의 기능을 정리한《춘관통고春官通考》, 역대의 형사법과 재판제도를 정리한《추관지秋官志》, 홍문관의 역사를 정리한《홍문관지》, 규장각의 직제를 설명한《규장각지》, 성균관의 역사를 정리한《태학지太學志》, 병법서인《병학통兵學通》(1785), 전통무예 24기를 그림과 함께 설명한《무예도보통지武藝圖譜通志》(1790), 영조 때 편찬된《동국문헌비고》를 증보하고 수정한《증정문헌비고》(1790), 영조 때 편찬된《여지도서》를 보완한《해동여지통재海東輿地通載》, 한자 음운을 새롭게 정리한《규장전운奎章全韻》, 원나라 때 편찬한 송나라 역사를 우리 시각으로 다시 쓴《송사전宋史筌》등 수백 종의 거창한 서적을 국가사업으로 간행했다.

한편, 정조는 세손 때부터 매일매일의 생활을 반성하는 뜻에서《일성록日省錄》[93]이라는 일

---

93)《일성록》은 현재 1760년(영조 36)에서 1910년까지의 기록이 남아 있는데, 모두 2,327책이다. 특히 왕이 정치에 직접 관여한 일들, 예컨대 신하나 백성이 왕에게 올린 건의서나 왕의 명령, 왕의 동정, 서적 편찬, 경연에서 읽은 책의 내용, 군사훈련, 죄수심리, 백성에 대한 진휼 등이 상세하게 기록되어 있다. 이 책은 국보로 지정되어 있으며, 유네스코 세계기록문화유산으로 등록되었다.

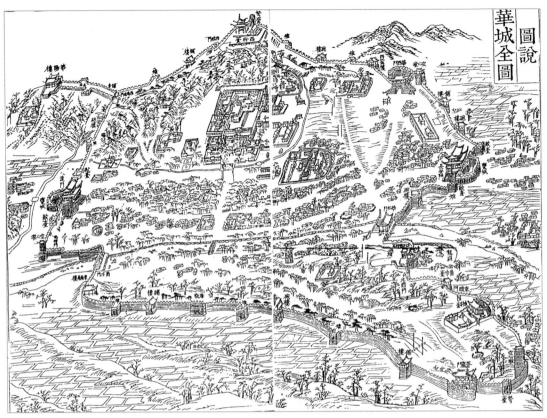

화성전도 위쪽 꼭대기에 서장대, 그 아래에 행궁, 오른편에 장안문, 왼편에 팔달문이 그려져 있다.《화성성역의궤》

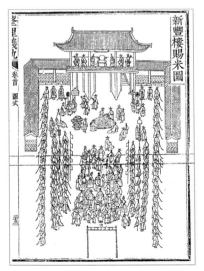

화성 신풍루에서 가난한 백성들에게
쌀을 나누어 주는 그림 《원행을묘정리의궤》

기를 쓰기 시작했고 왕이 된 뒤에는 규장각의 신하들이 왕을 대신하여 매일매일의 주요 정사를 상세하게 기록했는데, 그 뒤 모든 임금들이 이를 계승했다. 또한 규장각 설립 이후에는 규장각의 일을 매일 기록한《내각일력內閣日曆》을 편찬하기 시작했다.

문헌편찬사업과 병행하여 활자도 아름답게 개량되어 한구자韓構字, 정리자整理字 등이 새로 주조되고, 천문과학 및 미술 분야에서도 뛰어난 걸작이 나타났다. 지도제작에 있어서도 당시의 과학수준을 반영하여 현대지도와 방불한 정밀하고 아름다운 채색지도가 많이 제작되었다.

영조에 뒤이은 대대적인 편찬사업으로 조선왕조는 15세기에 이어 300년 만에 경제적으로 강력해지고, 문화적으로도 청淸의 강희·옹정·건륭 문화와 쌍벽을 이루는 찬란한 문화대국으로 올라섰다. 실로 정조시대는 숙종시대부터 기반이 다져진 왕조중흥의 꽃이 활짝 핀 전성기로, 한국사가 근대로 접어드는 과도기이기도 했다.

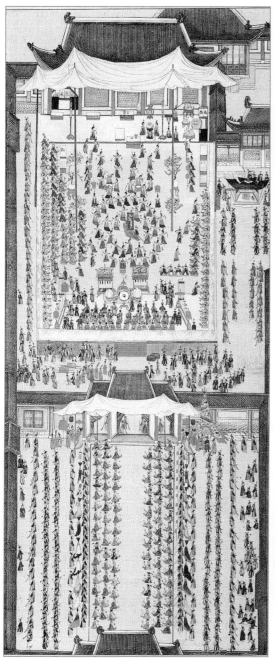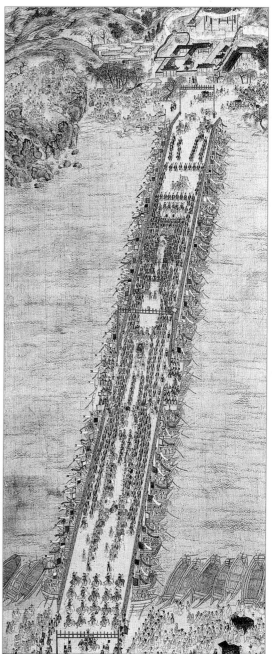

정조대왕 능행도 병풍(좌. 봉수당 진찬도, 우. 한강주교도)
1795년(정조 19) 사도세자와 혜경궁 홍씨의 회갑을 기념하여
정조대왕은 어머니를 모시고 화성에 가서 회갑잔치를 벌이고 서울로 돌아왔다.
왼쪽 그림은 화성 봉수당에서 열린 회갑잔치 모습이고,
오른쪽 그림은 노량진에 배다리를 놓고 건너오는 모습이다.
노량진 명수대 언덕에 많은 주민들이 나와 구경하고 있으며, 엿장수·술장수의 모습이 인상적이다.
한국고궁박물관 소장

5. 부세제도의 개선

1) 전세의 개편

왜란과 호란 후의 긴급한 과제는 파괴된 경제를 복구하여 민생을 안정시키고 국가재정을 확보하는 일이었다. 이와 관련하여 각종 부세제도를 개선하는 일이 추진되었고, 먼저 전세제도의 개선이 이루어졌다.

임진왜란 직후 전국의 전결수田結數는 전쟁 이전의 3분의 1로 줄어들었는데, 가장 피해가 컸던 경상도는 전쟁 전의 약 6분의 1로 농지가 감소되었다. 토지의 황폐화와 토지대장量案의 소실 등이 그 주요 원인이었다. 전후에 계속하여 진전陳田[묵힌 땅]이 개간되고 양전사업이 실시되면서 토지결수는 점차 늘어났다. 이에 따라 광해군 때 54만 결, 인조 때 90만 결, 숙종 때 140만 결, 영조~정조 때 최고 145만 결까지 증가했다.

그러나 토지결수의 증가에도 불구하고 국가의 수세지는 전결수의 약 60%에 지나지 않았으며, 그 나머지는 궁방전宮房田이나 관둔전官屯田 등 면세지였다. 더욱이 효종 때에는 전세부담을 낮추고 공평화하기 위해 영정법永定法을 실시한 결과 전세율이 1결마다 4~6두로 고정되고, 종전의 수등이척隨等異尺과 연분 9등을 폐지하여 양전하는 자尺를 통일하되, 그 대신에 토지의 등급에 따라 1결의 면적을 달리하는 이적동세異積同稅를 실시하였다. 그 결과 전세율이 종전보다 낮아진 것은 사실이나, 수세지와 전세율의 감소로 국가의 전세수입은 현저히 줄어들었다. 국가는 전세수입의 부족을 다른 방법으로 보충하지 않으면 안 되었으니, 삼수미三手米와 대동미大同米 등 각종 부가세가 추가되어, 18세기 말에는 대략 1결당 쌀 40두에 이르렀다. 이러한 농민부담은 당시의 토지생산력에 비추어 무거운 것은 아니었으며, 국가수입은 상대적으로 늘어나서 재정의 안정을 되찾게 되었다.

2) 공납제의 개선 - 대동법

국가의 3대 수입원 중 하나인 공납貢納은 국가수입의 약 60%를 차지할 정도로 컸는데, 이미 국초부터 공납청부방식인 방납防納 형식으로 운영되고 있었다. 그러나 방납자의 농간으로 국가수입을 축내고 농민부담을 가중시키는 폐단이 있었다. 그리하여 방납제의 모순이 16세기에는 가장 큰 사회문제의 하나를 이루어 여러 차례 방납의 시정에 대한 논의가 있었지만 실현되지 않았다. 특히 이이李珥는 방납에 대한 대안으로 수미법收米法을 주장했는데, 토지를 단위로 하는 것이기에 지주들의 반발이 컸다.

왜란을 거친 후 국가재정이 극도로 궁핍해지면서 수미법을 대동법大同法이라 이름하여 비로소 실시를 보게 되었다. 1608년(광해군 즉위년)에 이원익·한백겸 등의 주장에 따라 경기도에 시행한 것이 그 첫 시도였다. 그 후 실시지역을 점차 확대하여 1708년(숙종 34)에는 평안도와 함경도를 제외한 전국에 실시되고, 이를 관할하는 관청으로 선혜청宣惠廳을 두었다.

대동법의 실행으로 종전의 상공常貢이 면제되는 대신 대동미大同米라는 이름으로 1결마다 미곡 12두[처음에는 16두]를 받았는데, 산간지방에서는 미곡 대신에 포布나 돈을 받기도 했다. 국가는 선혜청에서 징수한 쌀·포·돈을 공인貢人이라 불리는 특허상인에게 공가貢價로 지불하여 관청수요품을 조달하게 했다. 그 결과 대동법 실시 이후 공인으로 막대한 부를 축적한 자본가가 성장하고 화폐유통이 활발해졌으며, 공인의 주문에 따라 생산하는 수공업이 활기를 띠었다. 경상도 삼랑진三浪津, 충청도 강경江景, 함경도 원산元山 등지가 미곡집산지로 각광을 받아 상업도시로 성장했다.

대동법은 공납을 전세로 바꾼 까닭에 토지가 많은 부호에게는 불리하고 토지가 적거나 없는 농민에게는 유리하여 농민 부담을 크게 덜어주었다. 그리고 국가의 전세수입의 부족을 이로써 보충하여 국가재정이 크게 호전되었다. 그러나 대동법 시행으로 매년 정기적으로 바치는 상공常貢은 없어졌지만, 왕실에서 소비하는 진상進上이나 별공別貢은 그대로 남아 현물징수가 완전히 폐지되지는 않았다.

3) 군역제도의 개선 - 균역법

임진왜란 중에 명나라 척계광의 《기효신서》의 영향을 받아 훈련도감訓練都監이 설치되어 포수[砲]·사수[弓]·살수[劍]의 삼수병三手兵을 훈련하고, 호란을 거치면서 총융청·어영청·수어청·금위영 등이 새로이 설치되어 숙종 때까지 이른바 5군영五軍營이 성립했다. 이는 조선 초기의 중앙의 기간부대인 5위五衛 체제가 무너진 뒤로 이를 대신하여 조선 후기 중앙군의 기간부대가 재정비된 것이다.

한편 지방군으로서 속오군束伍軍이 편성되어 양인과 함께 일부 노비도 참여했다. 그 가운데 중앙군은 대체로 국가에서 급료를 지급하는 모병募兵이었으며, 속오군은 경비를 스스로 부담했다. 모병의 경비는 양인이 바치는 군포軍布로 충당되었다. 세조 때 보법保法이 시행되면서 대역제代役制가 나타나다가 중종 때부터 군역 대신 군포를 바치는 것으로 통일되고 모병제가 정착된 것이다. 군포는 원칙적으로 양인 이상의 장정 수에 따라 받아들이는 것이지만, 국가는 군포의 총액을 미리 정해 놓고 이것을 마을단위로 할당하여 부과하는 방법을 택했다. 국가의 예산을 계획적으로 운영하기 위해서는 이러한 방법이 효과적이었다.

그러나 군포할당제는 집행과정에서 부작용이 없지 않았다. 각 마을은 실제 장정 수보다 많은 군포를 연대책임으로 징수하는 경우가 있어서 양반이 내지 않는 군포나, 이웃사람[隣徵] 혹은 친척의 군포[族徵]까지 떠맡아야 하고, 이미 죽은 사람[白骨徵布]이나 어린아이[黃口簽丁]에게조차도 군포를 부과하는 사례가 있었다. 그리하여 족징·인징·백골징포·황구첨정의 폐단으로 한 사람의 장정이 베 2필씩 바치도록 되어 있는 군포를 실제로는 그 몇 배를 물어야 하는 경우가 많았다. 포布 1필은 쌀 6~12두에 해당하므로 그 부담은 전세나 공납[대동미]보다 훨씬 무거웠다.

군포의 폐단은 17세기 말에서 18세기 초에 걸쳐 가장 심하여 군역은 양인의 부담 가운데 가장 큰 비중을 차지했다. 5군영의 설치와 북벌준비에 따른 군역의 강화가 군역부담을 가중시켰으며, 군역의 폐단은 농민의 이농을 초래하고, 군역을 피하기 위하여 모칭유학冒稱幼學으로 불리는 가짜 학생이 대량으로 창출되는 원인이 되기도 했다.

양역의 폐단을 시정하려는 노력은 일찍부터 있었으나, 1750년(영조 26)에 와서야 그 개선책이 마련되어 균역법均役法이 성립되었다. 이로써 종래 16개월마다 받던 군포 2필을 12개월마다 1필로 감해 주었다. 국가는 절감된 군포의 수입을 보충하기 위해 종래 군역이 면제되었던 상층 양인에게도 선무군관選武軍官이라는 칭호를 주는 대신 군포 1필을 부과시켰다. 그리고 지주에게서 토지 1결마다 미곡 2두 또는 5전을 결작結作(혹은 結米)이라는 이름으로 받아들였다. 또 종래 각 아문이나 궁방宮房에서 받아들이던 어세, 염세, 선세船稅를 균역청에서 관할하게 했다. 그 결과 국가의 수입은 줄지 않으면서 가난한 농민의 부담은 가벼워졌고, 종전에 군포를 면제받던 상층 양인의 일부와 지주들이 군포와 결작에 대한 부담을 지게 되었으므로 군역은 어느 정도 평준화가 되었다.

한편, 공사노비의 신공身貢도 원래 노奴는 면포 2필, 비婢는 1필 반을 내다가 17세기 중엽부터 점차 경감하여 1755년(영조 31)에는 노는 1필만 내고, 비는 1774년부터 부가세만 내게 하여 노비와 양인은 신역身役부담이 거의 비슷해졌다. 그러나 해마다 정부는 일정량의 신공과 결세結稅를 도道별로 할당하는 이른바 비총법比摠法을 실시하여 적지 않은 부작용이 있었지만, 국가의 재정관리가 계획적으로 운영되는 장점도 있었다.

6. 산업발전과 신분제의 변화

1) 상업적 농업

왜란과 호란으로 흐트러진 지방사회를 재정비하기 위해 호적戶籍 사업, 면리제面里制, 5가작통五家作統이 실시되었다. 한편, 농촌복구사업은 자신들의 옛 생활기반을 되찾으려는 지방양반들의 자발적인 노력으로도 나타나 읍지邑誌 편찬이 전후에 활기를 띠게 되었다.

농촌복구 사업은 우선 농업생산과 직결된 수리시설의 보완을 필요로 했다. 1662년(현종 3) 제언사堤堰司가 설치되고, 1778년(정조 2)에 제언절목堤堰節目이 반포되어 국가의 지원 아래 제언·보·저수지 등이 새로이 축조되거나 보수되었다. 18세기 말에는 큰 저수지[제언]가 3,590개 소, 작은 저수지[보]가 2,265개 소, 합하여 저수지의 총수가 약 6천 개에 달했다. 그 가운데 수원 서호西湖[만년제], 김제 벽골제碧骨堤, 홍주 합덕제合德堤, 연안 남대지南大池 등은 가장 큰 저수지로 꼽혔다. 한편 강화도를 비롯한 서해안 일대에는 간척사업이 활기를 띠어 농경지가 크게 늘어났다. 수리시설의 확장으로 수전농업이 발전하여 밭이 논으로 많이 바뀌고, 모내기법[이앙법]이 더욱 보급되었다. 모내기법은 논에 직접 씨를 뿌리는 직파법에 비해 김매기에 필요한 노동력이 크게 줄어들고, 단위면적당 수확량이 늘어났을 뿐 아니라, 모내기 이전에 본전本田에 보리를 심을 수가 있어서 벼와 보리[또는 밀]의 이모작二毛作이 가능하게 되었다.

밭에서도 밭고랑과 밭이랑을 만들어 밭고랑에다 곡식을 심는 이른바 견종법畎種法이 보급되어 노동력을 절감하는 효과를 가져왔다. 또 보리[또는 밀]와 콩[또는 조]을 매년 두 번씩 재배하는 그루갈이[根耕法]가 성행했다. 모내기법과 견종법이 널리 보급되자 노동력이 절감되어 한 사람이 경작할 수 있는 경지면적이 늘어나게 되면서 한 집에서 넓은 토지를 경영하는 이른바 광작廣作

이 성행했는데, 광작은 지주도 할 수 있고, 병작인도 할 수 있었다.

광작이 성행함에 따라 부농과 빈농의 계급분화가 촉진되고, 농민들은 병작지를 얻기가 더욱 힘들어져서 점차 상공업자나 임노동자로 직업을 바꾸는 현상이 나타났다.

한편 18세기경부터 상품유통이 활발해지면서 농업분야에서도 상품화를 전제로 하는 상업적 농업이 발달하기 시작했다. 인삼·담배·목면·채소·과일·약재의 재배에서 그런 현상이 두드러졌다. 특히 인삼과 담배는 수익성이 높아 가장 인기 있는 상업작물로 재배되었다. 특히 수출상품으로 인기가 높았던 인삼은 개성을 중심으로 하여 경상도·전라도·충청도 각지에서 널리 재배되었고, 담배도 17세기 초에 일본에서 전래된 뒤로 전라도 지방을 중심으로 전국에서 재배되었다. 서울 근교의 왕십리·송파 등지에서는 인구가 늘어난 서울시민을 상대로 채소재배가 성하였다.

벼타작 김홍도 그림, 국립중앙박물관

전란을 겪으면서 기근에 대비한 구황작물의 필요성이 높아져서 고구마[감제]·감자[마령서]·고추·호박·토마토 등 새로운 작물이 널리 재배되어 전보다 먹거리가 많아졌다. 고구마는 1764년(영조 40)에 통신사로 갔던 조엄趙曮이 일본에서 가져오고, 감자는 청淸에서 종자를 들여왔다. 구황작물과 담배는 대부분 지리상의 발견으로 서양인들이 아메리카대륙에서 아시아로 가져와 퍼지게 된 것이다.

농업의 발달에 따라 많은 농서農書가 출간되었다. 강필리姜必履·김장순金長淳 등은 고구마재배법을 깊이 연구하여 《감저보》,《감저신보》 등을 각각 저술하였다. 효종 때 신속申洬은 《농사직설》,《금양잡록》 기타 농서들을 묶어서 《농가집성農家集成》을 편찬했고, 숙종 때 홍만선洪萬選은 농사와 의약에 관한 지식을 모아서 《산림경제山林經濟》[94]

점심을 먹는 농민들 김홍도 그림

를 펴냈다. 영조 때 유중림柳重臨은 이를 증보하여 《증보산림경제》를 편찬했다. 그 뒤 19세기 중엽에 서유구徐有榘는 전원생활을 하는 선비에게 필요한 지식과 기술 그리고 기예와 취미를 기르기 위해 《임원경제지林園經濟志》(일명 林園十六志)[95]라는 방대한 농촌생활 백과사전을 편찬하였다.

조선 후기에는 농가경제 면에서도 커다란 변화가 일어났다. 과전법이 무너지고 왕실과 관료들은 생계의 대안을 세우기 위하여 토지겸병에 나서게 되었다. 왕실은 내수사內需司를 통해 토지와 노비를 축적하고 장리長利로 불리는 고리대를 통해서 부를 축적했다. 특히 왜란 뒤에는 바닷가의 황무지를 불하받거나 민전民田을 사들여 수만 결의 궁방전宮房田을 차지했다. 관료들은

---

94) 《산림경제》의 목차는 다음과 같다. 복거卜居, 섭생攝生, 치농治農, 치포治圃, 구급救急, 종수種樹, 치선治膳, 구황救荒, 벽온辟瘟, 양화養花, 양잠養蠶, 목양牧養, 잡방雜方 등이다.

95) 《임원경제지》는 모두 113권 52책으로 800여 종의 문헌을 참고하여 농업, 식품, 원예, 수목, 옷감, 천문기상, 목축, 물고기, 가옥, 의약, 풍속, 기예, 취미, 풍수, 경제생활 등에 관한 지식을 총망라하여 집대성한 것이다. 모두 16개의 지志로 구성되어 있다.

대개 개간 혹은 매입을 통해 사유지를 늘려갔다. 고려시대와 다른 것은 토지겸병의 수단으로써 권력과 신분을 배경으로 한 약탈이 크게 줄어들었다는 사실이다. 지방사족들도 개간 혹은 매입을 통해 토지를 늘려갔으며, 각 관청도 경비조달을 위해 둔전屯田을 확대해 갔다.

토지겸병이 촉진됨에 따라 자작농은 갈수록 줄어들고, 대부분의 농민은 남의 토지를 빌어서 경작하는 병작농並作農이거나, 아니면 자작과 병작을 겸하는 예가 많았다. 그러나 병작농이라 해서 지주에게 인격적으로 예속되어 있지는 않았다. 대체로 병작인은 여러 지주의 토지를 병작하는 사례가 많아 한 사람의 지주에게 예속되지 않고 비교적 신분적으로 자유로울 수 있었다. 부자[지주]와 가난한 사람[병작인]이 한 마을에 섞여서 사는 모습은 우리나라에서만 볼 수 있는 현상이다.

병작농민이 지주에게 바치는 지대는 수확의 반을 나누는 타조법打租法이 그대로 관행되었으나, 18세기 말 무렵부터는 일부 지방에서 정액세인 도조법賭租法이 유행하기 시작했다. 도조는 대체로 수확량의 3분의 1을 표준으로 하여 정해졌으므로 타조보다 작인에게 유리하고, 또 일년 수입을 예상하여 계획된 농업경영이 가능한 이점이 있었다. 그러나 도조법은 작인이 토지를 개간했거나, 제방을 쌓거나 매수하였을 때 성립하는 것이므로 일반적인 현상은 아니었다. 그리고 도지권을 가진 작인은 그 토지를 매매할 수도 있었으며, 지주에 대하여 보다 자유스런 관계를 가지면서 부를 축적할 수 있는 가능성이 있었다. 이 도조법은 뒤에 가서 현물 대신 화폐를 지대로 바치는 금납제로 서서히 바뀌어 갔다.

2) 수공업과 광업의 발달

관청 수공업[官匠]이 중심이 된 조선 초기의 수공업은 조선 후기에 이르러 점차적으로 쇠퇴하고 민영수공업이 발달했다. 무기·종이·옷·자기·비단·유기[놋그릇], 화폐주조 등 국가의 수요가 많고 대량생산이 필요한 분야에서는 뒤늦게까지 관청수공업이 중심을 이루었으나, 그것도 점차로 민영화의 길을 걸었다. 조선 초기에 2,800여 명에 달하던 서울장인[京工匠]은 18세기 후반에는 약 10분의 1로 줄었으며, 지방장인[外工匠]의 경우도 사정은 비슷했다.

국가기관에 전속된 장인이 줄어든 대신, 국가에 장인세匠人稅를 바치기만 하는 납포장納布匠은 더욱 늘어서 18세기 중엽에는 10만여 명을 헤아리게 되었다. 이들은 대동법 시행 이후 새로 생겨난 공인貢人이나 일반시장을 상대로 물품을 제조했으므로 독립수공업자와 다름없었다. 대동법과 민영수공업은 서로 밀접한 관련을 가지면서 전개되었다. 국가는 공인으로부터 관수품을 사들이고, 공인은 수공업자에게 주문하여 관수품을 제조·구입하였다. 국가는 대규모 건축사업이 있을 때는 장인을 일당노동자로 고용하여 물품을 제조하기도 했다. 정조 때 화성을 건설하면서 수천 명의 장인을 고용하여 근무 날짜에 따라 일당日賃을 지불한 것은 그 좋은 예이다. 이러한 사례는 그 뒤 관례화되었다.

수공업자는 공인하고만 연결된 것이 아니라 대상인大商人과도 손을 잡았다. 제조과정이 간단하고 소비 규모가 작은 상품은 수공업자가 자기 자본으로 제조·판매하여 상인과 경쟁할 수 있었지만, 종이·화폐·야철·자기 등과 같이 소비규모가 크고 막대한 원료를 필요로 하는 화성성역의궤　장인의 이름과 노동일수(왼편), 지급된 품값이 기록되어 있다.

물품은 대자본을 가진 상인의 힘을 빌지 않으면 안 되었다. 이 경우 대상인은 원료와 대금을 선대先貸해 주고 생산된 물품을 사들였는데, 대상인을 물주物主라고 불렀다. 가령, 지장紙匠은 지전상인, 야장冶匠은 잡철전인, 자기장磁器匠은 상인물주와 연결되어 가고 있었다. 물주의 등장은 17~18세기 수공업의 특징적인 현상이었다.

그러나 조선 후기에는 지방장시가 크게 확장되고 시장권이 넓게 형성되면서 수공업자가 자기자본으로 상품을 대량으로 제조하여 점촌店村을 만들어 직접 팔기도 하고, 보부상을 통해서 판매하는 사례도 많았다. 그 가운데 특히 제조규모가 큰 것은 솥과 놋그릇(유기)인데, 경기도 안성安城과 평안도 정주定州의 납청納靑은 놋그릇 생산지로 가장 유명했다. '안성맞춤'이라는 말이 그래서 유행했다. 이곳의 수공업자들은 자기의 자본으로 공장을 설비하고 원료를 구입했으며, 임금노동자를 고용하여 분업에 의해서 물품을 제조했다. 이들은 일종의 산업자본가로서, 서양에서 중세 말기에 나타났던 공장제 수공업[manufacture]과 유사한 것이다.

조선 초기에는 광업을 국가가 경영하여 개인의 광산개발(私採)이 금지되었으나, 17세기 중엽부터는 개인의 광산개발을 허용하면서 세금을 받아내는 정책으로 바뀌어갔다. 이를 설점수세제設店收稅制라 한다. 이에 따라 개인에 의한 광산개발이 촉진되었는데, 특히 청淸나라와의 무역에서 은銀의 수요가 늘어가자 은광(銀鑛)개발이 점차 활기를 띠었다. 그리하여 17세기 말에는 70개 소에 가까운 은광이 설치되었는데, 그 가운데 평안도 단천端川과 경기도 파주·교하는 특히 유명했다.

18세기 중엽부터는 농민들이 광산에 너무 모여들어 농업에 지장을 주는 것을 고려하여 공개적인 채취를 금지하고 높은 세금을 부과했다. 그러나 상인들은 광산개발이 이득이 많았으므로 금광·은광을 몰래 개발하여 이른바 '잠채潛採'가 날로 번창하여 갔고, 큰 자본을 모은 이도 나왔다. 이른바 덕대德大라고 불리는 물주가 노동자를 고용하여 대규모 광산을 개발했다. 금광은 평안도의 자산·성천·수안이 유명했다. 1811년(순조 11) 평안도에서 일어난 홍경래의 난 때 대상인이 자본을 대고, 광산노동자가 다수 참여하게 된 것도 이곳의 광산개발과 관련이 깊다.

금·은광만큼은 활기를 띠지 않았으나 놋그릇과 무기 그리고 동전주조의 원료로써 철광과 동광 개발이 촉진되고, 화약제조의 원료인 유황광업도 일어났다.

3) 상업발달과 화폐유통

조선 후기에는 도고都賈라고 불리는 독점적 도매상업이 성행했다. 도고상인은 관상官商인 시전상인과 이른바 '난전亂廛'이라고 불리는 서울의 사상私商이나 공인貢人 가운데서 출현했고, 지방의 상업도시에서도 나타났다. 먼저 시전상인들은 국가로부터 난전을 금압할 수 있는 특권으로 이른바 '금난전권'을 부여받아 이를 이용하여 독점판매의 혜택을 오래 누렸다. 특히 시전 가운데서도 비단·무명·명주·종이·모시·어물 등을 파는 육주비전六矢廛은 16세기 말에 서울의 상권을 장악했고, 조선 후기에도 수공업자를 지배하면서 큰 자본을 가지고 사상私商들과 경쟁하여 도고활동을 전개했다.

그러나 국가의 금압에도 불구하고 난전이 줄기차게 성장하여 마침내 1791년(정조 15)에 이른바 신해통공辛亥通共으로 육주비전을 제외한 나머지 시전상인의 금난전권을 철폐했다. 이로써 사상私商들은 육주비전 상품이 아닌 것은 자유롭게 관상官商과 경쟁하면서 판매할 수 있게 되었고, 마침내 시전 이외의 새로운 시장을 형성하게 되었다. 동대문 부근의 이현梨峴과 남대문 밖의 칠패七牌(지금의 서울역 부근) 그리고 종로 근방의 종루는 3대 상가를 형성하여 국내외의 다양한 물종이 일반시민을 상대로 거래되었다. 서울은 이제 국제적인 상업도시로 변모했으며, 상인들이 시민을 상대로 호객하는 풍속이 나타나서, 마치 오늘날의 남대문시장의 풍속을 방불케 했다. 번창한 상업도시로서의 서울의 면모는 19세기 초에 유행한 《한양가》라는 노래에도 잘 나타나 있다.

〈한양가〉의 일부 시전에서 판매되는 물품이 기록되어 있다.

八路를 通하였고 燕京, 日本 다았구나.
우리나라 所産들로 부끄럽지 않건마는,
他國의 物貨 交合하니 百各廛 壯할시고.
七牌의 生魚廛에 各色 生鮮이 날싸구나.
民魚, 石魚, 石首魚며 도미, 준치, 高刀魚며
낙지, 소라, 烏賊魚며 조개, 새우, 전어로다.
南門안 큰 毛廛에 各色 實果 다 있구나.
청실뇌, 황실뇌, 건시, 홍시, 조홍시며
밤, 대추, 잣, 胡桃며 포도, 오얏이며
石榴, 柚子, 복숭아며 龍眼, 荔枝, 唐大추로다.
綠豆 靑太 六注比廛 넘어서니
上米廛 左右 假家 十年之糧 쌓았어라.
下米, 中米, 極上米며 찹쌀, 기름쌀과
綠豆, 靑太, 赤豆, 팥과 마태, 중태, 기름太로다.
되롱다리 넘어서니 民無飢色 좋을시고.
水閣다리 넘어서니 各色 商廛 벌었어라.
면빗, 참빗, 얼레빗과 쌈지, 줌치, 허리띠며
충전, 보료, 모담자며 簡紙, 周紙 唐周紙로다.
큰 광통교 넘어서니 列立軍과 物貨 많은 廛市井은
일용에 쓰고, 소창 옷에 汗衫 달고,
사람 불러 흥정할제 輕重하기 測量 없다.
白木廛 各色房에 무명이 쌓였어라.
康津木, 海南木과 高陽낭이 江낭이며
商賈木, 軍布木과 貢物木, 巫女布와
天銀이며, 丁銀이며, 西洋木과 西洋紬라.
紙廛을 살펴보니 各色 종이 다 있구나.

白紙, 壯紙, 大好紙며 雪花紙, 竹靑紙며
蟬翼紙, 花草紙며 깨끗할사 白綿紙며
霜花紙, 冬文紙, 初塗紙, 上疏紙며
川連紙, 毛土紙와 毛綿紙, 粉唐紙와
宮淺紙, 詩軸紙와 各色 菱花 고을시고.
베廛을 살펴보니 各色 麻布 들어쳤다.
農布, 細布며 中山치며 咸興 五升의포며
六鎭 長布며 安東布와 海南布와
倭베, 唐베, 생계추리, 門布, 造布, 永春布며
吉州, 明川 가는 베는 바리 안에 드는 베로다.
靑布廛 살펴보니 唐物貨가 벌여 있다.
갑투 모자 回回布와 민강 沙糖 五花糖과
軟環糖과 玉春糖과 갖은 糖屬 벌여 녹다.
선전은 首廛이라, 돈 많은 市井들이
豪着를 混亂하고, 人物도 俊秀하다.
綾緞, 大緞, 紗緞이며 華麗도 壯할시고.
貢緞, 大緞, 紗緞이며 宮초, 生초, 설한초며
金鷄啼破 一年 明月 今宵多하니
秋雲淡淡 暎悠悠하니, 닭이 밝은 月光緞과
春風桃李 花開夜하니 보기 좋은 雲紋 大緞,
繁華로운 桃李 佛手
(後略)

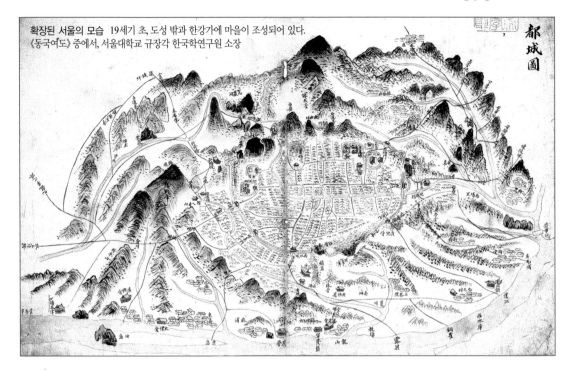

확장된 서울의 모습 19세기 초, 도성 밖과 한강가에 마을이 조성되어 있다. 《동국여도》 중에서, 서울대학교 규장각 한국학연구원 소장

한편, 시전상인이 사상私商의 침식을 크게 받은 것과는 대조적으로 공인貢人의 활동은 사상私商의 침해를 받지 않는 가운데 특허상인으로서 날로 번창했다. 공인들은 대개 시전상인市人이나 경주인京主人 또는 장인匠人 등 과거에 공납과 관련을 맺은 부류에서 나왔으며, 선혜청이나 상평청·진휼청·호조 등에서 공가貢價를 받아 소요물품을 사서 관청에 납품했다. 이들은 한 가지 물품을 대량으로 구입하는 관계로 큰 자본을 가지고 상품을 거래했으며, 거래규모만큼 이득도 커서 손쉽게 자본을 축적했다. 그러나 그들도 국가에 대한 국역國役으로서 공인세를 바치지 않으면 안 되었다.

남대문 밖 칠패시장 개화기

사상私商은 앉아서 판매하는 난전에만 종사한 것이 아니라, 전국의 지방 장시를 연결하면서 물화를 교역하기도 하고, 전국 각지에 지점을 설치하여 판매를 확장하기도 했으며, 또 대외무역에 참여하는 등 여러 가지 방법을 통해서 부富를 축적했다. 사상私商 가운데서도 서울의 경강상인京江商人, 개성의 송상松商, 동래의 내상萊商, 의주의 만상灣商, 평양의 유상柳商 등은 대표적인 거상巨商으로 출현했다. 경강상인은 한강을 이용하여 운수와 조선造船을 통해 돈을 벌기도 하고, 미곡·소금·어물 등을 경기도와 충청도일대에 판매하여 막대한 이득을 취했다. 경강상인의 활동으로 뚝섬에서 양화진에 이르기까지 한강유역에는 많은 나루터가 늘어났으며, 지방민의 서울 유입에 따라 도성 밖에 많은 신촌新村이 건설되고, 서울의 행정구역도 4대문 밖으로 확

장텃길 김홍도 그림

귀시도 김득신 그림, 지본, 27.5×33.5cm, 개인 소장

대되었다. 개성의 송상은 전국에 송방松房이라는 지점을 차려놓고 인삼을 직접 재배·판매하고, 의주와 동래상인을 매개로 하여 청·일간 중개무역에 종사하기도 했다.

한편 15세기 말 전라도지방에서 발생하기 시작한 장시場市도 조선 후기에는 전국적으로 확대되어, 18세기 중엽에는 1,000여 개소를 헤아리게 되었다. 이는 한 군현에 평균 3~4개의 장시가 형성된 것을 의미한다. 장시는 보통 5일마다 열려서 인근주민들이 농산물과 수공업제품 등을 교환했고, 보부상褓負商이라는 행상단이 먼 지방의 특산물을 가지고 와서 팔았다. 그러나 장시는 시장의 기능만 가진 것이 아니라, 농민들이 서로 정보를 교환하고 음식을 즐기며, 각종 놀이도 구경하는 축제의 장소이기도 했다.

장시는 시간이 흐름에 따라 일부가 상설시장으로 발전하기도 하고 통·폐합 과정을 거쳐서 점차 대형화해 가는 동시에 전국적인 시장권을 확대해 갔다. 특히 항구를 낀 장시에서는 대규모 교역이 행해져서 도고업과 위탁판매업·창고업·운송업·숙박업·은행업 등에 종사하는 객주客主·여각旅閣 등이 나타나고, 거래를 붙이는 거간居間도 생겨났다. 그리고 서울 부근의 송파·칠패·이현·누원樓院(서울 노원구) 등 시장을 상대로 하는 중간도매상이 나타나 이들을 특히 중도아中都兒라고 불렀다.

장시가 발달함에 따라 도로도 많이 개설되었다. 배의 수송능력이 커지고, 해로가 개척되고 수상운수도 발달했다. 조선 후기 장시 가운데서 충청도의 강경, 전라도의 전주, 경상도의 대구·마산·안동, 황해도의 은파, 함경도의 원산, 강원도의 대화장(평창) 등이 유명하여 새로운 상업도시로 성장해갔다.

국내의 상업발달과 병행하여 대외무역도 활기를 띠었다. 17세기 중엽부터 청과의 무역이 활발해지면서 의주의 중강中江과 중국 봉황의 책문柵門 등 국경을 중심으로 관무역과 사무역이 동시에 이루어졌다. 의주의 만상이 사무역에 종사했다. 청에서 들어오는 물품은 비단·모자·약재·말·문방구 등이었고, 우리나라에서 수출하는 물품은 은을 비롯하여 가죽·종이·무명 등이었으며, 19세기 이후로는 개성 인삼(홍삼)이 대종을 이루었다.

한편 17세기 이후로 일본과의 관계가 점차 정상화되면서 대일무역도 활발하게 전개되었다. 조선에서는 인삼·쌀·무명 등이 나가고, 청에서 수입한 물품을 중개했다. 반면에 일본으로부터는 은·구리·유황·후추 등을 들여 오고, 은을 다시 청에 수출하여 중간 이득을 취했다. 대일무역에서는 특히 동래(왜관) 상인(萊商)의 활약이 컸다.

조선 후기의 보편적인 상업형태인 도고상업의 발달은 유통경제를 활성화시키고 상업자

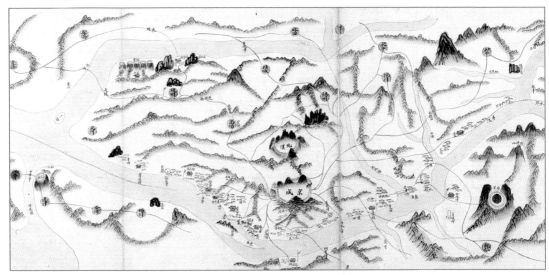

한강가의 나루터 19세기 초, 서울대학교 규장각 한국학연구원 소장, 《동국여도》 중에서

본의 축적을 가져왔으며, 그 자본
의 일부는 정치자금으로 이용되었
다. 그러나 한편으로는 많은 영세
상인의 몰락을 가져오고, 상품판매
의 독점행위를 이용하여 물가를 올
리기도 하고, 국가에 대한 탈세행
위가 논란이 되었다. 그리하여 국
가는 도고상업이 국가와 민생에 끼
치는 폐단을 우려하여 이를 막는
정책에 부심하였고, 유수원柳壽垣을
비롯한 많은 지식인들도 사상과 도

통영지도 고종 대 군현지도 중, 68.0×114.5cm, 길게 지어진 건물에
싸전(米廛, 흰선 표시 부분)이 보인다. 서울대학교 규장각 한국학연구원 소장

고에 대하여 비판적인 입장을 취했다. 그러나 18세기 후반에는 상공업 진흥을 강조하는 북학北
學이 대두하여 지식인들의 상업관이 크게 변했다.

상공업이 진흥함에 따라 금속화폐에 대한 수요가 커졌다. 1678년(숙종 4)에 상평통보常平通寶
라는 동전(속칭 엽전)을 주조한 이래 계속하여 화폐를 주조했는데, 17세기 말에는 전국적으로 유통
되기에 이르렀다. 그러나 아직도 금속화폐의 대종을 이룬 것은 은자銀子였으며, 그밖에 미米·포布
가 현물화폐로써 광범하게 민간에 사용되었으므로 동전은 보조적 기능밖에 갖지 못했다.

그러나 18세기 후반에 들어서서 대동미와 기타 세금이 금납화되어가고, 지대地代도 화폐
로 지불되면서 동전은 일차적인 유통수단의 지위를 얻게 되었다. 금속화폐의 보급은 상품유통
과 교환경제를 활성화시키는 데 크게 기여했으나, 다른 한편으로는 심각한 사회문제를 일으키
기 시작했다. 양반·상인이나 지주들은 화폐를 유통수단으로만 이용한 것이 아니라, 많은 화폐
를 감추어 두고 고리대의 방식으로 부富를 늘려갔으며, 사사로이 화폐를 주조하여 사용하는 사

례가 많았다. 국가가 동전을 대량으로 발행하면 할수록 퇴장되는 화폐가 많아져 유통화폐의 부족을 가져왔다. 이러한 현상을 '전황錢荒'이라 한다.

화폐유통이 가져 온 치부욕과 전황 그리고 그로 인한 빈부격차의 가속화 등은 18세기 중엽 이후로 심각한 사회문제로 대두되어 실학자 이익李瀷을 비롯한 많은 식자들은 화폐의 공헌을 인정하면서도 그 부정적 기능에 대하여 심각한 우려를 나타내고, 일부에서는 화폐폐지론까지 일어나게 되었다.

4) 신분제의 변화

조선 후기의 산업발달은 전통적인 신분계급구조에 변화를 가져왔다. 양인과 노비의 엄격한 차별과 세습성을 특징으로 하는 양천제良賤制가 무너지고 양반[사족]과 상민[평민과 노비]이 대칭되는 새로운 계급구조가 형성되었다. 이른바 반상班常의 구별이다. 그러나 양천제가 법에 의해서 규제되는 신분제라면, 반상구조는 사회관행으로 형성된 것이어서 구속력이 약하고 서로 간의 상하이동이 비교적 활발했다. 따라서 반상체제는 신분사회에서 근대적 계급사회로 넘어가는 과도기적 형태라 할 수 있다.

신분제의 변화는 지주제의 발전이 그 단서를 열었다. 16세기 이후로는 병작제가 보편화되면서 양인 가운데 지주의 위치에 있던 부류가 양반[사족]으로 상승하고, 작인作人의 처지에 있던 부류는 양인이건 노비이건 상한常漢으로 불리게 된 것이다.

16세기 말의 왜란과 17세기 전반의 호란을 거치면서 양천제는 더욱 급속하게 무너졌다. 노비 스스로 도망하여 신분을 해방시키기도 하고, 국가는 군역대상자와 재정의 궁핍을 보충하기 위하여 노비를 단계적으로 해방시켜 주는 것이 유리하다고 판단하였다. 그래서 군공軍功을 세우거나 곡식을 바치는 자納粟를 양인으로 풀어주고, 속오군으로 편제하여 군역을 지우기도 했다. 또한 노비인구를 제도적으로 줄이기 위해 어머니가 비婢인 경우에는 그 자식을 노비로 만들고, 어머니가 양인이면 자식도 양인이 되게 하는 노비종모법奴婢從母法을 시행하였다. 이 제도는 1669년(현종 10)에 시작되어 여러 차례 치폐를 거듭하다가 1731년(영조 7)에 정착되었다. 당시에는 양천제가 무너지면서 양인여자와 노비남자 사이의 결혼이 활발했기 때문에 노비종모법은 양인인구를 늘리는데 크게 기여했다.

국가에 소속된 공노비도 도망자가 속출하여 국가에서는 신공身貢과 입역立役을 완화해 주기도 했으나 별로 효과가 없자 마침내 1801년(순조 1)에 일부 공노비를 제외한 66,000여 명의 공노비[內寺奴婢]를 양인으로 해방시켜 주었다. 그 뒤 1886년(고종 23)에 노비세습제가 폐지되고, 이어 1894년 갑오경장 때 모든 노비를 해방시켜 노비의 역사는 종말을 고하게 되었다.

양천신분제가 붕괴되면서 나타난 반상체제는 양

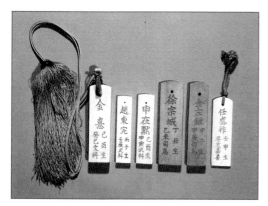

호패 조선 후기, 16세 이상의 남자가 차고 다닌 패,
7.4×2.0×0.7cm~10.1×2.5×1.3cm

반의 계급적 구성을 매우 복잡하게 만들었다. 우선 양반의 개념이 조선 초기와 달라졌다. 원래 양반이란 문무의 관직을 가진 사람을 가리켰으나, 조선 후기의 양반은 뚜렷한 법제적·객관적 기준이 없었다. 대체로 양반은 학문과 벼슬의 유무를 기준으로 척도를 삼는 것이 관행이었다. 따라서 명성이 높은 학자나 서원의 유생, 생원, 진사 그리고 벼슬아치의 친족들이 양반을 자처했으며, 이들은 족보를 만들어 족단전체가 양반가문으로 행세하고, 상한常漢과는 통혼하지 않았다. 또 이들은 청금록靑衿錄 혹은 향안鄕案이라는 양반명단을 만들어 향약 등 향촌자치기구의 주도권을 장악했다.

빨래터와 양반 김홍도 그림

국가는 기준이 모호한 양반을 특권층으로 인정하지 않았으며, 특권을 부여하지도 않았다. 다만, 학생[유학]에게 군역면제의 특권을 주었기 때문에 족보를 위조하거나 호적을 위조하여 가짜유학 또는 가짜양반이 범람했지만 그것은 불법이었다. 조선 후기에는 상민常民 가운데 신분을 속여 유학이나 양반행세를 하는 가짜양반이 시대가 내려갈수록 많아져서 19세기에 들어가면 전체주민의 과반수가 양반으로 호적에 기록되어 있었다.

조선 후기에 양반인구가 급증한 것은 그만큼 계급이동이 활발해진 것을 의미한다. 과거에 급제한 사람들의 신분을 조사해보면, 족보 자체가 없는 자, 족보에 올라 있어도 조상 가운데 벼슬아치가 없는 자, 내외 4대조 가운데 벼슬아치가 없는 자, 서얼, 중인 등이 차지하는 비율이 광해군 때 14.63%를 차지하다가 점차 그 비율이 높아져서 정조 때에는 50%를 넘어섰음을 볼 수 있다.[96]

소 타고 가는 부인, 걸어가는 남편 김홍도 그림

그러나 과거에 급제했다 하더라도 관직을 주는 경우에는 가문 차별과 지방 차별이 있었다. 이른바 청요직이라 불리는 승문원·홍문관 등에는 문벌양반이 임용되고, 평안도 사람은 사헌부, 사간원, 성균관, 중인은 교서관에 임용되는 것이 관례였다. 무과武科의 경우에도 마찬가지여서, 문벌양반은 왕을 호종하는 선전관宣傳官에, 중인은 궁궐이나 성문을 지키는 수문청에 임용되었다. 하지만 이런 차별도 영조~정조 대에는 크게 완화되었다.

조선 후기 중인中人은 양반과 상민의 중간에 속하는 부류인데, 17세기경에 형성되었으며, 크게 두 부류가 있었다. 하나는 의관[의새]·역관[통역]·천문관·산관[수학]·율관[법률], 화원·서리 등 전문기술직에 종사하는 관료와 서얼층을 가리키고, 다른 하나는 지방의 향임鄕任, 교생校生, 군교軍校, 향리鄕吏를 가리킨다. 후자는 평민 가운데 신분이 상승하여 중인이 된 부류이고, 전자는 사족이었다가 중인으로 내려간 부류이다. 국초에는 전문기술직에 종사하는 가문이나 신분이 따로 있었던 것이 아니었으나, 17세기 중엽 이후 그 직업이 세습되면서 중인中人이라는 계

---

96) 조선 후기 각 왕대별로 신분이 낮은 자의 급제비율을 알아보면 다음과 같다.
   광해군 대: 14.63%, 인조 대: 20.96%, 효종 대: 19.59%, 현종 대: 23.78%, 숙종 대: 30.20%, 경종 대: 34.42%, 영조 대: 37.25%, 정조 대: 53.02%

노인들의 계모임 기로세련계도, 1804년, 김홍도 그림, 개성 만월대에서 열린 이 계회에는 64명의 기로(노인)들이 참석, 아래에 참석자 이름이 기록되어 있다.

층이 형성된 것이다. 특히 시얼에게 잡과응시가 허용되어 전문기술직에 함께 참여하면서 서얼도 중인으로 불리게 되었다.

그러나 기술직 중인은 법제상으로는 문무과 응시가 가능하고, 과거에 급제하면 문반의 현직顯職[正職]으로 나갈 수 있었으나, 홍문관을 비롯한 청요직 진출은 쉽지 않았다. 이에 불만을 가진 중인들은 철종 대 대대적인 연합상소운동을 벌였으나, 그 세력이 미미하여 청요직 허통이 실패로 돌아갔다. 그러나 중인들은 경제력이 높아서 서울의 여러 곳에 시사詩社를 조직하여 양반들과 어울려 문예활동을 통해 자신들의 위상을 높여갔다.

기술직 중인의 위상이 뚜렷하게 높아진 것은 개항 이후로써 그들이 지닌 전문적 지식과 출세의욕이 서양문화를 적극적으로 받아들이게 하였다. 급진적 개화파의 대부분이 중인층에서 나온 것은 우연한 일이 아니다. 그러나 급진 개화파에서 뒷날 친일파가 많이 나타난 것은 중인이 양반처럼 자존심이 강하지 못하고, 전문가로서의 공리적, 출세지향적 기질이 있는 것과 관련이 있다.

중인의 일부인 서얼의 지위는 기술직 중인보다 더 빨리 개선되었다. 인구가 많아 집단적인 운동이 가능했을 뿐 아니라, 서얼의 아버지 가운데 높은 벼슬아치가 많은 까닭이었다. 그래서 이미 16세기 중엽 명종 때부터 양첩서얼의 문과응시가 허용되다가 조선 후기에는 천첩서얼의 문과응시도 허용되고, 영조~정조 대 이후로는 문과에 급제하면 청요직 진출이 부분적으로 허용되고, 향교나 서원의 입학도 허용되었다. 정조 때 서얼출신 유득공柳得恭, 박제가朴齊家, 이덕무李德懋, 서이수徐理修 등이 규장각 검서관檢書官으로 등용된 것은 유명한 사례이다. 그 뒤 1851년(철종 2)에 '신해허통'으로 청요직 허통이 완전히 이루어지고, 고종 초에 서얼차대에 대한 모든 법령이 폐지되고, 개항 이후로 서얼 출신 벼슬아치가 무수히 배출되었다. 다만, 가정이나 사회적으로는 서얼에 대한 차별의식이 오래도록 지속되었다.

제8장 조선 후기 문화와 중흥

1. 17~18세기 전반 실학의 대두와 발전

1) 17세기 초 서울 실학의 대두

16세기에 이황[호는 퇴계]과 이이[호는 율곡]가 출현하여 절정에 올랐던 조선성리학은 조선을 뛰어난 도덕국가로 만들었으나, 왜란과 호란을 경험하면서 심각한 도전에 직면했다. 성리학 자체가 본연의 건강성을 상실하고 출세를 위한 도구학문으로 변질되었을 뿐 아니라, 강력한 군사력을 가진 일본과 여진족의 도전을 막아내는데 한계가 있음을 드러냈다.

여기에 천재지변이 겹치면서 냉해와 지진 등으로 기근과 질병이 만연하고, 농업이 피폐하면서 수취체제의 모순은 더욱 커졌다. 부를 얻는 수단이 농업에서 상업으로 바뀌어가고, 대외교역을 통한 상인층이 성장했다. 이에 따라 아래로는 농촌사회가 동요하고, 위로는 붕당 간의 권력투쟁이 치열해졌다. 붕당은 원래 도덕정치의 산물로서 정치적 민주화를 위한 수단이었지만, 현실은 권력과 부를 얻기 위한 수단으로 변질되어 갔다.

밖에서 새로운 사조도 들어왔다. 명으로부터 들어온 양명학·천주교·고문사古文辭의 영향 등이 성리학에 대한 반성을 촉구했다. 이것들을 더 이상 이단으로만 배척하기 어려운 시대가 되었다. 새로운 사회변화에 대응하기 위해서는 성리학 자체가 도구학문에서 개혁지향적이고 진실한 수기치인修己治人의 학문으로 되돌아가고, 아울러 부국안민에 필요한 전문기술학이 필요하다는 자각이 싹텄다.

가장 민감한 변화는 문학에서 먼저 나타나 왜란 이전에 낭만적인 당시唐詩와 고문사古文辭[秦漢文]의 유행을 가져왔다. 또한 성리학을 정면으로 거부하는 기인奇人들도 나타났다. 중종 때 상수역학象數易學을 주장한 서경덕, 명종~선조 때 임제林悌[호 白湖]는 문학을 통해서, 이지함李之菡[土亭]은 직접 상업활동에 뛰어들면서 기행으로 성리학을 거부하고 나섰다. 이이의 문인 정여립鄭汝立은 군주세습제와 신분적 차별을 거부하면서 역성혁명을 꿈꾸다가 자살하고 그 일당은 처형당하였다. 민간에서는 말세의식을 고취하는 정감록鄭鑑錄 등 비결이 유행했고, 지식인층에서는 변화의 철학인 주역周易과 정신수양을 위한 단학丹學에 대한 관심이 높아졌다. 과거응시자의 답안지에는 노자, 장자, 불경의 글이 자주 등장하여 조정에서 논란이 되기도 하였다.

광해군대 서경덕徐敬德과 조식曺植의 문인들로 구성된 북인北人과 서울 남인이 정권을 잡게 된 것은 이들이 대일 항전에도 공이 컸지만 도구화된 성리학에 대한 반발이 배경을 이룬 것이다. 이 시기에 서울에서는 성리학 본래의 정신을 살리기 위해서 이단적 조류를 절충하여 새

이수광의 묘 경기도 양주시 일영로

로운 학풍을 형성하려는 움직임이 나타났다. 이른바 침류대학사枕流臺學士[97]로 불리는 수십 명의 학자·문인들이 서로 교류하면서 문학과 경학의 새로운 학문체계를 세우고 사회 개혁안을 제시했다. 한백겸韓百謙(호 久庵, 1552~1615), 유몽인柳夢寅(호 於于堂, 1559~1623), 이수광李睟光(호 芝峯, 1563~1628), 이정구李廷龜(호 月沙, 1564~1635), 신흠申欽(호 象村, 1566~1628), 허균許筠(호 蛟山, 1569~1618), 이식李植(호 澤堂, 1584~1647), 최명길崔鳴吉(호 遲川, 1586~1647), 장유張維(호 谿谷, 1587~1638) 등이 그런 인물들이다.

이들은 문학에 있어서 당시唐詩와 고문古文에 능하고, 경학에 있어서는 6경[시, 서, 역, 예기, 춘추, 주례]을 중요시하면서 서경덕의 상수역학象數易學과 도가道家, 양명학, 선禪불교 등에 대해서도 포용적 태도를 취했다. 이들은 성리학이 자기 수양, 즉 수기修己를 소홀히 하면서 치인治人에만 치우쳤기 때문에 정치의 실효를 거두지 못했다고 판단하고, 수기를 강화하여 선비로서의 수양을 쌓은 다음에 치인에 나서야 한다고 생각했다. 그리고 자기 수양을 위해서는 양명학이나 도교[丹學], 선禪 불교 등 소위 이단異端 사상도 평가할 점이 있다고 믿었다. 다시 말해 이단 사상은 학문으로는 적절하지 못하지만, 마음을 다스리는 종교로서는 긍정적인 면이 있다고 본 것이다.

17세기 초 서울지식인들은 이처럼 6경과 상수역학을 중심으로 이단을 포용하면서 수기치인修己治人의 실천적 성리학을 세우고 이를 실학實學이라 불렀다. 실학을 최초로 이론화시킨 인물은 이수광[98]으로 《지봉유설芝峯類說》(1614)을 저술하여 중국과 우리나라의 문화전통을 폭넓게 정리함으로써, 우리가 중국과 동등한 문화선진국임을 자랑했다. 그가 자랑하는 민족문화는 유교 전통뿐만 아니라 경제, 사회, 종교, 과학, 기술 등 포괄적인 것이었다. 나아가 유교문명 이외에도 유럽문명, 회교문명, 불교문명권을 소개하여 시야를 넓혀주었다. 그런 점에서 《지봉유설》은 17세기 초 법고창신주의를 앞서서 주창한 명저라 할 수 있다. 그는 인조 초에는 12조의 상소를 올려 실학에 의한 여러 개혁방안을 제시하기도 했다.

한백겸[99]은 독자적으로 6경을 해석하여 신선한 충격을 주었으며, 《동국지리지東國地理志》를 저술하여 역사지리 연구의 단서를 열어 놓았다. 한백겸의 숙부 한효순은 《신기비결神器秘訣》(1603)과 《진설陣說》을 저술하여 우리나라 현실에 맞는 병법兵法을 세웠다.

---

97) 침류대枕流臺는 창덕궁 서쪽 계곡[지금은 창덕궁 안에 들어 있다]에 있었는데, 유희경劉希慶[서경덕 문인]이라는 서얼출신 문인이 이곳에 거주하면서 붙인 이름이다. 유희경은 경치가 아름다운 이곳에 많은 장안의 인사를 모이게 하여 시문詩文을 서로 주고 받으면서 친목을 도모했다. 이들은 스스로 '침류대학사枕流臺學士' 또는 '성시城市 속의 산림山林'이라 칭했는데, 그 인원이 수십 명에 이르렀다.

98) 이수광은 동대문 밖 지봉芝峯[지금의 창신동 소재, 낙산 기슭]에 살았는데, 그 집은 외 5대조인 유관柳寬[태종 때 청백리 정승]이 비가 오면 우산을 받고 살았다는 일화가 전해지는 초라한 초가였다. 이수광은 이러한 외가의 전통을 자랑스럽게 생각하여 자기 집을 비우당庇雨堂이라고 이름지었다. 비나 막으면서 청렴하게 살겠다는 뜻이 담겨 있다.

99) 한백겸은 서경덕 계열의 학자로서 동생은 인조의 장인 한준겸韓浚謙이다. 그는 처음에 수령을 지냈으나 벼슬을 그만두고 서울의 서쪽 서호西湖[지금의 수색]에 살면서 학문생활에 전념하여 《동국지리지東國地理志》를 저술하고, 주자성리학을 비판하고, 6경 고학古學으로 돌아가자는 글을 발표했다.

인조 초에 광해군 복위를 도모했다는 혐의로 죽은 유몽인柳夢寅은 은광 개발, 화폐 유통, 선박·수레·벽돌 사용, 노포路鋪[여관과 상점의 기능을 합친 첫] 설치 등을 주장하여 유통경제의 활성화를 통해 부국안민의 실효를 거두고자 하였다. 이와 비슷한 주장은 당시대의 지식인들 사이에 적지 않게 나타나고 있었는데, 이는 뒷날 이른바 '북학론'으로 발전하게 되었다.《홍길동전》의 작자로 알려진 허균許筠이 홍길동 같은 힘 있는 호민이 혁명을 일으켜야 한다는 호민혁명豪民革命을 주장하고 나선 것도 왜란 직후의 혁신적인 분위기를 반영하는 것이다.

2) 17세기 후반~18세기 초 실학의 발전

선조~광해군 대의 절충적 실학은 인조 때 두 차례의 호란을 거치면서 반청감정이 고조되자, 지금까지의 서울학풍이 냉각되고 주자성리학이 학계의 주류로 올라서게 되었다. 남송의 반금反金감정을 배경으로 성립된 주자학의 대의명분론이 북벌주의를 내세우면서 자치자강自治自強을 도모하던 서인집권층에게는 통치이데올로기의 효과가 있었다. 호란으로 상처받은 국민정서를 통합하는 데 유리했던 것이다. 17세기 후반에서 18세기 전반에 주자성리학이 맹위를 떨치고, 이를 비판하는 학자들이 사문난적斯文亂賊[유학의 반역자]으로 몰리기도 했다.

그러나 호란 후 주자성리학이 서울의 분위기를 지배하는 가운데서도, 서인과의 경쟁에서 밀려나 서울부근 100리 권의 농촌에서 생활하던 근경남인近京南人은 초기 실학자들의 사상을 꾸준히 계승·발전시키면서 야당의 학풍을 형성했다. 이들은 서울 서인들의 정책을 농촌지식인의 시각에서 바라보고 비판했다. 경기도 연천 출신의 허목許穆(眉叟, 1595~1682), 서울 출신으로 전라도 부안에 내려가 일생을 야인으로 지낸 유형원柳馨遠(磻溪, 1622~1673), 그리고 유형원과 허목의 영향을 받은 경기도 안산의 이익李瀷(星湖, 1681~1763)은 17세기 후반기와 18세기 초의 저명한 남인 실학자들이었다.

근경남인들은 대부분 북인北人의 후예들로서 서울 집권층의 북벌운동과 서울의 상업발달 그리고 경직된 주자학적 명분론이 정권유지와 문벌형성에 이용되고, 농촌경제와 농촌질서에 심각한 부작용을 가져왔다고 믿었다. 이들은 선배 실학자들의 고문古文 운동을 한 단계 발전시켜 6경 중심의 고학古學을 성립시켰다. 그리하여 경전해석에 있어서 주자의 주석에 얽매이지 않고, 제자백가에 박통하고, 이단을 포용하는 절충적 학풍을 세웠다. 이 점은 이수광·한백겸 등 17세기 초 실학자들과 상통하였지만, 그들의 주된 관심이 서울보다는 농촌에 있다는 점이 달랐다.

남인 실학자들은 17세기의 사회경제적 변화와 붕당정치를 부정적 시각으로 바라보고, 성인聖人 군주가 주도하는 정치개혁을 통해 중국의 삼대[夏·殷·周]와 같은 이상사회를 건설하고자 했으며, 우리나라 상고시대에도 이상사회가 있었다고 믿기 시작했다. 이제 6경고학의 세계는 단순한 학문적 관심사에 머물지 아니하고, 이 땅에 실현되어야 할 개혁의 모델로서 받아들여지게 된 것이다.

먼저, 임제林悌의 외손자인 허목은《기언記言》을 써서 붕당정치와 북벌정책의 폐단을 시정하기 위해 왕과 육조의 기능 강화, 중농정책 강화, 사상私商의

허목
서울대학교 규장각 한국학연구원

반계수록(좌) 조선 중기, 유형원이 통치제도에 관한 개혁안을 중심으로 저술한 책. 26권 13책
이익의 묘(우) 경기도 안산시 상록구 광덕로

난전 금지, 부세의 완화, 호포제戶布制 실시 반대, 서얼허통의 방지 등을 주장했다. 이는 궁극적으로 농촌의 자급자족 경제와 재야 선비사회를 안정시키는 데 주안점을 둔 것이다.

광해군 복위를 도모하다가 죽은 유흠柳歆의 아들로 태어난 유형원은 한 걸음 더 나아가 《반계수록磻溪隨錄》(1670)을 써서, 농촌사회의 안정을 위해서는 공전제와 과전제에 의한 토지재분배가 필요하다고 주장했다. 이는 국초의 과전법과는 달리, 사·농·공·상 모두에게 차등을 두어 토지를 재분배하자는 것으로 모든 국민을 자영농으로 안정시키자는 것이다. 그리고 종래 수확량을 단위로 토지를 계산하는 결부법結負法 대신에 면적을 단위로 토지를 계산하는 경무법頃畝法을 사용하고, 호구戶口에 부과하던 역역力役을 토지에 일괄 부과함으로써 민생안정과 국가재정을 충실히 할 것을 내세웠다. 그리하여 자영농을 바탕으로 병농일치의 국방체제를 수립하고, 사농일치士農一致의 교육제도를 마련해야 하고, 양반문벌·과거제도·노비제도 등의 모순을 지적했다.

유형원의 개혁사상을 한층 심화시킨 이가 숙종~영조 대의 이익李瀷이었다. 유형원과 내외종 형제로서 그를 몹시 흠모했던 이익은 북인에서 전향한 남인 가정에서 태어났으나 둘째 형인 이잠李潛이 당쟁으로 희생되는 것을 보고 벼슬을 단념, 광주 첨성촌瞻星村[지금의 경기도 안산]에서 일평생 학문에 전념하고 많은 제자를 길러냈다. 그는 《성호사설星湖僿說》을 비롯한 많은 저술을 내고 추종자를 배출하여, '성호학파'를 형성했다. 안정복, 이가환, 이중환 등이 그들이다.

이익의 학문과 사상은 기본적으로 6경고학에 토대를 두고 있었으나, 한당유학이나 천주교·민간신앙·민속 등에도 관심을 가져, 학문과 사상의 폭이 매우 넓었다. 《성호사설》은 천지·만물·인사·경사·시문 등 5개 부문으로 나누어 우리나라와 중국의 문화를 백과사전식으로 소개·비판한 것이며, 특히 인사부문은 정치·경제·가족 등 사회문제를 다룬 것이다. 이것은 그의 또 다른 저서 《곽우록藿憂錄》과 더불어 그의 개혁사상을 가장 집약적으로 드러내 보이고 있다.

이익의 주된 관심은 농촌재건에 있었으며, 농가경제를 안정시키는 방법으로 매호마다 영업전永業田을 갖게 하고, 그 나머지 토지는 매매를 허락하여 점진적으로 토지균등을 이루도록 하자고 주장했다. 또 그는 농가경제에 막대한 해를 끼치는 고리대·화폐제도·환곡의 개선책을 주장하고, 나라를 좀먹는 여섯 가지의 악폐로 노비제도·과거제도·양반문벌·기교[사치와 미신]·승려·게으름을 들었다. 이는 결국 서울문화에 대한 비판이었다.

한편, 이익은 붕당이 선비들의 이권 다툼에서 생겼다고 보고, 이를 극복하기 위해서는 선비들도 농사를 지어 생리生理를 가질 것과 과거시험의 주기를 3년에서 5년으로 늘려 합격자를 줄일 것, 천거제도를 병행하여 재야인사를 등용할 것, 이조·병조의 전랑들이 가진 후임자 천거권[낭청권]과 청직淸職[三司]으로의 승진을 막을 것, 그리고《주례》의 정신을 받아들여 군주와 재상의 권한을 높이고, 특히 군주가 친병親兵을 거느려야 한다고 주장했다. 영·정조의 탕평책과 왕권강화는 이런 주장들이 반영된 것이다.

이익은 또한 붕당정치와 국제관계가 세勢에 의한 약육강식의 논리가 지배한다는 것을 깨달았으며, 유통경제의 발전이 농촌경제를 파탄시키고 있음을 우려하기도 했다.

이익의 개혁사상은 정약용丁若鏞에게 영향을 주었으나, 정약용은 북학사상의 영향도 함께 받아들인 것이 이익과 다르다.

3) 17세기 후반~18세기 전반 주자학과 조선중화 사상

호란을 경험하고 난 17세기 후반에서 18세기 전반에 이르는 시기의 서울 집권층의 분위기는 반청숭명反淸崇明의 북벌운동이 주류를 이루었고, 그 운동은 조선이 중화문화의 유일한 계승자라는 조선중화주의와 주자성리학에 의해서 뒷받침되었다. 남송의 주자朱子[朱熹]에 의해 정립된 성리학은 북송의 성리학과는 다른 성격을 가졌다. 송나라를 침략한 여진족의 금金나라를 오랑캐[夷]로 멸시하고, 도덕문명의 정통성은 오직 중화족中華族에만 있다는 이른바 화이론華夷論이 중심으로 이루고 있었다.

그런데 바로 여진족=청의 침략을 받은 조선도 청을 오랑캐로 볼 수밖에 없고, 그런 점에서 주자의 화이론이 큰 호소력을 지녔다. 여기서 왜란과 호란 때 우리를 도와준 명나라는 당연히 중화中華[도덕국가]가 되고, 침략자인 청은 이夷[오랑캐]가 될 수밖에 없었다. 그러나 명나라가 이미 망했으므로 중화의 정통성은 우리나라가 갖게 되어 현실적으로 중화는 조선밖에 없다고 보는 것이 조선중화朝鮮中華 사상이다. 따라서 조선과 청의 관계는 중화와 오랑캐의 관계가 되고, 명과 조선은 중화를 공유하는 문화공동체가 되어 '반청反淸'과 '숭명崇明'은 표리를 이루게 된 것이다.

'반청숭명'의 중화사상은 얼핏 생각하면 주체성이 결여된 것으로 보이지만, 본질은 정반대다. 그 본질은 '우리를 도와준 명나라의 은혜를 잊지 말고, 우리에게 치욕을 안겨준 청나라가 침략자임을 잊지 말고 분발하자'는 정신적인 다짐에 불과하다. 1704년(숙종 30) 창덕궁 안에 대보단大報壇을 설치하여 명나라 황제를 제사지낸 것이나, 노론의 영수이던 송시열의 유지遺志를 따라 충청북도 괴산槐山에 만동묘萬東廟를 세워 우리나라에 원병을 보내준 명나라 신종神宗과 의종毅宗을 제사지낸 것, 그리고 정조~순조 때《존주휘편尊周彙編》을 편찬하여 왜란과 호란 이후의 숭명반청운동을 총정리한 것도 그런 목적을 가진 것이었다. 이런 정신은 청나라와 사대외교를 하고, 청나라 문화를 받아들이는 동안에도 잊혀진 일이 없었다. 그리고 그런 정신이 조선왕조의 중흥을 가져온 정신적 기둥이 되었으며, 1897년에 세운 대한제국의 건국이념에도 담겨 있었다.

만동묘 묘정비 조선에 구원병을 보내준 명나라 신종과 마지막 황제 의종의 신위를 모신 사당인 만동묘의 사적을 적은 비석. 충청북도 괴산군 청천면 화양동길 소재

2. 18세기 후반 북학의 등장

18세기 중엽 이후로 서울 학계를 지배하고 있던 노론의 일각에서는 숭명반청과 조선중화주의를 계승하면서도 시대의 변화를 능동적으로 수용하려는 새로운 학풍이 일어났다. 이 학풍은 청나라를 배우자는 내용을 담고 있어서 흔히 '북학北學'이라고 한다. 이때는 청이 옹정雍正(1723~1735)·건륭乾隆(1736~1795)의 문화적 전성기를 구가하고 있던 시기로서, 중국 역대문화의 정수가 총정리되고, 산업발전과 서양 과학기술문명 도입도 앞서 있었다. 따라서 청淸이 비록 오랑캐이긴 해도, 그 안에 담긴 중국문화와 산업, 기술문화는 수용한다는 유연한 자세가 바로 북학北學이었다. 그러니까 청의 지배자인 여진족을 존경하고 배우자는 것이 아니고, 청나라 안에서 중국인들이 꽃피우고 있는 새로운 사회와 문화를 배우자는 것이다. 이런 북학의 대표자는 유수원柳壽垣(聾巖, 1694~1755), 홍대용洪大容(湛軒, 1731~1783), 박지원朴趾源(燕巖, 1737~1805), 박제가朴齊家(楚亭, 1750~1805), 이덕무李德懋(1741~1793) 등이었다.

북학의 핵심은 이용후생利用厚生에 필요한 상업문화와 기술문화에 있었다. 이 점에서 농촌문제에 집착한 근경 남인의 실학과 달랐다. 그래서 17세기 초 침류대학사初期實學者들이 추구한 절충적 학풍과 이지함李之涵이나 유몽인柳夢寅 등이 주장한 상업문화 긍정론이 다시 북학에 접목되었다. 그러나 북학자들은 17세기 후반 근경남인들이 제기한 고학古學이나 농촌경제에 대한 관심도 적극 수용하여 서울의 상업경제와 농촌경제를 동시에 해결하고자 했다.

북학사상의 선구적 학자인 소론파의 유수원은 《우서迂書》(1729~1737)라는 명저를 내어 중국과 우리나라의 문물을 비교하면서 정치·경제·신분·사상 등 여러 분야에 걸쳐 체계적인 개혁안을 내놓았다. 그 가운데 가장 주목되는 것은 상공업의 진흥을 통해 농업중심의 경제구조를 바꾸자는 것이었다. 그리고 이를 실현시키기 위해서는 무위도식하면서 문벌에 끼려고 애쓰는 양반들을 농·공·상으로 전업시키고, 사·농·공·상을 평등한 직업으로 만들어 전문화시켜야 한다고 역설했다. 농업에 있어서는 무리한 토지개혁보다는 상업적 경영과 기술의 혁신을 통하여 생산성을 높여야 하고, 상업에 있어서는 상인 간의 합자合資를 통해 경영규모를 확대하고, 상인이 생산자를 고용하여 생산과 판매를 주관할 것을 주장했다. 그리고 대상인大商人이 학교와 교량을 건설하고, 방위시설을 구축하여 국방의 일익을 담당하는 등 지역사회 발전에 공헌할 것을 제안했다. 그러나 물자의 낭비와 가격조작을 방지하기 위해 상업활동을 국가가 통제해야 한다고 생각했다.

노론파에 속한 북학사상의 선두주자는 홍대용이었다. 충남 천안에서 출생한 그는 1765년(영조 41)에 청을 왕래하면서 얻은 경험을 토대로 《임하경륜林下經綸》, 《의산문답醫山問答》, 《연기燕記》 등의 저술을 남겼는데, 이것이 《담헌서湛軒書》에 수록되어 있다. 《임하경륜》에서는 놀고먹는 선비들이 생산활동에 종사할 것을 역설하고, 성인남자들에게 2결의 토지를 나누어 줄 것과, 병농일치의 군대조직을 제안했다. 《의산문답》에서는 실옹實翁과 허자虛子의 문답형식을 빌어 지금까지 믿어 온 고정관념을 상대주의 논법으로 비판했다. 그는 지구 자전설을 주장하고, 인간은 다른 생명체보다 우월하지 않다는 것, 다른 별들에도 우주인이 있을 수 있다는 것 등 파격적인 우주관을 피력했다. 마찬가지로 중국이 세계의 중심이라는 당시 지식인의 세계관을 거부하고, 만일 공자가 중국에서 태어나지 않았다면, 그곳의 역사를 중심으로《춘추》를 썼을 것이라고 말했다. 이밖에도 그는 기술의 혁신과 문벌제도의 철폐, 성리학의 극복이 부국강병의 요체라는 것을 강조하였다.

노론벽파로서 서울에서 태어나 황해도 금천金川의 연암燕岩에 은거했던 박지원은 홍대용과 비슷한 생각을 가졌으나 개혁의 주체로서 선비의 자각을 강조했다. 소년시절에《양반전》등 소설을 써서 양반사회의 허위를 고발한 그는 청나라 열하에 다녀와 유명한《열하일기熱河日記》(1780)를 써서 청의 문물을 소개하고 자신의 사회·문화·역사에 대한 소신을 피력했으며,《과농소초課農小抄》등 농업관계 저술도 냈다.

《의산문답》담헌서 중에서

남인 실학자들이 토지분배에 주로 관심을 가졌던 것과는 달리, 박지원은 한전론限田論의 중요성을 인정하면서도 영농법의 혁신, 상업적 농업의 장려, 농기구 개량, 관개시설의 확충 등과 같은 경영과 기술적 측면의 개선을 통해 농업생산력을 높이는 문제에 더 큰 관심을 보였다. 그는 상공업의 진흥에도 비상한 관심을 가져, 수레와 선박의 이용, 화폐유통의 필요성에 주목하였고, 양반문벌의 허위성과 비생산성을 극복하려고 노력했다.

한편, 승지 박평朴坪의 서자로 태어나 정조의 사랑을 받아 규장각 검서관이 되었던 박제가는 1778년(정조 2) 청나라에 다녀온 뒤《북학의北學議》를 저술하여 상공업의 육성과 청과의 통상무역, 신분차별의 타파, 배와 수레의 이용, 벽돌 이용 등을 강조하였다. 그는 소비가 생산을 촉진시킨다는 주장도 폈다. 그는 정조의 명을 받아《무예도보통지》를 편찬하기도 했으며, 그의 개혁사상은 정조의 정책에 적극 반영되었다.

이덕무는 정종定宗의 후손으로 역시 서출이었으나 정조의 사랑을 받아 규장각 검서관이 되고, 중국에 사신으로 다녀오면서 청나라의 각종 문물을 소개했으며, 특히 청나라 고증학의 영향을 받아 19세기 고증학 발달에 기여했다.

북학은 19세기에도 그대로 이어지다가 1876년 개항 이후에는 개화사상으로 계승되었다.

3. 철학·종교의 새 경향

1) 수련도교와 양명학

조선 초기에 국가적 종교행사의 하나였던 초제醮祭를 주관하는 소격서昭格署가 중종 때 폐

홍만종의 《해동이적》

지되고, 성리학의 발달에 따라 이단으로 취급되면서 도교道敎는 크게 위축되었다. 그러나 잇따른 사화와 당쟁을 겪으면서 향촌에 은거한 지식인들 사이에서는 심신의 연마를 위한 수련도교修鍊道敎[內丹]가 널리 유행하기 시작했다. 왜란 전후의 시기에는 전 세계적인 기온강하로 기근과 질병이 계속되면서 질병치료의 수단으로서도 수련도교에 대한 관심이 더욱 높아졌다. 이에 따라 수련도교 혹은 신선사상을 이론적으로 정리하려는 움직임이 나타났는데, 선조~광해군 때 정렴鄭磏이 지은 《용호비결龍虎秘訣》, 한무외韓無畏의 《해동전도록海東傳道録》(1610), 곽재우郭再祐의 《양심요결養心要訣》, 광해군~인조 때 권극중權克中의 《참동계주해參同契註解》 등이 그런 것들이다. 특히 권극중은 도교를 유교나 불교보다도 철학적으로 윗자리에 놓으려는 이론을 구성하여 주목을 끌었고, 한무외는 우리나라 도교의 기원이 신라에서 시작된 것으로 체계화했다.

수련도교가 유행함에 따라 성리학자 가운데에도 관심을 가진 이가 많이 나타났는데, 17세기 전반기 한백겸, 이수광, 허균, 이식, 장유, 유몽인, 정두경鄭斗卿, 허목, 유형원 그리고 17세기 말의 홍만종洪萬宗이 대표적 인물이다.

이수광은 《지봉유설》에서 우리나라의 선도仙道와 방술方術의 유래를 소개했고, 유몽인은 《어우야담於于野談》에서, 허균은 《사부고四部稿》에서 선도仙道와 관련된 인물의 행적을 소개했다. 이를 계승하여 허목은 《청사열전淸士列傳》을 쓰고, 홍만종은 《해동이적海東異蹟》(1666)을 저술하여 단군에서 곽재우에 이르는 40여 명의 단학인丹學人을 소개했다. 특히 홍만종은 우리나라 산수의 아름다움 때문에 수련도교가 자연적으로 발생했다고 보고, 그 시초를 단군에서 찾음으로써 수련도교가 우리의 고유종교임을 강조했다. 18세기에는 황윤석黃胤錫이 《해동이적》을 증보하여 《증보해동이적》을 편찬했다.

한편, 수련도교에서 한 걸음 더 나아가 도교의 사상적 뿌리인 노장老莊에 대한 관심도 높아졌다. 17세기 말 박세당朴世堂의 《신주도덕경新註道德經》, 18세기 서명응徐命膺의 《도덕지귀론道德指歸論》 그리고 홍석주洪奭周의 《정로訂老》 등이 그것이다.

도교와 더불어 또 하나의 흐름이 양명학陽明學이다. 양명학이 우리나라에 들어온 것은 16세기 전반기였으나 이황 등 성리학자의 비판으로 이단으로 몰리다가 왜란을 전후한 시기에 이요李瑤·남언경南彦經·최명길崔鳴吉·이수광·장유 등에 의해 다시 주목을 받았고, 선조 같은 왕도 깊은 관심을 보였다. 특히 왜란 때 들어온 명나라 장수들이 양명학을 홍보한 것도 계기가 되었다. 그런데 양명학을 학문으로 받아들이기보다는 마음을 수양하는 종교의 차원에서 이해하려는 것이 일반적이었다. 즉 정학正學은 성리학이지만, 양명학은 수신修身에 이로운 것으로 본 것이다. 사람은 누구나 양지良知를 가지고 있고, 이 양지에 의해 사물을 바로잡아야 한다는 지행일치知行一致의 이론이 개혁지향적인 인사들의 관심을 끌었다.

그러다가 18세기 초 정몽주의 후손 정제두鄭齊斗(호 霞谷, 1649~1736)가 나타나 뚜렷한 학문적 자리를 차지하게 되었다. 그는 《존언存言》, 《만물일체설萬物─體說》 등을 써서 이론체계를 세웠는데, 그의 영향을 받아 전주이씨 출신 이광려李匡呂, 이광사李匡師, 이충익李忠翊 등이 배출되었다. 대체로 양명학은 정권에서 소외된 소론파와 이왕가의 종친 그리고 서얼출신 인사들 사이에서 가학家學으로 이어지면서 퍼졌고, 강화도를 중심으로 개성, 서울, 충청도 등 서해안 지방에서 호응을 얻었다. 이 지역은 상업의 중심지로서 상업과 양명학의 연결도 무시할 수 없었다.

그러나 양명학자들은 학문적으로 성리학을 기본으로 하고 양명학을 겸행하는 경우가 많아서 크게 떨치지는 못했다. 한말~일제 시대의 이건창李建昌, 이건방李建芳, 김택영金澤榮, 박은식朴殷植, 정인보鄭寅普 등은 양명학을 계승하여 국학운동을 벌인 저명한 인사들이다.

2) 18세기 후반의 호락논쟁

18세기 후반기 철학사에서 특기할 것은 노론 성리학자들 자체 안에서 벌어진 이기논쟁理氣論爭이다. 원래 이기논쟁은 16세기에 가장 활발하여 서경덕의 유기론唯氣論, 이황의 주리론主理論 그리고 이이의 이기합일론理氣合─論이 대립되었는데, 조선 후기에 와서는 이황의 주리론이 김성일金誠─(호 鶴峰, 1538~1593), 유성룡柳成龍(호 西厓, 1542~1607)을 거쳐 이현일李玄逸(호 葛庵, 1627~1704), 이재李栽(1657~1730), 이상정李象靖(1711~1781), 유치명柳致明(1777~1861)으로 이어지고, 19세기에는 다시 김흥락金興洛, 이원조李源祖, 이진상李震相, 곽종석郭鍾錫 등으로 계승되면서 이일원론理─元論으로 발전해 갔다. 이들의 학풍은 주자성리학의 테두리를 벗어나지 않으면서 이단을 엄격하게 배격했고, 그런 토대 위에서 서양문화를 배척하는 '위정척사衛正斥邪' 운동의 한 흐름을 형성하게 되었다.

한편, 이이의 이기합일론은 송시열宋時烈(호 尤庵, 1607~1689)로 이어지고 그의 문인들이 노론老論을 형성하여 오랫동안 중앙의 정치와 학문을 지배했다. 그러나 18세기 중엽에 이르러 노론 내부에 인성人性과 물성物性이 같으냐 다르냐를 놓고 이른바 '호락시비湖洛是非'라 불리는 큰 학술논쟁이 일어났다.

영조 때 홍성 출신 한원진韓元震(호 南塘, 1682~1751)과 제천 출신 윤봉구尹鳳九(호 屛溪, 1681~1767)를 대표로 하는 충청도 노론[세칭 湖論]은 인성人性과 물성物性을 다르다고 보는 '인물성이론人物性異論'을 내세우고, 이간李柬(1677~1727)), 김창협金昌協(호 農巖, 1651~1708), 어유봉魚有鳳(1672~1744), 이재李縡(1680~1746), 박필주朴弼周(1665~1748), 김원행金元行(1702~1772) 등이 중심이 된 서울 노론[세칭 洛論]은 인성과 물성이 같다는 '인물성동론人物性同論'을 주장했다. 전자가 이기합일론을 따른 것이라면, 후자는 기의 차별성을 강조한 것이다. 동시에 '인물성동론'에는 만물의 평등을 강조하는 불교·양명학·노장사상의 영향이 깊게 배어 있었다.

호락논쟁을 실천적 측면에서 본다면 호론은 사람과 짐승을 구별하면서 이것을 화이론華夷論으로 연결시켜 청淸을 오랑캐로, 조선을 중화로 보려는 대의명분론이 깔려 있었다. 반면 서울 낙론은 사람과 모든 우주만물의 본성이 같다고 보면서 만물에 대한 관심을 높이고, 만물을 적극적으로 이용후생에 끌어들이는 자연과학정신이 담겨 있었다. 북학파의 과학기술 존중과 이용후생

김원행 김창집의 손자

사상이 서울 낙론에서 나타난 이유가 여기에 있었다.

그러나 낙론의 이론이 모두 북학으로만 발전된 것은 아니었다. 오히려 양평 출신 이항로 李恒老(호 華西, 1792~1868)와 전라도 순창 출신 기정진奇正鎭(호 蘆沙, 1798~1879) 등은 이일원론理一元論으로 발전하여 영남학파와 마찬가지로 위정척사운동의 철학적 배경을 이루기도 하였다.

한편, 서경덕의 유기론唯氣論은 18세기 후반 충청도 청풍 출신 임성주任聖周(호 鹿門, 1711~1788)를 거쳐 철종~고종 대의 개성 출신 최한기崔漢綺(호 明南樓, 1803~1877)에 이르러서는 서양의 경험철학과 연결되어 한층 심오한 이론으로 발전되었다. 김정호金正浩(호 古山子, ?~1866)와도 친했던 최한기의 철학은 조선 말기의 중인과 상공인들 사이에 큰 영향을 끼쳐 개화사상의 철학적 바탕을 이루게 되었다.

4. 국학 및 과학의 발달

1) 역사 편찬

왜란과 호란을 겪으면서 애국심이 높아지고, 또 흐트러진 제도와 문물을 재정비하는 과정에서 나라를 사랑하는 국학國學이 발달하게 되었고, 이에 따라 새로운 역사의식을 부추기는 사서史書가 잇달아 편찬되었다. 달리 말하면, 옛것을 사랑하면서 새것을 창조하자는 법고창신法古創新의 개혁의지가 자연스럽게 역사의식의 발달을 부추겼다.

왜란 직후에 편찬된 대표적 역사서는 한백겸의 《동국지리지東國地理志》(1614~1615), 이수광의 《지봉유설芝峰類說》(1614), 오운吳澐의 《동사찬요東史纂要》(1606~1614) 그리고 조정趙挺의 《동사보유東史補遺》(1630년경) 등이다.

한백겸의 《동국지리지》는 고대사의 지명을 새롭게 고증하여 역사지리 연구의 단서를 열어 놓았다. 특히 한강을 경계로 하여 북쪽에 조선, 남쪽에 삼한[한국]이 위치했다는 것과, 고구려의 발상지가 평안도 성천成川이라는 통설을 뒤집고 만주지방이라는 것을 처음으로 고증하여 후세에 큰 영향을 주었다.

오운의 《동사찬요》는 임진왜란 때 경상도에서 의병에 참여했던 경험을 살려 역대 애국명장의 활약을 크게 드러내고, 기자箕子 이후 유교문화의 전통을 자랑함으로써 애국심을 고취하려 했다.

이수광의 《지봉유설》에서는 중국을 마치 전세계로 보는 잘못을 지적하고, 기독교문명권, 불교문명권, 이슬람문명권 등이 더 있음을 지적했다. 또 우리 역사의 유구성과 문화수준이 중국과 대등하다는 것과 한사군漢四郡이 조선 땅의 일부에 지나지 않는다는 것, 한반도에 비정해 온 고대의 여러 지명이 사실은 만주에 있었다는 것을 새롭게 고증하여, 잃어버린 만주땅에 대한 관심을 환기시켜 주었다. 아시아와 유럽을 포함한 세계 50여 국의 지리·풍속·물산 등을 소개하여 세계에 대한 시야를 넓혀준 것도 이 책의 중요한 공헌이다.

조정의 《동사보유》는 그동안 무시되었던 《삼국유사》의 신화·전설들을 많이 수록하여 단군에서 고려 말에 이르는 역사에 대한 자부심을 다시 일깨워 주었다.

한편, 호란을 경험하고 난 17세기 중엽 이후에는 북벌운동을 고취하는 사서와 이를 비판하는 시각에서 쓰여진 사서가 양립되었다. 먼저 북벌운동을 고취하는 대표적 사서는 현종 때 서인 유계俞棨가 쓴《여사제강麗史提綱》(1667)이다. 송시열 등 내수외양內修外攘을 강조하던 북벌론자들의 칭송을 받은 이 책은 고려가 자치자강自治自强에 힘쓰면서 북방족에게 강력히 항전한 것과, 재상이 정치적 주도권을 잡은 사실을 강조했는데, 뒷날 노론 측에서 가장 추앙받는 사서가 되었다.

이와 반대로 북벌운동과 붕당정치를 비판하는 시각에서 쓰여진 대표적 사서는 근경남인 허목許穆의《동사東事》(1667)이다. 이 책은 현종 때 써서 숙종에게 바쳤는데, 그 내용은 신성한 제왕帝王이 인후仁厚한 정치를 편 단군·기자·신라를 중국의 삼대三代에 비유할만한 이상시대로 그려내고, 우리나라의 자연환경과 인仁을 사랑하는 풍속 및 인성人性의 독자성을 강조하면서 그에 맞는 정치를 촉구했다. 다시 말해 전쟁보다는 도덕과 평화를 사랑하고, 제왕帝王이 권위를 가진 정치가 나라를 오래 보전하는 방책이라는 역사의식이 담겨 있다.

한백겸 신도비
경기도 여주군 가마섬길

17세기 중엽 영남 남인 홍여하洪汝河(1621~1678)가 쓴《동국통감제강東國通鑑提綱》(1672)과《휘찬여사彙纂麗史》(1639년경)도 우리나라가 기자로부터 도덕과 평화를 사랑하는 유교국가였음을 강조하고, 그 전통이 마한을 거쳐 신라로 이어져 왔다고 하여 기자─마한─신라를 정통국가로 내세웠다. 이 책은 최초로 성리학의 강목체綱目體와 정통론正統論을 받아들여 우리 역사를 편찬한 책이기도 하다. 홍여하는 송시열 일파와 예론에서 첨예하게 맞섰던 인물로서 왕권강화를 강조하고 붕당정치의 폐지를 역설했다. 이 책들은 그 후 영남 남인들 사이에 가장 추앙받는 사서가 되었다.

유계의 《여사제강》 송시열이 쓴 서문

18세기에는 대체로 서인과 남인의 역사의식을 계승하면서 이를 한 단계 높은 문헌고증방법에 의해 심화시킨 역사서술이 나타났다. 소론파에 속하는 홍만종洪萬宗(1643~1725)의《동국역대총목東國歷代總目》(1705), 임상덕林象德(1683~1719)의《동사회강東史會綱》(1711), 이긍익李肯翊(1736~1806)의《연려실기술燃藜室記述》, 이종휘李種徽(1731~1797)의《동사東史》, 남인계에 속하는 이익의《성호사설》, 안정복安鼎福(1712~1791)의《동사강목東史綱目》(1778), 신경준申景濬(1712~1781)의《강계고疆界考》, 그리고 노론계 유득공柳得恭(1749~1807)의《발해고渤海考》(1784) 등이 그것이다.

홍만종의《동국역대총목》은 단군을 정통국가의 시발로 하여 기자─마한─통일신라로 이어진다고 보고, 삼국은 정통이 없는 시대로 간주했으며, 고려·조선의 역사는 왕실을 중심에 두고 서술했다. 이런 단군정통론은 이익과 안정복에 의해서도 그대로 받아들여졌다.

임상덕의《동사회강》은 유계의《여사제강》을 계승하여 강목체를 따르면서, 고대의 강역과 단군·기자에 관한 고증을 첨가했는데, 이는 뒤에《동사강목》에 큰 영향을 주었다. 안정복의《동사강목》은 강목체와 정통론을 따르고 있지만, 지금까지의 명분론에 입각한 역사의식과 실증적 역사연구를 집대성하였다는 점에서 조선 후기의 대표적 통사通史로 꼽힌다.

이종휘의 《동사東史》는 고구려전통을 강조하면서 만주수복을 희구하고, 유득공의 《발해고》는 발해를 신라와 대등한 국가로 인정하여 남북국사로 체계화했다는 점에서 독특한 의의를 지닌다. 신경준의 《강계고》는 한백겸의 역사 지리연구를 계승·발전시킨 역사지리 전문서로 이름이 높다.

이긍익의 《연려실기술》은 400여 종의 야사野史를 참고하여 조선왕조의 정치사를 객관적 입장에서 서술하고, 우리나라 역대의 문화를 백과사전식으로 정리한 것으로 자료적 가치가 크다.

2) 지리지와 지도 편찬

16세기 무렵부터 향촌사회의 발전에 부응하여 군읍 단위의 읍지邑誌가 편찬되기 시작하더니 왜란 이후 황폐된 향촌사회의 재건을 위해 각 지방의 수령 혹은 유지인사들에 의한 읍지 편찬이 활기를 띠었다. 그리고 읍지를 바탕으로 도道 단위 또는 국가단위의 지지地誌가 편찬되었는데, 18세기 영조~정조 시대에는 국가사업으로 문화백과사전인 《동국문헌비고》가 편찬되고, 그 가운데 우리나라 지리를 정리한 《여지고輿地考》가 신경준에 의해 편찬되었다.

한편, 16세기에 《동국여지승람》이 편찬된 뒤로 이를 보완하는 작업이 숙종 때부터 시작되어 영조 때 《여지도서輿地圖書》(1757~1765)라는 방대한 전국지리지가 완성되었다. 이 책은 처음으로 군현별로 채색 읍지도邑地圖가 첨부되었다는 점에서도 《동국여지승람》보다 발전된 형태를 보였다.

관찬지리지가 주로 국방이나 재정 등 행정의 편의를 위해 만들어진 것이라면, 각 지방의 자연과 풍속, 인심 그리고 물산 등 인문지리적 지식을 얻기 위해 만들어진 민간지리지도 많이 편찬되었다.

17세기 중엽 허목은 《지승地乘》을 써서 우리나라를 몇 개의 풍토권과 문화권으로 나누어 각 지방문화의 특성을 찾아내고, 중국과 다른 인문지리적 특성을 설명했다. 특히 그는 풍토風土 즉 자연환경이 인성人性에 영향을 미친다는 시각을 제시했다. 비슷한 시기에 유형원은 《동국여지지東國輿地誌》를 썼다.

18세기 중엽 남인학자 이중환李重煥(1690~1752)은 30년간의 국토답사에서 얻은 지식을 토대로 선배 남인학자들의 인문지리서를 계승, 발전시켜 《택리지擇里志》(일명 八域志)[100]를 편찬했다. 이 책은 풍수지리를 바탕으로 우리 국토를 작은 구역으로 나누고, 각 지역의 인심·산천·인물·풍속·산물을 소개하면서 어느 곳이 선비들이 살기 좋은 곳인가를 논하고 있는데, 자연과 인간생활의 관계를 인과적으로 이해하려 한 것이 주목된다. 다만, 이 책은 남인의 시각에서 국토를 바라보았기 때문에 노론집권층이 사는 지역에 대해서는 비판적으로 평가하고, 경상도를 선비가 가장 살기 좋은 곳으로, 평안도를 평민이 살기 좋은 곳으로 보았다.

---

100) 《택리지》는 크게 사민총론四民總論, 팔도총론八道總論, 복거총론卜居總論의 세 부분으로 구성되어 있으며, 사민총론에서는 사농공상士農工商의 유래와 역할을, 팔도총론에서는 8도의 풍수적 지세와 옛날의 역사 그리고 각 읍치별로邑治別로 자연환경·인심·물산·풍속을 서술했다. 복거총론에서는 지리地理(풍수)·생리生利·인심人心·산수山水의 좋고 나쁨을 논했다.

정상기의 《동국지도》
1757년, 비단에 채색, 271×139cm,
정상기(鄭尙驥)(1678~1752)와
그의 아들 정항령에 의해서 만들어진
최초의 100리척 지도로,
백두산머리을 기점으로
남쪽으로 뻗어내린 백두대간척취을
크게 강조함으로써
국토를 인체人體로 인식하는
전통적 지리관이 잘 나타나 있다.
이 지도에는 백리척이 들어갈 부분이
파손되어 있어서 확인할 길이 없지만,
본래 백리척이 그려져 있었을 것으로
추정된다.
국립중앙박물관 소장

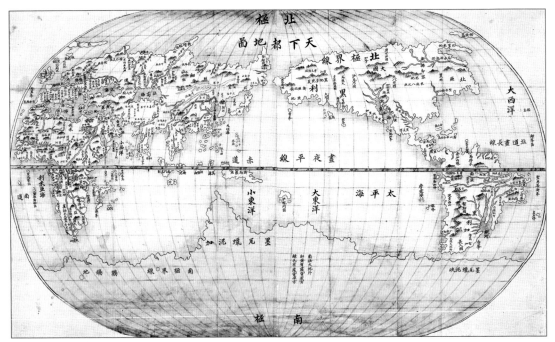

천하도지도 1770년대 제작된〈여지도〉에 포함된 지도로 적도와 아메리카 대륙까지 들어있다.

이밖에 신경준의 《도로고道路考》와 《산수경山水經》, 작자 불명의 《산경표山經表》 등은 우리나라의 산과 강 그리고 도로 등을 정리한 것으로 국방과 경제 그리고 행정상 큰 도움을 주었다. 특히 《산경표》는 풍수지리를 통해 우리나라의 산과 강을 체계적으로 정리한 것으로, 오늘날의 지질학적 특성을 바탕으로 한 산맥체계와는 매우 다르다. 예를 들어 가장 큰 산맥을 백두대간白頭大幹으로 부르고, 여기서 뻗어 나간 13개의 산맥을 정맥正脈으로 불렀다.

조선 후기의 지리학은 우리 국토의 고유한 특성을 풍수지리의 시각에서 이해하면서도 이를 과학적으로 발전시켜 민족지리학의 토대를 만들어 놓았다는 데 중요한 의의가 있다. 19세기에 들어와 김정호金正浩와 같은 걸출한 지리학자가 나올 수 있었던 것은 18세기에 그 토대가 마련된 까닭이다.

한편 왜란과 호란 이후로 국방에 대한 관심이 커지면서 국가사업으로 수많은 국방지도[關防地圖]가 제작되었는데 비변사가 이를 관리했다. 그밖에 행정용 지도들도 대량으로 제작되어 동아시아에서 가장 선진적인 지도문화를 만들었다. 17~18세기에 집중적으로 제작된 지도들은 세계 지도와 동아시아 지도, 우리나라 전도, 도와 군현 그리고 군사요새지인 진鎭지도 등 종류가 다양하고, 화원들이 채색을 넣어서 보기에도 매우 아름다웠다. 그 가운데 숙종 대 내수외 양의 북벌정신을 담은 방대한 10폭 병풍의 〈요계관방지도遼薊關防地圖〉[101]가 있는데, 우리나라 북

101) 〈요계관방지도〉는 청에 사신으로 다녀 온 노론 대신 이이명李頤命의 주도 하에 비변사에서 1706년(숙종 32)에 제작한 것으로, 중국에서 입수한 중국 지도를 화원이 모사해 가지고 들어와 여기에 우리나라 지도를 합성하여 만든 것이다. 현재 서울대학교 규장각 한국학연구원에 소장되어 있으며 보물 1,542호로 지정되어 있다.

방지역과 만주 그리고 만리장성을 포함하여 중국 동북지방의 군사
요새지[關防]가 상세히 그려진 걸작이다.

조선 후기 지도제작 수준을 한 단계 높인 이는 영조 대 정상
기鄭尙驥(1678~1752)·정항령鄭恒齡 부자이다. 정인지 후손인 정상기 부
자가 만든 〈동국지도東國地圖〉(1757)는 최초로 백리척[100리를 1척으로
함]**102)**을 사용하여 지도제작의 과학화에 크게 기여했다. 백리척 지
도는 그 후 널리 유행되었으며, 뒷날 동양 최고의 지리학자로 평가
되는 김정호의 〈대동여지도大東興地圖〉(1861)와 〈청구도靑丘圖〉는 그의
영향을 크게 받았다.

조선 후기에는 모눈종이를 사용한 지도도 유행하여 지도제
작이 한층 정밀해졌으며, 음양오행의 풍수사상을 바탕으로 국토를
살아있는 생명체로 바라본 것이 특색이다. 백두산을 사람의 머리로
보고, 백두산에서 뻗어내린 백두대간白頭大幹을 척추로, 제주도와 대
마도를 두 다리에 비유하고 있다. 8도의 색깔을 5방색[청(靑), 적(赤), 황
(黃), 백(白), 흑(黑)]으로 칠한 것도 한국 지도만의 특징이다. 현재 남아
있는 조선 후기 채색지도는 수천 종에 달한다.

조선 후기에는 서양인들이 제작한 세계지도도 수입되어 세
계에 대한 지식을 한층 정확하게 가질 수 있었다. 이미 1603년(선조
36) 명나라 사신으로 갔던 권희權僖·이광정李光庭이 마테오 리치가
제작한 〈곤여만국전도坤輿萬國全圖〉를 가져온 일이 있는데, 그밖에 마
테오 리치의 〈양의현람도兩儀玄覽圖〉, 페르비스트Ferbiest(南懷仁)의 〈곤
여전도坤輿全圖〉**103)**, 〈천형도天形圖〉, 〈구라파국여지도〉등이 들어왔다. 이수광은《지봉유설》(1614)에
서 이러한 지도들을 소개하고 있다. 그가 중국에 대한 지리인식이 과장되어 있다고 비판하고,
세계 50여 개국을 소개할 수 있었던 것도 이러한 서양지도를 보았기 때문이다. 조선 후기 조선
정부는 세계지리에 대한 비교적 정확한 정보를 가지고 있었으며, 이를 토대로 중국중심 세계관
을 극복해 갔다.

요계관방지도 1706년, 135×635cm,
10폭으로 된 병풍 가운데 제2폭의 한 부분이다.
청록색을 위주로 한 산세 표현이 독특하며,
○ 부분은 백두산과 백두산을 예찬한 글이다.
서울대학교 규장각 한국학연구원 소장

3) 국어학·금석학·유서의 편찬

국학의 일환으로 국어에 대한 연구도 활발해졌다. 먼저 훈민정음에 관한 연구서로 최명

---

102) 정확한 지도제작에는 정확한 직선거리 측정이 필수적이다. 그러나 산과 도로의 굴곡이 심한 우리나라의 경
우에는 정확한 직선거리의 측정이 매우 어렵다. 정상기는 이 점을 고려하여 평지는 100리를 1척尺으로 정
하고, 굴곡이 심한 도로는 120리 혹은 130리를 1척으로 정하여 차등을 두고 거리를 계산했다. 그 결과 비
교적 정확한 직선거리의 계산이 가능해졌다. 그 전에는 중국의 획정법劃井法또는 방안도법方眼圖法을 받아들여
모눈을 그리고, 도로의 길이와 방위만을 가지고 지도를 제작했기 때문에 지도의 정확성이 상대적으로 떨어
졌다.

103) 페르비스트가 만든 〈곤여전도〉는 1860년에 8폭의 목판으로 제작하여 널리 보급되었는데, 8폭 중 6폭의 목
판이 보물로 지정되어 현재 서울대학교 규장각 한국학연구원에 보관되어 있다.

길의 손자 최석정崔錫鼎(1646~1715)의 《경세정운經世正韻》(1678)과 신경준의 《훈민정음운해》(1750), 황윤석黃胤錫(1729~1791)의 《자모변字母辨》, 용인 출신 유희柳僖(1773~1837)의 《언문지諺文志》(1824) 등이 나와서 훈민정음의 기원, 글자모습 및 음운에 관해 다양한 해석이 내려졌다. 특히 한글 글자모습의 기원에 대한 연구가 활발하여 범자梵字(산스크리트)기원설, 몽골글자 기원설, 상형설象形說, 발음기관설, 천원지방설天圓地方說, 고전古篆 기원설, 측간설厠間說 등이 주장된 것이 흥미롭다.

우리말의 어휘를 정리한 사전은 두 가지 형태로 나타났다. 하나는 천문·지리·신체 등을 물수物數에 따라 항목을 분류·해설한 것인데, 7,000여 항의 물명物名을 수록한 유희의 《물명고物名考》(1820년대)가 대표적 저술이다. 또 하나는 어휘의 맨 끝자를 기준으로 하여 운韻으로 분류한 사전으로서 선조 때 학자 권문해權文海(1534~1591)의 《대동운부군옥大東韻府群玉》(1589)이 유명하다. 이 책은 단군시대 이래의 지리·역사·인물·문학·식물·동물 등을 총망라한 어휘백과사전이다.

한편, 정조 때 학자 이의봉李儀鳳(1733~1801)은 《고금석림古今釋林》(40권 20책)을 편찬하여 우리의 방언과 산스크리트어, 몽골어, 만주어, 일본어, 타이어, 거란어, 퉁구스어, 돌궐어, 안남어, 티베트어 등 외국어를 정리했는데, 이 책을 편찬하는 데 1,500여 권의 문헌을 참고했다.

한자의 음운서로는 1794년(정조 18) 규장각에서 이서구李書九와 이덕무李德懋가 엮은 《규장전운奎章全韻》(2권 1책)이 뛰어나다. 이 책은 사성四聲에 따라 글자를 나누어 설명한 것인데, 한자음운서 가운데 가장 정확한 것으로 알려지고 있다.

역사에 대한 관심은 금석문金石文에 대한 관심을 촉발시켰다. 영조 때 홍양호洪良浩(1724~1802)는 사비寺碑, 능비陵碑, 묘비墓碑, 진흥왕순수비(황초령비) 등에 관해 연구했고, 순조·철종 때의 김정희金正喜(1786~1856)는 《금석과안록金石過眼錄》을 지어 북한산비와 황초령비 등 진흥왕순수비를 소개했다.

유서類書로 불리는 백과사전이 널리 편찬된 것도 조선 후기 문화계의 특기할 일이다. 우리나라의 전통문화를 폭넓게 정리하여 중국에 뒤지지 않는 문화국가임을 자부하려는 욕구와 방대한 자료수집 능력이 합쳐져서 이룩된 것이 바로 유서 편찬이다.

이수광의 《지봉유설》(1614)은 유서의 효시이다. 이 책은 348명의 저서를 참고하여 편찬된 것인데, 2,265명의 인물을 소개했으며 3,435개의 항목을 25부로 나누어 서술했다. 우리나라와 중국문화를 포괄적으로 비교하면서 서술한 것으로 일종의 세계백과사전이라고도 할 수 있다. 그 뒤 18~19세기에는 이 책에 자극을 받아 수많은 유서가 편찬되었는데, 이익의 《성호사설》, 이덕무의 《청장관전서靑莊館全書》(1795), 서유구의 《임원경제지》, 이덕무의 손자 이규경李圭景(五洲, 1788~?)의 《오주연문장전산고五洲衍文長箋散稿》(60권 60책)는 가장 뛰어난 유서들이다.

한편, 국가사업으로 편찬된 백과사전으로는 1770년(영조 46) 초판이 나오고, 1790년(정조 14)과 1908년에 거듭 증보된 《동국문헌비고》[104]가 있다. 250권의 방대한 분량을 차지하는 이 책은

---

104) 영조 때 편찬된 《동국문헌비고》는 象緯·輿地·禮·樂·兵·刑·田賦·市糴·選擧·財用·戶口·學校·職官 등 총 13考 100여 권이었으나, 정조 때 이만운李萬運에 의해 개찬된 후에는 物異·宮室·王系·氏族·朝聘·諡號·藝文 등이 합쳐져 20考 146권으로 늘어났다. 한편, 1908년의 《증보동국문헌비고》는 象緯·輿地·帝系·禮·樂·兵·刑·田賦·財用·戶口·市糴·交聘·選擧·學校·職官·藝文 등 16考로 줄어들고, 분량은 250권으로 늘어났다.

16분야로 나누어 우리나라 역대의 문물제도를 총정리한 최초의 관찬 한국학 백과사전이라고
할 수 있다.

4) 과학과 기술의 발전

조선 후기에는 그 동안 축적된 전통과학기술을 계승하면서 중국에서 들여온 서양과학·
기술을 수용하여 한 단계 높은 과학이론과 기술을 발전시켰다. 조선 후기의 산업발전과 국력신
장은 여기에 힘입은 바가 크다.

먼저 농업경영 및 농사기술에 관한 관심이 커지면서 이 방면의 저서가 다수 출간되었다.
1655년(효종 6)에 나온 신속申洬의《농가집성農家集成》은 쌀농사 중심의 수전농법을 소개한 것이다.
그 뒤 상업적 농업이 발달하고 원예작물을 비롯하여 농업의 영역이 확대됨에 따라 새로운 농
서의 출간이 요청되었다. 숙종 때 박세당의《색경穡經》(1676)과 홍만선洪萬選의《산림경제山林經濟》,
영조 때 박지원의《과농소초課農小抄》(1799, 15권 6책), 그리고 정조 때 왕명으로 편찬한 서호수徐浩修
의《해동농서海東農書》등은 새로운 농업경영에 바탕을 두고 편찬된 것이다.

《색경》은 과수, 축산, 원예, 수리, 기후 등에 중점을 둔 것이고,《산림경제》는 농업, 임업,
축산, 양잠, 식품가공·저장 등 의식주 전반의 중요사항을 소개한 것이다.《해동농서》는 우리 고
유의 농학을 중심에 두고 중국 농학을 선별적으로 수용하여 한국농학의 새로운 체계화를 시도
했다.

축산·어업과 관련하여 동식물학에 대한 관심이 커졌는데,《색경》과《산림경제》등에도
이에 관한 설명이 있다. 한편, 정약용의 형 정약전丁若銓은 순조 때《자산어보玆山魚譜》(1814)를 지
어 어류학의 신기원을 이룩하였다. 이 책은 저자가 흑산도에서 귀양살이하는 동안 근해의 해산
물 등을 직접 채집·조사하여 155종의 해산물에 대한 명칭·분포·형태·습성 등에 관한 사실
을 기록한 것이다.

의학분야에서는 광해군 때 허준許浚(1546~1615)과 정작鄭碏 등이《동의보감》(1613)을 펴내 우
리나라뿐 아니라 중국과 일본의 의학발전에도 큰 영향을 주었다. 이 책은 수련도교의 영향을
받아 예방의학에 중점을 두고 값싼 시골 약재를 사용한 치료방법을 개발한 것이 특색이다. 허
준은 이밖에도《벽역신방辟疫新方》(1612),《신찬벽온방》(1612) 등을 저술하여 전염병치료의 경험
등을 체계적으로 정리했다.

허준과 같은 시기의 허임許任은《침구경험방針灸經驗方》(1644)을 지어 침구술을 집대성했으
며, 그 뒤 영조 대 박진희朴震禧, 이헌길李獻吉 등은 마진[홍역]에 관한 연구를 발전시키고, 정약용은
여러 마진에 관한 서적을 정리하여《마과회통麻科會通》(1798)을 저술했다. 특히 그는 박제가 등과
더불어 종두법을 처음으로 연구·실험했다. 이러한 의학전통은 고종 년간에 와서 더욱 발전되
어 황필수黃泌秀의《방약합편邦藥合編》(1884), 이제마李濟馬의《동의수세보원東醫壽世保元》(1894)과 같은
명저를 낳게 했다. 특히 후자는 인체를 태양·태음·소양·소음으로 나누어 치료하는 독특한 사
상의학四象醫學으로 유명하다.

천문학분야에서도 서양과학의 영향을 받아 새로운 학설이 제기되었다. 천리경[망원경]을

비롯한 천문기구가 들어오고, 서양역법이 전래되면서 우리나라 천문학 발달에 큰 자극을 주었다. 효종 때 김상범金尚範은 김육의 도움으로 서양역법을 배워《시헌력時憲曆》을 만들었으며, 그 뒤 한국 사정에 맞는 역법이 계속 연구되어 마침내 정조 때《천세력千歲曆》(1782)을 만들어냈다. 그리고 철종 때 남병길南秉吉은 역산서曆算書를 정리하여《시헌기요時憲紀要》(1860)를 편찬했다.

이미 17세기 초에 이수광은《지봉유설》에서 일식, 월식, 벼락, 조수의 간만 등에 관하여 소개한 일이 있고, 17세기 말 숙종 대 김석문金錫文(1658~1735)은 처음으로 지구가 1년에 366회씩 자전한다고 주장하여 천동설을 부정하였다. 그 뒤 18세기에는 이익, 홍대용 등이 나와 서양과학에 대한 이해를 깊이 가졌다. 이익은 "만약 공자가 지금 살아 있다면 서양 천문학을 기준으로 할 것"이라고 하면서, "지구가 둥글다면 중국이 한 가운데 있을 수는 없고 어느 나라든 세계의 중앙이 될 수 있다"고 하였다. 홍대용은 지구자전설에서 한 걸음 더 나아가, 인간을 중심으로 우주를 해석하려는 입장에서 벗어나, 동물의 입장에서는 인간이 별 것이 아닐 수도 있다면서 모든 것을 상대적으로 파악했다. 그리고 지구에서만 인간이 있는 것이 아니라, 다른 천체에서도 인간과 비슷한 생명체가 있을 수 있다고 상상했다.

18세기 말~19세기 초의 정약용은 서양의 과학기술을 배워오기 위해 이용감利用監이라는 관청을 두자고까지 제안했다. 그는 기술의 진보가 인간사회 발전에 결정적인 영향을 준다고 믿어 스스로 많은 기계를 제작하거나 설계했다. 특히 정조가 청으로부터 5천여 권의《고금도서집성》을 사들여 오자 그 속에 실린 테렌츠Terrenz(鄧玉菡)의《기기도설奇器圖說》(1627)을 참고하여 거중기擧重機 등 건축기계를 제작하고, 한강에 가설할 배다리[舟橋]도 설계했다. 그의 이러한 노력은 정조가 화성[지금의 수원]을 축조하고 한강에 배다리를 건설하는 데 큰 도움을 주었다.

서양에서 들어온 과학기술로는 이 밖에도 인조 때 정두원鄭斗源(1581~?)이 명에서 가져온 화포[총]와 자명종[시계] 등이 있으며, 1627년(인조 5) 표류해 온 네덜란드인 벨테브레Weltevree(朴淵)와 1653년(효종 4) 표착한 하멜Hendrik Hamel 일행은 우리나라에 14년간 체류하면서 서양식 대포를 만드는 기술을 전해 주었다.

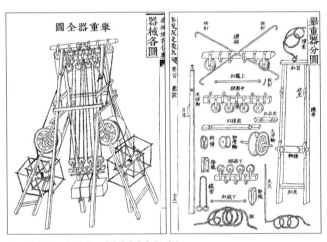

거중기와 거중기 분해도《화성성역의궤》에서

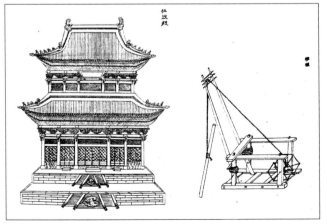

인정전과 녹로 1804년,《인정전 영건도감의궤》, 서울대학교 규장각 한국학연구원 소장

꾸며, 지방의 부유한 농민들에게 향촌사회에서의 공헌도에 따라 관직을 주어야 한다고 주장했다.

《목민심서》는 수령들이 백성을 수탈하는 도적으로 변한 현실을 바로잡기 위해 백성을 기르는 목민관으로서 지켜야 할 규범을 제시한 일종의 수신교과서이다. 그는 벼슬아치의 청렴을 여자의 정절에 비유하기도 했다.《흠흠신서》는 백성들이 억울한 벌을 받지 않도록 형법을 신중하게 집행하기 위해 지은 책이다.

정약용은 국가재정과 농촌경제의 안정을 위해 중국의 정전제도井田制度를 우리나라 현실에 맞게 조정하여 여전제閭田制를 시행할 것을 주장했다. 국가가 장기적으로 토지를 사들여 가난한 농민에게 나누어 주어 자영농을 육성하고, 아직 국가가 사들이지 못한 지주의 토지는 농민에게 골고루 병작권을 주자는 것이었다.

정약용은 자신의 개혁사상을 학문적으로 뒷받침하기 위해 유교경전을 깊이 연구하면서 홍석주, 신작申綽 등 학자들과 토론을 벌이기도 했으며,《아방강역고我邦疆域攷》를 써서 역사지리를 새롭게 고증하기도 했다. 그의 저술은 500여 권에 달하는데, 지금《여유당전서與猶堂全書》속에 수록되어 전해지고 있다.

다산초당 전라남도 강진군 도암면 다산로

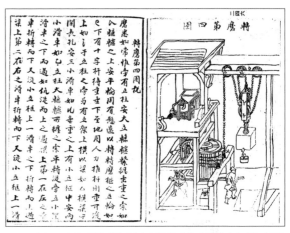

전마도(轉磨圖) 최한기의《심기도설》중에서 각종 톱니바퀴를 이용한 기계에 관한 설명을 담았다.

19세기 중엽에는 중인층에서도 뛰어난 학자들이 많이 배출되었는데, 개성출신으로서 서울에 살면서 북학사상을 발전시킨 이가 바로 최한기崔漢綺(호 惠崗, 1803~1877)이다. 무관武官 집안에서 태어나 개성과 서울의 상업문화와 부민富民의 성장을 목도한 그는 부민이 주도하는 상공업 국가의 건설을 목표로 여러 개혁안을 제시하며, 외국과의 개국통상도 적극적으로 주장했다. 그는 뉴턴의 만유인력설을 비롯한 천문학, 지리학, 의학, 농학 등 서양과학과 기술에도 조예가 깊어 앞선 시기의 학자들보다 한층 깊이 있는 과학지식을 소개했으며, 이를 바탕으로 하여 새로운 주기적主氣的 경험철학을 발전시켰다. 1천 권에 달하는 방대한 그의 저서는 지금《명남루총서明南樓叢書》로 전해오고 있다.

최한기와 비슷한 시기 이규경李圭景(호 五洲, 1788~1856?)도《오주연문장전산고五洲衍文長箋散稿》(60권)라는 방대한 문화백과사전을 편찬하여 중국과 우리나라 고금의 사물 1,417항을 고증적 방법으로 소개했다. 북학사상가인 이덕무의 손자로서 가학의 전통을 계승한 그는 동양의 전통사상인 유교·불교·도교를 넓게 포용하려는 자세와 아울러 서양과학을 실용적 학문으로 받아들임으로써 동서양의 문명을 형이상과 형이하의 체계 속에 통합시키려고 노력했다. 말하자면 동도서기東道西器와 법고창신의 개혁사상이라 할 수 있다. 오주五洲라는 그의 호는 전 세계 5대주를 포용하려는 넓은 시야가 담겨져 있다.

홍석주의 문인 유신환兪莘煥(1801~1859)도 동도서기의 입장에서 후학을 길렀는데, 그의 문하에서 대한제국 성립과정에 큰 역할을 담당한 남정철南廷哲과 김윤식金允植 등이 배출되었다. 경직된 세도정치하에서 이들의 진보적 개혁사상은 정부시책으로 적극 수용되지 못하고 말았으나, 뒷날 개화사상가들에게 큰 영향을 주어 자주적 근대화정책의 토대를 쌓았다.

2) 국학의 발달 - 역사·지리지·지도

세도정치기의 불우했던 개혁사상가 가운데에는 18세기의 역사의식을 계승하면서 이를 한층 학문적으로 심화시킨 역사가들이 적지 않았다. 정약용, 한치윤, 홍석주, 홍경모, 윤정기가 그러한 이들이다. 정약용은 《아방강역고我邦疆域攷》(1811, 1833)를 써서 우리나라 고대사의 강역을 새롭게 고증했다. 특히 백제의 첫 도읍지가 지금의 서울이라는 것과, 백제가 멸망한 원인은 한성을 포기한 것, 그리고 발해의 중심지가 백두산 동쪽이라는 것을 해명한 것은 탁월한 견해로, 그의 지리고증은 대부분 지금까지도 통설로 받아들여지고 있다.

서울 남인학자인 한치윤韓致奫(1765~1814)은 일평생 역사편찬에 몰두하여 조카 한진서韓鎭書와 합작으로 85권의 방대한 《해동역사海東繹史》(1814, 1823)를 편찬했다. 540여 종의 중국과 일본 서적을 참고하여 쓴 이 책은 동이문화東夷文化에 뿌리를 둔 우리나라 문화의 선진성과 아울러

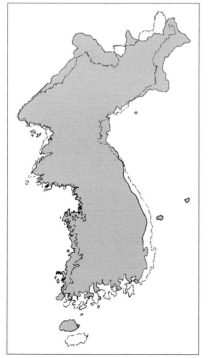

우리나라와 중국 및 일본과의 문화교류가 상세히 정리되어 있어서 자료로서의 가치가 매우 높다. 특히 한진서가 쓴 《지리고》는 정약용의 《아방강역고》와 더불어 역사지리 고증의 높은 수준을 보여준다.

홍석주는 삼국과 발해의 강역에 특별한 관심을 가지고 《동사세가東史世家》를 쓰고, 또 우리가 청나라 사람들보다 더 정확한 중국사를 쓸 수 있다는 자신감에서 《명사관견明史管見》을 비롯한 여러 종류의 역사책을 썼다. 중국인이 쓴 중국사에 잘못이 많아 이를 바로 잡으려는 노력은 정조 때 송사宋史의 잘못을 바로 잡은 《송사전宋史筌》의 편찬으로도 나타났는데, 이는 조선 후기 학자들의 문화적 자신감에서 나온 것이다.

홍석주의 친족인 홍경모洪敬謨(1774~1851)는 정약용과 한치윤 등 선배학자들의 문헌고증방법을 계승하여 우리나라 상고사의 여러 의문점을 하나하나 고증했는데, 《동사변의東史辨疑》(1848년경)는 대표적 사서이다. 그의 뒤를 이어 철종 대에는 소론학인 이원익李源益이 《동사약東史約》(1851)을, 남인학자 윤정기尹廷琦가 《동환록東寰錄》(1859)을, 고종초에는 남인학자 박주종朴周鍾이 《동국통지東國通志》(1868)를 써서 고증적 역사서술의 전통을 이어갔다.

대동여지도와 현대지도의 비교 회색이 대동여지도

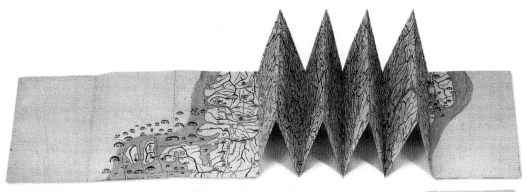

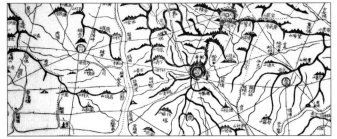

대동여지도의 일부 개성 부근, 풍수지리의 관점에서 산맥을 그리고, 10리마다 점을 찍어 거리를 표시, 국립중앙박물관에 목판 소장

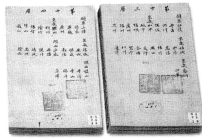

동여도 보물 1358호, 김정호가 만든 필사본의 전국채색지도로 병풍처럼 접고 펼 수 있게 되어 있다. 서울대학교 규장각 한국학연구원 소장

　　19세기의 과학적이고 고증적인 학풍은 지도와 지리지 편찬에도 나타나 앞 시기보다 한, 층 정밀하고 규모가 큰 지도·지리지가 제작되었다. 이 시기의 가장 뛰어난 지리·지도 연구자는 김정호金正浩(?~1866)이다. 그는 황해도의 평민출신으로 서울에 살면서 신헌申櫶·최한기 등의 도움을 얻어 여러 관찬지도를 보고, 이를 집대성하여《청구도青丘圖》라는 지도책을 발간하고, 이를 더욱 발전시켜서 23폭으로 이루어진 약 7m 길이의 전국지도인《동여도東輿圖》와《대동여지도大東輿地圖》(1861)를 제작했다. 전자는 필사본 채색지도이고, 후자는 목판으로 찍어내어 대중들에게 널리 보급되었다.**112)**《대동여지도》는 풍수지리의 시각에서 산맥을 입체적으로 그리고, 기호를 사용하여 중요 시설을 표현했으며, 10리마다 점을 찍어 거리를 알기 쉽게 하여 일반 대중들이 이용하기에 편하게 만들었다. 그는 또한《동여도지東輿圖志》,《여도비지輿圖備志》,《대동지지大東地志》등 3대 지리서를 편찬하기도 했다. 그는 근대 이전 아시아 최고의 지리학자로 평가받고 있다.

---

112)　김정호에 대해서는 잘못된 이야기가 많이 전해진다. 첫째, 그가 대동여지도 제작을 위해 백두산을 일곱 번이나 다녀왔다는 것 둘째, 그는 대동여지도를 만든 후 국가기밀을 누설했다는 혐의로 감옥에 갔다는 것 셋째, 대동여지도의 목판이 불태워지고 없다는 것. 이 이야기들은 모두 거짓이라는 것이 최근 밝혀졌다. 그러나 그는 기호화 방법을 도입하여 지도제작기술을 과학화하고, 국가에서 독점하던 정밀한 전국지도를 목판으로 대량 인쇄하여 대중에게 보급함으로써 지도의 대중화에 크게 공헌하였다.

3) 천주교의 전래와 금압

서양의 가톨릭이 천주교로 불리면서 처음 소개된 것은 16세기 말~17세기 초이다. 명明에 다녀온 사신이 서양의 자연과학서적과 더불어 천주교에 관한 한역서적漢譯書籍을 얻어 왔다. 천주교는 종교로서보다도 서양 학문의 하나로서 이해되어 서학西學이라 불렸다.

서학에 대하여 관심을 가지기 시작한 것은 성리학에 대한 비판의식이 강했던 북인계열의 학자들이었다. 1610년(광해군 2) 명에 사신으로 갔던 허균은 천주교 12단端을 얻어 왔다. 역시 광해군 때 이수광은《지봉유설》에서 이탈리아 신부 마테오 리치Matteo Ricci(利馬竇)가 지은 천주교 해설서인《천주실의天主實義》를 소개하면서 불교와의 차이점을 언급했다. 같은 시기에 유몽인도《어우야담》에서 천주교 교리를 더욱 자세히 설명하고 유교·불교·도교와의 차이점을 논했다.

인조 때는 정두원鄭斗源이 명에서 천주교 서적을 가져오고, 그 뒤 소현세자昭顯世子도 북경에 인질로 잡혀 갔다가 돌아오는 길에 천주교 서적을 가지고 왔으나 호란 후의 반청감정 때문에 광해군 때만큼 관심을 끌지 못했다.

18세기 후반 정조 때 이익의 문인들을 중심으로 서울 부근의 남인학자들은 유교의 고경古經을 연구하는 가운데 하늘[天]의 의미를 주희와 달리 해석하면서 천주교의 천주天主[하느님]를 옛 경전의 하늘과 접합시켜 받아들이게 되었다. 자신의 유학을 천주교를 통해 보완하면서 차츰 신앙의 길로 들어서게 된 것이다. 권철신權哲身, 권일신權日身, 이벽李檗, 정약종丁若鍾, 정약용, 이가환李家煥 등 남인 명사들이 천주교에 입교했다. 이들은 지금의 팔당호수 부근에 살던 인사들이었다. 특히 스승 이벽의 권유로 이승훈李承薰(1756~1801)이 1784년(정조 8) 북경에 갔다가 서양인 신부로부터 세례를 받고 귀국하면서 신앙열은 고조되었다. 남인들은 서울과 아산·전주 등지에 신앙조직을 만들고 포교에 들어갔는데, 불우한 처지의 양반이나 중인 그리고 일부 유식한 평민들이 입교했다.

천주실의 1603년, 명나라에서 선교활동을 한 예수회 소속 이탈리아 신부 마테오 리치가 한문으로 저술한 천주교 교리서

서양선교사가 들어오기 전에 천주교가 퍼진 것은 유례가 없는 일이었다. 우리나라 무교巫敎의 하느님 숭배가 천주교 전파를 쉽게 하는 한 요인이 되었다. 그러나 신도가 늘어갈수록 유교식 제사를 무시하는 신도의 행위가 불효와 패륜으로 비쳐졌다. 제사는 한국인에 있어서 가장 중요한 효행이었기 때문이다. 또한, 서양인들과 연결된 행위가 국법을 어기는 일이 많아 국가의 금압을 받게 되었다.

유학자 가운데에도 천주교에 대한 이론적 비판이 나타났다. 18세기 말 안정복安鼎福이 성리학의 입장에서 천주교를 비판하는《천학문답天學問答》(1785)을 쓴 것은 그 대표적 예이다. 그는 천주교의 중심지인 경기도 광주에 살았기 때문에 더욱 위기의식을 느꼈다.

1785년(정조 9)에 천주교는 드디어 사교邪敎로 규정되고, 북경으로부터 서적수입을 금했으며, 어머니 제사에 신주를 없앤 윤지충尹持忠을 사형에 처했다(1791년). 그러나 남인에 우호적이었던 정조는 천주교에 대해 비교적 관대한 정책을 써서 큰 탄압은 없었다.

천당직로 1884년 활판
본, 천주교 세례 이후 재
교육 교리서(백요왕 감준),
개인 소장

김대건 신부(1822~1846)
문학진 그림

정조의 뒤를 이어 순조가 즉위하고 노론벽파가 득세하자, 그들과 정치적으로 대립되어
있던 남인시파를 숙청하는 과정에서 대규모의 천주교도 탄압이 가해졌다. 1801년(순조 1)의 대탄
압을 '신유사옥辛酉邪獄'이라 하는데, 이때 이승훈, 이가환, 정약종, 권철신 등 300여 명의 신도와
청나라의 신부(주문모, 1795년 입국)가 처형되고, 정약전丁若銓·정약용 형제가 유배되었다. 이와 더불
어 서양 과학기술의 수입도 거부되었다.

신유사옥 때 신도 황사영黃嗣永은 북경에 있는 프랑스인 주교에게 군대를 동원하여 조선에서
의 신앙과 포교의 자유를 보장받게 해달라는 서신을 보내려다 발각된 사건(황사영 백서사건)이 일어났
다. 이러한 외세의존적 행위는 정부를 더욱 자극시켜 천주교에 대한 박해가 가혹해졌다.

그러나 정부의 금압에도 불구하고 교세는 더욱 번성하여 1831년(순조 31)에는 조선교구가
독립되고, 1836년(헌종 2)에는 파리외방전교회에 소속된 세 명의 프랑스 신부(모방, 샤스탕, 앙베르)가
들어와 포교했다. 이에 1839년(헌종 5)에는 프랑스 신부 3인(묘지 서울 신림동 삼성산)과 수십 명의 신
도를 처형했다. 이를 '기해사옥己亥邪獄'이라 한다. 그 뒤 마카오에서 신학교를 졸업하고 최초의
신부가 된 김대건金大建(1822~1846)이 귀국하여 충청도 당진唐津(솔뫼)을 근거로 포교하다가 붙잡혀
처형되었다.

그러나 철종 이후로 세도정치가 극성하여 기강이 무너지고 법망이 허술해짐을 계기로
교세는 더욱 팽창하여 19세기 중엽에 1만 명이던 신도 수가 19세기 말에는 3만 명 가까이 늘
었다. 이렇게 신도 수가 늘어난 것은 중인과 평민의 입교가 급증한 까닭이었다. 특히 부녀자 신
도가 많았다. 그들은 남인학자와는 달리 현실개혁의 의지로 천주교를 믿기보다는 내세의 천국
을 바라보고 현실의 불만을 달래보려는 신앙 그 자체의 욕구가 컸으며, 더러는 외국신부의 특
권에 의지하여 치외법권적 자유를 누리려는 심리도 작용했다. 그러나 1860년(철종 11)에 영국과
프랑스연합군이 북경을 점령하는 사건이 일어나자 천주교가 서양의 아시아 침략을 선도하고
있다는 의심이 생기면서 민중 사이에는 천주교에 대한 배척이 일어나기 시작했다. 1860년대
이후로 서양과 천주교에 대항한다는 것을 표방한 동학東學이 농민층의 광범한 호응을 얻으면서
확산된 이유가 여기에 있었다.

4) 동학의 성립과 전파

천주교가 서울과 서해안 일대를 중심으로 급속히 퍼져나가던 19세기 중엽에 충청도, 전라도, 경상도 농촌에서는 새로운 민중종교가 태동하고 있었다. 철종 때 최제우崔濟愚(水雲, 1824~1864)가 창시한 이른바 동학東學이 그것이다. 교조 최제우는 경주 출신의 가난한 몰락양반으로서 최치원의 후예를 자칭하면서 오랜 편력을 거친 끝에 서학(천주교)에 대항한다는 의미에서 동학을 창도하게 되었다. 동학은 그 후 머슴 출신의 최시형崔時亨(호 海月, 1827~1898) 등에 의하여 교리가 다듬어지면서 《동경대전東經大全》과 《용담유사龍潭遺詞》로 정리되었다. 《동경대전》은 한문으로 되어 있어 지식층을 상대로 만들어진 것이고, 《용담유사》는 한글 가사체로 되어 무식한 대중이 쉽게 이해할 수 있게 했다.

동학은 유·불·선 3교三敎의 장점을 취하고, 천주교의 교리도 일부 받아들였으며, 무교의 부적과 주술을 채용했다. 철학으로서의 동학은 주기론主氣論에 가까웠다. 귀신을 기氣로 해석하고 귀신을 매개로 사람과 하늘이 하나가 될 수 있다고 했다. 사람과 하늘을 하나로 보는 입장은 무교의 삼신신앙과 유교에서도 긍정되고 있었다. 그리고 주역周易의 변화의 논리를 받아들여 지금은 말세에 해당하며, 머지 않아 천지개벽이 와서 새로운 시대가 온다고 선전했다. 말세사상과 개벽사상은 이미 《정감록》 등을 통해서도 유포되어 있던 것이므로 민중들 사이에 큰 호소력을 지닐 수 있었다.

종교로서의 동학은 천주[한울님]를 모시는 일과 부적 휴대를 중요시했다. 모든 사람은 마음 속에 천주를 모실 때[侍天主] '사람이 곧 하늘[神]이 된다'고 보아 이른바 인내천人乃天을 주장하고, 사람을 섬기기를 하늘처럼 해야 한다는 사인여천事人如天의 인간주의·평등주의를 부르짖었다. 부적은 무교 및 음양오행사상과 관련이 깊은 것으로 '궁궁을을弓弓乙乙'이라고 쓴 부적을 태워 마시면 병을 고치고 죽지 않고 영원히 산다고 했다. 또 궁弓은 활이요, 을乙은 새로, 활이 새를 제압하는 것인데, 궁弓은 동東을 상징하고 을乙은 서西를 상징하므로, 동이 서를 제압한다고 했다.

동학은 또한 신앙운동으로만 그친 것이 아니라, 보국안민輔國安民[나라를 지키고 백성을 편안하게 함]과 광제창생廣濟蒼生[백성을 널리 구제함]을 내세워 사회개혁과 외세배척을 적극적으로 주장하고 나섰다.

이처럼 민족적이고 민중적인 동학이 창도되자, 구원의 길을 갈망하던 민중이 구세주를 만난 듯이 모여들어 삼남일대의 농촌사회를 중심으로 교세가 날로 확장되고, 포包·접接 등의 교단조직도 이루어졌다. 반체제적인 동학이 날로 번성하고, 갑자년(1864, 고종 1)에 좋은 소식이 올 것이라는 예언이 널리 퍼지자 불안에 빠진 조정에서는 최제우를 체포하여 혹세무민惑世誣民[세상을 현혹시키고 백성을 속임]의 죄를 씌워 1864년(고종 원년) 사형에 처했다. 이에 교도들은 산속에 숨어 그 교세가 한 때 약해졌으나, 2세 교주 최시형이 충청

최제우 초상

동경대전 최제우가 지은 동학의 경전

도 보은을 중심으로 동학을 계속 퍼뜨려 그 세력이 차츰 회복되었다. 그 신도들은 대부분 가난한 농민과 시골양반(鄕班)이었다.

5) 문학과 예술

19세기에는 상품화폐경제가 발전함에 따라 상업으로 부를 축적한 서민층이 성장하면서 세도정치에 소외된 양반·중인층 사이에서 새로운 문학풍조가 나타났다. 흔히 위항인(委巷人)으로 불리는 서울의 중인, 서얼층 문인들이 시사(詩社)라는 시동아리를 결성하여 활발한 문학활동을 전개했다. 19세기의 대표적 시사(詩社)로는 인왕산 기슭[지금의 종로구 옥인동]에 천수경(千壽慶)이 살던 송석원(松石園)을 중심으로 한 옥계시사(玉溪詩社), 김희령(金羲齡)의 일섭원(日涉園) 및 칠송정(七松亭)을 중심으로 한 서원시사(西園詩社), 장지완(張之琬)의 비연시사(斐然詩社) 그리고 최경흠(崔景欽)과 유재건(劉在建)이 중심이 된 직하시사(稷下詩社), 그리고 청계천의 광통교를 중심으로 강위(姜瑋) 등이 활약한 육교시사(六橋詩社) 등을 들 수 있다.

이들 시사의 중심인물은 역관(譯官)을 비롯한 서울 중인이었지만, 명망 높은 서울 양반들과도 긴밀하게 교류할 만큼 한문학의 수준이 높았다. 그리고 이들이 서울의 명승지에 모여 들어 시주(詩酒)를 즐길 수 있었던 것은 대외교역을 통해서 안정된 생활을 누릴 수 있었기 때문이었다. 그들은 경제적으로나 학문적으로나 양반과 거의 동등한 수준으로 성장했다. 당시 중인문학의 대표적 인물은 장지완(張之琬), 정수동(鄭壽銅), 조희룡(趙熙龍), 이경민(李慶民), 박윤묵(朴允默), 조수삼(趙秀三), 강위(姜瑋) 등이다.

문학작품이 판소리와 잡가, 소설과 가면극의 형태로 나타난 것도 이 시대 문학의 주요특징이다. 판소리는 광대들이 소설의 줄거리를 아니리(獨白)와 타령(唱)을 섞어가며 전달하는 것인데, 〈춘향가〉, 〈적벽가〉, 〈심청가〉, 〈토끼타령〉, 〈흥부가〉, 〈가루지기 타령〉은 가장 인기 있는 판소리 사설이었다. 판소리 사설을 창작하고 정리하는 데 가장 큰 공헌을 한 사람은 19세기 후반기의 전라도 고창사람 신재효(申在孝)로서, 그는 판소리 12마당을 정리했다고 하는데 지금은 11마당만 전한다. 판소리는 지방마다 창법이 달라 서편제와 동편제로 나뉜다. 19세기 판소리의 명창은 모흥갑(牟興甲) 등 8명창이 있었다.

해학과 풍자성이 강한 잡가(雜歌)는 주로 도시 평민 사이에서 유행했는데, 〈새타령〉, 〈육자배기〉, 〈사랑가〉, 〈수심가〉 등이 있었다.

각종 가면을 쓰고 노래와 춤으로 엮어지는 가면극[탈춤]은 19세기에 이르러 더욱 정리되고 성행되었는데, 황

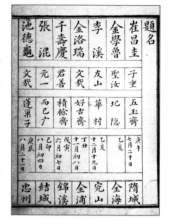

옥계시사 회원 명단(일부)
자료: 서울시립대학교 서울학총서-유립편

옥계 10경의 하나

신재효의 생가 전북 고창군 고창읍 동리로

김정희의 세한도 1844년, 종이에 수묵, 107.5×23.7cm, 국보 180호, 15자×19행 285자, 손창근 소장

해도〈봉산탈춤〉·〈강령탈춤〉, 안동의〈하회탈춤〉, 양주의〈별산대놀이〉, 통영의〈오광대놀이〉, 함경도 북청의〈사자춤〉이 유명하다. 탈춤은 무당의 굿판과 연계되어 뒤풀이로 벌어지는 것이 관례로써, 그 내용은 귀신을 축복하고 양반사회를 풍자하는 것이 중심을 이루었다.

19세기에는 이야기책으로 불리는 대중소설이 유행하여 민간부녀자 사이에 널리 인기를 끌었다. 이 시기에 유행한 국문소설[이야기책]로는 중국소설인《옥루몽玉樓夢》, 한국소설인《배비장전裵裨將傳》,《채봉감별곡》등이 유명하며, 특히 19세기 중엽에 필사된《완월회맹연玩月會盟宴》은 180권이나 되는 방대한 분량의 소설로 효제충신의 내용을 담은 것이다. 또한, 농촌의 세시풍속을 노래한《농가월령가農家月令歌》, 서울의 아름다움과 번영을 노래한《한양가》, 중국으로의 사행使行을 노래한《연행가》가 등이 있고, 양반 부녀자들은《규방가사閨房歌詞》를 널리 읽었다. 이 밖에 꼭두각시극과 같은 인형극이 유행한 것도 이 시기의 한 특색이다.

사당패로 불리는 천민 음악가들은 엄격한 조직체를 유지하면서 각종 묘기와 사물놀이 등의 음악활동을 했는데, 이것은 삼국시대부터 내려오던 '두레' 또는 '향도'의 전통을 이은 것으로 돈을 받고 연기하는 상업적 예술단체로 변화한 것이 다른 점이다.

19세기의 그림은 서울의 도시적 번영과 서울양반의 귀족적 취향을 반영하여 화려하고 세련된 모습으로 발전했다. 우선, 서울의 여러 궁궐과 도시의 번영을 그린 대작大作이 병풍 형식으로 많이 제작되었다. 그 가운데서도 1828년경 익종이 대리청정할 때 창덕궁과 창경궁의 전모를 그려낸〈동궐도東闕圖〉[113]는 가장 우수한 작품으로 꼽히고 있다. 가로 567cm, 세로 273cm의 초대형 그림을 16폭으로 나누어 그린 이 작품은 기록화로서의 정확성과 정밀성이 뛰어날 뿐 아니라 배경산수의 묘사가 극히 예술적이어서 현재 국보로 지정되어 있다. 이 그림은 18세기 궁궐도에서 보이던 서양화의 기법이 한층 적극적으로 도입되어 마치 비행기에서 비스듬히 내려다 보는 듯한 부감법과 평행사선平行斜線구도의 기법을 사용한 것이 특징이다. 말하자면 전통적 기법에 서양화 기법이 합쳐져 새로운 형태의 민족화법이 창조된 것이다.

〈동궐도〉와 비슷한 시기에 그려진 병풍그림〈경기감영도〉(136×444cm, 삼성미술관 리움 소장) 역시 그 규모와 그림수준에 있어서 걸작으로 꼽힌다. 특히 이 그림은 거리의 행인들 모습까지 함께 묘사하여 기록화와 풍속화를 합한 성격을 지닌다. 이와 비슷한 성격의 대형 병풍그림으로〈평양성도〉(서울대학교 박물관 소장)가 있다.

---

113)〈동궐도〉는 지금 고려대학교 박물관과 동아대학교 박물관에 소장되어 있다.

홍백매화도10폭 병풍   허련, 1888, 100×395.0cm

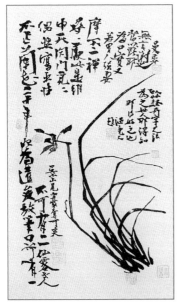
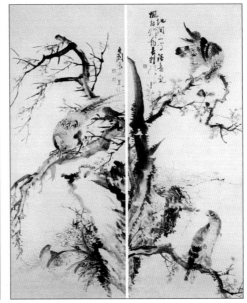

(왼쪽부터) 김정희의 부작란도   19세기 중엽, 종이에 수묵, 30.6×55cm, 손창근 소장
장승업의 호취도   19세기 후반, 종이·수묵담채, 55.0×135.5cm
안중식의 풍림정거도   1913년, 비단·채색, 70.0×164.4cm

경희궁의 모습을 대형화폭으로 담아낸 〈서궐도西闕圖〉(127.5×401.5cm, 고려대학교 소장)는 묵화로 된 점이 위의 여러 그림과 다르나, 부감법과 평행사선구도를 사용한 것은 똑같다. 이 그림들은 회화사적으로 가치가 클 뿐 아니라, 오늘날 파괴된 옛 궁궐을 복원하는 데 기본적인 참고자료가 되고 있다.

19세기의 대표적 화가로는 김득신金得臣(1754~1822), 이인문李寅文(1745~1821), 장준량張俊良(1802~1870), 이재관李在寬(1783~1837), 김수철金秀哲(호 北山), 장승업張承業(호 吾園, 1843~1897), 이윤민李潤民, 이의양李義養, 강희언姜熙彦, 허련許鍊(호 小癡 1808~1893), 안중식安中植(호 心田, 1861~1919) 등이 유명하며 문인화가로는 전기田琦, 김정희金正喜(1786~1856), 신위申緯(1769~1845) 등이 뛰어나다. 특히 신위[114]는 대

---

114) 신위는 지금 서울대학교 구내에 있는 자하골(규장각 일대)에 살았으며, 동네이름을 따서 호를 자하紫霞라 했다.

(왼쪽 위부터 시계방향으로)
이광사 초상 보물 2,486호,
조선시대, 국립중앙박물관 소장

김정희 초상 허련 그림, 조선
19세기, 종이에 수묵담채,
24.7×51.9cm
삼성 미술관 리움 소장

이광사 글씨
해남 대흥사 대웅전

신위의 방대도 지본수묵,
27×17cm, 국립중앙박물관 소장

나무에, 김정희는 난초 그림[묵란]에 이름이 높았고, 〈세한도歲寒圖〉라는 걸작을 남겼다. 김정희[115]는 그림도 잘 그렸지만, 그보다는 '추사체秋史體'로 불리는 독특한 서법을 만든 것으로 유명하다. 이는 금석문金石文 연구에 바탕을 두고 고대의 금석문에서 서도의 원류를 찾아서 그것을 자기 개성에 맞게 발전시킨 것이다. 김정희보다 앞서 이광사李匡師(호 圓嶠, 1705~1777)도 서예에 일가를 이루었는데, 일반 대중에게는 김정희보다 더 큰 영향을 주었다.

---

115) 김정희는 충남 예산 출신으로 훈척 가문으로 이름이 높은 경주김씨 병조판서 김노경金魯敬의 아들로 태어나 큰 아버지 노영으로 출계했다. 벼슬이 병조참판에 이르렀으나, 아버지 일로 1830년(고금도), 1840~1848(제주도), 1851년에는 영의정 권돈인權敦仁의 일로 북청으로 유배되었다. 유배에서 돌아온 후 경기도 과천果川에 은거하면서 일생을 마쳤다. 24세에 청에 가서 옹방강翁方綱, 완원阮元 등 고증학자들과 접촉하여 큰 자극을 받아 귀국 후 금석학을 발전시켰다. 그는 약 100여 개의 호를 가지고 있었는데 가장 널리 쓰인 것은 추사秋史, 완당阮堂, 과옹果翁, 노과老果, 예당禮堂 등이다.

5

근대 산업국가_
꿈과 좌절

제1장 문호개방과 개혁운동(1863~1894)

1. 대원군의 개혁과 병인양요·신미양요

1) 대원군의 내정개혁

안동김씨 세도정치가 극성하던 헌종~철종 대에 청나라는 아편을 밀수하던 영국과 아편 전쟁(1839~1842, 1856~1860)을 벌인 끝에 패하여 난징조약을 맺고 상하이 등 5개 항구를 개방하고 홍콩香港을 내주었다. 영국은 여기에 만족하지 않고 1860년(철종 11)에 프랑스와 연합하여 베이징을 점령하고 베이징조약을 맺어 주요 항구를 모두 개방하고 내륙의 하천을 통행할 권리를 얻었으며, 이 조약을 중개한 러시아는 청으로부터 연해주를 얻었다.

일본도 1853년에 미국의 문호개방 압박에 굴복하여 1858년에 미일 수호통상조약을 맺고 문호를 개방하고, 서양에 대항하기 위해 1868년 메이지유신明治維新으로 강력한 천황국가를 건설하고 부국강병정책에 박차를 가했다. 청과 일본이 서양과 맺은 조약은 모두가 치외법권을 인정한 불평등 조약으로 세계질서는 제국주의 서양이 동양을 지배하는 시대로 변했다. 이 모든 변화의 시발은 유럽이 18세기에 산업혁명을 달성한 결과물이었다.

세계정세가 급변하던 상황에서 철종이 승하한 후, 왕실의 최고 어른 조대비[익종비 신정왕후]는 철종의 6촌인 이하응李昰應(1820~1898)의 둘째 아들을 왕위에 앉히고 자신의 아들로 삼았다. 이가 고종高宗(1863~1907)이다.[1] 일본이 메이지유신을 하기 5년 전 일이다.

고종이 12세의 소년이었으므로 부친 이하응[흥선대원군]이 대원군大院君 이라는 직함으로 실권을 장악하고 정치를 주도했다. 안동김씨 세도 하에서 이씨왕실의 몰락과 백성의 피폐를 뼈저리게 체험한 이하응은 무엇보다 이씨종친을 정치의 중심세력으로 묶어 종친부宗親府를 권력기구로 만들고, 새로운 사회세력으로 등장한 상인층, 부농층 및 수공업자의 여망을 받아들여 광범위한 정치·사회개혁을 추진했다. 정조가 타계한 이후 60여 년 만에 신선한 개혁의 바람이 일어났다. 세도정치의 모순을 시정하고 부강한 왕조국

흥선대원군 이하응
1880년작, 이한철·이창옥 그림,
서울시립역사박물관 소장

---

1) 고종은 이름이 재황載晃으로 사도세자와 후궁 숙빈임씨 사이에 태어난 은신군恩信君의 증손자인데, 조대비의 아들이 됨으로써 익종을 아버지, 순조를 할아버지, 정조를 증조로 모실 수 있게 되었다. 실제로 고종은 정조의 정책을 강력하게 계승하고자 했다.

경복궁 1927년, 동십자각 방향에서 본 모습

강화행궁 현 고려궁지 북쪽, 행궁 오른편에 외규장각이 있었다.
국립중앙도서관 소장

가를 중흥시키는 것이 개혁의 목표였다.

첫째, 안동김씨를 비롯한 문벌들을 가급적 권력에서 배제하고 소외되었던 남인과 북인, 그리고 무신들을 등용하고 이들의 권한을 확대하여 문치주의의 말폐末弊를 시정하려 했다.

둘째, 영·정조 시대의 민국이념과 서원書院 개혁 정책을 계승하여 양반의 소굴인 서원철폐를 단행하였다. 당시 서원은 면세·면역의 특권을 누려 국가재정을 약화시키고, 당론黨論을 빙자하여 왕권을 견제하고 있었다. 1865년(고종 2) 노론의 정신적 지주인 만동묘萬東廟를 철폐하고, 1868년(고종 5)에는 사액되지 않은 서원 1천여 개를 철폐하여 납세하도록 만들었으며, 1871년(고종 8)에는 사액서원 중 47개 소만을 남기고 나머지는 모두 철폐했다. 서원철폐는 지방유림의 완강한 반발을 일으켰으나, "백성을 해치는 자는 공자가 다시 살아난다 해도 내가 용서하지 않는다"는 단호한 결의로써 밀고 나갔다.

셋째, 국가의 재정수입을 늘리고 부세부담을 고르게 하는 방법 중의 하나로 양전사업을 실시하여 양안量案에 빠져 있는 은전隱田을 등록시키고, 삼정의 문란을 시정하기 위해 평민에게만 받아 오던 군포를 동포洞布(또는 戶布)로 바꾸어 양반에게도 징수했다. 고리대로 변질된 환곡제를 상당부분 폐지하고, 면민面民이 공동출자하여 운영되는 사창제社倉制를 실시하여 탐관오리와 토호의 중간수탈을 억제했다. 이로써 국가재정은 10년을 지탱할 만큼 늘어났다.

대원군은 1868년(고종 5)에 왜란 때 소실된 경복궁을 재건하고, 창덕궁에서 이사했다. 경복궁 복원으로 한양의 도시구조가 복원되고, 조선왕조의 정체성이 회복되었다. 다만, 경복궁 중건사업과 이후 지속되는 군비 확장을 위해 원납전願納錢이라는 기부금을 징수하고, 당백전當百錢이라는 화폐를 발행하기도 했다. 당백전 발행이 중단된 이후에는 청전淸錢을 수입하여 유통시키기도 했다. 이밖에 강화도를 지키기 위해 심도포량미沁都砲糧米라 하여 1결마다 1두씩 특별세를 거두기도 했다. 이 때문에 물가가 폭등하고, 토목공사에 많은 인력을 동원하여 민원을 사는 등 부작용도 없지 않았다.

대원군은 이밖에 관료정치를 정상화시키기 위해 세도정치의 중심기관이던 비변사를 철폐하고 의정부의 기능을 회복시켰으며, 삼군부三軍府를 설치하여 군부의 위상을 높였다. 또 삼수병三手兵을 강화하고 중국을 통하여 서양의 화포기술을 도입하는 등 국방강화에 힘썼으며,《대전회통大典會通》,《육전조례六典條例》등을 편찬하여 통치규범을 재정비했다.

대원군의 10년에 걸친 내정개혁은 굴절된 세도정치를 바로잡고 왕권을 안정시키고, 부국

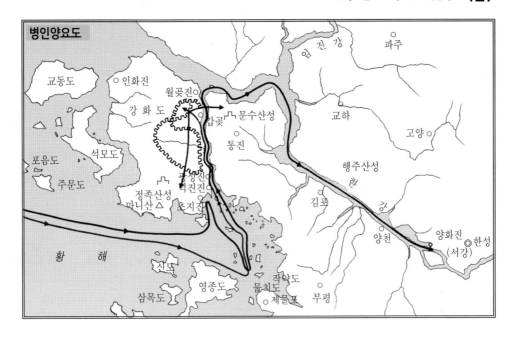

병인양요도

강병을 강화하는 데 상당한 성과를 올렸다. 병인양요(1866, 고종 3)와 신미양요(1871, 고종 8)에서 승리를 거둘 수 있었던 것은 이와 같은 내정개혁의 결과 국력이 신장되고 여러 계층의 지지를 얻은 데 힘입은 것이었다.

2) 병인양요(1866)와 신미양요(1871)

19세기 중엽 이후 우리나라 근해에는 영국, 프랑스, 미국 등 서양 선박들이 자주 출몰하여 해로를 측량하면서 조선의 정세를 탐지하는 일이 빈번했다. 조선은 이들 서양선박을 이양선異樣船으로 부르면서 경계심을 높여갔다. 이에 대응하여 18세기부터 추진되어 오던 해양경비, 즉 해방海防 정책이 한층 강화되었다. 아편전쟁으로 청이 쇠락해 가고, 1860년 영·프 연합군이 베이징을 점령했다는 소식은 조선의 조정을 한층 긴장시켰다.

제너럴 셔먼 호

1866년(고종 3) 7월 무장한 미국 상선 제너럴 셔먼General Sherman 호가 대동강을 거슬러 올라와 평양 주민을 약탈하고 살육하는 사건이 일어났다. 분노한 평양 주민은 관군과 합세하여 미국 배를 불사르고 선원들을 모두 살해했다. 역사상 서양과의 첫 무력충돌로 기록된 이 사건으로 대원군 정권은 강경한 배외정책排外政策을 쓰기 시작했다. 서양 열강의 조선 침략을 천주교도가 앞장서고 있다고 믿어 1866년부터 7년간 9명의 프랑스 신부와 남종삼南鍾三 등 8천여 명의 국내 신도를 처형했다.

프랑스 신부의 처형에 항의하여 1866년 9월 프랑스는 로즈 제독

미국 군함 콜로라도 호(79m)
함장 로저스제독, 1871. 4. 14 도착

광성보 강화해협을 지키는 12진보 중의 하나로 1871년 신미양요 때 가장 치열한 전투가 벌어졌다. 광성보 안에는 당시 순국한 군인들의 무덤과 어재연 장군의 전적비가 있다.

척화비 글씨는 붉은색임
절두산(잠두봉) 순교자상 병인양요 사건으로 많은 천주교 신도가 이곳에서 목이 잘려 죽어 절두산이라 불리게 되었다. 서울 마포구

을 시켜 톈진天津에 있는 극동함대 7척과 1천 명의 군사를 보내 강화도를 점령하고 프랑스 신부 살해자에 대한 처벌과 통상조약 체결을 요구했다. 대원군은 이 요구를 묵살하고 훈련대장 이경하李景夏 휘하에 순무영巡撫營을 설치하여 대응했고, 통진 문수산성과 강화도 정족산성에서 프랑스군을 공격하여 물러가게 했다. 문수산성에서는 한성근韓聖根 부대, 정족산성에서는 양헌수梁憲洙 부대가 각각 큰 공을 세웠다.

프랑스군은 11월 11일 40여 일 만에 물러가면서 강화도 일대에 대한 약탈과 방화를 자행하여 행궁行宮과 외규장각 등 각종 궁전건물을 불태우고, 그곳에 보관되어 있던 군기물자와 금은보화 그리고 귀중한 도서들을 약탈해 갔다.[2] 이 사건을 병인양요(1866)라 한다.

한 해에 두 열강의 침략을 물리친 대원군은 서양 열강에 대한 불신감과 더불어 자신감도 배가되었다. 마침 1868년에는 독일인 장사꾼 오페르트Oppert가 충남 덕산(예산)에 있는 대원군의 아버지(남연군) 무덤을 도굴하려 한 사건이 있었다. 프랑스 선교사와 결합한 독일 장사꾼이 대원군을 협상 테이블에 끌어들이려고 한 짓이다. 그러나 이 사건은 서양을 더욱 야만적인 국가로 보이게 했을 뿐 아무런 실효를 거두지 못했다.

제너럴 셔먼 호 사건을 경험한 미국은 무력으로 조선과의 통상을 트기 위해 1871년(고종 8) 4월 5척의 군함과 1,200여 명의 군대를 보내 강화도를 공격했다. 그러나 광성보廣城堡에서 어재연魚在淵 부대의 결사항전으로 20여 일 만에 퇴각했다. 이 사건을 신미양요(1871)라고 한다.

열강과의 무력충돌에서 연전연승한 대원군과 조야의 민심은 배외의식으로 충만되고 서양은 오랑캐라는 인식이 확산되었다. "양이洋夷가 쳐들어 올 때 싸우지 않는다면 강화를 해야 한다. 강화를 주장하는 것은 나라를 파는 것이다(洋夷侵犯 非戰則和 主和賣國)"라고 쓴 척화비斥和碑가 전국에 세워지고 항전의 결의가 높아졌다.

---

2) 강화도에는 왕의 임시처소인 행궁行宮과 사당인 만녕전萬寧殿, 장녕전長寧殿 그리고 외규장각外奎章閣이 있었다. 외규장각에는 약 6천여 권의 귀중한 도서들이 보관되어 있었는데 대부분 불에 타 버리고, 그 중에서 프랑스군이 20만 프랑 상당의 금은金銀과 함께 조선시대 각종 국가행사를 그림을 그려서 설명한 의궤儀軌 297권을 약탈하여 나폴레옹 3세에게 바쳤다. 이 책들은 파리국립도서관에 보관되어 있다가 2011년에 대여형식으로 반환되었다.

2. 고종의 개화정책과 세력균형정책

1) 고종의 개화정책과 통상정책(1873~1886)

고종(1852~1919) 채용신 그림,
70×137cm, 49세 되던 1900년에
그린 초상화. 원광대학교 박물관 소장

강경한 통상거부정책을 취해 오던 대원군은 집권 10년 만인 1873년(고종 10)에 권좌에서 물러나고, 고종과 왕비 민씨[閔致祿의 딸; 뒤의 명성황후] 일족이 권력을 장악했다. 민태호閔台鎬, 민규호閔奎鎬, 민영목閔泳穆 등 왕비족은 노론 북학을 계승한 인사들로서 개화사상[3]을 바탕으로 외국과의 통상을 지지하고 있었다. 고종이 20대의 성인이 되었고, 서원 철폐에 대한 최익현崔益鉉 등 지방유림의 반발과 왕비 및 개화파의 통상론通商論에 밀려 대원군이 실각한 것이다. 이제 국정의 방향은 대원군이 이룩한 내정개혁과 방어정책의 성과를 바탕으로 하여 외국의 과학기술문명을 적극적으로 수용하는 개방정책으로 선회하게 되었다.

대외통상론은 이미 18세기 북학론에서 제기되었던 것으로 그 뒤 19세기에 들어와 유신환兪莘煥, 이규경李圭景, 최한기崔漢綺 등에 의해 계승되었고, 박규수朴珪壽, 오경석吳慶錫, 유대치劉大致[원명 鴻基], 이유원李裕元 등에 의해 더욱 발전되었다. 박규수는 북학파의 거두 박지원의 손자로서 그 조부의 사상을 이어 문호개방을 주장했고, 김정희 문하의 오경석은 역관譯官으로 청에 왕래하며 외국문물을 소개한《해국도지海國圖誌》,《영환지략瀛環志略》 등의 서적을 구입하여 이를 널리 퍼뜨렸다. 의업醫業에 종사하던 중인 유대치는 오경석과 가까워 그에게서 서양문물에 관한 책을 얻어 읽고 통상과 개화를 주장했다.

고종과 그 측근의 개화정책은 당시 증국번曾國藩, 이홍장李鴻章 등에 의해서 추진되었던 중국의 중체서용中體西用이나 양무운동洋務運動과 비슷한 성격을 가진 것으로 서양의 과학, 기술을 빌려 왕조국가를 부강하게 만들려는 자강정책이었고, 전면 서양화를 의미하는 것은 아니었다. 1880년에 중국의 '총리아문'과 비슷한 통리기무아문統理機務衙門을 설치하여 개혁의 중심기관으로 삼은 것도 마찬가지다. 이러한 성격의 개화 논리는 차츰 동도서기론東道西器論으로 구체화되고, 대한제국기에는 구본신참舊本新參, 즉 옛 것을 근본으로 하고 새로운 것[서양문명]을 참고한다는 논리로 정착되었다.

그런데 북학을 계승한 대외통상론은 그 뒤 일본의 영향력이 커지면서 김옥균金玉均, 홍영식洪英植, 안경수安駉壽, 김홍집金弘集, 서광범徐光範, 윤치호尹致昊 등 서울 북촌양반 청년들에 의해 일본의 메이지유신(1868)을 모델로 하는 입헌군주제 혹은 서양식 공화정으로 나아가려는 급진성을 보이기 시작했다. 말하자면 모든 제도와 문화를 서양식으로 바꾸자는 '변법개화사상'으로 발전하게 되었다. 그 뒤 변법개화론은 약육강식을 긍정하는 사회진화론社會進化論과 연결되면서 극단적

---

3) 개화開化라는 말은 '개물성무開物成務 화민성속化民成俗'의 준말이다. 사물의 이치를 밝혀 일을 성취하고, 인민을 교화하여 좋은 풍속을 이룬다는 뜻으로 유교경전의 어구를 딴 것이다. 특별히 서양을 배운다거나 근대화를 지향한다는 것이 아니고, 시의에 맞게 개혁을 추진한다는 말이다. 그러나 당시의 시대조건상 '개혁'의 방향은 서양이나 일본의 앞선 과학기술을 습득하여 경쟁력을 키우겠다는 의지가 담겼다.

일본군함 운요호

신헌(1810~1884) 무신·외교가

으로 힘을 숭상하는 공리주의로 나아가고, 마침내는 힘이 강한 일본에 의지하려는 매국적 근대지상주의를 낳게 했다. 따라서 변법개화파는 주관적으로는 애국심에서 출발했지만 결과는 친일매국으로 전락한 인사가 적지 않았다. 이 점은 힘보다 의리를 숭상한 위정척사파가 반일항쟁에 목숨을 던진 것과 대조적이다. 힘을 숭상한 인사는 힘앞에 굴복했지만, 도덕을 숭상한 인사는 힘 앞에 저항하였다.

고종과 왕비 측근세력은 동도개화파인 이유원李裕元, 박규수朴珪壽의 의견에 따라 대외통상의 첫걸음으로 먼저 일본과의 국교를 회복하려고 시도했다. 임진왜란 후 대일국교가 재개되면서 12차례의 통신사가 일본에 파견되어 19세기 초까지 조일관계는 평화를 유지했다. 그러나 18세기 이후 일본에서는 조선에 대한 저자세를 비판하고 일본혼을 강조하는 '국학' 운동이 일어나고, 19세기 중엽에는 조선을 무력으로 굴복시키자는 정한론征韓論[4]이 일어나 외교관계가 단절되었다. 특히 외교문서[書契]에 황실皇室·봉칙奉勅 등의 용어를 써서 마치 상국上國인 것처럼 자처한 일본의 태도는 지금까지 일본을 한 수 아래의 교린국으로 대해 온 조선정부의 자존심을 자극하여 외교단절을 가져왔던 것이다.

정한론의 배경에는 고대 일본이 조선을 지배했다는 잘못된 역사인식이 깔려 있었고, 다른 한편으로는 어차피 서양에 의해 점령당할 조선을 일본이 먼저 점령하는 것이 동양평화를 위해 좋다는 터무니없는 발상이 담겨 있었다. 그러나 메이지 정부는 속으로는 조선침략정책을 추진하면서도 겉으로는 이를 감추고 종전의 관행대로 통상을 요구해 왔다.

일본은 1875년(고종 12) 8척의 군함과 600여 명의 군대를 부산에 따로 상륙시켜 놓고, 중무장한 군함 운요호雲揚號를 강화도 초지진에 접근시켜 조선측의 발포를 유도했다. 조선측이 먼저 발포하자 이를 계기로 일본 내의 반한감정을 고취시키고, 대규모 군대파견을 준비하면서 수교회담을 요구했다.

일본의 통상요구에 대해 조선정부는 박규수·신헌申櫶 등의 의견을 들어 1876년에 12개 조에 달하는 통상조약을 맺었다. 이를 '병자수호조약丙子修好條約' 또는 '강화도조약'이라고 부른다. 이 조약은 '조선이 자주국'이라는 점을 명시하고, 원래 왜관이 있던 부산 이외에 5도[경기, 충청, 전라, 경상, 함경]의 연해 가운데 통상에 편리한 2곳의 항구를 지정하기로 했다. 그리하여 1880년에 원산, 1883년에 인천(제물포)을 차례로 개항하여 일본은 종전의 3포보다 한층 서울에 가까운 곳에 통상창구를 얻게 되었다. 일본의 선박에 대해서는 항세港稅를 받지 않고, 일본 화물에 대해서는 수년간 면세하기로 하여 당분간 자유무역을 보장했다. 이에 따라 1878년부터 관세를 부과하려

---

4) 정한론은 요시다 쇼인吉田松陰, 사이고 다카모리西鄕隆盛, 기도 다카요시木戶孝允, 이다가키 다이스케板垣退助 등이 주장했다. 조선침략의 의도에 따라 우리나라 역사와 풍속 등에 관한 연구서적이 나왔다. 예컨대 사다 하쿠보佐田白茅의《정한평론征韓評論》(1875),《조선사정朝鮮事情》(1876), 하야시 다이스케林泰輔의《조선사朝鮮史》(1892), 요시다 도오고吉田東伍의《일한고사단日韓古史斷》(1893),《조선기문朝鮮紀聞》(1895),《한국총람韓國總覽》(1907) 등이 그것이다.

했으나 실현되지 않았다. 또한 이 조약에서는 일본인 범죄자에 대한 영사재판을 허용하여 치외법권을 인정했다. 일본이 미국과 맺은 불평등조약을 조선에 적용한 것이다. 조선을 자주국이라고 명시한 것은 청나라와의 관계를 끊고자 하는 의도가 있었다.

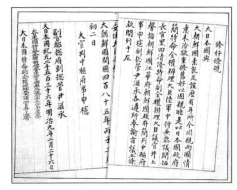

강화도조약 제1조 조선은 자주국으로 일본과 평등한 권리를 가진다고 규정했다. 그러나 여기에는 청의 종주권을 부인하고 조선 침략의 발판을 마련하려는 일본의 의도가 담겨 있다.

　　정부는 일본과 조약을 맺은 뒤, 자주국의 입장에서 청과 일본 그리고 서양 열강에 대해 세력균형정책을 썼다. 어차피 힘의 논리가 지배하는 만국공법萬國公法[국제법] 하의 근대적 국제관계에서는 여러 열강이 서로 견제하는 것이 낫다고 판단했다. 정부는 특히 영국이나 프랑스보다는 덜 위험하다고 생각되는 미국과 통상조약을 맺고자 했다. 이런 조선 측의 의도는 일본의 조선침투와 러시아의 남하정책을 걱정하던 청과 이해가 일치되어 이홍장의 주선으로 1882년(고종 19) '조미수호통상조약'이 체결되었다. 이 조약은 불평등조약이기는 했으나, 당시 동아시아 여러 나라가 서양과 맺은 조약과 비교하면 덜 불평등한 것이었다. 고종의 외교정책은 당시의 상황에서는 일단 성공적이었다.

　　그러나 '중체서용'에 입각한 양무운동을 일으켜 서양문명을 받아들이고 점차 산업국가로 접어들던 청은 조선에서의 기득권을 더욱 강화하기 위해 서울에 파견한 군사력을 배경으로 1882년 '조청상민수륙무역장정朝淸商民水陸貿易章程'을 체결하였다. 이 조약은 조선이 청의 속방屬邦이라는 것을 명시했는데, 이는 일본의 조선지배를 차단하려는 의도가 내포되어 있었다. 또한 치외법권 인정과 청 상인의 내지통상권內地通商權과 연안어업권 등을 인정받아 다른 나라보다도 더 많은 특권을 얻어냈다.

　　청과의 조약이 계기가 되어 그 뒤 1883년에 영국·독일, 1884년에 이탈리아·러시아, 1886년에 프랑스 및 오스트리아와 잇달아 통상조약을 체결했다. 이 조약들은 최혜국대우와 치외법권을 인정하는 조항을 담았으며, 특히 조불조약에서는 프랑스의 언어와 문자를 배우고 가르칠 수 있도록 허용하였는데, 프랑스는 이를 천주교 포교에 활용했다.

2) 개화정책에 대한 위정척사파의 반발

　　정부의 대외통상정책은 외국인의 특권과 외국 상품의 범람을 직접 목격하면서 그 피해를 체험하던 지방민, 특히 서울 근교 유생들의 위기감을 고조시켰다. 그들은 종전의 동아시아 국제질서와 도덕중심의 유교문화를 바꿔야 할 필요성을 느끼지 못했다. 오히려 군대와 산업문화를 앞세운 서양과 일본의 침투가 비도덕적이고 야만적으로 보였으며, 그들과의 교섭은 장차 조선을 경제적으로나 문화적으로 파멸로 이끌 것으로 예견했다. 따라서 비도덕적인 일본이나 서양과의 교섭보다는 이들의 상품과 문화를 배격하고 이들과 싸우다 죽는 것이 가장 정의로운 일로 생각했다. 이른바 '위정척사衛正斥邪'의 논리다. 개화정책이 추진되면서 지방유생의 반발이 일어난 것은 필연적인 추세였다.

노산정사 이항로의 고향집, 경기도 양평군 화서1로

최익현 초상 보물 1510호,
1905년, 채용신 그림. 국립제주박물관

위정척사 사상은 호란 이후의 숭명반청崇明反淸 사상을 계승한 것으로, 의리와 도덕을 강조하는 우리의 유교문화를 '정正'으로 수호하고, 힘의 논리를 앞세우는 서양과 일본의 문화를 '사邪'로 규정하여 배척했다. 그 배척의 대상은 처음에는 청이었고, 다음에는 총과 천주교를 앞세운 서양으로 확대되고, 개항 이후에는 일본까지 이에 포함시켰다.

위정척사 사상이 급격히 높아진 것은 1866년의 병인양요 뒤로써, 이때 경기도 양평 근교의 노론 산림학자 이항로李恒老(1792~1868)와 호남의 기정진奇正鎭(1798~1879)은 프랑스와 통상하는 것을 반대하고 끝까지 싸워 우리문화[유학]와 국가를 지켜야 한다는 주전론의 상소를 올렸다. 서양은 채울 줄 모르는 욕심을 가지고 우리나라를 부용국[식민지]으로 만들고, 우리의 재화를 약탈하며, 우리의 생령[국민]을 짐승으로 만들려 한다는 것이 그들의 주장이었다. 이러한 주장은 재야유학자의 광범한 호응을 얻고 대원군의 척화정책에 큰 영향을 주었다. 대원군이 전국 방방곡곡에 세운 척화비斥和碑에 '서양과 교류하는 것은 나라를 파는 것'이라고 쓴 것은 바로 위정척사파의 논리를 받아들인 것이었다.

일본과 강화도조약이 맺어질 무렵에는 이항로의 제자이자 명망높은 유학자인 포천의 최익현崔益鉉(1833~1906)이 도끼를 들고 대궐 문 앞에 엎드려 왜양일체론倭洋一體論, 즉 일본은 서양오랑캐와 다름없는 나라라고 규정하고, 일본과 조약을 맺으면 나라를 멸망케 할 것이라고 경고하면서 맹렬히 반대했다. 이와 비슷한 상소가 잇달아 일어났으나, 이들은 모두 구속되어 유배당했다. 최익현은 그 뒤 풀려났으나 1905년 을사늑약을 보고 의병운동을 일으키다 체포되어 대마도로 유배되었으며, 그곳에서 단식 투쟁 끝에 순절했다(1906년).

정부의 탄압으로 일시 소강상태를 보였던 위정척사운동은 1881년 《조선책략朝鮮策略》이 조야에 유포되자 다시 한 번 끓어 올랐다. 경상도 예안 유생 이만손李晩孫 등이 올린 영남만인소嶺南萬人疏를 시발로 하여 전국 유생들이 잇달아 상소하여 《조선책략》[5]의 내용을 비난하고 이것을 들여온 김홍집金弘集의 처벌을 요구했다. 충청도 홍주 유생 홍재학洪在鶴의 상소도 이와 유사하여 주화매국의 벼슬아치들을 엄벌하고 서양물품과 서양서적을 불태울 것을 요구했다.

정부는 상소의 대표자를 사형, 유배에 처하여 척사상소운동을 단호하게 억압했다. 이만손은 강진군 신지도로 유배보내고, 홍재학은 능지처참했다. 이런 가운데 1881년 대원군의 서장자庶長子[고종의 이복형] 이재선李載先(?~1881)이 고종과 민씨정권을 타도하고 스스로 왕이 된 뒤에 대원군을 다시 옹립하려 한 쿠데타 계획이 발각되었다. 이 역모사건은 곧 문호개방정책을 추진하던 집권세력과 위정척사론자들의 반목, 대립이 점차 정권쟁탈전으로까지 발전해 가는 조짐을 보여 준 것이다.

---

5) 《조선책략》은 일본에 있던 청나라 외교관 황준헌黃遵憲[황쭌셴]이 쓴 것으로, 내용은 조선이 러시아의 남하를 막기 위해서는 친중국親中國, 결일본結日本, 연미국聯美國의 외교정책을 써야 한다고 권고한 것이다. 이 책은 일본 흥아회興亞會의 《아시아연대론》의 영향을 받았다.

위정척사 사상은 정서적으로는 매우 애국적이고, 당시 서양과 일본의 근대문명이 지닌 침략성과 비도덕성을 정확하게 예견하였다는 점에서는 높이 평가할 만하다. 그러나 그것은 이 시대의 과제를 해결할 수 있는 대안을 제시하지 못했다는 점에서 한계를 지닌 것이었다.

3) 동도개화정책의 추진

문호개방 직후 정부는 재야의 위정척사운동을 누르면서 동도개화정책을 적극 추진했다. 우선 개화정책의 중심기관으로 1880년 통리기무아문統理機務衙門이라는 기구를 설치하고, 그 밑에 12개의 사司[6]를 두어 부국강병을 위한 실무를 나누어 관장하도록 했다. 통리기무아문에는 민겸호閔謙鎬, 민영익閔泳翊, 조영하趙寧夏, 민치상閔致庠, 이재면李載冕[고종의 친형], 김보현金輔鉉 등 당시 고종 측근 신하들이 참여했다. 아울러 군제를 개혁하여 종래의 5영을 2영[무위영, 장어영]으로 바꾸고, 신식군대인 교련병대敎鍊兵隊[일명 別技軍]을 따로 신설하여 일본인 장교를 초빙하여 근대적인 군사훈련을 받도록 했다.

고종은 정조의 근시기구이자 개혁정치의 중심기구였다가 19세기 이후로 유명무실해진 규장각의 기능을 부활시켜 개화정치를 뒷받침하는 학술기관으로 활용하고자 했다. 많은 서양 서적을 중국 상하이 등지에서 구입하여 비치하려 한 것도 고종의 개화의지를 보여준다.

외국에 대한 견문을 넓히기 위해 시찰단을 파견하는 정책도 추진했다. 먼저 일본의 정세를 살피기 위해 일본의 초청을 받아들여 1876년 김기수金綺秀 일행을 수신사修信使로 파견하고, 1880년에는 김홍집 일행을, 1881년에는 조사시찰단朝士視察團[일명 紳士遊覽團]이라는 이름으로 박정양朴定陽·조준영趙準永 등 12명의 관리와 51명의 수행원을 파견하여 약 4개월간 도쿄·오사카 등지를 시찰하고 돌아오게 했다. 이들은 귀국 후 각종 견문서를 작성하여 정부에 보고함으로써 개화정책에 도움을 주었고, 실제로 통리기무아문의 핵심적인 역할을 배정받았다. 특히 어윤중魚允中의 수행원인 유길준과 윤치호 등을 일본유학을 위해 파견했다. 이밖에도 별군관 임태경林泰慶 등을 일본에 파견하여 구리제련과 가죽제조기술을 배우게 했다.

그런데 일본은 이즈음 자유민권운동가들이 흥아회興亞會라는 단체를 조직하여 이른바 '아시아연대론'을 주장하고 나섰다. 러시아의 남하정책을 막기 위해서는 청·조선·일본이 군사동맹을 맺어야 한다고 조사시찰단을 설득했다. 일본 측의 '아시아연대론'은 종전의 정한론과는 다르게 보이지만, 사실은 이를 외관상 부드럽게 재포장한 것이었다. 그러나 조사시찰단 인사들은 그 위험성을 간파하지 못했다. 김홍집이 귀국할 때 아시아연대론과 유사한 내용을 담은《조선책략朝鮮策略》을 가지고 온 이유가 여기에 있었다. 뒷날 김옥균이 삼국합종론三國合縱論 또는 삼화주의三和主義를, 안경수가 일청한 동맹론日淸韓同盟論을 내세우게 된 것도 그 영향이었다. 아시아연대론은 그 뒤 대한제국기에 들어가 대동합방론大東合邦論으로 발전하여 일본이 한국을

김기수(1832~?) 외교행정 분야에서 활동

---

6) 12사는 사대事大, 교린交隣, 군무軍務, 변정邊政, 통상通商, 군물軍物, 기계器械, 선함船艦, 이용理用, 전선典選, 기연譏沿, 어학語學을 말한다. 12사의 설치는 부국강병을 추구하던 당시의 개화정책에 맞게 구성된 것이었다.

보빙사 일행 1883년 6월 전권대신 민영익과 그 일행을 미국에 파견하였다.

병탄하는 논리를 뒷받침했다.

조선정부는 일본만을 시찰한 것이 아니라, 청나라의 변화를 살피기 위해 1881년 김윤식金允植을 영선사領選使로 삼아 38명의 학도와 장인匠人을 청나라에 파견하여 1년간 톈진기기국天津機器局에서 무기제조 기술을 배우게 했으며, 중국 기술자를 데리고 와서 서울 삼청동에 기기창機器廠을 설치하여 무기를 제조하도록 했다.

1883년에는 미국에 보빙사報聘使로 민영익閔泳翊·홍영식·서광범 등을 파견하여 최초로 서양문명을 견문하고 돌아오도록 했다.

4) 임오군변(1882)과 청의 내정간섭

정부의 개방·통상 정책으로 정치의 시야가 넓어지고 국방체제가 개선되어 가고 있었으나, 단기적으로 이득을 본 것은 서울의 관료층과 개항장의 상인들이었다. 그 반면 쌀을 비롯한 곡물이 개항장을 통해 일본으로 대량으로 흘러나가 쌀값이 폭등하여 농민생활과 서울의 하층민의 경제적 압박이 가중되었다.

불만세력 가운데는 구식군대도 포함되어 있었다. 신식군대인 교련병대[별기군]가 우대를 받는 데 비하여 구식군대인 두 영營의 군인들은 봉급도 받지 못하다가 봉급 대신 지불된 쌀마저 선혜청 관리들이 착복하는 사건이 일어났다. 이런 불만이 쌓여 1882년 6월 서울의 구식군인들이 일으킨 폭동을 임오군변壬午軍變이라 한다. 이 폭동에는 구식군대와 연결된 왕십리·이태원 일대의 빈민도 가세하여 선혜청 당상이며 병조판서인 민겸호 등 일부 관리를 처단하고 일본공사관을 습격하여 불태웠다.

이 사태로 왕비는 장호원으로 피신하는 사태가 발생하고, 고종은 사태의 책임을 지고 대원군에게 정권을 넘겨주었다. 대원군은 통리기무아문을 폐지하고, 5군영을 부활했으며, 삼군부도 되살렸다. 위정척사운동으로 유배되었던 유생들도 석방되어 보수세력이 다시 전면에 나서게 되었다. 그러나 대원군정권의 등장으로 군변은 일단 수습되었지만 외교관계는 더욱 어려운 처지에 빠졌다.

먼저 일본은 거류민보호를 구실로 군변 때 도망쳤던 하나부사 요시모토花房義質 공사에게 군함 4척, 육군 1개 대대를 주어 조선에 파견했다. 일본은 이 기회에 배상금을 받아내고 조선과의 통상조건을 한층 유리하게 만들고자 했다. 일본의 출병에 당황한 정부는 제물포조약(1882)과 수호조규속약修好條規續約을 맺어 일본에 배상금을 지불하고 일본공사관원과 상인들의 행동구역을 넓혀 주었다. 이로써 일본의 정치·경제적 침투는 한층 강화되었다.

임오군변을 계기로 더 강력하게 침투해 온 것은 청나라였다. 조선이 자주국을 표방하면서 추진해 온 개화정책과 일본이 군대를 보내온 것을 크게 우려하던 청은 김윤식, 어윤중의 요청을 받아들여 '속국'을 보호한다는 명분을 내세워 약 3천 명의 군대를 파견하여 일본군을 견

제하면서 대원군을 청나라[톈진]로 납치해 갔다. 청나라
는 줏대 높은 대원군정권을 환영하지 않았다. 그리하여
청나라 군대는 왕십리·이태원지역을 습격하여 군민軍民
을 살상하는 만행을 저질렀다. 대원군정권은 1개월 만
에 무너지고, 다시 고종의 친정체제가 복구되었다.

임오군변을 진압한 청은 조선에 대한 형식적 종
속관계를 실질적 '속방'관계로 강화하기 위해 오장경吳
長慶[우장칭], 원세개袁世凱[위안스카이, 1859~1916) 등이 지휘하
는 군대를 서울에 상주시켜 조선군대를 통제하고, 마건

임오군변 도망치는 일본공사관 직원들

충馬建忠과 독일인 묄렌도르프P. G. Möllendorff 등 30여 명의 외국인을 정치·외교의
고문으로 보내 내정과 외교에 깊이 간섭했다. 1882년에 맺어진 조청수륙무역장
정朝淸水陸貿易章程은 바로 청나라의 내정간섭 속에 이루어져 조선에 대한 청의 종주
권을 명시하고, 일본보다 더 유리한 조건으로 통상관계를 갖게 되었다. 그리하여
일본보다 늦게 통상하게 된 청은 1894년 청일전쟁이 일어날 때까지 일본과 대등
한 수준으로 올라섰으며, 일본의 정치·경제적 침투는 상대적으로 위축되었다. 또
한 관제도 중국식으로 바꾸어 외교·통상을 관장하는 외아문[통리교섭통상사무아문]과
군국기무 및 내정을 관장하는 내아문[통리군국사무아문]을 각각 두고, 군제를 4영으로
바꾸었다.

원세개 중국의 군인·정치가

5) 김옥균 일파의 쿠데타 - 갑신정변(1884)

임오군변 이후 청의 내정간섭이 강화된 것은 조선정부의 자주권
이 크게 침해된 것을 의미하지만 일본의 침투를 견제하는 효과를 가져
온 측면도 있었다. 고종과 왕비 측근세력은 일본에 대한 견제 효과를 기
대하여 청과의 관계를 우호적으로 지속했다. 이러한 상황은 일본의 메
이지유신을 본보기로 하여 일본의 재정·군사적 협력을 받아 서구형 근
대국가를 만들려는 젊은 변법개화파를 불안하게 만들었다. 이들을 당시
'일본당'이라고 불렀는데, 김옥균(1851~1894), 박영효朴泳孝(1861~1939), 서광
범徐光範, 홍영식洪英植 등 서울 양반 청년을 중심으로 하여 승려 이동인李
東仁, 중인 변수邊樹, 무인 유상오柳相五, 상인 이창규李昌奎 같은 이들이 이
에 속하고 있었다.

변법개화파는 쿠데타방식으로 혁명을 일으켜 권력을 잡기 위해
기회를 엿보다가 청불전쟁으로 청나라 군대가 절반 철수한 틈을 이용
하여 일본의 군사적 지원을 받아 왕비세력[7]을 타도하고 신정부를 수립

김옥균

---

7) 갑신정변 때 개화당 및 일본군대에 의해 피습당한 고관들은 민영익閔泳翊, 민태호閔台鎬, 민영목閔泳穆 등 명성황
후 척족과 이조연李祖淵 등이다.

서광범(왼쪽)과 김옥균(오른쪽)

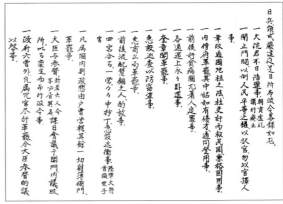

갑신혁신정강 김옥균 전집에서

우정국 1884년 우편사무를 관장하기 위하여 설치되었던 관서

했다. 왕을 창덕궁 옆의 경우궁景祐宮(구 휘문고교 자리)으로 옮기고, 대신들을 왕명으로 불러 들여 처단했다. 이를 갑신정변甲申政變이라 한다. 1884년 12월 4일 홍영식이 총판으로 있는 우정국郵政局(종로구 견지동 소재) 개국 축하연을 기회로 일으킨 정변은 일단 성공하여 박영효·서광범·홍영식·서재필徐載弼·김옥균 등이 실권을 장악하고,[8] 국가제도를 전면적으로 혁신하는 정강·정책을 발표했다. 그러나 김옥균이 30대 초반이고 나머지는 대부분 20대 청년들이 주동이 된 이 혁명은 엄청난 개혁을 시도했지만, 심순택沈舜澤(우의정), 김윤식(판서) 등 동도개화파의 요청으로 원세개가 지휘하는 청나라 군대[1,500명]의 개입으로 3일 만에 무너지고 말았다.

친일 변법개화파가 내건 혁신정강은 김옥균이 쓴《갑신일록甲申日錄》을 보면 모두 14개 조에 이르는데, 주요 내용은 다음과 같다.

첫째, 청과의 조공관계를 청산하고 대원군을 다시 데려온다.

둘째, 양반신분제도, 문벌을 폐지하고 인재를 등용하여 인민평등을 실현한다.

셋째, 내시부·규장각 등 왕의 근시기구를 폐지하고 입헌군주제에 가깝도록 내각을 강화한다.

넷째, 모든 재정을 호조에 귀속시켜 단일화하고 환곡제도를 폐지하며, 지세제도를 개혁한다.

다섯째, 보부상 등 특권상인을 억압하고 자유상업을 발전시킨다.

여섯째, 근위대를 창설하고 순사제도를 도입하여 근대적 경찰제도를 확립한다.

일곱째, 탐관오리를 엄벌한다.

---

8) 변법개화당 정권의 주요인사는 다음과 같다. 이재원李載元(영의정), 홍영식(우의정, 29세), 박영효(전후영사 겸 좌포도대장, 23세), 서광범(좌우영사 겸 우포도대장, 25세), 신기선申箕善(우승지), 김옥균(호조참판, 33세), 서재필(병조참판, 20세), 박영교朴泳教(도승지, 35세). 말하자면 군사·경찰·외교·재정의 요직을 젊은 개혁파가 장악한 것이다.

이런 개혁안은 서구의 근대시민국가를 모델로 하여 이론적으로는 매우 참신한 것이었다. 신분제도의 폐지나 지세제도의 개혁 같은 것은 사실 호소력이 컸다. 그러나 이 개혁안이 제시한 권력구조의 변동이나 일본에 의지한 개혁방법은 고종을 비롯한 동도개화파의 개화사상이나 지방유생들의 정서와는 거리가 멀었다.

첫째, 청과 손을 끊고 그 대신 일본과 손을 잡으려는 것은 민족의 자주독립과는 거리가 있었다. 둘째, 권력구조로써 규장각과 같은 왕의 근시기구를 폐지하고 내각제를 제시한 것은 고종의 자주적 개화운동을 무력화시키고, 취약한 내각을 일본이 조종할 수 있게 길을 터줄 위험이 있었다. 셋째, 국가주권을 수호하는 데 절대 필요한 국방문제에 대하여 아무런 대안을 제시하지 않았다. 넷째, 자주독립을 바라면서 일본군대의 힘을 빌려 권력을 잡은 것은 매국행위나 다름없었다. 곧 이 개혁은 인민평등의 이상만을 내걸고, 국가의 주권수호와 위기관리 그리고 국민정서를 거의 외면했기 때문에 비난받을 점이 많았다. 나이 어린 변법개화파는 일본의 침략야욕을 꿰뚫어 보지 못하고 순진하게도 일본에 의지하여 서구형 근대국가를 세우려는 망상에 사로잡혀 있었다.

결국, 일본의 지원을 희망하고 세워진 쿠데타 정권은 우세한 병력을 가진 청나라 군대가 왕궁[창덕궁]을 포위하여 일본군과의 총격전 끝에 왕을 구출함으로써 무너졌다. 그 과정에서 일본공사관이 습격당했으며, 홍영식·박영교[朴泳敎] 등 핵심인물이 피살되었다. 김옥균·박영효·서광범·서재필 등은 일본공사 다케소에 이치로[竹添進一郞]와 함께 일본으로 망명했다.

혁명정권이 무너지자 고종은 심순택[沈舜澤]과 김홍집을 각각 영의정과 좌의정으로 임명하여 동도서기정권을 다시 수립하고 각종 개혁조치를 무효화했다. 다만, 노비세습제를 폐지하는 조치가 1886년 내려졌다. 그리고 예조참판을 일본에 파견하여 일본의 개입에 항의하는 동시에 김옥균 등 망명자의 송환을 요구했다. 그러나 일본은 도리어 공사관이 불타고 공사관직원과 거류민이 희생된 데 대한 사죄와 배상을 요구했다. 그리고 7척의 군함과 2개 대대의 군사를 인천에 파병하여 무력으로 위협했다. 고종은 일본의 무력시위에 밀려 한성조약[1885. 1]을 맺고 사죄와 더불어 배상금[10만 원]을 지불했다.

갑신정변의 실패로 청나라와의 경쟁에서 불리해진 일본은 이를 만회하기 위해 이토 히로부미[伊藤博文] (1841~1909)를 중국에 보내 이홍장[李鴻章]과 담판하고 톈진조약[1885. 4]을 맺었다. 이 조약에서 두 나라 군대를 철수시키고, 장차 조선에 군대를 파병할 경우에는 사전에 서로 알릴 것을 약속했다. 이로써 갑신정변의 뒷마무리는 끝나고 청일 간에 세력균형이 이루어져 당분간 평화

민영익의 노근묵란도(좌) 20세기초, 종이·수묵, 128.5×58.4cm.
이하응의 괴석묵란도(우) 1887년, 비단·수묵, 129.0×40.5cm.
호암미술관 소장

창덕궁 태종 5년(1405) 창건, 광해군 원년(1609) 인조25년(1647) 재건, 170,980.5평, 청군과 일본군의 교전이 이곳에서 벌어졌다.

가 유지되었다. 그러나 두 나라의 경제침투는 더욱 가속화되었고, 두 나라의 세력 각축은 마침내 10년 후인 1894년 청·일전쟁으로 다시 폭발되었다.

갑신혁명의 주역이었던 김옥균은 일본으로 망명한 후 죄인으로 몰려 10년간 이곳저곳으로 유랑하면서 일본과의 협력을 모색했다. 그러나 김옥균의 매국행위에 분노한 홍종우洪鍾宇는 그를 상하이로 유인하여 1894년 3월 권총으로 살해했다. 홍종우는 프랑스에서 유학하고 귀국하는 도중, 도쿄에서 김옥균 암살명령을 받은 이일직李逸稙과 만나 암살을 모의했다. 그는 서구문물을 견문하였으면서도 국왕 중심의 동도개화를 지지하는 인물이었다. 김옥균은 애국적인 젊은 혁명가였으나, 서구형 근대국가의 모형을 안이하게 도입하려다가 대역죄인大逆罪人의 죄명을 쓰고 서울 양화진에서 다시 능지처참 되는 비참한 최후를 맞이했다.

제2장 동학농민전쟁과 갑오개혁(1894)

1. 동도개화정책의 확산(1884~1894)

변법개화파의 혁명운동인 갑신정변을 진압한 후, 고종과 왕비 측근세력은 국가주권을 지키면서 자주적 동도개화정책으로 되돌아갔다. 그러나 더욱 노골화되는 청나라의 정치적 간섭과 확대되는 청일의 경제적 침투에 대응하는 것이 어려운 과제로 남았다.

고종의 개화정책은 교육과 언론, 각종 기술분야에서 골고루 추진되었다. 먼저 근대적인 신문으로 1883년에 발행하기 시작했다가 갑신정변으로 중단된 후 열흘 간격으로 발행되던 신문 〈한성순보漢城旬報〉를 속간하고, 1886년부터는 주간지인 〈한성주보〉(1888. 7 폐간)를 새로 발간하여 근대사상을 보급하고 세계 사정을 전파했다.

근대적인 관립학교로는 1883년 8월 서울에 동문학同文學을 최초로 세우고, 이곳에서 외국어를 가르쳤다. 그 뒤 1886년 현직관료와 고관자제들의 근대교육을 위해 육영공원育英公院(1894 폐지)을 세우고, 헐버트 등 외국인 교사를 초빙하여 수학·자연과학·역사·정치학 등을 가르쳤다.

민간인이 세운 근대적 사립학교도 다수 등장했다. 최초의 사립학교는 1883년 원산에 세워진 원산학사元山學숨이다. 개항장의 주민이 외세의 도전에 대응하기 위해 근대학교 설립의 필요성을 절감하자, 개화파 관료인 정현석鄭顯奭이 학교를 설립하여 외국어·역사·지리·자연과학 등을 가르쳤다.

서울에서는 외국인 선교사들이 기독교를 전파하고 서양문화를 보급하기 위해 많은 학교를 세웠다. 아펜젤러[미국인, 감리교]는 배재학당培材學堂(1885)을, 스크랜턴[미국인]이 이화학당梨花學堂(1886)을, H. G. 언더우드[미국인, 장로교]가 경신학교儆信學校(1886)를, 엘러스[미국인, 장로교]가 정신여학교貞信女學校(1887)를 각각 세웠다. 서양인들의 활발한 학교건립은 청과 일본을 배제하고 침략 위험성이 적은 미국을 통해 새로운 서양문물을 도입하려는 고종과 왕비의 적극적 지원이 있었기에 가능하였다. 특히 왕비는 여학교 설립을 적극 후원했다.

1894년 갑오개혁 이후에는 더욱 많은 학교가 서울뿐 아니라 평양·개성·전주·정주 등 지방에도 세워져, 1910년 국치에 이르기까지 약 30개의 신식 중등학교가 설립되었다. 우리 민족의 전통적인 높은 교육열이 근대교육운동으로 다시 되살아난 것이다. '배우는 것이 힘이다'라는 생각이 당시 정부와 지식층의 보편적인 가치관이었다.

근대적인 병원과 서양식 의술도 도입되었다. 고종은 미국인 북장로교 선교사 알렌Allen(1858~1932)의 건의를 받아들여 1885년 최초의 서양식 병원인 왕립광혜원王立廣惠院(제중원으로 개칭)을 재동齋洞에 설립하여 알렌에게 책임을 맡겼다. 한편, 정부에서는 천연두를 예방하기 위해 우

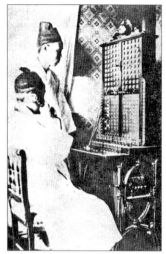

전화교환실(1890년대)

두국牛痘局을 주요 지방에 설치했다. 그리고 지석영池錫永은 천연두 예방법을 정리하여《우두신설牛痘新說》을 출판했다. 농업과 목축의 근대화를 위한 농업시험장과 농무목축시험장農務牧畜試驗場이 설립되고, 이를 이론화한 안종수安宗洙의《농정신편農政新編》, 이우규李祐珪의《잠상촬요蠶桑撮要》등도 간행되었다.

전기를 쓰기 시작한 것도 큰 의미를 갖는다. 특히 전신電信 시설의 도입은 통신체계에 큰 혁명을 가져왔다. 처음에는 청나라의 차관을 도입하여 1885년 인천―서울―의주를 연결하는 전선을 설치했으나, 청의 운영간섭을 배제하기 위해 독일에서 차관을 얻어 서울―부산(1888), 서울―원산(1891)의 전선을 독자적인 기술로 완성했다. 이로써 부산·원산·인천 등 개항장과 의주를 잇는 근대적인 통신망이 완성되었다. 한편 1887년(고종 24)에는 경복궁에 전등불이 켜지면서 전등이 보급되었다.

각국과의 통상조약에서 포교의 자유가 허용됨에 따라 미국의 개신교가 급속도로 전파되었다. 천주교가 서울 및 인근 지역에 퍼진 것과는 달리, 개신교는 서북지역의 상인층과 청년 사이에 큰 호응을 얻었다. 평양에 숭실학교崇實學校(1897)와 숭의여학교崇義女學校(1903)가 세워진 것은 이러한 배경이 있어서였다. 개신교는 교육사업에 특히 힘을 기울여 서양의 자유·평등 그리고 청교도적 윤리를 보급하는 데 큰 성과를 올렸다. 서북지방의 기독교신자 중에서 뒷날 안창호安昌浩와 같은 구국계몽운동가들이 많이 배출된 이유가 여기에 있었다.

2. 외교의 다변화와 자립경제 수호정책

갑신정변(1884) 후 청·일 두 나라 군대는 철수했으나, 청의 정치적 간섭과 경제침투는 그대로 지속되었다. 청의 주차관駐箚朝鮮總理交涉通商事宜이라는 직책으로 조선에 다시 들어온 26세의 원세개袁世凱(1859~1916)는 조선을 청의 속방屬邦으로 만들기 위해 일본과 서양 열강의 침투를 견제하고 있었다. 그리고 그의 비호 아래 청나라 상인들이 서울과 지방까지 휩쓸며 상리를 취하고 서울 한복판(북창동 일대)에 중국 상가를 조성했다.

청은 일본과 러시아의 침투를 특히 경계했다. 독일인 묄렌도르프P. G. Möllendorff(穆麟德)를 외교 고문으로 추천했다가 그가 뜻밖에 고종에게 러시아와 가까이 할 것을 권하자 외교 고문을 미국인 데니Denny(德尼)로 바꾸었다. 그러나 그마저 조선 조정에 친러 정책을 권유하자, 친러 정책으로 기울어진 고종을 폐위시키려는 계획까지도 꾸몄다.

청의 지나친 내정간섭을 견제하기 위해 조선정부는 미국과의 우호를 강화하려고 했으나 미국이 소극적인 태도로 일관하자 러시아와의 우호를 강화했다. 러시아는 얼지 않는 항구(부동항)의 확보를 위해 남하정책을 추진하는 과정에서 먼저 청과 베이징조약(1860)을 맺어 연해주(시베리아)를 차지하고 블라디보스토크에 군항軍港을 건설했다. 그리고 조선과 통상조약(1884)을 맺은 것을 계기로 함경북도 경흥慶興에 조차지를 얻고, 능란한 외교관 베베르Weber, 韋貝를 공사로 보내 조선정부 안에 많은 친구들을 만들어 그 세를 확장해 갔다.

러시아가 조선에 진출하자 가장 불안을 느낀 것은 청과 영국이었다. 특히 세계 각지에서 러시아와 대립하고 있던 영국은 러시아의 연해주 장악과 동해안 침투에 위기의식을 느끼고 1885년 대한해협의 문호에 해당하는 전라도 여천의 거문도巨文島를 불시에 점령했다. 함대를 끌고 온 영국 군인들은 그곳에 포대를 구축하고 수뢰水雷를 매설하는 등 장기주둔의 뜻을 보였다. 조선은 영국의 주권 침범에 강력하게 항의하고, 청도 러시아와 일본의 파병을 두려워하여 중재에 나선 결과 영국은 1887년 거문도에서 철수했다. 이를 '거문도사건'이라 한다.

유길준

청·일 그리고 열강의 조선침략이 격화되자 국내외 인사들 가운데에는 조선을 중립국으로 만들자는 논의를 제기하기도 했다. 조선주재 독일 부영사 부들러Buddler, 개화파 지식인 유길준·김옥균 등이 그런 주장을 내세웠다. 중립국안은 제각각 복안이 달라 실현되지 않았지만, 그 대신 고종 정부는 외교의 다변화를 통하여 열강끼리 서로 견제하도록 유도했다. 청의 반대와 방해에도 불구하고 박정양朴定陽(1841~1904)을 주미공사로 파견하여(1887) 미국과의 관계를 강화하고, 미국과 프랑스로부터 산업개발과 재정궁핍을 타개하기 위해 차관을 도입하려 한 것은 이러한 이유에서였다.

조선이 개항 이후 일본에 강점되기까지 그래도 34년간 버틸 수 있었던 것은 이와 같은 고종의 외교력이 큰 힘이 되었다. 그러나 시간이 흐를수록 열강의 각축은 조선과 지리·역사적으로 가장 가까운 청·일 두 나라의 경쟁관계로 좁혀졌다.

박정양

1876년 개항 직후에는 조선의 무역은 일본이 독점하다시피 했다. 조선은 개항장을 통해 쌀, 콩, 쇠가죽 등을 주로 일본에 수출하고, 일본으로부터 영국제 섬유류를 주로 수입했다. 당시 일본은 산업화수준이 낮아서 고급상품을 생산하지 못했다. 그러나 임오군변과 갑신정변 이후 청의 정치적 압력이 강화되면서, 조선과 청의 무역규모는 조선과 일본 간의 무역규모에 육박할 만큼 급성장을 보였다. 조선은 청나라에 주로 인삼과 해산물을 수출하고, 영국제 면제품을 사들였다. 그런데 조선의 대외무역이 활발해질수록 농촌사회는 갈수록 피폐해졌다. 불평등조약 체제 하에서 이루어지는 무역구조는 기본적으로 약탈성을 띠고 있어서 조선의 농민, 어민, 상인 그리고 노동자 모두에게 심대한 타격을 주었다. 특히 곡물 수출과 섬유류 수입이 농촌사회에 큰 해를 끼쳤다. 관세자주권을 갖지 못한 정부도 대외무역에서 이득을 얻지 못했다.

조선정부는 약탈적 무역구조를 시정하고 경제자립을 강화하기 위해 여러 가지 노력을 기울였다. 그 결과 1882년 미국과의 통상조약과 1883년에 발효된 조일통상장정朝日通商章程 및 해세세칙海稅細則에서는 어느 정도 관세자주권과 곡물수출금지권을 얻을 수 있었다.

정부는 국내 상인의 경쟁력을 강화하기 위해 동업조합으로 상회사商會社를 건립하도록 유도했다. 관료와 객주客主 및 일반상인이 참여한 상회사는 평양의 대동상회大同商會, 서울의 장통상회長通商會를 비롯하여 30여 개에 달했는데, 이들은 영업의 독점권과 세금징수권을 정부로부터 위임받았다. 그리고 영세상인인 보부상을 보호하기 위해 혜상공국惠商公局(1883)을 설치했다. 한편, 운송기능을 근대화하기 위해 기선회사汽船會社(1884), 이운사利運社(1892) 등 관영운송회사를 설립하여 세곡운반을 전담시켰다.

정부는 국내 식량안정을 도모하기 위해 곡물수출을 금하는 방곡령防穀令[9]을 내리기도 했다. 지방관의 명령으로 집행되는 방곡령은 수없이 내려졌는데, 특히 1889~1890년의 황해도와 함경도의 방곡령은 규모가 매우 컸다. 그러나 이러한 두 지방의 방곡령은 일본 측의 강력한 항의로 뜻을 이루지 못하고 일본 측에 11만 원의 배상금을 물어주는 것으로 끝나고 말았다.

3. 동학교도의 종교투쟁(1892~1893)

1860년에 민중종교로 창도된 동학東學이 농민층 사이에 급속히 전파되는 것을 우려한 정부는 1864년(고종 1)에 교주 최제우崔濟愚를 혹세무민惑世誣民의 죄로 몰아 사형에 처했다. 이로써 동학은 잠시 그 기세가 누그러졌다.

그러나 1870~1880년대에 들어와 열강과의 불평등조약이 맺어지고 약탈적 무역구조 속에서 농촌사회가 더욱 곤궁한 처지에 빠지게 되자 동학은 한층 큰 호소력을 가지면서 퍼져갔다. 2대 교주 최시형崔時亨의 치열한 포교활동도 큰 몫을 했다. 이미 1870년대 후반에 경상·충청·전라의 삼남지방에 뿌리를 내린 동학은 1880년대에 들어와서는 충청도에서 손병희孫秉熙 (1861~1922)와 손천민孫天民, 전라도에서 손화중孫和中, 서장옥徐長玉, 황하일黃河一, 김개남金開男과 같은 지도자를 포섭할 수 있게 되었다. 이들은 뒤에 각각 충청도의 북접北接과 전라도의 남접南接 지도자가 되었다.

동학의 지도자들은 상당한 재산과 학식을 지닌 인사들로서 교리와 교단조직 등도 근대종교에 걸맞게 정비했다. 충청도 충주에는 중앙기관으로 법소法所를 두고, 각지에는 도소都所를 두었으며, 그 밑에 크고 작은 접接을 설치하여 그 책임자를 접주接主라 했다. 한편 식자층을 상대로 한문으로 쓴 경전인 《동경대전東經大全》(1880)과 무식층을 상대로 한글로 쓴 《용담유사龍潭遺詞》 (1880)를 발간하여 각계각층에 골고루 동학의 교리를 전파할 수 있게 했다.

세력확장에 자신감을 얻은 동학 지도자들은 억울하게 처형당한 교조의 누명을 벗고, 포교의 자유를 획득하기 위해 집단행동을 벌이기 시작했다. 그 첫 번째 모임은 1892년(고종 29) 전라북도 삼례집회參禮集會로 나타났다. 손천민의 지휘로 모여든 수천 명의 동학인들은 충청도 관찰사[조병식]와 전라도 관찰사[이경직]에게 교조의 누명을 벗겨줄 것과 교도에 대한 탄압 중지를 요청했다. 이 모임에서 동학교도들에 대한 탄압 금지는 약속을 받았으나, 교

최시형(1827~1898) 동학의 2대 교주, 체포 당시 모습

---

9) 1889년 황해도 관찰사 조병철趙秉轍은 일본인이 도내에서 사들인 2천여 석의 콩을 반출하지 못하도록 금지시키고, 새로 부임한 관찰사 오준영吳俊泳도 이듬해 쌀과 콩 등 6만 4천여 석을 압류했다. 1889년 9월 함경도 관찰사 조병식趙秉式도 방곡령을 발포하여 일본인의 곡식유출을 금지한 바 있었다.

조의 신원은 관찰사의 권한이 아니라 하여 기각되었다.

이에 국왕에게 직접 상소하기 위해 박광호朴光浩 이하 40여 명의 동학인들은 광화문 앞에 엎드려 이른바 복합상소伏閣上疏(1893. 3)에 나섰다. 그러나 정부는 상소의 우두머리를 체포하고 교도들을 강제로 해산시켰다. 동학지도자들은 합법적인 상소운동이 효력이 없음을 깨닫고 더 큰 군중집회를위해 충청북도 보은군 속리면에 2만여 명의 신도들을 모았다(1893. 4). 이때의 모임에는 교조신원의 요구를 벗어나 척왜양창의斥倭洋倡義, 곧 '일본과 서양을 물리치고 대의를 세운다'라고 쓴 깃발을 내걸고 죽음을 무릅쓰고 싸울것을 결의했다.

동학의 기세에 놀란 정부는 호조참판 어윤중魚允中을 양호선무사兩湖宣撫使로 보내 이들을 달래고, 충청·전라도의 관찰사를 교체하는 등 교인들을

김개남(1853~1895) 조선 후기 동학의 태인 대접주

달래는 정책을 쓰면서, 다른 한편으로 홍계훈洪啓薰이 600명의 관군을 이끌고 진압에 나섰다. 산간벽지에서 20여 일간 호우와 식량부족으로 지쳐 있던 교인들은 충청도관찰사 등의 처벌을 조건으로 일단 자진해산하여 사태가 수습되었으나, 그들의 요구가 관철된것은 아니었으므로 불만은 여전히 쌓여 있었다.

4. 갑오동학농민전쟁(1894)

1) 제1차 동학농민전쟁(1894. 2 ~ 1894. 6. 11)

동학교인 가운데 충청도[북접]와 전라도[남접] 교인 사이에는 온건과 강경의 노선 차이가 있었다. 생활 여건이 비교적 좋고 몰락 양반이 많은 충청도 교인은 종교운동의 차원을 크게 벗어나지 않으려 했으나, 소농과 빈농 그리고 소상인들이 많은 전라도 교인들은 한층 강경한 정치투쟁을 선호했다. 1893년 보은집회와 비슷한 시기에 전라도 금구金溝에서는 서장옥 등 남접이주동한 별도의 집회가 있었다.

곡창지대인 전라도는 개항 이후 근대화정책으로재정이 쪼들린 중앙정부와 수령의 탐학을 가장 심하게받았고, 쌀 수출로 인한 일본상인의 침탈도 다른 지역에비해 컸다. 특히 중앙정부와 수령의 수세水稅와 균전세均田稅의 징수, 전운轉運의 폐단 등 각종 억울한 세금이 부과되었다. 그래서 중앙정부와 수령 그리고 일본에 대한적개심이 남달리 강해 언제라도 폭동이 일어날 강경한분위기가 감돌고 있었다.

전라도 농민의 강경한 기류에 불을 붙여 놓은 것은 전라도 고부古阜 군수 조병갑趙秉甲의 탐학이었다. 그

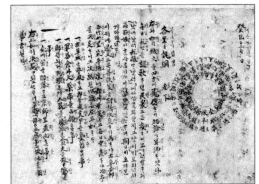

사발통문 전라도 고부군수 조병갑의 가혹한 착취에 항거하여 봉기할 것을 촉구하는 내용이다. 전봉준 등 발기자 20명의 이름이 보인다.

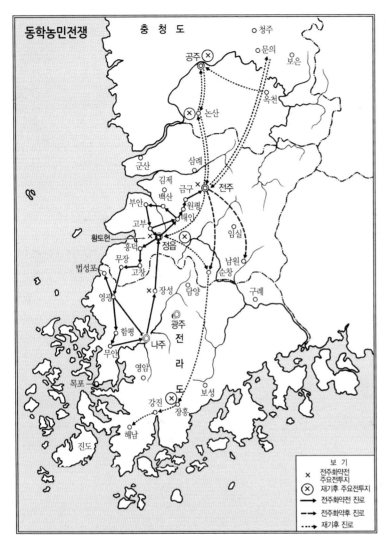

동학농민전쟁

는 만석보萬石洑의 수세水稅를 강제 징수하고, 아버지의 비각을 세운다고 약 1천 냥의 돈을 사취하는 등 온갖 탐학을 일삼았다. 이에 분개한 농민들은 고부 접주 전봉준全琫準(1855~1895)의 지휘 아래 여러 차례 고부관아와 전주감영을 찾아가서 폐정의 시정을 요구했으나 받아들여지지 않자 마침내 대규모 폭동을 일으키게 되었다.

1894년 2월, 전봉준은 1천여 명의 농민을 이끌고 고부 관아를 습격하여 아전들을 처단하고 양곡을 몰수하여 주인에게 돌려주었으며, 무기를 탈취했다. 고부읍을 점령한 농민군은 정부에 대해서 조병갑의 학정을 시정할 것과 외국상인의 침투를 금지하라는 등 13개 조의 요구사항을 제시했다. 크게 놀란 정부는 조병갑을 징죄하고, 안핵사 이용태李容泰를 파견하여 진상을 조사하게 했다. 그는 이 사건을 동학인의 소행으로만 돌리고 그들을 색출·탄압하는 데 급급했다.

이에 격분한 전봉준과 농민들은 1894년 4월 보국안민輔國安民(나라를 지키고, 백성을 편안케 함)을 위해 봉기하라는 통문을 사방에 보내 8천 명의 대오를 구성하여 조직적인 항거에 나섰다. 대장에 전봉준, 총관령에 손화중·김개남, 총참모에 오지영吳知泳 등 지휘부는 대개 동학교인이 맡았으나 참여자의 대부분은 일반농민이었다. 동학의 교단조직이 농민군의 동원과 규율에 이용된 것이다. 그들은 일본과 서양 그리고 특권층을 몰아내고 이상적인 왕정王政을 세우기 위해 싸울 것을 천명했으며, 노란 깃발을 표지로 내걸고 죽창과 곤봉으로 무장했다.

농민군은 고부를 점령한 뒤 고부 북쪽 백산白山에 진을 옮겨 대오를 정비한 다음, 전주에서 출동한 감영의 군대를 고부 남쪽 황토고개[黃土峴]에서 맞아 쳐부쉈다(5월). 이어 남쪽으로 치고 내려가 정읍·고창·무장·영광을 차례로 점령하고, 함평·무안·나주를 거쳐 다시 북상하기 시작했다. 이때 정부에서는 홍계훈을 양호초토사兩湖招討使로 임명하여 800여 명의 경군京軍을 파

견했으나, 장성에서 패하고 말았다. 군사의 수효나 사
기 면에서 농민군의 상대가 되지 못했다. 승승장구한
농민군은 쉽게 전주감영을 점령하고(1894. 5), 6월 초순
에는 전라남북도 일대가 사실상 농민군의 지휘 하에
들어갔다. 정부와 농민군은 휴전교섭을 벌인 끝에 전
주화약全州和約(1894. 6. 11)을 맺었다. 처음에 농민군은 30
여 조의 폐정개혁안을 제의했으나, 실제로는 12조의
개혁안[10]이 합의되었다.

　　전주화약에 따라 전라도관찰사[김학진; 金鶴鎭]와
전봉준은 전라도 53군에 집강소執綱所라는 민정기관
을 설치하고, 한 사람의 집강과 그 밑에 서기·성찰省
察·집사·동몽 등의 임원을 두었으며, 전주에는 집강
소의 총본부인 대도소大都所를 설치했다. 이때 전봉준
은 전라우도[북도]를, 김개남은 전라좌도[남도]를 각각 통
할했다.

체포 압송되는 전봉준(1855~1895)

전봉준 공초(재판 기록, 1895. 2. 9)

　　개혁안의 내용은 농촌사회문제에 국한된 것으
로 세금문제, 신분차별문제, 일본에 대한 경계 그리고
토지문제가 중심을 이루고 있었다. 근대국가건설에
필요한 국가조직이나 국방·재정·상공업·과학기술문
제 등은 포함되지 않았다. 농민의 요구조건은 근대국
가 수립에 필요한 모든 조항을 담은 것이 아니라 농
촌의 영세농과 소상인의 생활안정을 위해서 반드시 해결되어야 할 과제를 담았다.

　　그러나 정부와 농민이 협조하여 해결의 실마리를 찾아가는 과정에 3천여 명의 청국군이
아산만을 통해 들어오고, 이와 때를 같이하여 7천여 명의 일본군이 인천을 통해 서울로 들어
와 경복궁을 점령했다(1894. 7. 23). 대원군이 동학군과 내통한다는 설이 퍼지자 고종과 왕비족 민
씨세력은 대원군을 견제하기 위해 청의 도움을 요청하여 원세개의 청군이 들어왔고, 톈진조약
으로 청의 출병을 통보받은 일본도 거류민보호를 구실로 군대를 출동한 것이다. 갑신정변 이후
10년 만에 청·일 두 나라 군대가 대치상태에 들어갔으며, 드디어 청일전쟁이 터졌다(1894. 7. 25).

---

10)　오지영吳知泳이 쓴《동학사東學史》를 보면 12조의 폐정개혁안은 다음과 같다.
　　① 동학교도와 정부 사이에 쌓인 원한을 씻고 모든 행정에 협력할 것 ② 탐관오리는 그 죄목을 조사하여 일
　　일이 엄징할 것 ③ 횡포한 부호富豪의 무리는 엄징할 것 ④ 불량한 유림儒林과 양반의 무리를 징벌할 것 ⑤
　　노비문서는 불태워 버릴 것 ⑥ 칠반천인七斑賤人의 대우를 개선하고 백정白丁이 쓰는 패랭이를 벗겨 버릴 것
　　⑦ 청춘과부의 개가改嫁를 허락할 것 ⑧ 무명잡세를 거두지 말 것 ⑨ 관리의 채용은 지벌地閥을 타파하고 인
　　재를 등용할 것 ⑩ 왜倭와 내통하는 자는 엄징할 것 ⑪ 공사채公私債를 막론하고 기왕의 것은 무효로 할 것
　　⑫ 토지는 평균으로 나누어 경작하게 할 것
　　그러나 위 조항 가운데 토지의 평균분작平均分作 요구는 다른 자료에 보이지 않는다. 또 위 조항에는 보이지
　　않으나 대원군의 옹립을 주장했다는 자료도 있다.

2) 청일전쟁과 제2차 동학농민전쟁(1894. 10 ~ 1895. 4)

1894년 7월 23일 일본군의 왕궁 점령에 분격한 농민군은 이해 10월 척왜斥倭를 구호로 내걸고 재기했다. 이제는 내정개혁을 목표로 하지 않고 일본과의 항쟁이라는 반외세가 거병의 주요 목표였다. 10만여 명의 전라도 농민군이 전주 북쪽의 삼례參禮에 집결했다. 그동안 전봉준의 봉기에 반대입장을 보였던 손병희는 교주 최시형의 승인 아래 10만여 명의 충청도 농민군北接을 이끌고 청산靑山에 집결하여 논산論山에서 합류했다. 이들 남북연합 농민군은 일본군을 격퇴하기 위해 일본군의 병참기지를 습격하고 전신줄을 절단하면서 서울을 향해 북상하다가 공주 남쪽의 우금치牛禁峙 고개에서 관군과 일본군에 마주쳐 큰 격전을 벌였다(1894.12). 약 1주일간 50여 회의 공방전을 벌인 이 전투에서 농민군은 무기의 열세를 극복하지 못한 채 대부분의 병력을 잃은 가운데 500여 명의 생존

공주 우금치 전적

자가 전주 남쪽의 금구·원평院坪으로 후퇴했다. 농민군의 지도자 전봉준은 순창淳昌에서 체포되어 서울로 압송된 후 일본공사의 재판을 받고 사형당했으며(1895. 4), 나머지 농민군의 지도자들도 체포되거나 살해되었다. 이로써 동학농민전쟁은 거병한 지 1년 만에 실패로 끝났다.

동학농민전쟁은 동학이라는 종교조직과 동학인의 지도로 일어난 농민항거라는 점에서 이전의 민란과 다르며, 뒤늦게나마 외세배척을 목표로 했다는 점도 종전의 민란과는 차원이 다른 모습을 보여주었다. 그러나 당시 역사적 조건은 동학농민전쟁이 실패할 수밖에 없는 한계를 지니고 있었다. 첫째, 당시의 최우선 과제가 열강의 침투를 막아낼 수 있는 부국강병한 산업국가를 세우는 것이라 할 때, 농촌문제를 내걸고 중앙의 모든 정치세력을 적으로 만든 것은 개혁의 순서를 잘못 파악한 것이다. 둘째, 농민군은 일차적인 적대세력이 될 수 없는 지주·부호·양반 등 향촌사회의 유력자까지 공격하여 오히려 이들이 민보단民堡團을 조직하여 동학농민군과 대결하게 되었다. 이는 농촌사회의 역량을 스스로 분열시키는 과오를 범한 것이다. 셋째, 과단성은 있으나 시대 감각이 뒤지는 대원군에게 의지하려 한 것이 잘못이었다. 따라서 갑오동학농민전쟁은 애국적이고 애민적인 동기에서 일어났지만 이 시대의 과제와 전략을 정확하게 이해한 사려 깊은 민중혁명은 아니었다.

결국, 동학농민전쟁은 순박하고 애국적인 농민들의 자기생존을 위한 처절한 몸부림으로 끝날 수밖에 없었다. 그러나 이때의 실패경험을 바탕으로 농민층의 반일애국주의가 다음 시기의 의병운동에 양반유생과 더불어 참여하는 성숙함을 보여주게 되었으며, 농민들의 내정개혁 요구는 갑오개혁에 부분적으로 반영되는 성과를 가져왔다.

5. 변법개화파의 갑오개혁(1894. 7~1896. 2)

1) 일본군의 경복궁 점령과 제1차 개혁(1894. 7~1894. 12)

1894년 7월 25일 아산만 앞바다에서 일본군의 선제공격으로 시작된 청일전쟁은 일본이 성환전투(7. 29), 평양전투(9월), 황해전투(9월)에서 연전연승을 거두고, 중국 본토로 진격하여 랴오둥 반도의 뤼순旅順과 다롄大連을 점령하고(11월), 이어 산둥山東 반도의 웨이하이웨이威海衛의 북양함대를 공격했다(1895. 2). 드디어 두 나라는 1895년 4월 17일에 일본의 시모노세키下關에서 조약을 맺고, 청은 일본군이 점령한 랴오둥遼東 반도와 타이완臺灣을 일본에 넘겨주었다. 일본은 동학군과의 전쟁과 청과의 전쟁에서 모두 승리하여 역사상 처음으로 아시아의 패자로 올라섰다.

1894년 7월 23일 새벽 일본공사 오토리 게이스케大鳥圭介가 일본군 여단병력을 투입시켜 경복궁을 점령한 것은 청일전쟁의 시작인 동시에 조선을 무력으로 합병하는 첫 단계이기도 했다. 우선, 조선 정부를 친일정권으로 만들고, 정치, 경제, 사회, 국방구조를 침략에 편리하게 바꾸는 작업이 시작되었다. 그리하여 경복궁을 점령한 일본공사와 군대는 고종을 포로로 만들고, 반일정책을 펴던 민씨세력을 밀어내고 대원군을 불러들여 섭정을 맡게 하고, 영의정 김홍집金弘集(1842~1896)을 총재관으로 삼아 일본이 요구하는 개혁안을 강제로 통과시켰다.

갑오개혁의 중심기관은 1894년 7월 27일 구성된 군국기무처軍國機務處라는 임시특별기구로써 김홍집이 총재관이 되고, 박정양朴定陽, 김윤식金允植, 김가진金嘉鎭, 안경수安駧壽, 유길준兪吉濬 등 17명이 위원으로 참여하여 이해 12월까지 약 210건의 개혁안을 제정 실시했다. 이를 제1차 갑오개혁 혹은 갑오개혁이라 한다.

제1차 개혁에서 중점적으로 다룬 것은 정치와 경제의 개편이었다. 먼저, 정치개혁으로는 왕권을 축소시키는 대신 의정부(총리대신)와 그 밑의 8개 아문(6조 개편)의 실권을 높여주고, 삼사의 언론기관을 폐지했다. 또한 내무아문 산하에 경무청警務廳이라는 강력한 경찰기관을 설치했다. 관료에 대한 왕의 인사권은 1등과 2등의 칙임관勅任官을 왕이 직접 임명하고, 중급관리(주임관(奏任官))는 대신이 추천하여 왕이 임명하며, 하급관리(판임관(判任官))는 대신 등 기관장이 직접 임명하게 했다.

한편, 궁중의 잡다한 부서들을 궁내부宮內府 산하에 통합하고 그 기능을 축소시켜 왕실을 약화시켰다. 종전의 과거제도는 폐지되고 보통시험과 특별시험을 거쳐 관리를 임용하도록 했다. 또한 청나라와의 관계를 끊기 위해 중국 연호를 폐지하고 개국기년開國紀年을 사용했다.

경제개혁으로는 국가재정을 탁지아문度支衙門에서 관할하게 하고, 은본위 화폐제도와 조세의 금납화를 실시했다. 또한 방곡령의 반포를 금지시키고, 일본 화폐의 유통을 허용했다. 사회개혁으로는 과부의 재가를 허용하고, 노비제, 반상문벌, 죄인연좌제 등을 혁파했다. 이와 같은 1차 개혁 가운데 사회개혁 부분은 대부분 그동안 자율적으로 해오던 것이지만, 왕권을 약화시키고, 일본 화폐의 유통을 허용한 것 등은 일본의 정치적 간섭과 경제적 침투를 유리하게 만들어 준 것이었다.

2) 제2차 개혁(1894. 12. 17~1895. 7)

일본은 처음에 갑오개혁을 배후에서 지원하다가 청일전쟁에서의 승리가 확실해지자 내무대신 이노우에 가오루井上馨를 특명전권공사로 내보내 조선의 내정에 직접 간여하기 시작했다. 일본은 제1차 개혁을 반대하는 대원군을 축출하고, 고종에 압력을 가해 군국기무처를 해체한 후 일본 망명에서 돌아온 박영효와 서광범 등 변법파를 대신으로 입각시켜 더욱 친일적인 개혁을 추진했다. 1894년 12월에서 다음해 7월까지 추진된 개혁을 제2차 개혁이라 한다. 고종은 1894년 12월 12일(양력 1895. 1. 7) 종묘에 나아가 개혁의 추진을 서약하는 〈홍범 14조洪範十四條〉[11]를 발표하였다. 총 213건의 개혁안이 제정 실시된 제2차 개혁의 골자는 다음과 같다.

먼저, 정치개혁으로 의정부와 8개 아문을 내각內閣과 7부部로 바꾸고, 궁내부관제를 대폭 간소화하고 국왕의 근시기구인 규장각을 규장원奎章院으로 개칭하여 궁내부宮內府의 한 관서로 격하시켰다. 이는 국왕의 입지를 더욱 좁히는 결과를 가져왔다. 지방제도는 종전의 군현제를 폐지하고 전국을 23부府(관찰사), 337군郡(군수)으로 개편했다. 또한 탁지부 산하에 세금징수를 관장하는 관세사管稅司(9개소)와 징세사徵稅司(220개 소)를 지방에 두어 징세업무를 강화하고, 사법권을 행정부에서 독립시켜 군수의 1심재판 관할은 유지하고, 1심재판소로 지방재판소와 개항장재판소, 2심재판소로 순회재판소와 고등재판소를 설치했다.

군사 면에서는 훈련대訓鍊隊가 설치되었으나 이를 추진했던 박영효가 왕비 제거 반역음모의 혐의를 받고 외국으로 도망하여 실효를 거두지 못했다.

이상과 같은 두 차례의 갑오개혁은 갑신정변 이래 변법개화파가 추진해 오던 노선을 확대 발전시킨 것으로, 전통적인 통치 질서를 일본에 맞추어 바꾼 것이다. 이로써 제도상으로는 근대국가에 한층 가까운 모습을 갖추게 되었으나, 실제로는 국가의 주체성을 강화할 수 있는 국방과 의회제도에 대한 배려가 거의 없고, 일본의 조종을 받고 있는 내각에 실권을 몰아주어 일본이 침투할 수 있는 공간을 넓혀주는 결과를 가져왔다. 특히 왕권의 약화는 주권이 침해되고 있던 당시의 역사적 조건에서 볼 때 매우 부정적인 의미를 갖는 것이었고, 화폐제도의 경우는 노골적으로 일본경제의 침투를 위한 개악이었다. 농민의 고통을 덜어줄 수 있는 조세제도나 토지제도에 대한 배려가 없는 것도 이 개혁의 한계를 보여준다.

결과적으로 갑오개혁은 국왕은 물론이요 국민으로부터도 환영을 받지 못하고 오히려 심한 반발을 일으키는 계기가 되었다. 1년이라는 짧은 기간에 수백 건의 개혁안을 제정했다는 것

---

11) 〈홍범14조〉는 다음과 같다.
　　① 청국에 의존하려는 생각을 버리고 자주독립의 기초를 세운다. ② 왕실전범을 제정하여 왕위계승, 종친과 외척의 구별을 분명히 한다. ③ 임금은 각 대신과 의논하여 정사를 행하고, 종실·외척의 정치관여는 용납하지 않는다. ④ 왕실사무와 국정사무는 분리하여 서로 혼합하지 않게 한다. ⑤ 의정부와 각 아문의 직무권한을 명확히 제정한다. ⑥ 납세는 모두 법으로 정하고 함부로 세금을 거두지 못한다. ⑦ 조세의 부과와 징수, 경비 지출은 모두 탁지아문이 관할한다. ⑧ 왕실비용을 솔선절감하여 각 아문과 지방관청의 모범이 되도록 한다. ⑨ 왕실의 비용과 각 관부 비용은 1년 예산을 세워 재정의 기초를 확립한다. ⑩ 지방관제를 속히 개정하여 지방관리의 직권을 제한, 조절한다. ⑪ 나라의 우수한 젊은이들을 파견하여 외국의 학술과 기예를 보고 익히게 한다. ⑫ 장교를 교육하고 징병법을 정하여 군제의 기초를 확립한다. ⑬ 민법·형법을 재정하여 인민의 생명과 재산을 보호한다. ⑭ 문벌을 가리지 않고 널리 인재를 등용한다.

아소정   아흔 아홉 칸의 대저택으로 흥선대원군이 별장으로 쓰던 곳이다.
한국전쟁 후 동도중·공업고등학교 증축공사로 헐려 일부는 서울 서대문구 봉원사로 이전되었다.

이준용(1870~1917)

자체가 얼마나 무모한 개혁인가를 말해준다.

　　갑오개혁에 대한 최초의 반발은 대원군으로부터 시작되었다. 대원군은 이 개혁에 큰 불만을 품고 동학농민군 및 청군과 손잡고 고종을 폐위시킨 후 적손자인 이준용李埈鎔(고종의 친형인 이재면의 아들)을 왕위에 옹립하려고 했다. 그러나 대원군의 계획은 사전에 발각되어 실패로 끝나고 도리어 마포의 아소정我笑亭에 유폐당하고 말았다.

제3장 근대국가 – 대한제국의 성립과 몰락(1897~1910)

1. 일본의 명성황후 시해와 을미의병(1895~1896)

이노우에 가오루(1835~1915)
삼국간섭 후 미우라를
자기 후임으로 천거함으로써
일본정부의 대한정책을 무단으로
이끈 명성황후 시해의 주모자

일본의 협박과 강요 속에서 추진된 갑오개혁으로 입지가 좁아진 고종과 권력에서 밀려난 왕비는 일본을 견제할 대안세력으로 러시아를 선택했다. 이른바 인아거일引俄拒日 정책을 통해 자주성을 찾으면서 주체적인 동도서기東道西器의 개혁을 추진하기 위함이었다. 다시 말해 전통적인 국왕중심의 권력구조를 그대로 유지하면서 서양의 근대과학과 기술문화를 받아들여 자주적인 근대국가를 만들려는 개혁이었다.

마침 1895년 4월 일본의 중국진출을 우려한 러시아·프랑스·독일이 일본에 압력을 넣어[3국 간섭] 일본이 청일전쟁으로 획득한 랴오둥반도를 내놓게 하자, 일본을 견제할 수 있는 좋은 기회로 포착했다. 이를 눈치챈 친일 성향의 박영효는 선수를 쳐서 왕비를 폐위시키려고 하다가 도리어 음모가 발각되어 재차 일본으로 망명했다. 이를 기회로 고종과 왕비는 이해 8월 김홍집, 김윤식, 이범진李範晋, 박정양, 이완용李完用 등 미국 및 러시아와 가까운 인물을 등용하여 새로운 내각을 구성하고 반일정책을 추진했다.

미우라 고로(1846~1926)
주한공사로 부임한 후 명성황후
시해 실행을 지휘한 종범격의
현장 책임자

친일세력의 실각에 불안을 느낀 일본은 또다시 폭력으로 정국을 뒤집어 놓기 위해 당시 친러외교를 주도하던 왕비를 먼저 제거하려고 음모를 꾸몄다. 이를 위해 일본은 이노우에 가오루井上馨 대신 육군중장 출신의 과격한 인물 미우라 고로三浦梧樓를 우리나라 주재 공사로 보냈다. 미우라는 일본인 수비대守備隊와 경찰 그리고 신문기자 등을 규합하여 1895년 8월 20일[양력 10. 8] 새벽 경복궁을 습격하여 왕비(1851~1895)를 시해하는 만행을 저질렀다.[12] 홍계훈洪啓薰을 비롯한 시위대侍衛隊 군인들이 경복궁에서 저항했으나 흉도들을 막지 못했다. 45세의 왕비는 시해된 뒤 시체가 불살라져 우물에 버려졌다. 이 사건은 우리 국민의 분노는 물론 국제적 비난을 크게 불러 일으켰는데, 일본은 국제여론에 밀려 미우라 고로 일당을 송환하여 히로시마 형무소에 가두고 재판하는 체하다가 증거불충분을 이유로 무죄판결을 내렸다. 이 사건을 '을미사변乙未事變'이라고 부른다.

---

12) 일본은 명성황후 시해를 위해 이른바 '여우사냥'이라는 작전계획을 세웠으며, 황후 시해의 비난을 희석시키기 위해 조선인 훈련대 군인과 마포 아소정에 유폐되어 있던 대원군을 강제로 궁중으로 데리고 와서 마치 한국인이 명성황후를 시해한 것처럼 보이게 했다.

왕비가 시해되기 전후하여 고종은 일본의 강요로 제3차 김홍집내각(1895. 8~1895. 10)과 제4차 김홍집내각(1895. 10~1896. 2)을 잇달아 조직하고 140여 건의 법령을 제정, 공포했다. 그 주요한 것을 보면 ① 태양력 사용, ② 연호제정[建陽], ③ 서울에 소학교 설치, ④ 서울에 친위대親衛隊, 지방에 진위대鎭衛隊를 설치, ⑤ 단발령斷髮令 등이다.

제3차 갑오개혁이라고도 불리는 이번의 조치에 대하여 국민은 거센 반발을 일으켰다. 태양력의 사용은 음력으로 해오던 전통적인 명절이나 제사 등을 없애는 것을 의미하며, 단발령은 부모에 대한 불효를 의미할 뿐 아니라, 단발령과 함께 양복·모자·빗·포마드 등 복장의 변화에 따라 일본상품이 들어올 것을 두려워했다. 그래서 "목을 자를 수는 있어도 머리털[상투]은 자를 수 없다"는 것이 대다수 국민의 생각이었다.

명성황후 조난지   경복궁 향원정 뒤편 건청궁의 곤녕합

국민들은 국모시해와 단발령에 항거하여 마침내 일본과 친일파 관료들을 응징하기 위한 무력투쟁을 일으켰다. 이 투쟁은 전국 각지의 유생들이 주동하여 일어났고, 충의忠義를 위해 역적을 토벌한다는 명분을 내걸었기 때문에 의병義兵이라고 부르고, 을미년(1895)에 일어나서 '을미의병'이라고도 한다. 고종과 민씨척족이 의병운동을 배후에서 지원했다.

을미의병의 대표적인 의병장은 경기도 이천과 여주의 박준영朴準英(약 2천 명), 춘천의 이소응李昭應(약 1천 명), 제천의 유인석柳麟錫과 서상열徐相烈, 강릉의 민용호閔龍鎬, 홍주의 김복한金福漢, 산청의 곽종석郭鍾錫, 문경의 이강년李康秊, 전라도 장성의 기우만奇宇萬 등이었다. 이들은 관군 및 일본군과 격전을 벌이면서 지방의 친일관료들을 처단했으며, 군사시설을 파괴했다.

러시아공사관 전경   서울 중구 정동 정동문화예술회관 뒤, 오른편 전망탑만이 현재 남아 있다.

왕비를 잃은 고종은 다음에 자신이 시해당할 것을 예감하고 경복궁을 벗어나 서양공사관들이 몰려있는 정동貞洞으로 피신하려 했다. 이에 이범진·이재순 등 정동구락부의 친위관료들이 미국공사관의 협조를 얻어 11월 27일 친위쿠데타를 일으켜 고종을

명성황후 장례식   큰 상여가 경운궁 정문인 인화문 앞에서 출발하고 있는 장면(1897. 11. 22), 사진: 프랑스 신부 아라베크

구출하여 미국공사관으로 피신시키려다 사전에 발각되어 실패했다. 이를 '춘생문사건'이라 한다. 그 뒤 친위관료들은 다시금 고종을 구출하기 위해 1896년 2월 11일 새벽 궁녀[뒤의 엄귀비]가 타는 가마에 고종과 태자를 태워 러시아공사관으로 모셨다. 이 사건을 '아관파천俄館播遷'이라 한다.

국왕이 러시아공사관으로 피신하여 1년간 머무는 동안 조선은 러시아 황제 대관식에 민영환閔泳煥 등을 특명전권대사로 파견하기도 하고(1896. 5), 러시아의 군사 및 재정고문을 받기로 했다. 러시아는 일본과 각서[베베르-고무라 각서, 1896. 5. 14]를 맺어 일본을 견제해주어 국왕의 운신의 폭은 그만큼 넓어질 수 있었다.

다만, 구미 여러 나라들이 이틈에 각종 이권을 얻으려고 접근하여 철도, 광산, 삼림 등에 관한 이권을 넘겨주었다.[13] 그러나 일본은 이미 열강 가운데 가장 많은 이권을 가지고 있어 구미열강에 이권을 양여한 것은 일본의 독점적 침투를 견제하는 의미도 있었다. 하지만, 일본은 러시아의 견제로 조선에서의 독점적 이권을 잃는 것이 두려워 마침내 1904년 러일전쟁을 일으키게 된 것이다.

러시아와 일본의 세력균형이 이루어진 이 시기부터 1904년 러일전쟁이 일어날 때까지 약 8년간은 국가가 상대적으로 자주성을 높일 수 있었던 시기였으며, 이러한 분위기 속에서 대한제국大韓帝國이 탄생하게 된 것이다.

러시아 공사관에 있던 고종은 바로 친일관료의 체포령을 내렸다. 이에 총리 김홍집과 중인 출신 대신 정병하鄭秉夏 등은 광화문 앞에서 성난 군중에게 맞아 죽고, 어윤중魚允中은 용인으로 피난가던 중 지방민에 의해 맞아 죽었다. 유길준, 조의연 등은 일본으로 도망했으며, 김윤식은 제주도로 유배되었다. 이들을 대신하여 이완용, 이범진, 윤치호 등이 새 내각을 구성했다.

2. 대한제국 성립과 광무개혁(1897. 10~1907)

일본의 국모시해 만행과 일본이 주도하는 갑오개혁 이후의 일련의 급진적 제도개혁은 일반국민의 크나큰 반발을 샀다. 이에 항거하여 의병운동이 일어나고 반일적 정서가 팽배하였다. 특히 갑오개혁과 을미사변으로 위축된 국가의 주권을 지키고 고종의 위상을 높여야 한다는 여론이 높아갔다. 이런 국민정서에 힘입어 고종은 친일내각이 시행한 새로운 제도의 일부를 옛날로 되돌려 놓았다. 단발령을 폐지하고, 내각제를 폐지하여 의정부제도를 복구했으며, 음력을 국내용으로 부활시키고, 양력은 대외용으로 병행했다. 23부로 개편되었던 지방행정구역을 13도로 환원했다.

제도의 복고적 수정과 아울러 고종이 황제皇帝로 등극하여 우리나라가 자주독립국가임을 전 세계에 알리고, 일본에 복수해야 한다는 여론이 팽배되면서 전국 각지의 전직관료와 유생

---

13) 미국에는 서울-인천 간의 철도부설권과 운산 금광개발권(1899), 서울의 전차운영권[한미합작]을 주고, 러시아에는 함경도 경원, 경성의 광산채굴권과 압록강 유역과 을릉도의 삼림채벌권, 그리고 동해안지역의 어업권을 주었으며, 영국에는 인천에 은행설립권과 은산금광채굴권을, 프랑스에는 서울-의주 간 철도부설권을, 독일에는 강원도 당현금광채굴권을 양여했다.

황궁우와 석고　현재 환구단 터에는
위패를 모신 황궁우와 석고 3개가 남아있다.

환구단　사적 157호, 1913년 일제에 의해 헐리고 그 터에는
지금 조선호텔이 들어서 있다. 서울 중구 소공로 소재

그리고 서울시민 등 각계각층이 몇 달 동안 칭제稱帝를 요청하는 상소를 줄기
차게 올렸다. 청일전쟁으로 청의 간섭이 약화되고, 러시아의 견제로 일본의 간
섭이 주춤해진 이 기회를 주권과 왕권을 강화하여 근대국가로 재탄생하는 호
기로 포착한 것이다.

　　고종은 국민의 열화와 같은 여망에 따라 새로운 근대국가를 만들 것을
결심하고 러시아 공사관에 거처하는 동안 바로 옆에 있는 경운궁慶運宮[뒤의 덕수
궁][14]을 대대적으로 증축하여 장차 정궁正宮으로 이용할 준비를 갖추었다. 그리
고 여론에 따라 1897년 2월 20일 러시아 공사관에서 1년 만에 경운궁으로 돌
아왔다. 경복궁이나 창덕궁 대신 이곳을 택한 것은 미국·러시아 등 서양 여러
나라의 공사관이 가까이에서 보호하기 때문에 일본이 접근할 수 없는 점을 이
용한 것이다.

장충단비　1895년 을미사변 때
순국한 홍계훈, 이경직 등 충신열사들의
영령을 추모하기 위해 1900년
세운 사당에 지금은 장충단비만
남아 있는데, 앞면은 순종이,
뒷면은 민영환이 각각 썼다.

　　환궁 후에 고종은 친일개화파와 갈등을 빚어 온 김병시金炳始, 정범조鄭範
朝 등 동도개화파들을 등용하고, '구본신참舊本新參'과 '민국民國' 건설의 건국이
념 아래 교전소校典所(1897. 3. 23)와 사례소史禮所(1897. 6. 3)라는 기구를 설치하여 근
대국가 수립에 필요한 제도를 준비해갔다. '구본신참'은 '동도서기'와 마찬가
지로 옛것을 근본으로 하고 서양문물을 절충한다는 뜻이요, '민국'이념은 영·정조 이후 성숙되
어온 소민小民 위주의 국가를 건설하겠다는 뜻이다. 고종은 특히 정조의 통치이념을 가장 존중
했으며, 명나라의 관제官制를 많이 참고하여 새 나라의 틀을 구상했다.

　　고종은 드디어 1897년 8월 16일 연호를 광무光武라 고쳐 부국강병의 기치를 내세우고, 이해
10월 12일 문무백관을 거느리고 이미 건설해 놓은 제천단인 환구단圜丘壇[지금의 조선호텔 자리]에 나아
가 황제즉위식을 거행하여 당당한 자주국가임을 선언하고, 외국 공사들의 축하를 받았다. 국호를

---

14)　경운궁은 본래 성종의 형 월산대군月山大君의 집이었으나, 선조가 임진왜란 후 이곳에서 정사를 돌보았고, 광
　　해군 때 경운궁이라 했으며, 인목대비를 이곳에 유폐시켰다. 고종이 러시아공사관에서 이곳으로 옮겨온 이후
　　중화전中和殿 등 많은 건물을 세우고, 1905년 대안문大安門을 수리하면서 대한문大漢門으로 개칭했다. 1910년에
　　는 서양식 석조건물인 석조전石造殿이 건립되었다. 1907년에 고종황제가 강제로 퇴위당하면서 이름을 덕수궁
　　으로 고쳤다.

홍릉 명성황후는 1897년 청량리(홍릉)에 안장되었다가, 1919년 고종과 함께 남양주에 합장되었다. 이곳에는 뒤에 순종황제가 안장되어 순종의 능을 유릉이라 한다. 경기도 남양주시 홍유릉로

덕수궁[경운궁] 중화전 보물 819호, 덕수궁의 중심 건물로 임금이 하례를 받거나 국가 행사를 거행하던 곳. 서울 중구 세종대로 99

삼한, 즉 삼국三國의 옛 영토를 모두 아우르는 대국을 건설한다는 뜻으로 '대한大韓'으로 바꾸었다. 왕비 민씨는 명성황후明成皇后로 추존하여 명예를 회복시켰으며, 1900년에는 을미사변 때 순국한 홍계훈洪啓薰, 이경직李耕植 등의 애국지사를 추모하기 위해 장충단獎忠壇을 세웠다.

1897년 11월 22일 그동안 2년 이상 미루어 온 명성황후 장례식을 치러 청량리 홍릉洪陵[15]에 안장했다. 이어 1899년 8월 17일에는 법규교정소法規校正所라는 특별 입법기구를 통해 9개 조에 걸친 '대한국국제大韓國國制'를 발표하여 당시 국제법인 '만국공법萬國公法'에 기초한 근대국가의 모습을 확실하게 갖추었다.

대한제국의 헌법이라 할 수 있는 '대한국국제'는 황제에게 육해군의 통수권, 입법권, 행정권, 관리임면권, 조약체결권과 사신임면권 등 모든 권한을 집중시켰다. 황제권을 제약할 가능성이 있는 의회나 국민의 참정권 그리고 사법권 등에 대해서는 규정을 두지 않았다. 이는 민권에 대한 배려가 없어서가 아니라 재야의 독립협회활동이 서구적인 민권운동으로 발전되면서 왕조질서를 부정하는 방향으로 나가는 것을 우려한 까닭이었다. 대한제국은 일차적으로 국가주권의 수호를 가장 긴급한 현안으로 간주하고, 황제권을 매개로 위로부터 주체적 근대화를 이룩함으로써 대외적으로 자주독립을 강화하고, 안으로 소민 위주의 민국民國을 건설하는데 목표를 두었다. 고종황제가 추진한 개혁을 '광무개혁'이라 부르기도 한다.

대한제국은 경운궁을 정궁正宮으로 삼고 법전法殿인 중화전中和殿[16]을 1902년에 건설하여 경복궁의 근정전, 창덕궁의 인정전과 비슷한 면모를 갖추었다. 그리고 1902년 평양을 서경西京으로 높이고 이곳에 풍경궁豊慶宮이라는 궁궐을 건설하여 양경兩京 체제를 갖추었으며, 여기에 황제와 황태자의 어진御眞[초상화]을 봉안했다. 서북철도를 건설하려고 한 것이나 의주에 이르는 통신선을 가장 먼저 건설한 것도 만주로의 진출을 목표로 한 것이었다. 대한제국은 황제국가에 어울리도록 역대 임금들의 위상을 높여 태조와 직계 4대조인 장조(사도세자), 정조, 순조, 익종을 황제로 추존하고,[17] 왕세자는 황태자로, 왕자는 왕으로 봉했다.

---

15) 1919년에 고종황제가 세상을 떠나자 명성황후의 홍릉을 남양주시로 이장하고, 이곳에 고종황제를 합장하여 오늘에 이르고 있다.

16) 1902년에 건설한 중화전은 1904년에 원인모를 화재로 소실되었는데, 예산이 부족하여 2층 지붕으로 되어 있던 중화전을 단층지붕으로 바꾸어 재건하여 오늘에 이르고 있다.

17) 태조는 태조고황제太祖高皇帝, 사도세자는 장조의황제莊祖懿皇帝, 정조는 정조선황제正祖宣皇帝, 순조는 순조숙황제純祖肅皇帝, 익종은 문조익황제文祖翼皇帝로 추존했다.

대한제국은 무엇보다도 국가의 주권과 독립을 실질적으로 밑받침할 수 있는 국방력과 재정력을 키우고, 산업화에 힘을 쏟았다. 먼저 황제가 군권을 장악하기 위해 1899년 7월 원수부元帥府를 설치하고, 황제가 대원수를 겸했으며, 황제를 호위하는 시위대侍衛隊와 지방의 진위대鎭衛隊를 대폭 증

양무함 1903년에 구입한 신식군함, 길이 103.8m, 폭 12.3m, 무게 3,436t 사진은 해사박물관 소장

프러시아식 정장을 한 고종황제 (1852~1919)

강하고, 원수부 안에 육군헌병대를 설치했다. 또 고급장교를 양성하기 위해 무관학교武官學校를 설립했다. 1903년에는 해군력을 강화하기 위해 일본 미쓰이三井로부터 3,436t의 독일 군함을 구입하여 양무함楊武艦이라고 불렀다. 황제는 대원수의 복장으로 프러시아식 군복을 착용하여 위엄을 높였다.

1902년 국가國歌(에케르트 작곡)와 어기御旗(태극기),[18] 친왕기親王旗 및 군기軍旗, 훈장勳章(태극장) 등을 제정했다. 여기서 태극을 깃발과, 훈장, 그리고 궁궐의 전각 이름으로 널리 사용한 것을 알 수 있다. 바로 이런 대한제국의 상징물이 지금 대한민국으로 이어져 오고 있다.

1902년 국내외 정보를 수집하는 황제직속기관으로 익문사益聞社를 설치하고, 블라디보스토크와 간도[두만강 이북] 지방으로 이주한 교민을 보호하고 그곳을 영토로 편입하기 위해 해삼위통상사무관海蔘葳通商事務官과 북변도관리北邊島管理를 설치했다. 1900년에는 독도獨島를 울릉군에 속한 속도屬島로 명확하게 행정적으로 편입시켰다.

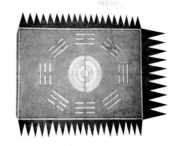

어기(御旗) 31.5×24cm, 서울대학교 규장각 한국학연구원 분류번호 26192

정부의 조세수입을 늘리고 근대적인 토지소유권을 확립하기 위해 1898년 양지아문量地衙門을 설치하고 1899~1903년 사이에 미국인 측량사를 초빙하여 두 차례에 걸쳐 토지조사사업[量田]을 실시하고, 토지소유증서인 지계地契를 발급하는 사업을 실시했다. 그 결과 전국 토지의 3분의 2 가량의 토지가 소유권이 확인된 소유주에게 토지소유증서인 지계를 발급해 주었다. 이로써 근대적 토지소유권이 확립되고, 국가재정이 개선될 수 있는 토대가 마련되었다.

한편 종래 탁지부 또는 농상공부에서 관리하던 광산, 홍삼, 포사[푸줏간], 철도, 수리사업 등의 수입은 황제직속의 궁내부 내장원內藏院으로 이관하여 황제가 직접 지출할 수 있게 했다. 황제는 신분이 낮은 이용익李容翊[19]을 깊이 신임하여 그로 하여금 내장원재정을 관리하게 하고, 군

---

18) 태극기를 어기 및 국기로 만든 것은 이미 1880년대에 외국과 통상조약을 맺을 당시 이미 만든 것을 약간 수정한 것이다. 테극기는 조선시대에도 명나라, 청나라 사신이 올 때 우리나라 영접사들이 들고 나간 깃발로 이를 개화기에 국기로 정한 것 뿐이다. 태극기를 국기로 정할 때 청나라는 청나라 깃발인 용기龍旗와 비슷하게 만들 것을 요청했으나 고종이 이를 거절했다.

이용익(1854~1907)

대양성, 공장건설, 회사설립, 학교건립, 각종 황실행사, 외국도서수입 등에 지출하고, 때로는 반일의병을 지원하기도 했다. 1905년 을사늑약의 무효를 세계에 알리기 위해 헤이그에 밀사密使를 파견한 비용도 여기서 나왔다. 재정권을 황제에게 직속시킨 것은 일본의 방해를 막기 위함이었다.

식산흥업殖産興業이라는 이름으로 이루어진 과학기술 및 상공업진흥정책도 상당한 성과를 거두었다. 근대적 기술학교로 기예학교技藝學校, 의학교醫學校, 상공학교商工學校, 외국어학교 등을 설립하고, 황실 스스로 방직, 제지, 금은세공, 목공예, 무기제조, 유리공장을 설립하거나 민간회사의 설립을 지원했다. 지방의 영세상인인 보부상을 지원하기 위해 상무사商務社를 조직하여 상업특권을 부여하고 영업세의 징수도 상무사에 맡겼다.

정부는 산업진흥을 위한 교통, 통신사업에도 깊은 관심을 기울였다. 먼저 서북철도국西北鐵道局을 설치하여 서울과 의주義州를 연결하는 경의철도 부설을 최우선사업으로 시도했다. 이는 만주로의 진출을 촉진시키기 위함이었다. 또한 교통과 통신을 근대화하고 서울을 근대도시로 만들기 위해 전화電話를 가설하고, 서대문과 청량리 홍릉 간에 전차電車(1898) 선로를 부설하는 등 근대적인 도시계획을 추진했다. 서울은 동양에서 교토 다음으로 전차가 다니는 도시로 변모했는데, 이는 한미합작으로 이루어진 것이었다.

한편 박기종朴琪淙을 비롯한 관료와 민간자본가들이 대한철도회사 등 토건회사를 설립하여 자력으로 경의철도의 부설을 시도했다. 또한 외국 면제품수입에 대항하여 민간인들의 면직물공장을 서울 부근에 건설하게 함으로써 자급능력을 키워갔다.

대한제국은 국제사회와 교류하기 위해 1899년에 만국우편연합에 가입하고, 1900년에는 프랑스 파리에서 열린 만국박람회에 참여했으며, 1903년에는 일본 오사카 박람회에도 참여했다. 이해 서울에서 만국박람회를 개최하려고 했으나 이루어지지 못했다. 1903년에는 국제적십자 활동에도 참여했다. 요컨대 광무개혁은 정치제도면에서는 전제군주제를 강화한 것이지만, 강력한 황제권을 바탕으로 짧은 기간 안에 국방, 산업, 교육 그리고 기술면에서 놀랄 만한 정도로 근대화의 성과를 거두었다. 만약 일본의 침략과 방해가 없었다면 대한제국은 빠른 속도로 근대산업국가로 진입할 수 있었을 것이다.

---

19) 이용익(1854~1907)은 함경도 명천明川 출신 서민으로 보부상을 하면서 모은 돈으로 금광에 투자하여 거부가 되었다. 재산을 왕실에 기부하여 왕과 왕비의 신임을 얻은 후 1897년에 내장원경內藏院卿이 되어 왕실재산을 착실하게 관리했다. 그 뒤 탁지부대신, 전환국장, 서북철도국총재, 원수부 회계국장, 중앙은행총재 등 요직을 거치면서 대한제국의 광산업, 철도업, 금융업, 직조업, 사기업砂器業, 총포업, 제지업, 인쇄업 등 식산흥업정책의 핵심적 인물로 활약했다. 성격이 우직하면서도 청렴하고 식견이 탁월하여 친러반일정책으로 일관했다. 러일전쟁이 일어나자 일본은 그를 체포하여 일본으로 납치해 회유했으나 포섭하지 못했다. 1905년 1월에 귀국한 후 항일투쟁의 선봉에 서면서 민족의 역량을 키우기 위해 사비로 보성소학普成小學, 보성중학普成中學을 세우고, 출판사인 보성관普成館, 인쇄소인 보성사普成社를 세웠다. 1905년 을사늑약이 체결되자 고종의 밀서密書를 가지고 프랑스로 가던 중 산둥에서 일본 관헌에 발각되어 좌절되었다. 그 후 그는 공직에서 파면되어 해외에서 독립운동을 전개하다가 블라디보스토크에서 세상을 떠났다.

3. 독립협회의 민권운동(1896. 7~1898. 12)

을미사변 이후 친일내각이 들어서자 변법개화파가 득세하는 가운데 갑신정변 직후 미국으로 망명했던 변법개화파의 한 사람인 서재필徐載弼(1864~1951)이 귀국하여 서구시민사상을 퍼뜨리는 계몽운동을 시작했다. 러시아공사관에 있던 고종은 그에게 재정을 지원하여 1896년 4월부터 〈독립신문〉을 발간하기 시작했다. 순한글로 주 3회[나중에는 일간] 발간되었던 이 신문은 평이한 문체로 많은 독자층을 확보하고 지방에까지 지사가 설치되었다. 신문의 논조는 주로 서구의 자유·민주·평등사상과 일본의 신문명을 찬양하고, 유교문화와 중국을 야만시하는 것으로 채워졌다. 〈독립신문〉이 표방하는 '독립'은 청나라로부터의 독립을 의미했다.

당시 정부의 친미, 친러적인 고급관료들은 서재필을 고문으로 추대하고 1896년 7월 독립협회獨立協會라는 사교단체를 결성했다. 이 단체는 서대문 밖의 영은문迎恩門을 헐고 그 자리에 독립문(1896. 11)을 세우고, 모화관慕華館을 개조하여 독립관(1898. 5)을 만들기 위한 모금운동에 나섰는데, 황태자가 거금을 내어 준공했다.

그러나 1897년 8월 대한제국이 성립할 무렵부터 윤치호尹致昊, 이상재李商在, 남궁억南宮檍, 정교鄭喬, 나수연羅壽淵 그리고 학생 시민들이 참여하면서 점차 계몽단체로 바뀌어가고, 대한제국이 성립한 뒤에는 정치단체로 확대되어 갔다. 남궁억, 정교, 나수연은 〈황성신문皇城新聞〉 계열의 동도개화파, 즉 유교문화를 긍정하는 인사들로서 변법파와 시각이 다소 달랐지만 황제권을 강화하려는 자신들의 노선을 관철하기 위해 독립협회에 참여했다. 그 결과 1898년 10월경 독립협회 회원은 약 4천 명에 이르렀다.

독립협회 활동이 절정에 이른 것은 1898년(광무 2) 10월 종로 광장에서 관민공동회官民共同會를 개최했을 때였다. 정부의 대신[박정양 등]들은 물론이요, 지식인·학생·여성·상인·승려, 심지어 백정에 이르기까지 각계각층의 서울 시민이 모인 군중대회에서는 6가지 건의문을 채택하여 황제에게 올리기로 결의했다. 〈헌의 6조獻議六條〉로 불리는 건의문의 내용은 다음과 같다.

1. 외국인에게 의부依附하지 않고 관민官民이 동심협력해 전제황권을 공고히 할 것
2. 광산·철도·탄광·삼림의 개발 및 차관借款·차병借兵의 외국과의 조약은 각부 대신과 중추원 의장이 합동으로 서명하지 않으면 시행되지 못하게 할 것
3. 전국의 재정은 모두 탁지부에서 관할하여 다른 기관이나 사회사私會社가 간섭하지 못하게하고, 예산과 결산을 인민에게 공포할 것
4. 죄인을 재판에 회부하되 피고가 자복自服한 후에 시행할 것
5. 칙임관은 황제가 정부의 과반수의 찬성을 받아 임명할 것
6. 장정章程을 실천할 것

이 건의문은 각부 대신과 중추원의 의회기능을 강화하여 황제의 전제권을 인정하되 입헌군주제立憲君主制로 바꿀 것을 목표로 한 것이었다. 고종황제는 1898년 11월 이 건의문을 받아들여 시행할 것을 약속하고, 중추원을 의회로 개편하기 위해 중추원 의원(50명)의 절반을 독립협

독립문과 독립관(1898년경) 왼쪽 돌기둥이 영은문 기둥, 자료: 한국독립운동사 사전　　　서재필(1864~1951)

회 회원 중에서 뽑고, 나머지 절반은 관선으로 할 것을 제정·공포했다.

　　그런데 개혁을 실천하기도 전에 독립협회가 황제를 폐위하고 공화국共和國을 건설하여 대통령에 박정양, 부통령에 윤치호 그리고 각부 장관을 독립협회 회원이 차지한다는 보고가 황제에게 전달되었다. 이 보고는 뒷날 조병식趙秉式의 무고로 판명되었지만, 사실은 대한제국의 성장을 두려워한 일본이 독립협회 지도부의 일부 친일인사를 사주하여 반정부투쟁을 벌이도록 유도하면서 성격이 변질되기 시작했다. 황제폐위설에 놀란 고종은 이상재李商在를 비롯한 독립협회 간부 17명을 구속하고 독립협회 해산 명령을 내리고, 조병식을 중심으로 한 보수세력을 등용했다.

　　독립협회 간부를 구속하고 협회를 해산하자 친일 회원들과 일부 서울 시민들은 경무청 앞과 종로에서 '만민공동회萬民共同會'라는 대중집회를 계속 열면서 정부의 조처에 항의하는 시위를 벌였다. 위기에 몰린 황제는 보부상 단체인 황국협회皇國協會 회원 2천여 명을 동원하여 곤봉으로 만민공동회를 습격하게 하고, 군대와 순검을 풀어 강제로 해산시켰다(1898. 12). 이로써 독립협회운동은 30개월 만에 종말을 고했다.

　　일본의 사주를 받은 만민공동회 운동은 시민의식이 아직 성숙하지 않은 상황에서 조급하게 서구식 입헌군주제 국가 또는 공화국을 세우려 했기 때문에 황제는 물론이요 지방의 유생과 농민층, 보부상과 같은 소상인의 지지를 얻어내지 못했다. 또한 독립협회의 외세배척운동은 주로 러시아를 향했고, 미국과 영국 그리고 일본에 대해서는 우호적 경향이 있었다. 당시 러시아는 부산 절영도[지금의 영도]를 석탄 저장기지로 이용하기 위해 조차하려고 했으나, 우리나라를 속국으로 만들려는 위험성은 아직 보이지 않았으므로 러시아의 남하가 일본을 견제하는 효과가 있었다.

　　그러므로 러시아를 견제하려는 독립협회의 공격은 전략상으로 현명한 일이 아니었다. 특히 독립협회의 회장이던 윤치호尹致昊(1865~1945)는 일본수상을 지낸 이토 히로부미伊藤博文가 1898년 8월 유람을 명목으로 정탐차 우리나라에 왔을 때 독립문을 그린 은다경銀茶鏡을 선물하면서 환대했는데, 이러한 행동은 독립협회 안에서도 비판의 대상이 되었다.

4. 일본의 주권 탈취

1) 일본의 침투와 러일전쟁(1904~1905)

고종황제의 광무개혁은 서구식 민주주의는 아니었지만 식산흥업의 경제정책과 국방강화 그리고 열강 간의 세력균형 유지정책은 상당한 효과를 거두고 있었다. 궁내부가 광산, 철도, 인삼, 포사 등을 직접 관장한 것도 이들의 이권을 열강에게 넘겨주지 않으려는 의도가 있었으며, 국가재정을 한층 충실하게 만드는 효과를 가져왔다.

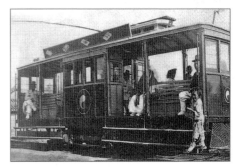

전차(1903년경)

정부는 아관파천 직후 서양 열강에 광산, 철도, 삼림, 어업 등의 이권을 넘겨주었지만, 그 이득의 일부를 세금으로 징수하여 국가재정에 보탰다. 그런데 한국에서의 독점적 이득을 취하려는 일본은 이미 가장 많은 이득을 얻고 있으면서도 대한제국 성립 후 군대파견을 협박하면서 경부철도(1898)와 경인철도 부설권(1899)을 얻어냄으로써 한반도의 남북을 관통하는 주요 간선철도를 모두 장악했다. 이 철도부설공사로 많은 농민들이 토지를 빼앗기고, 또 철도공사에 강제로 동원되어 막대한 피해를 입게 되었다. 농민들이 을미의병 이후 다시 반일의병운동을 일으키게 된 주요 이유가 여기에 있었다.

일본은 철도뿐만 아니라 여러 지역의 금광과 전국 각지의 어업권을 획득했으며, 무역분야에 있어서도 대한제국 수출의 80~90%, 수입의 60~70%를 차지했다. 일본은 주로 무명제품을 들여오고, 쌀, 콩 등 식량 등을 가져갔다. 또 서울을 비롯한 개항장 일대에 은행을 설치하여 금융시장을 잠식했다. 일본에서는 사용할 수 없는 '제일은행권'이라는 지폐를 강제로 통용시키기도 했다.

서울 종로거리(1905년)

일본의 경제침투는 농민, 어민, 부두노동자 그리고 소상인들의 처지를 더욱 어렵게 만들었다. 이에 전라도 일대에서는 동학농민전쟁의 연장선상에서 다시금 하층농민들의 저항운동이 일어났다. 1898~1899년에 일어난 이른바 영학당英學黨의 운동이 그것이다. 그리고 충청·경기·경상도 일대에서는 행상, 무직자, 빈농, 노동자, 걸인이 활빈당活貧黨(1900~1905)을 조직하여 외국의 경제적 침투에 항의하면서 일본상인과 부자들을 습격했다. 활빈당이라는 이름은 〈홍길동전〉의 활빈당처럼 의로운 도적이 되겠다는 뜻이 담긴 것이다.

수천 명에 달하는 지방의 보부상들이 황국협회皇國協會

학살당하는 한국인(1905년 1월, 철도파괴혐의)
자료: 헐버트, *Passing of Korea*.

를 조직하고, 서울의 시전상인들이 황국중앙총상회皇國中央總商會를 조직한 것도 일본상인들의 경제적 침투에 대항하여 전통적인 상권을 지키기 위함이었다.

일본은 우리나라에 대한 독점적 지배권을 확보하기 위해 가장 강력한 경쟁자인 러시아의 침투를 저지하는 데 총력을 기울였다. 1896년 5월 베베르-고무라[Weber-小村] 각서를 시작으로 잇달아 러시아와 의정서(1896. 6), 협약(1898. 4) 등을 맺으면서 러시아를 견제해 오던 일본은 1902년 1월 영일동맹을 맺어 우리나라에 대한 특수권익을 영국으로부터 인정받았다. 영국은 중국의 의화단義和團의 난(1900)을 함께 진압한 뒤 만주를 차지하려고 획책하고 있던 러시아를 견제하기 위해 일본의 조선독점을 승인하는 대신에 청에 대한 지배권을 보장받았다.

영일동맹에 의해 입지가 강화된 일본은 러시아를 무력으로 제압하기로 결심하고, 먼저 외교교섭을 벌여 우리나라에 대한 내정간섭을 인정할 것과 만주에 대한 경제침투를 허용할 것을 러시아에 요구했다. 그러나 러시아는 오히려 일본이 한반도를 군사적으로 이용하지 말 것과 북위 39도 이북의 땅을 중립지대로 만들 것을 제안했다. 러시아는 일본의 경부철도부설이 군사적으로 이용될 것을 우려한 것이다.

협상에 실패한 일본은 바로 전쟁에 돌입했다. 일본은 경부철도를 빨리 건설할 것을 명령하고(1903. 12), 1904년 2월 최후통첩과 함께 인천 월미도에 정박해 있던 러시아 군함(1903. 12. 입항)을 습격하고, 랴오둥반도의 뤼순항旅順港을 기습공격했다(1904. 2). 이로써 러일전쟁이 벌어진 것이다. 이보다 앞서 대한제국 정부는 러일전쟁을 예상하여 미리 국외중립을 선언했다(1904. 1).

2) 을사늑약(1905), 정미조약(1907), 경술국치(1910)

일본은 무력으로 러시아를 선제공격하여 전쟁을 도발함과 동시에 우리나라에 대한 독점적 지배권을 명문화하기 위해 서울을 점령한 후 대한정부에 '한일의정서韓日議定書'(1904. 2)의 체결을 강요했다. 이 의정서는 일본이 대한제국의 독립과 영토보존을 위한다는 핑계로 정치적 간섭과 군사적 점령을 할 수 있도록 규정한 것이다. 이에 따라 경부철도(1905. 5. 28 개통)와 경의철도 그리고 마산철도의 부설이 강행되었다. 앞서 1900년에 부설된 경인철도와 아울러 우리나라 주요 간선철도가 전쟁을 위한 군용으로 건설되었으나, 토지와 노동력을 강제로 징발당한 주민들의 분노와 저항이 거세게 일어났다. 일본은 또한 1905년 울릉도의 속도인 독도獨島[20]를 강제로

---

20) 울릉도의 속도인 독도는 우산도于山島, 삼봉도三峰島, 자산도子山島 등으로 불렸는데, 신라 지증왕 13년(512)에 울릉도[于山國]가 신라영토로 편입된 이후 독도도 고려, 조선조 말에 이르기까지 우리나라 영토로 내려왔다. 그리하여 《세종실록》〈지리지〉나 《동국여지승람》 등 각종 지리지에 울릉도와 우산도(독도)가 함께 기록되어 있으며, 조선시대 각종 고지도에도 우산도가 그려져 있는 경우가 많다. 조선 후기에는 울릉도에 대한 지배권이 강화되면서 숙종 때부터 삼척영장三陟營將이 관할하게 되었으며, 1895년부터 도장島長을, 1898년부터 도감島監을 중앙에서 파견했다. 그 후 1900년에 대한제국은 울릉도를 울도군으로 승격시키고, 그 관할구역으로 울릉전도鬱陵全島와 죽도竹島 그리고 석도石島를 함께 규정해 놓았다. 여기서 석도란 바로 독도를 의미한다. '석도'를 훈독하면 '돌섬' 또는 '독섬'이 된다. 1905년 2월 일본이 독도를 일본의 시마네현[島根縣]에 편입시킬 당시에 의정부 참정대신 박제순朴齊純은 독도가 대한제국의 영토임을 지령指令 제3호(1906. 5. 20일자)로 분명히 밝혀 놓았다. 일본이 독도를 '다케시마'로 부르는데, 여기서 '다케'는 한국말의 '독' 또는 '돌'과 같은 말이다. 그런데도 이를 한자로 바꿔 '죽도竹島'라고 쓰고 있는데, 독도에는 대나무가 없다. 따라서 '죽도'라는 지명은 한국말을 억지로 피하기 위해 조작한 말에 불과하다.

약탈하여 시마네현島根縣에 귀속시켰다.

일본은 한국주차군(1904. 3)을 설치하고 군사경찰제(1904. 7)를 실시하여 군대와 경찰이 우리나라를 지배하는 체제로 만들어 갔다. 한걸음 더 나아가 대한제국의 내정에 속속들이 간섭하기 위하여 이른바 '한일협정서'(제1차 한일협약, 1904. 8)를 강제로 맺고, 일본이 추천하는 외국인 고문을 두게 했다. 한일협정서에 따라 일본인 메가타 다네타로目賀田種太郎가 재정고문으로 와서 '재정정리'라는 이름으로 재정권을 박탈하고, 황제가 근대화사업기금으로 축적한 황실 재산을 해체시켜 갔다. 그리고 미국인 스티븐스Stevens가 외교고문으로 오게 되었는데, 그는 뒤에 미국으로 돌아가 일본의 통감정치를 찬양하다가 재미동포 전명운田明雲, 장인환張仁煥에게 사살당했다(1908). 이어서 일본은 협정서에 규정이 없는 군부고문, 경무고문, 궁내부고문, 학부참여관 등을 멋대로 보내 왔다. 이로써 대한제국은 형식상 주권국가였으나 실제로는 고문정치에 의해 실권이 일본으로 넘어가고 외국에 나가 있던 대한제국의 공사들도 강제로 소환되었다.

독도 천연기념물 336호, 동도·서도 두 섬과 그 주위에 흩어져 있는 89개의 부속도서로 구성

통감부 건물 서울 중구 예장동(전 KBS 자리)

러일전쟁은 세계 여러 나라의 예상을 뒤엎고 일본의 승리로 끝났다. 러시아의 유명한 발틱함대가 1905년 5월 7일 대한해협에서 격파당한 데 이어 6월에 제1차 러시아혁명이 일어나 국내가 어수선해진 것이 원인이었다.

일본의 한국침략은 이미 영일동맹에 의해 영국으로부터 인정을 받았지만, 미국[루스벨트 대통령]도 필리핀에 대한 지배의 대가로 일본의 한국지배를 승인했다. 미국 육군장관 태프트Taft와 일본수상 가쓰라 타로桂太郎 사이에 맺어진 이른바 태프트-가쓰라 각서(1905. 7)가 그것이다. 이에 자극받아 영국도 영일동맹을 개정하여 일본이 한국을 위해 이른바 '보호' 조치를 취하는 것을 승인했고,(제2차 영일동맹, 1905. 8) 이를 총괄하여 러일간에 포츠머스조약(1905. 9)이 체결되었다. 미국의 중개로 맺어진 이 조약에서 한국에서의 일본의 특수이익과 한국에 대한 보호·지도·감리 등의 모든 행동을 러시아가 인정한다는 내용이 담겨 있으며, 남사할린을 일본에 양도했다.

한국을 식민지화하는 데 대해 영국, 미국, 러시아의 승인을 얻은 일본은 제1단계로 한국의 황제를 그대로 두면서 일본의 통감부統監府로 하여금 실권을 장악하게 하는 간접 식민지국가를 만들고자 획책했다. 이를 위해 일본은 우리나라를 '보호국'으로 만든다는 거짓 명분을 내걸고, 송병준宋秉畯·이용구李容九 등으로 하여금 일진회一進會라는 친일매국단체를 만들어 보호조약의 필요성을 선전하도록 했다. 이미 1904년의 러일전쟁 중에 일본이 우리나라 국토의 3분의 1에 해당하는 황무지 개척권을 요구하여(1904. 6) 국민들의 반일감정이 높아져 있음을 안 일본은 친일단체를 내세워 국민여론을 오도하고자 했다.

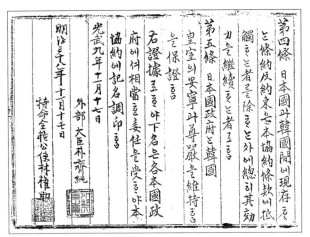

을사늑약의 마지막 부분(고종 황제와 일왕의 서명·날인이 없다.)
서울대학교 규장각 한국학연구원, 일본 외무성 사료관 소장

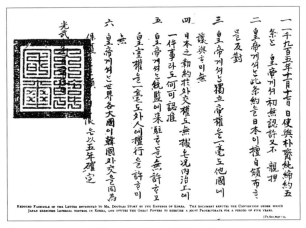

을사늑약의 무효를 선언한 고종황제의 친서(1906. 1. 29)

그러나 원세성元世性, 송수만宋秀萬, 이기李沂 등이 조직한 보안회輔安會, 이준李儁, 이상재李商在 등이 조직한 협동회協同會 등의 반일단체가 결성되고, 최익현 등 유림들이 전국에서 일어나 보호국 음모를 항의하고 나서는 등 여론이 악화되자, 일본은 총리를 지낸 거물급 정치인 이토 히로부미를 보내 강압적으로 조약을 체결하려 했다.

이토는 주한 일본공사 하야시 곤스케林權助와 함께 일본군대를 거느리고 경운궁 중명전重明殿에 들어가 고종황제와 대신들을 협박하면서 보호조약에 서명할 것을 강요했다. 그러나 황제가 끝끝내 서명에 반대하고 황제가 불참한 회의에서도 수상 한규설韓圭卨 등이 서명에 반대하자 일본군인이 외무대신 박제순朴齊純의 직인을 가져다가 날인해 버렸다(1905.11). 그러나 황제는 끝까지 서명을 거부했다. 당시 대한제국은 황제가 외국과의 조약권을 가지고 있었으므로 황제의 재가裁可가 없는 이 조약은 당연히 무효였다. 그러나 일본은 이것을 유효라고 우기고 나섰다. 이 불법적인 조약을 일본은 '제2차 한일협약' 또는 '을사보호조약'이라고 하는데, 실제로는 불법적인 '을사늑약'에 지나지 않는 것이다.

을사늑약의 불법성으로 국민들의 감정은 극도로 악화되어 전국 각지에서 의병전쟁이 일어났다. 그 과정에서 한국침략에 앞장섰던 이토는 안중근安重根(1879~1910) 의사義士에 의해서 만주 하얼빈에서 총을 맞고 쓰러졌다(1909.10.26).

일본의 강도행위와 같은 만행에 분노한 고종황제는 을사늑약이 무효임을 전 세계에 알려 인류의 양심에 호소했다. 먼저 〈대한매일신보〉에 친서를 발표하여 황제가 이 조약에 서명하지 않았음을 밝히고, 이어 1907년 6월에 마침 네덜란드의 헤이그에서 만국평화회의가 열리자 이상설李相卨(1870~1917), 이준李儁(1859~1907), 이위종李瑋鍾(이범진의 아들, 1887~?) 3인을 대표로 보내 한국의 억울함을 전 세계에 호소하도록 했다. 그러나 한국이 일본의 보호국으로 외교권이 없다는 이유로 회의 참석이 거절당하자 이들은 외국 언론을 통하여 이 조약이 무효임을 폭로했다. 이 과정에서 대표의 한 사람인 이준은 울분한 나머지 헤이그에서 분사憤死하고 말았다.

일본은 을사늑약의 무효를 주장하는 고종황제를 1907년 7월 강제로 퇴위시키고 황태자인 순종純宗을 황제라고 선언하고, 연호를 융희隆熙로 바꾸었으며, 순종을 창덕궁으로 이주시켜

고종과 만나지 못하게 했다. 그러나 고종은 퇴위를 거부하고 황태자에게 대리청정을 맡긴다고 선언하여 순종은 즉위식도 갖지 못했다. 고종황제의 강제퇴위는 국민을 더욱 흥분시켜 연일 시위운동이 일어나고 일진회의 기관지인〈국민신보國民新報〉사옥이 파괴되었으며, 일본인이 도처에서 습격당했다. 을사늑약에 찬성한 이지용李址鎔(내무대신), 이근택李根澤(군부대신), 박제순朴齊純(외무대신), 이완용李完用(학부대신), 권중현權重顯(농상부대신)을 '을사 5적乙巳五賊'으로 지목했다. 을사늑약의 기본 내용은 한국의 외교권을 박탈하여 일본의 승인이 없이는 어느 나라와도 교섭할 수 없다는 것이며, 일본인 통감統監을 둔다는 것이었다. 국제관계가 중요한 당시의 실정으로 보아 외교권 박탈은 실제적으로 주권의 박탈과 다름없었다.

데라우치 통감
뒤에 초대 총독이 되었다.

초대 통감에 취임한 이토는 순종을 황제로 선언한 직후 이른바 '한일신협약'(일명 정미7조약)을 맺어 내정에 간섭할 수 있는 권한까지 강탈했다(1907. 7). 이 조약에 따라 국가의 법령 제정, 중요 행정처분, 고등관리의 임명에 대한 사전 승인을 통감으로부터 받도록 하고, 통감이 추천한 일본인을 관리로 임명하도록 했다. 이에 따라 각 부部의 차관자리에 일본인 관리가 다수 임명되어 이른바 차관정치가 시작되고 고문顧問 제도가 폐지되었다. 그러나 이 조약에 서명한 순종의 수결手決(사인)이 필체가 달라 일본이 조작한 것으로 보인다.

외교와 내정간섭권을 강탈한 일본은 8,800명 밖에 남지 않은 군대마저 해산하여(1907. 8) 대한제국을 허수아비국가로 만들고,〈보안법〉과〈신문지법〉을 만들어 일본을 비판하는 언론활동을 봉쇄해 버렸다. 그리고 한국의 영토를 멋대로 요리하였다. 이미 러일전쟁 중에 독도를 빼앗았던 일본은 백두산정계비(1712) 이후로 청나라와 계속 국경분쟁을 일으켜 오다가 대한제국이 적극적으로 관리해 오던 만주의 간도間島(지금의 연변) 지방을 마음대로 청과 간도협약(1909)을 맺고 넘겨주었다. 그 대가로 일본은 청으로부터 안봉선철도(안동-봉천) 개설권을 얻어냈다.

대한제국의 외교·내정 그리고 군대마저 빼앗은 일본은 이제 마지막으로 국가의 상징으로 남아 있는 황제마저 퇴위시킴으로써 대한제국을 일본의 식민지로 편입시키는 일에 나서게 되었다. 1910년 5월 일본은 이토 후임으로 육군대신 데라우치 마사타케寺內正毅를 새 통감으로 임명하고, 2천여 명의 헌병을 데리고 들어와 경찰업무를 담당케 하고, 항일언론기관과 애국단체들을 탄압한 가운데 드디어 8월 29일 순종에게 양위의 조서를 내리도록 강요했다. 순종은 창덕궁에서 집무했으므로 이른바 '한일합방조약'은 인정전仁政殿에서 맺어졌다. 하지만 합방조약은 원천적으로 무효이며 강탈일 뿐이었다. 고종이 순종을 황제로 인정한 사실이 없고, 을사늑약 이후의 모든 협약이 황제의 동의 없이 이루어졌기 때문이다.[21]

총리대신 이완용李完用과 일진회 등 친일단체의 찬성운동도 있었으나, 국민의 절대다수가 완강하게 반대했다. 그런데도 국권강탈조약의 서문에는 양국의 상호행복을 증진하여 동양평화

---

21) 2010년 5월 13일 한국과 일본 지식인은 한일강제병합 100년을 맞아 1910년 체결된 한일병합조약은 무효라는 내용의 공동성명을 서울과 도쿄에서 동시에 발표했다.

를 영구히 확보하기 위해 일본이 한국을 병합한다고 선언했다. 남의 나라를 강탈하는 것을 행복과 평화를 위해서라고 파렴치하게 위장한 것이다. 이제 2천만의 울분은 하늘을 찌를듯이 높아지고 36년간에 걸친 피나는 광복투쟁의 역사가 시작되었다.

5. 일제의 경제침략

일본은 대한제국의 주권을 강탈하면서 이와 병행하여 경제구조를 식민지체제로 바꾸어갔다. 식민지적 경제구조는 일본의 자본주의 발달을 위한 원료 및 식량공급지와 상품시장을 만들어 경제적 이득을 극대화하고 우리의 민족자본 성장과 농촌사회의 안정을 급속도로 파괴하는 결과를 가져왔다.

먼저 농업개발이라는 핑계로 국유지와 민유지를 약탈하고, 농업이민정책을 병행했다. 1904년 일본은 황무지를 개척한다는 명분을 내걸고 전 국토의 3분의 1에 해당하는 진황지陳荒地를 약탈하려 하였으나, 관·민의 완강한 저항에 부딪쳐 실패로 돌아갔다. 그러나 통감부 설치 이후 내정에 깊숙이 간여하면서 '토지가옥전당집행규칙', '국유미간지이용법', '토지가옥증명규칙' 등을 잇달아 제정하고, 이어 동양척식주식회사(1908. 7)라는 국책회사를 설립하여 토지약탈을 본격화했다. 이로써 1910년 현재, 한국에 진출한 일본인 지주는 2천 2백여 명에 달했고, 그들이 소유한 토지는 7만여 정보에 이르렀으며, 동양척식주식회사는 별도로 3만 정보의 토지를 소유했다. 일본인은 국유미간지뿐만 아니라 역둔토驛屯土까지도 침탈의 대상으로 삼았다. 이밖에 철도부설과 군용지 확보를 빙자한 토지침탈도 자행되었다.

일본인의 토지 약탈은 1910년 강점 이후 더욱 본격화되었다. 1910년의 토지조사국 설치와 1912년에 반포된 '토지조사령土地調査令'을 계기로 많은 일반 민유지가 총독부 소유가 되었다. 이른바 '토지조사사업'으로 불린 이 조치는 모든 토지소유자로 하여금 토지조사국에 소유지를 신고하게 함으로써 그 사유권을 인정받게 한 것이다. 그러나 일반농민들은 그 사업을 잘 알지도 못했고, 또 마을이나 문중의 공유지共有地는 개인 땅이 아니어서 신고가 소홀했다. 이렇게 하여 신고되지 않은 땅은 총독부가 빼앗아갔다. 토지뿐만 아니라 산림도 비슷한 방법으로 총독부 소유로 넘어간 것이 적지 않았다. 그 결과 1930년 통계를 보면, 총독부가 소유한 전답과 임야는 전국토의 40%(888만 정보)에 이르렀다. 그리고 총독부는 그 땅을 동양척식주식회사를 비롯한 일본인 회사에 불하하였다.

한편, 일본은 한국의 금융을 지배하기 위해 1904년 재정고문으로 온 메가타 다네타로目賀田種太郞의 지휘 아래 이른바 '구화폐 정기교환에 관한 건'(1905. 1)을 공포하고, 1905년 7월부터 실시하여 한국 돈[상평통보(白銅貨)]의 사용을 금하고 일본화폐로 교환·통용케 했는데, 질이 낮은 한국화폐는 교환대상에서 제외했다. 더욱이 한국인은 일본화폐를 사용하지 않아 교환하지 않는 경우가 많았다. 그 결과 한국 상인들은 화폐가 고갈되고, 한성은행[조흥은행], 대한천일은행[상업은행 전신] 등 민족금융기관이 급속히 몰락하고, 제일은행을 비롯한 일본 은행들이 금융업계를 지배하게 되었다.

일본은 또한 주요 지역에 지방금융조합을 설치하여 고리대에 의한 수탈을 강화하고, 대한제국 정부가 여러 사업에 투자할 자금을 일본으로부터 빌어쓰도록 강요했다. 그리하여 1905년에 차관 300만 엔을 들여온 것을 시작으로 하여, 1910년에는 그 액수가 4,500만 엔을 넘어서게 되어 정부마저 빚더미 위에 올라앉고, 나라가 파산상태에 이르렀다.

동양척식주식회사 서울 중구 을지로 외환은행 자리

교통과 통신도 일본이 장악했다. 러일전쟁 중에 부설된 경부·경의·마산 철도는 통감부 설치 후 통감부 철도관리국이 관장하고, 각 철도역과 연계하여 약 3,000km의 도로를 개수했다. 이런 철도와 도로망은 일본과 한국을 하나의 교통체계로 묶어 침략정책의 효율성을 높이기 위한 것으로서, 실제로 러일전쟁 수행과 의병투쟁 진압 그리고 경제수탈을 강화하는 데 크게 이용되었다. 서울에서 부산으로 가는 기차를 상행선으로 부른 것에서도 교통체계의 중심이 어디에 있었는가를 알 수 있다.

광무년간에 민족기업의 중심으로 부상한 것은 방직업이었다. 안경수安駉壽가 주동이 된 대조선저마제사회사大朝鮮苧麻製絲會社(1897), 종로의 백목전白木廛 상인이 중심이 된 종로직조사(1900) 그리고 김덕창金德昌이 구식공장을 근대식으로 개조한 김덕창 직조공장(1902) 등이 유명했다. 이밖에 요업[놋그릇·질그릇], 정미업, 담배제조업, 제분업분야에서도 근대적 경영이 나타났다. 그러나 이런 민족자본의 성장은 1911년 현재 일본 자본금의 약 15분의 1에 지나지 않을 정도로 영세한 것이었다.

이밖에도 일본은 광업·어업 등에서도 우리의 자원을 침탈했다. 특히 광업에서는 일본의 금본위제 화폐제도의 전환을 위한 금광과, 공업원료를 위한 철광에 눈독을 들여 은율·재령·철원·창원·안변·장연 등지의 광산이 침탈당했다.

제4장 항일의병전쟁과 구국계몽운동

1. 항일의병전쟁

1) 을사늑약(1905) 전후의 의병항쟁

을사늑약(1905)을 계기로 일본의 침략이 노골화되자 이에 분노한 국민의 항일운동이 거세게 일어났다. 서울에서는 언론이 앞장서서 국민의 여론을 환기시키고, 집단시위와 철시가 행해졌다. 정부관료 가운데에도 분함을 이기지 못하여 스스로 목숨을 끊는 이가 나왔다. 고종의 시종무관이던 민영환閔泳煥이 국민에게 보내는 유서를 남기고 자결한 데 이어, 조병세趙秉世(좌의정), 홍만식洪萬植(홍영식의 형, 전 참판), 송병선宋秉璿(전 대사헌), 이상철李相喆(학부 주사), 전라도 선비 황현黃玹 등이 음독자살하여 국민의 가슴을 뜨겁게 만들었다.

한편, 무장단을 조직하여 적극적으로 항일투쟁을 전개하는 의병부대가 전국 각지에서 형성되었다. 그들은 일본군과 군사시설을 공격하는 한편, 친일파 인사들을 응징하기도 했다.

을사늑약 이전의 러일전쟁기에도 을미의병의 전통을 계승한 원용팔元容八(원주), 정운경鄭雲慶(단양), 김도현金道鉉, 유인석柳麟錫, 허위許蔿, 이강년李康秊, 기삼연奇參衍(장성), 이인영李麟榮 등의 의병활동이 있었지만, 을사늑약 이후에는 민종식閔宗植, 최익현, 정용기鄭鏞基, 신돌석申乭石, 임병찬林炳瓚 등의 의병부대가 새로 조직되어 일본군과 치열한 전투를 벌였다.

민종식[전 참판]은 충남 내포지방에서 1천여 명의 의병을 규합하여 100여 명의 일본군을 사살하면서 홍주성을 점령했고, 최익현과 임병찬[전 군수]은 전라북도에서 900여 명의 의병을 모아 태인·정읍·순창 등지에서 활약하다가 패하여 최익현은 대마도로 유배당했다. 경상북도 영천에서 의병을 일으킨 정용기는 600여 명으로 산남창의진

민영환(1861~1905)

유서내용

대한 2천만 동포에게 남기는 글.
슬프다! 국치와 민욕이 이에 이르렀으니, 우리 인민은 장차 생존경쟁 속에서 모두 멸망하게 되었다. 무릇 삶을 요하는 자는 반드시 죽고, 죽음을 기하는 자는 반드시 삶을 얻는다는 것을 여러분은 어찌 모르겠는가. 영환은 다만 한번 죽음으로써 우러러 황은에 보답하고 우리 2천만 동포에게 사죄하노라. 영환은 죽었다 하더라도 죽은 것이 아니다. 여러분을 구천지하에서 반드시 도울 것이다. 부디 우리 동포형제들은 천만으로 분려를 배가하여 자기를 굳게 하고 학문에 힘쓰고 결심육력하여 우리의 자유와 독립을 회복하면 죽은 자가 마땅히 땅속에서 기뻐 웃을 것이다. 슬프다. 그러나 조금도 실망하지 말라.

민 영 환

민영환의 유서

山南倡義陣을 편성하고 청하·청송지방에서 활약했다. 평민 출신의 의병장이었던 신돌석은 경상북도 영해에서 300여 명의 농민을 모아 봉기했는데, 강원도·경상도의 해안지역을 무대로 활약하면서 3,000여 명의 대부대로 성장하여 일본군에 큰 타격을 주었다.

의병활동이 치열했던 곳은 충청·전라·경상도 지방으로 그 지도자는 유교를 숭상하는 전직관료가 대부분이었다. 그러나 그 밑에는 농민들이 전투병력의 주축을 이루고 있었으며, 광무년간에 활동하던 동학당, 영학당, 화적, 활빈당 등의 무리도 다수 포함되어 있었다.

2) 군대해산 후의 의병전쟁(1907~1910)

을사늑약 후의 의병항쟁을 한층 자극시킨 것은 1907년의 군대해산이었다. 대한제국의 기간부대였던 서울의 시위대侍衛隊와 지방의 진위대鎭衛隊 군인들은 군대해산에 반대하여 일본군과 시가전을 벌이기도 했으나 무기가 떨어지자 지방의 의병부대에 합류했다. 그 가운데서도 원주진위대와 강화분견대의 투쟁은 가장 치열했다. 김덕제金德濟와 민긍호閔肯鎬가 이끈 원주진위대의 군인들은 근대적인 무기로 무장하고 원주, 충주, 여주, 평창, 강릉, 장호원 등 강원·경기·충북 지방에서 여러 차례 일본군을 격파하여 타격을 주었다. 또한 지홍윤池弘允, 유명규劉明奎 등이 지휘하는 강화분견대의 군인들은 600여 명의 의병과 합세하여 일본군 및 친일파들을 응징하면서 경기도와 황해도 등지로 활동 범위를 넓혀갔다. 이밖에 홍주, 진주 등지의 분견대도 의병에 가담하여 일본군과 전투를 벌였다.

해산 군인들의 의병 가담은 의병의 사기와 전투력을 높여 주는 데 크게 기여했다. 과거에 유생과 농민이 중심이 되었던 의병부대는 더 많은 평민층의 참여를 가져와 신돌석(1878~1908), 홍범도洪範圖(1868~1943), 김수민金秀民 등과 같은 평민 의병장이 나타났으며, 농민 이외에도 상인, 광산노동자, 머슴, 포수 등 각계각층의 인사들이 참여했다.

한편, 의병전쟁이 확산되는 가운데 점차 의병부대 상호 간에 연합전선이 형성되고, 서울의 통감부를 타도하여 잃어버린 주권을 되찾으려는 적극적인 서울진공작전(1908)이 시도

〈한말 의병활동 상황〉

연 도	전투 횟수	참가의병 수
1907(8~12월)	323	44,116
1908	1,451	69,832
1909	898	25,763
1910	147	1,891
1911(1~6월)	33	216
합 계	2,852	141,818

자료 : 윤병석, 〈의병의 항일전〉, 《한국사》 19, 454~456쪽

호남의 항일의병투쟁 일본의 소위 남한대토벌작전에 끝까지 항전하다 체포된 호남 의병장들. 가슴에 포로번호를 달고 있다. 앞줄 왼쪽부터 송병운, 오성술, 이강산, 모천년, 강무경, 이영준, 뒷줄 왼쪽부터 황장일, 김원국, 양진녀, 심남일, 조규문, 안계홍, 김병철, 강사문, 나성화 의병장

한말의병부대 F. M. 메켄지 촬영, 《대한제국의 비극》 게재

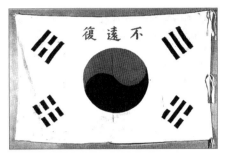

의병의 불원복기(1906)
전라남도 고광순 의병장이 사용한 태극기로 머지않아
국권을 회복한다는 글을 써넣었다.

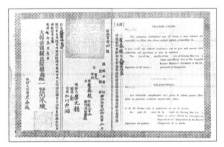

대한제국 여권(광무7년) 1904년 3월 6일 민영환이 발권

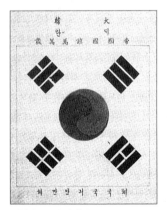

대한제국국기 만만세도
장서각 소장의 각국기도各國旗圖에
실려 있다. 태극의 양의가 상하가 아니라
좌우로 나뉘었다.

되었다. 이 운동을 주도한 것은 관동창의대장關東倡義大將 이인영 李麟榮(1868~1909)인데 그는 전국 의병장들에게 격문을 보내 경기 도 양주楊州에 집결해 줄 것을 호소했다. 동시에 서울의 각국 영 사관에 통문을 보내 의병을 국제공법상의 전쟁단체로 인정하 고 후원해 줄 것을 요청했다. 이는 의병을 '폭도'로 규정하고 있 는 일본의 부당성을 시정하고, 정당한 독립전쟁임을 대외적으 로 밝히기 위함이었다.

1907년 겨울, 마침내 전국 각지에서 1만여 명의 의병이 경기도 양주에 집결하여 '13도창의군'을 결성하고(1907.12), 총 대장에 이인영, 군사장軍師長에 허위許蔿(1854~1908)를 중심으로 각 지방의 창의대장을 정하여 24개 진을 편성했다. 이들은 1908년 1월 서울진공작전을 개시했는데, 허위가 거느린 300명의 선발 군이 일본군의 선제공격으로 서울 동대문 밖 근교에서 패하고, 때마침 총대장 이인영이 부친상을 당하자 '불효는 불충'이라면 서 귀가해버려 결국 서울진공작전은 실패하고 말았다. 서울진 공작전이 실패한 뒤 창의군은 해산되고, 의병부대들은 독자적 인 활동을 전개했다. 허위 부대는 임진강 방면으로, 이강년 부 대는 충북·경북 지방으로, 이인영·민긍호 부대는 강원도로 각각 진출하여 대일항전을 계속했다. 이 과정에서 민긍호(?~1908)는 전사하고, 이인영·이강 년은 붙잡혀 사형을 당했으며, 허위는 옥사했다.

연합의병부대와는 별도로 함경도 국경지대에서 맹활약을 보인 홍범 도 의병은 특기할만하다. 머슴, 광산노동자, 산포수山砲手로 전전하던 홍범도 는 산포수들을 모아 의병을 구성하고 삼수·갑산 등지에서 일본군과 37회의 전투를 벌이고 친일파세력을 응징하는 데 큰 공을 세웠다. 기동력과 전투력 에서 그들은 발군의 실력을 발휘했다. 전라도지방에서는 전해산全海山, 심남 일沈南一, 임창모林昌模, 강무경姜武京 등의 의병장이 앞장 선 다수의 의병부대 가 활약했다. 의병활동은 경상·강원·경기·황해·전라의 여러 도에서 특히 활발했으나, 전국적으로 의병이 일어나지 않은 곳이 없을 정도였다.

일본은 범국민적 의병투쟁에 당황하여 1개 사단 이상의 보병, 1개 연 대 이상의 기병, 6천여 명의 헌병을 투입하고, 새로 개설된 철도망과 도로 망을 이용해 기동성을 최대로 발휘하면서 의병을 진압했다. 의병은 화승총, 활, 칼, 곤봉과 같은 낡은 무기로 싸우면서도 기관총과 소총으로 무장한 일본군을 곤경에 빠뜨렸다.

1907년에서 1910년에 이르기까지 의병과 일본군 사이의 교전횟수는 3,500여 회에 이르 고, 전투에 참가한 의병은 15만 명에 달했다. 그 가운데 1908년은 의병전쟁의 절정기로써 2천 여 회의 전투에 연인원 8만 명이 참가했다. 의병 참가자 가운데 전사자는 1만 7천여 명, 부상자 는 3만 6천여 명에 달했으니, 독립전쟁의 치열함이 어느 정도였는가를 알 수 있다.

안중근의 글씨
비단에 먹,
36.5×140.5cm,
나라를 위하여 몸바침은
군인의 본분이다.

안중근 의사 하얀 리본은 사형수 번호
안중근 단지혈서 엽서 안중근이
1909년 3월 2일에 연해주 지방에서
단지동맹을 맺고, 태극기에 대한독립
이라는 네 글자를 혈서로 썼다.

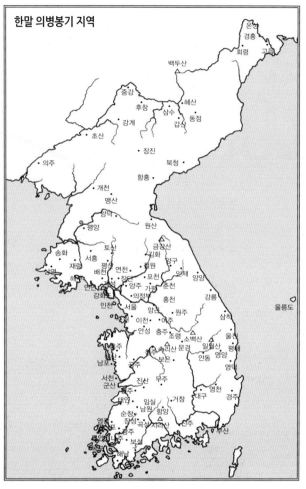

한말 의병봉기 지역

일본군의 의병탄압은 포악하기 그지없었다. 특히 전라도지방의 의병을 진압하기 위해 남한대토벌작전(1909. 9~1909. 10) 계획을 세우고, 이른바 교반작전攪拌作戰을 써서 의병이 근거지로 삼을만한 촌락과 가옥을 닥치는 대로 방화·약탈·폭행을 자행했다. 일본의 국권강탈은 이와 같은 야만적인 무력행사에 의해서 이루어진 것이었다.

일본군의 악랄한 탄압으로 국내에서의 의병전쟁은 1909년 이후로 점차 약화되고, 국치 이후에는 그 무대를 중국 동북[간도], 연해주 지방으로 옮겨 독립군에 가담했다. 통화通化·집안集安 지방의 유인석柳麟錫(1842~1915) 부대, 장백·임강 지방의 이진룡李鎭龍 부대, 환인桓仁 지방의 조채준趙采準 부대, 장백현의 홍범도 부대 등은 그 대표적 무장투쟁세력이었다. 그 가운데 홍범도 의병부대는 3·1 운동 이후 대한독립군으로 재기했다. 한편, 국내에서는 임병찬林炳瓚(1851~1916) 등이 독립의군부獨立義軍府를 조직하던 중 발각되어 미수로 끝났다.

중국 동북 지방에서의 항일 무장운동 가운데서 가장 충격적인 사건은 대한의군 참모중장이던 안중근安重根(초명 應七; 1879~1910)이 이토 히로부미를 처단한 것이다. 황해도 해주 출생으로

철도파괴 혐의로 무참하게 학살당하는 한국인

어려서 한학과 천주학을 공부한 그는 1909년 10월 26일 아침 한국침략의 원흉인 이토를 만주 하얼빈역에서 사살하고, 곧 체포되어 뤼순 형무소에서 옥고를 치르다가 1910년 3월 26일 순국했다. 32세로 일생을 마감한 그는 《동양평화론》[22]을 집필할 만큼 역사감각이 뛰어난 지식인이었으며, 많은 유묵遺墨을 남겼다. 안중근은 지금까지도 한국인의 사랑을 받고 있다.

의병의 항일구국전쟁은 멀리는 왜란 때의 반일의병에서부터 시작하여 개항 전후 시기에는 위정척사운동으로 이어져 왔으며, 그것이 명성황후 시해사건을 계기로 다시금 반일의병으로 나타나고, 을사늑약과 군대해산을 거치면서 한층 대규모 항일전쟁으로 발전해 온 것이다. 그 과정에서 참가 주도층도 양반과 유학자에서 점차 평민 출신으로 바뀌어 갔으며, 유교적 충효사상에서 근대국가의 주권옹호를 위한 독립전쟁의 형태로 변화되어 갔던 것이다. 그리고 이 흐름이 일제시대의 항일무장투쟁으로 이어지면서 적극적인 항일운동을 이끌어가게 되었다.

2. 구국계몽운동

1) 구국계몽운동의 두 흐름

을사늑약을 전후하여 지방유생과 평민들의 항일의병전쟁이 격렬하게 전개되고 있을 때, 서울 및 지방도시의 자산가, 지식인, 관료 그리고 개혁적 유학자들은 교육·언론 등 문화활동과 산업진흥을 통해 문화·경제적 실력을 양성함으로써 국권을 회복하려는 평화적인 계몽운동을 전개했다. 계몽운동가들은 당시 국제관계를 약육강식과 적자생존의 원리가 지배하는 치열한 힘의 각축시대로 인식하여 부국강병한 나라를 만들어야 독립을 지킬 수 있다고 믿었다. 그들은 제국주의 이론을 뒷받침하는 스펜서Spencer의 사회진화론社會進化論을 수용한 것이다.

그러나 구국계몽운동은 실천방법을 둘러싸고 크게 두 개의 흐름으로 갈라졌다. 하나는 실력양성이 선행되어야 궁극적으로 독립을 달성할 수 있다고 믿는 급진개혁파이고, 또 다른 하나는 독립이 선행되어야 실력양성이 이루어질 수 있다고 보는 온건개혁파이다.

독립보다 실력양성을 앞세우는 부류는 변법개화사상을 계승한 인사들로서 서양의 자유, 평등, 민권사상을 선호하면서 서양식 근대 시민국가를 수립하고자 했다. 이 부류의 인사들은 일본을 우호적으로 바라보고 일본의 통감정치를 오히려 긍정적으로 받아들여 우리나라를 문명국으로 발전시킬 수 있는 좋은 기회라고 믿었다. 그리하여 일본과 협력하는 길을 찾고, 의병

---

22) 안중근의 동양평화론은 일본이 주장하는 동양평화론에 대한 반론이다. 일본은 이웃나라를 침략해 종속시키는 것을 동양평화로 보고 있으나, 이는 동양평화의 교란에 지나지 않는다. 진정한 동양평화는 한국, 중국, 일본이 각각 독립을 유지하면서 서로 상부상조하여 서양의 제국주의를 막자는 것이다.

전쟁을 나라를 망하게 하는 '비문명적인 폭력'으로 비난하기도 했다. 결과적으로 이들은 일제의 침략이 가속화될수록 친일파로 전락해 갔다. 일진회一進會가 대표적인 단체이다.

한편, 실력양성보다 독립이 선행되어야 한다고 생각하는 부류는 혁신적 유학자 출신의 지식인들에게 많이 나타났다. 이들은 위정척사사상을 계승하면서 서양문물을 부분적으로 채용하여 부강한 국가를 건설하려는 동도개화파 계열의 사상가들이었다. 이들은 유교의 폐단을 비판하면서도 유교문화를 새롭게 혁신하여 계승해야 한다고 믿었고, 우리역사와 문화에 대한 자부심이 매우 컸다. 일제의 침략성을 폭로, 규탄하면서 민족주의사상을 퍼뜨리는 데 총력을 기울였다. 대체로 〈황성신문皇城新聞〉이나 〈대한매일신보大韓每日申報〉 계열의 인사들이 이 부류에 속했다. 일제의 침략과 탄압이 가속화되면서 이 부류의 인사들은 지하운동으로 숨어들었다가 1910년 이후에는 중국으로 망명하여 독립운동을 지속적으로 전개했다. 1907년에 조직된 신민회新民會는 그 대표적 단체이다.

2) 정치·사회 단체의 활동

독립협회가 해산된 뒤 정치적 사회단체를 다시 만들어 구국계몽운동의 선봉에 선 것은 1904년에 송수만宋秀萬, 심상진沈相震 등이 조직한 보안회輔安會였다. 이 단체는 일본이 '황무지개척'을 구실로 토지를 약탈하려 하자 대중적인 반대운동을 일으켜 이를 철회시키는 데 성공했으나 일본의 압력으로 곧 해산되었다.

1905년에는 윤효정尹孝定(1858~1939), 이준李儁, 양한묵梁漢默 등이 헌정연구회憲政研究會를 조직하여 의회제도를 중심으로 한 입헌정치의 수립을 목표로 활동했으나 통감부가 설치된 직후에 정치집회가 금지되면서 해산당했다.

헌정연구회를 이끌었던 윤효정이 장지연張志淵, 심의성沈宜性 등과 함께 1906년 4월 대한자강회大韓自强會를 조직하였다. 교육개발과 식산흥업, 외세배격 등을 내건 대한자강회는 전국에 25개의 지회를 두고, 월보月報를 간행하는 등 활동을 넓혀가다가 통감부에 의해 강제로 해산당했다 (1907. 7). 이 단체는 일본인 오가키大垣丈夫를 고문으로 앉히고 활동했는데, 1907년에 해산되자 다시금 천도교天道敎의 오세창吳世昌, 권동진權東鎭 등과 합세하여 대한협회大韓協會(1907. 11)를 조직했다. 대한협회는 전국에 70개 소에 지회를 둘 정도로 그 세력이 컸음에도 불구하고 일본의 통감부 통치를 문명화 지도로 긍정하면서 의회정치·정당정치 구현을 목표로 삼아 친일적 색채를 드러내기 시작했다. 말하자면 독립보다 민주화와 실력양성을 중요시하다가 구국계몽의 목표를 상실하고 말았다.

정치단체가 일제의 탄압으로 활동이 위축되면서 교육과 식산흥업에 역점을 둔 각종 학회가 전국 각지에서 조직되었다. 평안·황해도의 서우학회

서북학회월보 1908년 6월 창간, 편집인: 김달하
기호흥학회월보 1909년 8월 창간, 편집인: 이해조
호남학보 1908년 6월 창간, 편집인: 이기

일본 경찰에 끌려가는 신민회 회원들(1911년)

양기탁
한말의 언론인·독립운동가

西友學會, 한강 이북지방의 한북흥학회漢北興學會, 경기도와 충청도의 기호흥학회畿湖興學會, 전라도의 호남학회湖南學會, 강원도의 관동학회關東學會, 경상도의 교남학회嶠南學會 등이 대표적 학회였다. 이 학회들은 기관지를 발행하여 애국사상과 민족사상을 고취하고, 사립학교를 세워 애국지사를 양성하고 있었다. 이들 학회의 이름은 학술단체지만 실제로는 국권회복을 목표로 한 정치·사회 단체와 다름이 없었다.

한말의 정치·사회 단체 가운데 끝까지 친일을 거부하면서 실력양성의 실효를 거둔 것은 신민회新民會(1907. 4)였다. 안창호安昌浩(1878~1938), 양기탁梁起鐸(1871~1938), 이동휘李東輝, 이승훈李昇薰 등 평안·함경도 출신의 실업인·지식인·종교인과 신채호申采浩, 이동녕李東寧 등 충청도 인사들이 비밀결사로 조직한 신민회는 한편으로 민족자본을 육성하면서 다른 한편으로 교육·문화사업을 통해 국민들의 민족의식과 민주의식을 고취시키는 일을 병행했다. 그리하여 평양에 대성학교大成學校, 정주에 오산학교五山學校 그리고 평양과 대구에 태극서관太極書館을 설립하여 교육·출판사업을 벌이고, 인격수양단체로서 청년학우회靑年學友會를 조직했으며, 평양근교에 자기회사磁器會社를 설립, 운영하는 이도 있었다.

그러나 국권상실이 기정 사실로 되면서 회원들 사이에 실력양성에 주력하려는 온건파와 무력투쟁을 주장하는 강경파 사이에 노선의 갈등이 일어났다. 안창호를 중심으로 하는 실력양성파는 나라가 망한 뒤 미국으로 건너가 흥사단興士團(1913)을 조직하여 '무실역행務實力行'(공리공론을 배척하며 참되고 성실하도록 힘써 행할 것을 강조하는 사상)의 문화운동을 계속했다. 이동휘를 대표로 하는 무력투쟁파는 중국 동북지방과 연해주로 이주하여 독립기지를 건설하고 무장독립투쟁을 전개했다. 그리고 국내에 남아 있던 인사들은 일본이 조작한 데라우치寺內正毅 총독 암살미수 사건에 연루되어 탄압을 받았다. 이 사건으로 105인이 유죄판결을 받아 '105인 사건'(1911)이라 부른다.

3) 언론활동과 국채보상운동

국민들의 애국심을 계몽하기 위해서는 언론기관과 교육기관의 설립이 필요했다. 이에 따라 많은 신문이 발행되고, 학교가 설립되었다.

먼저, 구국계몽에 앞장섰던 신문으로 〈황성신문皇城新聞〉, 〈대한매일신보大韓每日申報〉, 〈제국신문〉, 〈만세보萬歲報〉 등을 들 수 있다. 1898년 남궁억南宮檍 등이 창간한 〈황성신문〉은 동도개화파의 대변지로써 국한문혼용체로 발간되었다. 한문교육을 받은 지식인이 주로 구독했는데, 서양지식의 보급보다는 민족의식을 고취하는 데 주력하여 항일의 선봉에 섰다. 을사늑약이 발표되자 이 신문은 장지연이 쓴 〈오건조약체결전말〉과 〈시일야방성대곡是日也放聲大哭〉이라는 유명한 논설을 실어서 일제침략과 매국관료에 대한 국민의 비분강개한 의사를 대변했다. 〈황성신

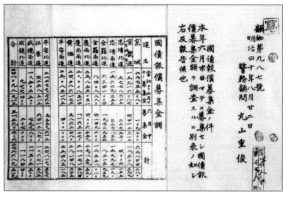

〈황성신문〉　　〈대한매일신보〉 한글판 창간호　　　국채보상금 모금액표　1907. 8. 자료: 한국독립운동사 사전 1

문〉이 발행되던 해(1898)에 이종일李鍾一 등이 순한글로 간행한 〈제국신문〉은 정치적 논설보다는 일반대중을 위한 사회계몽기사를 많이 실었다.

일본의 검열을 피하면서 구국계몽운동의 실효를 거두기 위해 양기탁이 영국인 베델Bethell(裵說)을 발행인으로 초빙하여 만든 것이 〈대한매일신보〉(1904)이다. 당시 영국은 일본과 동맹을 맺고 있었으므로, 영국인이 경영하던 신문사에 검열을 가할 수 없었다. 이 점을 이용하여 이 신문은 일본의 침략행위와 일부 한국인의 매국행위 그리고 항일운동을 낱낱이 보도했다. 특히 신채호申采浩(1880~1936), 박은식朴殷植(1859~1925) 등이 쓴 애국적인 논설은 독자에게 큰 감명을 주었다. 고종이 을사늑약의 불법성을 폭로하는 친서를 발표한 것도 이 신문이었다. 양기탁이 신민회를 조직하면서 〈대한매일신보〉는 신민회 기관지처럼 되었다. 〈대한매일신보〉는 처음에 국한문혼용으로 간행했으나, 뒤에는 일반대중을 위해 순한글판을 발간했고, 외국인을 위한 〈The Korea Daily News〉도 간행했다.

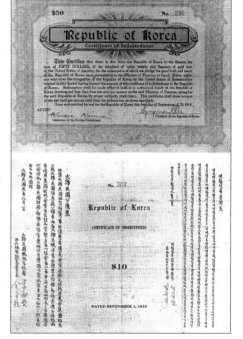

대한민국원년 독립공채　상하이 임시정부 수립 후인 대한민국 원년 9월 1일자로 발행. 영문 공채는 50달러, 한문공채는 10달러임. 이승만과 김규식 공동명의로 되어 있다.

1906년에 손병희, 오세창 등 천도교 측에서 발행한 〈만세보萬歲報〉는 국한문 혼용체 신문으로 일진회 등의 매국행위를 주로 비판했으며, 이밖에 장로교 계통의 〈그리스도신문〉, 천주교 계통의 〈경향신문〉(1906, 주간지) 그리고 대한협회의 기관지인 〈대한민보〉(1909)도 계몽운동에 참여했다. 한편, 해외에서는 미국교민이 〈신한민보新韓民報〉를, 연해주교민이 〈해조신문海潮新聞〉을 각각 발간하여 독립정신을 고취했다.

일본은 한국 언론의 구국계몽활동에 당황하여 〈한성신보〉, 〈국민신보〉(일진회 기관지), 〈경성일보〉 등 친일신문을 발행하여 대응했으나 실효가 없자 제도적으로 민족언론을 탄압하기 시작했다. 통감부는 이른바 〈신문지법〉(1907. 7)을 공포하고, 이어 〈출판법〉(1909. 2)을 제정하여 모든 출판물의 원고를 사전에 검열했다.

한말의 민족언론이 일으킨 구국계몽운동 가운데 한 가지 특기할 것은 국채보상운동國債報償運動(1907)을 주도한 일이다. 정부가 일본으로부터 빌린 차관이 1,300만 원에 달해 빚더미 위에 올라서자, 이를 상환하여 경제적 독립을 이룩하기 위해 1907년 대구에서 국채보상기성회가 조직되었는데, 당시 민족언론들이 모금운동을 일으키면서 전국적으로 확대되었다. 국민들은 이에 호응하여 남자는 담배를 끊고 절약한 돈으로 모금에 참여하고, 부녀자들은 비녀·가락지 등을 팔아서 이에 호응했다. 그러나 이 운동은 통감부가 배일운동으로 간주하여 그 지도자인 양기탁을 구속하는 등 탄압을 가하여 중지되고 말았다.

4) 민족교육운동·종교운동

개항 직후부터 일기 시작한 근대교육의 열기로 전국 각지에서 사립학교가 세워지기 시작하고, 갑오개혁 때에는 교육입국教育立國의 조서詔書[23]가 발표되면서 서양식 근대 교육제도가 도입되어 각종 관립학교가 세워졌다.

근대민족교육이 절정에 이른 것은 을사늑약 이후부터였다. 이제 기울어져 가는 나라를 되찾는 길은 장기적으로 교육을 통한 애국적 인재의 양성밖에 없다는 자각이 널리 퍼지게 되었다. 선각적 지식인과 자산가들 사이에도 '배우는 것이 힘이다'라는 구호가 유행할 만큼 앞다투어 학교설립에 나섰다. 교육을 중요시하는 것은 조선왕조의 오랜 전통이기도 했지만 그 전통이 구국적 애국심과 연결되어 폭발적인 교육열기를 몰고 온 것이다.

불과 3~4년 사이에 전국적으로 3천여 개의 사립학교가 세워졌는데, 대부분은 서울에 집중되었으나, 평안도의 평양·정주·선천 등지에 많은 사립학교가 세워진 것이 눈길을 끈다. 이것은 이 지방에 자산가층과 기독교인들이 많은 것과 관련이 깊었다.

을사늑약 이후 세워진 사립학교 가운데 오늘날까지도 명문의 전통을 이어오고 있는 학교들은 1905년의 보성普成, 양정養正, 1906년의 진명進明, 숙명淑明, 중동中東, 휘문徽文, 1907년에 세운 평양 대성大成, 정주 오산五山 학교 등이다. 특히 서울에는 황실과 관련이 깊은 인사들이 세운 학교가 많은 것이 주목된다. 이는 대한제국이 황실재정의 일부를 근대교육에 투자했음을 보여주는 것이다.

한말 사립학교의 교육내용은 서양의 학문과 사상[이른바 신식학문]과 우리나라의 역사와 지리가 중심을 이루었다. 즉 민족교육과 서양의 신학문을 병행시킨 동도서기적 교육이라 할 수 있다. 〈애국가〉와 〈권학가勸學歌〉가 애창된 것도 이 시기였다. 그리고 이에 따라 각급 학교의 교과서들이 편찬되었다.

일본은 이런 교육열이 항일운동과 연결된다는 것을 깨닫고 이를 탄압하는 일에 나섰다.

---

23) 갑오개혁 때 반포된 '교육입국조서'의 내용: "… 우내宇內의 형세를 보건대 부강富强하고 강强하며 독립하여 유지하는 모든 나라는 다 인민의 지식이 개명開明하였다. 지식의 개명은 교육教育의 선미善美로 되었으니, 교육은 실로 국가를 보전하는 데 도움이 된다."

1908년에 사립학교령私立學校令을 만들어 통감부(학부)의 인가를 받도록 하고 교과서도 검정을 받은 것만 사용하도록 통제했다. 배일적 내용을 담은 교과서는 금서로 지목되어 이를 사용할 경우 처벌을 내렸다.

한편, 구국계몽운동의 일환으로 종교운동도 활발하게 전개되었다. 당시 종교운동으로 기독교가 가장 영향력이 컸다. 이미 개항 직후부터 미국 선교사들의 활약으로 개화파인사들 사이에 기독교인의 수가 부쩍 늘었는데, 특히 서북지방에서 큰 호응을 얻었다. 이 지방은 유학의 뿌리가 약할 뿐 아니라 상공인 세력이 상대적으로 강하여 자본주의 문명과 결합된 기독교를 한층 적극적으로 받아들였다. 당시 저명한 기독교인 개화사상가로는 서재필·이상재·윤치호 등을 들 수 있다. 서울의 기독교인들은 1903년 황성기독교청년회(YMCA의 전신)를 조직하여 시민들의 애국심과 근대사상을 주입시키기 위한 다양한 활동을 벌였는데, 그 영향을 받은 청년 중에서 적지 않은 애국지사들이 배출되었다.

민족종교로 창도된 동학은 일본의 가혹한 탄압과 회유정책으로 우여곡절을 많이 겪었다. 동학교인 이용구李容九(1868~1912)가 친일단체인 일진회一進會(1904)와 시천교侍天敎(1907)를 창설하여 동학의 전통을 왜곡하자 동학혁명 당시 북접의 지도자였던 손병희孫秉熙(1861~1922, 3대 교주)[24]는 이보다 앞서 천도교天道敎(1906)를 창설하여 정통성을 이어가면서 민족운동을 전개했다. 손병희는 이용익과 더불어 보성사普成社라는 출판사를 차리고, 이용익이 세운 보성학교를 인수하고 동덕여학교同德女學校도 인수했다. 또한 〈만세보〉라는 기관지를 발행하기도 했다.

유교계에서도 유학의 약점을 버리고 민족주의와 민주주의이념에 적합한 부분을 극대화하여 새로운 민족종교로 강화하려는 움직임이 일어났다. 《유교구신론儒敎求新論》(1909)을 쓴 박은식朴殷植은 그 대표적 인사로서, 공자의 대동주의大同主義와 맹자의 민위중설民爲重說을 발전시켜 민

〈한말 주요 사립학교 일람표〉

연 대	학 교	설립자	위치
1883(고종20)	원산학사	정현석	원산
1885(고종22)	배재학당	미 북감리회	서울
1886(고종23)	이화학당	미 북감리회	서울
	경신학교	미 북장로회	서울
1887(고종24)	정신여학교	미 북장로회	서울
1897(광무1)	숭실학교	미 북장로회	평양
1898(광무2)	배화여학교	미 남감리회	서울
1903(광무7)	숭의여학교	미 북장로회	평양
1904(광무8)	호수돈여숙	미 남감리회	개성
	청년학원	전덕기	서울
1905(광무9)	보성학교	이용익	서울
	양정의숙	엄주익	서울
1906(광무10)	신성, 보성여학교	미 북장로회	선천
	진명여학교	엄귀비	서울
	숙명여학교	엄귀비	서울
	양규의숙	진학신	서울
	중동학교	신규식	서울
	서전서숙	이상설	간도
	휘문의숙	민영휘	서울
1907(융희1)	신흥, 기전여학교	미 남장로회	전주
	대성학교	안창호	평양
	오산학교	이승훈	정주
	오성학교	서북학회	서울
	봉명학교	이봉래	서울
1908(융희2)	기호학교	기호흥학회	서울
	동덕여자의숙	이재극	서울
	대동전수학교	대동학회	서울
	보인학교	보인학회	서울
1909(융희3)	소의학교	장지영	서울

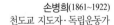

손병희(1861~1922)
천도교 지도자·독립운동가

만세보 창간호(1906. 6. 17)
발행인: 손병희

---

24) 동학의 3대 교주인 손병희는 1898년 일본으로 망명하면서 국내교단 조직관리를 이용구李容九에게 위탁했는데 이용구는 1904년 손병희의 지시에 따라 전국 각지에 진보회를 세워 혁신운동을 전개했다. 그러나 이용구는 정부의 탄압에 몰려 송병준宋秉畯의 일진회와 합세하여 일진회를 재창립했다. 1905년 귀국한 손병희가 이용구를 축출하자, 이용구는 1907년 시천교侍天敎를 창시했다.

한용운 충남 홍성 출신

나철 전남 보성 출신

주적·평등적 종교로 발전시키고자 하는 뜻을 담았다. 유교개혁주의 자들은 서민적이고 실천성이 강한 양명학에도 주목하는 경향이 있었는데, 이들 가운데서 김택영金澤榮, 박은식, 정인보鄭寅普 등 애국적인 역사가들이 많이 배출되었다.

불교계에서도 한용운韓龍雲(호 萬海, 1879~1944)이 나와 일본 불교의 침투에 대항하면서 민족불교의 자주성을 지키기 위해 노력했다. 그가 쓴 《불교유신론佛敎維新論》(1913)은 불교를 한층 현대적이고 사회개혁적인 방향으로 개혁하려는 의도를 담은 것으로, 한용운은 뒷날 3·1 운동에 주동적으로 참여했다.

한말의 종교운동으로 특기할 만한 점은 1909년에 창립된 단군교檀君敎(뒤에 大倧敎로 개칭)였다. 을사늑약에 참여한 대신들을 응징하려다 실패한 적이 있던 나철羅喆(1863~1916), 오기호吳基鎬, 이기李沂(호남학보 발행) 등 호남 출신 지식인들은 예부터 민간신앙으로 전해 오는 단군신앙(仙敎, 혹은 神敎)을 현대종교로 발전시켜 국수주의 성향이 가장 강한 종교운동을 전개했다. 단군교는 일제의 탄압으로 이름을 대종교大倧敎[25]로 바꾸었으나, 1910년대에는 많은 애국지사들이 여기에 가담하여 간도·연해주 등 해외 항일운동의 정신적 지주가 되었으며, 그 신도 수도 20만 명을 헤아리게 되었다. 그러나 일본은 단군교를 일본의 신도神道와 일치시키고, 단군을 일본의 아마테라스 오미카미天照大神와 남매로 해석하여 친일에 이용하기도 했다.

일본은 민족종교운동을 억누르기 위해 대동학회大東學會(1907)[26] 라는 유교단체, 동양전도관東洋傳道館이라는 기독교단체, 본원사本願寺라는 불교단체 등을 세워서 친일적인 종교로 유도해 나갔다. 이에 따라 종교계에도 친일파와 민족주의자 간에 갈등을 빚기 시작했다.

5) 국학운동과 신문학운동

구국계몽운동은 국사와 국어를 연구하여 민족의식을 고취하려는 국학운동으로도 나타났

---

25) 대종교는 환인, 환웅, 단군 등 삼신三神을 삼신일체의 신격으로 숭배하면서, 삼신이 전인류의 조상이자 우리민족[배달민족]의 조상으로서 조화造化, 교화敎化, 치화治化의 일을 맡았으며, 만주와 한반도에 걸쳐 웅장한 고대제국을 건설하고 세계 최고의 문명국가를 건설했다고 주장했다. 대종교의 제1대 교주는 나철羅喆(弘巖宗師), 제2대 교주는 김교헌金敎獻(茂園宗師) 제3대 교주는 윤세복尹世復(檀崖宗師)으로 이어져 오다가 1930년대에 일제의 탄압으로 쇠약해졌다. 대종교의 경전으로는 《삼일신고三一神誥》, 《신사기神事記》, 《회삼경會三經》 등이 있으며, 역사책으로는 김교헌이 지은 《신단민사神檀民史》, 《신단실기神檀實記》, 《단조사고檀祖事攷》 등이 유명하다.

26) 1907년 이완용, 조중응趙重應이 유림계를 친일화시키기 위해 이토 히로부미로부터 자금을 받아 설립했다. 참여자는 신기선申箕善(회장), 홍승목洪承穆, 서상훈徐相勛, 김가진金嘉鎭, 정교鄭喬, 조병건(경기도), 김경규(충청도), 박제빈(전라도), 신태휴(경상도) 등이다. 1909년 공자교회孔子敎會로 이름을 바꾸고 이용직李容稙을 회장으로 하였다가, 그가 학부대신이 되자 김학진金鶴鎭으로 바꾸었다.

다. 이미 학교교육에서도 민족교육이 강조되었지만, 신문·잡지와 같은 언론기관도 국학에 관한 많은 글을 실어 국민계몽에 앞장섰다.

국어 분야에서는 국한문이 병용되는 추세에 따라 국문표기방법을 통일할 필요가 생겨서 이 방면의 연구들이 나타났다. 유길준의《조선문전朝鮮文典》(1897~1902)에 이어 이봉운李鳳雲의《국문정리國文正理》(1897), 지석영池錫永의《신정국문新訂國文》(1905), 주시경周時經(1876~1914)의《국어문법國語文法》(1910)과《말의 소리》(1914) 등이 이런 필요에서 저술되었다. 한편, 1907년에 최초로 학부 안에 국문연구소가 설립되어 여러 학자들이 국어정리에 참여했는데, 주시경·지석영 등의 활약이 두드러졌다. 특히 주시경은 1908년 국어연구학회를 창립했는데, 이것이 뒷날 조선어연구회(1921)의 모체가 되었다.

주시경 황해도 봉산 출신

국사 분야에서는 갑오개혁 이후 근대학교가 설립되면서 각종 국사교과서가 편찬되었다. 이때 교과서편찬에 참여한 이는 장지연張志淵(1864~1921), 김택영金澤榮(1850~1927), 현채玄采(1886~1925) 등 중인출신이었는데, 그 내용은 대체로 안정복의《동사강목》을 서양식 역사서술체계에 맞추어 축약한 것이었다. 이를 신사체新史體라 불렀다. 그러나 이때부터 일본인이 쓴 왜곡된 한국사 서술의 영향을 받아 임나일본부任那日本府의 설치와 신공황후神功皇后의 신라정벌을 인정하는 등 문제점도 많이 나타났다.[27]

신채호 충북 청원 출신

국사교과서의 친일경향을 맹렬히 비난하면서 민족주의에 바탕을 둔 새로운 근대사학을 성립시킨 이는 신채호申采浩(호 丹齋)였다. 그는 을지문덕, 강감찬, 최도통[최영], 이순신 등 애국명장에 관한 전기를 써서 애국심을 고취하고,《독사신론讀史新論》(1908) 등의 사론을 발표하여 만주와 부여족[단군족]을 중심에 둔 새로운 역사체계를 세우기 시작했다. 이는 중국 동북지방에 독립운동기지를 두려는 목적과 관련된 역사의식을 말해준다.

한국사뿐 아니라 세계사에 대한 관심도 커졌다. 특히 서양에서 근대 민족국가 성립을 주도한 영웅들에 대한 관심에서 스위스의 건국을 그린《서사건국전瑞士建國傳》, 미국독립을 서술한《미국독립사》, 이태리독립을 서술한《의태리독립사意太利獨立史》와《이태리건국삼걸전》, 독일통일을 가져 온 비스마르크의 전기인《비사맥전》그리고 러시아의 근대화를 이룩한 표트르 대제의 전기인《피득대제》등이 편찬되고, 베트남과 폴란드의 망국에 대한 역사책도 나오게 되었다.

한편, 민족고전을 출간하여 민족의식을 높여 주려는 출판활동이 전개되었다. 최남선崔南善(1890~1957)이 조직한 조선광문회朝鮮光文會에서 실학자들의 저술을 간행하기 시작한 것은 그 대표

---

27) 일본은 메이지유신(1868) 이후 1886년 동경제국대학에 사학과를 설립하고, 1888년에는 국사과를 설치하여 일본사와 더불어 조선사를 연구하기 시작했다. 그 결과 제국대학 교수들이《국사안國史眼》(1890)이라는 일본사개설을 편찬하고, 그 후 1892년에는 사학과 출신의 하야시 다이스케林泰輔가《조선사》를 편찬했다. 이들 저서에는 단군이 일본 신화에 보이는 스사노오노 미코토素盞嗚尊의 아들이며, 신공황후神功皇后가 신라를 정복하고(209년), 임나일본부라는 식민지를 남한에 건설했다는 등의 왜곡된 내용을 실었다. 이러한 메이지시대의 조선연구는 18세기 일본 국학자의 학풍을 계승한 것이며, 이러한 황국사관은 그 후 시라토리 구라키치白鳥庫吉를 비롯한 실증사들에 계승되어 이른바 일제식민사관으로 전개되어 갔다. 개화파 역사가들은 특히 하야시의 책에서 많은 영향을 받았다.

최남선(1890~1957)

잡지 《소년》

혈의 누   이인직

자유종   이해조

적인 예이다.

　문학 분야에서는 서양식 소설과 시의 형식을 따르는 이른바 '신소설'과 '신체시'가 나타났다. 그 내용은 자유·평등·미신타파 등 근대사상을 고취하면서 순국문으로 씌어져 형식면에서 근대적인 문학의 모습을 띠었다. 이인직李人稙은 신소설의 개척자로서 《혈의 누》, 《귀의 성》, 《치악산》 등의 작품을 남겼다. 이밖에 안국선安國善은 《금수회의록》, 이해조李海朝는 《자유종》, 최찬식崔瓚植은 《추월색》 등을 썼다. 신체시운동의 선구자는 최남선으로서 《소년》지에 발표한 〈해海에게서 소년에게〉는 현대시의 효시를 이룬다.

　그러나 신문학은 자주성보다는 근대성을 적극 추구하면서 점차 친일문학 쪽으로 흘러갔다. 이에 반해 전통적인 한문학을 계승하면서 자주정신을 고취하는 또다른 문학풍조가 있었다. 신채호가 《대한매일신보》에 연재한 〈천희당시화天喜堂詩話〉를 비롯하여 국내외의 위인들의 전기를 엮어낸 것이 그 대표라 할 수 있다. 이 흐름은 1910년대에 들어와 꿈의 형식을 빌어 애국심을 고취하는 각종 사화史話식 소설로 발전되어 갔다.

　한편, 조선시대 가사문학의 전통을 계승하여, 여기에 애국심과 근대정신을 담으려는 노래가 유행했다. 이른바 '창가'라고 불리는 노래 가운데에는 〈독립가〉, 〈권학가〉, 〈한양가〉 등이 널리 애창되었다.

제5장 일제강점기(1) 1910년대의 민족해방운동

1. 일제의 무단통치와 경제적 약탈

1) 조선총독부의 탄압통치

일본은 우리나라를 식민지로 만들자 통감부 대신 조선총독부朝鮮總督府를 설치하여 통치했다. 총독은 대장大將 가운데서 임명하고 일본의 내각총리대신과 동격으로 입법·사법·행정 및 군대통솔권을 장악했다. 총독부는 총무, 내무, 탁지, 농상공의 행정부처와 사법기구로 재판소, 치안기구로 경무총감부, 자문기구로 중추원과 취조국을 두고, 지방은 도道, 부府, 군, 면의 행정체계를 갖추었다. 그리고 경제침탈기구로 철도국, 통신국, 세관, 임시토지조사국 등의 기구를 두었다.

초대 총독은 1910년 5월 3일 제2대 통감으로 왔던 데라우치 마사타케寺內正毅가 맡았다. 데라우치는 한국인의 저항이 워낙 강한 것을 알고 헌병이 경찰 업무를 맡도록 하는 이른바 헌병경찰제도를 실시했다. 헌병경찰에게는 치안뿐만 아니라 사법·행정에도 관여할 수 있는 광범한 권한을 부여하여 한국인의 생살여탈권을 행사했다. 이밖에 일본은 2개 사단의 병력을 서울의 용산·남산 등지와 지방에 배치하여 무력통치 조직을 구축했다. 문자 그대로 파쇼통치가 시작된 것이다.

일본은 몰락한 대한제국의 황실을 관리하는 기구로 이왕직李王職을 일본 궁내성宮內省 안에 설치하고 고종황제를 덕수궁이태왕德壽宮李太王으로 봉하고, 순종황제를 창덕궁이왕昌德宮李王으로 봉하여 일본 천황의 신하로 강등시켰으며, 종친들에게는 차등을 두어 공후백자남公侯伯子男 등의 작위를 수여했다. 고종과 귀비엄씨貴妃嚴氏 사이에 태어난 황태자 이은李垠(1897~1970)[28]을 1907년에 강제로 일본으로 이주시킨 다음 일본 여인[마사코]과 결혼시키고, 고종과 후궁 귀인양씨貴人梁氏 사이에 태어난 덕혜옹주德惠翁主(1912~1989)는 1926년 대마도주 후손과 강제결혼시켜 불행하게 살다가 1962년에 귀국한 후 사망했다.

---

28) 순종황제는 후사가 없어서 그의 이복동생[귀비 엄씨 소생] 이은李垠(1897~1970)이 1900년에 영친왕英親王으로, 다시 1907년에 황태자로 책봉되었다. 통감 이토는 1907년 이은을 강제로 일본으로 보내 일본교육[육군사관학교·육군대학]을 시키고, 일본 여인 마사코[李方子]와 결혼시켰다. 1910년 순종이 폐위되자 이은도 황태자에서 왕세자로 강등되고, 1926년 순종이 돌아가자 이은은 이왕李王으로 불렸다. 허수아비 왕노릇을 하던 그는 해방이 된 후 귀국하지 못하고 있다가 1963년 귀국하여 지병에 시달리다가 1970년에 74세를 일기로 세상을 떠났다. 그의 부인 마사코 여사는 귀국 후 한국인으로 귀화하고 이름을 이방자로 바꾸었다. 이방자 여사는 창덕궁 안의 낙선재樂善齋에 거주하다가 1989년에 타계했다. 이은의 아들 이구李玖(1931~2005)는 일본에 거주하다가 2005년 타계했다.

비운의 황실(1915년경 촬영) 왼쪽부터 황태자 이은, 순종, 고종, 순종비, 덕혜옹주

영친왕 이은과 이토 히로부미

덕혜옹주

남산의 조선총독부(1910~1926)

경복궁 안의 조선총독부(1926~1945) 1995년 8월 15일 광복 50주년을 기념하여 철거를 시작하여 1996년 11월 철거완료됨

이완용을 비롯한 매국관료들에게 귀족의 작위와 이른바 은사금恩賜金을 주고, 중추원中樞院이라는 형식적인 자문기관을 두어 황족과 송병준 등 매국노들을 의관議官에 임명했다. 물론 중추원의 의장은 총독부 2인자인 정무총감이 맡았고, 자문사항은 한국인의 운명과 크게 관계가 없는 관습 조사와 같은 하찮은 일들이었다.

총독부는 항일민족운동의 뿌리를 뽑겠다는 생각으로 애국인사들을 대량으로 체포·구금하는 일에 나섰다. 먼저, 독립운동자금을 모으고 있던 안명근安明根을 체포한 것을 기화로 황해도 지방의 애국인사 160여 명을 체포했다(1911). 이 사건을 '안악사건安岳事件'이라 한다. 그리고 데라우치 총독 암살을 모의했다는 혐의를 뒤집어 씌워 가장 강력한 구국민족운동 단체인 신민회 회원 600여 명을 검거하여 악독한 방법으로 고문을 자행하고, 그 가운데 105명을 기소했다. 이 사건을 '105인 사건'(1911)이라 부른다.

조선총독부는 국권강탈 후 모든 정치 결사를 해체시키고, 민족언론지들을 폐간시켰다. 그 대신 〈경성일보〉, 〈매일신보〉, 〈조선공론〉 등 어용신문과 잡지만을 발행하도록 했다. 민족교육을 금지시키고, 일본의 충량한 국민을 만드는 교육을 위한 조선교육령(1911)과 사립학교규칙 그리고 서당규칙(1918) 등을 제정하여 학교의 설치와 교육내용을 총독부가 통제했다. 그 결과 1908년에 3천여 개에 달하던 사립학교가 1919년에는 690여 개로 줄었다.

일제에 대한 저항심이 가장 강했던 유생들을 회유하기 위해 지방의 노유老儒들에게 은사금을 지급하고, 유생들의 세력기반인 향교의 재산을 몰수하여 공립보통학교의 유지비로 충당했다. 조선시대의 향촌 초등교육기관인 서당書堂도 통제의 대상이 되었다. 일제는 그 대신 대학이나 전문학교 같은 고급교육기관을 두지 않았고, 지방에는 보통학교[지금의 초등학교], 서울을 비롯한 대도시에는 극소수의 고등보통학교와 사범학교를 설치하여 식민지 하수인으로서 필요한 교육만을 받도록 했으며, 그것도 일부 극소수 한국인에게만 입학을 허용했다.

　　또한 한국인을 위압하기 위해 일반관리
나 교원에게도 제복을 입히고 칼을 차고 다니
게 했다. 그리하여 민족교육이 급속히 약화되
고, 식민지 노예교육이 시작되었다.

　　국권침탈과 더불어 조선왕조 519년간
의 얼이 담긴 한양도 식민지 도시로 급속히 파
괴되었다. 조선왕조의 왕궁 경복궁에 있던 220
여 채의 전각이 대부분 헐리고 1916년부터

창경궁 사적 123호, 조선 성종 14년(1483) 창건, 광해군 7년(1615) 재건,
창경원 시절 사진, 서울특별시 종로구 돈화문로 소재

1926년에 걸쳐 근정전 앞에 거대한 조선총독부 청사를 지어 경복궁의 기를 꺾어 버렸다. 성종
때 지은 창경궁昌慶宮은 1909년 순종의 오락장을 만든다는 이유로 대부분의 전각을 헐고 그 자
리에 박물관, 동물원, 식물원을 짓고 이름을 창경원昌慶苑으로 격하시켰으며, 광해군 때 창건하
고 순조 때 중건한 경희궁慶熙宮도 완전히 헐리고 그 자리에 경성중학교[광복 후 서울중·고등학교]를
세웠으며, 창경궁 건너편 영희전永禧殿[임금 영정을 모신 집]이 헐리면서 그 자리에 경성제국대학 의
학부[지금의 서울대학교 의대]가 설립되었다.

　　5대궁의 하나인 창덕궁도 원인 모를 화재에 의해 많은 전각들이 소실되었는데, 그 자리
에 경복궁의 일부 건물을 옮겨 짓고 혹은 검도장을 짓기도 했다. 서울은 왕도의 상징물이 대부
분 파괴되고 식민지 통치를 위한 관청·학교·은행·상가 등이 들어섬으로써 민족혼이 사라진 식
민지 도시로 변모되었다. 대한제국의 제천단인 환구단을 헐어 그 자리에 철도호텔을 짓고, 을
미사변 때 순국한 애국지사를 제사하는 장충단에는 이토 히로부미를 추모하는 박문사博文寺라
는 절을 지었다.

　　읍성邑城과 관아로 구성되어 있던 지방도시도 서울과 마찬가지로 대부분의 문화유적이
파괴되었다. 일본은 우리나라가 오랜 전통을 가진 문화국가임을 잘 알고 있었던 까닭에 민족의
독립정신을 없애기 위해 민족문화유산을 철저히 파괴하여 일본문화에 동화시키는 정책을 추
진했다.

2) 토지·자원 및 산업의 침탈

　　을사늑약 이후부터 토지침탈에 광분하고 있던 일본은 국권침탈 이후 한층 본격적으로
토지침탈정책을 추진했다. 1910년에서 1918년에 걸쳐 실시한 이른바 토지조사사업이 그것이
었다. 이를 위해 일본은 1910년 토지조사국을 설치하고 1912년 '토지조사령'을 반포했다. 이
사업은 전국의 토지를 측량하여 소유권과 가격 그리고 지적地籍을 확정한다는 명분으로 실시한
것인데, 까다로운 신고주의에 익숙하지 않은 농민들이 신고 절차를 밟지 않아 토지를 빼앗기는
사례가 많았다. 또한 역둔토驛屯土, 궁장토宮庄土 등을 비롯한 국유지, 동중洞中이나 문중門中의 공
유지共有地는 신고주가 없어 총독부나 유력한 친일인사들에게 넘어갔다. 토지조사사업 결과 13
만 5천 정보의 역둔토와 4만 6천여 정보의 민유지가 총독부 소유로 되었다. 1930년까지 총독

만주 간도벌판에 모인 한국인들 간도 용정龍井 부근의 우시장, 용정은 만주 이민의 첫 기착지로서 한국인의 제2의 고향이 되었다.

부가 소유한 토지는 전 국토의 40%를 차지했다. 그 과정에서 약 10만 건에 달하는 소유권분쟁이 있었으나 총독부의 탄압으로 묵살되었다.

토지조사사업과 병행하여 일본인의 농업이민이 10배로 급증하고, 그들의 소유농지는 4배로 증가하여 큰 지주로 성장해 갔다. 총독부의 지세 수입도 1919년 현재 1911년의 두 배로 늘고 과세지는 10년 사이 52% 증가했다. 결국 근대적인 토지소유권을 확립한다는 핑계로 실시된 토지조사사업은 총독부와 동양척식주식회사의 토지강탈로 귀결되었다. 소수의 지주들만

이 이 사업으로 토지소유권을 획득했으나 자작농이나 자·소작겸농 등 소농들은 대부분 몰락하여 소작농과 농업노동자로 전락하거나 화전민이 되었고 또는 중국 동북부지방 등지로 떠나가는 등의 사례도 많았다. 1918년 당시 소작농과 자·소작겸농은 전체 농민의 77%에 달했으며, 3%의 지주가 경작지의 50% 이상을 소유하는 식민지적 지주제가 성립되었다. 원래 우리나라는 '소작'이라는 말이 없었고, 지주와 작인 사이에는 서로 대등한 협력관계라는 뜻의 '병작'이라는 말이 있었을 뿐이었다. 이러한 병작이 소작으로 바뀐 것은 작인의 지위가 그만큼 격하된 것을 의미한다.

일본은 광산, 어장, 산림 등 자원에 대해서도 수탈을 강화했다. 조선광업령(1915)에 의해 한국인의 광산경영을 억제하고, 미쓰이三井, 후루카와古河 등 일본 광업자본이 들어와 인천·갑산 등 주요 광산을 차지했다. 1920년 현재 일본인 소유 광산은 전체 광산의 80%를 차지하고 한국인 광산은 0.3%에 불과했다.

어업분야에서는 조선어업령(1911)에 의해 황실 및 개인소유 어장이 일본인 소유로 재편성되었다. 일본인은 어업기술이 한발 앞섰기 때문에 어민 1인당 어획고는 한국인의 4배 이상 차이가 나타났다. 1905년에 독도를 강탈한 것도 수산자원 침탈을 위한 것이었다.

국유림을 비롯한 삼림에 대해서도 1908년의 삼림법森林法과 1911년의 삼림령, 1918년의 임야조사사업을 통해 강탈하여 일본인에게 불하했는데, 전체 삼림의 50% 이상이 총독부와 일인 소유로 넘어갔다. 특히 압록강·두만강 유역의 목재를 대대적으로 벌채하여 막대한 이득을 챙겼다. 일본은 우리 민족기업을 탄압하기 위해 회사령會社令(1910. 12)을 다시 공포하여 회사를 설립할 경우 총독부의 허가를 받도록 했다. 그 결과 전기·철도·금융 등 큰 기업은 일본의 미쓰이三井·미쓰비시三菱 등에게 넘어갔고, 인삼·소금·아편 등은 총독부에서 전매했다. 한국인 기업가는 주로 정미업·피혁업·요업·방적업·농수산물 가공업 등 주로 경공업에 한정되었다. 1919년 현재 전체 공장의 자본금에서 일본인은 91%를 차지하고, 한국인은 6% 정도에 지나지

않았다.

교통 부문은 호남선·경원선·함경선 등의 철도가 신설되고, 간선도로가 보수되어 1919년 현재 2,200km 의 철도망과 약 3,000km의 도로망이 구축되었다. 전기 와 전신망도 각각 8,000km, 7,000km 정도로 확장되었 다. 그러나 이러한 시설은 한국인의 조세 부담으로 이 루어진 것이었으며, 일본 식민통치의 수단으로 이용되 었다.

금융 부문도 일본이 장악했다. 조선은행(1911), 조 선식산은행(1918) 그리고 동양척식주식회사(1908)가 금융 계를 장악하고, 지방에는 금융조합이 침투하여 서민금 융을 통괄했다. 조선총독부는 "식민지 경영을 위한 경 비는 식민지에서 마련한다"는 원칙 아래 재정수입을 높이기 위해 세금을 대폭 강화했다. 소득세·수익세·소 비세·교통세·부과세·특별세 이외에 각종 잡부금이 부 과되고, 이들 수입은 주로 한국인을 탄압하고 토목공 사를 일으키는 비용으로 지출되었다.

식민지적 경제구조에서 무역 또한 일본 중심으 로 개편되었다. 수출의 90%, 수입의 65%가 일본으로 집중되었는데, 쌀·잡곡·잎담배 등이 주요수출품이었 고, 옷감·경공업 제품이 들어왔다. 이러한 무역구조가 일본 자본주의의 발달을 촉진시키는 데 기여한 것은 물론이다. 결국 우리나라는 국권상실과 더불어 일본 자본주의의 원료 공급지와 상품시장 그리고 조세수탈 의 일방적인 피해자로 전락하고 말았다.

〈한국인과 일본인의 공업 참여 비교〉(1917년)

업 종	민족별	공장수	자본금(원)
면업, 염직업	한국인	70	236,390
	일본인	36	6,894,989
펄프, 제지업	한국인	51	15,886
	일본인	4	15,000
피혁업	한국인	37	52,900
	일본인	8	1,991,036
요업	한국인	115	137,720
	일본인	67	506,500
비누, 비료제조업	일본인	20	474,200
금속세공업	한국인	106	202,250
	일본인	57	279,270
제재,목공업	한국인	22	33,917
	일본인	43	544,010
제분, 정미업	한국인	154	546,420
	일본인	152	3,682,906
	기타국인	1	500
국수, 제과업	일본인	36	170,250
담배 제조업	한국인	5	211,880
	일본인	21	2,214,413
양조업	한국인	6	101,000
	일본인	108	1,968,485
	기타국인	3	23,000
얼음, 소금	일본인	47	786,281
인쇄업	한국인	11	103,110
	일본인	59	617,965
제련업	한국인	2	15,000
	일본인	26	8,832,555
	기타국인	7	2,207,582
전기, 가스업	한일합작	3	384,733
	일본인	17	4,402,548
	기타국인	1	850,000
기타 공업	한국인	26	226,320
	한일합작	1	25,000
	일본인	35	279,950
	기타국인	1	5,000
총계	한국인	605	1,882,793
	한일합작	4	409,733
	일본인	736	33,660,358
	기타국인	13	3,086,082

2. 1910년대 국외·국내의 민족운동과 3·1 운동

1) 1910년대 국외의 민족운동

일제의 파쇼통치로 국내에서의 독립운동이 어렵게 되자 많은 애국지사들이 만주와 연해 주지방으로 망명하여 적극적인 활동을 전개했다. 이곳은 일제의 침략이 상대적으로 미약했고, 특히 만주의 간도間島(두만강, 압록강 대안) 지방은 대한제국시대 우리 교민들이 많이 이주하여 독립 운동기지로 적당한 곳이었다.

간도와 연해주에서 활약한 독립운동가들은 대부분 대종교를 신봉하던 열렬한 국수주의

이회영(1867~1932)

이동녕(1869~1940)

이상설(1871~1917)

이동휘(1873~1935)

신규식(1879~1922)

인사들이었다. 그들은 간도를 독립기지로 하여 장차 고구려와 발해의 옛땅인 만주를 되찾아 대조선大朝鮮을 세운다는 원대한 계획을 세우고 많은 교육기관·군사기관·산업시설을 설치했으며, 무력에 의한 독립쟁취를 목표로 했다. 말하자면 한말의 의병전쟁을 계승하고 있었다.

대종교인이 세운 독립운동기지로 유명한 것은 이회영李會榮, 이시영李始榮, 이동녕李東寧, 이상룡李相龍 등이 서간도[유하현]의 삼원보에 세운 경학사耕學社라는 자치기관이며, 이를 모체로 하여 독립군 양성을 위한 신흥강습소[1919년 신흥무관학교로 개칭]가 설치되었다. 이밖에 윤세복尹世復[대종교 3세 교주]이 환인지방에 세운 동창학교東昌學校(1911)에는 신채호·박은식 등 저명한 역사가들이 참여하여 여러 가지 위인전기를 편찬하여 교재로 사용했으며, 김교헌金敎獻[대종교 2대 교주]이 지은 《신단실기神檀實記》(1914), 《신단민사神檀民史》(1914, 1923) 등의 역사책도 재만교포들 사이에서 널리 읽혔다. 이곳에서는 역사교육과 군사교육이 가장 중요하게 다루어졌다. 재만 독립운동가들은 1918년 12월에 39명의 대표가 모여 〈대한독립선언서〉[일명 무오독립선언]를 발표하여 무력항쟁의 강렬한 의지를 보여 주기도 했다.

시베리아의 연해주지방에는 이미 1905년 한국인 자치기관인 한민회韓民會가 설치되었고, 〈해조신문〉을 발행하여 언론활동과 한민학교韓民學校(1909)를 중심으로 한 교육활동도 활발했다. 1910년 이후에는 이상설, 이동휘 등이 블라디보스토크海蔘威에 대한광복군정부大韓光復軍政府(1914)라는 최초의 임시정부를 수립하고 독립군을 조직하여 무장투쟁을 계획하고 있었다. 또 이상설은 만주 용정龍井에 서전서숙瑞甸書塾을 세워 민족교육의 요람으로 키웠다. 또한 1917년에는 시베리아 한인의 핵심단체인 전로한족회중앙총회가 결성되고, 1919년에는 대한국민의회大韓國民議會로 발전했다. 이밖에도 연해주에는 권업회勸業會[이상설]·대한청년교육회, 공공회, 대한민공제회, 철혈단鐵血團 등 많은 단체가 설립되어 활동하였다. 그리고 1917년 러시아혁명의 영향을 받아 1918년 이동휘 등은 하바롭스크에서 한인사회당韓人社會黨(1921년 고려공산당으로 재편]을 결성하기도 했다.

한편, 중국 국민당정부와의 긴밀한 협력관계가 편리한 상하이도 해외독립운동의 중심지 중 하나가 되었다. 1912년 대종교의 신규식申圭植이 조직한 동제사同濟社는 대표적 단체였다. 신규식은 신해혁명(1911)에도 참여하여 국민당 인사들과 친교가 깊었는데, 국민당 인사들과 연합하여 동제사를 신아동제사로 개편, 1915년에는 박은식과 더불어 대동보국단大同輔國團을 조직하고 〈진단震壇〉이라는 잡지를 발간하기도 했다. 그의 외교적 활약은 뒷날 대한민국임시정부의 활동에 큰 도움을 주었다. 상하이의 민족지도자들은 1919년 1월 신한청년단을 조직하고, 제1

차 세계대전을 마무리하는 파리강화회의(1919. 1~6)에 김규식金奎植을 대표로 파견
하는 등 활발한 외교활동을 전개했다.

스티븐스
대한제국의 미국인 외교고문

　　미국에서의 민족운동은 한국교민이 많이 거주하는 하와이에서부터 시작되었
는데 1907년에 국민회國民會와 한인합성협회를 조직하는 등 많은 단체가 생겨났다.
한편 미국 본토에서도 역시 한국교민이 있는 샌프란시스코가 중심이 되어 공립협
회共立協會(1905) 등이 조직되었는데, 교민 장인환, 전명운이 친일 망언을 일삼는 스티
븐스를 캘리포니아에서 사살한 사건(1908)을 계기로 재미한국인의 단결이 공고해져
1909년에 하와이교민과 본토교민이 연합하여 국민회[뒤에 大韓人國民會로 개명]를 조직
하기에 이르렀다. 그 중심인물은 박용만朴容萬(1881~1928), 이승만李承晩(1875~1965)이었다.
이승만은 1904년에 미국으로 건너가 조지워싱턴대학과 하버드대학(석사), 프린스턴
대학에서 철학박사 학위를 받고(1910), 하와이에서 독립운동을 전개하다가 1919년
상하이임시정부가 수립되자 44세의 나이로 대통령에 추대되었다.

안창호(1878~1938)

　　한편, 신민회의 회원이던 안창호가 샌프란시스코에서 조직한 흥사단興士團
(1913)의 활동도 활발했다. 재미교포들은 대부분 기독교인으로서 군인양성과 외교
활동에 역점을 두는 민족운동을 전개했다.

　　일본에서는 젊은 유학생들을 중심으로 제1차 세계대전이 끝날 무렵부터
점차 독립운동의 기운이 일어났다. 최팔용崔八鏞이 중심이 된 조선청년독립단은
해외의 독립운동과 제1차 세계대전 후의 민족자결주의 그리고 러시아혁명에 고
무되어 1919년 2월 8일 도쿄의 기독교청년회관에 모여 독립선언서[2·8 독립선언]와
결의문을 발표했다. 이 선언은 국내의 3·1 운동을 일으키는 도화선이 되었다.

2) 1910년대 국내의 민족운동

　　일제의 가혹한 탄압으로 국내의 독립운동은 큰 제약을 받지 않을 수 없었다. 특히 안악사
건과 105인 사건으로 서북지방의 독립운동이 큰 타격을 입었다. 그러나 그러한 제약 속에서도
비밀결사의 형태로 지하에 숨어든 독립운동단체들이 전국 각지로 확산되어 갔다.

　　1910년대의 독립운동은 대체로 무력항쟁을 기본으로 하여 독립군을 직접 양성하거나 지
원하는 방법을 택했다. 그러나 독립후의 국가에 대해서는 대한제국의 회복을 주장하는 측과 주
권재민의 공화국을 건설하려는 측의 노선차이가 있었다.

　　대한제국의 회복을 추구하는 대표적 단체는 독립의군부獨立義軍府(1913)를 들 수 있다. 한말
에 최익현과 더불어 의병전쟁에 참가한 바 있던 임병찬이 주도한 이 단체는 전라남도를 중심
으로 무력항쟁을 벌였으나 1914년에 임병찬이 체포되어 거문도에 유배되었다가 자결함으로써
끝났다(1916). 이밖에 1907~1915년에 황해도·평안도 지방을 중심으로 한 채응언蔡應彦의 의병활
동도 있었다.

　　공화국 건설을 목표로 한 비밀단체로는 박상진朴尙鎭, 김좌진金佐鎭 등이 1913년에 조직한
대한광복단(1915년 大韓光復會로 개편)의 활동이 두드러졌다. 대구에서 결성된 이 단체는 각도에 지

의병장 채응언 1915년 체포당시 모습

부를 두고 해외의 애국지사들과 연계하여 군대양성과 친일파 숙청을 도모하다가 1918년에 발각되어 잠시 그 활동이 위축되었으나, 3·1 운동 이후에 활발한 투쟁을 계속했다.

경상도 지방에서는 대종교에 귀의한 윤상태尹相泰, 서상일徐相日, 이시영 등 유생들이 1915년 조선국권회복단을 조직했다. 이들은 3·1 운동이 일어나자 이에 적극 참여하여 만세운동을 주도했다.

평안도 지방에서 일어난 공화주의 단체로는 조선국민회朝鮮國民會(1917)[29]를 들 수 있다. 평양의 숭실학교 학생과 기독교청년들이 중심이 되어 조직한 이 단체는 하와이의 대조선국민단 및 간도의 독립운동단체와 연계하면서 군자금을 모으고 무기를 구입하기 위해 활동했으며, 3·1 운동 당시 평안도의 만세운동을 주도했다.

이밖에 서울에서 교사들이 중심이 되어 조직한 조선산직장려계朝鮮産織獎勵成(1914), 함경남도 단천에서 조직된 자립단(1915), 평양 숭실여학교 교사들이 조직한 송죽회松竹會(1913), 민단조합(1915), 자진회自進會(1918) 등 수많은 비밀결사가 활동했는데, 이들은 주로 교육문화활동과 실력양성에 치중했다.

1910년대의 민족운동을 주도한 것은 도시의 중산층과 교사·학생·유생 등 지식인층이 중심이었으며, 기독교·불교·대종교·천도교 등 종교단체와 깊이 연결되어 있었다. 또한 사립학교와 서당도 독립정신을 고취하는 교육문화운동의 중요한 거점이 되었다. 이와 같이 1910년대의 축적된 역량이 1919년의 3·1 운동으로 폭발하게 된 것이다.

3) 3·1 운동의 전개

이미 을사늑약 이후로 일본의 강도적 침략행위에 대한 각계각층의 분노와 대각성이 일기 시작하고, 1910년 이후의 야만적 탄압통치를 경험하면서 그 분노와 각성은 계층적으로나 지역적으로 한층 확장되면서 민족의 역량이 하나로 결집되어 갔다. 드디어 1919년 3월 1일 전 세계를 깜짝 놀라게 한 평화적 만세운동이 전국 각지에서 일어났다.

3·1 운동은 개항 이후 척사운동에서 시작하여 동학농민전쟁과 의병전쟁 그리고 구국계몽운동으로 이어져 온 항일투쟁의 연장선상에서 일어난 것이지만, 그것이 1919년 3월 1일에 발생한 직접적인 원인은 국내외의 특수한 상황에서 찾을 수 있다.

첫째, 1917년에 러시아혁명이 일어나고, 뒤이어 1918년에 제1차 세계대전이 전체주의 국가의 패배로 끝나면서 이제 전 세계는 군국주의·제국주의가 후퇴하고 인도주의·평화주의·민족자결주의 시대가 도래한다는 믿음이 널리 확산되어 있었다. 미국 윌슨 대통령의 주도로 국제연맹이 결성되고 민족자결주의가 제창되면서 세계 개조에 대한 믿음은 더욱 크게 확산되었다. 우리의 독립운동가들은 이러한 국제정세의 변동을 우리 민족이 독립할 수 있는 호기로 포착하여 인도주의적·평화적 도수혁명徒手革命(맨손혁명)으로 거국적 만세운동을 벌이게 된 것이다.

---

29) 북한에서는 김일성의 아버지 김형직金亨稷이 조선국민회를 주도했다고 주장한다.

둘째, 세계정세에 예민하지 못한 일반 민중의 일본에 대한 적개심을 한층 북돋우는 사건이 1919년 1월 21일에 일어났다. 그것은 이날 밤 덕수궁 함녕전에서 식혜를 먹고 갑자기 승하한 고종 황제를 일제가 독살했다는 소문이 퍼진 것이다. 황제는 일제의 독립운동 포기 요구를 끝까지 거부하고, 후궁 귀인 장씨의 소생 의[친]왕 이강義親王 李剛(1877~1955)과 더불어 독립운동을 후원하여 국민의 흠모를 받다가 갑자기 승하한 것이다. 고종의 장례식은 3월 3일로 정해져 있었고,

고종황제의 승하를 애도하는 국민들(1919. 1. 22) 덕수궁 대한문 앞

3월 1일은 장례의 습의習儀[예행연습]를 치를 예정이어서 이날 많은 군중이 모인 것이다.

셋째, 해외의 독립운동가들이 제1차 세계대전의 뒷처리를 위해 파리강화회의가 열리고 있는 것을 기회로 맹렬한 독립외교를 펼친 것이 국내인사들에게 큰 자극을 주었다. 윌슨의 민족자결주의에 고무된 미주의 대한인국민회는 1918년 12월에 파리강

3·1 독립선언서

화회의에 이승만 등을 대표로 보내려고 했으나 실현되지 못했고, 1919년에 들어와 신한청년당이 김규식을 파리강화회의(1919.1~6)에 파견하여 〈독립청원서〉를 제출했다. 그리고 1919년 2월에는 도쿄의 한국인 유학생들이 조선기독교청년회관에서 독립선언서[2·8 독립선언]를 발표했다.

국내의 독립운동가 중에서는 그동안 온건한 교육·외교·문화운동에 주력해 오던 종교단체가 이와 같은 국제정세의 흐름에 가장 예민하게 반응을 보였다. 그리하여 손병희, 최린崔麟 등 천도교 인사, 이승훈李昇薰 등 기독교계 인사, 한용운

3·1 운동 가두행진 3·1 운동 이후 미주 지역에서 태극기를 들고 가두행진을 하고 있는 한인교포들

韓龍雲 등 불교계 인사들이 연합하여 대외적으로 우리의 독립을 청원하고, 대내적으로는 대중화·일원화·비폭력의 3대 원칙에 따라 운동을 진행한다는 방침을 세웠다. 그리고 거사시기는 고종의 장례일인 3월 3일의 이틀전인 3월 1일 정오로 정했다. 민족대표 33인의[30) 이름으로 서

---

30) 3·1 운동을 주도한 민족대표 33인의 명단은 다음과 같다. 손병희孫秉熙(대표), 권병덕權秉悳, 권동진權東鎭, 김창준金昌俊, 김병조金秉祚, 김완규金完圭, 백용성白龍成, 이필주李弼柱, 길선주吉善宙, 이승훈李昇薰, 이명룡李明龍, 이갑성李甲成, 유여대劉如大, 양한묵梁漢默, 양전백梁甸伯, 나인협羅仁協, 나용환羅龍煥, 신석구申錫九, 신홍식申洪植, 박동완朴東完, 박희도朴熙道, 박준승朴準承, 임예환林禮煥, 이종일李鍾一, 이종훈李鍾勳, 홍기조洪基兆, 홍병기洪秉箕, 한용운韓龍雲, 최린崔麟, 최성모崔聖模, 정춘수鄭春洙, 오화영吳華英, 오세창吳世昌. 그러나 33인 가운데 박희도, 최린, 정춘수 등 3명은 뒤에 친일인사로 변절했다.

동대문 일대의 시위 군중

부녀자들의 만세행진

광화문 비각 앞의 시위군중

작두와 칼로 목이 잘린 시신들

화성군 제암리 주민학살 현장

명한 〈독립선언서〉[31]도 이종일李鍾一에 의해 비밀리에 준비되어 전국에 미리 배포되었다.

서울의 민족대표들은 원래 군중이 많이 모이는 탑골공원에서 독립선언서를 낭독할 예정이었으나, 폭력사태가 일어날 것을 염려하여 음식점인 태화관泰和館[인사동 소재]으로 옮겨 독립선언서를 낭독하고 일제 관헌에 이 사실을 알려 주어 자진 투옥되었다. 그 대신 탑골공원에서는

---

31) '독립선언서'를 기초한 인사는 최남선崔南善이다.

학생들이 독립선언서를 낭독한 다음 군중시위를 주도했다.

서울시위와 때를 같이하여 평양·진남포·안주·의주·선천·원산 등 이북지역의 주요도시에서 태극기를 들고 나와 '대한독립만세'를 외치는 만세운동이 일어났으며, 3월 10일을 전후해서는 남한 일대로 파급되어 각 지방의 중소도시와 농촌에까지 확산되어 갔다. 5월 말까지 지속된 이 운동에는 전국 218개 군에서 2백여 만의 주민이 1,500여 회의 시위에 참가하여 그야말로 거족적인 독립의지를 유감없이 보여 주었다. 그 주도층은 지식인·청년·학생·종교인 등이었지만, 중소상공인과 노동자·농민 등 모든 계층이 망라되었다.

서대문 형무소의 유관순(1902~1920)

3·1 운동은 비폭력, 무저항주의로 출발했지만 시위가 확산될수록 동맹파업과 예금인출 그리고 전차공격과 광구파괴, 면사무소와 헌병주재소 습격 등 점차 폭력적 형태로 발전해 갔다.

거족적인 3·1 운동에 놀란 일본은 군대, 헌병, 경찰을 모두 풀어 시위자를 폭도로 규정하고 발포, 살육 그리고 고문, 방화 등 무자비한 방법으로 탄압했다. 특히 농촌에서의 탄압은 처참하기 이를 데 없었다. 예컨대 경기도 화성군 송산면에서는 마을 전체를 불태우고 마을주민을 학살하였으며, 화성군 향남면 제암리에서는 마을주민을 교회에 가두고 불질러 타 죽게 하였다(4. 15). 전국적으로 7천 5백여 명이 피살되고 4만 6천여 명이 체포되었으며, 1만 6천여 명이 부상당했다. 49개 소의 교회와 학교, 715호의 민가가 불타버렸다. 또한 천안의 아오내[並川] 장터에서 만세시위를 벌이다 체포되어 악랄한 고문 끝에 죽은 유관순柳寬順 소녀의 경우처럼 체포당한 인사들의 고통은 말하기 어려울 정도였다.

3·1 운동은 그 목표가 대한의 독립이었으며, 태극기가 독립의 상징물이었다. 이 상징물은 바로 대한제국의 상징물이기도 하다. 따라서 대한제국의 부활을 독립으로 생각했던 것이다. 이 운동은 당장 독립을 성취하는 효과를 가져오지는 못했지만 우리 민족의 독립운동을 한 차원 높이는 계기를 가져왔을 뿐 아니라, 일제의 파쇼통치를 소위 '문화통치'로 바꾸는 전기를 마련했다. 3·1 운동은 또한 세계 약소민족국가들의 민족운동을 고양시키는 파급효과를 가져왔는데, 중국에서 일어난 5·4 운동(1919)과 인도에서의 비폭력 무저항운동 그리고 베트남·필리핀·이집트 등지에서의 민족해방운동에 큰 자극을 주었다.

제6장 일제강점기(2)
1920년대 실력양성운동과 민족협동운동

1. 일제의 기만적 문화통치와 경제수탈

1) 문화통치의 기만성

3·1운동으로 우리 민족의 강인한 독립의지를 알게 된 일제는 '문화의 창달과 민력의 충실'을 시정방침으로 하는 이른바 '문화통치'를 내걸었다. 무단통치武斷統治에서 유화적인 문화통치文化統治로 바뀌면서 몇 가지 개량적인 조치가 취해졌다. 헌병경찰제를 보통경찰제로 바꾸고, 관리나 교원의 제복과 칼차기를 폐지했으며, 언론·출판·집회·결사를 제한적으로 허용했다. 그리고 의회를 설립하여 참정권을 부여한다는 명목아래 지방행정기관인 도·부·면에 협의회協議會를 설치하여 친일인사들을 위원으로 임명했다.

그러나 일제의 문화통치는 우리 민족을 기만하면서 민족분열을 부추기기 위한 고도의 술책에 지나지 않았다. 총독을 무관에서 문관으로 바꾼다는 약속은 애당초 지켜지지 않았다. 3·1운동 이후 새로 총독으로 온 사이토 마코토齋藤實[32] 이후 6명의 총독[33]은 모두 육·해군 대장이었다. 헌병경찰을 보통경찰로 바꾸면서 전국의 경찰관서와 경찰관을 3배 이상 늘리고, 부와 군마다 한 개의 경찰서, 면마다 한 개의 주재소駐在所를 설치하여 거미줄 같은 탄압망을 짜놓았다.

언론·집회·결사의 자유 허용도 허위와 기만에 가득찬 것이었다. 치안유지법治安維持法(1925)을 만들어 저들

사이토 마코토(1858~1936)

〈한국인과 일본인의 학생수 비교〉(1925년)

학교	민족별	학생수	인구 1만명에 대한 비율	비율의 비교
초등학교	한국인	386,256	208.20	1
	일본인	54,042	1,272.35	6
중등학교(남)	한국인	9,292	5.01	1
	일본인	4,532	106.70	21
중등학교(여)	한국인	2,208	1.19	1
	일본인	5,458	128.50	107
실업학교	한국인	5,491	2.96	1
	일본인	2,663	62.70	21
사범학교	한국인	1,703	0.92	1
	일본인	611	14.38	16
전문학교	한국인	1,020	0.55	1
	일본인	605	14.24	26
대학(예과)	한국인	89	0.05	1
	일본인	232	5.46	109

자료: 조선총독부 통계연보(1925년도), p.656~657

---

32) 사이토 총독은 부임 직후인 1919년 9월 2일 마차를 타려는 순간 64세 고령인 강우규姜宇奎(1855~1920) 의사의 폭탄세례를 받았으나 살아 남았고, 수행자 37명이 중경상을 입었다. 강우규는 1920년 11월 29일 서대문형무소에서 형장의 이슬로 순국했다.

33) 역대총독 명단은 다음과 같다. 1대 데라우치 마사타케寺內正毅, 2대 하세가와 요시미치長谷川好道(1916), 3대 사이토 마코토齋藤實(1919), 임시대리 우가키 가즈시게宇垣一成(1927), 4대 야마나시 한조山梨半造(1927), 5대 사이토 마코토(1929), 6대 우가키 가즈시게(1931), 7대 미나미 지로南次郎(1936), 8대 고이소 구니아키小磯國昭(1942), 9대 아베 노부유키阿部信行(1944)

의 비위에 거슬리는 언론·집회·결사를 탄압하
고 검거했기 때문이다. 〈동아일보〉(1920), 〈조선
일보〉(1920), 〈시대일보〉(1924)와 같은 우리말 신
문의 창간이 허용되었으나, 심한 검열을 받아
삭제·압수·벌금·정간 등의 사건이 끊이지 않
고 일어났다. 결국 언론을 허용하는 척하면서
친일언론으로 길들이기 위함이었다. 결사나 집
회의 허용도 친일단체를 조직하는 데 이용되
었다. 대동사문회大東斯文會, 유교진흥회, 조선불
교교무원, 상무당, 조선경제회 등의 친일단체를
만들어 자산가·유학자·종교인들을 포섭하고,
노동자·농민·학생 그리고 사회주의 단체들의
조직과 집회는 가차없이 탄압했다.

광화문 비각에 세워진 입후보자들 입간판 한국인 자치를 허용한다는
미명하게 각급 의회의원을 선거하자 친일인사들이 후보로 나섰다.

　　국외에서도 탄압은 역시 혹독했다. 만주
에서는 독립군에 대한 보복으로 1920년 이른
바 훈춘사건琿春事件[34]을 조작하여 3천여 명의
북간도교민을 학살했고, 일본에서는 1923년 관
동대진재關東大震災 때 한국인이 폭동을 일으켰
다고 허위선전하여 자경단自警團으로 하여금 도
쿄와 그 인근지역에 살던 7천여 명의 교민을
참살하는 만행을 저질렀다. 이를 '관동대학살'
이라고 한다.

관동대학살 도쿄 야나기바시柳橋 집단학살 현장

　　일제는 한국인의 독립정신을 말살하기 위
해 무엇보다도 한국인의 자존심을 부추기는 역
사의식을 바꿔야 한다고 생각했다. 특히 박은
식朴殷植이 일제의 한국침략사를 서술하여 중국
상하이에서 발행한 《한국통사韓國痛史》(1915)가
독립운동가들 사이에 널리 읽히는 것에 충격을
받아 대대적인 역사왜곡작업에 나서기 시작했
다. 1915년에 중추원을 중심으로 우리나라 역

경성제국대학 종로구 동숭동

사를 왜곡하는 편찬사업을 시작하다가 3·1 운동 이후 이를 확대하여 1922년 총독부 산하에 조
선사편찬위원회(1925년 조선사편수회로 개편)를 설치하고 일본인 어용학자와 일부 한국인 역사가를
참여시켜 35권의 방대한 자료집인 《조선사》를 간행했다. 이 사업은 원래 10개년 계획이었으나

---

34) 훈춘사건은 일본이 만주의 한국독립군을 토벌할 명분을 얻기 위해 중국 마적을 매수하여 훈춘의 일본영사관
　　을 습격하게 하고 이를 한국인에게 뒤집어씌워 학살한 사건이다.

차질이 생겨 16년이란 작업 끝에 1937년 완성되었다. 이 책에는 한국상고사에 관한 자료들이 고의적으로 삭제되었다.

또한 한국인의 교육열을 무마하기 위해 이른바 신교육령新敎育令(1922)을 발표하고 일본인과 한국인을 동등하게 교육시킨다는 이념을 표방했다. 그리하여 최초의 대학기관으로 경성제국대학京城帝國大學(1924)[35]을 설치하고 전체 학생의 약 3분의 1 정도를 한국인에게 할당했다. 그리고 전문학교 설치를 허용하고, 초등교육과 실업교육을 약간 강화했지만, 한국인 학령아동의 약 18%만이 취학하는 데 그쳤다. 그나마 민족교육은 제외되고 일본문화에 동화시키는 교육만이 시행되었다. 그리하여 일제시대 교육받은 인사들이 독립운동에 기여하는 측면은 적을 수밖에 없었다.

2) 경제수탈의 강화

일본은 1910년대 이후 자본주의 경제가 급속하게 발전하면서 농민들이 도시에 몰려 식량조달에 큰 차질이 빚어졌다. 이를 해결하기 위해 이른바 산미증식계획을 세웠다. 이 계획은 토지개량수리개선, 지목변경·개간과 농사개량시비증가·견종법개선을 통해 식량생산을 대폭 늘려 일본으로 더 많은 쌀을 가져가고 우리나라 농민생활도 안정시킨다는 목표로 추진되었다. 그러나 제 1차(1920~1925)·제2차(1926~1934) 계획이 계속 추진되었음에도 불구하고 1936년 현재 쌀생산량은 1920년보다 약 30%가 증가한 데 불과했으나, 일본으로의 반출량은 약 8배로 증가했다. 1932~1936년의 평균 쌀생산량은 1,700만 석인데, 일본으로 가져간 것은 그 절반이 넘는 876만 석이었다. 그 결과 한국인 1인당 연간 쌀소비량은 1920년의 약 7두에서 4두 정도로 줄어들었다. 이에 비해 일본인은 1년에 1인당 1석 2두를 소비했다. 한국인은 부족한 식량을 만주에서 들여오는 잡곡조·수수·콩 등으로 메꾸었다.

〈쌀 생산량과 반출량〉

연 도	생산량	반출량	국내 1인당 소비량
1912~1916 평균	1,230만 석	106만 석	0.72석
1917~1921 평균	1,410만 석	220만 석	0.69석
1922~1926 평균	1,450만 석	434만 석	0.59석
1927~1931 평균	1,580만 석	661만 석	0.50석
1932~1936 평균	1,700만 석	876만 석	0.40석

자료: 안병태,《조선사회의 구조와 일본제국주의》, p.264

〈1916년 농촌의 계급구성〉

계 급	호 수	백분비
지주	66,391	2.5%
자작	530,195	20.1%
자작 겸 소작	1,073,360	40.6%
소작	971,208	36.8%
합 계	2,641,154	100.0%

자료: 이여성·김세용,《숫자조선연구》1, p.20

우리나라 농민들은 식량사정만 나빠진 것이 아니라, 과도한 수리조합비로 자작농이 소작농으로 몰락하는 사례가 많았고, 농업구조와 유통구조까지 쌀 중심으로 개편되어 경제구조의 파행성이 심화되었다. 결국 일제의 산미증식계획은 1920년대 이후 소작쟁의가 격화되는 원인을 제공했다.

한편, 일본은 일본자본의 침투를 촉진시키기 위해 회사령을 철폐하여(1920) 회사설립을 허가제에서 신고제로 완화했다. 이로써 일본인 자본가의 투자가 크게 늘어났는데, 1930년 현재 회사자본의 62.4%를 일본인이 차지하고, 한·

---

35) 경성제국대학은 법문학부(법과, 철학과, 사학과, 문과), 의학부 그리고 예과로 구성되었다. 법문학부는 지금의 동숭동뒤의 서울대학교에, 의학부는 영희전永禧殿옛 景慕宮이 있던 지금의 서울대학교 의대에, 그리고 예과는 청량리에 두었다. 1941년에는 다시 이공학부를 증설했다.

일합자가 30.8% 그리고 한국인은 6.4%에 불과했다. 투자대상은 주로 상업·공업·운수업에 치중했는데, 공업과 관련된 것으로는 조선수력전기회사에 의한 부전강수력개발(1926)과 함경도 흥남에 건설된 질소비료회사가 규모가 큰 것이었다.

군산항의 쌀 군산은 1899년 개항하여 한국쌀 수탈기지로 급성장했다.

한국인이 건설한 회사로는 호남지주 출신의 김성수金性洙와 김연수金秊洙 형제가 세운 경성방직주식회사의 규모가 큰 편이었고, 대구와 평양의 메리야스 공장, 부산의 고무신 공장 등이 민족기업으로 성장했다. 그러나 대부분의 한국인 회사들은 중개상업·고리대·토지투기 등 비생산적인 부분에 투자하여 대자본으로 성장하지 못했다. 그러나 1920년대에 회사가 크게 늘어남으로써 노동자층이 확산되고 농민·노동자운동이 일어나게 되었다.

그밖에 일본은 목화재배를 장려해 헐값으로 가져가고, 누에고치 생산을 강제해 통제가격인 헐값으로 가져갔으며, 광업생산의 80% 이상을 독점했다. 그리고 연초전매제도(1921)와 교통·체신의 관영사업을 통해 총독부 수입을 늘리고, 총독부재정의 80%에 해당하는 액수를 각종 세금을 통해 충당했다. 총독부는 크게 늘어난 수입을 일본인 지주와 자본가를 지원하고 각종 탄압기관을 운영하는 데 지출했다.

2. 대한민국임시정부의 수립과 활동

3·1 운동을 전후하여 독립운동가들 사이에서는 임시적 형태의 근대정부를 세우려는 움직임이 활발하게 진행되었다. 독립 후의 국가를 준비하고, 독립운동을 효과적으로 조직하기 위함이었다. 고종황제의 죽음으로 높아진 반일감정이 정부건설운동을 촉진시키는 요인이 되었다. 명성황후의 죽음이 대한제국을 건설하는 촉진제가 된 것과 비슷한 현상이 나타난 것이다.

1919년 2월부터 4월 사이에 국내외에서 민주공화국 건설을 위한 여러 임시정부가 세워졌다. 제일 먼저 망명인사들이 많이 모인 소련의 블라디보스토크[海蔘威]에서 3월 21일 손병희孫秉熙(1861~1922)를 대통령, 이승만李承晚(1875~1965)을 국무총리, 이동휘李東輝(1873~1935)를 군무총장으로 하는 대한국민의회가 세워지고, 이어 두 번째로 상하이의 프랑스 조계지에서 4월 11일 대한민국 가정부가 세워졌다. '임시헌장'을 만들어 3권분립에 입각한 민주공화정을 표방한 가정부는 의정원의장에 이동녕李東寧(1869~1940), 국무총리에 이승만, 그리고 국무위원을 임명했다.

세 번째로 세워진 정부는 3·1 운동을 주도한 인사들이 주축이 되어 13도 대표를 모아 4월 23일 서울에서 선포한 한성정부漢城政府이다. 여기에는 집정관 총재에 이승만, 국무총리 총재에 이동휘를 추대했다. 한성정부는 형식상 국민대표가 세우고, 미국의 UP 통신(United Press)이 이를 보도하여 법통상으로는 가장 권위가 있었다.

이렇게 한국, 소련, 중국 세 곳에 임시정부가 세워지자 이를 통합할 필요성이 제기되었는

대한민국임시정부 인사들 신민회 최고위간부인 안태국安泰國(?~1920) 선생 장례식에 참석한 임시정부 인사들. 중국 상하이 교외

데, 지리적으로 망명정치인을 받아들이고 있는 상하이의 프랑스 조계지가 가장 유리하다고 판단하여 이곳에 통일정부를 수립하게 되었다. 그리하여 1919년 9월 6일 세 정부를 통합하고 '임시헌장'을 개정하여 57개 조에 이르는 '임시헌법'을 만들고, 이에 따라 9월 11일에 정부각료를 임명했다. 대통령에 이승만, 국무총리에 이동휘, 각료로는 이동녕(내무), 박용만(외무), 노백린(군무), 이시영(재무), 신규식(법무), 김규식(학무), 문창범(교통), 안창호(노동국)가 임명되었다.

대한민국임시정부가 국호를 '대한민국'으로 정한 것은 대한제국의 정통성을 계승한다는 의미가 있었다. '임시헌법'에서 "구황실舊皇室을 우대한다"고 천명한 것이나, 대한제국의 국기인 태극기를 국기國旗로 정한 것, 대한제국의 정치목표인 민국民國이란 호칭을 받아들인 것도 대한제국의 정통성을 계승한 것이었다. 이는 3·1 운동에서 전국민이 "대한독립만세"를 외친 뜻을 받드는 것이기도 하다.

고종황제의 둘째 아들인 의왕 이강義王 李堈을 탈출시켜 추대하려던 시도[대동단사건]가 있었으나, 1919년 가을 만주에서 일본 관헌에 붙잡혀 실패로 끝났다. 그러나 이강은 일본이 명성황후를 시해하고, 한일합방조약의 무효를 주장한 고종황제를 죽음에 이르게 했다는 것을 중국 언론에 폭로했다. 만약 이강이 합류했더라면 임시정부의 위상은 법적인 측면에서도 망명정부의 성격을 띨 수도 있었을 것이다. 그래도 양녕대군의 후손인 이승만이 대통령에 임명된 것은 임시정부의 위상을 높이는 데 기여했다.

하지만 대한민국임시정부는 대한제국의 정체政體인 제정帝政을 공화정共和政으로 바꾸었다는 점에서 새로운 정부의 출현을 의미한다. 그러니까 '대한'이라는 국가는 이어지고, 정부가 바뀐 것이다.

임시정부는 분열된 민족운동을 통합하고, 국제외교를 통해 주권국가로 인정받는 데 주력했다. 하부조직으로는 본국과의 연락을 위해 도, 군, 면에 책임자를 두는 연통부聯通府와 교통국交通局을 설치했으며, 〈독립신문獨立新聞〉을 기관지로 발행했다.

외교활동으로는 1919년 6월에 제1차 세계대전의 뒤처리를 위한 파리강화회의가 열리자 김규식金奎植(1881~1950)을 파견하여 20개 항의 '독립청원서'를 각국 대표에 발송했다. 그 요지는 ① 일본 및 열국은 대한제국과 맺은 조약에 기초하여 독립을 보전할 책임이 있으며, ② 일본은 속임

수와 폭력으로 대한제국을 병합했으므로 열국은 응당 이에 간섭해
야 하며, ③ 한국인은 3·1 운동을 통해 일본의 침략에 저항하여 독립
을 선언했으며, ④ 한일합방조약의 영원한 폐기가 파리강화회의의
권리인 동시에 책임이라는 것이다. 그러니까 세계 각국이 승인한 대
한제국을 한국인의 의지와 관계없이 약탈한 '한일합방조약'을 무효
화할 책임이 일본과 세계 각국에 있다는 것을 지적한 것이다.

대한민국임시정부는 파리강화회의를 통한 외교뿐 아니라,
더 나아가 워싱턴, 파리, 북경 등 주요 강대국의 수도에 외교관을
파견하여 강대국의 승인을 받고자 했다. 특히 대통령 이승만은 국
제외교가 절실하다고 느끼고, 미국에 머물면서 미국 대통령에게
국제연맹에 의한 위임통치를 청원하는 등 활발한 외교활동을 전개

대한민국임시정부 중국 상하이 소재

했다. 당시 임시정부는 법적인 정통성이 없어서 국제적으로 승인을 받지 못하고 있
었기 때문에 외교적인 노력이 필요했던 것이다.

그러나 사회주의 계열 인사들은 외교보다 적극적인 무장투쟁이 필요하다고 주
장하면서 이승만의 사임을 요구하고 나서 노선갈등이 일어났다. 이에 이승만은 상
하이로 와서 6개월간 체류하면서 사회주의 계열의 국무총리 이동휘를 해임시키고
(1920), 이동녕李東寧, 신규식申圭植, 노백린盧伯麟을 번갈아 국무총리대리로 임명했다.

임시정부 안에 노선갈등이 일어나자 이를 조정하기 위해 1923년 1월에 국민
대표회(1923. 1~1923. 5)가 소집되었다. 그러나 이 모임에서도 임시정부의 조직만 개조하
자는 개조파와 완전히 해체한 후 새 정부를 구성하자는 창조파, 그리고 임시정부를
그대로 두자는 현상유지파(이동녕, 김구 등)가 엇갈려 결론을 내지 못했다.[36]

박은식(1859~1925)
역사학자·독립운동가

그 뒤 개조파와 창조파는 대부분 상하이를 떠나 임시정부의 권위는 크게 떨어졌
는데, 현상유지파는 1925년에 이승만을 해임시킨 다음 두 번째로 헌법을 개정하여 국무령 중심의
의원내각제로 바꾸고, 창조파의 박은식朴殷植(1859~1925)을 제2대 대통령으로, 이상룡李相龍(1858~1932)
을 국무령으로 추대했다. 이어 1927년에는 세 번째로 헌법을 개정하여 국무령國務令을 없애고 집
단지도체제 형식의 주석제主席制를 채택했는데, 이동녕과 김구金九(1876~1949)가 잇달아 주석에 취임
했다. 또 이때 한국독립당韓國獨立黨을 처음으로 결성하여 정당정치를 운영하기 시작했다.

1931년에 일본의 만주침략이 시작되자(만주사변), 임시정부는 무력투쟁노선을 따르기 시작
했다. 1932년에 주석 김구는 무장공격단체인 한인애국단韓人愛國團을 조직했는데, 단원 이봉창李
奉昌은 1932년 1월 도쿄 요요기 연병장에서 히로히토 천황裕仁天皇에게 수류탄을 던졌으나 실패
했다. 같은 해 4월에 윤봉길尹奉吉은 채소장수를 가장하여 상하이 훙커우 공원虹口公園에서 열린

---

36) 개조파는 실력양성을 우선으로 하면서 자치운동과 외교활동을 강조했는데, 이를 지지하는 인사는 안창호와
상하이파 공산주의자 등 57명 정도였다. 한편 창조파는 무력항쟁을 강조하면서 조선공화국 수립을 내세웠는
데, 원세훈元世勳, 김규식金奎植, 김창숙金昌淑, 박은식朴殷植, 신채호申采浩, 이동휘李東輝, 이상룡李相龍 등 민족주의
좌파계열과 소련 내 공산주의자 등 80여 명의 지지를 얻었다. 창조파의 노선은 의병전쟁의 노선을 계승했다
고도 볼 수 있다.

천황생일 경축식에서 폭탄을 던져 일본군 최고사령관 시라카와白川 대장을 죽게 했다.

애국단사건을 계기로 일본의 압박이 심해지자 김구를 비롯한 각료들은 상하이를 떠나 항주杭州, 가흥嘉興, 진강鎭江 등지로 이동했다. 이 무렵 중국과 미국에 흩어져 있던 우파와 좌파의 독립운동단체들은 통일전선의 필요성을 느끼고 1933년에 한국대일전선통일동맹을 결성했는데, 1935년에는 노선갈등이 일어나 조선민족혁명당과 한국국민당으로 갈라졌다.

1937년에 일본이 중일전쟁을 일으키자 임시정부는 이에 대응하기 위해 광복군光復軍(1940)[37]을 결성하고, 1941년에 태평양전쟁이 발발하자 중국 국민당과 힘을 합쳐 대일전선에 참가했다. 그 사이 전세에 따라 국민당정부가 수도를 옮기자, 임시정부도 이를 따라 난징紫江[기강부근]과 충칭重慶[중경]으로 이동했다. 이 무렵 한국국민당을 한국독립당(1940)으로 다시 개편하고, 조소앙趙素昻의 삼균주의三均主義를 채택하여 좌우통합노선을 따랐다.

임시정부는 주석의 지도력을 높이기 위해 1940년 10월에 네 번째로 헌법을 고쳐 주석중심제로 바꾸어 주석인 김구의 지도력이 한층 강화되었다.[38] 그 뒤 1941년에는 좌파계열의 조선민족혁명당이 임시정부에 참여하고, 1942년에는 김원봉金元鳳이 조직한 조선의용대(약 400명)도 광복군에 편입되어 임시정부와 광복군의 위상이 한층 높아졌다. 1944년에는 이렇게 확대된 인사들을 지도부에 참여시키기 위해 다섯 번째로 헌법을 개정하여 부주석제를 신설하고, 국무위원과 행정부를 나누었다.[39]

태평양전쟁기 광복군의 일부는 인도, 미얀마[버마] 전선까지 진출하고, 일부는 미군의 특수부대인 OSS[전략정보체]와 협동작전을 벌였으며, 또 일부는 일본군에 편입되어 있던 한국인을 광복군으로 복귀시키는데 노력했다. 일본 관동군 장교였던 박정희朴正熙가 광복군에 들어온 것이 이 무렵이다.

그러나 임시정부는 이렇게 적극적인 항일전쟁을 벌였음에도 불구하고 끝끝내 연합국의 승인을 얻지 못했다. 그 이유는 망명정부도 아니고, 영토와 주권을 가진 국가가 아니었을 뿐 아니라, 소련이 반대하여 중국과 미국 등이 소극적인 태도를 보였기 때문이었다. 실제로 상하이 임시정부는 가장 대표적인 독립운동단체의 성격이 더 강했다.

임시정부의 정책과 건국강령에 대해서는 뒤에 다시 설명할 것이다.

3. 만주지역의 무장투쟁

상하이 임시정부가 평화적인 독립운동을 펼치고 있는 동안 약 50만 명 정도의 우리 동포

---

37) 광복군 총사령관은 이청천, 참모장은 이범석이었다.

38) 1940년 임시정부의 국무위원 명단은 다음과 같다. 김구(주석), 조완구(내무), 조소앙(외무), 조성환(군무), 박찬익(법무), 이시영(재무), 차이석(비서장)

39) 1944년의 국무위원은 김구(주석), 김규식(부주석), 이시영, 조성환, 황학수, 조완구, 차이석, 장건상, 박찬익, 조소앙, 성주식, 김붕준, 유림, 김원봉, 김성숙, 조경한이다. 행정 각부의 책임자는 조소앙(외무), 김원봉(군무), 조완구(재무), 신익희(내무), 최동오(법무), 최석순(문화), 엄항섭(선전)이다.

가 살고 있던 만주지방에서는 무력으로 일제와 싸우는 독립군 활동이 거세게 펼쳐지고 있었다. 망명인사와 동포들이 힘을 합쳐 경제적 기반을 다지고, 군대를 양성하여 독립전쟁 기지를 튼튼하게 만들어 놓았기 때문이었다.

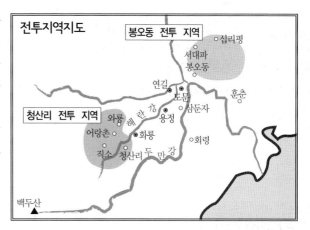

3·1 운동을 전후하여 만주와 연해주에는 30여 개의 독립군 부대가 조직되어 있었는데, 국수적이고 민족주의적인 종교인 대종교를 신봉하던 박은식, 신채호, 김교헌 등이 쓴 역사책을 교재로 배워 정신적으로도 강인하게 무장되어 있었다. 그들은 본국의 해방뿐 아니라, 우리의 옛 강토였던 만주지역을 수복하여 장차 대조선을 건설한다는 웅장한 목표를 세우고, 만주에 살고 있던 만주족[여진족], 거란족, 몽고족 등을 우리와 핏줄을 같이하는 배달겨레로 간주하여 동화시켜 나가기도 했다. 대종교인들이 쓴 역사책이 우리 역사의 중심무대를 만주에 두고, 몽고족이 세운 원나라, 거란족이 세운 요나라, 여진족이 세운 금나라와 청나라를 한국사로 편입시켜 서술한 이유가 여기에 있었던 것이다.

청산리전투에서 대승한 김좌진부대
길림성 용정시 안도현 동쪽 삼도구

1920년대에 활동한 독립군 부대 가운데 명성이 높았던 것은 서간도[압록강 이북]와 북간도[두만강 이북] 지역의 군정부軍政府(뒤에 西路軍政署로 개편), 대한국민회군大韓國民會軍, 북로군정서北路軍政署, 대한독립군, 대한의용군, 광복군총영 등이었다. 이들은 두만강과 압록강 부근에서 일본군과 싸웠으며, 때로는 국경을 넘어와 국내진공작전을 펴기도 했다. 독립군 부대가 펼친 전투 가운데 가장 큰 전과를 올린 전투는 1920년 6월에 홍범도洪範圖와 최진동이 이끄는 대한독립군이 길림성 왕청현 봉오동鳳梧洞 전투에서 거둔 승리로 일본군 1개 대대를 격파했다. 같은 해 10월 김좌진金佐鎭과 이범석李範奭이 이끄는 북로군정서 부대는 청산리靑山里 전투에서 일본군 1,200여 명을 사살하고 2천여 명을 부상시키는 전과를 거두었다.

봉오동전투 기념비 길림성 왕청현

독립군 부대와의 전투에서 패배를 거듭한 일본군은 간도지역에 대한 침략 구실을 만들기 위해 1920년 10월에 훈춘사건琿春事件을 조작했다. 중국 마적을 매수하여 일본 영사관을 공격하게 한 후, 이를 한인 동포에 뒤집어씌우고, 군대를 보내 수천 명의 동포를 학살하고 수천 채의 민가와 30여 채의 학교를 불태워버렸다. 이 사건을 경신참변庚申慘變 또는 간도학살사건이라고 부른다.

일본군의 잔학한 만행으로부터 동포사회를 구하고 그들의 추격을 피하기 위해 독립군 부대들은 소련과 만주의 국경지대인 밀산부密山府에 모여 '대한독립군단'을 조직하고, 수십만 명의 동포가 살고 있는 연해주의 자유시自由市[알렉세예프스크]로 들어갔다. 그런데 이곳에서 소련 내 적군赤軍[혁명군]과 백군白軍[구 러시아군] 사이의 내분에 말려들어 이른바 자유시참변(1921. 6. 28)을 겪고, 적군에 의해 무장해제를 당하고 말았다.

그러나 이러한 애로에도 불구하고 만주지역의 독립군 부대들은 재통합운동을 벌여 집안시 일대에서 1923년 채찬蔡燦, 김승학金承學 등을 중심으로 한 참의부參議府가 결성되어 임시정부 산하로 들어가고, 길림성과 봉천성 일대에도 오동진吳東振, 지청천池靑天 등이 중심이 되어 1925년에 정의부正義府를 조직하고, 같은 해 북만주 일대에서는 연해주에서 돌아온 독립군들이 김혁金爀, 김좌진을 중심으로 다시 뭉쳐 신민부新民府를 조직했다. 이 세 조직은 1929년에 국민부國民府로 통합되어 어느 정도 정부기능을 갖추고 동포사회를 관할했다.

4. 민족문화 수호운동과 사회주의운동

1) 국내의 문화운동과 실력양성운동

3·1 운동 뒤 일제가 기만적인 문화통치를 내걸고 한국인을 회유하고 나서자 국내의 우익세력은 총독부와 어느 정도 타협하면서 대한제국기의 실력양성운동을 계승하자는 부류가 나타나고, 해외에서는 일제의 민족문화 왜곡에 맞서 민족문화를 확산시키려는 운동이 나타났다.

국내의 실력양성론자들은 이른바 '민족개조론'과 '자치론'을 들고 나와 우리 민족의 좋지 않은 민족성을 개조하여 산업사회에 적응할 수 있는 시민정신을 길러야 한다고 역설하면서 나아가 총독부가 지방행정에 적극 참여해야 한다고 주장했다. 이 부류의 대표적인 지식인은 일본 유학생 출신의 최남선崔南善(1890~1957)과 이광수李光洙(1892~1950) 등이다.

서울의 중인출신인 최남선은 최초의 와세다대학 유학생으로서 중도에 돌아와 광문회를 설립하고 민족고전을 발간하는 일에 앞장서다가 1922년 총독부 산하에 조선사편찬위원회(조선사편수회로 개편)가 설립되자 거기에 참여하는 한편, 일제의 식민사관에 대항해 〈불함문화론弗咸文化論〉(1925)을 썼다. 여기서 그는 불함문화권을 인도-유럽문화권, 중국문화권과 더불어 세계 3대 문명의 하나로 자리매김했다. 여기에는 한국과 일본, 몽골 등이 포함되며, 태양과 밝음을 숭상하는 종교[샤머니즘]가 특징이라고 주장했다. 그리고 그 중심지는 백두산 일대라고 했다. 그의 주장은 학술적 가치가 높았으나, 일본은 뒷날 이 주장을 한국인의 신사참배神社參拜를 정당화하는 데 이용했다. 또 최남선은 〈역사를 통하여 본 조선인〉이라는 글에서 우리의 국민성 가운데 사대주의, 타율성, 조직력 부족, 형식병, 낙천성과 같은 나쁜 점이 있다고 지적하고, 이를 극복하지 않으면 '불구미성자不具未成者'가 된다고 주장했다.

와세다대학을 나온 평안도 정주 출신의 이광수도 최남선과 비슷한 주장을 폈다. 그는 1922년에 쓴 〈민족개조론〉에서 우리 민족의 결점으로 허위, 비사회성, 이기심, 나태, 무신無信

등이 있다고 주장하고, '무실역행務實力行'으로 바꾸어 산업을 발전시키고 교육을 진흥시켜야 한다고 역설했다. 또 그는 1924년에 〈민족적 경륜〉이라는 글을 발표하여 총독부가 강조하는 '자치론自治論'을 지지하고 나섰다. 실력양성론자들은 실력을 양성하는 구체적 방법으로 언론을 통한 주민계몽과 문맹퇴치, 민립대학民立大學 설립, 물산장려운동을 들고 나왔다. 당시 〈동아일보〉가 이런 운동을 후원했다.

조선민립대학 기성회 창립총회 1923년

특히 민립대학 설립은 대한제국 말기부터 추진하다가 좌절되었는데, 3·1 운동 직후인 1920년 한규설韓圭卨(1848~1930), 이상재李商在 등 100여 명이 앞장서서 재추진하였는데, 이승훈李昇薰, 윤치호尹致昊, 김성수金性洙, 송진우宋鎭禹 등 천여 명이 넘는 인사가 참여했으며, 1923년 3월에 500여 명의 인사가 '민립대학설립기성회'를 정식으로 만들고 이를 위한 모금운동에 나섰다. 총독부는 민립대학설립운동을 정치운동으로 간주하여 백방으로 방해하다가 1924년에 경성제국대학京城帝國大學을 설립하였다. 이로써 민립대학 설립운동도 수포로 돌아가게 되었다.

호남학회 간부들의 물산장려활동 호남학회 김의겸 부회장이(오른쪽 끝)
고향에서 조합을 결성하여 생산운동을 하고 있는 모습. 전라남도 광산 동곡

물산장려운동은 대한제국기의 국채보상운동과 맥락이 닿아있는 것으로, 1920년 조만식曹晩植 등이 평양에서 조직한 평양물산장려회를 시초로 하여 1923년 서울에서도 조선물산장려회가 조직되어 자급자족, 국산품애용, 소비절약, 금주, 금연 운동을 펼쳐나갔다. "조선인이 만든 것을 입

1922년 평양 조선물산장려회의 근검절약 및 토산품 애용 포스터　　　　　물산장려운동 관련 기사(동아일보 1923. 2. 16)

고, 먹고, 쓰자"는 것이 이 운동의 구호이고 민족자본과 민족산업을 키우자는 것이 이 운동의
목표였다. 그러나 워낙 거대한 일본자본에 밀려 기대한 결과를 얻지는 못했지만, 1919년에 설
립된 김성수와 김연수의 경성방직이 이런 분위기 속에서 민족기업으로 성장했다.

한편, 종교인의 운동은 총독부의 탄압을 더욱 심하게 받았다. 먼저, 1911년에 사찰령寺刹令
(1911)을 만들어 전국 사찰을 30개의 본산本山과 1,300여 개의 말사末寺로 편제했으며, 총독이 사
찰의 병합과 재산관리에 대한 허가권을 장악했다. 다시 1924년에는 조선불교중앙교무원朝鮮佛教
中央教務院을 설치하여 총본산을 태고사太古寺에 설치하고, 총독이 사찰의 주지를 임명했다. 태고
사는 원래 북한산에 있었으나 지금의 서울 조계사曹溪寺로 이름만 옮겼다가 1954년에 조계사로
다시 바뀌어 현재에 이르고 있다.

총독부의 이와 같은 불교 장악에 반대하고 나선 것은 한말에 〈불교유신론〉을 써서 불교
의 혁신을 주장하고 나섰던 만해 한용운韓龍雲이었다. 충남 홍성에서 태어난 그는 1921년에 조
선불교유신회를 조직하여 총독부와 맞섰으며, 1930년에는 '만당卍黨'을 결성하여 대항했다. 또
그는 1926년에 유명한 《님의 침묵》이라는 시집을 내어 조국에 대한 사랑과 해방에 대한 열망
을 노래했다.

한편, 1909년에 국수적 민족종교로 탄생한 단군교檀君教는 이름을 대종교大倧教로 바꾸었
으나, 일제의 탄압을 심하게 받아 1대 교주 나철羅喆(1863~1916)은 1916년 황해도 문화현에 있는
삼성사三聖祠(환인, 환웅, 단군을 모신 사당)에서 스스로 목숨을 끊었으며, 그 뒤를 이어 수원 출생의 김
교헌金教獻(1868~1923)이 2대 교주가 되었다. 그는 정치운동보다는 종교운동으로 점차 방향을 바
꾸면서 대종교의 교리를 다듬어 여러 경전을 편찬했다. 김교헌이 1923년에 세상을 떠나자 밀
양출생의 윤세복尹世復(1881~1960)이 3대 교주가 되었는데, 일제의 탄압으로 1930년대에 문을 닫
고 말았다. 하지만 중국에서 활동하던 애국지사들은 대종교의 경전과 역사책을 통해 독립정신
을 길렀을 정도로 그 영향력은 매우 컸다.

2) 해외의 민족문화 수호운동

국내의 문화운동이 주로 일본에서 교육받은 유학생을 중심으로 하여 전통문화를 비판하
면서 근대 자본주의사회에 적응할 수 있는 시민정신을 가진 인재를 양성하는 데 목표를 두었
다면, 해외로 망명한 인사들은 민족주의에 바탕을 두고 항일독립정신을 고취시키는 민족문화
수호운동을 펼쳤다.

역사학은 민족문화의 중심에 자리하고 있었다. 근대 민족주의 역사학을 창도한 신채호申
采浩(호 丹齋, 1880~1936)와 박은식朴殷植(호 白巖, 1859~1925)의 활동이 가장 영향력이 컸다. 충남 대덕 출
생으로 충북 청원에서 성장한 신채호는 중국에서 망명생활을 하면서 1920년대에 〈조선일보〉와
〈동아일보〉에 연재한 《조선사》,《조선상고사》,《조선상고문화사》,《조선사연구초》 등을 잇달아
펴내 큰 감동을 주었다. 그의 고대사 연구는 만주에서 꽃핀 부여족 고조선과 고구려의 정치사
와 문화사가 중국보다도 앞섰다는 시각에서 연구하여 자랑스럽게 찾아낸 것이 특징인데, 1930
년에 활동한 위당 정인보鄭寅普와 민세 안재홍安在鴻 등에게 큰 영향을 주었다.

신채호가 고대사 연구를 개척한 것과
달리 황해도 황주 출생의 박은식은 근대사 연
구에 빛나는 업적을 내놓았다. 이미 1915년에
《한국통사韓國痛史》를 써서 일본의 한국침략과
정을 폭로하여 총독부를 놀라게 한 그는 1920
년에 그 후속편인 《한국독립운동지혈사韓國獨
立運動之血史》를 펴내 3·1 운동에 이르기까지 우리민족이
어떻게 일본과 맞서 피나게 항쟁했는가를 정리했다. 앞

일본의 식민사학에 대항하여 민족사학을 발전시킨 역사책들
왼쪽부터·박은식, 안재홍, 신채호, 문일평, 정인보의 저술

책에서는 나라의 구성요소를 정신적인 '혼魂'과 물질적
인 '백魄'으로 나누어, '백'을 잃더라도 '혼'을 잃지 않으
면 나라를 되찾을 수 있다고 하여 독립정신을 잃지 말
것을 강조했다. 뒤 책에서는 '혼'과 더불어 전 세계 민
중의 단결된 힘이 제국주의를 무너뜨릴 수 있다는 점
을 강조하면서 일본은 필연적으로 패망할 것이라고 예
견했다. 이는 1917년의 러시아혁명과 제1차 세계대전

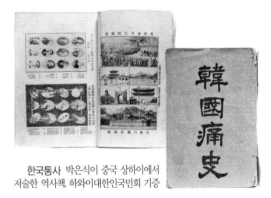

한국통사 박은식이 중국 상하이에서
저술한 역사책. 하와이대한인국민회 기증

(1914~1918)에서 군국주의가 패배한 것과 3·1 운동 등에
서 민중의 힘을 발견했기 때문이었다.

박은식은 독립운동의 정당성을 주장하면서도, 우리가 왜 일본에 나라를 빼앗기게 되었는
가를 뼈아프게 반성했다. 그 원인으로 박은식은 대원군의 쇄국정책, 갑신정변과 갑오개혁, 독립
협회의 조급성, 동학운동의 무식함을 들었다. 대원군은 과단성의 장점이 있으나 세계사의 변화
를 읽지 못한 한계가 있고, 갑신정변과 갑오개혁, 독립협회를 이끌어간 개화파들은 민중적 기
반 없이 일본에 의지하여 조급하게 개혁을 달성하려다가 일을 망치고 말았으며, 동학농민운동
은 생존권을 위한 정당한 항거였지만, 국가를 운영할만한 경륜이 없었다는 것이다.

박은식은 이러한 과거의 실패경험에 비추어 가장 올바른 운동방법은 《열자列子》에 나오는
우공愚公의 지혜를 배워야 한다고 결론지었다. 힘이 센 과보夸父는 자신의 힘을 믿고 태양을 붙잡
으려고 서쪽으로 쉬지 않고 달려가다가 기진맥진하여 죽고 말았으나, 90이 넘은 우공은 아들과
손자의 힘을 합하여 대를 이어 가면서 하루에 한 삼태기씩 흙을 날라 산을 옮기는 데 성공했다
는 이야기로 말하자면 지속적이면서 점진적인 방법이 가장 온당한 방법임을 가르쳐주고 있다.

3) 사회주의 및 노동자·농민운동

1917년 러시아에서 공산주의혁명이 일어나 제정러시아가 붕괴되고 레닌Lenin이 이끄는
볼셰비키당이 정권을 잡고, 모스크바에 본부를 둔 코민테른Comintern[국제공산당조직]의 지도노선과
자금지원에 의해 사회주의운동이 전 세계적으로 확산되기 시작했다. 여기에 일본의 자본주의
경제가 한국에 들어온 이후 경제적 침탈이 강화되면서 소작농과 노동자들이 급속히 증가하자
코민테른의 영향을 받게 되었다.

〈한국인 노동자의 증가〉

연도	공장노동자	광산노동자	합계
1931	106,781	35,895	142,676
1936	188,250	139,934	328,184
1942	520,027	223,996	744,023

자료: 김윤환·김낙중, 《한국노동운동사》, p.62

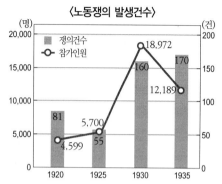

〈노동쟁의 발생건수〉

자료: 이종범·최원규, 《자료 한국근현대사 입문》, p.284

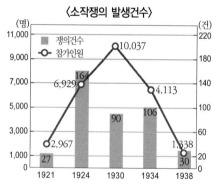

〈소작쟁의 발생건수〉

출처: 조선총독부 경무국, 《최근 조선의 치안 상황》, 1938

사회주의운동은 소련지역의 한인 동포 사이에 가장 먼저 일어났는데, 1918년 연해주에서 이동휘, 박애朴愛, 김립金立 등이 조직한 한인사회당韓人社會黨을 시발로 하여 아무르, 모스크바, 이르쿠츠크[우즈베키스탄], 치타, 중국의 상하이 등지에 공산주의 단체들이 조직되었다. 그 후 이들은 통합운동을 벌여 1921년에 이르쿠츠크파 고려공산당과 상하이파 고려공산당으로 양분했다. 소련 내 한인이 주축이 된 전자는 노동자와 농민이 연합하는 노농소비에트 건설을 목표로 했으며, 망명객들이 주축이 된 후자는 민족해방을 우선적 과제로 세워 노선의 차이가 생겼다.

상하이파 고려공산당의 위원장인 이동휘는 코민테른의 자금을 받아 활동하면서도 "나는 공산주의가 무엇인지 아무것도 모르는 사람"이라고 말할 정도였으며, 임시정부 안에 들어가서 1920년에는 국무총리로 활동한 일도 있었다. 그는 함경도 단천 출생으로 대한제국 시절 육군 참령參領을 지낸 적도 있었는데, 사회주의를 제대로 공부한 인물이 아니었다.

한편, 국내에서는 1920년대 초에 소련 및 일본 유학을 다녀온 젊은이들이 중심이 되어 공산주의 단체들이 조직되었다. 신사상연구회(1923), 화요회(1924), 북풍회(1924) 등이 그것이다. 이들은 신문, 잡지 등 언론계에 들어가 사회주의 사상을 퍼뜨리는 한편, 통합운동을 벌여 1925년 조선공산당과 고려공산청년회가 탄생하기에 이르렀다. '조선공산당'은 이르쿠츠크파의 김재봉金在鳳이 책임비서가 되었고, 고려공산청년회는 충남 예산 출생으로 경성고등보통학교[지금의 경기중학 전신]를 졸업하고 상하이와 소련에서 공산주의를 배우고 돌아온 박헌영朴憲永(1900~1955)이 책임을 맡았는데 당시 나이 26세였다.

사회주의자들은 코민테른의 승인을 받고 활동을 벌였는데, 1926년 4월 24일에 순종황제가 세상을 떠나자 6월 10일 장례식을 계기로 일어난 만세운동을 주도했다. 이 운동은 주로 서울의 학생층이 참여했는데, 사회주의자 권오설이 자금을 대어 전단지를 만들고, 상여가 지나가는 종로거리에서 전단지를 뿌리며 만세를 불렀다. 전단에는 "우리의 교육은 우리들 손에 맡겨라. 일본제국주의를 타파하라. 토지는 농민에게 돌리라. 8시간 노동제를 채택하라"는 내용을 담았다. 이 만세운동은 지방으로 확산되었으나 3·1운동에 비할 만큼 규모가 크지는 않았다. 이 운동은 사전에 발각되어 조직이 붕괴되다시피 했다.

그 후 사회주의자들은 민족주의 좌파와 연합하여 1927년부터 신간회新幹會를 조직하고 민족운동을 전개했으나, 1928년에 코민테른에서 공산당의 해체를 명하고, 일제의 집요한 탄압까지 겹쳐 지하로 숨어들었다. 코민테른은 조선공산당이 노동자와 농민을 포섭하지 못하는 지식인 당에 머물렀을 뿐 아니라 내분까지 겹쳐 해체를 명한 것이다.

한편, 1920년대부터 노동자들은 일본인의 절반에도 미치지 못하는 임금수준과 가혹한 노동시간에 항의하여 임금인상과 8시간 노동제를 요구하는 노동쟁의를 일으켰는데, 1920년 대에 일어난 노동쟁의는 890여 건에 이른다. 그 가운데 3천여 명이 참가한 원산노동자총파업(1928~1929)은 규모가 가장 컸다. 전국적인 노동단체로는 조선노동공제회(1920)와 조선노동연맹회(1922)를 거쳐 1927년에 조선노동총동맹이 만들어졌다.

소작농민의 농민운동도 1920년대부터 증폭되었다. 50%가 넘는 소작료와 소작권의 빈번한 이동이 불만 요인이었다. 소작쟁의 가운데 규모가 가장 큰 것은 전라남도 무안군의 암태도 농민이 일으킨 소작쟁의(1923~1924)와 황해도 재령군 동양척식주식회사 농장의 소작쟁의(1924), 평안도 용천의 불이흥업주식회사不二興業株式會社 소속 서선농장瑞鮮農場의 소작쟁의(1923~1931) 등이 있다. 특히 동양척식주식회사 농장의 소작쟁의는 항일운동의 성격을 지닌 것이 특징으로서 재령 출신 나석주羅錫疇가 1926년에 이 회사에 폭탄을 던진 것도 같은 맥락에서 일어난 것이었다.

5. 국내외 민족협동운동의 진전

1) 신간회운동(1927~1931)

3·1 운동 후 일본의 유화적이고 기만적인 문화통치로 우파에서는 타협주의 세력이 늘어나고, 여기에 사회주의가 들어오면서 좌파가 민족운동에 참여했으나 일제의 가혹한 탄압으로 인해 지하로 숨어들면서 독립운동에 큰 위기감이 조성되었다. 이러한 상황에서 좌우가 손을 잡고 연합전선을 펴야 독립역량을 키울 수 있다는 인식이 양심적인 우파와 온건한 좌파 사이에 확산되었다. 연합의 방법으로 우파는 좌우를 통합하는 중도이념을 내세웠고, 좌파는 이념통합보다는 전략적, 일시적 제휴를 희망했다.

좌우협력운동은 1925년에 결성된 조선사정연구회와 1926년에 조직된 정우회正友會로 나타나기 시작했는데, 이 운동이 더욱 확산되어 1927년 2월에는 드디어 신간회新幹會가 조직되었다. 이를 주도한 인사는 이상재李商在, 신석우申錫雨, 안재홍安在鴻, 홍명희洪命熹, 문일평文一平, 한기악韓基岳 등 '조선일보' 계열의 인사, 이갑성李甲成, 이승훈李昇薰 등 기독교계 인사, 권동진權東鎮 등 천도교 구파 인사, 한용운 등 불교계 인사, 그리고 와세다대학 출신의 한위건韓偉健(1896~1937)을 비롯한 공산당원 등으로 발기인은 28명이었다.[40] 회장은 이상재(1850~1927), 부회장은 《임꺽정》의 작가로 유명한 홍명희(1888~1968)가 맡았다.

신간회는 전국에 약 140여 개소의 지회를 두고, 약 4만 명의 회원을 확보했는데, 농민이 가장 많았고, 노동자, 상인이 주류를 이루었으며, 그밖에 기자, 교원, 사업가 등 각계각층이 망라

---

40) 신간회 발기인의 명단은 다음과 같다. 김명동金明東, 김준연金俊淵, 김탁金鐸, 권동진權東鎮, 정재룡鄭在龍, 이갑성李甲成, 이석훈李錫薰, 정태석鄭泰奭, 이승복李昇馥, 이정李淨, 문일평文一平, 박동완朴東完, 백관수白寬洙, 신석우申錫雨, 신채호申采浩, 안재홍安在鴻, 장지영張志暎, 조만식曺晚植, 최선익崔善益, 최원순崔元淳, 박내홍朴來泓, 하재화河載華, 한기악韓基岳, 한용운韓龍雲, 한위건韓偉健, 홍명희洪命熹, 홍성희洪性熹.

신간회 강령 및 규약

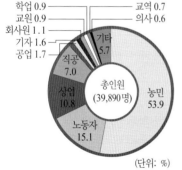

신간회 창립 보도기사

신간회 회원 직업분포

학업 0.9
교역 0.7
교원 0.9
의사 0.6
회사원 1.1
기자 1.6
공업 1.7
기타 5.7
직공 7.0
상업 10.8
총인원 (39,890명)
농민 53.9
노동자 15.1

(단위: %)

되었다. 자매단체로 유영준劉英俊과 김활란金活蘭(1899~1970) 등 여성들이 조직한 근우회槿友會가 있었다. 여성운동이 시작된 것도 특기할 일이었다.

신간회는 각 지방을 순회하면서 강연회를 열었는데, 그 요지는 ① 조선인에 대한 착취기관 철폐, ② 일본인의 조선이민 반대, ③ 타협적 정치운동 배격[기회주의 배격], ④ 조선인 본위의 교육제도 실시, ⑤ 사상연구의 자유 등을 주장했다. 그밖에 신간회는 노동쟁의와 소작쟁의, 동맹휴학 등을 지도했는데, 원산노동자총파업(1928~1929)과 단천의 농민운동, 그리고 광주학생운동(1929.11.3)을 지원한 것은 그 대표적인 활동이었다.

그런데 사회주의 계열의 참여가 점차 커져 신간회의 주도권을 장악하고, 1929년 6월에는 좌파계열의 허헌許憲(1885~1951)[41]이 집행위원장이 되어 운동노선을 대규모 민중집회로 몰고 갔다. 처음에 신간회를 관망하고 있던 총독부는 신간회가 좌파의 민중운동으로 기울고, 특히 1929년 일어난 광주학생운동의 진상을 알리기 위해 군중대회를 열려고 하자 탄압에 나섰다.

이에 신간회는 다시 온건하고 합법적인 노선으로 돌아가서 김병로金炳魯(1887~1964)[42]를 위원장으로 하는 새로운 간부진은 자치운동을 주장하는 천도교 신파[최린 등]와 손을 잡았다. 이에 적극적인 투쟁을 주장하는 좌파들은 온건하고 합법적인 운동에 반대하여 신간회의 해체를 주장하고 나섰다. 때마침 모스크바의 코민테른도 1927년에 중국에서 국민당과 공산당의 합작이 실패로 돌아간 것을 보고, 우파와의 연합을 반대하는 노선을 취하여 공산당의 해체를 명령하자 좌파는 신간회에서 탈퇴하고 말았다. 그리하여 신간회는 1931년 5월에 마침내 해산했다.

신간회운동은 비록 4년여 만에 중단되고 말았지만, 처음으로 민족주의자와 사회주의자가 대규모 민족협동전선을 구축했다는 점에서 의의가 컸다. 특히 안재홍을 비롯한 우파인사들이 극우와 극좌의 이념을 배격하고, 중간이념을 가지고 중앙당中央黨 또는 민족유일당民族唯一黨을 만들려고 시도한 것은 새로운 실험으로써, 광복 후에도 중도정당과 좌우합작운동이 열리는 길을 터놓았던 것이다.

---

41) 허헌은 함경북도 명천 출생으로 일본 메이지대학 법과를 나왔다. 해방 후 건국준비위원회 부위원장을 거쳐 북한 김일성대학 총장을 지냈다.

42) 김병로는 전라도 순창 출생으로 일본 메이지대학 법과를 나온 후 변호사가 되어 독립운동가들을 무료로 변호하여 이름을 떨쳤으며, 해방 후 한국민주당 창립에 참여하고 초대 대법원장이 되었다.

2) 광주학생운동(1929)

일제시대 학생운동은 1919년 3·1 운동을 시작으로 1926년 6·10 만세운동을 주도하였다. 그러다가 1929년에 학생운동을 뜨겁게 달군 사건이 전라남도 광주에서 일어났다.

1929년 10월 30일, 일본인 광주중학교 학생[후쿠다]이 통학 기차 안에서 한국인 광주여자고등보통학교 여학생[박기옥]을 희롱하자 이를 본 여학생의 사촌동생인 광주고등보통학교 2학년 박준채가 일본인 학생을 혼내준 데서 사건이 터졌다. 이 사건을 계기로 두 나라 학생 사이에 대규모 충돌이 일어나고, 11월 3일에는 광주지방 학생들이 총궐기하여 독립만세를 외치고 경찰, 소방대와 충돌했다.

박준채 한국인 여학생을
희롱한 일본인 학생 구타로
광주학생 항일운동을
촉발시켰음.

그 뒤 학생운동은 전국적으로 퍼져서 1930년 3월까지 계속되었는데, 참가한 학교가 194개 교, 참가 학생수는 5만 4천여 명, 퇴학 582명, 무기정학 2,330명, 구금 1,642명에 이르렀다. 이는 3·1 운동 이후 가장 규모가 큰 저항운동이었다. 학생운동은 단순한 동맹휴학에 그치지 않고, 적극적인 가두시위 형태로 전개되고, 격문을 통해 언론, 집회, 결사, 출판의 자유를 요구하고, 식민지 교육제도의 철폐와 조선인 본위의 교육제도 확립을 강력하게 주장하고 나섰다. 이런 주장은 신간회의 지도를 받은 것이기도 했다.

광복 후인 1953년 국회는 11월 3일을 '학생의 날'로 정하여 매년 기념행사를 치렀는데, 1973년 유신선포로 폐지되었다가 1984년에 다시 부활시켰다.

김좌진(1889~1930)

3) 해외의 민족협동운동과 의열단

1920년대 후반기에 국내에서 신간회운동이 전개될 무렵에 해외에서도 좌파와 우파 사이의 협동운동이 추진되었다. 중국의 베이징, 상하이, 난징, 우한 등지에서 활동하던 애국지사들은 이념을 초월하여 민족유일당을 건설할 것을 선언하고 나섰다. 1926년 베이징에서 장건상張建相, 원세훈元世勳, 조성환曺成煥 등이 중심이 되어 한국독립유일당 북경촉성회를 조직한 것이 그 시초를 이루었다.

한편, 만주에서도 18개 독립운동 단체들이 모여 유일당 조직을 협의했는데, 그 결과 1929년에 정의부, 참의부, 신민부가 해체되어 국민부國民府로 통합되고, 1930년에는 김좌진金佐鎭(1889~1930)[43]이 중심이 된 한족총연합회가 발족하여 크게 두 단체로 통합되었다. 그 뒤 한족총연합회는 홍진洪震, 이청천李靑天(1888~1957)[44] 등이 주도하여 한국독립당韓國獨立黨을 만들고, 만주 동

---

43) 김좌진은 충남 홍성 출생으로 명문가인 안동김문 출신이다. 한말에 기호흥학회 등에 참여하다가 일제시대 만주로 망명하여 북로군정서를 이끌면서 독립전쟁을 벌여 청산리전투를 승리로 이끌었다. 1930년에 좌파 부하에게 암살당했다.

44) 이청천의 본명은 지대형池大亨이었으나 지청천池靑天 또는 이청천李靑天이라는 가명을 자주 사용했다. 서울 출생으로 대한제국 때 육군무관학교에 입학했다가 강점 후 일본 육군사관학교를 졸업했으나, 1919년에 만주로 망명하여 신흥무관학교에서 독립군을 양성했다. 상하이 임시정부에 참여하고 해방 후 정치인으로 활약하여 무임소장관, 민주국민당 최고위원을 역임했다.

의열단 활동을 보도한 동아일보 호외 사진은 김원봉

북지방에서 독립전쟁을 계속했다. 한편, 국민부는 조선혁명당朝鮮革命黨으로 개편되어 남만주 일대에서 독립투쟁을 이어갔다.

1920년대 민족운동단체의 하나인 의열단義烈團의 활동도 주목할 만하다. 1919년 11월에 김원봉金元鳳(1898~1958)[45]이 만주 길림시에서 조직한 이 단체는 1923년에 신채호가 쓴 〈조선혁명선언〉(일명 의열단선언)에 잘 나타나듯 민중의 직접폭력혁명에 따라 강도 일본을 무너뜨리고, '민중적 조선' 건설을 목표로 삼았다. 이는 무정부주의無政府主義(아나키즘) 노선을 따르는 독립운동 방법으로 과감한 테러를 통해 시설을 파괴하거나 요인을 암살하는 것을 행동강령으로 삼았다. 실제로 이들은 부산, 밀양, 종로의 경찰서에 폭탄을 던지고(1920~1921), 총독부와 동양척식주식회사, 조선식산은행 등에 권총을 난사하기도 했다(1922~1926). 그러나 1920년대 후반에는 조직적인 무장운동으로 방향을 바꾸고, 1926년에는 계급타파와 토지평균 등을 지도이념으로 하는 20개 조의 강령을 만들고 민족협동운동에 참여할 것을 선언했다.

1920년대 해외의 민족운동은 이렇게 좌우가 대동단결하는 방향으로 가닥을 잡았으나 단체들이 여러 곳에 흩어져 있었고, 단체마다 노선과 출신의 차이를 극복하지 못해 명실상부한 민족유일당 건설에는 실패했다.

---

45) 김원봉은 경상도 밀양 출생으로 서당에서 한문을 공부하다가 1913년 서울 중앙학교를 다니고, 1918년에 중국 난징 금릉대학金陵大學을 나온 후 만주로 이동하여 무장투쟁을 이끌었다. 그 후 의열단을 조직하고, 1935년 '한국민족혁명당'을 조직하여 활동했으며, 상하이 임시정부에도 참여하여 광복군을 이끌었다. 해방 후 남한 단독정부 수립에 반대하여 월북한 후 요직을 맡았다가 연안파로 몰려 숙청당했다.

제7장 일제강점기(3)
1930~1940년대 초의 민족통일전선운동

1. 일제의 중국침략과 한국의 병참기지화

1929년 미국에서 시작된 세계 경제공황으로 영국 등 선진자본주의 국가들은 보호무역주의의 일종인 블록경제권을 형성하여 공황에 대처해 나갔다. 선진국가의 공황은 후진자본주의 국가인 일본에 파급되어 심대한 타격을 주었는데, 일본은 이를 돌파하는 방안으로 아시아대륙을 침략하여 하나의 경제권으로 묶고 이를 독점적으로 지배하려 했다. 그 방법으로 군사파시즘 정책을 강화하고 강력한 국가독점자본주의와 군국주의를 선택했다. 군벌이 중심이 되어 메이지유신(1868)의 근대화를 이룩하고, 무력에 의해 조선을 강점한 무력패권주의 전통이 되살아난 것이다.

일제는 대륙침략의 일차 목표를 만주에 두고, 출병의 명분을 찾던 중 1931년 7월 이른바 '만보산사건萬寶山事件'이 터졌다. 중국 지린성 창춘현 만보산농장을 이승훈李昇薰(南崗 李昇薰이 아님) 등이 조차하여 수로공사를 하던 중 중국인 농민과 분쟁이 일어나자 일본은 이 사건을 과대선전하여 한중 양국민을 이간시키고[46] 이런 분위기를 만주침략에 이용했다. 일제는 봉천(현재의 중국 심양)의 류타오거우柳條溝(유조구) 철도를 폭파하고 중국군이 폭파한 것처럼 꾸며 관동군關東軍 출병을 정당화했다. 그리하여 1931년 9월 '만주사변滿洲事變'을 일으켜 만주를 완전 점령하고, 창춘長春에 일본의 꼭두각시 정부인 만주국황제 溥儀을 수립했다. 이어 1937년에는 중국과 중일전쟁을 일으켜, 약 30만 명의 난징주민을 학살하는 만행(난징대학살)을 저질렀다. 이어 1941년에는 미국의 하와이를 공격해 이른바 태평양전쟁을 일으켰다.

이와 같은 침략전쟁의 연속 속에서 우리나라는 전쟁물자를 공급하는 일차적인 병참기지로 경제구조가 개편되었다. 우선 일본 내부의 쌀값

만보산사건의 발단이 된 수로

---

46) 만보산사건이 국내신문에 과장 보도되자, 흥분한 국민들은 평양·서울·인천·신의주·이리 등지에서 중국인을 박해하는 폭동을 일으켰다. 그러나 이 사건이 일본에 의해 조장된 것을 알고 안재홍 등 언론인들이 사태진정을 위해 노력했다.

1935년경의 인천항 일본으로 가져갈 쌀이 산더미처럼 쌓여 있다.

군산항 일본 본토로 가는 반출미가 산더미처럼 쌓여 있다.

〈한국인과 일본인의 공업자본〉(1938년)

구분	한국인 (불입자금비율,%)	일본인 (불입자금비율,%)	한국인 (불입자금, 천 원)	일본인 (불입자금, 천 원)
방직	6,075(20.8)	23,103(79.2)	164	593
금속기계	1,852(7.3)	23,654(92.7)	32	249
양조	12,054(46.7)	13,772(53.3)	38	107
제약	1,676(64.2)	934(35.8)	51	37
요업	432(2.7)	15,791(97.3)	36	395
제분, 정미	2,526(20.4)	9,860(79.6)	27	141
식료품	217(2.2)	9,621(97.8)	13	128
목제품	594(5.3)	10,553(94.7)	31	129
인쇄	625(30.0)	1,461(70.0)	14	35
화학	2,954(2.8)	100,736(97.2)	80	1,340
기타	1,193(18.6)	5,220(81.4)	18	39
합계	30,198(12.3)	214,705(87.7)	504	3,193

자료: A. J. Grazdanjev, *Modern Korea*, p.176

폭락으로 인한 농업공황을 타개하기 위해 1934년 조선에서의 산미증식계획을 중단했다. 이는 쌀생산과 수출에 주력해오던 조선농민에게 심각한 타격을 주었다. 농민운동이 단순한 소작쟁의를 넘어서서 적색농민조합을 조직하여 극좌적인 투쟁을 벌이게 된 이유가 여기에 있었다.

일제당국은 산미증식계획을 중단하는 대신 기만적인 '농촌진흥운동'을 강요했다. 표면적으로는 춘궁퇴치·자력갱생을 내걸었지만, 내면적으로는 읍장·면장·경찰은 물론이고, 학교장·금융조합 이사들이 총동원되어 농민생활을 속속들이 간섭하고 통제함으로써 농민의 긴축생활과 납세이행을 독려했다.

일제는 피해가 가장 큰 소작농을 보호한다는 명목 아래 소작조정령(1932), 농지령(1934)을 잇달아 발표했지만, 실제로는 소작쟁의의 조정을 지주·자본가·금융인들에게 맡겼기 때문에 지주 측에 유리한 결과를 초래했고, 농지령에 의한 소작기간의 설정과 소작권 이동의 금지는 소농들에게는 다소 도움이 되었지만, 소작쟁의에 대한 행정적·법적 통제를 강화할 수 있게 되었다.

1937년의 중일전쟁과 1941년의 태평양전쟁 기간 중에는 군량미 조달의 필요성에서 쌀에 대한 배급제도와 쌀·잡곡에 대한 공출제도供出制度가 시행되었다. 미곡증식계획도 다시 실시했다. 농민들은 스스로 생산한 쌀을 일제당국에 부락단위로 강제로 팔고, 필요한 식량을 배급받아 근근이 끼니를 이어가게 되었다. 그나마 태평양전쟁 말기에는 쌀 배급 받기가 극히 어려웠고, 만주에서 들여 온 잡곡으로 연명하는 지경에 이르렀다. 흰 쌀밥을 먹는 것이 소원이 된 것은 이때부터이다.

한편 일본자본가들의 과잉자본을 조선에 투자하고, 전쟁에 필요한 필수품 조달을 위해 군수공업을 위주로 하는 공업화정책이 추진되었다. '농공병진農工竝進'이라는 그럴 듯한 슬로건이 내걸어졌다. 풍부한 공업원료와 수력자원 그리고 값싼 노동력이 일제의 공업화정책에 유리한 환경을 제공했다. 1930년대 일본의 주요 독점기업인 미쓰이三井, 미쓰비시三菱, 노구치野口 등이 들어와 공업과 광업의 여러 분야를 지배하게 되었는데 수력발전은 노구치, 섬유·방직·술·제분·화약은 미쓰이, 맥주는 미쓰비시가 각각 담당했다.

공업화정책 결과, 한반도에는 새로운 공업지대가 형성되었다. 함경도 흥남을 중심으로 한 북부공업지대[금속·화학], 진남포·신의주를 중심으로 한 서부공업지대[금속·화학], 서울·인천을 연결하는 경인공업지대[기계·방직]가 그것이다. 한반도 북부에 공업지대가 많은 것은 지하자원과 수력자원[압록강 수풍발전소, 부전강발전소, 장진강발전소]이 풍부한 여건도 있었지만, 국토의 균형적 발전보다는 일본 독점자본의 이득을 위한 배려가 크게 작용한 까닭이었다.

1930년대에는 외형상 공업화가 급속히 진전되었지만, 소수의 일본 기업이 방직·금속·화학·요업 등 중요 분야의 70~80%를 생산하는 파행적인 집중현상을 가져왔다. 이에 따라 경공업에 치중하고 있던 조선인 자본은 일본 대재벌과의 경쟁에서 열세하여 해가 갈수록 도산하는 사태가 벌어지고, 1942년에는 총독부의 기업정비령에 의해 강제로 문을 닫거나 기업을 정리하지 않으면 안 되었다. 이렇게 열악한 환경에서 조선기업인이 참여하는 경공업분야는 정미소精米所와 양조장이 가장 많았고, 그밖에 고무·면직물·메리야스·실크·인쇄업 정도가 있었다.

그러나 일부 조선인 민족자본가 중에는 일본 기업과 연계하여 발전해 가는 경우도 있었다. 조선석유주식회사[김연수·박흥식], 한강수력전기주식회사, 조선제철주식회사[김연수], 조선공작주식회사[김연수·박흥식·한상룡·민규식], 조선비행기주식회사[박흥식] 등이 그것이다. 조선의 공업화는 결과적으로 일본 독점재벌이 성장하는 밑거름이 되었다. 오늘날 일본 굴지의 대기업이 이때 급성장했다. 조선인 노동자들은 단순 노동에만 투입되어 고도의 기술 습득이 불가능했다. 8·15 광복 후 조선에서 성장한 미쓰이·미쓰비시 등 대재벌은 전후 일본경제를 이끌어가는 주역이 되었고, 기형적인 식민지적 공업의 유산을 물려받은 우리나라는 그나마 남북이 분단되면서 북부의 공업지대를 상실함으로써 한층 어려운 여건에 놓이게 되었다.

2. 일제의 민족말살정책

대륙침략을 위한 병참기지화정책과 병행하여 일제는 무력 탄압을 강화하면서 우리민족을 일본국민으로 동화시키기 위해 민족말살정책을 추진했다. 한국인의 독립정신을 없애지 않고는 그들의 병참기지화정책이 뜻대로 이루어지기 어렵다는 것을 알았기 때문이다. 기만적인 '문화통치'의 탈을 벗어 던지고 노골적인 파시즘이 시작된 것이다.

파쇼체제의 강화는 군사력과 경찰력의 증강에서 시작되었다. 1931년 만주침략 이후 종래 2개 사단이던 병력을 3개 사단으로 증파하고 그 뒤 지속적으로 군대를 증파하여 1941년에

일제의 포스터
국민총력조선연맹 이름으로 제작

내선일체를 새긴 비석(1942년)

는 3만 5천여 명, 태평양전쟁 말기에는 약 23만 명이나 되는 군대가 주둔했다.

한편, 경찰관서와 경찰요원도 대폭 늘어나 1923년에 2만여 명이던 경찰관이 1941년에는 3만 5천여 명으로 증가했다. 특히 정규경찰 이외에 비밀고등경찰, 헌병 스파이 그리고 경찰 보조기관인 경방단警防團 등을 두어 우리민족의 일거수일투족까지도 물 샐 틈 없이 감시했다. 철저한 정보망이 거미줄처럼 짜여졌고, 수많은 애국지사들이 검거·투옥·학살당했다.

1937년에는 '조선중앙정보위원회'를 설치하여 개인정보를 수집하고, 1938년에는 '조선방공협회朝鮮防共協會'를 조직하여 공산주의자 박멸에 나섰으며, 같은 해 사상전향자들의 단체인 '시국대응전선사상보국연맹時局對應全鮮思想報國聯盟'[47]을 조직하여 항일인사들을 탄압하는 데 앞장세웠다. 태평양전쟁을 준비할 무렵에는 사상보국연맹을 확대하여 '대화숙大和塾'(1941. 1)을 전국 각지에 설치하고 이른바 '사상범'으로 지목된 인사들에게 전향을 강요했다. 1939년에 조직된 '문인회文人會'[48]도 친일단체 중 하나였다.

일제는 전시체제를 빙자해 일반 주민생활도 철저히 통제했다. 중일전쟁 이후 주민생활을 통제하는 중심기구로 1938년 8월 '국민정신총동원조선연맹'[49]을 총독부 보익기관으로 설치했는데, 이 단체는 도道에서 말단 리里에 이르기까지 전국의 지방조직을 망라하고 그 밑에 10호 단위의 애국반愛國班을 두어 정기적으로 반상회班常會를 열어 총독부 시책을 따르도록 강요했다. 이 연맹은 각 직장단위로도 조직되었다. 일제는 1940년 10월 위 연맹을 '국민총력조선연맹國民總力朝鮮聯盟'으로 개편하고 총독이 총재로 취임하여 관의 통제를 한층 강화했다.

전국민을 물 샐 틈 없는 파쇼체제로 묶어 놓은 일제는 한국인의 민족의식을 말살하여 완전한 일본인으로 동화시키기 위한 이른바 황국신민화皇國臣民化 정책을 본격적으로 추진했다. 우선 1938년부터 모든 주민들로 하여금 황국신민서사皇國臣民誓詞라는 것을 일본어로 외우게 했는데, "우리들은 대일본제국의 신민臣民이다. 우리들은 마음을 합하여 천황폐하에게 충의忠義를 다한다."는 것이 그 요지다. 일본 천황에 대한 충성의 표시로써 천황이 거하는 궁성을 향해 절을 하도록 강요하기도 했다[동방요배].

또한 학교교육과 관공서에서 우리말 사용이 금지되고 일본어를 국

---

47) 시국대응전선사상보국연맹에는 유억겸兪億兼(유길준의 아들)·박영희朴英熙·장덕수張德秀·김한경 등이 참여했다.

48) 문인회에 참여한 인사는 이광수李光洙·최남선崔南善·주요한朱耀翰·박희도朴熙道·김동환金東煥·최재서崔載瑞 등으로서, 이들은 일본과 조선의 일체, 즉 내선일체內鮮一體를 강조하는 일본어 '국민문학'을 제창하고 나섰다.

49) 국민정신총동원조선연맹에는 명망높은 인사들이 강제로 이사理事와 위원委員으로 위촉되었다. 이사에는 김성수金性洙·윤치호尹致昊·최린崔麟·김활란金活蘭, 문화위원에는 백철白鐵·유진오兪鎭午·홍난파洪蘭坡, 여성부 위원으로는 송금선·이숙종 등이 위촉되었다.

어라 하고, 일본어만을 사용하게 했다.(1938) 일본은 한 걸음
더 나아가 1939년부터 우리의 성姓과 이름을 일본식으로 바
꾸는 이른바 창씨개명創氏改名을 단행했다. 성과 이름은 한국
인에게 있어서는 가족 및 친족의 결속과 자존심을 심어 주는
중요한 수단이었으나, 이를 일본이름으로 바꾸지 않으면 학
교입학이나 공문서발급이 금지되고, 식량과 물자 배급에서
제외되었으며 우편물도 전달되지 않았다. 이 때문에 부득이
창씨개명에 응하지 않을 수 없었지만, 전국민의 약 14%는 끝
까지 이를 거부하는 기개를 보여 주었다.

남산의 조선신궁 현 남산식물원 자리,
전국에 1,141개의 신사를 세움

　　일본은 한국인의 민족정신을 근원적으로 말살하기 위
해 일본인과 한국인이 같은 조상에서 나왔다는 이른바 일선
동조론日鮮同祖論을 주장했다. 이 주장은 이미 1880년대부터
나오기 시작한 것이지만, 침략전쟁 이후로는 '내선일체內鮮一
體' 및 '동조동근론同祖同根論'으로 바꾸어, 두 나라 주민을 민
족도 하나이고, 국민도 하나라는 일체감을 심어주려고 했다.
1936년 새로 부임한 미나미 지로南次郎 총독이 이런 정책을
강력하게 추진했다.

여성근로보국대　애국부인회 문패

　　일본은 메이지유신 이후 일본의 조상신 아마테라스 오
미카미天照大神를 신앙하는 신도神道를 국가종교로 승격시켰
는데, 일본천황의 조상신을 한국인의 조상신으로 떠받들도
록 강요했다. 이를 위해 서울의 남산신궁南山神宮을 비롯하여
각 학교와 면마다 신사神社를 세우고, 각 가정에서도 일본 시
조신의 신주를 걸어 놓고 예배하도록 강요했다. 말과 이름을
빼앗기고, 종교마저 자유롭지 못하게 된 한국인은 신사참배
에도 거부반응을 보였는데, 평양의 기독교학교인 숭실학교와
숭의여학교는 신사참배를 거부하다가 학교가 폐쇄되는 비운
을 맞이하기도 했다.

애국부인회 일제 강점기 말기 전쟁을 수행하면서
전쟁 물자를 수탈하기 위해 조선 여성들을 동원하여
애국부인회를 조직하고 황국신민화 정책을
강제적으로 수행하였다.

　　일본은 한국인의 민족정신을 말살하는 데 광분하면서
다른 한편으로는 한국인을 전쟁터로 몰아 넣어 일본을 위해
싸우게 했다. 처음에는 군대보충을 위해 '지원병제도'(1938)를 실시하다가, 뒤에는 '징병제도'(1943)
로 바꾸어 패전할 때까지 약 20만 명의 청년을 강제로 징집했으며, '학도지원병제도'(1943)를 실
시하여 약 4,500명에 달하는 학생들을 전쟁터로 끌고 갔다.

　　이밖에도 일본은 1939년부터 '모집' 형식으로, 1940년부터 '알선' 형식으로, 1944년부터는
'징용' 형식으로 일제말기까지 1백만 명 이상의 한국인을 전쟁을 위한 노동자로 끌고 갔다. 이들
은 탄광·비행장·군수공장·철도 등의 공사장에 군대식으로 편제되어 강제수용된 가운데 노예
처럼 혹사당했는데, 공사가 끝난 뒤에는 군대기밀을 지킨다는 이유로 무더기로 학살하기도 했

종군위안부의 규칙 동남아 일본주둔군 병참부 관장

종군위안부 일제는 약 10만여 명의 어린 한국인 여자들을 중국·동남아 일대, 필리핀 등지에 주둔하는 일본군의 성적노리개로 삼았다.

다. 특히 평양의 미림비행장, 쿠릴열도[사할린] 그리고 유구[오키나와]로 끌려간 대부분의 노동자는 무참하게 학살당했는데, 그 인원은 7천 명이 넘었다.

한편, '근로동원'이라 하여 어린 국민학생과 중학생들을 군사시설 공사에 끌어들이고, 여성들도 '근로보국대'라는 이름을 붙여 토목공사에 끌어들이고, '애국부인회'라는 어용단체를 만들어 충성을 강요했다. 그리고 전쟁 막바지에는 악명높은 '여자정신대근로령女子挺身隊勤勞令'(1944. 8. 23)이라는 것을 공포하여 12세에서 40세까지의 배우자 없는 여성 20만 명을 강제동원했다. 이들은 일본과 조선 내의 군수공장에서 일하는 경우도 있었지만, 그 가운데 상당수 인원을 중국과 동남아지역의 전쟁터로 보내 군인 상대의 위안부가 되게 하는 만행을 저질렀다. 이들 중 살아 남은 이들은 광복 후에도 정신적·육체적으로 황폐화되어 정상적인 생활을 누릴 수 없었다.

한국여성을 일본군의 성노예로 만든 것은 만주사변이나 중일전쟁 이후에도 있었다. 일본 정부의 부탁을 받은 관헌이나 위안부 경영자 그리고 알선업자

〈한국 노동자의 강제연행〉(1939~1945)

(단위: 명)

연도	지역	동원계획수	석탄광산	금속광산	토건	공장 기타	합계
1939	일본	85,000	32,081	5,597	12,141		49,819
	사할린		2,578	190	533		3,301
1940	일본	88,800	36,865	9,081	7,955	2,078	55,979
	사할린	8,500	1,311		1,294		2,695
	동남아					814	814
1941	일본	81,000	39,019	9,416	10,314	5,117	63,866
	사할린	1,200	800		651		1,451
	동남아	17,800				1,781	1,781
1942	일본	120,000	74,098	7,632	16,959	13,124	111,823
	사할린	6,500	3,985		1,960		5,945
	동남아	3,500				2,083	2,083
1943	일본	120,000	66,535	13,763	30,639	13,353	124,290
	사할린	3,300	1,835		976		2,811
	동남아	1,700				1,253	1,253
1944		290,000	82,859	21,442	34,376	157,795	286,432
1945		50,000	797	229	836	8,760	10,622
합계		877,300	342,763	67,350	118,634	206,158	724,965
종전 당시			121,574	22,430	34,584	86,794	365,382

자료: 이종범·최원규, 자료《한국근현대사 입문》(1995), 333쪽

들이 모집했는데, 간혹 자발적 참여자도 있었지만 대부분은 속임수로 유괴되어 끌려가 인간 이하의 노예생활에 시달렸다.

민족말살정책의 일환으로 언론·결사에 대한 탄압도 병행하였다. 당시 언론인 중에는 항일운동의 수단으로 언론활동을 전개한 이가 적지 않았으므로, 민족의식을 고취하던 〈조선중앙일보〉가 1937년, 〈동아일보〉와 〈조선일보〉가 1940년에 차례로 폐간되는 비운을 맞이했다. 동시에 모든 집회와 결사를 허가제로 바꾸어 국내의 조직적인 민족해방운동이 원천봉쇄되었다.

일본의 침략전쟁과 그로 인한 한국인의 고통은 말할 수 없이 커서 그 후유증은 광복 후 민족국가건설에 큰 장애요인이 되었다. 더욱이 일본은 한국인의 저항을 무마하기 위해 명망 높은 지식인을 회유, 또는 협박하여 수많은 친일단체를 조직하고, 일본의 황국신민화정책과 침략전쟁을 동조·찬양하는 일에 앞장서게 하였다. 그리하여 교육·언론·문학·미술·음악·영화·종교 등 각 분야에서 이름 있는 일부 인사들에게 친일의 오점을 남기게 한 것은 경제적 침탈보다도 더 큰 고통과 상처를 우리민족에게 안겨준 결과를 낳았다.

3. 민족문화 수호운동

일제의 민족말살 정책이 발악적으로 진행되던 1930~1940년대에 이에 대항하여 민족문화를 수호하고 이를 학문적으로 체계화하려는 애국운동이 꾸준히 일어나고 있었다.

먼저, 민족주의 역사가들 사이에서 이른바 '조선학朝鮮學' 운동이 전개되었다. 다산 정약용丁若鏞 서거 99주기를 맞이하는 1934년에 시작된 이 운동은 안재홍, 정인보, 문일평 등이 주동이 되어 과거 민족주의 역사학이 지나치게 국수적·낭만적이었음을 반성하고, 민족과 민중을 다같이 중요시하면서 우리 문화의 고유성과 세계성을 동시에 찾으려는 것이었다. 이에 따라 이들은 조선 후기 실학實學을 주목하고 고대사뿐 아니라 조선시대를 발전적으로 이해하려고 노력했다.

안재홍安在鴻(호 民世, 1891~1965)은 신채호의 고대사 연구를 계승·발전시켜 고대국가의 사회발전단계를 해명하는 많은 논문을 발표하여 광복 후 《조선상고사감朝鮮上古史鑑》(1947)이라는 단행본을 엮어냈고, 우리나라 전통철학을 정리하여 《불함철학대전不咸哲學大全》(1940)과 《조선철학》(1944)을 저술했다. 그는 자신의 학문에 기초하여 광복 후 '신민족주의와 신민주주의'라는 독창적인 이론을 제시하고, 이에 의거하여 극좌와 극우를 배격하고 만민공생萬民共生의 통합된 초계급적 다사리 민족국가를 건설하려 했다.

정인보鄭寅普(호 爲堂, 1893~1950)는 광개토대왕비문을 연구하여 일본인의 잘못된 고대사 연구를 바로잡는 데 기여했고, 조선시대 양명학과 우리나라의 5천 년의 얼을 정리하여 민족정기를 세우려고 노력했다. 문일평文一平(호 湖巖, 1888~1939)은 조선시대 민중을 위해서 노력한 정치가들과 혁명가들을 드러내고, 세종과 실학자들의 민족지향·민중지향·실용지향을 높이 평가하는 사론을 발표하여 일반국민의 역사의식을 계발하는 데 기여했다. 또한, 그는 국제관계에서 실리적 감각이 필요함을 절감하고 이런 시각에서 《대미관계 50년사》라는 명저를 내기도 했는데, 그의 저술은 《호암전집》(1939)으로 정리되어 출간되었다.

조선어학회 회원 기념사진(1935년) ① 이윤재 ② 한징 ③ 안재홍 ④ 이숙종 ⑤ 이희승

1930~1940년대에는 유물사관唯物史觀을 도입하여 우리역사를 연구하는 학자들도 나타났다. 이들은 농민과 노동자의 계급적 각성을 촉구하여 일제와 국내 지주·자본가들에 대항하려는 목적을 지녀 계급보다 민족을 윗자리에 두려는 민족주의 역사학과는 갈등을 일으켰다. 그러나 《조선사회경제사》(고대사, 1933)와 《조선봉건사회경제사》(고려시대, 1937)를 지은 백남운白南雲(1895~1974)은 정인보와 개인적으로 친하게 지내면서 토지제도사를 연구한 공로가 적지 않다. 그는 좌익역사가 가운데서는 비교적 온건한 인물로서, 광복 후에는 양심적 지주, 자본가들과 손잡고 새 나라를 건설해야 한다는 '연합성신민주주의'를 제창했다.

이병도(1896~1989)

한편, 1934년에는 실천성이 강한 유물사관과 민족주의 역사학을 모두 거부하면서 순수학문으로서 역사학을 전공하는 학자들이 결집하여 진단학회震檀學會를 창립하고 《진단학보》라는 학회지를 발간하기 시작했다. 이병도李丙燾, 이상백李相佰, 김상기金庠基 등 와세다 출신 역사학자와 이윤재李允宰, 이희승李熙昇 등 국어학자, 송석하宋錫夏, 손진태孫晉泰 등 민속학자들이 참여한 이 학회는 독립운동에 직접 기여하지는 않았지만 우리나라 문화사 연구의 지평을 열어 주었고, 역사학을 비롯한 국학 전반의 학문적 수준을 높이는 데 크게 기여했다. 그리고 이 학회의 중심 인물은 광복 후 주요 대학의 교수로 취임하여 남한의 국학계를 이끌어갔다.

이극로(1893~1978)

일제에 대한 저항운동은 문학인 중에도 일어났다. 이육사李陸史는 수십 회나 투옥되는 고난을 치르면서도 민족해방에 대한 확신을 가지고 '청포도'(1940)를 노래하다가 옥사했으며, 만주 용정龍井 출신 시인 윤동주尹東柱는 하늘을 우러러 한 점 부끄럼 없이 살아가기 위해 하늘과 바람과 별과 시를 읊으며 항일운동을 하다가 체포되어 28세라는 젊은 나이에 숨졌다.

민족의 얼을 지키기 위한 국어학자들의 노력도 치열했다. 일제의 국어말살 정책에 저항하여 우리말을 지키려던 조선어학회 회원들은 1942년 조선어사전 편찬을 진행하던 중 일본경찰에 발각되어 이중화李重華, 이극로李克魯, 최현배崔鉉培, 이희승李熙昇 등 수십 명이 투옥되고 이윤재李允宰, 한징韓澄이 옥사했다. 이를 '조선어학회 사건'이라 한다.[50]

---

50) 조선어학회 사건에 연루된 인사는 다음과 같다. 이중화李重華, 이윤재李允宰, 이극로李克魯, 최현배崔鉉培, 정인승鄭寅承, 한징韓澄, 김윤경金允經, 장지영張志暎, 이희승李熙昇, 권승욱權承昱, 이석린李錫麟, 이우식李愚植, 김법린金法麟, 정열모鄭烈模, 이병기李秉岐, 이만규李萬珪, 이강래李康來, 김선기金善琪, 이인李仁, 안재홍安在鴻, 김양수金良洙, 장현식張鉉植, 서승효徐承孝, 정인섭鄭寅燮, 윤병호尹炳浩, 이은상李殷相, 김도연金度演, 서민호徐珉濠.

4. 민족연합전선과 항일무장투쟁의 강화

여운형 독립운동가, 정치인

1930~1945년 사이 국내에서의 항일운동은 일본의 무자비한 탄압으로 위축될 수밖에 없었다. 그러나 표면적인 위축에도 불구하고 지하운동을 통한 좌우연합전선이 꾸준히 지속되어 마침내 1944년 8월 비밀결사인 '건국동맹建國同盟'이 결성되었다. 신간회 이후 두 번째로 민족연합전선이 형성된 것이다. 여운형呂運亨이 중심이 되어 일제의 패망을 예견하고 조직한 건국동맹은 안재홍 등 민족주의 인사들도 참여하고, 하부에는 노동자·농민층까지 흡수하고 있었으며, 밖으로는 중국에서 활동하던 '화북조선독립동맹'(속칭 연안파)과도 연결하고 있어서 민족연합전선의 형태를 띠고 있었다. 일본의 갑작스런 패망이 왔을 때 즉각적으로 건국준비위원회를 조직하여 정권을 인수할 수 있었던 것은 이러한 준비가 있었기에 가능했다.

국내에 비하여 일제의 탄압이 비교적 덜했던 중국지역에서는 파벌적 분열을 극복하려는 민족통일전선이 한층 활발하게 전개되었으며, 군대를 조직하여 적극적인 무장투쟁을 전개해 나갔다. 1931년 일본의 만주침략에 자극을 받은 중국 내의 독립운동 단체들은 1932년 상하이에 모여 각 단체의 통일체로써 '한국대일전선통일동맹'(1932. 11. 10)을 결성하고, 민족 유일당을 세우기로 합의했다. 여기에는 우파계열의 한국독립당(이동녕, 안창호, 김두봉), 한국동지회(김규식)와 좌파계열의 조선의열단(김원봉), 조선혁명당(최동오) 등이 참가했다. 이에 따라 임시정부를 고수하려는 일부 인사를 제외한 대부분의 인사들이 결집하여 1935년 7월 '민족혁명당'[51]을 창건하였다. 단순한 여러 단체의 동맹이 아니라 단일정당을 형성한 것이다. 그리고 당의 노선으로 조소앙趙素昻(1887~1958)의 삼균주의三均主義[52]를 받아들여 정치·경제·교육의 평등을 전제로 한 민주공화국의 건설을 내세웠다.

'민족혁명당'은 그 뒤 조소앙, 이청천李青天, 최동오崔東旿 등이 탈퇴하자 김원봉金元鳳이 중심이 된 '조선민족혁명당'으로 개편되었으며(1937), 약화된 통일전선을 다시 강화하기 위해 '조선민족해방운동자동맹'(김규광, 김창숙), '조선청년전위동맹'(최창익), '조선혁명자연맹' 등의 단체들과 연결하여 1937년 12월 한구漢口에서 '조선민족전선연맹'을 결성했다. 그리고 그 예하 군대로 '조선의용대'를 조직했는데, 이는 김원봉의 의열단에서 시작하여 '민족혁명당'의 예하 부대를 이루었던 조선혁명군이 확대·개편된 것이었다. 이들은 중국 국민당 정부군과 합세하여 중국 각 지역에서 항일투쟁을 전개하여 많은 성과를 올렸다.

한편, 중국 남방지역에 근거를 두었던 대한민국 임시정부는 1923년 개조파와 창조파의 탈퇴로 그 활동이 크게 침체되어 있었으나, 1930년대에 들어와서는 김구金九의 지도 아래 '한인

---

51) 민족혁명당은 한국민족혁명당, 조선민족혁명당이라고도 하며, 주요인물은 조소앙趙素昻, 김원봉金元鳳, 김규식金奎植, 신익희申翼熙, 이청천李青天, 최동오崔東旿, 양기탁梁起鐸, 김두봉金枓奉 등이다.

52) 조소앙의 삼균주의三均主義는 독립운동진영의 대표적 이론가인 조소앙이 좌우익의 대립된 이념을 지양하여 독립운동의 기본방략과 미래 조국건설의 지침을 삼기 위해 체계화한 정치사상이다. 그 요지는 개인과 개인[人與人], 민족과 민족[族與族], 국가와 국가[國與國]의 평등 실현을 전제로 정치·경제·교육의 평등을 강조했으며, 그 구체적 방법으로 보통선거제, 토지와 대생산기관의 국유제, 국비 의무교육, 언론·출판·집회의 자유 등을 내세웠다. 이 이론은 1920년대 말에 구상되어 1930년대에 한국국민당, 한국독립당의 정강으로 채택되고, 1941년에는 대한민국임시정부의 건국강령으로 수용되었다.

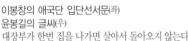

이봉창의 애국단 입단선서문(좌)
윤봉길의 글씨(우)
대장부가 한번 집을 나가면 살아서 돌아오지 않는다.

한국독립당 간부(1940. 5. 16)
앞줄 왼쪽부터 김붕준, 이청천, 송병조, 조완구, 이시영, 김구, 유동열, 조소앙, 차이석,
뒷줄 왼쪽부터 엄항섭, 김의한, 조경한, 양우조, 조시원, 김학규, 고운기, 박찬익, 최동오

김구(1876~1949) 독립운동가

애국단'을 조직하고 적극적인 테러투쟁을 전개하면서 차츰 국내외의 신망을 되찾아 갔다. 한인애국단 단원인 이봉창李奉昌이 도쿄에서 히로히토 천황을 공격하고(1932. 1. 8), 윤봉길尹奉吉이 상하이 훙커우虹口 공원에서 시라카와白川 대장 등을 살상(1932. 4)한 사건이 그것이다. 김구, 이동녕 등 임시정부 고수파들은 임시정부의 기초적 정당으로서 한국독립당(1930)을 조직하고 우익노선을 견지해 갔는데, 1935년 7월에 통일전선정당으로써 '민족혁명당'이 조직되어 임시정부의 해체를 요구해 오자, 이에 불응하고 조소앙의 삼균주의를 수용하는 새로운 정당으로서 '한국국민당'(1935. 11)을 창립했다. 그러나 중일전쟁을 계기로 민족협동의 필요성을 절감하고 좌익계열의 조선민족전선연맹과 제휴하여 '전국연합진선협회全國聯合陣線協會'를 조직했다(1939). 여기에는 7개의 단체가 가담했으나, 그 중심인물은 우익의 김구와 좌익의 김원봉이었다.

그 뒤 1940년 5월 대한민국임시정부는 기초정당을 '한국국민당'에서 '한국독립당'[53]으로 확대 개편했는데, 정강정책은 삼균주의를 그대로 채택하여 사회민주주의에 가까운 성격을 띠었다. 그리고 군사력의 필요에서 1940년 중경에서 '광복군光復軍'을 창립했는데, 김원봉이 이끄는 400여 명의 조선의용대가 1942년 5월 광복군에 편입되어 군사면에서도 좌우의 통일이 이루어지게 되었다. 이청천李靑天(일명 지청천)을 총사령, 이범석을 참모장으로 하는 광복군은 중국 국민당의 지원을 받으면서 주로 선전·초모 활동을 벌이다가 1943년 영국과 군사협정을 맺고 일부 병력을 인도와 버마(미얀마) 전선에 참전했으며, 또 일부 병력은 미국 전략정보처(OSS, CIA의 전신)와 협력하면서 국내진공을 준비했다.

───────────────

53) 한국독립당은 1941년 일본의 패망에 대비하여 건국강령을 발표했다. 그 요지는 (1) 홍익인간을 최고의 공리公理로 하고, (2) 정치, 경제, 교육의 균등실현, (3) 토지와 대생산기관의 국유와 중소기업의 사영私營, (4) 빈농 우선의 토지분배, (5) 노동자, 농민, 지식인, 상인의 단결, (6) 적산敵産의 국유화 등이다. 또 소작농, 자작농, 소자산가, 소지주를 기본대오로 삼고, 대지주, 대생산기관, 불타협분자, 관리, 경찰에서 반정反正 소질을 가진 자를 충실한 옹호자로 설정했다.

대한민국 임시정부는 항일투쟁이 격화됨에 따라 지도체제를 강화하여 1940년 헌법 개정을 통해 국무위원제(집단지도체제)를 주석중심제로 바꾸어 행정·군사를 총괄하도록 했다. 이때부터 주석 김구의 영도력이 강화된 가운데 임시정부의 위상이 높아지게 되었다.[54]

광복군 총사령부(1940. 12. 26) 가운데는 총사령대리 황학수, 서안에서 촬영

중국 남부지역 독립운동의 주체가 대한민국 임시정부였다면, 만주지역에서 활약하던 독립운동가들도 1930년대에 들어와 좌우통일전선 조직으로 1936년 '조국광복회'를 결성했다. 오성륜吳成崙, 엄수명嚴洙明, 이상준李相俊이 중심이 된 이 단체는 10대 강령을 발표하여 모든 계급이 일치단결하여 조국을 광복할 것을 선언했으며, 중공군과 함께 '동북항일연군'에 가담하여 항일 무장투쟁을 벌이던 김일성金日成[55] 부대와 연결하여 1937년 압록강 연안의 보천보普天堡에 있는 일본 경찰지소를 습격하기도 했다. 그러나 그 뒤 일본 관동군의 공세가 심해지자 김일

---

54) 대한민국 임시정부는 1919년 창립하여 1945년 8월 15일에 이르기까지 26년간 5차에 걸쳐 헌법을 개정했으며, 6차에 걸쳐 정부청사를 이전했다. 이를 표로 만들면 다음과 같다.

	시기	정치체제	주요 지도자	정부청사 위치
	1919. 4. 11		의장: 이동녕 국무총리: 이승만	상하이
1차 개헌	1919. 9	대통령제	대통령: 이승만(12월 박은식) 국무총리: 이동휘	상하이
2차 개헌	1925. 4	국무령제	국무령: 이상룡, 양기탁, 안창호, 홍진, 김구	상하이
3차 개헌	1927. 3	국무위원제	주석: 이동녕 국무위원: 이동녕, 김구 등 11명	1932년 상하이, 난징, 항저우 1935년 가흥 1937년 진강, 장사 1938년 광동, 유주 1939년 기강 1940년 충칭[중경]
4차 개헌	1940	주석제	주석: 김구	충칭[중경]
5차 개헌	1944	주석·부주석제	주석: 김구, 부주석: 김규식	충칭[중경]

55) 김일성(1912~1994)은 본명이 김성주金成柱로 증조부는 김응우金應禹(?~1878), 조부는 김보현(1871~1955), 아버지는 숭실학교 출신의 김형직金亨稷(1894~1926)이며, 어머니는 기독교 장로인 강돈욱康敦煜의 딸 강반석(1892~1932)이다. 평양 만경대에서 출생하여 1919년(8세) 아버지를 따라 만주로 이주하여 팔도구 소학교에 입학하고, 1923년(12세) 외조부 강돈욱이 설립한 평양 창덕학교, 1925년(14세) 만주 무송소학교, 1926년 만주 화성의숙, 1927년(16세) 만주 육문중학교에 입학하여 공산주의 교육을 받았다. 1931년(20세) 중국공산당에 입당, 1934년(23세) 항일유격대를 조직하고, 1935년(24세) 중국 동북항일연군에 참여하여 제1로군 제2군 제6사장을 맡았다. 1936년(25세) 조선광복회에 가담하고, 1937년(26세) 압록강 연안 보천보普天堡에 있는 일본 경찰파출소를 습격하여 일본이 현상금을 내걸자 그 이름이 〈동아일보〉에 보도되었다. 북한에서는 김일성이 15세 되던 1926년 '타도제국주의동맹'을 결성, 이때부터 진정한 공산주의운동이 시작되었다고 주장하고 있으며, 이해를 '현대사'의 시작으로 보고 있다. 북한은 또 증조부가 1866년 제너럴 셔먼 호를 격침시키는데 앞장서고, 아버지는 1917년 조선국민회를 조직하여 1919년 평양의 3·1 운동을 주도했다고 주장하고 있다. 그러나 이런 주장들은 앞으로 많은 검증이 필요하다.

수풍댐 건설에 동원된 한국인 노동자(1937년)

정부대는 1941년 시베리아로 이동하여 소련군과 합세하여 정탐활동을 전개하다가 8·15 광복을 맞이했다.[56)

한편 중국 화북지방에서 활약하던 독립운동가들은 1942년 민족통일전선으로 '조선독립동맹'[속칭 연안파]을 결성하고 그 휘하에 약 5백 명의 '조선의용군'을 거느리고 중공군과 연합하여 항일전쟁에 참가했다. 그 중심 인물은 김두봉金枓奉, 김무정金武亭, 박효삼朴孝三, 최창익崔昌益, 한빈韓斌 등으로서 중국에서

김두봉(1889~?)
독립운동가, 한글학자

군관학교 혹은 대학을 다닌 고급지식인이었다. 조선의용군은 특히 호가장 전투에서 큰 공을 세우고 광복 후에는 북한으로 들어가 인민군에 편입되었다. 이들은 모택동과 함께 연안지방에 본거를 두었기 때문에 속칭 '연안파'라고도 불린다.

통일전선의 형성은 단순한 일시적 연합으로만 그친 것이 아니라 자유민주주의에 사회주의를 가미한 건국방략을 수립한 것도 좌우이념의 대립을 새로운 차원으로 통합하려는 시도였다. 정치제도에 있어서는 보통선거에 의한 민주공화국 수립을 목표로 하고, 언론·집회·결사의 자유를 내걸었으며, 사회적으로는 남녀평등과 국비의 무교육을 채택하고, 경제적으로는 친일분자의 재산몰수와 토지 및 대생산기관의 국유화를 통한 소생산자의 보호를 목표로 했다.

그러나 광복 후 정치 상황은 민족운동의 본류를 이루고 있었던 이들 통일전선 인사들의 입지를 어렵게 만들고, 미국과 소련이 선호하는 정치세력에 의해서 두 개의 국가와 두 개의 건국방략으로 양극화되었다.

5. 공산당 재건운동과 노동자·농민운동

중국지역의 좌익세력이 민족통일전선에 호응하여 민족주의자와 협력하던 1930년대 이후 국내 공산주의자들은 일제의 탄압을 피해 지하운동을 통해서 공산당재건운동에 나섰다. 그러나 공산당재건운동은 각 지역별로 고립분산적으로 이루어져 통일성을 갖지 못했다.

---

56) 북한에서는 김일성이 1941년 시베리아로 가지 않고, 1941~1945년 사이에 백두산 부근의 비밀아지트[밀영]에서 활동하다가 광복을 맞았다고 주장한다. 아들 김정일이 출생한 곳도 이곳이라고 주장하나 소련 출생설도 있다.

그 가운데 박헌영朴憲永이 1939년 서울에서 조직한 소위 '경성콤그룹'이 대표적이었으나, 1941년 해체되었다. 이들은 대중적 기반의 취약점을 보완하기 위해 농민조합과 노동조합에 침투하여 조직을 확대하고, 운동방향을 공산주의 혁명운동으로 이끌어갔다. 그리하여 1930년대 노동조합과 농민조합은 단순한 노동자·농민의 권익을 보호·증진한다는 목표를 넘어서서 계급투쟁의 성격을 띠고 있었다.

공산주의자의 지도를 받아 조직된 농민조합은 전국적으로 약 80여 개나 되었는데, 함경도지방의 농민조합운동이 가장 격렬했다. 특히 함남 정평定平지역과 함북 명천明川지역이 그러했다. 소작농은 갈수록 증가하고 춘궁기의 농가가 전체의 70~80%로 확대되었으며, 농가부채도 1930년 5억 원이던 것이 1937년에는 30억 원으로 늘어났다.

국제적 파문을 던진 원산 부두노동자 대파업(1929. 1. 14~4. 6) 국내 도처의 동정파업은 물론, 중국·프랑스 등지의 노동조합에게 까지 큰반향을 일으켰음

일본은 우리 농민들을 해외로 추방시키기 위해 만주, 일본 등지로 이주를 유도했다. 그 결과 만주에는 약 140만 명, 일본에는 약 70만 명의 한국인이 거주하게 되었다. 이들이 오늘날 한국교민의 중심체를 이루고 있는 것이다.

일제의 병참기지화정책은 또한 엄청난

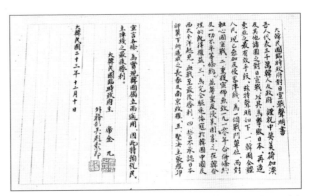

대일선전포고 태평양전쟁 발발 이틀 뒤 대한민국임시정부는 김구 주석과 조소앙 외무장관 명으로 대일선전포고(1941. 12. 10)를 선언했다.

노동자층의 증가를 가져왔다. 1933년에 약 21만 명이던 노동자가 일제 패망 직전에는 약 200만 명으로 늘어났다. 한국인 노동자들은 일본인 노동자의 절반 정도의 임금을 받고, 심한 민족차별과 열악한 노동조건에 시달림을 당했다. 특히 여성노동자와 어린이노동자의 처지는 말할 수 없을 정도였다. 공산주의자들은 이러한 열악한 상태의 노동자층에 호소하여 산업별·직장별 노동조합을 조직하고, 전국 각지에서 노동쟁의를 일으켰다. 특히 노동운동은 서울, 원산, 흥남, 평양 등 공장이 밀집되어 있는 대도시에서 활발했다.

그러나 이런 적색농민조합과 적색노동조합운동은 지나친 과격성으로 민족주의 인사들로부터는 물론이고 중소자본가·중소지주·부농들로부터도 외면을 당했다. 그리하여 이 운동은 민족의 역량을 최대한 결집시켜야 할 중요한 시기에 민족역량을 분산시키는 결과를 가져왔으며, 공산주의자의 입지를 더욱 좁히도록 만들었다. 국내 공산주의자는 광복 후에 박헌영을 중심으로 '조선공산당'을 재건하고 나섰으며, 이들이 뒤에 중도좌파 정당을 흡수하여 남로당(1946. 11)으로 개편되었다.

6

현대 민주국가_
분단과 대한민국의 발전

제1장 광복과 대한민국의 탄생(1945~1948)

1. 8·15 광복과 통일정부 수립운동

1) 일본의 패망과 8·15 광복

1945년 8월 15일 우리 민족은 36년간의 일제의 사슬에서 벗어나 광복의 감격을 맞이했다. 끊어진 역사의 맥이 다시 이어지고, 수천 년간 축적된 문화민족의 잠재력이 다시금 화산처럼 분출되기 시작했다.

1937년 중일전쟁에 이어 1941년 하와이 진주만을 기습하여 미국과의 태평양전쟁을 일으킨 일본은 전쟁 초기에는 싱가포르, 필리핀, 인도네시아, 미얀마버마 등 동남아를 점령하여 승세를 떨쳤으나, 1945년 여름 미국이 히로시마廣島와 나가사키長崎에 잇달아 원자폭탄을 투하하자 기세가 완전히 꺾였다. 여기에 8월 8일 소련이 대일선전포고를 하고 8월 9일 만주지방으로 내려오자 더 이상 버틸 힘을 잃고 마침내 8월 15일 무조건 항복을 선언했다.

서대문 형무소에서 출옥한 인사들이 기뻐하는 모습
자료 : 한국독립운동사연구소,《한국독립운동사사전》(2)

한국 독립운동가들은 이미 일본이 패망할 것을 예견하고 건국강령까지 만들어 놓고 있었지만, 실제로 자율적인 건국은 난관에 부딪혔다. 여러 독립단체 사이에 주도권 다툼이 생기고, 미국과 소련이 거의 동시에 한반도에 진주하여 각기 다른 체제의 나라를 만들려고 시도했기 때문이다.

독립운동단체 가운데 가장 먼저 건국을 준비한 것은 국내의 건국동맹建國同盟이었다. 여운형이 중심이 되어 중도우파 민족주의자와 중도좌파가 연합하여 1944년 8월에 비밀결사로 조직된 이 단체는 8·15 광복 직후 조선건국준비위원회[약칭 건준][1]를 만들고 국내치안을 담당하기 위해 치안대를 설치하고, 전국에 145개의 지부를 만들었는데, 좌파의 적극적인 개

항복문서에 서명하는 일본대표
1945. 9. 2. 맥아더 장군이 지켜 보고 있다.

---

1) 조선건국준비위원회는 초기에는 건국동맹의 참여자와 중도우파인 안재홍安在鴻 계열의 연합에 의해 조직되었다. 8월 22일에는 조직이 더욱 확대되어 함상훈咸尙勳, 이용설李容卨 등 우파와 정백鄭栢, 이강국李康國 등 좌파가 참여했다. 그러나 9월 3일의 2차 조직개편 때 좌파가 다수를 차지하게 되자 우파와 중도우파가 탈퇴했다.

박헌영과 여운형

입으로 우파가 탈퇴하자 9월 6일 '조선인민공화국'[약칭 인공]을 선포했다. 그러나 우파가 빠진 인공은 약점을 보완하기 위해 미국에 망명 중인 70세의 이승만李承晚[2]을 주석으로, 부주석에 여운형, 국무총리에 온건좌파인 허헌許憲을 추대했다. 그러나 인공의 실권은 이미 조선공산당을 재건한 46세의 박헌영朴憲永[3]이 장악하여 실제로는 좌익정부나 다름 없었다.

그런데 인공이 선포되던 날(9.6) 미군이 남한에 진주하자 사령관 하지John R. Hodge 중장은 즉각 '군정軍政'을 선포했다. 인공의 활동은 중단되었다. 미국은 우익정부를 수립하기 위해 송진우宋鎭禹, 김성수金性洙, 장덕수張德秀, 조병옥趙炳玉, 백관수白寬洙, 김병로金炳魯 등 일본이나 미국에서 공부한 인사들을 접촉하기 시작했고, 이들이 '한국민주당韓國民主黨'[약칭 한민당]을 만들었다(9.16). 한민당은 상하이 대한민국임시정부의 법통을 계승하려 했으나 미국은 민족주의 색채가 강한 임시정부를 인정하지 않았고, 그 주석인 김구金九[4]의 입국(11.23)도 개인자격으로만 허용했다.

---

2) 이승만(1875~1965)은 양녕대군의 후손인 이경선의 아들로 황해도 평산에서 태어났다. 호는 우남雩南이다. 1894년 배재학당에 입학, 다음 해 이 학교 영어교사가 되었다. 1896년 서재필이 미국에서 돌아와 독립협회를 조직하자 이에 가담하고, 〈협성회보〉와 〈매일신문〉 기자로 활약하면서 만민공동회에 참여하다가 황국협회의 고발로 투옥되어 종신형을 선고받았다. 1904년 민영환의 도움으로 석방된 뒤 고종의 밀서를 가지고 미국에 가 루스벨트 대통령을 만나 일본의 한국침략을 호소했으나 뜻을 이루지 못하자 미국에서 공부하기로 결심했다. 1907년 조지워싱턴대학을 졸업한 후 1908년 하버드대학에서 석사학위를, 1910년 프린스턴대학에서 〈미국의 영향을 받은 영세중립론〉으로 철학박사학위를 받았다. 이해 9월 귀국하여 기독교단체에서 활약하다가 '105인 사건'에 연루되었으나 선교사의 도움으로 위기를 모면하고 1912년 다시 미국으로 건너가 하와이에서 한인학원을 운영하고 〈한국태평양〉, 〈태평양〉을 창간하여 사설을 썼다. 3·1 운동 후 설립된 한성정부, 노령정부, 상하이임시정부 등에서 대통령, 수상, 총리 등으로 추대되었다. 그는 1920년 12월 상하이로 가서 대통령에 취임하였으나 1921년 다시 미국으로 가서 외교활동에만 치중하여 1925년 임시정부 의정원에 의해 탄핵되었다. 1933년 국제연맹[제네바]회의에 참석하여 한국의 독립을 호소하는 등 외교활동을 계속하다가 1945년 10월 귀국하여 우익정치인의 지도자로 활약했다.

3) 박헌영(1900~1956)은 충남 예산 출신으로 1915년 대흥보통학교, 1919년 경성제일고등보통학교[경기고 전신]를 졸업한 뒤 1920년 상하이로 망명하여 1921년 고려공산청년단 책임비서가 되었다. 이해 5월 고려공산당[이르쿠츠크파]에 입당, 다음해 입국하다가 체포되어 평양형무소에서 복역, 1924년 출옥했다. 1924년 동아일보에 입사, 동맹파업을 주동한 혐의로 곧 해고되고, 조선일보사에 입사했으나 총독부의 강압으로 퇴직했다. 1925년과 1926년 공산당 검거사건 때 체포되었다가 병으로 보석되었다. 1928년 소련으로 망명, 다음해 모스크바의 국제레닌학교에 입학하여 1930년 졸업했다. 코민테른 조선문제 트로이카 위원이 되어 상하이로 가서 활동 중 체포되어 1934~1939년 옥중생활을 보냈고, 출옥한 후 경성콤그룹 지도자가 되었다. 1940년 12월 검거선풍을 피하여 1941년 12월까지 광주 벽돌공장으로 은신했다. 해방이 되자 상경하여 조선공산당을 재건하고 총비서가 되었다.

4) 김구(1876~1949)는 황해도 해주출생으로 호는 백범白凡이다. 인조 때 권신이며 효종 때 반란을 꾀하다가 죽은 김자점金自點의 방계후손이다. 본관은 안동이다. 어려서 한학을 배우고, 17세에 과거에 응시했다가 낙방한 뒤 18세에 동학에 입도하여 19세에 팔봉접주로서 동학농민전쟁에 참여하여 해주성을 공격했다. 이때 신천의 안중근을 만났으며, 만주의 김이언 의병부대에도 참여했다. 1895년 명성황후 시해사건에 충격을 받아 다음 해 안악에서 일본중위를 맨손으로 처단하고 체포되어 사형선고를 받았다. 1897년 사형직전에 탈옥하여 승려생활[마곡사 등]을 했으나 곧 환속한 후 기독교에 입교했다. 1905년 을사늑약에 분개하여 서울에 와서 조약철회 투쟁을 전개하고, 1907년 신민회에도 가담했다. 1911년 총독암살 모의사건으로 체포되어 17년 형을 선고받았으나 1917년 가출옥했다. 3·1운동 이후 상하이로 망명하여 대한민국임시정부 경무국장, 내무총장, 국무총리대리를 거쳐 1926년 국무령이 되었다. 1930년 한국독립당을 창당하고 1931년 한인애국단을 조직하여 윤봉길, 이봉창 의거를 주도했다. 1939년 임시정부 주석이 되고, 다음해 충칭重慶에서 광복군을 조직하여 1941년 대일항전을 지휘하다가 서안에서 광복을 맞이하고 11월에 귀국했다. 그의 저서로 《백범일지》가 전한다.

이렇게 정부수립이 난항을 겪고 있는 동안 서울에는 수많은 정당이 결성되었다. 그 가운데, 박헌영의 조선공산당은 '부르조아 민주주의 혁명론'[8월테제]을 내세우고 노동자, 농민을 주축으로 도시 소시민 및 지식인들과 임시로 손을 잡고, 대지주의 토지 무상몰수를 내세우고, 전국적인 노동자 및 농민단체를 만들어 가장 강력한 조직을 형성했다.

안재홍(1891~1965)
정치인, 언론인, 사학자

한편, 김구가 귀국하자 '한국독립당'이 활동하고, 안재홍은 중도우파의 '국민당'(9.24)을 결성하였으며, 여운형은 중도좌파의 '조선인민당'(11.12)을 만들었다. 특히 '국민당'은 '신민족주의와 신민주주의'를 내걸고 좌우이념을 통합하고자 했다. 전체적으로 본다면 좌우연합을 지향하는 중도파정당이 지식인의 호응을 많이 받고 있었다.

2) 좌우합작운동과 과도정부 수립(1947. 2)

한국인의 자발적인 건국운동이 활발하게 전개되고 있던 1945년 말에 모스크바에서는 미국, 소련, 영국의 외상들이 모여 삼상회의(12.28)를 열고 '한국문제에 관한 4개 항의 결의서'[이른바 신탁통치안5)를 결정했다. 이 안은 먼저 미·소공동위원회와 '임시정부'를 조직하여, 상호 협의하에 미국, 영국, 소련, 중국이 최고 5년을 기한으로 하는 신탁통치실시를 논의할 것을 주요골자로 했다. 이 결의서에 들어 있는 신탁통치안[공동관리안]은 이미 연합국이 1943년에 카이로(11.12), 1945년에 얄타(2.11), 포츠담(7.17)에서 회담을 열어 전후처리문제를 협의하는 과정에 우리나라를 '민중의 노예상태에 유의하여 적당한 절차를 밟아서' 독립시키겠다고 결의한 방침에 따른 것이었다.

김구 주석과 이청천 장군(1945. 11. 5)
충칭을 떠나 귀국길에 상하이 비행장에 기착

연합국의 신탁통치안은 즉각적인 독립을 희구하던 한국인에게는 감정상 실망스러운 일이었다. 이 소식을 접한 이승만, 김구 등의 우익세력은 대대적인 신탁반대운동에 나섰다. 그러나 같은 반탁운동이라도 이승만은 남한에서만이라도 빠른 시일 안에 단독정부를 수립하기 위함이었고, 김구는 즉각적인 남북한 통일정부수립을 위해 신탁에 반대했다. 한편 공산당은 북한의 지령에 따라 신탁에 찬성하고 나섰다. 1946년부터 1947년은 이 문제로 좌우가 격렬하게 대립하던 시기였다.

임시정부 개선 환영식(1945. 12. 6)

---

5) 신탁통치안의 주요내용은 다음과 같다.
  ① 민주주의 원칙 아래 독립국가를 건설하기 위해 임시정부를 수립할 것
  ② 임시정부 수립을 원조하기 위해 미·소 공동위원회를 설치할 것
  ③ 미·영·소·중은 한국을 최고 5년간 공동관리[신탁통치]할 것
  ④ 2주일 이내에 미·소 사령부의 대표회의를 개최할 것

덕수궁의 미소공동위원회 미국대표 하지(오른쪽)와
소련대표 스티코프(왼쪽)의 대담장면

이승만과 김구 두 민족지도자의 악수

우익의 반대의사와는 관계없이 미국과 소련은 신탁통치안을
실천하기 위해 두 차례에 걸쳐 '미소공동위원회'를 열었다(1946. 3,
1947. 5). 그러나 이 위원회는 협의의 대상이 될 정당, 사회단체 선정
을 둘러싸고 미·소가 첨예하게 대립하여 회담이 결렬되고 말았다.
소련은 반탁을 주장하는 우익의 참여를 반대하고, 미국은 우익의
참여를 찬성했기 때문이다.

신탁문제를 계기로 정부수립이 늦어지자 일부 우익세력은
남한만이라도 단독정부를 세우자고 주장하고 나섰다. 특히 북한에
서 김일성의 지배권이 빠른 속도로 확립되고 있어서, 이에 대응하
는 남한에서의 우익정부 수립이 불가피한 상황이 되었다. 드디어
1946년 6월 3일 이승만은 정읍井邑에서 단독정부 수립을 주장하는
연설을 하기에 이르렀다.

북한은 김일성이 장악하고 남한에서도 단독정부 수립운동이
일어나자, 남북분단을 우려한 인사들은 남북한 통일정부를 수립
하기 위해 좌우합작운동을 벌였다. 미군정은 남한만이라도 좌우합
작의 입법기구를 세우기 위해 이를 후원했다. 그리하여 김규식金奎
植을 대표로 하는 5명의 우익과 여운형을 대표로 하는 5명의 좌익
인사들은 1946년 7월 하순 '좌우합작위원회'를 구성하고, 이해 10
월 '좌우합작 7원칙'[6]을 발표했다. 이 원칙은 그 동안 우파와 좌파
사이에 이견이 심했던 토지문제와 친일파 처리문제 등이 중도적인
입장에서 조정된 것이 주목된다.

중도정부를 지향하는 '좌우합작 7원칙'이 발표되자 가장 반
대한 측은 공산당[7]과 한민당이었다. 이에 미군정은 1946년 12월
12일 좌우합작위원회와 한민당계를 주축으로 '남조선과도입법의
원'[의장 김규식]을 구성하자 여운형(1947. 7. 19 피살)의 중도좌파가 입법
기구 조직에 반대하여 합작위원회에서 탈퇴했다. 미군정은 이어
1947년 2월 5일 민정장관民政長官에 중도우파의 안재홍을 임명하고, 5월 17일 '남조선과도정부'
를 세웠다. 중단되었던 미소공동위원회도 이해 5월에 다시 재개되었다.

---

6) 좌우합작 7원칙의 내용은 다음과 같다.
① 모스크바 3상회의 결정에 따른 좌우합작의 임시정부 수립, ② 미·소 공동위원회 속개, ③ 토지개혁(몰수, 유
상몰수, 체감매상에 의한 무상분배)과 중요산업 국유화, ④ 친일파 및 민족반역자 처벌조례 성안, ⑤ 정치범 석방과
테러행위 중단, ⑥ 언론, 집회, 결사 등 모든 자유 보장, ⑦ 합작위원회에 의한 입법기구의 구성

7) 조선공산당은 좌우합작에 반대하여 1946년 7월 26일 이른바 '신전술'을 표방하고 강력한 대중투쟁을 전개하
기 시작했다. 이해 9월 총파업을 단행하여 전평全評의 주도 아래 전국 각 지역에서 철도 총파업, 전기, 전차 파
업 등의 사태가 발생하고, 이해 10월 1일 대구민중봉기가 일어났다. '대구사건'은 경찰과 테러단의 탄압에 항
의하고, 쌀을 요구하던 대구시민들에게 경찰이 총을 난사함으로써 경찰과 시민 사이에 대규모 유혈충돌이 발
생한 사건이다. 이 사건은 다른 지역으로 확산되어 10월 한 달 동안 전국 각지에서 쌀 공출 폐지, 토지개혁 실
시, 극우테러 반대를 요구하는 시위가 일어났다.

3) 남북협상(1948. 4)

1947년 5월에 미군정에 의해 '남조선과도정부'가 세워져 정부수립이 순탄하게 이어질 것으로 기대되었으나, 미국의 정책이 1947년 3월 이후 소련과의 냉전으로 인하여 강경정책으로 선회하면서[8] 종전의 좌우합작 지원방침을 철회하고, 한국문제를 미국이 주도하는 국제연합[United Nations, 약칭 유엔]으로 끌고 갔다. 이에 따라 미소공동위원회는 완전히 결렬되고, 좌우합작위원회도 1947년 12월 해체되었다. 국제연합은 이보다 앞서 1947년 11월 14일 유엔 감시 하의 남북총선거를 통한 한국통일안을 가결했다. 그러나 인구가 남한보다 적은 북한이 총선거에 불리하다고 생각하여 소련이 이를 반대하자, 1948년 3월 유엔소총회는 남한만의 선거를 치르기로 결의했다. 분단은 이제 기정사실화된 것이다.

좌우합작에 대한 국내 좌우파의 반대와 미국의 태도 변화로 국내의 정세가 분단으로 굳어져가자, 한국독립당의 김구와 '민족자주연맹'(1947.12.20)을 조직한 김규식 등은 통일정부 수립을 위한 마지막 노력을 기울였다. 이들은 한국문제의 국제연합 이관을 반대하고, 북한의 김일성金日成과 김두봉金枓奉에게 남북지도자회의를 제안했다. 북한은 1948년 초에 이미 인민군을 창설하고, 헌법초안을 발표하는 등 독자적인 정권수립을 위한 준비를 이미 마쳤지만, 남북회담의 규모를 확대하여 남북의 모든 정당, 사회단체 대표자들이 평양에 모여 대중집회를 열자고 수정제의했다. 회담을 군중대회로 바꾼 것은 남측 대표자들을 협박하여 북한 정권수립을 정당화하는 수단으로 이용하기 위함이었다.

1948년 4월 하순, 드디어 10일간에 걸친 남북지도자회의가 평양에서 열렸다. 남북의 56개 정당, 사회단체 대표 695명이 참가한 이 회의에서는 남한 단독정부 수립을 반대하고, 미·소 양군의 철수를 요구하는 결의문을 채택했다. 이 회의를 마치고 돌아온 후 김구와 김규식은 5·10 총선거에 불참하고, 1948년 7월 21일 '통일독립촉성회'를 결성하여 통일정부 수립을 위한 노력을 계속했지만 수포로 돌아갔다. 다음 해 6월 26일 김구는 자택 경교장에서 안두희의 총탄을 맞고 숨을 거두었다.

결국 유엔의 결의에 따라 1948년 남한에서는 5월 10일 총선거가 실시되고, 평양에서는 6월 하순부터 제2차 남북 제정당사회단체지도자 협의회를 열어 최고인민회의[의회]를 구성했다.

2. 대한민국의 재건[건국]과 김일성 정권의 등장(1948)

1) 대한민국의 재건[건국]

1948년은 1천 년간 통일된 국가를 이어온 우리 민족이 다시금 분단시대로 되돌아간 비극의 해였다. 그러나 그것은 불가피한 선택이었다. 이해 8월 15일 38선 이남에는 '대한민국'이 수

---

8) 1947년 3월 미국 대통령 트루먼Truman은 그리스와 터키에서의 공산주의자들의 활동을 저지할 것을 언명했는데, 이 트루먼 독트린을 계기로 소련과의 냉전이 시작되었다. 미국은 그 뒤 소련과의 냉전에 대응하기 위해 유럽에서 '마샬플랜'을, 일본에서 '역코스 정책'을 실시했다.

정부수립 선포식(1948. 8. 15)

김규식(1881~1950) 독립운동가, 정치인

립되고, 9월 9일 38선 이북에는 '조선민주주의인민공화국'을 표방한 북한 정권이 수립된 것이다.

38선을 만든 것 자체가 비극의 시작이었다. 연합국 가운데 소련군이 가장 먼저 8월 26일 평양에 진주하고, 미국이 뒤이어 9월 8일에 인천에 상륙했다. 소련은 한반도와 국경을 접하고 있어서 8월 8일 선전포고를 하고 며칠 만에 평양으로 들어왔으나, 미국은 거리가 멀어 뒤늦게 한국으로 들어왔다. 사태가 급박한 것을 깨달은 미국은 8·15 직전 일본군의 무장해제를 위해 38선을 경계로 북쪽은 소련군이, 남쪽은 미군이 담당하기로 소련에 제의하여 동의를 얻었다.

1948년 5월 10일 남한에서 총선거가 실시되었다. 좌익은 1948년 2월 7일 '남로당'[남조선노동당]의 지령에 따라 전평全評 산하 노조 30만 명이 총파업을 단행하여 통신, 운수, 송전이 중단되었다. 이해 4월 3일 제주도에서는 좌익의 사주로 단독선거 반대운동이 일어났는데, 이를 과잉진압하는 과정에서 수만 명의 무고한 양민이 죽었다. 이 사건으로 인하여 5월 중순 연대병력의 군대가 출동하여 진압작전에 나섰으나, 현지경찰과 극우청년단체 그리고 토벌군대의 가혹행위에 의해 사태가 더욱 악화되었다. 제주 4·3 사건은 정부수립 이후에도 계속되어 1948년 10월 여수에 있는 14연대를 투입시키려 했으나, 출동군인들이 반란을 일으키고 여수, 순천 등지의 양민들까지 가세하여 이 지역에 계엄령이 선포되고 군대가 파견되어 진압되었다. 그 뒤 반란군인과 반란가담 양민들은 지리산, 태백산, 오대산 등지로 들어가 인민유격대[빨치산]를 조직하고, 일부지역에서는 북한에서 파견한 훈련된 게릴라의 지도를 받으면서 1950년 6월 한국전쟁이 일어날 때까지 저항하다가 군·경 토벌대에 의해 완전 소탕되었다.

김구, 김규식 등이 이끄는 중도우파도 선거불참을 선언했다. 북한은 선거에 대한 보복으로 전기공급을 중단하여 공장의 조업이 중단되는 사태가 발생했다. 그러나 이 선거는 우리나라 역사상 최초의 서구식 보통선거로써 21세 이상의 모든 국민에게 동등한 투표권이 주어졌다.

5·10 선거로 선출된 제헌국회(198명)[9]는 대한제국과 상하이 임시정부시절부터 써오던 '대한민국'을 국호로 결정하고, 7월 17일 헌법을 제정했다. 이 헌법에는 "대한민국이 3·1 운동으로 대한민국을 건립하여 세계에 선포한 위대한 독립정신을 계승하여 이제 민주독립국가를 재

---

9) 제헌국회 의원들을 정당별로 보면, 이승만계의 독립촉성국민회 56명, 한국민주당 29명, 조선민주당 1명, 국민당 1명, 한독당 1명 그리고 무소속 83명으로 무소속이 가장 많았다. 무소속에는 다양한 인사들이 포함되어 있었는데, 제헌국회 활동을 통해 주로 중도파에 대한 지지를 보냈다. 부통령선거에서 김구가 2위로 득표하고, 소장파 활동이 활발했던 것이 그 대표적인 예라 할 수 있다.

건"한다고 밝혔다. 정부조직은 대통령중심제를 골간으로 하되, 대통령을 국회에서 선출하도록 하는 내각제 요소를 담고 있었다. 국회는 단원제로 했으며, 국회에서 74세의 이승만(1875~1965)을 대통령으로, 임시정부 요인이던 이시영李始榮(1869~1953)을 부통령으로 각각 선출했다. 국회의 장에는 임시정부 요인이던 신익희申翼熙(1894~1956)가 선출되었다. 이승만은 청산리전투의 주역이 자 임시정부 산하의 광복군 참모장을 지낸 이범석李範奭(1900~1972)을 국무총리에 임명하여 내각을 구성했다. 대법원장에는 일제강점기 인권변호사를 했고, 한민당에도 잠시 관여했던 김병로金炳魯(1887~1964)가 임명되었다. 모두가 국민의 존경을 받던 인물로서 상하이임시정부의 요인이 요직을 차지했다. 5·10 선거에 참여한 한민당은 내각조직 과정에서 야당으로 밀려났다.

　1948년 8월 15일 대한민국 '정부수립'을 선포하고,[10] 옛 총독부 건물을 정부청사로 사용하여 '중앙청'이라고 불렀다. 이해 12월 12일 유엔은 대한민국을 한반도에서 유일한 합법 정부로 승인했으며,[11] 우리 헌법도 대한민국이 한반도에서 유일한 정부임을 밝혔다. 그 뒤 소련과 그 동맹국가들을 제외한 미국 및 자유진영 50여 개국의 개별적인 승인을 받았다. 이로써 대한민국은 자유진영 국가의 일원이 되었다.

2) 김일성 정권의 등장

　북한의 권력수립과정은 남한과는 다른 모습으로 순탄하게 진행되었다. 미군이 1945년 9월 8일 인천에 상륙하기 이전인 8월 9일 소련군은 이미 두만강을 건너 북한에 진주했고, 8월 24일 평양에 사령부[사령관 치스차코프]를 설치했다. 그러나 소련군은 군정을 통한 직접통치를 피하고, 각 지방별로 좌우합작의 '인민위원회'를 조직하여 자치를 하게 했다. 북한은 역사적으로 정치의 변방지역이어서 남한과 달리 처음부터 복잡한 정치세력이 없기 때문에 군정의 필요성을 느끼지 않았다.

　그러나 소련은 소련군으로 귀국한 34세의 김일성(1912~1994)의 집권을 뒤에서 강력하게 지원했다. 9월 중순 소련군의 영향하에서 조선공작단을 지휘하던 김일성을 비롯한 항일 빨치산세력[약 200여 명]이 들어오면서 국내좌익을 누르고 주도권을 장악하기 시작했다. 평양의 주민들은 30대 초반의 젊은 김일성을 보고 놀랐지만 그는 빠른 속도로 권력을 장악해갔다. 1945년

---

10)　대한민국의 출범을 '건국'이라 하지 않고, '정부수립'이라고 하는 것은 상하이임시정부의 전통을 계승한다는 뜻이 담겨 있다. 그래서 1948년을 '대한민국 29년'으로 표시하기도 했다. 그러나 '제헌헌법'에는 상하이임시정부를 언급하지는 않았다. 그 이유는 임시정부의 주석인 김구가 단독정부 수립을 거부한 것과 관련이 있다. 그러다가 1987년 개정된 '헌법'에서 처음으로 '상하이임시정부의 법통을 계승한다'는 언급이 들어갔다.

11)　유엔총회가 선언한 내용은 크게 세 가지다. (1) 유엔총회는 한반도에서 유엔한국임시위원단이 감시하고, 협의할 수 있었고, 전체 한국인의 절대다수가 거주하고 있는 그 지역을 효과적으로 통제하고 관할할 수 있는 하나의 합법적인 정부[대한민국]가 수립되었다. (2) 이 정부는 임시위원단의 감시 아래 한반도의 해당지역의 유권자들의 자유로운 의지가 정당하게 표현된 선거를 통해 수립되었다. (3) 이 정부는 한반도에서 유일한 정부이다. [The General Assembly declares that there has been established a lawful government(the Republic of Korea) having effective control and jurisdiction over that part of Korea where the Temporary Commission was able to observe and consult and in which the great majority of the people of all Korea reside; that this government is based on elections which were a valid expression of the free will of the electorate of that part of Korea and which were observed by the Temporary Commission; and that this is the only such government in Korea.]

김일성

10월 중순에는 '조선공산당 북조선분국'이 조직되어 김일성이 책임비서로 선출되고, 11월 중순에는 '북조선 5도행정국'이 설치되어 기초적인 행정부가 수립되었다. 1946년 4월 중순에는 '조선공산당 북조선분국'을 '북조선공산당'으로 개칭하여 서울에 본부를 둔 '조선공산당'의 영향권에서 벗어났다.

이와 같이 김일성의 주도권 장악이 빠른 속도로 진행된 것은 소련군의 지원이 있은 데다, 기독교도가 많은 우파세력이 계속적으로 남한으로 내려와 저항세력이 미약하고, 김일성의 가장 강력한 라이벌로서 수적으로 우세한 '조선독립동맹'[속칭 연안파]과 그 산하군대인 '조선의용군'이 무장해제를 당한 가운데 1946년 뒤늦게 귀국하여 주도권을 발휘할 수가 없었기 때문이었다. 이들은 멀리 중국 서쪽의 연안延安지방에서 독립을 맞이한 데다, 중국공산당과 가까워서 소련의 신임을 얻지 못했다.

이밖에 소련파 공산주의자[12]가 광복 후 북한에 들어 왔으나, 토착적 기반이 미약하여 큰 세력을 형성하지 못했다. 북한지역의 우파지도자는 조만식曹晩植(1883~1950)이었으나 신탁통치를 반대하다가 반동으로 규탄받아 제거되었으며, 농민중심의 천도교 청우당靑友黨(1946. 2. 8)이 조직되었지만 큰 힘이 없었다. 그러나 좌익이 우세한 가운데서도 1945년 11월 함흥과 신의주 등지에서 반공학생의 궐기가 있었던 것은 기억해 둘 만하다.

북한은 1946년에 들어서자 재빠르게 개혁사업에 들어갔다. 이해 2월에 김일성을 위원장으로 하는 '북조선임시인민위원회'를 수립하여 인민민주주의[13] 독재정권을 세우고, 이른바 '반제반봉건민주혁명反帝反封建民主革命'을 실행했다. 민주혁명의 중심사업은 토지개혁과 중요산업 국유화였다.

1946년 3월에 단행된 토지개혁은 4%의 지주가 전체농지의 58%를 소유하고, 소작농이 전체농민의 73%를 차지하고 있던 북한의 농촌경제를 개조하기 위해 무상몰수, 무상분배의 원칙에 따라 이루어졌다.[14] 토지개혁 결과 지주들은 엄청난 타격을 입게 되었으나, 소작빈농이 하층 중농의 수준으로 향상되었다. 토지개혁에서 혜택을 입은 이들이 공산당에 대거 입당하여 처음에 4천 5백여 명의 당원으로 출발한 공산당원이 토지개혁 직후에는 27만 명으로 늘어났다. 그러나 농민에게 소유권을 준 것은 아니고, 경작권만을 주었다.

한편 1946년 8월에 단행된 중요산업의 국유화는 일본인 또는 한국인 기업가가 소유하던 기업소, 광산, 산림, 어장, 발전소, 철도, 운수, 체신, 은행, 상업, 문화관계산업 등을 국유화시킨 것으로, 이는 전체산업의 90%를 차지했다. 나머지 소규모의 개인 수공업과 상업은 자유로운 소

---

12) 소련파는 중앙아시아의 우즈베키스탄, 카자흐스탄에서 활약하던 한인 2~3세로서 허가의許嘉誼(또는 허가이許哥而), 한일무韓一武, 박창옥朴昌玉, 김열金烈, 박영빈朴永彬, 임해林海, 김승화金承化, 남일南日 등이다.

13) '인민민주주의'는 사회주의로 가기 위한 과도정치형태로써 노동자, 농민의 동맹세력을 기초로하여 진보적인 우파와 일시적으로 통일전선을 형성하고, 제국주의와 봉건주의를 타도하기 위해 강력한 독재정권을 세운다는 이념이다.

14) 북한의 토지개혁에서 몰수대상이 된 토지는 일본인과 민족반역자 그리고 5정보 이상의 토지를 가진 지주의 땅이었으며, 몰수된 땅을 노동력의 차이에 따라 무전농민無田農民에게 무상으로 분배하여 경작권을 주었다. 그 결과 약 90만 정보의 토지가 42만 호로부터 몰수되어, 72만 호의 농가에 분배되었다. 이는 북한 총 경지의 53%, 지주토지의 80% 이상이 몰수, 분배된 것이다.

유와 기업활동이 허용되었다. 그 결과 국영기업이 전체 기업의 72.4%를 차지하게 되고, 개인기업은 23.2%로 줄어들었다.

토지개혁과 중요산업국유화는 노동자, 농민에게 단기적으로는 유리한 경제환경을 만들어 주고 농업 및 공업생산력을 높이는데 기여했으며, 공산당의 입지를 강화시켜 주었다. 그러나 다른 사회주의국가에 비해 지나치게 과격한 사회개혁은 민족반역자뿐 아니라 양심적인 지주, 자본가, 종교인, 지식인들에게도 큰 타격을 주어 이들은 38선을 넘어 대거 남한으로 넘어왔다. 이들은 남한에서 가장 적극적인 반공운동의 중심세력이 되었다.

1947년 말 이미 월남민이 80만 명을 넘어섰으며, 그 뒤 6·25 전쟁 중에 월남한 수를 합하여 월남민의 총수는 200만 명을 넘어섰다. 개혁의 피해자들이 고향을 떠난 것은 역으로 북한의 개혁을 한층 용이하게 만들었다. 반면, 남한사회는 월남민으로 인구가 갑자기 증가하여 실업자가 더욱 늘어나고, 경제적 혼란을 가중시켰다.

북한은 이른바 '민주개혁'을 하는 이유로 '민주기지론'을 들고 나왔다. 북한에 튼튼한 민주기지를 쌓고, 이를 바탕으로 남한을 해방하여 통일로 밀고 가겠다는 전략이었다. 북한은 '민주개혁'과 병행하여 공산당을 보다 대중적인 조직으로 발전시키기 위해 1946년 8월 '북조선공산당'과, 연안파의 김두봉이 주축이 된 '북조선신민당'(1946. 2)을 통합하여 '북조선노동당'[약칭 북로당]을 창당했다.

이해 11월 남한에서도 박헌영을 중심으로 하여 공산당과 조선인민당, 남조선신민당이 합당하여 '남조선노동당'[약칭 남로당]이 창설되었는데, 남북 노동당의 당원 수가 거의 1백만 명을 헤아리게 되었다. 북한은 이보다 앞서 7월에 '북조선민주주의 민족통일전선'을 결성했는데, 이 또한 '일체의 애국적 민족역량을 결집'하여 '인민민주주의 독재'로 나가기 위한 전략을 담고 있었다.

1946년에 이미 경제개혁을 통해 지지기반을 확대한 북한은 1947년 2월에 최고행정기관으로 '북조선인민위원회'를 수립하고, 1948년 2월 8일 '인민군'을 창설했다. 이제 남은 것은 의회를 구성하여 정부를 선포하는 일이었다. 이해 5월 10일 남한에서 단독선거가 실시되고, 8월 15일 대한민국이 수립되자, 북한은 8월 25일에 최고인민회의 대의원 선거를 실시하고, 9월 8일 헌법[인민민주주의 헌법]을 통과시켰으며, 9월 9일 '조선민주주의인민공화국'[15]을 선포했다. 그리고 국기國旗와 국가國歌를 독자적으로 제정하고, 수도는 서울로 하고, 평양을 임시 수도로 정했다. 국호를 '조선'으로 정한 것은 대한제국과 대한민국임시정부의 정통성을 부인하기 위해 일제강점기 총독부가 사용한 지명을 그대로 받아들인 것이다. 국기에 별을 넣은 것도 한국인의 전통적인 정서와는 무관한 것이었다.

북한 정권은 지역정권이 아니라 남북한을 망라하는 대표국가인 것처럼 보이기 위해 1948년 6월 하순에서 7월 초순에 걸쳐 남한의 '제정당사회단체' 대표 1천여 명을 월북시켜 황

---

15) 조선민주주의인민공화국의 주요 권력자는 다음과 같다. 내각수상에 37세의 김일성, 부수상 겸 외무장관에 조선공산당의 영도자였던 박헌영, 부수상 겸 산업상에 빨치산 출신의 김책金策, 또 한 사람의 부수상에 신간회 참여자이며 《임꺽정》의 저자이기도 한 홍명희洪命熹, 최고인민회의 의장에 허헌許憲, 최고인민회의 상임위원회 의장에 조선독립동맹[연안파]의 지도자였고 한글학자인 김두봉金枓奉 등이다.

해도 해주에서 '제2차 남북 제정당사회단체 지도자협의회'를 열어 최고인민회의를 창설할 것을 결의하고, 360명의 남한 대의원을 뽑아 212명의 북한 대의원과 함께 최고인민회의에 참여시켰다. 그러나 이들 대의원은 남한처럼 주민의 직접투표로 뽑은 대의원이 아니라 1천 명 대표 가운데서 뽑은 대의원에 불과하다.

형식적으로 보면 북한의 정권수립이 남한보다 한 달가량 늦었지만, 실제적인 권력수립은 남한보다 한층 빨랐다. 그래서 남한단독정부 수립의 필요성이 절박한 상황에 있었던 것이다.

소련은 1948년 10월에 북한 정권을 승인한 후 12월에 군대를 철수했다. 1949년 6월에는 북로당과 남로당이 합당하여 '조선노동당'이 되어 남한 좌익의 대부분이 북으로 올라가게 되었으며, 같은 시기에 통일기구로써 '조국통일 민주주의전선'을 결성했다.

북한 우익은 남한으로 내려오고, 남한 좌익은 북한으로 이동하여 각각 국가건설에 협조했다. 이 부자연스러운 국토분단과 민족분열은 우리 민족이 스스로 선택한 것이 아니라 일제가 터를 다지고, 소련과 미국이 자기 세력을 확보하기 위해 갈라놓은 비극이었다. 그러나 남한만이라도 자유세계의 일원이 된 것은 오늘날 대한민국이 세계 선진국대열에 들어설 수 있는 토대가 되었다.

3. 일제잔재 청산의 진통

광복 후 북한사회보다 남한사회가 한층 어려운 과제를 안고 있었다. 조선왕조 이후 일제 말기까지 서울이 정치, 문화의 중심지였으므로 발전의 잠재력도 컸지만, 동시에 식민지 잔재도 가장 많을 수밖에 없었고, 동시에 일제가 공업시설을 북한땅에 건설하고 남한땅은 농업기지로 만들어 놓아 북한에서 보내는 전기가 끊어지면 모든 공장이 작업을 중단하는 경제의 불모지가 되었다.

일제 식민지잔재의 청산을 통해 끊어진 민족사의 맥박을 잇고, 토지개혁을 통해 민생문제를 해결하는 것이 가장 시급하고 절실한 과제였다. 이 문제에 대해서는 좌익과 우익 어느 편에서도 그 당위성을 부인하지 않았지만, 문제는 어느 선에서 해결하느냐가 갈등의 요인이었다.

미군정은 3년간 미국식 자유민주주의와 시장경제를 토대로 당면한 경제문제를 풀어갔기 때문에 소극적이고 온건한 개혁을 추진했다. 먼저 일본인과 동양척식회사가 소유한 토지를 미군정이 접수하여 신한공사新韓公社에 그 관리를 맡기고, 귀속재산의 일부를 개인에게 불하했다. 그러나 여론이 나빠지자 신한공사를 해체하고 약 30여 만 정보의 일본인 소유토지를 소작인과 귀국동포들에게 매각했다. 매각조건은 주생산물 가격의 3배에 달하는 땅값을 15년에 걸쳐 현물로 상환하는 것이었는데, 가난한 소작인에게는 감당하기 어려운 조건이었다. 광복 당시 소작 농가가 전체 농민의 반을 차지하여 토지개혁의 필요성이 절실했으나, 미군정은 소작료를 수확량의 3분의 1로 낮추고, 지주가 일방적으로 소작계약을 파기하지 못하게 하여 소작권을 보호하는데 그쳤다. 생필품의 매점매석으로 인한 물가폭등을 막기 위해 생필품의 유통을 통제하는 정책을 썼으나 경제질서의 혼란을 수습하지 못했다.

대한민국 수립 이후 이승만 정부는 여론의 압력과 좌익의 사회운동 격화 그리고 북한의 토지개혁으로 더 이상 토지개혁을 미룰 수 없음을 깨닫고, '농지개혁안'을 만들어 국회에 상정했다. 그러나 지주 출신이 많았던 국회에서 오히려 견제를 받다가 1949년 6월에 가서야 '농지개혁법안'이 제정되고, 1950년 3월에 시행령이 공포되었다. 그 결과 총경지의 약 40%에 달하는 89만 2천 정보의 땅이 유상매입, 유상분배의 원칙에 따라 재분배[16]되었는데 3정보 이하의 땅은 매수대상에서 제외되었으며, 3정보 이상의 땅도 지주들이 이미 팔아버린 경우가 많아서 개혁대상에서 제외되었다. 남한의 농지개혁은 북한에 비해 온건한 것으로 소작인의 입장에서는 미흡한 것이지만, 그 대신 지주들의 피해를 줄여 북한과 같은 부작용은 없었다. 6·25 전쟁이 일어나기 직전에 농지개혁이 이루어진 것은 남한의 공산화를 막는데 기여했다.

식민지잔재 청산의 또 하나의 과제인 친일파 정리는 민족정기를 회복한다는 측면에서 매우 중요한 과제였으나, 불철저하게 끝났다. 광복 직후 미군정은 치안확보의 필요에서 총독부에서 복무한 관료와 경찰을 그대로 등용했다. 대한민국 수립 후에도 이승만 정부는 친일관료들을 대거 등용했다. 이들을 대신할만한 고급지식인과 숙련된 인재들이 적고, 이승만 자신이 오랜 망명생활로 국내세력기반을 갖지 못하여 이들의 도움을 얻어 권력을 유지할 수밖에 없었다.

1948년 9월 국회 소장의원들은 '반민족행위자처벌법'[반민법]을 국회에 상정하고, '반민족행위특별조사위원회'[약칭 반민특위]와 특별재판부를 구성하여 반민족행위자를 체포하기 시작했다. 그러나 이들의 활동은 처음부터 거센 저항을 받았다. 반민특위에 소속된 국회의원 일부가 남로당과 연결하여 간첩활동을 했다는 이른바 프락치사건이 터져 당시 부의장이던 김약수金若水 등 13명이 검거되었으며, 경찰이 반민특위를 습격하는 등 갖가지 방해로 친일파 처단은 유야무야로 끝나고, 1950년 6월 20일로 규정된 반민법의 시효기간을 1949년 8월 31일로 단축한 법안이 통과됨으로써 반민특위는 해체되고 말았다.

친일파 처리 문제는 너무 지나쳐도 안 되고, 너무 소극적이어도 안 된다. 친일파도 그 부류가 다양해서 교육, 언론, 문화, 기업인으로 활동하다가 일제말기에 강제동원되어 협력한 부류는 일제의 피해자로도 볼 수 있어서 처벌의 대상이 되기는 어렵다. 그러나 독립운동가들을 탄압하는 데 적극적으로 앞장섰거나 자진하여 일제에 협력한 부류는 처벌하는 것이 마땅하다. 북한 정권에도 문화, 예술계에는 친일인사들이 적잖이 참여하고 있었으므로, 친일파청산은 남한만의 문제는 아니었다.

4. 사회·교육·문화 운동의 갈등

미군정기와 대한민국 건국 초기에는 사회·교육·문화 부분에서도 심각한 좌우 갈등이 일어났다. 원래 남한은 일본강점기이래 농업중심지로써 공업기반이 약한 데다가, 좌익의 파업이

---

16) 정부는 지주의 토지를 연평균 생산액의 1.5배로 가격을 매겨 사들여서 소작인들에게 분배하고, 5년간 현물로 땅값을 상환하도록 했다. 농지개혁은 소작인들에게 부담을 준 것은 사실이지만, 지주제도가 없어지고 소작인이 자작농으로 상승한 것은 한국역사상 큰 전환점을 이루는 것이었다.

오천석(1901~1987)

빈발하면서 공업생산력은 일제시대보다 5분의 1로 감소했으며, 생필품 부족으로 물가가 폭등했다. 설상가상으로 노동자의 절반이 실업자가 되고, 이북에서 맨 손으로 넘어온 월남민과 일본, 중국 등지에서 180만 동포가 한꺼번에 몰려들면서 사정은 더욱 악화되었다. 생필품 중에서도 쌀값 폭등이 가장 심각했다.

미군정은 자유시장경제의 테두리 속에서 문제를 해결하기 위해 생필품의 유통을 통제하는 정책을 실시했지만, 생필품의 부족과 인플레이션을 막지는 못했다. 1946년 공산당이 주도한 9월 총파업과 10월 1일의 '대구사건'을 비롯한 전국적 민중봉기는 공산당의 의도적인 전략이 요인이었지만, 악화된 경제사정이 사태를 더욱 어렵게 만들었다.

한편, 미군정은 미국식 민주주의 교육과 기능인 양성을 위해 새로운 교육제도를 마련하고, 국립대학을 설치했다. 유억겸俞億兼[유길준의 아들], 오천석吳天錫 등의 도움을 받아 추진된 교육개혁에서 홍익인간, 애국정신, 민주공민 육성이 교육이념으로 채택되고, 6·3·3·4의 학제가 마련되었다. 특히 문제가 되었던 것은 1946년 6월 2일에 발표된 '국립서울대학교 설치안'[약칭 국대안][17]이었다. 고급지도자 양성을 목표로 하는 대학의 설치는 반드시 필요한 일이었으나, 좌익과 우익인사들의 교육이념이 다른데다, 일제가 세운 경성제국대학을 모체로 하여 뿌리가 다른 전문대학들을 강제로 통합하고, 관선이사官選理事를 두도록 한 것이 말썽의 불씨가 되었다. '국대안'은 좌우익의 격렬한 대립을 거친 끝에 내용이 수정되어 이해 9월 '국립서울대학교'가 창립되고, 초대총장에 미군대위 앤스테드Ansted 박사가 취임했다.

북한도 남한의 국립대학 설치에 자극을 받아 1946년 7월 8일 '김일성종합대학'의 설치가 공고되고, 이해 가을 문을 열었다. 최고의 인재를 양성하는 대학도 분단의 비극을 안게 된 것이다.

대한민국이 탄생한 뒤 이승만 정부는 미군정의 교육정책을 계승하면서 민족주의와 반공교육을 강화하고, '학도호국단'을 설치하여 이를 실천하도록 했다. 또한 국민학교의 의무교육을 실시하여 교육인구가 급속히 늘어나고 문맹률이 현저히 감소했다. 그러나 민족교육이 제대로 이루어지지는 못했다.

한편, 이념성이 강한 학술, 문학, 예술 등 문화계에서도 좌우의 대립이 일어났다. 일제시대 민족운동을 벌였던 학자나 문인들은 광복 후 생존한 이가 극히 드물었고, 그나마 정계나 언론계에 투신한 이가 많았다. 이러한 상황에서 교육, 문화계에는 우익인사와 좌익인사들이 서로 다른 단체를 조직하여 대립했는데,[18] 그래도 민족주의를 바탕으로 하여 사회주의와 자유주의가

---

17) '국립서울대학교안'은 일제시대 설립된 경성제국대학(법문학부, 의학부, 이학부)을 광복 후 개편한 경성대학을 모체로 하여, 여러 곳에 흩어져 있던 독립적 전문대학을 통합하여 12개 단과대학으로 편제한 것이었다.

18) 일제시대부터 프롤레타리아 문학을 표방해 온 좌익문인들은 홍명희洪命熹[벽초]를 위원장으로 하여 '조선문학가동맹'(1945. 12)을 결성하고, 우익계 인사들은 한문학자이며 역사가인 정인보鄭寅普[위당]를 위원장으로 하여 '조선문필가협회'(1946. 3)를 조직했다. 그리고 전위조직으로써 '조선청년문학가협회'(1946. 4)를 조직하여 김동리金東里를 회장으로 했다. 이러한 좌우단체의 결성은 미술, 연극, 음악 등 분야에도 파급되어 좌익은 '동맹', 우익은 '협회'라는 호칭을 써서 구별했다. 그리고 이들 개별분야의 단체들이 총망라되어 '조선문화단체총연맹'(1946. 2)과 '전국문화단체총연합회'(1947. 2)를 각각 구성했다. 그러나 홍명희와 정인보는 사돈을 맺을 정도로 좌우 인사들의 관계가 나쁜 것만은 아니었다.

접합되면서 새로운 이념과 문화가 창조될 기미가 보인 것은 주목할 만하다. '신민주주의'와 '신민족주의'[19]가 제창되고, 좌익정치인의 일각에서 '연합성 신민주주의'[20]가 출현했다.

이렇게 좌우가 서로 거리를 좁혀가고 있던 한국의 문화계를 극도로 단조롭게 만든 것은 6·25 전쟁이었다. 이 전쟁을 계기로 신민족주의자와 좌익 인사들이 납북 혹은 자진 월북하여 남한에서는 한동안 좌익이념과 더불어 신민족주의도 급속히 냉각되었다. 그대신 반공 일변도의 냉전문화와 서구식 자유주의 문화가 지배하게 되었다.

---

19) 정치계에서는 안재홍安在鴻[민세]이 신민주주의와 신민족주의를 주장하여 국민당의 정치이념으로 내세웠으며, 역사학계에서는 서울대학의 손진태孫晉泰[남창]가, 국문학계에서는 서울대학의 조윤제趙潤濟[도남]가 신민족주의를 제창하고 나섰다. 이들의 주장은 젊은 학도들에게 큰 호응을 불러 일으켰다. 신민주주의와 신민족주의는 극좌와 극우이념을 모두 배격하고 양자를 통합하려는 새로운 이념으로서 주목되었다.

20) '연합성 신민주주의'는 일제시대 유물사관의 개척자이며, 연희전문 교수였던 백남운白南雲이 〈조선민족의 진로〉라는 글에서 주장한 것으로, 광복 후의 국가 건설은 좌익만으로는 불가능하며, 양심적인 우익과 연합하는 것이 옳다는 것이다. 그는 이 이론에 입각하여 공산당의 극좌노선과 다른 온건 좌파노선을 걸어가면서 신민당, 사회노동당에 참여했다. 뒤에 월북하여 초창기 북한 역사학을 주도했다.

제2장 6·25 전쟁과 전후복구(1950~1959)

1. 6·25 전쟁(1950~1953)

1) 북한의 남침과 유엔군의 참전

좌익과 좌우합작파의 반발 속에서 출범한 대한민국의 이승만 정부는 경제난과 치안불안으로 정치적으로 어려운 상황에 직면했다. 1948년 제주 4·3 사건 이후 군대반란까지 일어나고 지리산, 오대산, 태백산 일대에는 1950년 봄까지 좌익 게릴라 활동으로 거의 내전상태에 빠졌다. 정부는 군대와 경찰, 월남민의 일부가 1946년 12월 조직한 서북청년회西北靑年會 등 극우 청년단체에 의존하여 치안을 유지하기에 바빴다.

이런 상황에서 1950년 5·30 총선거에서 이승만 지지세력은 210명의 의석 가운데 겨우 30명을 차지하는데 그쳤다. 설상가상으로 미군이 1949년 6월 군사고문단만 남겨 놓고 철수하고, 중국은 1949년 10월 장개석蔣介石의 국민당이 모택동毛澤東의 공산당에 패퇴하고 중화인민공화국中華人民共和國이 성립되었다. 바로 이즈음, 미국 국무장관 애치슨Acheson은 1950년 1월 태평양지역의 방위선에서 한국과 대만을 제외한다고 선언했다. 국내외 정세가 한국에 불리하게 전개되고 있었다.

남한의 어려운 사정과는 반대로 북한의 국력은 급속도로 성장하고, 소련의 스탈린과 중국의 모택동이 김일성 정권을 강력하게 지원하고 나섰다. 북한은 이미 1946년 미소공동위원회가 결렬될 때부터 북한을 소위 '민주기지'로 발전시켜 남한을 적화통일시키겠다는 전략을 세워 놓고, 남한에서 빨치산투쟁이 격렬해지자 훈련된 게릴라를 직접 파견하여 지도했다. 이와 병행하여 소련과 중국의 지원으로 인민군의 병력과 무기도 크게 증강되었다. 비행기와 탱크 등 무기는 소련이 보내주고, 중국은 중공군에 참여했던 조선의용군 5만 명을 인민군에 편입시켜 주었다. 병력 면에서 북한은 남한을 월등하게 앞질렀다. 그래서 여러 가지 정세로 보아 북한은 남한을 무력정복할 수 있다는 오판을 하게 되었다.

전쟁준비를 완료한 북한은 소련과 중국의 지원을 약속받아 1950년 6월 25일 일요일

끊어진 한강다리의 피난민 행렬(1950. 6. 28)

새벽을 기하여 갑자기 38선 전역에 걸쳐 남침을 개시했다. 한국 쪽에서는 전혀 예측하지 못한 돌발사태가 발생한 것이다. 당시 남북한의 군사력을 비교해보면 군인수는 남한이 약 10만 명, 북한이 11만 명으로 비슷하지만, 전차탱크는 남한은 1대도 없었으나 북한은 248대, 대포는 남한이 1,200문,

〈6·25 전쟁 직전 남북한 병력 비교〉

병력·무기	남 한	북 한
군 인	99,000명	111,000명
전 차	0대	248대
대 포	1,200문	1,700문
비행기	10대(연습기)	150대

북한이 1,700문, 비행기는 남한이 연습기 10대, 북한이 전투기 150대를 보유하고 있었다. 이렇게 화력이 월등한 북한군은 사흘 만에 서울을 점령하고, 두 달 뒤에 낙동강 일대까지 내려왔다. 국군은 적의 탱크를 수류탄으로 막는 것이 고작이었다. 정부는 서울을 포기하고 6월 29일 자정 한강다리를 폭파한 후 대전으로 피난했다가, 대전이 함락되자 다시 부산으로 내려갔다. 한강다리가 폭파되어 서울 시민은 미처 피난하지 못하고 공산당의 통치를 받았으며, 일부 지도층 인사는 다락방이나 토굴 속에 숨어 살면서 고통을 견뎌냈다.

한국과 이미 상호방위원조협정을 맺고 있던 미국은 6월 26일 즉각 유엔 안전보장이사회를 소집하여 북한을 침략자로 규정하고, 미국을 비롯한 16개국[21]이 제2차 세계대전의 영웅인 맥아더Douglas MacArthur 장군을 총사령관으로 하는 유엔군을 조직하여 파견했다. 특히 유엔군의 주력부대인 미군은 월등한 전력으로 9월 15일 인천상륙작전에 성공함으로써 전세를 역전시키고, 9월 28일 서울을 탈환했다. 3개월 만에 서울을 되찾은 것이다. 미군은 특히 공군력에서 북한군을 압도하여 하늘을 완전히 장악하고 끊임없는 공습으로 적을 타격했다. 이에 힘입어 포항까지 밀려났던 국군 백골부대는 9월 22일 반격을 시작하여 10월 1일 처음으로 38선을 돌파하여 강원도 양양으로 진격하고,[22] 유엔군도 이날 낙동강 연안 왜관에서 반격을 시작하여 10월 9일에는 38선을 돌파, 압록강까지 진격했다.

2) 중공군의 개입과 휴전(1953. 7. 27)

1950년 10월 유엔군과 국군이 압록강까지 도달하자, 이에 놀란 중국이 10월 하순부터 100만 명에 달하는 인민군대[중공군]를 보내 압록강을 건너와 북한군을 도와주자 전세가 다시 역전되었다. 중공군이 들어오자 맥아더 장군은 만주를 폭격할 계획을 세웠으나, 미국 대통령 트루먼이 이를 반대하여 맥아더 장군은 1951년 4월 해임되었다.

중국인민군은 화력은 크지 않았으나, 이른바 '인해전술人海戰術'로 압박하여 1951년 1월 4일 서울은 다시 북한군의 수중에 들어갔다. 서울을 되찾은 지 3개월 만에 또 다시 유린당한 것이다. 6·25 전쟁 당시 미처 피난하지 못해 고통을 받았던 서울시민들은 이번에는 대대적인 피난길에 올랐다. 노량진에서 출발하는 화물열차 지붕 위에 올라 차가운 눈보라를 맞으며 경부선을 따라 남으로 내려갔다. 부산에는 가장 많은 피난민이 모여들었는데, 국제시장에서 장사를

---

21) 6·25 전쟁 중 유엔군으로 전투병을 보낸 16개국은 다음과 같다. 미국, 캐나다, 영국, 프랑스, 뉴질랜드, 오스트레일리아, 네덜란드, 터키, 필리핀, 태국, 그리스, 남아프리카공화국, 에티오피아, 콜롬비아, 벨기에, 룩셈부르크이며 이밖에 스웨덴, 노르웨이, 인도, 덴마크, 이탈리아 등 5개국은 의료진을 보내왔다.

22) 1956년부터 38선을 돌파한 10월 1일을 기념하여 국군의 날로 정했다.

대동강 다리에 매달린 피난민 행렬
강 건너에 많은 군중이 기다리고 있다. 1950. 10. 12. 평양

하면서 목숨을 겨우겨우 연명했다. 그런 와중에도 서울의 여러 대학들은 부산, 광주, 전주, 대전으로 내려가 전시연합대학을 구성하고 학업을 계속했다.

중공군의 인해전술로 평택, 오산지방까지 밀리던 유엔군은 다시 총공세를 시도하여 1951년 초여름 전선은 오늘날의 휴전선 일대에서 교착상태에 빠졌다. 이 무렵 미국의 비공식제의를 받아들인 소련이 유엔을 통해 휴전회담을 제의해 유엔군과 북한군 및 중공군 사이에 휴전회담(1951. 6)이 진행되었다. 휴전회담은 2년여 계속되었으나 군사분계선 설정, 중립국 감시기구의 구성, 포로교환 등의 문제를 둘러싸고 난항을 거듭했으며, 그 사이 전쟁이 계속되어 밀고 밀리면서 쌍방 간의 희생이 더욱 커졌다.

1953년 6월 휴전협정이 성사될 즈음, 이승만 정부는 휴전을 반대하고 북진통일을 맹렬히 주장하면서 반공성향이 있는 거제도수용소의 인민군 포로 2만 6천여 명을 전격적으로 석방하여 세계를 놀라게 했다. 그러나 이승만 정부의 반대에도 불구하고 전쟁의 장기화를 원하지 않는 미국과 소련의 이해가 일치되어 마침내 7월 27일 휴전협정이 체결되었다.

휴전협정에는 유엔군을 대표하여 미국이, 공산 측을 대표하여 북한과 중국이 서명했으나, 한국정부는 서명하지 않았다. '휴전협정'은 단순한 '정전협정'으로 한반도의 평화를 보장하는 것은 아니기 때문에, 그 뒤에 크고 작은 군사분쟁이 휴전선 일대에서 계속 일어났고, 그 때마다 판문점에서 유엔군을 대표한 미국과 북한 사이에 회담이 열렸다. 한국은 휴전당사자가 아니어서 회담에 나가지 못했다.

3년여에 걸친 6·25 전쟁은 베트남전쟁과 함께 제2차 세계대전 이후 최대의 국제전쟁으로서 엄청난 피해를 쌍방에 안겨주었다. 쌍방의 인명피해만도 군인사상자가 약 240만 명에 달했고,[23] 일반 국민의 사상자는 수를 헤아리기 어려웠다. 남북한의 산업시설, 주택, 학교 등이 거의 파괴되어 전국이 폐허로 변했다. 서울과 평양이 특히 집중적인 공습을 받아 처참한 도시로 변했다. 그러나 6·25 전쟁의 상처는 물질적인 면보다도 정신적인 면에서 더욱 심각한 후유증을 낳았다. 전쟁이 여러 차례 밀고 밀리는 과정에서 이데올로기가 무엇인지 모르는 선량한 국민들이 이쪽 저쪽에 강제로 협력하는 가운데 부역자로 몰려 처참한 보복을 당하고, 특히 북한은 남한의 점령지역에서 토지개혁을 단행하면서 이른바 인민재판을 실시하여 무고한 주민을 반동으

---

23) 우리 측 사상자는 국군 99만 명, 미군 40만 명, 유엔군 3만 명이었고, 북한 측 사망자는 인민군 51만 명, 중공군 50만 명, 부상자 수십만 명이었다.

로 몰아 즉결 총살했다. 이 때문에 동족 상호간에 원한과 불신의 벽이 높아지고, 통일의 가능성은 그만큼 지연될 수밖에 없었다. 반공정책이 민주주의를 압도하는 분위기가 팽배된 것이다.

2. 6·25 전쟁 직후 정치적 혼란과 전후복구사업

이승만 정부는 전쟁 중 임시수도인 부산에서 정부기능을 강화하기 위해 여러 가지 비상수단을 동원했다. 1951년 12월 국민회, 대한청년단, 노동총연맹, 농민총연맹, 대한부인회 등 우익단체를 모아서 여당인 자유당自由黨을 조직하고, 1952년 7월 계엄령을 선포한 가운데 이승만의 재선을 위해 대통령직선제 개헌안속칭 발췌개헌을 통과시켰다. 내각제를 원하는 야당의원들을 헌병대로 연행하고, 백골단白骨團을 비롯한 압력단체들을 동원하여 험악한 분위기 속에서 통과된 새 헌법에 기초하여 정·부통령 선거가 실시되고 대통령에 이승만, 부통령에 함태영咸台永(1873~1964)이 당선되었다.

이승만

대통령에 재선된 이승만은 영구집권을 위한 정비작업에 들어가, 야심이 있는 이범석 계열을 자유당에서 제거하고, 효령대군의 후손으로 충성심이 강한 이기붕李起鵬(1896~1960)으로 하여금 자유당을 이끌게 했다. 그리하여 전쟁이 끝난 1954년 11월 27일 대통령의 3선 중임제한을 철폐하는 개헌안을 표결에 부쳤다. 개표결과 재적 의원 203명 가운데 135명이 찬성했는데, 야당은 136표를 얻어야 통과가 가능하다고 주장하고, 여당은 사사오입四捨五入의 논리를 펴서 135명의 찬성으로 개헌안이 통과되었다고 주장하여 관철시켰다.[24]

신익희(1894~1956)

새 헌법에 기초하여 1956년 5·15 선거가 치러지고, 이승만은 제3대 대통령으로 당선되었다. 야당인 민주당의 신익희申翼熙(1894~1956) 후보는 '못살겠다, 갈아보자'는 구호를 내걸고 인기가 높아져 있던 차에 갑자기 병으로 세상을 떠났다. 평화통일과 혁신노선을 내세운 진보당進步黨의 조봉암曺奉岩(1898~1959) 후보가 전체 유효표의 30%를 차지했으며, 부통령 선거에서는 민주당의 장면張勉(1899~1966) 후보가 이기붕 후보를 누르고 당선되는 등 큰 파란이 일어났다. 이승만의 인기는 농촌을 제외한 도시지역에서 급락했다.

위기에 몰린 이승만 정부는 민주당을 제외한 혁신계 정치인들을 좌익 혹은 간첩으로 몰아 탄압에 나섰다. '신국가보안법'이 제정되고(1958. 12), '반공청년단'이 조직되었으며(1959. 1), 냉전정치를 종식시키려던 진보당의 조봉암을 간첩혐의로 사형에 처했다(1959. 7). 장면을 지지한 〈경향신문〉도 폐간시켰다(1959. 4). 이승만과 자유당

조봉암(1898~1959)

---

24) 당시 국회의원 재적 인원은 203명으로 3분의 2 이상의 찬성으로 가결할 수 있도록 되어 있었는데, 3분의 2는 135.333명이었다. 그런데 투표결과 135명이 개헌안을 찬성했다. 이때 이승만 지지자들은 소수점 이하는 한 사람으로 간주할 수 없어 사사오입에 의해 떼버리면 135명이 되므로 개헌안은 통과되었다고 주장했다. 그러나 야당은 136명의 찬성을 얻어야 한다고 주장하여 논란이 되었다.

6·25전쟁으로 폐허가 된 서울시가

은 1960년 3월에 실시된 제4대 정·부통령 선거를 부정선거로 몰고 감으로써 학생과 시민세력이 주도한 4·19혁명을 유발하고 말았다.

한편 6·25전쟁은 원래부터 취약하던 경제기반을 더욱 어렵게 만들었다. 실업과 인플레이션이 극심한 가운데, 그래도 미국의 원조가 전후복구사업을 크게 도왔다. 미군정기에도 4억여 달러의 원조가 있었지만, 자유당 집권기에는 31억 달러의 원조가 제공되었다. 원조물품의 절반 정도는 원자재와 중간재였고, 4분의 1은 농산물이어서 식량의 어려움을 덜어주었다. 그러나 미국 원조액의 절반은 군사원조에 충당되어 산업재건에는 적극적으로 기여하지 못했다.

이병철(1910~1987)

미국원조에 의해 성장된 산업은 주로 소비재공업이었다. 이른바 삼백산업三白産業이라 하여 밀가루, 설탕, 면화산업이 중심을 이루었다. 이병철李秉喆의 삼성三星이 대표적인 기업으로 성장했다. 소비재산업으로 극도의 궁핍은 벗어났으며, 5~8%의 경제성장이 1950년대 말까지 이루어졌으나, 산업의 대외의존도가 90%에 이르고, 공업생산은 일제말기의 절반 수준을 넘지 못했다. 쌀농사만이 일제시대 생산수준을 넘어섰다. 특히 규모가 큰 수력발전소가 모두 북한에 있었던 관계로 남한은 전기사정이 극히 어려웠으며, 1960년 현재 농촌의 82%, 서울의 39%가 전기의 혜택을 받지 못했다.

그러나 1950년대 말을 고비로 경제성장이 가속화되고, 장기경제발전계획이 처음으로 수립되었다. 1958년 부흥부 안에 '산업개발위원회'가 설치되고, 1960년 4월 15일에 '3개년경제발전계획시안'이 국무회의에서 승인되었다. 이 계획은 며칠 후 자유당 정권이 몰락하면서 실천으로 옮기지 못했으나, 그 뒤 민주당 정권과 박정희 정부의 경제개발은 이에 기초한 것이다.

자유당시절의 1950년대는 남한사회의 전통적 사회질서가 밑바닥에서 해체되는 변화가 일어났다. 일제시대에도 유교전통이 강한 남한사회는 양반중심의 권위질서가 지방과 농촌에 남아 있었고, 북한은 남한과는 다른 서민적, 기독교적 기풍이 강했다. 그런데 수백만 명의 북한주민이 월남하여 남한사회의 각 분야에서 활약하고 지도자로 부상하면서 양반문화의 권위는 급속도로 붕괴되었다.

더욱이 6·25전쟁 중 수백만 명에 달하는 서울시민이 남쪽으로 피난하여 서울문화의 지방확산이 촉진되어 이 또한 지방사회의 양반문화를 해체시키는 기능을 했다. 이와 같이 민족대이동이 이루어지는 가운데 지방문화의 해체, 권위질서의 붕괴, 양반 지주계급의 소멸로 급속한 수평사회가 형성되었다. 이러한 변동은 사회발전의 활력소로 작용했으나 전통과 권위가 무너진 무질서와 가치관의 혼란을 가져오는 요인도 되었다.

미국의 경제원조와 함께 홍수처럼 밀려들어온 미국문화도 남한사회의 가치관과 생활풍속을 크게 바꾸어 놓았다. 미국식 자유민주주의 사상이 전통적 가치관을 해체시키면서 자유,

평등, 민주를 사랑하는 근대시민정신을 고양시킨 것도 사실이지만, 서양문화에 대한 숭배가 지나쳐서 전통을 총체적으로 비하하는 민족허무주의적 사고가 팽배함으로써 주체성의 상실을 가져왔다. 이는 일제 식민잔재를 청산하지 못한 문화풍토를 더욱 어둡게 만들었다. 당시 뜻있는 지식인들 사이에는 문화식민지를 우려하는 목소리가 높았다.

3. 1950년대 북한의 독재강화와 사회주의정책

북한에서도 6·25 전쟁을 거치면서 김일성과 노동당의 독재가 한층 강화되었다. 북한 정권이 처음 수립될 당시에는 당이나 내각에 계파가 다른 공산주의자들이 어느 정도 안배되어 있었다. 그러나 전쟁을 치르면서 김일성계를 제외한 다른 계파의 인물이 차례로 제거되기 시작했다.

먼저, 허가이를 비롯한 소련계가 전쟁 중이던 1950년 10월 당조직을 잘못 정비한 데 대한 책임을 이유로 제거되고, 이해 연말 평양방위를 잘못한 책임을 지고 연안파의 김무정金武亭 장군이 군에서 숙청되었다. 1953년에는 부수상 박헌영과 당비서 이승엽을 비롯한 남로당계에 대한 대대적인 숙청사업[25]이 벌어졌다. 이들에게는 종파분자이자 미제국주의의 스파이로서 쿠데타음모를 시도했다는 등의 혐의가 씌워졌다. 이로써 월북한 남한 좌익의 원로, 중진들이 김일성과의 권력투쟁에서 패배를 당하고 역사의 무대에서 사라졌다.

김일성의 입장에서 다음 단계의 거북한 경쟁자는 연안파 인사들이었다. 김일성은 6·25 전쟁 후 스탈린 노선을 모델로 하여 자립경제를 목표로 중공업과 경공업의 병진정책을 밀고 나갔으나, 연안파의 최창익崔昌益과 박창옥朴昌玉 등은 집단지도체제와 인민생활 향상을 위한 경공업우선정책을 주장하여 마찰을 빚었다. 이들은 1953년에 스탈린이 사망하고, 흐루시초프와 브레즈네프가 등장하여 스탈린을 비판하고 나서자 이에 자극을 받아 유연한 수정주의노선을 주장하다가 1956년 종파주의, 사대주의, 교조주의, 반혁명주의로 낙인찍혀 권력에서 밀려났다. 김일성이 '주체'를 강조하고 나선 것이 이 무렵으로, 소련의 영향을 차단하려는 의도가 담겨 있었다.

남로당계와 연안파가 제거됨으로써 일제시대 조국광복회 관련 인사들이 주축이 된 이른바 갑산파甲山派만이 남았다. 그런데 갑산파마저도 군사비지출과 경제정책에 대한 이견을 이유로 1967년에 제거하여 북한은 김일성파의 독무대로 변하고 말았다. 남한에서 이승만의 권력이 강화되는 것과 북한의 김일성 권력 강화는 서로 병행하면서 극단적인 대결구도 속에서 전후복구사업을 추진했다.

전쟁의 피해는 미군의 공습을 더 받은 북한 측이 심했다. 1953년의 공업생산은 1949년의

25) 박헌영을 비롯한 남로당계 인사들 10여 명이 사형선고를 받아 처형되었는데, 박헌영은 1955년 연말에 사형이 집행되었다. 이들이 쿠데타를 통해 세우려 했다고 알려진 정부의 요인은 다음과 같다. 부수상 박헌영, 상업상 장시우, 교통상 주영하, 내무상 박승원, 외상 이강국, 무력상 김웅빈, 선전상 조일명, 교육상 임화, 노동상 배철, 제1서기 이승엽. 그러나 이들이 실제로 쿠데타 음모를 계획했는지는 확실하지 않다.

〈1950년대 남북한의 1인당 GNP 비교〉

	남 한	북 한
1953	58(67)	85
1957	85	90

자료:《한국경제연감》(1995년), 888쪽.
민족통일원,《남북한국력추세 비교연구》(1992년), 236쪽

64%로 감소했다. 북한은 전후복구와 자립적 민족경제 확립을 목표로 하여 1954년부터 '전후 인민경제복구발전 3개년 계획', 1957년부터 '1차 5개년 계획'을 연속적으로 세우고, 중공업과 경공업의 병진정책을 밀고 갔으며, 소련과 중국이 원조를 제공했다. 그리고 주민들의 생산노동참여를 경쟁시키기 위해 '천리마운동'(1957)[26]과 '3대혁명운동'(1958)[27]을 전개했다. 그 결과 북한 경제에서 중공업이 차지하는 비중은 1960년 현재 70%를 넘어서게 되고, 1954~1960년 기간 중 연평균 성장률은 20% 내외의 고속성장을 이룩했다. 그리하여 제철, 기계, 조선, 광업, 전기, 화학 등의 분야에서는 남한과 비교할 수 없을 만큼 현격한 차이를 보였다. 50년대 후반 남한에서 '북진통일론'이 고개를 숙이고, '평화통일론'이 대두하게 된 것은 이러한 사정과도 관련이 있었다.

한편, 북한의 농업도 크게 변했다. 1946년 '민주개혁'으로 이루어진 토지재분배는 토지의 사적경영을 인정한 것이어서 사회주의와는 거리가 있었다. 그리하여 토지의 사적 경영을 사회주의 경영으로 바꾸는 사업이 시작되었다. 전쟁이 끝난 1953년부터 농업협동화에 의한 협동농장 건설이 추진되어 1958년에 완료되었다.[28] 이 사업이 끝나자 북한은 다시 협동농장의 규모를 확대하여 하나의 협동농장 규모가 평균 80호에서 300호로 커졌다. 농업협동화를 계기로 북한은 사회주의의 기초를 다지는 단계로 나갔다.

농업협동화와 병행하여 개인수공업과 상업도 협동화를 추진하여, 영세한 개인 상공업자들을 집단화시켰다. 천리마운동은 농업과 상공업에도 적용되어 한동안 생산력의 증대를 가져왔다. 그러나 사회주의적 생산방법은 시간이 흐를수록 기술개발이 저조해지고 주민의 생산의욕이 감퇴하면서 1960년대 중반 이후로는 생산력이 저하되는 결과를 가져왔다.

---

26) 천리마운동은 '하나는 전체를 위하여, 전체는 하나를 위하여'라는 구호를 내걸고, 생산노동에 참여하여 성적이 좋은 사람을 영웅으로 높여 대중의 생산경쟁을 유도했다. 대중적 영웅주의와 생산에서의 집단 혁신운동을 경제발전의 추동력으로 이용한 것이다.

27) 3대혁명운동은 사상, 기술, 문화에서 낡은 사회의 유물을 청산하고, 공산주의 사상과 기술, 문화를 창조하자는 운동이다.

28) 농업협동화(협동농장)는 소련의 소프호즈와 중국의 인민공사人民公社를 모델로 세 단계를 거쳐 실현되었다. 첫 단계는 '국가사회주의형'으로 사유토지를 인정하고 작업을 공동했다. 다음 단계는 '반사회주의형'으로 토지를 통합하여 공동경영하고 노동과 토지의 규모에 따라 수확을 분배했다. 마지막 단계는 '사회주의형'으로 노동의 양에 따라 분배했다.

제3장 4·19 혁명과 남북한의 변화(1960~1970년대)

1. 4·19 혁명(1960)

6·25 전쟁 이후 원조경제로 경공업이 비교적 활기를 찾았으나 북한과의 경제적 격차는 매우 컸고 실업자는 아직도 넘쳐나고 있었다. 여기에 더하여 이승만 정부는 장기집권을 위한 잇따른 선거부정과 헌법개정으로 정권교체를 열망하던 도시 지식인층을 실망시켰다. 특히 1960년 3월 15일에 실시한 제4대 정·부통령 선거는 이승만 정권의 종말을 가져오게 한 최악의 부정선거였다. 민주당 후보인 조병옥趙炳玉(1894~1960)[29]이 선거 10일을 앞두고 급사하여 단일후보가 되었음에도 자유당의 충성파들은 40%를 사전투표로 하고 3인조 또는 5인조 공개투표를 자행하는 등 공무원과 관변단체를 동원하여 온갖 부정을 자행했다. 개표과정에 부통령으로 출마한 이기붕의 표가 100%에 육박하는 결과가 나오자 이를 79%로 하향 조정하는 희극도 연출되었다.

부정선거를 항의하는 국민시위가 대구, 부산, 서울, 마산 등 전국의 대도시에서 벌어지는 가운데, 마산에서 시위 도중 최루탄을 맞고 숨진 김주열金朱烈 군의 시체가 바다에서 발견되자 국민의 분노는 절정에 달했다. 이제 시위 목적은 부정선거 항의에서 독재정권 타도로 바뀌어 갔다. 4월 18일 고려대학교 학생의 시위에 이어 4월 19일에는 서울의 주요대학과 고등학생까지 시위에 참가하고, 시민들이 합세하여 광화문 앞거리가 시위군중으로 가득찼다. 그 중의 일부는 대통령관저인 경무대를 향하여 돌진하다가 경찰의 총격으로 100여 명이 목숨을 잃었다. 드디어 유혈사태가 벌어진 것이다.

4·19 혁명

---

29) 조병옥(본관 한양)은 충남 목천 출신으로 평양 숭실학교를 거쳐 연희전문학교를 졸업한 뒤 미국 컬럼비아대학에서 경제학을 공부한 후 1925년 귀국하여 연희전문학교 교수가 되었으며, 광복 후 한민당에 가입하고, 미군정청 경무부장으로 혼란기의 치안을 맡았으며, 6·25 전쟁 당시 내무장관으로 왜관방어선을 설치하고 대구 사수를 진두지휘하여 막아냈으나 이승만의 독재에 실망하여 1954년 대구 을구에서 제3대 국회의원에 출마하여 당선되었다. 1955년 이후 야당인 민주당에 참여하여 1958년 민주당 최고위원으로 추대되고, 1960년 민주당 대통령 후보로 출마했다.

대학교수들의 시위(1960. 4. 25)

유혈사태로 국민정서는 크게 격앙되고, 4월 25일에는 '학생들의 피에 보답하라'는 플래카드를 든 서울시내 대학교수단의 시위가 일어나고, 미국측도 이승만의 퇴진을 권유했다. 이에 이승만은 4월 26일 "국민이 원한다면 대통령직에서 물러나겠다"는 성명서를 내고 하야했다. 이로써 12년간에 걸친 이승만 정권이 무너지고, 외무부 장관 허정許政(1896~1988)을 수반으로 하는 과도정부가 수립되었다. 농촌에서는 인기가 높아 마치 조선시대 왕처럼 생각하고, 도시에서는 독재자로 바라보았던 이승만은 하와이로 가서 91세를 일기로 세상을 떠났다.

이승만 정권을 붕괴시킨 주역은 학생이었으나 정권담당 능력이 없었다. 따라서 정치는 야당인 민주당이 주도하는 형세가 되었다. 허정 과도정부는 야당의 주장과 여론에 따라 내각제와 양원제兩院制를 골자로 하는 새 헌법에 의거하여 총선거를 실시했다(7. 29). 그 결과 1955년에 창당된 민주당이 민의원과 참의원선거에서 압승하고, 대통령에 민주당 구파의 윤보선尹潽善(1897~1990)[30])이 선임되고, 국무총리에 민주당 신파의 장면張勉(1899~1966)[31])이 임명되었다. 실권은 장면 총리가 장악했다.

2. 민주당 정부(1960. 8~1961. 5)

1960년 8월 23일 출범한 장면 정부는 미국식 자유민주주의를 실천하여 언론이 활성화되고, 자유가 넘쳐흘렀다. 그런데 정부의 모든 규제가 풀리면서 각계각층의 누적된 요구가 한꺼번에 터져나왔다. 여러 노동단체와 학생들의 요구와 시위가 봇물처럼 터지고, 위축되었던 통일논의와 진보적 정치활동이 재개되었다.[32]) 4·19 혁명의 주역이었던 학생들은 서울대학을 중심

---

30) 윤보선(본관 해평)은 충남 아산 출신으로 영국 에든버러대학을 마치고 귀국하여 광복 후 한민당 창당에 관여하고, 대한민국 초대 서울시장을 거쳐 1949년 상공부장관을 지냈다. 1955년부터 야당인 민주당에 참여했다가 신익희, 조병옥 등이 사망하면서 1959년 민주당 최고위원이 되어 소위 민주당 구파(한민당계)의 중심인물로서 활약했다.

31) 장면(본관 옥산)은 인천 출신으로 광복 후 부산세관장을 지낸 장기빈의 아들이다. 1917년 수원고농을 졸업하고 1919년 서울기독교청년회관 영어학과를 졸업했다. 영어를 잘하여 천주교단체에서 활약하다가 미국 맨해튼 가톨릭대학을 졸업한 후 1939년 동성상업학교 교장으로 근무했다. 1948년 제헌의원으로 당선된 후 다음 해 초대 주미대사에 취임했다. 1951년 2대 국무총리를 지냈으나 곧 사임하고 1955년 야당인 민주당 창당에 참여하여 1956년 부통령에 당선되고 1959년 민주당 최고위원에 선출되었다. 한민당 출신의 민주당 구파와 계보가 다른 민주당 신파의 지도자로서 1960년에 내각책임제 하의 국무총리가 되었다.

32) 진보노선을 표방하던 혁신계는 4·19 이후 정치활동을 재개하다가 1960년 7월 29일 총선에서 참패한 후 사분오열되었다가 1960년말부터 정당통합운동을 벌였다. 옛 진보당계의 윤길중尹吉重, 민주혁신계의 서상일徐相日, 사회혁신당의 고정훈高貞勳, 한국사회당의 김철金哲 등이 연합하여 1961년 1월 통일사회당을 결성했다. 통일사회당은 '민주사회주의'를 정강으로 내세우고 '중립화통일론'을 주장했다. 이밖에 옛 근로인민당계의 장건상張建相이 중심이 된 혁신당, 김달호金達鎬의 사회대중당, 최근우崔謹愚의 사회당社會黨 등이 통합논의를 진행했으나 5·16 쿠데타로 좌절되었다.

으로 '새생활운동'을 벌여 거리에 나와 양담배를 불태우기
도 하는 등 계몽운동을 벌였으나 별 실효가 없자, 1960년
말부터 통일운동 쪽으로 방향을 바꾸었다. 혁신계 인사들
의 학교방문이 잦아지고 인도, 쿠바, 인도네시아 등 제3세
계에 대한 정보가 홍수처럼 밀려오면서 민족주의 바람이
거세게 학원가에 불어 닥쳤다. 이러한 민족주의 열풍이 통
일운동에 불을 당기게 했다.

조병옥(1894~1960)　　　　장면(1899~1966)

　　학생들의 통일운동을 선도한 것은 서울대학을 비롯
한 여러 대학 학생들이 1960년 11월에 결성한 '민족통일
연맹'[약칭 민통련]이었다. 한편 혁신계 정치인들도 '민족자주
통일협의회'[약칭 민자통]를 구성하여 학생들과 연계하여 통
일운동을 추진했다. 학생들이나 혁신계정치인들의 통일론
은 한 목소리가 아니었다. 중립화통일론, 남북협상론, 남북
교류론이 있는가 하면, 남북학생회담을 판문점에서 가지
려는 계획도 시도되었다.[33]

　　또한 자유당 정부의 부정축재자와 부정선거 원흉에
대한 처벌요구도 장면 정부를 괴롭혔다. 설상가상으로 1950
년대 말 이후 경기침체로 실업자는 240만 명에 이르고,
1960년 말 현재 경인지역 공장의 80%가 조업중단에 들어
갔다. 2백만 명의 농민이 '보릿고개'라 하여 봄철의 식량난
에 허덕였다. 그야말로 쌀만 가지고 있어도 부자로 불렸다.

　　그런데 국민들의 높은 기대에 비해 민주당 정부는

〈1960년 남북한 주요지표 비교〉

구 분	남 한	북 한
1인당 GNP(달러)	94(79)	137
전력 총생산(Kwh)	1,696,951,084	9,139,000,000
석탄(톤)	5,350,000	10,620,000
철광석(톤)	392,129	3,108,000
강철(톤)	115,340	641,000
시멘트(톤)	431,819	2,285,000
비료(톤)	64,000	561,000
자동차(대)	-	3,111
트렉터(대)	-	3,002
화학비료(톤)	13,000	112,000
미곡(톤)	3,046,545	1,535,000
소(두)	1,010,200	672,394
돼지(두)	1,438,900	183,208
어획고(톤)	342,470	620,000

강력한 개혁의지를 보여주지 못하고, 오히려 정파싸움에 휘말려 대통령 윤보선을 중심으로 하
는 민주당 구파가 독자의 정당(신민당)을 결성하고 나섰다. 이런 가운데서도 정부는 경제제일주
의를 내걸고, 1961년 봄부터 댐건설을 비롯한 '국토개발사업'에 착수했다. 그리고 '장기경제개
발계획'을 성안하여 다음해 시행하기 위해 재원확보에 나섰다. 1960년의 혼란기를 거쳐 1961
년 이후에는 정부와 민주당의 지도력이 차츰 강화되면서 사회가 안정을 찾아가고 있었다.

3. 5·16 군사정변과 군정(1961. 5~1963. 12)

　　학생과 진보적 정치인들의 급진적 통일운동으로 인한 사회적 혼란, 정부의 무능력 그리
고 경제불안에 가장 예민한 반응을 보인 것은 군부였다. 특히 경제제일주의를 내세우면서 감군
정책을 추진한 것이 군부의 불만을 크게 자극했다.

---

33) 4·19 이후 학생들이 통일운동으로 내세운 구호는 "오라 남으로 가자 북으로", "한국문제는 한국인 손으로",
　　"소련에 속지 말고, 미국을 믿지 말자" 등이다.

5·16 당시의 박정희 소장 뒤 왼쪽부터 박종규, 이낙선, 차지철

6·25 전쟁을 치르면서 가장 강력한 조직체로 성장한 것이 군대였으며, 미국식 군사행정의 합리주의를 가장 빨리 익힌 것도 군대였다. 이들은 4·19 혁명 이후의 정치흐름을 관망하다가 1961년 5월 초 학생들의 남북회담이 확정되고 북한에서도 대대적인 지지를 보내오는 등 시위가 극에 달하자 마침내 군사정변을 결행했다. 1961년 5월 16일 새벽 제2군사령부 부사령관이던 45세의 박정희朴正熙(1917~1979)[34] 소장을 지도자로 하여 육사 8기생이 중심이 된 청년장교들은 3천 6백여 명의 군대와 탱크를 이끌고 한강 다리를 건너 서울을 점령한 뒤 비상계엄을 선포했다.

정변군인들은 '군사혁명위원회'를 조직하여 정권을 장악하고, 6개 항의 '혁명공약'[35]을 발표하여 개혁의지를 천명했으며, 초헌법적인 최고통치기구로서 '국가재건최고회의'(1961. 6)와 그 직속기관으로 '중앙정보부'를 설치하여 본격적인 군정을 실시했다. 국가재건최고회의 의장에는 박정희, 중앙정보부장에는 36세의 김종필金鍾泌(1926~)이 취임했다.

군정은 민생안정과 반공강화, 민족정기 정립에 최대역점을 두고, 국가재건비상조치법, 반공법, 집회에 관한 임시조치법, 정치활동정화법 등을 잇달아 공포하여 정치, 경제, 사회, 문화 전반에 걸쳐 강권적인 조치를 신속하게 진행시켰다. 먼저 정치에 있어서는 모든 구정치인들의 활동을 금지시키고, 용공분자의 색출을 내걸고 진보적 정치인들과 노조 및 학생 간부들 3천여 명을 검거하여 혁명재판에 회부했으며, 4천 명의 폭력배를 검거하고, 3·15 부정선거 관련자를 의법조치했다.

경제사회정책으로는 농어촌고리채정리법, 부정축재처리법, 농업협동조합법, 국가재건국민운동에 관한 법 등을 제정하여 구악일소에 나섰다. 1962년 6월에는 경제개발을 위한 내자동원을 위해 경제질서를 바로잡는다는 명목으로 10대 1의 '화폐개혁'을 단행했으나 민생안정에 별다른 성과를 거두지 못했다. 특히 민주공화당 창당과 관련된 4대 의혹사건은 국가경제기강을 무너뜨리는 계기가 되기도 했다.

---

34) 박정희(본관 고령)는 경북 선산군 구미면 상모리에서 빈농의 아들로 태어나 1937년 대구사범학교를 졸업, 문경소학교에서 3년간 교사생활을 한 다음, 1942년 만주 신경군관학교를 졸업하고 다시 일본육군사관학교로 유학하여 1944년 졸업과 함께 만주군 소위로 임관하고 일본 관동군關東軍으로 복무했다. 1946년 귀국하여 육군사관학교의 전신인 조선경비사관학교에 입학, 2기로 졸업하고 대위로 임관되었다. 1949년 육군정보국에 근무 중 여순반란사건에 연루되어 군법회의에서 무기징역을 언도받았으나 사면되고, 육군본부 정보국에서 문관으로 근무하다가 6·25 전쟁 중 현역 소령으로 복귀했으며, 1953년 장군이 되었다. 그 후 군의 여러 요직을 맡다가 1961년 제2군부사령관으로 재직 중 육사 5기 및 8기생과 더불어 쿠데타를 주동했다.

35) 혁명공약의 요지는 다음과 같다.
　① 반공을 국시의 제일로 삼고, 반공태세를 재정비 강화한다
　② 미국을 위시한 자유우방과의 유대를 공고히 한다
　③ 모든 부패와 구악을 일소하고 청렴한 기풍을 진작시킨다
　④ 민생고를 시급히 해결하고 국가자주경제의 재건에 총력을 경주한다
　⑤ 국토통일을 위하여 공산주의와 대결할 수 있는 실력을 배양한다
　⑥ 양심적인 정치인에게 정권을 이양하고 군은 본연의 임무로 복귀한다

군사정부는 혁명공약에서 2년 뒤에 정권을 민정으로 이양할 것을 약속하여 1962년 12월 대통령중심제와 국회단원제를 골자로 하는 새 헌법을 제정했다. 그러나 중앙정보부가 비밀리에 '민주공화당'[약칭 공화당]을 조직하여 민정이양 후에도 계속 집권할 것을 시도했다. 1963년 1월부터 정치인들의 정치활동이 재개되고, 이해 10월 새 헌법에 따른 대통령 선거가 실시되었다. 이때 박정희 의장[육군대장]은 원대복귀와 대통령 출마를 놓고 몇 차례 번의를 거듭하다가 결국 민주공화당 후보로 출마하여 윤보선을 15만 표 차로 근소하게 누르고 대통령에 당선되었다. 윤보선은 서울과 중부지역에서 승리하고, 박정희는 경상도에서 압승하여 묘한 대조를 보였다. 곧이어 치러진 국회의원 선거에서도 공화당이 압승하여 군부에 기반을 둔 제3공화국(1963. 12. 16)이 탄생했다.

4. 박정희 정부 – 제3공화국(1963. 12~1972. 10)

박정희 정부는 출범하자 곧 '경제제일주의'와 '조국근대화'를 구호로 내걸고, 경제건설에 필요한 재원을 조달하기 위해 한일국교 정상화와 베트남 파병에 최우선을 두었다.

박정희(1917~1979)

한·일국교 문제는 식민지지배에 대한 보상에 국민의 관심이 모아졌으나, 김종필과 일본 오히라大平正芳 외상과의 비밀교섭에서 '대일청구권자금'[일본은 독립축하금이라 부름] 형식으로 '무상 3억 달러, 유상 재정차관 2억 달러, 민간상업차관 1억 달러 이상'으로 낙착되자 여론의 반대가 거세게 일어났다. 일제강점에 대한 사죄와 보상을 제대로 받지 못한 굴욕적인 회담으로 보고 학생과 시민은 이른바 '6·3 사태'로 불리는 격렬한 반대시위운동을 전개했다. 그러나 정부는 계엄령을 선포한 가운데 1965년 6월 22일 한일협정을 체결했다. 한일협정으로 받은 대일청구권자금은 경부고속도로 건설을 비롯하여 경제건설사업에 투자되었다.

한일협정이 국회에서 비준된 8월에 베트남 파병안이 국회에서 하루 먼저 비준되었다. 한일협정을 종용했던 미국의 강력한 파병요청을 정부가 수락한 것이다. 정부는 파병의 대가로 이른바 '브라운 각서'[36]를 통해 국군의 전력 증강과 경제개발을 위한 차관제공을 약속받았다. 그리하여 1965년에서 1973년까지 연인원 32만 명의 국군이 베트남내전에 참여하였다. 베트남파병은 '젊은이의 피

베트남전에 참전했던 청룡부대 개선식(1971. 12. 9)

---

36) 1966년 3월 7일 주한 미국대사 브라운을 통해 한국정부에 전달된 각서의 주요 내용은 한국군 장비의 현대화, 베트남특수의 허용, 미국의 한국에 대한 신규차관 지원 등을 골자로 하고 있다.

7·4남북공동성명을 발표하는 이후락 중앙정보부장 1972.7.4.

를 파는 행위'라는 야당의 비판도 있었고, 실제로 많은 장병이 그곳에서 희생되었으며, 지금도 고엽제로 인한 각종 후유증에 시달리는 환자가 있지만, 경제발전에는 적지 않은 도움을 주었다. 베트남에는 정주영鄭周永의 현대건설 등 건설업체가 진출하여 인력수출의 길이 트였으며, 전쟁이 끝난 뒤 그 인력과 장비가 중동으로 진출하여 중동붐을 일으켰다.

베트남 특수에 힘입어 1960년대 중반 이후 경제발전이 가시적으로 나타나기 시작했다. 제1차경제개발계획의 성공적인 수행으로 인기가 올라간 박정희 대통령은 1967년 5월의 대통령 선거에서 윤보선 후보에 압승했으며, 그 다음 1971년 4월의 대통령 선거에서도 야당(신민당)의 김대중金大中 후보를 물리쳤다. 1971년 선거에서는 그동안 경제개발과 권력참여의 혜택이 많이 돌아간 영남과 그렇지 못한 호남지방의 표가 완연히 양분되는 현상이 나타났다. 그러나 박정희의 세 번째 대통령 당선은 1968년 북한 무장게릴라의 청와대 습격사건, 미국 정찰군함 푸에블로호의 납북사건, 울진·삼척 무장공비 침투사건 등 호재가 있었음에도 불구하고 1969년 9월의 개헌을 변칙처리하는 과정에 학생과 여론의 거센 반발을 받았고, 선거가 치러지던 해에도 가을에 위수령衛戍令이 발동되는 등 학생데모가 치열했다. 정부는 1971년 12월 국가비상사태를 선언하고, '국가보위에 관한 특별조치법'이라는 법을 만들어 국민의 기본권을 제한하는 초강경한 조치를 내렸다.

1971년은 대외적으로도 긴박한 상황이 전개되고 있었다. 이해 중국이 유엔에 가입하고, 다음해 닉슨 미국 대통령이 중국을 방문하여 미·중 간의 화해가 시작되었으며, 베트남의 공산화가 눈앞에 보였다. 정부는 이러한 상황을 위기와 기회로 받아들이고 난국을 돌파하기 위해 1970년부터 남북교류를 제의하고, 1971년 남북 간에 이산가족찾기운동을 위한 적십자대표의 예비회담이 열렸다. 남북대화가 열리는 사이, 정부는 비밀리에 중앙정보부장 이후락李厚洛을 북한에 보내 김영주金英柱와 만나게 하고, 1972년 7월 4일에는 7개 항으로 이루어진 '남북공동성명'[자주평화통일원칙][37]이 서울과 평양에서 동시에 발표되었다. 그동안 남북관계에서 수세에 몰려 있던 정부가 능동적으로 남북대화를 연 것은 남한의 경제력이 이 무렵 북한을 능가할 만큼 성장한 것이 배경이 되었다.

---

37) 7·4 남북공동성명의 요지는 다음과 같다.
　① 통일은 외세의 간섭 없이 자주적으로 해결. 통일은 무력에 의거하지 않고 평화적 방법으로 실현. 사상과 이념, 제도의 차이를 초월하여 민족대단결을 도모
　② 쌍방은 긴장완화, 중상비방중지, 무장도발중지 합의
　③ 남북 간 제반교류 실시
　④ 적십자회담 적극 협조
　⑤ 서울과 평양 사이 상설직통전화 개설
　⑥ 남북조절위원회 구성·운영
　⑦ 합의사항을 성실히 이행할 것을 약속.

국민의 놀라움과 환호를 받은 7·4 남북공동성명을 계기로 정부는 남북대화를 뒷받침할 수 있는 '국민총화'와 '능률의 극대화'를 명분으로 내걸고 박 대통령의 영구집권과 권력강화를 위한 '유신체제維新體制'를 준비하고 있었다. 남북대화를 기회로 영구집권이 시도된 것이다.

5. 유신체제(1972. 10~1979. 10)

1972년 7·4 남북공동성명 이후 남북 간에는 처음으로 대화의 문이 열렸다. 이해 8월과 9월에는 적십자대표회담이 평양과 서울에서 열려 이산가족찾기 문제를 논의하고, 11월 30일 '남북조절위원회 구성 및 운영에 관한 합의서'에 서명했으며, 남북회담용 직통전화도 가설되었다. 북한에 대한 호칭도 '괴뢰'에서 '북한'으로 바꾸고, 11월에는 서로 방송으로 헐뜯는 일을 중지하기로 합의했다.

남북 간의 해빙무드가 국민의 기대를 모으는 가운데 10월 17일 대통령은 비상계엄을 선포하여 국회를 해산시키고, 비상국무회의에서 이른바 '유신헌법維新憲法'을 제정한 다음, 이해 11월 국민투표로 확정했다. 새 헌법에 따라 이해 12월 15일 '통일주체국민회의' 대의원 선거가 실시되고, 이어 12월 23일 장충체육관에 모인 통일주체국민회의 대의원들의 간접선거로 박정희를 8대 대통령(12월 27일 취임)으로 선출했다.

유신헌법의 골자는 '통일주체국민회의'라는 새로운 주권수임기구를 만들어 대통령을 간접 선거하도록 하고, 대통령의 중임제한을 없애며, 대통령이 의회와 사법부를 통제할 수 있도록 하여 대통령의 권한을 무소불위로 보장하는 것이었다.[38] 정부는 이를 '한국적 민주주의'라고 선전했으나, 유신체제에 대한 국민의 반발과 저항이 거세졌다. 학생들은 '민주청년학생연합'[약칭 민청학련]을 조직하여 전국적인 연대투쟁을 벌였으며, 언론인들도 '자유언론수호투위'를 결성하는 등 저항의 강도를 높여갔다. 1974년 11월에는 야당정치인과 종교인 등이 중심이 되어 '민주회복국민회의'가 결성되기도 했다.

정부는 대통령의 가장 강력한 경쟁자인 김대중을 제거하기 위해 일본에 체류 중이던 그를 1973년 8월 납치하여 자택에 연금시켜 놓아 국내외에 큰 충격과 파문을 일으켰으며, 1975년 8월에는 개헌청원운동을 벌이던 장준하張俊河(1918~1975)가 등산 도중 의문의 죽음을 당하기도 했다. 정부는 1974년 1월부터 이른바 '긴급조치'를 잇달아 발동하여 교수, 학생, 언론인, 종교인, 문인 등 민주인사들을 투옥 또는 해직시켰다.

장준하(1918~1975)

유신체제가 출범하자 북한은 1973년 8월 남북대화의 중단을 선언하여 남북관계는 다시 경색되기 시작했다. 또한 박 대통령은 1975년 4월 베트남 공산화에

---

38) 통일주체국민회의 대의원은 전국에서 2,395명을 선거에 의해 뽑았는데, 도시에서는 대선거구, 농촌은 소선거구로 하여 선출했다. 이 회의에서 대통령을 선출하는 기능을 맡았는데, 대통령이 이 회의의 의장이 되어 대통령의 직속 기구나 다름없었다. 또한 유신헌법은 대통령이 국회의원의 3분의 1을 임기 2년 유정회維政會 의원이라는 이름으로 직접 임명하고, 법관에 대한 인사권도 가질 수 있게 했으며, 긴급조치권, 국회해산권 등 방대한 권한을 부여했다.

유신 선포 박정희 대통령의 10·17 특별 선언을
전단 표제로 보도한 1972년 10월 18일자 신문의 1면이다.

부마민주항쟁 당시 부산에 진주한 계엄군 1979년 10
월에 발생한 부마민주항쟁 당시 시위진압군이던 해병대

자극되어 대학에 '학도호국단'을 조직하고, '민방위대'를 창설하
는 등 군사통치를 한층 강화했다.

유신반대운동이 고조되던 1974년 8월 15일 국립극장에
서 열린 광복절행사 중에 재일교포 청년 문세광文世光이 대통령
을 저격하는 사건이 발생하고, 영부인 육영수陸英修(1925~1974) 여
사가 유탄에 맞아 절명했다.

1978년 박 대통령은 다시 대통령에 당선되었으나, 이보다
앞서 실시된 국회의원선거에서는 야당인 신민당이 여당인 공화
당을 득표율에서 앞서는 이변이 일어났다. 이미 여당 내에서도
이탈자가 속출하고, 미국을 비롯한 국제사회에서도 인권탄압을
비판하는 목소리가 거세어져 더 이상 권력을 유지하기가 어려
운 상황에 처했다. 이 무렵에 불어 닥친 제2차 국제원유가 폭등
(오일쇼크)으로 인한 경제불황이 더욱 사태를 악화시켰다.

1979년 5월 말 야당인 신민당 당수로 선출된 김영삼金泳三
총재가 적극적인 민주화투쟁을 전개하자 국회는 그해 10월 그
를 제명하는 조치를 취했다. 이 사건으로 국내외 여론의 지탄이
더욱 높아지고, 마침내 '부마민주항쟁釜馬民主抗爭'이라 불리는 대
규모 저항운동이 부산, 마산 등지에서 일어나 전국적으로 확산
되어 갔다. 이제 정부는 국민의 저항에 굴복하느냐, 아니면 군대
를 풀어 무력으로 진압하느냐의 갈림길에 섰다. 이러한 가운데 10월 26일 청와대 부근의 궁정
동에서 열린 정부고위층 만찬장에서 중앙정보부장 김재규金載圭(1926~1980)에 의해 대통령이 저
격당해 숨졌다. 이로써 박정희시대는 18년 만에 종말을 고하였다(10·26사건).

6. 1960~1970년대의 경제와 문화

박정희 정권이 통치하던 1960년대와 1970년대에는 경제제일주의가 표방된 가운데 강력
한 국가주도의 성장정책을 밀고 나갔다. 모든 정치적 폭압과 부정은 경제성장이라는 구호 아래
정당화되었다. 경제정책의 기본방향은 외국자본과 기술을 도입하여 공업을 육성하고, 양질의
값싼 노동력을 이용하여 생산된 제품을 수출하고 자본을 축적해 나간다는 전략이었다. 말하자
면 수출주도형 경제발전전략이었다.

정부는 1962년부터 제1차 경제개발 5개년 계획을 세우고 수출주도형 공업화 정책을 추
진한 결과 1960년에 3천 3백만 달러에 불과하던 수출이 1966년에는 2억 5천만 달러로 증가
하여 연 44%의 고속성장률을 기록했으며, 경제성장률은 연평균 8.5%에 이르렀다. 1967년부터
는 다시 제2차 경제개발 5개년 계획에 착수하여 이 기간에 수출은 연평균 33.7%, 경제성장률
도 연평균 10.7%(1971년 수출 10억 6천만 달러)를 기록하여 경제발전에 탄력이 붙었다. 1964년에 가

동되기 시작한 울산 정유공장, 1969년에 조성된 마산의 수출자유지역과 1970년 7월에 개통된 경부고속도로는 경제개발의 상징이 되었다. 일부에서는 '한강변의 기적'이라는 말이 나돌기 시작했다. 1972년에 남북대화가 열린 배경에는 남북 간의 경제력이 균형을 이룬 것이 한 요인으로 작용했다.

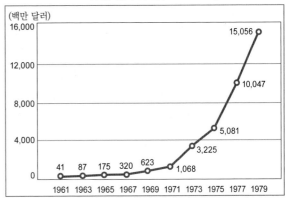

〈수출 증가 도표〉(1960~1970)

출처: 통계청(2000)

박정희 정부는 유신체제 하의 1970년대에도 수출주도형 성장정책을 지속적으로 밀고 나갔다. 1972년부터 제3차 경제개발 5개년 계획, 1977년부터 제4차 경제개발 5개년 계획이 시행되었는데, 이 시기에는 지금까지의 경공업중심에서 중화학공업 우선정책으로 방향을 선회하여 경제구조에 균형이 잡히고 산업구조의 고도화를 이룩하여 본격적인 산업사회로 진입하게 되었다. 1973년에 준공된 포항제철과 1978년에 준공된 고리원자력발전소는 이 시기 중화학공업의 상징적 사업이었다.

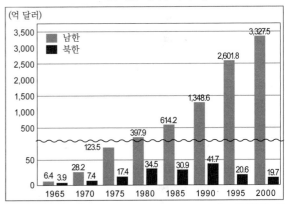

〈남북한 대외무역 추이〉

자료: 국가통계포털

1970년대에는 중동의 석유수출국가들이 석유가격을 인상하여 경제발전에 압박을 가했으나 수출은 꾸준히 지속되어 1977년에 100억 달러, 1981년에 200억 달러를 돌파하고, 수출상품에서 공산품이 차지하는 비중이 90%를 넘어섰다. 그리고 공업생산에서 중화학공업이 차지하는 비중이 55%를 넘어서게 되었다. 또한 이 시기에는 베트남 패망 후 중동으로 진출한 건설업체들이 외화를 버는 데 큰 몫을 담당했다.

전체적으로 1960년대와 1970년대의 수출신장률은 연평균 40% 정도, 경제성장률은 8.9%를 기록하여 세계적으로도 개발도상국의 모범이 되었다. 이러한 경제성장은 민족주체성을 강조하여 국민의 자존심을 부추기고, '하면 된다'는 말로 대표되는 박 대통령의 강력한 신념과 개발독재형의 지도력이 크게 작용한 것도 사실이지만, 국민의 높은 교육열과 성취욕, 그리고 수천 년간 선진문명을 꾸려온 문화적 잠재력이 되살아난 것이 원동력이 되었다.

그러나 외형적인 경제성장의 이면에는 많은 부작용이 따랐다. 대외적으로 미국과 일본에 대한 의존성의 심화, 재벌중심의 경제구조에서 오는 산업불균형, 재벌과 정치권의 유착에서 오는 부패의 만연, 지역발전의 편차, 농촌의 피폐와 도시빈민층의 형성, 공해 등의 문제가 제기되고, 이러한 모순점이 재야 및 학생운동을 격화시키는 요인이 되었다.

정부는 상대적으로 낙후된 농촌사회의 소득을 올리고, 생활환경을 개선하기 위하여 1971년부터 '새마을운동'을 전개했다. 근면, 자조, 협동 정신을 바탕으로 박 대통령이 발의하여 전개

〈산업구조의 변동〉

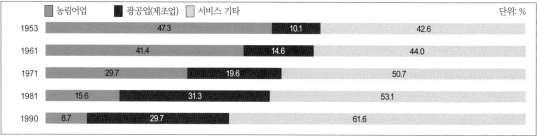

	농림어업	광공업(제조업)	서비스 기타	단위: %
1953	47.3	10.1	42.6	
1961	41.4	14.6	44.0	
1971	29.7	19.6	50.7	
1981	15.6	31.3	53.1	
1990	8.7	29.7	61.6	

〈도시와 농촌의 인구변화〉

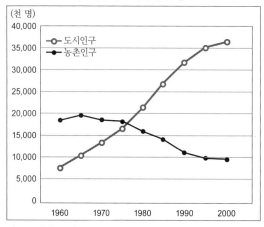

자료: 통계청, 《통계로 본 한국의 발자취》(1995년)

국민교육헌장 선포식

된 이 운동으로 초가집의 개량, 농촌도로의 정비, 영농기반의 조성 등 침체된 농촌사회에 활력을 불어넣어 주었으며, 뒤에는 도시에까지 확대되어 총체적인 국가발전 전략으로 발전했다. '새벽종이 울렸네, 새 아침이 밝았네, 너도 나도 일어나 새 마을을 가꾸세'라는 노래와 '잘 살아보세, 잘 살아보세, 우리도 한 번 잘 살아보세'라는 노래는 새마을운동을 상징하는 국민가요로 전국 방방곡곡에 울려 퍼지고 직장과 모든 행정단위에도 실천조직이 짜여져 관민이 다 함께 이 운동에 참여했다. 북한의 '천리마운동'에 대응하는 의미도 가진 새마을운동은 1970년대의 국가발전에 기여한 점이 큰 것이 사실이지만, 박 대통령의 유신체제를 지탱하는 통치이데올로기로써의 기능도 함께 지니고 있다는 평을 받았다.

박 대통령의 통치철학은 교육, 문화정책에도 큰 변화를 가져왔다. 4·19혁명을 전후하여 불기 시작한 민족주의 열기를 박 정권은 통치이념으로 받아들여 교육, 문화 전반에 '주체적 민족사관'을 강조하고, 이를 교육이념으로 정착시키기 위해 이른바 '국민교육헌장'(1968)을 제정하고, 이를 각종 교육집회에서 낭송하도록 했다. "우리는 민족중흥의 역사적 사명을 띠고 이 땅에 태어났다"로 시작되는 국민교육헌장은 국가의 발전이 곧 나의 발전이요, 민족중흥이 시대적 사명이라는 강한 국가주의적 역사의식을 고취했다. 또한 이러한 민족과 국가관념을 높이기 위해 1970년대 이후로는 국사교육을 강화하고, '국민윤리'라는 새로운 과목을 신설하고 대학에도 국민윤리교육과를 설치했다.

한편 문화정책 면에서는 일제시대 파괴된 성곽이나 고적들이 복원되고, 이순신이나 강감찬과 같은 애국 무장들의 사당에 대한 성역화사업이 이루어졌다. 정부는 국학연구와 고급인력의 연수교육을 겸한 연구기관으로 1978년 한국정신문화연구원을 경기도 성남(판교)에 세웠

는데, 10여 년의 작업 끝에 27권의 방대한《한
국민족문화대백과사전》(1988~1991)을 편찬했다.
이 사전은 1978년에 완간된 국사편찬위원회의
《한국사》(24권)와 더불어 박정희 정권의 대표적
학술문화사업으로 꼽을 수 있다.

정부의 민족주의 통치철학은 민주주의를
압살하고 개발독재를 강화하는 역기능이 노출
되어 민주화를 열망하는 재야의 비판적 지식
인과 마찰을 불러왔다. 자유당 시절에 반독재
의 선봉에 섰던 지식인층을 대변하는 잡지가
〈사상계〉(1953년 창간)였다면, 박정희 정권 하의
비판적 지성을 대표하는 교양지는 〈창작과 비
평〉(1966년 창간)과 〈문학과 지성〉(1970년 창간) 등
이었다. 그러나 박정희 정권의 민족주의는 광
복 후 일제 식민주의 잔재에 대한 반성과 비판
이 없던 상황에서 민족 주체성에 대한 국민적
자각과 자신감을 일깨우는 계기가 되고, 경제
발전의 정신적 추동력이 된 것은 사실이었다.

한국정신문화연구원   성남시 분당구 산운로

〈사상계〉, 〈창작과 비평〉, 〈문학과 지성〉

7. 1960~1970년대 북한의 변화

남한에서 강력한 군사정부가 수립되었던 1960년대에 북한에서도 항일빨치산 출신의 강
경파가 권력을 장악했다. 남로당, 연안파, 소련파 등 비교적 온건노선을 추구하던 세력이 이미
1950년대에 숙청되어 김일성 동료세력이 전면에 등장하게 된 것이다.

무장투쟁의 경력을 가진 항일빨치산세력은 1960년대부터 국방건설에 정책의 최우선을
두고, 이른바 '4대 군사노선'을 채택하여 전인민의 무장화, 전국토의 요새화, 전군幹部의 간부화,
전군의 현대화를 강력히 추진하면서 군수공업발전에 박차를 가했다. 말하자면 북한사회 전체
를 병영으로 개편한 것이다. 그리하여 국방비의 비중이 국가재정의 약 30%를 차지할 정도로
높아지고, 경제발전이 급속도로 둔화되기 시작했다. 박금철, 이효순 등 이른바 갑산파甲山派가
국방건설에 이의를 제기했으나 부르주아 수정주의 사상으로 규탄을 받고 1967년 숙청되었다.

북한이 국방건설에 우선을 둔 것은 남한에서 한일협정(1965)으로 한·미·일 안보체제가
구축되고, 베트남 파병 후 국군의 전력이 크게 강화되었으며, 대외적으로 소련 및 중국과의 관
계가 악화되어 국제적으로 고립상태가 되었기 때문이었다. 특히 소련에서 흐루시초프(1894~1971,
집권기간 1958~1964)가 등장하여 스탈린노선이 비판되고 수정주의와 평화공존이 추구되자 이에 위
협을 느끼게 되고, 설상가상으로 중·소 분쟁이 격화된 가운데 중국에서 '문화대혁명'(1966~1968

또는 1969)이 일어나 김일성을 수정주의자, 독재자로 비난하면서 양국관계가 악화되었다. 여기에 1968년 미국 군함 푸에블로 호가 북한연안을 정탐하다가 나포된 사건은 북한을 더욱 불안하게 만들었다.

북한은 위기상황을 돌파하기 위해 국방건설과 더불어 김일성과 노동당의 독재를 강화하기 위해 이른바 '주체노선'을 강조하기 시작했다. 1960년대 후반부터 시작된 주체노선은 자주(정치), 자립(경제), 자위(국방)를 강조했다. 또한 김일성과 노동당의 위상을 강화하기 위해 김일성 우상화와 김일성 가계의 성역화가 추진되고, 우리나라 역사를 조선인민의 입장과 계급적 입장을 조화시켜 서술하고, 특히 근대사와 현대사를 빨치산중심으로 쓰도록 강요했다. 역사연구의 주도권을 당이 장악하여 김일성의 '교시'가 등장한 것도 1960년대 초부터이다. 1969년에는 '주체사상'을 노동당의 '유일사상'으로 규정했다. 이는 고전적인 마르크스레닌주의가 크게 수정된 것을 의미한다.

1960년대의 북한은 강온 양면의 대남정책을 추진했다. 1960년 북한은 겉으로 평화적인 '남북연방제' 통일안을 제시하고, 내면적으로는 1960년대 초부터 남한에 '통일혁명당'을 조직하여 주체사상에 입각한 내부혁명을 부추겼다. 1970년 북한은 남조선혁명을 '민족해방 인민민주주의 혁명'으로 규정하여 미군철수를 최우선과제로 제시했는데, 이 이론이 1980년대 중반 이후 남한의 이른바 '주체사상파'[약칭 주사파] 학생운동에 영향을 주었다. 또한, 1968년에는 무장군인들을 남파하여 청와대를 습격하게 했고, 다음 해에는 무장게릴라를 삼척에 보내 무력도발을 계속했다. 그러나 이러한 무력도발은 도리어 남한의 안보의식을 자극하여 박 대통령의 권력강화와 군사통치를 강화하는 명분을 제공했다.

1970년을 전후하여 북한은 강경노선을 완화하면서 빨치산 세력 가운데 강경파에게 경제건설과 대남정책의 실패를 물어 숙청하고, 실무형 관료와 혁명 2세대를 등장시켰다. 이 과정에서 아들 김정일金正日(1942~2011)을 비롯한 김일성의 친인척이 권력의 핵심에 자리잡았다.[39] 그리하여 김일성 족벌체제가 출범한 가운데 안으로는 김일성의 권력을 무한대로 높이기 위해 1972년 12월 '인민민주주의 헌법'을 개정하여 '사회주의 헌법'을 제정했다. 이 헌법은 국가권력을 주석에게 몰아준 것이 가장 큰 특징이었다. 즉 내각수상을 주석主席으로 바꾸고, 주석에 직속된 '중앙인민위원회'에 행정, 입법, 사법의 모든 권력을 집중시켜 세계 역사상 유례없는 절대권력을 구축했다. 이러한 조치는 같은 해 남한에서 10월 유신이 이루어진 것에 대한 대응이기도 했다. 또한 새 헌법은 수도를 서울에서 평양으로 바꾸어 평양이 '민족의 심장부'라고 선전하기 시작했다.

1970년대 북한 절대권력을 밑받침한 것은 김정일이었다. 그는 30세 되던 1973년 9월에 당을 장악하고, 1974년 2월 중앙위원회 정치위원회 위원으로서 김일성의 유일한 후계자로 공

---

39) 김일성의 아우 김영주金英柱, 부인 김성애金聖愛, 김일성의 사촌매부 양형섭楊亨燮, 허담許錟, 박성철朴成哲, 김일성의 조카사위 황장엽黃長燁, 김일성의 사위 장성택張成澤, 김일성의 외사촌 강현수康賢洙, 강희원康希源 등이 요직을 차지했다. 특히 양형섭은 최고인민회의 의장, 허담은 조국평화통일 위원회 위원장, 박성철은 국가 부주석, 황장엽은 김일성대학 총장을 지냈다.

인되어 '당중앙'으로 호칭되었다. 그는 또한 1973
년부터 3대혁명 소조운동[40]을 지도하면서 수만
명의 젊은 엘리트를 장악하고, 1974년부터는 '대
를 이어 충성하자'는 구호가 나타나 김정일 세습
체제를 대중 속에 뿌리박았다. 김정일은 1976년
이후 정책노선에 대한 비판을 받아 한동안 활동
을 자제하다가 1980년 이후 다시 활동을 본격화
하여 권력강화와 아울러 이른바 '주체사상'을 이
론적으로 더욱 심화시켜 나갔다. 이러한 활동이
1985년에 이르러 《위대한 주체사상총서》(전 10권)
라는 제목으로 발간되면서 주체의 사상, 이론, 방

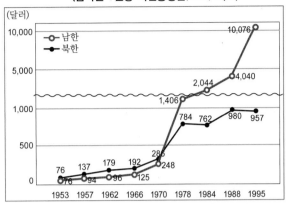

〈남북한 1인당 국민총생산(GNP) 비교〉

자료:《한국경제연감》(1995년), 888쪽
민족통일원,《남북한국력추세 비교연구》(1992년), 236쪽

법이 마무리되었다. 주체사상의 확립을 계기로
북한은 그 동안 의지해온 마르크스레닌주의를 청산하고 주체사상을 유
일사상으로 천명했다.

1970년대 북한의 경제는 여전히 침체를 면치 못했다. 6개년 계획
(1971~1977), 7개년 계획(1978~1984)이 잇달아 추진되었지만, 연평균 성장률
이 2%를 넘지 못했다. 이 시기 남한이 10% 내외의 고속성장을 이룩한
것과는 대조를 보였다. 1980년 현재 남한의 국민총생산은 북한의 4배
가까이 되었다. 북한은 경제발전을 다그치기 위해 3대혁명 붉은기쟁취
운동, 기업의 독립채산제 등을 실시했으나 별다른 성과를 얻지 못했다.
기술혁신의 부족, 외국원조의 감소, 대외무역의 부진, 전력과 석유의 부
족 등을 돌파하지 못하고, 노동력 동원에 의존한 경제건설이 한계를 드
러낸 것이다.

1970년대의 남북관계는 비교적 소강상태를 이루었다. 강경파의
퇴진으로 1972년의 역사적 남북대화가 열리고, 동서평화공존 분위기에

3대혁명 붉은기쟁취운동 포스터

어느 정도 순응했다. 그러나 '남조선해방'을 내세워 북한주민을 결속시키고, 남한의 반정부운동
을 고무하는 정책은 변함없이 지속되었다.

---

40) 3대혁명 소조운동은 1973년 당 핵심들과 청년인텔리로 구성된 작은 지도그룹(指導小組)을 공장, 기업소, 협동
농장에 파견하여 사상, 기술, 문화의 세 분야에서 혁명을 지도하게 한 운동을 말한다. 이 운동은 주체사상을
대중 속에 뿌리내리려는 목적에서 이루어진 것이다.

제4장 전두환, 노태우 정부와 북한의 변화(1980년대 이후)

1. 신군부의 군사정변과 5·18 광주민주화운동(1979~1980)

1979년 10월 26일 박정희 대통령이 궁정동에서 피살된 뒤 최규하崔圭夏 국무총리가 통일주체국민회의 대의원회에서 제10대 대통령으로 당선되었다(12. 6). 국민들은 최 대통령을 매개로 하여 장차 유신체제와 군사통치가 종식될 것을 기대했다. 그러나 최 대통령이 등장한 지 6일 만인 12월 12일 국군보안사령관 전두환全斗煥(1931~) 소장, 9사단장 노태우盧泰愚(1932~) 소장 그리고 보안사령부 장교들이 중심이 되어 쿠데타가 일어났다. 대통령의 사전재가 없이 계엄사령관 정승화鄭昇和 대장을 체포하는 하극상이 벌어지고, 장차 권력을 잡으려는 움직임이 진행되었다.

5·18 광주민주화운동 1980년 5월, 사망한 아버지의 영정을 들고 있는 어린이

뜻밖의 군사정변에 항의하여 1980년 5월 14일부터 서울에서는 '민주화 대행진'을 표방한 대규모 학생시위가 벌어지고, 5월 15일에는 10만 명이 서울역 앞에 모여 시위운동은 절정을 이루었다. 이 시위는 4·19 혁명 이후 최대규모로 '서울의 봄'이라고도 한다. 그러나 신군부는 5월 17일 전국에 계엄령을 선포하고, 일체의 정치활동을 정지시켰다. 대학에는 무장군인들이 진주하고 김대중, 김종필 등 정치인이 권력형 부정축재자로 체포되고, 야당총재인 김영삼은 자택에 연금되었다. 신군부는 이어 '국가보위비상대책위원회'를 설치하고, 전두환이 위원장이 되었다(5. 31).

민주화의 기대가 무산되자 국민들의 실망이 커져가는 가운데 1980년 5월 18일 전라남도 광주에서 대규모 학생시위가 일어났다. 신군부는 이를 진압시키기 위해 계엄군을 투

5·18 광주 민주화 운동 계엄군의 무차별 발포로 많은 사상자가 발생하자 항의 시위하는 광주시민들

입했다. 그러나 계엄군의 과잉진압으로 많은 사상자가 발생하자
흥분한 학생과 광주시민들은 무기를 탈취하여 계엄군과 시가전
을 벌이는 사태까지 벌어지고 인근지역으로 시위가 확산되었다.
결국 계엄군이 무력진압하여 광주는 5월 27일 평온을 되찾았으
나, 200여 명의 사망자를 낸 비극의 상처는 쉽게 아물지 않았다.

　　신군부의 명분 없는 쿠데타와 5·18 광주민주화운동에 대
한 과잉진압은 전두환 정권의 큰 짐이 되었다. 이 사건은 1980년
대의 재야 학생운동의 추동력으로 거세게 타올랐고, 미국이 방조
혹은 방관했다는 이유로 반미운동이 일어나는 계기가 되기도 했
다. 서울, 광주, 부산 등 미국문화원에 대한 공격이 잦아진 것은
1980년대 학생운동의 한 특색이었다.

　　전두환 장군을 비롯한 신군부는 사회안정을 이유로 정치인
의 정치활동을 규제하고, 언론을 통폐합했으며, 민주화에 앞장선
교수와 기자들을 직장에서 해임시켰다. 그리고 폭력조직을 근절
한다는 이유로 약 2만 명의 시민이 '삼청교육대'라는 군대의 특수
훈련장에 보내졌다.

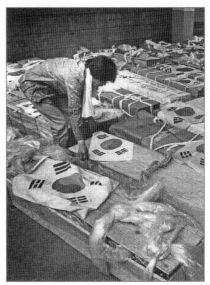

도청 안에 안치된 말없는 주검들(1980. 5. 23)
태극기로 관을 덮어주고 있다.

　　1980년 8월 16일 최규하 대통령이 신군부의 압력으로 사퇴하고, 8월 27일 전두환 장군
이 통일주체국민회의에서 11대 대통령으로 선출되어 9월 1일 취임했다. 이해 10월 27일 유신
헌법을 일부 수정한 신新 헌법이 제정되어, 대통령 임기를 7년 단임으로 하고, 통일주체국민회
의와 유사한 '대통령 선거인단'이 대통령을 간접 선출하도록 했다. 이 헌법에 따라 1981년 2월
전두환이 대통령 선거인단에 의해 다시 12대 대통령에 선출되고(3.3 취임), 여당으로서 '민주정의
당'[약칭 민정당]이 조직되었다. 이때를 헌법이 다섯 번째 바뀌었다 하여 5공화국이라고 부르기도
한다.

2. 전두환 정부(1981. 3~1988. 2)

　　민정당의 5공화국 정부는 정의사회 구현과 민주복지국가의 건설을 국정지표로 내걸고,
육사출신의 고급장교들을 전역시켜 주요관공서와 정부투자기관의 요직에 임용했다. 전두환, 노
태우 등 신군부의 핵심세력은 경상도 출신의 정규 육사졸업생으로서, 박 대통령 시절부터 '하
나회'라는 군대 내 사조직으로 결속되어 있다가 박 대통령의 사망을 기회로 권력을 장악했다.
박 대통령이 교수의 두뇌를 주로 빌렸다면, 전 대통령은 육사출신 엘리트의 힘을 빌렸다.

　　전두환 대통령은 취임 후 재야·학생 운동에 대해 강온 양면의 정책을 썼다. 학원의 시위
현장에는 직접 정·사복 경찰을 캠퍼스 안에 투입시켜 진압했는데 1984년 3월까지 사복경찰이
대학에 상주했다. 1980년대의 학원은 전보다도 더 살벌했고, 최루탄가스가 그칠 날이 없었다.
또한 여러 언론매체를 통폐합하고, 반정부성향 기자를 대거 해직시켜 언론을 장악했다.

〈수출 증가 도표〉(1981~2006)

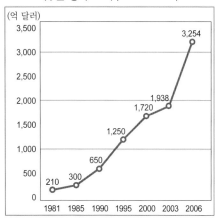

출처: 한국은행(ECOS 경제통계시스템)

현대자동차 포니엑셀

그러나 다른 한편 유화정책을 펴서 정치규제자를 단계적으로 해금하고, 중앙정보부의 이름을 '국가안전기획부'로 바꾸고(1980. 12), '반공법'을 폐지하여 '국가보안법'에 흡수했으며, 시위로 제적된 학생들을 복교시키기도 했다. 그리고 1984년에는 학도호국단을 폐지하고 학생자치기구를 부활시켰으며, 학원의 면학분위기를 조성하고 대학입시 재수생을 구제한다는 명분으로 '졸업정원제'를 실시했다. 그러나 졸업정원제 이후 대학 정원이 대폭 늘어 교육의 질이 떨어지고, 학원데모를 대형화시키는 등 부작용이 불거지자 결국 1986년 졸업정원제가 폐지되었다. 1981년에는 해외여행이 자유화되고, 다음 해에는 통행금지가 해제되었으며, 중·고등학생의 교복이 자율화되었다.

5공시대의 경제는 다른 분야에 비해 비교적 성공적이었다. 1980년대 전반기에는 1960~1970년대 경제개발의 후유증으로 외채문제가 중요 현안으로 떠올랐고 장영자 사건, 명성그룹 사건, 국제그룹 해체 등 많은 문제가 표면화되었다. 그러나 1980년대 중반 이후로 정부의 긴축정책과 국제 원유가原油價의 하락, 달러가치의 하락, 금리 하락 등 이른바 '3저 현상'이 지속되어 물가가 한 자릿수로 잡히고 수출이 호조를 보였으며, 부가가치가 높은 자동차, 전자, 반도체 등 첨단산업이 활기를 띠고 성장했다. 1986년 현대자동차 포니엑셀이 미국으로 수출된 것은 우리나라가 자동차산업에서 선진국과 어깨를 겨루게 되는 첫 신호탄이었다.

한편 선진국의 시장개방 압력이 높아지면서 공산품뿐만 아니라 농축산물도 수입자유화의 폭이 확대되어 1986년 현재 수입자유화율은 91.5%에 도달했으며, 외국자본의 투자비율도 점차 확대하여 100%까지 허용했다. 정부의 시장개방정책은 대기업에 유리한 환경을 제공했으나, 값싼 외래 농축산물의 수입으로 농촌경제는 심각한 타격을 입었다. 10대 대기업이 국민총생산에서 차지하는 비율은 1979년의 33%에서 1989년에는 54%로 증가하고, 30대 대기업의 계열기업은 1970년 126개, 1979년 429개, 1989년 513개로 늘어났다. 이와 대조적으로 농촌인구는 급속히 감소하고, 이농민의 대다수는 도시빈민층을 형성하여 막노동에 종사하거나 산업노동자 혹은 서비스업으로 전환했다. 양곡자급률은 1970년의 86%에서 1985년에는 48.4%로 낮아졌다. 이제 한국인의 밥상에는 외래 농축산물이 큰 비중을 차지하는 시대가 되었다.

수출호조에 힘입어 국민총생산이 급속히 성장하여 매년 평균성장률이 10% 내외를 유지하게 되고, 1인당 GNP가 1987년 3천 달러를 넘어서서 중진국 대열에 들어갔다. 1977년의 100억 달러 수출이 1981년에 200억 달러를 돌파하고, 1989년에는 620억 달러를 달성했다. 1980년부터 컬러 TV 방송이 시작된 것도 경제성장의 한 징표였다.

1980년대의 경제성장에는 1981년에 결정된 88서울올림픽과 1986년에 개최된 아시안게임도 한몫을 했다. 우리나라에서도 아시안게임과 올림픽이 열린다는 자긍심이 국민을 분발시

켜 미래에 대한 희망과 자신감을 북돋아 주었다. 또한 정부는
아시안게임과 올림픽준비를 통해서 사회통합을 이끌어내고자
많은 노력을 기울였다.

　1980년대에는 외형상 경제규모가 급속히 커졌으나, 빈
부격차와 도시와 농촌의 갈등 그리고 지역갈등의 문제는 더
욱 심화되었다. 산업노동자의 급증과 열악한 임금 및 노동환
경으로 노동운동이 일기 시작했으며, 농촌의 피폐에 따라 농
민운동도 고개를 들었다. 이 시기 학생운동이 노동자, 농민, 도
시빈민을 '민중'으로 간주하고, 이들과 연계하여 민중사회건설
을 표방하고 나선 것은 종전의 민족민주화운동과 성격을 달
리하는 것이었다. 이제 민족(반미), 민주(반독재), 민중(반자본가)을
합친 이른바 삼민三民 투쟁이 학생운동의 한 흐름을 형성했다.
학생운동은 반미운동에 중심을 둔 이른바 반미자주파[NL]와
민중해방에 역점을 둔 제헌의회파[CA] 또는 민중민주파[PD]로
나뉘어 주도권 다툼이 나타나기도 했다. 특히 전자는 북한 주
체사상의 영향을 받아 '주사파'라고도 불렸는데 수적으로 후
자를 압도했다.

　1972년 역사적인 7·4 남북공동성명이 발표된 후 가동되
던 남북조절위원회는 1973년 김대중 납치사건으로 중단되고
남북관계가 한동안 중단되었다. 이산가족 재회를 위한 적십자
회담과 남북체육교류를 위한 체육회담은 1970년대에도 있었
다. 그런데 1983년 10월 전두환 대통령이 버마(미얀마)를 방문하던 도중 랭
군의 아웅산 묘소에서 폭탄폭발사고를 만나 부총리 등 17명이 사망하고
14명이 부상하는 불상사가 일어났다(아웅산 사건). 이 사건의 배후에 북한이
관여했다고 알려지자 남북관계는 다시 냉각되었다.

　설상가상으로 1986년에는 북한이 금강산댐을 건설하면서 이것이
88올림픽을 방해하기 위한 북한의 수공水攻 작전이라고 선전되어 국민성
금을 모으고 대응댐을 건설하는 등 소동이 벌어졌다. 1987년 11월 29일
에는 이라크에서 태국으로 가던 대한항공 여객기가 갑자기 공중에서 폭
파되어 승객 115명이 참사하는 사건이 발생했는데, 폭파범 가운데 한 사
람인 김현희[41]가 체포되어 조사한 결과 올림픽을 방해하려는 북한 공작
원임이 드러났다.

　이렇게 남북관계가 악화되는 가운데 남북의 통일방안도 평행선을

아웅산묘소에서의 테러를 보도한 기사
매일경제신문 1983.10.10

대한항공기의 잔해　북한공작원 김현희가 미얀마 근해
상공에서 폭파한 대한항공기의 잔해

남북이산가족의 만남
지학순 주교 남매의 상봉, 1985. 9 평양

---

41) 김현희는 하치야 마유미라는 이름으로 일본인으로 위장하여 비행기를 탔다가 아랍에미리트의 아부다비공항
　　에서 내려 바레인으로 가려다가 공항에서 체포되었는데, 하치야 신이치라는 남자와 동행했다. 그는 공항에서
　　체포되자 독극물을 마시고 죽었다. 그 역시 북한공작원으로 알려졌다.

예술의 전당 오페라극장

독립기념관

국립현대미술관

달렸다. 북한은 1980년 10월 새로운 '고려민주연방공화국안'을 제시했다. 이것은 종전에 총선거로 가는 과도기로써 인정한 '연방제'와 달리 1국가, 2체제를 의미하는 것이었다.

이에 대해 정부는 1982년 '민족화합 민주통일방안'을 제시했다. 이는 남북대표가 모여 통일헌법을 마련하고, 그것에 따라 총선거로 통일정부를 구성하자는 것이다. 남과 북의 통일방안은 모두 자신에 유리한 조건을 내세운 것으로, 결국 선전적인 의미를 갖는데 지나지 않았다. 그러나 1천만 명이나 되는 남북이산가족의 재회는 통일 이전의 인도적인 문제로 남북한이 다같이 피하기 어려운 과제였다. 북한은 남한의 요구를 받아들여 1985년 9월 20일 드디어 쌍방 151명의 이산가족이 판문점을 넘어 3박 4일간 서울과 평양을 방문했다. 이 만남은 비록 일부인사에 국한되고 고향방문으로 이어지지는 않았지만, 분단 후 처음 있는 감격적인 장면이었다.

전두환 정부는 통치이데올로기로 국수주의적 역사를 선전했다. 일제강점기 초기에 유행했던 대종교계통의 역사책이 여과없이 퍼져 고대사에 대한 허황한 자부심을 부추겼다. 각종 사회교육기관에서도 이를 대대적으로 취급하여 역사교육에 큰 혼란이 야기되었다. 결과적으로 이러한 역사인식은 현실에서 도피하려는 국민정서를 유도하여 체제유지에는 기여했으나 건전한 민족문화의 발전을 저해했다. 이에 대한 반발로 젊은 학도들 사이에는 이른바 '민중사학'이 유행하여 역사인식의 양극화가 초래되었다.

1982년 일본 역사교과서에 일본의 한국침략을 정당화하는 서술이 드러나 국민감정이 악화되자, 정부는 국민성금을 모아 천안에 독립기념관(1983년 기공, 1987년 개관)을 건설하여 국민감정을 무마했다. 1984년에는 우리나라 대통령으로는 최초로 일본을 공식방문하고, '한·일의원연맹'을 조직하여 일본 우익정치인과의 관계를 강화했다.

1986년 조선총독부건물을 수리하여 국립박물관으로 사용함으로써 이 건물을 감상하는 일본관광객이 늘어나게 되었다. 예술문화 공간으로는 우면산 기슭에 '예술의 전당'을 세워 오페라하우스, 서예관, 국립국악원, 음악당이 들어서게 되었으며, 청계산 기슭의 서울대공원 옆에 국립현대미술관(1986)을 건립했다. 이로써 국민의 문화에 대한 갈증이 어느 정도 해소되었다.

3. 민주화운동의 진전과 노태우 정부(1988. 3~1993. 2)

1986년의 아시안게임과 1988년의 서울올림픽은 정부의 입지를 강화하는 데도 기여했으나, 반대로 민주화운동을 가속화시키는 계기도 되었다. 세계인의 잔치를 펼치는 나라가 민주화된 모습을 보여주지 않는다면 국제적인 망신이 될 우려가 컸다. 또한 전 대통령의 임기가 끝나가는 시점에서 민주화를 쟁취해야 한다는 점도 고려되었다.

민주화추진협의회 김대중과 김영삼

그리하여 1980년대 중반부터 민주화운동은 학생뿐 아니라 정치권과 사회 각계각층으로 넓게 확산되어갔다. 이미 1983년 5월 야당지도자로서 자택에 연금되어 있던 김영삼이 단식투쟁을 벌인 것을 시작으로 다음해 5월에는 정치인과 재야인사들이 연합하여 '민주화추진협의회'[약칭 민추협]을 조직했으며, 1985년 4월에는 전국대학생의 연합조직인 '전국학생연합'[약칭 전학련]이 결성되었다.

1986년에 들어서자 대학교수 및 초중등교사 사이에서도 집단적인 민주화운동이 시작되었다. 이해 3월 고려대학교 교수 28명의 시국선언문이 발표된 이후 각 대학교수들이 잇달아 선언문을 발표했으며, 1987년 4월에는 평소 온건한 성향의 중진교수들이 망라된 122명의 교수들이 개헌과 민주화를 요구하는 시국성명을 발표하여 충격을 주었다.

학생들의 시위는 갈수록 격렬하여 민정당사와 민정당 연수원을 점령하기도 하고, 분신 또는 투신 자살하는 사례가 비일비재했다. 1986년 한 해에 서울대생 3명을 포함하여 4명의 대학생이 스스로 목숨을 끊었다. 이해에 3천 4백 명이 구속되고, 최루탄구입비가 60억 원에 이르렀다.

6월 민주항쟁 수백 명의 학생과 시민들이 서울 명동 성당에서 민주화를 요구하는 시위를 벌이고 있다.

1987년 1월에 거국적인 민주항쟁의 도화선이 되는 사건이 발생했다. 서울대 학생 박종철朴鍾哲이 경찰의 고문을 받다가 사망한 사건(14일)이 알려지면서 국민의 분노가 치솟는 가운데 전두환 대통령은 4월 13일 모든 개헌논의를 금지하는 '4·13 호헌조치'를 발표하여 타는 불에 기름을 부었다. 여기에 더하여 이해 6월 9일에는 연세대 학생 이한열李韓烈이 시위 도중 경찰의 최루탄에 맞아 사망하는 사건이 발생하자 시위는 전국으로 확산되었다. 6월 10일 민주당(총재 김영삼)과 '민주헌법쟁취 국민운동본부'가 강행한 시위운동을 계기로 매일 전국의 여러 도시에서 시위가 진행되다가 6월 26일에는 전국 37개 도시에서 백여만 명이 시위에 참가했으며, 서울에서는 시가전을 방불케 하는 격렬한 시위가 심야까지 연일 계속되었다.

정부는 더이상 버틸 수 없음을 깨닫고, 6월

이한열 군의 영결식 1987.7.9

6·29 선언 1989. 6. 29

5공 청문회

29일 마침내 차기 대통령 후보로 지명된 노태우 민정당 대표가 대통령직선제 개헌을 골자로 하는 8개 항의 시국수습방안을 발표했다. 이것이 이른바 '6·29 민주화선언'[42]이며, 이후 정치체제를 '87년 체제'로도 부른다.

6월 민주항쟁으로 얻어진 6·29 민주화선언으로 1987년 10월 직선제개헌안이 국민투표로 확정되고, 이해 12월 16일 대통령 선거가 실시되어 1971년 이후 16년 만에 직선으로 대통령을 뽑았다. 선거결과 36%를 득표한 노태우 후보가 당선되고, 김영삼 후보가 2위, 김대중 후보가 3위를 차지했다. 야당이 단일후보를 내지 못한 것이 여당의 승리를 가져오게 했다. 그 다음해 4월에 실시된 총선거에서는 평화민주당(김대중), 통일민주당(김영삼), 민주공화당(김종필) 등 야당이 여당인 민정당을 누르고 다수 의석을 차지했다. 그러나 야당의 득표는 세 김씨의 출신지역으로 확연히 구분되어 지역당의 한계를 벗어나지 못했다.

노태우 대통령은 직선제 대통령의 정통성을 지녔으나 신군부출신이라는 전력에다가 5공세력(민정당)을 여당으로 가져 과감한 개혁에 착수하지 못했다. 5공 핵심인물이던 그가 5공청산의 과제를 떠맡은 것이다. 그의 우유부단함과 부드러움은 '물태우'라는 애칭을 낳게 했다. 민주개혁의 목소리는 국회를 장악한 야당에서 나왔고, 야당은 곧 '5공 청문회'를 열어 전두환 등 신군부의 쿠데타와 광주학살 문제 그리고 전두환 일가의 비리를 단죄하기 시작했다. 마침내 전두환 부부는 대국민 사과문을 발표하고 설악산 백담사(百潭寺)로 거처를 옮겨 약 2년간 세상과 격리되었다.

세 김씨가 주도하는 강력한 야당에 끌려가던 노 대통령은 1990년 1월 세 김씨 가운데 두 김씨(김영삼, 김종필)와 손잡고 3당 통합을 선언하고 민주자유당(약칭 민자당)을 창립했다. 이 사건은 세상을 깜짝 놀라게 했다. 그 뒤 통합여당의 대표최고위원에 김영삼이 임명되었고, 1992년 12월의 대통령 선거에 여당인 민자당 후보로 출마하여 제14대 대통령으로 당선되었다.

임기 5년의 노태우 정부(1988.3~1993.2)는 취임 직후 88 서울올림픽을 성공적으로 치러냈다. 이를 계기로 한국의 국제적 위상이 높아지고, 국민들도 긍지와 자신감이 높아졌다. 특히 소련, 동구권과 중국 등 사회주의국가들이 모두 올림픽에 참가한 것은 우리가 이들 나라와 외교관계

---

42) 6·29 민주화선언 주요내용
  1. 대통령직선제 수용 및 대통령 선거법 개정
  2. 언론기본법 폐지 등의 언론자유 보장
  3. 인간존엄성 존중 및 국민기본권 신장
  4. 자유로운 정당활동 보장
  5. 지방자치제와 대학자율화 실시
  6. 사회정화조치 실시
  7. 김대중의 사면복권 및 시국관련사범의 석방 등

를 맺을 수 있는 좋은 분위기를 조성했다. 노태우 정부는 북방외교에 총력을 기울여 1989년 2월 헝가리를 시발로 동유럽 여러 나라와 먼저 수교하고, 이어 1990년 9월에 소련, 1992년 8월에 중국과 차례로 외교관계를 맺었다. 1980년대 말부터 동유럽 국가들이 사회주의를 무너뜨리는 대변화를 가져오고, 소련에서도 고르바초프가 등장하여 개혁·개방정책을 펴면서 사회주의를 수정해가고, 1990년 10월에는 동독이 서독에 흡수·통일되는 충격적인 변화가 오면서 한국에 결정적으로 유리한 국면을 조성했다. 사회주의의 몰락과 동유럽 국가들과의 수교는 경제적으로도 우리의 통상대상을 넓히는 계기가 되고, 남북관계에서는 남한이 절대적 우위를 확보하는 전기가 되었다.

88 서울 올림픽

　　외교적으로 우위에 선 정부는 유화적인 태도로 북한의 문을 계속 두드렸다. 1988년 7월 7일 남북한 간의 적극적인 교류를 제의하고, 북한이 미국 및 일본과 관계개선하는 일에 협조할 뜻을 선언했다. 통일방안도 '민족화합민주통일방안'을 한 단계 진전시킨 '한민족공동체통일방안'을 제시했다. 이는 두 개의 주권국가의 연합을 과도기 단계로 인정한 것이 전과 달랐다.

서울올림픽 휘장과 마스코트(호돌이)

　　북한은 민간교류를 원하고 당국자 간의 교류를 회피해왔지만, 미국 및 일본과 수교하기 위해서는 남북화해가 선결과제임을 깨닫고 남한의 교류제의를 수락했다. 마침내 1990년 9월부터 총리를 대표로 하는 남북고위급회담이 열리기 시작했다. 이 회의가 서울과 평양에서 번갈아 열리는 동안 범민족통일음악회가 서울과 평양에서 열리고, 남북의 축구팀이 통일축구대회를 서울과 평양 두 곳에서 가졌으며, 1991년 4월에는 일본 지바에서 열린 세계탁구선수권대회에, 5월에는 제6회 세계청소년축구선수권대회에 남북한 단일팀이 참가했다.

범민족통일음악회(1990)

　　남북화해의 분위기는 1991년 9월 17일 남북한 동시 유엔 가입이라는 결과를 가져왔다. 그동안 북한은 남북 단일의석에 의한 유엔가입을 주장해 왔으나 이를 후퇴시킨 것이다. 한국은 그 뒤 유엔의 여러 기구에서 이사국으로 선출되고, 1995년에는 안전보장이사회의 비상임이사국으로 진출하여 국제적 위상을 높였다.

　　1991년 12월 13일 서울에서 열린 제5차 남북고위급회담에서는 '남북 간의 화해와 불가침 및 교류협력에 관한 기본

세계탁구선수권대회 남북한 단일팀 출전 1991년 일본에서 열린 세계탁구선수권대회에서 남북한 단일팀으로 출전, 선전하고 있는 이분희(좌), 현정화(우) 선수의 모습

합의서[남북기본합의세]'가 채택되었으며, 이해 12월 31일에는 '한반도 비핵화非核化 공동선언'이 채택되었다. 이 선언에서는 남북한이 서로 국가적 실체로만 인정하고 국가로는 승인하지 않기로 하고, 서로의 체제를 인정 존중하며, 내정에 간섭하지 않고 침략하지 않기로 합의했다. 이 합의서는 1972년의 7·4 남북공동성명 이래 남북관계를 가장 평화적으로 진전시킨 의의를 갖는다. 이것이 바탕이 되어 1992년에는 정치, 군사, 교류협력 3개 분과위원회가 구성되는 등 구체적 협의가 진행되었으며, 이해 7월에는 북한의 부총리[김달현]가 서울을 방문하여 산업시설을 시찰하고 조속한 남북경제협력의 추진을 요구하기도 했다. 그러나 순조롭게 진행되던 남북 간의 관계개선은 북한의 핵개발 의혹이 커지면서 남한에서 상호사찰을 제기하고 나서자 정돈상태에 빠졌다.

한편, 정부의 북한 접촉과는 별도로 전국대학생협의체인 '전대협全大協'과 재야인사 중에도 정부의 허가없이 방북하는 사건이 자주 발생하여 세상을 놀라게 했다. 1989년 4월 문익환文益煥 목사에 이어 이해 6월 한국외국어대학교 여학생 임수경林秀卿이 전대협 대표로 평양축전[세계 대학생축전]에 참석하기 위해 방북하고 8월 15일 돌아왔다. 그 뒤에도 8·15 범민족대회에 전대협 대표를 보내는 것이 관례처럼 되어 이를 저지하려는 당국과 갈등을 빚었다.

노태우 정부는 5년 재임기간 동안 주택난 해소에 힘을 기울여 전국적으로 2백만 호의 아파트를 건설하고, 서울 외각에 분당, 일산, 평촌 등 신도시를 조성했다. 이로써 부동산투기와 주택난이 크게 완화되었다.

정부는 민주화, 자율화를 위한 제도개선도 단계적으로 추진해 나갔다. 우선 정부의 통제 아래 묶여 있던 대학에 자율권을 부여하여 졸업정원제 폐지, 대학생 선발 등 일반학사행정을 스스로 결정하도록 하고 1989년 이후 대학이 자체적으로 총학장을 선출하고, 교수재임용제도 폐지를 국회에 상정했다. 또한 지방자치제 실시의 첫 단계로 1991년 3월 시, 군, 구의 의회의원을 선출하고, 이해 7월 광역의회의원[도의회의원]을 선거했다. 시장, 도지사 등의 광역단체장 선거는 문민정부가 들어선 1995년에 이르러 시행되어, 5·16 이후 중단되었던 지방자치제가 35년 만에 부활하였다.

6공 시절의 경제는 1980년대에 비해 상대적으로 성장이 둔화되었다. 격렬한 노동조합운동이 생산의 차질을 가져오고 임금상승에 따라 수출경쟁력이 떨어진 것이다. 5공 시대에 억눌렸던 노동조합운동이 민주화 바람을 타고 전 사회로 확산되어 생산근로자뿐 아니라 학교교사와 대학강사에까지 파급되었다. 1987년 6월 2,742개이던 노동조합이 1989년에는 7,861개로 늘었다. 조합원도 같은 기간에 백여만 명에서 190만 명으로 증가했다. 그 결과 근로자의 임금과 노동조건이 많이 개선되었으나, 이것이 물가상승과 수출부진의 요인으로 작용했다.

노동조합운동 가운데 1989년 5월에 조직된 전국교직원노동조합[약칭 전교조]은 단순한 임금투쟁이 아니라 교육계 전반의 비리개혁과 참교육 실현을 목표로 한 것으로 사회적으로 큰 파장을 일으켰다. 그러나 정부는 이들의 움직임을 반체제적이라고 규정하여 1989년 이후 수천 명의 교사를 해직했다. 해직된 교사들은 재야 민주화 운동에 투신하거나 출판업에 종사하여 출판업이 활기를 띠는 계기를 만들었다. 해직교사들은 문민정부 출범 이후 대부분 복직되었다.

4. 1980~1990년대 북한의 변화

김정일(1942~2011)의 후계체제를 공고화한 것이 1980년대 북한 정치의 특징이었다. 이를 위해서 김정일에 대한 개인숭배운동이 일어났다. 먼저, 김일성에 비교해서 뚜렷한 업적이 없는 그를 미화하기 위해 그의 출생의 위대함을 강조하기 시작했다. 1987년부터 김정일은 백두산 밀영(비밀 아지트)에서 탄생했다고 선전하면서, 이른바 '구호나무 학습'[43]이라는 새로운 캠페인을 전개했다. 둘째로, 1960년대 후반부터 그때까지 북한에서 쌓은 업적과 지도자로서의 자질을 치켜세웠다.

김일성과 김정일

한편, 김정일은 1970년대와는 달리 공식적인 후계자로서 국가 기관에 대해 직접적인 지도력을 행사하기 시작했다. 특히 1990년 5월에 개최된 최고인민회의 제9기 1차회의에서 확대 개편된 국방위원회의 제1부위원장으로 선출되고, 1991년 12월에는 김일성이 맡고 있던 조선인민군 최고사령관에 추대되었다. 이어서 1993년 4월 '군사주권의 최고지도기관'으로 격상된 국방위원회의 위원장에 취임했다. 그리고 1994년 7월 김일성이 사망하자 그 동안 준비해 온 대로 북한의 최고지도자 자리에 올랐다.

경제적으로 북한은 1980년대 이후 전반적인 정체에 빠지고, 후퇴의 길을 걸었다. 이는 1970년대까지 북한이 경제발전을 위한 기본지침으로 사용했던 속도전의 방식이 한계에 부딪친 것을 의미하는 것이다. 북한의 국제적 고립, 특히 1990년을 전후한 사회주의권의 붕괴가 경제의 위기를 더욱 가중화시켰다.

북한은 위기를 벗어나기 위해 실용주의적 측면을 보완하기 시작했다. 김정일은 여전히 '1980년대 속도창조운동'을 내세웠으나, 다른 한편 부문 간 불균형을 시정하기 위해서 경공업 분야에 집중적으로 관심을 가지기 시작했다. 그동안 자력갱생의 기치 아래 비판적으로 보던 중국의 개방정책을 부분적으로 원용하기 시작했다.

1980년대 초반 강성산을 정무원 총리로 기용하면서 1984년 9월 외국기업과의 합작관련 조항을 규정해 놓은 '합영법合營法'을 제정했다. 나아가 1990년대에 들어와서는 1993년 10월에 '합작법合作法'을 제정하고 1994년 1월에는 외국인투자가 한층 유리하도록 합영법을 개정하는 한편, 나진·선봉지구를 경제특구로 지정하면서 외국기업과의 합작과 자본도입을 적극 추진했다.

그러나 이러한 실용주의 노선에도 불구하고 만성적인 에너지와 자재의 부족, 수송상의 애로, 외채누적, 설비 및 기술낙후 등 구조적 악순환이 계속되었다. 또한 북한당국도 실패를 자인할 정도로 경제성장은 목표수준에 미치지 못하는 성과를 냈다. 한국은행의 추계에 따르

---

43) 구호나무란 항일무장투쟁시절 유격대원들이 김정일의 탄생에 즈음하여 새로운 미래의 민족지도자의 탄생을 축하하기 위해 나무껍질을 벗기고 거기에 '2천만 백의민족 대통운 백두광명성 출현'과 같은 구호를 새겨넣은 것이 고목이 되어 남아 있다는 나무를 말한다. 물론 구호나무는 분명히 있었지만 김정일의 탄생을 축하하는 구호나무가 실제했는지 의문이다.

단군릉

면 1990년 이후 현재까지 계속해서 북한은 마이너스 성장을 보이고 있다.[44] 여기에 1995년과 1996년에 걸친 대대적인 수해水害로 인해 식량조달이 어려워 수백만 명의 아사자가 발생하는 등 경제사정이 더욱 악화되었다. 북한은 이를 극복하기 위해 1996년에 '고난의 행군'을 표어로 내걸고 주민들에게 인내를 강요하는 정책을 폈다. 이러한 정치·경제적 상황의 악화로 북한주민들은 남한이나 제3국으로 탈출하는 사례가 갈수록 늘어나게 되었다.

북한은 1990년대 이후로 '주체사상'에서 한 걸음 더 나아가 이른바 '조선민족제일주의'를 내걸고 있다. 이는 김일성을 수령으로 모시고 있는 조선민족이 세계에서 가장 자랑스럽고 행복할 뿐 아니라, 민족통일을 지상과제로 하여 각계각층의 인민들이 힘과 지혜를 모아 수령을 모셔야 한다는 이론이다. 말하자면, 남한의 권력자를 제외한 모든 주민이 계급과 이념을 초월해서 대동단결해야 한다는 것이다. 남한 기업과의 경제협력도 이러한 이론에 입각하여 정당화되고 있다.

또한 역사해석에 있어서도 단군조선과 고구려의 전통을 계승한 북한이 정통성을 가지고 있다고 선전하면서, 1990년대 이후로 단군릉[45] 복원과 고조선 역사연구에 박차를 가하고 있다. 북한은 위기를 극복하기 위해 시대착오적인 조선민족지상주의 이념에 매달리고 있는 것이다.

---

44) 통계청 발표를 따르면, 북한은 1985년에 2.7%의 경제성장을 이룩한 뒤로 1990년에 -3.7%, 1991년 -5.2%, 1992년 -7.6%, 1993년 -4.3%, 1994년 -1.7%, 1995년 -4.5%를 기록했다고 한다.

45) 북한은 처음에 단군에 대하여 매우 부정적인 태도를 보여 왔으나, 1990년대에 들어와 평안도 강동江東에 있는 속칭 단군무덤을 발굴하여 사람의 뼈와 금동관을 찾아냈다고 하며, 전자상자공명電子常磁共鳴 연대측정법에 의해 이 뼈의 주인공이 기원전 3천 년경의 단군이라고 주장했다. 또한 1993년 이 무덤을 만주의 장군총과 비슷한 피라미드 형식으로 크게 확대시켜 재건했다. 그러나 이 무덤은 원래 돌방흙무덤石室封土墳으로 많은 학자들은 고구려 시대의 무덤으로 보고 있다.

제5장 김영삼의 '문민정부'(1993. 2~1998. 2)

1. 신군부시대 청산과 민족정기 회복

1992년 12월 18일 당선된 제14대 김영삼 대통령은 다음해 2월 25일 국회에서 취임식을 가졌다. 1961년 5·16 이후 처음으로 정통성을 지닌 민간정부가 32년 만에 들어선 것이다.

새 정부는 '문민정부'를 표방하면서 도덕성회복을 최우선 과제로 내걸고 사정肅正 활동을 통해 5공·6공 정부의 비리와 부정을 시정하는 데 총력을 기울였다. 그 첫 번째 조치로써 1993년 3월 정부 차관급 이상 공직자의 재산을 공개하도록 하고, 이어 국회의원과 4급 이상 공무원에게까지 확대하여 재산등록을 실시했다. 이 과정에 부정축재 혹은 비리와 관련된 5·6공 인사들이 공직을 떠나거나 구속되었다.

김영삼 대통령 취임 선서

한편 1995년 6월 27일에는 그동안 유보되어 왔던 지방자치단체장 선거가 실시되었다. 도지사, 시장, 구청장, 군수 등 245명이 주민의 투표로 직선되어 민선자치시대가 다시금 출범했다.

새 정부는 민주주의 정착을 위해서 군부세력의 청산이 주요과제라고 믿고, 신군부를 움직여온 군대 내 사조직인 '하나회'를 뿌리뽑기 위해 1994년 4월 하나회 소속 장성들의 보직을 해임했다. 뒤이어 여당인 민자당을 정리하는 작업에 나섰다. 신군부세력과 김종필계 그리고 김영삼계가 연합된 민자당이 김영삼계 중심으로 운영되면서 이에 불만을 품은 김종필계가 이탈하여 1995년 3월에 '자유민주연합'[약칭 자민련]을 따로 조직했다. 민자당 내의 신군부세력은 내란 및 반란죄로 기소되면서 자연히 민자당을 떠나게 되었다.

그 뒤 민자당은 재야 민주인사들과 직능인을 새로 영입하고 이름을 '신한국당'으로 바꾸어 면모를 일신했다. 한편 1992년 대선에 낙선한 후 정계은퇴를 선언했던 김대중이 다시 1995년 9월 '새정치국민회의'를 창당하고 총재에 취임하여 다시금 세 김씨시대가 도래했다.

신군부에 의한 12·12 사태와 5·18 광주민주화운동에 대한 평가도 새 정부가 해결해야 될 과제였다. 새 정부는 처음에 12·12 사태를 '쿠데타적 사건'으로 규정했으나 이를 사법처리하지 않고 '역사의 심판'에 맡긴다고 선언했다. 5·18 광주민주화운동은 처음으로 관민이 합동으로 추모식을 거행하여 명예를 회복시켰다.

신군부에 대한 사법처리를 유보해오던 정부는 사회여론에 따라 1995년 11월 16일 노태우 전 대통령을 비자금조성 혐의로 구속한데 이어 12월 3일에는 전두환 전 대통령을 12·12 사

구 조선총독부 건물 철거 1995년 8월 15일, 광복 50주년을 맞아 민족정기 회복을 위해 옛 총독부 건물을 철거하고 철거 자재로 천안 독립기념관에 전시공원을 조성하였다.

태 및 5·18 광주민주화운동과 관련하여 반란수괴 등 혐의로 구속했으며, 그 밖의 신군부 요인을 무더기로 구속 기소했다. 이들에 대해서는 12·12 사태의 피해자인 정승화 전 육군참모총장 등이 이미 1993년 7월에 반란 및 내란죄로 대검에 고소한 바 있었다. 그런데 정부는 두 전직 대통령의 반란 및 내란죄 이외에도 수천억 원대의 뇌물수뢰를 추가 기소했다. 그리고 뇌물을 제공한 혐의로 대기업 총수들이 또한 함께 기소되었다.

우리나라 역사상 전직 대통령이 구속된 것은 이것이 처음으로 국민들의 비상한 관심 속에 1996년 3월 11일부터 공판이 진행되어 이해 8월 26일 전두환 전 대통령은 사형, 노태우 전 대통령은 징역 22년 6월이 각각 선고되었으나, 이해 12월에 진행된 2심 공판에서는 전두환 피고를 무기징역으로 감형하고, 노태우 피고의 형량도 17년으로 줄이는 판결을 내렸다.

김영삼 정부는 민족정기를 바로잡기 위해 해외에서 숨진 박은식, 서재필, 전명운 등 애국지사들의 유해를 해외에서 국내로 모셔와 국립묘지에 안장시켰고, 1995년 8·15 광복 50주년을 기념하여 국립중앙박물관으로 써오던 옛 조선총독부 청사를 철거하기 시작하여 1996년 11월 완료했다.

1995년 이후로 한국 전통문화유산이 잇달아 유네스코가 지정하는 세계문화유산으로 등록되어 세계인의 관심을 끌고 있다. 이미 1995년에 불국사와 석굴암, 종묘, 해인사 장경판전藏經版殿이 등록된 데 이어, 1997년에는 수원 화성華城과 서울 창덕궁, 《훈민정음》(기록유산), 《조선왕조실록》(기록유산)이 등록되었다.

2. 금융실명제 실시, 세계화정책, 금융위기

새 정부의 출범과 더불어 경제정책에도 변화가 일어났다. 그 가운데 가장 주목되는 것은 1993년 8월 12일에 전격적으로 단행된 '금융실명제'이다. 은행의 가명계좌를 실명계좌로 바꾸는 이 조치로 금융시장이 위축되고 소규모 사업자들의 자금조달이 어려워지는 등 부작용이 있

었지만, 장기적으로 경제개혁의 기초를 놓았다는 점에서
국민의 환영을 받았다.

　1993년 12월에 정부는 수년 간 끌어오던 '우루과이
라운드' 협정을 타결지었다. 보호무역주의의 철폐를 골자
로 하는 이 협정으로 우리나라는 상품, 금융, 건설, 유통, 서
비스 등 모든 분야에서 외국에 문호를 열어 놓게 되었다.

　정부는 시장개방정책을 더욱 강화하기 위해 1996
년 9월 12일 서방 선진국들의 경제협력개발기구[OECD]
에 가입했다. 그리고 시장개방정책에 맞추어 낙후된 분
야의 경쟁력을 높이기 위해 '세계화'를 강조하고 1995년
1월 '세계화추진위원회'를 공식 출범시켰다. 한국경제는
1995년 수출액이 1천억 달러를 돌파하고, 1996년 말에
는 1인당 국민소득이 1만 달러를 돌파했다.

금융실명제　김영삼 대통령은 '금융실명제
실시에 관한 긴급 재정명령'을 발표했다.

　그러나 무역역조가 갈수록 심화되고 경제성장이
둔화되어 1996년의 경제성장률은 7%를 밑돌게 되었다.
이러한 수치는 1990년의 9.6%, 1991년의 9.1%, 1992
년의 5.0%, 1993년의 5.8%, 1994년의 8.4%, 1995년의
8.7%에 비하여 침체기에 들어가고 있음을 보여주었다.
이렇게 경기가 둔화되는 과정에 기업들이 외환관리를
잘못하여 1997년에는 외채外債를 상환할 수 있는 한국은
행의 달러보유액이 거의 바닥에 이르는 지경에 처하여
국가파산이 눈앞에 다가왔다. 그리하여 이해 11월 21일
정부는 국제통화기금[IMF]에 200억 달러 규모의 구제금

우루과이라운드 반대 농민시위(1993)

융지원을 긴급하게 요청하기에 이르렀다. 이런 사태는 처음있는 일이었다.

3. 남북관계의 교착과 정계개편

　노태우 정권 말기인 1993년 초 북한이 국제 핵사찰을 거부함으로써 발화된 1차 핵위기
로 한반도에 긴장이 조성되었다. 문민정부의 김영삼 대통령은 남북대화의 물꼬를 트기 위해 언
제 어디서든 조건 없이 김일성 주석을 만나겠다고 밝혔다. 그리고 이산가족 문제해결과 신뢰회
복, 남북관계 개선 분위기 조성을 위해 조건 없이 비전향장기수인 이인모 노인의 방북을 허용
하고 입북조치하였다. 1994년 6월 15일 지미 카터 전 미국 대통령은 평양을 방문한 후 김영삼
대통령을 면담한 자리에서 김일성이 김영삼 대통령의 남북정상회담 제의에 고마움을 표시하
면서 정상회담에 호응하겠다는 의사를 밝혔다고 전했다. 그 결과 1994년 6월 28일 정상회담을
위한 예비 접촉이 판문점 평화의 집에서 열렸다. 그러나 7월 8일 김일성의 갑작스런 죽음으

김일성 사망 보도   조선일보 1994. 7. 9
김영삼 대통령과 황장엽 전 노동당 비서 '주체사상의 대부'로 불리는 황장엽은
최고인민회의 의장, 노동당 사상 담당 비서 등 최고위직을 두루 거쳤으며 노동당 국제 담당 비서로
있던 1997년 2월 12일 베이징 한국총영사관에 전격 망명을 신청해 북한에 큰 충격을 안겨줬다.

로 남북 정상회담은 무산되었다.

김일성 주석의 갑작스러운 사망 소식을 듣고 일부 재야인사와 학생들이 분향소를 마련하고 조문하는 사태가 벌어지자 정부는 이를 제지하고 조문을 공식적으로 거부하였다. 이 사건을 계기로 남북 간 공박이 거세져 관계는 다시 냉각상태로 돌아갔지만 전부터 진행되던 경제교류는 지속되었다.

1991년 12월 28일 북한은 국제적인 무역, 금융, 관광기지로 건설할 목적으로 중국의 경제특구를 모방해 나진-선봉 자유무역지대를 선포했는데, 여기에 1996년부터 우리 기업이 참여할 뜻을 밝히기도 했다. 그러나 1998년 북한이 남측 기업의 방북을 막자 우리나라 입장에서도 투자지역으로서의 가치를 상실하였다.

1994년 10월 21일 북한의 핵문제를 해결하기 위해 미국과 북한은 제네바합의를 체결하였다. 북한이 핵을 동결하는 대신 미국 측은 경수형 원자로 발전소 건립과 경제원조를 한다는 내용이다. 이에 따라 1995년 3월 9일 북한에 경수형 원자로 제공을 위한 KEDO(한반도에너지개발기구)를 설립하고 2000년에는 원자로 건설사업이 추진되어 한국도 이에 참여했다. 1995년 북한에서 큰 수해가 나 식량사정이 악화되자 정부는 인도적 차원에서 수만 톤의 쌀을 무상으로 지원했다.

그런데 1996년 9월 18일 남북관계를 다시 악화시키는 사건이 돌발했다. 무장군인 수십 명을 태운 북한 잠수함이 남한을 정찰하던 중 강릉 앞바다에 좌초하는 사건이 발생한 것이다. 이 사건을 남한에 대한 군사도발로 간주한 정부는 무장군인들 중 1명을 체포, 나머지 군인들을 소탕하고 북한의 사과와 재발방지를 촉구했다. 북한은 처음에 정상적인 훈련 중 좌초한 것이라고 주장하다가 12월 29일 사과성명을 발표하여 일단락되었다.

1997년 2월 12일 북한 노동당 비서를 지낸 황장엽黃長燁(1923~2010)이 망명하여 국내로 들어오면서 남북 간에 다시 긴장이 조성되고, 또 그가 가지고 왔다는 이른바 '황장엽 리스트'가 정계를 긴장시켰다. 북한과 연계된 정·관계 인사의 명단을 담았다는 이 리스트의 존재 여부는 논란의 대상이 되었다.

정치적으로도 새 정부는 시간이 갈수록 어려움에 처했다. 1996년 4월 11일에 15대 총선거가 실시되었는데, 여당인 신한국당이 과반수에 미달하는 사태가 벌어졌다. 여기에 더하여 1996년 말 신한국당이 노동법을 날치기로 통과시켜 논란이 일더니 1997년 초에는 한보철강의 부도를 계기로 한보그룹 정태수 회장이 구속되고(3. 31), 한보그룹으로부터 돈을 받은 여야 정치인들이 무더기로 조사를 받았으며, 이어 대통령의 아들 김현철金賢哲이 한보비리를 비롯한 여러

〈남북한 통일방안 비교〉

구분		남한							북한	
		이승만 정부	박정희 정부	전두환 정부	노태우 정부	김영삼 정부	김대중 정부	노무현 정부	김일성 정권	김정일 정권
통일방안		남북 자유총선거 (유엔감시하)	평화통일구상 선언(1970)	민족화합 민주통일방안 (1982)	민족공동체 통일방안 (1989)			평화번영정책	남북연방제(1960) 고려연방제(1973) 고려민주 연방공화국(1980)	1민족 1국가 2제도 2정부(1991) 낮은 단계의 연방제(2000)
원칙			자주, 평화, 민족대단결 3원칙		자주, 평화, 민주 3원칙				조국통일 5대강령	민족공조론
통일방법		북진 무력통일	선 건설 후 통일 →선 평화 후 통일론	평화통일	1민족 1국가 1체계 1정부	1민족 1국가 1체제 1정부	연합제, 3단계 통일론		남조선혁명론, 연방제 통일방안	선 남조선혁명 후 공산화통일
통일목표					①민족공동체헌장 마련 및 남북정상회의, 남북각료회의, 남북평의회 구성 ②공동사무처와 상주 연락대표 파견 및 평화구역 마련 과도적 통일체제 남북연합, 통일헌법, 총선거, 통일국구 구성 통일정부 수립 단일국가/양원제 국가	①화해협력단계 ②남북연합단계 ③1민족 1국가의 통일국가	평화·화해·협력 실현을 통한 남북관계개선 목표, 화별정책	북한핵문제 해결, 한반도 평화체제 구축, 동북아 경제중심 국가 건설, 개성공단 건설과 남북경협 협의사무소 개소(2005)	대민족회의 소집, 고려연방 공화국 단일 유엔 가입	민족해방, 인민민주주의 혁명 (=남·북 선혁명)
통일정책			적십자회담 남북조절위원회 회담 7·4남북공동성명 (1972) 평화통일 3대 기본원칙(1974)	남북경제회담 (1984)	민족자존과 통일번영을 위한 특별선언 (7·7 선언 1988) 한반도 비핵화 공동선언(1992)	자유민주주의 민족공동체 건설 남북기본합의서	6·15남북공동선언 (2000) - 최초의 남북정상회의	9·19공동성명 (2005) 남북관계발전 및 평화번영을 위한 선언 (2007)-10·4 남북정상선언		조국통일 3대헌장(1997)

〈남북한 경제 비교〉(문민정부, 1993~1997)

연도	1인당 GNI (단위: 만 원)		경제성장률 (단위: %)	
	남한	북한	남한	북한
1993	674	78	6.3	-4.5
1994	782	80	8.8	-2.1
1995	95	80	8.9	-4.4
1996	1,007	80	7.2	-3.4
1997	1,094	77	5.8	-6.5

이권과 국정에 개입했다는 혐의를 받아 구속되는 사태가 벌어졌다(5. 17).

김영삼 대통령은 어수선해진 민심과 정치국면을 돌리고 12월의 대통령 선거에 대비하기 위해 고건高建을 총리로 세우고(3. 4), 신한국당 대표에 대법관 출신으로 감사원장을 지낸 이회창李會昌을 임명했다(3. 13).

강직한 인물로 알려진 여당의 대표가 새로 임명되면서 정치권은 선거에 대비하여 숨가쁘게 개편되었다. 우선 여당의 대통령 후보는 7월 21일 역사상 처음으로 전당대회에서 자유경선을 통해 이회창 고문이 후보로 선출되었는데, 민주주의의 일보 진전을 의미한다는 점에서 환영을 받았다. 그러나 경선에 출마하여 2위를 차지한 이인제李仁濟 경기지사는 이회창 후보가 두 아들의 병역시비로 인기가 떨어지자 신한국당을 탈당하여 독자적인 출마를 선언하고 급히 국민신당國民新黨을 창당했다(11. 4). 그러나 추종자가 적어 작은 정당으로 주저앉았다.

혼란에 빠진 여당과는 대조적으로 야당인 김대중의 새정치국민회의[약칭 국민회의]와 김종필의 자유민주연합[약칭 자민련]은 선거 후 연립정부 구성과 내각제 실시 등을 약속하고 김대중을 단일후보로 내세웠다(10월). 그 뒤 대구와 경북지역에 기반을 둔 박태준朴泰俊 의원도 자민련 총재가 되어 동참하면서 전라도, 충청도 그리고 경상도지역을 망라하는 대연합을 형성했다. 이를 세칭 'DJT 연대'라 한다.

야당의 결속에 당황한 신한국당은 11월 21일 민주당[총재 조순]과 합당하여 '한나라당'[총재 조순]으로 당명을 바꾸고 선거전에 임했으나, 이회창 후보는 김영삼 대통령의 탈당을 요구하면서 갈등을 빚어 여권의 단결이 이루어지지 못했다.

4. 외환위기와 사회불안

1997년은 김영삼 정부의 마지막 해이자 12월 18일 제15대 대통령 선거를 치르는 해였다. 집권 초기에 민심의 지지를 크게 얻었던 김영삼 대통령은 1997년에 이르러 정치와 경제에서 매우 어려운 처지에 빠지고 지도력을 상실했다. 대통령 선거를 한 달 정도 앞두고 외환위기가 찾아와 11월 21일 국제통화기금[IMF] 구제금융지원을 공식 요청하는 사태가 벌어진 것이다. 이 사건으로 김영삼 대통령과 여당의 인기는 급락하고, 그 책임을 둘러싸고 치열한 공방전이 벌어진 가운데 선거가 치러졌다.

제15대 대통령 선거는 옥외집회가 금지되고 TV 합동토론회와 신문광고 등을 통해 선거운동이 전개된 점이 종전과 달랐다. 그런 점에서 매스미디어 선거라고도 불린다.

12월 18일 실시된 선거결과, 김대중 후보가 40.3%의 지지율을 얻어 39만 표 차이로 이회창 후보를 누르고 당선됨으로써 역사상 처음으로 여야 간 정권교체가 이루어졌다. 김영삼 정부는 선거를 공정하게 관리했다는 평을 받았다. 김대중 당선자는 취임에 앞서 김영삼 대통령과 합의 하에 국민화합을 도모한다는 명분으로 수감 중인 전두환과 노태우 전직 대통령을 특별사면하여(12.22) 석방했다.

IMF 구제금융 공식요청

김영삼 대통령 재임기간에는 대형사고가 잇달아 일어나서 사회를 더욱 불안하게 만들었다. 1993년 3월 부산 구포역에서 열차가 전복하여 78명이 사망하고, 10월에는 전북 부안 앞바다에서 서해 페리호가 침몰하여 승객 290여 명이 사망, 실종되었으며, 1994년 10월에는 서울의 성수대교가 붕괴하여 아침 출근길의 시민 32명이 사망하고 17명이 부상당했다. 1995년 4월에는 대구 지하철공사장에서 도시가스가 폭발하여 100명이 사망하고, 150여 명이 부상하는 참사가 발생했으며, 이해 7월에는 서울의 삼풍백화점이 갑자기 붕괴하여 501명이 사망하는 큰 사고가 발생했다.

제6장 김대중의 '국민의 정부'(1998. 2~2003. 2)

1. '국민의 정부'의 경제개혁

1998년 2월 25일 김대중金大中(1926~2009)[46] 당선자는 국회의사당 앞에서 제15대 대통령 취임식을 갖고 '국민의 정부'를 표방하고 출범하여 '민주주의와 시장경제의 병행발전'을 정책 기조로 삼았다. 국무총리는 대선 때 연합세력을 형성했던 자민련의 김종필金鍾泌 총재가 맡았다.

새 정부의 당면과제는 6·25 전쟁 후 최대의 국난으로 불리는 경제위기를 극복하는 일이었다. 1997년 말 IMF[국제통화기금, International Monetary Fund] 관리 체제 이후로 하루에 150개가 넘는 기업들이 부도를 내고 도산했으며, 이에 따라 중산층이 몰락하고, 실업자가 하루에 1만 명씩 늘어났다. 1997년 12월 현재 정부의 외환보유고는 39억 달러로 국가파산 직전까지 몰리고, 총 부채는 1,500억 달러를 넘어섰다. 1996년에 1만 달러가 넘던 1인당 국민소득[GNI; Gross National Income]이 1998년에는 7,607달러로 떨어져 세계 40위권으로 밀려났다. 이 해 경제성장률은 -5.7%로 마이너스 성장을 기록했다.

정부는 외환위기 극복과 구조조정을 통한 개혁에 발 벗고 나섰다. 대통령은 세계 각국을 방문하여 외자유치에 힘을 쏟고, 국민들은 자발적으로 외환을 보충하기 위한 '금 모으기' 운동을 벌였다. 대한제국 말기의 국채보상운동과 비슷한 이 운동은 전국적으로 퍼져서 단기간에 엄청난 양의 금이 모여 달러로 바꾸었다. 한국인의 '금 모으기' 운동은 세계인을 감동시켰다.

금 모으기 운동(1998. 1. 12) 명동 YWCA에서 열린 금 모으기 행사에 참석한 김수환 추기경과 송월주 스님이 종교계 대표와 106개 단체 회원과 함께 금을 농협창구에 맡기고 있다.

---

46) 김대중(본관 김해)은 전남 목포시 신안면의 조그만 섬 하의도에서 농민의 아들로 출생했다. 1943년 목포상고를 졸업하고, 서울 일본인 상선회사 경리사원으로 일하다가 광복 후 해운회사 사장을 역임, 건준과 신민당에 잠시 참여했다가 6·25 전쟁 후 목포일보 사장을 거쳐 1956년 장면의 민주당에 입당하여 신파로 활약했다. 1963년 목포에서 제6대 국회의원으로 당선되고, 그 후 7, 8, 13, 14대 국회의원을 지내면서 반독재투쟁의 선봉에 섰다. 1971년 제7대 대통령 선거에서 박정희에게 근소한 차이로 패배, 1972년 유신체제 이후 일본으로 망명했다가 1973년 도쿄에서 납치되어 집에 돌아온 후 연금되었고, 그 후 몇 차례 구금과 연금을 거듭하다가 1980년 12·12 사건 이후 내란음모죄로 군사재판에서 사형선고를 받았다가 형집행이 정지되어 1982년 미국으로 망명했다. 1985년 귀국하여 김영삼과 함께 '민주화추진협의회' 공동의장이 되었다. 1987년 평화민주당 후보로 제13대 대통령에 출마하여 노태우 후보에게 패배하고, 1992년 민주당 후보로 제14대 대통령선거에 출마하여 김영삼 후보에게 패배하고, 정계은퇴를 선언했다가 1997년 새정치국민회의 후보로 제15대 대통령 선거에 출마하여 대통령에 당선되었다.

정부와 국민의 노력으로 1999년 말 외환보유고는 700억 달러를 넘어서고, 외국인의 투자도 급증했다. 정부는 한국전력이나 포항제철 등 기간산업에 대해서도 외국인의 투자를 30% 이내에서 허용했다. 그 결과 1998년에 -5.7%의 성장을 기록했던 경제가 1998년 말부터 플러스성장으로 돌아서서 1999년에는 10.7%의 경제성장률을 기록하여 1인당 국민소득은 9,778달러에 이르고, 경상수지는 250억 달러의 흑자를 냈다.

수출은 반도체, 자동차, 컴퓨터, 휴대전화 등 첨단산업제품이 주류를 이루었고, 특히 삼성三星이 만든 반도체 메모리 분야는 세계 최고수준에 이르렀다. 자동차도 연간 300만 대를 생산하여 미국, 일본, 독일, 프랑스에 이어 세계 5위를 기록했다. 이어 2000년에

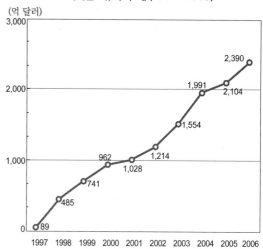

〈외환보유액 추이〉(1997~2006)

출처: 한국은행(ECOS 경제통계시스템)

는 국민총생산이 세계 13위, 총 교역규모는 세계 12위, 1인당 국민소득[GNI]은 11,292 달러로 세계 36위를 기록하며 드디어 1만 달러를 돌파했다. 그 다음 2002년에는 7.2%의 경제성장을 기록하여 1인당 국민소득은 12,100 달러로 늘어났으며, 1997년 외환위기 당시 39억 달러 보유로 국제통화기금[IMF]에서 빌려온 195억 달러를 2001년 8월 23일 전액을 조기상환하고도 1,028억 달러를 보유했고, 2002년에는 1,214억 달러를 보유하여 세계 각국의 경탄을 받았다.

외환위기를 겪게 된 직접적인 원인은 기업들과 금융권의 부실로 인한 경상수지 적자이다. 그 중에서도 대기업의 방만한 문어발식 경영이 가장 큰 원인으로 지목되었다. 특히 계열사 사이의 상호지급보증과 기업경영의 불투명성이 가장 큰 문제점으로 드러났다. 구조조정은 대기업에 집중되었으며, 그 결과 30대 대기업 가운데 11개 기업이 퇴출되고, 나머지 대기업도 문어발식 재벌 행태를 벗어나 주력 핵심사업만을 키우도록 했다. 예를 들어 현대는 63개의 계열사를 32개로 줄이고, 삼성은 65개를 40개로, 대우는 41개를 10개로, LG는 53개를 32개로, SK는 49개를 22개로 줄였다. 나머지 계열사는 독립, 청산, 매각, 빅딜 등의 형태로 처리하도록 했다. 그 과정에서 재계 2위까지 올랐던 대우그룹이 과도한 차입으로 1999년 8월 워크아웃을 신청하게 되었고 "세계는 넓고 할 일은 많다"고 외치면서 세계경영을 꿈꾸던 대우그룹의 김우중金宇中 회장이 물러나 해외로 도피하는 등 사회적으로 큰 충격을 주었다. 구조조정을 둘러싸고 정부와 기업 간의 갈등이 없지 않았지만 그 방향에 대해서는 이견이 없었다.

기업에 무분별하게 자금을 빌려준 금융계도 구조조정의 도마에 올랐다. 정부는 1998년 4월에 '금융감독위원회'를 설치하고 금융구조 조정에 나서 60개에 달하는 금융기관의 간판을 내리게 했다. 국제결제은행[BIS: Bank for International Settlements]의 자기자본 비율이 8% 이하인 금융기관이 퇴출 대상이 된 것이다. 은행 간의 합병도 추진되어 규모가 큰 한빛은행, 하나은행, 농협중앙회, 국민은행, 우리은행 등이 새롭게 개편되었다.

기업의 구조조정으로 많은 노동자가 실직하여 노사 간의 갈등이 증폭되었다. 갈등이 극

〈남북한 경제 비교〉(국민의 정부, 1998~2002)

연도	1인당 GNI (단위: 만 원)		경제성장률 (단위: %)	
	남한	북한	남한	북한
1998	1,064	80	-5.7	-0.9
1999	1,163	85	10.7	6.1
2000	1,277	86	8.8	0.4
2001	1,372	91	4.0	3.8
2002	1,514	95	7.2	1.2

심해지자 정부는 1998년 2월 '노사정위원회'라는 상설기구를 설치하고 노동자와 기업, 정부가 머리를 맞대고 현안문제를 풀어가기 시작했다. 이 기구는 1999년 7월에 '전교조'를 합법화하는 등 상당한 성과를 이끌어냈으나, 급진적 노동단체인 '민주노총'이 탈퇴하여 큰 역할을 하지는 못했다. 공기업과 정부기관도 구조조정에서 자유롭지 못했다. 108개의 공기업에서 평균 4분의 1의 인력이 감축되었고, 한국통신, 한국전력, 포항제철 등 공기업의 3분의 1 정도가 민영화되거나 통폐합되었다. 정부기관의 고급공무원 채용방식은 공개채용으로 바뀌었다.

2. 정부조직 및 교육개혁

국민의 정부는 문민정부에 이어 민주적 개혁을 한 단계 진전시켰다. 정부조직을 바꾸는 개혁을 단행하여 1999년 1월 '국가안전기획부'[약칭 안기부]를 '국가정보원'[약칭 국정원]으로 바꾸고, 정치사찰보다 대북사업에 전념토록 했다. 이해 '문화재관리국'을 '문화재청'으로 승격시켜 문화재 행정을 강화했으며, 2001년에는 '교육부'를 '교육인적자원부'[장관 한완상]로 바꾸고 장관을 부총리로 승격시켜 교육부의 위상을 높였으며, 기획예산처 장관도 부총리로 높였다. 특히 이해 처음으로 '여성부'[장관 한명숙]를 신설하고, 공직인사에서 일정한 수를 여성에게 할당하도록 조치하여 여성의 공직 진출이 활발해지기 시작했다.

정부의 개혁사업 가운데 가장 역점을 둔 것은 교육개혁이었다. 교육전문가가 아닌 이해찬李海瓚 의원이 교육부 장관에 취임한 것도 의외의 인사조치였다. 1999년 1월 교원정년을 62세로 앞당기자 원로교사들이 무더기로 교단을 떠나고, 전체 교장의 56.5%가 학교를 떠나면서 학교 경영에 공동이 생겨나기도 했으나 세대교체를 환영하는 분위기도 없지 않았다.

대학사회에도 개혁의 바람이 거세게 불었다. 정부는 2002년부터 대학입시제도를 획기적으로 개선하는 조치를 발표했다. 대학수학능력시험과 내신성적에 얽매인 학생들을 해방시키고 교육을 정상화시키기 위해 대학입시에서 교과성적 이외에 특기와 봉사활동, 교장의 추천서 등 다양한 기준에 의해 선발하고, 모집단위를 학과가 아닌 큰 단위인 학부로 통합하여 학생들의 전공선택 기회를 넓혀주기도 했다.

교육개혁이 발표되자 대학에서는 학과제도를 옹호하는 반발이 일어나고, 고등학교에서는 교과교육을 소홀히 하여 학생들의 실력이 저하되고, 입시에서 변별력이 떨어진다는 등의 비판이 일어났다. 이를 보완하기 위해 대학마다 독자적인 논술고사를 실시하는 등 새로운 대입제도가 실시되었다.

특히 대학사회에 또 하나의 혁신적인 정책은 1999년부터 시행된 '브레인 코리아 21'[BK21] 사업이었다. 이 사업은 새로운 경제성장동력인 정보기술[IT]과 생명공학[BT] 분야의 지원에 역점을 두고, 학과의 장벽을 넘어서 팀 중심으로 대학을 운영하고 경쟁력 있는 일부 학문을 육성하는 한편 지역 우수대학을 키운 결과, 정보기술과 생명공학의 발전에 기여했다. 그러나 인문, 사회, 자연 등 기초학문 분야에서 대학을 시장논리로 바라본다고 반발하고 지원대상이 일부 대학에 한정되었기 때문에 이에 대한 보완대책이 강구되었다.

또한 교육공무원 임용법을 개정하여 특정대학 출신이 전체교수의 3분의 2를 넘지 못하도록 했는데, 이는 대학사회의 폐쇄성을 막는 장점도 있으나 서울대학교의 경우는 교수의 질을 떨어뜨린다는 비판도 일어났다.

3. 대북 포용정책과 남북정상의 만남

1) 남북긴장완화의 진전

'국민의 정부'가 이전 정부와 근본적으로 다른 점은 대북정책 방향에서 나타났다. 새 정부는 남북 간의 '화해와 협력'에 바탕을 둔 적극적인 포용정책을 추구했는데, 항간에서는 이를 '햇볕정책'이라 부르기도 했다.

북한은 김일성 주석이 사망한 지 4년이 되는 1998년에 헌법을 일부 바꾸어 주석제主席制를 폐지했다. 김정일은 국방위원장의 자격으로 통치하면서 이른바 '선군정치先軍政治'를 표방하여 당보다도 군대를 최상위에 두어 권력을 안정시키는 정책을 추구했다. 김정일 위원장은 취임을 앞두고 1998년 8월 31일 '광명성 1호'로 불리는 인공위성을 발사하여 세상을 놀라게 했는데, 미국과 일본은 자신들을 겨냥한 미사일이라고 주장하면서 반발했다.

북한은 2000년 10월 군부 2인자였던 조명록을 미국에 특사로 파견하여 장거리미사일 개발 포기를 선언하고, 그 대신 경제지원과 체제보장을 내용으로 하는 '북미공동성명'을 발표했으며, 빌 클린턴 대통령Bill Clinton(재임 1993~2001)은 북한을 방문하기 위해 10월 23일 올브라이트 국무장관을 북한에 보내기도 했으나 클린턴 대통령의 방북은 성사되지 않았다. 김대중 정부의

세계를 감동시킨 정주영
북으로 가는 500마리 소 떼 행렬 정주영 회장과 소 떼를 태운 트럭들이 공동경비구역을 넘어 잠시 멈춰 있다.

<금강산/개성 관광객>

(단위: 명)

	1999	2000	2001	2002	2003	2004	2005	2006	2007	2008
금강산 관광객	148,074	213,009	57,879	84,727	74,334	268,420	298,247	234,446	345,006	199,966
개성 관광객	–	–	–	–	–	–	1,484	–	7,427	103,122

출처: 통일부

연도의 환영 인파(2000. 6. 13)
꽃술을 들고 김대중 대통령 내외를 환영하는 평양 시민들

6·15 남북정상회담

대북 포용정책을 미국 정부도 수용한 것이다.

북한은 '햇볕정책'이 북한체제를 붕괴시키기 위한 술책이라고 비난하고 대화에 응하지 않으면서 민간교류만 허용했다. 1998년 6월 16일 정주영鄭周永(1915~2001) 현대그룹 명예회장이 500마리의 소 떼를 몰고 판문점을 거쳐 북한을 방문하고, 이어 10월 27일에도 501마리의 소와 승용차 20대를 몰고 재차 방북하여 굳게 닫혔던 판문점을 민간교류 차원에서 열어 세상을 놀라게 했다. 그 결과 현대는 숙원사업이던 금강산 관광사업을 성사시켜 1998년 11월 18일 드디어 1,418명의 관광객을 태운 금강호가 분단 후 처음으로 동해항에서 출발하여 북한의 장전항을 향해 떠났다. 현대는 관광객 1인당 300달러의 입북료를 북한에 지불했다.

이렇게 민간교류의 물꼬가 터지면서 친지방문이나 사업차 또는 고적답사를 위한 민간인의 북한방문도 늘어났다. 1998년 한 해에 북한을 다녀온 인사는 3,317명에 이르러, 그 이전 9년간 북한을 다녀온 2,408명을 넘어섰다. 북한은 방문객들로부터 큰 액수의 대가를 받아내 실리를 취했다.

그런데 남북관계를 악화시키는 사건이 터졌다. 1999년 6월 7일 서해 연평도 근해에서 북한경비정 3척이 꽃게잡이 어선 보호를 핑계로 북방한계선[NLL: Northern Limit Line]을 무시하면서 침범과 철수를 반복했다. 6월 15일 오전 북한경비정이 대한민국 해군 고속정에 충돌공격을 실시하고 이어 먼저 사격을 가해 와 해군 역시 대응 사격을 하였다. 이로 인해 북한경비정이 침몰·파손되었으나 해군의 피해는 경미했다. 연평해전이라 명명한 이 사건은 더 이상 확대되지 않았으나 남북관계를 악화시켰다.

2000년에 이르러 남북관계는 극적인 전환을 맞이했다. 이해 6월 13~15일 남북정상이 평양에서 만나 5개 항의 '6·15 남북공동선언'[47]을 발표했다. 이 역사적인 사건을 전후하여 민간교

---

47) '6·15 남북공동선언' 요지는 다음과 같다. ① 통일문제의 자주적 해결, ② 통일을 위한 연합제와 연방제의 공통성 인정, ③ 이산가족 방문단의 교환과 비전향 장기수 문제해결을 위한 노력, ④ 경제협력을 통한 민족경제의 균형적 발전과 사회, 문화, 체육, 보건, 환경 등 제분야의 협력과 교류의 활성화, ⑤ 합의사항 실천을 위한 당국 사이의 대화 개최 약속.

류도 활발하게 전개되었다. 1999년 12월 초 북한이 빌 클린턴 미국 대통령의 동생 로저 클린턴을 초청하여 공연을 가질 때 한국 연예인 30여 명과 함께 방북하여 '2000년 평화친선음악회'를 공연하고 돌아왔으며, 12월 21일에는 MBC가 통일음악회에 참석하였다. 9월 말 평양에서 현대와 북한 남녀 농구팀 간의 남북농구대회가 개최되었고, 12월에는 북한 선수들이 서울로 와서 통일농구경기를 했다. 2000년 5월 26일에는 평양 학생소년예술단이 서울의 예술의 전당에서 공연을 가졌고, 6월 3일에는 평양교예단이 잠실체육관에서 공연했다. 8월에는 조선국립교향악단이 와서 한국의 성악가 조수미 등과 함께 공연을 가졌다.

남북 정상의 헤어짐 2000년 6월 15일, 평양 순안공항에서 서울로 향하는 전용기 트랩에 오른 김대중 대통령 내외를 향해 김정일 국방위원장이 손을 흔들어 배웅하고 있다.

　남북정상이 만난 뒤에는 합의사항의 이행을 위한 장관급 회담이 2000년 7월부터 12월까지 서울, 평양, 제주도를 오가며 네 차례 열렸다. 그 결과 경의선철도 복원에 합의하여 2002년 9월 18일 기공식을 가졌고, 2006년 3월에 준공되었으며, 2007년 12월부터 문산[도라산역]과 개성을 오가는 화물열차가 개통되어 개성공단에 필요한 화물을 실어날랐다. 그러나 이명박 정부 들어서 남북관계가 악화되자 북한은 2008년 11월 28일부터 화물열차 통행을 중단시켰다.

　남북 이산가족의 재상봉도 2000년 8월 15일, 12월 2일, 2001년 2월 26일, 2002년 4월 28일, 9월 16일 등 6차에 걸쳐 실현되어 매회 남북에서 각각 100명의 이산가족이 서울과 평양을 방문하여 눈물의 재회를 했다. 그러나 1천만 이산가족의 한을 풀기에는 턱없이 부족한 만남이었다.

남북한 합동 연주회 2000년 8월 21일, 예술의 전당에서 열린 남북한 합동연주회에서 북한의 테너 리영욱과 남한의 소프라노 조수미 이중창 '축배의 노래'를 열창하고 있다.

　남북화해 움직임은 2000년 9월 15일 개최된 시드니올림픽 개회식에 남북한 선수단이 똑같은 제복을 입고 함께 입장하여 세계인의 환영을 받는 등 남북화해의 분위기가 고조되었다. 남북이 평화로운 분위기를 이어가는 가운데 이해 12월 10일 김대중 대통령은 민주화와 인권을 위한 노력, 남북긴장 완화에 대한 공을 인정받아 노벨평화상을 수상하는 영광을 입었다. 한국인이 노벨상을 받은 것은 이것이 처음이다.

시드니올림픽에서 남북선수단공동입장 모습 2000년 9월 15일

2) 부시 정권, 고이즈미 정권 출범과 남북관계의 변화

2001년에 들어서자 남북관계는 점차 어려운 국면으로 접어들었다. 1월 20일에 미국 공화당의 조지 부시George Bush(재임 2001~2009)가 43대 대통령으로 취임하면서 대외강경 정책으로 선회하여 2월 초에 영국과 더불어 이라크의 바그다드 외곽을 공습하고, 북한에 대해서도 '악惡의 축'이라 부르면서 압박을 가하기 시작했다. 김정일 위원장은 신년사에서 '신사고新思考'를 강조하며 개혁과 개방이라는 실용주의로 나갈 뜻을 비친 데 이어 중국 상하이를 방문하여 천지개벽했다고 감탄하고 돌아와서는 김대중 대통령의 방북에 대한 답방으로 한국을 방문할 예정이었다. 그러나 미국의 정책변화로 북한의 태도도 다시 경직되기 시작했다.

김대중 대통령 노벨 평화상 수상
김대중 대통령이 2000년 12월 10일, 노르웨이 오슬로 시청에서 노벨 평화상을 수상한 후 연설을 하고 있다.

미국의 강경책에 대한 반발은 중동에서도 일어났다. 2001년 9월 11일 뉴욕의 세계무역센터와 워싱턴 D.C.의 국방부가 비행기 테러로 붕괴되고, 수백 명이 숨지는 끔찍한 사건이 터졌는데, 그 배후에 반미적인 이슬람근본주의자 빈 라덴이 있다고 알려졌다. 미국은 이에 대한 보복으로 이해 10월 아프가니스탄을 공격하여 12월 초에 이슬람근본주의자 무장단체인 탈레반의 항복을 받아내고, 이어 2003년 3월 20일에는 이라크전쟁을 일으켰다.

미국은 북한의 핵무기 개발과 장거리미사일 개발에 깊은 우려를 나타내고 이를 철저히 조사해야 한다고 주장하는 등 압박수위를 높여갔다. 한편 일본에서도 2001년 4월 26일 보수파의 고이즈미 준이치로小泉純一郎 내각이 출범하여 태평양전쟁 전범 위패가 있는 야스쿠니 신사靖國神社에 참배하고 왜곡된 역사교과서 수정을 거부하는 등 한국을 자극하는 정책을 취하여 한국은 4월 10일 주일대사崔相龍를 소환하는 조치를 취하기도 했다. 일본은 북한에 대해서도 일본인 납치사건을 공론화 하는 등 강경책을 쓰기 시작했고, 11월 25일에는 일본 자위대 군함을 중동 해안에 파견하여 미국 정책에 적극적으로 동참하고 나섰다.

9·11 테러 미국 뉴욕의 세계무역센터

이렇게 국제정세가 경직되어가자 남북관계에도 영향을 미쳤다. 2001년 8월 15일 평양에서 열린 '민족통일축전'에 참가한 몇몇 인사가 3대헌장 기념식 행사에 참석하는 등 국가보안법을 위반하는 행동을 하고 돌아와 구속되고, 9·11 테러 이후 한국 정부가 테러에 대비해 군사적인 비상경계조치를 취하자 북한은 이를 문제삼아 당국자 간 남북회담을 중단시켰다.

2002년 5월 31일 '월드컵축구대회', 9월 29일 '부산아시안게임' 등 큰 행사를 치르게 된 한국은 '6·15 남북공동선언'을 지키려고 노력했으며, 북한도 민족공조를 내세워 미국과 일본의 압박에 대응하는 전략을 썼다.

그런데 2002년 6월 29일 한국과 터키의 월드컵 3·4위전을 치르던 날 뜻밖에 연평도 근해에서 다시 북한경비정의 기습포격으로 교전이 시작되어 아군 6명이 사망, 18명이 부상당하고, 경비정 1척이 침몰하는 사건이 발생했다. 이 사건은 '서해교전'이라 불리다가 2008년 4월 '제2 연평도해전'으로 격상되었다. 이 사건은 북한 정부의 지시에 의한 것이 아니라 북한 해군이 이전에 당한 패배에 대한 보복성 도발로, 우발적으로 발생한 무력충돌에 대해 유감스럽게 생각한다는 북측 전화통지문을 북한 정부의 사과로 받아들이고 일단락되었다.

북한이 부산아시안게임에 참가할 뜻을 밝히자, 정부는 이에 앞서 9월 7일 북한 축구팀을 초청하여 상암동 서울 월드컵경기장에서 한국 월드컵대표팀과 '통일축구' 경기를 가졌으며, 9월 27일에는 이미자李美子 등 남측 가수들이 평양 동평양대극장에서 특별 공연하여 갈채를 받았다. 이어 10월 3일에는 북한 태권도 시범단이 서울에 와서 시범을 보이고 돌아갔다.

9월 29일에 개막된 아시안게임에서는 북한 선수단이 참가하여 9위의 성적을 거두고 돌아갔다. 특히 북한 선수들을 응원하러 온 여성응원단은 빼어난 미모로 눈길을 끌었는데, 그 가운데 지금 김정은의 부인이 된 리설주도 포함되어있었다. 이어 10월 26일에는 북한 경제시찰단 15명이 내한하여 한국의 산업시설을 견학하고 돌아갔다.

이렇게 남북 간의 문화, 예술, 스포츠, 경제 등 비정치적 분야는 교류가 원만하게 진행되었다. 그러나 한국정부가 핵 문제에 대해 미국의 강경정책에 동조하고 탈북자·납북자 문제를 들고 나오면서, 8차에 걸쳐 진행되던 장관급회담도 10월 19일 평양회담(남측대표 정세현 통일부장관)을 끝으로 중단되고 말았다.

북한은 2003년 1월 10일 핵확산금지조약[NPT; Nuclear Non-Proliferation Treaty]의 탈퇴를 선언하여 국제사회에 큰 충격을 주었다. 미국 부시 정부는 대북 강경책을 펴고 북한이 핵개발을 포기하지 않는 한 남북 간의 경제교류도 달갑게 여기지 않았다. 한국은 미국과의 공조냐, 아니면 민족간의 공조냐를 놓고 깊은 고민에 빠졌다.

4. 스포츠와 문화

20세기를 청산하고 21세기의 문턱을 넘어서는 시기에 해당하는 김대중 정권기는 한국의 국제적 위상이 한 단계 높아졌다. 무엇보다도 2002년 '월드컵축구'를 한국과 일본이 공동으로 개최하여 88 서울올림픽에 이어 한국이 다시 한 번 전 세계인의 주목을 받았다. 특히 한국은 서울 월드컵경기장에서 개막식을 치르고, 기대 이상으로 4강에까지 오르는 성과를 거두었는데, 축구팀을 이끈 네덜란드 출신 히딩크 감독은 신드롬을 불러일으킬 정도로 영웅으로 대접받았다.

특히 광화문과 시청 앞 광장에 수백만 명의 시민이 모여 질서 있는 응원을 보인 것은 세계인을 감동시켰고, '붉은 악마'라 칭하는 응원단이 외치는 '대~한민국' 응원은 세계적 유행이 될 정도였다.

월드컵에 앞서 1998년에 미국에서 이름을 떨친 야구선수 박찬호와 여자 골프선수 박세리의 활약으로 외환위기에 빠진 국민들에게 자신감과 희망을 안겨주었다. 한국은 1980년대 이후

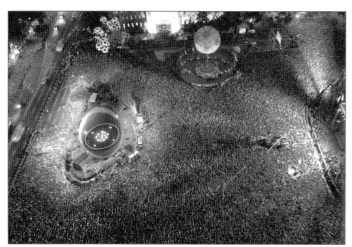

시청 앞에 모인 월드컵 응원군중 월드컵 4강 경기(2002.6.22) 때 붉은 셔츠를 입고 시청 앞 광장에서 전광판을 보며 응원하는 시민   겨울연가

로 역대 올림픽에서 꾸준히 세계 10위권 안팎의 성적을 거두어 스포츠 강국의 면모를 보였다.

한국의 관문인 인천국제공항이 착공한 지 8년 4개월 만인 2001년 3월 29일 개항한 것도 특기할 만하다. 세계정상급이라고 평가받는 신공항의 개통으로 김포공항 시대가 끝났으며, 동북아 물류중심의 위상이 한층 높아지게 되었다. 2001년 12월에는 인천과 목포를 잇는 서해안 고속도로가 개통되어 서해안 지역의 교통난이 완화되었다.

한국의 통신기술과 생명공학은 세계적으로 선진대열에 올라갔는데, 반도체 메모리 부분은 세계 최첨단을 달리고 있으며, 컴퓨터와 인터넷 통신망 설치율도 세계에서 가장 앞서 있다. 생명공학 분야에서는 서울대 황우석 교수팀이 복제 송아지 '영롱이'를 탄생시켜 화제를 모았다.

김대중 정부는 오랫동안 논란이 되어 왔던 일본 대중문화의 수입을 개방하는 조치를 내렸다. 다만 영화, 비디오, 만화를 일차적으로 개방하고 가요, 음반, 애니메이션(만화영화), 게임, 방송 등은 단계적으로 개방하기로 했다. 한국의 대중문화도 일본에 상륙하여 인기를 얻었다. 영화 〈쉬리〉가 폭발적인 인기를 누렸으며, 2003년에는 드라마 〈겨울연가〉가 일본에서 방영되면서 엄청난 '한류붐'이 일어나기도 했다. 영화, 드라마, 음악 등 한국 대중문화는 베트남, 중국 등지에서도 인기를 끌었다.

2000년에는 경주역사유적지구(남산, 월성, 황룡사지 등)와 고인돌지구(고창, 화순, 강화)가 유네스코 세계문화유산에 등록되었으며, 2001년에는 《직지심체요절直指心體要節》과 《승정원일기承政院日記》가 세계기록문화유산으로 등록되었다.

5. 여야의 정치적 갈등과 시민단체의 등장

김대중 정권 집권기 5년은 끊임없는 정쟁政爭의 연속이었다. 과거의 정쟁이 산업화세력과 민주화세력의 갈등이었다면, 김대중 정권기의 정쟁은 민주화세력 내부의 진보와 보수의 갈등이 중심을 이루었다. 갈등의 형태는 주로 상대방의 비리와 부정을 폭로하는 것이고, 갈등의 무대는 주로 국회였다. 그래서 국회가 파행으로 치달았다. 여야의 정쟁에 실망한 국민들은 점점 정치불신에 빠져들었다.

2000년 4월 13일에 실시된 제16대 총선거는 57.2%라는 저조한 투표율을 보였으며, 선거 결과 야당인 한나라당이 제1당(133석)으로 올라서고, 여당인 새천년민주당(약칭 민주당)이 제2당(115석), 여당과 공조관계를 맺었던 자민련은 17석을 얻는데 그쳤다. 한나라당이 다수당이 된 것은 여당에 대한 불신보다도 영남지역이 한나라당에 몰표를 몰아준 것이 주요 원인이었다. 민주당은 영남에서 단 1석도 얻지 못하여 영남과 호남의 지역갈등이 얼마나 심각한지를 드러냈다. 자민련의 쇠퇴는 충청도가 민주당으로 선회한 데 이유가 있었다.

이번 선거의 또 다른 특징은 이른바 거물정치인들이 대부분 낙선하고, '386세대'(30대, 80학번, 60년대 출생)로 불리는 젊은 신인들이 13명이나 당선된 것이었다. 순수한 민간조직으로 'NGO'라 불리는 '비정부시민단체'들이 차츰 정치단체로 변신하여 선거에 적극적으로 개입한 것도 국회의원의 세대교체에 한 몫을 했다.

국회의 소수당으로 전락한 여당은 의원 몇 명의 당적을 자민련으로 옮겨 20인 이상의 소속 의원을 가진 교섭단체로 만들어 줌으로써 자민련과의 공조를 회복했는데, '의원 꿔주기'라는 여론의 비판을 받았다. 김대중 대통령은 야당의 약진이 보수언론에 책임이 있다고 보고, 2001년 2월 언론개혁을 명분으로 보수언론사들의 세금포탈을 조사하여 5천억 원 이상의 세금을 추징하고, 조선일보, 동아일보, 국민일보의 대주주를 구속했다. 언론사들은 이를 언론탄압이라고 반발했다.

여당과 정부를 더욱 곤경으로 빠지게 한 것은 여당 실세와 대통령 친척의 잇따른 비리사건이 터진 것이었다. 대통령의 둘째 아들이 2002년 6월 비리로 구속되어 김영삼 정부 말기와 비슷한 사태가 벌어졌다.

민주당의 인기가 추락하자 소장파 의원들은 일찍부터 당풍쇄신운동을 벌이며 2001년 1월 이른바 동교동계 실세로서 여러 이권에 개입한 것으로 알려진 인사를 일선에서 후퇴시켰고, 11월에는 대통령이 민주당 총재직을 사퇴했으며, 2002년 5월에는 민주당을 탈당했다.

김대중 대통령의 임기 막바지인 2002년 12월 19일은 제16대 대통령 선거일로 정해졌는데 여당과 야당 모두 경선을 통해 후보를 선출하는 방법을 택했다. 먼저 여당인 새천년민주당은 봄부터 경선을 시작한 결과 4월 27일 부산 출신의 노무현盧武鉉(1946~2009)[48] 의원이 최종 후

---

48) 노무현(본관 광주)은 경남 김해 출생으로 1966년 부산상고를 졸업하고 군복무를 마친 후 사법고시에 네 번 도전한 끝에 1975년 합격하여 판사생활을 시작했다. 1978년 판사를 그만두고 변호사를 개업하여 요트를 즐기는 등 평범한 생활을 하다가 1981년부터 인권변호사 활동을 시작하면서 정치에 발을 들여놓았다. 1988년 부산에서 김영삼의 통일민주당 후보로 나가 13대 의원에 당선되고, 제5공이 끝난 직후 5공청문회에서 죄가 없다고 주장하는 전두환 전 대통령을 몰아세워 국민의 관심을 끌었다. 1990년에 김영삼, 노태우, 김종필이 합당하자 이를 야합으로 반대하고 나서서 활동하다가 몇 차례 낙선하고, 김대중이 1997년에 조직한 '새정치국민회의'에 들어가 1998년에 서울에서 당선되었고, 2000년 총선 때 부산에서 "지역주의의 벽을 넘겠다"고 선언하고 '새천년민주당' 후보로 출마했으나 낙선했다. 연이어 국회의원과 부산시장 선거에도 낙선했다. 이를 안타깝게 여긴 네티즌들이 '노사모'를 조직하여 그를 후원하기 시작했으며, 김대중 정부가 들어서자 해양수산부장관을 지냈다. 2002년 새천년민주당의 대통령 후보로 제16대 대통령에 당선되었다. 퇴임 후 고향인 봉하마을로 귀향하였으나 재임 중 친인척 비리로 조사 받다가 2009년 5월 23일 사저 뒷산 부엉이 바위에서 투신, 서거하였다.

보로 선출되었고, 전주 출신의 정동영鄭東泳(1953~) 의원이 2위를 차지했다. 야당인 한나라당도 경선을 통해 당 총재인 이회창李會昌(1935~)이 후보로 선출되었다.

여론조사에서 한나라당 이회창 후보가 우세한 것으로 나타나 정권교체의 기대 속에 선거가 치러졌다. 그러나 결과는 의외로 57세의 노무현 후보가 48.9%의 지지를 얻어 46.6%의 지지를 얻은 68세의 이회창 후보를 누르고 당선되었다. 투표율은 역사상 가장 낮은 70.8%를 기록했다. 노무현 후보가 승리한 것은 '노사모'[노무현을 사랑하는 모임]를 비롯한 시민단체의 지지를 얻은 데다 노무현과 공조를 약속했던 정몽준鄭夢準(1951~)[49] '국민통합21' 대표가 투표 전날 갑자기 공조를 철회하여 젊은 유권자들의 반발이 작용한 까닭이었다.

---

49) 정몽준(본관 하동)은 현대 정주영 회장의 여섯째 아들로 태어나 중앙고를 졸업하고, 1970년 서울대 상대 경제학과에 입학했다. 졸업 후 ROTC 장교를 거쳐 1978년 MIT에 입학하여 경영학 석사를 마치고, 1985년에 다시 존스 홉킨스대학에 들어가 정치학을 공부하여 1993년에 박사학위를 받았다. 1988년에 13대 국회의원에 당선된 뒤로 14, 15, 16, 17대 무소속의원을 거치면서 대한축구협회 회장과 월드컵조직위원회 위원장으로 월드컵을 유치하는데 공을 세우고, 4강 신화를 이루어내는 데도 공이 커서 인기가 올라갔다. 이를 계기로 2002년 '국민통합21'을 조직하여 대통령 후보로 추대되었다가, 여론조사 결과 이회창 후보를 누를 수 없다는 것을 알고 노무현과 단일화를 시도했는데, 여론조사에서 약간 밀려 노무현이 단일후보가 되었다. 이후 노무현을 위한 선거운동을 전개하다가 노선 차이로 선거 전날 밤 공조철회를 선언했다.

제7장 노무현의 '참여정부'(2003. 2~2008. 2)

1. 정치권의 세대교체와 이라크 참전

2003년 2월 25일 국회의사당에서 취임식을 가진 제16대 노무현(1946~2009) 대통령은 58세로, 처음으로 광복 후 세대가 대통령이 되었다. 새 정부는 '참여정부'를 표방하여 자신을 키워준 이전의 '국민의 정부'와 차별화를 시도했다.

박정희 대통령 이후로 역대 대통령은 영남이나 호남 등 지역주의를 바탕으로 선거에서 승리했다면 노무현은 세대 간 대결에서 승리한 것이 다른 점이다. 그래서 새 정부에는 386세대가 권력의 중심에 들어가고, 젊은 네티즌들의 의견이 정책에 적지 않은 영향을 주었다. 이것이 노무현 정권이 표방한 '참여'의 의미였다. 이들은 5공시절의 권위주의에 저항하던 학생층이었다가 이제 사회주도그룹으로 성장한 것이다. 이들의 감각은 참신하지만, 너무 조급하여 경륜이 미숙함을 드러냈다. 기득권층과 기성세대를 지나치게 공격하여 세대갈등이 불거지고, 이념갈등이 필요 이상으로 증폭되었다.

그런데 새 정부가 가장 먼저 부딪친 문제는 2003년 3월 20일 발발한 이라크전쟁의 참전 문제였다. 이라크가 핵무기를 비롯한 대량살상 무기를 보유하고 있거나 개발하고 있다는 명분으로 시작한 것인데, 사찰을 통해 문제를 해결하자는 유엔의 결의를 무시하고, 미국의 부시정부는 영국 등과 연합하여 기습적으로 공격하여 20여 일 만에 수도 바그다드를 점령했다. 그 사이 수천 명의 이라크 국민이 희생당했으나 정작 대량살상 무기가 발견되지 않아 전쟁의 명분이 설득력을 잃게 되었다. 이라크전쟁은 석유자원 확보와 군수산업 진흥 그리고 종교적 갈등에서 비롯되었다는 비판도 적지 않았다.

이라크전쟁이 미국의 단기적 승리로 끝나고, 숨어 있던 후세인 대통령을 체포하여 처단하고(2006.12) 친미정권을 세우는 데는 일단 성공했으나, 자살폭탄 테러로 대응하는 이라크 국민의 저항이 완강하여 미군의 피해도 컸다. 이라크의 이슬람교도는 시아파와 수니파로 나뉘어져 있는데,[50] 타 종교에 관용적인 태도를 지닌 시아파가 국민의 절반을 차지하고, 미국과 무장항쟁을 주장하는 수니파가 절반을 차지한다. 미국에 저항하는 세력은 수니파이다.

---

50) 이슬람교의 창시자인 마호메트는 후사가 없이 사망하여 그 후계자가 누구인가를 놓고 두 파로 나뉘었다. 시아파는 마호메트의 사촌이자 사위인 알리Ali를 후계자로 보며, 의식을 주관하는 이맘의 〈코란〉 해석을 존중한다. 이에 비해 수니파는 역대 칼리프왕조의 칼리프(후계자, 계승자)를 후계자로 보며, 칼리프의 〈코란〉 해석을 존중한다. 수니파의 무장세력을 '탈레반'이라고 부른다. 9·11 테러의 배후로 지목된 빈 라덴은 바로 탈레반에 속한다. 이라크에는 시아파와 수니파가 각각 절반을 차지하고 있으며, 이란은 90%가 시아파로 구성되어 있다.

이라크전쟁 2003. 3. 20 ~ 4. 14

이라크 파병식

미국은 이라크 침공에 다국적군이 연합하고 있다는 인상을 주기 위해 한국에 파병을 요청해 왔다. 미국이 벌이고 있는 대테러전쟁 파병요구를 무시하기 어려운 현실적 상황에서 정부는 국민 여론이 찬반으로 엇갈린 가운데 국회의 동의를 얻어 2003년 4월에 연인원 1만 9천 명의 공병부대와 의료부대를 파견했다. 파병부대의 공식명칭은 아랍어로 평화를 상징하는 올리브라는 뜻의 '자이툰' 부대로 정했다. 한국군은 전투지역인 이라크 남부가 아니라 쿠르드족이 살고 있는 이라크 북부 아르빌에 주둔하여 대민봉사활동에 주력했는데, 현지인들은 '신이 준 선물'이라고 환영했다. 자이툰 부대는 4년 3개월의 임무를 마치고 2008년 12월 19일에 전원 무사히 귀국했다.

이라크 파병은 미국의 요청을 무시하기 어려운 상황에서 해외파병을 통해 전투력을 향상시킨다는 목적이 있었다. 한국은 한국석유공사가 유전개발권을 얻는 실익을 거두기도 했다. 이전 한국군의 해외파병은 1960~1970년대 베트남 파병과 1993년 아프리카 소말리아에 평화유지군 파병(공병대), 1999년 10월 동티모르에 419명의 상록수 부대를 평화유지군으로 파병, 2002~2003년에 아프가니스탄에 비전투병 파견 등이 있다.

2. 대통령 탄핵, 개혁과 반발

노무현 대통령이 새천년민주당(민주당) 후보로 당선되었으나 당선된 뒤에는 김대중계의 영향력에서 벗어나기 위해 개혁적 정치세력을 모아 2003년 11월 11일 '열린우리당'을 창당하고 2004년 1월 당의장으로 정동영 의원을 선출했다. 그러나 열린우리당의 국회의원은 47명에 불과하여 여당이면서도 소수당을 벗어나지 못했으나 야당인 한나라당과 새천년민주당의원은 190명을 웃돌았다.

압도적 다수를 차지한 보수야당은 급진적인 노무현 대통령을 탄핵할 수 있는 힘을 가진 것을 믿고 2004년 3월 12일 새천년민주당의 발의로 국회에서 탄핵소추를 결의했다. 역사상 현직 대통령이 탄핵을 받은 것은 이것이 처음이다. 야당(한나라당과 민주당) 의원 195명 가운데 193명의 찬성을 얻은 결과였다. 47석의 의원을 가진 여당(열린우리당)이 저지하려 했으나 경호원들에 의해 본회의장 밖으로 끌려나갔다. 탄핵사유는 대통령이 총선거에서 중립을 지킬 의무를 위반했다는 것, 대통령 선거 당시 불법자금을 받은 것, 대통령의 사돈이 대선과 경선 당시 수백억 원의 모금을 했다는 것 그리고 실정失政에 따른 경제파탄 등에 대한 책임을 물은 것이었다.

집권 1년간 노 대통령의 측근 비리가 터지고 경제가 불안해지면서 인기가 급속도로 내려간 것은 사실이지만, 그렇다고 지난 대선 때 이른바 '차떼기'로 도덕성을 상실한 한나라당이 대통령을 탄핵하는 것은 지나치다는 것이 여론이었다. 탄핵소추를 받은 대통령(2004. 3. 12)은 공직수행이 정지되어 고건高建 총리가 권한대행을 하게 되었는데, 헌법재판소는 이해 5월 14일 탄핵소추를 기각함으로써 대통령은 다시금 공직을 수행할 수 있게 되었다.

탄핵 사건을 계기로 야당의 지지도는 떨어지고 국민의 지지가 여당으로 기울어져 그 뜻이 2004년 4월 15일에 치러진 제17대 국회의원 총선거에 반영되었다. '열린우리당'이 152석을 얻어 다수당이 되고, '한나라당' 121석, '민주노동당' 10석, '새천년민주당' 9석, '자민련' 4석을 얻었으며, 정몽준이 창당한 '국민통합21'은 1석을 얻는 데 그쳤다. 이 총선은 정치지형을 바꾼 중요한 선거로써 김대중계와 김종필계, 정몽준계가 몰락하는 결과를 가져왔다.

4·15 총선 이후 힘을 얻은 정부는 의도했던 정책을 밀고 나갔다. 행정수도를 국토의 중심부인 연기—공주 지역으로 옮기는 일, 국가보안법을 철폐하는 일, 사립학교법을 개정하는 일, 친일 반민족 행위자를 소급해서 조사하는 일, 대북 햇볕정책을 적극적으로 추진하는 일, 보수언론을 개혁하는 일 등이었다.

먼저 행정수도 이전은 국토의 균형발전을 도모한다는 취지로 시작되었으나, 국민적 합의 없이 추진되면서 여론의 거센 반발을 초래했으며, 급기야 헌법재판소는 위헌이라는 판정을 내렸다. 그러나 정부는 2005년 3월 행정수도 대신 '행정중심복합도시'로 바꾸어 특별법을 만들고 박근혜가 이끄는 한나라당이 이를 받아들여 이명박 정부 시기에 '세종특별자치시'로 출범하고 주요 정부기관이 이전하기 시작했다.

북한을 반국가단체로 규정하고 있는 국가보안법은 남북 간 화해와 협력이 이루어지고 있는 시대 흐름에 맞지 않는다는 것이 폐지의 이유였으나, 이 역시 야당과 보수단체의 거센 반발에 부딪쳐 뜻을 이루지 못했다.

사립학교법은 사립학교의 불투명한 운영과 재정으로 인해 만연한 사학비리와, 경영자와 직원教師 간에 끊이지 않는 분쟁을 시정하여 운영과 재정을 투명하게 만들고, 이사진의 4분의 1 이상을 외부에서 영입하는 이른바 개방형 이사를 선임하여 사립학교의 건전한 발전을 도모하기 위해 개정되었다. 그러나 학교의 설립자나 재단 측은 사학의 자율성을 침해할 뿐 아니라 전교조 출신의 조정위원을 다수 임명했기 때문에 좌파인재를 양성하는 데 악용할 우려가 있다는 점을 들어 완강하게 반대하고 나섰으나, 여당은 2005년 12월 29일 이를 강행처리하여 통과시켜 오늘에 이르고 있다.

'친일반민족행위자진상규명법'은 광복 직후 유야무야로 끝난 친일파에 대한 진상규명을 다시 하여 민족정기를 바로잡겠다는 취지로 여당이 발의하여 2004년 3월 2일에 국회에서 통과되었다. 그리고 이 법에 따라 '친일반민족행위자진상규명위원회'(위원장 강만길, 뒤에 성대경)가 설립되어 조사에 착수해 2006년 제1차로 106명의 명단(1904~1919년간)을 발표하고, 이어 2007년 12월에 제2차로 195명의 명단(1919~1937년간)을 발표하였으며, 2009년 11월 27일 제3차로 704명을 공개했다. 위원회가 발표한 친일 인사는 모두 1,005명으로 위원회는 《친일 반민족행위 진상규명 보고서》를 발간하고 11월 30일 활동을 마무리했다.

이 사업을 계기로 여당과 야당은 서로 상대방 조상의 친일행위자를 폭로하는 사태가 벌어져 적지 않은 평지풍파를 일으켰다. 학계에서 할 일을 정치권에서 한 데서 생긴 결과였다. 이상

개성공단 착공식(2003. 6. 30) 10차례 열린 장관급 회담이 성과를 거두어 개성공업지구를 완공하여 가동 중이다.
(김윤규, 김한길, 김옥두, 정세균, 정몽헌 등 남한 측 인사와 북한 측 인사들이 참석했다.)

참여정부의 여러 정책은 원칙적으로 필요한 사업이었지만 방법이 조급하고 신중하지 못해 필요
이상으로 세대 간 갈등을 일으키고, 국론을 분열시키켜 보수층이 결집하는 반작용을 불러왔다.

3. 참여정부 시절의 남북관계

참여정부는 김대중 정부의 대북정책을 그대로 계승하여 화해와 협력을 위한 장관급회
담이 계속 이어지고, 이산가족상봉도 금강산에서 이루어지다가 2005년부터는 화상상봉畵像相逢
방식으로 바꾸어 비용을 절감하는 효과를 거두었다.

북한과의 경제협력사업에도 힘을 기울여 10차례 열린 장관급회담을 통해 경제협력을
구체화해갔다. 정동영 통일부장관은 2005년 6월 '6·15 남북공동선언' 5주년을 기념하여 북한
을 방문하여 김정일 위원장을 만나고 돌아오기도 했다. 이런 노력의 결과로 탄생한 것이 개성
공단이다. 2003년 6월 30일 착공하여 2004년 12월 15일 준공된 개성공단은 현대아산이 사업
을 담당하고, 2005년 3월 16일부터는 공단에 필요한 전력을 한국에서 직접 공급하기 시작하고,
2007년 12월 11일 광복 후 처음으로 끊어졌던 경의선철도가 연결되어 문산[도라산역]에서 개성
간 화물열차 운행이 시작되었다. 한국 기업체 직원은 서울에서 매일 개성공단으로 출퇴근이 가
능해지고 2008년 말 약 1만 8천 명의 북한 노동자들이 공단에서 일했는데, 규모가 갈수록 커져
2013년 현재 공단근로자는 약 5만 명에 이르렀다. 한국 기업은 우수한 북한 노동력을 싼값으
로 활용하고, 북한은 여기서 외화를 벌어들였다.

그러나 2008년 12월 초 북한은 이명박 정부의 대북정책에 불만을 품고 한국 상주인원을
크게 줄이고, 개성-문산 간 화물열차의 운행을 중단시켜 난항을 겪게 했다.

금강산관광사업도 계속되는 가운데 2003년 2월 14일부터는 육로관광이 시작되어 전보다
이동시간이 크게 절약되었다. 2007년 12월 5일부터는 개성관광사업이 시작되어 하루 일정으로

선죽교, 개성박물관(성균관), 박연폭포 등을 보고 돌아올 수 있게 되었다.

남북 간 스포츠교류와 대중문화교류도 계속되었다. 2003년 10월 6일에는 정주영 현대그룹 회장이 기증한 '평양유경정주영체육관'이 준공되었으며, 이를 기념하여 현대 남녀농구팀이 친선경기를 가졌다. 북한은 2003년 10월 23일 제주에서 열린 '민족평화축전'에 계순희(유도), 정성옥(마라톤) 등을 포함한 선수단을 보내 축구, 탁구, 마라톤 등 대항경기와 씨름, 그네, 널뛰기 등 민속경기를 통해 한 핏줄임과 문화공동체임을 확인했다.

2005년 8월 15일에는 남북친선축구 및 광복 60주년 8·15 민족대축전을 서울에서 열었는데, 북한대표 단장이 국립현충원을 참배하고 청와대를 예방하기도 했다. 2005년 8월 26일에는 대중가수 조용필이 평양에서 공연을 가져 뜨거운 환영을 받았다.

이렇게 남북관계가 민족공조를 바탕으로 진척되는 가운데 드디어 2007년 10월 2일 두 번째 남북정상의 만남이 평양에서 이루어졌다. 노무현 대통령은 김대중 대통령이 비행기로 방북한 것과 달리 직접 걸어서 휴전선을 넘어 북한 땅을 밟는 모습을 보여주었고, 자동차로 평양에 도착하여 김정일 위원장의 영접을 받았다. 이어 10월 4일에 남북 정상은 8개 항의 '10·4 남북공동선언'[51]을 발표했다.

제17대 대통령 선거를 불과 두 달 앞두고 이루어진 방북과 공동선언에 대해 북한 주민의 굶주림을 더욱 심화시키고 핵무기 개발을 도와줄 뿐이라는 일부 비판적 여론도 있었으나 국민들은 대체로 환영하는 분위기였다.

하지만, 남북관계가 개선된 것과는 별개로 북한의 심각한 경제난 때문에 북한을 탈출하여 제3국을 거쳐 한국으로 넘어온 탈북자는 2007년 5월 현재 1만 명을 넘어서고, 2013년 현재 약 3만 명에 이르고 있다. 유엔은 북한 주민의 인권을 보호하기 위해 2005년 11월 18일에 '북한인권결의안'을 통과시켰는데, 한국은 남북관계를 고려하여 기권했다.

한편 북한 핵문제는 답보상태를 이어왔다. 2001년 1월 미국 부시 정부가 출범하면서 대북강경정책을 펴자 북한은 이에 반발하여 2003년 1월 10일 '핵

군사분계선을 넘는 노 대통령 내외 노무현 대통령과 권양숙 여사가 2007년 남북정상회담을 위해 군사분계선을 도보로 넘고 있다.

개성공단을 방문한 노 대통령

밝게 웃는 남북정상 노무현 대통령과 김정일 국방위원장이 8개 항의 10·4 공동선언(2007. 10. 4) 후 평양 백화원 영빈관에서 열린 환송오찬에서 대화하며 환하게 웃고 있다.

---

51) 10·4 남북공동선언의 8개 항은 다음과 같다. ① 통일문제의 자주적 해결, ② 남북관계를 상호존중과 신뢰관계로 확고히 전환, ③ 군사적 적대관계의 종식, 불가침의무 확고히 준수, ④ 항구적인 평화체제를 구축한다는 인식을 같이함, ⑤ 경제협력사업의 활성화, 지속적인 확대발전, ⑥ 사회문화 분야의 교류와 협력발전, ⑦ 인도주의 협력사업 적극 추진, ⑧ 해외동포의 권리와 이익을 위한 협력강화

〈대북지원 현황〉

(단위: 억 원)

		2002	2003	2004	2005	2006	2007	2008	2009	2010
정부차원	무상지원	1,140	1,097	1,313	1,360	2,273	1,983	438	294	133
	식량차관	1,510	1,510	1,359	1,787	0	1,505	0	0	0
민간차원(무상)	민간차원(무상)	576	766	1,558	779	709	909	725	377	200
	총액	3,226	3,373	4,230	3,926,	2,982	4,397	1,163	671	332

출처: 통일부(내부행정자료)

확산금지조약'[NPT] 탈퇴를 선언, 이어 4월 이미 핵무기를 보유하고 있다고 호언하면서 불가침조약 체결을 요구하여 북한 핵문제가 심각해졌다. 이어 북한 핵문제를 대화를 통해 평화적으로 해결하기 위해 한국, 북한, 미국, 중국, 러시아, 일본 등 한반도 주변 6개국이 참여하는 6자회담이 개최되었다. 2003년 8월부터 2007년 9월까지 모두 6차례 회담이 중국 베이징에서 개최되었다. 2005년 2월 북한은 또다시 핵무기를 보유하고 있다면서 미국을 압박하여 6자회담 타결에 난항을 겪다가 2007년 2월 13일 극적인 타결을 보았다. 북한이 핵시설을 폐쇄하고 핵 프로그램을 신고하는 대신 미국 및 일본과의 관계 개선과 5개국이 중유 100만 배럴을 제공하는 경제적 보상을 약속한 것이다. 이른바 '2·13 합의'가 채택되었다. 이 합의를 구체적으로 실행하기 위해 열린 제6차 회담에서 미국은 같은 해 3월 마카오 모 은행에 동결되어 있는 북한자금 2,400만 달러를 해제해 준다고 선언하고, 9월 북한을 테러지원국 명단에서 삭제한다는 등을 골자로 하는 합의가 채택되었다. 그러나 실제 집행과정에서 미국은 선 핵무기 폐기를 요구하고 북한은 선 지원을 요청하여 6자회담은 원점으로 돌아갔다.

4. 참여정부 시대의 경제, 문화, 스포츠

참여정부의 사회·경제 정책은 그동안 한국사회를 이끌어온 대기업과 서울 강남, 서울대 출신 등 이른바 엘리트층보다는 비주류에 속하는 계층 위주의 정책을 추구했다. 중요한 공기업을 지방에 이전하고, 각 도마다 기업도시를 선정하는 등 지방사회 균형발전에 힘을 쏟았으나 뚜렷한 실적을 올리지는 못했다.

김영삼 정권 때 외환위기(1997. 12. 3)로 국제통화기금 195억 달러 차입 이후 경제성장률이 둔화되기 시작하여 노무현 정권기 5년 동안에도 4~5%의 경제성장률을 보이는데 그쳤다. 그래도 2003년의 1인당 국민총소득[GNI]은 13,460달러, 2004년 15,082달러, 2005년 17,531달러, 2006년 19,691달러, 2007년 21,632달러에 이르러 대망의 2만 달러를 넘어섰다. 경제규모는 세계 13~14위를 기록했으며 외화도 2,622억 달러를 보유했다.

한국은 2004년 4월 1일 칠레와 자유무역협정[FTA]이 발효되어 우리의 공산품이 나가고 칠레의 농산물이 들어오고 있으며, 2007년 4월에는 한미자유무역협정[52]을 맺었다. 미국은 자동

---

52) 2006년 2월 3일 양국이 한미 FTA 협상 출범을 공식선언한 후 2007년 4월 2일 14개월간의 긴 협상을 마치

차산업에 미칠 영향을 우려하고, 한국은 미국의 농산물과 쇠고기수입이 농민에게 미칠 영향을 우려했다. 그러다가 이명박 정부에 들어와 비준되었다.

한국 기업 가운데 가장 국제경쟁력이 높은 것은 조선업造船業과 정보통신 분야 그리고 자동차 분야이다. 현대중공업, 삼성중공업, 대우조선이 현재 세계 1, 2, 3위를, 삼성, LG 모바일은 세계 2~3위를 기록하고 있으며, 현대자동차도 세계 빅5에 들고 있다. 삼성전자는 2004년 9월에 60나노 8기가 메모리를 개발한데 이어 2005년 9월에는 12기가 낸드 반도체를 개발하여 메모리분야에서 세계 첨단을 걷고 있다. LCD TV는 2008년 현재 삼성전자와 LG가 세계 시장의 1위와 2위를 차지하고 있다. IT 산업이 전체 국민총생산에서 차지하는 비중은 1996년 4.4%에서 2008년 현재 16.9%로 확대되어 한국 경제의 버팀목이 되어주고 있다. 한편 2004년 7월부터는 근로자의 주 5일근무제가 실시되어 주말의 여가를 즐기는 시대가 열렸다.

문화 면에서는 2005년 10월 용산에 터를 잡은 국립중앙박물관이 4년간의 공사 끝에 준공되어 세계 10대 박물관에 드는 시대를 열었다. 2007년에는 《고려대장경판高麗大藏經板》 및 제경판諸經板, 조선왕조 《의궤儀軌》가 유네스코 세계기록문화유산으로 등록되어 우리나라 기록문화의 우수성을 세계로부터 인정받았다. 이밖에 종묘제례宗廟祭禮와 종묘제례악宗廟祭禮樂, 판소리, 강릉 단오제端午祭가 무형문화유산으로 등록되었고, 2007년 제주도의 한라산 천연보호구역, 거문오름 용암동굴계, 성산일출봉 등이 세계자연유산으로 등록되었다.

스포츠 분야에서도 큰 성과를 이룩했다. 2004년 아테네 하계올림픽에서 한국 선수단은 세계 9위를 기록하는 성과를 올리고, 2008년 8월의 베이징 하계올림픽에서도 세계 7위를 기록하여 스포츠 강국의 전통을 그대로 이어갔다. 특히 베이징 올림픽에서는 역도의 장미란이 세계 신기록을 수립했으며, 수영의 박태환 선수가 2관왕을 획득하는 쾌거를 이룩했다. 여자 피겨스케이팅 분야에서는 김연아 선수가 2006년 이후 세계 그랑프리대회에서 연속적으로 우승하여 국민 여동생으로 사랑을 받았다.

연도	1인당 GNI (단위: 만 원)		경제성장률 (단위: %)	
	남한	북한	남한	북한
2003	1,604.0	94.4	2.8	1.8
2004	1,726.0	101.5	4.6	2.1
2005	1,796.0	105.2	4.0	3.8
2006	1,882.0	103.0	5.2	-1.0
2007	2,010.0	104.1	5.1	-1.2

〈남북한 경제 비교〉(참여정부, 2003~2008)

자료: 한국은행 http://ecos.bok.or.kr>국민계정

한미자유무역협정 반대 1,000인 선언(2007. 3. 27)

고 최종타결하였다. 2007년 5월 25일 협정문 내용이 공개되고, 2010년 12월 3일 추가협상 타결, 2011년 10월 21일 미국 오바마 대통령 서명으로 미국 비준절차 완료, 2011년 11월 22일 한미 FTA 비준동의안 국회통과, 2012년 3월 15일 0시에 발효되었다. 한미 FTA 협상 결과 상품 분야에서는 전체 94% 수준의 수입량에 대해 관세를 조기철폐(즉시 혹은 3년 이내 철폐) 하기로 했다. 쌀 개방 문제로 농민들의 항의집회와 시위가 끊이지 않았는데 한국은 미국 조선업 시장 진출을 포기하는 대신 쌀 시장을 지켰다. 추가 협상 결과는 한국 측이 양보했다는 비판이 나오는 가운데 미국 측이 요구하던 자동차 부분을 대부분 수용했다.

국립중앙박물관 개관(2005.10.28) 용산에 터를 잡은 국립중앙박물관은 4년 여의 공사끝에 준공. 세계 10대 박물관 시대를 열었다.

2004년 4월 1일 경부고속철도와 호남고속철도가 동시에 개통되어 시속 300km의 KTX 가 서울과 부산을 3시간대로, 서울과 목포를 3시간 20분 안에 고속으로 달리는 시대가 열렸다. 고속철도의 개통으로 지방에서 서울로 올라와 상품을 구매하고, 병원 등을 이용하여 오히려 서울집중이 높아지는 역기능도 나타나고 있다.

2003년 10월 이명박 서울시장은 복개되었던 청계천을 하천으로 다시 복원하여 서울의 명소로 자리잡게 했으며, 뚝섬 경마장을 '서울숲'으로 가꾸어 서울시가 2005년 한일국제환경상을 수상했다.

2007년에는 반기문 외무장관이 유엔 사무총장에 취임하여 한국의 국위를 높이는 데 크게 기여하고 있다.

5. 참여정부 말기 정치와 제17대 대통령 선거

노무현 대통령의 탄핵소추가 헌법재판소에서 기각되면서 2004년 5월 14일부터 정무에 복귀한 노무현 대통령은 이해 6월 이해찬 의원을 국무총리로 기용하고 행정수도 이전과 국가 보안법 폐지, 취재 선진화 방안이라는 명분으로 추진된 기자실 폐쇄 등을 강력하게 밀고 나가면서 다시 지지율이 하락하기 시작했다. 여기에 북한 핵문제에는 소극적으로 대처하면서 2002년 연평도해전 이후 서해안의 무력충돌을 막기 위해 2004년 6월 남북정상급 회담에서 북방한계선[NLL]을 북한과 협의하는 모습을 보이자 보수층이 크게 반발하고 나섰다.

2007년은 노무현 정권의 임기가 끝나면서 12월에 예정된 제17대 대통령 선거를 치르는 해로서 노무현 대통령과 열린우리당의 인기가 계속 하락하자 노무현 대통령은 2007년 2월 열린우리당을 탈당했다. 8월 열린우리당과 민주당 탈당파 그리고 한나라당을 탈당한 손학규 등이 모여 '대통합민주신당'을 창당하고 9월부터 경선이 시작되었다. 여당에서는 손학규孫鶴圭 경기도지사와 열린우리당의 당의장과 통일부 장관을 지낸 정동영鄭東泳(1953~) 등이 치열한 경선

청계천 복원(좌) 이명박 시장이 청계천 3·1고가도로(1971년 완공)를 철거하고 하천으로 복원한(2005. 9. 30) 청계천에는 수심 30㎝ 이상의 물이 흐르고, 21개의 교량이 새롭게 들어섰다.
반기문 유엔 사무총장 취임(우) 반기문 총장은 취임연설에서 "사무총장으로서 처음해야 할 일은 신뢰회복"임을 강조했다.(왼쪽은 전 사무총장 코피 아난)

끝에 정동영이 후보로 확정되었다.

한편 '한나라당'에서는 서울시장을 지냈던 이명박李明博(1941~)[53]이 당 대표를 지낸 박근혜 朴槿惠(1952~)[54]와 치열한 접전 끝에 후보로 선정되었다. 두 번이나 대통령 후보였다가 김대중과 노무현에게 패배했던 이회창李會昌(1935~)은 '자유선진당' 후보로 출마하고. 민주당에서는 조순 형趙舜衡과 이인제李仁濟 의원이 경합 끝에 이인제 후보가 당선되었다.

2007년 12월 19일 선거결과 이명박이 48.67%, 정동영이 26.14%, 이회창이 15.07%를 얻어 이명박 후보가 대통령에 당선되었다. 이명박은 이른바 'BBK 사건' 등으로 도덕성이 문제 되어 고전할 것으로 예상되었으나, 경제 살리기에 적합한 인물일 것이라는 서민들의 기대와 지난 10년간 진보정권에 반발한 보수층이 결집한 결과로 당선되었다. 그러나 역사상 가장 낮은 62.9%의 투표율을 기록하여 정치에 대한 국민의 무관심이 높음을 보여주었다.

---

53) 이명박 대통령은 1941년 일본 오사카에서 출생하여 1960년 동지상고를 졸업하고, 1965년 고려대학교 상과 대학 경영학과를 졸업했다. 학생시절 상대학생회장을 지내면서 한일회담을 반대하는 6·3 데모를 주동하고 징역 3년을 선고받고 복역했다. 1965년에 현대건설에 입사하여 정주영 회장의 신임을 받아 승승장구하여 계 열사회장을 지냈다. 1992년에 민자당 제14대 전국구 국회의원이 되고, 1996년에 서울 종로에서 신한국당 후 보로 제15대 국회의원에 당선되었으나 선거법 위반으로 사퇴했다가 2002년에 한나라당 후보로 제32대 서 울시장에 당선되었다. 2003년 7월부터 청계천 복원공사를 시작하여 2005년 10월 1일 준공했다. 이밖에 뚝섬 경마장에 서울생태숲을 복원하고, 버스전용차로제를 실시한 것 등이 주요한 업적으로 꼽힌다.

54) 박근혜는 박정희 대통령의 맏딸로 1974년 서강대학교 전자공학과를 졸업하고 프랑스 유학을 떠났다가 이해 육영수 여사가 사망하자 귀국하여 청와대 퍼스트 레이디로 활약했다. 새마을운동의 일환인 새마음운동을 주 도했으며, 1979년 박 대통령이 사망한 후 1982년 육영재단, 1994년 정수장학회를 운영하다가 1998년 대구보 선에 출마하여 한나라당 국회의원에 당선되었다. 2001년 독자적인 정치세력을 만들기 위해 한나라당을 탈퇴 했다가 다시 복귀했다. 2004년 3월 한나라당 대표가 되어 여당인 열린우리당과 경쟁하면서 2004년 3월 노무 현 대통령 탄핵소추를 이끌었으며, 이해 4·15 총선에서 한나라당 국회의원 121석을 당선시키는 데 공헌했다. 2007년 대선후보 경합에서 이명박 후보에게 근소한 차이로 패배했으나 2008년 총선에서 자신을 따르는 의원 을 무소속으로 다수 당선시켜 독자적인 정치세력을 형성한 후 이들을 한나라당으로 입당시키는 데 성공했다.

제8장 이명박 정부(2008. 2 ~ 2013. 2)

1. 쇠고기 수입 파동과 금융위기

2008년 2월 25일 국회의사당에서 취임식을 가진 제17대 이명박 대통령의 새 정부는 국민의 여망에 따라 '창조적 실용주의'와 경제 살리기를 국정지표로 내걸고, '화합적 자유주의'를 국정이념으로 내세웠다. 기업친화적인 정책을 추진하기 시작하고 각종 기업규제를 철폐하는 일에 나섰다. 그런데 출범 초기부터 첫 내각인사에서 편중된 모습을 보여 시중에 '강부자', '고소영' 내각이라는 평을 듣기도 했다.[55]

이명박 대통령 취임식

출범 초기의 새 정부를 더욱 곤궁에 빠뜨린 것은 4월 18일 미국산 쇠고기 수입 협상을 타결한 뒤부터 시작된 촛불시위였다. 광우병에 걸린 미국산 쇠고기 수입은 국민건강을 크게 위협한다는 언론보도가 계기가 되어 쇠고기 수입을 반대하는 야간촛불시위가 전국적으로 확산되어 한 달 이상 지속되었다. 특히 6월 10일 서울시청 앞 시위는 100만 명에 이르러 민주화운동 이후 최대 규모의 시위를 기록했다. 그러나 미국산 쇠고기에 대한 언론보도가 과장되고, 배후에 진보세력이 개입되었다는 것이 알려지면서 시위는 잦아들었지만 정권 초기부터 심각한 레임덕 현상이 나타났다.

버락 오바마 미대통령

설상가상으로 2008년 9월부터 미국발 금융위기가 닥쳐왔다. 미국의 부동산 거품이 꺼지면서 비우량담보대출[Sub Prime Mortgage]로 인해 리먼 브라더스, 메릴 린치 등 금융회사들이 파산하자 연쇄적으로 전 세계 금융계가 위기에 빠지고, 경기후퇴가 따라왔다. 미국은 이 파동으로 11월의 대통령 선거에서 공화당의 매케인 후보가 패배하고 민주당의 버락 오바마Barack Hussein Obama(1961~) 후보가 최초의 흑인 대통령으로 선출(44대, 2008. 11. 5)되는 이변이 일어났다.

미국 금융위기의 직격탄을 맞은 한국 경제는 1,700선까지 올라갔던 코스피 지수가 2008년 가을부터 900선대로 하락하고, 1달러 당 1,000원대였던 환율이 1,400원대를 오르내리고, 외국 펀드에 투자했던 자금이 거의 바닥나는 사태가 벌어졌다. 여기에 수출이 부진하고 내수

---

55) 강남 땅부자와 고려대, 소망교회, 영남인을 중용했다는 뜻이다.

가 위축되면서 기업과 서민이 다 함께 어려움
을 겪었다. 그 결과 2008년의 경제성장률은
-0.6%로 후퇴하고, 2만 달러를 넘어섰던 국
민소득은 1만 9천 달러로 내려갔다. 경제불황
의 여파는 2009년에도 이어져서 경제성장률은
1.6%를 기록하고 국민소득은 1만 7천 달러로
더 내려갔다.

〈남북한 경제 비교〉(이명박 정부, 2008~2012)

연도	1인당 GNI (단위: 만 원)		경제성장률 (단위: %)	
	남한	북한	남한	북한
2008	2,113.0	114.3	2.3	3.1
2009	2,175.0	119.0	0.3	-0.9
2010	2,378.0	124.2	6.3	-0.5
2011	2,488.0	133.4	3.7	0.8
2012	2,559.0	137.1	2.0	1.3

자료: 한국은행 http://ecos.bok.or.kr

그러나 미국, 일본, 중국 등과 통화 스와
프를 맺으면서 외환보유고가 늘어나고 무역수
지가 개선되면서 2010년부터 경제가 다시 살아나기 시작했다. 그 결과 2010년에는 국민소득
이 다시 2만 달러로 올라서고, 경제성장률은 6.3%를 달성했으며, 2011년에는 무역규모가 1조
달러를 넘어서서 세계 9위를 기록했는데, 무역수지 흑자가 해마다 이어졌다. 다만 삼성의 모바
일, 반도체, 가전제품, 현대의 자동차와 조선, LG의 가전제품, SK의 정유사업 등 일부 대기업의
수출호조에 힘입어 이런 결과가 나왔으며, 중소기업과 소상인은 심각한 불황에서 벗어나지 못
하고 있는 것이 취약점으로 나타났다.

그래도 2011년 국민소득은 약 2만 2,400 달러, 2012년은 2만 2,700 달러에 이르고, 수출액
이 5천억 달러를 넘어서서 '세계 7대 20-50클럽'[56]에 들어갔다. 한국은행이 가지고 있는 외환보
유액도 2008년 약 2천억 달러로 축소되었다가 그 뒤 꾸준히 증가하여 2012년 현재 3,168억 달
러로 세계 8위에 올랐다. 미국발 금융위기로 전 세계가 경제적으로 큰 타격을 받고 있음에도 한
국경제는 상대적으로 안정을 유지하여 그만큼 경제의 기초체력이 튼튼해졌다는 평가를 받았다.

정부는 수출확대를 위해 세계 여러 나라와 자유무역협정[FTA] 체결에 나섰다. 노무현 정
부 때부터 추진되어오던 미국과의 자유무역협정이 야당이 반대로 돌아서서 많은 논란이 있었
으나, 2011년 국회의 비준을 통과하여(11. 22) 2012년 3월 15일부터 발효되었다. 한편 유럽연합
[EU]과의 자유무역협정은 순조롭게 진행되어 2010년 10월에 체결되어 2011년 7월부터 발효되
었다. 그밖에 칠레, 페루, 터키 등과의 자유무역협정도 체결되었다.

2. 노무현 대통령과 김대중 대통령의 타계

임기를 마치고 은퇴한 노무현 전 대통령은 고향인 경상도 김해 봉하마을로 내려가 평범
한 서민으로 살아가고 있었는데, 2009년 4월 '포괄적 수뢰죄'로 검찰에 소환되어 조사를 받기
시작했다. 재임 중에 태광실업이 청와대 비서를 통해 영부인에게 13억 원을 전달했다는 것이
주요 죄목이었다. 야당은 이것이 생계형 부정에 지나지 않는다고 옹호하고 나섰으나, 여당은
공격을 늦추지 않아 검찰조사가 시작된 것이다.

---

56) 국민소득 2만 달러 이상, 수출액 5,000억 달러 이상이 되는 나라들을 '20-50 클럽'이라 부르는데, 여기에 속
한 나라는 미국, 일본, 프랑스, 독일, 이태리, 영국 그리고 한국이다.

노무현 전 대통령 영결식 2009.5.29   김대중 전 대통령 영결식 2009.8.18

　　이렇게 검찰조사가 진행되던 5월 23일 새벽 노무현 대통령은 봉하마을 뒷산에 있는 부엉이바위에서 뛰어내려 스스로 목숨을 끊었다. 향년 64세였다. 전직 대통령이 자살한 사건은 역사상 처음있는 일로써 국민에게 엄청난 충격을 주고, 야당 안에서 친노세력을 강화시키는 요인이 되었다. 노무현 정부 청와대비서실장을 지낸 문재인文在寅이 노무현재단 이사장이 되어 추모사업을 주도하면서 친노세력의 중심인물로 떠올랐다.

　　2009년 8월 18일에는 김대중 전 대통령이 노환으로 향년 86세에 세상을 떠났다. 이례적으로 북한에서 김기남 노동당비서, 김양건 통일전선부장 등이 조문단으로 서울에 와서 이명박 대통령을 면담하고 돌아갔다(8. 23).

3. 4대강 사업

　　전직 현대건설 사장이자 서울시장 재임 시 청계천을 복원하여 인기가 올라간 경험이 있던 이명박 대통령은 취임 직후부터 한반도대운하사업을 추진하기 시작했다. 그러나 대운하사업의 경제적 실효성과 생태계 파괴 등을 우려하는 반대여론이 비등하자 방침을 '4대강 살리기 사업'으로 바꾸어 한강, 낙동강, 금강, 영산강 등 4대강을 대대적으로 재정비하는 사업을 추진했다. 22조 원의 큰 예산이 투입된 이 사업은 2008년 12월에 착수되어 2012년 4월에 완료되었는데, 높아진 하상을 준설하고, 친환경 보洑와 중소규모의 댐을 건설하여 하천의 저수량을 대폭 늘려서 수질을 개선하고, 홍수를 조절하며, 생태계를 복원한다는 목표를 내세웠다. 이밖에 강변의 노후된 제방을 보강하고, 하천주변에 자전거길을 만들어 휴식처로 활용한다는 것도 부수적 목적으로 제시되었다.

　　이 사업으로 만성적으로 범람하던 낙동강과 영산강의 하구가 개선되어 여름철 홍수에 별다른 피해를 주지 않았다는 것이 드러났다. 그러나 수질이 오히려 나빠지고, 공사가 부실하여 하자가 발생하고, 대운하와 연결하려는 의도가 있었으며, 공사과정에 로비자금이 오갔으며, 하천 주변의 문화재가 파괴되었다는 등의 비판이 일어나 감사원이 감사에 나섰다. 그런데 감사원의 감사결과는 아직도 명확한 평가가 내려지고 있지 않다.

4. 남북관계의 냉각

보수정권으로 돌아간 이명박 정부는 대북정책으로 '비핵개방 3000'을 표방했다. 핵개발을 포기하고 개방정책으로 나가면 국민소득 3천 달러가 되도록 도와주겠다는 것이다. 그러면서 김대중 정권과 노무현 정권의 대북지원사업이 오히려 핵과 미사일을 개발하는데 도움을 주었다는 보수층의 비판을 받아들여 개성공단사업을 제외한 대북지원사업을 중단했다.

그런데 남북관계를 어렵게 만든 사건이 2008년 7월 11일 새벽 발생했다. 금강산을 관광하던 한국여성[박왕자]이 해변을 산책하다가 북한 초병의 총격으로 사망한 사건이 일어났다. 북한이 사과와 재발방지요구를 거부하자 정부는 관광사업을 중단시켰다.

북한은 정부의 대북강경정책에 맞서 김대중 정부의 6·15 남북공동선언 및 노무현 정부의 10·4 남북공동선언을 실행할 것을 요구하면서 이해 11월 개성관광을 중단시키고, 경의선철도 운행을 중단시켰으며, 우리 기업의 개성공단 출입을 제한하고, 체류인원도 줄였다. 그러다가 2009년 8월 김대중 대통령 조문단이 온 뒤로 남북관계가 다소 호전되어 남북이산가족 상봉이 몇 차례 이루어졌다.

그러나 2010년 3월 26일 남북관계를 최악으로 몰고 간 사건이 발생했다. 서해에서 통상적인 군사훈련을 마치고 백령도 연안에서 항해 중이던 해군함정 천안함이 한밤에 폭파되어 46명의 승조원이 사망하는 끔찍한 사건이 발생한 것이다. 북한은 자신의 소행이 아니라고 부인하고, 좌초설 등 여러 가지 억측이 나돌았으나, 정부는 면밀한 조사를 거쳐 북한 잠수정이 발사한 어뢰를 맞고 수중 폭발한 것으로 공식 발표했다. 한국은 북한에 대한 식량지원 등 그동안 해오던 대북지원사업을 모두 중단하는 조치를 취했는데 이를 5·24 조치라고 한다. 미국은 이 사건을 유엔 안보리에 회부하고(2010.6.6), 북한을 다시 테러국으로 지정하고 제재할 방안을 검토하기 시작했다.

천안함사건으로 남북관계가 악화된 가운데 2010년 11월 23일 또다시 북한의 무력도발이 연평도에서 일어났다. 역시 연평도 근해에서 통상적인 호국훈련을 마치고 휴식하던 중 북한군이 무차별 포격을 가하여 장병 2명과 민간인 2명이 사망하는 불상사가 일어났다.

남북관계가 초긴장 상태를 이어가던 중 2011년 12월 17일 아침 북한 김정일 국방위원장이 지방을 시찰하러 가던 열차 안에서 70세로 사망하여 충격을 주었다. 북한은 이미 김정일과 고영희 사이에 태어난 차남[57] 김정은을 김정일의 후계자로 지명해 놓고 2010년부터 후계자로 키우고 있었다. 2010년 9월에 인민군대장에 임명하고, 이어 당중앙군사위원회 부위원장 및 노동당중앙위원회 위원으로 만들어 제2인자의 자리에 있었기 때문에 김정일이 죽은 뒤에 권력1인자로 올랐다. 김정일의 추모기간이 끝난 2012년 4월 11일 제4차 당대표자회의와 4월 13일의 최고인민회의에서 30세의 김정은은 노동당 제1비서, 당정치국 상무위원, 중앙군사위원회

김정은

---

57) 김정일은 부인 성혜림 사이에 김정남을 낳고, 고영희 사이에 김정철과 김정은을 낳았으므로, 김정은은 셋째 아들이다. 그러나 김정남은 이복형이므로 둘째 부인을 기준으로 보면 차남이자 막내이다. 김정은은 1983년 1월 8일생이다.

제1위원장에 추대되어 3대 세습을 마무리했다. 그리고 4월 13일 '헌법'을 개정하여 북한이 '핵보유국'임을 명시해 놓았다.

왕조국가가 무너진 현대민주사회에서 권력이 3대에 걸쳐 세습된 나라는 지구상에 북한밖에 없다. 더구나 김정은 위원장은 30세의 약관으로 2년 동안 후계자 수업을 받은 것이 전부이며, 특별한 업적도 없어 어떻게 지도력을 발휘해갈지 세계인의 관심이 쏠리고 있다. 고모 김경희와 고모부 장성택이 배후의 실력자로 알려졌는데,[58] 장군들이 쥐고 있던 군사권을 당으로 집중시키는 작업을 추진하고, 핵무장과 경제발전을 동시에 추구하는 정책을 펴고 있는 것으로 알려졌다.

5. 스포츠와 문화

정치와 경제가 어두운 것과는 대조적으로 스포츠와 문화 부문에서는 즐거운 일들이 많았다. 2008년 8월 개최된 베이징올림픽에서 한국은 금메달 13개로 일본을 제치고 세계 7위를 기록했으며, 2012년 런던올림픽(7. 27~8. 12)에서도 금메달 13개로 세계 5위를 기록하여 스포츠강국의 모습을 보여주었다.

김연아
2010 캐나다 밴쿠버 동계올림픽 금메달

한편 피겨 스케이터 김연아는 국제대회에서 여러 차례 우승하다가 2010년 캐나다 밴쿠버 동계올림픽에서도 금메달을 차지하여 전 세계인의 찬사를 받았다. 이 대회에서는 모태범, 이상화, 이정수, 이승훈 등이 선전하면서 금메달 6개를 획득하여 세계 5위를 기록했다. 2011년 7월에는 2018년 평창 동계올림픽 개최권을 획득하여 또 한 번의 개가를 올렸으며, 8~9월에는 대구에서 세계육상선수권대회가 열려 국위를 높였다. 2010년 6월 남아프리카공화국에서 개최된 월드컵에도 연속적으로 출전하여 그리스를 꺾고 16강에 진출하는 성과를 올리기도 했다.

문화 면에서도 한국의 국위가 크게 선양되었다. 특히 K-POP으로 불리는 대중가요가 전 세계적으로 한류 붐을 일으켰는데, 2012년 10월 가수 싸이가 부른 '강남스타일'은 폭발적인 인기를 얻어 미국 빌보드 차트에 연속적으로 2위를 기록하는 등 전 세계인의 '말춤바람'을 몰고 왔다.

한국전통문화가 세계적으로 인정받아 유네스코 세계문화유산으로 등록되는 일이 해마다

---

58) 장성택(1946~2013)은 김일성 전 주석의 큰 딸 김경희의 남편이자 김정일 전 국방위원장의 매제이며, 김정은의 고모부이다. 2011년 12월 김정일이 사망한 뒤 김경희와 함께 김정은 후계 체제의 핵심 후견 세력으로 떠올랐다. 그러나 김정은은 장성택이 군대를 동원한 군사정변을 꾀했다는 이유로 체포하여 나흘 뒤인 2013년 12월 12일 처형했다.

이어지고 있는데, 2009년에는 조선왕릉 40기가 유네스코 세계문화유산으로,《동의보감》이 세계기록문화유산으로 등록되었다. 2011년에는 병인양요 때 프랑스군이 약탈해간 외규장각 의궤[297권]가 대여형식으로 반환되고, 이어 일본이 강점기에 가져간 의궤[81종 167책]와 이토 히로부미가 가져간 66종 938책도 반환받았다. 2012년 12월에는 옛 문화관광부 건물을 리모델링한 대한민국역사박물관이 개관되었다.

6. 제18대 대통령 선거

2012년은 이명박 대통령의 임기가 끝나고 제18대 대통령 선거가 치러지는 해였다. 보수정권이 계속 이어지느냐, 아니면 진보정권이 다시 권력을 되찾느냐의 한판 승부가 펼쳐지는 중요한 역사의 분수령이 결정되는 해이기도 했다.

그런데 국민들 가운데에는 여당인 한나라당이나 야당인 민주당에 다같이 실망하여 제3당의 출현을 고대하는 정서가 만만치 않게 팽배되었다. 여야 간에 이념대결이 필요 이상으로 치열하여 정쟁이 끊이지 않고, 민생을 외면하고 있는 데 대해 많은 국민이 염증을 느꼈다. 이런 정세에 혜성처럼 나타난 제3 정치세력이 안철수였다. 의학도 출신으로 컴퓨터백신을 개발하여 젊은 층에 인기가 높았던 안철수 서울대교수가 본인의 의사와 관계없이 중도적, 실용적 대안정치세력으로 떠올랐다. '안철수 신드롬'에 대해 여당과 야당은 긴장하는 가운데 대통령 후보자 경선에 나서 한나라당에서는 대표를 지낸 박근혜朴槿惠가 압도적인 지지를 얻어 후보로 확정되고, 민주당에서는 친노그룹의 문재인文在寅 초선의원이 손학규를 누르고 후보로 확정되었다.

그러나 여론조사 결과 안철수 교수가 가장 인기가 높아 여야 모두에게 위협적 존재가 되었다. 이에 여야당은 안철수와의 연대를 모색하고 나섰으나, 안철수는 여당보다는 야당과의 연대를 선호하여 야당과의 연대가 추진되었다. 그러나 민주당 내 인기는 문 후보가 앞서고 국민여론은 안철수가 앞서 누가 야당의 단일후보가 되느냐를 놓고 신경전이 벌어지다가 결국 안철수 측이 집권 후 정책협조를 약속받고 양보하여 문재인이 단일후보로 확정되었다(11. 22). 안철수는 개인인기는 높으나 정치세력으로 조직화되지 못한 것이 큰 약점으로 드러났다. 그런데 여론조사 결과 박근혜와 문재인의 양자 대결에서 박빙의 오차 내의 범위에서 승부가 갈라지게 나타났다. 이에 여당은 당명을 '새누리당'으로 바꿔 분위기를 쇄신하고 문재인이 노무현 정권 청와대 비서실장으로 재임 중에 있었던 남북정상회담의 북방한계선[NLL] 발언을 문제삼아 종북이미지를 부각시키려고 노력했으며, 야당은 국가정보원 직원이 인터넷 댓글로 선거에 관여하고 있다는 점과 박근혜를 유신세력의 부활로 공격하는 전략을 구사했다.

12월 19일 치른 선거결과 박근혜가 51.6%, 문재인이 48%의 득표를 하여 박 후보가 당선되었다. 선거 역사상 가장 박빙의 승부가 이루어진 것이다. 여당이 승리한 요인 가운데에는 20~30대의 젊은 세대와 50~70대의 장년과 노인층에서 보수성향을 드러낸 것과 이명박 정부 때 허가한 종편방송을 비롯한 보수언론의 지원이 큰 몫을 했다.

제9장 박근혜 정부(2013. 2 ~ 2017. 3. 10)

1. 험난한 남북관계와 한중우호관계의 증진

박근혜 대통령은 2013년 2월 25일 국회에서 취임식을 하고 집무를 시작했다. '국민행복시대', '복지정책', 그리고 '탕평정치를 통한 국민화합'을 국정목표로 내걸고 공약실천에 나섰다. 대한민국 역사상 최초로 여성대통령시대가 열린 것이다.

큰 기대 속에 출범한 박근혜 정부는 처음부터 가시밭길을 걸어갔다. 무엇보다 북한의 잇따른 핵개발과 미사일 발사가 남북관계를 악화시키는 근본적 원인을 제공했다. 정부의 대북정책은 '한반도 신뢰프

박근혜 대통령 취임식

로세스'를 바탕으로 북한이 핵을 포기하는 진정성을 보이면 2010년 천안함 사건으로 내려진 '5·24 조치'를 철회하는 것은 물론 대대적으로 북한을 돕겠다는 것이다. 박 대통령은 이런 원칙을 구체화하여 2014년 3월 28일 독일 드레스덴에서 '한반도 평화통일을 위한 구상'을 선언했는데, 여기서 세 가지를 제안했다. 하나는 남북 공동 번영을 위한 민생 인프라 구축, 둘은 남북 국민의 인도적 문제 해결, 셋은 남북 주민 간 동질성 회복이다.

그런데 북한은 2012년 4월 초에 출범한 김정은 시대에 들어와 오히려 핵무기 개발과 미사일 개발에 더욱 박차를 가했다. 2012년 4월 13일 최고인민회의에서 헌법을 개정하여 북한이 '핵보유국'임을 명시하고, 핵무기 개발과 경제건설을 동시에 추구하겠다고 선언했다. 핵보유국이라는 큰 카드를 가지고 미국 및 남한과 협상하여 평화협정을 맺어 미군을 철수시키고 큰 규모의 경제지원을 얻어내겠다는 전략이었다.

북한은 핵무기를 더욱 작고 가볍게 만들고 이를 운반할 수 있는 장거리 미사일을 더욱 정교하게 만들기 위해 2012년 12월 12일 광명성 3호로 불리는 장거리 유도탄을 발사하여 궤도에 진입시켰는데, 북한은 이것이 실용위성이라고 선전했으나 미국은 대륙간 탄도유도탄[ICBM]이라고 보았다. 이어 2013년 2월 12일에는 제3차 핵실험을 수행하여 핵농축기술을 한 단계 끌어올리는데 성공했다. 북한은 이제 당당한 핵보유국으로서 미국 본토까지도 핵무기로 공격할 수 있다고 호언했다.

북한의 잇따른 탄도미사일 발사와 핵무기 실험은 국제사회로부터 맹렬한 비난을 받았다. 국경을 접하고 있는 중국도 불편한 심기를 드러냈다. 북한의 핵 보유는 남한의 핵 보유를 불러

오고 미국 핵무기의 재반입을 가져올 것으로 보았기 때문이다. 특히 미국은 북한의 도발에 대응하여 핵잠수함과 B-52 전투기 등을 동원하여 한국군과 연합하여 강도 높은 군사훈련을 몇 차례 실시했다. 북한은 이 훈련이 북한을 공격하기 위한 침략훈련이라고 주장하면서 버튼만 누르면 미국과 한국을 한꺼번에 불바다로 만들 수 있다고 잇달아 협박했다. 이에 맞서 국방부 장관 김관진은 만약 북한이 공격해오면 평양의 수뇌부를 정밀타격하겠다고 대응했다. 그러자 북한은 자신들의 '최고존엄'을 모독했다고 트집 잡으면서 대통령에 대해서도 악담을 퍼붓고, 이에 대한 보복으로 2013년 4월 3일부터 개성공단을 폐쇄하는 조치를 취하기 시작했다.

핵과 미사일 개발로 국제사회에서 완전히 고립된 김정은 위원장은 2013년 12월 12일 고모부 장성택張成澤(1946~2013)을 긴급체포하여 국가전복 음모를 비롯한 수많은 죄를 저질렀다는 이유로 약식 군사재판을 거친 뒤에 즉시 처형했다. 권력 서열 2인자이자 가장 가까운 후견인인 고모부까지도 무참하게 처형하는 김정은 위원장의 행보는 전 세계를 깜짝 놀라게 했다. 국제감각이 있고 정치 경험이 풍부하여 나이 어린 지도자를 보필하면서 개혁개방으로 인도할 가능성이 크다고 기대했던 장성택의 처형으로 서방세계와 중국의 북한에 대한 실망은 한층 증폭되었다. 특히 중국은 수십 년간 지켜온 북한과의 혈맹관계를 버리고 북한에 대한 경제지원을 대폭 줄였다.

북한이 개성공단을 남한에 대한 보복수단으로 선택한 것은 그곳에 들어가 있는 123개 기업체에 대한 압박을 통해 남한경제에 타격을 주겠다는 의도였다. 2013년 4월 3일 북한은 개성공단 123개 기업체 인력의 입북을 막고, 이어 5만 3천여 명의 북한 근로자를 철수시켜 공장 조업을 중단시켰다. 정부는 이에 맞서 개성공단의 폐쇄까지도 각오하고 한국 측 근로자들을 모두 귀환시키고, 우리가 제공해오던 전기공급을 중단하고, 이어 완제품과 상품자재를 가져올 수 있도록 북측에 요구하면서 실무자 회담을 제의했다.

개성공단이 폐쇄될 경우 피해를 보는 정도는 남한보다 북한이 더 컸다. 공단에 들어간 123개 기업체의 파산은 안타까운 일이지만, 한국의 경제 규모에 비추어 보면 매우 작은 부분으로 정부가 피해를 보상하기로 약속했다. 그러나 북한 근로자 5만 3천여 명이 실업자가 되면 약 30만 명 가족들의 생계가 어려워질 뿐 아니라 북한 정부가 벌어들이는 연간 8~9천만 달러[한화 약 1천억 원]의 수입이 없어지기 때문이다.

개성공단을 문제 삼아 남한을 압박하려 했던 북한은 남한의 예기치 않은 강경책에 놀라 남북 실무자 회담을 열자는 남측의 제의에 동의하여 일곱 차례에 걸친 회담 끝에 2013년 8월 7일 개성공단의 발전적 정상화에 합의했다. 앞으로 쌍방이 공단을 공동운영하고, 쌍방의 합의가 없이는 폐쇄하지 않으며, 공단을 국제화시키고, 공단의 발전을 가로막는 3통[통행, 통신, 통관] 문제를 개선한다고 약속했다. 이로써 공단이 폐쇄된 지 166일 만인 2013년 9월 16일 공단 조업이 재가동되었다.

개성공단 실무회담과 병행하여 금강산 관광과 이산가족상봉을 위한 장관급 당국자 회담도 열기로 합의하여 2013년 6월 12일 서울에서 갖기로 했다. 그러나 북한이 대표단장을 낮추어 명단을 통보하자 우리 측은 이에 대응하여 통일부 차관을 보내겠다고 통보하였고 북한은 격이 맞지 않는다고 트집 잡아 회담이 무산되었다. 그 뒤 다시 당국자 회담이 재개되어 이산상봉 날짜까지 정했으나 상봉날짜를 며칠 앞두고 북한이 갑자기 무기한 연기를 통보하여 또 무산되었다. 북한은 비용이 많이 드는 이산가족 상봉보다는 달러가 들어오는 금강산관광 재개를 더 원했으나 우리 측이 사과와 재발 방지 없이는 응할 수 없다고 하자 북한 측이 이산가족상봉을 무산시킨 것이다.

그러나 인도주의적 명분이 뚜렷한 이산가족 상봉을 외면할 수만은 없음을 깨달은 북한이 태도를 바꿔 2014년 2월에 두 차례에 걸쳐 금강산호텔에서 이산가족 상봉이 이루어졌다.

미국을 비롯한 국제사회는 북한을 고립시키기 위해 2014년 11월 18일 유엔총회 3위원회에서 111개국의 찬성을 얻어 대북인권결의안을 통과시켰다. 이 결의안은 북한의 최고 책임자를 반인도적 범죄를 저지른 가해자로 규정하여 국제형사재판소(ICC)에 회부할 것을 권고했다는 점에서 과거의 인권결의안과는 차원이 달랐다. 이 결의안에 중국과 러시아가 반대표를 던져 안보리에서 통과되지는 않았다. 북한은 이 결의안에 반대하여 10만 명을 동원한 군중대회를 열어 미국과 한국을 격렬히 규탄하고 나섰고, 제4차 핵실험을 예고했다.

미국과 북한의 관계가 험악한 것과는 별개로 남북관계가 다시 악화되는 사건이 2015년 8월 4일 비무장지대에서 터졌다. 철조망을 순시하던 우리 군인 2명이 북한이 매설한 목함지뢰를 밟고 크게 부상당한 사건이 일어났다. 우리는 이에 대응하여 대북확성기 방송을 11년 만에 재개하고 이 사건에 대한 북한의 사과와 진상조사를 요구했다. 북한은 전시상태를 선포하면서, 다른 한편으로 우리 측의 요구를 받아들여 8월 22일에 남북고위층이 판문점 '평화의 집'에서 회담을 하고, 8월 25일에 남북관계 개선을 위한 6개 항을 합의했다. 그 골자는 앞으로 당국자 회담을 열어 대화와 협상을 진행하고, 지뢰 폭발로 인해 우리 군이 부상당한 사건에 대하여 북한이 유감을 표명하고, 한국은 확성기방송을 8월 25일 밤부터 중단하고, 올해 추석을 계기로 이산가족 상봉을 지속적으로 추진한다는 것 등이었다. 이 회담에 참석한 인사는 북측의 총국장 황병서와 조국평화통일위원회의 김양건 위원장, 남측의 김관진 안보실장과 홍용표 통일부 장관이었다. 그 결과 금강산호텔에서 10월 하순에 두 차례에 걸쳐 이산가족 상봉이 이루어졌다.

그러나 이렇게 소강상태를 이루던 남북관계는 2016년 1월 6일에 북한이 제4차 핵실험을 강행하면서 급속히 악화되었다. 북한은 수소탄 실험이 성공했다고 선전했다. 우리는 중단했던 대북확성기 방송을 1월 8일부터 재개했다. 미국은 즉각 괌Guam에 주둔하고 있던 전략폭격기를 보내 한반도 상공을 비행하고 돌아갔으며, 유엔 안보리도 3월 3일 강력한 대북제재결의안을 통과시켰다. 우리도 국제사회와 공조하여 2월 10일에 개성공단사업의 중단을 북한에 통보했다. 북한은 그 다음 날 개성공단 근로자의 즉각 추방을 선언하여 124개의 기업체가 갑자기 문을 닫고 철수하게 되었다. 기계시설을 그대로 둔 채 일부 상품만을 승용차에 싣고 서울로 돌아왔다. 한미연합군은 3월 7일부터 김정은 참수를 위한 '키 리졸브 훈련'과 '독수리 훈련'을 실시하여 북한을 압박했다. 미국은 7월 6일에 김정은을 비롯한 15명을 인권문제 특별제재대상 명단에 올렸다.

북한은 미국과 국제사회의 압박에 반발하여 2016년 5월 16일 노동당대회를 열어 김정은을 노동당 위원장으로 추대하고, 이어 6월 29일에는 최고인민위원회를 열어 국무위원회 위원장으로 격상시켰다. 또 국제사회의 압박으로 핵과 미사일 개발에 필요한 자금이 줄어들자 외국 공관에 대하여 자금조달량을 강제로 배정하고 압박하였고 이를 감당하지 못한 외교관들의 이탈이 가속화되었다. 그러던 가운데 런던주재 공사였던 태영호가 2016년 7월에 가족을 데리고 한국으로 들어왔다.

북한은 국제사회의 압박에도 불구하고 핵폭탄을 가볍게 만들기 위한 핵실험을 포기하지 않고 2016년 9월 9일 건국절을 기념하여 제5차 핵실험을 강행했다. 이렇게 미국과 북한의 힘 겨루기가 한층 높아져 가던 중에 미국에서는 제45대 대통령 선거에서 공화당의 도널드 트럼프 Donald John Trump(1946~) 후보가 11월 9일에 당선되어 파란을 일으켰다. 여론조사에서는 민주당의 힐러리 클린턴 전 국무장관이 우세한 것으로 나타났으나, 선거결과는 '미국제일주의'를 내건 사업가 출신의 극우성향 후보자가 몰락한 백인층의 지지를 받아 승리를 거둔 것이다.

도널드 트럼프 대통령

2017년 1월 20일에 취임한 트럼프 대통령은 한국에 대해서도 사드 배치 비용을 청구하고, 주한미군 주둔비를 올리고, 한미 FTA를 재협상하겠다는 등 압박을 가하는 한편, 북한에 대해서도 초강경한 태도로 핵 개발과 미사일 개발을 폐기하라고 압박하면서 북한을 돕고 있는 중국에 대해서도 북한에 대한 경제적 압박을 가하기를 촉구했다. 그러나 중국은 북한 정권을 유지하는 범위 안에서 경제적 제재를 가하는 데 그치고 미국이 북한과 대화를 통해 문제를 해결하라는 태도를 고수하여 견해 차이를 보이고 있다.

시진핑 주석

남북관계가 교착상태에 빠진 것과는 달리 북한을 압박하기 위한 박근혜 정부의 외교적 행보는 지속적으로 추진되었다. 대통령은 2013년 5월 초 미국을 방문하여 오바마 대통령과 회담하고[5. 7], 의회에서 신뢰프로세스에 의한 대북정책에 관한 연설을 하여 갈채를 받았으며, 이어 6월에는 중국을 방문하여 3월에 출범한 시진핑習近平(1953~) 주석과 회담하여[6. 27] 한반도 비핵화에 대한 합의를 얻어냈으며, 칭화대학淸華大學에서의 연설을 통해 한반도의 통일이 중국 동북 3성의 경제발전에 큰 도움이 된다는 것을 상기시키기도 했다.

시진핑 주석은 박 대통령의 중국방문에 대한 답방으로 부인과 함께 2014년 7월 3일 한국을 국빈으로 방문하여 서울대학에서의 강연을 통해 역사적으로 한국과 중국이 문화를 공유하고 어려울 때 서로 도와준 전통을 상기시키면서 우의를 과시했다. 박 대통령은 2014년 11월 초 베이징 APEC 회의를 마친 뒤 11월 10일 한중정상회담을 다시 갖고 한중자유무역협정[FTA]을 타결했다고 발표하여 경제적으로 더욱 가까운 사이가 되었음을 확인했다.

한중우호관계는 2015년 9월 3일 중국의 항일승전기념일에 참석하여 천안문 광장에서 시진핑 주석과 함께 중국군의 열병식을 참관하면서 절정에 이르렀다. 그러나 미국은 과거 6·25 전쟁 때 싸웠던 중국군의 열병식에 참석한 것은 지나쳤다는 우려의 시선을 보내기도 했다. 이렇게 우호적이던 한중관계는 다음 해 미국이 한국에 사드[THAAD; 고고도미사일방어체계]를 배치하면서 급속히 냉각되고, 중국에 진출한 롯데와 현대자동차 등 한국 기업들이 보복을 받는 사태가 일어났다.

그러면 한일관계는 어떠했는가? 2012년 12월에 출범한 일본의 아베  신조安倍晋三(1954~) 정권은 극우 노선을 지향하여 과거의 침략행위를 반성하지 않으면서 평화헌법을 폐기하고 자위대自衛隊의 해외출병의 길을 열어가는 정책을 집요하게 추진했다. 일본은 북한의 잇따른 핵실험과 미사일 발사를 군사대국화의 명분으로 이용했다. 한국은 한·미·일 3국 공조체제 따르면서도 가장 시급한 현안인 위안부 문제에 대한 일본 정부의 공식적인 사과와 배상

아베 신조 총리

을 일본 측에 강력하게 요구했다. 미국도 이 문제로 한·미·일 공조체제가 흔들릴 것을 염려하여 일본과 한국 양측에게 위안부 문제의 조속한 해결을 촉구했다.

미국의 종용에 따라 한일 두 나라는 2016년 12월 28일에 위안부 협상을 종결했다고 선언했다. 그 골자는 일본 정부의 공식 사과를 피하는 대신 아베 총리의 개인적인 유감을 표하는 것으로 끝내고, 인도적 지원이라는 명목으로 일본이 10억 엔의 기금을 내겠다고 약속하고, 이 협상안은 최종적인 것으로 앞으로 다시는 재론하지 않는다고 못 박았다. 그리고 조속한 시일 안에 일본 대사관 앞에 세워진 위안부 소녀상을 철거하기로 합의했다는 소문이 퍼졌으나, 우리 정부는 그런 사실이 없다고 부인했다.

이 협상안이 발표되자 위안부 당사자들과 야당이 강하게 반발하고 나섰다. 위안부 당사자의 의견이 전혀 반영되지 않았을 뿐 아니라 내용이 굴욕적이라고 주장했다. 협상을 다시 해야 한다는 여론이 비등했으나, 박근혜 정부는 이것을 해결하지 못한 가운데 물러났다.

2. 대내정책, 세월호 참사, 국정국사교과서 파동

박근혜 정부는 대북정책과 외교정책은 비교적 무난하다는 평을 받았으나, 국내정치에 있어서는 출범 초기부터 난맥상을 보이기 시작했다. 출범 당시 '탕평정치를 통한 국민화합'을 내걸었으나 국민화합과는 맞지 않는 모습을 보이기 시작했다. 고위 공직자 임명에서 편향성을 보여 실망을 안겨 주었고, 공직자와는 물론이고 언론이나 국회와의 소통도 막혔다. 우선 총리 임명과정에서 부적격자를 잇달아 추천하여 낙마하는 사태가 이어지고 장관 임명과정도 순탄치 않았다. 더욱이 국무회의는 토론이 없고 대통령의 지시를 메모만 하는 회의로 변하여 민주정부의 모습을 보이지 못했다. 청와대 비서진 가운데에도 대통령을 직접 면담하기가 어렵고, 이른바 문고리 3인방으로 불리는 소수 특정인만이 대통령과 독대가 가능하다는 소문이 나돌았다.

대통령의 독주로 지지도가 점점 낮아지던 가운데 2014년 4월 16일 인천에서 제주를 향해 가던 여객선 청해진해운 소속 '세월호'가 아침 9시 15분 경에 진도 팽목항 앞바다에서 침몰하여 304명이 사망하고 174명이 구조되는 참사가 일어났다. 그 뒤 7개월간 밤낮으로 시신 수색작업을 벌여 295명의 시신을 인양하고 9명의 시신을 찾지 못한 가운데 2014년 11월 11일 수색작업을 종료했다. 희생자의 대부분이 안산시 단원고 학생으로 알려져 국민의 가슴을 더욱 아프게 만들었다.

이런 대형 참사에 국민의 충격은 너무나 컸다. 특히 아침에 배가 기울어져 침몰할 때까지

상당한 시간이 있었으나, 선장과 선원들이 먼저 배에서 탈출하고, 해경이나 정부가 제대로 구조작업을 벌이지 않은 것에 대한 원망과 질타가 들끓었다. 대통령은 사건이 일어난 지 7시간이 지난 오후 늦게서야 모습을 보여 국민들을 더욱 실망시켰다. 그 7시간 동안 대통령은 무엇을 했느냐는 의혹이 제기됐다.

참사의 원인에 대한 조사가 진행되면서 세월호의 실소유주가 구원파 목사이자 전 세모그룹 회장으로 1987년 오대양 사건에 연루되어 투옥되었고 현재에도 많은 기업을 거느리고 있는 유병언俞炳彦(1941~2014)이라는 것이 밝혀지자 그 종교단체와 유병언에 대한 조사가 대대적으로 이루어지면서 기업의 비리가 속속 드러났다. 유병언은 경찰의 수사를 피해 3개월간 본거지인 안성의 금수원을 떠나 도피행각을 벌이다가 7월 22일에 순천 지역 야산에서 변사체로 발견되었다.

세월호 사건을 계기로 전직 공무원들이 퇴직 후 기업체에 들어가 일하면서 불법 로비를 통해 각종 비리를 저지른 사실들이 세상에 폭로되어 우리 사회가 총체적 도덕불감증에 빠져 있음을 보여주었다. 국민 정서가 허탈감에 빠져 소비심리가 위축되고 기업활동의 위축을 가져와 경제에 영향을 미쳤으며 정치에 대한 불신도 더욱 커졌다.

대통령의 독주가 일상화되고, 세월호 참사 때 대통령의 거취가 밝혀지지 않자 세간에서는 대통령 뒤에 보이지 않는 비선 실세가 있어 그들과 자주 만난다는 추측이 나돌았다. 2014년 11월 하순에는 대통령이 되기 이전에 비서실장을 지낸 정윤회와 문고리 3인방을 비롯한 10여 명이 실세로 활동하면서 인사를 비롯한 국정을 좌지우지한다는 문건이 청와대 일부 비서진에서 흘러나와 언론에 보도되었다. 그러나 대통령은 근거 없는 문건을 유출시켜 국기를 문란시켰다는 죄를 물어 문제를 일으킨 일부 비서들을 해임했다.

2015년에 들어서자 정부는 중·고등학교 국사교과서 내용이 좌편향되었다고 보고 이를 바로 잡기 위해 검인정제도를 없애고 국정화한다는 방침을 천명했다. 그러자 국민 여론은 찬성과 반대 여론이 맞섰는데, 반대여론이 우세했다. 교과서를 좋게 만든다는 데에는 누구도 반대하지 않았지만, 국정교과서는 전체주의 국가에서나 하는 것이고 민주국가에서는 자유롭게 방임하거나 검인정으로 하는 것이 세계적인 관례이기 때문이다. 전문가들은 기성 교과서에 문제가 생긴 것은 검인정제도에 있는 것이 아니라 검인정을 제대로 하지 않은 데 원인이 있다고 지적했다. 현행 검인정 교과서 가운데 일부 문제가 있는 교과서는 이미 교육부의 지시로 수정되었음에도 정부가 지나치게 과장하고 있다는 주장도 제기되었다. 또 정부가 국정화를 추진하는 목적은 친일파를 두둔하고 박정희 대통령의 치적을 크게 부각시키려는 데 있다는 의혹이 제기됐다. 국내외 수천 명의 역사학자들이 집단으로 반대성명을 내는 소동이 벌어졌다.

그러나 정부는 반대여론을 무시하고 2015년 10월 12일 국정화의 강행을 발표하고, 그 집필 작업을 국사편찬위원회에 맡겼다. 2016년 11월 28일에 교육부는 국사편찬위원회에서 새로 집필한 교과서를 공개했다. 그러나 역사학계와 전국 학교에서는 한두 학교를 제외한 모든 학교가 새 교과서를 쓰지 않겠다고 거부하고 나섰다. 그러자 교육부는 한 발 물러나 국정교과서를 원하는 학교에만 배포하고 지원금을 주겠다고 발표했다. 이런 조치는 국정교과서가 실패로 돌아간 것을 의미한다. 정부는 불필요한 평지풍파를 일으켜 정부에 대한 학계와 교육계의 불신감만 키우는 결과를 가져왔다.

3. 최순실 국정농단과 박근혜 대통령 탄핵

2017년 말은 대통령의 임기가 끝나고 차기 제19대 대통령을 선출하는 해였다. 그런데 2016년 10월에 이르러 충격적인 사건이 터졌다. 대통령의 최고 비선 실세가 최순실이라는 민간인으로 여러 가지로 국정을 농단했다는 것이 언론에 보도되기 시작하면서 전 국민이 분노에 휩싸이기 시작했다. 최순실은 박근혜 대통령이 영애 시절부터 깊이 정신적으로 의지해 오던 최태민崔太敏(1912~1994) 목사의 딸이자 정윤회의 부인이었다가 이혼한 사람이었다. 최태민이 죽은 뒤로 박 대통령은 최순실과 밀착하여 각종 비리를 저질렀다는 의혹이 계속 터져 나오자 분노한 시민들이 10월 29일부터 촛불을 들고 광화문 거리에 나와 대규모 시위를 벌이기 시작했다. 대통령은 세 차례에 걸쳐 대국민사과를 발표했으나 모두 책임을 회피하는 내용이었다. 대통령에 대한 탄핵과 하야를 촉구하는 촛불시위가 매주 토요일마다 계속 이어졌다. 시위 때마다 약 100만 명 내외의 인파가 광화문 일대를 가득 메웠다.

한편, 촛불시위가 거세지자 이에 대항하여 탄핵을 반대하는 시위도 12월 중순 무렵 시작되었다. 이들은 태극기를 들고 나와 시위를 하여 태극기시위라고도 불렀다. 그러나 그 세력은 촛불시위에 미치지 못했다. 그래도 두 시위가 서로 물리적으로 충돌하지 않고 끝까지 평화적인 시위로 일관했으며, 경찰과 충돌하는 불상사도 거의 없었다는 것은 우리나라 시위문화가 매우 성숙했다는 것을 보여주었다. 국민 여론은 탄핵찬성이 80% 정도이고, 반대가 20% 정도로 나타났다. 일부 여론은 박 대통령의 자진사퇴를 희망했으나 대통령은 이를 거부했다.

민주화운동 이후 이렇게 큰 시위는 처음이었다. 검찰은 10월 31일 독일에서 귀국한 최순실을 구금하여 본격적인 수사에 착수했고, 12월 9일 국회에서 대통령탄핵소추를 발의하여 299명 가운데 234명이 찬성하고 56명이 반대하여 탄핵소추안이 통과되었다. 이렇게 압도적인 찬성을 얻게 된 이유는 여당인 새누리당 안의 비박계 의원들이 찬성으로 돌아섰기 때문이었다. 뒤에 비박계는 새누리당에서 탈당하여 '바른정당'을 결성하고, 잔류 새누리당 의원들은 '자유한국당'으로 당명을 바꾸었다.

국회의 탄핵가결로 대통령의 직무는 정지되고, 황교안黃敎安(1957~) 국무총리가 대통령권한대행을 맡았다. 그러나 대통령의 탄핵은 헌법재판소에서 최종적인 결정권을 가지고 있어서 국회가 헌법재판소에 제소한 결과 2017년 3월 10일에 재판관 8명 전원일치로 탄핵을 인용認容했다. 그러니까 국회의 탄핵안을 인정한다는 뜻이다. 대통령의 국정농단이 헌법적 가치를 심대하게 훼손했다는 것이 그 이유였다. 그리하여 대통령은 3월 12일에 청와대를 떠나 삼성동 자택으로 돌아갔다. 우리나라 역사상 대통령이 탄핵으로 물러난 것은 이것이 처음이다. 박근혜 전 대통령은 그 뒤 검찰의 조사를 받다가 구속되어 2017년 현재 재판이 진행 중에 있다. '국민행복시대'를 열겠다고 약속한 박 대통령은 국민도 불행해지고 본인도 불행한 시대를 만들어 놓고 끝났다.

박근혜 정부의 경제정책은 '창조경제', '경제혁신 3개년 개혁', '공기업개혁', '규제개혁', '공무원연금개혁', '기준금리 인하', 'FTA 확장' 등을 강력히 촉구하면서 경제혁신을 실천하기 위한 정부 기구를 개편하여 미래창조과학부를 신설하고, 기획재정부 장관을 경제부총리로 격상시키는 조치를 취했다. 특히 미래창조과학부는 종전의 교육과학기술부의 과학기술 관련 업무와 방송통신위원회의 업무, 그리고 지식경제부의 일부 업무를 통합한 것으로, 과학기술과 정보통신 방송, 우정사업 등을 하나로 합쳐 시너지를 극대화하겠다는 취지로 만들었다.

위와 같은 경제혁신정책의 기본방향은 경제성장과 재정안정에 목표를 두고 있기 때문에 자연히 선거공약으로 내건 복지정책은 축소시키는 방향으로 수정되었다. 그러나 이러한 노력에도 불구하고 국제경제의 여건이 좋지 않아 수출이 둔화되고 경쟁력이 갈수록 약화되고 있으며, 국내의 소비심리가 위축되어 내수시장도 침체되고, 이에 따라 기업인들의 생산투자가 약화되었다. 전반적으로 디플레이션 현상이 심각하여 자칫하면 일본의 잃어버린 10년처럼 될 가능성이 커졌다.

그나마 다행인 것은 수출이 둔화됨에도 불구하고 수입이 대폭 줄어들어 무역수지가 계속적으로 흑자를 내고, 외환보유고가 늘어나고 있다는 것이다. 한국은행의 발표를 따르면 2013년의 경제성장률은 3%, 2014년 3.3%, 2015년 2.6%, 2016년 2.7%를 보였으며, 2016년 말 현재 1인당 국민소득은 2만 7,500달러를 기록하고 있다. 북한과 비교하면 국민소득은 약 25배, 무역규모는 150배에 이르고 있다.

그러면 박근혜 정부 시기의 문화와 스포츠에 대하여 알아보자. 2014년 8월 14일 교황 프란치스코가 한국을 방문하여 4박 5일의 일정을 마치고 돌아갔다. 방한 중에 조선시대에 순교한 윤지충尹持忠 등 124명의 시복식을 거행하여 복자칭호를 수여하고, 천주교 성지인 서산시 해미를 방문했다. 교황은 방한 중 소형차인 기아 쏘울을 타고 다니며 검약한 모습을 보여주었다.

2014년 2월 8일에 열린 러시아 소치 동계올림픽에서 우리나라의 이상화 선수는 2월 12일 여자 500m 경주에서 올림픽 기록을 세우면서 금메달을 획득하여 기쁨을 안겨주었다. 2010년 캐나다 밴쿠버 동계올림픽에서도 500m에서 금메달을 따서 이번이 두 번째 우승이다.

2014년 9월 19일부터 제17회 인천 아시안게임이 열렸다. 한국은 중국에 이어 금메달 79개를 얻어 종합 2위를 차지했다. 북한도 참가하여 금메달 11개를 획득하여 종합 7위를 기록했다. 10월 4일의 폐막식에는 북한의 군총정치국장 황병서, 노동당 비서 최룡해, 통일전선부장 김양건 등이 방한하여 참관하고, 김관진 청와대 안보실장과 홍용표 통일부 장관 등을 만나고 돌아갔다. 북한의 온건파로 알려진 김양건은 2015년 12월에 세상을 떠났다.

2016년 8월 6일부터 브라질 리우 올림픽이 개최되었는데, 한국은 금메달 9개를 획득하여 종합성적 8위를 기록했다.

한국은 지금 2018년 2월에 열릴 평창 동계올림픽을 성공적으로 개최하기 위해 만반의 준비를 갖추고 있다. 북한의 참가 여부가 큰 관심사로 떠오르고 있다.

4. 제20대 총선과 제19대 대통령 선거

　　2012년 제18대 대통령 선거에서 패배한 민주당은 김한길을 대표로 선출하여 새 진로를 모색하기 시작했으며, 문재인에게 대통령 후보 자리를 내준 안철수는 서울 노원구에서 국회의원으로 당선되어 국회에 입성한 뒤 2013년 11월에 '새정치연합'을 조직했다. 그 뒤 2014년 3월 26일에 민주당의 김한길 대표와 안철수 대표는 손을 잡고 두 정당을 합쳐서 '새정치민주연합'을 창당하고 공동대표를 맡았다. 그러나 2014년 7월 30일 치러진 국회의원 재보궐선거에서 여당인 새누리당이 11석을 얻고 새정치민주연합은 4석을 얻는 데 그치자 두 대표가 대표직에서 물러났다. 그러나 2015년 4월 29일에 치른 보궐선거에서도 새정치민주연합은 또다시 완패했다. 이에 안철수 의원이 2015년 12월 13일에 새정치민주연합을 탈당하고, 이어 2016년 1월 4일에 김한길 의원도 탈당하여 정계를 은퇴했다.

　　2016년 2월 2일 안철수는 광주에서 국회의원에 당선된 천정배와 손잡고 '국민의당'을 창당했는데, 17명의 국회의원을 확보했으나 교섭단체를 형성하지는 못했다.

　　2016년 4월 13일에 제20대 총선이 실시된 결과 더불어민주당이 123석을 얻어 원내1당이 되어 파란을 일으켰다. 여당인 새누리당이 122석, 국민의당이 38석을 얻었고, 정의당은 6석을 얻었다. 통진당[통합진보당; 대표 이정희]은 일부 당원이 내란을 도모했다는 이유로 2014년 12월 19일 헌법재판소에서 해산 결정이 내려져 총선에 출마하지 못했고, 그 소속의원이던 이석기 의원은 체포되어 2015년 1월 22일에 대법원에서 내란선동죄와 국가보안법 위반죄로 징역 9년을 선고받았다.

　　이번 총선거 결과 여당이 참패하고 야당이 다수당이 된 것은 박근혜 대통령의 인기가 하락한 추세와 맞물려 여당에 대한 국민의 심판이 크게 작용한 것이었다.

　　본래 2017년 12월로 예정되었던 제19대 대통령 선거는 박 대통령이 3월 10일 퇴진하면서 두 달 뒤인 5월 9일로 앞당겨졌다. 19대 대선에서는 '더불어민주당', 새누리당 잔류파가 당명을 개정한 '자유한국당', '국민의당', 새누리당 탈당파들이 만든 '바른정당', 그리고 '정의당' 등 다섯 정당이 경쟁을 벌였다. 자유한국당은 유엔 사무총장직을 마친 보수성향의 반기문潘基文(1944~)을 후보로 영입하려 했으나 반기문은 인기가 떨어진 자유한국당보다는 범 보수진영의 통합후보로 추대되기를 기대했고 뜻이 이루어지지 않자 중도에 하차했다. 이후 황교안 총리를 후보로 내세우려 했으나 선거를 관리할 당사자가 대선에 출마하는 것은 부적절하다는 여론에

문재인 대통령 취임식

밀려 그만두고, 그 대신 경남지사였던 홍준표를 대선 후보로 내세웠다. 바른정당은 유승민을 후보로 선출하고, 더불어민주당은 여론조사에서 계속 1등을 달리던 문재인을 후보로 내세웠다. 국민의당은 안철수, 그리고 정의당은 심상정을 각각 후보로 내세웠다.

　　선거결과 문재인이 41.1%의 득표율로 대통령에 당선되고, 2위는 홍준표 후보로 24%, 안철수 후보는 21.4%, 그리고 유승민과 심상정 후보는 각각 7%

대의 득표를 했다. 홍준표 후보와 안철수 후보의 득표율을 합치면 45%를 넘어 문재인 후보를 앞지를 수도 있었으나 홍 후보는 보수를 지향하고 안 후보는 중도를 표방하여 단일화가 이루어지지 못했다.

대통령에 당선되면 2개월 뒤에 취임하는 것이 관례였지만, 대통령이 부재중이므로 당선된 다음 날 국회에서 약식으로 취임식을 거행했다. 이로써 정권은 10년 만에 야당으로 넘어갔다.

5. 최근 북한의 경제 사정

북한 경제는 1960년대 중반까지는 고도성장을 기록하다가 1960년대 후반기 이후부터 자본 부족, 기술낙후, 과도한 군사비 지출, 주민의 생산의욕 저하 등으로 침체의 길을 걸어가서 1970년대 중반 이후로 국민총생산에서 남한에 추월당했는데, 그로부터 40년이 지난 지금에는 남한 국민총생산은 북한의 약 40배로 늘어나고, 1인당 국민소득은 북한이 약 1,200달러, 남한이 약 2만 8천 달러로 약 24배의 격차를 보이고 있다. 무역총액은 남한이 1조 달러를 넘어섰으나, 북한은 40억 달러 수준에 머물고 있어 거의 250배의 격차를 보이고 있다.

북한은 경제침체를 타개하기 위해 시장개방과 시장경제의 도입이 불가피함을 깨닫고 1984년에 이른바 〈합영법〉(1984. 9. 8)을 만들어 국내자본과 외국자본이 공동으로 투자하고 공동으로 운영하여 투자 몫에 따라 이익을 분배하도록 했다. 1990년대에는 합영법에서 한 걸음 더 나아가 '경제특구'를 만들기 시작하여 먼저 함경도의 국경지대인 나진-선봉지역에 경제특구를 만들었다(1991). 그러나 외국 기업의 투자가 부진한 가운데 1995년 이후에는 해마다 대홍수까지 겹쳐 1990~1998년의 연평균 경제성장률은 -3.8%를 기록하고 극심한 식량난을 불러왔다. 북한은 이 시기를 '고난의 행군'으로 부르면서 주민의 인내를 강요했으나 배고픔을 이기지 못한 주민들이 목숨을 걸고 두만강과 압록강의 국경을 넘어 중국으로 탈출하는 사태가 봇물 터지듯 일어났다. 2017년 현재 남한으로 내려온 북한 이탈민은 약 3만 명에 이르고 있다.

그러나 2000년대 이후로 북한의 경제 사정은 다소 나아졌다. 1998년에 남한에 김대중 정부가 들어서서 대북포용정책을 추진하고, 이어 2003년에 노무현 정부가 들어서서 대북포용정책을 이어가면서 북한의 경제 사정이 다소 호전되어갔다. 여기에 금강산관광사업(1998)이 시작되고, 개성공단 조업이 가동되고(2004), 남북 간 교역량도 늘어나서 2004년 당시 남북 간 교역량은 북한 전체교역량의 약 20%를 차지했다.

북한은 2002년 7월 1일 이른바 '7.1 경제관리개선조치'를 내려 공장기업소의 책임경영제와 독립채산제를 허용하고, 식량배급제를 중단하고 시장개설을 허용했다. 이에 따라 전국적으로 많은 장마당이 들어서고 매매가 활성화되면서 2006년과 2007년을 제외하고는 경제성장률이 마이너스에서 플러스로 돌아서고, 일부 부유한 계층도 나타났다. 그러나 인플레이션으로 물가가 뛰어오르고 빈부격차가 커지는 부작용이 일어나 체제에 대한 위협이 갈수록 커지자 2009년 12월 1일에 화폐개혁을 단행하여 100대 1로 돈을 바꾸어 주었다. 그 결과 부자들이 심각한 경제적 타격을 입었을 뿐 경제 사정이 호전되지는 못했다.

북한은 경제난을 타개하기 위해 2002년에는 나진-선봉지역에 이어 신의주에도 경제특구를 만들어 외국 기업이 들어와서 자유롭게 기업활동을 할 수 있도록 했다. 무역, 상업, 공업, 첨단과학, 관광, 오락 산업 등이 모두 허용되었다. 그러나 교통과 통신시설이 낙후되고, 전력이 부족한 데다, 미국과 일본 및 서유럽 여러 나라들은 북한에 투자하지 않고 오히려 경제 제재를 가하고 있기 때문에 경제특구는 일본 조총련기업 몇 개만 들어왔다가 철수하여 실패로 돌아갔다.

2008년 이후로 남한에 보수적인 이명박 정부가 들어서고, 이어 2013년에 박근혜 정부가 들어서자 북한의 경제 사정은 더욱 악화되었다. 특히 2010년 3월 천안함폭침사건으로 남한이 '5·24 조치'를 내려 북한에 대한 경제교역과 경제지원을 전면적으로 중단하면서 북한의 경제 사정은 최악의 상황을 맞이했다.

설상가상으로 2012년 김정은 정권이 등장한 뒤로 2012년 12월 12일 대륙간탄도탄을 발사하여 성공시키고, 2013년 2월 12일 제3차 핵실험을 감행하고, 이어 2013년 12월 12일 장성택張成澤이 처형되면서 이에 분개한 중국이 경제지원을 대폭 축소시키자 대외경제 의존도가 가장 큰 중국마저 등을 돌리게 되어 사면초가의 어려움에 빠지게 되었다. 북한은 2013년에 73억 달러[한국의 0.41%]의 무역규모를 기록했는데, 그 가운데 89%가 대중국무역으로 중국에 대한 의존도가 얼마나 큰지를 알 수 있다. 중국에 나가는 수출품은 석탄과 광물이 가장 큰 비중을 차지하고 있다. 이렇게 벌어들인 돈을 신무기개발에 쏟아붓고, 여기에 마식령 스키장, 평양 물놀이공원, 승마장 건설 등 일부 부유층을 대상으로 한 오락시설에 대한 투자가 늘면서 민생은 더욱 어려움을 겪고 있다.

그 뒤로 제4차, 제5차 핵실험을 강행하고 잇따라 장거리 미사일을 쏘아 올리자, 그럴 때마다 미국 및 중국을 비롯한 국제사회의 경제제재가 갈수록 높아져서 더욱 어려움을 겪고 있다. 그럼에도 김정은은 평양에 여명거리, 과학자거리 등을 단시일에 건설하여 초고층 아파트가 즐비한 도시로 만들고, 이를 자신의 업적으로 과시했다.

2017년에 들어와서 북한을 더욱 고립시키는 사건이 발생했다. 이해 2월 13일에 마카오에 살고 있던 김정은의 이복형 김정남(1971~2017)이 말레이시아 수도 쿠알라룸푸르 공항에서 마카오행 비행기에 탑승하려다가 두 여인이 얼굴에 뿌린 독극물 스프레이 공격을 받고 사망했다. 조사 결과 북한대사관이 말레이시아 여성과 인도네시아 여성을 매수하여 일어난 사건으로 밝혀졌다. 그러나 북한은 이를 부인하여 두 나라 관계가 악화되고 말레이시아는 북한 노동자를 추방하는 조치를 취했다.

북한이 김정남을 제거한 이유는 확실치 않으나 자유세계로 망명할 가능성을 두려워했다는 설이 있다. 그 뒤 김정남의 아들 김한솔은 자유세계로 망명했다.

결론-새 천년을 열면서
법고창신法古創新의 새 문명을 기대한다.

한국인은 수십만 년 전 구석기시대부터 지금에 이르기까지 기나긴 역사의 대장정을 이어왔다. 그러나 엄밀히 말해서 역사에 끝이 어디 있는가. 21세기 초의 정거장에서 잠시 쉬고 있다고 하는 것이 적절한 표현일 것이다. 역사는 끝없이 이어지는 기나긴 릴레이 경주다. 오늘을 살고 있는 우리는 그 릴레이에서 20세기라는 짧은 한 순간을 뛰면서 앞 주자走者로부터 전달받은 바톤을 21세기 주자에게 넘겨주고 있을 뿐이다.

19세기까지는 어떻게 뛰어 왔는가. 우리는 20세기를 어떻게 뛰었는가. 21세기 주자는 어떻게 뛰어야 하는가.

크게 보면 역사의 굽이굽이마다 주자의 영웅상이 달랐다. 태초에는 신화神話 속의 하느님이 영웅이었다. 그래서 절대자인 하늘을 바라보고 하늘에 복종하면서 하늘로 돌아가기 위해 뛰었다. 고대에는 부처님이 영웅이었다. 부처님은 하늘이 아닌 인간이로되 진리를 깨친 각자覺者였다. 그래서 부처가 되려는 꿈을 안고 뛰었다. 그 다음에는 공자孔子가 영웅이었다. 공자는 각자覺者에는 이르지 못했으나, 보통사람보다 도덕수양을 많이 닦은 군자君子였다.

하느님에서, 부처를 거쳐 공자에 이르는 영웅상은 한결같이 도덕성을 대표하는 존재다. 그러나 하느님보다는 부처가 도달하기 쉽고, 부처보다는 공자가 더 보통사람과 가까웠다. 그래서 우리의 역사는 도덕성을 지향하여 살아왔으면서도, 그 영웅상의 눈높이를 단계적으로 낮추어 왔다. 그것이 바로 수직사회가 수평사회로 가는 과정이었다. 도덕성을 바탕으로 민주화를 추구하면서 살아온 셈이다.

20세기는 전혀 다른 영웅이 탄생했다. 모두가 서양 영웅이라는 것이 옛날과 다른 점이다. 아마 예수와 마르크스가 가장 큰 영웅이었을 것이다. 이들도 사랑을 전도했다. 그러나 예수는 개인사랑을 찾아주었고, 마르크스는 계급사랑을 심어주었다. 옛날의 영웅이 공동체사랑을 심어준 것과 다르다. 공동체사랑은 '안정'과 '평화'에 기여했으나, 개인사랑과 계급사랑은 공동체간의 갈등과 투쟁을 유발하면서 '발전'이라는 새로운 신화를 창조했다. 그래서 20세기는 미증유의 '발전의 시대'가 되었다. 발전의 시대는 '도덕'이 정의라기보다는 '힘'이 정의였다.

부도덕한 힘의 경쟁은, 원래 경쟁적 전통에서 살아온 서양보다도, 안정과 평화지향의 전통적 가치가 무너진 한국사회가 더 심했다. 그래서 20세기 한국은 지구상에서 가장 발전이 빠르고 그만큼 도덕성이 무너진 국가라 해도 과언이 아니다. 이것이 20세기 한국인 자화상의 빛과 그늘이다.

20세기 한국사를 서술하면서 느끼는 것은 경제와 기술의 끊임없는 성장과 정치의 끊임없는 타락이다. 정치는 그 시대 모든 것의 총화다. 그러므로 정치의 타락은 사회의 타락과 경제 그 자체의 타락을 의미한다. 그러니까 경제성장이나 기술의 성장도 극히 부도덕한 성장이었다는 뜻이다. 이는 인체에 비유하면, 상체와 하체가 고르게 건강하지 못하고, 하체만 키우려다가 상체가 병들고 급기야는 하체까지 병들어 중병에 걸린 형국과 같다고 할 수 있다.

우리는 분명 심각한 한국병에 걸려 있다. 이를 어떻게 치유하느냐에 21세기 운명이 걸려 있다. 이제 가야 할 길은 명확하다. 개인과 계급에 대한 사랑과 더불어 공동체에 대한 사랑을 회복해야 한다. 인간과 인간, 인간과 자연이 모두 한몸이라는 공동체정신이 그립다. 그런 점에서 옛날 영웅이 다시 주목되어야 한다. 옛날 영웅이 만들어낸 공동체정신이 곧 홍익인간이고, 홍익인간이 곧 선비정신이다.

21세기는 통일의 시대가 될 것이고, 또 그렇게 되어야 한다. 통일이 무엇인가. 공동체로 하나가 되는 것이 아닌가. 남과 북이 한몸이 되기 위해서는 하나의 영웅이 탄생해야 할 것이다. 그 영웅은 예수도, 마르크스도, 부처도, 공자도 아니다. 이 모두를 합한 것이어야 한다. 새로운 영웅을 탄생시키는 것은 결코 쉬운 일이 아니다. 그러나 그 길밖에 다른 길은 없다.

새로운 영웅의 창조는 한국인의 길인 동시에 세계인이 함께 가야할 길이기도 하다. 서양도 병들기는 마찬가지이기 때문이다. 서양도 가족공동체와 사회공동체와 나라공동체와 세계공동체를 사랑해야 한다.

한국인은 동양문명의 정수를 품고 살아온 민족이다. 그리고 나서 서양문명의 장단점을 뼈저리게 체험한 민족이기도 하다. 여기서 새로운 문명이 탄생할 개연성이 있고, 책임과 사명감도 가져야 하는 것이 아닌가.

역사의 진행은 인간의 자기최면에 의해서 깊이 좌우된다. 새로운 문명의 창조와 더불어 우리가 걸어야 할 또 하나의 최면은 300년 주기의 중흥中興의 역사다. 12세기의 고려중기, 15세기의 세종시대, 18세기의 영·정조 시대가 300년 주기의 중흥을 의미한다. 21세기는 18세기를 뒤이은 또 한 번의 주기다. 이 주기를 문화대국文化大國으로 도약하는 전기로 끌어안아야 한다.

새로운 문화영웅은 앞에서 말한 동양과 서양영웅을 합한 제3의 존재여야 한다. 그리고 그러한 영웅을 만드는 길은 중흥의 시대에 우리 조상들이 걸었던 바로 법고창신法古創新의 길이고, 선비정신의 길이기도 할 것이다. 옛것도 사랑하고 새것도 사랑하자. 여기서 미래의 희망을 걸자.

2014년 갑오년 제2 전면개정

부록

한국의 유네스코유산

세계유산(문화, 자연, 복합유산)

한국의 서원(2019)
산사, 한국의 산지 승원(2018)
백제역사유적지구(2015)
남한산성(2014)
한국의 역사마을 : 하회와 양동(2010)
조선 왕릉(2009)
제주 화산섬과 용암 동굴(2007)

경주역사유적지구(2000)
고창, 화순, 강화의 고인돌 유적(2000)
창덕궁(1997)
수원 화성(1997)
해인사 장경판전(1995)
종묘(1995)
석굴암과 불국사(1995)

인류무형문화유산

씨름 (2018)
제주해녀문화(2016)
줄다리기(2015)
농악農樂(2014)
김장, 김치를 담그고 나누는 문화(2013)
아리랑, 한국의 서정민요(2012)
줄타기(2011)
택견, 한국의 전통 무술(2011)
한산韓山 모시짜기(2011)
대목장大木匠, 한국의 전통 목조 건축(2010)

매사냥, 살아있는 인류 유산(2010)
가곡歌曲, 국악 관현반주로 부르는 서정적 노래(2010)
처용무(2009)
강강술래(2009)
제주 칠머리당 영등굿(2009)
남사당놀이(2009)
영산재(2009)
강릉단오제(2005)
판소리(2003)
종묘제례宗廟祭禮 및 종묘제례악宗廟祭禮樂(2001)

세계기록유산

조선왕실 어보와 어책(2017)
국채보상운동 기록물(2017)
조선통신사에 관한 기록(2017)
『무예도보통지』(2017; 북한)
한국의 유교책판(2015)
KBS특별생방송 '이산가족을 찾습니다' 기록물(2015)
새마을운동 기록물(2013)
『난중일기亂中日記』: 이순신 장군의 진중일기陣中日記
(2013)
『일성록日省錄』(2011)

1980년 인권기록유산 5·18 광주 민주화운동 기록물
(2011)
『동의보감東醫寶鑑』(2009)
조선왕조 『의궤儀軌』(2007)
고려대장경판 및 제경판高麗大藏經板–諸經板(2007)
『승정원일기承政院日記』(2001)
『불조직지심체요절佛祖直指心體要節』 하권下卷(2001)
『조선왕조실록』(1997)
『훈민정음(해례본)』(1997)

*( ) 안은 등재 연도

왕실세계도

古朝鮮·衛滿朝鮮·夫餘·高句麗·百濟·本加耶·大加耶·新羅·渤海·高麗·朝鮮

* ( )에는 이름, 재위년, 생몰년을 기록　　* 직계는 ──로, 방계는 ·····로 표시
* ══에는 배우자를 기록　　* [ ]에는 妃의 父를 기록　　* 〈 〉에는 공주의 배우자를 기록

古 朝 鮮

桓因 ── 桓雄
환인　　환웅
╠══════ 檀君王儉 (서기전 2333~ ?) ··· 否王 ─ 準王
熊女　　단군왕검　　　　　　　　부왕　준왕
웅녀

衛 滿 朝 鮮

衛滿王 ───── ? ───── 右渠王 ───── 長
위만왕　　　　　　　　우거왕　　　　장

夫 餘

···· 始王 ─ 尉仇台 ···· 夫台王 ······· 尉仇台王
시왕　　위구태　　부태왕　　　위구태왕

── 簡位居王 ── 麻余王 ── 依慮王 ········ 依羅王 ····· 玄王
간위거왕　　마여왕　　의려왕　　　의라왕　　　현왕

── ? ── 位居 위거
── ? ── ?

高 句 麗

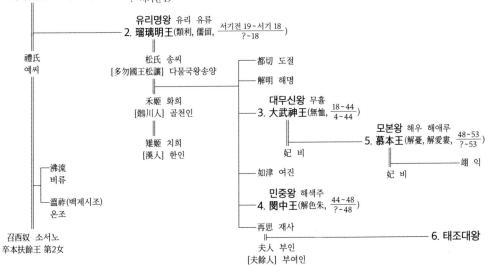

동명성왕 주몽 추모 중해
1. 東明聖王 (朱蒙, 鄒牟, 衆解, 서기전 37~서기전 19 / ?~서기전 19)

유리명왕 유리 유류
2. 瑠璃明王 (類利, 儒留, 서기전 19~서기 18 / ?~18)

禮氏
예씨

松氏 송씨
[多勿國王松讓] 다물국왕송양

都切 도절
解明 해명

禾姬 화희
[鶻川人] 골천인

대무신왕 무휼
3. 大武神王 (無恤, 18~44 / 4~44)

雉姬 치희
[漢人] 한인

妃 비

모본왕 해우 해애루
5. 慕本王 (解憂, 解愛婁, 48~53 / ?~53)

翊 익
妃 비

如津 여진

민중왕 해색주
4. 閔中王 (解色朱, 44~48 / ?~48)

沸流
비류

溫祚 (백제시조)
온조

再思 재사

6. 태조대왕

召西奴 소서노
卒本扶餘王 第2女

夫人 부인
[夫餘人] 부여인

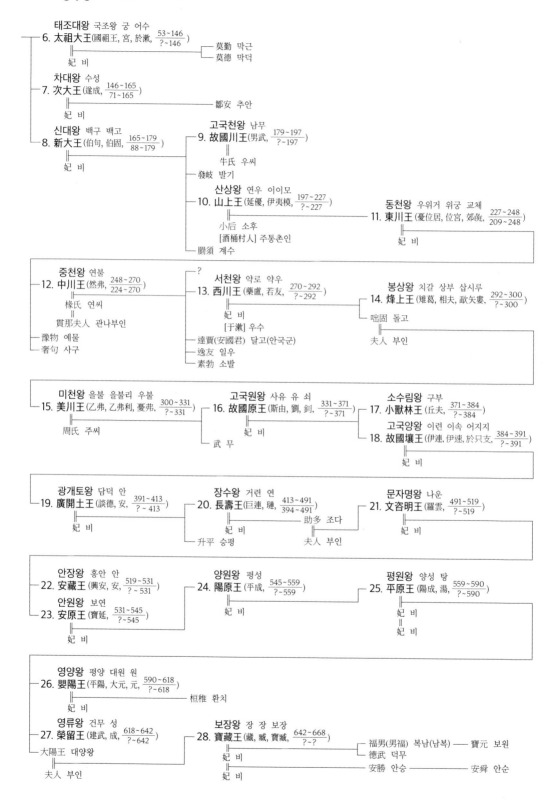

태조대왕 국조왕 궁 어수
6. 太祖大王(國祖王, 宮, 於漱, $\frac{53\sim146}{?\sim146}$)
‖
妃 비
莫勤 막근
莫德 막덕

차대왕 수성
7. 次大王(遂成, $\frac{146\sim165}{71\sim165}$)
‖
妃 비
鄒安 추안

신대왕 백구 백고
8. 新大王(伯句, 伯固, $\frac{165\sim179}{88\sim179}$)
‖
妃 비

고국천왕 남무
9. 故國川王(男武, $\frac{179\sim197}{?\sim197}$)
‖
牛氏 우씨
發岐 발기

산상왕 연우 이이모
10. 山上王(延優, 伊夷模, $\frac{197\sim227}{?\sim227}$)
‖
小后 소후
[酒桶村人] 주통촌인
罽須 계수

동천왕 우위거 위궁 교체
11. 東川王(憂位居, 位宮, 郊彘, $\frac{227\sim248}{209\sim248}$)
‖
妃 비

중천왕 연불
12. 中川王(然弗, $\frac{248\sim270}{224\sim270}$)
‖
椽氏 연씨
‖
貫那夫人 관나부인
豫物 예물
奢句 사구

?
서천왕 약로 약우
13. 西川王(藥盧, 若友, $\frac{270\sim292}{?\sim292}$)
‖
妃 비
[于漱] 우수
達賈(安國君) 달고(안국군)
逸友 일우
素勃 소발

봉상왕 치갈 상부 삽시루
14. 烽上王(雉葛, 相夫, 歃矢婁, $\frac{292\sim300}{?\sim300}$)
咄固 돌고
‖
夫人 부인

미천왕 을불 을불리 우불
15. 美川王(乙弗, 乙弗利, 憂弗, $\frac{300\sim331}{?\sim331}$)
‖
周氏 주씨
武 무

고국원왕 사유 유 쇠
16. 故國原王(斯由, 劉, 釗, $\frac{331\sim371}{?\sim371}$)
‖
妃 비

소수림왕 구부
17. 小獸林王(丘夫, $\frac{371\sim384}{?\sim384}$)

고국양왕 이련 이속 어지지
18. 故國壤王(伊連, 伊速, 於只支, $\frac{384\sim391}{?\sim391}$)
‖
妃 비

광개토왕 담덕 안
19. 廣開土王(談德, 安, $\frac{391\sim413}{?\sim413}$)
‖
妃 비

장수왕 거련 연
20. 長壽王(巨連, 璉, $\frac{413\sim491}{394\sim491}$)
‖
妃 비
升平 승평
助多 조다

문자명왕 나운
21. 文咨明王(羅雲, $\frac{491\sim519}{?\sim519}$)
‖
妃 비
夫人 부인

안장왕 흥안 안
22. 安藏王(興安, 安, $\frac{519\sim531}{?\sim531}$)

안원왕 보연
23. 安原王(寶延, $\frac{531\sim545}{?\sim545}$)
‖
妃 비

양원왕 평성
24. 陽原王(平成, $\frac{545\sim559}{?\sim559}$)
‖
妃 비

평원왕 양성 탕
25. 平原王(陽成, 湯, $\frac{559\sim590}{?\sim590}$)
‖
妃 비
‖
妃 비

영양왕 평양 대원 원
26. 嬰陽王(平陽, 大元, 元, $\frac{590\sim618}{?\sim618}$)
‖
妃 비
桓稚 환치

영류왕 건무 성
27. 榮留王(建武, 成, $\frac{618\sim642}{?\sim642}$)
大陽王 대양왕
‖
夫人 부인

보장왕 장 장 보장
28. 寶藏王(藏, 臧, 寶臧, $\frac{642\sim668}{?\sim?}$)
‖
妃 비
‖
妃 비
福男(男福) 복남(남복) —— 寶元 보원
德武 덕무
安勝 안승 —— 安舜 안순

百　　　濟

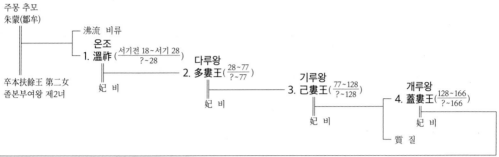

주몽 추모
朱蒙(鄒牟)

沸流 비류

온조
1. 溫祚($\frac{서기전\ 18\sim서기\ 28}{?\sim28}$)

卒本扶餘王 第二女
졸본부여왕 제2녀

妃 비

다루왕
2. 多婁王($\frac{28\sim77}{?\sim77}$)

妃 비

기루왕
3. 己婁王($\frac{77\sim128}{?\sim128}$)

妃 비

개루왕
4. 蓋婁王($\frac{128\sim166}{?\sim166}$)

妃 비

質 질

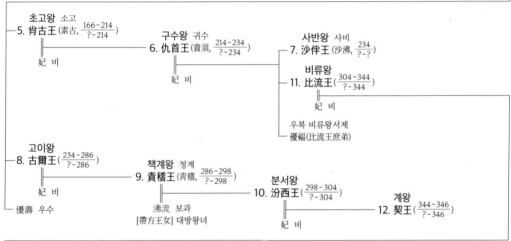

초고왕 소고
5. 肖古王(素古, $\frac{166\sim214}{?\sim214}$)

妃 비

구수왕 귀수
6. 仇首王(貴須, $\frac{214\sim234}{?\sim234}$)

妃 비

사반왕 사비
7. 沙伴王(沙沸, $\frac{234}{?\sim?}$)

비류왕
11. 比流王($\frac{304\sim344}{?\sim344}$)

妃 비

우복 비류왕서제
優福(比流王庶弟)

고이왕
8. 古爾王($\frac{234\sim286}{?\sim286}$)

妃 비

優壽 우수

책계왕 청계
9. 責稽王(靑稽, $\frac{286\sim298}{?\sim298}$)

沸流 보과
[帶方王女] 대방왕녀

분서왕
10. 汾西王($\frac{298\sim304}{?\sim304}$)

妃 비

계왕
12. 契王($\frac{344\sim346}{?\sim346}$)

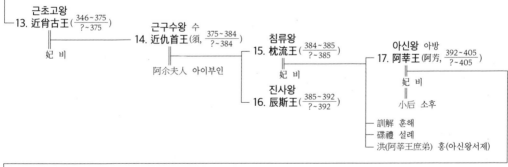

근초고왕
13. 近肖古王($\frac{346\sim375}{?\sim375}$)

妃 비

근구수왕 수
14. 近仇首王(須, $\frac{375\sim384}{?\sim384}$)

阿尒夫人 아이부인

침류왕
15. 枕流王($\frac{384\sim385}{?\sim385}$)

妃 비

진사왕
16. 辰斯王($\frac{385\sim392}{?\sim392}$)

아신왕 아방
17. 阿莘王(阿芳, $\frac{392\sim405}{?\sim405}$)

妃 비

小后 소후

訓解 훈해
碟禮 설례
洪(阿莘王庶弟) 홍(아신왕서제)

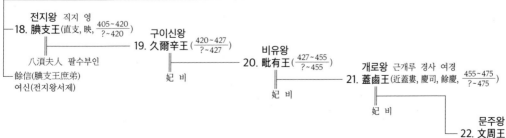

전지왕 직지 영
18. 腆支王(直支, 映, $\frac{405\sim420}{?\sim420}$)

八湏夫人 팔수부인

餘信(腆支王庶弟)
여신(전지왕서제)

구이신왕
19. 久爾辛王($\frac{420\sim427}{?\sim427}$)

妃 비

비유왕
20. 毗有王($\frac{427\sim455}{?\sim455}$)

개로왕 근개루 경사 여경
21. 蓋鹵王(近蓋婁, 慶司, 餘慶, $\frac{455\sim475}{?\sim475}$)

妃 비

문주왕
22. 文周王

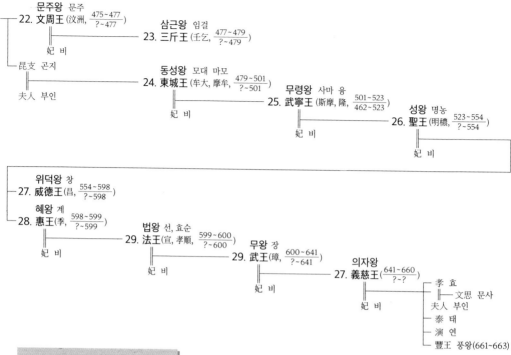

문주왕 문주
22. 文周王 (汶洲, $\frac{475\sim477}{?\sim477}$)
妃 비

삼근왕 임걸
23. 三斤王 (壬乞, $\frac{477\sim479}{?\sim479}$)

昆支 곤지
夫人 부인

동성왕 모대 마모
24. 東城王 (牟大, 摩车, $\frac{479\sim501}{?\sim501}$)
妃 비

무령왕 사마 융
25. 武寧王 (斯摩, 隆, $\frac{501\sim523}{462\sim523}$)
妃 비

성왕 명농
26. 聖王 (明穠, $\frac{523\sim554}{?\sim554}$)
妃 비

위덕왕 창
27. 威德王 (昌, $\frac{554\sim598}{?\sim598}$)

혜왕 계
28. 惠王 (季, $\frac{598\sim599}{?\sim599}$)
妃 비

법왕 선, 효순
29. 法王 (宣, 孝順, $\frac{599\sim600}{?\sim600}$)
妃 비

무왕 장
29. 武王 (璋, $\frac{600\sim641}{?\sim641}$)
妃 비

의자왕
27. 義慈王 ($\frac{641\sim660}{?\sim?}$)
妃 비

孝 효
文思 문사
夫人 부인
泰 태
演 연
豐王 풍왕(661~663)

本 加 耶 (金官伽倻)

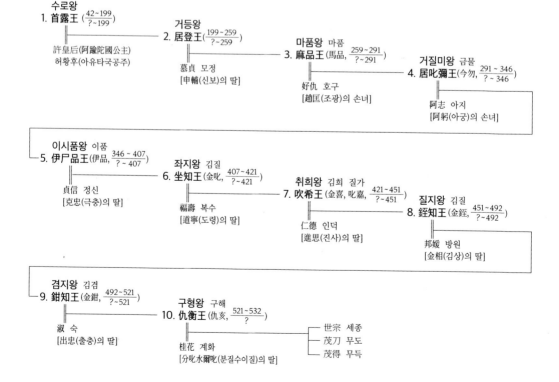

수로왕
1. 首露王 ($\frac{42\sim199}{?\sim199}$)
許皇后 (阿踰陀國公主)
허황후 (아유타국공주)

거등왕
2. 居登王 ($\frac{199\sim259}{?\sim259}$)
慕貞 모정
[申輔(신보)의 딸]

마품왕 마품
3. 麻品王 (馬品, $\frac{259\sim291}{?\sim291}$)
好仇 호구
[趙匡(조광)의 손녀]

거질미왕 금물
4. 居叱彌王 (今勿, $\frac{291\sim346}{?\sim346}$)
阿志 아지
[阿躬(아궁)의 손녀]

이시품왕 이품
5. 伊尸品王 (伊品, $\frac{346\sim407}{?\sim407}$)
貞信 정신
[克忠(극충)의 딸]

좌지왕 김질
6. 坐知王 (金叱, $\frac{407\sim421}{?\sim421}$)
福壽 복수
[道寧(도령)의 딸]

취희왕 김희 질가
7. 吹希王 (金喜, 叱嘉, $\frac{421\sim451}{?\sim451}$)
仁德 인덕
[進思(진사)의 딸]

질지왕 김질
8. 銍知王 (金銍, $\frac{451\sim492}{?\sim492}$)
邦媛 방원
[金相(김상)의 딸]

겸지왕 김겸
9. 鉗知王 (金鉗, $\frac{492\sim521}{?\sim521}$)
淑 숙
[出忠(출충)의 딸]

구형왕 구해
10. 仇衡王 (仇亥, $\frac{521\sim532}{?}$)
桂花 계화
[分叱水爾叱(분질수이질)의 딸]

世宗 세종
茂刀 무도
茂得 무득

大 加 耶

이진아시왕
1. 伊珍阿豉王 ························· 9. 異腦王 ──
이뇌왕

월광태자
月光太子 ····················· 16. 道設智王
도설지왕

新 羅

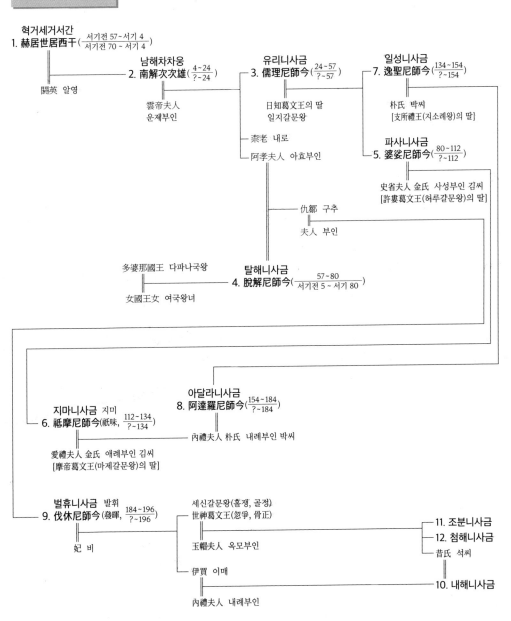

혁거세거서간
1. 赫居世居西干 $\left(\frac{\text{서기전 }57 \sim \text{서기 }4}{\text{서기전 }70 \sim \text{서기 }4}\right)$

閼英 알영

남해차차웅
2. 南解次次雄 $\left(\frac{4 \sim 24}{? \sim 24}\right)$

雲帝夫人
운제부인

유리니사금
3. 儒理尼師今 $\left(\frac{24 \sim 57}{? \sim 57}\right)$

日知葛文王의 딸
일지갈문왕

崇老 내로

阿孝夫人 아효부인

일성니사금
7. 逸聖尼師今 $\left(\frac{134 \sim 154}{? \sim 154}\right)$

朴氏 박씨
[支所禮王(지소례왕)의 딸]

파사니사금
5. 婆娑尼師今 $\left(\frac{80 \sim 112}{? \sim 112}\right)$

史省夫人 金氏 사성부인 김씨
[許婁葛文王(허루갈문왕)의 딸]

仇鄒 구추

夫人 부인

多婆那國王 다파나국왕

女國王女 여국왕녀

탈해니사금
4. 脫解尼師今 $\left(\frac{57 \sim 80}{\text{서기전 }5 \sim \text{서기 }80}\right)$

아달라니사금
8. 阿達羅尼師今 $\left(\frac{154 \sim 184}{? \sim 184}\right)$

지마니사금 지미
6. 祗摩尼師今 (祇味, $\frac{112 \sim 134}{? \sim 134}$)

愛禮夫人 金氏 애례부인 김씨
[摩帝葛文王(마제갈문왕)의 딸]

內禮夫人 朴氏 내례부인 박씨

벌휴니사금 발휘
9. 伐休尼師今 (發暉, $\frac{184 \sim 196}{? \sim 196}$)

妃 비

세신갈문왕(홀쟁, 골정)
世神葛文王(忽爭, 骨正)

玉帽夫人 옥모부인

伊買 이매

內禮夫人 내례부인

11. 조분니사금

12. 첨해니사금

昔氏 석씨

10. 내해니사금

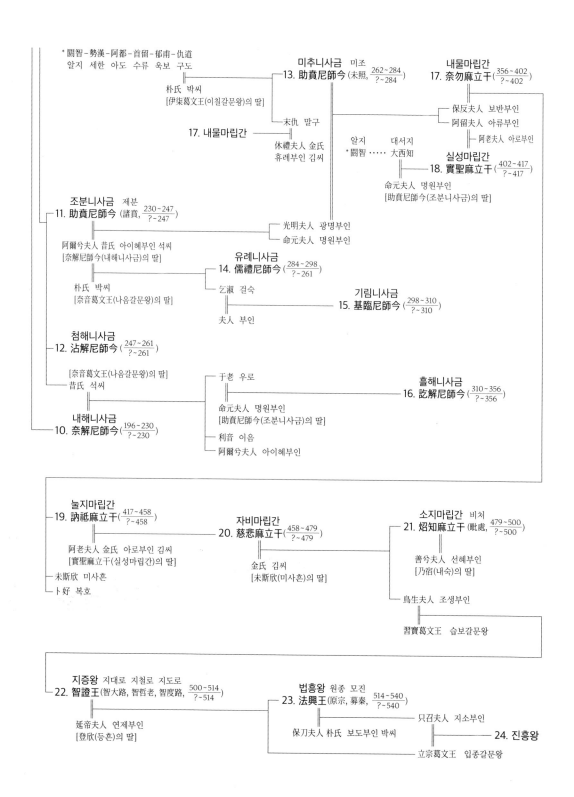

* 閼智-勢漢-阿都-首留-郁甫-仇道
　알지　세한　아도　수류　옥보　구도

미추니사금　미조
13. 助賁尼師今 (未照, $\frac{262\sim284}{?\sim284}$)

내물마립간
17. 奈勿麻立干 ($\frac{356\sim402}{?\sim402}$)

朴氏 박씨
[伊柴葛文王(이칠갈문왕)의 딸]

末仇 말구

17. 내물마립간

休禮夫人 金氏
휴례부인 김씨

保反夫人 보반부인
阿留夫人 아류부인

阿老夫人 아로부인

알지
* 閼智 ‥‥

대서지
大西知

실성마립간
18. 實聖麻立干 ($\frac{402\sim417}{?\sim417}$)

命元夫人 명원부인
[助賁尼師今(조분니사금)의 딸]

조분니사금　제분
11. 助賁尼師今 (諸賁, $\frac{230\sim247}{?\sim247}$)

阿爾兮夫人 昔氏 아이혜부인 석씨
[奈解尼師今(내해니사금)의 딸]

光明夫人 광명부인
命元夫人 명원부인

유례니사금
14. 儒禮尼師今 ($\frac{284\sim298}{?\sim261}$)

乞淑 걸숙

기림니사금
15. 基臨尼師今 ($\frac{298\sim310}{?\sim310}$)

朴氏 박씨
[奈音葛文王(나음갈문왕)의 딸]

夫人 부인

첨해니사금
12. 沾解尼師今 ($\frac{247\sim261}{?\sim261}$)

[奈音葛文王(나음갈문왕)의 딸]
昔氏 석씨

于老 우로

흘해니사금
16. 訖解尼師今 ($\frac{310\sim356}{?\sim356}$)

命元夫人 명원부인
[助賁尼師今(조분니사금)의 딸]

내해니사금
10. 奈解尼師今 ($\frac{196\sim230}{?\sim230}$)

利音 이음

阿爾兮夫人 아이혜부인

눌지마립간
19. 訥祗麻立干 ($\frac{417\sim458}{?\sim458}$)

자비마립간
20. 慈悲麻立干 ($\frac{458\sim479}{?\sim479}$)

소지마립간　비처
21. 炤知麻立干 (毗處, $\frac{479\sim500}{?\sim500}$)

阿老夫人 金氏 아로부인 김씨
[實聖麻立干(실성마립간)의 딸]

未斯欣 미사흔
卜好 복호

金氏 김씨
[未斯欣(미사흔)의 딸]

善兮夫人 선혜부인
[乃宿(내숙)의 딸]

鳥生夫人 조생부인

習寶葛文王 습보갈문왕

지증왕　지대로　지철로　지도로
22. 智證王 (智大路, 智哲老, 智度路, $\frac{500\sim514}{?\sim514}$)

법흥왕　원종　모진
23. 法興王 (原宗, 募秦, $\frac{514\sim540}{?\sim540}$)

延帝夫人 연제부인
[登欣(등흔)의 딸]

保刀夫人 朴氏 보도부인 박씨

只召夫人 지소부인

24. 진흥왕

立宗葛文王 입종갈문왕

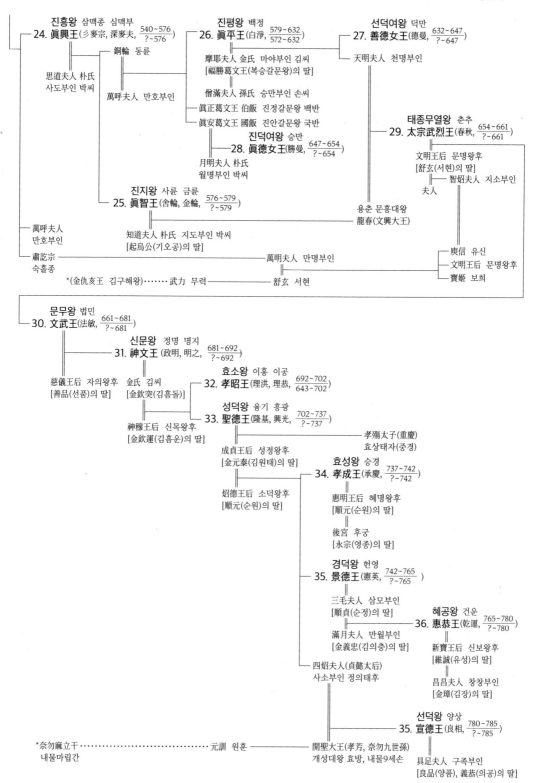

진흥왕 삼맥종 심맥부
24. 眞興王(彡麥宗, 深麥夫, $\frac{540\sim576}{?\sim576}$)

진평왕 백정
26. 眞平王(白淨, $\frac{579\sim632}{572\sim632}$)

선덕여왕 덕만
27. 善德女王(德曼, $\frac{632\sim647}{?\sim647}$)

思道夫人 朴氏
사도부인 박씨

銅輪 동륜

萬呼夫人 만호부인

摩耶夫人 金氏 마야부인 김씨
[福勝葛文王(복승갈문왕)의 딸]

天明夫人 천명부인

僧滿夫人 孫氏 승만부인 손씨
眞正葛文王 伯飯 진정갈문왕 백반
眞安葛文王 國飯 진안갈문왕 국반

태종무열왕 춘추
29. 太宗武烈王(春秋, $\frac{654\sim661}{?\sim661}$)

진덕여왕 승만
28. 眞德女王(勝曼, $\frac{647\sim654}{?\sim654}$)

月明夫人 朴氏
월명부인 박씨

文明王后 문명왕후
[舒玄(서현)의 딸]

智炤夫人 지소부인
夫人

진지왕 사륜 금륜
25. 眞智王(舍輪, 金輪, $\frac{576\sim579}{?\sim579}$)

萬呼夫人
만호부인

知道夫人 朴氏 지도부인 박씨
[起烏公(기오공)의 딸]

용춘 문흥대왕
龍春(文興大王)

肅訖宗
숙흘종

萬明夫人 만명부인

庾信 유신
文明王后 문명왕후
寶姬 보희

*(金仇亥王 김구해왕)……… 武力 무력

舒玄 서현

문무왕 법민
30. 文武王(法敏, $\frac{661\sim681}{?\sim681}$)

신문왕 정명 명지
31. 神文王(政明, 明之, $\frac{681\sim692}{?\sim692}$)

慈儀王后 자의왕후
[善品(선품)의 딸]

金氏 김씨
[金欽突(김흠돌)]

효소왕 이홍 이공
32. 孝昭王(理洪, 理恭, $\frac{692\sim702}{643\sim702}$)

성덕왕 융기 흥광
33. 聖德王(隆基, 興光, $\frac{702\sim737}{?\sim737}$)

神穆王后 신목왕후
[金欽運(김흠운)의 딸]

成貞王后 성정왕후
[金元泰(김원태)의 딸]

孝殤太子(重慶)
효상태자(중경)

효성왕 승경
34. 孝成王(承慶, $\frac{737\sim742}{?\sim742}$)

昭德王后 소덕왕후
[順元(순원)의 딸]

惠明王后 혜명왕후
[順元(순원)의 딸]

後宮 후궁
[永宗(영종)의 딸]

경덕왕 헌영
35. 景德王(憲英, $\frac{742\sim765}{?\sim765}$)

三毛夫人 삼모부인
[順貞(순정)의 딸]

혜공왕 건운
36. 惠恭王(乾運, $\frac{765\sim780}{?\sim780}$)

滿月夫人 만월부인
[金義忠(김의충)의 딸]

新寶王后 신보왕후
[維誠(유성)의 딸]

昌昌夫人 창창부인
[金璋(김장)의 딸]

四炤夫人(貞懿太后)
사소부인 정의태후

선덕왕 양상
35. 宣德王(良相, $\frac{780\sim785}{?\sim785}$)

具足夫人 구족부인
[良品(양품), 義恭(의공)의 딸]

*奈勿麻立干……………………… 元訓 원훈
내물마립간

開聖大王(孝芳, 奈勿九世孫)
개성대왕 효방, 내물9세손

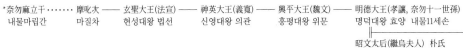

*奈勿麻立干 ······ 摩叱次 —— 玄聖大王(法宣) —— 神英大王(義寬) —— 興平大王(魏文) —— 明德大王(孝讓, 奈勿十一世孫)
내물마립간　　마질차　　현성대왕 법선　　신영대왕 의관　　흥평대왕 위문　　명덕대왕 효양　내물11세손

昭文太后(繼烏夫人)　朴氏
소문태후 계오부인　박씨

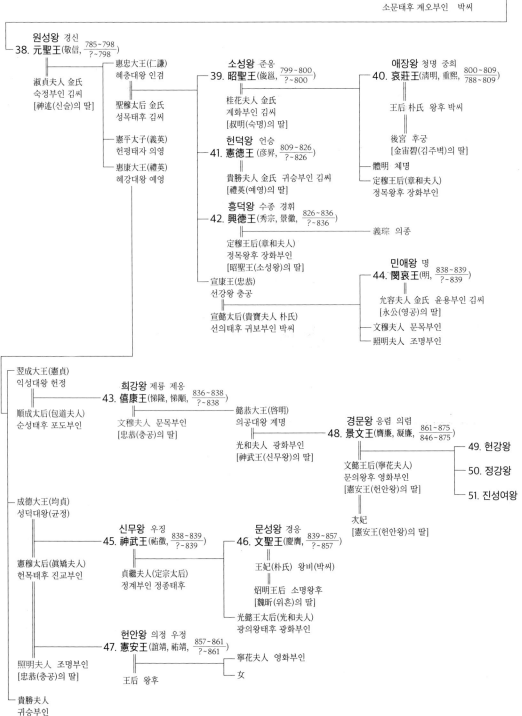

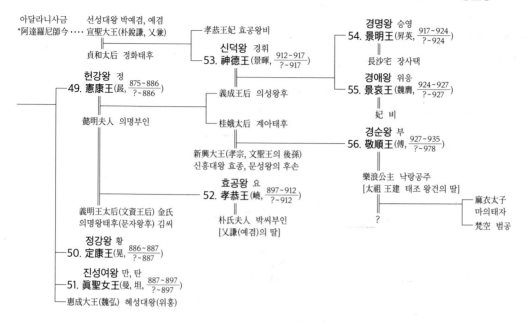

渤　　　海

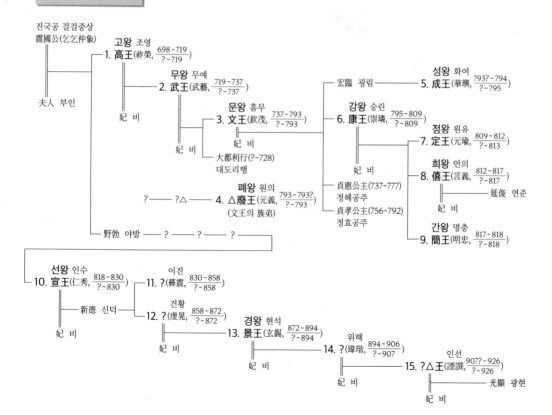

高　麗

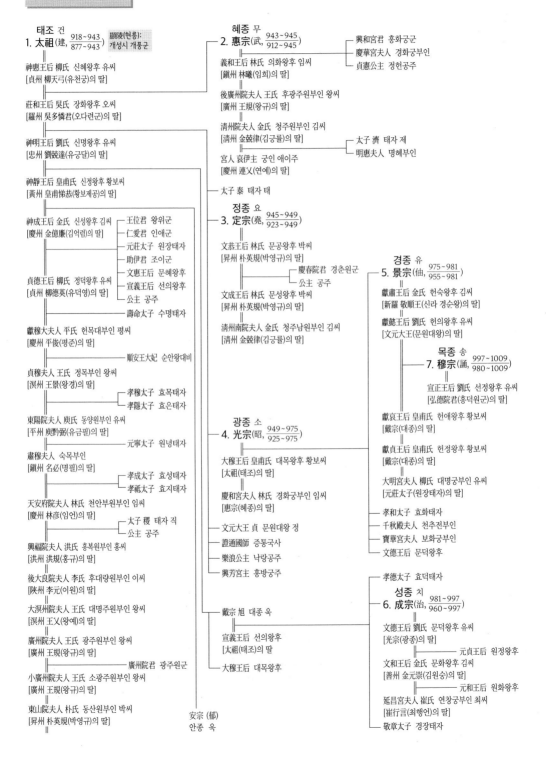

태조 건
1. 太祖(建, 918~943 / 877~943) 顯陵(현릉): 개성시 개풍군

神惠王后 柳氏 신혜왕후 유씨
[貞州 柳天弓(유천궁)의 딸]

莊和王后 吳氏 장화왕후 오씨
[羅州 吳多憐君(오다련군)의 딸]

神明王后 劉氏 신명왕후 유씨
[忠州 劉兢達(유긍달)의 딸]

神靜王后 皇甫氏 신정왕후 황보씨
[黃州 皇甫悌恭(황보제공)의 딸]

神成王后 金氏 신성왕후 김씨
[慶州 金億廉(김억렴)의 딸]
　　王位君 왕위군
　　仁愛君 인애군
　　元莊太子 원장태자
　　助伊君 조이군
　　文惠王后 문혜왕후
　　宣義王后 선의왕후
　　公主 공주

貞德王后 柳氏 정덕왕후 유씨
[貞州 柳德英(유덕영)의 딸]
　　　　壽命太子 수명태자

獻穆大夫人 平氏 헌목대부인 평씨
[慶州 平俊(평준)의 딸]
　　　　順安王大妃 순안왕대비

貞穆夫人 王氏 정목부인 왕씨
[溟州 王景(왕경)의 딸]
　　　　孝穆太子 효목태자
　　　　孝隱太子 효은태자

東陽院夫人 庾氏 동양원부인 유씨
[平州 庾黔弼(유금필)의 딸]
　　　　元寧太子 원녕태자

肅穆夫人 숙목부인
[鎭州 名必(명필)의 딸]
　　　　孝成太子 효성태자
　　　　孝祇太子 효지태자

天安府院夫人 林氏 천안부원부인 임씨
[慶州 林彥(임언)의 딸]
　　　　太子 禝 태자 직
　　　　公主 공주

興福院夫人 洪氏 흥복원부인 홍씨
[洪州 洪規(홍규)의 딸]

後大良院夫人 李氏 후대량원부인 이씨
[陜州 李元(이원)의 딸]

大溟州院夫人 王氏 대명주원부인 왕씨
[溟州 王乂(왕예)의 딸]

廣州院夫人 王氏 광주원부인 왕씨
[廣州 王規(왕규)의 딸]
　　　　廣州院君 광주원군

小廣州院夫人 王氏 소광주원부인 왕씨
[廣州 王規(왕규)의 딸]

東山院夫人 朴氏 동산원부인 박씨
[昇州 朴英規(박영규)의 딸]

혜종 무
2. 惠宗(武, 943~945 / 912~945)

義和王后 林氏 의화왕후 임씨
[鎭州 林曦(임희)의 딸]
　　興和宮君 흥화궁군
　　慶華宮夫人 경화궁부인
　　貞憲公主 정헌공주

後廣州院夫人 王氏 후광주원부인 왕씨
[廣州 王規(왕규)의 딸]

淸州院夫人 金氏 청주원부인 김씨
[淸州 金兢律(김긍률)의 딸]
　　太子 濟 태자 제
　　明惠夫人 명혜부인

宮人 哀伊主 궁인 애이주
[慶州 連乂(연예)의 딸]

太子 泰 태자 태

정종 요
3. 定宗(堯, 945~949 / 923~949)

文恭王后 林氏 문공왕후 박씨
[昇州 朴英規(박영규)의 딸]
　　慶春院君 경춘원군
　　公主 공주

文成王后 林氏 문성왕후 박씨
[昇州 朴英規(박영규)의 딸]

淸州南院夫人 金氏 청주남원부인 김씨
[淸州 金兢律(김긍률)의 딸]

광종 소
4. 光宗(昭, 949~975 / 925~975)

大穆王后 皇甫氏 대목왕후 황보씨
[太祖(태조)의 딸]

慶和宮夫人 林氏 경화궁부인 임씨
[惠宗(혜종)의 딸]

文元大王 貞 문원대왕 정
證通國師 증통국사
樂浪公主 낙랑공주
興芳宮主 흥방궁주

戴宗 旭 대종 욱

宣義王后 선의왕후
[太祖(태조)의 딸]

大穆王后 대목왕후

경종 유
5. 景宗(伷, 975~981 / 955~981)

獻肅王后 金氏 헌숙왕후 김씨
[新羅 敬順王(신라 경순왕)의 딸]

獻懿王后 劉氏 헌의왕후 유씨
[文元大王(문원대왕)의 딸]

목종 송
7. 穆宗(誦, 997~1009 / 980~1009)

宣正王后 劉氏 선정왕후 유씨
[弘德院君(홍덕원군)의 딸]

獻哀王后 皇甫氏 헌애왕후 황보씨
[戴宗(대종)의 딸]

獻貞王后 皇甫氏 헌정왕후 황보씨
[戴宗(대종)의 딸]

大明宮夫人 柳氏 대명궁부인 유씨
[元莊太子(원장태자)의 딸]

孝和太子 효화태자
千秋殿夫人 천추전부인
寶華宮夫人 보화궁부인
文德王后 문덕왕후

孝德太子 효덕태자

성종 치
6. 成宗(治, 981~997 / 960~997)

文德王后 劉氏 문덕왕후 유씨
[光宗(광종)의 딸]
　　　　元貞王后 원정왕후

文和王后 金氏 문화왕후 김씨
[善州 金元崇(김원숭)의 딸]
　　　　元和王后 원화왕후

延昌宮夫人 崔氏 연창궁부인 최씨
[崔行言(최행언)의 딸]

敬章太子 경장태자

安宗 (郁)
안종 욱

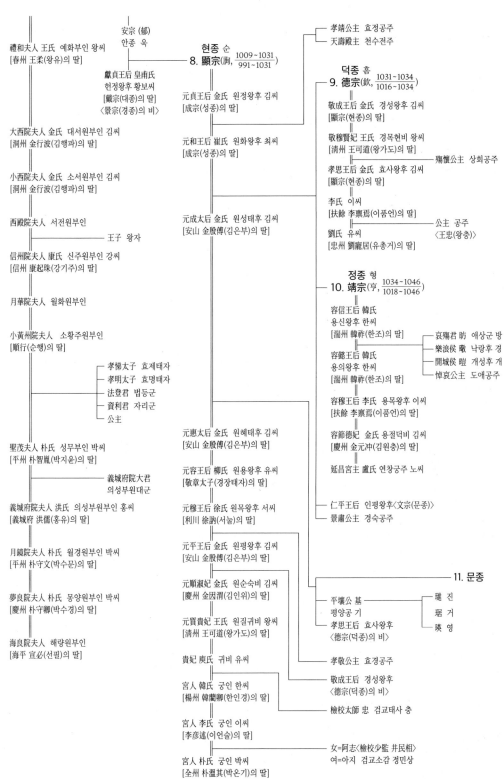

禮和夫人 王氏 예화부인 왕씨
[春州 王柔(왕유)의 딸]

安宗 (郁)
안종 욱

孝靖公主 효정공주
天壽殿主 천수전주

현종 순
8. 顯宗(詢, 1009~1031 / 991~1031)

獻貞王后 皇甫氏
헌정왕후 황보씨
[戴宗(대종)의 딸]
〈景宗(경종)의 비〉

덕종 흠
9. 德宗(欽, 1031~1034 / 1016~1034)

元貞王后 金氏 원정왕후 김씨
[成宗(성종)의 딸]

敬成王后 金氏 경성왕후 김씨
[顯宗(현종)의 딸]

大西院夫人 金氏 대서원부인 김씨
[洞州 金行波(김행파)의 딸]

敬穆賢妃 王氏 경목현비 왕씨
[淸州 王可道(왕가도)의 딸]

殤懷公主 상회공주

元和王后 崔氏 원화왕후 최씨
[成宗(성종)의 딸]

孝思王后 金氏 효사왕후 김씨
[顯宗(현종)의 딸]

小西院夫人 金氏 소서원부인 김씨
[洞州 金行波(김행파)의 딸]

李氏 이씨
[扶餘 李稟焉(이품언)의 딸]

公主 공주
〈王忠(왕충)〉

西殿院夫人 서전원부인

劉氏 유씨
[忠州 劉寵居(유총거)의 딸]

元成太后 金氏 원성태후 김씨
[安山 金殷傅(김은부)의 딸]

王子 왕자

信州院夫人 康氏 신주원부인 강씨
[信州 康起珠(강기주)의 딸]

정종 형
10. 靖宗(亨, 1034~1046 / 1018~1046)

月華院夫人 월화원부인

容信王后 韓氏
용신왕후 한씨
[湍州 韓祚(한조)의 딸]

哀殤君 昉 애상군 방
樂浪侯 瓊 낙랑후 경
開城侯 暟 개성후 개
悼哀公主 도애공주

小黃州院夫人 소황주원부인
[順行(순행)의 딸]

容懿王后 韓氏
용의왕후 한씨
[湍州 韓祚(한조)의 딸]

孝悌太子 효제태자
孝明太子 효명태자
法登君 법등군
資利君 자리군
公主

容穆王后 李氏 용목왕후 이씨
[扶餘 李稟焉(이품언)의 딸]

容節德妃 金氏 용절덕비 김씨
[慶州 金元冲(김원충)의 딸]

延昌宮主 盧氏 연창궁주 노씨

聖茂夫人 朴氏 성무부인 박씨
[平州 朴智胤(박지윤)의 딸]

元惠太后 金氏 원혜태후 김씨
[安山 金殷傅(김은부)의 딸]

義城府院大君
의성부원대군

元容王后 柳氏 원용왕후 유씨
[敬章太子(경장태자)의 딸]

仁平王后 인평왕후〈文宗(문종)〉
景肅公主 경숙공주

義城府院夫人 洪氏 의성부원부인 홍씨
[義城府 洪儒(홍유)의 딸]

元穆王后 徐氏 원목왕후 서씨
[利川 徐訥(서눌)의 딸]

月鏡院夫人 朴氏 월경원부인 박씨
[平州 朴守文(박수문)의 딸]

元平王后 金氏 원평왕후 김씨
[安山 金殷傅(김은부)의 딸]

11. 문종

夢良院夫人 朴氏 몽양원부인 박씨
[慶州 朴守卿(박수경)의 딸]

元順淑妃 金氏 원순숙비 김씨
[慶州 金因渭(김인위)의 딸]

平壤公 基
평양공 기

璡 진
琚 거
瑛 영

元質貴妃 王氏 원질귀비 왕씨
[淸州 王可道(왕가도)의 딸]

孝思王后 효사왕후
〈德宗(덕종)의 비〉

海良院夫人 해량원부인
[海平 宣必(선필)의 딸]

貴妃 庾氏 귀비 유씨

孝敬公主 효경공주

宮人 韓氏 궁인 한씨
[楊州 韓藺卿(한인경)의 딸]

敬成王后 경성왕후
〈德宗(덕종)의 비〉

宮人 李氏 궁인 이씨
[李彦述(이언술)의 딸]

檢校太師 忠 검교태사 충

女=阿志〈檢校少監 井民相〉
여=아지 검교소감 정민상

宮人 朴氏 궁인 박씨
[全州 朴溫其(박온기)의 딸]

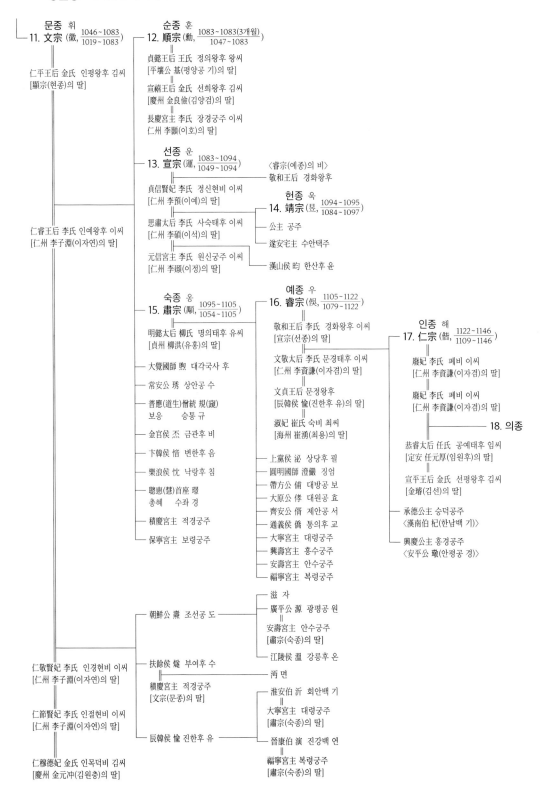

문종 휘
11. 文宗 (徽, 1046~1083 / 1019~1083)

仁平王后 金氏 인평왕후 김씨
[顯宗(현종)의 딸]

仁睿王后 李氏 인예왕후 이씨
[仁州 李子淵(이자연)의 딸]

仁敬賢妃 李氏 인경현비 이씨
[仁州 李子淵(이자연)의 딸]

仁節賢妃 李氏 인절현비 이씨
[仁州 李子淵(이자연)의 딸]

仁穆德妃 金氏 인목덕비 김씨
[慶州 金元冲(김원충)의 딸]

순종 훈
12. 順宗 (勳, 1083~1083(3개월) / 1047~1083)

貞懿王后 王氏 정의왕후 왕씨
[平壤公 基(평양공 기)의 딸]
宣禧王后 金氏 선희왕후 김씨
[慶州 金良儉(김양검)의 딸]
長慶宮主 李氏 장경궁주 이씨
仁州 李顥(이호)의 딸]

선종 운
13. 宣宗 (運, 1083~1094 / 1049~1094)

貞信賢妃 李氏 정신현비 이씨
[仁州 李預(이예)의 딸]
思肅太后 李氏 사숙태후 이씨
[仁州 李碩(이석)의 딸]
元信宮主 李氏 원신궁주 이씨
[仁州 李頲(이정)의 딸]

〈睿宗(예종)의 비〉
敬和王后 경화왕후

헌종 욱
14. 靖宗 (昱, 1094~1095 / 1084~1097)
公主 공주
遂安宅主 수안택주
漢山侯 昀 한산후 윤

숙종 옹
15. 肅宗 (顒, 1095~1105 / 1054~1105)

明懿太后 柳氏 명의태후 유씨
[貞州 柳洪(유홍)의 딸]
大覺國師 煦 대각국사 후
常安公 琇 상안공 수
普應(道生)僧統 規(竀)
보응   승통 규
金官侯 㷑 금관후 비
卞韓侯 愔 변한후 음
樂浪侯 忱 낙랑후 침
聰惠(慧)首座 環
총혜   수좌 경
積慶宮主 적경궁주
保寧宮主 보령궁주

예종 우
16. 睿宗 (俁, 1105~1122 / 1079~1122)

敬和王后 李氏 경화왕후 이씨
[宣宗(선종)의 딸]
文敬太后 李氏 문경태후 이씨
[仁州 李資謙(이자겸)의 딸]
文貞王后 문정왕후
[辰韓侯 愉(진한후 유)의 딸]
淑妃 崔氏 숙비 최씨
[海州 崔湧(최용)의 딸]

上黨侯 泌 상당후 필
圓明國師 澄儼 징엄
帶方公 俌 대방공 보
大原公 侾 대원공 효
齊安公 偦 제안공 서
通義侯 僑 통의후 교
大寧宮主 대령궁주
興壽宮主 흥수궁주
安壽宮主 안수궁주
福寧宮主 복령궁주

인종 해
17. 仁宗 (楷, 1122~1146 / 1109~1146)

廢妃 李氏 폐비 이씨
[仁州 李資謙(이자겸)의 딸]
廢妃 李氏 폐비 이씨
[仁州 李資謙(이자겸)의 딸]
恭睿太后 任氏 공예태후 임씨
[定安 任元厚(임원후)의 딸]
宣平王后 金氏 선평왕후 김씨
[金璿(김선)의 딸]

18. 의종

承德公主 승덕공주
〈漢南伯 杞(한남백 기)〉
興慶公主 흥경공주
〈安平公 敫(안평공 경)〉

朝鮮公 燾 조선공 도

滋 자
廣平公 源 광평공 원
安壽宮主 안수궁주
[肅宗(숙종)의 딸]
江陵侯 溫 강릉후 온

扶餘侯 㸂 부여후 수

丙 면

積慶宮主 적경궁주
[文宗(문종)의 딸]

淮安伯 沂 회안백 기
大寧宮主 대령궁주
[肅宗(숙종)의 딸]

辰韓侯 愉 진한후 유

晉康伯 演 진강백 연
福寧宮主 복령궁주
[肅宗(숙종)의 딸]

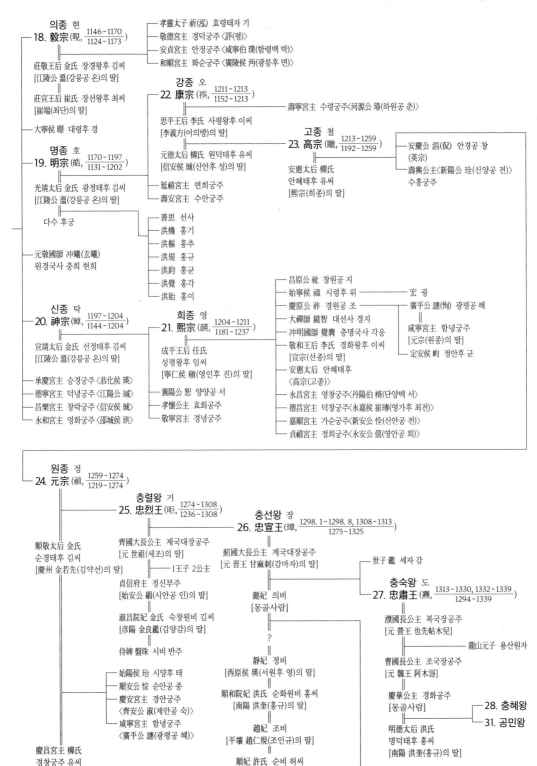

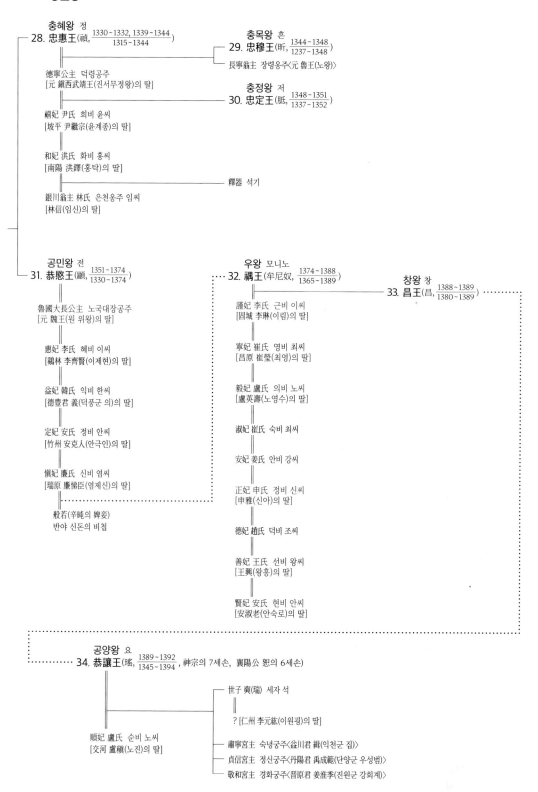

충혜왕 정
28. 忠惠王(禎, $\frac{1330\sim1332,\ 1339\sim1344}{1315\sim1344}$)

德寧公主 덕령공주
[元 鎭西武靖王(진서무정왕)의 딸]

禧妃 尹氏 희비 윤씨
[坡平 尹繼宗(윤계종)의 딸]

和妃 洪氏 화비 홍씨
[南陽 洪鐸(홍탁)의 딸]

銀川翁主 林氏 은천옹주 임씨
[林信(임신)의 딸]

충목왕 흔
29. 忠穆王(昕, $\frac{1344\sim1348}{1237\sim1348}$)
長寧翁主 장령옹주〈元 魯王(노왕)〉

충정왕 저
30. 忠定王(胝, $\frac{1348\sim1351}{1337\sim1352}$)

釋器 석기

공민왕 전
31. 恭愍王(顓, $\frac{1351\sim1374}{1330\sim1374}$)

魯國大長公主 노국대장공주
[元 魏王(원 위왕)의 딸]

惠妃 李氏 혜비 이씨
[鷄林 李齊賢(이제현)의 딸]

益妃 韓氏 익비 한씨
[德豊君 義(덕풍군 의)의 딸]

定妃 安氏 정비 안씨
[竹州 安克人(안극인)의 딸]

愼妃 廉氏 신비 염씨
[瑞原 廉悌臣(염제신)의 딸]

般若(辛旽의 婢妾)
반야 신돈의 비첩

우왕 모니노
32. 禑王(牟尼奴, $\frac{1374\sim1388}{1365\sim1389}$)

謹妃 李氏 근비 이씨
[固城 李琳(이림)의 딸]

寧妃 崔氏 영비 최씨
[昌原 崔瑩(최영)의 딸]

毅妃 盧氏 의비 노씨
[盧英壽(노영수)의 딸]

淑妃 崔氏 숙비 최씨

安妃 姜氏 안비 강씨

正妃 申氏 정비 신씨
[申雅(신아)의 딸]

德妃 趙氏 덕비 조씨

善妃 王氏 선비 왕씨
[王興(왕흥)의 딸]

賢妃 安氏 현비 안씨
[安淑老(안숙로)의 딸]

창왕 창
33. 昌王(昌, $\frac{1388\sim1389}{1380\sim1389}$)

공양왕 요
34. 恭讓王(瑤, $\frac{1389\sim1392}{1345\sim1394}$, 神宗의 7세손, 襄陽公 恕의 6세손)

順妃 盧氏 순비 노씨
[交河 盧稹(노진)의 딸]

世子 奭(瑞) 세자 석

? [仁州 李元紘(이원굉)의 딸]

肅寧宮主 숙녕궁주〈益川君 緝(익천군 집)〉
貞信宮主 정신궁주〈丹陽君 禹成範(단양군 우성범)〉
敬和宮主 경화궁주〈晋原君 姜淮季(진원군 강회계)〉

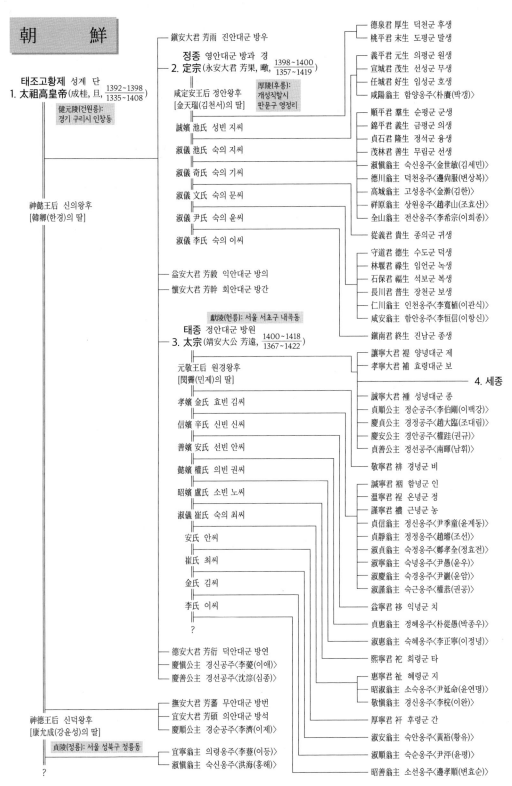

朝　　　鮮

鎭安大君 芳雨 진안대군 방우

德泉君 厚生 덕천군 후생
桃平君 末生 도평군 말생

정종 영안대군 방과 경
2. 定宗 (永安大君 芳果, 曔, 1398~1400 / 1357~1419)

義平君 元生 의평군 원생
宣城君 茂生 선성군 무생
任城君 好生 임성군 호생
咸陽翁主 함양옹주〈朴賡(박갱)〉

咸定安王后 정안왕후
[金天瑞(김천서)의 딸]

厚陵(후릉):
개성직할시
판문구 영정리

順平君 群生 순평군 군생
錦平君 義生 금평군 의생
貞石君 隆生 정석군 융생
茂林君 善生 무림군 선생

誠嬪 池氏 성빈 지씨

淑儀 池氏 숙의 지씨

淑愼翁主 숙신옹주〈金世敏(김세민)〉
德川翁主 덕천옹주〈邊尙服(변상복)〉
高城翁主 고성옹주〈金澣(김한)〉
祥原翁主 상원옹주〈趙孝山(조효산)〉
全山翁主 전산옹주〈李希宗(이희종)〉

淑儀 奇氏 숙의 기씨

淑儀 文氏 숙의 문씨

淑儀 尹氏 숙의 윤씨

從義君 貴生 종의군 귀생

淑儀 李氏 숙의 이씨

守道君 德生 수도군 덕생
林堰君 祿生 임언군 녹생
石保君 福生 석보군 복생
長川君 普生 장천군 보생
仁川翁主 인천옹주〈李寬植(이관식)〉
咸安翁主 함안옹주〈李恒信(이항신)〉

益安大君 芳毅 익안대군 방의

懷安大君 芳幹 회안대군 방간

獻陵(헌릉): 서울 서초구 내곡동

鎭南君 終生 진남군 종생

태종 정안대군 방원
3. 太宗 (靖安大公 芳遠, 1400~1418 / 1367~1422)

讓寧大君 禔 양녕대군 제
孝寧大君 補 효령대군 보

元敬王后 원경왕후
[閔霽(민제)의 딸]

4. 세종

誠寧大君 種 성녕대군 종
貞順公主 정순공주〈李伯剛(이백강)〉
慶貞公主 경정공주〈趙大臨(조대림)〉
慶安公主 경안공주〈權跬(권규)〉
貞善公主 정선공주〈南暉(남휘)〉

孝嬪 金氏 효빈 김씨

信嬪 辛氏 신빈 신씨

敬寧君 裶 경녕군 비

誠寧君 裀 함녕군 인
溫寧君 裎 온녕군 정
謹寧君 襛 근녕군 농
貞信翁主 정신옹주〈尹季童(윤계동)〉
貞靜翁主 정정옹주〈趙璿(조선)〉
淑貞翁主 숙정옹주〈鄭孝全(정효전)〉
淑寧翁主 숙녕옹주〈尹愚(윤우)〉
淑慶翁主 숙경옹주〈尹巖(윤암)〉
淑謹翁主 숙근옹주〈權恭(권공)〉

善嬪 安氏 선빈 안씨

懿嬪 權氏 의빈 권씨

昭嬪 盧氏 소빈 노씨

淑儀 崔氏 숙의 최씨

安氏 안씨

益寧君 袳 익녕군 치

崔氏 최씨

貞惠翁主 정혜옹주〈朴從愚(박종우)〉

金氏 김씨

淑惠翁主 숙혜옹주〈李正寧(이정녕)〉

李氏 이씨
?

熙寧君 袉 희령군 타

德安大君 芳衍 덕안대군 방연
慶愼公主 경신공주〈李薆(이애)〉
慶善公主 경선공주〈沈淙(심종)〉

惠寧君 袉 혜령군 지
昭淑翁主 소숙옹주〈尹延命(윤연명)〉
敬愼翁主 경신옹주〈李梡(이완)〉

撫安大君 芳蕃 무안대군 방번
宜安大君 芳碩 의안대군 방석
慶順公主 경순공주〈李濟(이제)〉

厚寧君 衦 후령군 간
淑安翁主 숙안옹주〈黃裕(황유)〉

神德王后 신덕왕후
[康允成(강윤성)의 딸]

貞陵(정릉): 서울 성북구 정릉동

宜寧翁主 의령옹주〈李薱(이등)〉
淑愼翁主 숙신옹주〈洪海(홍해)〉

淑順翁主 숙순옹주〈尹泙(윤평)〉
昭善翁主 소선옹주〈邊孝順(변효순)〉

태조고황제 성계 단
1. 太祖高皇帝 (成桂, 旦, 1392~1398 / 1335~1408)

健元陵(건원릉):
경기 구리시 인창동

神懿王后 신의왕후
[韓卿(한경)의 딸]

?

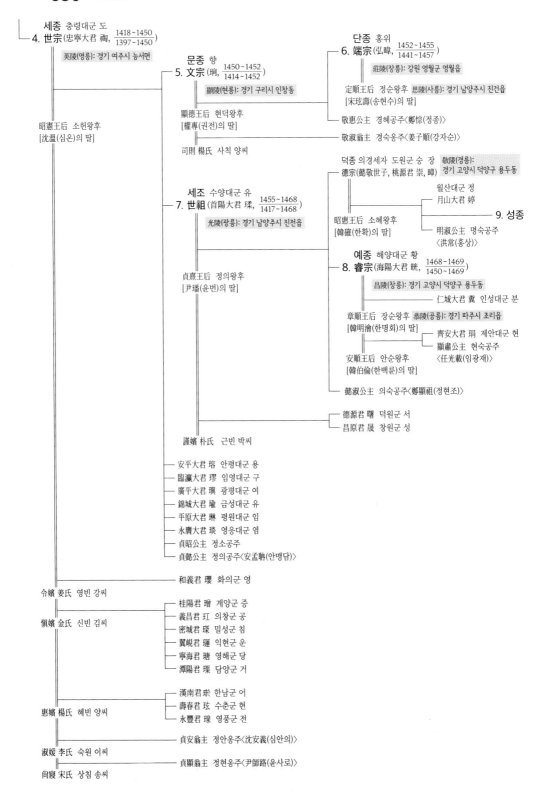

세종 충령대군 도
4. 世宗(忠寧大君 祹, $\frac{1418\sim1450}{1397\sim1450}$)

英陵(영릉): 경기 여주시 능서면

昭憲王后 소헌왕후
[沈溫(심온)의 딸]

문종 향
5. 文宗(珦, $\frac{1450\sim1452}{1414\sim1452}$)

顯陵(현릉): 경기 구리시 인창동

顯德王后 현덕왕후
[權專(권전)의 딸]

司則 楊氏 사칙 양씨

단종 홍위
6. 端宗(弘暐, $\frac{1452\sim1455}{1441\sim1457}$)

莊陵(장릉): 강원 영월군 영월읍

定順王后 정순왕후 思陵(사릉): 경기 남양주시 진건읍
[宋玹壽(송현수)의 딸]

敬惠公主 경혜공주〈鄭悰(정종)〉

敬淑翁主 경숙옹주〈姜子順(강자순)〉

세조 수양대군 유
7. 世祖(首陽大君 瑈, $\frac{1455\sim1468}{1417\sim1468}$)

光陵(광릉): 경기 남양주시 진전읍

貞熹王后 정희왕후
[尹璠(윤번)의 딸]

덕종 의경세자 도원군 숭 장
德宗(懿敬世子, 桃源君 崇, 暲)

敬陵(경릉): 경기 고양시 덕양구 용두동

昭惠王后 소혜왕후
[韓確(한확)의 딸]

월산대군 정
月山大君 婷

明淑公主 명숙공주
〈洪常(홍상)〉

9. 성종

예종 해양대군 황
8. 睿宗(海陽大君 晄, $\frac{1468\sim1469}{1450\sim1469}$)

昌陵(창릉): 경기 고양시 덕양구 용두동

仁城大君 糞 인성대군 분

章順王后 장순왕후 恭陵(공릉): 경기 파주시 조리읍
[韓明澮(한명회)의 딸]

齊安大君 琄 제안대군 현
顯肅公主 현숙공주
〈任光載(임광재)〉

安順王后 안순왕후
[韓伯倫(한백륜)의 딸]

懿淑公主 의숙공주〈鄭顯祖(정현조)〉

德源君 曙 덕원군 서
昌原君 晟 창원군 성

謹嬪 朴氏 근빈 박씨

安平大君 瑢 안평대군 용
臨瀛大君 璆 임영대군 구
廣平大君 璵 광평대군 여
錦城大君 瑜 금성대군 유
平原大君 琳 평원대군 임
永膺大君 琰 영응대군 염
貞昭公主 정소공주
貞懿公主 정의공주〈安孟聃(안맹담)〉

和義君 瓔 화의군 영

桂陽君 璔 계양군 증
義昌君 玒 의창군 공
密城君 琛 밀성군 침
翼峴君 璭 익현군 운
寧海君 瑭 영해군 당
潭陽君 璖 담양군 거

漢南君 𤥴 한남군 어
壽春君 玹 수춘군 현
永豐君 瑔 영풍군 전

貞安翁主 정안옹주〈沈安義(심안의)〉

貞顯翁主 정현옹주〈尹師路(윤사로)〉

令嬪 姜氏 영빈 강씨

愼嬪 金氏 신빈 김씨

惠嬪 楊氏 혜빈 양씨

淑媛 李氏 숙원 이씨

尙寢 宋氏 상침 송씨

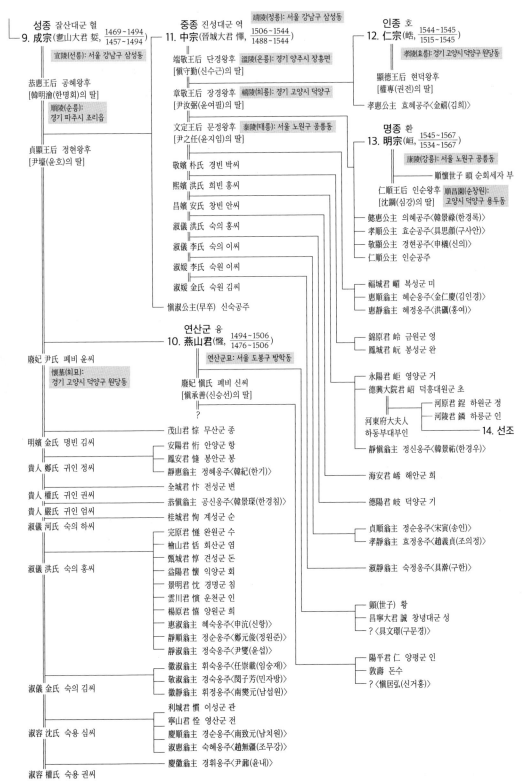

- **성종** 잘산대군 혈 — **9. 成宗**(乽山大君 娎, 1469~1494 / 1457~1494)
  - 宣陵(선릉): 서울 강남구 삼성동
  - 恭惠王后 공혜왕후 [韓明澮(한명회)의 딸] — 順陵(순릉): 경기 파주시 조리읍
  - 貞顯王后 정현왕후 [尹壕(윤호)의 딸]
    - **중종** 진성대군 역 — **11. 中宗**(晋城大君 懌, 1506~1544 / 1488~1544) — 靖陵(정릉): 서울 강남구 삼성동
      - 端敬王后 단경왕후 [愼守勤(신수근)의 딸] — 溫陵(온릉): 경기 양주시 장흥면
      - 章敬王后 장경왕후 [尹汝弼(윤여필)의 딸] — 禧陵(희릉): 경기 고양시 덕양구
        - **인종** 호 — **12. 仁宗**(峼, 1544~1545 / 1515~1545)
          - 孝陵(효릉): 경기 고양시 덕양구 원당동
          - 顯德王后 현덕왕후 [權專(권전)의 딸]
        - 孝惠公主 효혜공주〈金禧(김희)〉
      - 文定王后 문정왕후 [尹之任(윤지임)의 딸] — 泰陵(태릉): 서울 노원구 공릉동
        - **명종** 환 — **13. 明宗**(峘, 1545~1567 / 1534~1567)
          - 康陵(강릉): 서울 노원구 공릉동
          - 仁順王后 인순왕후 [沈鋼(심강)의 딸] — 順昌園(순창원): 고양시 덕양구 용두동
            - 順懷世子 暊 순회세자 부
        - 懿惠公主 의혜공주〈韓景祿(한경록)〉
        - 孝順公主 효순공주〈具思顔(구사안)〉
        - 敬顯公主 경현공주〈申檥(신의)〉
        - 仁順公主 인순공주
      - 敬嬪 朴氏 경빈 박씨
        - 福城君 嵋 복성군 미
        - 惠順翁主 혜순옹주〈金仁慶(김인경)〉
        - 惠靜翁主 혜정옹주〈洪礪(홍여)〉
      - 熙嬪 洪氏 희빈 홍씨
        - 錦原君 岭 금원군 영
        - 鳳城君 岏 봉성군 완
      - 昌嬪 安氏 창빈 안씨
        - 永陽君 岠 영양군 거
        - 德興大院君 岹 덕흥대원군 초
          - 河東府大夫人 하동부대부인
            - 河原君 鋥 하원군 정
            - 河陵君 鏻 하릉군 인
            - 14. 선조
        - 靜愼翁主 정신옹주〈韓景祐(한경우)〉
      - 淑儀 洪氏 숙의 홍씨
        - 海安君 峰 해안군 희
      - 淑儀 李氏 숙의 이씨
        - 德陽君 岐 덕양군 기
      - 淑媛 李氏 숙원 이씨
        - 貞順翁主 정순옹주〈宋寅(송인)〉
        - 孝靜翁主 효정옹주〈趙義貞(조의정)〉
      - 淑媛 金氏 숙원 김씨
        - 淑靜翁主 숙정옹주〈具澣(구한)〉
    - 愼淑公主(早卒) 신숙공주
  - 廢妃 尹氏 폐비 윤씨 — 懷墓(회묘): 경기 고양시 덕양구 원당동
    - **연산군** 융 — **10. 燕山君**(㦕, 1494~1506 / 1476~1506) — 연산군묘: 서울 도봉구 방학동
      - 廢妃 愼氏 폐비 신씨 [愼承善(신승선)의 딸]
        - 顗(世子) 황
        - 昌寧大君 誠 창녕대군 성
        - ?〈具文璟(구문경)〉
      - ?
        - 陽平君 仁 양평군 인
        - 敦壽 돈수
        - ?〈愼居弘(신거홍)〉
  - 明嬪 金氏 명빈 김씨
    - 茂山君 悰 무산군 종
  - 貴人 鄭氏 귀인 정씨
    - 安陽君 㤚 안양군 항
    - 鳳安君 㦀 봉안군 봉
    - 靜惠翁主 정혜옹주〈韓紀(한기)〉
  - 貴人 權氏 귀인 권씨
    - 全城君 忭 전성군 변
  - 貴人 嚴氏 귀인 엄씨
    - 恭愼翁主 공신옹주〈韓景琛(한경침)〉
  - 淑儀 河氏 숙의 하씨
    - 桂城君 恂 계성군 순
  - 淑儀 洪氏 숙의 홍씨
    - 完原君 㦀 완원군 수
    - 檜山君 恬 회산군 염
    - 甄城君 惇 견성군 돈
    - 益陽君 懷 익양군 회
    - 景明君 忱 경명군 침
    - 雲川君 憤 운천군 인
    - 楊原君 憘 양원군 희
    - 惠淑翁主 혜숙옹주〈申沆(신항)〉
    - 靜順翁主 정순옹주〈鄭元俊(정원준)〉
    - 靜淑翁主 정숙옹주〈尹燮(윤섭)〉
  - 淑儀 金氏 숙의 김씨
    - 徽淑翁主 휘숙옹주〈任崇載(임숭재)〉
    - 敬淑翁主 경숙옹주〈閔子芳(민자방)〉
    - 徽靜翁主 휘정옹주〈南燮元(남섭원)〉
  - 淑容 沈氏 숙용 심씨
    - 利城君 慣 이성군 관
    - 寧山君 怪 영산군 전
    - 慶順翁主 경순옹주〈南致元(남치원)〉
    - 淑惠翁主 숙혜옹주〈趙無疆(조무강)〉
  - 淑容 權氏 숙용 권씨
    - 慶徽翁主 경휘옹주〈尹鼐(윤내)〉

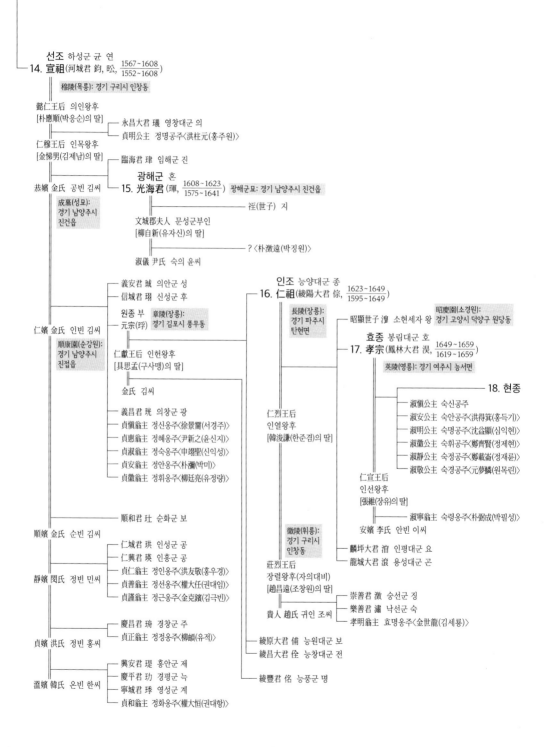

선조 하성군 균 연
14. 宣祖(河城君 鈞, 昖, 1567~1608 / 1552~1608)
穆陵(목릉): 경기 구리시 인창동

懿仁王后 의인왕후
[朴應順(박응순)의 딸]

— 永昌大君 璿 영창대군 의
貞明公主 정명공주〈洪柱元(홍주원)〉

仁穆王后 인목왕후
[金悌男(김제남)의 딸]

— 臨海君 珒 임해군 진

燕嬪 金氏 공빈 김씨

광해군 혼
15. 光海君(琿, 1608~1623 / 1575~1641) 광해군묘: 경기 남양주시 진건읍

成墓(성묘):
경기 남양주시
진건읍

— 祬(世子) 지

文城郡夫人 문성군부인
[柳自新(유자신)의 딸]

— ?〈朴澂遠(박징원)〉

淑儀 尹氏 숙의 윤씨

— 義安君 珹 의안군 성
— 信城君 珝 신성군 후

원종 부 章陵(장릉):
元宗(琈) 경기 김포시 풍무동

인조 능양대군 종
16. 仁祖(綾陽大君 倧, 1623~1649 / 1595~1649)

仁嬪 金氏 인빈 김씨

順康園(순강원):
경기 남양주시
진접읍

長陵(장릉):
경기 파주시
탄현면

昭慶園(소경원):
昭顯世子 溰 소현세자 왕 경기 고양시 덕양구 원당동

仁獻王后 인헌왕후
[具思孟(구사맹)의 딸]

효종 봉림대군 호
17. 孝宗(鳳林大君 淏, 1649~1659 / 1619~1659)

英陵(영릉): 경기 여주시 능서면

金氏 김씨

— 義昌君 珖 의창군 광
— 貞愼翁主 정신옹주〈徐景霌(서경주)〉
— 貞惠翁主 정혜옹주〈尹新之(윤신지)〉
— 貞淑翁主 정숙옹주〈申翊聖(신익성)〉
— 貞安翁主 정안옹주〈朴瀰(박미)〉
— 貞徽翁主 정휘옹주〈柳廷亮(유정량)〉

18. 현종

淑愼公主 숙신공주
淑安公主 숙안공주〈洪得箕(홍득기)〉
淑明公主 숙명공주〈沈益顯(심익현)〉
淑徽公主 숙휘공주〈鄭齊賢(정제현)〉
淑靜公主 숙정공주〈鄭載崙(정재륜)〉
淑敬公主 숙경공주〈元夢鱗(원몽린)〉

仁烈王后
인열왕후
[韓浚謙(한준겸)의 딸]

仁宣王后
인선왕후
[張維(장유)의 딸]

淑寧翁主 숙령옹주〈朴弼成(박필성)〉

安嬪 李氏 안빈 이씨

— 順和君 玭 순화군 보

順嬪 金氏 순빈 김씨

— 仁城君 珙 인성군 공
— 仁興君 瑛 인흥군 공
— 貞仁翁主 정인옹주〈洪友敬(홍우경)〉
— 貞善翁主 정선옹주〈權大任(권대임)〉
— 貞謹翁主 정근옹주〈金克鑌(김극빈)〉

靜嬪 閔氏 정빈 민씨

徽陵(휘릉):
경기 구리시
인창동

莊烈王后
장렬왕후(자의대비)
[趙昌遠(조창원)의 딸]

麟坪大君 㴭 인평대군 요
龍城大君 滾 용성대군 곤

崇善君 澂 숭선군 징
樂善君 潚 낙선군 숙
孝明翁主 효명옹주〈金世龍(김세룡)〉

— 慶昌君 珦 경창군 주
貞正翁主 정정옹주〈柳頔(유적)〉

貴人 趙氏 귀인 조씨

貞嬪 洪氏 정빈 홍씨

— 興安君 瑅 흥안군 제
— 慶平君 玏 경평군 늑
— 寧城君 㻑 영성군 계
— 貞和翁主 정화옹주〈權大恒(권대항)〉

溫嬪 韓氏 온빈 한씨

綾原大君 俌 능원대군 보
綾昌大君 佺 능창대군 전

綾豊君 佲 능풍군 명

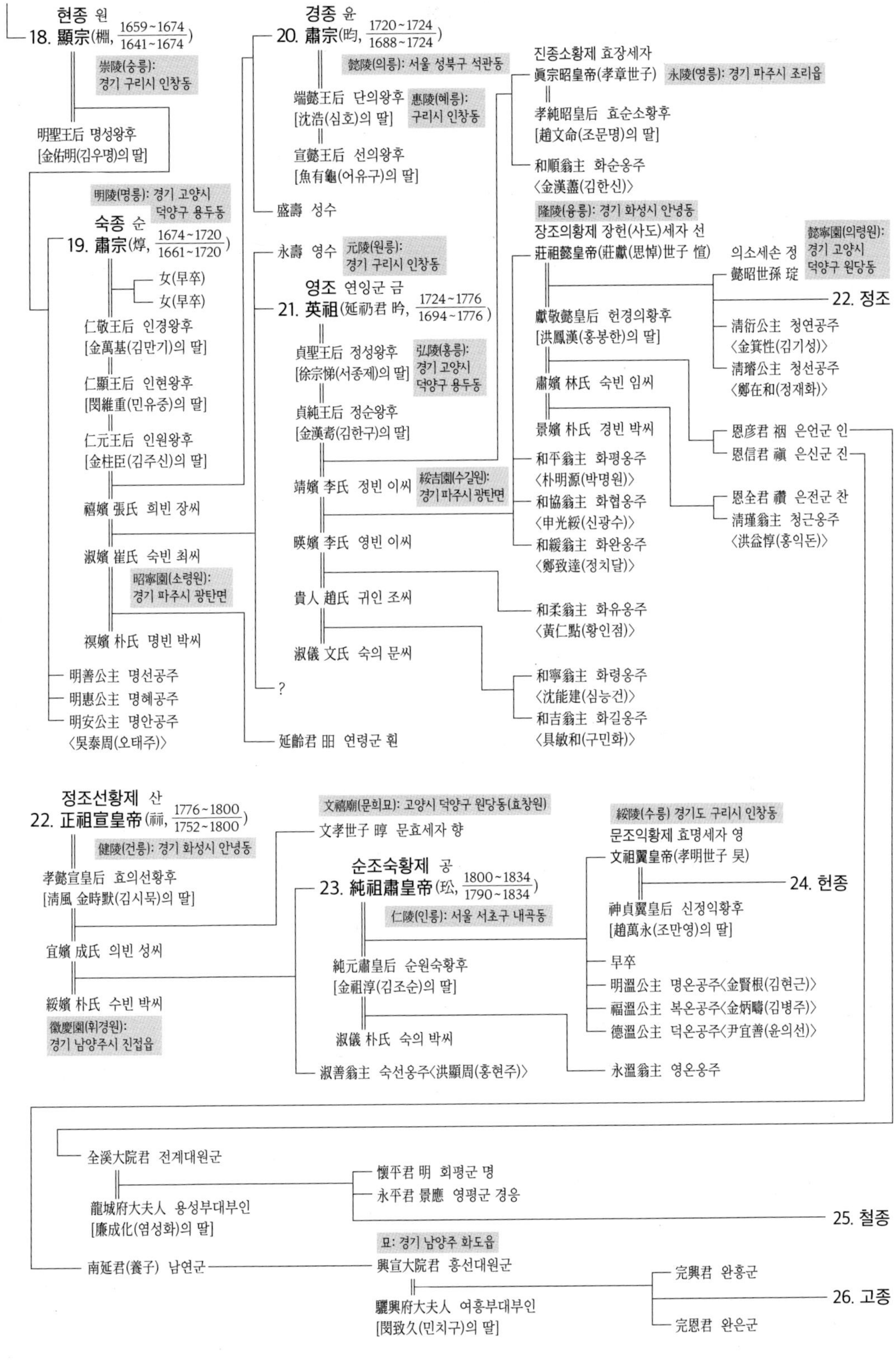
현종 원
18. 顯宗(棩, 1659~1674 / 1641~1674)
崇陵(숭릉): 경기 구리시 인창동
明聖王后 명성왕후
[金佑明(김우명)의 딸]
明陵(명릉): 경기 고양시 덕양구 용두동
숙종 순
19. 肅宗(焞, 1674~1720 / 1661~1720)
女(早卒)
女(早卒)
仁敬王后 인경왕후
[金萬基(김만기)의 딸]
仁顯王后 인현왕후
[閔維重(민유중)의 딸]
仁元王后 인원왕후
[金柱臣(김주신)의 딸]
禧嬪 張氏 희빈 장씨
淑嬪 崔氏 숙빈 최씨
昭寧園(소령원): 경기 파주시 광탄면
禖嬪 朴氏 명빈 박씨
明善公主 명선공주
明惠公主 명혜공주
明安公主 명안공주
〈吳泰周(오태주)〉
경종 윤
20. 景宗(昀, 1720~1724 / 1688~1724)
懿陵(의릉): 서울 성북구 석관동
端懿王后 단의왕후
[沈浩(심호)의 딸]
惠陵(혜릉): 구리시 인창동
宣懿王后 선의왕후
[魚有龜(어유구)의 딸]
盛壽 성수
永壽 영수
元陵(원릉): 경기 구리시 인창동
영조 연잉군 금
21. 英祖(延礽君 昑, 1724~1776 / 1694~1776)
貞聖王后 정성왕후
[徐宗悌(서종제)의 딸]
弘陵(홍릉): 경기 고양시 덕양구 용두동
貞純王后 정순왕후
[金漢耈(김한구)의 딸]
靖嬪 李氏 정빈 이씨
綏吉園(수길원): 경기 파주시 광탄면
暎嬪 李氏 영빈 이씨
貴人 趙氏 귀인 조씨
淑儀 文氏 숙의 문씨
?
延齡君 昍 연령군 훤
진종소황제 효장세자
眞宗昭皇帝(孝章世子)
永陵(영릉): 경기 파주시 조리읍
孝純昭皇后 효순소황후
[趙文命(조문명)의 딸]
和順翁主 화순옹주
〈金漢藎(김한신)〉
隆陵(융릉): 경기 화성시 안녕동
장조의황제 장헌(사도)세자 선
莊祖懿皇帝(莊獻(思悼)世子 愃)
獻敬懿皇后 헌경의황후
[洪鳳漢(홍봉한)의 딸]
肅嬪 林氏 숙빈 임씨
景嬪 朴氏 경빈 박씨
和平翁主 화평옹주
〈朴明源(박명원)〉
和協翁主 화협옹주
〈申光綏(신광수)〉
和緩翁主 화완옹주
〈鄭致達(정치달)〉
和柔翁主 화유옹주
〈黃仁點(황인점)〉
和寧翁主 화령옹주
〈沈能建(심능건)〉
和吉翁主 화길옹주
〈具敏和(구민화)〉
의소세손 정
懿昭世孫 琔
懿寧園(의령원): 경기 고양시 덕양구 원당동
22. 정조
清衍公主 청연공주
〈金箕性(김기성)〉
清璿公主 청선공주
〈鄭在和(정재화)〉
恩彦君 裀 은언군 인
恩信君 禛 은신군 진
恩全君 禶 은전군 찬
清瑾翁主 청근옹주
〈洪益惇(홍익돈)〉
정조선황제 산
22. 正祖宣皇帝(祘, 1776~1800 / 1752~1800)
健陵(건릉): 경기 화성시 안녕동
孝懿宣皇后 효의선황후
[清風 金時默(김시묵)의 딸]
宜嬪 成氏 의빈 성씨
綏嬪 朴氏 수빈 박씨
徽慶園(휘경원): 경기 남양주시 진접읍
文禧廟(문희묘): 고양시 덕양구 원당동(효창원)
文孝世子 㬹 문효세자 향
순조숙황제 공
23. 純祖肅皇帝(玜, 1800~1834 / 1790~1834)
仁陵(인릉): 서울 서초구 내곡동
純元肅皇后 순원숙황후
[金祖淳(김조순)의 딸]
淑儀 朴氏 숙의 박씨
淑善翁主 숙선옹주〈洪顯周(홍현주)〉
綏陵(수릉) 경기도 구리시 인창동
문조익황제 효명세자 영
文祖翼皇帝(孝明世子 旲)
24. 헌종
神貞翼皇后 신정익황후
[趙萬永(조만영)의 딸]
早卒
明溫公主 명온공주〈金賢根(김현근)〉
福溫公主 복온공주〈金炳疇(김병주)〉
德溫公主 덕온공주〈尹宜善(윤의선)〉
永溫翁主 영온옹주
全溪大院君 전계대원군
龍城府大夫人 용성부대부인
[廉成化(염성화)의 딸]
懷平君 明 회평군 명
永平君 景應 영평군 경응
25. 철종
南延君(養子) 남연군
묘: 경기 남양주 화도읍
興宣大院君 흥선대원군
驪興府大夫人 여흥부대부인
[閔致久(민치구)의 딸]
完興君 완흥군
26. 고종
完恩君 완은군

한국의 유네스코유산

세계유산(문화, 자연, 복합유산)

한국의 갯벌(2021)
한국의 서원(2019)
산사, 한국의 산지 승원(2018)
백제역사유적지구(2015)
남한산성(2014)
한국의 역사마을 : 하회와 양동(2010)
조선 왕릉(2009)
제주 화산섬과 용암 동굴(2007)

경주역사유적지구(2000)
고창, 화순, 강화의 고인돌 유적(2000)
창덕궁(1997)
수원 화성(1997)
해인사 장경판전(1995)
종묘(1995)
석굴암과 불국사(1995)

인류무형문화유산

연등회燃燈會, 한국의 등 축제(2020)
씨름 (2018)
제주해녀문화(2016)
줄다리기(2015)
농악農樂(2014)
김장, 김치를 담그고 나누는 문화(2013)
아리랑, 한국의 서정민요(2012)
줄타기(2011)
택견, 한국의 전통 무술(2011)
한산韓山 모시짜기(2011)
대목장大木匠, 한국의 전통 목조 건축(2010)

매사냥, 살아있는 인류 유산(2010)
가곡歌曲, 국악 관현반주로 부르는 서정적 노래(2010)
처용무(2009)
강강술래(2009)
제주 칠머리당 영등굿(2009)
남사당놀이(2009)
영산재(2009)
강릉단오제(2005)
판소리(2003)
종묘제례宗廟祭禮 및 종묘제례악宗廟祭禮樂(2001)

세계기록유산

조선왕실 어보와 어책(2017)
국채보상운동 기록물(2017)
조선통신사에 관한 기록(2017)
『무예도보통지』(2017; 북한)
한국의 유교책판(2015)
KBS특별생방송 '이산가족을 찾습니다' 기록물(2015)
새마을운동 기록물(2013)
『난중일기亂中日記』: 이순신 장군의 진중일기陣中日記(2013)
『일성록日省錄』(2011)

1980년 인권기록유산 5·18 광주 민주화운동 기록물(2011)
『동의보감東醫寶鑑』(2009)
조선왕조『의궤儀軌』(2007)
고려대장경판 및 제경판高麗大藏經板−諸經板(2007)
『승정원일기承政院日記』(2001)
『불조직지심체요절佛祖直指心體要節』하권下卷(2001)
『조선왕조실록』(1997)
『훈민정음(해례본)』(1997)

*( ) 안은 등재 연도

참고도서

* 이 목록은 대학 교양한국사 과목 수강생과 일반교양인을 표준으로 하여 작성하였다.
* 대상서적은 대체로 최근 30년 이내에 출간된 연구서적 중에서 대중성을 고려하여 선별하였다.
* 배열순서는 시대순으로 먼저 나누고, 다음에 간행연도순으로 하였다.
* 북한의 연구서적도 학술성이 높은 것은 포함시켰다.

1. 사학사

한영우, 1981, 《조선전기 사학사연구》(서울대 출판부)
박 미하일, 1987, 《Korea: Essays of Korea》(한국사학사)
　　(모스크바)
한영우, 1989, 《조선후기 사학사연구》(일지사)
한영우, 1994, 《한국 민족주의 역사학》(일조각)
조동걸·한영우, 박찬승 편, 1994, 《한국의 역사가와 역사학》상하 (창작과 비평사)
한영우, 2002, 《역사학의 역사》(지식산업사)
한영우 외, 2005, 《21세기 한국학, 어떻게 할 것인가》(푸른역사)
이만열, 2007, 《한국근현대 역사학의 흐름》(푸른역사)

2. 고고학

림영규 편, 1984, 《조선의 청동기시대》(평양, 사회과학출판사)
이융조, 1984, 《한국의 구석기문화 2》(탐구당)
윤무병, 1987, 《한국 청동기문화연구》(예경산업사)
박진욱·황기덕·강인숙, 1987, 《비파형단검문화에 관한 연구》(평양, 과학백과사전출판사)
손보기, 1988, 《한국 구석기학 연구의 길잡이》(연세대출판부)
윤세영, 1988, 《고분출토부장품연구》(고려대 민족문화연구소)
사회과학원 고고학연구소, 1988, 《조선고고학전서-고대편》(과학백과사전종합출판사)
윤동석, 1989, 《삼국시대 철기유물의 금속학적연구》(고려대출판부)
이선복, 1989, 《동북아시아 구석기연구》(서울대 출판부)
임효재, 1991, 《강원도 오산리 신석기토기연구》
임효재, 1992, 《한국고대문화의 흐름》(집문당)
임효재, 1997, 《동아시아 속의 오산리 신석기문화의 위치》
임효재, 2000, 《한국신석기문화》(집문당)

3. 고조선 및 고대

천관우 편, 1975, 《한국상고사의 쟁점》(일조각)
김철준, 1975, 《한국고대국가발달사》(한국일보사)
김철준, 1975, 《한국고대사회연구》(지식산업사)
이기백, 1975, 《한국고대사론》(탐구당)
최택선·이난우, 1976, 《고조선문제 연구론문집》(평양, 사회과학출판사)
사회과학원 고고학연구소, 1979, 《고조선문제 연구론문집》(북한)
전해종, 1980, 《동이전의 문헌적 연구-위략·삼국지·후한서 동이관계 기사의 검토》(일조각)
황기덕, 1984, 《조선원시 및 고대사회의 기술발전》(과학백과사전출판사)
홍윤식, 1985, 《삼국유사와 한국고대문화》(원광대출판국)
역사학회 편, 1985, 《한국고대의 국가와 사회》(일조각)
최몽룡, 1986, 《한국고대사의 제문제》(삼화사)
이기백 편, 1988, 《단군신화논집》(새문사)
조희승·김석형, 1988, 《초기조일관계사》상하 (북한 사회과학원출판사)
한국상고사학회, 1989, 《한국상고사: 연구현황과 과제》(민음사)
천관우, 1989, 《고조선사·삼한사연구》(일조각)
사회과학원, 1989, 《조선사람의 기원》(북한 사회과학원출판사)
이종욱, 1993, 《고조선사연구》(일조각)
윤이흠 외, 1994, 《단군》(서울대 출판부)
윤내현, 1994, 《고조선연구》(일지사)
한국역사연구회, 1995, 《한국고대의 신분제와 관등제》(민음사)

서영대, 1995,《북한학계의 단군신화연구》(백산)

삼한역사문화연구회, 1997,《삼한의 역사와 문화-마한편》(자유지성사)

윤내현, 1998,《한국 열국사연구》(지식산업사)

송호정, 1999,《고조선 국가형성과정 연구》(학위논문)

이형구, 1999,《단군과 고조선》(살림터)

최몽룡·이형구·조유전·심봉근, 1999,《고조선문화연구》(한국정신문화연구원)

노태돈 외, 2000,《단군과 고조선사》(사계절)

전덕재, 2002,《한국 고대사회의 왕경인과 지방민》(태학사)

송호정, 2003,《한국고대사 속의 고조선사》(푸른역사)

고구려연구재단, 2005,《고조선, 단군, 부여 자료집》전 3권, (고구려연구재단)

김용섭, 2008,《동아시아 역사 속의 한국문명의 전환-충격, 대응, 통합의 문명으로》(지식산업사)

김정배, 2010,《고조선에 대한 새로운 해석》(고려대 민족문화연구원)

한영우, 2010,《한국선비지성사》(지식산업사)

신용하, 2010,《고조선 국가형성의 사회사》(지식산업사)

4. 고구려

박시형, 1966,《광개토대왕능비연구》

이진희, 1972,《광개토왕능비의 연구》(日文, 吉川弘文館)

사회과학원 력사연구소, 1975,《고구려문화》(평양, 사회과학출판사)

이지린·강인숙, 1976,《고구려 역사연구》(평양, 사회과학출판사)

王健群, 1985,《好太王碑硏究》(역민사)

채희국, 1985,《고구려력사연구》(평양, 종합대학출판사)

김문경, 1986,《당 고구려유민과 신라교민》(일신사)

왕건군 외, 1988,《好太王碑와 고구려유적》(讀賣新聞社)

武田幸男, 1988,《廣開土王碑 原石拓本集成》(동경대학출판부)

이형구·박노희, 1988,《광개토대왕릉비 신연구》(동화출판공사)

이용범, 1989,《한만교류사연구》(동화출판공사)

武田幸男, 1989《高句麗史と東アジア》(岩波書店)

박진석, 1996,《고구려 호태왕비 연구》

여호규, 1997,《1~4세기 고구려 정치체제 연구》(박사논문)

노태돈, 1999,《고구려사연구》(사계절)

전호태, 1999,《고분벽화로 본 고구려이야기》(풀빛)

전호태, 2000,《고구려고분벽화 연구》(사계절)

김기흥, 2002,《고구려 건국사》(창작과 비평사)

지배선, 2002,《유럽문명의 아버지 고선지평전》(청아출판사)

신형식, 2003,《고구려사》(이화여자대학교출판부)

이형구, 2004,《발해연안에서 찾은 한국고대문화의 비밀》(김영사)

고구려연구재단, 2005,《중국소재 고구려관련 금석문자료집》(고구려연구재단)

백위드 저, 정광 번역, 2006,《고구려어-일본을 대륙과 연결시켜주는 언어》(고구려연구재단)

5. 백제

坂元義種, 1978,《百濟史の硏究》塙書房

김성호, 1982,《비류백제와 일본의 국가기원》(지문사)古書房

김동욱, 1985,《백제의 복식》(백제문화개발연구원)

김영태, 1985,《백제불교사상연구》(동국대출판부)

노중국, 1988,《백제정치사연구》(일조각)

윤무병, 1992,《백제고고학연구》백제연구총서 제2집, (충남대 백제연구소)

충남대 백제연구소, 1993,《백제사의 비교연구》백제연구총서 3집

신호철, 1993,《후백제 견훤정권 연구》(일조각)

홍원탁, 1994,《백제와 大和日本의 기원》

이도학, 1995,《백제 고대국가연구》(일지사)

임동권, 1996,《일본 안의 백제문화》(규장각)

이기동, 1996,《백제사연구》(일조각)

김영심, 1997,《백제 지방통치체제 연구》

충남대 백제연구소, 1997,《백제의 중앙과 지방》백제연구총서 제5집

권태원, 2000,《고대 한민족문화사연구》(일조각)

6. 신라

이기백, 1974,《신라정치사회사연구》(일조각)

井上秀雄, 1974,《新羅史基礎硏究》(東出版)

이기백, 1978,《신라시대의 국가불교와 유교》(한국연구원) [1986 ,《신라사상사연구》(일조각)

김영태, 1979,《삼국유사소전의 신라불교사상연구》(신흥출판사)

이기동, 1980,《신라골품제사회와 화랑도》(한국연구원) [1985 (일조각)]

이종욱, 1980,《신라상대왕위계승연구》(영남대 민족문화

연구소)

이종욱, 1982,《신라국가형성사연구》(일조각)

신형식, 1985,《신라사》(이화여대출판부)

김문경, 1986,《당 고구려유민과 신라교민》(일신사)

이기백, 1986,《신라사상사연구》(일조각)

김갑동, 1990,《나말여초의 호족과 사회변동 연구》(고려
대 민족문화연구소)

신형식, 1990,《통일신라사연구》(삼지원)

최재석, 1990,《백제의 대화왜와 일본화과정》(일지사)

김상현, 1991,《신라화엄사상사연구》(민족사)

이명식, 1992,《신라정치사연구》(형설출판사)

이인철, 1993,《신라정치제도사연구》(일지사)

전해주, 1993,《의상화엄사상사연구》(민족사)

김상현, 1994,《역사로 읽는 원효》(고려원)

이기영, 1994,《원효사상연구 1》(한국불교연구원)

김두진, 1995,《의상: 그의 생애와 화엄사상》(민음사)

최재석, 1996,《정창원소장품과 통일신라》(일지사)

전덕재, 1996,《신라 6부체제연구》(일조각)

이기동, 1997,《신라사회사연구》(일조각)

정병삼, 1998,《의상 화엄사상 연구》(서울대 출판부)

남동신, 1999,《원효》(새누리)

김상현, 1999,《신라의 사상과 문화》(일지사)

이성시 저, 김창석 번역, 1999,《동아시아의 왕권과 교역–
신라, 발해와 정창원 보물》(청년사)

강종훈, 2000,《신라상고사 연구》(서울대 출판부)

노명호 외, 2000,《한국고대중세 고문서연구》(서울대 출
판부)

김기흥, 2000,《천년의 왕국 신라》(창작과 비평사)

정수일, 2004,《혜초의 왕오천축국전》(학고재)

노태돈, 2009,《삼국통일전쟁사》, 서울대학교 출판부

7. 가야

이종항, 1987,《고대 가야족이 세운 구주왕조》(대왕사)

윤석효, 1987,《가야사》(민족문화사)

이병선, 1989,《임나는 대마에 있었다》(서울서림)

천관우, 1991,《가야사연구》(일조각)

김태식, 1993,《가야연맹사》(일조각)

김현구, 1993,《임나일본부연구》(일조각)

이영식, 1993,《가야제국과 임나일본부》(吉川弘文館)

조희승, 1994,《가야사연구》(북한 사회과학출판사)

김병모, 1994,《김수로왕비 허황옥》(조선일보사)

김태식, 2002,《미완의 문명 7백년 가야사 1,2,3》
(푸른역사)

8. 발해

주영헌, 1971,《발해문화》(북한 사회과학출판사)

駒井和愛, 1977,《中國都城·渤海硏究》(雄山閣)

박시형, 1979,《발해사》(김일성종합대학 출판사)

사회과학원 역사연구소, 1979,《발해사》(조선전사 중)

왕승례, 1984,《발해간사》(新華書店) [송기호 역, 1987, 한
림대 아시아문화연구소]

황유한, 1987,《발해국기》(신서원)

김정배 편역, 1988,《발해국사 1》(정음사)

최무장 편역, 1988,《발해의 기원과 문화》(예문출판사)

방학봉, 김정배 외 역,1989,《발해사연구》(정음사)

방학봉, 1992,《발해유적과 그에 관한 연구》(연변대학 출
판사)

송기호, 1993,《발해를 찾아서–만주·연해주 답사기》(솔)

한규철, 1994,《발해의 대외관계사 연구–남북국의 형성
과 전개》(신서원)

송기호, 1995,《발해정치사연구》(일조각)

방학봉, 1996,《발해의 강역과 행정제도에 관한 연구》(연
변대학 출판사)

송기호, 1999,《발해를 다시 본다》(주류성)

이성시 저, 김창석 번역, 1999,《동아시아의 왕권과 교역–
신라, 발해와 정창원보물》(청년사)

유득공 저, 송기호 번역, 2000,《발해고》(홍익출판사)

고구려연구재단, 2004,《러시아 연해주 크라스키노 발해
사원지 발굴보고서》(고구려연구재단)

고구려연구재단, 2005,《2004년도 러시아연해주 발해유
적 발굴보고서》(고구려연구재단)

9. 고려

김상기, 1961,《고려시대사》(동국문화사) [1985, 서울대 출
판부]

이기백, 1968,《고려병제사연구》(일조각)

변태섭, 1971,《고려정치제도사연구》(일조각)

旗田巍, 1972,《朝鮮中世社會史の硏究》(法政大出版局)

이용범, 1976,《중세동북아세아사연구》(아세아문화사)

이재창, 1976,《고려 사원경제의 연구》(아세아문화사)

황운룡, 1978,《고려 벌족에 관한 연구》(친학사)

홍희유, 1979,《조선상업사》(과학백과사전출판사)

홍희유, 1979,《조선중세수공업사연구》(1989, 지양사)

강진철, 1980,《고려토지제도사연구》(고려대출판부)

박용운, 1980,《고려시대 대간제도연구》(일지사)

周藤吉之, 1980,《高麗朝官僚制の硏究》(法政大出版局)

이기백, 1981,《고려 광종연구》(일조각)

허흥식, 1981, 《고려 과거제도사연구》(일조각)

허흥식, 1981, 《고려사회사연구》(아세아문화사)

홍승기, 1981, 《고려시대 노비연구》(한국연구원)

동북아세아연구회 편, 1982, 《삼국유사의 연구》(중앙출판)

변태섭, 1982, 《고려사의 연구》(삼영사)

신천식, 1983, 《고려교육제도사연구》(형설출판사)

홍승기, 1983, 《고려귀족사회와 노비》(일조각)

영남대 민족문화연구소, 1983, 《삼국유사연구》(영남대)

김충렬, 1984, 《고려유학사》(고려대출판부)

경희대 전통문화연구소, 1984, 《최충연구논총》

이수건, 1984, 《한국중세사회사연구》(일조각)

이희덕, 1984, 《고려유교정치사상의 연구》(일조각)

홍윤식, 1984, 《고려불화의 연구》(동화출판공사)

김성준, 1985, 《한국중세정치제도사연구》(일조각)

有井智德, 1985, 《高麗李朝史の研究》(國書刊行會)

김의규 외, 1985, 《고려사회의 귀족제설과 관료제론》(지
식산업사)

박용운, 1985~1987, 《고려시대사》상하 (일지사)

백산자료원, 1986, 《삼국유사 연구논선집 1》(백산자료원)

변태섭 외, 1986, 《고려사의 제문제》(삼영사)

허흥식, 1986, 《고려불교사연구》(일조각)

김당택, 1987, 《고려무인정권연구》(세문사)

김용선, 1987, 《고려 음서제도연구》(한국연구원)

문경현, 1987, 《고려태조의 후삼국통일연구》(형설출판사)

황운룡, 1987, 《한국중세사회연구》(부산대출판부)

한국정신문화연구원, 1987, 《삼국유사의 종합적 연구》

송방송, 1988, 《고려음악사연구》(일지사)

정용숙, 1988, 《고려왕실족내혼연구》(새문사)

하현강, 1988, 《한국중세사연구》(일조각)

황선영, 1988, 《고려초기왕권연구》(동아대출판부)

강진철, 1989, 《한국중세토지소유연구》(일조각)

김남규, 1989, 《고려양계지방사연구》(새문사)

하현강, 1989, 《한국중세사론》(신구문화사)

이기백, 1990, 《고려귀족사회의 형성》(일조각)

박용운, 1990, 《고려시대 음서제와 과거제연구》(일지사)

박종기, 1990, 《고려시대 부곡제연구》(서울대 출판부)

김광철, 1991, 《고려후기 세족층연구》(동아대 출판부)

김용선, 1991, 《고려 음서제도연구》(한국연구원)

윤용혁, 1991, 《고려대몽항쟁사 연구》(일지사)

이우성, 1991, 《한국중세사회연구》(일조각)

이정신, 1991, 《고려 무신정권기 농민·천민항쟁 연구》(고
려대 출판부)

채상식, 1991, 《고려후기 불교사연구》(일조각)

최정환, 1991, 《고려·조선시대 녹봉제 연구》(경북대 출
판부)

이기백 외, 1993, 《최승로상소문 연구》(일조각)

허흥식, 1994, 《한국중세불교사연구》(일조각)

노계현, 1994, 《고려외교사》(갑인출판사)

최상준 외, 1994, 《조선기술 발전사-고려편》(평양, 과학
백과사전 종합출판사)

신천식, 1995, 《고려교육사연구》(경인문화사)

박용운, 1996, 《고려시대 개경 연구》(일지사)

홍승기, 1996, 《고려태조의 국가경영》(서울대 출판부)

박경안, 1996, 《고려후기 토지제도연구》(혜안)

목은연구회, 1996, 《목은 이색의 생애와 사상》(일조각)

이원명, 1997, 《고려시대 성리학 수용연구》(국학자료원)

신호철, 1997, 《임연, 임연정권연구》(충북대 출판부)

한국역사연구회, 1997, 《고려시대 사람들은 어떻게 살았
을까》(청년사)

김일우, 1998, 《고려초기 국가의 지방지배체계 연구》(일
지사)

신천식, 1998, 《목은 이색의 학문과 학맥》(일조각)

김기덕, 1998, 《고려시대 봉작제연구》(청년사)

도현철, 1999, 《고려말 사대부의 정치사상연구》(일조각)

박용운, 2000, 《고려시대 중서문하성 재신연구》(일지사)

채웅석, 2000, 《고려시대의 국가와 지방사회》(서울대 출
판부)

이희덕, 2000, 《고려시대 천문사상과 오행설 연구》(일조각)

박종기 외, 2000, 《고려시대연구 1》(한국정신문화연구원)

박용운 외, 2000, 《고려시대연구 2》(한국정신문화연구원)

김용섭, 2000, 《한국중세농업사 연구-토지제도와 농업개
발정책》(지식산업사)

박종진, 2000, 《고려시기 재정운영과 조세제도》(서울대
출판부)

박용운, 2000, 《고려시대 상서성연구》(경인문화사)

김난옥, 2001, 《고려시대 천사, 천역양인 연구》(신서원)

안병우, 2002, 《고려전기의 재정구조》(서울대 출판부)

한영우 외, 2002, 《행촌 이암의 생애와 사상》(일지사)

박종기, 2002, 《지배와 자율의 공간, 고려의 지방사회》(푸
른역사)

한국역사연구회, 2002, 《고려의 황도 개경》(창작과 비평사)

허흥식, 2004, 《고려의 문화전통과 사회사상》(집문당)

김용선, 2004, 《고려금석문연구-돌에 새겨진 사회사》(일
조각)

박재우, 2005, 《고려 국정운영의 체계와 왕권》(신구문화사)

문철영, 2005, 《고려 유학사상사의 새로운 모색》(경세원)

안지원, 2005, 《고려의 국가불교의례와 문화》(서울대 출
판부)

한국역사연구회, 2007, 《개경의 생활사》(휴머니스트)

노명호, 2009, 《고려국가와 집단의식》(서울대 출판부)

한영우, 2010, 《한국선비지성사》(지식산업사)

노명호, 2011, 《고려 태조왕건의 동상》(지식산업사)

10. 조선 전기

김석형, 1957,《조선봉건시대 농민의 계급구성》(북한 과
　학원출판사)

田川孝三, 1964,《李朝貢納制の硏究》(東洋文庫)

田花爲雄, 1972,《朝鮮鄕約敎化史の硏究-歷史篇》(鳴鳳社)

차문섭, 1973,《조선시대 군제연구》(단국대출판부)

한영우, 1973,《정도전사상의 연구》(서울대 한국문화연구소)

Wagner, Edward, 1974, The Literati Purges: Political
　Conflict in Early Yi Korea (East Asian Research
　Center, Harvard University, Cambridge)

이정동, 1974,《퇴계의 생애와 사상》(박영사)

김재근 1976,《조선왕조 군선연구》(서울대 한국문화연구
　소) [1977 (일조각)]

최승희, 1976,《조선초기 언관·언론연구》(서울대 한국문
　화연구소)

김태준, 1977,《임진란과 조선문화의 동점》(한국연구원)

이수건, 1979,《영남 사림파의 형성》(영남대 민족문화연
　구소)

천관우, 1979,《근세조선사연구》(일조각)

홍희유, 1979,《조선중세수공업사연구》(과학백과사전종
　합출판사)

김길환, 1980,《조선조유학사상연구》(일지사)

김옥근, 1980,《한국토지제도사연구》(대왕사)

송방송, 1980,《악장등록연구》(영남대민족문화연구소)

이성무, 1980,《조선초기 양반연구》(일조각)

정순목, 1980,《한국 서원교육제도연구》(영남대민족문화
　연구소)

田代和生, 1981,《近世日朝通交貿易の硏究》(創文社)

한영우, 1981,《조선전기 사학사연구》(서울대 출판부)

손인수, 1982,《조선시대 여성교육연구》(성균관대출판부)

연정열, 1982,《조선초기 노비법제고》(경희대 박사논문)

김태영, 1983,《조선전기 토지제도사연구》(지식산업사)

민현구, 1983,《조선초기의 군사제도와 정치》(한국연구원)

정두희, 1983,《조선초기 정치지배세력연구》(일조각)

한영우, 1983,《조선전기 사회경제연구》(을유문화사)

한영우, 1983,《조선전기 사회사상연구》(지식산업사)

한영우, 1983,《개정판 정도전사상의 연구》(서울대 출판부)

김옥근, 1984~1988,《조선왕조 재정사연구》(일조각)

이병휴, 1984,《조선전기 영남사림파연구》(일조각)

이재룡, 1984,《조선초기 사회구조연구》(일조각)

유승원, 1986,《조선초기 신분제연구》(을유문화사)

김정주, 1986,《조선시대불화연구》(지식산업사)

윤국일, 1986,《경국대전연구》(북한 과학백과사전출판사)

이경식, 1986,《조선전기 토지제도연구》(일조각)

이태진, 1986,《한국사회사연구》(지식산업사)

이호철, 1986,《조선전기 농업경제사》(한길사)

Choi, Yong-ho, 1987, The Civil EXaminations and the
　Social Structure in Early Yi Dynasty Korea: 1392-
　1600(The Korean Research Center, Seoul)

長 節子, 1987,《中世朝日關係と對馬》(吉川弘文館)

민성기, 1988,《조선농업사연구》(일조각)

장학근, 1988,《조선시대 해양방위사》(창미사)

김용숙, 1989,《조선조 궁중풍속연구》(일지사)

박 주, 1989,《조선시대 정표정책에 대한 연구》(일조각)

이수건, 1989,《조선시대 지방행정사》(민음사)

이태진, 1989,《조선유교사회사론》(지식산업사)

정두희, 1989,《조선성종대의 대간연구》(한국연구원)
　[1994, 일조각]

홍희유, 1989,《조선상업사》 고대·중세편, (북한 과학백과
　사전종합출판사)

이존희, 1990,《조선시대 지방행정제도연구》(일지사)

이범직, 1991,《한국중세 예사상연구》(일조각)

방상현, 1991,《조선초기 수군제도》(민족문화사)

최정환, 1991,《고려·조선시대 녹봉제 연구》(경북대 출판부)

Martina, Deuchler,1992, The Confucian Transformation
　of Korea: A Study of Society and Ideology(cambridge:
　Harvard University Press)

손정목, 1992,《한국지방제도·자치사연구》(일지사)

한우근, 1993,《유교정치와 불교》(일조각)

이태진 외, 1993,《한국사회발전사론 》(일조각)

민덕기, 1994,《전근대 동아시아의 한일관계》(早稻田大學
　出版部)

지두환, 1994,《조선전기 의례연구》(서울대 출판부)

최이돈, 1994,《조선중기 사림정치구조연구》(일조각)

허선도, 1994,《조선시대 화약병기사연구》(일조각)

정두희, 1994,《조선시대 대간연구》(일조각)

고영진, 1995,《조선중기 예학사상사》(한길사)

지승종, 1995,《조선전기 노비신분연구》(일조각)

심정보, 1995,《한국 읍성의 연구-충남지방을 중심으로》
　(학연문화사)

남문현, 1995,《한국의 물시계》(건국대 출판부)

장병인, 1997,《조선전기 혼인제와 성차별》(일지사)

김돈, 1997,《조선전기 군신권력관계연구》(서울대 출판부)

한영우, 1997,《조선시대 신분사연구》(집문당)

김용만, 1997,《조선시대 사노비연구》(집문당)

이경식, 1998,《조선전기 토지제도연구》(지식산업사)

김경수, 1998,《조선시대의 사관연구》(국학자료원)

이병휴, 1999,《조선전기 사림파의 현실인식과 대응》(일
　조각)

한영우, 1999,《왕조의 설계자 정도전》(지식산업사)

한영우 외, 1999,《우리 옛지도와 그 아름다움》(효형출판)

홍순민, 1999,《우리 궁궐 이야기》(청년사)

John B. Duncan, 2000, Origins of the Choson Dynasty(Seattle and London: University of Washington Press)

박 주, 2000,《조선시대의 효와 여성》(국학자료원)

김성우, 2001,《조선중기 국가와 사족》(역사비평사)

조원래, 2001,《임진왜란과 호남지방의 의병항쟁》(아세아문화사)

김성우, 2001,《조선중기 국가와 사족》(역사비평사)

한형주, 2002,《조선초기 국가제례연구》(일조각)

이태진, 2002,《의술과 인구 그리고 농업기술》(태학사)

최승희, 2002,《조선초기 정치사연구》(지식산업사)

임민혁, 2002,《조선시대 음관연구》(한성대 출판부)

남문현, 2002,《장영실과 자격루》(서울대학교출판부)

한영우, 2003,《창덕궁과 창경궁》(열화당, 효형출판)

최승희, 2004,《조선초기 언론사연구》(지식산업사)

한영우, 2006,《조선의 집 동궐에 들다》(열화당, 효형출판)

고동환, 2007,《조선시대 서울도시사》(태학사)

신병주, 2008,《이지함평전》(글항아리)

한영우, 2008,《조선 수성기 제갈량 양성지》(지식산업사)

한영우, 2010,《한국선비지성사》(지식산업사)

한영우, 2013,《율곡 이이평전》(민음사)

한영우, 2013,《과거, 출세의 사다리-태조~선조대》(지식산업사)

한영우, 2016,《나라에 사람이 있구나-월탄 한효순 이야기》(지식산업사)

한영우, 2016,《우계 성혼 평전》(민음사)

11. 조선 후기

김용덕, 1970,《정유 박제가연구》(중앙대출판국)

김용섭, 1970,《조선후기 농업사연구-농촌경제·사회변동》(일조각)

전석담·허종호·홍희유, 1971,《조선에서의 자본주의적 관계의 발생》(과학백과사전 종합출판사)

김용섭, 1971,《조선후기농업사연구-농업변동·농학사조》(일조각)

田花爲雄, 1972,《朝鮮鄕約敎化史の硏究-歷史篇》(鳴鳳社)

강만길, 1973,《조선후기 상업자본의 발달》(고려대출판부)

송찬식, 1973,《이조후기 수공업에 관한 연구》(서울대 한국문화연구소)

차문섭, 1973,《조선시대 군제연구》(단국대출판부)

정성철, 1974,《실학파의 철학사상과 사회정치적 견해》(북한 사회과학출판사)

원유한, 1975,《조선후기 화폐사연구》(한국연구원)

김재근, 1976,《조선왕조 군선연구》(서울대 한국문화연구소)

최완수, 1976,《김추사연구초》(지식산업사)

김옥근, 1977,《조선후기 경제사연구》(서문당)

김용덕, 1977,《조선후기 사상사연구》(을유문화사)

변인석, 1977,《사고전서조선사료의 연구》(영남대출판부)

손정목, 1977,《조선시대 도시사회연구》(일지사)

김용덕, 1978,《향청연구》(한국연구원)

원유한, 1978,《조선후기 화폐유통사》(정음사)

권병탁, 1979,《전통 도자의 생산과 수요》(영남대출판부)

천관우, 1979,《근세조선사연구》(일조각)

홍희유, 1979,《조선중세 수공업사연구》(과학백과사전종합출판사)

김길환, 1980,《조선조 유학사상연구》(일지사)

김옥근, 1980,《한국토지제도사연구》(대왕사)

송방송, 1980,《악장등록연구》(영남대 민족문화연구소)

이을호, 1980,《한국 개신유학사시론》(박영사)

정순목, 1980,《한국 서원교육제도연구》(영남대 민족문화연구소)

한우근, 1980,《성호 이익연구》(서울대 출판부)

김길환, 1981,《한국양명학연구》(일지사)

田代和生, 1981,《近世日朝通交貿易の硏究》(創文社)

김태준, 1982,《홍대용과 그의 시대》(일지사)

손인수, 1982,《조선시대 여성교육연구》(성균관대출판부)

윤남한, 1982,《조선시대의 양명학연구》(집문당)

平木實, 1982,《조선후기 노비제 연구》(지식산업사)

武田幸男, 1983,《朝鮮戶籍臺帳の基礎的硏究》(학습원대학 동양문화연구소)

유명종, 1983,《한국의 양명학》(동화출판공사)

정석종, 1983,《조선후기 사회변동연구》(일조각)

김옥근, 1984~1988,《조선왕조 재정사연구》(일조각)

강만길, 1984,《조선시대 상공업사연구》(한길사)

이태진 편, 1985,《조선시대 정치사의 재조명-사화. 당쟁 편》(지식산업사)

이태진, 1985,《조선후기의 정치와 군영제변천》(한국연구원)

三品英利, 1986,《近世日朝關係史の硏究》(文獻出版)

이원순, 1986,《한국 서학사연구》(일지사)

이준걸, 1986,《조선시대 일본과 서적교류연구》(홍익재)

금장태, 1987,《한국 실학사상연구》(집문당)

김옥근, 1987,《조선왕조 재정사연구 2》(일조각)

김태준, 1987,《홍대용평전》(민음사)

손승철, 1987,《근세한일관계사》(강원대출판부)

송준호, 1987,《조선사회사연구》(일조각)

長 節子, 1987,《中世朝日關係と對馬》(吉川弘文館)

김옥근, 1988,《조선왕조 재정사연구 3》(일조각)

김용섭, 1988,《조선후기 농학사연구》(일조각)

민성기, 1988,《조선농업사연구》(일조각)

이영훈, 1988,《조선후기 사회경제사》(한길사)

이용범, 1988,《중세서양과학의 조선전래》(동국대출판부)

이은순, 1988,《조선후기 당쟁사연구》(일조각)

정옥자, 1988,《조선후기 문화운동사》(일조각)

조 광, 1988,《조선후기 천주교사연구》(고려대 민족문화
연구소)

한명기, 1988,《광해군-탁월한 외교정책을 펼친 군주》(역
사비평사)

김용숙, 1989,《조선조 궁중풍속연구》(일지사)

오 성, 1989,《조선후기 상인연구》(일조각)

이수건, 1989,《조선시대 지방행정사》(민음사)

이태진, 1989,《조선유교사회사론》(지식산업사)

전형택, 1989,《조선후기 노비신분연구》(일조각)

최승희, 1989,《한국고문서연구》(한국정신문화연구원)
[1981, 지식산업사]

최완기, 1989,《조선후기 선운업사연구》(일조각)

하우봉, 1989,《조선후기실학자의 일본관연구》(일지사)

한영우, 1989,《조선후기 사학사연구》(일지사)

허종호, 1989,《조선봉건말기의 소작제연구》(한마당)

윤희면, 1990,《조선후기 향교연구》(일조각)

이존희, 1990,《조선시대 지방행정제도연구》(일지사)

이훈상, 1990,《조선후기 향리연구》(일조각)

정옥자, 1990,《조선후기 문학사상사》(서울대 출판부)

향촌사회사연구회, 1990,《조선후기 향약연구》(민음사)

한국역사연구회, 1990,《조선정치사: 1800~1863》
(청년사)

김용섭, 1991,《증보판 조선후기농업사연구 2》(일조각)

원경렬, 1991,《대동여지도의 연구》(성지문화사)

이 찬, 1991,《한국의 고지도》(범우사)

정옥자, 1991,《조선후기 지성사》(일지사)

손정목, 1992,《한국지방제도·자치사연구》(일지사)

심희기, 1992,《한국 법사연구》(영남대출판부)

한우근, 1992,《기인제연구》(일지사)

이성무 외, 1992,《조선후기 당쟁의 종합적 검토》(한국정
신문화연구원)

이준구, 1993,《조선후기 신분직역변동연구》(일조각)

정옥자, 1993,《조선후기 역사의 이해》(일지사)

이해준, 김인걸 외, 1993,《조선시기 사회사연구법》(한국
정신문화연구원)

김동철, 1994,《조선후기 공인연구》(한국연구원)

손승철, 1994,《조선시대 한일관계사연구》(지성의 샘)

須川英德, 1994,《李朝商業政策史研究》(東京大 出版部)

허선도, 1994,《조선시대 화약병기사연구》(일조각)

서울대 규장각, 1995,《해동지도-영인, 해설, 색인》(서울
대 규장각)

유봉학, 1995,《연암일파 북학사상연구》(일지사)

최홍규, 1995,《우하영의 실학사상연구》(일지사)

손승철, 1995,《조선시대 한일관계사연구》(지성의 샘)

김문식, 1996,《조선후기 경학사상연구-정조와 경기학인
을 중심으로》(일조각)

한상권, 1996,《조선후기 사회와 소원제도》(일조각)

이해준, 1996,《조선시기 촌락사회사》(민족문화사)

박인호, 1996,《조선후기 역사지리학연구》(이회문화사)

James B. Palais, 1996, Confucian Statecraft and Korean
Institutions-Yu Hyongwon and the Late Choson
Dynasty(University of Washington Press, Seattle and
London)

JaHyun Kim Haboush, 1996, The Memoirs of Lady
Hyegyong - The Autobiographical Writings of a
Crown Princess of 18th-Century Korea
(University of California Press, Berkeley, Los Angeles,
London)

정만조, 1997,《조선시대 서원연구》(집문당)

차장섭, 1997,《조선후기 벌열연구》(일조각)

김용만, 1997,《조선시대 사노비연구》(집문당)

이성미·유송옥·강신항, 1997,《조선시대 어진관계도감의
궤 연구》(한국정신문화연구원)

유봉학, 1998,《조선후기 학계와 지식인》(신구문화사)

윤용출, 1998,《조선후기의 요역제와 고용노동》(서울대
출판부)

고석규, 1998,《19세기 조선의 향촌사회연구》(서울대 출
판부)

한영우, 1998,《정조의 화성행차 그 8일》(효형)

최완수 외, 1998,《진경시대-사상과 문화》(돌베개)

최완수 외, 1998,《진경시대-예술과 예술가들》(돌베개)

박광용, 1998,《영조와 정조의 나라》(푸른역사)

오주석, 1998,《단원 김홍도》(열화당)

이재숙 외, 1998,《조선조 궁중의례와 음악》(서울대 출판
부)

진준현, 1999,《단원 김홍도연구》(일지사)

서태원, 1999,《조선후기 지방군제연구》(혜안)

우인수, 1999,《조선후기 산림세력연구》(일조각)

한명기, 1999,《임진왜란과 한중관계》(역사비평사)

이남희, 1999,《조선후기 잡과중인 연구》(이회)

정옥자 외, 1999,《정조시대의 사상과 문화》(돌베개)

장동표, 1999,《조선후기 지방재정연구》(국학자료원)

한영우 외, 1999,《우리 옛 지도와 그 아름다움》(효형)

정옥자·유봉학·김문식·배우성·노대환, 1999,《정조시대의
사상과 문화》(돌베개)

김현영, 1999, 《조선시대의 양반과 향촌사회》(집문당)
한명기, 1999, 《임진왜란과 한중관계》
김 호, 2000, 《허준의 동의보감 연구》(일지사)
신병주, 2000, 《남명학파와 화담학파연구》(일지사)
정옥자, 2000, 《정조의 수상록 일득록연구》(일지사)
김문식, 2000, 《정조의 경학과 주자학》(문헌과 해석사)
임미선·송지원·김종수·노영구·김호, 2000, 《정조대의 예술과 과학》(문헌과 해석사)
이태진 외, 2000, 《서울상업사》(태학사)
한명기, 2000, 《광해군》(역사비평사)
강석화, 2000, 《조선후기 함경도와 북방영토의식》(경세원)
문중양, 2000, 《조선후기 수리학과 수리담론》(집문당)
방병선, 2000, 《조선후기 백자연구》(일지사)
이예성, 2000, 《현재 심사정연구》(일지사)
안휘준, 2000, 《한국회화사 연구》(시공사)
박정혜, 2000, 《조선시대 궁중기록화연구》(일지사)
이성미, 2000, 《조선시대 그림 속의 서양화법》(대원사)
김종수, 2001, 《조선시대 궁중연향과 여악연구》(민속원)
이수환, 2001, 《조선후기 서원연구》(일조각)
김준형, 2001, 《조선후기 단성 사족층 연구》(아세아문화사)
신병주, 2001, 《66세의 영조, 15세 신부를 맞이하다》(효형출판)
오수창, 2002, 《조선후기 평안도 사회발전연구》(일조각)
송찬섭, 2002, 《조선후기 환곡제 개혁연구》(서울대 출판부)
김동욱, 2002, 《실학정신으로 세운 조선의 신도시, 수원황성》(돌베개)
한영우, 2003, 《창덕궁과 창경궁》(열화당, 효형출판)
김건태, 2004, 《조선시대 양반가의 농업경영》(역사비평사)
이원명, 2004, 《조선시대 문과급제자 연구》(국학자료원)
구만옥, 2004, 《조선후기 과학사상사연구 1-주자학적 우주론의 변동》(혜안)
한영우, 2005, 《조선왕조 의궤-국가의례와 그 기록》(일지사)
조원래, 2005, 《새로운 관점의 임진왜란사 연구》(아세아문화사)
한영우, 2007, 《실학의 선구자 이수광》(경세원)
한영우 외, 2007, 《다시, 실학이란 무엇인가》(푸른역사)
이경구, 2007, 《조선후기 안동김문 연구》(일지사)
신병주, 2007, 《조선 중후기 지성사 연구》(새문사)
고동환, 2007, 《조선시대 서울도시사》(태학사)
한영우, 2007, 《꿈과 반역의 실학자 유수원》(지식산업사)
김문식, 2007, 《정조의 제왕학》(태학사)
한영우, 2008, 《문화정치의 산실 규장각》(지식산업사)
이성미, 2008, 《왕실혼례의 기록 가례도감의궤와 미술사》(소와당)
이경구, 2009, 《17세기 조선지식인지도》(푸른역사)

한영우, 2010, 《한국선비지성사》(지식산업사)
한영우, 2013, 《과거, 출세의 사다리-광해군~영조대》(지식산업사)
한영우, 2013, 《과거, 출세의 사다리-정조~철종대》(지식산업사)

12. 개항기~대한제국

오길보, 1968, 《갑오농민전쟁》(북한 로동당출판사)
이영래, 1968, 《한국근대토지제도사연구》(보문각)
이광린, 1969, 《한국개화사연구》(일조각) [1974]
팽택주, 1969 《明治初期日韓淸關係の硏究》(塙書房)
김준보, 1970·1974·1977, 《한국자본주의사연구》(일조각)
강재언, 1970, 《조선근대사연구》(일본평론사) [1892, 《한국근대사》(한울)]
한우근, 1970, 《한국개항기의 상업연구》(일조각)
Ledyard, Gari, 1971, The Dutch Come to Korea (Korea Branch of the Royal Asiatic Society)
정요섭, 1971, 《한국여성운동사-일제하의 민족운동을 중심으로》(일조각)
한우근, 1971, 《동학난 기인에 관한 연구》(서울대 한국문화연구소)
Choi, ching Young, 1972, The Rule of the Taewongun, 1864~1873 (East Asian Research Center, Harvard University, Cambridge)
Cook, Harold, 1972, Korea's 1884 Incident (Korea Branch of the Royal Asiatic Society, Seoul)
김의환, 1972, 《조선을 둘러싼 근대노일관계연구》(통문관)
조항래, 1972, 《한말사회단체사론고》(형설출판사)
신복룡, 1973, 《동학당연구》(탐구당)
이광린, 1973, 《개화당연구》(일조각)
조기준, 1973, 《한국자본주의 성립사론》(고려대출판부)
Palais, James, 1975, Politics and Policy in Traditional Korea (East Asian Research Center, Harvard University, Cambridge)
김용섭, 1975, 《한국근대 농업사연구》(일조각)
박용옥, 1975, 《한국근대 여성사》(정음사)
안병태, 1975, 《조선근대경제사연구》(일본평론사)
이현종, 1975, 《한국개항장연구》(일조각)
김용욱, 1976, 《한국개항사》(서문당)
신용하, 1976, 《독립협회연구》(일조각)
최태호, 1976, 《개항전기의 한국관세제도》(한국연구원)
한우근, 1976, 《동학농민봉기》(세종대왕기념사업회)
Deuchler, Martina, 1977, Confucian Gentleman and Barbarian Envoys: The Opening of Korea, 1975~1885

(University of Washington Press, Seatle)

백종기, 1977, 《근대 한일교섭사연구》(정음사)

유원동, 1977, 《한국근대 경제사연구》(일지사)

高嶋雅明, 1978, 《朝鮮のおける植民地金融史の研究》(雄山閣)

고병운, 1978, 《근대조선경제사의 연구》(일본 웅산각)

김원모, 1979, 《근대한미교섭사》(홍성사)

이광린, 1979, 《한국개화사상연구》(일조각)

Swarout, Robert R. Jr., 1980, Mandarins, Gunboats, and Power Politics : Owen Nikerson Denny and the International Rivalries in Korea (The University Press of Hawaii, Honolulu)

신용하, 1980, 《한국근대사와 사회변동》(문학과 지성사)

박일근, 1981, 《미국의 개국정책과 한미외교관계》(일조각)

전봉덕, 1981, 《한국근대법사상사》(박영사)

강재언 외, 1981, 《근대조선의 사회와 사상》(일본 미래사)

박종근, 1982, 《일청전쟁과 조선》(청목서점) [박영재 역, 1989, 일조각)

손정목, 1982, 《한국개항기 도시사회경제사연구》(일지사)

신복룡, 1982, 《전봉준의 생애와 사상》(양영각)

안병태, 1982, 《한국 근대경제와 일본제국주의》(백산서당)

임형택, 1982, 《한국근대문학사론》(한길사)

강재언, 1983, 《근대한국사상사연구》(한울)

한우근, 1983, 《동학과 농민봉기》[1995, 일조각]

강만길, 1984, 《한국근대사》(창작과 비평사) [고쳐쓴 한국근대사]

강재언, 1984, 《근대조선의 사상》(미래사) [1985, 한길사]

고병익, 1984, 《동아시아의 전통과 근대사》(삼지원)

김용섭, 1984, 《증보판 한국근대농업사연구(상,하)》(일조각)

김윤식, 1984, 《한국 근대문학사상사》(한길사)

박용옥, 1984, 《한국 근대여성운동사연구》(한국정신문화연구원)

윤병석, 1984, 《이상설전》(일조각)

이석륜, 1984, 《한국 화폐금융사연구》(박영사)

한국사연구회 편, 1985, 《한국근대사회와 제국주의》(삼지원)

한국정치외교사학회, 1985, 《갑신정변연구》(평민사)

강만길, 1985, 《한국민족운동사론》(한길사)

송병기, 1985, 《근대한중관계사연구》(단국대출판부)

신복룡, 1985, 《동학사상과 갑오농민혁명》(평민사)

유영렬, 1985 《개화기의 윤치호연구》(한길사)

澤村東平, 1985, 《近代朝鮮の棉作綿業》(未來社)

波形昭一, 1985, 《日本植民地金融政策史の研究》(早稻田大學 出版部)

권석봉, 1986, 《청말 대조선정책사연구》(일조각)

이현희, 1986, 《정한론의 배경과 영향》(대왕사)

천관우, 1986, 《한국근대사산책》(정음문화사)

최윤규, 1986, 《조선근대 및 현대경제사》(과학백과사전출판사) [1988, 갈무지]

고병운, 1987, 《근대조선조계사의 연구》(웅산각)

김용숙, 1987, 《조선조말기 왕실복식》(민족문화문고간행회)

森山茂德, 1987, 《近代日韓關係史研究》(동경대출판회) [김세민 역, 1994, 현음사]

신용하, 1987, 《한국근대사회사연구》(일지사)

유동준, 1987, 《유길준전》(일조각)

권태억, 1989, 《한국 근대 면업사연구》(일조각)

김영작, 1989, 《한말 내셔널리즘연구》(청계연구소)

이광린, 1989, 《개화파와 개화사상연구》(일조각)

이병천, 1989, 《북한학계의 한국근대사논쟁》(창작과 비평사)

이완재, 1989, 《초기개화사상연구》(민족문화사)

조동걸, 1989, 《한말의병전쟁》(독립운동사연구소)

유영익, 1990, 《갑오경장연구》(일조각)

윤경로, 1990, 《105인사건과 신민회 연구》(일지사)

황공률, 1990, 《조선근대애국문화운동사》(북한 과학백과사전종합출판사)

한국역사연구회, 1991~1995, 《1894년 농민전쟁연구 1~4》(역사비평)

최문형, 1992, 《명성황후시해사건》(민음사)

천관우 외, 1993, 《위암 장지연의 사상과 활동》(민음사)

신용하, 1993, 《동학과 갑오농민전쟁연구》(일조각)

우 윤, 1993, 《전봉준과 갑오농민전쟁》(창작과 비평사)

이광린, 1993, 《개화기의 인물》(연세대 출판부)

동학농민혁명기념사업회 편, 1993, 《동학농민혁명과 사회변동》(한울)

김경태, 1994, 《한국근대경제사연구》(창작과 비평사)

김도형, 1994, 《대한제국기의 정치사상사연구》(지식산업사)

한영우, 1994, 《한국민족주의 역사학》(일조각)

홍순권, 1994, 《한말 호남지역 의병운동사 연구》(서울대출판부)

역사학연구소, 1994, 《농민전쟁 100년의 인식과 쟁점》(거름)

한국역사연구회, 1995, 《대한제국의 토지조사사업》(민음사)

한국사연구회, 1995, 《근대국민국가와 민족문제》(지식산업사)

박경룡, 1995, 《개화기 한성부연구》(일지사)

유영익, 1998, 《동학농민봉기와 갑오경장》(일조각)

오영섭, 1999, 《화서학파의 사상과 민족운동》(국학자료원)

김원모, 1999, 《한미수교사- 1883》(철학과 현실사)

정재정, 1999,《일제침략과 한국철도》(서울대 출판부)
송병기, 1999,《울릉도와 독도》(단국대 출판부)
이태진, 2000,《고종시대의 재조명》(태학사)
이태진 외, 2000,《서울상업사》(태학사)
권혁수, 2000,《19세기말 한중관계사 연구》(백산자료원)
김용구, 2001,《세계관 충돌과 한말외교사－1866~1882》
　　(문학과 지성사)
금장태, 2001,《화서학파의 철학과 시대인식》(태학사)
한영우, 2001,《명성황후, 제국을 일으키다》(효형출판)
이영호, 2001,《한국근대 지세제도와 농민운동》(서울대학
　　교 출판부)
조재곤, 2001,《한국근대사회와 보부상》(혜안)
연갑수, 2001,《대원군집권기 부국강병정책연구》(서울대
　　학교출판부)
강창일, 2002,《근대 일본의 조선침략과 대아시아주의》
　　(역사비평사)
서영희, 2003,《대한제국 정치사연구》(서울대 출판부)
신용하, 2003,《의병과 독립군의 무장독립운동》(지식산
　　업사)
한영우, 2005,《조선왕조 의궤－국가의례와 그 기록》(일
　　지사)
이태진, 2005,《동경대생들에게 들려준 한국사》(태학사)
이태진 외, 2005,《고종황제 역사청문회》(푸른역사)
한영우 외, 2006,《대한제국은 근대국가인가》(푸른역사)
연갑수, 2008,《고종대 정치변동 연구》(일지사)
강상규, 2008,《19세기 동아시아의 패러다임 변환과 한반
　　도》(논형)
한영우, 2013,《과거, 출세의 사다리－고종대》(지식산업사)

13. 일제강점기

국사편찬위원회, 1965~1969,《한국독립운동사》
독립운동사편찬위원회, 1970~1978,《독립운동사》
사회과학원 력사연구소, 1970,《일본군국주의의 조선침
　　략사－1910~1945》
이해창, 1971,《한국신문사연구》(성문각)
정요섭, 1971,《한국여성운동사－일제하의 민족운동을 중
　　심으로》(일조각)
淺田喬二, 1972,《日本帝國主義下の民族革命運動》(未來
　　社)
Nahm, Andrew, edt., 1973, Korea under Japanese Rule
　　(The Center for Korean Studies, Western Michigan
　　University, Kalamazoo)
박경식, 1974,《일본제국주의의 조선지배》(청목서점)
　　[1986 청아출판사]

임중빈, 1974,《한용운일대기》(정음사)
강덕상, 1975,《관동대지진》(중앙공론사)
小林英夫, 1975,《大東亞共榮圈の形成と崩壞》(お茶の水
　　書房)
윤병석, 1975,《삼일운동사》(정음사)
이강훈, 1975,《대한민국림시정부사》(서문당)
이강훈, 1975,《무장독립운동사》(서문당)
정세현, 1975,《항일학생민족운동사연구》(일지사)
정진석, 1975,《일제하한국언론투쟁사》(정음)
박경식, 1976,《조선삼일독립운동》(평범사)
이민수, 1976,《윤봉길전》(서문당)
최준, 1976,《한국신문사논고》(일조각)
김민수, 1977,《주시경연구》(탑출판사)
梶村秀樹, 1977,《朝鮮のおける資本主義の形成と展開》
　　(龍溪書舍)
조선무정부주의운동사 편찬위원회, 1978,《한국 아나키
　　즘운동사》
Lee Chong-sik, 1978, The Korean Workers Party: A
　　Short History (Hoover Institution Press fo Stanford
　　University)
김중렬, 1978,《항일노동투쟁사》(집현사)
박영석, 1978,《만보산사건연구》(아세아문화사)
서상철, 1978, Growth and Structual Change in the Korean
　　Economy: 1910-1945(Harvard University)
최민지, 1978,《일제하민족언론사론》(일월서각)
강동진, 1979,《일본의 조선지배정책사연구》(동경대출판
　　회) [1980, 한길사]
신용하, 1979,《조선토지조사사업연구》(한국연구원)
　　[1981, 지식산업사]
이구홍, 1979,《한국이민사》(중앙일보사)
이현희, 1979,《3·1운동사론》(동방도서)
조동걸, 1979,《일제하한국농민운동사》(한길사)
최문형, 1979,《열강의 동아시아정책》(일조각)
송건호 외, 1979~2006,《해방전후사의 인식》(전6권, 한길
　　사)
박성수, 1980,《독립운동사연구》(창작과 비평사)
한정일, 1981,《일제하 광주학생민족운동사》(전예원)
김윤환, 1982,《한국노동운동사－일제하편 1》(청사)
박영석, 1982,《한민족독립운동사연구》(일조각)
신용하, 1982,《박은식의 사회사상연구》(서울대 한국문화
　　연구소)
이현희, 1982,《대한민국임시정부사》(집문당)
고준석, 1983,《코민테른과 조선공산당》(동경 사회평론사)
　　[김영철 역, 1989, 공동체)
최홍규, 1983,《신채호의 민족주의사상》(단재신채호선생
　　기념사업회)

스칼라피노 외, 1983,《신간회연구》(동녘)

송건호 외, 1983~1985,《한국민족주의론》(창작과 비평사)

강재언, 1984,《일제하 40년사》(풀빛)

역사학회 편, 1984,《일본의 침략정책사연구》(일조각)

박영석, 1984,《일제하독립운동사연구》(일조각)

신용하, 1984,《신채호의 사회사상연구》(한길사)

宮田節子, 1985,《朝鮮民衆と皇民化政策》(未來社)

金森襄作, 1985,《1920年代朝鮮の社會主義運動史》(未來社)

신용하, 1985,《한국민족독립운동사연구》(을유문화사)

임영태, 1985,《식민지시대 한국사회와 운동》(사계절)

한국근대사자료연구협의회, 1985,《獨島연구》

佐佐木春隆, 1985,《朝鮮戰爭前史としての韓國獨立運動の研究》(國書刊行會)

川瀨俊治, 1985,《奈良·在日朝鮮人史 1910~1945》(奈良·在日朝鮮敎育を考える會)

단재신채호선생 기념사업회, 1986,《신채호의 사상과 민족독립운동》

이재화, 1986,《한국근대민족해방운동사 1》(백산서당)

河合和男, 1986,《朝鮮における産米增殖計劃》(未來社)

이만열 외, 1986,《한국기독교와 민족운동》(보성)

강만길, 1987,《일제시대빈민생활사연구》(창작과 비평사)

정진석, 1987,《대한매일신보와 배설》(나남)

역사학회, 1987,《한국근대 민족주의운동사연구》(일조각)

국사편찬위원회, 1987,《한민족독립운동사》

川瀨俊治, 1987,《朝鮮人勞動者と大日本帝國》(Press Center)

임종국, 1988~1989,《일본군의 조선침략사》(일월서각)

박영석, 1988,《재만한인독립운동사연구》(일조각)

신성려, 1988,《하와이 이민약사》(고려대출판부)

신용하, 1988,《한국근대민족운동사연구》(일조각)

이우재, 1988,《한국농민운동사》(한울)

이재화, 1988,《한국근현대민족해방운동사》(백산서당)

한석희, 1988,《일본의 조선지배와 종교정책》(미래사)

Robinson, Michael, E., 1989, Cultural Nationalism in Colonial Korea, 1920~1925

(University of Washington Press, Seattle)

鈴木敬夫, 1989,《法을 통한 朝鮮植民地 支配에 관한 硏究》(고려대 民族文化硏究所)

박영석, 1989,《만주 노령지역의 독립운동》(독립운동사연구소)

방선주, 1989,《재미한인의 독립운동》(한림대 아시아문제연구소)

손정목, 1989,《일제강점기 도시계획연구》(일지사)

신용하, 1989,《3·1독립운동》(독립운동사연구소)

이배용, 1989,《한국근대광업침탈사연구》(일조각)

이정식, 1989,《만주혁명운동과 통일전선》(사계절) [허원 역]

이한구, 1989,《일제하 한국기업설립운동사》(청사)

이현희, 1989,《한민족광복투쟁사》(정음문화사)

조동걸, 1989,《한국민족주의의 성립과 독립운동사연구》(지식산업사)

조선일보사, 1989,《3·1운동과 대한민국임시정부 수립의 현대적 해석》(조선일보사)

추헌수, 1989,《대한민국임시정부사》(독립운동사연구소)

이병천 편, 1989,《북한학계의 한국근대사논쟁》(창작과 비평사)

한국역사연구회, 역사문제연구소 편, 1989,《3.1민족해방운동연구》(청년사)

동아일보사, 1989,《3·1운동과 민족통일》(동아일보사)

한국역사연구회, 1989,《3·1민족해방운동 연구》(청년사)

이현희, 1989,《임정과 이동녕연구》(일조각)

이만열, 1990,《단재신채호의 역사학연구》(문학과 지성사)

박 환, 1990,《만주한인민족운동사연구》(일조각)

윤병석, 1990,《국외한인사회와 민족운동》(일조각)

최문형, 1990,《제국주의시대의 열강과 한국》(민음사)

손정목, 1990,《일제강점기 도시계획연구》(일지사)

Carter J. Eckert, 1991, Offspring of Empire: The Kochang Kims and the Colonial Origins of Korean Capitalism 1876-1945 (University of Washington Press, Seattle and London)

강만길, 1991,《조선민족혁명당과 통일전선》(화평사)

박찬승, 1991,《한국근대정치사상사연구》(역사비평사)

박 환, 1991,《홍범도장군》(연변인민출판사)

飛田雄一, 1991,《日帝下の朝鮮農民運動》(未來社)

松本武祝, 1991,《植民地期 朝鮮水利組合事業》(未來社)

한국역사연구회, 1991,《일제하 사회주의운동사》(한길사)

김경일, 1992,《일제하 노동운동사》(창작과 비평사)

김용섭, 1992,《한국근현대 농업사연구》(일조각)

방기중, 1992,《한국근현대 사상사연구－1930·40년대 백남운의 학문과 정치경제사상》(역사비평사)

山本有造, 1992,《日本植民地經濟硏究》(名古屋大學 出版會)

桶口雄一, 1992,《協和會》(社會評論社)

이영훈 외, 1992,《근대조선 수리조합연구》(일조각)

홍성찬, 1992,《한국근대 농촌사회의 변동과 지주층》(지식산업사)

和田春樹, 이종석 역, 1992,《김일성과 만주항일전쟁》(창작과비평사)

김기승, 1993,《배성룡의 정치경제사상연구》(신서원)

이준식, 1993,《농촌사회변동과 농민운동》(민영사)

지수걸, 1993,《일제하 농민조합운동연구》(역사비평사)

한시준, 1993,《한국 광복군 연구》(일조각)

김중섭, 1994,《형평운동연구》(민영사)

小林英夫, 1994,《植民地への企業進出-朝鮮會社令の分析》(柏書房)

이균영, 1994,《신간회연구》(역사비평사)

천경화, 1994,《한국인 민족교육운동사》(백산출판사)

김희곤, 1995,《중국관내 한국독립운동단체연구》(지식산업사)

지복영, 1995,《역사의 수레를 밀고 끌며-항일무장독립운동과 백산 지청천장군》(문학과지성사)

손정목, 1996,《일제강점기 도시사회상 연구》(일지사)

유병용 외, 1997,《한국 근대사와 민족주의》(집문당)

정재정, 1999,《일제침략과 한국철도-1892~1945》(서울대 출판부)

권희영, 1999,《한인 사회주의운동 연구》(국학자료원)

강만길 외, 2000,《한국자본주의의 역사》(역사비평사)

서중석, 2000,《우사 김규식》(한울)

이호룡, 2001,《한국의 아나키즘(사상편)》(지식산업사)

서중석, 2001,《신흥무관학교와 망명자들》(역사비평사)

신용하, 2001,《3.1운동과 독립운동의 사회사》(서울대 출판부)

신용하, 2002,《일제강점기 한국민족사(중)》(서울대 출판부)

윤대원, 2006,《상해시기 대한민국임시정부 연구》(서울대 출판부)

윤해동, 2006,《지배와 자치-식민지시기 촌락의 삼국면 구조》(역사비평사)

박찬승, 2007,《민족주의의 시대-일제하의 한국민족주의》(경인문화사)

14. 현대사(광복 이후)

김준엽, 김창순, 1967~1975,《한국공산주의운동사》(고려대 아세아문제연구소)

고려대 아세아문제연구소, 1973,《북한공산화과정연구》(아세아문제연구소)

Cummings, Bruce, 1981, The Origins of the Korean War (Princeton University Press, Princeton) [김주환 역, 1986,《한국전쟁의 기원》(靑史)]

국사편찬위원회, 1982,《한국현대사》(국사편찬위원회)

강만길, 1982,《조소앙》(한길사)

편집부 편, 1982,《한국현대사의 재조명》(돌베개)

김낙중, 1982,《한국노동운동사-해방후편》(청사)

심지연, 1982,《한국민주당연구 1》(풀빛)

Cummings, Bruce, ed., 1983, Child of Conflict: The Korean American Relationship, 1943-1953, (University of Washington Press, Seattle) [박의경 역, 1987,《한국전쟁과 한미관계》(靑史)]

김낙중, 1983,《한국노동운동사 2》(청사)

이재오, 1983,《한일관계사의 인식 1》(학민사)

한승주, 1983,《제2공화국과 한국의 민족주의》(종로서적)

강만길 외, 1983,《4월혁명론》(한길사)

한완상 외, 1983,《4·19혁명론》(일월서각)

편집부 편, 1984,《분단전후의 현대사》(일월서각)

강덕상, 1984,《朝鮮獨立運動の群像》(青木書店)

강만길, 1984,《한국현대사》(創作과 비평사) [고쳐쓴 한국현대사]

김남식, 1984,《남로당연구》(돌베개)

송건호, 1984,《한국현대인물사론》(한길사)

심지연, 1984,《한국민주당연구 2》(창작과비평사)

이기형, 1984,《몽양 여운형》(실천문학사)

中尾美知子, 1984,《解放後 全平勞動運動》(春秋社)

James I. Matray, 1985, THE RELUCTANT CRUSADE: American Foreign Policy in KOREA, 1941 - 1950 (Honolulu University of Hawaii Press, 1985) [구대열 역, 1989,《한반도의 분단과 미국》(을유문화사)]

권대복, 1985,《진보당》(지양사)

김정원, 1985,《분단한국사》(동녘)

송남헌, 1985,《해방삼십년사》(까치)

최장집, 1985,《한국현대사 1》(열음사)

한국사학회, 1986,《한국현대사론》(을유문화사)

Peter Row, 1986, The Origins of the Korean War(London) [1989,《한국전쟁의 기원》(인간사랑)]

권영민, 1986,《해방직후의 민족문학운동연구》(서울대 출판부)

Bruce Cummings, 1986,《한국전쟁의 기원》(일월서각)

小此木政夫, 1986,《한국전쟁: 미국의 개입과정》(청계연구소)

송건호, 1986,《한국현대사》(두레)

한국사학회, 1986,《한국현대 인물론》(을유문화사)

최인학, 1986,《북한의 민속》(민족통일중앙협의회)

한국사학회, 1986,《한국현대사의 제문제》(을유문화사)

김학준, 1987,《이동화평전》(민음사)

김태환 외, 1987,《한국현대사를 어떻게 볼 것인가》(열음사)

심지연, 1987,《조선혁명론연구》(실천문학사)

이기형, 1987,《여운형》(창작과 비평사)

이대근, 1987,《한국전쟁과 1950년대의 자본축적》(까치)

스칼라피노, 이정식, 1986~1987,《한국공산주의운동사》 [1992, 한홍구 역, 돌베개]

박세길, 1988~1989,《다시쓰는 한국현대사 1, 2》(돌베개)

D.W. Conde, 1988, An Untold History of Modern Korea

[1988, 사계절]

John Holliday and Bruce Cummings, 1988, Korea: The Unknown War(London : Viking) [1989, 《한국전쟁의 전개과정》(태암)]

Suh, Dea-Sook, 1988, Kim Il Sung: The North Korean Leader(Columbia University Press, New York) [서 주석 역, 1989, 《김일성》(청계연구소)]

김형찬, 1988, 《북한교육발달사》(한백사)

이상우 외, 1988, 《북한 40년》(을유문화사)

데이비드 콩드 저, 최지원 역, 1988, 《한국전쟁, 또하나의 시각》(과학과 사상사)

버쳇 저, 김남원 역, 1988, 《북한현대사》(신학문사)

심지연, 1988, 《조선신민당연구》(동녘)

정해구, 1988, 《10월 인민항쟁연구》(열음사)

최상룡, 1988, 《미군정과 한국민족주의》(나남)

대한민국사편찬위원회, 1988, 《대한민국사》

한국사연구협의회, 1988, 《한국현대사의 전개》(탐구당)

Eric van Ree, 1989, Socialism in One Zone: STalin's Policy in Korea, 1945~1947(Berg, Oxford)

김학준, 1989, 《대한민국의 수립》(독립운동사연구소)

강정구, 1989, 《좌절된 사회혁명: 미군정하의 남한·필리핀과 북한연구》(열음사)

김석영, 1989, 《석오 이동녕연구》(서문당)

김성호·전경식·장상환·박석두, 1989, 《한국농지개혁사연구》(한국농촌경제연구원)

김운근·이두순·조일환, 1989, 《수복지구의 남북한 농지개혁에 관한 연구》(한국농촌경제연구원)

김학준, 1989, 《대한민국의 수립》(독립기념관 한국독립운동사연구소)

김학준, 1989, 《한국전쟁》(박영사)

한국정치외교사학회, 1989, 《한국전쟁의 정치외교사적 고찰》(평민사)

노중선, 1989, 《4·19와 통일논의》(사계절)

이병천 편, 1989, 《북한학계의 한국근대사논쟁》(창작과 비평사)

서대숙, 1989, 《북한의 지도자 김일성》(청계연구소)

심지연, 1989, 《미·소공동위원회연구》(청계연구소)

이목, 1989, 《한국교원노동조합운동사》(푸른나무)

동아일보사, 1988~1989, 《현대사를 어떻게 볼 것인가》(동아일보사)

역사문제연구소, 1989, 《해방 3년사 연구입문》(까치)

Bruce Cummings, 1990, The Origins of the Korean War: Volume 2, The Roaring of the Cataract 1947~1950 (Princeton University Press, Princeton)

김기원, 1990, 《미군정기의 경제구조》(푸른산)

김학준, 1990, 《한국정치론사전》(한길사)

최장집, 1990, 《한국전쟁연구》(태암)

한국정치연구회, 1990, 《북한정치론》(백산서당)

하영선, 1990, 《한국전쟁의 새로운 접근: 전통주의와 수정주의를 넘어서》(나남)

4월혁명연구소, 1990, 《한국사회변혁운동과 4월혁명》(한길사)

김철범 편, 1990, 《한국전쟁을 보는 시각》(을유문화사)

한국정치연구회, 1990, 《한국전쟁의 이해》(역사비평사)

안병우, 도진순 편, 1990, 《북한의 한국사인식》(한길사)

서중석, 1991, 《한국현대민족운동연구－해방후 민족국가 건설운동과 통일전선》(역사비평사)

심지연, 1991, 《인민당연구》(경남대 출판부)

안종철, 1991, 《광주·전남지방 현대사연구》(한울)

민족통일연구원 북한연구실, 1991, 《북한연구의 현황과 과제》(민족통일연구원)

정태영, 1991, 《조봉암과 진보당》(한길사)

한국역사연구회, 1991, 《한국현대사 4》(풀빛)

홍성찬, 1992, 《한국근대농촌사회의 변동과 지주층》(지식산업사)

공제욱, 1993, 《1950년대 한국의 자본가연구》(백산서당)

김삼수, 1993, 《한국자본주의국가의 성립과정: 1945~1953》(동경대 출판회)

염인호, 1993, 《김원봉연구》(창작과비평사)

스즈키 마사유키 저, 유영구 역, 1994, 《金正日과 首領制 사회주의》(중앙일보사)

이승희, 1994, 《한국현대여성운동사》(백산서당)

김광운, 1995, 《통일·독립의 현대사》(지성사)

박태균, 1995, 《조봉암 연구》(창작과 비평사)

이종석, 1995, 《조선노동당연구－지도사상과 구조변화를 중심으로》(역사비평사)

정병준, 1995, 《몽양 여운형 평전》(한울)

한국정치외교사학회, 1997, 《한국 현대정치사의 재조명》

도진순, 1997, 《한국민족주의와 남북관계-이승만, 김구시대의 정치사》(서울대 출판부)

독도연구보전협회, 1997, 《독도영유의 역사와 국제관계》(독도보전연구협회)

독도연구보전협회, 1998, 《독도영유권과 영해와 해양주권》

한국정신문화연구원 현대사연구소, 1998, 《한국현대사의 재인식-해방정국과 미소군정》(오름)

한국정신문화연구원 현대사연구소, 1998, 《한국현대사연구》(6월호, 12월호)

김인걸 외, 1998, 《한국현대사강의》(돌베개)

김중순 저, 유석춘 역, 1998, 《문화민족주의자 김성수》(일조각)

서중석, 1999, 《조봉암과 1950년대》(역사비평사)

서중석, 2000,《남북협상김규식의 길, 김구의 길》(한울)

강만길 외, 2000,《통일지향 우리민족 해방운동사》(역사비평사)

홍석률, 2001,《통일문제와 정치사회적 갈등—1953~1961》(서울대 출판부)

도진순, 2001,《분단의 내일 통일의 역사》(당대)

한홍구, 2003~2006,《대한민국사 1~4》(한겨레출판)

정용욱, 2003,《해방전후 미국의 대한정책》(서울대학교출판부)

정용욱 외, 2004,《1960년대 한국 근대화와 지식인》(선인)

정병준, 2006,《한국전쟁—38선 충돌과 전쟁의 형성》(돌베개)

박지향 외, 2006,《해방전후사의 재인식 1, 2》(책세상)

한영우 외, 2008,《대한민국 60년: 성찰과 전망》(지식산업사)

정병준, 2010,《독도, 1947》(돌베개)

차하순 외, 2013,《한국현대사》(세종대학교 세종연구원)

찾아보기

사진목록

주요경력 서울대학교 문리과대학 사학과 졸업
서울대학교 석사·박사
서울대학교 한국문화연구소장
미국 하버드대학 객원교수
한국사연구회 회장
서울대학교 규장각 관장
서울대학교 인문대학장
한림대 특임교수
문화재위원회 사적분과위원장
이화여대 석좌교수 겸 이화학술원 원장
현 서울대 명예교수

주요저서 정도전 사상연구(1973)
조선전기 사학사 연구(1981)
개정판 정도전 사상의 연구(1983)
조선전기 사회경제 연구(1983)
조선전기 사회사상 연구(1983)
한국의 문화전통(1988)
조선후기 사학사 연구(1989)
우리역사와의 대화(1991)
한국민족주의 역사학(1994)
조선시대 신분사 연구(1997)
미래를 위한 역사의식(1997)
정조의 화성행차, 그 8일(1998)
왕조의 설계자 정도전(1999)
우리 옛지도와 그 아름다움(1999)
명성황후와 대한제국(2001)
역사학의 역사(2002)
행촌 이암의 생애와 사상(2002)
창덕궁과 창경궁(2003)
조선왕조 의궤(2005)
역사를 아는 힘(2005)
21세기 한국학 어떻게 할 것인가(2005; 공저)
대한제국은 근대국가인가(2006; 공저)
조선의 집 동궐에 들다(2006)
명성황후, 제국을 일으키다(2006)
실학의 선구자 이수광(2007)
다시 실학이란 무엇인가(2007; 공저)
반차도로 따라가는 정조의 화성행차(2007)
동궐도(2007)
꿈과 반역의 실학자, 유수원(2007)
조선 수성기 제갈량 양성지(2008)
문화정치의 산실 규장각(2008)
한국선비지성사(2010)
간추린 한국사(2011)
율곡 이이 평전(2013)
과거, 출세의 사다리(2013)
　　1권 태조~선조 대　　2권 광해군~영조 대
　　3권 정조~철종 대　　4권 고종 대
미래와 만나는 한국 선비문화(2014)
조선경국전(2014; 역주)
미래를 여는 우리 근현대사(2016)
나라에 사람이 있구나 – 월탄 한효순 이야기
　　(2016)
우계 성혼 평전(2016)

주요수상 한국일보사 출판문화상 저작상
치암학술상
세종문화상 학술상 (대통령)
한국일보사 출판문화상 저작상
한국간행물윤리위원회 저술상
문화유산상 학술상 (대통령)
수당학술상
경암학술상
민세안재홍상 학술상

정조평전; 성군의 길(2017) 상·하권
세종평전; 대왕의 진실과 비밀(2019)
의궤, 조선왕실문화사(2020)
서경덕과 화담학파; 조선 중기 주자학의 도
　　전자들(2022)
허균평전: 천재 혁명사상가, 실학자(2022)

외국어 번역본

韓国社会の 歴史, 2003, 日本 明石書店
　　《다시찾는 우리역사》일본어판; 吉田光男 역
The Artistry of Early Korean Cartography,
　　2008, 미국 Tamal Vista Publications
　　《우리 옛지도와 그아름다움》영어판; 최병현 역
A Review of Korean History, 2010, 경세원
　　《다시찾는 우리역사》영어판; 함재봉 역
Korean History, 2010, 모스크바대학 한국학
　　연구소
　　《다시찾는 우리역사》 러시아판; Pak Mihail
　　외 역
朝鮮王朝儀軌, 2012, 中國 浙江大學出版社
　　《조선왕조 의궤》중국어판; 金宰民, 孟春玲 역
朝鮮王朝儀軌, 2014, 日本 明石書店
　　《조선왕조 의궤》일본어판; 岩方久彦 역
An Intellectual History of Seonbi in Korea,
　　2014, 지식산업사
　　《한국선비지성사》영어판; 조윤정 역
*Mit einem Bild auf Reisen gehen--Der
　　achttagige Umzug nach Hwasong unter
　　König Chongjo(1776-1800)*, 2016, 독일
　　Ostasien Verlag
　　《반차도로 따라가는 정조의 화성행차》독일
　　어판, Barbara Wall 역
*A Unique Banchado: the Documentary Painting
　　with Commentary of King Jeongjo's Royal
　　Procession to Hwaseong in 1795*, 2016, 영
　　국 Renaissance Publishing company
　　《반차도로 따라가는 정조의 화성행차》영어
　　판, 정은선 역
新編 韓国通史, 2021, 동북아역사재단
　　《다시 찾는 우리역사》중국어판; 이춘호 역

다시찾는 우리역사

1997년	3월	1일	초판	1쇄	발행
2003년	8월	15일	초판	17쇄	발행
2004년	1월	5일	전면개정판	1쇄	발행
2013년	12월	10일	전면개정판	34쇄	발행
2014년	3월	7일	제2전면개정판	1쇄	발행
2014년	6월	10일	제2전면개정판	2쇄	발행
2015년	2월	10일	제2전면개정판	3쇄	발행
2015년	7월	20일	제2전면개정판	4쇄	발행
2016년	2월	22일	제2전면개정판	5쇄	발행
2016년	4월	24일	제2전면개정판	6쇄	발행
2017년	2월	10일	제2전면개정판	7쇄	발행
2017년	10월	23일	제2전면개정판	8쇄	발행
2018년	8월	20일	제2전면개정판	9쇄	발행
2019년	8월	22일	제2전면개정판	10쇄	발행
2020년	5월	20일	제2전면개정판	11쇄	발행
2022년	3월	29일	제2전면개정판	12쇄	발행

지은이   **한 영 우**

발행인   김 영 준
발행처   경 세 원

등록일   1978. 12. 14. No.157
주 소   경기도 파주시 회동길 77-4(문발동 534-4)
전 화   031) 955-7441~3
팩 스   031) 955-7444
이메일   kyongsae@hanmail.net

ISBN 89-8341-106-8 03910

가격 42,000원

가 계 계 통 계 촌 표

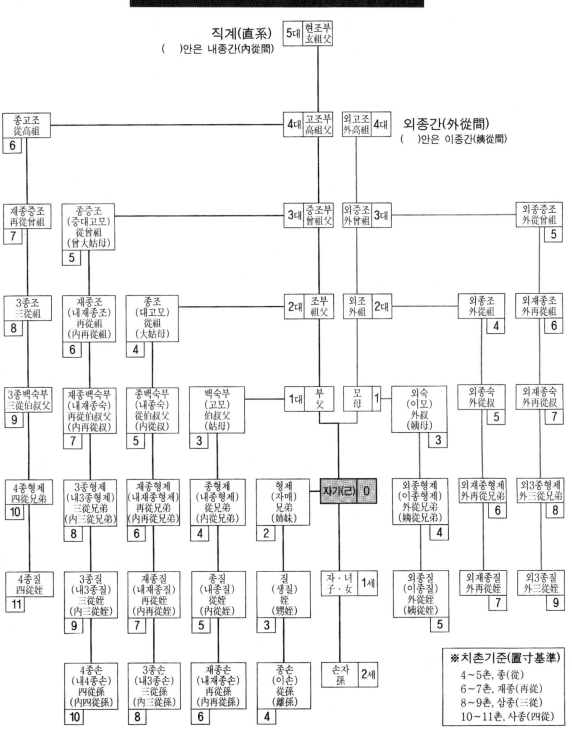

공포구성의 모양

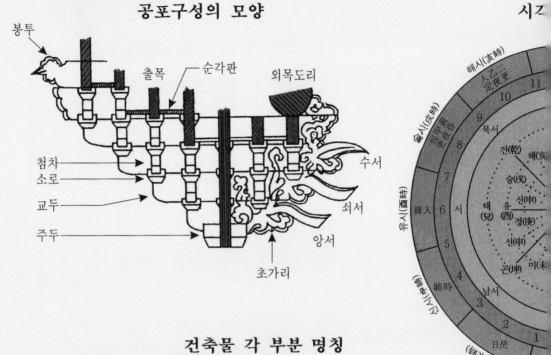

봉투
출목　순각판
외목도리
첨차
소로
교두
주두
수서
쇠서
앙서
초가리

시ㄱ

건축물 각 부분 명칭

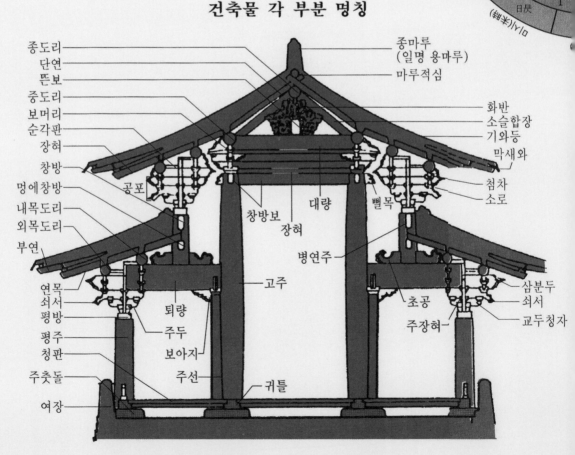

종도리
단연
뜬보
중도리
보머리
순각판
장혀
창방
멍에창방
내목도리
외목도리
부연
연목
쇠서
평방
평주
청판
주춧돌
여장
공포
퇴량
주두
보아지
주선
종마루
(일명 용마루)
마루적심
화반
소슬합장
기와등
막새와
첨차
소로
창방보
대량
장혀
뻘목
병연주
고주
초공
주장혀
귀틀
삼분두
쇠서
교두청자

탑 부분 명칭

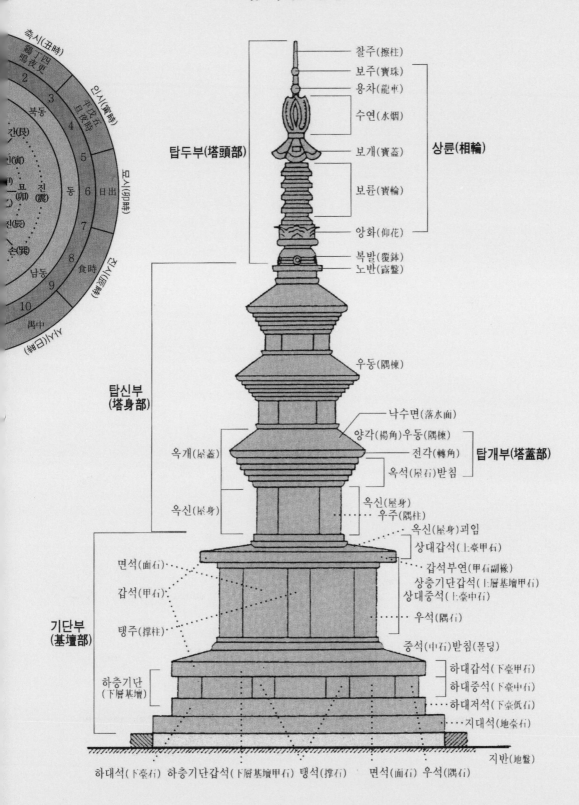

찰주(擦柱)
보주(寶珠)
용차(龍車)
수연(水烟)
보개(寶蓋)
보륜(寶輪)
앙화(仰花)
복발(覆鉢)
노반(露盤)

상륜(相輪)

탑두부(塔頭部)

우동(隅棟)

낙수면(落水面)
양각(楊角)우동(隅棟)
전각(轉角)
옥석(屋石)받침

탑개부(塔蓋部)

탑신부
(塔身部)

옥개(屋蓋)

옥신(屋身)

옥신(屋身)
우주(隅柱)

옥신(屋身)괴임
상대갑석(上臺甲石)
갑석부연(甲石副椽)
상층기단갑석(上層基壇甲石)
상대중석(上臺中石)
우석(隅石)
중석(中石)받침(몰딩)
하대갑석(下臺甲石)
하대중석(下臺中石)
하대저석(下臺低石)
지대석(地臺石)

면석(面石)
갑석(甲石)
탱주(撑柱)

기단부
(基壇部)

하층기단
(下層基壇)

지반(地盤)

하대석(下臺石) 하층기단갑석(下層基壇甲石) 탱석(撑石) 면석(面石) 우석(隅石)